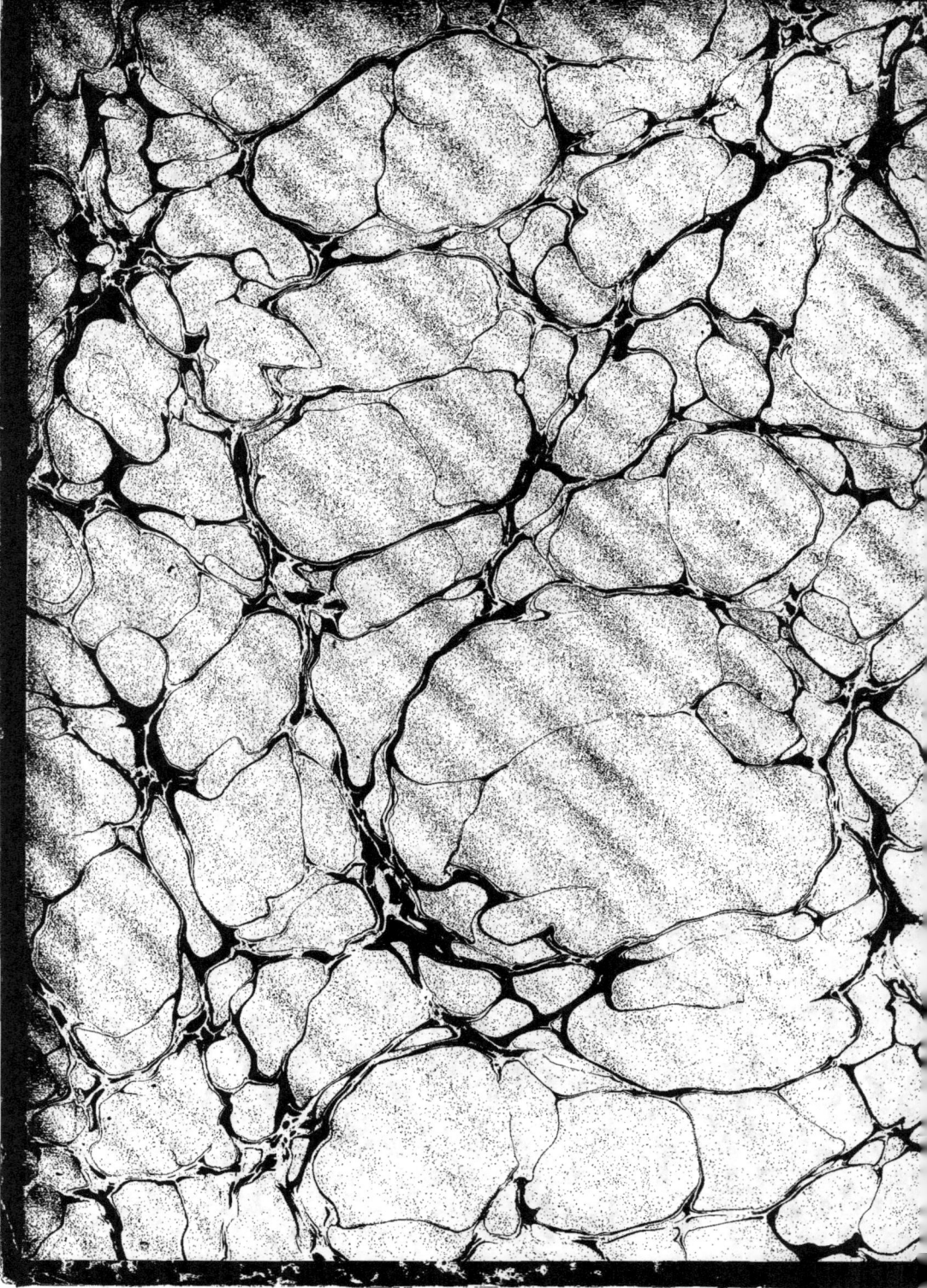

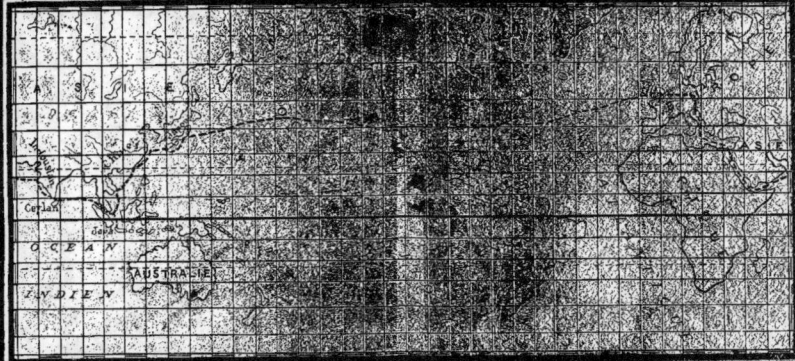

JAPON

VOYAGE
AUTOUR DU GLOBE

Ouvrages du même auteur : **LE JAPON,** Histoire et Religion.

VOYAGE AUTOUR DU GLOBE : Amérique.

— — Japon.

VOYAGE
AUTOUR DU GLOBE

PAR

I. EGGERMONT

CONSEILLER DE LÉGATION

OUVRAGE ILLUSTRÉ DE NOMBREUSES GRAVURES
DE PLANS ET DE CARTES

PARIS
LIBRAIRIE CH. DELAGRAVE
15, RUE SOUFFLOT, 15

1900

Château de Leignon (Namur), 15 août 1900.

Depuis que le Japon s'est résolument engagé, par une succession de faits remarquables, dans le concert des puissances occidentales, semblant même, au cours des derniers événements, former pour celles-ci la base d'une intervention dans les affaires de Chine, tous les yeux se tournent vers l'empire des Mikados, avant-garde en extrême Orient de la solidarité humaine.

Le moment ne saurait donc être mieux choisi pour faire paraître la relation d'un voyage accompli dans ce pays privilégié. Comme celle que nous avons déjà publiée sur l'Amérique, à la commune satisfaction, la relation nouvelle se présente dépourvue de tout arrangement scénique. Appelée à être une suite naturelle de la précédente, elle est la simple paraphrase de notes multiples recueillies à chaque heure du jour et développées dans l'ordre même où elles ont été prises, sous l'influence immédiate de l'impression ressentie. La sincérité absolue, inhérente à une pareille méthode, ne semblera égalée dans notre ouvrage que par la constante préoccupation de tirer parti des très nombreux documents, textes ou gravures, réunis laborieusement sur place, et dont l'intelligence nous a été singulièrement facilitée par la bienveillante collaboration de lettrés et de fonctionnaires japonais, à qui je me plais ici à rendre hommage.

Une seule chose, mais essentielle, reste à ajouter, et c'est même dans cette particularité que réside le principal intérêt de notre récit. Comme celui-ci remonte à une époque où l'intérieur du Japon était encore à peu près pur de tout alliage étranger, il expose des faits, des mœurs, un état d'âme indigène, qui tendent de plus en plus à s'effacer, s'ils n'ont pas déjà disparu sous l'action des idées occidentales, trop facilement assimilées peut-être pour la joie du voyageur, du poète et de l'artiste.

LA STATION THERMALE DE KIGA

JAPON

YOKOHAMA. — ABORDS DU PETIT TEMPLE DE FOUDOSAMA (p. 20).

I

PREMIERS APERÇUS

Au Grand Hôtel de Yokohama. — Les Bluffs. — En *djinrikcha*. — Prononciation des mots courants. — La Concession étrangère de Yokohama. — Dans les quartiers indigènes. — Une représentation théâtrale. — Considérations sur la poétique japonaise. — L'arboriculture naine. — Un champ de courses. — La ville maritime. — Petit temple bouddhiste. — Un émule de Gambrinus. — Foire aux plaisirs. — Élégance et misère. — Une première visite à Tokio. — Les chemins de fer de l'extrême Orient. — Rien de nouveau sous le soleil ! — Quelques détails historiques et statistiques sur Tokio. — Une pluie diluvienne. — Souvenir à Lucrèce.

Dimanche, 8 octobre. — Le Grand Hôtel International de Yokohama, où nous ont emportés rapidement nos *djinrikchas*, est établi sur le Bund, sorte de voie publique longeant la baie et bordée d'une rangée de jolies constructions. Cet établissement me semble offrir toutes les conditions voulues de confort et d'agrément. On m'y installe au rez-de-chaussée, dans un pavillon donnant sur le vestibule d'entrée. De mes fenêtres, je jouis de l'admirable spectacle de la rade. Détail qui ne manquera pas d'intérêt : le prix du séjour dans cette demeure privilégiée sera de quatre dollars par vingt-quatre heures, nourriture comprise. Ce chiffre est loin de me sembler élevé, pour un pays à peine au courant de nos usages et où nous avons la prétention de vivre à l'européenne.

Renseignements pris, les nouvelles politiques du vieux monde, au sujet desquelles nous avions fait, pendant le voyage, tant de suppositions pessimistes,

sont meilleures que nous n'étions en droit de l'espérer : il n'y aura de guerre ni en Europe, ni même en Chine, du moins pour l'instant ; car, à notre époque où tout marche à la vapeur, ce qu'on appelle l'avenir n'est souvent qu'une question de mois, de semaines ou même de jours.

Après déjeuner, mon premier soin est de faire visite à M. de G**, notre ministre au Japon. Sa demeure, entourée d'un jardin charmant, s'élève sur l'une des collines verdoyantes qui avoisinent la mer et qu'on désigne ici sous le terme générique de *bluffs*, emprunté au langage anglo-saxon. M. de G** se met très obligeamment à ma disposition, s'offre de me fournir toutes les indications désirables, et se charge de me procurer les autorisations sans lesquelles je ne pourrais faire un pas dans l'intérieur du pays. On sait, en effet, qu'à l'exception de certains ports, largement ouverts au commerce par les traités internationaux, le Japon demeure, en somme, fermé aux étrangers.

En même temps, Mme de G** et Mlle S**, sa sœur, me font l'accueil le plus gracieux. Après mon long séjour parmi les Américains, après la pénible traversée de l'Océan, je me sens tout heureux de me retrouver au milieu de compatriotes et de visages aussi sympathiques. La jolie maison des Bluffs constitue non seulement un *home* très complet, peuplé de jeune et vivante famille, elle m'apparaît encore comme l'entité du pays natal réfugié aux antipodes.

J'avais donné rendez-vous pour trois heures à deux de mes compagnons de traversée, lesquels m'avaient promis d'attendre mon retour à l'hôtel. Comme ils n'ont pu résister au désir d'aller visiter la ville, désir bien légitime après tant de jours passés entre le ciel et l'eau et dans les conditions que l'on sait, je me décide à faire de même.

Séance tenante, le garçon de l'hôtel court me retenir un *djinrikcha*, l'engin tout local avec lequel nous avons déjà fait connaissance en débarquant.

Mais avant d'entrer définitivement dans la description au jour le jour et détaillée de l'empire du Soleil Levant, où notre bonne fortune nous a amené, il conviendra peut-être ici, et justement à propos du mot *djinrikcha*, d'établir les règles qui vont nous guider désormais dans l'orthographe des vocables japonais.

Le seul principe auquel nous croyons, en la circonstance, devoir nous soumettre, est de transcrire phonétiquement en français, et aussi fidèlement que possible, les sons perçus par notre oreille, sans sacrifier à des considérations d'habitude, de tradition, voire de fantaisie individuelle.

On sait, en effet, que, depuis l'ouverture du Japon au commerce international, les Anglais ont pris une place prépondérante dans le pays. Il s'ensuit que leur manière de transcrire les noms japonais s'est trouvée, pour ainsi dire, imposée à tous, et que leur lexicographie a été presque aveuglément adoptée dans les littératures occidentales. Il est temps — croyons-nous — de réagir contre cette loi arbitraire, et de ne présenter aucun nom, simple ou composé, sans l'écrire absolument comme il se prononce au point de vue de la lecture française. Toutefois, en vue de ne pas nous heurter à des conventions universellement admises dans la littérature des voyages, nous ne modifierons pas, d'une manière générale, l'orthographe des syllabes *an*, *en* et *in*. Ces syllabes, qui, en français, constituent des voyelles nasales, devront donc se prononcer dans nos mots japonais comme si elles étaient écrites *ane*, *ène* et *ine*.

Nous écrirons ainsi *djinrikcha* par *dj* et par *ch*, alors que les Anglais, et généralement tous ceux, Français ou Allemands, qui ont parlé du Japon, écrivent *jinriksha*.

De même, pour nous conformer à la véritable prononciation indigène, mettrons-nous *tcha* (thé), contrairement à l'orthographe anglaise *cha*, dans laquelle le *ch* s'énonce toujours comme s'il était précédé d'un *t*.

Enfin, comme dernier exemple, nous écrirons *chogoun*, que les historiens ont coutume d'épeler *shogun*, le *sh* ayant — ainsi que nous l'avons dit — sa véritable équivalence française dans *ch*, et l'*u* anglais se prononçant ici comme *ou*.

Après cette courte digression, absolument nécessaire, au point de vue xénographique, formulons une simple observation, dans l'ordre étymologique, sur ce même mot *djinrikcha*, qui doit si souvent revenir sous notre plume. Littéralement, il devrait s'écrire *djinriki-cha*, attendu qu'il constitue un de ces mots composés, particuliers à l'idiome indigène et dont les termes signifient respectivement « homme-force-voiture ».

En réalité, le djinrikcha est un véhicule très léger de forme et de poids, monté sur une paire de roues et pourvu de minces brancards dans lesquels s'attelle un homme jouant le rôle de cheval de trait. Derrière, ainsi que dans nos tilburys, une capote sert à préserver le voyageur contre le soleil ou la pluie. Bien que ce mode de transport n'ait été inauguré que depuis 1868 par un industriel japonais, sur l'idée qu'en avait donnée un clergyman américain, il s'est si rapidement propagé dans tout l'empire du Nippon, que, pour la ville de Tokio seulement, on compte déjà plus de quarante mille voitures ainsi façonnées.

Mon trotteur — je veux dire le coolie attelé au cabriolet qu'on m'amène — est doué, comme tous les pauvres diables réduits à cet état de bêtes de somme, d'une agilité, d'une force et d'un appareil pulmonaire à toute épreuve. Son costume n'est guère compliqué : il se compose d'une tunique, croisée à la taille au moyen d'une ceinture d'étoffe, bouffant au-dessus de celle-ci et permettant, au contraire, aux jambes nerveuses qui en émergent, complètement nues, de fonctionner en toute liberté. La plupart des Japonais que je rencontre ne sont, d'ailleurs, pas plus richement habillés. Il en est même quelques-uns dont la dépouille, très réduite encore et ramenée à la plus simple expression, consiste uniquement dans une sorte de pagne relevé entre les jambes et rattaché au-dessus des reins. Tel est, à proprement parler, le costume national, et quelque chose d'analogue à la feuille dont un artiste pudique a revêtu l'Apollon du Vatican. M'est avis que plus d'une étrangère, débarquant en ce pays, a dû se voiler la face en apercevant pour la première fois des passants aussi peu familiarisés avec la Belle-Jardinière.

Yokohama est scindée en deux parties distinctes : la ville indigène et la ville européenne, ou plutôt anglaise. Au Japon, comme presque partout dans l'extrême Orient, l'élément britannique domine, et comme nombre et comme importance, toutes les colonies étrangères.

Le quartier européen compte beaucoup de constructions élégantes, indifféremment élevées en

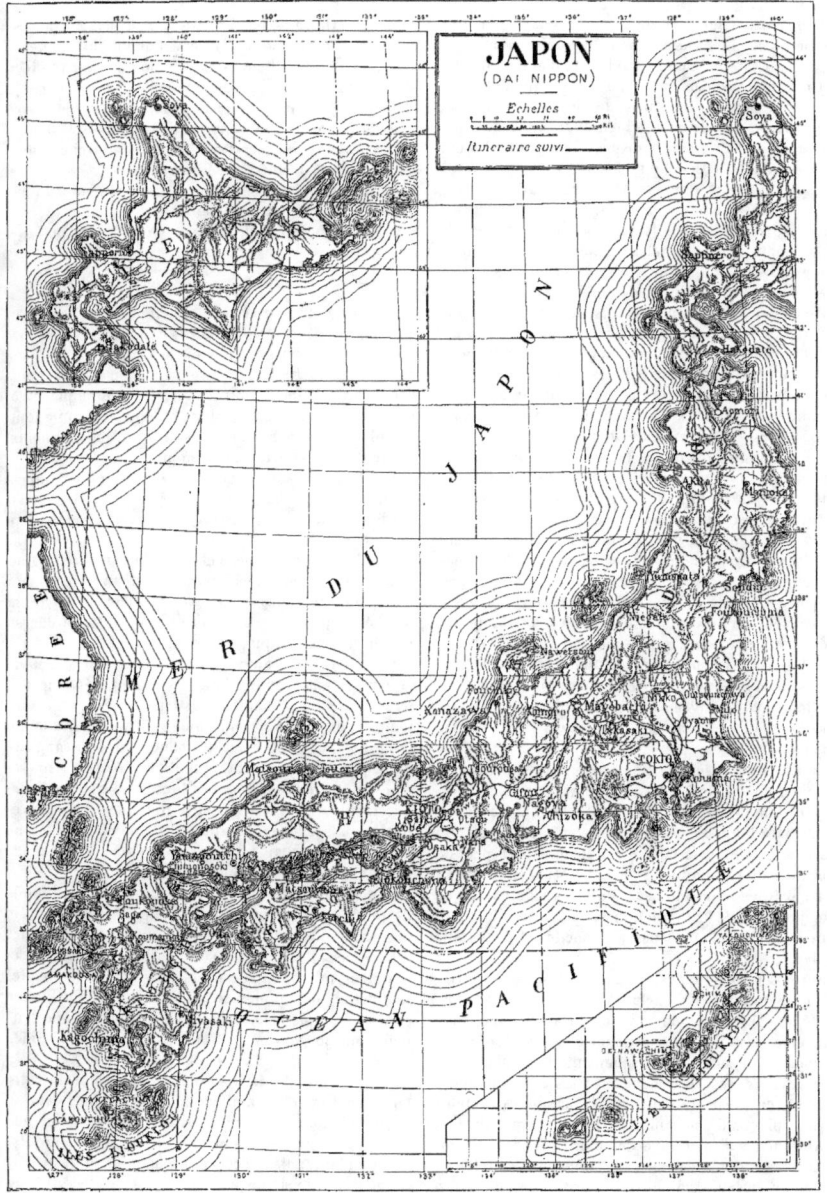

moellon, en brique, ou en brique et charpente. Les premières semblent assurément les moins nombreuses. Je constate même que la plupart d'entre elles ne sont maçonnées qu'en surface, ou plutôt qu'elles comportent un simple revêtement de pierre ou de brique plaqué sur le pan de bois. Ici, en effet, on croit communément — et je serais disposé à me ranger à cet avis — que l'élasticité du bois garantit mieux les bâtisses contre les dangers d'une dislocation subite, en cas de tremblements de terre. On sait que ceux-ci sont très fréquents dans le sol volcanique de l'archipel japonais. Pas plus tard qu'hier, une assez forte oscillation s'est fait sentir à travers la ville. Mais tel n'est pas le seul motif, évidemment, qui pousse les constructeurs à s'en tenir au bois, très commun dans le pays. Ils y sont encore déterminés par des raisons d'économie. Quoi qu'il en soit du péril résultant, pour les habitants, de maisons édifiées en gros matériaux, certains spécialistes tendraient, au contraire, à prouver que les structures de moellon ou de brique sont encore moins dangereuses que celles établies en charpente. Ces novateurs soutiennent, dit-on, que plus une habitation est massive, pesante et compacte, plus elle oppose de résistance aux commotions terrestres. D'après eux, les ruines accumulées sur le territoire napolitain, par exemple, ne proviendraient que du mauvais amalgame des éléments mis en œuvre. Je ne me chargerai point, pour ma part, de régler un semblable différend. J'estime pourtant que si les maisons de pierre ne sont pas plus résistantes au choc souterrain, elles ont du moins l'avantage d'éloigner les risques d'incendie, plus terribles encore que ceux des tremblements de terre. A ce point de vue, il est clair que le nouveau mode de construction adopté par les étrangers constitue un progrès véritable sur l'ancien.

En parcourant le quartier européen, j'observe que la voirie en est de tout point admirable. Les rues, larges et bien tracées, sont cailloutées — je ne dis point macadamisées — avec un soin méticuleux. De plus, comme il y circule relativement fort peu de chevaux, que les voitures ou charrettes affectées au transport des marchandises sont très légères et que la majeure partie de la traction se fait à bras d'homme, l'entretien doit en être des plus faciles et des moins coûteux.

Sur ces routes planes, sans aspérités, mon djinrikcha file bon train. En quelques instants, je suis transporté au sein même de la ville purement japonaise. Aux constructions en maçonnerie de la *Concession étrangère* ont succédé brusquement des maisons de bois, aux façades largement ouvertes ou simplement garnies, en guise de fenêtres, de panneaux mobiles où le papier indigène remplace notre verre à vitre.

Ainsi livré à la fougue de mon coursier humain, je traverse quelques rues du quartier marchand, moins animé aujourd'hui qu'à l'ordinaire, en raison du repos dominical strictement observé par toute la colonie anglo-saxonne. Puis, longeant pendant quelque temps le chemin de fer de Yokohama à Tokio, — car il y a ici des chemins de fer comme dans notre vieille Europe, — je pénètre dans une rue large, bruyante et des plus mouvementées. La joie de vivre y déborde par tous les pores et se communique d'emblée à l'esprit de l'arrivant. C'est, m'apprend mon guide, le quartier de Takachimatcho.

Je ne tarde pas à m'apercevoir que, par suite d'une invincible attraction, à laquelle mon Japonais a cédé sans même me prévenir, il m'a conduit dans un faubourg, très curieux d'ailleurs,

Dont Bacchus et Vénus se partagent l'empire.

Spectacle étrange et varié : partout, des *tchayas* ou « maisons de thé », sollicitant le consommateur; partout aussi, se penchant langoureusement sur les balcons en terrasses d'établissements somptueux, des groupes de jeunes femmes, au costume ample et à couleur éclatante, dont le luxe et la profusion ne font que vivement ressortir la simplicité des vêtements souvent trop écourtés de la population.

J'ai lieu de remarquer, en outre, que personne, parmi les passants, ne semble s'émouvoir de ces exhibitions galantes, passées depuis des siècles dans les mœurs locales.

Non loin de la barrière abritant la voie ferrée, que nous retraversons, s'échelonnent sur un coteau une succession de tchayas qui avoisinent le petit temple de Daïdjingou, nom populaire d'Amatéras, la déesse protectrice de l'empire du Soleil Levant.

C'est, en effet, autour des temples que le peuple japonais vient prendre ses ébats. Soit à l'époque des fêtes locales, soit même, pour les désœuvrés, en tout temps et depuis le matin jusqu'au soir, il y a là comme une soupape ouverte à la fermentation d'un sang ardent, plein de fougue et de fantaisie. Aussi y trouve-t-on habituellement groupés tous les lieux de divertissement. La chose paraîtra quelque peu surprenante, mais telles sont les mœurs du pays, tout comme si la licence prenait à tâche de se placer sous l'égide tolérante des dieux indigènes.

A peine ai-je mis pied à terre pour visiter le temple de Daïdjingou, ombragé par quelques arbres, que je me vois subitement entouré par une bande de jeunes filles rieuses, sorties en masse de leur tchaya respective pour m'y offrir le thé ou l'eau-de-vie nationale. Les petites intrigantes se sont assurément méprises sur mon simple rôle d'observateur, et c'est non sans peine que je parviens à franchir le seuil de l'édifice sacré.

Le petit temple de Daïdjingou appartient au culte chintoïste, la religion officielle du Japon, et, comme tel, est dépourvu de toute ornementation. Nous aurons plus tard l'occasion d'en expliquer les motifs. En attendant, puisque cet édifice manque du principal élément qui avait inspiré ma visite, c'est-à-dire de séductions purement artistiques, je ne fais que m'y arrêter un moment, et, bientôt remonté dans ma cariole, je regagne la Concession étrangère sous l'empire de la curiosité éveillée dans mon esprit par la vue de tant de choses inédites pour moi.

Lundi, 9 octobre. — Beau temps (th. +- 20° cent.).
Nous nous sommes décidément entendus, *Mister* Duncan et moi, au sujet de quelques excursions à faire dans l'intérieur du pays. J'ai déjà eu l'occasion de dire, au cours de notre traversée de San-Francisco à Yokohama[1], jusqu'à quel point mon futur compagnon d'excursions pousse l'originalité, lui qui, traversant le nouveau monde de part en part, avait dédaigné

moment, nous nous en tenons à comparer les laques anciens, exposés chez quelques marchands et cotés à des prix invraisemblables, avec les objets de pacotille destinés à l'exportation et qui fourmillent sur notre passage.

La plupart des boutiques de curiosités sont rassemblées dans une large voie appelée Hontcho-dori, rue au coin de laquelle se dresse un édifice appelé Matchigaïcho, généralement désigné parmi les étrangers sous le nom d'hôtel de ville. Ce bâtiment est assez simple d'apparence, bien qu'il soit flanqué d'une tour où s'épanouissent les cadrans d'une horloge. Dans les environs de ce quartier marchand, situé aux confins

EN DJINRIKCHA (p. 10).

la visite du Niagara, sous prétexte que tous les voyageurs se font gloire d'y aller.

En dépit de semblables dispositions, je me promets pourtant de ne lui faire grâce ni d'un temple, ni d'un palais, ni d'un lac, ni même d'une simple cascade.

Engagements pris d'un côté comme de l'autre, nous allons ensemble courir les boutiques de curiosités du quartier indigène, lesquelles abondent de toutes parts, regorgeant d'étoffes, d'ouvrages de bois, de bronzes, de porcelaines et d'objets d'ivoire sculpté, d'un travail véritablement exquis. Ce sont surtout les laques qui offrent la diversité la plus étonnante. On pourrait se composer une vaisselle entière, rien qu'avec les spécimens revêtus du précieux enduit. Pour le

1. *Voyage autour du globe* (Amérique).

de la Concession européenne, sont également installés les bureaux de la Poste et du Télégraphe.

Notre très intéressante revue de l'industrie locale n'est interrompue que par le déjeuner. Une fois la provende absorbée, nous nous empressons de revenir sur nos pas.

On se ferait déjà une idée assez exacte du Japon, en étudiant les peintures sur soie, les albums d'estampes et les sculptures qui sont ici amoncelés sous les yeux. Le réalisme absolu qui en est la caractéristique pourrait suffire à la rigueur pour déterminer et classer les principaux types de la population japonaise, depuis le mikado et les hauts personnages militaires, civils et religieux, jusqu'aux plus humbles artisans répandus sur tout le territoire.

A sept heures, dîner chez notre ministre. J'y fais la

connaissance de M. de M***, secrétaire de la légation de France, et de M. C**, agent supérieur des Messageries maritimes. Nous passons là quelques heures agréables, que je suis malheureusement forcé d'écourter, ayant donné rendez-vous pour dix heures à mon nouveau compagnon de voyage. Mr. Duncan et moi, nous nous sommes promis, en effet, d'assister ce soir même à une représentation du *Chibaï* ou théâtre japonais. Or, comme j'ai nettement formulé ma manière de voyager, consistant à tout voir sans perdre une minute, point ne siérait de donner le mauvais exemple en contrevenant le premier au pacte juré.

Un carton, pris à l'entrée de l'immense baraque en planche représentant le théâtre en question, nous

INTÉRIEUR DE THÉATRE, D'APRÈS UNE GRAVURE JAPONAISE (p. 14).

donne droit, moyennant vingt-cinq *sens* par tête, à la possession d'une loge.

Il n'est pas inutile de dire ici ce que vaut la monnaie locale. Le *sen*, qui se compose lui-même de dix *rins*, est la centième partie du *yen*, lequel constitue l'unité du système monétaire, admis au Japon depuis l'année 1870. Quant au *yen*, il équivaut au dollar américain, c'est-à-dire à un peu plus de cinq francs. Mais fermons cette parenthèse.

La loge que nous occupons est un simple espace carré, ménagé sur le pourtour de la salle. Elle est simplement meublée d'une natte, sur laquelle nous prenons place à la japonaise, c'est-à-dire en nous asseyant par terre, les jambes repliées sous le corps. De cet observatoire primitif nous dominons les spectateurs indigènes massés au parterre, lequel est lui-même divisé en carrés réguliers, ce qui lui donne l'aspect d'un vaste échiquier muni de ses pièces.

Ainsi qu'il fallait s'y attendre, la représentation est commencée depuis longtemps, au grand plaisir de l'assistance. Ce très bienveillant public est là rassemblé, me dit-on, depuis deux heures de l'après-midi. Deux heures, et il en est dix et demie ! Quel amour du spectacle, grand Dieu ! Telle, la plèbe de Rome, accourant aux jeux du cirque, et y demeurant des journées entières. Hâtons-nous pourtant d'ajouter que chacun, individuellement ou collectivement, va, durant les entr'actes, absorber son repas au restaurant du théâtre, ou se le fait servir à sa place pendant le cours de la représentation. Aussi, tandis que les uns déchiquètent leur poisson cru ou rôti ou font manœuvrer les bâtonnets qui leur servent de fourchettes au-dessus des plats de riz diversement préparés, d'autres, moins affamés, grignotent des gâteaux ou s'empiffrent de friandises et de sucreries. Et il faut voir les flots de thé absorbés, petite tasse à petite tasse, par tous ces gens gorgés de victuailles, exhalant une buée chaude de cuisine pimentée et de transpiration croissante ! Il faut voir la fumée qui s'échappe des pipettes de métal, constamment allumées et rallumées en vue de charmer les longueurs du dialogue ! Un tel spectacle dans le spectacle même défie, à mon sens, toute description.

Quant à la scène, elle fait face au public, comme dans nos théâtres occidentaux ; mais elle se projette pour ainsi dire en avant, jusqu'à l'autre extrémité de la salle, au moyen d'un pont de un à deux mètres de largeur divisant le parterre en deux parties comme cela se fait parfois chez nous pour certains tours d'équilibristes. C'est par cette sorte de passerelle que les acteurs opèrent généralement leur entrée. Les épisodes secondaires du drame y sont le plus souvent représentés concurremment à l'action principale, laquelle a toujours pour cadre la scène proprement dite ornée de décors réguliers.

A l'heure où nous pénétrons dans le théâtre, la scène du fond représente l'intérieur d'une habitation japonaise. C'est dire que les trucs s'y trouvent réduits à la plus simple expression, puisque les maisons indigènes sont régulièrement dépourvues de meubles. Plusieurs acteurs parlent et se meuvent devant nous, débitant leur rôle sur un mode lent et emphatique.

Ce qu'ils disent, je ne saurais naturellement le rapporter. Toutefois, à en juger par les gestes expressifs dont ils soulignent leurs discours, par leur attitude extraordinairement parlante, plutôt forcée, par les jeux de physionomie qui accompagnent leurs mouvements, je suis amené à reconnaître qu'il doit se passer une aventure piquante dont la suite de l'œuvre me fera peut-être saisir la portée.

Pendant que tout ce petit monde échange des propos, écoutés du public avec une religieuse attention, le souffleur, élément indispensable de tout théâtre moderne ou non, occidental ou japonais, joue lui-même un rôle tout à fait amusant. Loin de demeurer, comme chez nous, dissimulé à tous les yeux dans une soupente indigne de sa haute mission, il s'en va courant, une lanterne de papier à la main, de personnage en personnage, et blotti derrière celui qui va prendre la parole. A chaque pause, il distribue ainsi la réplique en s'exprimant à demi-voix. S'il m'était permis de faire une comparaison hasardée sur ce véritable *deus ex machina*, je dirais qu'il m'a tout l'air de quelque phalène gigantesque poursuivant, dans son jeu nocturne, un insaisissable feu follet.

L'éclairage de la scène n'est pas moins primitif. Deux garçons de théâtre en assument la charge, promenant chacun, devant les artistes appelés à prendre la parole, une bougie fichée au bout d'une perche. Quant aux autres personnages, ils demeurent tous, en attendant patiemment leur tour, plus ou moins noyés dans la pénombre où s'agite le mystérieux imbroglio. Ne se croirait-on pas ramené au théâtre forain de *Blackfriars*, où l'immortel Shakespeare a produit ses plus admirables chefs-d'œuvre ?

On conçoit que dans de pareilles conditions d'installation et d'éclairage, les représentations de jour soient bien autrement intéressantes.

Qu'à cela ne tienne : l'auditoire japonais n'est point blasé comme le nôtre sur la question de mise en scène. La fibre passionnelle vibre encore chez ce peuple naïf avec toute l'intensité primordiale. L'illusion est telle, dans l'abstraction de ses pensées, que la verve du poète n'a besoin d'aucun artifice pour s'emparer de ses sens et pour faire naître son émotion. On ne saurait affirmer, du reste, que notre théâtre européen ait gagné en profondeur et en mérite, depuis qu'il faut dépenser cinquante mille francs pour monter un simple mélodrame. L'effet produit était aussi énergique autrefois, sinon plus, quand une simple inscription, arborée sur un poteau, transportait le spectateur d'une place publique à la pleine mer, d'un palais somptueux à quelque misérable masure ; quand huit comparses figuraient la totalité de deux armées ennemies ; quand un bras droit levé indiquait un chemin se dirigeant vers la droite, et quand les spectateurs eux-mêmes allaient et venaient sur la scène à travers l'action qui se déroulait. L'art scénique proprement dit n'a que peu de chose à voir dans ce détail. Il réside ailleurs. L'avantage qui résulte, en tout cas, d'une disposition pareille, c'est que le répertoire peut être renouvelé aussi souvent qu'on voudra, et de manière à satisfaire le public ami de nouveautés, puis-

SCÈNE TOURNANTE. — Dessin de Tankef, artiste japonais (p. 16).

qu'il n'en coûte que des frais de mémoire et de talent pour monter des pièces inédites.

Remarquons toutefois que le théâtre où nous sommes entrés de préférence sera peut-être un des derniers de Yokohama où l'éclairage et la mise en scène auront ce caractère original. Le Japon va vite, tout au moins dans la partie qui est en rapports constants avec l'élément étranger, et déjà nous pouvons prévoir l'heure où la rampe avec son cordon de becs de gaz, voire de lampes électriques, aura remplacé pour toujours les moyens rudimentaires actuellement employés.

Mais revenons-en à la représentation ou, pour mieux dire, au sujet de la pièce.

Si la première scène m'avait paru complètement inintelligible, il n'en est plus de même de la seconde, pour laquelle, d'ailleurs, on a changé de décoration. Disons tout de suite que ce changement s'est fait suivant un procédé renouvelé de l'antique. Ainsi que dans le théâtre grec, en effet, le milieu de la scène est occupé par une sorte de plate-forme tournante, laquelle est divisée en deux compartiments semi-circulaires, dont l'un fait face au public. Or, comme c'est toujours en ce point précis que l'action se concentre, il suffit de faire pivoter la plate-forme pour changer le point de vue, pour ramener les acteurs de devant par derrière, et ceux de derrière par devant. C'est, comme on voit, aussi simple que possible et — reconnaissons-le de bonne grâce — très propre à faciliter la terrible question des entrées et des sorties, cet obstacle sans cesse renaissant de notre théâtre occidental.

Donc, nous nous trouvons, cette fois, sur les rives d'un cours d'eau. Un jeune homme et une jeune fille s'y rencontrent, deux amants à coup sûr, amants dont des Montaigus et des Capulets d'occasion ont condamné les brûlantes et inopportunes amours. A des échanges de tendresse et de félicité succèdent tout à coup des récits pleins de colère, d'indignation et de mépris. Il devient évident que nos amoureux se peignent la résistance qu'ils ont rencontrée, les persécutions dont ils sont victimes, et que, dans leur désespoir profond, ils témoignent l'un et l'autre du désir d'en terminer avec la vie. Rien de touchant, d'imagé, de gracieux et de franchement tragique comme ces alternatives d'amour et de colère si bien nuancées. Ce serait à faire mourir de jalousie le plus consciencieux de nos artistes occidentaux.

Pendant toute la durée du drame, dialogue et mimique marchent accompagnés d'un chant soutenu par le *samicen* en manière de trémolo. Le samicen est une sorte de guitare sur le compte de laquelle nous aurons sujet de revenir. Il est en ce moment aux mains d'un virtuose qui, plein sus capricieux, en use avec toute la liberté diatonique propre à la mélodie orientale. Quant au chanteur, il est doué d'un organe perçant et guttural, dont les modulations se traduisent par un chevrotement indiscontinu. Pour être juste, je dois convenir qu'une musique aussi étrange, à la fois heurtée et soutenue, mais dont la cadence est difficile à saisir, ne manque aucunement de charme. Il y a quelque chose de poétique et d'émotionnant dans la succession de ces sons piqués, se poursuivant d'après un rythme déterminé et se résolvant toujours en mineur, quoique à des intervalles impossibles à justifier avec notre musique écrite, moins complète, à coup sûr, que nous n'avons la prétention de le croire.

Mais que le mélomane ne l'emporte pas sur le simple spectateur! Il s'agit plutôt de m'expliquer un drame japonais, joué dans une langue dont je ne comprends pas un traître mot; et toute la tension de mon esprit n'est point de trop, évidemment, pour en saisir le fil. En fait. « Roméo » et « Juliette », à bout de doléances, se sont résolus à mourir. Après un dernier et tendre adieu, ils se précipitent, ni plus ni moins, dans la rivière représentée au fond de la scène. Aussitôt, le décor change de nouveau. Une barque apparaît : on repêche la jeune fille, qu'on parvient heureusement à rappeler à la vie. Quant à l'amoureux, de même que le Léandre des temps mythologiques, il reste au fond de l'eau. Suit alors un nouvel et long entretien entre l'héroïne sauvée et ses sauveteurs. A leurs témoignages réciproques, je reconnais que les survenants sont des amis ou des membres de sa famille. Par malheur, à partir de ce point, malgré toute ma bonne volonté, je ne comprends plus rien à l'intrigue. Aussi n'est-ce pas sans une certaine satisfaction que je vois peu après baisser, ou plutôt tirer le rideau sur le tableau final. Il est minuit passé.

Mr. Duncan et moi, nous sommes déjà prêts à regagner l'hôtel, alors que le public japonais, qui ne s'était point fait faute d'applaudir en frappant de l'éventail sur le haut de la main, se retire en « murmurant ». Se plaindrait-il, par hasard, du peu de durée de la représentation? Cela n'est pas improbable. Dans nombre de théâtres, — paraît-il, — notamment à Tokio, un drame digne de ce nom commence dès l'aube et ne finit pas moins tard. C'est en exiger pour son argent.

Vers une heure du matin, je suis au lit. J'ai encore dans les oreilles la mélopée plaintive et les trilles imperturbables de notre orchestre au *samicen*. Mais la poursuite de ces airs fugaces doit enfin céder à la fatigue d'une journée si bien remplie.

Mardi, 10 octobre. — Beau temps, ciel un peu couvert. Même température qu'hier, c'est-à-dire 20°.

Je consacre la matinée à finir ma correspondance. Demain, celle-ci doit être expédiée pour l'Europe par la malle en destination de San-Francisco. On sait que cette voie est plus rapide que celle des mers de la Chine et de l'océan Indien.

Après le déjeuner, M. de G*** veut bien nous servir de cicerone et nous conduire en phaéton à travers les allées délicieuses qui couronnent les Bluffs. Ces collines forment, comme nous l'avons dit, une ceinture verdoyante à la ville de Yokohama.

New-road, voie que nous suivons ainsi pendant un temps assez long, est bordé de charmantes villas construites dans un style mi-européen mi-japonais et de jardins ravissants, dont la plupart sont coquettement clôturés de bambous.

Nous faisons halte chez plusieurs industriels adonnés particulièrement à la culture des arbres nains, une spécialité japonaise, s'il en fut.

Il n'y a peut-être pas de pays au monde où la culture des plantes d'agrément ait atteint un pareil degré de raffinement. Nos horticulteurs d'Europe, aussi habiles qu'ils soient, passeraient pour de véritables apprentis à côté d'un simple jardinier japonais. Les fleurs constituent ici, à proprement parler, le principal luxe du riche comme du pauvre. Fils de princes ou grands seigneurs, marchands, artisans, bourgeoises et courtisanes, d'une extrémité à l'autre

LA RUE DES THÉATRES, A YOKOHAMA

de l'échelle hiérarchique, tous sacrifient avec une égale dévotion au culte de la botanique. Rien n'en balance, pour aucun, les charmes enivrants et toujours nouveaux. Tout bien considéré, les bijoux curieusement travaillés, les étoffes luxueuses, les bibelots artistiques, mille choses extrêmement répandues au Japon, n'arrivent guère qu'en seconde ligne dans les préférences de la population. Aussi, qu'on procède à l'échange périodique ou non de cadeaux, échange beaucoup plus fréquent que partout ailleurs, ce sera presque toujours à la flore qu'on aura recours; et cette fantaisie n'est pas la moins onéreuse de toutes.

Un détail charmant prouve jusqu'à quel point les fleurs jouent un rôle intellectuel dans la vie de ce peuple poétique. Dès qu'elles éclosent, les imaginations s'exaltent et se répandent en improvisations plus ou moins géniales. Tout rimeur, tout humble amoureux, empruntant au Parnasse son langage inspiré, court aussitôt inscrire sur les branches de quelque cerisier sauvage ou suspendre aux rameaux d'un chrysanthème endémique de courtes pièces de vers où s'exhalent ses tendresses printanières ou ses souffrances automnales.

Certaines plantes de l'archipel japonais, importées en Europe par Siebold et nombre d'autres naturalistes, ont popularisé chez nous ces essences exotiques, soit à l'état naturel, soit à l'état de perfection exquise où les avaient amenées des observations de plusieurs siècles.

Le peuple japonais, au surplus, semble avoir pratiqué la greffe bien avant nous. Si l'on en croit certains auteurs nationaux, cet art savant y aurait déjà été en honneur à l'époque lointaine où Virgile en faisait la description dans ses immortelles *Géorgiques*. On y obtient, en tout cas, des résultats incomparables. Ainsi, sur un tronc d'arbre coupé net, il n'est point rare de voir enter des plantes de la plus faible complexion. Celles-ci, bénéficiant alors d'une sève plus riche et plus abondante, atteignent des proportions doubles et triples de celles que la nature leur avait assignées. Par contre, les Japonais, obéissant à une véritable attraction pour tout ce qui est mignon, s'attachent parfois à restreindre le développement naturel des arbres pour les transformer en simples plantes de jardins. On trouve ici, par exemple, des cerisiers, des érables, des ormes, des bambous, des pins de quelques pieds de haut, parfaitement proportionnés dans leur exiguïté artificielle.

Cette orthopédie horticole s'obtient par les procédés les plus savants et les plus minutieux. De même qu'on amplifie indéfiniment la fleur, en lui fournissant une sève plus généreuse, de même on réduit la plante à des proportions minuscules en lui mesurant avec parcimonie ce qui favorise son essor, c'est-à-dire l'air, le soleil et l'eau. Selon le but poursuivi, chaque essence subit naturellement un traitement particulier. A l'aide de liens, quotidiennement resserrés ou élargis, tantôt on imprime une courbure aux branchages, tantôt on étrangle la sève dans les conduits, en condamnant le tronc et l'arbre au rachitisme absolu. Par un ingénieux contresens, les iris, les pivoines et les chrysanthèmes, les orchidées et les lis, les lotus et les nénufars, occuperont la surface d'un oranger épanoui, alors que toute une forêt en raccourci de bambous, de pins ou d'arbres fruitiers tiendra à l'aise dans quelques pieds carrés. La fleur hâtive, éclose en serre chaude, écrase partout de sa splendeur l'arbre atrophié, maintenu dans l'ombre sans chaleur et sans eau. Celui-ci, ainsi traité, jouit parfois d'une longévité surprenante. Et le contraste obtenu par de telles anomalies est si frappant, qu'on se croirait positivement tombé dans le domaine de la féerie.

Les traités de botanique — on le conçoit — abondent dans un pareil pays, et les horticulteurs n'ont qu'à suivre, pour obtenir ces merveilles, les indications consignées par leurs devanciers. Il existe certains de ces ouvrages scientifiques qui remontent à la plus haute antiquité et qui, consultés toujours avec fruit, servent de nouvelle base aux conceptions des amateurs modernes. Parmi les plus importants de la période actuelle, on me signale le *So-mokou-dzousetzou* (traité illustré des herbes et des arbres), par Inouma-chojoun. Il est basé, paraît-il, comme propositions théoriques, sur le système de Linné. On veut bien m'en promettre un exemplaire.

Sur un des plateaux les plus élevés des Bluffs, s'étend le champ de courses. Des courses au Japon? — Hélas! oui, tout comme à Epsom ou à Longchamps. — L'un des premiers soins des résidents étrangers a été, en effet, de chercher à implanter ici le sport hippique, en mémoire des brillantes réunions de la mère patrie. L'établissement d'une piste en a été la résultante. Cette piste est admirablement ménagée en partie sur le plateau, en partie sur un vaste remblai jeté dans le creux d'un vallon. Le centre du champ de courses forme une sorte d'entonnoir parsemé de bosquets charmants et circonscrit par des murailles de verdure éblouissante.

En général, on fait surtout courir ici des chevaux chinois ou japonais, lesquels ne sont en réalité que des poneys dont il serait vraiment nécessaire d'améliorer la race, si tant est que les courses coopèrent à cet utile résultat. Jusqu'à ce jour aussi, les élevages chinois sont incontestablement classés au premier rang.

Du haut de ce même plateau, où nous sommes parvenus à présent, nous pouvons aisément nous former une idée de la topographie de la ville, des environs et du port de Yokohama.

L'histoire de la cité ne remonte pas bien haut. Jusqu'en 1859, toute la plaine alluviale, baignée par la vaste baie de Yédo, n'était semée que de misérables huttes abritant tout au plus un millier de pêcheurs. Moins de vingt ans ont suffi pour transformer la bourgade ignorée en une ville prospère et connue du monde entier. Elle compte, à l'heure actuelle, douze

PREMIERS APERÇUS

cents étrangers, deux mille cinq cents Chinois et une population indigène qu'on évalue à plus de cent mille habitants.

ville capitale encore frémissante au seul nom des « barbares », enfin la direction même de la grande route impériale constamment suivie par les *daïmios*

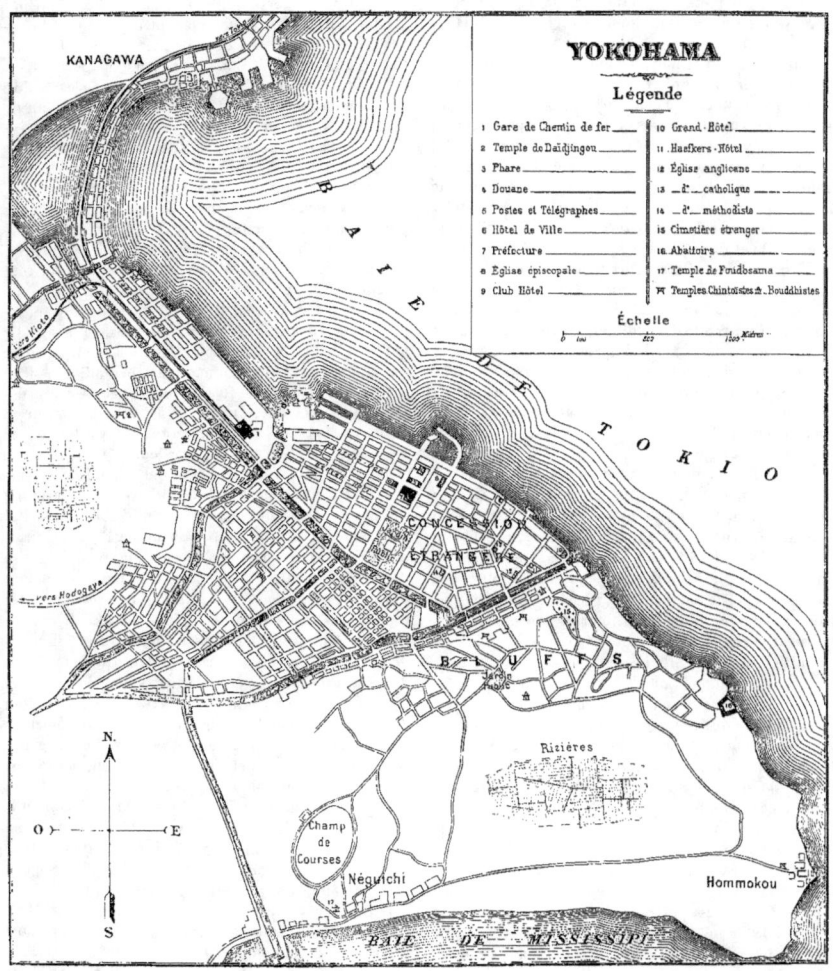

PLAN DE YOKOHAMA

Dans le principe, c'était le territoire de Kanagawa que les autorités japonaises avaient assigné à la *Concession étrangère*, au *Settlement*, comme on dit ici, d'après les Anglais. Mais le peu d'élévation du sol au-dessus des eaux, le voisinage immédiat de Yédo, cette

escortés de leurs farouches *samouraïs* ou hommes d'armes, tout détermina les premiers négociants, établis sur le littoral, à rechercher un emplacement qui leur fût plus hospitalier. Le village de Yokohama, où le commodore Perry avait signé, à peine cinq ans auparavant, un traité de commerce avec les représentants du *chogoun*, leur parut réunir des conditions favorables. Ils s'y transportèrent, *motu proprio*, sans même en demander l'autorisation, sachant combien le gouvernement d'alors les verrait avec plaisir s'éloigner de lui. Bref, la nouvelle ville s'éleva peu à peu, en face de la mer, à l'endroit même où, présentement, le Bund aligne ses nombreuses constructions européennes. De son côté, le gouvernement japonais, prévoyant la possibilité de transformer la Concession en une sorte de géhenne internationale, fit creuser le canal circulaire qui, délimitant les territoires, sépare la ville européenne proprement dite de la bourgade indigène et des collines appelées Bluffs. Ces dernières sont restées, en fait, un lieu de promenade et de villégiature.

Pourtant, l'installation première manquait d'élégance et de bien-être. Comme de juste, on était allé au plus pressé, on n'avait édifié que de quoi s'abriter. L'incendie qui réduisit Yokohama en cendres, dans le courant de l'année 1866, imprima un nouvel essor à l'initiative des colons. Certains quartiers, plus luxueux, remplacèrent les pâtés de maisons et de magasins ou *stores*, construits en bois, qui s'y dressaient primitivement; si bien qu'après avoir fait l'indispensable, on se préoccupait déjà, comme mesure complémentaire, d'entreprendre des travaux d'hygiène. Le grand marais situé au nord du *settlement* fut comblé; on exécuta de nombreux drainages et on empierra les rues. D'autre part, l'architecture fit son apparition dans les bâtisses. Une église catholique, des temples protestants, des hôpitaux, des écoles, des établissements de bienfaisance, diverses constructions privées, banques, clubs, imprimeries, voire des salles de théâtre et de concert, donnèrent enfin à la cité réédifiée l'aspect qu'elle présente aujourd'hui. De là, ce contraste piquant offert par toute une ville européenne assise à côté d'une agglomération japonaise encore imbue de ses mœurs les plus caractéristiques.

En ce moment, la jeune et industrieuse Carthage de l'extrême Orient, vivement éclairée par les chauds rayons du soleil, s'offre à nous dans son ensemble étrangement composite. Le coup d'œil qu'elle présente est de tout point merveilleux : à nos pieds, vers le nord, une succession de toits bas et pressés les uns contre les autres vont se développant jusqu'à la limite du quartier européen, alors que les édifices de pierre dont ce dernier est parsemé tranchent en noir sur le fond de la rade, miroitant comme une plaque de métal poli. Vers le sud, au contraire, et derrière nous, la rive, s'échancrant brusquement, forme la baie dite de Mississipi, vers laquelle nous descendons, sur l'heure, par une route récemment frayée, et dont nous allons suivre le contour, au gré de notre promenade enchanteresse.

A mi-chemin, sur le coteau, nous apercevons un petit temple bouddhiste, consacré à Foudosama, le dieu qui protège contre les incendies. C'est à ce dieu qu'incombe, entre autres spécialités, la tâche de lier les larrons et de fustiger les pervers. Un escalier de bois brut donne accès au temple.

Dès les premiers degrés, sur la gauche, s'entr'ouvre une allée très étroite, menant à une sorte de caverne. Du roc, fendu comme par un coup de mine, tombe à grand bruit une cascade d'eau glacée. C'est là que les fidèles de la classe moyenne, c'est-à-dire ceux auxquels un budget modeste ne permet point de se mettre autrement en frais, préludent à leurs dévotions en s'exposant aux ondes sacrées d'une douche purificatrice. Tout à côté, un édicule abrite les statues de quelques divinités secondaires.

Mais ne nous arrêtons pas en chemin et reprenons notre route ascendante.

Le sanctuaire proprement dit, fort simple d'aspect, se dresse au sommet du coteau. Il ne possède, tout compte fait, d'autre titre à notre curiosité que celui de renfermer certain grand coffre à treillis, devant lequel se balance un *gong* muni d'une corde à nœuds. Ce coffre, désigné communément sous le nom de Fosse aux Aumônes, fait ici, comme son nom l'indique, office de tronc. Toutes les fois qu'on se propose d'y déposer une offrande, on doit avoir soin de lancer la corde sur le gong, de manière à forcer l'attention de la divinité, peut-être occupée ailleurs.

Pour me conformer à la coutume, j'ébranle le tamtam vigoureusement et m'exécute avec galanterie, en jetant une pièce de monnaie dans le coffre. Aussitôt un vieux bonze, au crâne poli comme l'ivoire, surgit d'une encoignure et se prosterne à mes pieds en guise de remerciement. Me voici, pour le coup, de par le puissant Foudosama, garanti contre le feu, le vol et tous les maléfices présents, passés et futurs !

Aux alentours du temple, apparaissent disséminées des pierres taillées ressemblant quelque peu à des stèles funéraires, et plusieurs petits réduits à ciel ouvert où l'on a cantonné des statues. Dans un coin de l'enclos encombré par toute cette architecture votive, sourd une fontaine réservée aux fidèles généreux. En ce moment deux jeunes filles, qui, par le costume, m'ont tout l'air d'appartenir à la classe aisée, se sourient gracieusement à elles-mêmes dans le miroir liquide étalé sous leurs yeux. C'est l'eau même de ce réservoir supérieur qui, se précipitant dans le vide par des ouvertures ménagées à dessein, forme la cataracte dont nous avons décrit l'appropriation tout à l'heure.

Au bas du coteau se groupent quelques maisons d'assez misérable apparence. Nous ne nous y arrêtons pas; et, continuant notre chemin, nous parvenons bientôt à la baie de Mississipi dont il a été parlé. Ce nom, peu japonais, remonte à l'année 1853, à l'époque où le commodore Perry, se présentant pour la première fois sur les côtes du Nippon, à bord du *Mississipi*, vint réclamer l'ouverture du pays à la civilisation occidentale. La plage qui la borde, sablonneuse comme fond, est recouverte de fragments de coquillages, de

PREMIERS APERÇUS

détritus marins et de substances végétales. Çà et là, des champs de légumes, des bouquets d'arbres et quelques pauvres cabanes en viennent accidenter la rive. De distance en distance, enfin, des petits fourrés de bambous communiquent au paysage la fraîcheur et la gaieté, tout en formant un cadre magnifique aux eaux bleuâtres alanguies à nos pieds.

Après avoir traversé un vallon tapissé de champs de riz et dominé par d'élégantes habitations indigènes étagées sur les hauteurs, nous nous trouvons tout

Gaelic, y compris les jeunes officiers qui venaient rejoindre au Japon la flotte américaine mouillée dans ces parages, se trouvent réunis à la table du Grand Hôtel. Inutile de dire qu'on s'y rappelle déjà les souvenirs d'hier éclos sur le Pacifique, et qu'on échange ardemment les remarques auxquelles chacun s'est livré depuis le débarquement.

Si, pour notre part, au cours de quarante à cinquante heures pleinement remplies, nous avons pu, Mr. Duncan et moi, visiter d'abord la partie européani-

LE BUND, A YOKOHAMA. — VUE DU GRAND HOTEL (p. 9).

à coup en face d'un modeste débit de boisson, aux caves taillées dans le roc, et où toute une famille d'Allemands, installée en ce lieu, délivre au passant une excellente bière brassée à Yokohama. — N'est-ce pas le cas de dire :

Sur ses pas, le *Germain* fait *germer* le houblon.

Le site où ce petit établissement s'élève est extrêmement pittoresque. Aussi éprouvons-nous une vive satisfaction à y absorber le frais breuvage qu'on s'empresse de nous servir.

L'excursion ainsi heureusement terminée, la voiture nous ramène à la charmante villa des Bluffs, où nous prenons congé de notre ministre.

Dès sept heures du soir, tous les passagers du

sée de la ville de Yokohama, parcourir les Bluffs et la rive accidentée où ces riantes collines plongent tout à coup dans l'Océan ; si, en somme, nous n'avons encore acquis de la vie indigène que de vagues connaissances relatives au théâtre national ou à la production artistique, ces messieurs de la marine unioniste, en gens pratiques et pressés, ont au contraire pris à tâche, sous la conduite de collègues déjà initiés, de fouiller l'agglomération purement japonaise, dans ses originalités les plus marquantes. Et de même qu'ils nous racontent par le menu les principales divisions de la ville, l'encombrement de certains quartiers, le fouillis inexplicable des rues, les bizarreries rencontrées çà et là, ils nous font un tableau si curieux, si renversant, du faubourg de

Takachimatcho, situé au nord-est de Yokohama, que, malgré certains détails quelque peu scabreux, nous acceptons de les y accompagner ce soir.

Takachimatcho est l'espèce de pandémonium où — l'on s'en souvient peut-être — le coursier humain de mon djinrikcha m'avait conduit de sa propre initiative, au hasard d'une promenade d'exploration opérée le jour de notre arrivée.

Or, il paraît que l'aspect diurne, auquel j'avais été convié, n'est rien auprès des fulgurations dont cette foire aux plaisirs se revêt une fois le soleil disparu, quand la cité européenne, toute vouée au labeur, semble s'endormir dans sa demi-obscurité.

Et, par le fait, nous avons à peine dépassé les derniers comptoirs affectés aux transactions internationales, que nos regards sont comme éblouis par l'étonnante diversité des lanternes coloriées suspendues aux balcons et aux toitures qui font saillie sur la voie publique. C'est comme si nous nous trouvions subrepticement transportés au sein d'une vaste et troublante féerie.

Ainsi que nous avions déjà eu l'occasion de le signaler, l'avenue de Takachimatcho se présente aux regards, dans toute son étendue jusqu'au faubourg de Kanagawa, sous la forme d'une immense et bruyante artère où la population vient chercher, une fois la nuit venue, toutes sortes de récréations plus ou moins licites, dans les innombrables tchayas établies de part et d'autre.

Ici, ce sont des groupes de promeneurs, fumant la pipette nationale, s'extasiant devant quelque objet d'attraction ou gesticulant dans un accès de bruyante gaieté ; là, des rangées de buveurs, absorbant à loisir le thé ou l'eau-de-vie indigène ; plus loin, des filles de jeunes femmes, en costumes pompeux, penchées sur les balcons en terrasse et s'exposant à la curiosité de la foule ; de droite et de gauche, les habitations grandement ouvertes, laissant chatoyer, sous les lumières, la robe de la danseuse ou de la ribaude ; partout, enfin, les maigres accords du *samicen* et le battement précipité du tambourin, ponctués çà et là par les vibrations sonores d'un gong retentissant.

Peu de constructions importantes, en général : les maisons sont relativement basses et non ornées. Quelques-unes cependant semblent emprunter, comme importance et comme décor, les vastes proportions d'un *yachiki*, c'est-à-dire d'un château seigneurial.

Rien de clandestin, en tout cas, sur un parcours de plusieurs kilomètres : aucun de ces abjects taudis, au vieux rideau bouchant la porte, et dont Juvénal nous a fait la description :

Calidum veteri centone...

Tel est bien l'Orient, comme il fut de tout temps et comme il sera toujours probablement, avec la nonchalance qui le caractérise, la fougue pour le plaisir, le cynisme inconscient dans les ébats.

Au fur et à mesure qu'on avance vers Kanagawa, le caractère semi-international de ce faubourg, accoté à la ligne du chemin de fer, se transforme progressivement et devient purement japonais. Désormais la plupart des habitations comportent, sur la façade extérieure, des sortes de cages garnies de barreaux, où toute une population féminine se presse dans les entre-bâillures.

Accroupies ou debout sur des tapis écarlates, rallumant à tout instant leur pipette au brasero posé sur un tabouret de laque, les unes comme les autres — simples courtisanes en somme — somnolent, caquettent ou minaudent avec la plus entière liberté.

Les formes de leur corps fluet, mais élégant, s'estompent, noyées sous les flots de plusieurs robes superposées, brochées ou brodées, dont les couleurs vives et tranchantes se marient avec art ; les ors éclatants, les bleus saphir, les verts véronèse, les rouges carminés, les nuances feu s'assemblent, se confondent ou se heurtent dans autant de dissonances harmonieuses d'une intensité toute vénitienne. Et tandis que leur ample tunique de soie est maintenue fermée au moyen d'une large ceinture de foulard appelée *obi*, laquelle vient se nouer sur la croupe, en forme de pouf agaçant, leurs noires chevelures, piquées d'épingles d'or, luisantes d'huile fine et saturées de parfums, constituent tout un poème de séductions. Opposés à la livrée de la misère ambiante, aux haillons terreux portés par la gent laborieuse, cette soie qui frissonne, ces brocards qui étincellent, toute cette fantasmagorie de théâtre communique aux inconscientes victimes du Minotaure un air de scarabées agitant leurs élytres de topaze, d'émeraude ou de rubis autour d'un fumier. Il n'est pas jusqu'aux longues épingles d'ambre jaune ou de métal précieux, se balançant au-dessus des têtes lustrées, qui ne complètent la ressemblance, en figurant les antennes du coléoptère sacré.

A l'aspect d'une antithèse si criante, les mœurs de la Grèce antique semblent être ressuscitées pour nous, non dans le sens intellectuel où les Laïs se haussaient à la fréquentation des Alcibiades, mais dans le sens amer de Phryné repoussant Diogène d'un pied dédaigneux.

Ma montre marque minuit quand nous battons en retraite, laissant derrière nous ce quartier qui restera ainsi en pleine effervescence jusqu'au plus prochain lever du soleil.

Mercredi, 11 octobre. — Le susdit soleil n'a pas l'amabilité de se montrer. Dès le matin, la pluie s'est mise à tomber, et le thermomètre ne marque plus que 14° centigrades. — Auprès des journées précédentes, la température semble fraîche.

Nous avions projeté, avec Mr. Duncan, d'aller faire une excursion à la petite île d'Enochima, mais le mauvais temps, survenu tout à coup, vient déranger nos combinaisons. En désespoir de cause, nous décidons d'aller à Tokio pour en passer une première inspection. Tout le monde sait que *Tokio* est le nouveau nom de l'ancienne ville de *Yédo*, située à quelques lieues seulement de Yokohama, dans le fond même de la baie où est établie la ville internationale.

Un chemin de fer relie Yokohama à la capitale du Japon. Ce chemin de fer a été construit sous la direction d'ingénieurs anglais. Terminé en grande partie vers le commencement de 1872, il ne fut réellement mis en exploitation jusqu'à Chinagawa, un des faubourgs de Tokio, qu'au mois de juillet de la même année. Son unique mérite est d'avoir été le premier railway établi dans l'archipel, car la distance entre les deux villes est à peine de dix-huit milles, soit vingt-neuf kilomètres.

A Yokohama, les bâtiments de la gare, aussi simples que possible, n'ont de saillant qu'une véranda et ne comportent que les salles absolument nécessaires au service des voyageurs et des marchandises.

Comme il ne faut rien omettre, ajoutons que ces simples vingt-neuf kilomètres pourvus d'aussi modestes installations ont coûté la modique somme de quinze millions de francs.

YOKOHAMA. — LA PREMIÈRE GARE DE CHEMIN DE FER CONSTRUITE AU JAPON (p. 23).

Ce n'est pas sans déboires, on le voit, que le Japon fait son apprentissage à la vie moderne.

Les billets en usage, absolument identiques au modèle adopté partout ailleurs, sont, en outre, d'une clarté remarquable. Les points de départ et d'arrivée, la classe, le prix coûtant, y sont désignés en quatre langues : japonais, anglais, français et allemand [1]. Quant au système de contrôle, il n'est pas moins pratique. Ainsi, le quai d'embarquement est divisé en deux parties, dans sa longueur, par une barrière à hauteur d'appui, où l'on vérifie les billets au départ, comme à l'arrivée. De cette manière, il n'y a que les ayants droit qui puissent monter dans les wagons, alors que tout le monde indistinctement circule aussi bien sur le quai que dans les salles d'attente.

Il est onze heures quand nous partons, remorqués par une locomotive de très petite dimension, celle-ci étant, d'ailleurs, en rapport avec l'écartement fort restreint de la voie. En ce qui concerne les wagons où

[1]. Depuis quelque temps, les tickets ne portent plus la mention qu'en japonais et en anglais.

nous avons pris place, ils sont construits, pour la plupart, sur le modèle des tramways américains, et me semblent être d'une légèreté moins que rassurante.

Nous mettons une heure pleine à franchir les six lieues qui nous séparent de Tokio. Telle est, paraît-il, la vitesse réglementaire. Précaution excessive peut-être, mais qui me semble des mieux justifiées, étant donné le peu de résistance du matériel.

Les voyageurs qui, parcourant le monde, s'imaginent rencontrer à chaque pas des paysages différents et des mœurs absolument inédites, versent dans une lamentable erreur. Celle-ci ne m'a jamais été mieux démontrée que durant l'étape fournie avec la sage lenteur à laquelle nous venons de faire allusion. Les campagnes avoisinantes rappellent, à s'y méprendre, celles de nos provinces flamandes. Ce n'est qu'à certaines particularités de la production agricole, à la forme exotique des grandes habitations, qu'un homme de nos pays, subitement transporté au Japon par quelque magicien, s'apercevrait à son réveil de son prodigieux déplacement. Je me croirais être tout simplement, en Brabant, sur le chemin d'Alost à Bruxelles. Il n'y a pas jusqu'aux nombreuses maisonnettes, recouvertes de chaume, qui ne contribuent à entretenir dans mon esprit cette douce illusion. Elles se présentent comme des corps de fermes semés au hasard dans des campagnes soigneusement cultivées, entre des bouquets d'arbres épanouis. Le sol doit être ici d'une extrême fertilité.

Nous stoppons successivement à Kanagawa, à Tsouroumi et à Kawasaki. Auprès de cette dernière localité, la voie ferrée est longée de chaque côté par des poiriers conduits en berceaux comme les vignes de la Lombardie. Un peu plus loin, nous traversons sur un pont métallique le large cours de la Tamégawa.

Les stations, régulièrement bâties, respirent une extrême propreté. En face de celle d'Omori, un peu au delà de la voie, se dresse un *torii*, sorte de portail donnant accès aux marches d'un temple assis sur le coteau. Il est à remarquer, du reste, que nombre d'édifices religieux sont ainsi placés le long de la route.

Enfin, après avoir franchi en contre-bas le pont de

pierre qui donne passage à la route impériale du Tokaïdo, nous parvenons à la station de Chinagawa, laquelle marque un des points les plus élégants de la banlieue de Tokio. Rien de charmant comme le paysage qui se développe ici à nos regards. Sur notre droite, c'est la baie de Tokio aux eaux miroitantes, sur lesquelles tranche agréablement la voile blanche des embarcations; de l'autre côté, c'est le coquet faubourg avec ses jolies habitations et ses riants jardins, dans son cadre de collines vertes émaillées de petits temples bouddhistes. Mais, hélas! l'impression si favorable ressentie à la vue de ce trompeur échantillon de la grande cité japonaise, ne tarde pas à se dissiper. Bientôt des groupes de cahutes misérables, aux ais sordides et disloqués, remplacent les villas coquettes et feuillues. Le Tokio véritable nous apparaît dans sa primitive et désolante incurie. A voir ces charpentes informes, séchées pendant les ardeurs de l'été par un soleil presque torride, on ne s'étonne plus des épouvantables désastres qui viennent périodiquement porter la ruine et la désolation au sein d'un pareil milieu. Car il n'est pas rare que des quartiers immenses, habités par des milliers d'indigènes, soient réduits en monceaux de cendres dans l'espace de quelques heures. Il n'y a pas plus de huit jours, un formidable incendie a dévoré près de quinze cents de ces maisons de bois. A peine s'en occupe-t-on encore, tant les sinistres sont à la fois considérables et fréquents.

La gare de Tokio, construite sur le modèle de celle de Yokohama, est située dans le quartier de Chimbachi, au sud-est de la ville.

Nous voudrions bien nous engager tout de suite dans une exploration intéressante, mais la pluie n'a pas cessé de tomber, et, comme il est midi maintenant, il y a tout lieu de croire qu'elle ne discontinuera pas de la journée.

Nous nous faisons donc conduire en djinrikcha à la légation d'Italie, priée par notre ministre de nous procurer les autorisations nécessaires pour pénétrer prochainement dans les jardins de la couronne.

En attendant, pour saluer notre entrée dans la capitale, le ciel semble nous avoir réservé toute l'eau de ses puissantes cataractes. Malgré cette douche obstinée, nous pouvons individuellement nous dire à l'abri, sous la capote de notre véhicule, tant la garniture en est imperméable. Celle-ci n'est pourtant faite que d'un papier huilé fort résistant, assez semblable à du caoutchouc. En ce pays étrange, d'ailleurs, les parapluies de fabrication indigène sont uniformément doublés de ce papier mirifique. Je remarque, chemin faisant, qu'en dépit des averses et du froid qu'elles répandent dans l'atmosphère, les indigènes appartenant aux classes inférieures conservent toujours leur état de quasi-nudité. Quelques-uns cependant, les plus huppés, ont revêtu, sous leur toge ouverte, un pantalon de coton bleu collant à la jambe et un justaucorps de même étoffe. Quant aux coureurs attelés aux djinrikchas, ils vont affublés, en guise de pardessus, de nattes de paille grossièrement tressées. Par le fait, les gens de condition aisée ne se distinguent guère des hommes du peuple que par la nature des étoffes employées et par la superposition plus ou moins renouvelée de pantalons et de tuniques. Tous les piétons courent trottinant sur leurs guetas, sortes de galoches de bois à double support très élevé. Cette chaussure, aussi disgracieuse qu'incommode, ne manque pas cependant d'avoir un côté pratique en temps de pluie, dans les carrefours où la boue est très abondante.

Par une fâcheuse coïncidence, le ministre d'Italie que nous allions saluer est parti lui-même pour Yokohama. Nous avons dû le croiser en route. En son absence, le secrétaire de la légation se chargera de nous procurer les permis.

Déjeuner à l'hôtel japonais *Sei-yo-ken,* tenu, comme l'on pense, par un indigène. On nous y sert un excellent repas. L'établissement est tenu à l'européenne, et très confortablement installé pour le pays. Nous y trouvons, qui plus est, un billard, actuellement *en lecture,* et sur lequel un quatuor d'Américains fait résonner la gamme de ses carambolages savants. L'hôtel Sei-yo-ken est bâti dans le Tskidji (littéralement : remblai de terre), quartier qui s'étend à proximité de la gare et constitue la « Concession étrangère ». On sait, en effet, que les seuls étrangers, revêtus de fonctions par le gouvernement japonais ou chargés par leur pays d'intérêts diplomatiques, ont le droit, en vertu de traités officiels, de demeurer dans la ville indigène proprement dite. Malgré toutes les facilités qui leur sont offertes par ailleurs, les résidents de Tokio sont fort restreints comme nombre. Il semblerait, pourtant, qu'un centre d'affaires aussi peuplé doive attirer la foule des commerçants internationaux. Une certaine affluence s'est bien produite au début; malheureusement la rade, trop peu profonde pour recevoir les grands navires, est une cause formelle d'abandon. La plupart des comptoirs qui s'y étaient fixés d'abord ont été peu à peu transférés à Yokohama.

Yédo, signifiant « Porte de la baie », ou plutôt *Tokio,* c'est-à-dire « capitale de l'Est », dépend de la province de Mousachi et s'élève à l'embouchure de la rivière Soumida. Un tel changement de nom, si contraire à nos usages, est assez fréquent en extrême Orient. Celui-ci ne date, en réalité, que de l'année 1868, à la veille même du jour où le mikado y fixa sa résidence. Pour que le gouvernement impérial se décidât à abandonner *Kioto,* la *Saikio* actuelle, c'est-à-dire « capitale de l'Ouest », où, pendant plus de mille ans, les souverains légitimes du Japon s'étaient succédé, il ne fallait rien moins que des raisons politiques d'une très haute importance. En se fixant en personne dans une ville jusque-là regardée comme le boulevard des chogouns, cette longue dynastie d'usurpateurs, le mikado espérait, par son auguste présence, enrayer toutes les réactions. Une autre

raison reposait, ni plus ni moins, sur le besoin de parer à des difficultés financières, en mettant la main sur les gros revenus fournis illégalement à la vieille famille des Tokougawa par le groupe des provinces du Kwanto,
dénombrements, plus récents, accusent le chiffre de neuf cent mille à un million d'habitants [1].

En dépit du temps exécrable dont nous sommes gratifiés, nous nous faisons conduire à travers la

POÉSIES PRINTANIÈRES (p. 18).

dont Yédo formait, pour ainsi dire, le point central.

La population de Tokio, dont on a fort exagéré le chiffre, en le portant jusqu'à deux millions, se montait, d'après les recensements faits lors du terrible incendie de 1872, à sept cent quatre-vingt-neuf mille habitants. Ajoutons, pour être exact, que d'autres

ville. C'est à peine si, au cours de cette promenade sans but précis, nous parvenons à saisir au vol quelques traits de la vie indigène. Des maisons de bois à la toiture ruisselante, des ombres indécises circulant

[1]. Le résumé statistique officiel de l'empire du Japon, pour l'année 1892, attribue à Tokio une population de 1,155,290 hab.

sous des parapluies de papier huilé, des djinrikchas ressemblant, avec leurs coureurs, à des coffres mouvants précédés de bottes de paille informes, une coupole de plomb oxydé sur la tête, un bourbier sans nom sous les pieds, voilà tout ce qu'il m'est donné de percevoir aujourd'hui dans la nouvelle capitale du Japon.

Les caprices de la route nous amènent en face d'une tchaya, laquelle se trouve être en même temps un lieu de réfection. *Tchaya*, d'ailleurs, est un terme générique par lequel on désigne ici non seulement une maison où l'on vient boire du thé, ce dont nous avons fait « maison de thé », mais encore un restaurant et même un hôtel indigène.

Nous nous arrêtons un instant dans l'établissement en question, et nous n'avons pas sujet de nous en repentir. Le poisson et le thé y sont particulièrement délicieux ; et comme la promenade, au milieu d'une humidité envahissante, nous a creusé l'estomac, nous faisons largement honneur aux mets qui nous sont successivement offerts. Nous pouvons, du reste, nous en donner à ventre déboutonné, sans crainte d'écorner nos budgets respectifs. La carte à payer s'élève, pour mon compagnon et moi, à six *sens*, autrement dit au chiffre fabuleux de trente centimes. Que nous voilà loin des prix d'Amérique !...

Mais ces différentes excursions sous la pluie nous ont trempés jusqu'aux os. La froidure a pénétré insensiblement nos moelles, et nous grelottons comme s'il y avait dix degrés au-dessous de zéro. Peu charmés, en somme, de cette première excursion, nous retournons à la gare, où les *boys* — comme les Anglais appellent en extrême Orient tous les gens de service, et conséquemment nos conducteurs attelés — nous réclament, pour leurs peines, trois ou quatre fois la valeur du prix usuel. Ne leur en tenons pas rigueur. Avec une pareille pluie, les tarifs ne sauraient avoir cours. Les pauvres diables ont bien mérité quelque supplément.

La salle d'attente n'est, ni plus ni moins, désormais qu'une petite Sibérie. Nous devons y battre la semelle durant toute une grande heure, en attendant le départ du train. Quant aux indigènes, ils remplissent les airs du cliquetis agaçant produit par leurs *guétas* sur les dalles de la gare et des abords.

Enfin, vers six heures et quart, nous repartons pour Yokohama.

Aussitôt rentré à l'hôtel, je fais allumer dans l'âtre un véritable brasier pour réchauffer mes membres engourdis. La température extérieure est devenue insoutenable. Un vent impétueux et froid s'est déchaîné sur la ville. Irrité par l'obsession des rafales, l'Océan entre-choque ses lames mugissantes. Qu'il est doux, comme dit cet épicurien de Lucrèce, d'assister au désordre des éléments, quand on est à l'abri de leurs coups :

Suave, mari magno turbantibus æquora ventis,
E terra magnum alterius spectare laborem!

Mais les Japonais, eux, si peu couverts, si mal abrités, ils doivent faire des réflexions bien différentes. En attendant, puisque nous avons des loisirs et que la tempête nous confine à la chambre, occupons-nous de faire un peu d'histoire rétrospective. Nous aurions mauvaise grâce, en effet, à pousser plus loin, sans nous familiariser quelque peu avec les fastes d'un peuple au milieu duquel nous devons séjourner plusieurs mois, et dont nous nous proposons d'étudier les mœurs et le caractère. Si Tokio, entrevu seulement au travers d'un rideau de brumes, ne nous a livré que des échappées fugitives, apprenons, du moins, à connaître l'énigme de son passé, avant de visiter plus longuement des temples et des palais auxquels s'attachent mille souvenirs glorieux ou tragiques. C'est ici, dans ce coin de terre particulier, que s'ébauchèrent ou s'accomplirent les grandes évolutions du singulier dualisme dont nous avons déjà touché un mot, et qui, introduit depuis des siècles dans les pouvoirs publics, se présente à la postérité sous les deux formes souveraines : *mikado* et *chogoun;* c'est ici, également, que l'avenir politique et social du Japon recommence en ce moment sa laborieuse et puissante gestation. Un coup d'œil furtif jeté sur une existence de trente siècles et plus, ne sera pas, à coup sûr, sans intérêt. Il nous préparera naturellement au défilé monumental auquel nous allons assister, défilé commençant à la nouvelle métropole, se poursuivant à travers les enceintes sacrées de Nikko et s'arrêtant aux splendeurs incomparables de l'antique ville de Kioto.

SILHOUETTE DE COMÉDIEN

L'EMPEREUR GODAÏGO QUITTANT SA CAPITALE POUR ANÉANTIR LES HODJO
Dessin de Yosaï (p. 30).

II

HISTOIRE ET RELIGION

Djimmou Tenno, fondateur de l'empire mikadonal. — Introduction de la civilisation chinoise. — Le bouddhisme et la féodalité. — Les Foudjiwara, les Taïra et les Minamoto. — Yoritomo et le chogounat. — Les Hodjo. — Le christianisme au Japon. — Le grand chogoun Iyéyas. — Tout un système politique. — L'épée tombe en quenouille. — Les premières relations internationales. — Ports ouverts aux étrangers. — Une équivoque diplomatique. — La révolution de 1868 et la restauration des mikados. — Histoire contemporaine et progrès de la civilisation occidentale.
Les marchands de curiosités de Tokio. — Merveilles de l'industrie locale. — La maison japonaise et le mobilier.
Croyances populaires. — La religion nationale. — Les deux premiers habitants de la terre. — Légende d'Amatéras. — Le chintoïsme et les mikados. — Le bouddhisme et les chogouns. — Pratiques et cérémonies. — Triomphe des dogmes nationaux et de l'ancienne dynastie.

L'empire du Soleil Levant remonte à une très haute antiquité. A l'époque même où Pisistrate méditait, à Athènes, d'imposer son pouvoir tyrannique sur les concitoyens de Solon, Djimmou-Tenno, venu probablement des côtes de la Chine, étendait ses conquêtes sur tout l'archipel japonais et fondait la dynastie mikadonale (600 à 585 av. J.-C.). Son avènement fixe l'an Ier de l'ère japonaise[1]. Toutefois, l'œuvre de domination de Djimmou ne fut complétée que sous ses successeurs. La soumission dura plusieurs siècles, pendant lesquels les premiers occupants taillèrent une rude besogne à l'autorité prépondérante. C'est au point que le dixième mikado, Soudjin-Tenno, crut devoir créer, en vue de venir à bout de leurs constantes révoltes, quatre commandements militaires,

qu'il distribue à ses plus habiles généraux, en les décorant du titre de *chogoun*. Telle est l'origine de ce pouvoir, destiné plus tard à jouer un si grand rôle.

Au temps de la belliqueuse impératrice Djingou-Kogo (200 ap. J.-C.), régente du royaume, nous trouvons le Japon devenu fort et prospère, s'attaquant à ses voisins et même imposant un tribut annuel à la Corée. La guerre dont il est fait mention a surtout pour résultat de faire entrer dans le pays la vieille civilisation chinoise, sur les ailes de la conquête. A partir de cette époque, l'industrie, les sciences, les arts, la littérature et la philosophie deviennent l'apanage de la contrée.

Pendant la période de dix siècles environ qui se succèdent encore, et jusqu'à l'expiration du douzième siècle après Jésus-Christ, les princes élevés au trône se font remarquer par le caractère paternel de leur gouvernement. Leur œuvre est en général marquée au coin de la sagesse et du progrès.

---

1. L'exposé historique que nous abordons ici sera naturellement très succinct. Pour plus amples détails, consulter notre précis : *le Japon, — Histoire et Religion*; Ch. Delagrave éditeur, 15, rue Soufflot.

Cependant, bien avant la date de 1192 qui couronne cette ère de paix universelle, l'autorité des empereurs est déjà travaillée par deux dissolvants, le bouddhisme et la féodalité.

Jusqu'au sixième siècle, en effet, le pouvoir mikadonal, appuyé sur le chintoïsme, la religion primitive du Japon, s'était exercé sans partage, non seulement dans le domaine politique, mais encore sur le terrain religieux. A cette époque, la croyance des peuples réunissait d'une manière absolue, entre les mains de l'empereur, regardé comme le fils des dieux, le faisceau de toutes les autorités. Mais, par l'introduction du bouddhisme, librement professé, les dogmes nationaux se trouvèrent quelque peu ébranlés; et, insensiblement, le caractère divin de l'autorité perdit de notre servage. Or, parmi cette caste privilégiée, les familles les plus influentes ne cessaient de se disputer la suprématie. C'est ainsi que nous verrons d'abord trois grandes familles, ou plutôt trois clans, celui des *Foudjiwara*, puis celui des *Taïra* et des *Minamoto*, briguer successivement tous les postes, s'entourer de partisans, et, rompant avec toute mesure, s'abandonner à des luttes interminables. Bien que l'action exercée individuellement par la plupart des membres de ces grandes familles se soit montrée souvent favorable à la prospérité publique, elle eut pour résultat certain d'amoindrir le prestige des mikados. Ceux-ci, en effet, se virent peu à peu à la merci du plus puissant d'entre les compétiteurs.

A peine les Foudjiwara ont-ils réussi à faire créer en

LES CORÉENS SE SOUMETTANT A LA REINE DJINGOU-KOGO
D'après une estampe japonaise (p. 27).

son ancien prestige. Enfin, tandis que les nouvelles doctrines philosophiques sapaient par la base l'édifice de la monarchie, l'intrusion d'une féodalité militaire tendait à modifier profondément le système gouvernemental resté debout.

La religion du Bouddha fut introduite au Japon sous l'empereur Kimmeï, de 540 à 571 après Jésus-Christ. Quelques années plus tard, elle comptait déjà un nombre considérable de fidèles. Signaler le fait, c'est reconnaître que ses progrès furent aussi rapides qu'ils devaient être funestes à la monarchie elle-même.

La puissance militaire n'avait pas tardé, d'autre part, à s'implanter au milieu de populations belliqueuses, si bien dressées à la guerre par les difficultés du début. Il en résulta une sorte de caste privilégiée, où l'on se partageait les charges et les honneurs, et complètement distincte de la classe populaire, celle-ci étant demeurée dans un état d'infériorité comparable à leur faveur l'office de *Kwampakou* ou « gardien des verrous impériaux », office en vertu duquel ils pratiquent une autorité quasi souveraine, que les Taïra et les Minamoto escaladent à leur suite les degrés conduisant à quelque charge équivalente. Ce n'est, cependant, qu'au douzième siècle que les Foudjiwara laissent le champ libre à leurs tenaces adversaires. A ce moment, la famille des Taïra, personnifiée dans l'un de ses membres les plus célèbres, l'implacable Kiyomori, n'écarte pas seulement, et pour toujours, le clan des Foudjiwara, mais réussit encore, par la brillante victoire de Kioto, remportée en 1159, à réduire du même coup les Minamoto réunis.

Or, l'esprit de vengeance est un des caractères distinctifs de la race japonaise. Elle a souvent porté l'un et l'autre des partis aux extrémités les plus regrettables. Entre les descendants de toutes ces familles rivales, se léguant de père en fils leurs griefs séculaires, ce sera désormais une guerre à mort toujours fomentée, toujours renaissante. Pendant cette période transitoire, nous verrons plus d'un des Minamoto vivants tenter de relever l'antique renom de la famille, et parmi eux le fameux archer Tamétomo, si bien réputé dans le Japon tout entier comme un type accompli de force et d'adresse, qu'il est représenté sur les billets de banque modernes transperçant la coque d'un des navires ennemis à l'aide de ses flèches et parvenant à le couler. Mais toutes ces tentatives restent infructueuses, et ce n'est qu'une vingtaine d'années après la bataille de Kioto que le succès viendra couronner tant d'efforts, avec l'apparition de l'illustre Yoritomo. Dès que ce dernier, en effet, a atteint l'âge d'homme, il profite du mécontentement général provoqué par les cruautés de Kiyomori, et se met lui-même à la tête d'un formidable soulèvement. Puis, après des luttes mêlées de succès et de revers, au cours desquelles Kiyomori s'éteint, le descendant des Minamoto finit par infliger aux Taïra une suprême défaite, dans un combat naval livré sur la mer Intérieure. Cet événement mémorable se passe en l'année 1185.

Une fois débarrassé de tous ses ennemis, Yoritomo s'applique à consolider son autorité, en inaugurant une série de réformes destinées à faire aboutir entre ses mains tous les fils du gouvernement. Nommé en 1192 *Seï-i-taï-chogoun*, il communique à cette dignité, de fondation déjà ancienne, une importance qu'elle était loin d'avoir eue jusque-là. Dorénavant, le pouvoir impérial, relégué à Kioto, ne compte plus devant cette violente usurpation retranchée dans l'Est. A partir de ce jour, l'antique capitale du Japon devient un centre de courtisans et de beaux esprits, complètement en dehors du rayonnement des affaires. Le véritable gouvernement s'est implanté à Kamakoura, la résidence militaire des Minamoto, située à quelques lieues au sud du moderne Yokohama, et dont Yochi-iyé, le propre trisaïeul de Yoritomo, avait assuré le renom en élevant au dieu de la guerre le fameux temple d'Hatchiman.

Telle est la fin de la période *Osseï*, que les historiens japonais désignent comme la première de l'histoire de leur pays. Tel est aussi le commencement de la période *Hasseï*, c'est-à-dire celle qui marque la complète déchéance du pouvoir mikadonal, en face de l'influence exercée par les chogouns.

Le lourd héritage de l'illustre Yoritomo ne devait

INTRODUCTION DU BOUDDHISME AU JAPON
PRÉSENTATION A L'EMPEREUR KIMMEÏ D'UNE STATUE DU BOUDDHA (p. 28).

point fructifier entre les mains de ses descendants. La débauche et l'oisiveté contribuèrent aussitôt à en amollir les ressorts. Nous n'entrerons donc point dans le détail des quelques siècles qui suivent, siècles pendant lesquels nous voyons une autre famille, celle des Hodjo, mettre elle-même en tutelle les chogouns dégénérés, sous la forme d'une double usurpation. Le fait le plus remarquable qui se rapporte à cette époque sombre et funeste est la destruction complète, sous la régence de Hodjo-Tokimouné, par les éléments conjurés à point, d'une formidable flotte équipée par la Chine et la Corée en vue de conquérir l'archipel. Jamais, à aucune époque de son histoire, le Japon n'avait couru un tel danger. Ce qui en caractérise le mieux les différentes étapes, c'est le développement croissant de cette famille des Hodjo dont nous avons parlé, et la constante tyrannie de ses derniers rejetons.

Par le fait, ce fut d'un mikado élevé au trône par les Hodjo eux-mêmes que partit le signal d'une première restauration.

De 1319 à 1338, Godaïgo-Tenno fait revivre un moment la puissance mikadonale depuis longtemps effacée. Grâce au concours de Kousounoki-Masachigué, lequel porta le désintéressement personnel jusqu'aux dernières limites, grâce surtout aux efforts multipliés de ces mêmes Minamoto, toujours vivants, il extermine les Hodjo et détruit par le feu leur orgueilleuse résidence de Kamakoura.

Deux épisodes qui se rapportent à cette lutte mémorable sont encore vivaces dans le souvenir du peuple japonais et se trouvent reproduits sur les billets de banque indigènes : celui de Kodjima-Takanori informant son maître Godaïgo, par une inscription secrètement tracée sur un cerisier, du complot ourdi en sa faveur ; et celui de Nitta-Yochisada jetant son épée dans les flots, en offrande aux dieux marins, afin que la mer, en se retirant, livre passage à son armée et lui permette d'anéantir les Hodjo.

Mais ce premier triomphe devait être tout éphémère. L'un des généraux ralliés à la cause légitime, nommé Taka-Oudji, profite de certaines circonstances pour susciter une nouvelle rébellion, pour chasser Godaïgo de sa capitale, et pour mettre à sa place un souverain de son choix. En échange d'un pareil service, il se fait octroyer, par le nouveau mikado, le même poste de chogoun qu'il avait primitivement combattu. Or, comme l'ancien mikado vivait toujours et avait encore des partisans, le Japon se trouva tout à coup placé sous le gouvernement d'un mikado du Nord et d'un mikado du Sud. Ce schisme politique se prolongea jusqu'en l'année 1392. En cette lamentable époque, l'anarchie est d'ailleurs parvenue à son comble, et, pendant plus de deux siècles, la trame des événements qui se déroulent n'est plus qu'un tissu d'horreurs et de crimes.

Les choses en viennent même bientôt à un tel point qu'en 1558 l'empereur doit s'adresser à un général énergique, nommé Nobounaga, à seule fin de pacifier ses États.

ÉPISODE DE LA LUTTE ENTRE LES TAÏRA ET LES MINAMOTO
(Vignette des billets de banque japonais [p. 29].)

JONQUE DE GUERRE, AU XII° SIÈCLE
(Vignette des billets de banque japonais.)

Grâce à ce vaillant capitaine, les mikados ressaisissent une seconde fois la plus grande partie de leur ancienne puissance, et le Japon voit, à l'ombre d'une auguste influence, renaître des jours de paix et de prospérité. C'est ainsi que nous assistons au rapide développement du christianisme, prêché d'abord par le doux François-Xavier, à la suite d'un premier débarquement d'Européens, et, bientôt, par les nombreux missionnaires qui lui succèdent. En 1582, c'est-à-dire trente ans après son apparition, le culte catholique ne compte pas moins de deux cents églises, alors que le nombre des convertis monte déjà à plus de cent cinquante mille.

Mais, hélas! un pareil essor devait être entravé par la mort de l'illustre Nobounaga.

Son successeur Hideyochi prend ombrage de la nouvelle religion, et, poussé sans doute par les prêtres bouddhistes, lance un édit formel par lequel il ordonne aux missionnaires étrangers d'avoir à quitter l'Empire aussitôt. En même temps, il enjoint aux Japonais baptisés de revenir au culte national. Comme les décrets semblaient n'avoir aucune efficacité, Hideyochi en arrive plus tard à la persécution. Celle-ci fut atroce, dans toute l'acception du terme. Plus de vingt mille chrétiens payèrent de la vie leur attachement à la foi.

Cependant Hideyochi, mieux connu sous le nom de Taïko ou de Taïkosama, meurt au cours d'une expédition qu'il avait entreprise contre la Corée (1598).

C'est un de ses principaux lieutenants, Iyéyas, qui brigue sa succession. La brillante victoire qu'il remporte, en l'an 1600, à Sekigahara, tout auprès du lac Biwa, sur les autres généraux devenus ses compétiteurs, le rend le maître absolu du Japon. Iyéyas n'était rien autre qu'un descendant de cette même race guerrière des Minamoto, dont le rôle avait été si actif dans l'histoire du pays. Il est, en outre, le chef de cette grande maison des Tokougawa, laquelle comptait encore en 1862 près de trois cents branches bien vivaces. Or Iyéyas était à peine nommé chogoun, qu'il s'efforçait par tous les moyens d'assurer à sa maison la perpétuité du pouvoir. A cet effet, il étendit sur la contrée entière le réseau inextricable d'une féodalité nouvelle.

Dans le milieu de Yédo, de laquelle il fait sa capitale, s'élève sur son ordre le fameux *Chiro*, palais et forteresse à la fois, d'où l'usurpation dictera ses volontés à tout l'Empire. Pour la seconde fois, l'antique Kioto devra céder le pas à une autre ville capitale. A la cour restée fidèle au mikado, à la vieille aristocratie des *kougués*, le nouvel et grand chogoun opposera une aristocratie récente, uniquement assise sur les privilèges territoriaux et les dotations en nature qu'il lui attribue. A partir de cette époque fonctionne hiérarchiquement tout un système administratif d'une cohésion sans pareille. Les *daïmios* ou princes, disséminés sur le territoire, deviennent autant de grands vassaux obligés de rendre périodiquement hommage à leur chef. Rien n'est négligé pour assurer à ce dernier la fidélité universelle. Ainsi, il est interdit à qui que ce soit, même au plus puissant, d'entretenir les moindres relations avec la cour des Empereurs. Ceux-ci sont dorénavant réduits à leur seul prestige mythologique. Quant aux *samouraïs*, complétant avec les *daïmios* la classe militaire et conquérante, ils sont également dotés d'un certain nombre de privilèges. En leur qualité d'hommes d'épée, ils portent les deux sabres, ce signe distinctif de la noblesse. Pour toute cette caste supérieure, le suicide par ordre devra toujours rendre inutile le glaive infamant du bourreau. En outre, chacun recevra du gouvernement des réserves importantes de riz, voyagera sans frais sur les routes, en vivant aux dépens des tenanciers d'auberge, aura le droit d'entretenir une concubine au logis, et sera tenu de répondre par le meurtre à toute offense émanée d'un vilain. Et, tandis qu'à la cour de Kioto, des membres de la plus vieille noblesse en sont réduits à faire œuvre de leurs dix doigts, les *samouraïs* se voient désormais interdit tout métier manuel, toute profession vénale.

Bref, en raison de ces dispositions minutieuses, la société japonaise se trouve être littéralement partagée en deux grandes classes bien distinctes : l'élément guerrier d'une part, et l'élément populaire de l'autre. Mais si, pour la première de ces deux catégories, il existe les sous-divisions que nous venons d'énumérer, de même aurons-nous à en constater, pour la seconde, d'aussi nombreuses et d'aussi bien définies. Ainsi les masses qui composent le dernier groupe seront échelonnées, par ordre d'importance, en fermiers, en agriculteurs, en artisans, en marchands, en histrions, voire en prostituées, et enfin en *etas*,

LES CORÉENS APPORTANT A IYÉYAS LE TRIBUT ANNUEL IMPOSÉ AU IIIe SIÈCLE (p. 27).

sortes de parias chargés des besognes impures et sanglantes.

Bien que Iyéyas, ou plutôt parce que Iyéyas a déclaré, dans l'exposition de ses idées, que le peuple est la base même de l'Empire, chaque maillon de la chaîne hiérarchique est à tout jamais rivé en son lieu et place. Nul ne pourra désormais se mouvoir que dans des limites infranchissables et restera soumis aveuglément aux tuteurs naturels établis par la loi. Pour l'homme du peuple, la crainte du châtiment deviendra l'unique agent de cette domination absolue, tandis que pour le daïmio et le samouraï, un code du devoir, longuement élaboré, sorte de catéchisme de l'honneur individuel, est appelé à maintenir les distances comme à régler les obligations respectives. Pour chacune des deux grandes castes établies, il y aura d'ailleurs des écritures et des livres différents. De cette manière, il sera aussi impossible à l'homme du commun de s'élever au-dessus de sa condition, qu'à un gouverneur de province d'aspirer à la première fonction de l'Empire. Tout est prévu, défini, délimité.

Telle est, dans ses grandes lignes, cette organisation politique et sociale fondée par Iyéyas, et à laquelle nous n'avons accordé autant de place que parce qu'elle a duré des siècles et qu'on en découvre encore les traces dans la société actuelle du Japon. Et pourtant, le programme n'avait rien de séduisant pour une nation depuis longtemps vouée au régime du libre examen. Mais la lassitude, engendrée par une longue anarchie, avait fait naître le besoin d'une direction unique et forte. En présence de la décomposition générale dont il se voyait atteint, le Japon crut devoir accepter le joug de Iyéyas comme un véritable bienfait. Ses lois furent même si universellement appréciées, qu'aux yeux du vulgaire elles ont fini par passer pour une émanation de la sagesse divine. Et, par le fait, leur rigoureuse application par les descendants du grand législateur a valu au Japon, sous les dehors d'une usurpation tyrannique, une ère de prospérité et de paix qui ne dura pas moins de deux cent cinquante ans.

De plus, Iyéyas fut à la fois le protecteur des lettres, des arts et des sciences. Comme son prédécesseur, il se montra défavorable à l'exercice de la religion catholique; mais, loin d'être hostile aux étrangers, il s'efforça de les attirer. Il tenta même plusieurs fois d'entrer en rapport avec certaines puissances occidentales, poussant l'indépendance jusqu'à se servir des ordres mendiants pour former des relations suivies avec les îles Philippines. Malheureusement nul résultat sérieux ne pouvait advenir de dispositions aussi favorables, étant donné le système autoritaire inventé par le chogoun. Par la simple logique des faits, les successeurs de Iyéyas seront amenés à réclamer impérieusement l'éloignement de l'étranger et la proscription de toute religion évangélique.

Dès Hidétada, fils de Iyéyas, la guerre d'extermination contre nos croyances est reprise sans pitié ni trêve. Sous le successeur de ce dernier, Iyémitz, elle se dénoue par le massacre de quarante mille néophytes, passés au fil de l'épée ou jetés vivants dans la baie de Nagasaki (1637). En même temps aussi, le culte bouddhiste reprend son ancien éclat. Il atteint tout à coup un degré de magnificence inconnu jusqu'à cette époque. C'est, en effet, à Iyémitz, à ce prince constructeur et sanguinaire à la fois, aidé du concours de la nation tout entière et des étrangers exceptés de la persécution, que l'on doit le somptueux *Nikko* tel qu'il nous apparaît aujourd'hui, cette merveille incomparable dont la réputation a traversé les océans. Autour de la tombe sacrée de Iyéyas, temples et portiques, pagodes et couvents surgissent tout à coup avec une incroyable profusion.

VIGNETTE DES BILLETS DE BANQUE JAPONAIS SE RAPPORTANT A LA RESTAURATION, SUR LE TRÔNE, DE L'EMPEREUR GODAIGO (p. 30).

VIGNETTE DES BILLETS DE BANQUE JAPONAIS SE RAPPORTANT A LA DESTRUCTION DE KAMAKOURA (p. 30).

Mais n'anticipons pas sur la visite pleine d'attrait que nous ferons bientôt au lieu même où repose la cendre du grand chogoun, et qui est encore aujourd'hui l'objet d'un pèlerinage ininterrompu.

En un seul point, le chogoun Iyémitz parut s'écarter du programme de son illustre aïeul, programme dont il avait appliqué partout les ordonnances dictatoriales, en les rendant plus étroites encore : ce fut par les restrictions mêmes qu'il mit dans ses rapports avec l'étranger. Il ne toléra plus que les seules colonies des Hollandais et des Chinois fixées à Nagasaki, réduisant celles-ci au négoce le plus restreint, à l'isolement le plus complet. En outre, aucun Japonais n'eut dorénavant la liberté de s'éloigner de la côte. Cette dernière défense scellait pour ainsi dire la porte de la prison d'airain au fond de

HISTOIRE ET RELIGION

laquelle le Japon devait végéter pendant deux siècles, en attendant que la diplomatie occidentale fût parvenue à se la faire ouvrir de nouveau.

L'histoire des chogouns, qui vont se succéder depuis cet isolement funeste jusqu'à la période tout à fait moderne témoin de leur déchéance, n'offre plus qu'un faible intérêt. Chaque jour leur autorité perd de son prestige. Les plus puissants vassaux eux-mêmes en arrivent à souhaiter le rétablissement des mikados. C'est que ceux-ci, après un sommeil léthargique de huit siècles, ont fini peu à peu par reconquérir une partie de leur légitime influence. D'ailleurs un fait considérable, intervenu brusquement, a contribué à remettre en question le principe même du chogounat, tout en plongeant de nouveau le pays dans des désordres impossibles à réprimer. Les étrangers viennent de s'implanter définitivement sur le vieux sol du Nippon.

On n'a pas oublié l'expédition du commodore Perry, l'habile marin dont nous avons salué la statue, en Amérique, lors de notre passage à Newport. Ce fut lui qui, en 1854, arracha au chogoun alors en exercice le traité politique en vertu duquel plusieurs ports de l'archipel furent ouverts au commerce international.

Ce traité, consenti par le plus grand fonctionnaire japonais, constituait une grave dérogation aux lois antiques de la contrée. Il ne fut pas ratifié par la cour de Kioto. Bien au contraire, celle-ci protesta énergiquement, en sorte que le chogoun dut, pour la circonstance, et pour faire pièce à la sourde opposition qu'il entrevoyait, se revêtir, en le contresignant, de la qualification chinoise et toute nouvelle de *taïkoun*, c'est-à-dire *grand prince*. Par le fait, c'était la première fois que les lieutenants militaires rompaient en visière aussi ouvertement avec le pouvoir impérial. Les allures tortueuses des négociations poursuivies pendant treize ans par la diplomatie, négociations au cours desquelles les représentants étrangers ont pu croire à un partage amiable de l'autorité souveraine, provinrent assurément de cette dualité singulière.

Quoi qu'il en fût, l'audace du chogoun souleva les colères générales, entretenues par le mikado, et une mesure internationale, due à la nouvelle initiative du lieutenant militaire, mit le comble à l'agitation. Un traité nouveau, passé avec les étrangers, venait de leur ouvrir l'accès de plusieurs autres ports japonais.

On était en l'année 1857 : tout l'élément guerrier des provinces du Sud, relativement opprimées par le pouvoir établi à Yédo, accourut se ranger sous la bannière des mécontents et sous l'égide impériale. La guerre civile prit naissance. Inutile d'en raconter par le menu les trop nombreuses péripéties. Disons seulement que le pays fut couvert de ruines et de sang et que cette lutte fratricide dura jusqu'en 1869. Ainsi que dans la grande lutte des États-Unis connue sous le nom de guerre de Sécession, c'était le Sud qui s'était levé contre le Nord. Mais ici, le Sud devait finir par remporter la victoire.

Désormais l'empereur Moutsou-Hito, qui avait succédé à son père en 1866, prit lui-même le commandement de l'armée et reçut la soumission du dernier des

NAKATOMI-NO-KAMATARI, FONDATEUR DE LA GRANDE FAMILLE DES FOUDJIWARA
Dessin de Yosaï [1] (p. 28).

chogouns. Celui-ci fut simplement exilé deux ans plus tard. En 1869, le pays entier se trouva être pacifié complètement et rallié au chrysanthème mikadonal.

Moutsou-Hito ouvre la période moderne, déjà connue sous le nom de *Meïdji* et qui, comparée aux deux

---

[1]. Yosaï, artiste japonais, né en 1783 et mort en 1878. Il s'est rendu surtout célèbre par un ouvrage appelé *Zenken-koudjit-sou* (Galerie des hommes célèbres), auquel les présentes gravures sont empruntées et dont le principal mérite est de reproduire, avec une très grande exactitude, les costumes de chaque époque.

grandes divisions *Osseï* et *Hasseï* de l'histoire nationale, marque la réintégration des mikados dans leurs droits séculaires.

Toutefois, l'Europe et l'Amérique, prévenues, par les précédents, en faveur des taïkouns ou, pour mieux dire, des chogouns, n'avaient pas vu sans une certaine appréhension les hasards de la guerre civile tourner contre eux. Elles crurent, un instant, que le fruit de leurs efforts était de nouveau compromis. Il n'en fut rien heureusement. Les vainqueurs eux-mêmes reconnaissaient déjà l'impossibilité de revenir sur les faits accomplis. Reculant à juste titre devant les conséquences formidables d'une guerre avec les nations coalisées, ils se bornèrent à promulguer le *statu quo*, sauf à attendre un moment plus propice pour relever les barrières incidemment abaissées. Les ministres alors au pouvoir engagèrent même en sous-main les représentants des puissances étrangères à solliciter de l'empereur la ratification des traités conclus jadis avec le chogoun. L'Angleterre et l'Allemagne, des premières, répondirent à cet appel en conciliation, regardé par le clan des fanatiques comme une véritable défection. Le cortège des hauts fonctionnaires, en se rendant au palais impérial, fut attaqué par une bande de furieux. Mais, grâce aux mesures prises par le gouvernement, il put poursuivre sa route sans autre incident que la mort d'un des assaillants, que le ministre Goto tua de sa propre main.

KIYOMOR, LE PLUS ILLUSTRE REPRÉSENTANT DE LA FAMILLE DES TAÏR
Dessin de Yosaï (p. 28).

A partir de ce jour, les relations internationales allèrent s'améliorant constamment, en sorte que la majorité des mécontents eux-mêmes finit par se montrer aussi enthousiaste de nos progrès et de nos institutions qu'elle avait été jadis acharnée à en combattre l'introduction.

Dès que le pouvoir impérial fut solidement assis, l'un de ses premiers actes fut de supprimer le régime féodal, passé à l'état d'anachronisme politique. Cette abrogation date de 1871. Les principaux daïmios furent les premiers à donner l'exemple du patriotisme le plus élevé, en remettant leur propre fief aux mains augustes du mikado. Quant aux autres chefs de clans, on les déposséda pour raison d'État, en leur allouant, à titre de rente perpétuelle, une pension calculée sur le dixième de leur ancien revenu. En fin de compte, tous les samouraïs, à quelque ordre qu'ils appartinssent, durent se résigner au nouvel ordre de choses.

D'autre part, la haine des «barbares», qui avait servi de prétexte à la révolution de 1857, s'était évanouie presque au lendemain de la victoire; et, bien que le décret de Iyémitz ne soit pas encore révoqué, que, par conséquent, l'interdiction pèse toujours sur les étrangers qui s'aventurent à l'intérieur du pays, les légations admises à présenter leurs lettres de créance à Tokio y sont traitées sur le pied le plus amical. Qui plus est, les grandes nations occidentales se sont vues chargées de réorganiser les différents services publics sur des bases mieux en rapport avec la situation nouvelle. Grâce à d'aussi généreuses dispositions, le gouvernement impérial a déjà réalisé une somme de réformes dignes d'inspirer le respect, voire l'admiration. En quelques années, il a positivement changé la face des choses, et cela sans heurter violemment les usages admis par une routine de plusieurs siècles. Depuis que le légitime souverain trône à Yédo l'ancienne, devenue le moderne Tokio, l'administration générale a pris à tâche de gouverner au grand jour, au lieu de procéder d'un pouvoir mystérieux comme autrefois. L'autorité se manifeste même ouvertement, en face de la presse locale, déclarée libre.

Aussi, chaque jour un lambeau de la friperie orientale semble-t-il se détacher, aux mélancoliques regrets du poète et de l'artiste, comme emporté par le vent généreux qui souffle de nos horizons. D'une part, la vieille armée à cuirasse et à masques, mise aux mains du pouvoir suprême, s'est sentie élevée au niveau de la tâche qui pourrait lui incomber dans la défense éventuelle du pays; d'autre part, les impôts se sont trouvés méthodiquement établis sur

HISTOIRE ET RELIGION

des bases plus équitables. Pour que le code pénal, autrefois plein de dispositions odieuses, pût être simplifié ou adouci, le législateur a cru devoir s'inspirer des meilleures lois qui régissent la Chine ou l'Occident. En même temps, le système monétaire était harmonisé avec celui qui a cours dans les nations étrangères, l'instruction publique devenait accessible à toutes les classes de citoyens, l'agriculture commençait son travail de réorganisation, l'industrie locale voyait greffer sur son vieil et robuste tronc de nouveaux rameaux pleins de sève, poussant dans tous les sens et promettant bientôt une ample récolte de fruits.

Il est vraisemblable que l'introduction, très imminente, du parlementarisme dans la machine gouvernementale constituera l'un des ressorts les plus utiles à cette marche quasi générale vers un progrès indéfini. Car il n'est pas possible qu'avec la tendance si marquée dont on fait preuve ici pour toutes les innovations, le pouvoir mikadonal ne se décide bientôt, en manière de coquetterie politique, à modifier l'organisation législative du pays dans le sens d'une représentation élue [1].

Quoi qu'il en soit, avec les dispositions dont on témoigne déjà, la transformation complète du pays ne peut attendre bien longtemps. Et c'est sans doute ce qui nous induit, nous, simple observateur, à bien contempler ce Japon d'autrefois, que nos pères connaissaient à peine et que nos fils ne connaîtront plus. La révolution présente est une étape sans pareille dans l'histoire de l'archipel. Les réformes en cours ou nouvellement appliquées sont déjà si générales, si prévoyantes, si absolues, qu'on pourrait dire, sans craindre le démenti, que

jamais nul peuple, à nulle époque, n'a donné l'exemple d'un pareil renoncement, d'aussi grandes facultés d'assimilation, d'autant de droiture et de sincérité dans les efforts, d'autant de résultats matériels et même moraux obtenus coup sur coup.

Les choses iront-elles toujours avec la même facilité ? Les faits seront-ils sans cesse conformes aux espérances ? Il serait peut-être présomptueux de l'affirmer. Point de doute que, comme partout ailleurs dans la vie des peuples, des déceptions n'accompagnent les rêves les plus ardemment caressés. Mais ce qu'on est en droit de prévoir d'une manière certaine, c'est que le Japon, désormais entré dans le concert des peuples civilisés, s'avancera parallèlement avec eux dans la voie des améliorations politiques et sociales.

Jeudi, 12 octobre. — Le temps s'est remis au beau. Cependant, l'atmosphère est glacée, le vent pénétrant (th. + 14° cent.).

Je reçois ce matin une lettre de M. M**, notre consul à Yokohama, lequel s'était offert de nous servir de guide à

LE CÉLÈBRE ARCHER TAMÉTOMO, DE LA FAMILLE DES MINAMOTO
Dessin de Yosaï (p. 29).

travers Tokio. Il nous engage à remettre, pour le moment, la visite des jardins du Mikado, la pluie tombée dans la journée d'hier en ayant probablement rendu les accès impraticables. En ce qui me concerne, et pour rester fidèle à mon programme de circumnavigation sans répit, je propose à mon compagnon de retourner dans la capitale, afin d'y faire une

---
[1]. On sait que, depuis l'année 1891, un parlement recruté suivant le mode censitaire fonctionne au Japon avec une certaine régularité.

visite des magasins. En conséquence, vers dix heures trois quarts, nous partons pour Tokio, accompagnés, cette fois, de notre consul et du marchand de laques qu'il charge ordinairement de ses achats particuliers. Cet intermédiaire, très versé dans la partie, pourra nous donner d'utiles conseils à propos des emplettes que nous avons en vue.

Une fois descendus de wagon, nous allons déjeuner, à proximité de Chimbachi, autrement dit du « Pont

HODJO-TOKIMOUNÉ, DONT LA RÉGENCE EST CÉLÈBRE PAR L'ANÉANTISSEMENT DE LA FLOTTE CHINOISE ENVOYÉE CONTRE LE JAPON
Dessin de Yosaï (p. 29).

neuf », dans un restaurant français, lequel porte un titre indigène, afin de ne pas contrevenir aux règlements sur la matière. Grâce au subterfuge qui ne trompe absolument personne, et sur lequel, au contraire, les autorités locales ferment complaisamment les yeux, les fourneaux du Vatel provençal ou gascon sont en mesure de fonctionner en pleine ville prohibée. La situation de cet établissement est, du reste, bien choisie à tous les points de vue. Placé au beau milieu de la principale artère de Tokio, — appelée aujourd'hui boulevard Ghinza, tout comme si nous étions à Paris, — il est entouré de maisons relativement luxueuses, construites en brique régulière, surélevées d'un étage et précédées pour la plupart d'un péristyle à colonnes. De là aussi le surnom de rue de Rivoli plaisamment donné à cette voie par la colonie étrangère.

Les boutiques de Tokio renferment des objets d'une grande richesse et de la plus exquise beauté. On y trouve des laques merveilleux, fort différents — à coup sûr — des marchandises de pacotille fabriquées à la grosse en vue de la clientèle européenne. Mais ici tout marchand dissimule ses pièces les plus précieuses dans les profondeurs du réduit placé derrière sa boutique. Ce réduit est appelé *koura* en terme du pays, mais c'est par le mot anglais *godown* qu'on le désigne habituellement. Le *koura*, en réalité, n'est qu'une sorte de magasin à l'abri du feu. Ce n'est pas qu'il soit construit de matériaux incombustibles; mais le pan de bois qui en constitue l'ossature est revêtu d'une forte couche de plâtre portant l'épaisseur totale des murs à un ou deux pieds, ce qui le rend moins inflammable. Comme forme, le *koura* représente assez bien un pavillon carré, peu élevé sur ses fondations, et percé de deux ou trois petites baies fermées par des volets de tôle. Grâce à cette disposition, il se produit peu de cas où des objets, mis ainsi en réserve, ne résistent victorieusement à l'atteinte des flammes. Toute maison de commerce quelque peu importante est pourvue d'un pareil abri. Et l'on conviendra que la précaution est bien nécessaire dans un pays où le feu cause de si fréquents ravages.

Au Japon, le marchand, né malin, a généralement l'habitude, pour mieux affriander l'amateur, de faire passer les laques fins qu'il vous présente comme appartenant à des princes ou autres fastueux personnages. Ceux-ci, pressés d'argent, les auraient soi-disant mis en dépôt chez eux, décidés à les vendre moyennant un prix raisonnable. Ajoutons que l'exigence des susdits personnages est toujours exorbitante. Ce qui est certain, c'est que bien des daïmios ruinés ont recours à l'intermédiaire du marchand pour se défaire de leurs œuvres d'art. Mais il est clair aussi que, bien souvent, des articles de fabrication moderne sont habilement glissés parmi les objets de valeur et de provenance authentique. Quoi qu'il en soit, à voir le luxe des boîtes pénétrant les unes dans les autres, des bandelettes de soie et des enveloppes douillettes dont les fameux objets sont entourés, on est en droit de croire qu'il s'agit toujours de reliques d'un prix inestimable.

Le dernier marchand chez lequel nous entrons, après nous avoir offert gracieusement la tasse de thé de bienvenue, conformément à une vieille coutume japonaise qui tend à disparaître de jour en jour, pos-

HISTOIRE ET RELIGION

sède réellement des spécimens de toute beauté. Une pareille magnificence ne saurait être usurpée ni feinte. Les laques, exposés tour à tour sous nos yeux, constituent le *nec plus ultra* du genre. Mais le tarif des objets y est élevé en conséquence. Le moindre bibelot vous est proposé au poids de l'or. Pour la curiosité du fait, je note divers articles avec la somme qu'on en demande : une boîte à papier, munie de tous les accessoires nécessaires à la correspondance, est estimée 600 yens, la bagatelle de 3,000 francs. Un petit porte-manger coûtera 120 yens; un pupitre, 350; une cassette de trente centimètres sur quarante, 350 yens également. Si on le voulait bien, on pourrait laisser toute une fortune au fond de cette arrière-boutique à peine garnie de quelques rayons.

Dans le cours de nos visites, nous avons été à même d'observer la façon très primitive dont se gîte la population indigène.

A vrai dire, les habitations ordinaires ne sont que des espèces de hangars pourvus d'un plancher élevé à un demi-mètre au-dessus de terre. De simples poteaux de bois, reposant sur un lit de pierres brutes disposées dans le sol, et une lourde toiture couronnant cette charpente à peine dégrossie, voilà tout ce qui les compose dans leurs parties essentielles. Rien pour relier les divers éléments entre eux, ni contrefort, ni étançon, ni murs de façade, ni murs de refend. Tout au plus si, dans les agglomérations où les habitations se touchent, le côté mitoyen est muni d'une cloison fixe hourdée au plâtre, laquelle fait l'office de mur séparatif d'avec la maison du voisin.

Pour combler les vides d'une construction ainsi ouverte à tous les vents, on adapte entre les montants ou poteaux, des châssis mobiles garnis de barreaux sur lesquels des feuilles de papier blanc et opaque sont tendues en guise de vitres. Ces châssis glissent dans des rainures et tiennent lieu à la fois de cloisons, de portes et de fenêtres. Nonobstant la légèreté d'une pareille fermeture, c'est à peine si, la nuit, et du côté de la rue, on double celle-ci d'un fin panneau de bois formant volet.

Quand on songe que le Japon est loin d'être situé dans une zone tropicale, on comprendra que des habitations aussi primitives soient très habitables en été, mais qu'elles deviennent absolument insuffisantes contre les vents et la froidure de la saison d'hiver. Et, avec cela, point d'aménagements pour le chauffage : la cheminée est chose parfaitement inconnue. En sorte que les Japonais se trouvent dans l'alternative ou de risquer l'asphyxie en allumant du feu dans un âtre sans dégagement, ou bien de passer à l'état de glaçon.

Comme unique moyen terme, en matière de chauffage, on se contente de recourir au *hibatchi*, qu'on transporte à volonté dans toutes les pièces de la maison. Le hibatchi est une sorte de *brasero* fait en bronze,

YORITOMO, FONDATEUR DU CHOGOUNAT. — D'après Yosaï (p. 29).

ou simplement en bois doublé de zinc, qu'on remplit de charbons ardents.

Aujourd'hui, cependant, quelques constructions nouvelles sont pourvues de tuyaux de poêles, et les plus luxueuses d'entre elles ont même des gaines de cheminée en brique. Bien que cette innovation n'ait pas encore rencontré beaucoup d'imitateurs, elle ne tardera sans doute pas à se répandre de plus en plus. Des installations aussi primitives que celles que nous avons décrites ne sont plus à la hauteur du progrès. Cela était bon autrefois, lorsque les difficultés de bâtir à l'européenne étaient presque insurmontables, étant donnée l'inaptitude des ouvriers indigènes. Mais depuis que l'élément étranger s'est renforcé d'un solide contingent de travailleurs, les constructions tendent à devenir plus habitables. N'avons-nous pas vu que l'artère la plus importante de la capitale est bordée entièrement de maisons de brique [1]?

Remarque assez bizarre, l'importance d'une demeure japonaise se calcule d'après le nombre des nattes qui en recouvrent le plancher. On s'en expliquera la raison quand on saura que ces nattes ont toujours la même dimension, soit environ deux mètres sur un mètre. Ainsi on dira : « Telle maison est de six, douze, vingt-quatre nattes, » etc., suivant sa superficie.

L'intérieur des habitations japonaises se distingue généralement par une propreté extrême. Ce luxe est, à vrai dire, le seul qu'on y constate, l'ameublement étant aussi réduit que possible. Vous n'y trouveriez, d'ailleurs, ni table, ni chaise, ni lit, rien, en un mot, de ce qui est considéré chez nous comme un objet de première nécessité. En d'autres termes, une chambre japonaise, fût-elle destinée au coucher, ne comporte qu'une série de nattes légères appelées *tatami* et, parfois, quelques rouleaux de papier enluminés à la main et appendus à la paroi. Si l'on ajoute au *hibatchi*, dont j'ai déjà parlé, une sorte d'escabeau destiné à recevoir les offrandes aux dieux Lares, on en aura achevé le minuscule inventaire. Sans mentir, jamais Xavier de Maistre n'eût trouvé là de quoi composer l' « ingénieux badinage » auquel il doit sa célébrité. Quelquefois, pourtant, une table basse pour écrire, un meuble servant à garder les habits, une ou deux étagères supportant des objets d'un usage quotidien, et, chez les plus opulents, quelque pièce précieuse de bronze ou de laque, quelque arme antique ou quelque peinture ou *kakémono* dû au pinceau d'un artiste, viendront remédier à cette nudité primitive.

Pour l'instant, le Japonais s'accroupit encore sur le sol, mange au moyen de bâtonnets, porte le plat à la bouche, écrit dans le creux de sa main, et n'a pour couchette qu'un matelas épais de quelques doigts, qu'il étend chaque soir sur les nattes. Ce n'est donc point une médiocre tâche que d'opposer cette rusticité plus que lacédémonienne à la recherche et au faste déployés dans une foule d'objets sans utilité appréciable. Voici, en effet, un pays où les artistes sont dits naturalistes et qui n'a pas cru devoir créer l'art utilitaire auquel nous nous adonnons chaque jour de plus en plus. Je demande de quel côté, du leur ou du nôtre, penche la tendance vers l'idéal.

Vers quatre heures, nous nous trouvons aux abords du temple d'Asaksa, l'un des plus importants et peut-être le plus populaire de la capitale. Avant d'y pénétrer, et pour mieux guider nos appréciations, il ne sera pas sans intérêt de résumer le plus brièvement possible les croyances japonaises, croyances généralement

partagées entre deux courants distincts, le chintoïsme et le bouddhisme. Ces quelques préliminaires sont, du reste, indispensables pour bien se rendre compte des particularités inhérentes à chaque culte, particularités se manifestant à la fois dans l'architecture des temples, dans la décoration qui les distingue et dans les cérémonies qui s'y pratiquent [1].

Ainsi que nous le disions plus haut, les croyances japonaises peuvent être considérées comme partagées entre deux courants distincts : le chintoïsme, d'origine nationale, et le bouddhisme, d'importation coréenne. Toutefois le peuple, à l'heure où nous sommes, s'adresse indifféremment à tous les dieux, étrangers ou non à son panthéon national, tandis que les classes supérieures, secouant tour à tour des croyances environnées de légendes plus ou moins naïves, se sont en grande partie vouées au plus profond scepticisme.

Nous nous contenterons donc, dans ce rapide exposé, de définir les propriétés essentielles des deux grandes classifications citées plus haut, tout en faisant ressortir ce qui les distingue au point de vue psychologique.

Le chintoïsme, que le gouvernement actuel du Japon cherche à rénover, dans un but dynastique, a, pour ce qui le concerne, si bien changé de physionomie depuis ses trois mille ans d'existence, qu'il équivaut à peu près aujourd'hui à la reconnaissance d'un principe, d'un dogme. Ce dogme unique consiste dans l'hérédité divine des empereurs ou mikados, comme fils mortels des dieux modernes. En dehors de cette obligation capitale, il ne reste plus qu'une sorte de polythéisme ayant pour base le « Kodjiki », recueil d'anciennes traditions digne d'être appelé « la Bible japonaise ».

Aux termes du *Kodjiki*, bien avant toute chose existant sur terre et dans le ciel, était l'espace, sans commencement ni fin, et seulement peuplé de l'essence immatérielle des dieux primitifs, lesquels étaient au nombre de trois. A cette trinité primordiale vint s'ajouter une série de divinités secondaires et de même nature.

Quand le ciel, le soleil, la lune et les astres eurent été formés, naquit un groupe d'autres dieux qui prirent corps et se succédèrent, pendant sept générations, mâles et femelles, mais par une conception spontanée. Izanaghi et Izanami sont les derniers venus de cette période embryonnaire. Ce fut à eux qu'incomba la mission de dissiper le chaos et de reproduire leur race selon la chair. En conséquence, Izanaghi, planant au-dessus des éléments, prit son épée, la plongea dans la vaste étendue des eaux fangeuses, et des gouttes de limon qui en ruisselaient, solidifiées tout à coup, il forma une île appelée aujourd'hui Awadji,

---

1. Les grands incendies survenus dans ces dernières années ont déterminé l'administration à interdire la construction de maisons de bois, tout le long des principales rues de Tokio.

1. Comme précédemment, pour les renseignements historiques, consulter, pour plus amples détails sur les religions, notre précis : *le Japon*. — *Histoire et Religion*; Ch. Delagrave éditeur, 15, rue Soufflot.

où il vint s'abriter avec sa divine épouse. Puis, successivement, il compléta l'archipel japonais. Le Kodjiki reste muet sur la formation des autres parties du globe.

Izanaghi et Izanami ouvrent, à proprement parler, la deuxième période de la théogonie japonaise.

Le premier fils d'Izanaghi et d'Izanami, abandonné sur l'Océan, devint le dieu des Mers et des Tempêtes.

de sa lame et le coupa, séance tenante, en trois morceaux, qui s'imposèrent aussitôt comme les dieux des Montagnes, de la Foudre et de la Pluie. Il réussit, en outre, à rejoindre sa femme, mais pour la voir tomber en putréfaction sous ses yeux, conformément à une légende rappelant à peu près celle d'Orphée et d'Eurydice.

Izanaghi, cependant, ne devait pas subir le sort épou-

YOCHI-IYÉ, CÉLÈBRE HOMME DE GUERRE ET TRISAÏEUL DE YORITOMO
Dessin de Yosaï (p. 29).

Un autre fils, au contraire, passe pour être le dieu du Feu. De la matière ignée que sa mère avait vomie pendant les douleurs, s'échappèrent confusément les dieux du Métal.

Mais cette dernière expérience avait déterminé la trop féconde Izanami à se séparer de son époux. Elle alla se réfugier dans l'empire des Ombres, où elle procréa, d'une manière « aussi naturelle que peu relevée », les dieux de l'Argile et de l'Eau douce.

Quant à Izanaghi, devenu veuf par l'affolement de sa femme, il se sentit pris de fureur à l'endroit du fils maudit qui avait causé son départ. Il le pourfendit

vantable du chantre de Thrace entouré et déchiqueté par les prêtresses de Bacchus : il devait, au contraire, poursuivre, dans une sorte d'hermaphrodisme, le cours de ses procréations multiples. Ainsi le dieu, subtilisant sa propre nature, en arriva, rien qu'en se purifiant par ablution, à engendrer toute une série de dieux sous-jacents, parmi lesquels nous signalerons Amatéras ou Lumière céleste, et Sousanao, le Poséidon du Japon.

Sousanao était d'un caractère si mobile, d'un tempérament si irritable, que sa sœur Amatéras, dans le but de se dérober à des fureurs trop fréquentes, alla se cacher dans une caverne profonde et disparut à tous les yeux.

Comme Amatéras était la déesse du soleil, la terre et le ciel se trouvèrent de nouveau plongés dans les ténèbres les plus épaisses. Or, les dieux avaient déjà pris l'habitude de vivre à la clarté bienfaisante de l'astre qui venait de s'éclipser soudainement. Ils tinrent conseil en vue de décider la radieuse exilée à reparaître sur le monde ; et, pour obtenir d'elle cette faveur insigne, ils construisirent à son usage un palais immense et somptueux, confectionnèrent des vêtements admirables, des joyaux pleins de richesse et de grâce, et fabriquèrent un miroir de dimensions telles que l'éclat emprunté aux propres rayons de la recluse excitât sa curiosité d'abord, puis sa jalousie. Ils déracinèrent alors un arbre gigantesque, et le plantèrent à proximité de la caverne. Aux branches noueuses du colosse furent suspendus le miroir, les habits et les bijoux réunis par les soins de l'aréopage divin. Un pareil étalage, suivant l'opinion de tous, ne pouvait manquer de séduire l'intraitable boudeuse et de l'amener à résipiscence.

Enfin, au moment même de l'action, et pour ne rien négliger des mesures qu'ils jugeaient profitables à la réalisation de leur projet, les dieux entonnèrent un chœur, et produisirent un concert où chacun fit concurremment sa partie de fifre, de tambour, de cymbale et de harpe. Les instruments étaient accompagnés de chants de coqs, dont les vocalises sonores ne s'interrompaient pas un instant. Cet orchestre, aussi bruyant qu'original, était dirigé par la déesse Ousoumé, laquelle, d'ailleurs, cumulait les fonctions de musicienne avec celles de danseuse.

Le résultat ne se fit pas attendre. Ne pouvant résister plus longtemps à sa curiosité, la divine Amatéras s'avance vers l'issue de la caverne, et le dieu de la Force écarte le bloc de rocher qui en ferme l'orifice.

Aussitôt la flamboyante déesse, séduite par le bruit et l'animation du joyeux Olympe, éblouie par les rayons de sa propre clarté reflétée dans le miroir, consent à sortir des profondeurs où elle demeurait ensevelie, et monte fièrement au palais que les dieux avaient construit pour elle.

La paix et le bonheur étaient revenus parmi tous. Quant à Sousanao, l'auteur de cette émouvante aventure, il fut banni de la présence de ses égaux, et il n'obtint son pardon qu'en exterminant un dragon à huit têtes, dont la queue renfermait une épée qu'il vint galamment offrir à sa sœur en guise de réparation.

Si nous avons donné tout au long cette légende poétique, c'est que les rites chintoïstes semblent surtout avoir puisé leur origine dans le fait même de la disparition momentanée d'Amatéras.

Au surplus, la déesse joue un rôle très important dans l'histoire nationale. C'est elle qui inaugure la troisième et dernière période de l'ère théogonique, c'est-à-dire celle des dieux modernes, à laquelle les mikados appartiennent.

En effet, Amatéras, exaspérée des luttes auxquelles les divinités de la Terre se livraient perpétuellement, résolut d'y couper court en remettant la garde du royaume terrestre à l'un de ses petits-fils appelé Ninighi-no-Mikoto. En même temps, elle lui confiait les trésors merveilleux qu'elle avait reçus jadis, et notamment le miroir, emblème de sa lumineuse majesté, et l'épée arrachée à la queue du dragon par le trop bouillant Sousanao. Ce sont toujours les mêmes trophées qui, au dire de la tradition japonaise, sont encore précieusement conservés dans la famille impériale. Or, d'après la croyance chintoïste, Ninighi serait, ni plus ni moins, le propre bisaïeul de Djimmou-Tenno, lequel vécut 660 ans avant notre ère et qui passe pour avoir été le premier empereur du Japon.

A partir de cette époque, les fonctions des anciens dieux dépossédés consistent simplement à scruter les consciences humaines, comme à peser le bien et le mal qui s'attachent aux plus secrètes pensées. En d'autres termes, ces dieux ne font plus que régir le monde invisible et le cours des passions individuelles, tandis que les empereurs, toujours imbus de leur céleste origine, ont pour mission de gouverner les hommes et de présider à tous leurs actes.

Si, par le fait, les Japonais se recommandent aux dieux ou les invoquent en commun, c'est plutôt par un sentiment de crainte que par un élan d'amour. La vénération proprement dite va tout droit au mikado, pontife, héritier et représentant unique de la Divinité. La déification des souverains, d'où découle leur pouvoir absolu, est, d'ailleurs, comme nous le disions au début, le seul principe, le seul dogme qui caractérise le chintoïsme, car, autrement, le Kodjiki s'est formellement abstenu de formuler des règles de doctrine, d'imposer des pratiques, de tracer un rituel. Aucune morale ne tend à se dégager du chintoïsme pur et simple. C'est la religion du libre arbitre, de la libre pensée par excellence, en dehors du point capital qui en a été pour ainsi dire la raison d'être. Si l'on se demande quelle garantie morale peut offrir un pareil système religieux, nous dirons qu'il ne saurait y avoir de question sur ce sujet, puisque les Japonais sont tous issus des dieux et possèdent par conséquent en germe la science du bien et du mal. Il leur suffira donc de suivre « la voie des dieux » (Kami no mitchi [1]), c'est-à-dire de se conduire eux-mêmes à l'imitation des ancêtres.

Bref, ainsi que l'enseigne un savant interprétateur des textes sacrés, Motoori-Norinaga : « Le disciple du pur Chinto, placé sous l'égide de l'empereur, doit s'adresser à celui-ci seul pour confondre ses doutes s'il en éprouve, et toujours exécuter les ordres suprêmes, sans songer à les discuter. »

L'obéissance passive à l'autorité souveraine est, dès lors, pour le peuple japonais, le principal devoir religieux. Cette notion, encore universellement répan-

---

[1]. Kami est un terme générique pour désigner les divinités du chintoïsme.

duc, était un moyen trop efficace de combattre les derniers partisans du pouvoir chogounal, pour que le gouvernement actuel ne crût pas devoir la sanctionner par une ordonnance solennelle. C'est ce qu'il fit en 1872, sous la forme des trois commandements ci-après :

1° Vous honorerez les dieux et vous aimerez la patrie ;
2° Vous suivrez les conseils de votre conscience et vous observerez les lois de la morale humaine ;
3° Vous vénérerez le Mikado comme votre souverain et vous obéirez à ses volontés.

On peut donc dire que le chintoïsme n'est pas une religion proprement dite, mais bien un système de gouvernement.

Comme nous l'avons vu précédemment, au début de l'histoire, à propos de l'influence étrangère sur la civilisation japonaise, le bouddhisme fut introduit au Japon l'an 552 après Jésus-Christ, par des missionnaires coréens venus à la cour du mikado, à la suite des savants et des artistes qui y avaient été appelés. Il s'y propagea facilement, malgré les luttes et même les persécutions qu'il eut à subir au début. En réalité, les progrès qu'il accomplit furent d'autant plus rapides que la pompe de ses fastueuses cérémonies, la variété de ses manifestations extérieures, contrastaient singulièrement avec l'abstraction sur laquelle reposait la religion nationale. De plus, les nouvelles doctrines qu'il préconisait étaient de nature à satisfaire l'intelligence, à enflammer l'imagination, à émouvoir le cœur. Les disciples de Sakya-Mouni apportaient, en outre, à ce peuple avide de tout connaître, une religion douée d'un système théologique, d'une morale définie et d'un rituel complet.

C'est surtout au neuvième siècle que la propagande bouddhiste fut couronnée des succès les plus décisifs, par le fait d'un certain Koukaï, plus connu sous le nom posthume de Kobo-Daïchi. De par les prédications de ce bonze, à la fois habile et remuant, le peuple fut tout à coup averti que les divinités auxquelles il rendait un culte depuis près de quinze siècles n'étaient que des manifestations, voire des transmigrations du Bouddha lui-même. Kobo-Daïchi se contenta simplement de leur donner un autre nom. D'Amatéras, la déesse du soleil, il fit, par exemple, Amida. En ses mains, le héros Ojin-Tenno se transforma en Hatchiman, dieu de la guerre ; tous les *kamis*, uniformément, passèrent dans la nouvelle confession, acceptés par les prêtres bouddhistes et confondus avec leurs propres divinités. Cette doctrine fusionniste, à laquelle on

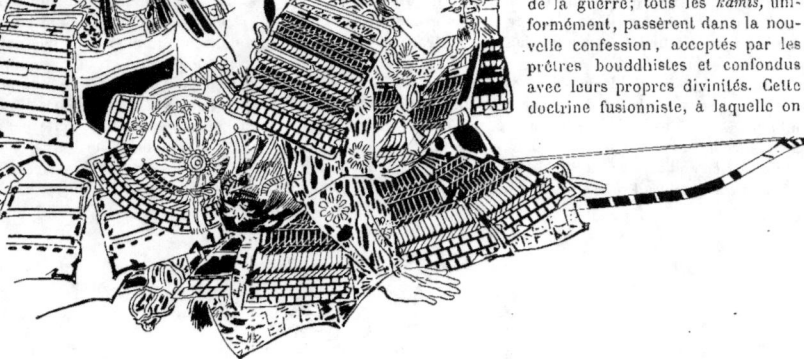

LE LOYAL KOUSOUNOKI-MASACHIGUÉ ET SON ÉCUYER, JURANT A L'EMPEREUR GODAÏGO DE LE RESTAURER SUR SON TRÔNE. — Dessin de Yosaï (p. 30).

donna le nom de Riyobouchinto, eut bientôt accès au palais mikadonal et dans les temples des provinces, grâce à la protection de l'empereur Saga, qui en était devenu un des plus chauds partisans.

A partir de ce moment, la mythologie hindoue s'amalgama étroitement avec le panthéisme national. Les saints et les apôtres bouddhistes ne se distinguèrent plus des kamis, et devinrent l'objet d'une vénération analogue. Dans cette promiscuité de doctrines et de dieux, le peuple errait sans pouvoir se reconnaître, fréquentant indifféremment les temples de l'une et de l'autre religion et choisissant à son gré parmi les trente-trois mille divinités qui constituèrent l'Olympe nouveau.

Il s'ensuivit un mélange de croyances disparates, duquel est sorti le système religieux aujourd'hui admis par les Japonais.

Pour honorer cette foule innombrable de dieux, la dévotion publique a semé les temples à tous les coins de l'Empire. Mais, bien que les *myas* chintoïstes et les *teras* bouddhistes soient, sans distinction, fréquentés par tous les croyants, le peuple se porte cependant plus volontiers vers les *teras*. Et ce n'est point par un sentiment unique de piété, ainsi que nous l'avons donné à entendre. Le luxe théâtral des enclos et le faste des cérémonies y contribuent pour la plus grande part.

En général, le Japonais ne s'abandonne pas à l'adoration mystique proprement dite. S'il adresse une prière à son dieu de prédilection, c'est, la plupart du temps, pour obtenir une faveur toute temporelle. Demeuré fidèle, sans le savoir, aux anciennes traditions chintoïstes, il vénère ses propres divinités à travers le mirage d'un culte qui le séduit et qui le retient. Les hommages qu'il leur témoigne consistent principalement dans des pratiques bruyantes et dans des pèlerinages aux temples et aux tombeaux. Bref, c'est le *matsouri*, ou fête périodique consacrée à chacun des kamis, qui a le privilège d'attirer le plus grand nombre de sectateurs et de causer à la foule des transports de joie universelle.

Au surplus, le bouddhisme n'a modifié en rien les idées nationales à l'égard de la personne sacrée du mikado. Celui-ci est toujours considéré, par l'une et par l'autre des deux religions, comme issu de la divinité créatrice de l'empire du Soleil Levant.

On ne comprendrait même point que le gouvernement actuel ait employé ses efforts à l'extirpation du bouddhisme, au profit de l'antique chintoïsme, si l'on ne tenait compte du rôle qu'a joué la religion importée, pendant la période la plus tourmentée de l'histoire japonaise. Dès le quinzième siècle, en effet, les sectateurs du Bouddha osèrent s'insurger contre l'empereur et se firent même, plus tard, les secrets alliés des chogouns, ces lieutenants usurpateurs, qui retinrent pendant des siècles, comme on sait, le pouvoir souverain.

Si en principe, donc, le bouddhisme n'a jamais mis en doute la descendance divine des mikados, en fait, il a porté de rudes atteintes à son autorité incontestée. Aussi les rénovateurs du chintoïsme ne s'y trompèrent-ils point. Ils savaient fort bien qu'en discréditant les dogmes d'importation étrangère, ils finiraient par rendre au mikado la puissance temporelle qui lui avait été enlevée par les usurpateurs. En ressuscitant le culte d'Amatéras et de sa divine succession, ils minaient uniquement la puissance du chogounat. Celui-ci y succomba en 1867.

Il n'est pas étonnant, dès lors, que, depuis une révolution qui mit fin à la dualité du pouvoir, le mouvement de réforme et de restauration ait pris un essor de plus en plus marqué. Nombre de temples bouddhistes ont été fermés et rendus au culte national. Partout où le vandalisme administratif a pu s'exercer sans attirer des représailles, il a gratté les peintures, enlevé les images de provenance hindoue, et remplacé ce pompeux étalage par les seuls emblèmes d'Amatéras. Mais là s'est bornée, en somme, cette persécution calculée. Nulle part aujourd'hui on ne cherche à peser sur les consciences ni à user de violence pour déterminer un courant en sens contraire.

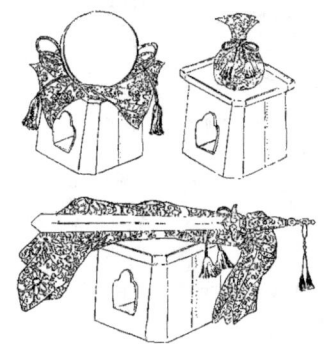

EMBLÈMES DE LA SOUVERAINETÉ MIKADONALE (p. 40).

ENCLOS SACRÉ D'ASAKSA, A TOKIO (p. 38 et 43).

III

YOKOHAMA ET TOKIO

L'enclos sacré d'Asaksa. — Dieux bombardés. — La « Bibliothèque tournante » et le « Moulin à prières ». — La déesse Kwannon. — Volatiles irrévérencieux. — Un bonze de six ans. — Panthéisme et fétichisme. — Un saint usé jusqu'à la corde. — Divinités exilées du temple. — *Japanese dentaire*. — Un entourage profane. — Le restaurant d'Ouyéno. — Dans « l'île des Lanternes ». — Visite aux jardins impériaux. — Sengakoudji et la tombe des quarante-sept ronins. — Une histoire farouche et sublime. — Les boutiques de Yokohama. — Principes de cuisine nationale. — Les bains indigènes. — Une joueuse de *koto*. — Rythme et harmonie. — Au temple de Mégouro. — L'épée au Japon. — Une légende romanesque. — Atago-yama et son panorama. — Tombeaux princiers. — Particularités funéraires. — Chiba, la cité des temples. — Une merveille artistique. — L'étang des lotus. — Dîner à la japonaise. — L'hydromel versé par la main des Grâces. — Le *saké*. — Ichtyophagie à outrance. — Les *gueïchas*. — Romances et vocalises. — Une délicieuse mimique. — Les marchands de Yokohama et le mercantilisme transcendant. — Conteurs et acrobates. — Chez un collectionneur.

Jeudi, 12 octobre (suite). — Puisque nous sommes maintenant édifiés sur l'esprit des religions japonaises, revenons au temple d'Asaksa, autrement dit du « Gazon matinal ». Ainsi que je l'ai indiqué, ce temple occupe un des premiers rangs parmi les édifices religieux de Tokio. De plus, il appartient au culte bouddhiste et date du chogoun Iyémits, lequel en ordonna la reconstruction après l'incendie qui avait dévoré les bâtiments primitifs.

D'une manière générale, quand nous disons « temple », nous devrions plutôt dire « enclos sacré ». C'est une remarque presque absolue au Japon que par temple on n'entende pas seulement l'édifice, la nef et le sanctuaire consacrés au culte, comme chez nous, mais le plus souvent une agglomération même de monuments religieux, grands et petits, de chapelles propitiatoires ou expiatoires, de portiques, de tombeaux, de pagodes aux étages superposés, en un mot de toute une série de constructions principales ou accessoires, situées souvent au milieu de jardins et de parcs magnifiques, et recouvrant parfois une étendue de terrain considérable.

Les abords du temple d'Asaksa sont vivants et pleins d'animation. Dès avant notre entrée nous passons par une longue avenue dallée, bordée d'échoppes où se débitent les choses les plus disparates : jouets, bonbons, articles de toilette, ustensiles de ménage, objets de dévotion, etc. C'est une véritable foire permanente.

Mais ne nous arrêtons pas pour si peu. Nous voici au portique d'entrée, massive construction, toute peinte en rouge et surmontée d'une double toiture de tuiles.

De chaque côté de la large baie, dans des niches profondes et protégées par un treillage, se dressent deux statues colossales, sortes d'épouvantails à figure grimaçante et de couleur écarlate. A n'en juger que par la multitude de chaussures de paille, appelées *waradji*, qui, comme des ex-voto d'un nouveau genre, en tapissent le grillage protecteur, nous devons avoir affaire ici à des personnifications susceptibles. Renseignements pris, ces ex-voto sont généralement offerts par les fidèles qui désirent devenir de bons marcheurs. Ajoutons, du reste, que les deux personnages sacrés, appelés Ni-o en japonais, c'est-à-dire « les deux rois », se retrouvent toujours accompagnant le portique de chaque temple bouddhiste, dont ils sont considérés comme les gardiens attitrés.

En guise de suprême vénération due à leur haute mission, les passants les bombardent de boulettes de papier mâché, tout comme des écoliers mutins. Pour expliquer une telle pratique, au moins bizarre, on nous dit que ces boulettes ne sont autre chose que des prières libellées d'avance et vendues tout imprimées. Quant au fait de les mâcher avec tant d'acharnement, c'est afin de les bien imprégner de l'essence individuelle avant de les adresser à la divinité. Il n'en semblera pas moins singulier qu'on témoigne ici de son respect par ce qui passe chez nous pour une marque d'insoumission.

Sur notre droite, à une cinquantaine de pas, se profile une pagode à cinq étages avec autant de toitures saillantes. Chacune de ces toitures est relevée en forme de griffe et munie de clochettes, simulant des glands. Un long poinçon de cuivre, cerclé de neuf anneaux et s'élançant du faîte, ajoute encore à l'élé-

TEMPLE D'ASAKSA. — LE PORTIQUE D'ENTRÉE (p. 44).

gance du très coquet édifice, malheureusement perdu au milieu de misérables baraquements. C'est là un des nombreux bijoux de l'enclos; c'est, de plus, un symbole tout local. Comme nos beffrois élancés sont la gloire des vieilles communes flamandes, la pagode altière affirme, en ces pays, la victoire du bouddhisme sur les autres cultes. Toutefois, à la différence des premiers, ici point de joyeux carillons, point de bourdons retentissants. La grosse cloche d'Asaksa est suspendue, à quelques pas plus loin, sous une sorte de hangar rectangulaire qui s'élève au bord d'un étang.

Une construction assez insignifiante et de forme carrée, attenant à la pagode, abrite le *Rinzo*. On désigne sous ce nom une sorte de « bibliothèque tournante », dont les rayons renferment les six mille sept cent soixante et onze volumes qui constituent, dans leur ensemble, toutes les Écritures bouddhistes. Comme il serait impossible à chaque croyant de parcourir cette collection touffue d'un bout à l'autre, il est attribué des mérites équivalents à celui qui fait tourner la bibliothèque trois fois sur elle-même. Rien n'est, d'ailleurs, plus facile que cette manœuvre. Il suffit d'imprimer à la vaste machine, haute d'au moins quatre mètres et large de trois, une impulsion un peu vigoureuse pour la faire se mouvoir comme un tourniquet à macarons.

La bibliothèque tournante d'Asaksa est recouverte de laque rouge dans la partie supérieure et de laque noire dans la partie inférieure. Le pivot central repose sur un socle de pierre refouillé en forme de lotus épanoui.

et la brique ne sont qu'une innovation récente, importée par les étrangers, et désormais admise par le gouvernement dans les bâtisses officielles. Or celles-ci, ayant une origine toute moderne, ne feront qu'incidemment l'objet de nos descriptions. Il est donc indispensable de se bien pénétrer que dans n'importe quelle autre construction, tout est bois, ossature comme revêtement; et cette pensée ne devra jamais nous abandonner durant le cours, un peu ardu, de nos monographies architecturales.

Pour en revenir au temple principal d'Asaksa, dédié à Kwannon, il est totalement peint en rouge, percé de petites baies oblongues treillagées en vert,

INTÉRIEUR DU TEMPLE D'ASAKSA (p. 45).

A proximité du portique d'entrée on peut voir également un « moulin à prières » conçu dans le même esprit d'intercession à la vapeur.

Quant au temple proprement dit, il est consacré à Kwannon, la déesse de la Miséricorde, l'une des divinités les plus vénérées du Japon, puisqu'elle n'y compte pas moins de trente-huit grands sanctuaires. Il se dresse en face du portique, à une distance de cent mètres environ. L'intervalle en est piteusement occupé par une nouvelle rangée d'échoppes.

Ce temple est entièrement construit en bois, à l'exception du soubassement. Les proportions monumentales qu'il affecte, seules, contribuent à le différencier des maisons d'habitation.

Remarquons, à ce propos, une fois pour toutes, que nous ne trouverons guère au Japon que des constructions de bois, soit comme monuments civils et religieux, soit comme habitations privées. La pierre

et surmonté d'une immense toiture de tuiles grisâtres fournissant à l'ensemble un caractère de lourdeur des plus accentués. Peu d'ornementation pour varier cette grave nudité : quelques sombres dorures, et voilà tout!

Un large escalier, en partie abrité par la forte saillie de la toiture, mène le visiteur aux cinq entrées de la façade principale. Ces portes sont, en ce moment, encombrées de fidèles et de pèlerins. Nous nous frayons résolument un passage au travers de la foule bariolée et pénétrons dans le sanctuaire. Au seuil même, devant la baie du milieu, fume un brûle-parfums de bronze, sur lequel sont gravés les douze signes du zodiaque japonais : le rat, le taureau, le tigre, le lapin, le dragon, le serpent, le cheval, la chèvre, le singe, le coq, le chien et le porc. Immédiatement à côté, se présente l'inévitable fosse aux aumônes, recouverte d'un lattis de bois en vue de la protéger contre les déprédations. Ces tringles entrecroisées servent en même temps de perchoirs aux ramiers élevés dans le temple. Je remarque que les trop libérales offrandes déposées par ces nombreux volatiles l'emportent, dans une proportion déplorable, sur les dons gracieux fournis par le public. Le *tera*[1] d'Asaksa constitue, en effet, pour la race pigeonne un asile inviolable. Il est sans exemple qu'on ait jamais tué un seul de ces aimables hôtes, un pareil méfait devant exposer le sacrilège à toute la colère des dieux et souiller le parvis sacré d'une manière irréparable. Aussi, bien loin de les pourchasser, c'est à qui leur distribuera généreusement des graines et du riz.

En somme, la partie du temple réservée aux fidèles consiste dans une nef oblongue de dimensions peu considérables, c'est-à-dire mesurant une douzaine de mètres au plus du seuil au sanctuaire, et à peine trente mètres dans le sens de la largeur. Au plafond, supporté par des piliers à base polygonale, se balancent toute une collection de lanternes en papier, curieusement historiées aux couleurs les plus éclatantes. Dans le nombre, il en est de colossales, atteignant deux fois au moins la hauteur d'un homme ordinaire.

Nous nous rapprochons du maître-autel, réservé à Kwannon et dressé entre deux chapelles latérales placées sous des vocables différents. Le triple chœur est protégé contre les indiscrétions par une toile métallique. Aussi est-il fort difficile d'en distinguer la riche et fine ornementation, d'autant que l'encens des brûle-parfums en a bruni et empâté les détails, et que la lueur indécise des lanternes rouge sang y entretient cette pénombre si favorable au mystère et à la dévotion.

C'est là qu'au milieu de fleurs et d'attributs religieux, nous apparaît la bonne déesse, nimbée d'or, émergeant du lotus épanoui, cet emblème sacré du bouddhisme comme des vieilles religions pharaoniques.

Par surcroît de précautions, le sanctuaire est de nouveau précédé d'une très large fosse aux aumônes. Cette dernière ne mesure pas moins de six mètres sur quatre. Dieu! quelle tirelire! Autour de la cavité béante et non moins remplie que la première, quelques fidèles prosternés soupirent pieusement à haute voix leurs doléances particulières. De temps à autre, et pour attirer l'attention de la déesse, ils entrechoquent leurs mains suppliantes dans un rapide et nerveux applaudissement.

A vrai dire, pourtant, la nef semble peuplée d'une foule presque irrespectueuse, tant les allures individuelles y sont libres de toute contrainte. Chacun va, vient, circule de droite et de gauche, attendant son tour de supplications, ou bien amené comme nous par la seule curiosité. On dirait un simple lieu de promenade, servant d'abri contre le soleil et la pluie. Les enfants surtout semblent s'en donner à cœur joie. Ils sont là discourant, jouant et se poursuivant, sous l'œil paisible des bonzes tonsurés de tout âge, inattentifs à leurs bruyants ébats. Cette indulgence est bien orientale, la Divinité n'étant pas ici, comme chez nous, accompagnée de la gravité mystique que nous a transmise l'Ancien Testament. Elle est, de plus, assez naturelle, au clergé bouddhiste, lequel admet dans ses rangs des adultes et même des enfants. J'aperçois un de ces innocents catéchistes, tête rasée comme un vieillard, et guignant d'un œil envieux les jeux de ses profanes contemporains. Ce jeune pontife doit avoir de six à sept ans. Outre les passants, il y a aussi, de-ci de-là, des vendeurs d'images, d'amulettes et autres objets de dévotion. Chacun exerce son petit commerce avec le plus parfait sans gêne, ne reculant pas d'offrir la marchandise jusqu'aux pieds mêmes de la bonne Kwannon. Pourquoi nous piquerions-nous de plus de retenue que tous ces marchands du temple, âpres au gain et gesticulant à qui mieux mieux? Le chapeau sur la tête, comme si nous étions à la halle, nous allons et venons au milieu de tout ce monde, prenant nos notes, échangeant nos observations, riant si le cas s'en présente, bref, faisant tout ce qui nous passe à l'esprit, sans risquer de devenir pour personne un objet de critique ou de scandale. Singuliers dogmes, en vérité, que ceux où l'indépendance la plus absolue coïncide avec la superstition la plus étroite!

Les images de dieux fourmillent à Asaksa. On dirait un panthéon plutôt qu'un temple placé sous un vocable spécial. On ne peut faire un pas dans l'immense enclos sans se heurter à quelque pagode, à quelque chapelle, à quelque autel, à quelque lampe funéraire ou statue. Outre Kwannon, la souveraine du lieu, nous y voyons en première ligne Sousanao, le bouillant frère d'Amatéras; Benten, la déesse protectrice des arts et de l'éloquence; Hatchiman, le dieu des armées; Daikokou, le Plutus japonais, représenté assis sur un sac de riz; et enfin Inari, le gardien des céréales, flanqué du renard légendaire.

En ce qui concerne particulièrement l'intérieur du temple principal, il est bondé de divinités plus ou moins connues, et nichées, par grâce, comme des personnages sans importance, dans des chapelles en miniature, posées sur de vulgaires tréteaux. La plupart d'entre ces divinités ont cependant des attributions marquées. Celles-ci, par exemple, répondent à toute individualité souffrant d'un mal quel qu'il soit. Celles-là sont plus sensibles aux marchands, aux agriculteurs, aux jeunes filles en quête d'époux, etc. Telle autre est implorée en faveur des trépassés, afin que ceux-ci puissent jouir, dans leurs futures incarnations, d'un sort le fois meilleur et plus méritant : on sait, en effet, que la théorie bouddhiste comporte la croyance à la métempsycose. Et puis, c'est toute une série de dieux secondaires. L'un se contente de préserver

---

1. Ainsi que nous avons eu lieu de le dire dans notre précis historique, on applique aux temples bouddhistes le nom de *tera*, tandis que celui de *miya* revient aux temples chintoïstes.

LE PARC DE FOUKIAGUÉ, A TOKIO (p. 51).

contre l'incendie : on suspend à la paroi de sa niche des branches de sapin pour se le rendre favorable; l'autre empêche les enfants de se montrer vicieux ; un troisième enfin, sorte de moniteur céleste, a pour unique mission de rappeler à ses innombrables et

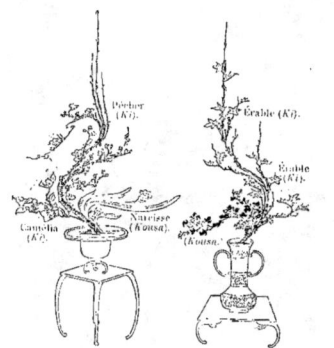

PLANTES DISPOSÉES, DANS UN VASE, CONFORMÉMENT
AUX RÈGLES DE L'ART JAPONAIS (p. 19).

augustes collègues les vœux différents qui leur ont été soumis : et comme on craint qu'à son tour le zélé moniteur manque accidentellement de mémoire, on s'empresse d'accrocher au grillage de sa chapelle certaines bandes de papier portant le nom du postulant, relatant l'objet de sa demande et — qui sait? — peut-être l'indication de son domicile.

La statue qui m'a semblé la plus singulière dans cet Olympe en raccourci, est certainement celle de Bindzourou, l'un des seize premiers disciples du Bouddha. Cette statue, taillée dans le bois comme celle de presque tous les autres dieux, ne représente plus guère qu'une masse informe, tant le contour en a été usé par les attouchements répétés. Il est vrai de dire que Bindzourou réunit dans son vaste département l'universalité des affections morbides. En principe, pour que le charme opère, il suffit que le malade, après s'être frictionné la partie du corps dont il demande la guérison, répète la même friction sur l'image de bois. En ce moment un bon vieux s'en approche justement, avec les démonstrations de la ferveur la plus ardente. Il se déchausse, puis, se massant le pied avec conscience, il se met en devoir d'en faire autant à l'excellent Bindzourou. Grand bien te fasse, mon brave homme ! Je remarque que c'est surtout la tête du dieu qui se trouve être dans le plus piteux état. Elle ne forme plus désormais qu'une boule irrégulière. Que de migraines et de névralgies ont dû passer par là !

Parmi la foule des fétiches, dispersés dans la grande nef, et des peintures ressortant sur l'or sombre des parois, j'avise une lithographie représentant un bâtiment de la Pacific-Mail-Steam Ship Company. Que vient faire ici cette gravure-réclame? Serait-ce l'image du dieu Barnum, auquel les Japonais ont voulu donner asile, comme à tant d'autres? Mystère ! — Sans vouloir chercher à tout expliquer, j'avoue que cette vue me porte à quelque gaieté[1].

Non loin du temple se dressent un groupe de statues pour la plupart en cuivre ciselé, et reposant sur des piédestaux. L'une d'elles, la plus grande, atteint des proportions au-dessus de la nature. Il paraît qu'un bonze s'était imaginé, il y a déjà longtemps, de vendre la collection à un négociant de Yokohama. Or, comme la loi japonaise défend sévèrement ce genre de commerce, on fit rentrer les brebis au bercail; mais elles n'en avaient pas moins perdu, aux yeux des fidèles, leurs qualités bienfaisantes. Devenues, en quelque sorte, indignes de siéger au milieu de leurs augustes sœurs, elles durent être reléguées en plein air, à la porte de la sainte demeure. Je remarque, en dépit de cet ostracisme, que la plupart d'entre elles ont encore le don d'attirer simultanément les dévots qui se pressent dans les contre-allées. Il est présumable que les exilées doivent ce regain de considération à quelque spécialité dont elles ont conservé le monopole.

Visitons encore une chapelle consacrée à un dieu guérisseur du mal de dents ! Elle est placée auprès du portique d'entrée. Autrefois on y voyait, paraît-il, un tableau symbolique, sur lequel les piteux détenteurs de molaires endommagées lançaient à tour de bras des boulettes de papier préalablement déchiqueté par le procédé que nous avons indiqué plus haut. Cette mastication frénétique, renouvelée du système de Jocrisse consistant à casser un cent de noix sur la dent malade, eut sans doute le don d'amener des guérisons, car, en dépit des âges et des progrès scientifiques, le dieu possède une réputation toujours intacte. Depuis des temps plus modernes, on en est même arrivé à simplifier les procédés. Il suffit désormais que le patient offre quelques grammes de sel à la divinité, et se frotte les gencives avec celui qui lui est délivré sur place.

Comme nous l'avons dit au début de notre visite, l'édifice principal est environné de nombreux temples accessoires. Dans l'immense enclos, ombragé d'arbres séculaires, se sont aussi groupées force maisons de thé, plus profanes les unes que les autres. Chanteuses et ballerines y rivalisent d'entrain, sous l'influence bachique du *saké* et du *myrin*. On y rencontre, en outre, maints théâtres populaires où histrions et jongleurs défilent leur hardi répertoire, au grand ébattement et ébaudissement des fidèles;

BRANCHES DE PRUNIER
ET DE PIN, DANS UN
BAMBOU NATUREL.

1. Faisons amende honorable : on m'affirme que ce tableau n'est qu'un ex-voto, offert en 1870 par un Japonais échappé au naufrage du *City of Yedo*.

des tirs à l'arc, où d'élégantes jeunes filles apprêtent l'arme de bambou et vous présentent les flèches en bois de cerisier, avec le même sourire qu'Éros décochant ses traits. Un peu plus loin on vous montre tout un lot de figurines en carton-pierre, représentant les scènes de miracles accomplis par la déesse Kwannon. Ces trompe-l'œil sont assez grossièrement moulés. Tout à côté, des établissements horticoles se présentent à nous, peuplés d'arbres nains et de plantes aux végétations bizarres. Çà et là, enfin, des marchands de comestibles, des débitants de curiosités, vingt industries ne tenant à la religion par aucun fil appréciable, se pressent, se confondent ou s'alternent dans un étrange méli-mélo. Il n'est donc plus étonnant qu'à l'aide d'un semblable entourage, les temples soient considérés par la population indigène comme de simples rendez-vous de promenade et de divertissement. En fait, le sacré et le profane, le mysticisme et le libertinage, s'y coudoient librement dans une promiscuité tout orientale. Autrefois même, les enclos religieux devenaient souvent le lieu d'asile et conséquemment le repaire des criminels traqués partout ailleurs. A cette époque les étrangers qui s'y aventuraient sans escorte risquaient de n'en pas sortir indemnes. Plus d'un a payé de sa vie la curiosité qui l'y avait amené.

DISPOSITION INCORRECTE D'UN IRIS DANS UN VASE

Ne quittons pas l'enclos sacré d'Asaksa sans constater une fois de plus, à propos des établissements horticoles rencontrés sur notre passage, combien le goût des fleurs est ancré dans l'esprit de ces populations. Nous y sommes, en effet, mis à même de remarquer qu'à côté de la culture essentiellement nationale des arbres nains et des végétations bizarres, dont nous avons déjà parlé, il existe un art, tout aussi raffiné, qui consiste à réunir, à combiner dans de mignons petits vases, pour en former des sortes de bouquets, les particularités botaniques les plus diverses.

Il ne sera pas sans intérêt d'entrer dans quelques détails au sujet de l'art en question, lequel n'est pas, comme on pourrait le croire, laissé à la simple fantaisie du premier venu. Qu'il s'agisse de disposer dans un vase soit quelque branche d'arbuste ou de scion, soit quelque plante vivace ou même quelque plante annuelle, on est tenu, par tradition ou par simple courtoisie, d'appliquer à ces singuliers arrangements les règles d'un code très complet.

Deux grandes divisions, les *ki* (plantes ligneuses) et les *kousa* (plantes herbacées) sont, dans l'espèce, les premiers points à observer. Ainsi, une branche d'arbre (ki) ne saurait être encadrée symétriquement par des tiges de plantes (kousa), ou *vice versa*. Une mauvaise combinaison, par exemple, serait de placer un iris (kousa) entre une azalée (ki) et un camélia (ki). Pour bien faire, il faudrait mettre ou l'azalée ou le camélia au milieu et remplacer l'un ou l'autre par un iris. De même, on jugerait incorrect de dresser un bambou (kousa) entre une branche de sapin (ki) et une branche de prunier (ki).

Toutefois il est encore d'autres prescriptions à observer. Bien qu'en général le pétale blanc, à quelque fleur qu'il appartienne, soit considéré comme occupant le premier rang dans l'ordre hiérarchique, on admet certaines exceptions à cette règle : dans le chrysanthème, c'est le jaune qui tient la tête; dans la fleur de pêcher, c'est le rose tendre; dans l'iris, le pourpre; dans le camélia, le rouge; dans la pivoine, l'écarlate; dans le convolvulus, le bleu foncé, etc. — De plus, toute couleur présente une signification particulière, chacune d'elles étant même classée par sexes, comme dans la poésie décadente de nos modernes stylistes. Ainsi, le rouge, le pourpre, le rose (ô mystère!) sont de sexe mâle, tandis que le bleu, le jaune, le blanc seraient de sexe féminin.

Enfin, conformément à une règle immuable, qu'on dirait empruntée au langage symbolique des poètes persans, le blanc exprime l'élégance; le bleu, la grâce; le jaune, la splendeur; le rouge, la beauté; le pourpre, la modestie.

Et toutes ces classifications, mariées avec art, donnent lieu à des entretiens muets où s'exerce la délicatesse de ceux qui forment ou offrent des bouquets.

Autant, en un mot, il convient, pour ne point faillir aux usages, d'alterner les espèces suivant la règle établie, autant il faut choisir les couleurs avec soin, ne les mêler qu'à bon escient, et s'astreindre en même temps, dans un suprême effort de bon goût, à ne jamais effaroucher la simplicité.

Le soir est venu peu à peu. Des corbeaux, volant par bandes ou tournoyant dans l'espace, remplissent l'air de croassements rauques. Ce concert inopiné rend plus douces et plus poétiques encore les vibrations prolongées d'un *samicen* résonnant mystérieusement dans l'ombre d'un enclos voisin et accompagnant une voix au timbre argentin. Nous nous arrêtons un moment, séduits par la mélodie plaintive scandée par les accords de la guitare japonaise.

Mais il est temps de regagner nos djinrikchas, et de nous faire conduire à un bon kilomètre de distance, au parc d'Ouyéno, où nous avons formé le projet d'aller prendre notre repas du soir.

Le parc d'Ouyéno a été le théâtre du dernier et sanglant épisode de la grande révolution moderne. C'est à l'endroit même où les partisans du mikado restauré ont vaincu, en 1868, ceux du chogoun, que s'élève maintenant le restaurant, style européen, où nous allons nous attabler. Il faut reconnaître que l'apparence de ce monument

DISPOSITION CORRECTE D'UN IRIS

commémoratif, d'espèce toute particulière, est aussi modeste que possible et de proportions très restreintes. Toutefois ne préjugeons pas à la légère : l'expérience nous a maintes fois démontré qu'il ne faut jamais dénigrer le contenu sur la simple vue du contenant. Le dîner qu'on nous offre est de tout point excellent et, qui plus est, servi suivant toutes les règles de l'art.

Le repas terminé, nous retournons à pied jusqu'à la gare, suivis de nos djinrikchas, tout en traversant du nord au sud une grande partie de la cité. A cette heure, l'animation est à son comble, le gaz municipal est allumé partout dans les principales rues. Ce dernier éclairage ne laisserait même rien à désirer si les réverbères, par mesure d'économie sans doute, n'avaient été trop espacés les uns des autres. A côté de cette lumière officielle un peu terne, l'illumination multicolore dont les marchands, restaurateurs et particuliers font tous les frais, jette des clartés innombrables. Aux façades indéfinies flamboient des myriades de lanternes de papier où le rouge domine toujours et dont quelques-unes sont de dimensions gigantesques. Les tchayas en sont littéralement constellées. C'est pour le coup que Panurge se croirait transporté dans « l'île des Lanternes ». Tout, jusqu'aux voitures à bras, circulant de plus belle, en est pourvu[1]. Et ce ne sont désormais que promeneurs s'arrêtant devant les échoppes en plein vent, se livrant à leurs emplettes ou raccolant aux milliers d'étalages les objets les plus disparates. Ce mouvement extraordinaire me semble être concentré plus spécialement entre le quartier d'Asaksa et la gare du chemin de fer, le long du boulevard Ghinza et des rues qui lui font suite. Je remarque, en passant, — ce qui ne laisse pas de m'étonner en un pays où tout se transporte à bras d'homme, — qu'un grand nombre de voitures publiques, bel et bien attelées de chevaux, sillonnent constamment cette grande artère, qu'on pourrait appeler le « Broadway tokionien ».

Vers dix heures nous repartons pour Yokohama.

Vendredi, 13 octobre. — Beau temps (th. +14° cent.).

Le ministre d'Italie m'informe ce matin, par dépêche télégraphique, qu'il a obtenu pour nous l'autorisation de visiter aujourd'hui même les jardins du Mikado. Ces jardins sont au nombre de deux. L'un, connu sous le nom de Foukiaghé, occupe le centre même de Tokio et faisait autrefois partie de l'ancienne résidence des chogouns Tokougawa. L'autre, appelé Hamagoten, se trouve placé aux confins de la cité, précisément auprès de la gare du chemin de fer. En dépit des objurgations de M. de G**, qui nous représente les allées comme inaccessibles depuis la pluie diluvienne de l'autre jour, nous nous décidons à partir pour Tokio à dix heures trois quarts.

Dès notre arrivée dans la capitale, des djinrikchas

[1]. A cet éclairage pittoresque s'ajoute aujourd'hui l'éblouissante clarté de l'électricité, qui, depuis 1890, s'est répandue rapidement dans les principales villes du Japon.

nous conduisent au ministère des affaires étrangères, où il nous faut aller retirer notre permis. J'ai l'avantage d'y rencontrer M. S**, vice-ministre des affaires étrangères, à qui j'ai à transmettre les *kind regards* de M. A**, ministre du Japon à Berlin. Si j'emploie ici l'expression *kind regards*, c'est avec intention, car notre conversation a lieu en anglais, langue que mon interlocuteur parle avec une extrême perfection.

Dans le cours de notre entrevue, j'apprends que M. H**, mon compagnon de cabine du *Gaelic*, si l'on s'en souvient, et qui revenait justement d'Europe, y occupait récemment un poste diplomatique. Et dire que nous avons voyagé de concert pendant vingt-trois jours sans que je me sois un seul moment douté avoir affaire à un collègue! S'il est vrai que la discrétion est la première vertu du diplomate, m'est avis que mon ex-professeur de japonais est assuré du plus brillant avenir.

En recevant nos adieux, M. S** nous confie à la garde d'un *yakounin*, officier subalterne du palais, et le charge de nous faire visiter en détail les jardins de la couronne.

Pour nous rendre au plus vaste de ces jardins, celui de Foukiaghé, nous reprenons nos djinrikchas. Quant à notre guide, monté sur un cheval fringant et coquet, il ouvre la marche du cortège, précédé lui-même de l'indispensable *betto*, ou palefrenier-coureur, conformément à l'usage du pays.

Pas de coursier de prix, voire de vulgaire bidet, qui ne se trouve ainsi doublé de ce compagnon d'écurie ou de traite. Le *betto* est ici ce que le *saïs* est en Égypte. Cheval et valet ne se quittent ni de jour ni de nuit. En engageant sa personne, le *betto* promet non seulement de donner tous ses soins à la monture de son maître, mais encore d'accompagner celle-ci à chaque sortie, pour faire ranger les passants le long du chemin.

Ceci dit, revenons au jardin de Foukiaghé, lequel faisait autrefois, comme nous avons vu, partie de la résidence des Tokougawa.

C'est dans l'endroit même où Ota-dokwan, le vassal militaire des chogouns de Kamakoura, avait élevé une place forte dès l'année 1355, que Iyéyas, le véritable fondateur de Yédo, centralisa sa puissante administration et construisit son redoutable castel, désigné sous le nom de *chiro*. A peine si l'ancien emplacement équivalait, comme surface, à la partie occidentale de la forteresse rééditée. Cette dernière fut encore étendue par Hidétada et finalement complétée par Iyémits.

Une légende rapporte que trois cent mille ouvriers travaillèrent à la résidence des chogouns. Dans le palais principal habitèrent Iyéyas et ses successeurs. Dans les palais secondaires, disposés au voisinage, s'abritaient successivement les grands feudataires, tenus, ainsi qu'on le sait déjà, de venir résider à Yédo une partie de l'année, et d'y laisser en tout temps comme otages certains membres de leur famille. Ces palais — ou *yachiki*, dans le langage japonais — sont d'apparence lourde et uniforme. Ils ont été affectés, pour la plupart, — aujourd'hui que leurs anciens occupants en ont été dépossédés, — à différents services publics tels que ministères, bureaux détachés, administrations municipales, casernes, etc.

L'ensemble de ces constructions, qui constituait ainsi, au cœur même de la capitale, un noyau exclusivement officiel, avait été entouré de plusieurs lignes de remparts munis de fossés profonds et couronnés de pavillons élégants formant bastions.

Mais les murailles n'étaient pas uniquement établies comme moyens de défense. Elles servaient autant à former une démarcation tranchée entre la caste aristocratique ou prétorienne et la tourbe du vulgaire, composée des artisans et des marchands. C'est même grâce à cette barrière infranchissable que les idées féodales ont pu persister ici jusqu'à notre époque. Jamais les daïmios n'eussent souffert auprès d'eux que des vassaux portant l'épée, ou dépendant complètement de leur seigneur et maître. Quant aux agriculteurs, aux commerçants, aux artisans de toute nature, — à l'exception des armuriers, des peintres et des hommes de lettres, attachés individuellement à ces petits potentats, — ils habitaient dans les environs du mur d'enceinte et n'avaient avec leurs fiers suzerains que des rapports fiscaux. On daignait les rançonner, et voilà tout. Pourtant ils avaient, en échange, un droit à une protection définie.

L'esprit de caste répondait, d'ailleurs, si bien à un besoin national, qu'il s'est même étendu vers le peuple, que dis-je? sur la plèbe. Ainsi, les habitants de Temmatcho, autrement dit « rue du Relai », où s'arrêtaient autrefois les cortèges des grands seigneurs se rendant auprès des chogouns, se prétendent supérieurs, comme pureté de race, aux habitants des autres quartiers. Serait-ce parce que l'aristocratie laissait parfois des traces effectives dans les familles, ou bien parce que Temmatcho passe pour être le plus ancien quartier de la ville? En tout cas, la chose est assez plaisante à constater.

Après avoir contourné pendant quelque temps les orgueilleuses barrières élevées par la féodalité, nous nous trouvons, vers une heure et demie, à l'entrée du jardin impérial que nous avons désigné sous le nom de Foukiaghé. A peine notre cicerone officiel a-t-il exhibé au soldat de garde nos permis de circulation, inscrits sur de petites tablettes de bois, qu'un deuxième yakounin, un troisième, puis un quatrième, viennent se joindre à notre groupe. C'est toute une escorte. Chacun de nos hommes est vêtu d'un large pantalon flottant et d'un ample manteau sur lequel se détache le chrysanthème mikadonal. Comme coiffure ils portent un petit feutre gris à rebords étroits, dont la forme ne diffère guère de nos chapeaux ronds. Ce mélange occidento-oriental produit l'effet le plus cocasse.

Dès le portail, nous nous trouvons engagés dans un massif de bambous, et, au delà, entre une série de monticules coquettement gazonnés, dont on a tiré parti pour l'établissement d'un tir à la carabine. Les coups de feu qui partent à tout moment dans nos oreilles, non moins que les branches d'arbres qui tombent à nos pieds, nous avertissent que nous passons en quelque sorte sous le rayon visuel des tireurs. Peu désireux de servir de cible à la troupe cachée, nous nous

LE PALAIS D'AKASAKA. — PORTIQUE D'ENTRÉE (p. 52).

empressons d'obliquer vers la gauche, où — ô modernisme! — apparaît tout à coup un champ de courses d'étendue modeste. Nous y faisons une courte halte, dans un pavillon rustique établi juste au centre d'un réseau liquide de ruisselets babillards traversés par des ponts en miniature. Non loin d'un second pavillon rencontré à la suite, je remarque un tronc d'arbre pétrifié, s'élevant à près d'un mètre au-dessus du sol.

Encore quelques pas, et la plus charmante partie du jardin de Foukiaghé va s'étaler sous nos yeux. On y accède en suivant un court sentier semé, à intervalles réguliers, de dalles de granit, en vue d'obvier aux inconvénients des grandes pluies. Le sol est, en effet, si boueux que, sans cette sorte de chaussée à la fois économique et décorative, certaines allées du jardin impérial seraient vraiment impraticables. Nous parvenons ainsi, sans maculer nos bottes, dans un charmant vallon tapissé du gazon le plus épais. On dirait quelqu'une de ces vues délicieuses si fréquentes aux environs de Spa ou de Baden-Baden. Le mince filet d'eau qui serpente au sein de cette fraîche nature s'en va lentement grossir, un peu plus loin, les ondes immobiles et sans épaisseur d'un étang minuscule. Et, pour plus complète similitude avec nos riants paysages, il est lui-même alimenté par une cascatelle limpide et joyeuse d'un effet adorable. Enfin, comme fond du tableau, de nombreuses échappées se présentent, artistement ménagées à travers des arbres magnifiques appartenant aux essences les plus diverses. Rien de majestueux comme cette végétation puissante, et rien de coquet comme l'ensemble des rocailles, groupées ou disséminées, au milieu desquelles se détache en clair la mignonne nappe d'eau qui s'y est creusé son lit. Une élégante maisonnette, située sur notre gauche, en face même de la cascade, semble avoir été plantée là tout exprès pour mieux permettre d'embrasser ce ravissant point de vue.

En ce moment des faucheurs sont occupés à faire la toilette des pelouses. Nos guides nous montrent dans l'herbe, couchée sous le fer dévastateur, deux blocs de pierre informes, d'une couleur rouge sang, provenant, paraît-il, de la province de Satzouma. Le contraste inattendu de ce rouge vif, ressortant avec vigueur sur les tons moelleux du boulingrin, produit à l'œil une sensation équivalente à celle perçue par l'oreille lorsque, dans le silence des forêts, éclate soudain le bruit rapproché des cors de chasse.

On accède au castel, élevé sur la limite de Foukiaghé, par un certain nombre de ponts suspendus jetés au-dessus de larges fossés. Mais il n'existe plus de l'ancien palais des chogouns que des ruines naguère calcinées. L'incendie a détruit à plusieurs reprises la résidence jalouse d'où les lieutenants militaires, devenus les souverains du Japon par le fait de leur usurpation, dictaient leurs volontés au groupe armé de leurs grands vassaux. Le dernier sinistre, datant de 1873, a contraint le Mikado, qui avait pris ce lieu comme résidence, à transporter sa demeure un peu au delà. En attendant que le palais destiné à remplacer la construction détruite soit approprié, l'empereur habite le Kichiou Yachiki, dans le quartier d'Akasaka [1].

D'une encoignure formée par les ouvrages défensifs qui entourent le parc, on découvre une vue superbe de Tokio et de la baie au bord de laquelle la grande ville est assise. Quel panorama splendide!... En jetant les yeux au bas du rempart, j'aperçois des soldats qui s'exercent, d'après la méthode européenne, à s'étirer

BOUT DU PALAIS DE HAMAGOTEN (p. 54).

les bras et les jambes, au cours de marches étudiées et d'évolutions gymnastiques. Voilà qui contraste, comme idée, avec tout ce qui nous entoure! Il y a loin de cette éducation occidentale aux sombres coutumes de l'ancien Japon; du lourd silence de ces murailles poudreuses aux fraîches et bruyantes sonneries du clairon!...

La visite de Foukiaghé nous a pris deux heures environ.

Quels que soient les rapports qui subsistent entre ces jardins impériaux et les parcs publics d'Europe ou d'Amérique, nulle comparaison ne saurait être faite entre eux. Nos grandes promenades sont généralement traitées avec une largeur de plan destinée à rendre plus vaste encore la superficie qui leur est attribuée. On y trace de longues avenues et l'on y dessine des pelouses étendues. Au Japon, au contraire, tout est poussé au raccourci, au mignard, au joli, et par conséquent à l'exigu. Allées, cascades, pièces d'eau, tout détail y semble au-dessous des proportions naturelles, bien qu'une réelle entente du pittoresque et de la vérité préside à la disposition des différents points de vue.

Après une série interminable de salutations échangées par nos yakounins, nous repartons, dans le même ordre et le même appareil, pour Hamagoten, c'est-à-dire « le Palais de la rive », lequel est souvent désigné sous le nom d'Enrio-Kwan et qui est situé, ainsi que nous l'avons donné à entendre, aux environs de la gare de Chimbachi et sur les bords mêmes de la baie.

Les coolies attelés à nos cabriolets de place fournissent ce trajet, assez long, en moins d'une demi-heure.

Les jardins de Hamagoten, moins richement ombragés que ceux de Foukiaghé, ont sur ces derniers l'avantage précieux d'être baignés par les flots de l'Océan. D'ailleurs, même caractère de savante et d'exquise rusticité. Nous y retrouvons des berges gazonnées, reliées par des passerelles aussi légères que le vent, des cours d'eau lilliputiens aux méandres capricieux, des pavillons coquets placés en suspens devant les trouées ménagées dans la verdure. L'un de ces derniers, assis sur la rive d'un petit étang et dépouillé en ce moment de ses châssis protecteurs, est là tout large ouvert, comme pour solliciter le visiteur. Nous nous y arrêtons un instant à seule fin d'y jouir de la fraîcheur des eaux silencieuses, légèrement ridées çà et là par le vol rapide de quelques oiseaux aquatiques.

Du haut des tertres naturels qui bordent la mer,

---

[1]. Le nouveau palais impérial du Chiro a été définitivement occupé par le Mikado depuis l'année 1890. Il est éclairé à la lumière électrique.

JARDINS DE HAMAGOTEN (p. 32).

on découvre une vue magnifique de la baie. La vaste étendue des eaux est sillonnée de voiles blanches, étincelantes au soleil. A l'horizon, des montagnes de couleur grise apparaissent, estompées par des nuages fuyants, tandis qu'à droite s'avancent, hardiment découpés sur l'azur même du golfe, les naïfs ouvrages destinés à protéger l'ancienne Yédo. Et dire que c'est avec de pareilles défenses que les Japonais espéraient fermer leur pays aux flottes combinées des grandes puissances maritimes, et notamment à l'escadre américaine du commodore Perry!... Ainsi qu'on le sait, cet habile officier de marine ne jugea pas même nécessaire de quitter le mouillage d'Ouraga.

Le palais, ou plutôt la maison de plaisance des anciens chogouns est bâtie dans un style mi-parti japonais, mi-parti occidental. En réalité, il n'offre rien de remarquable, sauf les superbes portes laquées qui en ornent les appartements. On m'apprend qu'on en a peu à peu modifié l'ordonnance, en même temps que la destination primitive. Actuellement, les locaux ne servent plus que de résidence éventuelle aux princes étrangers de passage au Japon. De là peut-être ce singulier amalgame de styles s'excluant l'un l'autre, ce mobilier purement occidental garnissant des salles trop spacieuses, peu en rapport avec nos besoins. L'art et l'industrie nationale n'y sont représentés, en définitive, que par quelques bronzes vraiment princiers, par des laques antiques et des tentures de soie de toute beauté.

En quittant les jardins de Hamagoten, nous sommes ramenés à la gare par notre imposant cicerone. Mais, comme nous avons encore du temps devant nous, nous en profiterons pour aller faire un pèlerinage à la tombe des quarante-sept ronins. Cette visite, non comprise dans notre programme, ne saurait d'ailleurs nous retarder beaucoup, puisque la station de Chinagawa, la première en quittant Tokio, est très rapprochée du célèbre enclos.

La belle voie que nous suivons est empruntée au Tokaïdo, la route impériale qui traverse le Japon du nord au sud. Elle est parcourue en tous sens par des artisans et des promeneurs. La foule assiège littéralement les magasins et les échoppes, ou fait cercle autour des petits théâtres ambulants qui les avoisinent, et dont la devanture me rappelle nos Guignols et nos Bambochinets. L'animation que nous constatons dans la grande artère ne doit cependant être qu'un pâle reflet de celle qui y régnait autrefois, alors que les daïmios, forcés de venir à Yédo pour faire leur cour au chogoun, y passaient continuellement, escortés de leur entourage de samouraïs. A cette époque, en effet, le Tokaïdo constituait la seule communication directe entre le Yédo du pouvoir militaire et le Kioto de la puissance impériale. Désormais, ce même Tokaïdo, prolongé vers le nord, prend le nom de Ochioukaïdo, coupant ainsi dans toute sa longueur l'île de Hondo, la plus considérable de l'archipel japonais.

Nous laissons sur la droite l'enclos bouddhiste de Chiba, que nous aurons l'occasion de visiter plus tard, et nous faisons arrêt à Sengakoudji, temple situé au milieu de jardins et de verts bosquets. Déjà l'on se croirait en pleine campagne, bien que nous ne soyons qu'à deux pas du bruyant et populeux Tokaïdo. Devant nous, en effet, s'étendent des champs et des bois entrecoupés de villages, lesquels forment des agglomérations distinctes et isolées, tout en appartenant au territoire même de la capitale.

Le temple de Sengakoudji, assez modeste d'apparence, emprunte sa principale et réelle célébrité aux tombes des quarante-sept *ronins* que nous venons saluer. Les ronins dont il est question ici, véritables martyrs de l'honneur japonais, sont enterrés précisément à la place où ils s'étaient illustrés. Nous en rappellerons tout à l'heure la conduite chevaleresque.

Le jour est déjà sur son déclin. La colline qui se profile à gauche du sanctuaire se montre éclairée par les derniers feux de l'astre couchant, nous offrant par intervalles des bouquets de sapins et des monuments funéraires dont la plupart paraissent remonter à une époque reculée.

Les corbeaux et les cigales sont là, seuls, pour alterner leurs partitions monotones dans le concert harmonieux des airs endormis. Ces notes perçantes et rauques, jetées simultanément aux échos, rendent plus lugubre encore l'aspect de la vieille nécropole.

A côté du champ de repos central, auquel on parvient par une sorte de voie Appienne bordée de tombeaux, se présente un espace carré, séparé du restant par un simple grillage de bois. D'humbles pierres tumulaires y sont rangées, les unes à côté des autres, dominées par un mausolée d'une certaine importance. C'est là que dorment, entourés de la vénération universelle, les quarante-sept ronins couchés au pied de leur seigneur et maître.

L'histoire de ces héros de la vendetta japonaise est loin d'être inédite. Toutefois, comme elle est tout a fait topique, nous croyons devoir la résumer en quelques lignes.

Au commencement du siècle dernier, le daïmio Takoumi-no-Kami fut insulté à Yédo par un officier du chogoun. Or, s'étant vengé de son ennemi en le blessant grièvement dans l'enceinte même du palais chogounal, le daïmio fut condamné, de ce chef, à s'appliquer aussitôt le *hara-kiri*, c'est-à-dire à s'ouvrir le ventre en présence de ses parents et de ses serviteurs.

Tel est le fait qui devait donner lieu à l'action héroïque des quarante-sept ronins. En effet, à peine Takoumi eut-il été inhumé dans le cimetière de Sengakoudji, qu'un grand nombre de ses vassaux, devenus *ronins,* c'est-à-dire passés à l'état d'« hommes déchus en raison de la mort de leur maître », vinrent se ranger, pour la vengeance, autour de Kouranoské, le secrétaire même du défunt. Bien que ce dernier fût surveillé de près par les espions de l'insulteur, lequel ne sortait plus qu'entouré d'un cordon de soldats, il parvint à garder inviolablement le secret du complot. En apparence retiré à Kioto, il parut y oublier dans l'ivresse et dans la débauche le souvenir de l'offense supportée en commun. Un guerrier de Satzouma, dupe comme tous les autres de cette longue comédie, le traita même ignominieusement de misérable et de lâche.

L'heure de l'action n'avait pas encore sonné: telle était plutôt la vérité. Les fidèles ronins, mus par un

On les arrêta tous dans le temple où nous sommes, et aucun d'eux ne daigna même chercher l'ombre d'une justification. Ils moururent comme des braves qu'ils étaient, de leur propre main, leur peine ayant été commuée en celle du suicide volontaire, par considération pour la grandeur de l'insulte et pour l'héroïsme de la vengeance.

Les ronins furent généralement pleurés. Le guerrier de Satzouma qui avait insulté Kouranoské, inconsolable d'avoir calomnié un pareil homme, vint

TOMBEAUX DES QUARANTE-SEPT RONINS (p. 54).

même sentiment, se recueillaient au contraire dans l'ombre, en attendant un signal.

Donc, l'année suivante, s'étant tous donné rendez-vous à Yédo, ils y pénétraient isolément au nombre de quarante-sept. La vengeance allait s'accomplir. Durant la nuit du 14 décembre 1703, la maison de l'officier est attaquée et prise d'assaut. Les ronins, après avoir fait un grand carnage de ses gardes et serviteurs, le surprennent lui-même et, lui ayant tranché la tête, vont solennellement la porter sur la tombe de leur maître. Cet holocauste une fois offert, ils renvoient leur sanglant trophée au fils même de la victime, pendant que trois délégués courent informer l'autorité supérieure de leur action à la fois barbare et sublime, criminelle et expiatrice.

s'ouvrir le ventre à son tour sur la tombe fraîchement fermée où reposait le vaillant serviteur. Sa fosse fut creusée à côté de celle des quarante-sept ronins. Elle n'en est séparée que par un étroit grillage. Quant à celle du daïmio Takoumi-no-Kami et de son épouse légitime, elle est placée au nord de l'enclos. Depuis, ces trop glorieux monuments ont été visités de tout temps par les samouraïs de passage à Yédo. Ils sont l'objet, comme je l'ai dit, d'une vénération sans égale. Des mains pieuses y brûlent de l'encens constamment, renouvelant sans cesse les fleurs et le feuillage dont les cippes sont ornés.

On voit dans le temple de Sengakoudji les statues des quarante-sept ronins, représentés tout armés. Les prêtres du lieu y conservent et nous y montrent quelques-unes des sanglantes reliques attribuées à ces héros légendaires, vraiment propres à séduire l'imagination d'un peuple chevaleresque.

Il est six heures et quart quand nous nous éloignons, n'ayant que le temps de gagner la station de Chinagawa.

A sept heures, nous sommes de retour à Yokohama.

Le soir, après le dîner, nous nous mettons à parcourir la partie de la ville japonaise située entre le canal et les Bluffs. Nous y constatons, comme toujours, un grand empressement autour des échoppes, constellées de lanternes et débordantes de marchandises.

Samedi, 14 octobre. — Chacun de nous est réveillé vers six heures par un fort coup de canon tiré en rade, à bord de quelque navire en partance. — Le temps est beau; le thermomètre marque 14° centigrades.

Journée tout entière passée à faire visite aux marchands de curiosités, en compagnie de mon fidèle acolyte.

Le Hontcho-dori et le Benten-dori, deux artères courant parallèlement au milieu de Yokohama, constituent les principales rues à boutiques. Elles font l'effet d'un immense déballage où se débitent à la grosse les marchandises les plus diverses. Aux jours désignés pour le départ des longs-courriers, non seulement les magasins, mais encore la voie publique, sont encombrés de caisses bondées de laques, de porcelaines, de bronzes et de bibelots courants : tout cela pour être expédié en Europe ou en Amérique. Par le fait, les produits vendus à Yokohama sont généralement de qualité ordinaire, et ne méritent l'attention de l'acheteur que par la modicité des prix auxquels ils sont cotés. Dans quelques magasins, on trouve bien, par exception, des objets de grande valeur et d'un goût exquis. Malheureusement l'amateur n'en a pas toujours pour son argent. Qu'il s'adresse, en effet, aux négociants de haut parage ou aux plus vulgaires bimbelotiers, il doit se convaincre d'ores et déjà que les prix seront impudemment surfaits.

Ce soir, comme hier, flânerie à travers la ville japonaise, mais sur un autre point, bien entendu. Nous allons explorer le quartier de Yochida-matchi. Là, comme ailleurs, nous rencontrons une grande animation dans les rues, une extrême affluence de populaire autour des échoppes, et principalement devant celles qui débitent des comestibles.

Autant il est facile aux indigènes de réunir les nombreux éléments de leur cuisine nationale, autant il était souverainement impossible autrefois aux étrangers domiciliés dans la ville de s'approvisionner d'une manière quelque peu acceptable. Ils ne trouvaient rien qui ressemblât à ce qu'ils avaient en leur pays. Et cependant on peut dire que tout se mange au Japon. Telle substance, en apparence peu propre à la nutrition, servira indifféremment d'engrais pour les cultures ou de nourriture pour les hommes et les animaux. Les algues marines y sont érigées au rang de comestibles, soit pour la consommation immédiate, soit pour la transformation en conserves. Il est des bouillies qui cumulent l'emploi de colle forte et de mets recherché, des légumes dont les fibres, dépouillées de chair, sont employées en guise d'éponges comme la bourre du palmier. Deux ou trois poignées de riz, un peu de *soba*, sorte de macaroni japonais, du poisson bouilli, salé, rôti, fumé ou tout simplement conservé cru, des champignons, des œufs, des harengs séchés, voilà de quoi composer pour un Japonais pur sang un vrai repas de Lucullus! Point de viande de boucherie; les traditions bouddhistes encore prépondérantes s'y opposent d'une manière formelle. A peine, aux jours de fêtes carillonnées, quelque poulet maigre comme ceux dont on vous gratifie aux bords du Nil, viendra-t-il varier le menu journalier. Il s'ensuit que pour les Européens et les Américains, en général gens habitués à une alimentation moins primitive, tout en quelque sorte doit être expédié de l'étranger. Faute de bétail suffisant, on ne trouve ni lait ni beurre, sauf le lait de chèvre ou de brebis. Le premier de ces produits arrive en boîtes de la Suisse même. Le second provient communément du Danemark. La Chine envoie des moutons, l'Amérique des farines et des fruits, la France de l'huile et des légumes secs, l'Angleterre enfin les innombrables conserves dont les boîtes de fer-blanc vidées constitueront bientôt des collines aussi importantes que les amas de poteries brisées autour des villes disparues.

Ce n'est pas que, dans les ports de mer ouverts à la navigation étrangère, les Japonais, mis en rapport direct avec nous, ne s'accoutument à peu à notre cuisine. Ils la préfèrent même de beaucoup à leurs *ratas* traditionnels. Mais le gros de la population s'en tient encore à ses anciens usages gastronomiques.

L'ancienne et modeste bourgade de pêcheurs devenue le Yokohama actuel, compte, parmi sa population d'environ cent mille âmes, un peu plus de la moitié des deux ou trois mille Européens et Américains établis dans tout l'empire. Aussi le commerce de la ville indigène est-il beaucoup plus considérable que celui de la ville européenne. Le mouvement d'affaires ne s'arrête, pour ainsi dire, ni de jour ni de nuit.

Dans le quartier chinois, reconnaissable à une malpropreté sans égale, on relève, au contraire, toutes les industries sordides ou borgnes auxquelles les Fils du Ciel, malgré leur soi-disant supériorité, s'adonnent spécialement. C'est là que pullulent les tout petits métiers, les cabarets dénommés chez nous *assommoirs* depuis la littérature naturaliste, les bouges infects à l'usage des matelots. — Chose remarquable, les trois populations, vivant ainsi côte à côte, ont une existence qui leur est propre et ne se mêlent jamais, en dehors des nécessités commerciales.

Tout en flânant à travers la ville indigène, nous

passons devant plusieurs établissements de bains, où des femmes de tout âge s'ébattent à qui mieux mieux dans l'état de nature le plus absolu. La vue intérieure de ces bains n'est nullement défendue contre l'indiscrétion publique. Chacun d'eux est composé d'un bassin, mesurant de cinq à six mètres de côté, dont l'eau, constamment tenue à une température très élevée, atteint à peine, comme profondeur, la hauteur du pied au genou. Ce bassin est lui-même contigu à un réservoir en tout semblable et destiné aux hommes. Mais, en raison d'une coutume au moins singulière, tandis que ce dernier est uniquement séparé de celui des femmes par une cloison à claire-voie et demeure toujours relégué dans le fond de l'établissement, les peu modestes filles d'Ève sont presque directement exposées aux regards des passants.

Jadis, avant l'établissement de la colonie, les bains de Yokohama étaient communs au public des deux sexes. Dans l'intérieur du pays, ces mœurs bizarres continuent d'être en vigueur. C'est seulement depuis l'extension prise par l'élément étranger que, dans les grands centres populeux, on a introduit une sorte de division sexuelle, division dont les Japonais de vieille roche ne comprennent pas trop les raisons de haute convenance. La pudeur, « cette divinité adorée même de ses ennemis », ainsi que l'a dit un penseur d'autrefois, n'est pas comprise au Japon comme nous la comprenons en Europe. On pourrait même croire, à certains détails, qu'elle y est totalement inconnue.

Dimanche, 15 *octobre*. — Beau temps (th. + 15° cent.).

Au domicile de notre ministre, aujourd'hui absent, je rencontre M. O**, membre du bureau de la statistique impériale à Tokio, lequel fréquente très régulièrement la jolie villa des Bluffs. Ce jeune indigène, fort intelligent, parle couramment le français et m'avait été recommandé comme interprète. Il lui sera malheureusement impossible de nous accompagner dans les excursions qu'il s'agit de faire à l'intérieur du pays, en raison des travaux urgents dont il est chargé. Nous devrons donc, mon compagnon et moi, nous assurer sans retard le concours d'un autre trucheman. Quoi qu'il en soit, M. O** se met à notre entière disposition pour nous initier aux particularités de la ville de Tokio, qu'il connaît, par profession, dans ses plus minutieux détails.

UNE BOUTIQUE DE CURIOSITÉS (p. 36, 56 et 67).

N'ayant pas de plan arrêté pour la journée, nous nous remettons à courir les boutiques. Grâce aux indications de M. O**, qui nous accompagne dans cette visite, nous sommes à même d'admirer certains objets dont le travail est d'un fini prodigieux.

Tandis que l'un de nos marchands fait servir le thé traditionnel, des sons de harpe, partis d'une pièce voisine, viennent tout à coup frapper nos oreilles. C'est une jeune fille, la propre héritière de notre hôte, qui est en voie de s'exercer sur le *koto*, le principal des instruments de musique japonais. Agenouillée devant l'instrument, la charmante virtuose promène avec dextérité, sur les cordes vibrantes, ses doigts effilés munis d'ongles postiches en ivoire. Ce sont d'abord des sons graves et soutenus, semblables à une série d'accords plaqués. On dirait d'un majestueux prélude. Mais, aussitôt après, à ces résonances pleines d'ampleur succèdent des notes piquées, tantôt lentes, tantôt vives et saccadées. À certains moments même le jeu s'anime, le mouvement devient précipité. Et cependant, malgré tout, cette musique, d'où la modulation est presque absente et qui se traîne presque constamment dans une sorte de ton mineur, revêt, à la longue, un caractère fade et monotone. Quoi qu'il en soit, la présente audition est de nature à me confirmer dans mes premières appréciations, à savoir que la musique japonaise, si étrange qu'elle soit pour nos oreilles occidentales, ne s'écarte pas trop, dans certains passages, de nos procédés mélodiques. Nous ne parlons ici, bien entendu, que de l'art populaire, car la musique sacrée, à l'audition de laquelle on n'est admis que bien rarement, passe pour être tout bien plus étrangère encore à tout ce que nous sommes convenus d'admirer. En somme, non seulement la musique profane des Japonais comporte le rythme comme la nôtre, mais l'idée musicale s'y développe et s'y achève sans trop heurter les règles de notre harmonie.

Le soir, nous continuons nos promenades à travers les rues les plus animées de la ville indigène, parodiant, en tout bien tout honneur, le mot célèbre de Juvénal : *Lassati, sed non satiati*. La curiosité trouve ici tant d'occasions de s'exercer.

Lundi, 16 *octobre*. — Beau temps (th. + 15° cent.).

À propos de nos constatations thermométriques,

disons qu'elles sont généralement faites le matin, dès notre lever.

A huit heures, départ en chemin de fer pour Tokio, en compagnie de M. de G** et du ministre d'Espagne, priés tous deux d'assister à un déjeuner diplomatique. Pour notre part, Mr. Duncan et moi, nous descendrons au faubourg de Chinagawa, afin de parcourir les campagnes aperçues, il y a trois jours, des hauteurs de Sengakoudji. Nous y explorerons le temple de Méguro et finirons notre journée par la visite du célèbre enclos sacré de Chiba.

En apprenant l'embarras dans lequel nous jette le désistement forcé de M. O**, l'indigène sur qui nous comptions pour nos voyages à l'intérieur du pays, le ministre d'Espagne en arrive à me proposer tout simplement son ancien cuisinier, un nommé Sada, dont il m'expose les qualités et les travers, et qu'il me conseille, en fin de cause, d'engager à notre service.

Sada, au dire de l'obligeant ministre, est un gaillard assez enclin à se déranger, à la fois noctambule et friand de plaisir, mais, au demeurant, un serviteur fidèle. On aurait peut-être de la peine à trouver un aide dont les facultés répondent mieux aux besoins d'un étranger traversant le Japon. La grande question sera de le surveiller d'un peu près, afin de prévenir ses escapades. En route, d'ailleurs, les occasions de fugue sont plus rares, et il sera pour ainsi dire tenu de rester coi. Enfin, le sentiment de la responsabilité qu'il endosse, la certitude d'une bonne récompense s'il se conduit bien, me sont — toujours d'après mon interlocuteur — le plus sûr garant de son zèle.

Arrivés à Chinagawa sur les neuf heures, nous retenons des djinrikchas pour nous faire transporter d'abord au temple de Méguro.

Un sentier étroit et montant, pris à la sortie de la gare, nous conduit bientôt en pleine campagne. Nous suivons des chemins sinueux, ombragés par une végétation luxuriante, sous des berceaux coquettement enlacés, et en longeant successivement des haies de bambous, des massifs de saules pleureurs, d'érables et de mélèzes. Çà et là, dans un site toujours pittoresque, une maison, un temple, une tchaya, viennent encore ajouter à la variété de ce doux paysage. Par instants aussi, de petits villages, appartenant tous, comme je l'ai dit, à l'agglomération même de Tokio, se succèdent rapidement, sans jamais être confondus. Des agents de l'ordre public, sortes de gardes ruraux, à la fois chargés de la police de ces diverses localités et des campagnes environnantes, se montrent de loin en loin. Ils sont tous vêtus à l'européenne, d'une tunique de drap bleu très foncé et d'un pantalon de même couleur orné d'une bande jaune. Un képi à visière complète l'accoutrement. Ce costume est assez peu seyant ; mais il est si propre, si frais, qu'on le dirait sorti d'hier des mains du tailleur.

Le long du chemin, des enfants à tête énorme et brachycéphales se poursuivent en jouant, tandis que des chevaux, chaussés de paille en guise de ferrure, cheminent lourdement sur le sol.

Nos djinrikchas nous ont menés en une bonne demi-heure au village de Méguro, un des nombreux points de la banlieue de Tokio qui jouissent du privilège d'attirer une foule incessante, soit dans un but de dévotion, soit dans un simple objet de délassement.

Le temple s'annonce par le groupe obligé des maisons de thé et des établissements de bains. A notre aspect, de tous les côtés de la route accourent les nombreuses servantes chargées de se disputer notre précieuse clientèle. Tandis que les unes nous saisissent par le bras, sans la moindre vergogne, les autres s'accrochent désespérément à nos habits. Nous avons fort à faire pour gagner sans avaries le portique d'entrée, qui se dresse devant nous et qui, selon l'usage, précède une vaste cour intérieure où sont éparpillés plusieurs temples accessoires.

En ce moment, la cour en question offre l'aspect d'un vaste parc d'artillerie. Des canonniers indigènes sont arrivés ici dans la matinée, et n'ont rien trouvé de mieux que de s'installer avec leurs bêtes et leurs pièces de campagne au beau milieu de l'enclos sacré. Les déités japonaises sont vraiment d'aussi agréable composition que le Dieu des bonnes gens dont parle Béranger. Leurs sanctuaires se prêtent à tous les usages, et les chevaux s'abreuvent sans façon aux piscines où les croyants rassemblés vont se purifier de leurs souillures.

L'escalier du temple principal est garni, de chaque côté, de personnages en bronze au visage rebondi, hideux d'aspect, et faits pour inspirer la terreur aux enfants du voisinage. Ces dieux croquemitaines, sortes de magots appelés *tengous*, hôtes des montagnes, m'assure-t-on, sont particulièrement chargés d'enlever dans les bois les gamins désobéissants. Quant au temple en lui-même, consacré à Foudo, le dieu préservateur du feu, auquel nous avons déjà fait nos dévotions à Yokohama, il n'offre rien de particulièrement intéressant. A part les brûle-parfums et les fosses aux aumônes, inséparables de tout sanctuaire bouddhiste, je n'y remarque qu'un tableau commémoratif représentant un duel à l'arme blanche entre deux daïmios, ainsi qu'un sabre de cérémonie offert sans doute par quelque pèlerin de marque.

L'épée, aux yeux des Japonais, est plus que l'emblème de la force et du commandement ; elle est d'origine céleste. Les anciens poètes la dénomment ingénieusement « l'âme vivante du samouraï ». Nous avons déjà vu que certains glaives célèbres jouent un rôle actif dans les traditions profanes ou sacrées. Ce fut de l'épée du dieu primitif Izanaghi, sondant l'Océan du haut de la voûte azurée, que ruisselèrent les gouttelettes dont la solidification forma les îles de l'archipel. Ces îles en prirent même le nom de « pays aux nombreuses lames ». Une épée non moins fameuse est celle que le dieu Sousanao, le frère d'Amateras, recueillit dans la plaie béante qu'il venait de faire à la queue du grand dragon à huit griffes. Cette arme merveilleuse, que l'habile forgeron Amakouni fut chargé de reproduire en fac-similé, possède aujourd'hui encore la réputation de protéger le Japon tout entier. Elle est déposée dans un temple de la province d'Owari consacré à la déesse du Soleil. Quant au fac-similé, il fut englouti, dit la légende, dans les flots, lors de la grande bataille navale qui accompagna la destruction totale des Taïra.

Les murs et les piliers du temple de Mégouro sont tapissés d'innombrables tresses de cheveux représentant tout autant de promesses votives suivies d'exécution.

En souvenir d'un décret rendu au septième siècle de notre ère par l'empereur Temmou, souverain à qui à l'aide d'un crochet, nous remarquons deux tombes auxquelles est liée une légende connue de tout le Japon, et particulièrement appréciée des amants infortunés. Ce sont les tombes du ronin Gompatchi et de la belle Komourasaki, devenues, comme le monument d'Héloïse et d'Abailard au Père-Lachaise, le but de nombreux pèlerinages.

La légende, bien japonaise, sur laquelle ce culte populaire repose, vaut la peine d'être racontée, ne fût-ce qu'au point de vue de l'étude et de la comparaison des mœurs.

Il y a trois siècles environ, vivait un jeune seigneur appelé Gompatchi, très renommé pour son adresse. Son existence était féconde en aventures de tout genre. Mais, au cours de ses prouesses, il lui arriva de tuer

JEUNE FILLE JOUANT DU KOTO (p. 57).

l'on doit la plupart des coutumes somptuaires encore vivantes, les hommes, au lieu de laisser pousser naturellement leur chevelure, ont conservé l'usage de se raser le sommet de la tête. Rassemblant alors les longs cheveux laissés intacts sur les côtés, ils les rejettent en arrière, formant ainsi une sorte de rouleau brusquement ramené vers le front dénudé. Or, les offrandes dont nous parlions plus haut constituent un sacrifice bien réel pour le Japonais pur sang, en général peu enclin à se séparer de cet ornement naturel. Nous ajouterons toutefois qu'aujourd'hui la coutume antique tend de plus en plus à disparaître, et que la plupart des indigènes en contact avec l'étranger se font tailler les cheveux à l'européenne.

Les temples et cours qui constituent l'enclos sacré de Mégouro apparaissent encaissés au fond d'un vallon boisé de l'effet le plus pittoresque et noyés au sein de vieux cryptomérias.

Tout à proximité, sur la route que nous reprenons un de ses égaux dans une querelle futile. C'en fut assez pour qu'il dût abandonner le foyer paternel. Ne trouvant asile nulle part, il se décida à gagner la grande ville de Yédo.

Pendant qu'il dormait, une nuit, dans l'auberge où il s'était arrêté, il se sentit tout à coup éveillé par une jeune fille aux traits charmants, laquelle venait le prévenir en secret qu'une bande de brigands, dont elle était la prisonnière, avait résolu de le mettre à mort. Qui dit averti dit muni. Aussi, dès l'aube, quand les brigands voulurent mettre leur projet à exécution, se trouvèrent-ils en face du samouraï armé de ses deux sabres, et jonchèrent-ils bientôt de leur corps le sol ensanglanté.

Par cet acte d'adresse et de courage, non seulement Gompatchi avait échappé aux brigands, mais il avait arraché du même coup la belle Komourasaki à ses maîtres odieux. Le jeune seigneur ramena aussitôt la captive à son père, un riche marchand de la contrée, lequel, pénétré de reconnaissance, lui proposa d'épouser celle qu'il avait si vaillamment sauvée. Mais Gompatchi était fier de son rang, et par-dessus tout ambitieux : malgré l'affection ardente que Komourasaki avait fait naître dans son âme, il refusa la main qui lui était offerte, et continua sa route vers Yédo.

Il se trouvait depuis quelques mois déjà dans la grande ville, quand, au cours d'une équipée dans les bouges de Yochiwara, il rencontra la jeune fille qu'il aimait, sous les traits d'une simple courtisane. La malheureuse, pour donner du pain à son père subitement ruiné, avait été contrainte de se livrer à la débauche. A cette vue, épris plus que jamais de la belle Komourasaki, Gompatchi jure de racheter à prix d'or celle qui s'était sacrifiée par simple dévouement filial et, ravalé lui-même au rang d'obscur spadassin, il ne recule plus devant rien, ni devant le vol ni devant l'assassinat, pour atteindre au but proposé.

Mais le châtiment de tant de forfaits ne devait pas se faire attendre. Pris et condamné par la justice régulière, le coupable ronin expia par la mort les crimes qu'il avait commis.

Or, voici probablement le trait qui charme le plus l'imagination populaire. Dès que Komourasaki eut appris le sort de son sauveur, elle courut à l'endroit où son main amie avait enseveli ses restes mortels et, se plongeant un poignard dans le sein, tomba héroïquement sur la fosse à peine recouverte.

On inhuma les deux corps sous la même pierre, et les deux amants, trouvant désormais dans le tombeau un lit nuptial qu'ils n'avaient jamais partagé de leur vivant, devinrent l'objet de la dévotion de tous les fiancés malheureux.

Un tel poème, peu édifiant par les détails, mais touchant par la nature des sacrifices accomplis, ne devait point être négligé ici. Au Japon, le triomphe posthume des sentiments passionnels est appelé, en vertu d'une tendance très caractérisée chez le peuple, à jouir d'une éternelle sympathie.

L'esprit populaire se complait même à prolonger au delà de la tombe les exploits de certains de ses héros, à preuve la terrible légende, fort répandue au Japon, qui met en cause deux daïmios des temps anciens. Épris l'un et l'autre d'une même femme, non seulement ils se combattirent pendant toute leur vie, mais leurs ombres, poussant jusqu'aux dernières limites cette lutte homicide, sont encore considérées comme la continuant sans trêve dans les ténèbres de la nuit.

Tout autour du mausolée de Mégouro, les branches d'arbres sont ornées de bandes de papier sur lesquelles les victimes d'un amour malheureux épanchent leurs griefs et leurs vœux. Cent poètes nationaux se sont, d'ailleurs, inspirés du dramatique épisode et l'ont vulgarisé sous toutes les formes : pièces de théâtre, romans, chansons, en ont célébré les lamentables péripéties. La peinture et la statuaire les ont illustrés à leur tour, et seuls peut-être les tombeaux des glorieux quarante-sept ronins pourraient contre-balancer, comme vogue, la sépulture des deux amants.

Nous quittons le village de Mégouro vers dix heures et demie, et mettons une soixantaine de minutes pour parvenir à la gare de Chimbachi, où nous attend déjà M. O**, conformément aux prescriptions du rendez-vous que nous nous étions assigné hier. Après un déjeuner pris à proximité, dans un restaurant dont la cuisine n'est nullement en désaccord avec l'étiquette française du local, nous nous remettons en route avec notre nouveau compagnon japonais, pour aller visiter le temple de Chiba et ses admirables environs.

Il n'est pas encore une heure quand nous nous trouvons réunis sur la plate-forme d'Atago-yama, sorte d'élévation conique dont on opère l'ascension d'une seule montée, par quatre-vingt-cinq marches en granit d'une largeur de cinq mètres. Cet escalier, fort raide, est — conformément aux usages établis dans quelques temples du Japon — spécialement réservé au sexe masculin, un autre escalier de forme circulaire et à montée plus douce restant affecté aux femmes. Arrivés au faîte, nous sommes heureux de nous y reposer un moment, attablés dans une tchaya ouverte à tous les vents. Il est à remarquer, en effet, que, malgré la saison, la chaleur est encore très forte au soleil. En ce moment, à l'ombre, le thermomètre ne marque pas moins de vingt degrés centigrades. Si la température est déjà fraîche le matin, en revanche, elle s'élève toujours assez haut dans le milieu de la journée.

Entre temps, sous nos yeux se déroule un superbe et vaste panorama.

A l'orient, en deçà des hauteurs d'Awa et de Kadzousa s'échancrant tout à coup, la baie large et profonde apparaît avec ses mille voiles en suspens, ses éraflures lumineuses et ses spirales diaprées. Du même côté, au second plan, la ligne des forts aperçus, il y a trois jours, du haut des tertres de Hamagoten, émerge du sein des eaux bleues comme autant de récifs réguliers destinés à boucher l'entrée du port. Sur notre droite, vers le sud, des bouquets ombreux nous cachent les temples de Chiba, dissimulant même, en partie, les innombrables monuments funéraires d'un vaste champ de repos situé tout auprès de notre observatoire. Cette échappée du paysage, imposante et sévère à la fois, est empreinte d'un caractère essentiellement mystérieux. Vers le nord, au contraire, le Chiro des lieutenants militaires se hausse, tout entouré de ses remparts verdoyants, alors que, non loin de la muraille protectrice, poudroie le grand quartier officiel de pâté d'édifices qui le composent. Chacun des points blancs ou rouges que nous distinguons représente un ministère, un centre administratif, une école publique ou une caserne. Enfin, entre ce même quartier officiel, les rives de la baie et les limites de Hamagoten, nous voyons surgir la cité marchande. Elle occupe une étendue considérable, tout en ne présentant, sur la vaste étendue des maisons uniformes comme hauteur et comme style, aucun monument élevé faisant saillie, aucun accident pour rompre avec la régularité des plans successifs.

Pris dans son ensemble, Tokio frappe surtout par sa superficie immense. Nous n'en embrassons, pourtant, d'ici que la cinquième partie tout au plus. A l'ouest principalement, la gigantesque cité semble s'allonger à l'infini, entre des collines boisées. En réalité, pour en atteindre les limites de ce côté, il faudrait marcher plus de deux heures sans arrêter. Et partout, sauf dans les quartiers livrés au commerce, des massifs d'arbres touffus font aux habitations groupées des cadres pleins de fraîcheur et de poésie. Certes, ce n'est pas sans raison qu'on a surnommé Tokio la « Ville des Jardins ».

Tokio est aussi appelée la « Ville des Palais ». Mais ici, nous nous inscrivons en faux. Un *yachiki* japonais ne serait souvent en Europe qu'une bien modeste construction. La plupart de ces palais, d'ailleurs, sont aujourd'hui sans emploi ou repris pour les services publics. Les daïmios qui les occupaient ont émigré pour toujours. Dispensés de la présence à Tokio, jadis obligatoire, ils vivent quasi ruinés par la révolution, cantonnés dans leurs domaines respectifs. Quelques-uns même, réduits à la misère, auraient bien de la peine à entretenir l'ancienne résidence de leurs ancêtres.

Mais voici qui nous rappelle, encore une fois, l'Occident! — D'une vaste caserne mouvementée et située au pied d'Atago-yama, des clairons belliqueux, accompagnant une musique militaire, envoient des appels stridents et prolongés. Comme ce ton majeur et frais diffère de la musique nationale, vouée à l'éternelle plainte des amours incomprises! Comme cela est sain, pour l'oreille et pour l'esprit, pour le corps et pour l'âme! Un train, toussant à la façon d'un asthmatique et rentrant en gare de Chimbachi, ne réussit pas — comme on le pense bien — à faire disparaître l'impression sereine que nous fait éprouver cette résonance bruyante de nos pays lointains.

LES AMOUREUX RIVAUX (p. 60).
D'après un dessin japonais.

En somme, il n'y a que la vue qui soit digne d'attirer le visiteur à Atago-yama, le temple qui y a été élevé étant des plus insignifiants. En parcourant l'enclos, j'avise pourtant, sous un hangar, quelques tableaux assez curieux, dont l'un, littéralement constellé de boulettes de papier mâché, représente un chevalier, en costume de cérémonie, armé d'un fusil à pierre. Le guerroyant personnage est spécialement invoqué par les soldats. C'est à ces derniers surtout que nous devons les innombrables boulettes dont la peinture est journellement bombardée.

En quittant Atago-yama, nous nous engageons dans le grand cimetière entrevu d'en haut. Il renferme quelques belles tombes de daïmios. En général, ces tombes consistent simplement dans des blocs de granit superposés, ayant la forme cubique ou sphérique, et sortant d'une fleur de lotus épanouie, l'emblème de l'éternel repos accordé aux morts dans le néant paradisiaque. On sait que cette fleur symbolique accompagne toujours les *daïbouts* ou statues du Bouddha. Tandis que les Peaux-Rouges d'Amérique entrevoient dans leur ciel de vastes forêts où, comme récompense suprême, les guerriers s'abandonnent à toutes les joies viriles d'une chasse perpétuelle, les bouddhistes japonais ne perçoivent dans le leur que le farniente le plus absolu. Singulier idéal, en vérité, pour un peuple actif et chercheur!... Ces mêmes sépultures sont en général précédées d'une sorte d'auge, dont on renouvelle l'eau à chaque visite après avoir lavé la pierre à pleins seaux. Notre obligeant cicerone nous affirme que, d'après les croyances locales, ce qui tourmente le plus les morts, c'est la soif dont ils sont atteints. Le petit réservoir placé là, entre deux vases montés sur pied et destinés à recevoir des fleurs, doit permettre aux ombres d'accomplir leurs transmigrations sans éprouver de terribles souffrances. Enfin, les noms inscrits sur les monuments funéraires ne sont pas ceux que portaient les défunts. Après un décès, tout vrai Japonais est l'objet d'un nouveau baptême. On lui applique l'*okourina*, c'est-à-dire qu'il reçoit une appellation posthume. En principe, le nom d'outre-tombe doit être d'autant plus glorieux que la vie du trépassé a été mieux remplie. L'institution a donc quelque chose de noble, puisqu'elle égalise chacun devant la mort et ne le relève aux yeux de la postérité que par l'éclat de ses bonnes actions. Mais en pratique il n'en est pas toujours ainsi. Dans les grandes maisons japonaises, en effet, l'*okourina* se rédige et s'applique en termes d'autant plus louangeurs que la famille du décédé s'est montrée plus généreuse à l'égard des bonzes. Cela ne devient plus alors qu'une affaire d'argent. Ainsi périclitent toutes les institutions humaines en apparence les mieux combinées!...

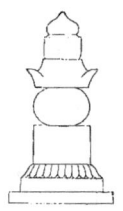
MONUMENT FUNÉRAIRE
(p. 61.)

Qui le croirait? le Christ, lui-même, a été divinisé au Japon. On l'y appelle, comme chez nous, du doux nom de Yésou. Tout au contraire des *tengous*, il est le protecteur naturel des petits enfants. On lui élève de nombreuses statues. Sur notre passage nous avons l'occasion d'en rencontrer quelques-unes. La tête est chargée de fragments de pierres déposés là par des parents en signe de vénération, à seule fin d'implorer la guérison de leurs enfants malades. Telle est cette théosophie composite, faite de croyances, de légendes ou de superstitions les plus disparates, admettant dans son giron, comme le panthéisme romain, toutes les divinités présentes, passées et futures, qu'elles proviennent d'un mythe barbare ou de la foi la plus relevée.

Aux abords du cimetière, nous passons devant quelques chapelles isolées et toute une suite de gracieuses habitations japonaises. De même que le plaisir fraye ici constamment avec la dévotion, de même la mort est toujours placée dans le voisinage immédiat de la vie.

Vers deux heures et demie, nous arrivons à Chiba, c'est-à-dire « la verte pelouse ». Chiba pourrait également s'appeler la Cité des Temples, car l'enclos n'est qu'une immense agglomération d'édifices sacrés. C'est au milieu de ces nombreux sanctuaires que s'élèvent les tombeaux de six chogouns fort connus dans l'histoire. Suivant les rites anciens, chaque lieutenant militaire devait être inhumé soit à Chiba soit à Ouyéno. Quant aux mausolées définitifs de Iyéyas et de son petit-fils Iyémits, ils se trouvent avoir été transportés à Nikko.

Un grand portique à trois arcades, enduit de vermillon et couvert d'une toiture double à tuiles vernissées bleues, donne accès dans la cour du ci-devant temple principal. Je dis ci-devant, car l'édifice naguère le plus considérable de tout Yédo a été détruit, le 1er janvier 1874, par un terrible incendie. Comme ce temple avait été affecté solennellement au culte des *Kamis*, on a fortement soupçonné les prêtres bouddhistes d'avoir été les auteurs du désastre. Actuellement, sur un grand tableau placé à portée de la vue, on a reproduit le plan et la représentation figurée d'une construction destinée à remplacer celle qui n'existe plus. D'après ce que j'en puis juger, la nouvelle œuvre promet d'être magnifique. Tout à côté, deux longues tablettes verticales portent les noms des souscripteurs qui ont offert de coopérer de leurs deniers à cette réédification, ainsi que le détail des sommes versées. Une avenue dallée, d'une centaine de pas, sépare le portique d'entrée du tertre jadis occupé par l'édifice incendié.

Non loin de là, derrière une balustrade que les flammes ont léchée et qui fourmille encore de traces dévastatrices, un temple plus petit a été épargné comme par miracle. Décoré de panneaux savamment fouillés, doré superbement sur toutes les faces, il donne une idée somptueuse de ce que devait être le grand sanctuaire, quand il était encore rehaussé par toutes les pompes dont le culte bouddhiste s'entoure habituellement.

Au pied de ce même temple, dans un bassin de dimensions modestes, s'ébattent de gros cyprins aux écailles rubescentes. Malgré le caractère sacré dont ils sont revêtus, ces habitants du royaume liquide me semblent avaler avec une gloutonnerie des plus bestiales les morceaux de galette que chaque fidèle s'empresse de leur jeter.

Comme nous nous arrêtons devant la porte grillée d'une chapelle avoisinante, un bonze à l'air futé accourt pour nous en faire les honneurs. Poussant aussitôt les châssis de papier, qui tiennent lieu de clôture, dans les parties rainées du plafond et du plancher, il soumet à notre admiration des laques vraiment magnifiques.

Rien d'imposant, au surplus, comme le site où se trouvent disséminés les divers monuments qui se présentent sur nos pas. Placés au pied d'un coteau escarpé, sur lequel ils s'étagent comme en amphithéâtre, ils sont couronnés par des massifs d'arbres au feuillage impénétrable. Ce rideau merveilleux communique à l'enclos tout entier un caractère plein d'une mélancolique majesté.

Le tombeau de Hidétada, fils de Iyéyas et deuxième chogoun de la maison des Tokougawa, est situé sur cette même colline, au sud des temples et chapelles que nous venons de visiter. Avant d'y parvenir, nous avons à traverser un bois superbe, lieu d'asile où chaque soir viennent s'abriter des myriades de corbeaux voletant en nuées compactes et remplissant les airs de leurs cris sauvages et prolongés. Le mausolée de l'illustre chogoun, qui repose ici depuis deux siècles et demi, consiste en un très beau coffre de laque doré. Ce coffre, de forme ovoïdale, est porté sur une table de pierre taillée en manière de lotus. Il passe, en tant que laque, pour être le plus grand et, en tout cas, l'un des plus beaux spécimens de l'art japonais. La partie supérieure reproduit un certain nombre de paysages chinois et quelques vues du lac Biwa. Sur la partie inférieure, au contraire, on a dessiné un lion, le roi des animaux, et une pivoine, considérée au Japon comme la reine des fleurs.

L'ensemble du monument est protégé par une contruction massive à plan octogonal. Il est précédé d'un bloc de pierre qui affecte, à une certaine distance tout au moins, la banale apparence d'une borne brisée. Mais quand on approche de celle-ci, on se trouve devant un véritable tour de force au point de vue de la sculpture proprement dite. Bien que l'artiste, en effet, n'ait pas pris la peine, peut-être à dessein, d'équarrir la masse dans laquelle il devait s'exercer, il en a enrichi toutes les surfaces de la plus délicieuse ornementation qu'on puisse imaginer. Le sujet dont

Quant au temple, dédié à Hidétada, il est placé, comme les autres, au pied de la colline où nous venons d'admirer son tombeau, et précédé d'une vaste cour d'honneur qu'ornent deux piscines sacrées et une cloche monumentale. La voie qui y donne accès, et par laquelle nous opérons notre sortie de l'enclos de Chiba, nous apparaît, à son tour, bordée de grands porte-flambeaux taillés dans le granit.

Tout à côté, à gauche, est un dernier petit temple actuellement encombré de fidèles. Il contraste, par l'animation qui y règne, avec la morne solitude dont s'entoure le sanctuaire consacré à Hidétada. Par le fait, toute cette ferveur va au grand Iyéyas, honoré ici à l'égal d'un Kami chintoïste, et en souvenir

CUEILLETTE DU LOTUS SACRÉ (p. 64).

il a fait choix est la mort de Sakya-Mouni. On y voit le Bouddha entouré de ses disciples et de ses fidèles éplorés. Les animaux eux-mêmes prennent part au deuil général. Seul, le chat n'y figure point. La raison en est attribuée à une légende populaire. Dans la notion que Sakya avait de toute chose, il avait chargé le rat d'aller quérir le seul remède qui pût prolonger sa vie terrestre, au grand avantage de la diffusion de ses doctrines. Par malheur, le chat, ayant rencontré le petit messager, ne put résister au désir de lui donner un coup de dent. Or, faute d'absorber un palliatif à son mal, le divin patient dut remonter au ciel, et, depuis cette époque funeste, le chat a été mis au ban de l'Église bouddhiste. On ne saurait se faire une idée de la manière dont le bloc en question a été fouillé par le ciseau du maître. C'est un chef-d'œuvre d'art et de patience. La moindre figure est dessinée avec un naturel exquis, avec une science admirable.

duquel une fête religieuse est célébrée le 17 de chaque mois. Bien que les restes de l'illustre chogoun reposent à Nikko, — ainsi que nous l'avons dit, — ses sectateurs lui ont élevé des chapelles votives sur tous les points du Japon.

Comme il fait presque nuit déjà et que, d'ailleurs, les portes se ferment successivement devant nous, il nous faut remettre à une autre fois la visite que nous nous proposions de faire aux tombeaux des autres chogouns situés un peu plus loin, dans un vaste enclos mitoyen.

Nous remontons donc dans nos djinrikchas, en vue de mettre à exécution un projet que je caresse depuis le matin, celui d'aller dîner, à la manière japonaise, dans un restaurant purement indigène.

M. O** nous fait d'abord arrêter devant un établissement situé à proximité de Chiba, et d'assez médiocre apparence, bien qu'il soit entouré d'un joli jardin et flanqué d'un bain ouvert à tout venant.

Mais, comme cet établissement ne serait pas, en réalité, de nature à nous laisser une impression favorable de la cuisine locale, nous nous faisons conduire dans un restaurant plus connu, établi dans une rue parallèle au boulevard Ghinza.

Durant ce court et nouveau trajet, nous avons l'occasion de remarquer un large étang de forme carrée, tout semé de fleurs de lotus épanouis, où les bonzes vont cueillir la moisson qui doit parer leurs autels. Les derniers feux du jour, en frappant la surface des eaux assombries, les strie avec vigueur de traînées lumineuses.

Nous voici arrivés au lieu de réfection choisi par notre cicerone.

On se rappelle peut-être que, jusqu'à présent, nous n'avions tâté que par bribes de la cuisine japonaise. Sous l'égide d'un homme du pays, nous ferons avec celle-ci une plus intime connaissance.

L'établissement s'annonce d'abord par une espèce de vestibule où se tiennent, assis sur leurs talons, le maître et la maîtresse de l'endroit. A peine avons-nous répondu à la révérence que l'un et l'autre nous adressent, que cinq ou six gracieuses *nesans*, composant le personnel servant, se précipitent à notre rencontre pour nous recevoir avec le cérémonial d'usage, c'est-à-dire en se prosternant humblement, le front contre terre. Après nous avoir débarrassés de nos chaussures, — précaution indispensable en ces coquettes demeures, où les planchers sont recouverts de nattes blanches et finement tressées, — on nous invite à monter au premier et unique étage de la maison. Nous nous y asseyons, non sur des sièges, mais sur nos jambes repliées, car il n'est plus ici question, bien entendu, des tables ou des chaises composant nos mobiliers les plus élémentaires. En dehors des nattes de jonc dont je viens de parler, et sur lesquelles nous nous accroupissons de notre mieux, on chercherait vainement, en effet, quelque ustensile rappelant la destination de la pièce. Entre temps, voici un escabeau que les servantes viennent de placer devant nous. La petite fête va commencer.

En guise de préambule, on apporte, dans de fluets carafons de porcelaine, l'eau-de-vie nationale, et on en emplit aussitôt des tasses minuscules qui semblent faire partie de quelque ménage de poupée, et non du matériel d'un restaurant. Avant d'aller plus loin, disons ce qu'est la liqueur servie à si petite dose et appelée *saké* dans le langage du pays.

Le *saké* est une sorte de genièvre obtenu par la fermentation du riz. Servi chaud d'habitude, il constitue la principale, sinon la seule boisson alcoolique en usage au Japon. Tandis que les hommes, préférant le raide au fadasse, ne songent guère à mettre le breuvage en bouteille, et le consomment généralement à l'état brut, c'est-à-dire à peine sorti de l'alambic, les femmes paraissent n'affectionner que le *mirin* ou *saké* doux. Le sucre dont ce dernier est pourvu avec abondance lui permet, en effet, de tourner à la liqueur en prenant de l'âge, ce qui est plus apprécié des palais délicats.

L'origine du saké se perd dans la nuit des temps. De vénérables chroniques en constatent l'usage, comme déjà fort répandu, il y a vingt-six siècles au moins. Ce témoignage serait plus que suffisant pour constituer un titre à la noblesse, n'était l'empressement trop accusé dont il est l'objet de la part des populations. Autrefois, chaque famille en connaissait la préparation et subvenait elle-même aux besoins de toute l'année. Et cependant une telle fabrication ne réclame pas moins de quarante-cinq jours et doit passer par toute une série d'opérations des plus compliquées. Ce n'est que depuis trois cents ans environ que l'industrie en a pris le monopole. Aujourd'hui, des distilleries fonctionnent sur tous les points de l'empire et réalisent de gros bénéfices. D'après des données officielles, la consommation du saké se monte, bon an mal an, à sept millions d'hectolitres, ce qui, à raison de trente-cinq millions d'habitants, donne la moyenne effrayante de vingt litres de boisson alcoolique par tête. Plus d'un septième du riz produit par le Nippon tout entier est employé à cette pernicieuse fabrication. La surélévation des taxes seule pourrait peut-être obvier au mal qui va toujours croissant. L'hygiène publique et la caisse impériale, obérée par tant de dépenses nécessaires, y trouveraient leur compte. Mais il n'est pas sûr que les Japonais, facilement résignés à la majoration des impôts, ne tenteraient pas de se soulever en présence d'une mesure aussi radicale. On se passerait plutôt de nourriture que de saké. Comme naguère les bourgeois de Munich, levant l'étendard de la révolte contre les brasseurs qui voulaient hausser le prix de la bière, les indigènes seraient capables de mettre les villes à feu et à sang si l'on s'avisait d'entraver la fabrication et la vente de ce poison.

Mais revenons à notre repas national.

Nous avons laissé nos *nesans* ou servantes nous versant le saké d'honneur. L'étiquette, — que dis-je? — la plus banale politesse veut qu'après avoir absorbé le liquide, on rende le godet vide à la personne qui vous l'a offert, soit, dans le cas présent, à la nesan agenouillée devant chacun de nous, et qui semble attendre cette insigne faveur avec une patience à toute épreuve. N'y aurait-il pas là quelque rapport avec certaine coutume flamande, encore observée dans les campagnes, coutume suivant laquelle tout consommateur offre l'étrenne de sa pinte de bière au *baes* ou à la *baesine*, voire à la simple fille de cabaret qui la lui sert, et qui paraît dater du temps de l'occupation espagnole? La crainte du poison n'était point étrangère, sans doute, à une pareille libation. Or, au Japon, comme les domestiques ou les hôtes sont tenus de se servir de la même fiole et de boire après vous, je ne serais point éloigné de croire qu'un même sentiment de crainte ait provoqué des précautions équivalentes.

AU RESTAURANT JAPONAIS (p. 64).

Quoi qu'il en soit, nos nesans se versent le saké à leur tour et, mettant la coupe à sec gaillardement, nous en représentent une nouvelle remplie bord à bord. Après cette première phase du service, les plats commencent à paraître sur l'escabeau, dans leur singulière variété. Voici d'abord une excellente soupe au poisson, puis du poisson bouilli, des poissons frits, du poisson braisé, du poisson mariné, du poisson tout à fait cru, enfin des salicoques et des coquillages assortis. L'ichtyologie de la côte japonaise pourrait presque être faite en présence du défilé interminable effectué sur notre humble guéridon. Mais attendons! Voilà maintenant des œufs sous dix formes différentes, et ensuite toute une série de légu-

oreilles. Nous avons donc eu la précaution de faire appeler deux *gueichas*, sortes de bayadères, en vue de nous offrir, comme dessert, quelque petit ballet dansé et chanté. Les étoiles de cette scène gastro-chorégraphique opèrent leur entrée en toilette éblouissante, se livrant à toutes les courbettes, génuflexions et prosternements réglés par le code des convenances. Nous leur rendons la monnaie de leur pièce en compliments traduits par notre obligeant compagnon, tandis que les coupes de saké circulent de plus belle, échangées suivant le cérémonial décrit précédemment.

La chanteuse, une belle créature, ma foi, plus élancée que ses mignonnes comparses, me semble avoir quelque vingt-cinq printemps. Toutefois il serait

UN CONTEUR POPULAIRE (p. 68).

mes fortement nuancés. Néanmoins je ne touche à chaque mets que du bout des dents, comme le rat de ville chez son rustique compère, et, malgré une aussi grande abondance de plats, je ne vois guère de pièce sur laquelle je puisse me rejeter. Certaines préparations même — je dois le confesser — me semblent franchement détestables. Ce qui, enfin, met le comble à mes hésitations, c'est qu'il me faut avoir recours aux bâtonnets traditionnels, dont le maniement est loin d'être commode. Cependant Mr. Duncan et moi avons juré de faire bonne contenance. Nous provoquons même, par notre impassibilité de bon aloi, un certain étonnement chez notre cicerone, lequel est assurément plus familiarisé — il l'a bien prouvé ce matin — avec notre cuisine occidentale, que nous ne le serons jamais avec les menus japonais.

Quand on se met à faire de la couleur locale, il faut plonger dans le baquet de teinture jusqu'aux

difficile de mettre un âge précis sur ces physionomies juvéniles, alourdies par une triple couche d'onguents, et où les yeux seuls rayonnent comme des diamants sur le fond des colorations postiches. On dirait que la jeune artiste a voulu, en guise de flatterie, transformer sa propre carnation en celle que nous admirons chez les femmes de nos pays. Il n'y a pas à le nier : la rose aura toujours une supériorité sur les autres fleurs de la création. Mais déjà les vocalises commencent, frappant l'air de notes multipliées. Quand je dis vocalises, le mot est peut-être bien ambitieux, car cette romance gutturale, toute hachée de raclements de guitare, rappelle plus exactement les sons étranges de la musique arabe que les élucubrations fantaisistes d'une partition italienne. Rien ne ressemble aux vagues chevrotements perçus dans les *fantasias* égyptiennes, comme cette déclamation, tantôt rapide, tantôt étranglée, toujours nasillarde, toujours mélancolique ainsi qu'une plainte amoureuse indéfiniment soupirée. La mélopée orientale, en dépit des distances et des milieux, a conservé de singuliers points de contact.

Quant à la petite danseuse qui se meut devant nous, c'est encore une enfant dans toute la force du terme. A peine a-t-elle treize ans, et pourtant les figures qu'elle exécute nous semblent d'un art consommé. Il n'est pas possible de traduire avec plus de grâce, de douceur et de tendresse, à l'aide de pas savamment étudiés, la chanson dite par sa compagne.

Après un nouvel échange de politesses et de... saké, nous levons cette séance un peu longue vers dix heures, afin de saisir au vol le train pour Yokohama.

Mardi, 17 octobre. — Beau temps (th. + 15° cent.).
Journée tout entière passée à la visite des boutiques situées dans la ville indigène. — Il est bien difficile de conclure la plus modeste affaire avec les marchands japonais. Leur impassibilité orientale mettrait hors des gonds la patience la plus flegmatique. Acheter au détail ici n'est rien moins que se mesurer

BOULEVARD GHINZA, A TOKIO (p. 36 et 50).

Quelle mimique délicieuse! quelle troublante odyssée! Il s'agit d'amour naturellement; mais que cet amour est joué d'une façon autrement vécue, sensible et pittoresque, que par nos coryphées de la danse avec leurs banales et incolores pirouettes! Là, point de ces sauts prodigieux, de ces écarts contre nature auxquels se livrent nos ballerines. Les longues robes traînantes ne le comporteraient guère. Point, non plus, de ces contorsions lubriques et saccadées, particulières aux almées de Tunis et du Caire, où le balancement de l'abdomen constitue le caractère distinctif. C'est, au contraire, dans le geste et dans l'allure quelque chose de digne, de sentimental et de chaste, extraordinairement aimable et curieusement artistique.

dans un duel avec un adversaire possédant tous les avantages. Vous avez à peine dépassé le seuil de l'échoppe, que déjà vous êtes connu, percé à jour comme une cible. C'est que non seulement les marchands de Yokohama se renseignent sur votre condition à l'hôtel même où vous êtes descendu, mais ils s'informent encore indirectement auprès des personnes dont vous faites votre compagnie, finissant toujours par connaître l'objet précis que vous convoitez. Avec ces détails plus ou moins circonstanciés, avec le flair mercantile qui ne les quitte jamais, ils ne tarderont pas dès lors à plonger largement dans votre bourse. Et, par le fait, les rusés compères réussissent toujours à vous extorquer, en échange de leurs marchandises, huit ou dix fois le prix qu'elles valent à leurs propres yeux. Si, au contraire, vous enhardissez à contester leur estimation, ils vous retiennent des heures entières, sans même paraître se soucier de vous vendre quoi que ce soit. Enfin leur brûlez-vous la politesse, impatienté par tant d'inertie, ils s'inclinent profondément et vous adressent, le sourire aux lèvres, un inexprimable *sayonara*. A proprement parler, le mot *sayonara* veut dire « adieu », mais, dans le cas présent, il est énoncé sur un ton si étrangement poli et souligné par un geste tellement significatif, qu'il devrait plutôt se traduire par « au revoir ». Il laisse, en effet, la porte grandement ouverte à de nouvelles offres, et l'on revient, comme malgré soi, à l'étalage du séducteur, où d'autres curiosités, gardées en réserve, vous seront graduellement présentées jusqu'à ce que vous succombiez à la tentation. Impossible à l'oiseau de passage de ne point laisser des plumes aux griffes crochues et acérées de ces Shylocks de la Venise japonaise.

Ce soir, nouvelle promenade à travers la ville indigène. Chemin faisant, nous passons dans une rue où s'ouvre un terrain vague d'une certaine étendue et au fond duquel un déclamateur, accroupi devant un pupitre japonais et juché sur une sorte d'estrade, s'adresse isolément à un public nombreux et attentif. Ces orateurs, ou plutôt ces conteurs populaires, très fréquents dans la contrée, à la fois mimes et comédiens, s'énoncent sur un mode emphatique et ponctuent leurs périodes de coups secs frappés sur la table. En même temps ils marquent le rythme, en agitant, en fermant ou en déployant un grand éventail et en le faisant voltiger avec une adresse surprenante. Ils réussissent ainsi à charmer leur auditoire, peut-être autant par leur dextérité que par leur débit. En tout cas, le public les écoute avec intérêt, j'allais dire avec recueillement. On se croirait au milieu de lazaroni captivés par un orateur de club. Tout le monde se pâme à l'audition de certaines saillies nettement débitées. L'hilarité qui se dégage du groupe attentif est si communicative, que j'en arrive presque à rire moi-même, sans avoir compris un traître mot. Ce brave peuple japonais est décidément bien facile à amuser. Alors que, pour une histoire plus ou moins piquante, des centaines d'auditeurs se pressent toute une soirée auprès d'un conteur verbeux, sans autres entr'actes espacés que les visites aux tchayas environnantes, à quelques pas plus loin, la foule des curieux fait cercle autour d'acrobates et de jongleurs, qui se dressent en équilibre sur des nez postiches aux proportions monstrueuses, font voltiger des papillons autour de leur éventail, ou soufflent de la fumée sur un écran pour y détacher de fantastiques silhouettes.

Mercredi, 18 octobre. — Beau temps (th. +15°cent.).
Une bonne aubaine! — J'en suis redevable à un résident allemand de Yokohama, M. G**, qui, mis au courant de mes luttes presque journalières avec les marchands de la ville ou de Tokio, me conseille d'aller visiter la collection d'un amateur, M. K**, depuis longtemps établi dans la localité, et se disposant à retourner en Europe après avoir vendu ce qui lui reste de curiosités. La plupart des objets encore en dépôt chez cet amateur sont antiques, ou du moins ont été fabriqués avant l'ouverture du Japon aux étrangers de toute nation. A cette époque lointaine, les artistes nationaux réservaient leurs œuvres les plus délicates aux daïmios, alors tout-puissants et aujourd'hui dépossédés. Mais déjà, me dit M. G**, comme en nos pays explorés par les collectionneurs, il devient de plus en plus rare de mettre la main sur quelque belle pièce tombée dans l'oubli. Pour y parvenir, il faut toujours s'adresser à ceux-là qui ont écrémé le Japon par la voie des intermédiaires indigènes, et qui ne se défont de leurs prises qu'à gros deniers comptants. D'après lui, la ville de Yokohama et celle de Tokio ne renfermeraient plus que peu d'objets de grande valeur, ceux-ci étant désormais éparpillés aux quatre coins du globe.

Bien m'en a pris de suivre cet avis désintéressé. Au bout de quelques heures, j'ai pu rassembler tout un petit musée, à des prix quasi dérisoires en comparaison de ceux qu'on me demandait effrontément pour de simples bagatelles. Je n'ai que juste le temps d'en dresser un rapide inventaire, quitte à compléter ou à modifier mon choix quand je reviendrai de l'excursion à l'intérieur que nous allons entreprendre demain.

ARMOIRIES IMPÉRIALES. — LE CHRYSANTHÈME

ABORDS DU TEMPLE DE IYÉYAS. — LE TORII ET LA PAGODE (p. 92).

IV

NIKKO

En route! — Sada, notre cuisinier-interprète. — Mesures itinéraires. — Le *soroban, for ever!* — Kasoukabé et le service de la poste. — Coucher dans les auberges. — Curiosité féminine. — Les cartes du pays. — La Tonégawa et l'hydrographie japonaise. — Disciples de Pythagore. — Des fortifications pour rire. — Toute une population en émoi. — Un coolie tatoué. — Sous une douche d'araignées. — Petits retards et grands calculs. — Les triomphes de la gastronomie. — Parallélisme calligraphique. — Les ports ouverts et les relations internationales. — Une maison de verre. — Le coton et la paille. — Une avenue monumentale. — Au pied des hauteurs de Nikko. — Produits agricoles et sylvestres de la contrée. — Un hôtel semi-occidental. — Repos bien gagné.
Nikko et son histoire. — Un site incomparable. — La Daya-gawa et le pont des Serpents. — Origines du *torii*. — Le Soriuto. — Temple et mausolée de Iyéyas. — Une agglomération de monuments. — La porte de Yomeï. — Exubérance de richesses artistiques. — Un concert infernal. — Les *gonguens* de Nikko. — Le temple de Iyémits. — Iconographie bouddhique. — Photographiés sur place. — A travers la montagne. — Temples sur temples. — La vérité dans un proverbe. — Vers le lac Tchiouzendji. — La sylviculture et les industries japonaises. — Une région paradisiaque. — Ponts mouvants. — Une succession d'escalades. — Un immense réservoir à des altitudes inusitées. — La cascade de Kegon-no-taki. — Légendes et croyances à dormir debout.
Départ de Nikko. — La ville de Totchighi. — Auberge primitive. — Une conférence improvisée. — En barque pour Tokio. — Rapides artificiels. — Un menu entre vingt. — La chartreuse de Gresset. — Deux contes japonais : le *Marchand d'anguilles* et *les Souris ambitieuses*. — Toujours en fêtes! — Tokio, par le petit bout de la lorgnette.

Jeudi, 19 octobre. — Dès cinq heures du matin, la diane sonne pour mon compagnon et pour moi. — Il pleut. — Tant pis, puisque c'est aujourd'hui que nous avons résolu de nous mettre en route.

Nous commencerons la série de nos voyages dans les terres par la visite du célèbre enclos sacré de Nikko, lequel est situé dans le Nord, à une quarantaine de lieues de la capitale. Sada, le cuisinier-interprète que le ministre d'Espagne nous avait recommandé, a été retenu par les soins obligeants de M. de G**. Il est venu, de grand matin, se mettre à nos ordres et nous aide, d'ores et déjà, à empaqueter les divers objets que nous laisserons à l'hôtel, comme aussi à confectionner les bagages que nous emporterons.

C'est que notre manière de voyager va se trouver modifiée du tout au tout à présent. Nous allons dorénavant circuler dans un pays tellement primitif qu'il faut s'y trouver muni d'une quantité d'objets indispensables à la vie ordinaire. Il y aura bien des auberges sur notre route, mais celles-ci manquent des premiers éléments du confort auquel tout Occidental est plus ou moins habitué. Aussi, indépendamment d'une provision de pain, préparé spécialement pour ces sortes d'excursions et rendu incorruptible par une plus forte addition de sel, nous emportons avec nous du bœuf frais pour trois ou quatre jours, du jambon, de la langue fumée, des boîtes de sardines, des conserves de bœuf, mouton, homard et légumes, des confitures, des gâteaux anglais, des fruits secs, bref un assortiment complet destiné à suppléer en tout lieu aux humbles ressources offertes par le pays. En outre, notre cantine est flanquée agréablement de quelques paniers de bière et de vin. Quant à la batterie de cuisine, elle est des plus élémentaires : une marmite en fer étamé, deux ou trois casseroles et une poêle à frire suffiront à notre cuisinier pour accommoder nos festins ambulants. Je ne parle point de la vaisselle de table. Inutile de dire qu'elle a été volontairement réduite à la plus simple expression.

A neuf heures et demie nous partons en chemin de fer pour Tokio, d'où nous aurons à poursuivre notre voyage vers Nikko, par la grande voie routière du Nord[1]. Aussi s'agit-il, dès notre arrivée dans la capitale, de retenir nos premiers djinrikchas. Nous en louons quatre, tirés chacun par deux hommes attelés en flèche, — en tandem, comme on dirait dans le monde sportif. — Le véhicule chargé de nos bagages ouvre la marche : simple affaire de surveillance. Vient ensuite Mr. Duncan, puis votre serviteur, et enfin le très illustre Sada, revêtu d'un petit complet brun-marron, et coiffé d'un casque de liège à larges bords comme on en porte aux Indes et dans la mer Rouge. Ce couvre-chef est peut-être aussi volumineux que le personnage est maigrelet. Ainsi attifé, notre cuisinier-interprète se carre dans sa voiture comme un gentilhomme de race. N'était la coupe de ses cheveux traitée à la manière indigène, on pourrait le prendre pour quelque haut personnage exotique, accompagné de sa maison. Quoi qu'il en soit, Sada me fait l'effet d'un gaillard à double face, tantôt Japonais, tantôt Européen, suivant les nécessités. Il possède, du reste, une figure intelligente, aux fins linéaments, et d'après laquelle je lui donnerais quelque trente ans. En fait, c'est bien le type achevé du cicerone local, tel que l'on me l'avait dépeint, à la fois crédule et sceptique, peu soucieux d'un travail suivi, très enclin à préférer nos habitudes occidentales, tout en profitant des immunités inhérentes à sa nationalité. Nous aurons bientôt l'occasion de le voir à l'œuvre. Dès à présent, toutefois, je me déclare fixé sur la somme de ses connaissances philologiques. Il s'était donné à nous comme un polyglotte remarquable, affirmant parler couramment l'idiome dont MM. Noël et Chapsal ont syncrété les innombrables fantaisies ; la vérité est qu'il n'a retenu de sa fréquentation avec le français que certains mots, souvent appliqués à contresens. Cependant, grâce à ce léger bagage, grâce surtout à mon petit vocabulaire japonais, nous finirons par nous entendre intellectuellement.

L'ordre de la caravane ainsi établi, nous partons vers onze heures au grand trot de nos coursiers humains, en longeant le boulevard Ghinza et les grandes rues qui lui font suite vers le Nord.

A Sendji, premier relai. Ma montre marque déjà midi un quart, et nous n'avons pas dépassé les limites de l'immense agglomération formée par Tokio. La pluie continue de tomber. Nos hommes ont certainement fait plus de chemin que n'en auraient franchi des chevaux lancés bon train. Il n'y a guère, au Japon, que les conducteurs de djinrikchas pour connaître le prix du temps. En ce qui concerne le travail manuel, l'indigène est d'une lenteur désespérante. Cela tient-il à ce qu'il a très peu de besoins factices, ou bien à ce que, malgré le bas prix de la main-d'œuvre, il n'a pas à multiplier les efforts pour contenter ses besoins immédiats? Quoi qu'il en soit, à cette première halte je vois nos hommes s'employer au nombre de cinq pour rattacher une simple corde à l'un de nos véhicules, alors que, tournant, retournant dans tous les sens l'objet en question, ils passent bien près d'un gros quart d'heure à exécuter le travail d'une minute.

Pendant ce long arrêt, le brave Sada n'a pas bougé. En le considérant, à la dérobée, gravement installé au fond de son djinrikcha, j'ai peine à réprimer un secret élan de gaieté. « Habillé d'un bout d'autorité, » comme dit Shakespeare, il affecte, en regard des coolies, un air d'importance tout à fait réjouissant.

A midi et demi nous abandonnons Sendji. Ce n'est qu'un quart d'heure après, que notre cortège dépasse enfin le dernier village compris dans l'enceinte de la capitale. Nous n'avons pas mis moins d'une heure et demie pour traverser la ville et ses faubourgs.

Actuellement nos véhicules sont engagés sur le Ochioukaïdo, ou mieux sur la partie septentrionale de la grande voie impériale dont j'ai parlé précédemment. Le pays plat que nous parcourons me fait songer, une fois de plus, à nos campagnes flamandes. De chaque côté de la route, ce ne sont que champs morcelés, bordés d'arbres ou clos de haies verdoyantes. De temps à autre, le regard s'arrête sur quelques habitations grandement ouvertes, des tchayas où des femmes, nues jusqu'à la ceinture, vaquent aux soins du ménage, en attendant les consommateurs. Une ligne télégraphique règne le long de la chaussée. Elle servira à nous guider jusqu'à destination. En général les communications électriques ont été établies sur tout le territoire. On peut dire qu'elles embrassent aujourd'hui les extrémités de l'empire, depuis Nagasaki, dans l'île de Kiouchiou,

---

[1]. Depuis l'année 1891, un chemin de fer, qui relie Tokio à Aomori, dans la partie septentrionale de l'île de Hondo, dessert Nikko et ses environs.

jusqu'à Sapporo, dans l'île de Yézo. En un mot, tous les chefs-lieux des gouvernements sont raccordés à la capitale. Quant au réseau international, il est déjà relié par une série de câbles mettant le Japon en communication directe avec l'Europe et l'Asie.

Le costume des coolies rencontrés en route est toujours aussi négatif que celui que j'ai déjà dépeint, lors de mon arrivée à Yokohama. La plupart de ces pauvres diables n'ont sur la peau que le *foundochi*, sorte de pagne équivalant, pour celui qui le porte, à l'état de nudité complète. Les plus huppés y joignent, il est vrai, la tunique de coton destinée à préserver du vent, du froid et de la pluie. Mais beaucoup d'entre ces derniers préfèrent ne pas même endosser cette sorte de pardessus. Plus nous avancerons dans l'intérieur des terres, plus leur toilette élémentaire deviendra la règle habituelle.

A une heure trois quarts, nous arrivons à Soga. Depuis Sendji, nous avons parcouru 2 *ris* et 8 *tchos*, soit huit kilomètres trois quarts environ. Le *ri*, qui constitue en effet l'unité des mesures itinéraires en usage au Japon, équivaut à quatre kilomètres, ou pour bien dire à 3,930 mètres. Il est subdivisé lui-même en trente-six *tchos*, ce qui donne à cette sous-division une valeur de 110 mètres, approximativement.

A ce propos, disons une fois pour toutes que nous donnerons toujours,

MANIANT LE SOROBAN (p. 71).

au cours du récit, la distance en ris et tchos; mais comme ces mesures itinéraires, insolites pour nous mais les seules exactes, pourraient avoir l'inconvénient d'arrêter le lecteur, nous aurons soin, autant que possible, de les traduire en kilomètres et quarts de kilomètres.

Les coolies que nous avions pris à la gare de Tokio nous ont menés jusqu'ici. Ils ne poursuivront pas plus loin, ce qui va nous forcer à retenir de nouveaux véhicules, opération languissante entre toutes. Ce n'est pas que les djinrikchas fassent défaut. A l'office des transports, où nous nous sommes arrêtés, il s'en présente dix pour un. Mais les pourparlers prennent un temps infini. De plus, l'application du tarif constitue une véritable affaire d'État. Rien ne saurait donner une idée des hésitations et des calculs à perte de vue auxquels elle donne lieu de la part du préposé.

Le mieux, toutefois, est de nous résigner d'avance à ces petites difficultés, qui se représenteront tout le long du chemin. A chaque étape, il faudra nous soumettre aux lenteurs et aux chinoiseries du *soroban*, sorte d'appareil à calculer introduit de Chine au Japon vers le seizième siècle et qui n'est autre, en définitive, que l'abaque, usité jadis par les Grecs et les Romains et, de nos jours encore, dans certaines régions de l'empire moscovite. Chacun connaît cet aide-mémoire composé de lentilles de métal ou de bois, glissant sur des tringles, à la façon des marques de billard. Ici le *soroban*, qui, sans doute, avait été importé de l'Inde en Europe dans l'antiquité la plus reculée, facilite au vulgaire la solution de problèmes numériques qu'il serait incapable de résoudre sans un pareil secours. Qui le croirait ? les lettrés japonais eux-mêmes éprouvent une insurmontable répugnance pour le calcul mental; et la plupart d'entre eux se reportent encore de préférence à l'abaque usité au temps de Numa Pompilius. Quant aux marchands, ils en font leur *vade-mecum* et le manient avec une incroyable dextérité. Quels que soient les résultats obtenus par un si vieil usage, il serait puéril, à notre sens, ainsi que certains pédagogues ont proposé de le faire, d'introduire à nouveau le *soroban* en Europe, en guise d'appareil à calculer. Si l'on peut admettre, en effet, que ce mode de compter, vraiment primitif, est d'une aide puissante dans l'addition des quantités, on ne saurait par son moyen acquérir la preuve de l'exactitude des opérations faites. Qu'à cela ne tienne ! Au Japon, — comme je l'ai déjà dit, — l'emploi d'un tel instrument est de nécessité première ; car s'il fallait à l'indigène procéder de tête pour la plus minime arithmétique, la solution se ferait attendre mille et un quarts d'heure.

C'est à Soga que nous subissons pour la première fois la dure expérience du *soroban*, plaisamment baptisé par mon ami Duncan du nom de « table à jeu ». Pour déterminer le prix de la course, notre loueur de djinrikchas se livre à des combinaisons de chiffres plus savantes que s'il s'agissait d'énumérer le rapport d'un sou placé à intérêts composés depuis le commencement de notre ère.

Témoin de son cruel embarras, une vieille et forte matrone, la tête rasée comme celle d'un bonze, la gorge nue et ballante, vient se mêler à cette grave opération. Or, un proverbe japonais qu'on ne saurait traduire littéralement en français, sous peine de faillir à la galanterie nationale, tend à établir que « si les femmes se mêlent d'une chose, tout s'embrouille aussitôt ». Quelques minutes se sont à peine écoulées, et déjà chacun crie à tout rompre, sans parvenir à se faire entendre. Le tapage devient tel que Sada croit devoir apporter au concert des voies engagées son propre et précieux contingent. Il y aurait de quoi devenir fou.

Heureusement, tout a un terme, même un calcul sur le soroban ! Après une demi-heure — montre en main — gaspillée à d'oiseux pourparlers, nous réussissons à lever le camp. Il est deux heures et quart bien sonnées.

Soixante minutes après, nous arrivons à Kochigaya (1 ri et 28 tchos depuis Soga, ou 4 ¼ kilom.), où nous nous proposons de faire un sérieux repas. Mais, là encore, nous devons assister à de longs et pénibles préparatifs couronnés par un menu des plus maigres et des moins réconfortants. La note des quelques œufs que nous avons consommés dans cette tchaya si mal approvisionnée nous est présentée à genoux, comme les clefs d'une ville conquise au chef des barbares victorieux. L'argent que je tire de ma poche pour la solder est aussitôt baisé avec transports par l'hôte reconnaissant. Trop de politesse, en vérité. Le moindre petit grain de mil, avec un peu de viande autour, eût bien mieux fait notre affaire.

Vers les quatre heures trois quarts, nous nous remettons en marche pour Kasoukabé. Disons tout de suite que le prix des djinrikchas pris à Kochigaya a été majoré de moitié en raison de la pluie qui s'obstine à liquéfier les chemins ; en temps ordinaire, la taxe ne s'élève pas à plus de six *sens* et demi par *ri* et par homme. Comme la distance qui sépare Kochigaya de Kasoukabé n'est pas supérieure à 2 *ris* et 28 *tchos*, soit onze kilomètres environ, nous arrivons dans cette dernière localité dès cinq heures trois quarts.

Il fait nuit déjà. A l'office des djinrikchas, où nous sommes descendus pour reprendre d'autres véhicules, on s'occupe de régler la distribution de la dernière poste. Nous arrivons donc fort mal à propos. Les préposés, au nombre de trois, n'auraient garde de se déranger, naturellement, avant d'avoir accompli la besogne quotidienne. Or cette besogne consiste tout simplement à trier quelques lettres et quelques paquets de journaux.

C'est parfois aux détails les plus insignifiants que l'on juge des particularités géniales d'un peuple. A la manière de procéder des employés japonais, je reconnais la naïve incurie qui préside, dans tout l'Orient sans exception, aux manipulations journalières, de quelque nature qu'elles soient. Une énumération des faits et gestes de nos trois commis aux postes, énumération peut-être un peu longue, mais à coup sûr très topique, sera bien de nature à faire voir ce laisser aller universel.

LES PÈLERINS A NIKKO

En règle générale, lorsque l'Oriental, aussi bien sur les rives du Nil que sur les grandes routes du Japon, entreprend un travail même auquel il est accoutumé, il est toujours incapable de faire du définitif au premier engagement. Comme il s'agit, pour le moment, d'emballer correspondances et imprimés dans de petites sacoches de cotonnade blanche, un brave employé, à grandes lunettes rondes, qu'à son air d'importance je prends pour le chef d'attaque, débute par passer à son voisin un paquet de lettres et de journaux. Celui-ci s'emploie aussitôt, mais avec une sage lenteur, à déplier un des sacs à dépêches. Après avoir introduit ladite correspondance par l'ouverture béante, il tire les cordons de fermeture et passe le

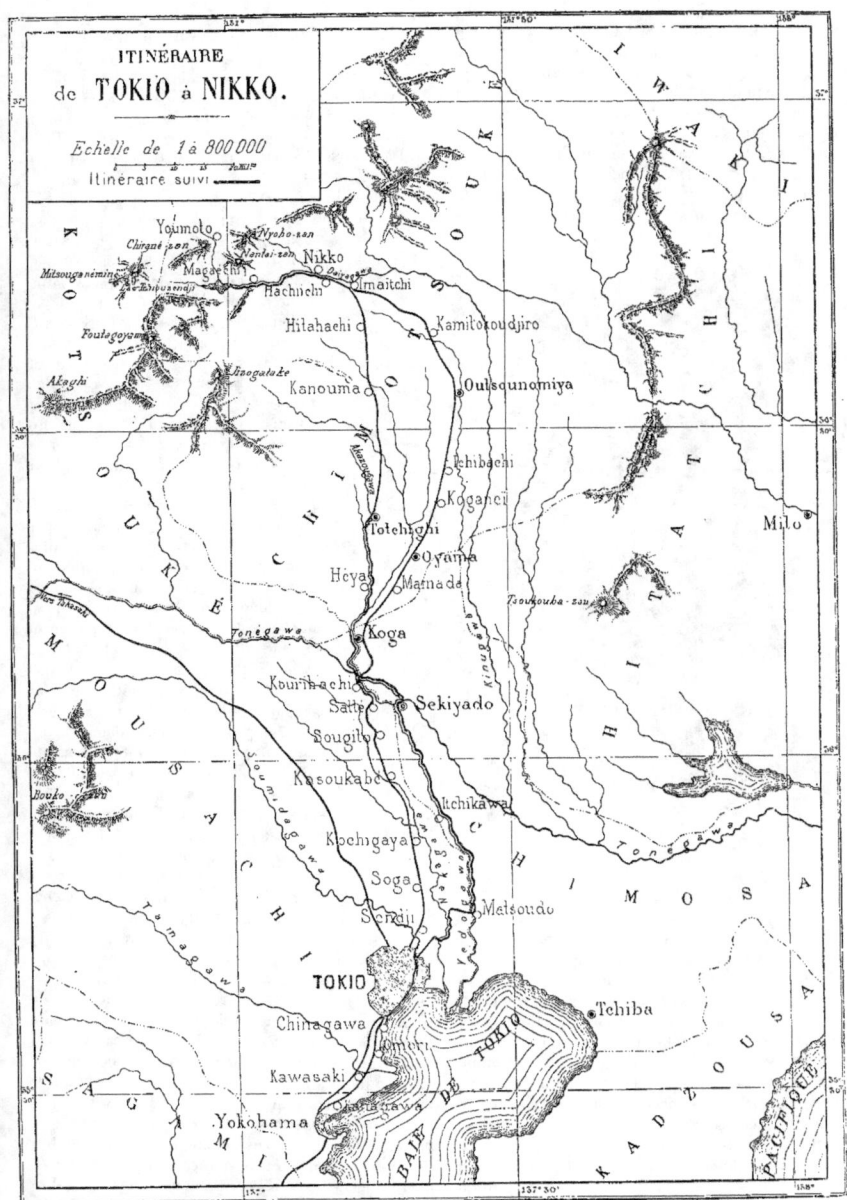

tout au dernier employé. M'est avis que la fonction de ce troisième augure consiste à réduire le volume du sac, car il s'empresse de le rouvrir et d'en arranger le contenu d'une façon plus méthodique.

Toutefois ceci n'est que le prologue. L'homme aux lunettes reprend le colis en quatrième main, vérifie la nature des objets, extrait tous les journaux, qu'il remplace par d'autres, et passe de nouveau son « myrte », tout comme au théâtre du Palais-Royal, au numéro 2. Celui-ci, divisant alors les mêmes journaux en trois tas, entraîne deux liasses au fond du récipient, et met le reste en travers au-dessus des lettres. Cette sélection n'a pas d'autre but apparemment que de réserver quelque besogne nouvelle au numéro 3. Voici, en effet, notre zélé comparse qui réunit tous les imprimés au fond de la sacoche, essaime complaisamment les lettres par-dessus, et ficelle enfin pour tout de bon ce sac à malice, en poussant un soupir de satisfaction.

Permis au lecteur de se récrier : j'avoue, en conscience, que moi tout le premier, si l'on me décrivait une pareille comédie, je me refuserais à y croire. La petite scène n'en est pas moins rigoureusement exacte. Telles étaient, du reste, les lenteurs et les hésitations apportées à cette laborieuse expédition que rien ne m'était plus facile que d'en consigner tous les détails au fur et à mesure qu'ils se produisaient.

Enfin, puisque la correspondance est prête pour le départ, il est à présumer que l'on voudra bien s'occuper de nous. Mais ne chantons pas trop tôt victoire : il y a, de-ci, de-là, quelques menues besognes en retard à parachever. Que diable aussi, on ne peut pas s'exterminer le tempérament pour le service du public! Nous étions arrivés à Kasoukabé à cinq heures trois quarts; nous pouvons nous estimer heureux d'en repartir à sept, pour le village de Satté.

De Kasoukabé à Sougito il y a 1 ri et 28 tchos (6 kilom.); de Sougito à Satté, on ne compte qu'un ri et 25 tchos.

Nous faisons ces deux étapes sans changer de conducteurs, afin d'éviter les retards qui nous attendent au moindre relai. En temps de sécheresse, rien ne serait plus facile que de se réserver les mêmes hommes, fût-ce même durant toute la journée. Mais quand la pluie a détrempé les chemins, le labeur devient tel que, malgré la majoration de la taxe, peu de coolies consentiraient à fournir plus de deux étapes en une seule traite. On est d'autant plus exposé à cet inconvénient, si l'on recourt aux offices de transport au lieu de s'entendre directement avec les hommes, que ces intermédiaires prélèvent sur la recette totale une dîme fort élevée.

On nous a, en fin de cause, appliqué le tarif de nuit, soit moitié plus que pendant les heures de jour. Si je compare les prix qu'on nous demande depuis notre départ de Tokio, je constate qu'ils vont sans cesse croissant. En revanche, nous faisons d'autant moins de chemin que nous payons davantage.

Il est neuf heures et demie passées quand nous arrivons à Satté. Notre débarquement — je ne saurais me servir d'une autre expression, tant les chemins sont transformés en véritables bras de mer — s'exécute avec peine. Nous nous trouvons en effet comme emboîtés dans les profondeurs de nos djinrikichas sous la capote relevée, laquelle est encore recouverte, par surcroît de précautions, d'une sorte de bâche en papier imperméable. Quant au déballage de l'ami Sada, il se présente d'une manière particulièrement scabreuse. Notre homme s'est littéralement fait coudre dans sa carapace, et ce n'est qu'avec des efforts sans nombre qu'on parvient à l'en extraire par morceaux. Décidément notre cuisinier-drogman se présente de plus en plus comme réfractaire au stoïcisme et à la simplicité de sa race. Toutes les fois que nous lui en donnerons l'occasion, nous serons sûrs de le voir faire acte de sybaritisme.

Mais ne soyons injustes envers personne! Lorsqu'on a besoin de Sada, on le trouve à son affaire. Le dîner qu'il nous prépare, aussi bien avec les vivres qu'il a pu se procurer ici qu'avec les provisions par nous amenées, est, à tout prendre, excellent. Les plats ont l'air si appétissants que les *nesans*, nos servantes, et quelques *mousoumés* du voisinage, attirées par la curiosité, font cercle autour de nous pour y goûter sans façon. Par parenthèse, le mot *mousoumé* est une appellation s'appliquant aux jeunes filles en général. Pendant qu'elles savourent avec gourmandise rôtis divers et fricassées cosmopolites, le divin Bouddha doit fermer complaisamment les yeux sur le mépris qu'on fait de ses austères prescriptions. Et avec cela sont-elles espiègles et curieuses! Le Japon est peut-être encore un pays peu fait à nos us et coutumes; mais, s'il ne tenait qu'aux femmes, il serait bien vite au niveau de nos derniers raffinements.

Après le dîner, et le manille aux dents, nous parcourons la tchaya où nous sommes descendus. Celle-ci est une grande construction de bois, très légèrement établie et pourvue d'appartements spacieux. L'avantage de ces maisons indigènes, dont les murailles, ainsi que nous l'avons déjà dit, consistent en simples châssis garnis de papier, provient de ce qu'on peut augmenter ou restreindre à volonté les dimensions des pièces, en faisant simplement glisser dans les rainures coupées à angles droits quelques châssis complémentaires.

Toute la maisonnée, y compris les femmes de service décolletées jusqu'à la ceinture, nous fait obligeamment escorte dans cette visite domiciliaire. Chacun veut voir et toucher le moindre des objets appartenant aux voyageurs. Ma montre, ma boussole, mon binocle, passent simultanément de main en main, tout autour de l'aimable société. De son côté, Mr. Duncan voit ses vêtements fouillés, l'un après l'autre, comme s'il était un simple contrebandier. Il faut croire que bien peu d'Occidentaux se sont arrêtés dans la région. Notre arrivée y constitue un véritable événement. J'estime même que les hôtes auxquels nous avons affaire continueraient jusqu'au jour leur indiscret examen, si la fatigue ne nous les faisait éconduire poliment à l'heure fort raisonnable de minuit.

Vendredi, 20 octobre. — A six heures du matin nous sommes sur pied. Le thermomètre marque 19 degrés. La pluie persiste à tomber comme hier.

Nous avons très bien dormi sur nos *ftons*, sortes de matelas aussi minces que résistants, simplement étendus sur la natte qui recouvre le sol. Telle est l'alcôve nationale. On trouvera ce mode de coucher duriuscule, étant donné l'usage des sommiers auquel nous sacrifions tous plus ou moins. Heureusement Mr. Duncan, en vrai Anglais qu'il est, a eu l'idée de superposer une demi-douzaine de couchettes, et je me suis empressé d'en faire autant. Au moyen des draps de toile faisant partie de notre matériel de campagne, de nos plaids et de nos vêtements disposés par-dessus avec un soin vigilant, nous avons fini par rendre très habitables ces lits improvisés. Nous les avions du reste complétés à l'aide d'une ceinture de sauvetage gonflée, en guise d'oreiller.

A ce propos, constatons qu'au Japon notre vulgaire traversin est chose fort inconnue. On l'y remplace par un petit billot de bois, appelé *makoura*, haut d'une

UN DE NOS COUREURS TATOUÉ DES PIEDS A LA TÊTE (p. 78).

douzaine de centimètres, et sur lequel repose un étroit bourrelet d'étoffe recouvert de plusieurs épaisseurs de papier. Ce meuble, primitif s'il en fut, ressemble à s'y méprendre à ceux qui sont encore employés en Nubie, et dont on retrouve des échantillons remontant à plus de trois mille ans au musée de Boulaq. La seule différence, tout à l'avantage de l'oreiller nubien, est que le bois supportant le bourrelet est évidé en forme de croissant, de manière à recevoir la tête du dormeur. En dépit de pareilles origines, nous n'avons pas cru un seul instant devoir faire usage de l'oreiller national. Ajoutons aussi que nous avons refusé net le manteau de nuit, fourni par l'hôte, et qui sert indifféremment à tous les clients de l'établissement.

Mais il s'agit maintenant de procéder à notre

toilette. A cet effet, on a disposé dans la galerie à ciel ouvert qui longe nos chambres respectives du côté de la cour, des récipients remplis d'eau fraîche et destinés à nous servir de cuvettes. C'est là que nous ferons en toute liberté nos ablutions matinales. Inutile de dire que nous y procédons dans un costume nécessairement assez rudimentaire. Or, à peine nous sommes-nous mis à l'œuvre, que nos mousmés d'hier soir, accompagnées de quelques amies et connaissances, font irruption de toutes parts. Elles se seront donné le mot pour voir de près les personnages hétéroclites dont la réputation d'originalité s'est répandue aux environs. La curiosité est légitime; elle est même inévitable, de race à race si différentes. Et puis, l'attention de ces dames est dépourvue de toute tendance équivoque. Elles s'étonnent de voir des êtres blancs d'épiderme, voilà tout, et elles suivent le moindre de nos mouvements avec un intérêt comparable à celui que nous apporterions aux évolutions d'une bête curieuse. Au surplus, le laisser de notre costume n'est rien autre que de « l'habillé », à côté de l'absence complète de vêtement constatée sans cesse autour de nous. Comment la pensée de manquer aux convenances pourrait-elle venir à l'esprit de femmes élevées au milieu de la nudité générale?

Vers huit heures trois quarts nous partons pour Kourihachi. Le pays est toujours plat et fertile. Actuellement nous longeons le cours d'une rivière appelée Tonégawa.

Je remarque, non sans étonnement, que cette nappe d'eau, une des plus importantes du Japon, n'est pas même mentionnée sur la carte que j'ai achetée à Londres. Il est vrai que la même carte n'indique pas davantage le nom des localités que nous traversons. Évidemment, ce document géographique, de la plus extrême fantaisie, a été dressé du fond de son cabinet par le topographe en chambre qui l'a signé. Je ne livrerai pas son nom à la vindicte publique, je dirai simplement qu'il s'intitule « géographe de la reine ». Hélas! il en est ainsi de la plupart des cartes qui me sont tombées sous les yeux. En dehors des côtes, il n'y a que des indications sans aucune espèce de valeur. Pour ma part, j'en suis réduit à me servir d'un atlas japonais, d'ailleurs très précis, dont l'incomparable Sada me facilite l'intelligence [1].

Cette absence d'exactitude dans les renseignements fournis par la plupart de nos cartes européennes, date encore de l'époque où les voyages à l'intérieur du pays entraînaient pour les ingénieurs des difficultés insurmontables, sinon des dangers permanents. Bien des années après la signature des traités internationaux, la population japonaise a nourri des répugnances invincibles contre la science occidentale.

[1]. Sous les auspices du gouvernement, la publication d'une carte à l'échelle du 1/200,000°, avec courbes de niveau, a été entreprise depuis un certain nombre d'années, par un service d'ingénieurs américains réunis sous le nom de *Geological Survey of Japan*. Cette œuvre cartographique d'une certaine valeur, éditée par fractions, n'était pas encore achevée en 1893.

C'est même avec une espèce de terreur qu'elle la voyait s'immiscer dans ses moindres préoccupations. Il a fallu, en quelque sorte, et depuis, lui arracher une à une les premières notions, tenues jusqu'alors cachées à l'égal de secrets importants.

Tout en remontant la rivière, nous sommes obligés de grimper sur le faîte d'une digue établie pour protéger la région contre des inondations trop fréquentes. Nous la suivons jusqu'à Kourihachi, que nous atteignons vers neuf heures trois quarts, et où nous traversons l'eau dans un bac.

La distance franchie depuis Satté est de 2 ris et 3 tchos (8 kilom. 1/4).

La pluie a cessé enfin, mais la Tonégawa, grossie par les mille ruisseaux qui se déversent dans son sein, roule des ondes limoneuses comme l'Escaut, entre des rives qui rappellent étonnamment certains paysages des Flandres.

En général, les artères fluviales du Japon n'ont qu'un cours de peu d'étendue. Cela se conçoit en raison de la conformation même des îles qui constituent l'archipel, la plupart d'entre elles étant longues et étroites. A peine si la Tonégawa — un des cours d'eau les plus importants du Daï-Nippon, comme je l'ai dit plus haut — fournit un trajet de soixante ris ou deux cent trente-sept kilomètres, ce qui ne l'empêche pas d'être parfaitement navigable sur une étendue de cent cinquante kilomètres. Malheureusement, l'estuaire en est barré par un banc de sable au-dessus duquel le tirant d'eau, par trop faible, interdit tout passage, même aux jonques du plus petit tonnage venant de la mer.

Au sortir du bac, nous nous trouvons presque aussitôt engagés dans une belle avenue plantée de vieux sapins contorsionnés de la façon la plus pittoresque. Sauf quelques rares exceptions, ces arbres forment jusqu'à Nikko une allée monumentale et sans solution de continuité, semant, tout le long de la route, des charmilles à la fois spacieuses et touffues. En cheminant à l'abri, sous leurs vertes arcades, nous bravons les rayons du soleil, redevenu chaud et resplendissant. Quant à nos coolies, pour conjurer des ardeurs qu'ils redoutent beaucoup plus — paraît-il — que le froid et l'humidité, ils se sont coiffés d'un énorme chapeau en forme de bouclier franc, qu'ils maintiennent sur la tête comme par un prodige d'équilibre.

Bien que le soleil opère un lent travail de dessiccation, la route, en raison des pluies diluviennes, est encore en très mauvais état. Nous nous voyons forcés, en conséquence, d'abandonner le bourbier qu'elle forme tout au long, pour prendre à gauche par un étroit chemin de traverse un peu plus hospitalier, et de passer au beau milieu de taillis épais et de marais où de nombreuses cigognes, guettant une proie invisible, se dérangent à peine de leur poste d'observation à l'aspect de notre cortège mouvementé.

Non loin de la bifurcation où nous venons de nous

engager, sur un joli coin de terre, et comme pour égayer le paysage, se dresse un temple entouré d'arbres magnifiques et de riantes maisonnettes. Il est à remarquer que les édifices sacrés, grands ou petits, sont presque toujours entourés de massifs épais de verdure, même au sein des villes les plus populeuses.

En ce qui concerne les habitations rencontrées sur notre passage, je dois constater qu'elles sont établies sur un mode encore plus rudimentaire que toutes celles que j'ai vues jusqu'à ce jour, soit à Tokio, soit à Yokohama. Il est clair que je me place ici au point de

Un trait de mœurs en passant. — Dans un village que nous traversons sans prendre langue, un paysan, sombre exécuteur des hautes œuvres, procède à l'immolation d'un poulet. Un tel sacrifice est ici toute une affaire, le peuple, en vertu des prescriptions du culte ancien, se nourrissant presque exclusivement de végétaux et de poissons. Or, tel est l'instinct peu sanguinaire de ce pacifique homme des champs, qu'après avoir tordu le cou de la bête avec un visible dégoût, il la laisse se débattre sur le sol dans les convulsions de l'agonie. Notre bourreau n'ose achever sa

LE DÉCORTICAGE DU RIZ. — DESSIN HUMORISTIQUE DE HOKOUSAÏ (p. 86).

vue purement européen, car la population indigène s'accommode parfaitement de ces dispositions si simples. Aucune demeure — bien entendu — n'est pourvue de cheminée. Libre à la fumée de s'échapper par la porte, par les fenêtres ou par les ouvertures ménagées sous le toit. Je crois même que ces sortes de ventouses n'ont pas d'autre utilité. De plus, toutes les maisonnettes sont couvertes de chaume et garnies, le long du faîtage, de plantes vivaces, lesquelles rompent, par une crête verdoyante et fleurie de l'aspect le plus charmant, avec la sécheresse de la ligne architecturale.

Après le crochet que nous avons été forcés de faire pour éviter les fondrières, nous rejoignons au bout d'une demi-heure l'Ochioukaïdo, devenu plus praticable.

victime. Il lui répugnerait d'alléger les souffrances de la volaille massacrée, au prix du dernier coup brutal qu'il lui faudrait porter.

Constatons à ce propos qu'en règle générale ce peuple, vindicatif et doux à la fois, a une sainte horreur de répandre le sang des animaux. Lorsque le Japonais de l'intérieur des terres songe à déguster quelque morceau de chair proprement dite, — ce qui est du reste exceptionnel, — il ne recourt jamais aux viandes dites de boucherie. Volontiers il s'en tiendrait au régime de Pythagore, les fèves en plus. Cette continence rappelle l'âge d'or, vanté par les poètes. Un pareil état de choses, si différent de celui que nous constatons chez nous, peut, il est vrai, s'expliquer en partie par la rareté du bétail, lequel est affecté ici aux seuls travaux agricoles. Sans doute il suffirait, pour modifier complètement l'alimentation populaire, d'introduire et d'acclimater, en quantités suffisantes, les génisses et taureaux nécessaires à la reproduction.

Sur les onze heures et quart, nous atteignons Koga, gros bourg d'où nous ne repartirons que vers midi et demi. La distance de Kourihachi à cette dernière localité est de deux ris.

Koga, ancienne résidence d'un daïmio jadis puissant, est encore pourvu de travaux de défense consistant en simples remblais de terre élevés à moins d'un mètre au-dessus du sol. Ces remparts bien primitifs, qu'un cheval de course franchirait d'un bond, n'ont point dû donner grand mal à quiconque s'est avisé d'en faire l'assaut.

Au sortir d'une enceinte rappelant ainsi de très loin les murailles bastionnées de nos villes fortes, nous reprenons l'allée de sapins entre-croisés au-dessus de nos têtes comme un berceau indéfini. Nous ne la quitterons plus jusqu'aux approches de Nikko. De ce point, et par une éclaircie, on aperçoit sur la droite un pic élevé dont la cime se détache sur l'azur du ciel comme un réceptacle de tempêtes et de frimas. C'est l'un des sommets de la chaîne de montagnes appelée Tsoukouba-zan, dans la province de Hitatchi. Sur notre gauche, au contraire, on peut suivre de l'œil la crête déjà vigoureuse d'un groupe de hauteurs régulièrement découpées. En somme, depuis que nous avons franchi la Tonégawa, le pays est devenu plus boisé, plus pittoresque. En avançant aussi, la curiosité dont nous sommes l'objet de la part des indigènes semble s'être augmentée d'autant. Désormais on s'empresse sur notre passage, comme si l'on n'avait jamais vu d'hommes de race différente. Et cependant la route a été bien des fois parcourue par des étrangers, les temples de Nikko étant devenus depuis quelques années le but d'excursions très fréquentes.

Le village de Moura, que nous traversons en sa longueur, est de l'aspect le plus séduisant. Rien ne saurait exprimer la grâce de ses haies vertes bien alignées, de ses maisonnettes proprement entretenues, de son temple entouré de bouquets d'arbres et présentant une disposition décorative assez rare pour le pays. En face du portique, en effet, s'étend une place publique, une sorte de forum au milieu duquel s'élève, comme jadis la tribune aux harangues, une statue du Bouddha au visage accueillant. Il semble être là tout exprès pour faire droit aux supplications du passant.

Ce n'est qu'à une heure trois quarts que nous atteignons Mamada. Depuis Koga, nous avons parcouru 2 ris et 16 tchos. Partout nous n'avons rencontré que des agglomérations proprettes, témoignant d'une aisance véritable. En outre, nous avons été à même d'y remarquer des écoles très fréquentées, où les enfants, répétant à haute voix des exercices de mémoire, remplissaient la rue de leurs bruyantes psalmodies.

Tandis que nos hommes déballent une partie de la batterie de cuisine, en vue de préparer un repas dont nous avons grand besoin, nous allons nous installer dans la petite cour d'une tchaya, choisie par Sada sur la bonne mine dont elle fait montre. Le plancher même de la galerie qui court autour de l'habitation, nous tiendra lieu de table. Bientôt, en effet, une série de plats lestement improvisés par notre intelligent cuisinier viennent s'y accumuler. Il n'en faut pas davantage pour attirer aux abords de la tchaya tout un groupe de curieux avides de nous voir manger et boire. Les plus hardis nous demandent la faveur de goûter à notre pain. Les chiens eux-mêmes, que j'avais d'abord trouvés inquiétants pour l'intégrité de nos mollets, se familiarisent avec nos costumes étranges, subitement amadoués par le parfum des provisions. Que les voyageurs qui nous suivront en ces régions se montrent aussi généreux que nous de leurs reliefs et lopins de viande arrachés à leur propre subsistance, et les relations seront pour toujours établies avec une race de carnivores très gênants. Un chien, au poil presque entièrement blanc, est surtout fort empressé à nos côtés. Cette particularité nous fera bienvenir, à coup sûr, de la population, car une tradition bouddhiste veut que le chien blanc passe, immédiatement après son trépas, à l'état d'homme vivant. En général, tous les animaux de cette couleur sont l'objet d'une sorte de vénération.

Un des nouveaux coolies affectés à notre transport est magnifiquement tatoué. Sur l'épiderme du dos, deux guerriers bardés de fer, comme les anciens samouraïs, semblent bondir sur un dragon qui s'élance hors des eaux. Le dessin en est merveilleux de délicatesse et de fini. Et vraiment, on ne sait ce qu'il faut le plus admirer, ou de la persévérance de l'artiste, ou de la patience de l'opéré. Au surplus, notre cheval humain n'est pas médiocrement fier de porter ainsi une décoration dont il n'a jamais vu l'original. Soyez sûr qu'il ne la troquerait pas cet habillement problématique contre le plus riche manteau de cour. Aussi prend-il bien soin de l'exposer à tous les regards. C'est avec un orgueil non équivoque qu'il affecte de se tenir devant nous, le dos tourné, imprimant à ses personnages une sorte de mouvement indiscontinu par le jeu naturel de ses membres et les ondulations de ses muscles. Cette représentation martiale fait désormais partie intégrante de son être, comme un titre nobiliaire.

Vers trois heures, nous nous remettons en route. Les chemins, à mesure que nous avançons, deviennent de plus en plus mauvais. Nos djinrikchas ne roulent plus dans la boue qu'avec une extrême difficulté. Et, pour comble d'agrément, aux branches d'arbres, formant plafond sur nos têtes, sont appendues des tribus mouvantes d'araignées monstrueuses, qui se laissent choir sur la route au gré de leurs caprices démoniaques.

A quatre heures nous sommes à Oyama, localité distante de Mamada d'environ 1 ri et 25 tchos. — Là, un affreux barbon à lunettes, qui semblerait être le sosie du maître des postes de Kasoukabé, nous retient une grande heure dans son bureau pour régler le payement de notre trajet jusqu'à l'étape voisine. Naturellement le soroban a fait de nouveau son inquiétante apparition. Après un labeur mystérieux, plus long qu'un jour sans nourriture, le profond calculateur finit par trouver qu'en raison de la pluie et des mauvais chemins, il doit nous compter quatre ris, au lieu de trois et vingt-deux tchos, et qu'au total il doit nous réclamer la somme de deux yens et quatre-vingts sens. Allons! Que nous soyons convaincus ou non de l'exactitude de ses supputations, le mieux est de payer tout de suite. C'est ce que nous faisons, séance tenante, sans nous donner la peine de récriminer.

Partis d'Oyama sur les cinq heures du soir, nous faisons une courte halte à Koganeï, pour laisser à nos conducteurs le temps d'allumer leurs lanternes, et nous arrivons à Ichibachi vers sept heures. Nous avons parcouru, depuis Oyama, la distance de 3 ris et 22 tchos (14 kilom. 1/4).

Tout bien considéré, nous n'irons pas plus loin aujourd'hui, quoique nous eussions résolu ce matin d'aller coucher à Outsounomiya, station généralement adoptée par les voyageurs. Mais nous avons gaspillé trop de temps en route, et, la nuit étant déjà tombée, nous n'aurions pas moins de trois ris et demi à faire, par la plus noire obscurité, avant d'être rendus à destination. Avec les lenteurs habituelles et les consultations du soroban, Dieu sait à quelle heure nous arriverions. Et puis, je n'entends pas du tout voyager dans les ténèbres. Pressé ou non, je suis venu ici pour voir, pour observer, et je n'aurais que faire de brûler ainsi le terrain.

Il est probable que les Européens qui ont passé par le village d'Ichibachi ne s'y sont guère arrêtés, car nulle part nous n'avons encore été l'objet d'une aussi vive curiosité. On fait littéralement cercle autour de nous, comme si nous formions une mascarade ; on

LES CRYPTOMÉRIAS DE LA ROUTE DE NIKKO (p. 70 et 83).

nous examine des pieds à la tête, on palpe nos vêtements et on nous demande à manier les quelques rares joyaux que nous portons sur nous. Le brillant que je porte au doigt, comme ressource suprême, est pris simplement pour du verre très bien taillé. Et chacun de s'extasier sur les mille et une merveilles de notre industrie.

Au dîner, nous n'avons pas moins de vingt spectateurs passifs, assis autour de nous, mais brûlant de jouer un rôle actif. Ils donneraient beaucoup pour prendre part à ces agapes faites en tête-à-tête. Chaque plat, apporté en grande pompe par Sada, et annoncé par lui dans son langage cosmopolite, a le don de faire loucher toute la galerie, dans un accès de muette convoitise. Bien que nous ne puissions nous imposer, à chaque repas, de faire des largesses au peuple, nous prenons en considération le supplice de ces bonnes gens et, la première faim apaisée, nous leur abandonnons les reliefs du festin, tout en accordant galamment aux gentilles mousoumés la meilleure et la plus large part de nos libéralités. Ces dignes filles de la première femme semblent mordre plus résolument que les hommes au fruit défendu.

Après ce repas en commun, nous nous mettons, l'un et l'autre, à écrire, Mr. Duncan quelques lettres à sa famille, moi les notes que voici. Nouveau sujet d'étonnement universel. Chacun, à son tour, vient admirer, par-dessus notre épaule, le merveilleux griffonnage que nous traçons concurremment avec tant de volubilité. Nos plumes de fer surtout sont l'objet de nombreux commentaires. Jamais pattes de mouche, excepté celles de la femme aimée, ne se sont vues à pareille fête.

Amour-propre à part, cependant, nous avons lieu de passer auprès de nos hôtes d'une nuit pour d'assez piètres calligraphes, tant les caractères japonais seraient de véritables dessins à côté de nos pleins et de nos déliés si étroitement confondus dans l'écriture courante. On sait, en effet, avec quel soin les scribes indigènes tracent leurs figures régulières, à l'aide de petits pinceaux emmanchés dans des tubes de bambou. Cela ne veut pas dire évidemment que leur cursive soit supérieure à la nôtre comme facilité, mais elle est plus variée, plus artistique.

Or, justement, comme si les lettres japonaises étaient jalouses de la palme accordée à l'écriture occidentale, voici la calligraphie indigène qui s'affirme dans notre entourage sous les espèces de deux employés occupés, non seulement à contrôler, mais même à copier nos passeports respectifs. Nous avons déjà dit que, l'intérieur du pays étant toujours fermé aux étrangers, ceux-ci n'y sont autorisés à voyager, en dehors des limites fixées par les traités, que suivant une permission spéciale. J'ajouterai que celle-ci est délivrée sans difficulté à toute personne faisant autre chose que du négoce.

Il n'est pas inutile de rappeler ici quels sont, jusqu'à présent, les ports qui ont été ouverts au commerce international.

En première ligne vient la ville de Yokohama, fondée vers 1858; puis celle de Nagasaki, dans l'île de Kiouchiou, et celle d'Hakodaté, dans l'île de Yézo, dont l'accès a été rendu libre à la même époque; viennent enfin les ports d'Osaka, Kobé et Niigata, ajoutés aux précédents depuis l'année 1868. Autour de chacun de ces centres commerciaux, quelques lieues carrées de terrain permettent aux Occidentaux de circuler aisément.

Officiellement parlant, l'intérieur du Japon est complétement fermé à notre intrusion, et, comme je viens de le dire, il n'est possible d'y voyager qu'en vertu d'une autorisation spéciale accordée par l'autorité supérieure. Par le fait, on a cru dangereux de procéder à l'ouverture immédiate et complète d'un pays si longtemps hostile à notre civilisation : mille dangers auraient assailli l'imprudent qui eût méprisé des barrières élevées par la haine et la méfiance, et entretenues avec jalousie par l'ancienne classe des hommes à deux sabres, autrement dite des *samouraïs*. En dépit des progrès accomplis, le gouvernement croirait toujours manquer aux lois de la prudence, en procédant autrement que par une sage gradation. Peu à peu, cependant, les populations s'habitueront à notre contact, — on le voit, du reste, par la douceur de l'accueil qui nous est fait, — mais, il faut le reconnaître, c'est à la condition que les étrangers, ceux-là surtout qui viennent demander au pays une fortune prompte et durable, observeront exactement tous les devoirs imposés par l'hospitalité. Enfin, il est une notion personnelle et intéressée qui retient le gouvernement dans l'expression même de son libéralisme : la crainte de voir la révolution pacifique se faire au détriment du pays. Il est clair que les connaissances commerciales et l'activité industrielle, dont témoignent généralement les personnes qui s'exilent en ces contrées, tourneraient à leur constant avantage. Au point de vue strictement japonais, le gouvernement mikadonal a donc mille fois raison de ne point vouloir marcher plus vite que le temps.

Après cette courte digression, revenons à nos calligraphes d'Ichibachi. Il faut les voir, absorbés tout entiers par la reproduction minutieuse du papier ministériel. Ils n'en omettraient ni un mot, ni un signe. On transcrirait un numéro du *Times* ou du *New-York Herald* pendant qu'ils s'escriment à parachever leur besogne, vraiment fantaisiste, car il ne me semble pas possible que le gouvernement exige de tous ses contrôleurs une telle somme d'application. En vérité, si, au lieu d'être deux honnêtes touristes, nous étions cinquante voyageurs pressés dans leurs affaires, ou simplement dix compagnons en excursion, je me demande quand nous pourrions lever le camp ! Non ! je n'exagère rien : il y a déjà plus de trois heures que nos écrivains, artistes à rendre jaloux Brard et Saint-Omer d'illustre mémoire, s'évertuent à leurs exercices interminables. J'estime même, si cette mesure était généralisée, que la seule obligation de faire copier les passe-ports dans certaines localités déterminées suffirait pour relever entre le Japon et le reste du monde une barrière plus infranchissable que la chaîne de l'Himalaya.

Vers onze heures, enfin, les scribes officiels mettent la dernière main à leur travail. Pendant qu'ils ont procédé au fac-similé de nos permis de circulation, nous avons ou expédié des montagnes de lettres particulières, ou rédigé le compte rendu de la journée. Mais, puisque nous en sommes à la comparaison technique, sachons reconnaître à nouveau que nous avons été bien réellement vaincus par nos rivaux, sous le rapport du tour de main. Joseph Prudhomme n'hésiterait même pas à nous accuser d'ignorantisme. La page de nos Japonais est, ni plus ni moins, un chef-d'œuvre. Reste à savoir quelle en sera l'utilité.

Quoi qu'il en soit, à défaut d'élégance et de maestria, la rapidité de nos jambages sur le champ de papier a paru merveilleuse à notre public indigène. De ce côté la balance penche décidément en notre faveur. On ne nous a pas lâchés d'une semelle, alors que les habiles calligraphes sont demeurés complètement à l'écart. Aussi est-ce d'un air visiblement humilié que les pauvres diables se retirent, emportant précieusement leur superbe page, grâce à laquelle nos noms obscurs auront sans doute l'honneur d'être conservés à la postérité dans les archives de l'empire du Soleil Levant.

Nous souhaitons le bonsoir à toute la compagnie, avec le soulagement qu'on peut croire, et procédons à notre installation nocturne. Pendant que je me déshabille pour me coucher, j'entends craquer le papier de mes châssis. Encore quelque curieux, sans doute ! Nous sommes ici, positivement, comme au sein d'une maison de verre. Et nous qui étions venus pour voir ! On peut dire que les Japonais nous rendent ponctuellement la monnaie de notre pièce.

UN OREILLER JAPONAIS (p. 75).

Samedi, 21 octobre. — Dès six heures du matin, nous constatons que le thermomètre n'accuse plus que 12° centigrades. Dans le courant de la journée il se relèvera et même atteindra 20 degrés. Au surplus, il fait un temps délicieux. Les nuages menaçants qui nous ombrageaient naguère ont été balayés par la brise, et un soleil resplendissant inonde notre horizon de clartés limpides et de tiédeurs vivifiantes. Tout brille dans la nature d'une couleur franche et joyeuse, sous le ciel bleu foncé comme du lapis.

De même que les anciens rois de France et de Navarre, nous avons bien du monde à notre petit lever. Hommes et femmes, toute une cour assidue nous contemple avidement, tandis que nous nous lavons à grandes eaux dans notre *kane-taraï* de cuivre jaune

LES MONTAGNES DE NIKKO

repoussé. Bien que de temps à autre, et non sans malice, nous aspergions la société de nombreuses éclaboussures, nul n'a garde de nous céder la place. Cela tourne à la comédie. Au déjeuner qui suit, même affluence empressée, et cela jusqu'au moment précis où, remontés dans nos djinrikchas, nous nous remettons en route vers un nouvel inconnu, mais avec les mêmes coureurs qu'hier. Il est neuf heures à peine.

Avant de quitter pour toujours cette localité un peu trop accueillante, l'ami Duncan, poussé peut-être par un secret désir d'exalter la population, se met à distribuer des adieux à profusion, comme s'il s'adressait à des amis de vingt ans. *Sayonara* par-ci, *sayonara* par-là ! C'est d'un touchant à fendre l'âme. On lui réciproque naturellement ses vœux avec une entente admirable. On dirait d'une ovation. Peu s'en faut qu'on ne nous fasse escorte, en masse, jusqu'au plus prochain relai.

Les montagnes que nous avions admirées hier dans le lointain, à gauche de la route, semblent maintenant assez rapprochées. Leurs crêtes, fines et dentelées régulièrement, font songer aux vagues marines qui seraient subitement cristallisées. La teinte vert-bleu qu'elles revêtent, sous la buée opaline et diaphane qui s'échappe des terres tout à coup réchauffées, vient encore ajouter à cette singulière illusion.

Outsounomiya, que nous atteignons bientôt, est l'une des neuf places fortes établies par Iyéyas pour défendre les provinces du Kwanto. La bourgade est entourée de remparts élémentaires, semblables à ceux que nous avons décrits hier en traversant Koga. Les habitants d'Outsounomiya sont aujourd'hui en fête. Devant chaque maison, au sommet de tiges de bambous complantées également, flotte le drapeau national à disque rouge sur fond blanc. Cette réjouissance est, du reste, essentiellement locale.

Nous passons dans le pays sans nous arrêter, pour abandonner, à quelques pas plus loin, la route impériale de l'Ochiuokaïdo. Laissant maintenant sur notre droite cette voie que nous avions suivie depuis notre départ, nous nous dirigeons franchement sur Nikko par la seule route qui y conduise.

Entre Outsounomiya et Kamitokondjiro, je mets pied à terre en vue de photographier nos coolies et nos djinrikchas, au moyen de l'appareil de campagne dont j'ai eu la précaution de me munir au départ de Yokohama. A cet effet, nous groupons nos hommes de la manière la plus pittoresque, dans un endroit garni d'une belle végétation, et Sada, prêchant d'exemple, vient se poser le premier en face de l'objectif. Quant à l'ami Duncan, toujours réfractaire à ce qu'il appelle des banalités, et notamment à la reproduction photographique des traits, c'est pour ainsi dire par surprise que je fixe les siens sur la plaque sensible. Au moment précis où son djinrikcha, débouchant de l'allée, pénètre dans le champ de mon objectif, je déclenche le ressort de l'appareil, et il se trouve pris sans même en avoir soupçon.

Nous ne parvenons à Kamitokondjiro que vers une heure. Nous nous y arrêterons pour déjeuner. Depuis Ichibachi, notre troupe a parcouru 6 ris et 19 tchos (25 kilom. 3/4).

Tout en passant dans la principale rue du village, j'aperçois, par les châssis ouverts d'une modeste habitation, une femme occupée à tisser le coton. La mise en œuvre de cette matière, utile entre toutes, ne demande guère au Japon le puissant matériel dont on fait usage en nos pays. Ce sont les simples ménagères qui le travaillent au logis, sur un métier d'un mécanisme primitif. Cela suffit à la consommation collective de la famille. On a vu, du reste, qu'en fait de costume et de linge, la plupart des consommateurs ne sont pas exigeants. En revanche, la manipulation de la paille donne lieu à un travail plus suivi et comporte une utilisation beaucoup plus générale. On la tresse à toute fin, non seulement pour en faire des paniers, des chapeaux et des nattes, mais encore des sandales, et, comme nous avons été à même de le constater à Yokohama et à Tokio, de véritables manteaux contre la pluie et le froid. Il en résulte que, sous le rapport du vêtement, comme sous celui des habitations, ouvertes à toutes les intempéries, le Japonais de la basse classe ignore absolument ce que nous appelons le confortable.

Après le déjeuner, c'est-à-dire vers deux heures et demie, nous quittons Kamitokoudjiro, toujours pourvus des mêmes coureurs. Moyennant finances, ces coolies se sont décidés à nous mener jusqu'à Nikko.

Désormais le paysage se rétrécit. Sur chaque côté de la route, l'horizon est fermé par des hauteurs abruptes situées à une faible distance. Le long de la vallée verdoyante qui s'enfuit devant nous en étalant une sorte de teinte plate égratignée de lumières blondes, les habitations rustiques apparaissent noyées sous les grands arbres qui les environnent. Çà et là, une puissante ramure tamise sur le sol les rayons du soleil, lequel y projette comme un éparpillement de sequins d'or.

C'est au milieu de cet Éden en miniature que serpente l'avenue où nous sommes engagés. Elle est ombragée par de magnifiques conifères de l'espèce des *cryptomérias*. Autant les sapins, échelonnés jusqu'ici, s'étaient montrés anguleux et bizarrement contournés, enchevêtrant leurs branchages rugueux et se tordant sous la brise comme s'ils avaient été agités de convulsions, autant ces merveilleux spécimens de la végétation locale sont devenus verticaux, majestueux et élancés. Ils pourraient, à nos yeux, symboliser le calme et la force, comme les autres éveillaient dans notre pensée une vague impression de souffrance et d'angoisse. Des plantes grimpantes, mises en belle humeur par un tel déploiement de grâce, escaladent joyeusement le tronc lisse de ces colonnes naturelles, et suspendent leurs lianes flexibles aux branches maîtresses. Plantés sur plusieurs rangées très compactes, les sapins de l'allée de Nikko représentent une des avenues les plus monumentales qu'on puisse imaginer. Je ne crois même pas qu'il existe rien de semblable dans le monde entier, tellement les pousses y sont rapprochées les unes des autres par le pied. Le développement qu'elles ont acquis est si prodigieux, qu'en certains endroits elles vont se confondant jusqu'à hauteur d'homme comme

LA DAYAGAWA EN AMONT DE NIKKO (p. 90).

une muraille épaisse et ligneuse impossible à traverser.

Depuis hier, le pays a complètement changé de physionomie. Aux plaines cultivées, rappelant les Flandres et la vallée de l'Escaut, ont succédé des rampes continuelles striées par une multitude de ruisseaux coulant en cascatelles sur un lit de rocailles. Collines et montagnes se rapprochent de plus en plus, formant ce que le tendre auteur de *Télémaque* appelait « un horizon pour le plaisir des yeux ».

Nous venons de descendre au grand trot un versant assez escarpé, lorsque des clameurs désespérées se font entendre à deux pas, arrêtant court dans leur élan nos indomptables coursiers humains. Il n'est que temps, grand Dieu ! Une des roues du djinrikcha qui porte Sada et notre fortune — je veux dire la batterie de cuisine tout entière — est sur le point de se détacher, en compromettant par sa fugue illicite et nos sympathies et nos espérances. Encore quelques pas, et le sort de notre écuyer fidèle se dénouait dans une chute homérique! Heureusement Sada s'est aperçu du péril, et c'est lui qui jette ces cris de détresse à donner froid dans le dos. Nous nous empressons de lui porter secours. On rajuste la roue, et tous, satisfaits d'en être quittes pour la peur, nous nous remettons en branle, comme si de rien n'était.

Vers quatre heures, nous dépassons Imaïtchi, bel et important village, aussi bien construit qu'il est plein d'animation. Enfin, sur les cinq heures et demie, nous sommes à Hachiichi, agglomération située au pied même des hauteurs de Nikko. En ce point un système de fortifications semble protéger l'entrée du village. Je remarque même que ces circonvallations sont plus sérieuses que celles dont nous avons pu juger dans les localités précédentes. Elles ne consistent plus en simples remblais de terre, mais en courtines empierrées d'une hauteur respectable.

Hachiichi se compose, pour ainsi dire, d'une seule et large rue montant par une pente rapide, au beau milieu de laquelle un ruisseau, bordé de réverbères à pétrole, coule rapidement vers l'arrivant en formant des petites chutes multipliées. Si l'on élève le regard au-dessus de soi, il se reporte sur des montagnes abondamment boisées. C'est là l'Olympe que les dieux protecteurs des chogouns ont choisi pour leur séjour préféré. Demain seulement nous pourrons leur y rendre visite, dans les sanctuaires admirables que la reconnaissance publique leur a édifiés.

Il est six heures quand nous descendons à l'hôtel du nommé Souzouki, magnifique tchaya où s'arrêtent généralement les voyageurs étrangers. Depuis hier matin, nous n'avions point changé de conducteurs. Malgré une course aussi prolongée, ces braves gens ont mis à peine sept fois soixante minutes pour franchir les treize ri, soit plus de cinquante kilomètres, qui séparent Hachiichi, où nous venons d'arriver, de Ichibachi, notre étape de cette nuit. Or, pour fournir cette effroyable traite, sur une route presque toujours ascendante et tout en traînant un lourd fardeau, chacun d'eux n'a pris qu'un repos d'une heure et demie, au relai même où nous avons déjeuné. Il faut convenir que c'est avoir des muscles et des poumons d'acier.

En attendant le dîner, consignons brièvement quelques observations relatives à la végétation comme aux ressources agricoles du pays. Nous avons été à même, pendant ce voyage de trois jours à travers des régions diverses, de noter nombre de renseignements sur les genres de culture et sur les procédés industriels mis en pratique par la population.

A partir de Tokio, la contrée, plate d'abord, est devenue montagneuse, mais elle est restée toujours admirablement cultivée, parsemée de bouquets d'arbres, de taillis, de villages, de temples et de cours d'eau. Finalement, la route s'est transformée, pour nous, en une sorte d'avenue longue de plusieurs lieues et de l'aspect le plus grandiose.

Sur tout notre chemin la terre, d'un noir foncé, semblait naturellement féconde et facile à travailler.

Quant aux instruments aratoires employés par les indigènes, ils apparaissaient sous la forme la plus primitive. En guise de bêche, j'y ai vu les paysans se servir d'une sorte de pelle en bois, longue de forme et dont les bords arrondis sont armés d'un mince tranchant de fer. Le labour se pratique également au moyen de la houe ordinaire ou d'une espèce de hoyau à trident recourbé. Comme charrue, on en est encore à l'araire d'antique conception. Du reste, la grande culture n'existe guère au Japon, le pays s'y prêtant peu : il y a trop de mamelons, de collines, de montagnes et de ruisseaux, pour comporter de grosses métairies.

En revanche, les produits agricoles offrent une extrême variété. Pour le moment, ce ne sont partout que carrés de sarrasin en fleur, que champs de *awa*, genre particulier de millet, lequel est consommé par les paysans sous la forme de gâteaux appelés *motchi*; que sillons d'orge tracés ici comme les rizières et où les pousses se présentent espacées d'un pied régulièrement. Cette dernière céréale, préalablement grillée, puis additionnée de sucre, est également transformée en gâteaux. Après l'opération du maltage, on en fait même des confitures connues sous le nom de *mizoumé*. D'un autre côté, le maïs ou *tomorokochi* entre pour une assez large part dans l'alimentation indigène. On le mange cuit à l'eau ou grillé. La farine qu'on en extrait fournit une sorte de *polenta* ou bouillie de maïs extrêmement nutritive.

Voici encore toutes les espèces de la pomme de terre japonaise, appelée *imo* en langage du pays. Ces tubercules sont en général aqueux et d'un goût peu séduisant. Les feuilles de la tige poussent larges et longues, ressemblant assez à celles du tabac cultivé dans nos contrées. On les accommode en salade; séchées convenablement et conservées en un lieu favorable, elles constituent une ressource précieuse en cas de disette. Le *satsouma imo*, ou pomme de terre récoltée spécialement dans la province de Satsouma, rappelle, comme genre, la patate douce d'Amérique. On en extrait une sorte d'eau-de-vie appelée *chotchiou*. Presque aussi nombreux sont les différents *daïkons*, ou navets, tenant du radis, et dont les feuilles se conservent tout comme celles des pommes de terre. Râpés frais, ou séchés, ils servent de condiment à l'instar de notre raifort... Avec le *kaboura*, ou navet proprement dit, le *daïkon* fait l'objet d'une consommation quasi universelle. Quant au *kaboura*, il atteint une longueur extraordinaire, et pèse parfois jusqu'à quatre kilos isolément. En regard de notre humble crucifère, celui-là serait ce qu'est le concombre par rapport au cornichon, une mûre à côté d'une groseille. Comme plantes potagères, je citerai encore la carotte ou *nindjin*, dont le feuillage est également comestible; l'épinard ou *horenso*, plusieurs genres d'artichauts; bref, toute une collection de salades et de racines, dont la population sait tirer un excellent parti. Ainsi que nous avons été à même de nouen apercevoir, en cette contrée privilégiée tout fait farine au moulin.

Mais ce qui s'impose à l'attention du voyageur, ce sont les magnifiques rizières disséminées en quelque lieu où l'on se trouve. Actuellement, les tiges de la précieuse graminée, dorées par le soleil d'automne, se montrent en pleine maturité. Sur plusieurs points, la récolte est même commencée. On peut dire, au surplus, que le riz foisonne dans toutes les provinces de l'empire, où il a toujours représenté le grand élément de la consommation et du commerce.

Depuis les siècles les plus reculés jusqu'en ces derà l'exception cependant de Kotokou-Tenno (645 à 654 ap. J.-C.), lequel supprima les entrepôts officiels. Mais cette mesure eut des résultats si nuisibles que l'on vit Djoudjin-Tenno, un siècle plus tard, obligé de décréter la reconstruction des greniers, maintenir au riz une valeur moyenne et assurer ainsi l'alimentation de ses peuples. Aujourd'hui, bien entendu, le riz ne joue plus ce rôle prépondérant dans les finances japonaises. Parmi les réformes introduites sous le régime nouveau figure celle de la comptabilité publique, assise, comme nos budgets occidentaux, sur des recettes et des dépenses en argent.

PONTS SUR LA DAYAGAWA (p. 91).

nières années, il servait de valeur monétaire. Il était, d'ailleurs, perçu en partie par le gouvernement, à titre d'impôt ou de prestation annuelle. Cette coutume, très ancienne, était indispensable, on le conçoit, dans un groupe d'îles isolé du reste du monde par ses conditions géographiques et par la nullité de ses relations internationales. Conformément aux vieilles ordonnances, on accumulait le riz des perceptions dans de vastes magasins, en vue de prévenir les famines après les mauvaises années. L'empereur Souinin — dont l'avènement remonte à l'an 29 avant Jésus-Christ, et qui, par parenthèse, ne mourut qu'en l'an 70 de notre ère, atteignant conséquemment l'âge de quatre-vingt-dix-neuf ans — inaugura le premier de ces greniers d'abondance à Koumenomoura. Tous les mikados suivants profitèrent de son exemple, tous,

Pour le moment, le riz est toujours le plus précieux de tous les produits du Daï-Nippon. Il est, en plus, utilisable sous toutes ses formes, dans toutes ses parties. La paille, notamment, est affectée aux usages les plus divers, les plus inattendus. On en recouvre à la fois les habitations rustiques, on en fait des nattes, des chapeaux, des sandales, des cordages, des balais, des vêtements d'hiver, du papier, etc. Chevaux et bestiaux s'en nourrissent. Elle forme la litière des écuries et est employée plus tard comme engrais. Sans le riz pour l'extrême Orient, comme sans le dattier pour l'Orient, l'Asie et l'Afrique mourraient en partie de faim ou ne trouveraient point le véritable élément de leur existence matérielle. Au Japon, la culture du riz est organisée sur une si large échelle, que la Chine elle-même, cette vaste terre agricole par excellence, l'a mise souvent à contribution pour se suffire aux jours de disette.

Le décorticage du riz s'obtient par des procédés qu'il m'a été permis d'étudier à loisir, tout le long du chemin parcouru. Ces procédés sont très rudimentaires. Ainsi, une fois versés dans la trémie de bambou, les grains sont d'abord soumis au frottement des meules. Celles-ci ne sont point en pierre, mais en bois, et tournent sous l'impulsion d'une simple manivelle mise en mouvement par un homme. Cette première opération ne réussit qu'incomplètement à dépouiller le riz de son enveloppe de paille. Pour achever de le décortiquer, on recueille la graminée ainsi dégagée de sa gangue principale, dans des auges généralement taillées dans la pierre, où elle subit l'action de pilons de bois manœuvrés à tour de bras.

En vue de faciliter la tâche des coolies affectés à un travail aussi pénible, on a ménagé dans la plupart des habitations un ou plusieurs pilons mécaniques. Rien de primitif, cependant, comme l'agencement de cette machine, construite en forme de levier : le pilon est fixé verticalement à l'extrémité d'un madrier, lequel bascule tout bonnement sur un pieu enfoncé dans le sol. Il suffit donc d'une simple pression du pied sur l'autre extrémité pour soulever le pilon et le faire retomber dans l'auge en raison de son propre poids.

Après cette deuxième opération du pilonnage, le riz doit encore être vanné. Cette dernière manipulation n'offre ni fatigue ni difficulté. La graine est secouée dans des paniers évasés, tandis qu'un éventail de bambou, régulièrement agité, fait l'office de nos tarares perfectionnés.

Si les rizières nous paraissaient être sans nombre, quelques champs de coton seulement ont frappé notre regard interrogateur. Cette plante textile est décidément peu habituelle au Japon. Introduite dans le pays sous le règne de Kwammou-Tenno, cinquantième empereur de la dynastie mikadonale (782 à 805 ap. J.-C.), par des Hindous échoués sur les récifs de la province de Mikawa, elle se répandit peu à peu dans le pays tout entier, sans provoquer jamais un vif enthousiasme. Toutefois, durant la guerre de Sécession, alors que les manufactures

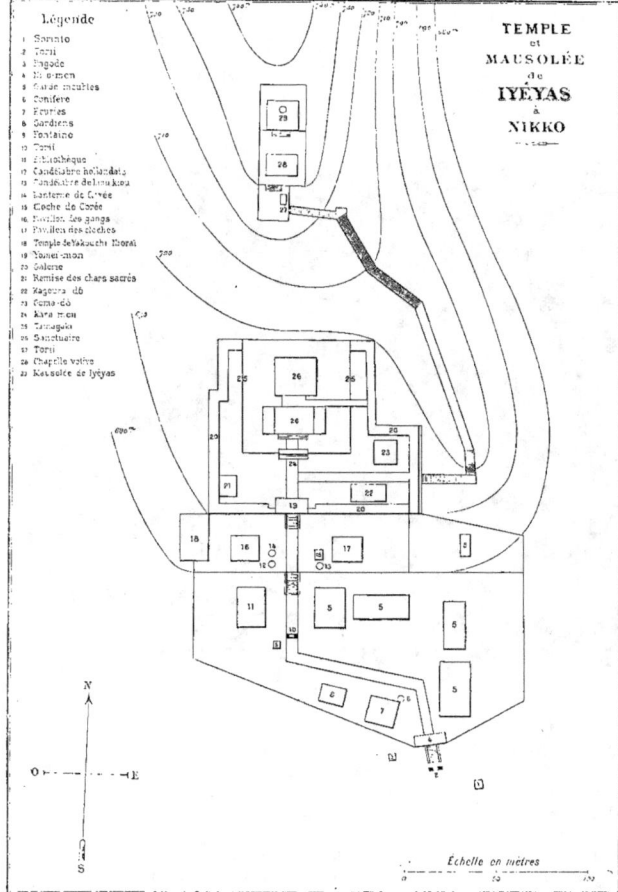

PLAN DU TEMPLE DE IYÉYAS

européennes aux abois réclamaient de tous les sols producteurs la matière première que les États-Unis ne pouvaient plus leur fournir, la culture du coton prit certains développements inusités et fut même organisée sur une assez vaste échelle. Mais depuis que l'Amérique a de nouveau accaparé la clientèle un moment délaissée, les choses ont repris leur cours naturel, et cette branche de l'exploitation rurale est, encore une fois, tombée en discrédit.

Jusqu'à ce jour, nous n'avons point pénétré dans des régions forestières, mais quelques essences remarquables ont pourtant éveillé notre attention. On sait que, dans le pays entier, le bois joue un très grand rôle et que toutes les variétés ont été mises à contribution.

Naturellement c'est le bambou qui tient la place d'honneur. Nul étranger ne pourrait même se figurer cette curieuse contrée sans le roseau gigantesque qui en est comme le parasol. Il y en a ici et là, un peu partout, jusque sous les températures les moins clémentes. Aucun arbre n'est mieux approprié aux mœurs et aux besoins de la population. Le cocotier seul, sous d'autres latitudes bien entendu, est susceptible de rendre les mêmes services que le bambou. Sa forme cylindrique et creuse, la longueur de sa tige, la légèreté et la résistance de son bois, constituent autant de qualités qui lui sont spéciales. Le fil en est tellement régulier qu'on peut fendre un arbre d'un bout à l'autre sans la moindre difficulté. Réunissant la force à l'élasticité, l'élégance à la solidité, il entre dans la construction des édifices de toute nature, est employé dans l'art nautique pour le cabotage et la batellerie, domine comme bâtis dans la menuiserie courante, et défraye jusqu'aux articles de luxe si répandus dans la consommation, tels que boîtes, modèles de temples et d'habitations, nattes, claies, chapeaux tressés, etc.

En même temps que le bambou, j'ai noté une grande quantité de conifères de différentes espèces, et même des variétés d'arbres se rapprochant parfois de notre chêne majestueux. Le palmier est infiniment plus rare. A peine si j'en ai vu, de loin en loin, quelques échantillons, à proximité des fermes et des habitations rustiques.

Enfin, parmi les arbres les plus estimés que l'on rencontre dans l'archipel, il convient de citer le *kaki*, appartenant à la famille des Plaqueminiers. Son bois noir, dur et serré de grain, sert à la fabrication du petit mobilier et des curiosités revêtant un caractère artistique. Il porte, en outre, une baie ayant la forme et la couleur de l'orange, mais d'un goût âpre assez désagréable. On en extrait le vernis appelé *chibou*. Je citerai également le *kiri*, connu en

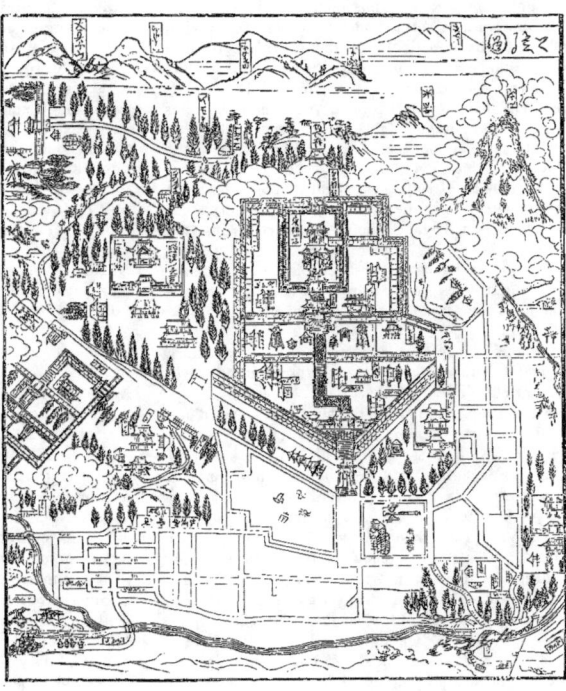

LES TEMPLES DE NIKKO, D'APRÈS UN PLAN JAPONAIS (p. 93).

Europe sous le nom de paulownia impérial, arbre aussi remarquable par la beauté de son feuillage que par le parfum de ses fleurs, lesquelles ressemblent comme forme à celles de la digitale. D'une croissance très rapide, le *kiri* offre aux menuisiers du pays un bois blanc et tendre, d'un grain quelque peu grossier, mais qui, par ses qualités résineuses, résiste à l'humidité la plus envahissante. C'est cette dernière vertu qui le fait notamment préférer pour la confection des *guétas* ou planchettes de bois, en forme de patins, dont se chausse la population aussitôt que la pluie a détrempé les chemins.

Je ne donne point ces quelques notes comme

complètes, naturellement. Elles ne forment, pour ainsi dire, que des observations isolées destinées, avec celles qui parsèment le cours de notre journal, à constituer un ensemble propre à nous familiariser avec la nature, les mœurs, les usages et les travaux des principales régions et, par suite, avec la contrée tout entière. C'est successivement, c'est jour par jour, heure par heure, au cours d'une lente et graduelle initiation, que nous consignons ici nos humbles faits et gestes, nos observations, nos grandes et petites découvertes. Et quant aux impatients qui tiendraient peut-être à voir résumer du coup ce que nous prenons le soin minutieux d'apprendre et de contrôler en détail, qu'ils veuillent bien ne pas l'oublier : nous nous sommes mis en route non pour faire des traités savants, mais avec la seule préoccupation de nous instruire d'une façon agréable. Peut-être, par ce moyen, parviendrons-nous à instruire également quiconque voudra bien nous suivre jusqu'au bout. Pour demeurer plus longtemps en voyage, nous n'en arriverons pas moins — je l'espère — à bon port.

Cela dit, revenons à l'hôtel Souzouki, où je me hâte de griffonner ces lignes rétrospectives. Il est temps que nous nous rendions compte de notre nouveau domicile.

On nous a assigné à chacun une charmante chambre à coucher, située à l'étage et donnant sur une arrière-cour ornée d'une fontaine. De la fenêtre, et par-dessus les toits des maisons voisines, on y jouit d'une belle vue sur les montagnes. Par malheur, cette chambre est fort basse de plafond. Il s'en faut de peu qu'en me levant de toute ma hauteur moyenne, je n'aille crever la grande peinture décorative qui la tapisse dans toute sa surface, et dont le sujet n'est rien moins qu'une vaste chevauchée de dragons en furie montés par des génies ou des héros. Ce coup d'œil est positivement fait pour donner le cauchemar. Suivant l'usage, le plancher est garni de nattes et, pour nous protéger contre les intempéries, de simples châssis de papier tiennent lieu de fenêtres. Il fera frais cette nuit, si je ne m'abuse. Par extraordinaire, notre logis est fort pourvu de chaises et même d'une grande table. C'est un luxe de mobilier auquel nous ne sommes point accoutumés. Chose pareille ne s'est rencontrée que dans une ou deux tchayas.

Quant à nos coureurs, ils occupent, de l'autre côté de la cour, un gîte étroit dans lequel ils se tiennent couchés pêle-mêle. Pas plus que nous, ils n'ont jamais visité les temples de Nikko. Ils profiteront de l'occasion qui leur est offerte pour demeurer ici quelques jours, ayant reçu de nous la promesse qu'ils nous ramèneraient à leur point de départ. Cet arrangement est trop à notre convenance pour que nous ne l'ayons pas admis avec le plus vif empressement.

Ici, plus de mousoumés, comme dans les tchayas purement indigènes, mais un garçon d'hôtel en costume japonais, ayant, il est vrai, la mission de nous servir à l'européenne. Ce personnage important seconde vaillamment Sada dans ses préparatifs. Pour ce qui est de notre cuisinier, il met à contribution toutes les ressources du pays et, les combinant avec les conserves apportées, il réussit merveilleusement à approvisionner notre table de tout ce que l'on peut désirer.

Le dîner une fois absorbé, nous flânons à travers le village. Les boutiques y sont déjà fermées depuis longtemps. Contrairement à ce qui se voit dans les grandes agglomérations, le mouvement s'arrête ici dès la nuit tombante. Nous sommes obligés, pour ne pas nous égarer, de nous orienter à tâtons. Ainsi engagés sur la route, nous parvenons jusqu'à un torrent dont nous avions entendu la rumeur des fenêtres mêmes de l'hôtel. Les eaux écumeuses qu'il entraîne nous barrent le chemin. Sur le bord opposé se dresse la muraille de montagnes boisées où sont groupés les temples les plus considérables et les plus fastueux de tout le Japon.

Comme l'ombre, devenue de plus en plus épaisse, nous empêche maintenant de rien distinguer, nous regagnons prudemment le logis, où nous veillons encore jusqu'à minuit pour préparer la grosse journée de demain.

Dimanche, 22 octobre. — Beau temps (th. + 19° cent.).

Avant de mettre le pied sur les rampes sacrées de Nikko, consacrons quelques lignes explicatives à cette région, entourée de la vénération de plusieurs siècles, où l'illustre fondateur de la dynastie des chogouns, Iyéyas, et son petit-fils, Iyémitz, trouvèrent leur glorieuse et magnifique sépulture.

Autrefois, les montagnes du Nikkozan, situées sur la limite extrême de la province de Chimotsouké, portaient le nom terrifiant de Fouta-ara-Yama, c'est-à-dire montagnes des Tempêtes. Bien qu'elles eussent été, antérieurement à l'époque dont nous parlons, sanctifiées par la présence d'un saint bouddhiste appelé Chodo-Chonin, qui les visita en 767, la tradition rapporte qu'il s'y déchaînait journellement des orages épouvantables, soufflant d'une caverne placée auprès du lac Tchiouzendji. Les divinités infernales qui tenaient ce sabbat périodique au fond des gorges consternées, ne se décidèrent au repos que vers l'année 820, sur les invocations du fameux bonze Kobo-Daïchi, celui-là même qui assura la prépondérance du bouddhisme au Japon, en assimilant, par une métaphysique nouvelle, les divinités de cette religion aux *kamis* de la croyance chintoïste.

A la suite d'un aussi heureux résultat, l'habile conciliateur fit changer solennellement le nom primitif de ces lieux redoutés en celui, plus rassurant, de Nikkozan, c'est-à-dire « montagne du Soleil Resplendissant ». Il n'avait eu sans doute, en prenant cette mesure, que le but d'honorer Amateras, si en honneur parmi les Japonais, tout en faisant de la déesse de la Lumière un simple avatar du Bouddha dont il se disait

SUR LA ROUTE DE NIKKO. — SADA ET NOTRE CARAVANE (p. 82).

le prophète. Cette mutation de nom fut accompagnée de pratiques mystérieuses, en vue de lui fournir une immense consécration. Le secret des exorcismes pratiqués par Kobo-Daïchi se transmit — paraît-il — jusqu'à la fin du dix-septième siècle, époque à laquelle une famille de prêtres chintoïstes se mit à les répéter tous les six mois, avec un succès qui ne s'est pas encore démenti à l'heure qu'il est.

En 1616, la réputation de sainteté acquise par ce lieu, si radicalement purifié, était assez bien établie pour que le chogoun Hidétada, réalisant un des derniers vœux de son père Iyéyas, choisît Nikko pour y déposer le reliquaire contenant la dépouille du grand législateur. Une députation spéciale fut envoyée avec mission de désigner l'emplacement qui conviendrait le mieux à une aussi haute destination. Dès l'année suivante, les mausolées et quelques-uns des édifices environnants étaient complètement terminés.

La translation des restes de Iyéyas, conservés au moyen du baume, eut lieu avec un luxe inaccoutumé de cérémonies, en présence de toute la cour et des nombreux compagnons d'armes du défunt. Le mikado lui-même, représenté aux funérailles par un prince du sang, fit proclamer la déification de l'homme qui pourtant avait été l'auteur de sa propre dépossession. Le premier chogoun passa à l'état de héros, sous le titre posthume de *Cho-itchi-i-To-Cho-Daï-Gonguen*, ce qui signifie littéralement « premier d'entre les plus nobles, grande lumière de l'Est, incarnation du Bouddha ». Et, pour couronner les solennités, les bonzes entonnèrent pendant trois jours la prière chantée du *Hokké* et la répétèrent dix mille fois sans s'arrêter. L'histoire omet de dire si ceux-là qui endossèrent une aussi formidable besogne n'y gagnèrent point l'extinction finale de leur voix.

Quand survint la mort de Yighen-Daïchi, l' « abbé » sous les auspices duquel s'était accompli le transport funèbre, celui qui fut appelé à lui succéder se démit de ses fonctions en faveur de Morizoumi, cinquième fils de l'empereur Go-Midzouno-o. Depuis lors, jusqu'à la grande révolution de 1868, ce fut toujours un prince de la famille des mikados qui conserva la haute main sur les trésors de Nikko. Il faut, du reste, reconnaître que ce prince ne possédait qu'une autorité bien dérisoire, puisqu'il était forcé, comme otage, de résider à Yédo et n'avait la permission de faire visite aux sanctuaires commis à sa garde que trois fois par année.

IYÉYAS EN COSTUME DE CÉRÉMONIE

Malgré ces restrictions, le titre d' « abbé » de Nikko avait un tel prestige que, durant les guerres civiles de l'époque dont nous avons parlé plus haut, les derniers partisans des Tokongawa n'hésitèrent pas à s'assurer de la personne du titulaire, pour le proclamer mikado à Ochiou. La prise du château de Wakamatsou, dans la région montagneuse de Aïdzou, amena bientôt la chute de cette majesté « par persuasion ». Ledit abbé, précipité de la dignité suprême aussi subitement qu'il y avait été élevé, ne dut qu'à son entrée dans l'armée impériale le pardon de ses équipées involontaires. Il acheva de faire oublier son passé, en s'exilant spontanément en Europe, sous prétexte d'y poursuivre ses études militaires. Il se rendit, à ce propos, en Allemagne, où il dut vraisemblablement s'accommoder d'une civilisation exempte de tout *harakiri* politique.

Et maintenant que nous avons exposé, dans ses grandes lignes, l'historique de l'endroit où nous allons pénétrer, commençons notre exploration. Il est neuf heures ; déjà le « soleil resplendissant » de Kobo-Daïchi doit avoir réchauffé l'atmosphère des montagnes jadis si déshéritées.

La partie supérieure du village de Hachiichi — j'entends celle où nous sommes logés — a été entièrement consumée, vers l'année 1871, par un incendie extraordinaire. Le feu laisse partout au Japon de nombreux et terrifiants souvenirs. On raconte que les progrès du fléau furent si rapides qu'ils s'étendirent jusqu'au delà du torrent baignant les hauteurs où les temples vont nous apparaître. Le *Hombo*, sorte d'hôtel princier, dans lequel les chogouns descendaient périodiquement, et où s'arrêtait aussi le représentant du mikado, devint lui-même la proie des flammes. La dynastie des mikados, qui a dû la plupart de ses effacements à l'influence des idées bouddhistes, se vit tout naturellement amenée à compléter l'œuvre de destruction, en laissant démolir une foule de monuments commémoratifs élevés en l'honneur des anciens maires du palais.

Au débouché de la longue rue de Hachiichi, laquelle est barrée par ce même torrent dont nous avions entendu, sinon entrevu, hier soir, les eaux bruissantes, un cri d'admiration s'échappe de nos poitrines. Le spectacle est, en effet, grandiose et charmant. À nos pieds, la Dayagawa, emprisonnée entre les rives rocheuses qui la bordent, dévale par une série de cascatelles sur un lit peu profond et tapissé de gros cailjoux. Le cours, en s'élargissant vers notre droite, laisse entrevoir au loin de larges espaces demeurés asséchés. Sur la berge opposée, un coteau couronné de sapins magnifiques, entre lesquels on aperçoit la silhouette d'un temple et quelques toitures brasillant aux feux du soleil, se dresse tout à coup avec des escarpements de l'effet le plus pittoresque. De ces hauteurs boisées, une chute d'eau limpide et bordée d'un large emmarchement descend par bonds jusqu'au torrent, en jetant çà et là les éclairs de l'argent en fusion, et vient mêler son humble appoint aux ondes que la Dayagawa précipite. On ne saurait imaginer, dans un ensemble d'une incomparable et sereine majesté, pour la description duquel il faudrait la plume d'un Théophile Gautier.

Au milieu de ce magnifique paysage, enfin, surgit un pont, gracieusement jeté d'une rive à l'autre, à quelques mètres à peine de celui qui nous supporte en ce moment. Les garde-fous qui le protègent, peints de couleur écarlate et ornés de dorures étincelantes, tranchant avec vigueur sur le fond même de la végétation. Ce pont, appelé Mihachi, c'est-à-dire « pont des Serpents », est barré aux deux extrémités par un grillage de bois. On m'apprend que l'accès en est

AVENUE CONDUISANT AU TEMPLE DE IYÉYAS (p. 92).

sa simplicité, une échappée à la fois plus gracieuse et plus agreste.

Mais ce n'est là qu'un côté presque indifférent de l'admirable tableau qui va se dérouler à nos yeux. Quelques pas à peine, en effet, nous séparent d'un pont de bois d'apparence rustique, d'où nous pouvons embrasser toute la vue. A cet endroit, les montagnes, dont la base plonge, pour ainsi dire, dans le lit même des eaux bouillonnantes, semblent s'élever en pointe vers les cieux. Toutes recouvertes d'une végétation brillante, elles offrent à nos regards éblouis les couleurs les plus chatoyantes, les plus diversifiées. Les fourrés d'arbres et les taillis, dont la nuance vert tendre est rehaussée par les teintes rouge vif et jaune-serin de la palette automnale, contrastent comme feuillage avec le ton sombre des conifères. C'est là

interdit aux profanes. Même au temps des chogouns, le viaduc sacré n'était accessible que deux fois par an, lors des pèlerinages publics, quand ceux-ci convergeaient sur Nikko de tous les points du Japon. Quant au nom de *pont des Serpents*, il demande une explication.

Voici, à titre de curiosité, la légende qui s'y rattache. Lorsque le très pieux Chodo-Chonin fit à Nikko sa mémorable visite, il se trouva tout à coup arrêté, en tête de ses disciples, par le torrent écumeux. Désespéré de se voir ainsi contrarié dans ses projets par un obstacle infranchissable, il se prosterna sur le sol en invoquant le ciel avec ferveur. Sa prière achevée, il se releva, et aussitôt, de l'autre côté de la rivière et se détachant sur les brouillards amoncelés, une majestueuse figure apparut. C'était celle du puissant

Chincha-Daïo. Le dieu agitait de la main deux serpents, l'un vert et l'autre rouge, qu'il lança subitement vers le torrent. Au même instant un pont magnifique d'une seule arche ouvrit à la dévote caravane un passage sûr et commode. La légende ajoute que ce pont merveilleux disparut dès que le cortège des bonzes eut opéré son retour. Mais, en souvenir du fait, on édifia les ouvrages actuels.

Le tablier du pont des Serpents ne mesure pas moins de vingt-cinq mètres de long et cinq mètres de large. Il repose sur des culées de pierre solidement fondées jusqu'au roc. Bien qu'il date de l'année 1636 et qu'il soit construit tout en bois, comme son voisin, il a supérieurement résisté aux outrages des ans et des intempéries. C'est tout au plus si l'on a dû renouveler la teinte rouge vif dont il est revêtu, ainsi que les dorures épaisses dont est rehaussée la charpente gracieuse et hardie qui en forme l'envolée.

Après quelques instants accordés à une légitime contemplation, nous atteignons le bord opposé de la Dayagawa. Là, une large allée s'élève vers la gauche, ombragée de conifères au large diamètre avec plantes grimpantes au feuillage pourpre et or s'enroulant autour de leurs troncs vigoureux. Ces *cryptomérias*, comme aux approches de Nikko même, sont tellement rapprochés les uns des autres, qu'ils constituent de part et d'autre une muraille épaisse et sans issue. Par instants, la route mord en plein dans le coteau, et de véritables murs la bordent, soutenant les terres de chaque côté. Un ruisseau babille tout le long de cette prestigieuse avenue. Son doux murmure s'entremêle avec le bruissement du feuillage secoué par la brise qui s'élève. Devant cette nature puissante souverainement empreinte du caractère sacré dont elle a été imbue par des traditions séculaires, on ne peut se défendre d'une impression de respect et de recueillement.

LE SORINTO (p. 92).

L'allée de cryptomerias aboutit à un chemin encaissé entre deux talus et ressemblant à s'y méprendre à quelque entrée de forteresse. Autrefois, en effet, il conduisait à l'ancien château des chogouns, lequel a été détruit par un incendie, comme toujours. Il mène encore au temple de Iyéyas, dont le *torii* se dresse devant nous.

Nous avons déjà prononcé ce nom à propos d'un temple aperçu en allant de Yokohama à Tokio. Ainsi que nous l'avons dit, le *torii* est une sorte de portail annonçant l'entrée d'un enclos religieux. En fait, il consiste en une simple arcature repoussant toute idée de décoration fastueuse, et répondant à un mythe purement chintoïste. Autant les portiques élevés à la suite par les prêtres coréens se font remarquer généralement sous le rapport du luxe des couleurs et du faste des décorations, autant l'ordonnance du torii doit être austère entre toutes. La construction ne comporte, du reste, que deux montants de bois ou de granit, reliés par une traverse supérieure encastrée dans les supports, et surmontée à son tour d'une pièce d'égale largeur posée longitudinalement, mais relevée à ses extrémités comme la semelle d'un sabot. Le nom, tout japonais, signifie littéralement « perchoir »; et, en réalité, cela n'était rien de plus autrefois. Le torii servait uniquement de reposoir aux oiseaux sacrés, ou pour mieux dire à ceux qui étaient offerts aux *kamis*, non pour être sacrifiés, mais pour saluer de leurs aubades les premiers feux du jour renaissant. Aujourd'hui, tout sanctuaire d'origine chintoïste et mikadonale est invariablement précédé d'un torii. Mais on en trouve aussi dans quelques enclos bouddhistes, les bonzes qui importèrent la religion hindoue au Japon s'étant toujours efforcés, ainsi que nous l'avons déjà fait ressortir, de fusionner les anciennes croyances locales avec les dogmes nouveaux.

Avant de franchir la porte sainte, gravissons, sur la droite, seize larges degrés flanqués de lanternes funéraires et donnant accès à une terrasse. Parvenus au sommet, nous voyons se dresser devant nous le Sorinto, sorte de haute colonne en bronze noirci, autrefois placée sur la tombe même de Iyéyas. D'une élévation totale de treize mètres, cette colonne est contre-butée à la base par quatre piles posées en carré et reliées par de vigoureuses traverses. Sur le fût, on a gravé en creux une inscription commémorative, surmontée de trois feuilles de mauve emblématiques, symbole de la grande famille des Tokougawa. Une flèche, formée de fleurs de lotus superposées et laissant retomber de leurs pétales des sonnettes décoratives, en constitue le très élégant couronnement.

Il existe, paraît-il, au Japon plusieurs fac-similés de ce monument dédié à la mémoire du grand chogoun.

Autrefois il y avait ici également un vaste édifice, que l'incendie de 1871 a complètement détruit. Le petit temple que l'on a élevé sur ses ruines n'a qu'un caractère provisoire. Une construction beaucoup plus importante, érigée sur un autre point de l'enclos, doit y être implantée prochainement. Déjà, ainsi que nous le verrons tout à l'heure, l'on s'occupe d'en démonter les parties.

L'imposant torii qui annonce le temple de Iyéyas fut offert en 1618 par le prince de Chikouzen. Il est fait du granit provenant des carrières de ce haut personnage, et mesure environ neuf mètres d'élévation. L'assise transversale, formant linteau, portait une inscription autographe attribuée à l'empereur Go-Momozono; mais depuis les événements de 1868, celle-ci a été oblitérée par ordre supérieur, les préceptes du chintoïsme n'admettant aucune espèce d'épigraphie.

Sur la gauche, toujours en dehors de l'enclos sacré proprement dit, lequel est, comme nous pourrons le constater, composé de trois cours remplies de merveilles, une superbe pagode élève à une hauteur de plus de trente mètres ses cinq étages couronnés de toitures. Le tout est artistement enluminé de rouge et de vert, avec des touches d'or accusant les motifs de sculpture. Les frises régnant au-dessous des toits saillants représentent divers sujets, entre autres les douze signes du zodiaque japonais. Il serait impossible de rêver quelque ornementation plus savante et plus gracieuse à la fois.

Ce spécimen de l'architecture locale, aussi remarquable par l'ensemble des proportions que par le fini du détail, date de l'année 1650. Il est dû à la magnificence de Sakaï-Wakasa, l'un des plus dévoués d'entre tous les daïmios soumis à l'autorité chogounale.

Au moment de pénétrer dans l'enclos sacré de Iyéyas, un bonze m'offre fort à propos un plan japonais, c'est-à-dire une sorte de vue à vol d'oiseau de la colline de Nikko. J'y trouve représentés : au bas, la rivière Dayagawa; au centre, le temple de Iyéyas, avec ses cours et la série des bâtiments merveilleux qu'elles renferment ; à gauche, celui de Iyémits, que nous allons visiter tout à l'heure ; et, tout autour, un semé de sanctuaires accessoires faisant cortège aux deux temples principaux.

Et maintenant, entrons dans l'enceinte même où est situé le temple dédié à Iyéyas!... Un escalier de dix-huit marches conduit au Ni-o-mon, c'est-à-dire au « Portique des deux Rois ». Nous avons déjà vu à Asaksa que le Ni-o-mon précède la plupart des temples bouddhistes, comme le torii précède toujours les temples chintoïstes. Toutefois, dans le cas présent, le vocable semble être mal appliqué, si l'on s'en tient au sens littéral du mot, car les divinités que le portique abritait antérieurement dans ses niches ont été remplacées par de simples cerbères aux yeux refouillés.

La large porte commande l'entrée de l'avant-cour du temple. Cette avant-cour quasi triangulaire se présente entourée d'une clôture en bois de charpente peinte en rouge. Dès les premiers pas, le regard y est attiré par trois bâtiments placés en zigzag, et dont le luxe a quelque chose de théâtral. Ce ne sont là pourtant que de simples garde-meubles, où l'on relègue les ornements de cérémonie, les tableaux précieux, les manuscrits bouddhistes et les reliques du chogoun divinisé.

L'ordonnance et l'architecture de ces constructions, où dominent le rouge, le noir et l'or, appliqués jusque sur la toiture, est remarquable à plus d'un titre. On peut dire, d'ailleurs, que l'état de conservation en est tout aussi digne de remarque. Les dorures surtout semblent dater d'hier, tant elles sont fraîches et luisantes.

FONTAINE DU TEMPLE DE IYÉYAS (p. 94).

C'est le dernier mot de la magnificence, malgré la précarité de l'élément principal, c'est-à-dire du bois employé dans la construction. L'un des garde-meubles est, de plus, orné de deux éléphants admirablement sculptés et attribués à Hidari-Jingoro, statuaire fameux, et gaucher, à ce qu'il paraît. Ils offrent cette particularité bizarre que les jointures des membres postérieurs sont dessinées dans le sens inverse de la direction naturelle. Pour des observateurs de la nature comme le sont habituellement les artistes japonais, cela semble être une hérésie. Quoi qu'il en soit de ce détail, répondant peut-être à un fait mythologique, le reste n'offre prise à aucune autre critique. L'éléphant entre, comme on le sait, fort souvent dans l'ornementation des temples consacrés au culte du Bouddha. Rien ne saurait mieux nous rappeler que cette religion, toute différente qu'elle soit ici du véritable culte pratiqué aux Indes, a trouvé son berceau sur les rives du Sindh et dans des pays intertropicaux.

Une écurie, située tout à côté du Ni-o-mon, abritait autrefois un cheval à robe entièrement blanche et nourri dans le temple en souvenir du compagnon de guerre de Iyéyas. Ce cheval était entretenu pour l'usage éventuel du grand chogoun, car une tradition populaire voulait que, le jour où le Japon serait menacé par l'étranger, Iyéyas se levât de sa tombe pour aller combattre l'envahisseur. Depuis longtemps déjà l'étranger a posé le pied sur le sol du Nippon, et Iyéyas n'est point sorti du suaire. Il est probable que les indigènes eux-mêmes sont devenus indifférents à cette croyance, puisque l'écurie est aujourd'hui entièrement vide. Le luxueux bâtiment est décoré de cariatides et de figures simiesques plaisamment groupées. Il est, de plus, ombragé par un arbre aux dimensions phénoménales, appartenant à l'espèce des *maki*, espèce dont le nom scientifique est *podocarpus macrophylla*. On prétend que, durant sa première croissance, cet arbre était constamment porté dans le *norimon* du puissant législateur. On l'a entouré d'une balustrade de granit, pour le mettre hors de la portée des fidèles trop fervents.

Quant au *norimon* de Iyéyas dont nous venons de parler, il est également conservé en ces lieux. Ce norimon, de laque rouge, est percé d'outre en outre par un projectile. La perforation, glorieuse blessure religieusement gardée, serait due à l'arme d'un daïmio appelé Sanada qui, en sa qualité d'ennemi mortel du chogoun, s'était tenu sur son passage avec quelques-uns de ses partisans. La tentative, faite à Osaka, échoua misérablement. Elle ne servit, comme tous les attentats de ce genre, qu'à entourer d'un nouveau lustre la popularité déjà établie du chef invincible des Tokougawa.

Au fond de la même avant-cour, et aux abords d'un nouveau torii en bronze, auquel nous ne nous arrêterons pas, tant les beautés de toute nature sollicitent notre attention, nous trouvons une grande piscine de granit contenant l'eau purificatrice. Cette eau est amenée, par une longue canalisation, des cascades de Somen-no-taki, que nous aurons lieu de visiter. La piscine est de forme quadrangulaire, et la bordure en a été dressée avec une telle précision que l'eau, débordant également de tous les côtés, fait ressembler la masse à quelque bloc de verre colossal et transparent. Ce curieux réservoir, dû à la générosité d'un puissant prince de Hizen, date de 1618. Il est abrité par une toiture posée sur douze piliers massifs incrustés d'or.

Tout à proximité, à l'intérieur d'une élégante construction à deux toitures, appelée *Kiozo*, on conserve, dans une bibliothèque tournante en laque rouge et de forme octogonale, toute la collection des écritures bouddhiques.

Vingt larges degrés nous séparent maintenant d'une haute terrasse entourée d'une balustrade de pierre. En ce lieu, tout atteste la pieuse émulation avec laquelle les descendants de Iyéyas et les daïmios demeurés fidèles à sa mémoire tinrent à honorer le mausolée de leur chef. Au milieu des cloches décoratives, des lanternes funéraires, des porte-flambeaux en cuivre, en fer forgé ou en granit, séparément offerts à l'œuvre par les plus illustres personnages de l'époque, deux pavillons, aussi luxueusement décorés que les édifices de l'avant-cour, dessinent avec grâce la silhouette légère de leurs toitures contournées. Ces pavillons ont pour objet d'abriter les gongs et les tambours sacrés. Quelques souverains étrangers ont joint un hommage individuel à celui que rendait à Iyéyas toute une nation reconnaissante. La cloche, coulée par ordre du roi de Corée, particulièrement, frappe l'attention du visiteur. La longue inscription chinoise qu'elle porte, et dont le texte disparaît quasi sous la profusion des ornements qui recouvrent le métal, établit que cette cloche est destinée à perpétuer la mémoire du *Héros* et du *Sage*: tels sont les propres titres qu'elle lui décerne. Placée sous un auvent de bronze, l'offrande du roi de Corée arrondit sa masse obscure entre des colonnes de même métal incrusté d'or. La partie du haut en est percée, juste au-dessous de l'anneau qui la tient en suspens, d'une sorte de gerçure à forme ronde, probablement due à un vice de fabrication, et qui lui a valu, de la part des populations, le nom bizarre de « cloche rongée des vers ». Un autre prince coréen a fait don d'une magnifique lanterne, et le roi de Lieoukiou d'un candélabre de bronze artistement travaillé. Il n'y a pas jusqu'aux graves Hollandais de Nagasaki dont les présents ne viennent témoigner d'une soumission complète à l'homme qui les avait protégés, comme d'une reconnaissance réelle envers ses descendants. Leurs candélabres votifs, au style bien caractéristique, sont là pour en témoigner.

PAGODE A L'ENTRÉE DU TEMPLE DE IYÉYAS p. 93.

NIKKO

La provenance évidemment étrangère de quelques-uns des ex-voto dont nous venons de parler, apparaît d'ailleurs au plus simple examen. En ce qui concerne notamment la lanterne offerte par le roi de Corée, elle s'écarte absolument, comme style, de l'art oriental. De plan octogonal, avec colonnettes torses, surmontées d'un architrave, d'un rang de balustres et d'un lanternon, le tout magnifiquement décoré, il semblerait qu'elle doit provenir des fonderies de Bar-le-Duc, si célèbres au XVIIᵉ siècle. M. Satow, secrétaire de la légation d'Angleterre, qui a écrit sur les temples de Nikko un opuscule auquel j'emprunte plus d'un renseignement intéressant, estime que tous ces bronzes pourraient bien être dus au pillage de quelques églises catholiques, durant les troubles qui désolèrent la Hollande.

À présent, nous nous trouvons en face d'un portique nouveau, mais beaucoup plus riche et beaucoup plus majestueux que le Ni-o-mon rencontré tout à l'heure. On y accède par un escalier de douze marches. L'énorme construction, dont le bois forme, comme toujours, l'élément principal, se présente surchargée d'innombrables bas-reliefs et d'appliques dorées au feu. Elle doit constituer, sans contredit, la perle même de l'écrin monumental que nous explorons aujourd'hui, et, à ce titre, mérite une description quelque peu détaillée.

Le Yoméï-mon — c'est ainsi qu'on appelle le fastueux portique — est soutenu par des colonnes quadrangulaires, teintées de blanc et couronnées, en guise de chapiteaux, de têtes de *Kirin*, sortes de lions fabuleux particuliers à l'iconographie bouddhiste. Ces lions font, pour ainsi dire, partie intégrante de l'architrave, d'où ils semblent s'élancer. Quant à celle-ci, elle est surmontée d'entrelacs sur lesquels se détachent des groupes polychromes un peu trop mignards pour qu'on puisse en déterminer exactement le sujet. Il en résulte peut-être un certain papillotage, au point de vue esthétique; mais la frise que forme une pareille profusion de creux et de saillies est assurément d'un art très étudié. Tout autour de l'édifice, sur des consoles vigoureuses et dentelées comme une parure de malines, court un large balcon, coupé de distance en distance par des médaillons à dessin varié. La tête des consoles représente une face de dragon. Enfin, au beau milieu, dans le tympan, juste au-dessus de la baie, actuellement ensoleillée, et de la fastueuse galerie que nous venons d'esquisser, se trouve enchâssé un large bas-relief où s'enroule en plis désordonnés un énorme dragon aux griffes d'or étincelant. Quelle exubérance de richesses! quel merveilleux effort d'invention! Ce ne sont, partout

ÉCURIE SACRÉE DU TEMPLE DE IYÉYAS (p. 94).

où l'on jette les yeux, que motifs gracieux ou sévères, mascarons, clochettes, enroulements, fleurages, animaux fantastiques, profilés en forme de gargouilles, hauts et bas-reliefs, statues, saillies, refouillements, et le tout si admirablement conçu, harmonisé et exécuté, qu'on croirait rêver en les regardant. En ce qui concerne la toiture, aux surfaces convexes ou concaves, aux profils savants et mouvementés, elle est formée de lamelles de bois et de tuiles imbriquées avec un soin, un art, une précision, une netteté inimaginables. Comme toujours aussi, conformément aux exigences du style japonais, les extrémités en sont relevées en manière de croissant.

Nous avons vu que les portiques bouddhistes contiennent dans des niches latérales, soit des génies, soit des animaux fabuleux, auxquels incombe la tâche commune d'éloigner les esprits malfaisants. Le

Yoméï-mon abrite à la fois les uns et les autres. Tandis qu'au fond des niches de la façade antérieure deux personnages armés d'arcs et de flèches se tiennent dans l'attitude de la méditation, du côté opposé sont assis les mêmes cerbères que nous avions rencontrés dès nos premiers pas dans l'enclos sacré. A part ce détail, d'ailleurs, il n'y a aucune différence entre les deux façades du Yoméï-mon, lequel présente partout indistinctement une égale profusion d'ornements.

Ce portique admirable, sous le double point de vue de l'art et de la richesse, et d'où émerge, de chaque côté, une galerie également recouverte de bas-reliefs exquis représentant des fleurs, des arbres et des animaux, donne accès à une vaste cour au fond de laquelle s'élève le temple de Iyéyas proprement dit. Mais celui-ci est encore caché à nos yeux par une dernière clôture, appelée Tamagaki et comportant la même prodigalité de dorures et d'ornements. Ce brillant obstacle n'est pas de nature toutefois, en dépit des innombrables attraits qui le distinguent, à nous faire oublier la splendeur incomparable de l'arc monumental que nous venons de quitter.

Passons rapidement devant quelques annexes du temple, parmi lesquelles on nous montre un bâtiment, appelé Gomado et naguère affecté aux grandes fêtes locales, ainsi qu'un autre où se pratiquaient les danses religieuses connues sous le nom de *kagoura*, dont la pratique remonte aux origines du chintoïsme. Ce dernier est actuellement transformé en vulgaire bureau d'administration, où des scribes affairés manient à qui mieux mieux le fin pinceau trempé d'encre de Chine ; nous ne saurions être surpris que la gérance d'une aussi grande agglomération d'édifices, entretenus d'ailleurs avec un soin et un ordre irréprochables, soit loin de constituer une sinécure.

Franchissant le Kara-mon, portique qui s'élève au centre de la dernière clôture, nous nous trouvons finalement en face du *sanctum sanctorum*, objet de toutes ces manifestations artistiques. Chose vraiment bizarre, celui-ci, pris isolément, contraste par sa simplicité relative avec l'opulence des constructions notées en chemin. Plusieurs groupes de pèlerins s'y présentent en même temps que nous. Ils s'empressent, naturellement, de s'agenouiller sur les marches de pierre, en joignant à cette humble attitude les soupirs, les frottements de mains et les battements répétés qui forment ici la principale mimique de la ferveur populaire ; naturellement aussi les pièces de monnaie se mettent à pleuvoir dans l'indispensable fosse aux aumônes. Postés aux abords, quelques bonzes au crâne dénudé semblent attendre le moment le plus favorable pour débiter des images, de petits fragments de bois et des galettes portant l'empreinte des armoiries des Tokougawa, tous objets

LA CLOCHE DU ROI DE CORÉE
(p. 94).

doués, paraît-il, d'une vertu particulière. J'ordonne à Sada d'en acheter une collection, dans l'espoir qu'un pareil acte de munificence m'ouvrira toutes grandes les portes de la Walhalla japonaise. Le sacrifice est de peu d'importance ; notre vaillant interprète ne tarde pas, en effet, à nous rapporter tout un stock d'amulettes qu'il a payées la bagatelle de huit *sens*, soit moins de cinquante de nos centimes.

Entre temps, le bonze que nous avions dépêché à l'intérieur du temple est venu nous annoncer que l'autorisation d'y pénétrer nous est libéralement octroyée. Nous en escaladons les dernières marches et, conformément à l'étiquette sacrée, nous nous débarrassons de nos chaussures à l'entrée même du sanctuaire.

A notre commun désappointement, et comme je l'avais déjà fait pressentir, l'intérieur du temple de Iyéyas ne nous semble pas répondre aux promesses des constructions environnantes. Ainsi, rien d'extraordinaire dans la salle principale, si ce n'est un très beau plafond. Les soffites sont décorés de caissons quadrangulaires disposés symétriquement et ornés de sujets peints ou sculptés, conformément au style adopté au dix-septième siècle dans les constructions monumentales. L'exécution en est admirable.

En fait de mobilier religieux, j'y remarque une interminable collection de gongs, de tambours et de grosses caisses. Cet immense assortiment défrayerait — j'en suis sûr — une vingtaine de nos corps de musique civile ou militaire. Je reste un moment ahuri devant cet étrange mobilier. Quant au camarade Duncan, lui, qui ne saurait apercevoir un gong, une cloche, ou même un simple tambour, sans éprouver des démangeaisons dans les poignets, il s'est mis aussitôt à faire résonner les instruments. Grisé bientôt par l'effrayant tapage, il s'actionne fiévreusement, en alternant les roulements avec les battements, les grondements sinistres avec les déchaînements furieux. Le bonze introducteur, loin de se formaliser d'une pareille orgie de sons, nous regarde en souriant paternellement, et même en prenant plaisir à cet infernal concert. A tout bien considérer, sans doute, les tambours et les grosses caisses étant là pour qu'on s'en serve, master Duncan réalise tout simplement ce que nous appellerions en Europe un acte de ferveur ou de contrition. Et si la divinité qui préside à nos pratiques sacrosaintes n'est pas suffisamment appelée dans son attention, ni touchée en sa miséricordieuse bienveillance, je doute que jamais mortel puisse l'émouvoir ou la faire écouter. Quoi qu'il en soit, le peu de respect dont on semble entourer les instruments sacrés particuliers aux rites bouddhistes laisse sûrement entrevoir le jour prochain où, tous les temples de Nikko rentrant par ordre supérieur et d'une manière absolue dans le giron de la religion dynastique, les symboles du culte chintoïste remplaceront radicalement les attributs hindous.

Les chapelles latérales, vers lesquelles nous portons successivement nos pas, sont plus intéressantes au point de vue artistique. Elles offrent une série de peintures et de bas-reliefs représentant diverses figures d'animaux d'une exécution remarquable. On sait que la mythologie nationale est riche en créations fantaisistes, en conceptions fabuleuses.

Enfin, il existe certaines chapelles, ménagées dans balustrade, et qui court au milieu d'un épais fourré de cryptomérias.

Le monument funéraire consiste en une sorte de cylindre planté verticalement et affectant la forme d'une cloche. Le cylindre, coulé en bronze précieux, est posé sur un socle de granit, juché lui-même sur un soubassement octogonal en forme de marches. Une toiture, aux bords relevés à la japonaise, recouvre le tout. Deux cigognes, également coulées en bronze, tiennent lieu de porte-flambeaux et semblent être en faction devant les restes du maître. Dans l'espace resté vide se trouve la jardinière sacrée dont

GARDE-MEUBLES DU TEMPLE DE IYÉYAS. — BAS-RELIEF DU TYMPAN (p. 93).

le fond même du temple, mais interdites aux simples profanes. Elles ne peuvent être ouvertes — nous dit-on — que sur un ordre exprès du mikado. D'après ce qui m'est affirmé, elles n'ont guère qu'une importance liturgique. Ne cherchons donc pas à forcer la consigne ; nous nous exposerions sans motifs à jouer les Pirithoüs.

Mais nous ne sommes pas encore au bout de cette étonnante nomenclature de cours, de temples et d'édifices. Au faîte du coteau qui couronne majestueusement le temple de Iyéyas, et en retraite d'une chapelle votive, se dresse le mausolée même du célèbre législateur. On y accède par une allée en gradins, laquelle ne comporte pas moins de cent quatre-vingt-dix marches. Cette allée est coupée transversalement par une longue et étroite terrasse que protège une nous avons déjà expliqué la raison, à propos des tombeaux japonais. Enfin, une grille de granit contourne l'édifice. L'entrée qui y est ménagée, juste au milieu, est fermée par une porte de bronze et gardée par deux molosses de même métal.

En réalité, la partie la plus attrayante de la nouvelle ascension à laquelle nous venons de nous livrer, est précisément l'étroite allée qui conduit du grand sanctuaire au mausolée. Audacieusement jetée, au moyen d'une longue succession d'escaliers et de terrasses, à travers les riches frondaisons d'une nature agreste, elle semble s'élancer de l'un à l'autre monument, comme par une série de soubresauts. En ce point s'arrête la visite à l'enclos de Iyéyas. Il est, physiquement et intellectuellement parlant, le *summum* de l'excursion.

Il s'agit donc de retourner sur nos pas. Arrivés au bas de la montée, après avoir de nouveau admiré dans tous leurs détails les beautés déjà décrites, nous allons nous reposer dans une petite tchaya, située à côté du torii d'entrée, car nous n'en n'avons pas fini avec les merveilles de Nikko. De cette même tchaya, nous apercevons un nouveau temple, élevé sur la droite, et que nous visitons en attendant qu'on nous serve le nectar traditionnel. Peu remarquable en soi, il renferme, pour toute particularité, une cloche de vaste dimension.

Rafraîchis et réconfortés, nous parvenons peu de temps après, non sans avoir traversé des bois admirables, au Samboutsou-do, ou temple des trois Bouddhas. Telle est justement la construction dont j'ai parlé plus haut, et qu'on démonte à cette heure pour la redresser, tout à côté du Sorinto, sur la plate-forme occupée jadis par l'édifice incendié.

Rien n'est moins compliqué au surplus comme ces déplacements en apparence extraordinaires. Les poteaux destinés à former les angles de toute bâtisse, qu'il s'agisse d'un monument ou de la plus vulgaire maison, viennent tout bonnement reposer, ainsi que nous l'avons déjà indiqué, sur des blocs de pierre placés à fleur du sol. Il n'y a donc là ni terrassement ni fondations, rien que divers assemblages faciles à monter et à démonter. Piliers, traverses, revêtements extérieurs et intérieurs, toitures et châssis de remplissage s'emboîtent bout à bout, sans clous ni vis, ni ferrements. De simples mortaises, très régulièrement entaillées, des queues d'aronde et quelques chevilles de bois, suffiront pour élever une construction colossale et pour la faire durer des siècles.

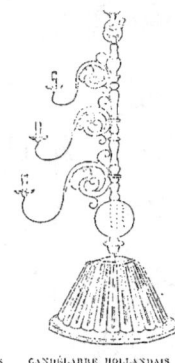

CANDÉLABRE HOLLANDAIS (p. 94).

CANDÉLABRE HOLLANDAIS A TROIS BRANCHES (p. 94).

Les images d'Amida, de Bato-Kwannon et de Kwannon aux Mille Mains, qui décoraient jadis le Samboutsou-do, représentent les dieux tutélaires de Nikko. Ces divinités chintoïstes, introduites dans le dogme hindou, jouissent d'une vénération spéciale de la part des populations japonaises. D'après des croyances très répandues, le Nippon aurait été sauvé maintes fois par leur suprême intervention. On les désigne d'une façon générale sous le nom de Gonghen de Nikko.

Disons ce que signifie le mot Gonghen pris isolément.

Lorsque Kobo-Daïchi voulut propager le bouddhisme au Japon, vers le neuvième siècle de notre ère, il trouva habile, comme on sait, d'introduire dans le nouveau culte l'Olympe chintoïste en son innombrable composition. Il soutint, en conséquence, que les dieux indigènes n'étaient, en somme, que des transmigrations de divinités bouddhistes. Une fois entré dans cette voie, il fut amené à prétendre aussi que les grands personnages qui avaient laissé des traces vivantes dans la mémoire du peuple étaient des émanations du souffle divin et méritaient d'être déifiés. Hommes célèbres et dieux primitifs furent donc englobés dans cette sorte de doctrine fusionniste, appelée Riyobou-chinto, et désignés sous le nom générique de « Gonghen », qui ne signifie rien autre, à proprement parler, que « incarnation du Bouddha ».

C'est ainsi que les dieux chintoïstes de Nikko sont devenus les Gonghen de Nikko. C'est ainsi également que l'illustre Iyéyas, dont nous venons de visiter le temple et le tombeau, porte désormais, à la suite de son nom posthume, l'appellation de Gonghen.

Tout proche du présent temple se trouve un autre de leurs sanctuaires les plus fréquentés. C'est le Chingou-Gonghen. Par parenthèse, l'affixe « gou », placé après le nom d'un temple, constitue la distinction la plus haute qui puisse être accordée à un édifice chintoïste, par opposition à l'affixe « do », indifféremment appliqué à tous les temples chintoïstes. On ne compte guère dans tout l'empire plus de vingt édifices religieux auxquels puisse s'appliquer cette auguste désignation.

Deux constructions d'ordre secondaire, laquées de rouge et réunies entre elles par une galerie couverte, se présentent bientôt à nous, sur la gauche même de la route. Ce sont le Hokke-do et le Yoio-do. Le premier de ces édifices est consacré à Kichi-Bojin, la déesse protectrice des enfants, et à Foughen-Bosatsou le patron des extatiques, tandis que le second, dédié à Amida, renferme les ossements de Yoritomo, le précurseur et le modèle du grand chogoun.

Quelques riantes maisons de thé servent, pour ainsi dire, de profane antichambre à ces austères monuments. Elles sont groupées aux abords de l'enceinte où est érigé le magnifique temple de Iyémitz. On se rappelle qu'Iyémits fut le propre petit-fils de Iyéyas, en même temps que le plus énergique et le plus habile continuateur de la légende chogounale.

Bien que l'enclos sacré que nous nous préparons à visiter n'abonde guère en constructions accessoires et ne puisse, sous le rapport des richesses architecturales, être comparé à celui qui nous a captivé tout à l'heure, il n'en produit pas moins un effet tout aussi saisissant. Ce qui est de nature, surtout, à frapper l'imagination du visiteur, c'est la succession en quelque sorte inattendue, sur des rampes habilement ménagées, de quatre portiques plus somptueux les uns que les autres, et dont la décoration multicolore dépasse tout ce qu'on peut voir de plus original.

Le premier de ces portiques abrite dans ses niches profondes des personnages aux allures diaboliques. Bien que ces génies grimaçants peints en rouge vif et surmontés de cornes dorées soient au nombre de quatre, l'édifice porte le nom de Ni-o-mon, c'est-à-dire Portique des deux Rois, tout comme celui qui se trouve à l'entrée du temple de Iyéyas. Les deux personnages qui occupent les niches postérieures pro-

la façade intérieure, sont spécialement intéressants ; ce sont les reproductions effrayantes du dieu de la Foudre enduit du plus pur vermillon, et du dieu des Vents, brillant du vert-émeraude le plus vivace. Le premier, reposant sur des nuages, est entouré d'une auréole de tambours réunis par un cercle de métal, qu'il agite au-dessus de sa tête et frappe à tour de bras, symbolisant ainsi la foudre et les éclairs. Le second porte sur ses épaules, enfermés dans un sac, les zéphyrs et les typhons, qui y vivent tous en bonne intelligence, les uns pour rafraîchir les campagnes brûlées par le soleil, les autres pour bouleverser

TEMPLE DE IYÉYAS. — LE PORTIQUE DE YOMÉÏ (p. 95).

viennent précisément de ce dernier, où ils ont été remplacés, comme on s'en souvient, par des animaux fabuleux.

Avant de parvenir au deuxième portique, un bassin de granit contenant l'eau destinée aux ablutions se présente sur notre droite, au brusque détour de la route en boulingrin. Il est protégé par une magnifique toiture, qui se détache en clair sur le fond des végétations environnantes.

Le Ni-ten-mon, ou « Portique des deux Cieux », que nous atteignons bientôt, est également défendu par des êtres fantastiques, peints cette fois de rouge et de vert, et rehaussés par des chamarrures d'or et d'argent.

Les deux monstres, ramassés dans les niches de

l'immense étendue des mers tropicales. Détail curieux : dans cette iconographie si particulière et si mystérieuse, les figures des deux terribles monstres, semi-humains, semi-fauves, n'ont que deux orteils à chaque pied, et il leur manque plusieurs doigts à chaque main.

Ces personnages symboliques, dont le rôle est des plus actifs dans la mythologie japonaise, semblent faire partie d'un groupe spécial de créatures imaginaires sur lesquelles nous croyons devoir dire quelques mots.

Ils appartiennent, en effet, l'un comme l'autre, à la catégorie des bons ou mauvais génies, que la croyance populaire honore et redoute à la fois dans sa superstitieuse naïveté, et dont le dragon, le phénix, le renard, la belette, etc., sont les hauts représentants.

C'est le dragon, ou *tatsou*, qui marche en tête de la pléiade. Il représente même, à lui seul, l'assemblage idéal de toutes les forces vitales et destructives de la nature. Un romancier japonais très célèbre, mort dans le courant de ce siècle, appelé Bakin, décrit ainsi cet animal fantastique : « Le dragon est d'essence supérieure. Il a les cornes du cerf, la tête du cheval, les yeux du démon, le cou du reptile, le ventre du ver de terre, les écailles du poisson, le bec du faucon, les griffes du tigre et les oreilles de la vache. Au printemps il réside dans l'air, en automne dans l'eau, en été dans les nues, en hiver dans les entrailles du globe. » C'est — comme on voit — reconnaître qu'il est partout et qu'il manifeste sa présence à tout propos, en toute circonstance, dans les lieux les plus distants. Aussi est-il considéré, dans l'ordre théogonique, comme le plus puissant des êtres organisés. Pour la même raison également, et par une sorte d'idéographie en parfaite concordance avec la doctrine chintoïste, les vêtements de l'empereur seront appelés « la robe du dragon »; la face impériale, « le visage du dragon »; la personne même du mikado, « le dragon par excellence »; tandis que le froissement des écailles du dragon, les agitations convulsives de sa croupe, l'éclair sorti de ses yeux, rappelleront, parmi les humbles, le mécontentement, le courroux, l'indignation du souverain.

Le génie qui vient peut-être en second ordre, dans ce défilé bizarre, est le phénix ou *howo*. Comme dans la mythologie grecque, le phénix japonais est un oiseau fabuleux, qui se distingue par sa longévité prodigieuse. La tradition populaire ne le fait apparaître sur la terre que tous les mille ans, ou bien lors de la naissance de quelque grand homme. Les tombes des chogouns de Nikko, où l'on en voit de nombreuses représentations, nous le donnent comme étant surtout une combinaison du paon et du faisan. Amalgame singulier d'éléments très disparates, il possède, avec une tête et des ailes de volatile, la huppe de l'alouette, le cou du serpent et la queue du poisson. Malgré cette bigarrure d'un aloi douteux, il symbolise, paraît-il, la vertu, la fidélité, la justice et la bienveillance. Rien de l'immortalité de l'âme, au surplus, dont le phénix d'Arabie passe pour avoir été l'expression dans l'antiquité grecque et pharaonique.

Le *kappa*, sorte de monstre à tête de singe et aux pieds de tortue, n'est point, à beaucoup près, aussi bienfaisant. En toute sa méchante personne, au reste, c'est tantôt le singe et tantôt la tortue qui semble prédominer, selon que l'intervention dont il fait montre est plus ou moins pernicieuse. Vivant habituellement dans les rivières ou sur leurs bords, il se nourrit de petits enfants comme l'ogre de nos pays. Et, de même qu'il est jeté en manière d'épouvantail aux

TEMPLE DE IYÉYAS. — DÉTAIL ARCHITECTURAL DU TAMAGAKI (p. 96).

bambins peu dociles ou bruyants, il s'exerce à jouer de mauvais tours à leurs parents. Les feuilles publiques mettent sur son dos toutes les mésaventures qui se produisent incessamment dans la vie publique ou privée.

Une espèce de belette bien particulière est le *kama-itatchi*. Cet animal s'attaque non plus aux rats ou aux poules, mais à l'homme lui-même. A certains moments, par exemple, des déchirures, égratignures et coupures seront découvertes sur le corps des personnes, sans qu'on puisse savoir d'où elles proviennent. C'est le kama-itatchi qui en est l'auteur, opérant à la dérobée, en sourdine, sans nulle trace de sang répandu, au moyen de la faucille minuscule dont il est armé. Dans ses ébats licencieux ou pleins de cruauté, il devient la cause de tous les bobos dont la nature humaine est affligée.

Il existe deux opinions divergentes à l'égard du *dji-chin-ouwo*, littéralement « poisson des tremblements de terre ». Tandis que les uns considèrent cette sorte de torpille fabuleuse comme un poisson monstrueux, habitant les abîmes de l'Océan, et dont la taille ne mesurerait pas moins d'un demi-ri à un ri de longueur, d'autres supposent qu'il habite au centre même de la terre, dans les profondeurs ignées où la matière est en fusion. Dans le premier cas, il détermine les cyclones en heurtant les rives et le fond de sa masse prodigieuse. Dans le second cas, au contraire, il est la cause immédiate des tremblements de terre observés dans l'archipel japonais, et se logerait de préférence au droit de la grande île du Hondo, la tête dirigée vers le nord, la queue contournée sous tout le pays compris entre Tokio et Kioto.

Les *tengous*, dont nous avons eu déjà l'occasion de citer le nom et les méfaits à propos du temple de Mégouro, sis dans les faubourgs de la capitale, seraient une importation des organismes mâles et femelles si fréquents dans la philosophie sacrée des Chinois. Ayant tous la face vague et démesurément rapetissée, ils sont ou dotés d'un nez volumineux, recourbé en croc, prolongé en flûte, indéfini comme longueur, ou privés de tout appendice nasal, ainsi que la Camarde. Appartenant, d'ailleurs, au genre ornithologique, ils habitent les hautes montagnes, maltraitent les enfants, châtient les voyageurs égarés au milieu des solitudes. Comme les sorciers et sorcières, qui se répandent sans trêve en méchants discours, ils ont la langue acérée, le cœur dépourvu de bienveillance, l'âme dénuée de toute justice.

Quand au renard, ou *kitsné*, comme il joue au Japon un rôle très étendu, étant pour ainsi dire de toutes les légendes, de tous les imbroglios où doivent se manifester une verve et une malice endiablées, nous n'en dirons rien qu'il ne soit permis à tous d'imaginer. Nous aurons, d'ailleurs, l'occasion, durant nos pérégrinations et à propos des chapelles qui lui sont consacrées, d'en décrire la forme subtile et l'esprit fallacieux.

C'est par un véritable dédale d'escaliers qu'on parvient au troisième portique, appelé Yacha-mon ou « Portique des Démons ». Ici, les figures sont toutes de teintes différentes : nous en voyons une blanche, une verte, une rouge et une bleue. Chacune d'elles affecte des airs courroucés et grimace à faire avorter une guenon. Comme toujours, ce sont des divinités hindoues, ayant pour spécialité de préserver l'univers contre les maléfices du démon. — On les appelle Chi-Tenno, c'est-à-dire les quatre Rois; mais ils diffèrent des Ni-o en ce que généralement ils tiennent une arme à la main et foulent aux pieds des êtres diaboliques.

Une cour, décorée de très belles lanternes de bronze,

AUTRE DÉTAIL DU TAMAGAKI (p. 96).

précède le dernier portique, appelé Kara-mon, à la fois plus petit et moins somptueux que les autres, mais d'où le regard peut embrasser l'admirable panorama formé par toutes les hauteurs avoisinantes.

Trois bonzes, gravement assis au seuil même du temple, les jambes repliées sous le corps, se livrent à une contemplation béate, en attendant la pieuse clientèle. Nous les dérangeons probablement dans leur douce quiétude, car aucun d'eux ne nous paraît favorablement disposé à notre égard.

Sans nous laisser intimider par un accueil aussi glacial, nous nous mettons en devoir de contourner l'édifice, en deçà des clôtures destinées à l'abriter de tous les côtés contre les intempéries des saisons, mais également propres à le dérober aux curiosités indignes. Heureusement une ouverture, ménagée provisoirement, et suffisante à peine pour livrer passage à une seule personne, se présente à nous, et, comme nous avons dû quitter nos chaussures en pénétrant dans l'enceinte, conformément à l'usage, nous pouvons, sans éveiller l'attention des bonzes malappris, admirer tout le pourtour extérieur du sanctuaire. Celui-ci est tout entier revêtu de laque dorée. Il fourmille d'ornements d'un dessin et d'une exécution admirables. Le plancher lui-même, sur lequel nous marchons à pas de loup, aussi bien pour ne point en

DÉTAIL D'UNE NOTE DE TEMPLE (p. 98).

maculer la surface que pour ne pas attirer sur nous les foudres vengeresses, est enduit d'une couche de laque noire dans laquelle nos personnes se reflètent superbement. Je conçois maintenant qu'on enferme de pareilles merveilles et que les trois cerbères en défendent l'entrée. Ainsi que Charles-Quint proposait de le faire pour le clocher de la cathédrale d'Anvers, le temple de Iyémits est en lui-même assez précieux pour n'être montré aux profanes qu'aux jours de fêtes carillonnées.

Quant à l'intérieur de ce même temple, où nous pénétrons sans aucune difficulté, il n'offre rien de particulièrement remarquable. Il est décidément admis dans l'architecture japonaise de réserver tout l'effet, toutes les recherches artistiques, toutes les richesses d'invention, pour l'extérieur des monuments, qu'ils soient civils ou religieux.

Le tombeau de Iyémits, traité de la même manière que celui de Iyéyas, et, qui plus est, de même métal, se dresse sur le flanc du coteau, derrière une porte de bronze enrichie de caractères en cuivre poli.

Au moment où, descendant du temple de Iyémits, nous nous retrouvons sous le Ni-ten-mon, un photographe indigène — les photographes abondent dans ce pays épris d'art et de pittoresque — est en train de dresser son appareil. Profitons de cette circonstance inattendue pour figurer à côté d'un édifice exotique et de style incomparable. Je vais m'asseoir sur la dernière marche, en compagnie de Sada, constituant ainsi l'échelle humaine de cet ensemble architectural, tandis que Mr. Duncan s'est soudainement éclipsé. Par un scrupule au moins original, mon compagnon se prétend rebelle à toute reproduction photographique. Quant à moi, en me revoyant plus tard, nonchalamment assis sur les hautes marches de Nikko, j'éprouverai comme un ressouvenir des émotions artistiques ressenties au cours de notre admirable excursion.

Mais il nous faut désormais monter par un long escalier au mausolée de Yighen-Daïchi, le célèbre « abbé » de Nikko dont nous avons parlé précédemment, et sous le pontificat duquel s'accomplit pompeusement la translation des restes de Iyéyas. Une chapelle, décorée de brillantes peintures, précède immédiatement le tombeau, gardé lui-même par six divinités bouddhistes. Très simple comme conception, ce monument funéraire, à peine haut de quatre mètres, est formé d'un bloc de pierre arrondi en globe et à base carrée, lequel supporte une sorte de pyramide renversée.

Un enclos séparé renferme les tombes des autres princes, abbés de Nikko. Elles y sont au nombre de treize. La qualité principale qui les distingue, si toutefois cela en est une, est la grande sobriété qu'elles témoignent, au point de vue de l'ornementation. Le pèlerin n'y rencontre, en outre, pour toute chapelle qu'un vulgaire appentis sans sculpture ni dorure.

Une légère pause dans une des tchayas établies à proximité des petits temples de Hokké et de Yoïo nous permet de réparer encore une fois nos forces à l'aide de quelques galettes arrosées d'excellent thé.

La série des grands monuments est épuisée ; mais la montagne, semée de nombreux édicules, nous réserve de superbes promenades par lesquelles nous couronnerons cette inoubliable journée.

Remettons-nous donc en route, et, prenant sur la gauche par une allée en pente, grimpons à nouveau jusqu'au sommet de la colline qui fait face à l'enclos de Iyémits. Si l'effort est pénible, le bois que l'allée traverse est de tout point délicieux. Les bords en sont, de plus, jalonnés de chapelles et de petites statues du Bouddha.

Au bout d'un certain parcours, la voie se resserre graduellement au point de devenir un étroit sentier, lequel donne accès à une manière de guérite renfermant l'image en bois sculpté d'un vieillard à barbe imposante. Nous sommes en face du très vigoureux Yen-no-chakkou, le patron des marcheurs japonais.

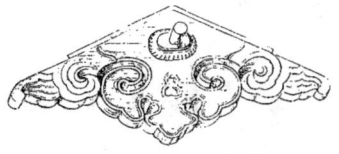

ORNEMENT DE PIGNON (p. 98).

Les attributions de ce haut personnage, badigeonné de blanc de la tête aux pieds, sont assez bizarres pour être connues. Ses adeptes l'invoquent à seule fin de voir leurs propres jambes se développer autant que les siennes. Or, celles du barbon peuvent défier sous ce rapport toute concurrence, quelle qu'elle soit. A dire vrai, Yen-no-chakkou semblerait plutôt affligé d'un monstrueux éléphantiasis que jouir du jarret d'acier d'un guide béarnais. Bien que la piété des fidèles ne laisse guère le saint marcheur dépourvu de *waradjis*, c'est-à-dire de sandales de paille offertes sur son modeste autel, j'estime qu'il trouverait difficilement chaussure à son pied.

Au fond d'un ravin, où le sentier se perd imprudemment, débouche une allée empierrée assez large et longeant des eaux impétueuses dont nous entendions le bruit depuis quelques minutes déjà. Nous en remontons le cours vers la gauche, pour arriver bientôt jusqu'à la petite et jolie cascade de Somen-no-taki, d'où les ondes, tamisées par une multitude de roches, se laissent tomber plus bas en minces filets d'argent poli.

Une succession de temples en miniature conduit de ce même point à une masse rocheuse tapissée de mousses et de plantes grimpantes, appelée *kotand-ichi*. Les femmes stériles ont coutume de s'y rendre en nombreux pèlerinage. Elles vont s'y reposer, pendant un certain temps, sur le bloc miraculeux doué de vertus prolifiques, et rentrent toujours chez elles en état de voir un jour leurs espérances réalisées. Que la pratique soit sincère ou non, l'étroitesse du chemin donnant accès à la pierre fécondante ne saurait admettre l'ombre d'une supercherie. C'est à peine si, en m'amincissant de manière à en perdre la respiration, je parviens à me glisser dans le réduit où elle se trouve enfermée.

Tandis que je considère ce singulier témoin de la naïveté humaine, j'entends tout d'un coup une voix perçante appeler du côté de la cascade. Comme je sais devoir y retrouver Mr. Duncan, que l'attrait de ma dernière excursion n'a pas tenté, ainsi que Sada, toujours préoccupé de ne point faire trop de chemin, je m'y porte aussitôt, et arrive à temps pour constater que mon noble compagnon, poussant cette fois la curiosité un peu loin, a simplement glissé des deux pieds dans le ruisseau et y prend un bain plus ou moins volontaire. Pas de danger heureusement! Il y a tout au plus de l'eau jusqu'aux genoux. C'est le mince filet du Somen-no-taki qui cherche, sans doute, à venger le majestueux Niagara.

Allons, ne nous fâchons pas, mon cher Duncan! Vous aurez en moi un Malcolm... pour vous sécher.

Le fait que je ne prononce jamais le nom de mon compagnon sans songer au terrible drame de Shakespeare dont Macbeth est le sinistre héros.

L'incident est promptement oublié, et nous continuons notre excursion par la large allée empierrée qui prend naissance à la cascade. Le chemin monte,

cette fois, en plein cœur de la forêt. Or, au fur et à mesure que nous nous élevons, il va toujours se rétrécissant, au point de devenir bientôt aussi étroit que le sentier suivi au début de notre promenade pittoresque. Aperçue de ce lieu alpestre, l'allée parcourue offre un coup d'œil ravissant. Nous la voyons serpenter à travers les grands arbres par une succession de larges assises, s'enfuir derrière nous, et se perdre dans une sorte de panorama vraiment féerique.

Pour l'instant, nous passons entre une double rangée de vieux conifères. L'un des plus gros représentants de cette armée végétale ne mesure pas moins de deux mètres de diamètre. Il est entouré d'un grillage en bois et passe pour avoir été planté par une députation de nonnes bouddhistes de la province de Wakasa. En ce pays des légendes, les arbres eux-mêmes ont une histoire.

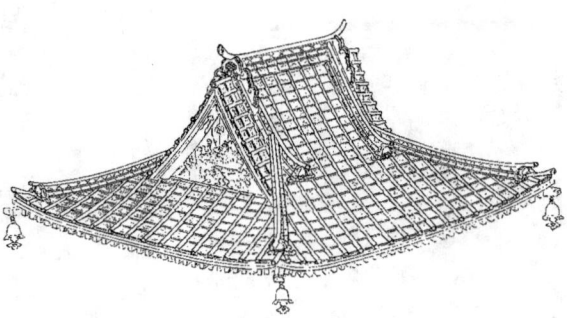

TYPE DE TOITURE DE TEMPLE (p. 98).

Nous n'avons pas fait vingt pas de plus, qu'une éclaircie, ménagée au milieu des bois, nous permet tout à coup d'apercevoir sur notre gauche un panorama des plus imposants. Reposons un moment nos regards charmés sur la vaste étendue! Tandis que, vers l'est, une montagne de forme conique s'enveloppe d'un rideau de verdure, laissant apparaître par intervalles ses flancs de pierre jaunâtre comme du grès de Nubie, vers l'ouest, au contraire, une chaîne absolument aride s'en va courant à l'infini, comme un rempart de grande ville. Entre le versant poudreux que l'horizon nous présente, et le sol même du haut observatoire sur lequel nous nous tenons, s'épanouit un val magnifique où les grands arbres se disputent le terrain. L'océan de feuillage qui s'étend sous nos pieds, inégalement doré par le soleil d'automne, étale ses flots tantôt roux, tantôt pourprés, tantôt jaunissants avec une luxuriance pleine de charme et de poésie.

Non loin de ce lieu privilégié se dresse une édicule consacré à Mitchisané, homme d'État éminent et profond philosophe, qui vivait au neuvième siècle de notre ère. Après avoir joui de la confiance des mikados, il avait été sacrifié par eux à la jalousie des

Foudjiwara, dont nous avons rappelé les menées intrigantes en retraçant l'histoire du Japon. Certaines traditions le feraient même mourir en exil, de misère et de désespoir. Mais, les mérites du grand homme ayant été tardivement reconnus, le souverain qui l'avait éloigné voulut expier sa propre ingratitude en accordant à l'ancien et fidèle serviteur les bénéfices de l'apothéose, et en lui décernant toutes sortes de dignités posthumes. La victime des Foudjiwara est encore, de nos jours, honorée à l'égal d'un dieu par le peuple et par les lettrés, lesquels lui ont consacré des temples votifs sur tous les points du Japon.

Tout à côté de la chapelle dédiée à Mitchisané, nous nous trouvons en face d'un sapin croissant en plein dans le roc. Ce phénomène, dont nous avons déjà rencontré des exemples dans les jardins d'Asaksa, est assez fréquent au Japon. Ainsi, dans la plupart des

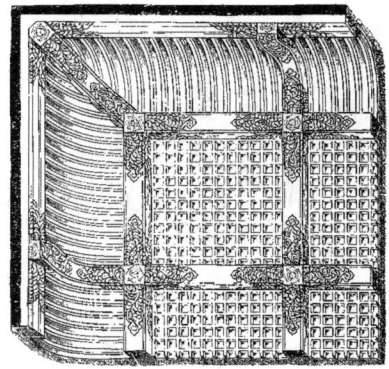

PARTIE DE PLAFOND DE TEMPLE, AVEC GAVET (p. 96).

tchayas, les arbres nains, répandus à foison comme ornements muraux, plongent çà et là leurs racines entre les interstices des pierres et semblent aller chercher leur substance jusqu'aux entrailles mêmes d'une paroi stérile et verticale.

Mais déjà une autre éclaircie s'entr'ouvre en face de nous, sur un paysage d'une étendue bien plus vaste encore que tout à l'heure. A chaque instant, — on le voit, — ce sont des surprises, des séductions inattendues, capables de confondre l'imagination la plus blasée. A Nikko, l'on marche positivement d'éblouissements en éblouissements.

Parmi les innombrables chapelles dont le défilé se presse sur notre route, nous découvrons une construction rustique, entourée de balustres de pierre, et qui mérite une mention spéciale : les femmes enceintes y viennent implorer du Ciel une heureuse et prompte délivrance. En vue d'un résultat si désiré, les postulantes déposent sur des gradins ménagés devant l'image de la divinité propice, de minces tablettes de bois en forme de pyramides aplaties et chargées d'inscriptions dévotes. Un grand nombre de ces tablettes, déjà anciennes de date, ont été reléguées à l'écart. A titre de curiosité, je m'en approprie quelques échantillons sans éprouver l'ombre d'un scrupule. M'est avis que la délivrance si impatiemment attendue est chose faite aujourd'hui, ou bien qu'elle ne se produira jamais.

Après avoir dépassé un dernier bâtiment situé derrière l'enclos de Iyéyas, au milieu même des murailles affreusement délabrées d'un antique monastère, nous abandonnons la voie ordinairement suivie par les pèlerins, pour en prendre une autre obstruée d'herbes touffues, et dont le désordre naturel témoigne hautement de l'indifférence générale. Et bientôt nous errons, par un immense dédale de chemins enchevêtrés, autour de pans de muraille en granit, hauts et larges d'un mètre environ, envahis par la mousse et par les ronces. Toute une ville monastique s'est écroulée ici sous une avalanche de flammes, ne laissant subsister que des blocs méthodiquement rangés, comme pour montrer l'étendue et la splendeur des constructions qui en dépendaient. On se croirait dans quelque Pompéi désolée.

Le paysage qui encadre cette vaste nécropole est d'une beauté grandiose, et la végétation exubérante envahit jusqu'aux pans de murs restés debout; il semblerait que la Ruine et la Mort, voyageant de compagnie, ont exploré ces parages, sans même nuire à l'action d'une nature indomptable et indomptée. Chaque jour, de ces cendres à peine éteintes, et comme pour insulter aux fastes éphémères dont l'homme s'enorgueillit, les lichens, les mousses, les bruyères, y croissent côte à côte avec plus d'énergie.

Enfin lorsque, après bien des tours et des détours, nous sommes sortis du funèbre labyrinthe où nous nous étions engagés, c'est, encore une fois, pour nous retrouver au milieu des bois et justement au sein des monuments religieux qui avaient marqué notre point de départ.

Des temples et toujours des temples! — Depuis le matin, nous avons visité des centaines d'édifices alliant les richesses dont ils regorgent aux splendeurs d'une végétation exceptionnelle. Et, avec cela, quelle variété infinie dans les sites alpestres qui se sont successivement déroulés à nos yeux! On peut affirmer que, durant cette interminable promenade, la nature et l'art japonais se sont révélés à nos yeux sous les aspects les plus divers, les plus séduisants, les plus merveilleux.

Cependant, le soir, en s'approchant peu à peu, a commencé à voiler de ses premières ombres le creux boisé des vallons, tandis que, sur les coteaux, la crête des arbres, vivement frappée par les rouges lueurs du soleil couchant, brasille à la façon d'un incendie. Déjà les gongs sacrés ébranlent les ondes sonores de leurs redondances métalliques, en les mêlant au bruissement des flots qui s'abîment dans les

AVANT-COUR DU TEMPLE DE I'YÉYAS (p. 93).

bas-fonds. C'est d'un ensemble à faire rêver l'esprit le plus prosaïque.

Au lieu de repasser immédiatement le pont qui nous avait livré passage dans les bois de Nikko, nous profitons des derniers feux du jour pour admirer,

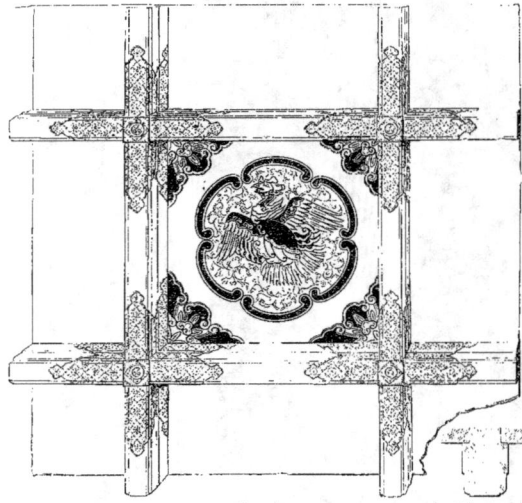

TYPE DE PLAFOND DANS L'INTÉRIEUR DES TEMPLES (p. 96).

un peu en contre-bas, le magnifique panorama du village de Hachiichi. Nous voyons maintenant les maisons se développer à nos pieds, de l'autre côté de la rive rocheuse, entre les hauteurs boisées. Le disque de la lune, apparaissant au même moment, vient inonder le site tout entier d'une lueur pâle et diffuse, en jetant des pointes diamantées sur le champ des toitures et des eaux qui coulent parallèlement à la rue.

Comme ce matin, lorsque nous montions au grand jour, un même cri d'enthousiasme s'échappe de notre poitrine : « Splendide ! » — Voilà bien le couronnement d'une incomparable journée. Et, pour résumer nos impressions, disons avec le proverbe japonais :

Nikko mi nakéré ba Kekko to you na.

« Qui n'a pas vu Nikko ne peut dire : « Merveilleux. »

Après une telle promenade, après un exercice aussi hygiénique, le dîner préparé par Sada ne pouvait manquer de nous paraître excellent. Il l'est, en effet, absolument parlant. Notre cuisinier, drogman et factotum à la fois, gradue ses nuances en artiste consommé. Prévoyant à juste titre que notre appétit s'affirmerait en raison directe des fatigues de l'excursion, il a fait les choses savamment. Pas besoin d'ajouter que nous absorbons avec un vif plaisir tout

ce qu'il nous présente, en lui payant un large et légitime tribut d'éloges. *Cuique suum!*

La table une fois desservie, je m'empresse de coordonner les éléments trop succincts de notre visite aux temples de Nikko. Il est plus d'une heure du matin lorsque je regagne mon humble couchette. Vu la fatigue, elle me semble être devenue plus moelleuse pour mes membres alourdis que les roses effeuillées de la voluptueuse Capoue.

Lundi, 23 octobre. — Beau temps (th. + 17° cent.).

La cité sainte n'est pas la seule merveille de cette contrée enchanteresse. Le lac Tchiouzendji, dont l'excursion n'exige guère plus d'une journée de marche, aller et retour, en constitue aussi un des puissants attraits. Nous l'entreprendrons aujourd'hui même.

Pendant que Sada met notre matériel de campagne à l'abri des curiosités indiscrètes, je profite de la lumière chaude et resplendissante octroyée par Maître Soleil pour prendre la photographie du lieu où nous sommes descendus. Au milieu même de la petite cour de notre hôtel, cour formée entièrement de constructions rustiques, se dresse un arbre dont le front, pompeusement empanaché de verdure, se détache en relief sur les hauteurs boisées du Nikkozan. Cette photographie sera un souvenir tout intime à joindre à mes notes de voyage.

Un corps de troupes japonaises, composé de quatorze cents soldats, doit arriver aujourd'hui même à Nikko. Il est envoyé de la capitale à seule fin de permettre aux hommes de visiter les temples qui y sont rassemblés. De nouveaux détachements remplaceront celui-ci, durant ce pèlerinage gratuit et obligatoire. Si chacun des éléments dont se compose l'armée natio-

DÉTAIL D'UN CROISILLON

nale n'est pas, dès lors, fixé, comme croyance, sur le fond même des dogmes hybrides que présentent le chintoïsme et le bouddhisme fusionnés, nul du moins n'aura échappé aux fatigues d'une marche militaire et n'aura perdu le fruit qu'il est permis d'en retirer, au point de vue purement stratégique. La seule chose, au contraire, qui puisse en résulter pour nous, c'est qu'en raison d'un pareil surcroît de population, nous allons être tenus de déguerpir pour céder la place aux nouveaux arrivants, Hachiichi, en dépit de ses remparts, ne possédant aucun casernement. On nous avertit, en effet, qu'il faudra désormais nous contenter d'une seule chambre pour nous deux. Mais que ce soit là le moindre de nos soucis, et estimons-nous trop heureux d'avoir pu accomplir notre visite aux temples avant l'invasion dont nous sommes menacés.

Donc, un peu avant onze heures du matin, nous repassons le pont jeté sur le torrent, comme si nous voulions renouveler notre promenade d'hier, car nous avons à suivre, pour faire l'excursion au lac, une partie des mêmes chemins. A l'heure présente, quelques pèlerins seulement gravissent la montagne sainte, en attendant que nos guerriers y fassent bientôt miroiter leurs pimpants uniformes. De temps en temps, sous la ramure et de chaque côté de la route, résonne la cognée du bûcheron : quelque éclaircie qu'on fait dans la forêt. Dans les allées ombreuses qui aboutissent à l'avenue, des équipes d'hommes s'emploient au transport des arbres abattus.

Remarquons une fois de plus, en passant, combien le plus léger travail semble exiger ici un grand développement de forces. Voilà justement un groupe de coolies qui vient de dévaler à nos côtés, attelés au timon d'une charrette où repose un arbre de moyenne grandeur. Deux hommes suffiraient à la traîner. Ils ne sont pas moins de dix et paraissent déployer des efforts surhumains.

Pendant que les uns poussent à *hue*, les autres tirent à *dia*, finissant tous par s'arrêter, d'un commun accord, quelques secondes après, en vue de reprendre haleine. Parmi tant d'arrêts plus ou moins motivés, une seule chose ne semble guère devoir s'interrompre, je veux dire le babillage universel qui caractérise cette marche en même temps épique et burlesque. Nous ne sommes pas au bout de l'avenue qu'ils se sont déjà reposés six fois. A quoi bon se presser, du reste ? Pourvu qu'on arrive ce soir à destination, on aura gagné de quoi vivre demain.

Grâce à la nonchalance dont les susdits coolies font preuve dans ce travail, j'ai tout loisir d'examiner le véhicule primitif dont il est fait emploi. Pas un atome de métal n'entre dans la fabrication soit des roues, extra-massives, soit des essieux, soit de la caisse rustique qui repose au-dessus. Aussi quelle infernale musique à chaque nouveau coup de collier ! Le char, mal graissé dans ses entournures, roule frénétiquement sur la route irrégulière, en écorchant nos oreilles par d'effroyables grincements. Ces notes

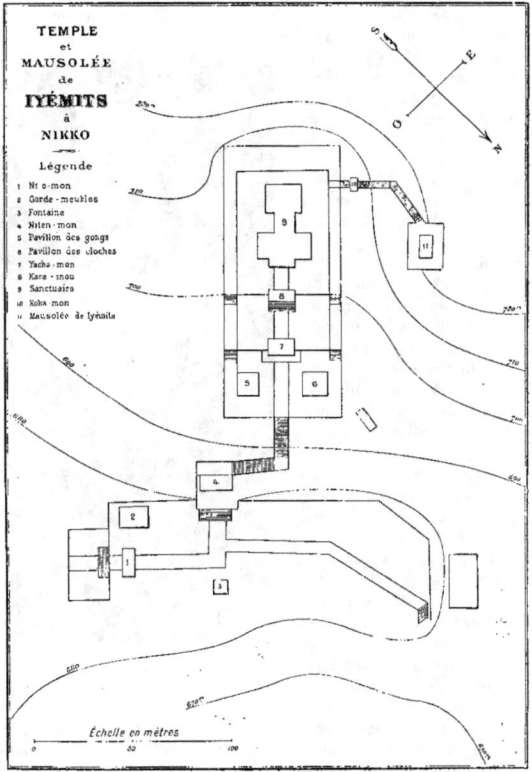

PLAN DU TEMPLE DE IYÉMITS

suraiguës me remettent en mémoire la noria égyptienne, appelée *sakieh* en arabe, et dont le cri strident a frappé tous ceux qui ont remonté le Nil. La même incurie produit les mêmes résultats.

Sans vouloir, d'ailleurs, en rien comparer l'Égyptien au Japonais, le dernier étant évidemment supérieur au premier sous le double point de vue matériel et intellectuel, je ne saurais pourtant m'abstenir de trouver entre les deux peuples certaines analogies dans le caractère et dans les mœurs. Il n'y a pas jusqu'à l'art, pris en lui-même, qui ne comporte ce singulier rapprochement : la délicatesse des entrelacs mauresques possède une sorte d'affinité avec l'exquise perfection des fleurages japonais. Mais, je le répète, l'extrême Orient tient ici le pas sur l'Orient pur et simple. L'Égyptien, en tant qu'individu, n'est guère perfectible. Il gardera toujours l'empreinte un peu trop sémite de sa race. Le Japonais, au contraire, tout Asiatique qu'il est, participe dans une certaine mesure, par ses goûts et par ses tendances, des fils de Japhet. Capable de subir ou de provoquer toutes les transformations, il est l'homme du progrès et de la marche en avant. Nous avons eu déjà l'occasion de le constater dans ces notes rapides.

Tout en longeant le torrent, nous en venons à traverser un joli groupe de maisonnettes, par une rue formée de gradins successifs.

Un peu au delà de cette agglomération, la Dayagawa, distrayant de son lit une certaine partie de ses eaux, projette un filet rapide au travers de la route que nous suivons. Sur notre droite et sur notre gauche, s'étagent des hauteurs recouvertes d'arbres et de taillis. A chaque instant, le paysage nous procure d'agréables surprises. Ici, un moulin à eau profile doucement les palettes de sa roue, et, du courant liquide qui la fait mouvoir, s'échappe tout un écrin de perles miroitantes. Là, un pont jeté en travers du torrent invite à passer sur la rive opposée, rive d'où l'on découvre à nouveau quelque vue pleine d'inattendu.

Et, comme pour achever cette admirable série de *keepsakes*, les bois succèdent aux bois, alternant çà et là avec quelque champ cultivé.

Enfin, plus loin, après avoir escaladé quelques puissantes assises, nous pénétrons dans une véritable forêt aux futaies magnifiques, entremêlées de broussailles épaisses.

Tout en cheminant, je cherche, comme toujours, à me renseigner sur les productions particulières de la région. Par malheur, Sada ne connaît guère de la flore japonaise que les plantes ayant un rapport plus ou moins direct avec le grand art dont il se fait l'apôtre. En dehors des herbes potagères ou des arbres fruitiers, il ne saurait guère m'indiquer le nom ni les propriétés des diverses essences que nous rencontrons sur nos pas. Pourtant, soit au moyen de nos connaissances personnelles, soit à l'aide des renseignements pris auprès des paysans par Sada lui-même envoyé en députation, je parviens à recueillir un certain nombre d'indications que je me réserve de rendre un peu plus complètes en les transcrivant.

Par le fait, nous nous trouvons dans une des contrées les plus boisées de tout l'empire; et c'est, désormais, sur des étendues de plusieurs *ris* que se pressent les agglomérations d'arbres d'essences les plus diverses. Comme je l'ai déjà dit, la hache du bûcheron ne cesse guère d'y poursuivre sa funèbre besogne, tandis que les matériaux recueillis suffisent à peine à défrayer une consommation ininterrompue et hors de tout bon aménagement. Il y a même lieu de croire que ces immenses carrières sylvestres finiraient par s'épuiser, si le gouvernement n'avait créé, en vue de parer au mal, une administration spéciale fonctionnant avec la plus extrême régularité. En même temps que celle-ci a pour objet de surveiller la mise en coupe, elle s'attache surtout à faciliter la reproduction des espèces ordinairement exploitées.

JEUNE BONZE ATTACHÉ AU TEMPLE DE IYÉYAS

Les familles les plus répandues, comme plantes, sont incontestablement celles que l'on range sous le terme générique de conifères, ou, comme on le dit d'une manière moins scientifique, dans la grande catégorie des arbres toujours verts. Il en existe des variétés fort nombreuses. Parmi les espèces les plus vulgaires, je note le *karamatsou*, de provenance chinoise, paraît-il, et qui a été décrit par Kaempfer sous le nom de pseudo-larix. Son bois, de teinte rougeâtre, approchant, comme nature et comme couleur, de celui du mélèze, convient parfaitement aux travaux de charpente architecturale ainsi qu'à la construction maritime. Puis c'est le *chirabé* (*Abies Veitchii*) et le *tobi* (*Abies Alcokiana*), essences au grain dur et serré, lesquelles sont utilisées dans la fabrication des bardeaux, et servent en guise de tuiles au revêtement des toitures. Enfin le *toga-momi* (*Abies polita*), dont la croissance est fort rapide, entre pour principal élément dans les assemblages de charpente usuelle et dans l'ébénisterie courante. Dans l'ordre des espèces se rattachant à la bâtisse proprement dite, nous distinguons encore le *bouna* ou hêtre forestier, très apprécié dans l'architecture navale, ainsi que le *nedzouko* et le *hiba*, appartenant tous deux au genre thuya, mais différant entre eux par la couleur du bois, couleur qui, chez le second, est d'un blanc remarquable.

Les individus à comprendre dans la famille des chênes abondent également. Le *kounoughi* (*Quercus serrata*) atteint ici parfois à des hauteurs de plus de dix mètres. Les bois qu'on en débite sont utilisés, dans les ports de mer, pour la fabrication des pièces de charpente accessoires et nécessaires au gréement des navires. D'une façon plus générale, ils sont simplement convertis en charbon, comme en billes destinées au chauffage des habitations. Même remarque, d'ailleurs, pour plusieurs autres espèces de chênes, dont l'une est surtout caractérisée par des feuilles longues et elliptiques et par des glands de proportions minuscules.

Les arbres spécialement affectés à l'industrie des meubles n'offrent pas moins de ressources. Ce sont, notamment : le *minébari*, ou aulne rougeâtre et dur, dont le cœur sert à fabriquer les cannes de luxe ; le *midzoumé* (*Betula ulmifolia*), c'est-à-dire le bouleau à chair foncée et à grain serré ; le *sancho* ou xanthoxyle, portant sur son tronc noueux le feuillage gracieux du frêne : son aubier se mange cuit comme un simple fond d'artichaut, et son fruit est doué, comme la quinine, de qualités fébrifuges appréciées dans le pays ; le *totchinoki* (*Æsculus turbinata*), se rapprochant comme aspect du marronnier d'Inde ; le *haraghiri* (*Kouloponax recinifolia*), servant indifféremment à faire des meubles et à confectionner des jonques ; le *youma narachi*, ou peuplier à bois blanc, dont on fait des cachets ainsi que les bâtonnets usités en guise de fourchettes ; enfin le *mokkokou*, arbuste résistant et de teinte rougeâtre, appartenant au genre camélia, et dont on emploie le tronc à la fabrication du petit mobilier et des objets de toilette.

Quant à l'*outsoughi*(*Deutzea scabra*), qui semble affectionner ces régions, il n'est guère qu'un arbrisseau ayant toute l'apparence de notre seringat, et portant en été des fleurs d'un blanc laiteux fort odorantes. Les menuisiers japonais se servent des feuilles grenues dont il est couvert pour polir les panneaux ouvragés. Ils appliquent de plus son bois de couleur jaunâtre aux travaux de fine ébénisterie.

Comme en nos pays, les arbres fruitiers viennent aussi fournir quelque appoint à l'exploitation sylvicole. Ainsi le *sakoura* ou prunier, que la Muse se plaît à célébrer pour ses floraisons printanières, convient tout spécialement comme bois à la gravure des planches d'impression ; le *zoumi*, ou poirier, donne, en plus de ses fruits et de ses éléments ligneux, une teinture jaune estimée ; enfin, et ceci nous ramène à Nikko, c'est dans l'écorce du *sawa gouroumi*, ou noyer, que les ouvriers du grand centre de pèlerinages travaillent les charmants objets rustiques dont tout bon Japonais doit rapporter un lot à chacune de ses visites aux enclos sacrés.

ESCALIER CONDUISANT AU TOMBEAU DE IYÉYAS (p. 97).

Accessoirement, Sada me signale plusieurs espèces d'épines dont l'une arbore une belle et grande feuille oblongue admirablement émaillée. Le fruit, à écailles vertes, que j'aperçois au sommet d'un autre plant, ressemble, à s'y méprendre, à notre vulgaire artichaut.

Un peu après, notre homme me fait goûter le fruit d'un fraisier soi-disant sauvage, dont la baie, sans aucune saveur du reste, a de magnifiques couleurs d'or. En tout état de cause, comme je ne puis vérifier l'exactitude des noms lancés peut-être au hasard par mon factotum, je m'abstiens de les reproduire, ne voulant consigner dans ce journal que des renseignements absolument sûrs.

Après cette longue digression, il est temps de continuer notre route. Pendant que nous cheminons par monts et par vaux, par bois et par taillis, çà et là abrités sous des dômes de verdure étincelante, nous entendons toujours le bruit du torrent qui bondit à nos côtés le long de son lit rugueux.

Dans un pli de terrain, quelques images du Bouddha,

exposées en plein air aux regards du passant, semblent attendre, pour y trouver un asile digne d'elles, l'achèvement d'un petit temple actuellement en voie de construction. Or, en ce pays comme ailleurs, qui voit un temple voit également une agglomération, village ou hameau. Celle que nous traversons aussitôt après est des plus modestes. Nous y trouvons néanmoins bon accueil, dans une pauvre ferme où l'on nous sert une tasse de thé. Les excellents hôtes, en dépit de leurs maigres ressources, voudraient bien, sans doute, pour faire honneur aux étrangers, ajouter à la boisson nationale quelque chose de plus substantiel. Hélas! si le garde-manger est bien fourni de comestibles, ceux-ci ne sont guère appropriés à nos estomacs occidentaux : l'étroit logis est tout entier tapissé des longues et larges feuilles arrachées à la pomme de terre indigène, lesquelles demeurent suspendues à des branches mortes en attendant qu'on les convertisse en salades. C'est abondant, mais ce n'est guère affriolant. Nous ne mettrons donc pas à contribution le primitif ménage, nous contentant de la satisfaction d'y laisser pour un certain temps une aisance relative par le don de quelques piécettes offertes en remerciement.

A peine sommes-nous sortis du village, que nous abandonnons la route suivie jusqu'à présent, pour nous engager à droite dans un sentier qui débouche justement derrière un petit enclos bouddhiste dédié à Kwannon. Après les nombreuses descriptions de temples ébauchées à Nikko, je n'entrerai pas dans le détail de celui-ci. Contentons-nous de dire qu'avec ses lampes de granit, ses gracieux torii, ses pagodes en miniature, ses arbres nains et ses plantes baignant dans les eaux miroitantes, il offre un coup d'œil tout à fait mignard, bien fait pour amuser à la fois les yeux et l'esprit.

Aussitôt le petit temple dépassé, nous nous trouvons au beau milieu de montagnes à l'aspect imposant. Elles forment autour de nous comme un cirque dont l'arène mesurerait, à vue de nez, une bonne centaine d'hectares. Tout ce terre-plein est en partie cultivé, en partie semé de taillis épais. Quelques habitations champêtres, éparpillées au hasard sur le bord d'un clair ruisseau, en accentuent la note essentiellement vive et pittoresque. Ce délicieux panorama, supérieur à tout ce que nous avons remarqué en Suisse ou dans les Pyrénées, serait intraduisible même dans le langage extra-lyrique. Un peintre aussi habile que merveilleusement doué serait seul en mesure de représenter un aussi magique spectacle. De ma vie je n'ai rien vu de plus chaud, de plus fleuri, de plus artistiquement composé que ce tableau sur lequel Maître Automne a déversé les richesses inépuisables de sa palette. Quelle profusion de tons ! Les vermillons, les pourpres, les bruns, les jaunes clairs ou orangés, les roses tendres, les bleus cobalt, les verts anglais, se succèdent à l'infini comme des accords plaqués, accompagnant le thème mélodieux des verts sombres chanté par les conifères. L'impression qu'on ressent en face d'une pareille harmonie tient presque du rêve et de l'extase.

Après avoir traversé cette région paradisiaque, nous escaladons un chemin montueux, tout en suivant les ondulations formées par deux collines accouplées. Du sommet de la seconde, auquel nous atteignons non sans quelque difficulté, nous découvrons un nouvel et riant vallon, moins spacieux que le premier, mais également encaissé de toutes parts et coquettement émaillé de fermes proprettes et de bois multicolores. Au fond de la dépression naturelle mugit la Dayagawa. Une pente douce, terminée par une succession d'escaliers, nous mène jusqu'à ses rives abruptes.

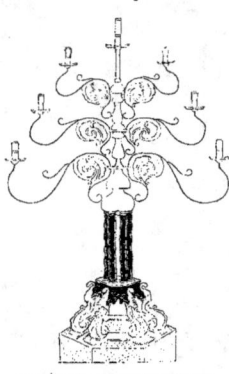
CANDÉLABRE DU ROI DE LIOUKIOU
(p. 94).

Dorénavant, c'est dans le lit même du torrent que nous aurons à poursuivre notre chemin. Fort large en cet endroit, il se présente à nos regards presque complètement asséché. Un étroit canal, que les flots tumultueux s'y sont creusé, suffit en ce moment à leur entier débit. Quelques filets liquides seulement marbrent les portions du lit demeurées à sec, et s'étirent sans obstacle entre les blocs de rochers semés çà et là. Durant les crues d'orage, par exemple, tant de barrières dressées contre la rapidité du cours d'eau doivent le rendre effrayant à voir et impossible à dominer.

Nous profitons du changement de décor pour prendre un moment de repos sur un des blocs de pierre exposés au soleil, tout en croquant certaine poire à longue queue que Sada est venu nous apporter fort à propos, en vue de combattre la soif provoquée par la marche. Cette espèce de poire, particulière au Japon, est loin d'être un fruit succulent : sa saveur, tant soit peu âcre, rappelle le goût de certaines pommes cueillies encore vertes ou ramassées au pied de l'arbre. Il faut reconnaître, d'ailleurs, que les fruits indigènes, soit par infériorité d'espèce, soit par insuffisance de culture, sont généralement de qualité médiocre.

Un peu au delà de notre halte s'élève une tchaya dont le pied baigne, pour ainsi dire, dans le torrent. On a même tiré parti des rocailles de la berge pour ménager sur celle-ci une sorte de jardin lilliputien, tout planté d'arbres nains et orné au centre d'une fontaine minuscule. Bien que cette habitation soit la seule qui se voie à la ronde, elle possède un nom, comme les simples écarts de nos pays d'Europe. On l'appelle *Magaëchi*, c'est-à-dire « retour des chevaux ». Le titre est d'autant mieux justifié qu'à partir de ce même endroit la route devient quasi impraticable[1].

Nous ne manquons pas d'entrer dans le rustique éta-

n'arrivons pas à bout de ces mets empruntés à la cuisine locale. Il en est de même pour certains gâteaux de riz à peine cuits, et dont la digestion doit être terriblement laborieuse. Ce qui n'empêche point une troupe de Japonais en voyage, survenue un peu après nous, de se jeter sur cette insipide victuaille et de la

TEMPLE DE IYÉYAS. — LE KARA-MON (p. 90).

blissement, avant de nous élever plus haut. On nous y sert, avec le *saké* traditionnel, quelques fades pommes de terre entremêlées de champignons secs. Malgré l'appétit robuste dont la marche nous a gratifiés, nous

faire disparaître en un clin d'œil, à notre nez et à notre barbe d'Occidentaux.

Après ce simulacre de repas, nous nous décidons à reprendre notre route, ou, pour mieux dire, à suivre le lit rétréci de la Dayagawa. A certains endroits, les eaux se divisent en plusieurs bras destinés à se confondre plus loin.

Pour cheminer le long de cette singulière vicinalité,

[1]. Depuis l'année 1891, époque où le Césarévitch accomplissait son voyage au Japon, une route nouvelle, accessible aux djinrikchas, a été ouverte en vue de faciliter à Son Altesse impériale l'excursion du lac.

il nous faut traverser les divers méandres du torrent sur des passerelles dont l'assemblage est des plus primitifs : quelques troncs d'arbres jetés de rive à rive et, en guise de tablier, des branches d'arbres amoncelées. On conçoit que de pareils revêtements soient faciles à établir. Est-il besoin d'ajouter qu'ils sont détruits avec la même facilité et qu'à chaque instant ils sont entraînés par la violence du courant? Il n'y a pas deux mois que toutes les fascines ont été enlevées dans une seule tourmente. Mais qu'à cela ne tienne, plusieurs passerelles sont même complètement dépourvues de ce perré branlant. Nous en rencontrons sur notre passage qui se composent simplement de deux troncs d'arbres juxtaposés, d'un diamètre de quinze centimètres tout au plus. Or, comme ceux-ci sont à peine assujettis, ils tournent sur eux-mêmes à la plus légère pression. D'autres passerelles, également formées de deux arbres juxtaposés, flottent au gré du courant, ne tenant à la rive que par un solide cordage. Aussi, bien que les berges ne présentent guère que cinq mètres d'écartement, nous courons vingt fois le danger de glisser dans le torrent.

A mesure que nous avançons, le paysage revêt un caractère plus sévère, et le sol devient essentiellement volcanique, ainsi qu'il est facile d'en juger par la nature des éclats de pierre semés à profusion le long de notre itinéraire.

La gorge que nous suivons se resserre de plus en plus. Déjà le lit de la Dayagawa, accusant la forme d'un boyau à coupe renflée par le milieu, se trouve cerné de toutes parts entre des coteaux escarpés, d'où retombent de blanches cascatelles. Devant nous, une chute plus importante raye le flanc de la montagne d'une longue bande verticale aux reflets d'argent. Si nous ne marchions pas dans le lit même du torrent, nous pourrions croire que bientôt toute issue nous sera fermée de ce côté. Mais une courbe subite, s'enfuyant vers la gauche, nous livre du même coup passage sur une largeur d'une vingtaine de mètres.

De ce point, nous découvrons un paysage d'un aspect encore plus sévère. Le torrent, dont nous traversons à nouveau la partie demeurée fluente, semble avoir acquis une impétuosité soudaine et tout à fait inattendue, alors que les montagnes, devenues très abruptes, laissent percer les arêtes vives de la roche à travers la parure végétale dont elle est revêtue.

Dans ce moment précis, des bandes de soldats qui, le matin, nous avaient dépassés sur la route et qui déjà s'en reviennent de l'excursion au lac, descendent, mêlés à quelques groupes de paysans, le long des hauteurs voisines. Les taches colorées qu'ils jettent sur le paysage alpestre impriment la vie et la gaieté

LANTERNE DITE DE CORÉE
(p. 94).

à ce site éminemment sauvage et morne, quoique d'une grandeur et d'un pittoresque achevés.

Une fois engagés dans cette nouvelle gorge, au hasard d'une route à peine tracée entre les pierres, nous éprouvons dans notre marche des difficultés de plus en plus sérieuses. Là, encore, nous franchissons les eaux vives sur des ponts d'une solidité tout à fait problématique. Ceux-ci viennent même à nous manquer. La route s'interrompt tout à coup, et l'on est tenu, pour ne pas s'arrêter comme elle, d'enjamber les eaux mugissantes en sautant de roc en roc, au risque de se rompre le cou ou de glisser dans le vide. Il y a bien quelques arbres jetés en travers des courants, aux endroits où le passage deviendrait absolument impraticable; mais la surface en est tellement lisse que deux ou trois fois il nous arrive de choir, assez heureusement toutefois pour ne nous mouiller que jusqu'aux genoux.

Enfin, après bien des efforts, remontant sur la rive de la Dayagawa, qui se partage ici en deux branches distinctes, nous parvenons... au pied de la montagne qu'il nous reste encore à escalader pour arriver à destination. En vérité, c'est une gageure. Il semblerait que le but recule devant nous à mesure que nous nous en approchons.

Avant de poursuivre notre route, et tout en surmontant nos indécisions, nous reprenons quelque peu haleine et considérons une équipe d'ouvriers occupés à former une communication plus sortable entre les blocs de rochers espacés, au milieu desquels nous nous sommes débattus tout à l'heure, au détriment de la fraîcheur de nos vêtements. Si les bonnes gens pouvaient avoir terminé leur besogne pour ce soir! Le fait est qu'il commence déjà à se faire tard, et il est plus que probable que nous ne repasserons ici qu'à la brune. Comment nous retrouver, l'ombre venue, au milieu d'un pareil labyrinthe de rocailles et de cours d'eau, si peu praticable même en plein jour? Mais, hélas! on travaille si lentement en ce délicieux pays! Un aussi beau tour de force serait peut-être possible en Amérique, la patrie par excellence de la vapeur et de l'électricité; mais au Japon!...

Le mieux sera donc de prendre les choses comme elles sont. Puisque nous avons la perspective peu rassurante de parcourir ce casse-cou dans des conditions encore moins favorables, hâtons-nous plutôt de commencer notre nouvelle ascension, et contournons la montagne en longeant la branche gauche du torrent.

Une série de marches non interrompues nous amène bientôt au parvis d'un petit temple, duquel nous jouissons d'une vue merveilleuse sur la route suivie un moment auparavant. Puis, faisant encore un nouvel et prodigieux effort, nous arrivons au faîte d'une colline en dos d'âne, servant en quelque sorte de trait d'union entre la rampe que nous venons d'abandonner et... celle qui nous reste à franchir. Il n'y a pas à dire, ô Duncan, ce n'est plus *la forêt qui marche* devant nous, c'est la montagne elle-même !...

Arrêtons-nous pour souffler un peu! Le long de cette espèce de terrasse, large à peine d'un ou deux mètres, est établi un garde-fou. En nous y appuyant, notre regard plonge au loin dans deux vallons, au bas de chacun desquels s'effondre une cascade blanchissante. Celle de droite porte le nom de Hodo-no-taki; celle de gauche, qui me semble être particulièrement belle, est connue sous l'appellation de Hanya-no-taki. De notre observatoire, le torrent écumeux qui lui donne naissance forme un liséré étincelant, brochant sur le vert des rampes naturelles qui l'encaissent, et se précipitant tout à coup dans le vide à des profondeurs que j'estime être à plus de cent mètres. Les deux chutes sont elles-mêmes dominées par des montagnes très élevées.

Mais il s'agit, en fin de cause, de gravir la côte que nous avons devant nous, et l'ascension, à ce que nous pouvons en juger, nous promet d'être singulièrement pénible. Pour accomplir notre dernière étape, nous sommes vingt fois obligés de faire halte subitement, sous peine de perdre toute respiration. Dans un des endroits où nous nous arrêtons, sur un petit plateau formé par la nature, se dresse un bloc de rocher surmonté lui-même d'une pierre tumulaire. A partir de ce point, la route a été taillée en gradins d'une pratique un peu raide, mais, au demeurant, plus accessibles que les pentes abruptes du sommet. Enfin, c'est en ruisselant de sueur et en contenant à peine notre rate surmenée, que nous mettons un pied vainqueur sur le faîte même de la montagne.

Avant de pousser outre, prenons un nouveau repos, dussions-nous y perdre encore un peu de ce temps

TOMBEAU DE IYÉYAS (p. 97).

que nous avons trop gaspillé jusqu'ici. On nous avait bien dit que la distance de Nikko à Tchiouzendji n'était que de 3 *ris* : une bagatelle en temps ordinaire. Mais dans ce pays accidenté, les *ris* ne sont pas comptés comme en plaine. Par une anomalie singulière et vraiment peu explicable, les *ris* de montagnes comprennent 50 tchos au lieu de 36 ; c'est une notion qui nous aura coûté cher à acquérir.

Glissons maintenant dans une sorte de vallon aussi richement boisé que les hauteurs par lesquelles il est dominé ! A en juger par les rampes qui y accèdent, il doit se trouver déjà à une altitude respectable. Encore un effort suprême, et nous toucherons — mais cette fois pour notre triomphe définitif — au but de notre rude excursion. Nous nous frayons un passage à travers les taillis qui se succèdent désormais sans interruption et d'où surgissent çà et là des baliveaux de chênes et de sapins, le long desquels le lycopode suspend sa tige rampante et ramifiée. C'est ainsi que nous parvenons enfin, vers quatre heures, en vue du lac si longtemps désiré.

Il n'est que temps d'arriver. Mr. Duncan surtout se refuserait à faire un pas de plus. Nul Israélite, apercevant la terre promise, après quarante ans de recherches, ne témoigna satisfaction plus complète que mon compagnon de voyage à l'aspect de la bienheureuse nappe d'eau. Je ne me fais d'ailleurs pas faute de partager sa joie. Nous en retrouvons nos jambes et notre ardeur du départ. Maintenant aussi nous voyons où ce fameux torrent de la Dayagawa, avec lequel nous avons eu tant de fois maille à partir, prend sa source inégale et capricieuse. Il s'échappe, sur notre gauche, à quelques pas, des eaux débordantes du lac. Un pont enjambe, en ce même endroit, son cours déjà impétueux. Nous ne le traverserons point, notre objectif étant d'aller toucher vers la droite, et sans plus tarder, le village de Tchiouzendji, situé au fond d'une anse et sur les bords mêmes du lac qui lui a donné son nom.

L'agglomération est composée d'un grand nombre de maisonnettes groupées sur plusieurs files le long du lac, et offrant l'aspect des cabines rangées sur nos plages balnéaires. Chacune d'elles semble être vacante pour le moment. A certaines époques de l'année seulement, particulièrement au commencement d'août, elles abritent la foule accourue de tous les points de l'empire vers les enclos sacrés de Nikko. Les pèlerins viennent ainsi y compléter leur visite aux temples par une excursion d'agrément et d'hygiène à la fois. Toutes ces demeures ont le dos tourné à l'étendue liquide, comme pour mieux résister aux vents qui doivent souffler ici durant la période hivernale. L'eau qui en baigne les pieds est d'une transparence et d'une limpidité admirables.

Disons quelques mots de ce vaste réservoir suspendu entre deux océans à une hauteur considérable.

Entouré d'élévations abondamment boisées, dominé sur toute son étendue par le front sourcilleux du Nantaïzan, l'un des plus hauts pics du Japon, le lac Tchiouzendji est placé à environ onze cent cinquante mètres au-dessus du niveau de la mer. Bien qu'il n'accuse, comme longueur, qu'une distance moyenne de douze kilomètres environ, et en mesure tout au plus cinq dans sa plus grande largeur, il offre au touriste le coup d'œil le plus ravissant qu'on puisse concevoir. Soit que la route qui y mène, et qui est si terriblement ardue, en décuple les beautés, soit que les attraits naturels dont il est doué soient réellement séduisants au plus haut degré, nous ne pouvons nous lasser de contempler l'immense nappe, étincelant en ce moment comme une fournaise aux rayons obliques du soleil décroissant. D'ailleurs, la pensée d'une aussi grande masse d'eau retenue à une altitude pareille est bien faite pour frapper l'imagination. Si le lac Tchiouzendji, au lieu d'être placé là où il se trouve, était simplement creusé aux environs d'un centre habité, tout au milieu de villages populeux et riches, qui sait s'il passerait pour être autre chose qu'un agréable but de promenade, qu'un rendez-vous ombreux pour les canotiers du cru? Mais quand, au contraire, vous enchâssez le miroir liquide dans un cadre fouillé de montagnes majestueuses ; quand vous entourez ce trésor naturel de rochers escarpés, de torrents capricieux, de forêts quasi impénétrables, en un mot de toute la mise en scène obligatoire des paysages alpestres les plus

UN PRÊTRE DU TEMPLE DE IYEMITS

renommés, vous voyez aussitôt ses bords charmants s'embellir encore du reflet éblouissant de l'immensité. Rien d'étonnant, à ce compte, que les Japonais y aient retrouvé l'image de la déesse Amatéras, et qu'ils en aient peuplé les différents sites de légendes se rattachant à l'origine même de leur mythologie.

Pour nous, un calme délicieux, un apaisement suave, succèdent dans nos âmes aux émotions fatigantes de l'ascension. Notre œil s'arrête ravi sur les ondes paisibles imprégnées de lumière et de fraicheur. Telle est l'image de la félicité, ce rêve insaisissable des humains. Elle n'existe que par les obstacles surmontés pour la conquérir. L'humble et pure edelweiss, cueillie sur les cimes nuageuses du Tyrol, ne lutte-t-elle pas victorieusement avec les fleurs les plus rares cultivées à grands frais dans nos serres opulentes?

D'antiques traditions religieuses — ainsi que nous le disions tout à l'heure — se rattachent au lac Tchiouzendji. Au bout du village même s'élèvent quelques temples d'aspect assez modeste, actuellement en voie de réparation. Ils sont tous consacrés aux Gonguen, ces divinités primitives de la religion nationale, si célébrées à Nikko. Vers l'extrémité du plateau sur lequel se trouvent disséminées les diverses constructions, et à la base même du Nantaïzan, se présente un torii shintoïste. C'est par là que, tous les ans, des milliers de pèlerins viennent défiler, avant de gravir le cône du volcan, rival du Foudji-yama, et après avoir purifié leur personne dans les eaux mêmes du lac. Et ce n'est pas sans appréhensions que les fidèles se hasardent sur les flancs du colosse, terminé, à mille mètres encore au-dessus des rives du lac Tchiouzendji, par un cratère aujourd'hui complètement froid. Les farouches Tengous, ou esprits qui hantent les hautes montagnes et les endroits solitaires, sont là pour rechercher les pécheurs endurcis et pour les frapper, le cas échéant, d'une manière toujours implacable. Il faut avoir le cœur franc de toute souillure, avant de tenter la terrible ascension. Et de fait, chaque nouveau pèlerinage amène la mort de nombreux pèlerins. Les rancunes célestes ont bon dos, comme on le pense bien. Les fatigues écrasantes et les véritables dangers qui accompagnent la montée sont seuls tenus dans l'oubli.

Entre nous, les Tengous nous laissent absolument froids, et, néanmoins, nous ne tenterons pas de les indisposer. Escalader ces rampes, après l'effort surhumain que nous avons déjà fait, serait de la folie pure et simple. Nous n'avons même pas le courage et la force de pousser jusqu'à Youmoto, agglomération assez importante située à trois ou quatre kilomètres de Tchiouzendji, et dans laquelle les voyageurs peuvent espérer trouver quelques ressources comme nourriture et comme logement. Tout compte fait, Youmoto, déjà favorisée par la présence de sources chaudes estimées, se passera d'autant mieux de nos augustes visites, que nous mourons littéralement de fatigue et de faim. On sait quel repas frugal nous avons fait en route : notre unique objectif, pour le moment, sera d'y apporter quelque compensation.

Déjà Sada s'occupe de nous découvrir un lieu où l'on donne à manger. Malheureusement, à cette époque de l'année, il n'y a rien que de misérables tchayas, dépourvues de tout comestible digne de ce nom. La mieux approvisionnée d'entre elles n'est en mesure de nous offrir que des patates douces. Encore sommes-nous obligés de les faire cuire nous-mêmes sous la cendre, pour ne pas avoir à les manger crues. L'abominable Richard III offrait jadis son royaume pour un cheval. Nous, simples honnêtes gens, nous donnerions bien quelques pièces de cent sous pour une modeste côtelette. Mais n'y pensons point ! On trouverait plutôt un diamant sous ses pas qu'un simple mouton dans les prés.

Nous ferons ici pénitence, comme les dieux Gonguen l'ont ordonné.

Ainsi qu'on peut s'en douter, nos vulgaires patates arrosées de nombreuses tasses de thé nous semblent absolument délicieuses : la faim est décidément un merveilleux assaisonnement. Les quelques habitants de la localité déserte, accourus pour voir nos figures d'étrangers, doivent se sentir édifiés par nos façons d'anachorètes ! Master Duncan, en revanche, ne paraît plus trouver que tout est pour le mieux dans le meilleur des mondes possibles. Pour un peu, il dévorerait un bonze dodu à la croque-au-sel.

Nos montres marquent cinq heures : il n'est que temps de songer à la retraite. En cette saison les nuits viennent vite, et, au sortir du village, il nous reste encore à faire un léger détour pour aller saluer une cascade célèbre dans la contrée.

On nous prête pour la route, mais sans vouloir nous les vendre, malgré nos instances réitérées, trois lanternes en papier garnies de chandelles de résine. Le maître de céans se chargera de les faire prendre à l'hôtel où nous sommes descendus à Nikko.

En une demi-heure tout au plus nous parvenons à la cascade dite de Kégon-no-taki. C'est là que la Dayagawa accomplit un saut périlleux d'une hauteur de cent dix mètres. D'une aimable tchaya, établie vis-à-vis de la chute, et précédée d'une petite terrasse en plateau, nous y dominons complètement le paysage.

ENTRÉE DU TEMPLE DE IYÉMITS (p. 101).

Le coup d'œil est captivant. Pourtant il paraît que c'est d'en bas seulement qu'on peut se rendre un compte exact des proportions de l'ensemble. Force nous est donc de descendre la rampe presque à pic, en nous raccrochant aux broussailles, pour ne pas dégringoler d'un bond dans les profondeurs. Nouveau surcroît de fatigues et de peines !... Heureusement nous atteignons le fond de la gorge sans catastrophe. Le torrent y tombe, littéralement, tout d'une pièce dans un gigantesque entonnoir, d'où il s'échappe en bouillonnant au travers du ravin très resserré destiné à devenir son nouveau lit. Il y poursuit sa course folle, de roche en roche, rebondissant entre les montagnes, qui se rapprochent comme pour l'arrêter. On ne nous avait point trompé. Le spectacle est imposant et vaut la peine que nous nous sommes donnée pour venir l'admirer. La jolie cascade de Kégon-no-taki a de nombreux rapports avec la chute de Bridal-Veil, et surtout avec celle dite de Nevada, que nous avons vues, en

Californie, dans l'incomparable vallée de Yosemite. L'obscurité croissante, qui envahit les profondeurs, ajoute encore à la beauté sauvage du site et à la grandeur de la cataracte.

Au bout d'une demi-heure accordée à la contemplation de cette merveille japonaise, nous nous engageons résolument dans les taillis. Un chasseur attardé, vêtu d'une sorte de jaquette à ceinturon et de braies étroitement serrées aux jambes, nous croise en chemin. Sur son épaule repose un vieux fusil à pierre, tout comme dans la chanson de Pierre Dupont. C'est la dernière créature humaine que nous rencontrerons désormais. Bientôt, en effet, nous nous engageons sur la même route que nous avions suivie le matin, et, descendant la côte à tâtons, nous nous empressons de recourir aux lanternes que nous avons emportées.

Ceux qui nous retrouveraient ainsi, accrochés aux flancs de la montagne, en croiraient difficilement leurs yeux, tant, de loin, nous devons prendre l'aspect de maigres feux follets léchant des roches sabbatiques. En vérité, l'exercice auquel nous nous livrons défie toute description. Il semblerait que nous exécutons quelque travail d'acrobate, quelque haute voltige digne des Léotard et des Blondin. C'est Mr. Duncan qui ouvre la marche. Il prétend, en sa qualité d'Anglais, être doué de la nature des chats et y voir dans l'obscurité. Le fait est qu'il nous guide à merveille. Je le suis pas à pas. Quant à Sada, il clôt la marche, portant une mèche enflammée, à seule fin — nous dit-il — de rallumer nos propres chandelles, si elles venaient à s'éteindre. Je m'explique d'autant moins cet excès de précautions que ladite mèche, loin de flamber avec ardeur, fume de la manière la plus piteuse. Mais j'aurai bientôt l'explication du mystère.

Nous repassons successivement par les différents lieux que nous avions traversés durant le jour. Revenus au bas de la côte, près de ce même torrent dont le bruit nous avait constamment dirigés, nous nous trouvons tout à coup dans le lit du cours d'eau et nous mettons à le suivre résolument.

Comment décrire l'impression bizarre ressentie par nous au sein de cette nature farouche? Nous avançons, en effet, plongés dans les ombres de la nuit comme des spectres, et simplement rappelés à la réalité par le grondement des eaux qui bouillonnent tantôt aux côtés, tantôt sur les derrières de notre petite caravane. Là, à la lueur vacillante de nos lanternes, nous franchissons à nouveau et un à un les fragments de roche et les arbres branlants sur lesquels il nous faut tour à tour poser le pied. Une seule fois, nous nous voyons arrêtés dans notre route. Prendrons-nous à droite ou à gauche? Si, au lieu de nous glisser dans la gorge qui conduit à Nikko, nous allions nous aventurer dans celle qui mène en pleines montagnes! Heureusement, quelques observations sur la direction du torrent nous tirent de notre perplexité. Puisque les eaux semblent fuir dans telle direction, c'est évidemment celle-ci qui est la bonne. Enfin,

après mille efforts, mille faux pas, mille obstacles surmontés, nous arrivons, — nous ne saurions dire comment, — à la tchaya hospitalière où nous nous étions arrêtés le matin. Dieu soit loué! Nul arbre n'a cédé sous notre poids, nulle pierre ne s'est dérobée sous nos pieds, aucun de nous n'a subi quelque chute redoutable. Pour comble de bonheur, la tchaya est encore ouverte. Nous en profitons pour réclamer une tasse de thé, accompagnée de quelques œufs. Par parenthèse, les poules qui ont pondu ces œufs bienfaisants peuvent nous les voir gober crus, du haut de leur perchoir, car celui-ci est établi juste au-dessus de la porte d'entrée.

Pendant notre sommaire réfection, j'acquiers l'explication de cette mèche fumeuse si obstinément tenue en main par notre illustre cuisinier-drogman. Comme les dames du logis s'étonnent en effet de ce que nous ayons osé circuler dans la montagne par cette épaisse obscurité, prétendant qu'aucun indigène ne s'y risquerait, j'apprends que les superstitions locales peuplent ces hauteurs insolites d'une foule de génies malfaisants, et que les sceptiques, au contraire, y redoutent la présence des loups, des sangliers et des ours. D'après ce dire, la mèche de Sada n'aurait eu d'autre but que d'éloigner les bêtes fauves, celles-ci ne pouvant — paraît-il — supporter la mauvaise odeur qu'elle dégage. Pour ma part, j'imagine plutôt qu'en dépit de ses airs crânes, Sada sacrifie en secret aux errements populaires. Il n'a eu recours à son fameux subterfuge que pour conjurer les mauvais esprits.

Les contes de toutes les couleurs pullulent, d'ailleurs, au Japon. Il y en a pour chaque goût différent, et, chose étonnante, beaucoup d'entre eux se rapprochent, comme conception, de nos vieilles légendes occidentales. La terreur, vraie ou non, de Sada me remet en mémoire un de ces récits fantastiques, noté il y a quelques jours à peine. Mr. Duncan lui trouve une analogie frappante avec une vieille fiction irlandaise. Je ne puis résister au désir d'intercaler ici ce joli hors-d'œuvre. Puisse le courage du héros mis en cause inspirer quelque vaillance à notre timide écuyer!

Il y avait, une fois, un honnête bûcheron que la nature avait gratifié d'une loupe au milieu du visage. Ce léger inconvénient n'empêchait pas notre homme de travailler dur, souvent même après le coucher du soleil.

Un soir qu'il s'était attardé dans la montagne, il fut assailli par une telle ondée, qu'il dut se blottir dans le creux d'un vieil arbre pour ne pas être trempé jusqu'aux os. Pendant qu'il était là, devisant avec lui-même, la nuit était venue. Or, la pluie ayant cessé, il se disposait à reprendre sa route, lorsque tout à coup la clairière, autour de lui, se remplit d'esprits bleus et rouges, dansant, cabriolant et buvant du saké avec un tel entrain, qu'il lui prit une envie irrésistible de se mêler à leurs ébats.

A l'aspect de ce mortel en belle humeur, l'essaim fantastique se met à pousser de grands cris; mais peu à peu chacun des esprits se tait, en voyant le bûcheron se livrer joyeusement à des chassés énergiques. « Sur ma foi! dit alors le chef des esprits, ce vieillard se voyait borgne ou camard, ne perd point contenance. « Nobles seigneurs, fait-il d'un ton piteux, prenez-moi l'œil, l'oreille et le nez, si vous le souhaitez, mais, de grâce, laissez-moi ma loupe, mon plus bel ornement. Je l'ai depuis si longtemps que je ne sau-

TEMPLE DE IYÉMITS. — SUR LES MARCHES DU DEUXIÈME PORTIQUE (p. 102).

possède un art merveilleux. J'entends qu'il revienne nous distraire à la prochaine occasion où nous nous réunirons. Et pour être sûr qu'il ne nous fera pas défaut, réclamons de lui quelque gage important. » A ces mots l'assemblée entre en bruyante discussion. Que lui prendre? un œil, le nez, les oreilles, ou bien encore ce délicieux ornement qu'il porte sur la joue gauche?...

En écoutant cela, notre brave bûcheron, qui déjà rais plus m'en passer. » Mais le chef des esprits ne l'entendait pas ainsi : « Raison de plus, s'écrie-t-il, pour que tu viennes la réclamer. » Et il lui arrache la vilaine excroissance, sans lui causer plus de mal que s'il lui eût tiré un simple poil de barbe. Sur quoi le bonhomme s'en retourna fort satisfait de sa finesse, en se voyant pour toujours débarrassé de sa loupe.

Or, les femmes sont bavardes en tous pays, même

en celui des légendes. L'épouse du jovial bûcheron, pour obéir à la loi commune, s'en alla conter l'histoire à l'une de ses voisines. Justement le mari de celle-ci souffrait de la même infirmité que notre héros avant sa merveilleuse guérison. Ajoutons qu'il était bien le plus ladre de tout le village, le harbon le plus méchant et le plus grincheux qu'on y pût voir. « Ça vraiment, fit-il, en apprenant la nouvelle, j'irai me faire panser à la même pharmacie. »

Au jour dit, il va se poster dans le creux de l'arbre en question, et, peu d'instants après, les esprits rouges et bleus, réunis dans la clairière, recommencent leur infernale sarabande. « Et le vieillard de l'autre fois est-il venu? demande le président. — Me voici, me voici, répond aussitôt le faux bûcheron. — Eh bien, danse alors, » lui crie le grand chef. Et les autres esprits de répéter : « Danse! danse!... » Mais la chose était plus facile à dire qu'à exécuter. Le vieux coquin n'était rien moins qu'expert en fait de chorégraphie, habitué qu'il était surtout à déverser autour de lui les grâces équivoques de sa méchante humeur. Aussi les esprits, mécontents, se mettent à le huer, à le houspiller, à lui jeter à la face leurs coupes de saké à peine vides. « Décidément, s'écrie le grand chef des esprits, ce vieillard n'est plus reconnaissable. Vite, qu'on lui rende son morceau de chair et qu'il aille se faire pendre ailleurs! »

PONT DE BAMBOU FLOTTANT (p. 112).

Au même moment, le malheureux sent une excroissance nouvelle croître sur la joue qui n'en possédait point, en sorte qu'il se retrouva, une fois les esprits disparus, le propriétaire obligé de deux loupes, en place de la seule qu'il avait auparavant.

Et maintenant, remettons-nous en route. Désormais la traite qu'il nous reste à fournir, quoique assez importante encore, ne nous offrira plus d'incident digne d'être consigné. Grâce à notre pas accéléré, nous arrivons à l'hôtel vers les neuf heures et demie du soir.

Malgré sa fatigue, Sada, remis en présence de ses fourneaux, réussit encore à se surpasser. Jamais meilleur dîner ne fut préparé plus vite, ni expédié avec un meilleur appétit.

Nous sommes vraiment enchantés de notre expédition. Pour ma part, je l'ai trouvée intéressante au plus haut point, poétique s'il en fut jamais. Il n'y a pas jusqu'aux difficultés éprouvées, jusqu'aux périls encourus, qui ne lui aient fourni à mes yeux un charme inoubliable. Comme tous les hommes de sa race, Sada lui-même, avec son vif et sincère amour de la nature, avec son intime sentiment de l'art, s'est franchement récréé pour son propre compte. Quant à l'ami Duncan, tout à fait consolé de son jeûne obligatoire, il ne se lasse pas de dire que l'excursion est *originale*. N'est-ce pas le plus bel éloge qu'en puisse faire un voyageur anglais?

Le temps de jeter ces quelques notes sur le papier, et je gagne ma couche, avec des témoignages d'indicible satisfaction. Il est déjà minuit. Aucune clameur, aucun bruissement ne vient troubler le lourd silence qui règne sur les enclos sacrés. Bien que notre gîte soit bourré de soldats comme une caserne, nul signe extérieur ne semble en trahir la présence. Notre sommeil ne se ressentira donc en rien d'une telle promiscuité.

Mardi, 24 octobre. — Temps couvert (th. + 16° cent.). Après une seconde et dernière visite au temple de Iyéyas et aux merveilles qui l'entourent, nous quittons Nikko vers onze heures, en compagnie des coolies qui nous avaient amenés. Nos incomparables coureurs nous font descendre au grand trot la longue rampe qui, du pied même des enclos, va se prolongeant dans la campagne jusqu'à une très grande distance.

Au village d'Imaïtchi, nous laissons à gauche le chemin suivi il y a trois jours, pour en choisir un autre également bordé de conifères majestueux. *Reiheichikaïdo*, tel est le nom de cette nouvelle artère. On l'appelle ainsi parce qu'autrefois le Reiheichi, ou représentant du mikado, suivait ladite voie lorsqu'il venait de Kioto à Nikko, pour accomplir son pèlerinage annuel au tombeau du plus illustre des chogouns. Or, loin d'être un objet de vénération pour tous, ce personnage, appartenant pourtant à la plus haute noblesse et revêtu du plus haut caractère, était au contraire redouté des riverains à l'égal du feu. C'est qu'il entraînait à sa suite tout un corps de troupes indisciplinées, toute une arrière-garde de malandrins costumés en *samouraïs* à seule fin de détrousser les passants et de rançonner les populations.

Nous faisons notre premier arrêt à Hitahachi, en vue de laisser souffler notre attelage humain, car, il n'y a pas à dire, dans le court espace de quatre-vingt-dix minutes, nos infatigables coureurs ont franchi, tout d'une traite, la distance énorme de quatre ri, soit près de dix-huit kilomètres. Il est midi et demi; le ciel, affreusement brouillé de nuages sombres et bas, vomit sur notre caravane des torrents d'eau sans cesse renouvelés.

Au sortir du village, les beaux arbres qui nous avaient signalé les abords de Nikko ont complètement disparu pour faire place à des bouquets de sapins tordus et enchevêtrés les uns dans les autres. On se rappelle qu'au début de notre excursion, nous avions remarqué le même phénomène auprès de la Tonégawa. Mais ici les branches, au lieu de filtrer de l'or sous le ruissellement des rayons solaires, ne tamisent plus, hélas! que des gouttes de pluie réfrigérantes.

Vers une heure trois quarts, nous opérons un nouvel arrêt à Kanouma. Nous y prenons même une légère collation. Bien que le ciel se soit montré de plus en plus inclément, nous avons encore parcouru une distance de 3 ris et 8 tchos, soit près de douze kilomètres, depuis le village de Hitahachi. Actuellement, nous sommes déjà parvenus à mi-chemin entre notre point de départ et la petite ville de Totchighi, où nous nous proposons de coucher.

Kanouma, situé au centre de plusieurs voies de communication, est à la fois une localité commerçante et industrielle. Partout des gens affairés en sillonnent les rues, tandis que de nombreux chevaux, pliant sous le faix des marchandises, y circulent dans toutes les directions.

Il n'est pas douteux, toutefois, que peu d'Occidentaux aient pénétré dans la ville. Nous y sommes l'objet d'une curiosité extrême. L'auberge où nous avons demandé asile est aussitôt entourée d'une foule compacte. Cette foule ne fait que croître naturellement au bruit qui circule dans toutes les bouches : « On va faire manger les étrangers. » Nous serions des fauves, dépendant de quelque ménagerie ambulante, qu'on ne s'empresserait pas avec plus de plaisir au spectacle de notre repas. Par bonheur, nous n'avons demandé à Sada que des œufs à la coque et des biscuits. La représentation sera donc des plus écourtées. Mais bast! voici que mon fastueux compagnon, de crainte de voir manquer le spectacle, exige un supplément au menu. Il veut du jambon frit, du « bacon », comme on dit en Angleterre. Cela va nous obliger à faire emploi de nos fourchettes et de nos couteaux, tous instruments de table parfaitement inconnus en ces régions perdues. Et alors...!

Mes prévisions se réalisent. A peine Sada s'est-il mis en devoir de débiter, avec un « sheffield », la chair appétissante de notre « York's ham », que tout le monde se précipite à l'intérieur de la tchaya. Couper ainsi la viande en émincés avec un simple couteau doit évidemment passer, aux yeux de l'assistance, pour un tour d'adresse sans pareil. La stupéfaction se lit

ENTRÉE DU TOMBEAU DE IYÉMITS (p. 102).

sur tous les visages, des exclamations sortent de toutes les bouches. Pour le coup, le bonheur de Mr. Duncan est à son comble. Quant à notre écuyer tranchant, il ne donnerait point sa place pour tous les trésors de Nikko, tant il en éprouve de fierté. M'est avis qu'en ce moment il se dirait volontiers étranger lui-même, n'était le teint olivâtre qui le caractérise et les yeux fendus en amande qui trahissent son origine. Mais la curiosité de la galerie n'est point sitôt épuisée. A chaque bouchée que nous absorbons, à chaque verrée que nous avalons, ce sont de nouvelles marques d'étonnement. Et cela devient presque une bagarre lorsque Sada, abandonnant à nos spectateurs quelques bribes de notre repas, laisse passer entre leurs mains les ustensiles de table dont nous nous sommes servis. Pendant que, le cigare aux lèvres, nous assistons à ce déchaînement d'appétits si peu déguisés, Mr. Duncan, mis tout à coup en verve de générosité, se prend à distribuer une ample provision de pastilles de chocolat, à l'instar d'un prestidigitateur puisant à la corne d'abondance. Sa manœuvre, largement exécutée, a pour effet immédiat de nous rallier tous les cœurs et de couronner la séance.

Sur ces entrefaites, un fonctionnaire indigène est venu s'enquérir de l'identité de notre personne. Ne me souciant pas de voir se renouveler la fameuse séance de calligraphie de l'auberge d'Ichibachi, où nos passeports furent ni plus ni moins copiés d'un bout à l'autre, je m'empresse de lui passer ma carte de visite. Mais le brave homme ne saurait évidemment se contenter de ce laconique renseignement. Il tourne et retourne le bristol en tous sens de l'air le plus ahuri, tandis que les assistants se pressent à ses côtés pour contempler les caractères fantastiques de notre écriture occidentale. Heureusement Sada — la providence de ses compatriotes comme la nôtre — se charge spontanément d'expliquer à l'homme de police le but de notre voyage, tout en lui déclinant avec emphase nos noms, prénoms et qualités. Désormais rassuré sur l'honnêteté de nos intentions, le scribe officiel consigne sans plus tarder sur son carnet administratif les informations recueillies, et, comme pièce justificative, joint au dossier la carte mystérieuse. Tout est bien qui finit bien.

Ayant aussitôt pris congé de tous nos admirateurs, nous nous remettons en route, pour arriver à Totchighi sur les cinq heures et demie du soir.

Totchighi est une localité commerçante et populeuse, favorablement assise au bord d'un petit cours d'eau nommé Akazongawa. Celui-ci n'est autre, en résumé, qu'un affluent de la Tonégawa, laquelle communique — comme on sait — avec Tokio par une de ses nombreuses dérivations. Totchighi est, conséquemment, relié d'une manière directe avec la métropole.

C'est par la voie d'eau que nous nous décidons à repartir demain. Dans l'intervalle, et comme à Kanouma, on vient nous demander nos noms et qualités. Voilà bien des précautions! L'incomparable Sada, à qui j'ai confié plusieurs de mes cartes, se charge désormais de nous mettre en règle avec les autorités locales.

Bien que tenue moins proprement, l'auberge où nous sommes descendus est construite comme toutes celles où nous nous sommes arrêtés précédemment. On peut dire que ces établissements se suivent et se ressemblent comme des jours de sécheresse ou de pluie. Une pièce ouverte donnant sur la rue y sert à la fois de vestibule, d'office, de cuisine et de salle de réception, tandis qu'au fond une façon de corridor met celle pièce d'entrée en communication avec les autres parties du bâtiment. Le long et obscur couloir, qui exhale ici une odeur fétide, est bordé de cabinets soi-disant inodores et de baignoires en forme de cuves, où hommes et femmes s'ébattent indistinctement, en poussant des cris incohérents, en riant à gorge déployée. Cette singulière galerie, d'une promiscuité si complète, donne directement accès à notre logement particulier. C'est dire que celui-ci est de la dernière incommodité et qu'il regarde la cour, n'ayant, comme toujours, pour toute cloison séparative que des *karakamis* ou châssis de papier, dont les carreaux sont terriblement crevassés dans toute la hauteur.

Le soir, en flânant autour de l'office, je suis admis à contempler un véritable Téniers. Devant un âtre de forme carrée, d'où la fumée s'échappe par les trouées des châssis et par les interstices ménagés sous la toiture, un vieillard se tient accroupi, surveillant la bouillotte de terre cuite déposée sur le feu en vue du thé traditionnel. A sa droite, une jeune femme, nue jusqu'à la ceinture, allaite son enfant. Par terre, et sur les rayons d'un humble dressoir, gisent éparpillés les rares ustensiles servant à faire la cuisine, ainsi que les poteries, faïences et gobelets qui constituent la vaisselle de table. Au milieu de ce fouillis, apparaît l'inévitable *hibatchi*; plus loin enfin, j'aperçois le terrible *soroban* à l'aide duquel on établira bientôt notre addition.

Complétons, si c'est possible, ce magnifique débraillé! Je m'installe, à la japonaise, les jambes repliées sous le corps, en face du vieux cendreuil. Ni chaises ni tables, même en peinture, n'ont encore pénétré dans ces régions patriarcales. Les nattes y sont seules connues. N'était cet intermédiaire tout oriental, généralement bien tenu, on serait obligé de s'étendre sur un plancher rugueux et mal aplani. Je n'ai pas plus tôt pris la peine de m'asseoir, que mon hôte, en marque d'amitié sans doute, me demande la grâce d'examiner le cigare que je fume et se met, avec non moins de façons, à en tirer fébrilement toute une série de fortes aspirations. Cela fait, il me repasse mon havane de la manière la plus innocente et la plus naturelle du monde. En ce pays primitif, il faut savoir se plier à certaines familiarités. Pour m'y soustraire, je risquerais fort de blesser mon Japonais, autant qu'on insulterait un Indien en refusant de partager son calumet de paix. Ma foi, je reprends mon cigare et continue stoïquement à le transformer en cercles nuageux! Le vieux de la montagne est évidemment flatté. Il ne saurait s'en tenir là. En échange de ma politesse, il me présente son *kiseron*, ou petite pipe à fourneau microscopique, et m'invite à en extraire quelques délicieuses bouffées. Cette fois, grâce à une mimique savante, je parviens à me récuser et à le faire rentrer en possession de ses faveurs équivoques.

Mr. Duncan et Sada étant venus me rejoindre au milieu de mes protestations muettes, on nous harcèle de questions plus naïves les unes que les autres. Nos réponses, aussitôt traduites par l'indispensable cuisinier-drogman, ne font qu'exciter davantage la curiosité générale. A la faveur du colloque, hommes,

TEMPLE DE IYÉYAS. — VUE SUR LA DEUXIÈME COUR ET LE YOMÉÏ-MON (p. 94).

femmes, enfants, maîtres et serviteurs, toute la maisonnée, en un mot, s'est peu à peu réunie autour de l'âtre. Chacun est tout oreilles. Ne venons-nous pas « de l'autre bout de la terre », comme dit Sada? Nul doute que nous n'intéressions au plus vif degré ces braves gens à l'esprit essentiellement primesautier. Tout ce petit monde est encore si peu fait à notre civilisation, que le tableau succinct des merveilles dont le génie moderne a doté l'humanité les enchante et les captive au dernier point. Il faut dire, du reste, que si les chemins de fer, l'armement des navires ou des troupes, la construction scientifique, les phénomènes de la vapeur et de l'électricité, mille choses modernes enfin inventées par les Occidentaux, ont aujourd'hui pénétré au Japon et sont même en train d'y acquérir droit de cité, ils demeurent encore aussi inconnus, à l'intérieur des terres, qu'ils l'étaient en Europe il y a deux siècles. Bref, tout le fatras de notre science populaire est successivement passé en revue, pour l'édification des auditeurs. Et je suis sûr, conformément à la traîtrise habituelle de tout interprète, *traduttore, traditore*, que nos réponses sont encore livrées aux questionneurs avec de nombreuses amplifications.

Mais, comme dit le vieux proverbe : « Usons sans jamais abuser. » Aux fatigues écrasantes du jour il ne convient pas, pour nous, d'ajouter encore celles d'une nuit passée à la veillée. Nous levons poliment la séance, en annonçant : « La suite à demain, » de même qu'un romancier journaliste débitant son œuvre par tranches, et s'arrêtant au meilleur endroit.

Mercredi, 25 octobre. — Le temps s'est remis au beau : le thermomètre marque, à notre lever, 13° centigrades. Rien de bien particulier à signaler dans Totchighi. Au beau milieu de l'artère principale, celle où se trouve notre auberge, coule un ruisseau longitudinal flanqué d'une ligne de réverbères. A distances calculées, également, sont ménagés des faisceaux d'échelles auxquelles des cloches d'alarme ont été suspendues. Ces sortes de colonnes rostrales font partie du matériel public de sauvetage, en cas d'incendie.

Dès notre départ de l'hôtel, la population nous fait escorte, et s'arrête avec nous devant chaque échoppe où nous examinons quelque objet. Je me pourvois incidemment d'une carte de la province et de quelques semences qui me sont inconnues.

Ici, comme je l'avais déjà remarqué ailleurs, je constate que les étalages de graines présentent la variété la plus extraordinaire de produits horticoles et agricoles. En général, ces étalages sont disposés de façon à flatter les regards du passant. Chaque espèce est soigneusement désignée. J'ai pu même acquérir une certaine quantité de graines auxquelles le dessin de la plante épanouie était joint sous forme de délicieuses peintures enluminées à la main. Je possède ainsi toute une collection de bulbes de lis que je m'étais procurée chez un des principaux horticulteurs de Yokohama. J'ose espérer que mes bulbes arriveront à bon port. En tout cas, les représentations charmantes des fleurs dont les Grecs avaient fait l'emblème de la pureté, ne pourront s'altérer au milieu de mes pérégrinations.

ZOOLOGIE FABULEUSE DU JAPON. — Dessin de Ozawa (p. 100).

Partout je constate aussi que la circulation est des plus actives. Coolies et chevaux passent chargés pesamment de marchandises de tout genre. Sur chaque point, les transactions paraissent s'opérer en pleine rue, déterminant une grande animation. Chemin faisant, je note le procédé simple et pratique employé dans la contrée pour entraver les chevaux. On attache les rênes de l'animal à sa propre jambe de devant, de manière à l'empêcher de relever la tête. Le moyen est réellement efficace, quoique un peu sauvage.

Pendant qu'au milieu de notre flânerie je crayonne quelques notes, je me vois entouré par la foule indiscrète, avide de voir mon griffonnage. Rien d'étonnant du reste, à cette ardente curiosité. Sada, qui a pris langue auprès de ses compatriotes, m'apprend en effet qu'une dizaine de voyageurs européens tout au plus ont passé en ce lieu.

Et cependant certaines échoppes ne débitent absolument que des produits occidentaux, tels que vin, bière, liqueur, parfumeries, lampes, objets de verrerie. Depuis quelques années, les importations d'Europe et d'Amérique ont pris au Japon une extension considérable.

Vers midi nous mettons le pied sur la barque ou *founé* qui doit nous ramener à Tokio, et sur laquelle notre cuisinier-interprète a retenu nos places dans une sorte d'agence établie au bord de la rivière. Sur le quai, la même foule nombreuse nous a suivis, comme pour nous faire escorte. De plus en plus flatté d'un tel empressement, Mr. Duncan procède à une nouvelle et abondante distribution de pastilles de chocolat. Tudieu, Messeigneurs, voilà qui s'appelle mettre le peuple en joie et lui faire des largesses. Qu'on dise

encore que les Anglais ne prennent jamais les gens par la douceur.

Mais un mot sur notre nouveau logement. La *founé* sur laquelle nous allons naviguer est tout entière

TEMPLE DE IYÉMITS. — LE DIEU DE LA FOUDRE (p. 99).

chargée de chanvre emballé dans des nattes, sauf au milieu du pont, aussi long qu'étroit, où se dresse une sorte de réduit couvert, d'environ deux mètres sur trois. Tout confort en est absent, et nous aurons lieu d'y regretter encore notre misérable auberge de Totchighi. On n'accède à ce réduit que par des ouvertures hautes de deux pieds tout au plus. Les châssis de papier qui en forment les parois sont troués comme une écumoire, et disjoints par la main du temps. C'est dire que nous serons aussi peu que possible protégés contre les intempéries. Au surplus, comme notre cabine est fort basse de plafond, on ne saurait s'y tenir debout. Même à genoux, je racle sans cesse ma pauvre tête endolorie au solivage intérieur. Force nous est donc de rester accroupis sur les nattes. Mais on se fait à tout. La Balue, cardinal et ministre d'État, a bien vécu onze années dans une cage assurément plus étroite. Et puis, le besoin rend ingénieux. Nous avons bientôt fait d'improviser avec deux matelas une manière de divan, où chacun de nous dormira cette nuit, et viendra, s'il lui convient, faire la sieste au milieu du jour. Cette habile disposition a pour moi un autre avantage : celui d'y pouvoir tenir une plume. Mes notes sont bien en retard, et je me propose de les mettre en ordre au plus tôt.

A la proue de l'embarcation, un abri de moindre importance encore, et simplement formé de deux paillassons arc-boutés l'un contre l'autre, se dresse magistralement. C'est là que doit officier maître Sada ; c'est là qu'à l'aide de ses casseroles et de son fourneau, il préparera notre pitance ; c'est là enfin que les *sendos* ou bateliers, au nombre de trois, — deux coolies et le propriétaire de la barque, — s'assembleront pour humer leur tasse de thé et prendre leur modeste repas. Heureusement, pour notre odorat, que l'air y circule de tous côtés, ainsi que dans notre cabine concurremment ouverte sur l'avant et sur l'arrière.

Nous perdons vite de vue la petite cité marchande de Totchighi. Sous mes yeux déjà se déroule une campagne à l'atmosphère épanouie et vaste, où je retrouverais à nouveau nos paysages flamands, n'étaient les montagnes sombres qui en profilent l'horizon. A l'aspect de ce maigre cours d'eau dont j'entends le clapotis sur les flancs du bâtiment, on croirait naviguer sur la Lys, entre Audenarde et Gand ; tout autour, même terrain, même végétation, même division par rectangles soigneusement cultivés. Pas de prairies couleur émeraude ; voilà tout ! De temps en temps aussi, au passage de quelque rapide, les craquements inquiétants de notre barque me rappellent que, dans nos pays, les écluses comptent pour beaucoup dans la sécurité de la navigation. Ici, le système est plus primitif. Par intervalles irréguliers, une simple planche arrête le cours des eaux ; et quand les bateaux à fond lisse et plat, parvenus à l'un de ces barrages, veulent passer d'amont en aval, ils sautent vivement d'un bief à l'autre, comme des hirondelles plongeantes. Parfois aussi ils restent suspendus indécis sur la crête de la palplanche, à la façon d'une bascule. Mais un coup de croc, et l'obstacle est vite franchi. On finit toujours par avoir gain de cause ; et c'est même avec un réel plaisir, assaisonné d'inquiétude, que l'on voit se renouveler cette manœuvre originale.

Après les fatigues des jours précédents, quelles délices de fuir ainsi, comme dans un rêve, sur les ondes fluentes et tumultueuses ! On cause, on écrit, on sommeille, on s'abandonne à ses pensées. Pas d'exercice à vrai dire, la seule voie praticable étant le bordage qui contourne l'esquif et qui mesure à peine un pied de largeur. Cet étroit chemin est, du reste, arpenté sans trêve par nos coolies armés de leur gaffe et dirigeant l'envolée. Notre unique ressource est, dès lors, de grimper sur le toit de la cabine, mouvant observatoire d'où nous pouvons suivre des yeux le paysage qui fuit. Partout les paysans accourus s'empressent sur notre passage et luttent d'étonnement avec les bateliers qui nous croisent. Deux étrangers seulement nous ont précédés dans cette traversée pourtant fort attrayante. On ne s'explique guère de voir ainsi négliger un mode de transport si bien fait pour reposer des excursions par la voie de terre.

Nos montres marquent quatre heures et demie quand nous arrivons à Héya, localité sans aucune importance. Nous y faisons un assez long arrêt pour quérir et dresser le mât de la barque déposé chez un riverain. Le village entier est littéralement sens dessus dessous, à la vue de deux mortels absolument blancs et vêtus des pieds à la tête. C'est avec une ardente curiosité que les habitants nous suivent flânant dans les rues et parlant un langage incompréhensible. Lorsque nous retournons à notre *founé*, peu s'en faut qu'ils ne lui livrent un siège. L'ingénieux Duncan recourt alors à sa panacée ordinaire. Il offre des pastilles de chocolat à qui veut les prendre. Mais nos rustiques visiteurs les tournent et retournent dans leurs mains sans trop savoir qu'en faire. Ce n'est qu'en les voyant croquer par nous-mêmes qu'ils se hasardent à les avaler. La glace est aussitôt rompue, et si nous n'y mettions bon ordre, ils épuiseraient rapidement notre petite provision.

Après maints retards, inévitables en toute affaire japonaise, nous repartons trois quarts d'heure après notre arrivée. En ce moment, notre bord présente un aspect curieux. Nos coolies, dont les corps bronzés reflètent la couleur écarlate du soleil couchant, s'appuient lourdement sur leurs gaffes en marquant le pas d'un chant lent et cadencé. Assis, au contraire, sur des nattes à côté de nos bagages, Mr. Duncan feuillette gravement un roman de provenance britannique, tandis que je m'occupe à transcrire mes notes. Quant à Sada, confiné dans le réduit que l'on sait, il est corps et âme à ses fourneaux.

Le parfum soutenu qui s'échappe des casseroles de notre maître coq, est d'autant mieux fait pour nous mettre en appétit que nous n'avons rien absorbé depuis le matin. C'est donc avec une satisfaction bien naturelle que nous l'entendons nous dire enfin : « Le potage est servi. » Oui, du potage, du vrai potage, et servi dans ces charmants petits pots de porcelaine et ornés de fleurages, où, en nos pays, nous nous empresserions de planter quelque cactus ou quelque bouture exotique. Depuis notre départ de Tokio, nous n'avons d'ailleurs pas eu d'autres assiettes creuses, et nous nous en accommodons parfaitement. Je me dispenserai de chanter en termes dithyrambiques le potage vraiment délicieux qui nous est présenté. Je n'approfondirai pas davantage les raffinements exquis apportés par notre cuisinier-interprète à la préparation des mets, qu'il varie chaque jour avec un étonnant brio. Je me contenterai seulement, pour donner au lecteur une idée approximative de nos menus, et pour rendre à notre Vatel le tribut de et des bonbons anglais pour dessert. — En vérité, je le demande à tout homme possédant un estomac valide, quel mortel ne se contenterait d'un pareil ordinaire, même dans les contrées favorisées des dieux où la cuisine marche de pair avec les arts libéraux !...

Comment Sada s'y prend-il pour confectionner et pour mener à bien tant de savantes préparations, alors que, pour toute batterie de cuisine, je ne lui connais guère que deux casseroles et deux poêles à frire ? Comment, par-dessus tout, réussit-il à nous

PETIT TEMPLE DÉDIÉ A KWANNON, ENTRE NIKKO ET TCHIOUZENDJI (p. 110).

reconnaissance qui lui revient, de mentionner ici les plats qu'il nous apporte, l'un après l'autre, avec un légitime orgueil.

Et nunc erudimini. Le potage au poulet. — Le mouton aux pommes de terre, maître d'hôtel. Ledit mouton est de conserve, mais on ne s'en douterait guère, tant il est agréable au goût. On sait que le pays ne fournit que des œufs, du poisson et des poulets. — Le jambon frit aux asperges. — Le poulet bouilli : un peu dur, un peu vieux. Espérons que demain nous serons plus favorisés. — L'omelette au rhum. Sada excelle à la fabriquer, et Mr. Duncan à la faire brûnir à la flamme de l'odorante liqueur. — Des petits gâteaux de riz comme entremets. — Des confitures

servir tous ces mets sans interruption ? Mystère. — Il est vrai qu'en digne émule des chefs parisiens, et conformément aux doctes préceptes de la *Cuisinière bourgeoise*, il apporte les mets si brûlants qu'il gagne facilement un quart d'heure entre chaque plat pour activer son dernier coup de feu. *All is wel that ends well*, comme dit Shakespeare.

En fait d'éclairage, nous avons allumé deux de nos bougies, la lampe du bord suspendue au mât du bateau ne fournissant qu'une lumière fumeuse et terne. La bougie est encore inconnue au Japon, où, pour parler plus exactement, il n'y a que la population étrangère qui en fasse usage. Les indigènes se limitent à l'emploi du *rosokou*, sorte de chandelle à mèche fuligineuse et dont le suif, composé de cire végétale, répand une odeur insupportable.

Mollement entraînés sur notre route humide, nous commençons vers dix heures nos préparatifs de nuit. Comme les deux baies de la cabine ont été imparfaitement masquées par quelques nattes trouées, nous nous bordons le mieux possible à l'aide de nos paletots et de nos couvertures de voyage. Il s'agit, en somme, de se garantir contre la fraîcheur croissante de l'atmosphère. Nous parvenons en outre, au moyen de nos draps de lit, à neutraliser un peu l'odeur trop japonaise dont nos *ftons*, les minces matelas qu'on connaît, sont imprégnés. Deux parapluies, tout grands ouverts au-dessus de nos têtes, complètent cette étrange installation. Grâce aux précautions prises, nous réussissons à nous endormir profondément, comme à braver le froid devenu piquant et les vents coulis frôlant nos visages. O Gresset! tu devinais ces aventures, quand tu décrivais la chartreuse à jamais célèbre.

Mais que devient Sada? comment fera-t-il pour conjurer la froidure, lui qui n'a pour abri que son dais ouvert à tous les zéphyrs? Habitué comme il l'est déjà au sybaritisme occidental, il va trouver la nuit bien pénible. J'avoue que cette idée trouble ma quiétude ; elle me causerait même quelque insomnie, si l'homme n'était toujours doublé d'un misérable égoïste.

Jeudi, 26 octobre. — Réveil à six heures. — Beau temps (th. + 17° cent.).

En passant auprès d'Itchikawa, je choisis un point du rivage pour faire la photographie de notre embarcation. Comme cette expérience n'entraîne rien qu'une perte de temps, le propriétaire de la barque n'élève aucune réclamation. Une heure de plus ou de moins, est-ce que cela compte dans la vie japonaise? On n'y regarde pas de si près. Sur l'image fournie par l'objectif, on voit se dresser dans sa majestueuse grandeur le Foudji-yama, l'éternel horizon des paysages de la contrée.

Nous continuons notre route à la voile, mais quelle voile! de longues bandes de tissu trouées, reliées entre elles par des ficelles et simplement suspendues à une perche qui se balance horizontalement au sommet du mât. On n'en connaît pas d'autres à bord des chalands mouillés sur les nombreux cours d'eau qui sillonnent l'intérieur. Assurément ces voiles n'ont qu'un effet utile bien limité, d'autant qu'elles sont ballantes à l'écoute et laissent filtrer la brise comme un tamis. Entre temps je demande aux coolies le nom de la barque à bord de laquelle ils sont engagés. O insouciance éminemment topique! ils ne s'en doutent même pas. Le patron vient au-devant de mon désir. Il l'appelle *Jimpou-Marou*, c'est-à-dire « le vent divin ». Puisse ce nom lui valoir la faveur de voir enfler ses voiles, devenues les nôtres!

En attendant, au grand soleil qui darde, le déjeuner que Sada prépare et dont j'aspire avec complaisance les émanations succulentes, je ne puis m'empêcher de songer *in petto* à deux légendes japonaises tout à fait de circonstance et que je me rappelle avoir lues il y a quelques jours.

Un pauvre diable, appelé Kisabouro, s'était logé à côté d'un marchand d'anguilles et avait pris l'habitude de se délecter à la friande odeur qui parfumait le voisinage. Son riz lui en semblait meilleur. Cependant l'homme aux anguilles, furieux de le régaler tous les jours, à son corps défendant, vint lui chanter pouilles en réclamant une compensation pécuniaire. Kisabouro le regarda sans mot dire, étendit sur la table une poignée de menue monnaie, puis, gravement, remit celle-ci dans sa poche.

« Eh bien! dit le rôtisseur intrigué, que veut dire ceci?

— Vous m'avez débité pour l'odeur de vos anguilles, répondit le bonhomme d'un ton narquois; moi, je vous rembourse avec la vue de mon argent. »

Ne croirait-on pas entendre notre vieux Rabelais, narrant l'arbitrage de Seigni Jean des Entommeures, entre le « roustisseur et le facquin »? *La court vous dict que le facquin, qui ha son pain mangé à la fumée du roust, civilement ha payé le roustisseur au son de son argent.*

Écoutez maintenant l'histoire des souris ambitieuses qui désiraient marier leur fille au Soleil, comme étant le plus puissant seigneur de la création.

Mons Phœbus reçoit poliment l'ambassade. « Vous vous trompez, leur dit-il, si vous croyez que rien ne me résiste. Voyez là-bas ce nuage qui intercepte mes rayons. C'est à lui qu'il faut vous adresser pour épouser votre fille. »

Mais le nuage : « Que suis-je auprès du vent qui me disperse en lambeaux sous la voûte azurée? »

Et le vent à son tour : « Je puis en effet déchirer la nue épaisse, mais cette cloison de planches brise insolemment mon effort.

— Quant à moi, dit la cloison avec dépit, une simple souris me ronge et me mine si bien, que tôt ou tard je m'écroulerai honteusement sur le sol. »

Le couple souriquois, revenu de ses visées ambitieuses, accueillit avec bienveillance les propositions d'un honnête souriceau du voisinage, et la légende nous apprend que la nouvelle famille vécut heureuse au sein d'une innombrable progéniture.

Où diable ai-je déjà lu cela, ou tout au moins quelque chose d'approchant? Serait-ce dans les charmants livres de contes des frères Grimm, du romancier Arnim, l'émule d'Hoffmann, ou simplement dans Brentano? Passons!

A peu près en face d'un village appelé Matsoudo, nous abandonnons la Yédogawa pour suivre une série de canaux reliant les estuaires des trois rivières Yédogawa, Nakagawa et Soumidagawa, qui viennent se jeter dans la baie de Tokio, les deux premières à l'est de la capitale, et la dernière dans la ville elle-même. Il s'ensuit que c'est par la Soumidagawa que nous ferons notre entrée à Tokio.

Aux approches de Tokio, notre esquif longe plusieurs villages en fête. De longues perches, complantées dans le sol, laissent flotter au vent d'interminables banderoles de coton couvertes d'inscriptions particulières. Sur des estrades grossièrement peinturlurées, des enfants tambourinent et se livrent à mille extravagances. De place en place, des arcs de triomphe s'élèvent, pompeusement chargés de lanternes multicolores. Heureux peuple! toujours tout à la joie.

et de solennité. Il en est de même des réjouissances locales caractérisant les anciennes mœurs de la féodalité. Tout change. Le meilleur indice que les idées commencent à se transformer réside, à mon sens, dans l'abandon des jeux ayant trait aux rivalités séculaires des vieilles familles. Il y a quelques années à peine que les jeunes gens des différents quartiers de la ville s'assemblaient en un lieu pour représenter les combats meurtriers soutenus par les maisons rivales des Minamoto et des Taïra. Ils se partageaient en clans hostiles, agitant de petits étendards, blancs

NOTRE EMBARCATION SUR LA YÉDOGAWA (p. 126).

Autrefois, les jours fériés l'emportaient presque, comme nombre, sur les journées de travail. Chaque floraison nouvelle était le prétexte d'excursions « hors les murs » ou de « parties de thé » entre parents et connaissances. Les *matsouris* se comptaient plus nombreux que nos kermesses villageoises. Puis revenaient périodiquement les fêtes patronales, les anniversaires officiels, les dates commémoratives, toutes donnant prétexte aux flâneries comme aux manifestations les plus bruyantes. Je ne parle que pour mémoire des pèlerinages accomplis routinièrement, sans foi réelle comme sans convictions établies.

Aujourd'hui l'état des choses a quelque peu changé, des besoins nouveaux s'étant imposés à la population. Force est de travailler davantage.

Les fêtes religieuses diminuent chaque jour d'éclat

d'un côté, rouges de l'autre. À la fin de l'action, le parti dénombrant le plus de drapeaux conquis était proclamé vainqueur. Un autre jeu, beaucoup moins anodin, consistait également à se diviser en partis ennemis, la tête couverte d'un plat de terre, qu'il s'agissait de défendre pour son propre compte et de briser chez l'antagoniste. Les combattants démunis de leur casque d'argile se retiraient de la lutte, non sans avoir reçu ou fourni des horions plus ou moins graves. Le gouvernement s'est interposé, fort heureusement; et cette pratique barbare, en contradiction, il est vrai, avec le caractère naturellement pacifique des Japonais, est tombée en désuétude.

Depuis hier, le paysage s'est profondément modifié. Les rives se sont relevées, le sol présente mille ondulations variées, les groupes de maisons se succèdent plus importants et plus rapprochés. On s'aperçoit qu'on n'est pas loin de la grande ville. Celle-ci ne se trahit pourtant pas aux regards, comme les cités européennes : aucune tour élancée, nul édifice découpant l'horizon ! Nous sommes parvenus au terme du voyage, alors que nous pensions traverser une modeste agglomération.

C'est bien Tokio, en effet, où nous faisons sans bruit notre rentrée. Bientôt la vaste fourmilière humaine apparaît à nos regards dans son étonnante activité. Déjà nous côtoyons les quais bordés de boutiques et d'échoppes. Un mouvement prodigieux règne aux abords de la rivière, où se pressent des barques innombrables. Nous passons devant de longues files de *kouras*, ou magasins incombustibles, et sous des ponts de toute dimension. Le bruit des tambourins, le raclement des guitares, l'appel des masseurs, aveugles ou se donnant pour tels et recommandant leurs services à coups de sifflet; le roulement des djinrikchas, la circulation des gens affairés qui vont, viennent, s'arrêtent, discutent, encombrant les rives et les ponts; les mousoumés portant leurs enfants sur le dos, les croassements des corbeaux se disputant leur pâture au milieu des détritus abandonnés sur la voie publique, la foule des artisans demi-nus, grouillant sur la terre ferme et sur l'eau; les flottilles de canots, de chalands et de jonques entre lesquels nous nous faufilons : tout cela défie une simple description et nous paraît étrange et bien fou, à nous qui venons de passer huit jours entiers dans la contemplation de la seule nature. Que de canaux ! que de passerelles ! que de ponts ! Venise, au temps de sa prospérité maritime, ne devait pas offrir un coup d'œil plus surprenant.

Nous nous arrêtons enfin vers une heure et demie dans la Soumidagawa, au milieu d'une foule d'autres embarcations. Il ne nous reste qu'à transborder sur un canot, et, dans quelques minutes, nous voilà sur les quais avec armes et bagages. — Depuis Totchighi, la barque avait parcouru trente-six ris, alors que par la voie de terre on en compte à peine vingt-deux.

Nous ne faisons que traverser la ville. En une demi-heure, et voiturés par les djinrikchas, nous arrivons à la gare du chemin de fer, d'où nous repartons aussitôt pour Yokohama.

Dès notre arrivée à destination, nous devenons les témoins d'une scène fort réjouissante. Les conducteurs, gens âpres au gain, — φιλάργυρον γένος, comme dit Sophocle, — nous connaissant déjà tous, avaient pris la douce et peu louable habitude de nous surfaire le plus possible et de se recommander en outre à notre libéralité. Maintenant ils ont à se débattre avec Sada, qui, prenant nos intérêts à cœur, marchande leurs services *sen* par *sen*, peut-être bien *rin* par *rin*. Les bons diables font la plus piteuse figure qu'il soit possible de voir. Ils regardent avec consternation notre économe improvisé, en ayant l'air de lui dire : « De quoi te mêles-tu? Ces étrangers pour nous sont aussi des étrangers pour toi. Que c'est d'un mauvais concitoyen de venir ainsi multiplier les bâtons dans les roues de nos djinrikchas. » Ailleurs, j'ai déjà fait l'éloge de la mimique japonaise. Jamais je ne l'avais appréciée sous un jour plus expressif. Personne ne souffle mot, cependant, mais quelle moue, et quels regards!...

— Pas de nouvelles du *City of Peking*. Le navire n'a point encore fait son apparition. Espérons que, depuis les vingt-quatre jours pleins qu'il tient la mer, il ne lui est advenu aucune mésaventure. Il serait trop pénible d'avoir à m'applaudir de m'être embarqué sur le *Gaelic*, de si fâcheuse mémoire.

ARMOIRIES DES TOKOUGAWA (p. 92).

VILLAGE DE HASÉMOURA, OÙ SE DRESSE LE GRAND DAÏBOUTZ DIT DE KAMAKOURA (p. 158).

V

YOKOHAMA, KAMAKOURA ET ENOCHIMA

Coups de feu en rade. — L'armurerie japonaise. — Ma collection personnelle. — Ce que vaut une épée. — Susceptibilités locales. — Digression sur l'éventail. — Je perds un compagnon. — La presse étrangère et indigène dans l'empire du Soleil Levant. — Le climat : variétés et variabilités. — Tout un monde de kotos. — Légendes sacrées relatives aux instruments de musique. — Une fête bouddhiste. — Spectacles forains et danses bachiques. — La nuit de Walpurgis. — Sport hippique. — Une revue militaire à Tokio. — L'armée du Mikado. — Le bronze japonais. — Bric-à-brac sans égal. — Un mariage devant M. le maire. — Révolte dans le Sud. — Situation inquiétante du Japon. — Le cimetière chrétien et l'évocation du passé. — Calme et tempête. — Marié à la japonaise.
Vers l'île d'Enochima. — Campagne en raccourci. — Le *kago*. — Bête et *betto*. — Un joli village et un charmant minois. — L'ancienne Kamakoura. — Le temple de Hatchiman. — Une histoire sanguinaire. — Bibelots sacrés. — Souvenir à Rabelais. — Le grand Daïboutz. — Une chute homérique. — Enochima ou la terre miraculeuse. — Retour accidenté.
Laques et laquiers. — Exercices chorégraphiques à Takachimatcho : la *djonkina*. — Étude de mœurs. — Le couple impérial. — Aspects nocturnes.

Vendredi, 27 octobre. — Beau temps (th. +15° cent.).
Les fatigues des journées précédentes m'ont rendu moins matinal qu'à l'ordinaire. Dans le pays on se lève habituellement avec le soleil. J'y suis, pour cette fois, amené par des coups de feu retentissants et de nature à réveiller un léthargique. Chaque jour, en effet, dès huit heures du matin, des roulements de mousqueterie, échangés sur les flots, partent des différents navires de guerre indigènes et étrangers amarrés dans la baie. Ce sont les sentinelles de bord qui déchargent leur fusil de garde. Semblable manœuvre se renouvelle à huit heures du soir, sans compter toutes celles qui s'exécutent à d'autres heures de la journée : histoire de rappeler aux malintentionnés qu'on a toujours l'œil sur eux.
Enfin, le *City of Peking* a mouillé en rade. Un

temps défavorable, des vents contraires ont seulement retardé sa marche. MM. O** et B**, que nous avions eu le plaisir de rencontrer à San-Francisco, sont descendus au Grand-Hôtel. Nous renouvelons connaissance et passons ensemble une partie de la journée. En ma qualité de premier arrivé, je mets à leur service les faibles trésors de ma récente expérience, surtout en ce qui concerne la ruse des marchands de curiosités; car, à peine débarqués, MM. O** et B** semblent déjà en proie à la fièvre du collectionnement.

Samedi, 28 octobre. — Beau temps : même température qu'hier.

La fraîcheur des eaux et l'installation défectueuse de la barque, sur laquelle nous avons passé une nuit pleine et près de deux journées, durant notre voyage de retour de Nikko, m'ont valu un superbe coryza. Aussi ne suis-je guère en état d'accepter l'invitation de notre ministre, qui veut faire à ses compatriotes nouvellement débarqués les honneurs de sa villa des Bluffs. Je me vois donc forcé de me rabattre, pour passer ma journée, sur les marchands de la cité indigène. On se rappelle peut-être qu'avant mon départ j'avais acheté à un certain M. K** toute une collection d'objets d'art japonais. J'espère tirer profit de cette visite pour l'augmenter.

CHEZ L'ARMURIER (p. 130). — D'après une gravure du *Yéhon Teïkin Oraï* de Hokousaï.

Mes courses m'amènent, dans *Bentendori*, chez un armurier ou, pour parler plus exactement, chez un entrepositaire d'armes investi de la confiance des ci-devant samouraïs, auxquels un décret impérial a interdit définitivement le port de leurs sabres. Par malheur, les spécimens étalés sous mes yeux ne s'élèvent pas au-dessus de la fabrication courante. Tous sont dépourvus d'originalité et avaient appartenu probablement à des officiers subalternes.

Par suite de l'abandon des mœurs féodales, l'état d'armurier a perdu au Japon ses anciens privilèges. Celui-ci, en effet, jouissait autrefois d'une considération plus haute, s'il est possible, que celle dont était jadis revêtue en France la corporation des gentilshommes verriers. Précurseur en cela de l'infortuné Louis XVI, l'empereur Gotoba-Tenno, qui vivait en 1184, ne dédaignait pas de battre le fer de son auguste main et de prodiguer les avis compétents aux forgerons de son empire. De tout temps, d'ailleurs, les armuriers, qui s'étaient particulièrement distingués dans l'exercice de leur profession, recevaient un titre honorifique en rapport avec l'excellence de leurs travaux. Considérés comme de vrais artistes, l'histoire a même pris à tâche d'enregistrer leurs noms et les merveilles qui sortaient de leurs mains. Le plus anciennement connu semble avoir été un nommé Amakouni, propre descendant de celui qui forgea le fac-similé de l'épée trouvée dans l'appendice caudal du dragon à huit têtes. Comme les noms, et particulièrement les noms japonais, ne présenteraient ici qu'un maigre intérêt, je me bornerai à désigner les spécialistes dont les produits sont devenus les plus rares et le plus vivement recherchés.

D'après un travail fort complet, émanant de la *Société asiatique du Japon*, quatre personnalités domineraient l'art antique de l'armurerie : Mouné Chika, dont les épées étaient déjà célèbres en 987; Masamouné et Yochimitsou, — ce dernier le plus illustre de tous; — et, enfin, Mouramasa, qui n'apparut que vers le quinzième siècle de notre ère. Autant les lames de Yochimitsou excitent les convoitises, en raison de la réputation qu'elles ont de porter bonheur à qui les possède, autant celles de son successeur passent pour exercer une influence néfaste. Ce qui n'empêche pas les amateurs les plus superstitieux d'attacher un grand prix aux unes et aux autres.

Mon coryza me laissant quelque trêve, je me risque, le soir venu, à prendre le chemin des Bluffs. J'y trouve encore M. B**. On cause du Japon ancien et nouveau, et, conclusion fatale, on fait de la musique jusqu'à une heure assez avancée. Bien que notre compatriote parle des maîtres en amateur sérieux, et trahisse des études toutes spéciales, il déclare jouer à peine de l'instrument si cher à Liszt et aux demoiselles à marier. Est-ce pure modestie ou simple expédient pour échapper à la valse obligatoire où je dois m'exercer à tour de bras?...

Dimanche, 29 octobre. — Beau temps, toujours; matinée un peu fraîche, mais soleil chaud et clair au milieu de la journée.

Aujourd'hui, notre ministre et M. B**, décidément passionné pour l'art indigène, viennent me faire visite et juger par eux-mêmes des curiosités que je suis parvenu à recueillir. En vérité, si le dieu Hasard con-

YOKOHAMA, KAMAKOURA ET ENOCHIMA

tinue à favoriser mes recherches, je finirai par former une vraie collection. Je possède maintenant des laques, des bronzes, des ivoires, des bois sculptés, des étoffes, des peintures sur soie, des armes, une selle de cheval,... que sais-je?

La selle, tout particulièrement, est des plus curieuses. Le bât, construit en bois et dépourvu de garnitures élastiques, se compose de simples planchettes attachées aux arçons au moyen de lanières de cuir.

cuissards en fer articulé ; masques grimaçants, laqués de noir, aux paupières et aux lèvres sanglantes ; piques aiguës et munies de leur étui comme des rasoirs anglais. On dirait d'un arsenal, aussi varié par la forme et la diversité des pièces, que naïvement inoffensif aux yeux de la tactique moderne.

Dans l'après-midi, nous nous rendons à Tokio avec plusieurs passagers du *City of Peking*. Il fait un temps superbe, contrastant singulièrement avec la tempéra-

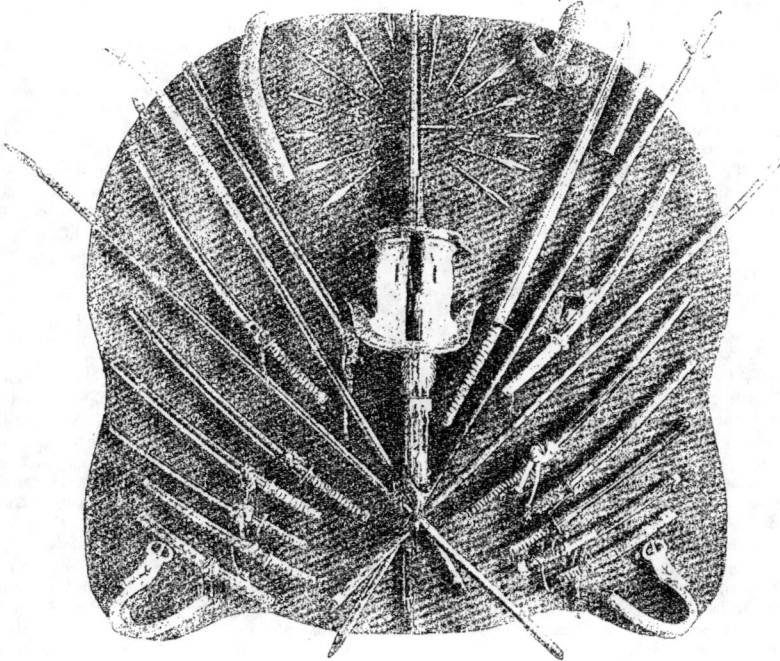

SABRES DE SAMOURAÏS, LANCES, FLÈCHES, SABRE D'EXÉCUTION, SELLE ET ÉTRIERS (p. 131).
Collection de l'auteur.

Chacune de ces pièces, en revanche, est revêtue de laque nacré. Quant aux étriers, en métal, mais également laqués, ils sont lourds et massifs, affectant la forme d'une houe ronde, faite pour emboîter complètement le pied. Des cordons et des tresses en soie remplacent nos vulgaires courroies de cuir. Les brides aussi sont en étoffe et, généralement, d'un travail original et précieux.

A côté de ces curiosités de diverse nature, se présente l'armurerie, rare ou courante : casques hémisphériques à larges bords rabattus, et ornés des insignes du commandement; cuirasses de métal noirci, garnies de tresses; cottes de mailles, épaulières et

ture détestable qui régnait lors de ma première visite à la cité des anciens chogouns.

Mes compagnons, qui, sur la foi de certaines descriptions, croyaient encore y rencontrer le déploiement d'une cour quasi féodale, sont tout surpris de circuler aussi aisément au milieu des populations. C'est qu'au Japon les réformes de tout genre marchent de pair avec les révolutions politiques. A peine une période de quelques années nous sépare-t-elle de la déchéance du pouvoir usurpé que déjà les rues de l'ancienne Yédo ont complètement perdu leur caractère moyenâgeux. On n'y rencontre plus ces imposants cortèges de daïmios, sur le passage desquels la foule s'inclinait avec un respect doublé de terreur. Les hatomotos, fidèles soutiens du chogounat, et qui lui fournissaient avec empressement des hommes et des subsides, sont maintenant dispersés. Les derniers partisans se sont volontairement résignés à suivre leur suzerain dans son exil effacé. On y chercherait en vain l'*Otokodaté*, cette « sainte Vehme » japonaise, offrant dans ses institutions quelque chose d'analogue aux tribunaux secrets des États américains du Sud. Les chevaliers errants, dons Quichottes bardés de fer, courant sus aux bandits et maintenant l'ordre dans la ville et dans les campagnes, ont fait place à de nombreux agents de police à l'européenne. Cela est plus sûr, évidemment, mais aussi beaucoup plus banal. Tout, d'ailleurs, a subi des transformations profondes; mais l'art national, suivant en cela la marche de nos progrès occidentaux, semble y avoir perdu notablement. Les fastes du despotisme ont parfois des magnificences, je dirais même une poésie, que ne sauraient compenser, aux yeux de l'artiste bien entendu, les promiscuités grouillantes, incolores, d'une active démocratie.

Le soir, nous revenons dîner à Yokohama.

Lundi, 30 octobre. — Beau temps (th. +15° cent.).

M. K**, passé décidément au rang de mon pourvoyeur attitré en curiosités japonaises, et informé de mes recherches infructueuses en matière d'armes, me présente aujourd'hui un assortiment complet de sabres et de lances. Les échantillons sont des mieux choisis.

Tout le monde connaît aujourd'hui les sabres japonais, remarquables autant par la pesanteur de la lame que par la richesse élégante de la coquille et du fourreau, généralement enrichis d'appliques de bronze, d'argent et même d'or finement ciselées.

Il n'y a pas de limites au luxe déployé dans cette fabrication, réputée noble par excellence, voire sacrée. Ainsi l'épée, toute moderne, offerte par le Chogoun au plénipotentiaire français qui avait été chargé d'obtenir pour son pays les avantages consentis au commodore Perry, n'a pas coûté moins de huit mille francs. Quant aux sabres antiques, forgés par les armuriers célèbres, ils possèdent, ainsi que je l'ai dit, une valeur absolument en dehors de toute cote régulière. Il en est de ces armes comme, chez nous, des instruments types fabriqués par les anciens luthiers en renom. Les prix dépendent uniquement du désir plus ou moins prononcé de l'amateur et du degré de gêne subi par le propriétaire de la relique. Malgré le discrédit dans lequel sont tombées les idées féodales, les maisons nobles, ruinées par les révolutions, ne se dessaisissent qu'avec une extrême répugnance des glaives historiques, héritage des ancêtres. Cette répugnance est d'autant plus légitime, qu'il y a une vingtaine d'années à peine, le moindre daïmio sacrifiait volontiers des sommes folles pour se procurer un simple jeu de sabres. Nous disons « jeu de sabres », car ces armes se vendent ici à la paire, comme nos chaussures et nos gants. On sait, en effet, que chaque « seigneur à deux lames », comme les appelaient autrefois les étrangers, était imperturbablement flanqué d'une grande épée à deux mains et d'une dague de combat.

Pour ma part, je compte me montrer plus modeste dans mes prétentions.

J'ajouterai, d'ailleurs, que d'où qu'ils proviennent, qu'ils sortent des ateliers anciens, ou qu'ils soient de fabrication récente, les sabres japonais sont généralement trempés à toute épreuve. Ils peuvent rivaliser, pour le tranchant et la résistance, avec les meilleures lames de Damas, de Tolède, de Solingen ou de Saint-Étienne.

Les épées des anciens chogouns étaient essayées, dit-on, sur les cadavres des condamnés préalablement étranglés. Les simples samouraïs y mettaient moins de formes. Un manque de déférence, un frôlement involontaire, un regard mal interprété, et aussitôt une tête d'ouvrier ou de paysan roulait sur le sol. Le legs d'Iyéyas autorisait les gens d'épée à punir de mort toute atteinte portée à leur supériorité sociale.

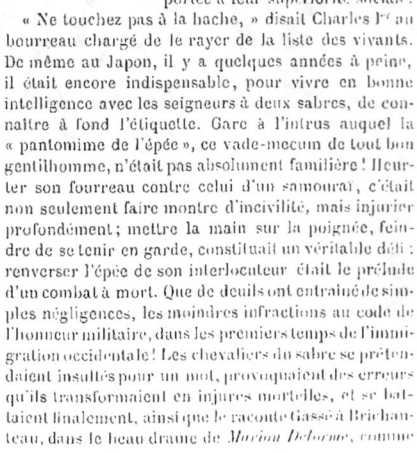

UNE PROVOCATION (p. 132).
Dessin de Hokousaï.

« Ne touchez pas à la hache, » disait Charles Ier au bourreau chargé de le rayer de la liste des vivants. De même au Japon, il y a quelques années à peine, il était encore indispensable, pour vivre en bonne intelligence avec les seigneurs à deux sabres, de connaître à fond l'étiquette. Gare à l'intrus auquel la « pantomime de l'épée », ce vade-mecum de tout bon gentilhomme, n'était pas absolument familière! Heurter son fourreau contre celui d'un samouraï, c'était non seulement faire montre d'incivilité, mais injurier profondément; mettre la main sur la poignée, feindre de se tenir en garde, constituait un véritable défi; renverser l'épée de son interlocuteur était le prélude d'un combat à mort. Que de deuils ont entraîné de simples négligences, les moindres infractions au code de l'honneur militaire, dans les premiers temps de l'immigration occidentale! Les chevaliers du sabre se prétendaient insultés pour un mot, provoquaient des erreurs qu'ils transformaient en injures mortelles, et se battaient finalement, ainsi que le raconte Gassé à Brichanteau, dans le beau drame de *Marion Delorme*, comme

Tous les Brissac contre tous les Soubise,
A propos du pari d'un cheval contre un chien.

Du reste, pour ne pas rendre trop criard ce rapprochement entre les mœurs barbares des seigneurs japonais et la mode batailleuse si en honneur au dix-septième siècle, je me permettrai de rappeler que pour l'essai de ces mêmes sabres, à défaut de victimes humaines on s'en prenait tout bonnement aux chiens errants sur la voie publique. Avant même d'avoir eu le temps de s'écarter, le pauvre animal était partagé en deux par les cruels spadassins, que décidément l'on a bien fait de désarmer.

Inutile d'ajouter que, dans un pays aussi entiché du maniement du sabre, l'escrime était élevée à la hauteur d'une véritable institution. Maintenant encore, bien que le port du sabre soit aboli, c'est toujours cette arme favorite des Japonais qui est considérée comme l'instrument du combat.

Je profite de ma visite chez M. K** pour me nantir aussi de quelques jolis éventails. Ceux dont je fais choix sont pliants, garnis de soie, enrichis de fines enluminures, et représentent des scènes de la vie locale, des sites montagneux ou rustiques, des marines aux jonques découpées à l'emporte-pièce sur les flots implacablement azurés, des fleurs aux tiges jetées d'un coup de pinceau, des oiseaux à l'air fatidique, etc. C'est dans ces ravissantes et naïves compositions que se révèlent le plus intimement le goût délicat et la fraîcheur d'imagination de l'artiste japonais. La monture de ces éventails n'est pas moins soignée que la feuille de soie dont elle est recouverte. Cette monture consiste en branches d'ivoire, d'écaille ou de bois précieux incrustées de nacre, d'or, d'argent, de corail, ou revêtues d'ornements en laque.

Je ne doute pas que de si jolis bibelots ne me soient vivement disputés à mon retour en Europe, où l'éventail japonais n'est surtout connu que par les vulgaires spécimens de forme ronde, à branches fixes et découpées dans un rameau de bambou.

Par une singulière contradiction avec nos coutumes, ici l'éventail à branches fixes, appelé *outchiwa*, est exclusivement réservé aux femmes. Les dames japonaises ne se servent que fort rarement de l'*oghi* ou éventail pliant, de forme semi-sphérique. Par contre, c'est de ce dernier seulement que les hommes font usage. Ils croiraient manquer gravement à l'étiquette nationale, s'ils paraissaient en public munis d'un simple outchiwa. Au reste, l'éventail emprunte, en ce pays, les apparences les plus diverses, et se compose des éléments les plus simples comme les plus rares et les plus somptueux. On peut dire que le Japon est le pays de l'éventail par excellence. Et par le fait,

UNE SÉANCE D'ESCRIME (p. 133).

l'emploi universel qu'on y fait de ce meuble-bijou ne s'explique-t-il pas par son origine essentiellement asiatique? N'est-ce pas de l'Orient aux chaudes atmosphères que nous est parvenu l'éventail? Et nos habiles ouvriers d'Europe font-ils autre chose que suivre les modèles importés successivement de la Chine et de l'Inde, dès la plus haute antiquité?

Mais revenons au Japon. Autrefois, l'éventail y faisait, pour ainsi dire, partie intégrante du costume national. Personne, pas même le guerrier, ne se séparait d'un auxiliaire jugé encore plus indispensable que dans la Rome des Césars ou à la cour de Louis XV. C'est ainsi que nous voyons la plupart des hommes célèbres représentés dans les estampes, mikados, chogouns, généraux, fonctionnaires ou artistes, pourvus de cet auxiliaire élégant. Toutefois, dans la vie militaire, contrairement à ce qui se passait dans la vie civile, l'éventail était de métal, comme la cuirasse et les cuissards. Même de nos jours, sur toute l'étendue du Grand Nippon, l'éventail suffirait encore, à lui seul, pour trahir les différentes fonctions sociales, les professions et les métiers. Conteurs ambulants, histrions, jongleurs, équilibristes, chanteuses et danseuses, ont tous leur type particulier, richement historié et sur les élytres duquel des artistes spéciaux évoquent tout un monde enchanteur de paysages élyséens.

L'antichambre des maisons bien montées est inévitablement pourvue, en prévision des visites, de porte-éventails où s'étalent des spécimens souvent couverts de citations classiques, de courtes historiettes, voire d'inscriptions autographes sollicitées des amis comme des étrangers de passage. Il n'est pas rare d'y lire un vers de Byron, de Dante ou de Lamartine, négligemment griffonné à côté d'une maxime locale admirablement calligraphiée, mais parfaitement inintelligible pour nous. L'éventail de maison joue ici le rôle de l'album dans le salon de nos bas-bleus, et la persécution infligée aux visiteurs n'est pas moins tyrannique que dans nos boudoirs les plus fréquentés.

L'éventail est non seulement, au Japon, un objet de luxe et d'agrément; il se plie encore aux plus humbles usages domestiques. On s'en sert pour souffler le feu, pour enlever la poussière des meubles, pour débarrasser les céréales de leur gaine de paille, et même pour entretenir à la surface d'un liquide quelconque une basse température. Autant d'offices différents, autant de formats, de fabrications et de matières caractéristiques. Il en est à l'épreuve du feu, et d'autres absolument imperméables. On pourrait même dire au Japon, en parodiant un de nos proverbes usuels : « Dis-moi comment tu *éventes*, et je te dirai qui tu es. »

Mardi, 31 octobre. — Temps couvert (th. +17° cent.).

LA PLUIE (p. 137). — D'après une gravure du *Riakougu Haya Chinna*, ou méthode du dessin cursif, de Hokousaï.

Mr. Duncan est parti ce matin avec Sada, qu'il m'emprunte, pour réaliser, au Foudji-yama, l'excursion comprise dans son programme. Globe-trotter émérite, et voyageant par système plutôt que par curiosité, mon compagnon de route s'est mis en tête certaines dates dont les sept merveilles du monde réunies et prosternées devant lui seraient incapables de le distraire. Ainsi, le 24 novembre prochain, il compte aborder à Changhaï. Pour y parvenir, il va simplifier les choses, et, renonçant aux autres excursions qu'il méditait de faire dans l'intérieur du Japon, il a entrepris sans plus tarder son pèlerinage au volcan sacré. En lui je perds un compagnon de voyage déterminé, d'humeur joviale, se livrant peu, — j'en conviens, — mais d'un commerce toujours sûr et d'une convenance parfaite. Nous nous retrouverons, je l'espère, en ces contrées ou bien ailleurs, si tant est que les montagnes seules ne se rencontrent pas.

Je consacre la journée tout entière à parcourir la concession étrangère de Yokohama. M. de G**, notre ministre, veut bien m'accompagner dans les bureaux de divers journaux publiés ici. Au cours de nos visites, je recueille quelques renseignements précieux concernant le développement du journalisme au Japon.

L'importance des intérêts engagés dans ce pays, enfin ouvert au grand commerce international, et l'influence incontestable acquise par la diplomatie britannique sur le gouvernement nouveau, devaient inévitablement assigner aux journaux anglais une place prépondérante, entre tous les autres organes de la publicité étrangère. Aussi, le *Japan Mail*, paraissant sous la double forme de feuille quotidienne et de revue hebdomadaire, occupe-t-il le premier rang dans la presse. On s'accorde à le considérer comme le mieux renseigné qui existe au Japon. Quant à la rédaction, elle est à la hauteur de ce qui se fait en Europe, bien qu'un pareil résultat soit assez difficile à atteindre dans un milieu isolé de tout grand foyer intellectuel. L'édition hebdomadaire, surtout, contient des articles remarquables, pleins de données exactes et sous une forme à la fois solide et élégante. Le directeur du journal s'engage à me faire parvenir la collection des numéros parus depuis le 1ᵉʳ janvier dernier, ce qui me permettra de rapprocher des grands et petits évé-

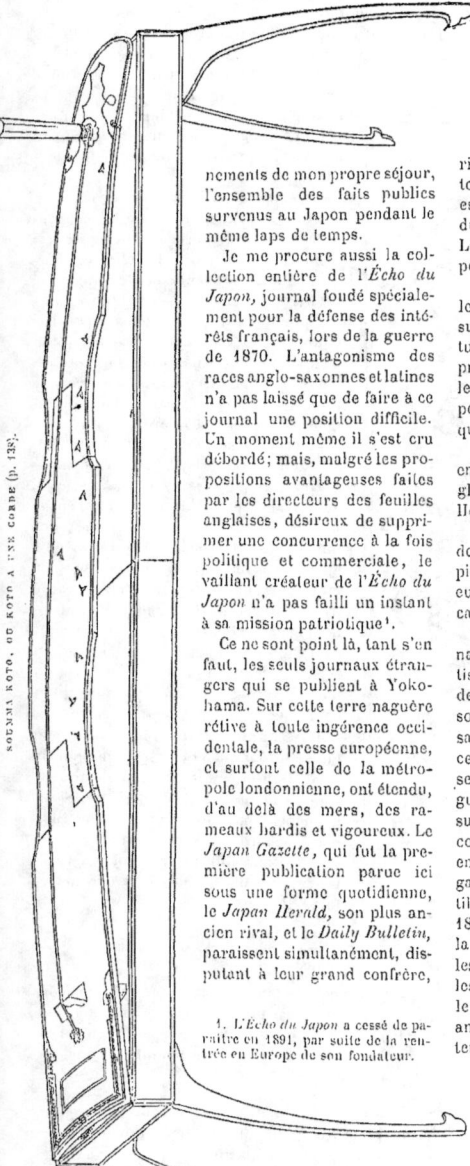

nements de mon propre séjour, l'ensemble des faits publics survenus au Japon pendant le même laps de temps.

Je me procure aussi la collection entière de l'*Écho du Japon*, journal fondé spécialement pour la défense des intérêts français, lors de la guerre de 1870. L'antagonisme des races anglo-saxonnes et latines n'a pas laissé que de faire à ce journal une position difficile. Un moment même il s'est cru débordé; mais, malgré les propositions avantageuses faites par les directeurs des feuilles anglaises, désireux de supprimer une concurrence à la fois politique et commerciale, le vaillant créateur de l'*Écho du Japon* n'a pas failli un instant à sa mission patriotique[1].

Ce ne sont point là, tant s'en faut, les seuls journaux étrangers qui se publient à Yokohama. Sur cette terre naguère rétive à toute ingérence occidentale, la presse européenne, et surtout celle de la métropole londonienne, ont étendu, d'au delà des mers, des rameaux hardis et vigoureux. Le *Japan Gazette*, qui fut la première publication parue ici sous une forme quotidienne, le *Japan Herald*, son plus ancien rival, et le *Daily Bulletin*, paraissent simultanément, disputant à leur grand confrère,

1. L'*Écho du Japon* a cessé de paraître en 1891, par suite de la rentrée en Europe de son fondateur.

le *Japan Mail*, une partie de sa clientèle. Notons que ces journaux impriment encore une édition bi-mensuelle, dans laquelle sont triées et condensées les matières d'intérêt général, en vue des lecteurs de la mère patrie. N'est-ce pas énorme, pour une petite colonie qui ne compte que quelques milliers de résidents? C'est au point qu'on se demande comment tant de publications rivales peuvent subsister côte à côte, étant donné surtout le prix singulièrement élevé de l'abonnement. Il est à croire que l'importance commerciale de ce coin du Japon leur crée des ressources extraordinaires. Le fait est qu'elles vivent toutes et que plusieurs prospèrent.

Yokohama possède, en outre, son journal amusant, le *Punch*, et plusieurs revues où chacun, dans la mesure de ses aptitudes, apporte un contingent varié d'études, de découvertes et d'investigations. On voit que, proportionnellement à son étendue et à sa population, le seul port de Yokohama est plus riche en organes politiques, commerciaux, scientifiques et littéraires, que n'importe quel grand centre continental.

Les autres ports du Japon, ouverts au commerce en vertu des traités, ont également leurs journaux anglais, notamment Nagasaki, autrefois accessible aux Hollandais seuls.

Quant aux publications indigènes, au chiffre de près de cinq cents, réparties sur toute la surface de l'empire, on peut les considérer comme très nombreuses, eu égard aux mesures restrictives dont la presse locale se voit l'objet de la part de l'autorité.

Pendant de longues années, les nouvellistes japonais n'avaient guère osé épiloguer sur les faits ressortissant du domaine officiel. Mais peu à peu, et surtout depuis 1875, leurs allures timides se sont modifiées, sous l'influence de la classe mécontente des ci-devant samouraïs. Depuis la restauration de l'autorité légitime, ceux-ci n'ont rien trouvé de mieux que de s'improviser publicistes pour décrier le régime nouveau et pour guerroyer de la plume à défaut de l'épée. Il en est résulté que le gouvernement impérial, peu habitué à voir contrôler ses actes d'une façon aussi acrimonieuse, en a pris ombrage et a édicté des mesures sévères à l'égard des publications qui lui sont manifestement hostiles. En dépit de la liberté de la presse décrétée dès 1872, une loi de 1875 (toujours en vigueur) punit de la prison et de l'amende les éditeurs imprudents, et les rend responsables des articles séditieux parus dans les colonnes de leurs journaux. Chose bizarre, d'ailleurs, dans cet empire autoritaire dont, il y a trente ans à peine, les navires occidentaux n'osaient affronter les rives inhospitalières, la liberté de la presse, refusée aux écrivains nationaux, existe sans limite pour les seuls étrangers !

Quoi qu'il en soit, les mesures liberticides n'ont pu arrêter l'extension de la presse indigène, devenue un besoin pour un peuple curieux et remuant entre tous. Pour donner un aperçu plus complet des progrès accomplis au Japon dans le domaine de la diffusion des idées, il suffira de constater la progression constante du nombre de périodiques confiés à la poste impériale. En 1874, ce nombre s'était borné à moins d'un million et demi. Dès l'année suivante, il s'élevait à trois millions et demi, pour

TAKATOFSA, VAINQUEUR DES ARMÉES CHINOISES AU TREIZIÈME SIÈCLE, MANIANT L'ÉVENTAIL DE FER (p. 131).
Dessin de Yosai.

atteindre à plus de cinq millions en 1876, chiffre qu'il a sensiblement dépassé depuis[1].

Sans doute, ce total est encore assez restreint pour une population évaluée à près de quarante millions d'habitants, c'est-à-dire aussi dense que celle de plusieurs grands États européens. Mais nous avons mis plusieurs siècles à acquérir notre développement actuel, et au Japon tout est l'œuvre de quelques années seulement. Il convient aussi de faire remarquer que la population est généralement pauvre et qu'une douzaine au plus des journaux qui s'adressent à elle paraissent quotidiennement. Pour communiquer à la presse nationale un plus vigoureux essor, il suffirait que le gouvernement, confiant dans sa force et désormais rassuré sur l'accueil réservé par la nation tout entière à ses innovations, étendit généreusement le champ des libertés publiques, et s'efforçât ainsi de galvaniser une race avide de science, de progrès et d'activité intellectuelle.

Ce soir, dans la salle à manger de l'hôtel, on tire une sorte de loterie précédant les trois journées de courses qui commencent demain. Excellente occasion de faire une petite étude de mœurs. Le livret des courses — car le programme prend ici l'importance d'une brochure — ne mentionne pas moins de trente numéros. Aussi toute la gent hippique de la contrée est-elle en révolution. Mes compagnons américains y tiennent naturellement le premier rang.

Je m'abstiendrai d'entrer dans les détails de cette loterie, à peu près semblable à celles que j'avais vues en Amérique. Je me contenterai de constater l'envahissement de plus en plus accusé des mœurs yankees sur ce terrain neutre en apparence. En tout cas, les hommes s'y montrent d'un sans-gêne, d'un débraillé très significatifs. Le grand genre, absolument parlant, consiste à n'en avoir aucun. On y prend des poses relâchées; on rejette le chapeau sur la nuque, bref tout nouveau venu pourrait s'y croire, non dans une réunion de sportsmen favorisant la culture du plus noble compagnon qui soit donné à l'homme, ainsi que le disait Buffon, mais dans un cabaret de simples maquignons en goguette. Si les gagnants témoignent leur joie d'une manière débordante, les disgraciés de la fortune, au contraire, semblent y répéter ces vers du *Mercure de France* autrefois célèbres :

J'ai perdu dans ce jour fatal
Mon cocher, mon cheval, ma belle...
J'ai grand regret de mon cheval.

Il me plaisait pourtant d'être débarrassé de ces façons platement vulgaires, si générales en Amérique. N'était même mon désir de tout voir et de tout expliquer, je me serais volontiers abstenu de me mêler à cette foule en délire.

Mercredi, 1er novembre. — Pluie (th. + 19 cent.).

Il ne pleut pas fréquemment, au Japon. De quatre-vingts à cent jours par an, tout au plus, telle est la moyenne. Mais quand il pleut, il tombe des hallebar-

[1]. Le résumé statistique de l'empire du Japon, pour l'année 1896, accuse le chiffre de 80,415,390 journaux et revues, transportés par la poste pendant l'exercice 1894-1895.

des la pointe en bas, comme on disait au temps jadis, expression d'ailleurs justifiée partout et qui me remet aussitôt en mémoire certaine fantaisie de Hokousaï où le célèbre artiste représente la pluie, tout en s'efforçant de prouver qu'une projection quelconque sur papier peut toujours être ramenée à une figure géométrique. Nous avions déjà eu — on se le rappelle — l'occasion de constater, sur la route de Nikko, avec quelle intensité la pluie tombe parfois dans ce pays volcanique ; je suis obligé, fort à contrecœur, de le constater derechef à Yokohama. On dirait que toutes les cataractes du ciel se déversent sur la cité qui n'en peut mais, tant celle-ci est mal construite pour résister à de pareilles intempéries. Notre hôtel fait eau de toutes parts, comme un navire désemparé. Les gouttières, inhabilement distribuées, établies sans conviction, engorgées par les sécheresses ou percées à jour par la rouille, ne servent qu'à inonder plus complètement les parties de l'habitation qui ont le privilège d'en être munies. Sous ce déluge, certain couloir à ciel ouvert voit les eaux s'amonceler et rouler en véritable torrent, puis se précipiter par la porte d'accès dans la *Water street*, — un nom bien donné celui-là, — sur laquelle l'immeuble a l'une de ses façades. Eh quoi ! pas un dalot, pas un malheureux puisard pour absorber ce trop-plein, quand on est exposé à affronter de semblables calamités !...

Le climat du Japon est ce qu'on est convenu d'appeler tempéré, bien qu'il réunisse en fait des températures très différentes. Si, dans le Sud, même au cœur de l'hiver, la végétation revêt un caractère semitropical, laissant aux palmiers, aux citronniers, aux

MANIANT L'OUTCHIWA OU L'ÉVENTAIL A BRANCHES FIXES (p. 133).

orangers, la liberté de croître en pleine terre, dans le Nord, au contraire, les arbres, soumis aux plus dures intempéries, ne comportent que des essences assimilables à celles de la Norwége et du Canada. Les fourrures même ne sont pas rares dans ces dernières régions.

Quant aux contrées intermédiaires, l'on y grille ou l'on y gèle, suivant que le retour périodique des moussons ramène la chaleur, la froidure ou la pluie. L'humidité qui résulte de l'abondance des rizières n'engendre pas heureusement les fièvres paludéennes si terribles en Italie, car les brises de mer, continuellement renouvelées, emportent les miasmes au loin, en procurant au pays une extrême salubrité. Toutefois, justement à cause de l'intermittence des températures, le mouvement du sang et des humeurs produit, sur les résidents étrangers surtout, un état d'énervement continuel aussi désagréable que pernicieux. En conséquence, les affections du foie sont généralement communes et forcent, chaque année, une partie notable des membres de la colonie européenne et américaine à retourner au pays.

Mais voici une éclaircie ! A défaut de paysages ensoleillés ou de monuments aux ombres majestueuses, allons en admirer les reproductions photographiques dans la splendide collection de M. B**, un artiste italien. Ses ateliers ne sont pas éloignés de l'hôtel, et ses vues coloriées, très artistiques, comportent des prix abordables.

De là, je me rends chez M. K**, pour rassembler dans son *koura* les pièces curieuses recueillies par lui depuis notre dernière entrevue, besogne, du reste, très attrayante. En chacun de ces objets n'existe-t-il pas, en effet, quelque matière à étude ou même quelque souvenir historique et religieux ? Indépendamment de l'art qui les caractérise, les uns et les autres, rappelant des usages si différents des nôtres, rapprochant un passé que le temps s'efforce de rendre plus distant, sont de nature à évoquer à mon imagination une foule de souvenirs, plaisants ou pénibles, vivaces ou estompés, mais largement imprégnés de charme et de poésie.

En ma qualité d'amateur de musique et d'harmonie, l'acquisition dont je me sens le plus satisfait est celle d'un magnifique *koto* ayant appartenu au prince de Bizen.

Le koto est, à coup sûr, le plus important des instruments à cordes connus au Japon. L'exemplaire dont je parle est de l'espèce des *sono kotos*, et possède treize cordes. Comme facture, il se compose d'une table d'harmonie, bombée, longue d'environ deux mètres et d'une largeur de trente centimètres tout au plus, sur laquelle sont tendues des cordes de soie supportées dans le milieu par des sortes de chevalets.

Rien de plus simple, comme on voit, ce qui n'empêche que, grâce aux perfections de l'assemblage, on peut tirer de l'instrument des sons fort harmonieux, comparables à ceux que nous obtenons sur la harpe. Pour jouer du koto, le virtuose s'adapte au pouce, à l'index et au médius de la main droite, des ongles artificiels, en ivoire, fort longs et naturellement très résistants. Avec la main gauche, au contraire, il se contente de tendre ou de détendre les cordes par la pression des doigts.

Comme toute chose en ce pays d'imagination vive et féconde, la famille des *kotos* ne laisse pas que d'être fort nombreuse. Outre le *sono koto*, seul employé d'une manière générale, il existe des *kin kotos*, à vingt-cinq cordes, voire à cinquante. Toutefois ce dernier type est pour ainsi dire tombé en désuétude. Quant au *soumma koto*, de construction monocorde, au *idsoumo koto*, qui compte deux cordes, et au *yamatono koto*, qui en comprend six, ils sont moins rares que les précédents. Reste le *kino koto* à sept cordes, d'origine chinoise, dont on ne retrouve presque plus

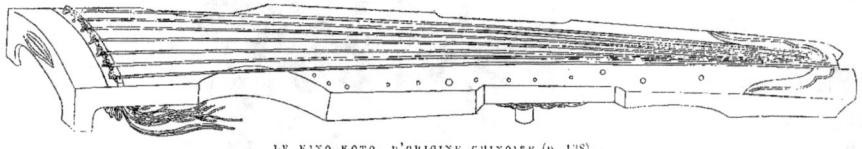

LE KINO KOTO, D'ORIGINE CHINOISE (p. 138).

d'exemplaires, et qui pourrait bien avoir servi de modèle aux kotos japonais.

Quoi qu'il en soit, le yamatono koto, appelé vulgairement *wanggong*, l'emporte, dit-on, sur tous les autres, sous le rapport de l'ancienneté. Il serait justement celui-là dont il est souvent question dans les chroniques nationales, c'est-à-dire le premier que les Japonais aient inventé. Peu s'en faut que les historiens du cru ne nous le donnent comme l'aïeul des instruments de musique du monde entier.

En tout cas, son origine est liée, par les croyances populaires, à la naissance même de la musique, art duquel, naturellement, en excellents chauvins, les Japonais revendiquent la paternité. Comme dans le livret de la *Dame Blanche*, il y a là-dessus une ballade, ou plutôt une légende, étroitement connexe à la genèse mythologique du Nippon, et que, en raison de cette haute parenté, je crois intéressant de raconter brièvement.

Nous avons vu, dans l'histoire des religions, comment la divine Amatéras, déesse de la Lumière, avait dû, pour fuir les persécutions de son frère Sousanao, se retirer dans une grotte profonde, laissant la terre et le ciel plongés dans d'égales ténèbres. A ce propos, nous avons fait connaissance avec la nymphe Ousoumé, laquelle, en vue de charmer et de séduire la noble fugitive, s'évertuait à tirer des accents mélodieux d'un rudimentaire tuyau de bambou, tout en s'abandonnant à des poses gracieuses dans le simple et riant appareil de sa beauté olympienne. Or, Ousoumé en était là de ses efforts inutiles, quand un des dieux, présent à cet incomparable concert, se plut, comme distraction, à rapprocher six arcs les uns des autres et à juger de leur effet plastique. Comment la nymphe s'en aperçut-elle, puisque l'obscurité la plus profonde régnait dans l'assemblée? Peu nous importe. Toujours est-il que Ousoumé fut frappée de cette juxtaposition et qu'un trait de génie vint illuminer son âme pleine de tendresse. S'emparer des arcs fut, pour elle, l'affaire d'un instant. Au moyen de lianes, arrachées à quelque arbre environnant, elle les réunit d'une manière indissoluble, et bientôt, transformée en joueuse de harpe,

quelque rapport avec celui du philosophe Wani, appelé au Japon par l'empereur Ojin, le fils de l'illustre impératrice dont nous parlions tout à l'heure? On se souvient, en effet, que parmi les savants et spécialistes introduits de Corée au Japon par ce philosophe, il y avait un certain nombre de musiciens. Que les Japonais, doués d'un grand esprit d'assimilation, aient eu l'idée, en exemple des instruments venus de la terre ferme, de tendre six cordes sur une table d'harmonie, et de composer ainsi le yamatono koto ou wanggong, rien de plus naturel. De là à s'attribuer purement et simplement l'invention de cet instrument de musique et à lui assigner rétrospectivement une origine sacrée, il n'y avait qu'un pas, facile à franchir pour leur féconde imagination.

Aujourd'hui, le yamatono koto n'est plus joué qu'en

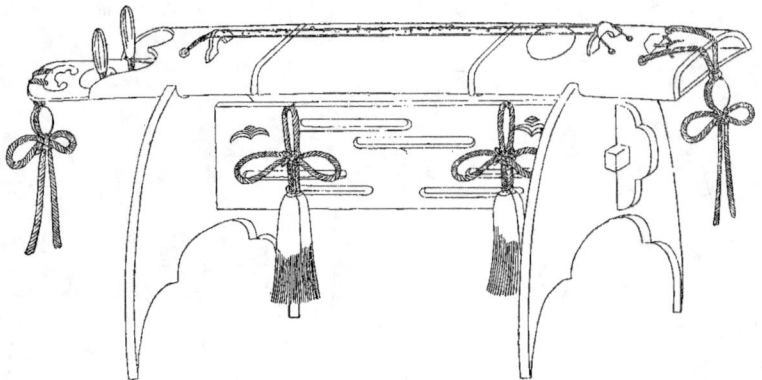

IDSOUMO KOTO, OU KOTO A DEUX CORDES (p. 138).

elle tira du nouvel instrument des accords si persuasifs que l'intraitable boudeuse, amenée à résipiscence, fit cesser brusquement l'éclipse engendrée par sa funeste disparition.

Ne dirait-on pas, ici encore, quelque allusion à la gracieuse fable des Grecs nous représentant Apollon sous le charme des notes que rendait, en se détendant, l'arc de sa sœur jumelle, la chasseresse Diane? La lyre était créée de pied en cap; et, par cela même, la poésie sortait des limbes épaisses où elle avait été tenue plongée jusque-là.

Ce ne fut pourtant qu'au commencement du troisième siècle de notre ère, et sous la régence glorieuse de l'impératrice Djingou-Kogo, qu'il fut question, même pour la première fois, de ces six arcs transformés par le génie du musicien en instrument mélodieux. Et il nous faut arriver jusqu'au quatrième siècle pour en voir couramment dans la circulation. A ce propos, n'est-on pas en droit de se demander si le nom même de Wanggong, cité plus haut, n'a point

de très rares occasions, et uniquement pour l'exécution de la musique ancienne. Encore faut-il qu'il soit accompagné de flûtes et de cliquettes, combinaison d'instruments qui rappelle comme éléments ceux qui furent employés dans le concert olympien auquel nous avons fait allusion. Il n'existe, au surplus, qu'un morceau unique et traditionnel composé en vue du yamatono koto, ce qui donne naturellement à croire à une origine antique et sacrée.

Le sono koto, à treize cordes, dont la description nous a entraîné à cette longue digression, a tout à fait remplacé l'instrument auquel se rattachent d'aussi lointains souvenirs. Tandis que le wanggong n'exige que des aptitudes très rudimentaires de la part de celui qui en joue, le sono koto réclame un véritable musicien doué d'habileté et fort au courant des mélodies léguées d'âge en âge par les compositeurs nationaux. A l'encontre de l'éternel *samicen*, — cette façon de guitare espagnole dont on joue d'instinct à tous les coins de rues, — il est le tremplin des virtuoses, comme le piano l'est habituellement en nos pays occidentaux.

Après le dîner, j'abandonne la ville européenne, avec ses bars et ses billards, avec ses magasins bondés de marchandises disparates et entassées les unes sur les autres sans aucun souci de l'étalage, pour aller faire une longue promenade jusqu'au delà de la station de Kanagawa, par la route impériale du Tokaïdo.

Tout est mouvement ce soir à Takachimatcho. La rue entière resplendit. On célèbre, dans un petit temple voisin, je ne sais quelle fête bouddhiste.

Laissant mon véhicule à mi-chemin, je me faufile à travers la cohue jusqu'au sanctuaire précité. J'y retrouve le spectacle habituel d'une foule à la fois insouciante et crédule, ébranlant les gongs retentissants à coups redoublés, battant des mains, soupirant bruyamment, se livrant, en un mot, à la pieuse et bizarre gymnastique dont j'ai déjà donné la description.

jongleurs, les danseurs, les joueurs de flûte, les diseurs de bonne aventure, les débitants de charades, les éternels vendeurs de lanternes, de jouets, d'éventails, voire d'objets de toilette les plus usuels.

Les boutiques les plus assiégées sont celles où d'adroits industriels façonnent, de leurs doigts et en soufflant, des boules de gluten qu'ils transforment, sous les yeux de la galerie, en fleurs découpées, en arbres touffus, en figures de courtisanes, de samouraïs ou d'étrangers, en rapides djinrikchas attelés de leurs coureurs. L'habileté de main, le talent réel que les pseudo-artistes déploient dans ces multiples improvisations sont véritablement surprenants.

A l'étage de certaines habitations, le public est convié au spectacle des danses populaires où figurent les *guëichas* du quartier. Dans une des plus importantes, on exécute imperturbablement, *coram populo*, la fameuse *djonkina*, en omettant à peine quelques détails

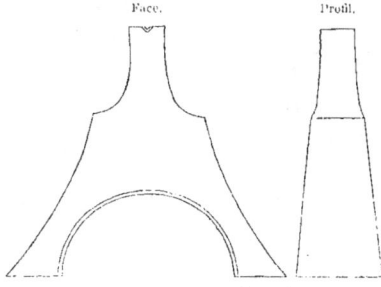

CHEVALETS DU KOTO (p. 138).

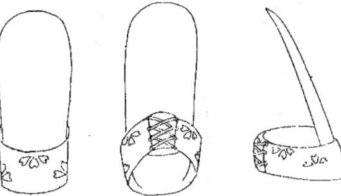

ONGLES ARTIFICIELS EN IVOIRE POUR JOUER DU KOTO (p. 138).

Les offrandes pleuvent dans la fosse aux aumônes ; et, bien qu'elles consistent généralement en humbles *tempos*, voire en simples *rins*, la récolte promet d'être abondante. Derrière le rideau, les bonzes réjouis doivent se frotter les mains.

De chaque côté de l'étroite avenue qui précède le temple, les inévitables échoppes sont assaillies par le public. Dans un de ces magasins ambulants on ne vend que de longs bâtons, affectant à leur extrémité la forme d'un râteau sur lequel est fixé quelque masque en relief grimaçant et joufflu, et garnis d'inscriptions et de banderoles. C'est l'image du dieu du Riz, invoqué surtout par les agriculteurs. Presque tout le monde achète l'objet vénéré et se promène joyeusement en le portant sur l'épaule. Quant aux femmes, elles marchandent les épingles ornées du même emblème et se les glissent coquettement dans les cheveux. Ces épingles constituent, paraît-il, des talismans qui procurent la réussite des récoltes, des affaires et des secrètes espérances. Les éventaires de sucreries et de comestibles de toutes sortes font aux articles de dévotion une rude concurrence. Un peu plus loin j'aperçois, se démenant, les tenanciers de loteries, les

par trop risqués. Ce n'est qu'à la nuit close et en réunion privée que les danseuses s'adonnent aux scabreux développements de leur chorégraphie nationale. Si, plus tard, j'ai l'occasion d'en juger, je ne manquerai pas de raconter mes impressions. Un voyageur consciencieux est tenu de tout voir et, s'il est sincère, de tout décrire.

Ce n'est que sur le tard que je quitte ce faubourg affolé, comme le Brocken allemand, d'un souffle lubrique, au milieu d'un ruisselet de lumières tenant de la féerie. En rentrant en ville, l'obscurité et le silence des quartiers européens, succédant tout à coup à cette débauche de lanternes et de bruits assourdissants, me réveille du songe prodigieux où je m'étais un moment abîmé, et je m'endors cette fois pour de bon, aussitôt rentré au logis.

Jeudi, 2 novembre. — Beau temps (th. + 20° cent.).

La première réunion des courses devait se produire hier, mais le temps exécrable que nous avons eu la fait remettre à aujourd'hui. Elles ont commencé dès midi. Le programme en annonce huit pour la journée.

Les courses constituent ici un des grands événe-

YOKOHAMA, KAMAKOURA ET ENOCHIMA

ments de l'année. A cette occasion, tout le monde se donne des vacances, toutes les affaires chôment. Le rendez-vous général est la piste même, et l'on s'y rend soit à cheval, soit en dog-car ou en poney-chase, soit... en djinrikcha. C'est de ce dernier moyen de locomotion que je me sers, n'en ayant point d'autre à mon usage. Faute de grives, on mange des merles, comme dit le proverbe. D'ailleurs, mes deux coolies m'y mènent en un clin d'œil, ventre à terre. J'arrive aux tribunes réservées, quand les chevaux — je devrais dire les poneys chinois ou japonais — engagés dans la troisième course s'apprêtent à détaler. La restriction que je viens d'énoncer est d'autant plus utile que « poneys chinois ou japonais » sont les vrais termes du programme, ces races seules étant appelées à concourir. Conformément à l'usage, la plupart des propriétaires montent leur propre bête, laquelle est généralement aussi capricieuse d'allure qu'elle semble manquer de fond. Aussi la carrière à fournir n'excède-t-elle pas la longueur d'un mille, pour la majorité des courses.

J'ai décrit ailleurs la jolie piste établie sur un des plateaux des Bluffs. De la tribune des spectateurs, celle-ci se découpe admirablement sur la baie de Mississipi, dont les eaux tranquilles paraissent refléter au loin les montagnes qui forment le fond du tableau. L'estrade, garnie de bancs et de chaises, est occupée en partie par un noyau de résidents, parmi lesquels je remarque plusieurs dames vêtues avec la dernière élégance. Comme les roses — qu'on me pardonne cette fade comparaison — attirent inévitablement les moucherons, il se meut autour d'elles, bourdonnant et faisant les empressés, tout un petit monde de commis de banque et d'employés de commerce jouant les *sportsmen* et faisant plus de tapage que la jeunesse la plus outrageusement dorée. Je tombe, notamment, sur un simple comptable de la *London and China Bank*, maison par l'entremise de laquelle j'encaisse mes lettres circulaires de crédit. Vêtu de neuf des pieds à la tête, le chapeau posé sur l'oreille, il est là qui circule, le verbe haut, pérorant avec autorité, tranchant du connaisseur et coudoyant tout le monde. De sa main gantée, il agite, avec une désinvolture cocasse, un stick à pomme dorée, et, pour se donner plus de genre, a passé, non sur le gilet, mais sur la veste de son prétentieux accoutrement gris, une immense chaîne à breloques scintillante au soleil comme la toison d'un grand d'Espagne. En ce moment, le Mikado lui-même ne serait point digne de ses égards.

Décidément, ce superbe personnage mérite d'être classé parmi les jeunes beaux de Yokohama et dans la catégorie de mes souvenirs drolatiques : car ce n'est pas seulement dans les mœurs naïves des indigènes qu'il faut chercher les curiosités. Nos résidents européens offrent bien aussi, de temps à autre, par leurs excentricités, quelque motif de raillerie.

Un certain nombre de Japonais en costume national et accompagnés de leur famille ont pris place au milieu de l'élément étranger réuni dans l'enceinte réservée. Ce sont apparemment des amateurs sérieux de sport occidental, assez sérieux, tout au moins, pour payer leur place cinq dollars, prix uniformément fixé pour les trois journées de courses, sans aucune réduction partielle.

Pendant toute la durée du tournoi équestre, les fanfares d'une frégate de guerre allemande, dont les officiers paradent en costume de gala, font retentir les airs des valses enivrantes de Gungl' et de Strauss. Tout le répertoire courant, depuis

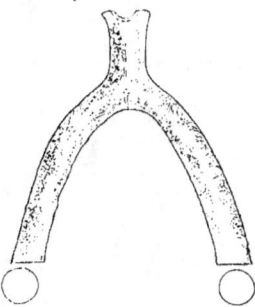

CHEVALETS DU WANGGONG (p. 138).

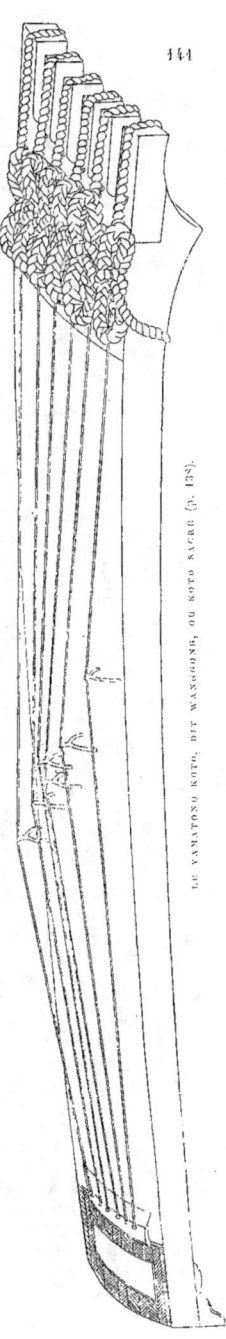

LE YAMATOSO KOTO, DIT WANGGONG, OU KOTO SAVANT (p. 138).

Offenbach jusqu'à Wagner, est naturellement passé en revue.

Au moment de sortir, je rencontre M. de G** en promenade avec sa famille. Nous allons de concert visiter le jardin public, situé non loin de là. Ce jardin est établi à la façon des parcs occidentaux, et la disposition en est vraiment originale. Tous les parterres me semblent être découpés en forme de carrés, de rectangles ou d'étoiles, ce qui ne manque pas de produire un singulier effet. Au milieu des jardins, un kiosque, établi pour les concerts en plein vent, se dresse avec élégance et domine une pelouse verdoyante qui s'étend en contre-bas. Sur ce vaste tapis d'herbe fine, des jeunes gens s'amusent, ainsi que dans les boulingrins de Hyde-Park, au noble jeu du *lawn tennis*.

Vendredi, 3 novembre. — Beau temps (th. + 15° cent.).

Le pays célèbre aujourd'hui l'anniversaire de la naissance du Mikado. Conformément aux traditions princières, le monarque doit passer dans sa capitale une revue des troupes japonaises. Dans la perspective d'y assister, je pars à huit heures pour Tokio, en compagnie d'un jeune officier de la marine américaine, un de ceux dont j'avais conservé si joyeuse mémoire. Malheureusement nous n'arrivons qu'après la revue, juste à temps cependant pour voir encore le défilé et pour contempler l'empereur en superbe tenue de général en chef, assis au fond d'une voiture attelée à la Daumont. Je dois à la sincérité la plus élémentaire de dire que tout cet appareil occidental était loin de nous paraître imposant. J'eusse, assurément, préféré voir le monarque asiatique porté, à l'instar d'un Godaïgo-Tenno, dans quelque norimon historique, sous les amples draperies de soie et de brocart que nous ont si bien dépeintes les artistes du onzième siècle, de l'école de Tosa. Durant toute la cérémonie, d'ailleurs, le souverain n'a point quitté son carrosse, et à chaque arrêt, les grooms échangeaient familièrement des propos et des poignées de mains avec ceux de leurs camarades qui demeuraient confondus dans la foule. Ce déploiement d'étiquette mêlée de procédés à la bonhomme était de nature à faire ressortir encore davantage la différence avec les mœurs du vieux régime. Autrefois le Mikado, invisible divinité pour le commun des mortels, ne sortait jamais qu'entouré de la majesté la plus pompeuse et dans un char hermétiquement clos. Alors, tout était mystère en sa personne, inviolabilité, puissance inabordable et terrible, où le respect des sujets trouvait un éternel et vivace aliment.

Quant à la revue en elle-même, elle s'est opérée — m'assure-t-on — comme toutes les revues présentes, passées ou futures. Les soldats de S. M. impériale ressemblent, du reste, à s'y méprendre, aux hommes de l'armée française et par le costume et par les manœuvres qu'ils exécutent. Ce sont, en effet, des officiers français qu'on a chargés de leur première éducation militaire dès l'année 1872.

Or, c'était une mission bien délicate que celle qui était ainsi confiée à des étrangers, dans un pays où les idées se ressentent encore des bouleversements politiques, où l'on était en droit à chaque instant de redouter les réactions les plus imprévues, consommées par les moyens les plus violents. Mais la tâche fut relativement facile au milieu d'une nation chevaleresque où le métier des armes et l'art de la guerre sont en quelque sorte un héritage national, contrairement à tous les autres peuples de l'extrême Orient.

L'armée compte actuellement trois grandes divisions : l'armée active, la réserve et la territoriale. Elle est recrutée entièrement au moyen de la conscription. Tout sujet japonais âgé de vingt ans y est soumis.

Ainsi qu'on le voit, ces dispositions générales sont calquées sur celles qui ont été adoptées par presque toutes les puissances, et l'on peut dire, sous ce rapport, que le Japon n'a plus rien à envier aux nations européennes[1].

Nous passons le restant de la journée à parcourir Tokio dans tous les sens, au milieu d'une foule portée aux démonstrations les plus joyeuses, et nous reprenons à cinq heures le train pour Yokohama. Ici, de même qu'à Tokio, la ville est en fête. Partout flottent les étendards aux couleurs impériales ; toutes les maisons sont illuminées de lampions au disque rouge épanoui. Comme pour jeter une note occidentale au milieu de ce décor asiatique, la tour à horloge de l'hôtel de ville — la seule tour que possède la cité européo-japonaise — est brillamment éclairée au gaz. Les étoiles flamboyantes scintillent au milieu des façades accusées par des lignes horizontales et verticales éblouissantes de lumière. C'est, en un mot, le même genre d'illumination qui est pratiqué sur notre continent, tout comme nous avons emprunté au Japon les lanternes multicolores de nos fêtes urbaines et villageoises. Si jamais deux cités antipodales sont appelées à se ressembler, ce sera, j'en suis sûr, sous l'éclat des lanternes de couleur et sous les ornements biscornus inventés par les organisateurs de réjouissances publiques.

Samedi, 4 novembre. — Temps légèrement couvert (th. + 15° cent.).

Dans la journée, nouvelle visite chez l'éternel M. K**,

---

[1]. Le résumé statistique de l'empire du Japon, paru en 1896, fixe ainsi, pour l'année 1894, l'effectif des armées nationales :

Armée de terre.

Généraux et officiers supérieurs, 737. — Officiers, 4.944. — Sous-officiers, 17.240. — Élèves officiers, 2.262. — Soldats, 265.247. — Administration militaire, 1.147. — Total général, 291.544.

Armée de mer.

Amiraux et officiers supérieurs, 291. — Officiers et aspirants, 1.105. — Maîtres et quartiers-maîtres, 2.264. — Élèves officiers, 125. — Marins, 11.432. — Administration de la marine, 1.118. — Total général, 16.335.

La flotte, non compris 26 torpilleurs, se compose de 33 navires, déplaçant 61.372 tonneaux, d'une force de 100.115 chevaux-vapeur, et portant 355 canons.

JOUEUSES DE SAMICEN ET DE SONO KOTO, OU KOTO A TREIZE CORDES (p. 138).

lequel me fait voir toute une collection de bronzes japonais.

C'est incontestablement à Tokio que les différentes industries du métal sont traitées de la manière la plus habile. Et cela se conçoit. Il est clair que le Yédo de Iyéyas et de Hidétada, siège du gouvernement militaire, devait attirer dans ses murs les plus célèbres armuriers du Japon. De là à y faire souche, voire école, il n'y avait presque pas matière à transition.

D'un autre côté, le luxe particulier des chogouns différait singulièrement de celui des mikados. Autant ceux-ci brillaient par la poésie et les arts gracieux, autant ceux-là cherchaient à se distinguer par des manifestations diamétralement opposées.

Aux empereurs trop souvent efféminés convenaient le chatoiement des étoffes et la polychromie dans la céramique; aux despotes du militarisme allaient mieux l'éclat sombre du fer et du bronze, les magnificences plus viriles de la fonte, de la ciselure et du burin. En définitive, tout était solide, vibrant, résistant chez l'usurpateur, comme l'acier de sa cuirasse. L'or, l'argent et les perles ne servaient chez lui, en quelque sorte, qu'à glorifier l'acier et le bronze. Point ne convenaient à ces guerriers, défenseurs du temporel, les mièvreries d'une cour adonnée par essence aux spéculations de l'esprit. Qu'eussent-ils fait des déploiements religieux et des voluptueuses créations dont l'empereur aimait à s'entourer? Si l'expression « âge de bronze » n'était absolument vide de sens, en tant que période historique, je dirais que l'appellation répond ici à l'ancien état social de la contrée.

On s'est beaucoup occupé, sinon en archéologie, du moins dans la pratique métallurgique, de la fabrication des bronzes japonais. Celle-ci diffère sensiblement de la méthode autrefois connue, et même de toutes les autres actuellement appliquées en Europe.

Tandis que, chez nous, l'alliage se forme ordinairement de huit parties de cuivre pour une d'étain, indépendamment du zinc et du plomb qu'on peut y adjoindre, — composition qui rappelle d'ailleurs le bronze syrien, c'est-à-dire le bronze ornemental des Grecs et des Romains, — chez les Japonais, au contraire, le mélange des matières, autrement dispendieux, contient invariablement 1,272 parties de cuivre, de 33 à 65 parties d'étain, une certaine quantité d'or, et de 3 à 9 parties de mercure. On conçoit de suite que l'addition de métaux aussi précieux, jointe à la forte proportion du cuivre employé eu égard à l'étain, rende le produit plus séduisant à l'œil, en même temps que plus dur, tout en augmentant considérablement le poids spécifique.

FONTE DU BRONZE (p. 144).
Dessin japonais.

En outre, toutes les fontes ont lieu à cire perdue, comme pour les bronzes de la Renaissance, cette époque si fertile en chefs-d'œuvre admirables, procédé qui a pour effet de conserver le caractère et l'inestimable pureté de touche imprimée à la glaise par la main même du sculpteur.

Par malheur, les frais excessifs d'alliage, de moulage, de retouche et de mise en train réclamés par cette méthode souverainement artistique ne cadrent point toujours avec les exigences tyranniques de la consommation moderne. Aussi, malgré de louables efforts tentés en vue de rénover le procédé par des pratiques moins coûteuses, tout en maintenant le principe des manipulations, on a dû peu à peu renoncer à l'employer. Aujourd'hui, en Europe, la fonte à cire perdue n'est appliquée qu'à des pièces d'une importance capitale, alors que le Japon, à son tour, tend de plus en plus à n'y plus recourir.

D'autre part, le véritable bronze japonais ne tire point sa seule valeur de la pureté des arêtes, des fantaisies attachées à la forme, comme de la nature précieuse de l'alliage; il est lui-même, fort souvent, incrusté d'or et d'argent, parfois de nacre, de corail

CISELURE, INCRUSTATION ET BRUNISSAGE DU BRONZE (p. 144).
Dessin japonais.

et de pierres rares, et la plupart du temps niellé dans les objets de décoration mobilière d'un ordre tant soit peu relevé.

Parmi les spécimens que M. K** désigne à mon appréciation, il se trouve bon nombre de pièces fondues et décorées à des époques où les demandes, toujours croissantes, venant de l'extérieur, ne poussaient point encore les artistes et ouvriers à faire bon marché de leur conscience au profit de la célérité du travail. Les bronziers n'opéraient guère alors que pour les grands seigneurs, qui les logeaient dans leur château et se les attachaient d'une façon définitive jusqu'à leur dernier jour. Aussi, comme chacun avait devant soi le temps et les loisirs indispensables à toute création originale, nul ne livrait une pièce nouvelle que lorsqu'elle était parvenue à l'état de perfection. On n'hésitait même pas à briser le moule et à recommencer le modèle, quand le résultat n'avait point répondu à l'espoir des intéressés.

Les choses ne se passent plus de même aujourd'hui. Sous l'empire des exigences modernes, cet art si consciencieux, si personnel, s'industrialise de plus en plus, et seuls quelques rares spécialistes, nourris des fortes moelles de la tradition séculaire, s'essayent encore à fabriquer des œuvres de maîtres.

Entre autres objets curieux proposés à mes convoitises d'amateur, je remarque un splendide brûle-parfums, sur lequel se détache tout un monde de charmantes et spirituelles figurines animant des paysages empreints d'une saveur franchement rustique. Au faîte de la pièce mobile qui tient lieu de couvercle, plane un aigle aux ailes éployées, d'une facture vraiment merveilleuse. Tout autour de la base du récipient, au contraire, s'enroule, avec une maëstria superbe, un souple lacis de génies et de dragons.

Dans ce même groupe de curiosités, se dressent des vases incrustés d'or et d'argent, décorés de personnages historiques ou de héros fabuleux, dans un cadre mouvementé d'oiseaux de toute espèce, d'arbres aux rameaux étonnamment fouillés et de fleurs exécutées *ad unguem*.

S. M. L'EMPEREUR RÉGNANT MOUTSOU-HITO (p. 142 et 166).

Un peu plus loin apparaissent des candélabres, d'un dessin archaïque et provenant des temples détruits de Chiba. Tout de cuivre argenté, ils nous offrent l'image d'une grue perchée sur le dos d'une tortue. C'est là, comme on sait, le symbole du bonheur et de la longévité, fréquemment reproduit par les artistes japonais.

Enfin, brochant sur ce précieux ensemble, j'aperçois une lourde jonque, en bronze, admirablement découplée et taillée sur le modèle des embarcations dont les riches Japonais se servent pour les parties de plaisir sur l'eau. Rien n'y a été oublié, ni les hommes d'équipage, ni le moindre détail du matériel employé à bord, ni même le groupe obligé des dîneurs rangés autour de la table et faisant chère lie de poisson et de saké.

Mais la pièce la plus remarquable de toute la collection consiste en un groupe de deux personnages, supportés par des vagues en fureur, ou plutôt par les flaccidités d'un nuage hérissé sous les efforts du vent. Les vêtements de ces deux personnages sont également agités par la brise violente. La situation respective de chacun d'eux est, d'ailleurs, nettement définie. Tandis que l'un, couvert d'un magnifique costume guerrier, et paré des glaives réservés à la seule noblesse, se tient le corps incliné dans l'attitude d'un très humble vassal, tout en tenant de la main droite un rouleau de papier, l'autre, drapé dans son manteau de brocart constellé de pierreries, conserve vis-à-vis de son interlocuteur une allure majestueuse et hautaine. Le tout est traité avec un soin exquis, traduisant sur chaque physionomie les sentiments de hauteur et de respect qui semblent les caractériser. — Que signifie cet apologue? Il serait curieux, à plus d'un titre, d'en dégager l'idée dominante. J'avoue ne pas l'avoir autrement définie. En tout cas, un tel sujet est bien rare comme conception, et je ne saurais mieux en exprimer le charme, en ce qui concerne surtout la noble attitude du suppliant, qu'en comparant à quelque bronze florentin de Donatello[1].

CHEZ LE POTIER DE BRONZE (p. 144).
D'après une gravure du *Yéhon Téikin Orai* de Hokousaï.

sentent aux humains pour leur inspirer une salutaire frayeur et les amener à une vie de repentir. Puis, voici les animaux sacrés, les éléphants mythologiques, modelés de fantaisie ou suivant des lois hiératiques, des oiseaux en plein vol et au repos, des chiens grimaçants, des clochettes aux résonances pures et argentines, des gongs aux parois sonores, des braseros ornementés de motifs bizarres, bref, tout un bric-à-brac inestimable de morceaux plus ou moins curieux comme conception et accusant tous une grande habileté de main. On dirait, en passant en revue un pareil étalage, que la race japonaise n'a point laissé un coin de l'imagination inexploré, tant ses

Un peu en dehors des précédents, sont rangés les objets d'importance secondaire. Ils se rapportent à tous les goûts et relèvent de tous les formats, depuis le simple instrument de cuisine jusqu'aux temples en miniature, jusqu'aux statuettes de dieux bouddhiques ou de kamis chintoïstes. Une de ces dernières, toute dorée sur tranche, mais passablement dégradée, est pourvue de huit bras et provient sans doute, comme les candélabres cités plus haut, de quelque sanctuaire religieux abandonné. C'est l'image de Gosan-zé-mio-ô, appartenant au groupe des démons ou génies qui figurent les transformations sous lesquelles les bouddhas se pré-

TOURNAGE ET POLISSAGE DU BRONZE (p. 144).
Dessin japonais.

œuvres sont variées. Et, partout, le fini merveilleux correspond à l'originalité du sujet. Tandis que l'Orient, en général, nous donne l'idée de la sérénité séculaire et de l'uniformité impassible dans l'ensemble de ses productions artistiques, le Japon, au contraire, paraît avoir tiré de la matière, mise au service de sa vive compréhension, toutes les ressources qu'elle comporte.

Dîner chez le ministre de Belgique.

Parmi les convives, outre plusieurs collègues, je rencontre M. D**, un Français établi depuis longtemps au Japon et y exerçant un emploi important dans l'administration. Mme D**, d'origine japonaise, accompagne son mari. Bien qu'elle semble un peu troublée dans ce milieu tout occidental, elle fait montre d'un

---

1. Renseignement pris, le superbe personnage n'est autre que le saint chinois Tchoung-li, lequel, avant de remonter au ciel, remet à son élève Lou-tong-pin un sabre magique et le traité d'alchimie qui traite de la pierre philosophale et de l'élixir de l'immortalité. On sait qu'un grand nombre des épisodes célébrés au Japon sont tirés de la légende chinoise. — L'explication ci-dessus m'a été donnée par M. de M**, le savant

conservateur du musée Guimet, à Paris, lequel, coïncidence assez singulière, faisait paraître presque en même temps un article remarqué sur les cinq dieux lettrés de Chine (*Magasin pittoresque* des 15 avril et 1er mai 1896).

véritable savoir-vivre, et pourrait rivaliser comme toilette avec nos élégantes.

Détail intéressant à noter : M. D** est — paraît-il — le premier Européen qui soit parvenu à épouser une indigène « en justes noces », comme disaient les Latins. Mais cela n'a pas été sans difficultés : l'extrême éloignement, la différence des races, la législation japonaise, les rapports internationaux mal définis, contribuent à multiplier les obstacles dans la conclusion de pareilles unions. En réalité, pour nous servir du terme emprunté tout à l'heure au droit romain, ce ne sont pas habituellement « des noces » qu'on célèbre au Japon, entre étrangers et filles autochtones, mais le « mariage » pur et simple des descendants de Numa, sans le secours de l'autorité. Cela ne contribue pas peu, bien entendu, à créer une sorte de gêne dans les relations courantes, et dont les effets, que j'aurai sans doute l'occasion de relever plus tard, ne manquent pas de susciter des critiques. Pourtant les mœurs, en cela comme en autre chose, sont en voie de se modifier, par suite des tempéraments apportés par le gouvernement japonais à son antique législation. Ainsi, notre convive M. D** a depuis lors obtenu que la constatation de son alliance passât pour acte authentique et que ses déclarations, comme celles de la conjointe, fussent

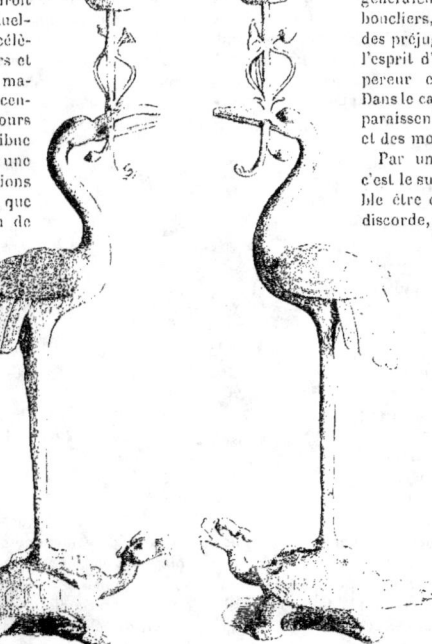
CANDÉLABRES EN BRONZE ARGENTÉ DU TEMPLE DÉTRUIT DE CHIBA (p. 145).
Collection de l'auteur.

inscrites *pro forma* sur les registres du consulat, d'accord avec l'autorité japonaise, et transmises ultérieurement en France, où l'acte est devenu tout à fait régulier.

Dimanche, 3 novembre. — Beau temps (th. + 14° cent. le matin, 17° à midi).

Sur des rumeurs vaguement formulées autour de moi, je me rends chez notre ministre. J'y apprends des nouvelles dont je ne saurais me dissimuler la gravité. Des troubles inquiétants ont éclaté récemment au centre de l'île de Kiouchiou, et menacent de s'étendre, par delà la mer Intérieure, jusque dans une grande partie du Japon.

Bien que le gouvernement impérial soit solidement assis sur le nouvel état de choses et n'ait plus guère à redouter ses anciens adversaires, partisans du pouvoir chogounal tombé en déchéance, il se produit encore, de temps à autre, dans le pays, certaines agitations aussi imprévues que faciles à calmer. Ces retours d'hostilités sont comme les crises périodiques d'un parti mourant, quoique tenace à la vie. Ils se résument généralement en une levée de boucliers, toute locale, en faveur des préjugés du passé, et contre l'esprit d'innovation dont l'empereur est lui-même animé. Dans le cas présent, les meneurs paraissent accuser des intentions et des moyens plus étendus.

Par une singularité de fait, c'est le sud de l'empire qui semble être devenu le foyer de la discorde, alors qu'autrefois il se montrait si sincèrement attaché à la dynastie légitime enfin rétablie.

A quoi cela tient-il ? Je vais essayer de l'expliquer. Ces quelques détails feront comprendre, en outre, sur quels points portent principalement les griefs dont les mécontents se font une arme dangereuse, en face des paisibles populations.

Parmi la pléiade d'hommes éminents sortis de la province de Satsouma, parmi ceux-là mêmes qui soutinrent avec tant de vaillance les droits de la légitimité et portèrent le coup de grâce au chogounat ébranlé, il s'en rencontre encore qui semblent n'avoir recherché le changement de régime que pour mieux asseoir leur indépendance personnelle. Rien d'étonnant à cela, étant donnée la diversité des ambitions qui, aux époques troublées, se font habituellement jour au milieu des événements politiques.

Or, les chefs supposés de cette conspiration perpétuelle, sans compter ceux que l'on ne nomme pas, sont : Chimadzou Sabouro, prince titulaire de

Satsouma, et le maréchal Saïgo, ancien ministre de la guerre, tous deux faisant partie de la cour, et pour ainsi dire inexpugnables dans leur haute situation. C'est, en réalité, autour de ces personnages que se groupent les mécontents, ou plutôt ce sont eux qui donnent le mot d'ordre.

D'autre part, on conçoit que les sujets de protestation soient nombreux, dans des circonstances aussi bouleversées que celles dont les événements de 1868 ont été suivis. Il est certain que pour les hommes du parti rétrograde, d'abord, toute innovation devait avoir comme conséquence de léser quelque droit, de contrecarrer quelque habitude, de froisser quelque sentiment d'amour-propre. Ainsi, les *samouraïs*, composant la classe toujours turbulente des gens dits « à deux sabres », n'ont cessé de causer du souci au gouvernement actuel, comme à tous les gouvernements passés. Aujourd'hui, tout leur sert de prétexte à révolte. Ce ne sont, dans leur bouche, que menaces envers les vulgarisateurs du progrès, que récriminations à l'égard des dépenses excessives auxquelles le gouvernement est contraint de se livrer pour parer aux besoins nouveaux. Tantôt ils désignent les ministres comme des incapacités notoires, les traitent de concussionnaires ou de dilapidateurs; tantôt ils blâment à la fois les impôts, la dépense, le nombre des employés gouvernementaux, le costume européen généralement adopté par l'administration, l'usage du calendrier grégorien, l'introduction du système scolaire étranger; bref, ils critiquent la totalité des mesures rationnelles auxquelles le Japon se voue obstinément en vue de pénétrer haut la main dans le grand concert des nations. Nombre d'esprits clairvoyants pourraient s'étonner de transformations aussi radicales : comment les samouraïs n'y trouveraient-ils pas matière à formuler leurs secrètes préférences?

Parmi les innovations qui portent le plus particulièrement atteinte à la dignité de ces guerriers d'une autre époque, se placent justement les divers décrets relatifs à la formation d'une armée permanente. Nous avons eu l'occasion, avant-hier, lors de la revue des troupes par le Mikado, de faire connaître *grosso modo* l'organisation militaire actuellement en vigueur. On comprend combien le rôle des samouraïs, seul autorisé, depuis des siècles, à s'honorer du titre de combattant et à se prévaloir du droit de manier le sabre et l'épée, dut se trouver blessé par l'adoption des nouvelles mesures. Ne substituaient-elles pas la conscription au privilège? ne faisaient-elles pas de l'armée une institution essentiellement démocratique,

DIEU A HUIT BRAS EN BRONZE DORÉ (p. 146).
Collection de l'auteur.

accessible à toutes les classes de la population, au lieu d'une aristocratie indépendante et fermée?

Là est la cause des mille et mille révoltes partielles dont nous avons parlé plus haut.

Par le fait, depuis 1868, il y a eu non seulement des troubles dans l'intérieur, avec le concours plus ou moins actif des paysans, mais encore à Tokio, sous les yeux du pouvoir central. Au cours de ces derniers mois même, on a vu des samouraïs tenter d'assassiner les membres les plus influents du conseil, après avoir apposé à tous les coins de rue des placards séditieux.

Pour l'instant, il s'agit d'un soulèvement qui aurait pris naissance, comme nous l'avons dit, dans le Sud, ou plutôt dans le Sud-Ouest, et qui, depuis le 24 octobre dernier, à la suite de circonstances diverses, tend à se propager dans toute la moitié du pays.

L'origine avouée des troubles serait due, en partie, à la défense faite aux samouraïs de porter dorénavant leurs deux sabres, en partie à la mise en vigueur de la loi promulguée nouvellement, laquelle a trait à la capitalisation des pensions qui leur avaient été allouées à titre de retraite. Le mouvement initial s'est produit à Koumamoto, point du golfe de Chimabara où j'ai l'intention de me rendre, à mon passage à Nagasaki. Voilà qui n'est déjà point d'un excellent augure! De plus, les rebelles, qui s'intitulent eux-mêmes d'un nom ronflant d'« adorateurs des dieux », ont conduit l'affaire avec une certaine entente et pris à l'avance nombre de dispositions stratégiques. Ainsi, ils ont attaqué la garnison de Koumamoto dans la nuit même du 24 octobre, lui ont tué une centaine de soldats et officiers, se sont emparés de la citadelle et de la préfecture, qu'ils ont incendiées et, finalement, ont massacré le préfet, qui cherchait à leur échapper. C'est dire que les samouraïs de cette aimable localité ont fait les choses consciencieusement, au nom de la justice et du droit méconnus.

Voici, du reste, le texte littéral de la proclamation qu'ils avaient publiée dès le début de l'insurrection, texte dont ils ont organisé l'affichage.

« La première mission des administrations provinciales et des soldats envoyés à l'intérieur pour tenir garnison, est de sauvegarder les intérêts de la contrée, tout en remplissant les devoirs envers le gouvernement. Contrairement à l'obligation impérieuse qui leur incombe, les fonctionnaires, qui représentent le souverain, ont aboli un usage antique et respecté, celui du port du sabre. Ils rêvent d'ouvrir le Japon aux étrangers et favorisent, en sous-main, la propagation d'un culte détesté, à seule fin de complaire à ces mé-

YOKOHAMA, KAMAKOURA ET ENOCHIMA

mes étrangers à qui ils ont déjà vendu notre pays. Ils poussent en secret le souverain à se rendre en Europe.

« Ce sont des traîtres qui méritent la juste colère dont sont animés contre eux les dieux et la nation.

« Aussi, nous qui sommes les sujets fidèles de l'empereur, nous ne pouvons nous taire en présence de pareils agissements. C'est au nom des dieux, et par leur volonté, que nous sommes résolus à nous débarrasser de ces traîtres, afin de sauver notre souverain et notre pays qui souffre, et pour asseoir la grandeur de la patrie sur des bases nouvelles.

« Il n'est personne qui ne veuille assurer le pouvoir du Mikado.

« Nous adjurons donc tous les citoyens éclairés, qui aiment leur pays, de venir se joindre à nous, et de prouver ainsi leur fidélité et leur dévouement à la patrie. Tous les fonctionnaires iniques que nous rencontrerons sur notre chemin, nous les immolerons, car, pour nous, ce sont des rebelles; à moins toutefois qu'ils ne se réunissent à nous, auquel cas nous voudrons bien oublier leurs crimes passés. »

Il y a loin, comme on le voit, de ces opinions nettement définies et purement monarchiques, à l'imputation dont la presse européenne s'est parfois faite l'écho. Prétendre, en raison de cette résistance à l'autorité des fonctionnaires, que le Japon soit sympathique à l'idée républicaine, c'est absolument méconnaître l'esprit de la rébellion. Non seulement le pouvoir impérial n'est nullement mis en cause par les fauteurs de désordre, mais c'est en son propre nom et pour la défense de ses intérêts apparents qu'on cherche à soulever la nation.

RÉDUCTION EN BRONZE D'UNE JONQUE DE PLAISANCE (p. 145).
Collection de l'auteur.

En même temps que ces événements se passaient à Koumamoto, un autre personnage, nommé Mayébara, levait, à son tour, l'étendard de la révolte sur un point tout différent du territoire, dans la province de Tchoutchou. Ce Mayébara était autrefois un des plus chauds partisans de la réforme accomplie par le Mikado. Il avait même rempli les fonctions de vice-ministre de la guerre. Depuis quelques années seulement il a déserté la cause légitime pour aller conspirer dans son pays natal.

En fin de compte, il est difficile de dire où s'arrêtera le mouvement insurrectionnel, qui s'accuse au delà de toute prévision. Que ce soit par le prince de Satsouma ou par ses partisans que la lutte est conduite, cela importe peu, ces champions de l'ancien ordre de choses ne semblant pas être mêlés aux manifestations qui éclatent. Ce qui est clair, c'est que ce mouvement marque un réveil nouveau, et comme périodique, de l'esprit belliqueux, chez un peuple voué à la paix la plus complète.

Que penser, en effet, d'un pays où les Foudjiwara, les Taïra et les Minamoto ont rempli de leurs luttes intestines, pour la prédominance, une étonnante partie du livre des traditions? Suppose-t-on que ces instincts n'aient pas persisté au cœur de ce peuple ombrageux? Ignore-t-on qu'il y a trente ans à peine l'état social et politique n'était pas plus avancé au Japon qu'il ne l'était en Occident à l'époque des Philippe le Bon et des Charles le Téméraire? Et que dire de toutes les usurpations du passé, où les choukkens, les chogouns, les taikouns, et *tutti quanti*, surent imposer leur autorité, au mépris de celle du Mikado, et souvent retenir le pouvoir durant un très grand nombre d'années? Croit-on qu'un semblable passé ne doive pas nécessairement faire naître de fâcheuses ambitions chez ceux que la naissance ou la notoriété encourage à toutes les audaces?

Sans comparer les Satsouma et consorts à ces odieux Achikaga, qui n'ont laissé que des souvenirs de ruine et de sang, le Japon n'a point encore purgé complètement son territoire de l'oligarchie funeste à laquelle il fut si longtemps soumis.

Quoi qu'il en soit, notre ministre m'engage vivement à me munir d'une bonne arme avant de m'aventurer dans l'intérieur. Les *ronins* ont laissé de nombreux disciples dans les centres populeux, et il est bon de prendre certaines précautions. Je pourrais,

BRULE-PARFUM EN BRONZE (p. 157).
Collection de l'auteur.

sans le chercher, avoir maille à partir avec quelque mécontent, hostile à tout *todjin*, autrement dit à tout étranger, et toujours prompt à tirer le *katana* contre lui. Or, ledit katana, une fois hors du fourreau, doit, sous peine de déshonneur, n'y rentrer que taché de sang ennemi.

No me saques sin razon.
No me envaines sin honor.

tel est le dicton gravé sur les vieilles dagues espagnoles. Il n'y a rien de nouveau sous le soleil.

Lundi, 6 novembre. — Beau temps (th., à 6 heures du matin, + 13 cent.; 16° dans la journée).

Dans l'après-midi je parcours à cheval la promenade des Bluffs. Ces collines pittoresques, d'une étendue considérable, sont, ainsi que je l'ai rapporté plus haut, couvertes de jolies villas et de jardins ravissants. La voirie y est magnifique et superbement entretenue. De chaque point de la route on jouit de splendides échappées sur l'Océan. Quel fouillis de turquoise et d'émeraude!...

Au cours de cette promenade pleine d'attrait, je m'arrête un moment au cimetière étranger, établi sur la pente d'un coteau ombreux. C'est avec une pénible impression de tristesse que j'erre dans le champ funèbre où dorment côte à côte, à trois mille lieues de la mère patrie, tant de nobles et vaillants pionniers de la civilisation. Si, en effet, nous détournons nos regards de la situation présente, à la fois si heureuse et si rassurante, en dépit de quelques agitations, et si nous les reportons vers l'époque où le Japon ouvrit ses ports à la navigation internationale, nous sommes effrayés du nombre des victimes que le fanatisme et la haine de l'étranger avaient attirées dans les plus horribles guet-apens. Des Russes, des Hollandais, des Français, des Anglais, sont enterrés pêle-mêle en ce lieu, qui n'avaient commis d'autre crime que de vouloir soulever un coin du voile que l'île inviolée jusqu'alors tenait obstinément baissé. Honneur, sur cette terre de l'exil éternel, à ces hardis Occidentaux, morts pour le progrès général et pour la fraternité des peuples! Plusieurs tombes, d'un intérêt vraiment historique, font du cimetière de Yokohama un des lieux les plus dignes d'être visités par tout homme désireux de passer en revue les étapes du passé, comme d'honorer ceux-là qui les avaient franchies au prix de leur existence et de leur repos. En somme, si le Japon est ouvert aujourd'hui au progrès, il a fallu que nous le fécondions de notre sang. Qui ne se rappelle l'attentat dirigé contre Sir Harry Parker? qui a oublié celui de Heuskens, interprète hollandais de la légation américaine et qui paya de sa vie une soi-disant insulte faite au ministre japonais Ando? Et que de victimes dues à l'intolérance et au fanatisme! C'est, à Yokohama, deux officiers russes et les capitaines hollandais De Vos et Decker; à Kanagawa, près de Kawasaki, l'infortuné Richardson; à Kamakoura, le major Baldwin et le lieutenant Bird; à Hodogaya, enfin, l'officier français Camus, atrocement massacré et mutilé. Tout cela sans compter les attaques de la légation britannique, attaques dont la dernière seulement ajouta deux noms à cette longue liste de martyrs. Heureusement des temps plus doux ont lui sur cette terre réconciliée avec la grande famille humaine, et la rage impuissante de quelques sectaires n'y parviendra plus à barrer la route à l'œuvre de civilisation.

La soirée est vraiment magnifique. Sur les flots de l'Océan, unis comme une glace et éclairés par les rayons pâlissants de la lune, les canots figurent autant de points sombres sur les blancheurs phosphorescentes. Le bruit seul des rames, ridant la surface des eaux, rompt le profond silence où la nature s'est assoupie. Pour ma part, assis sous la véranda de l'hôtel, je contemple longuement cet admirable spectacle. Ma pensée solitaire franchit l'Océan et se reporte au pays natal, dans un sentiment plein de mélancolie et de douceur, dans une religieuse admiration des beautés épandues autour de nous.

Mardi, 7 novembre. — Ce calme inouï présageait la tempête. Nous sommes réveillés, avant l'aurore, par les grondements du tonnerre.

Un orage formidable s'est déchaîné tout à coup, secouant les eaux endormies dans leur torpeur

GROUPE DE DEUX PERSONNAGES (p. 115).
Collection de l'auteur.

ÉLÉPHANTS MYTHOLOGIQUES (p. 116).
Collection de l'auteur.

muette et rasant les maisons de la ville avec des sifflements aigus.

Mais le calme est revenu dès l'aube, et ce matin le soleil, chassant bien loin ces fureurs passagères, resplendit de nouveau, consolant et réparateur. Le thermomètre marque, à mon lever, 16° centigrades.

Je m'aperçois alors que, malgré la tourmente nocturne, un rat a fait irruption dans ma chambre et, sans doute pour reconnaître mon hospitalité généreuse, a dévoré la moitié de la bougie qui se dressait sur ma table de travail. Ces bêtes sont ici d'une audace extraordinaire, et notre hôtel en est littéralement infesté. Chaque nuit, c'est, au-dessus de ma tête, dans les parties creuses du plafond, des sarabandes interminables faites pour maintenir éveillé le dormeur le plus épais.

Dans la journée, je me rends par deux fois chez notre ministre, pour obtenir de lui quelques renseignements certains concernant l'état de la révolte. Les nouvelles ne sont guère rassurantes.

En revenant, je passe par le Public Garden des Bluffs, et je saisis au vol quelques notes du concert offert aux amateurs par la musique du *Tennessee*, bâtiment de guerre américain au mouillage dans la baie de Yokohama. J'entends bien : c'est la *Bénédiction des poignards,* qu'on massacre avec une désinvolture telle que Meyerbeer lui-même aurait de la peine à s'y reconnaître.

Vers cinq heures, la température fait un brusque mouvement. Le thermomètre descend à 11 degrés, et le vent s'élève de nouveau, capricieux, âpre et violent. L'atmosphère autour de nous est chargée de ces mille corps légers que Borée entraîne à sa suite et de la poussière provenant des travaux exécutés dans l'hôtel; car, cette fois-ci, pour la cinquième au moins depuis mon départ d'Europe, je suis encore descendu dans un immeuble en réparation. On restaure, en effet, la toiture et l'on repeint la façade, travail qui nous expose, en passant par le corridor ouvert, à recevoir sur la tête des fragments de diverse nature, aussi périlleux pour nos personnes que préjudiciables à nos vêtements.

Ne me sentant guère en goût de sortir devant ce nouveau déchaînement des éléments combinés avec la grêle de matériaux, je me décide à descendre au *reading-room*, en attendant le dîner.

J'y rencontre un gentleman, le baron S**, habitant Yokohama depuis un certain nombre d'années, avec qui j'entame accidentellement une conversation que je demande la permission de rapporter ici. Elle jette un peu de jour sur une question délicate, mais non étrangère à l'exposé des mœurs que je m'efforce de retracer, au fur et à mesure que les sujets m'en fournissent l'occasion, et concerne en tout cas un point que j'avais déjà touché superficiellement.

Comme je me hasarde à demander au baron S** s'il mène la vie de famille.

« Oui, me répond-il,... à la japonaise.

— Et comment cela?

— Dam! à la manière des étrangers fixés dans le pays. J'ai pris une *mousmée*. »

Me rappelant alors les obstacles que M. D**, ce Français marié à une Japonaise, avait dû surmonter pour parvenir à ses fins, je manifeste quelque étonnement.

« Cela vous surprend, — ajoute mon interlocuteur, — mais presque tous les résidents au Japon sont logés à la même enseigne. »

Comme je me récrie à cette singulière déclaration :

« La chose est si bien passée en habitude, reprend le baron, que, dans la société la plus collet-monté, on considère comme marié tout homme placé dans cette situation, bien qu'une telle union n'ait reçu aucune consécration légale. »

Je proteste cette fois pour tout de bon.

« Ce n'est là pourtant — me fait le baron S** — que l'absolue vérité. Toute coutume a ses raisons d'être. Vous devez concevoir que le nombre des familles doit être ici fort restreint. Quand on a femme et enfants, on ne s'expatrie pas aussi loin, à moins d'occuper une situation officielle ou d'y avoir été poussé par des circonstances exceptionnelles. Il s'ensuit que ceux qui s'expatrient sont pour la plupart célibataires. Or, comme tout le monde ne se soucie pas de faire souche au Japon et nourrit toujours l'espoir de retourner au pays natal, force est bien de se marier à la mode japonaise, et en dépit des difficultés apportées par la législation à une union régulière. Ce genre d'association, critiquable à vos yeux, n'a rien, du reste, qui froisse les sentiments indigènes.

« Au surplus, ajoute mon interlocuteur, en faisant allusion à M. D**, rencontré il y a quelques jours, chez notre ministre, on régularise quand on d'y peut, car, ainsi que je le disais tout à l'heure, la législation locale complique encore les difficultés. Mais j'avoue que c'est de grande exception. Cela viendra plus tard à coup sûr, car la Japonaise est douce, bienveillante, et constitue en somme une excellente épouse. La plupart d'entre elles sont tout à fait charmantes et le deviendront encore davantage par l'éducation, si celle-ci n'est pas trop européanisée.

« D'ailleurs, le mariage dont je parle, ou l'association, comme vous voudrez, — à laquelle personne ici, je le répète, ne trouve rien à redire, quand il s'agit d'une Japonaise, — ne serait plus du tout tolérée s'il était question d'une Européenne. »

J'abrège. Peut-être le baron S**, plaidant, c'est le cas de le dire, *pro domo sua*, est-il l'objet d'une illusion. Cela est cependant bien conforme à tout ce que j'entends dire et faire depuis mon arrivée au Japon. Quoi qu'il en soit, je donne les choses comme elles m'ont été rapportées, en témoignage d'un état de mœurs trop différent du nôtre pour ne pas prendre place dans mon récit.

Ce soir, le bateau-phare a signalé l'entrée d'un navire. On pense que c'est l'*Oceanic*, en retard déjà de quatre jours. Je le sais attendu ici avec une vive impatience, car il doit ramener d'Amérique un certain nombre d'anciens résidents, et augmenter la colonie étrangère de quelques nouvelles recrues. En outre, l'arrivée de l'*Oceanic* doit influer sur le cours des dollars, actuellement fort élevé, et le faire redescendre à des chiffres plus acceptables.

Ce cours varie à Yokohama du jour au lendemain, dans des proportions extraordinaires. Il se pourrait qu'il fût à quatre shillings aujourd'hui, pour être, dans deux ou trois jours, à quatre shillings cinq pence. Sur un payement de cent dollars, cela fait une différence de dix en plus ou en moins, différence très digne d'être prise en considération. Ces fluctuations subites dans le cours de la monnaie sont — paraît-il — en raison des stocks plus ou moins considérables de monnaie américaine importés par les bateaux transocéaniques.

Mercredi, 8 novembre. — Beau temps (8h. + 11° cent.).

Le bateau signalé hier n'est autre qu'un vapeur japonais, faisant le service des côtes. Je me suis décidé à entreprendre aujourd'hui, à cheval, une excursion à la petite île d'Enoshima. Je visiterai, au passage, le temple de Hatchiman et le Grand Daïboutz, derniers vestiges de l'ancienne Kamakoura, la ville qui fut, comme on sait, le berceau de la puissance des chogouns. Cette excursion ne compte pas moins de quatorze *ris*, aller et retour compris.

Vers dix heures, je me mets en selle, précédé de l'inévitable *betto*, et en moins de rien nous laissons derrière nous le centre de Yokohama. Après avoir longé plusieurs canaux, nous arrivons en face d'un pont à péage, lequel marque, pour ainsi dire, l'extrême limite de la ville. Le cours d'eau dont ce pont relie les rives s'éloigne vers la gauche entre deux murailles de rochers lisses et droites où il semble que la main de l'homme lui ait creusé un lit. Tout

LE KAGO, OU CHAISE DE VOYAGE. (p. 154).

alentour dans la vallée, les champs de riz sont en pleine récolte.

Le sentier que nous suivons, juste assez large pour la circulation des djinrikchas, traverse successivement plusieurs villages établis dans des vallons dont la végétation, bien qu'abondante, ne ressemble en rien à celle que nous avons remarquée dans les environs de Nikko. Tout ici est vert, comme au printemps, tandis que, là-bas, bosquets et forêts offraient partout les teintes chatoyantes et empourprées de l'automne. Ce phénomène est dû, ce semble, autant à la diversité des essences d'arbres mis en culture qu'à la différence des conditions climatériques. De distance en distance, nous rencontrons quelque joli temple, le plus souvent accroché à la rampe d'une colline, au milieu de sites toujours pittoresques. On s'efforce, autant que possible, dans ce joli pays, à attirer les fidèles vers les lieux consacrés au culte, en encadrant ceux-ci avec art dans un riant paysage. Soit à la campagne, soit même à la ville, on les accole à quelque bois aussi mystérieux que le *lucus* antique. Et les tchayas y pullulent plus ou moins nombreuses, suivant la ferveur particulière dont bénéficie chaque divinité.

Des djinrikchas et des *kagos* nous croisent dans tous les sens. En regardant passer ces derniers, je me fais d'avance au supplice qui m'attend si jamais j'ai à user d'un mode de locomotion aussi primitif. Qu'on s'imagine, en effet, une sorte de litière en forme de panier ouvert sur les quatre côtés, et dont la base mesure à peine l'espace nécessaire pour s'accroupir à la japonaise. Suspendu par le haut à un fort bambou, ce panier est garni d'une légère toiture destinée à protéger le voyageur — j'allais dire le patient — contre le soleil ou la pluie, mais qui le force, en réalité, à se faire encore plus petit. A n'en pas douter, il faut une longue habitude pour rester ainsi accroupi pendant des heures et pour trouver quelque charme à un tel mode de voyager. Ce rustique palanquin, usité d'une façon générale avant l'invention des djinrikchas, n'est, du reste, employé qu'à titre exceptionnel. Les indigènes eux-mêmes ne s'en servent que dans les endroits impraticables aux délicieuses petites voitures à bras que nous connaissons déjà.

Devant nous s'étend une succession de petites collines. Tout est petit dans ce pays, les hommes et les choses. Et il semble que les indigènes aient eux-mêmes une commune propension à réduire tout ce qui sort de leurs mains aux proportions mignardes de leur race et du milieu dans lequel ils se meuvent. Les arbres nains, les temples et pagodes en raccourci, les ustensiles de ménage minuscules, les théières microscopiques, sont autant de diminutifs créés par la nature ou inspirés par son aspect. S'ils le pouvaient, je crois, les habitants du Nippon arrêteraient leur propre croissance. Sur cette exiguïté singulière, une seule chose tranche par la forme et par la majesté : c'est le Foudji-yama, la montagne aux ramifications gigantesques, laquelle domine la contrée de sa masse à la fois harmonieuse et titanique. Cette masse ne fait d'ailleurs que rendre plus mesquines les dimensions des monticules semés tout autour d'elle, et rabaisse les aspérités du sol au niveau de simples ondulations.

Les hauteurs — si le mot n'est pas prétentieux après ce que je viens dire — sont en grande partie couvertes de sapins. De-ci, de-là, quelques plantations de jeunes arbres coupent la vue à travers champs, ne laissant à la culture que le bas-fond des vallées. En ce moment, toute la population rurale est sur pied, vaquant à ses travaux multiples. Les campagnards me saluent d'un joyeux *Okayo!* auquel je réponds de même. Partout on se montre aimable et poli vis-à-vis de l'étranger.

Parvenus au sommet d'une colline un peu plus élevée que les voisines et dont un contrefort s'en va directement plonger au fond de la mer, nous découvrons de chaque côté la baie resplendissante. A gauche se dessinent les contours indécis de Yokohama; à droite, Kanasawa déroule son panorama de toitures blanches admirablement couronné par le Foudji-yama, le volcan sacré, dont le cône étincelle de neige et semble découpé à l'emporte-pièce sur le ciel bleu.

Nous abandonnons à regret notre intéressant observatoire pour redescendre dans le ravin. Un nouveau sentier qui serpente au milieu d'une plaine peu étendue, mais remarquablement cultivée, et qui s'en va mourir en pente douce au bord du Pacifique, nous amène enfin, vers midi, à Kanasawa, jolie bourgade dont le séjour doit être charmant dans la belle saison.

En une heure et demie au plus, nous avons franchi la distance de quatre *ris* qui nous séparait des confins de Yokohama. Cela peut ne point paraître extraordinaire pour un cheval, mais cela l'est à coup sûr pour l'homme qui n'a cessé de courir depuis notre départ. Ces *bettos* sont d'une agilité surprenante. Non seulement le mien m'a précédé comme éclaireur, quelle que fût la rapidité de la course, mais il s'est encore, aux différentes haltes que nous avons faites, empressé de fournir à ma bête les soins qu'elle réclamait. Dépourvus de rate, absolument parlant, comme ces chiens courants auxquels on a la barbarie de l'extraire, doués d'un jarret à la fois souple et vigoureux, ils se laissent dépasser par le cheval dans ses emportements passagers, mais finissent toujours par reprendre la tête. Le betto qui m'accompagne ne m'a pas quitté d'une semelle, bien que j'aie presque toujours maintenu le galop. Il est vrai de dire qu'il s'est successivement dépouillé de tous ses vêtements, jusqu'à l'indispensable *foundochi*, exclusivement. A le voir si brun de peau et si merveilleusement découplé, on le prendrait pour le Mercure de Jean de Bologne, en bronze florentin.

Dans la tchaya feuillue où je m'arrête un moment, et dont les jardins sont baignés par les eaux murmurantes de la baie, je suis servi par une moussoumé ravissante. C'est bien certainement le minois le plus charmant que j'aie encore rencontré en ce pays favorisé. L'aimable créature porte dans ses moindres mouvements une grâce inimaginable. Je constate même qu'au rebours des autres Japonaises, dont le nez est plus ou moins effacé, celle-ci offre un profil délicieusement aquilin. Il suffit de regarder ce front rempli d'intelligence pour rester convaincu que la prétendue infériorité du beau sexe admise ici communément n'est qu'un injuste et ridicule préjugé. La gentille mousoumé communique à tout le paysage un caractère de vie et de jeunesse bien fait pour séduire un artiste.

en l'opposant à la Kioto des empereurs et en consacrant ainsi l'autorité qu'il avait usurpée au détriment du pouvoir légitime. La ville, à dater de ce moment, devint, en effet, le boulevard du chogounat, attirant dans son sein une population estimée par les historiens à près de deux cent mille habitants, à l'époque de sa plus grande prospérité. On sait de combien de batailles et de massacres elle a été le théâtre durant sa courte existence.

Depuis nombre d'années, l'ancienne cité, effacée par le Yédo d'Iyéyas, est redevenue ce qu'elle avait été dans le principe, c'est-à-dire une agglomération sans importance. Du reste, le manque de consistance

VILLAGE DE KANASAWA (p. 155).

La petite anse de Kanasawa tailladée par le flot, au bord de laquelle sont assises les frêles maisonnettes du village, est enfermée presque de tous côtés par des collines verdoyantes qui s'y mirent amoureusement et lui donnent l'aspect d'un lac aux eaux tranquilles. Sous la brise un peu forte, les vagues viennent déferler contre les perrés en pierre du rivage avec des clapotements pleins de fraîcheur, et portent à la plus douce des méditations.

Nous repartons après quelques minutes de halte, pour arriver vers une heure à Kamakoura. Je laisse mon cheval dans mon tchaya et me dispose sans tarder à visiter le temple de Hatchiman, l'un des seuls témoignages encore vivants de la grande ville aujourd'hui disparue.

Kamakoura fut fondée, comme on l'a vu, par le grand Yoritomo, lequel l'éleva au rang de capitale militaire,

des matériaux employés par les Japonais, dans la construction de leurs habitations, imprime à leurs centres les plus florissants un caractère éphémère qui les distingue complètement de nos accumulations de pierres et de briques. Pour l'instant, on ne voit plus dans la célèbre Kamakoura que quelques monuments disséminés, restés debout grâce à la ferveur patriotique dont la nation honore ses grands hommes. Et, en vérité, un aussi noble sentiment ne devrait-il pas être respecté par tout gouvernement, à quelque parti qu'il appartienne? Il est à craindre, néanmoins, que les politiciens du jour, dans leur aversion raisonnée du bouddhisme, trop soucieux seulement de réglementer les croyances nationales, ne continuent l'œuvre de nivellement déjà commencée ici comme à Nikko. Que leur importent les vestiges attestant la grandeur des Minamoto, cette glorieuse famille, berceau du chogounat?

Comme le temple de Hatchiman appartient au culte chintoïste, il a échappé à la destruction générale. C'est en suivant une longue allée, interceptée en différents endroits par des *toriis* et coupée en son milieu, dans le sens longitudinal, par deux tertres gazonnés, que l'on parvient à l'entrée principale de l'enclos sacré. La cour qui précède le temple proprement dit est divisée en deux sections par les eaux limpides d'un étang disposé symétriquement, et dont la partie centrale, fort resserrée, présente l'aspect d'un simple ruisseau. Deux ponts, placés l'un à côté de l'autre, en relient les rives. Celui de droite, construit en pierre, est tellement cintré qu'on ne pourrait guère le franchir qu'en s'aidant des bras et des jambes. Le second, simplement en bois laqué de rouge, nous livre passage et nous amène devant plusieurs pavillons accessoires, dont l'un est destiné aux danses exécutées à propos des fêtes chintoïstes. Tout à proximité apparaît l'image vénérée de Waka-Miya, nom divinisé de Nintokou-Tenno, l'empereur débonnaire qui avait autrefois aboli les impôts durant une période de trois ans. C'est sans doute un hommage des contribuables reconnaissants!

Le long escalier en granit qui nous sépare maintenant du portique du temple est ombragé par un arbre de haute taille appartenant à la famille des conifères. C'est un magnifique spécimen de l'*itcho* (*salisburia adantifolia*), dont le feuillage est plein d'éclat, bien que le tronc, d'après les traditions, ait mille ans d'existence. Une légende s'attache, en effet, à ce vénérable représentant de tant de siècles. Ce fut, dit-on, sous ses bras protecteurs que Koughio, le petit-fils de Yoritomo, s'abrita, quand, déguisé en femme, il attendait l'occasion de tuer Sanétomo, pour venger le meurtre de son père et de son frère. Sanétomo descendait paisiblement l'escalier, lorsque Koughio s'élança sur lui et le fit passer de vie à trépas. Mais, comme tous ces personnages avaient du sang divin dans les veines, on éleva immédiatement un autel à Sanétomo. Cet autel se voit encore à deux pas de l'escalier.

En souvenir de mon passage, je détache quelques feuilles de l'arbre séculaire. Que cet acte de vandalisme me soit pardonné, en considération de l'exubérance du branchage et de la surabondance de sève qui circule dans les vieilles ramures! Au moment de continuer ma visite, je suis accosté par un bonze à barbe grise, lequel s'efforce de m'entraîner vers la droite en me répétant d'une voix persuasive ces simples mots : *Mousoumé cotchira*. Comme j'imagine qu'il me désigne quelque tchaya fréquentée par des courtisanes, — chose qui m'étonnerait peu, d'ailleurs, de la part d'un prêtre bouddhiste, — je finis par l'envoyer à tous les diables, à la fois confus et irrité de son insistance.

Je pénètre alors dans la cour du temple, où se trouvent de nouveaux bonzes, assis devant des tables supportant des images de sainteté, des feuillets chargés de prières, des talismans, etc. J'achète au premier qui s'offre sur mon chemin, au seuil même du sanctuaire, l'image d'un héros bardé de sabres, de flèches et d'arbalètes, que je crois être Yoritomo en personne, l'illustre fondateur de ces lieux consacrés à Hatchiman, dieu de la guerre et patron des soldats. Renseignement pris, la gravure représente Hatchiman lui-même, c'est-à-dire Ojin-Tenno déifié. On sait en effet que la foi populaire attribue à cet empereur, élevé au rang des dieux sous le nom de Hatchiman, le succès obtenu dans les guerres entreprises contre la Corée au commencement du troisième siècle de notre ère, par la belliqueuse Djingou-Kogo, sa propre mère. Quant aux autres bonzes, établis sous la galerie contournant le temple, ils ne parviennent pas à me tenter. L'un débite du *saké*, ainsi qu'un vulgaire cabaretier, l'autre des pastilles bénites. Plus loin, enfin, ce n'est plus sur la gourmandise qu'on spécule, mais sur la curiosité, si naturelle chez les voyageurs surtout. Une multitude de petits rideaux de soie cachent à la vue mille objets hétérogènes, ayant appartenu, disent tous ces beaux clercs, à Yoritomo ou à ses successeurs. Il y a là des sabres, des lances, des casques, des étriers, des objets d'habillement, voire des ustensiles de cuisine, dont l'explication est donnée de vive voix moyennant finances. C'est, en un mot, la canne de Voltaire, rappelée sous toutes les formes et mise au service d'une exploitation sans limites.

Il est juste de dire, cependant, qu'au milieu de tant de futilités, certaines reliques présentent un intérêt

ÉQUIPEMENT MILITAIRE DE YOCHITSOUNÉ (p. 157).
D'après une gravure japonaise.

véritable au point de vue de l'art et de l'histoire. Entre autres objets vraiment curieux, je remarque trois sabres ayant appartenu à Yoritomo et qui ont été fabriqués par des armuriers de renom. Sur le nombre, deux ont un fourreau d'argent massif niellé d'or; le troisième fourreau est, au contraire, de bois recouvert en laque dorée incrustée de nacre, et la poignée d'argent battu, granulé comme une peau de requin. Des arcs et des flèches, provenant d'Iyémits, garnissent entièrement une sorte d'étagère. Un beau casque, rehaussé de filigranes d'argent, appartenait à Iyéyas, ainsi qu'un bouclier qui lui servit, dit-on, à la mémorable bataille d'Osaka. Ici, c'est le costume de chasse

dhistes fort imposants, flanqués de trésoreries d'une extrême richesse. Mais tout cela, je le répète, a disparu devant des arrêts supérieurs tendant à réformer le culte chintoïste dans le sens des anciennes traditions et pour faire pièce à l'envahissement du bouddhisme.

Tandis qu'on me désigne, au sud-est du temple, l'emplacement où se dressait jadis le palais de Yoritomo, et plus loin vers le sud, dans un vulgaire champ de blé, la place où prit naissance l'antique et toute-puissante famille des Hodjo, le vieux bonze de tout à l'heure, à qui j'avais fait pourtant une réponse catégorique, ose m'aborder de nouveau. Il ne semble en aucune façon découragé par mes refus. *Mousoumé*

VUE A VOL D'OISEAU DU TEMPLE DE HATCHIMAN (p. 156).
D'après une gravure japonaise.

de Yoritomo; là, le carquois, les flèches et l'arc de Yoriyochi; plus loin, enfin, des parties d'armure de Yochitsouné, le frère et le plus illustre lieutenant de Yoritomo; en somme, une collection de bibelots digne de fixer l'attention de l'amateur le plus consciencieux.

A l'intérieur du sanctuaire, rien de remarquable. L'enclos sacré de Hatchiman a été en grande partie démembré par ordre du gouvernement actuel. De là, sans doute, cette pénurie relative. Conservera-t-on même ce qu'il en reste? La chose est à souhaiter, car nul ne saurait excuser les destructions périodiques où les peuples se complaisent, depuis que le monde est monde, anéantissant pour des raisons politiques, plus ou moins justifiées, ce qui avait coûté tant de peine à leurs devanciers. En 1869, au dire des voyageurs, on voyait encore ici plusieurs temples boud-

cotchira, Mousoumé cotchira, répète-t-il d'un ton nasillard et d'une voix de plus en plus pressante. Qu'est-ce à dire? Me serais-je trompé sur la nature de ses intentions? Ma foi, puisqu'il insiste avec une telle conscience de son droit et même de ses devoirs, suivons-le pour éclaircir le mystère. Et voilà qu'il me conduit auprès d'une grosse pierre qui, au premier aspect, me semble tout à fait insignifiante. Toutefois, en y regardant de plus près, je remarque que la pierre est de forme particulière et que le hasard s'est plu à y représenter ce que Rabelais appelle plaisamment « Crypsimen », nom formé sans doute du grec κρυπτό, «je cache», et duquel nous avons fait *crypte*. Les femmes en voie de postérité viennent y pèleriner de toutes parts, en vue d'une heureuse et prompte délivrance. Ces sortes de monuments sont très nombreux au Japon. On se rappellera que j'en avais déjà rencontré dans la ville sainte de Nikko. Les ex-voto innombrables qui parent celui-ci témoignent hautement de sa vertu prolifique. « Mousoumé cotchira, » répète encore mon vieux bonze, mais cette fois en me tendant la main.

A quelques pas de là, j'achète une vue panoramique du temple à une *mousoumé*, mousoumé en chair et en os cette fois, et dont je surprends le sourire ironique à propos de ma visite à la pierre mystérieuse. La belle ironie, s'il vous plaît! N'aurais-je pas plutôt le droit de sourire d'étonnement en voyant le peu de soin que prend l'innocente créature dans ses ajustements! Au moment où elle avance le bras pour me tendre l'objet dont je me suis rendu possesseur, le vent écarte indiscrètement son vêtement et la dévoile presque tout entière. Mais, au Japon, qui se préoccupe de ces détails?

Remontons à cheval! Un simple temps de galop de moins d'un quart d'heure, et nous voici au village de Hasémoura, où se dresse un *daïboutz* célèbre. *Daïboutz* veut dire, au Japon, statue du Bouddha aux proportions monumentales. Celui-ci s'élève au milieu d'un site verdoyant et renferme un sanctuaire dans ses flancs sacrés. Haut de quatorze mètres environ sur vingt-sept de circonférence, il présente une masse vraiment imposante. On prétend que l'étain, le cuivre et l'or entrent dans la composition du métal. Personne ne s'accorde sur la manière dont la pièce aurait été coulée; mais les jointures, finement burinées, indiquent de façon indubitable que les morceaux ont été fondus séparément et reliés entre eux par une soudure. Quoi qu'il en soit, l'œuvre, sous tous les rapports, est des plus remarquables. Rien de majestueux, de calme et de puissant comme cette gigantesque figure, réalisant, avec une incomparable expression, le type sacré de la religion bouddhique.

Suivant l'usage, Sakya est représenté sous la forme d'un personnage au corps renflé, accroupi au milieu d'une vaste fleur de lotus épanouie, les mains entrelacées posées sur les genoux et la tête légèrement inclinée en avant, dans l'attitude de la méditation. La fleur de lotus était, comme on sait, considérée par les anciens, et notamment par les peuples de l'Inde, comme le symbole de la vie et de la génération. Le visage rond du Bouddha exprime au plus haut degré la grandeur et la quiétude. Sur son front épanoui, entre les arcades sourcilières, apparaît une légère proéminence en forme de lentille, laquelle est censée représenter une *pierre* précieuse, d'où jaillit la lumière rayonnant sur le monde. Ce n'est pas, en somme, un dieu protecteur que l'on vient implorer ici, mais la divinité qui médite les graves pensées. Tel est l'Orient mystique. Ne rien penser, ne rien faire, ne rien sentir, voilà l'idéal bouddhique. Est-ce une illusion commune à tous ceux qui voient ces images? Il semble qu'un grand nombre de bonzes en arrivent, par une sorte d'assimilation, à

HATCHIMAN, DIEU DE LA GUERRE (p. 156).

YOKOHAMA, KAMAKOURA ET ENOCHIMA

reproduire au naturel les traits endormis et béats de leur idole. Élevés dès l'enfance dans la fainéantise la plus complète, fainéantise aussi éloignée de la contemplation religieuse que la fièvre est indépendante de l'action, ils constituent autant de Bouddhas au petit pied, au-dessous desquels s'agite et peine une des nations les plus actives et les plus laborieuses qui soient sous la calotte des cieux.

Après avoir fait le tour du colosse, devant lequel se dresse un autel également en bronze orné d'un brûle-parfum et de deux vases admirablement travaillés, je pénètre dans l'intérieur du monument. Mais tant s'en faut que le contenu réponde au contenant. L'étroit sanctuaire possède à peine comme ornement quelques statuettes dorées, représentant un cénacle de dieux, au milieu d'innombrables ex-voto chargés de mentions plus ou moins prolixes. Sur les parois latérales se lisent les mille et une signatures des pèlerins. Par contre, dès la porte, un bonze, franchement réconcilié avec nos arts occidentaux, débite des photographies portant une légende en anglais.

Ma visite terminée, je me dispose à gagner sans tarder l'île d'Enochima, lorsque mon *betto* m'arrête et m'interpelle avec des gestes significatifs. « Cheval manger, me dit-il, betto manger aussi. » — L'observation me semble trop juste pour ne pas être prise en considération. Il est deux heures, et mes deux coureurs, homme et cheval, doivent en effet sentir le besoin de se réconforter. J'avoue que la distraction, motivée par les charmantes péripéties de l'excursion, m'avait seule empêché de me rendre moi-même aux appels de l'estomac. Nous allons donc aussitôt nous installer dans une tchaya du village, où j'extrais les quelques sandwiches dont l'hôtelier de Yokohama m'avait pourvu, après m'être assuré au préalable que ma bête entamait joyeusement sa provende.

Deux excellents poissons mis à la broche et un homard fraîchement cuit viennent compléter ce déjeuner appétissant, que j'arrose d'une délicieuse tasse de thé.

Plusieurs chiens, alléchés par l'odeur, se réunissent autour de nous, sollicitant de l'œil et de la queue les reliefs de notre festin. L'un de ces animaux nous intéresse au plus haut point par les tours variés qu'il exécute dans l'espoir d'attirer notre attention et de capter nos bonnes grâces.

Les hommes sont parfois de diverses natures ;
Les mœurs ou le climat les rendent fiers ou doux.
Mais, au nord comme au sud, ailleurs comme chez nous,
Partout les courtisans ont les mêmes allures.

Dès trois heures, nous abandonnons le joli village de Hasémoura. À peine en route, mon cheval commence à m'inspirer de sérieuses inquiétudes. Bien qu'il vienne de se réconforter abondamment, il semble avoir perdu toute la vigueur de ses jarrets. Trot-

LE DAÏBOUTZ DE KAMAKOURA (p. 158).

tant déjà fort bas, conformément aux allures de sa race, il bute sur chaque caillou, et je m'attends d'un moment à l'autre à rouler avec lui dans la poussière.

Mes prévisions ne sont, hélas! que trop fondées. À l'instant même où nous opérions une descente, voilà ma bête qui s'abat net, en m'envoyant par-dessus sa tête exécuter un magnifique saut périlleux, activé par la rapidité de la pente et par la vitesse acquise. Bien que la chute ait pris des proportions épiques, je m'en tire sans aucune contusion. Quant à l'animal, il n'est pas plus endommagé que moi. Nous nous relevons, l'un et l'autre, en nous regardant, le *betto* faisant une mine plaisamment attristée. Tout serait donc pour le mieux, si l'émotion que j'ai ressentie, en traversant les airs en raison du carré de la distance, ne m'avait profondément troublé dans ma digestion à peine commencée. Pour éviter même quelque syncope nerveuse, j'en suis réduit à me coucher sur le dos et à attendre un moment que les choses aient repris le cours normal. L'incident n'a pas de suite heureusement, et je remonte bientôt sur ma bête, en lui recommandant expressément de se tenir désormais sur ses gardes.

Un instant après nous parvenons au bord de la mer. Celle-ci n'est rien moins que calme à cette heure. Le vent s'est levé graduellement et souffle du large avec une certaine violence. Les flots bouleversés dansent en moutonnant jusqu'au bord de la plage et rejettent, à chaque vague qui déferle, une matière brune, sorte d'alluvion marine contenant évidemment des principes végétaux très variés.

Du point où nous nous trouvons, l'île d'Enochima se dessine à nos regards sous la forme d'une vaste tache noire obliquant vers la droite.

Presque en face d'un village de pêcheurs, que nous atteignons au bout de quelques minutes, se présente enfin l'îlot, but extrême de notre excursion; nous n'en sommes séparés que par un bras de mer qu'il faut traverser à gué. Mais le courant entre ces terres resserrées est si rapide que betto et bête ont fort à faire pour m'amener sans encombre sur l'autre rivage. Aussi est-il non loin de quatre heures quand nous mettons le pied sur le sol favorisé par tant de miracles.

Et le mot de miracles n'est pas excessif sous ma plume, car la tradition veut que l'île d'Enochima soit sortie du fond des eaux, il y a près de deux mille ans, au beau milieu d'un ouragan, sur un ordre exprès de la déesse Benten, la maîtresse de céans. Je n'y contredirai point.

Un *torii* se dresse devant nous comme pour en marquer l'entrée. A partir de ce point une rue étroite en gradins et bordée de boutiques conduit vers l'intérieur. Avec ces boutiques, où l'on débite surtout des objets en coquillages, alternent de belles tchayas à balcons. Dans la plus importante de toutes je laisse mon cheval, sous la garde du betto, et j'entreprends aussitôt la visite des lieux, conduit par un bonze cicerone qui est venu m'offrir ses services.

Cela se réduit d'abord à une véritable ascension. Nous nous engageons, en effet, dans une suite d'escaliers à n'en plus finir, et parvenons, non sans peine, à divers plateaux superposés où se pressent quelques temples sans grand intérêt. Je m'étonne de ne pas y constater la présence de certaines statues curieuses dont ont parlé quelques voyageurs. Si je comprends bien l'explication que mon guide me fournit, en langage télégraphique, elles ont été soulevées par quelque épouvantable typhon, comme il s'en produit sur ces côtes, et violemment précipitées dans la mer. Rien n'égale d'ailleurs la puissance de ces cyclones. Il y a quelques années, le revêtement des quais de Yokohama fut arraché tout entier, et les pierres furent lancées à une énorme distance. Parfois il arrive que des bateaux à l'ancrage soient projetés au milieu des terres labourées qui bordent la rive. Par le fait, si jamais les statues en question ont existé autrement que dans les récits populaires ou dans les amplifications des visiteurs, il n'en reste plus trace aujourd'hui, car toutes les investigations auxquelles je me suis livré pour en retrouver même des reliques sont demeurées sans résultat.

L'île paraît moins étendue qu'elle ne l'est en réalité. Quand j'arrive à la troisième et dernière plate-forme, je découvre enfin les contours qui se dissimulaient à mes yeux. En ce point précis se dresse un temple servant de couronnement. Mais celui-ci est de trop peu d'intérêt pour motiver une nouvelle description. Je passe outre, et, descendant plus rapidement qu'on ne pourrait le souhaiter vers un point du rivage opposé à notre lieu de débarquement, j'arrive, au milieu de rochers glissants et branlants, jusqu'à une caverne accessible à la basse mer et où se trouve un grossier autel visité par les pèlerins.

C'est au milieu de ce chaos universel, témoignant de l'effort violent qui dut présider à la naissance de l'île, que des bonzes pêcheurs me guettent et me proposent d'exécuter devant moi les périlleux exercices pour lesquels ils sont renommés. Au risque de se rompre vingt fois les os, les voici, en effet, qui se jettent dans la mer, affrontant la fureur des vagues qui les entraînent et les roches aiguës sur lesquelles ils sont tour à tour portés. Ce serait même un coup d'œil plus qu'émouvant, n'était l'habileté surprenante qu'ils déploient en ce jeu plein de dangers. Avant de tenter le saut, chacun des plongeurs s'ajuste autour des reins une sorte de petit tablier. — Pourquoi? Je ne me l'explique pas bien; car la pudeur n'entre que par doses homéopathiques dans les coutumes japonaises, tant sacerdotales que profanes. Mais à peine se sont-ils précipités au milieu du gouffre que chacun d'eux réapparaît, porteur d'un homard vivant, qu'il aurait pêché dans le fond. Faut-il voir là l'explication du fameux tablier? Mes bonzes y tenaient-ils caché le homard qu'ils me montrent avec tant d'ostentation? Pour m'en rendre compte, il faudrait recommencer l'opération, et je n'en ai plus le loisir. Je me contente donc de faire rejeter les innocents crustacés à la mer, moyennant quelque monnaie répartie entre mes acrobates amphibies. Si ces derniers ont réussi à me tromper, ils auront du moins quelque effort à faire pour mystifier les visiteurs qui me suivront.

Il ne me reste plus maintenant qu'à remonter sur le plateau, dans le but de faire le tour extérieur de l'île. Cette promenade est de tout point charmante, la côte offrant sur son parcours la vue immense de la baie, avec le Foudji-yama dans le fond. Ainsi que je puis m'en rendre compte, Enochima, c'est-à-dire « l'île du golfe », ne constitue véritablement une île que par une marée très haute, ou bien lorsque le vent souffle impétueusement de la mer.

TEMPLE DE HATCHIMAN : L'ESCALIER OÙ FUT ASSASSINÉ SANÉTOMO (p. 150).

Chemin faisant, j'achète, en souvenir de ma visite, un petit tableau formé de mosaïques en coquillages, ainsi qu'un curieux spécimen des éponges pêchées dans les environs. Cette éponge appartient à la plus singulière espèce. On ne la trouve guère que dans les eaux très profondes de ces côtes abruptes. Toutefois, on en a extrait d'à peu près semblables dans les parages du Portugal. Les Japonais, pour leur part, l'appellent « crayon de corail » ou « brosse éponge ».

Revenu bientôt à mon point de départ, je rejoins la tchaya de la rue principale, où les *nésans*, averties de la présence d'un étranger par le betto fidèle, s'étudient à revêtir leur plus gracieuse ceinture. Peine perdue, mesdames! — Le temps de vider une tasse de thé et d'échanger en japonais quelques propos discrets et courtois, et me voilà reparti vers cinq heures pour Yokohama.

Bien que nous suivions, ce soir, un chemin sinon plus court, du moins plus aisé que celui que nous avions pris ce matin, le retour ne s'effectue pas aussi facilement que l'aller. Mon cheval est décidément harassé. De Bucéphale qu'il était au départ, il s'est insensiblement transformé en Rossinante. J'ai toutes les peines du monde à lui faire mettre un pied devant l'autre. Ayant même voulu, bon gré mal gré, précipiter son allure, à la descente d'une rampe que l'obscurité survenue ne me faisait pas soupçonner, il exécute cette fois une génuflexion tellement réussie, qu'il m'envoie à nouveau et subrepticement, avec la selle entre les jambes, réfléchir à dix pas de là sur les inconvénients d'une exigence si peu justifiée. C'est trop fort! Tandis que je me relève, le betto rajuste la selle et, baignant les narines du pauvre animal, m'offre d'y remonter. Mais, pour le coup, je me tiens pour dit et ferai le reste de la route à pied, heureux d'en être quitte encore une fois pour l'émotion. Ce sera le seul moyen de faire mentir le dicton qui veut que toute chose, bonne ou mauvaise, arrive invariablement trois fois de suite dans une même journée. Au surplus, nous sommes désormais, depuis le village de Katasé, sur le chemin superbe qui conduit à Foudjisawa, ou, pour parler plus exactement, sur la fameuse route impériale du Tokaïdo. La marche offrira donc moins de difficultés qu'antérieurement.

Enfin, nous débouchons dans le nord de Yokohama, le long du chemin de fer de Tokio, en un point où, après avoir congédié mon betto, je prends un djin-rikcha qui me ramène à l'hôtel.

VUE A VOL D'OISEAU DE L'ILE D'ENOCHIMA (p. 160).
D'après une gravure japonaise.

Il est dix heures. Je meurs de faim. Grâce à l'empressement du service, on improvise à la hâte un dîner auquel je fais grand honneur, et je vais, aussitôt l'appétit satisfait, me reposer de mes fatigues. Malgré les incidents du voyage et mes chutes mémorables, je ne tarde pas à m'endormir du plus profond sommeil. Oui, Pangloss avait raison : « Tout est pour le mieux dans le meilleur des mondes possibles. »

Jeudi, 9 novembre. — Beau temps (th. + 15 cent.).
La journée se passe en courses diverses, notamment chez un fabricant de laque dont j'explore le réduit en détail et dont je passe en revue les procédés industriels.

L'espèce *térébinthe*, qui fournit la précieuse résine avec laquelle on fait tant de produits estimés, l'arbre à laque, en d'autres termes, atteint rarement un grand développement, huit mètres de hauteur tout au plus. L'homme ingrat qu'il enrichit de sa sève, après l'avoir entouré pendant quatre ou cinq ans de soins intéressés, l'épuise en trois saisons à peine et, finalement, l'abat sans scrupule, dès qu'il n'a plus à réclamer de lui qu'un cadavre couvert de cicatrices. Le *Rhus vernicifera*, dont la substance extra-riche brille d'un éternel éclat au fronton des temples et des palais impériaux, *desinit in piscem*, c'est-à-dire finit en jouets d'enfant, en bûches de chauffage, en flotteurs de filet, en menus treillis, par un triste retour des choses d'ici-bas. Mais l'arbre se venge à sa manière. La matière épaisse et brune, noircissant à l'air et découlant de ses entrailles périodiquement ouvertes, renferme un principe vénéneux qui provoque une maladie spéciale.

cette magnifique industrie. Sauf quelques précieux spécimens, comme les coffrets servant à contenir les livres liturgiques du temple de Todaïdji, à Nara, il n'y en a plus qui datent de la première période.

Longtemps concentrée dans les mains des Hollandais de Nagasaki, l'exportation des laques n'a pris une véritable extension que depuis 1859, date de l'ouverture au commerce étranger du port de Yokohama. Antérieurement, l'industrie elle-même se trouvait en partie compromise par l'impossibilité où l'on demeurait de lutter de perfection avec les produits anciens, véritables œuvres d'art auxquelles les auteurs attachaient leur signature. Ainsi, les laques historiques

L'ILE D'ENOCHIMA (p. 160).

Presque tous les ouvriers laquiers en sont atteints un jour ou l'autre, tout comme nos peintres et nos typographes succombant aux spasmes de la colique de plomb.

Je ne sache pas qu'il existe de livre traitant de la fabrication des différentes laques; mais le secret s'en est transmis, de génération en génération, de même que pour la porcelaine, chez les descendants directs des familles intéressées. Le premier ouvrage qui fasse mention de l'emploi de la laque remonte à l'an 180 avant Jésus-Christ. Mais celui-là, comme tous ceux qui en parlèrent depuis, ne traite qu'incidemment des procédés à suivre pour obtenir les meilleurs produits. D'autre part les incendies, qui se sont attaqués à presque tous les monuments séculaires du Japon, ont détruit la majeure partie des laques anciens, ceux-là mêmes qui auraient servi à reconstituer l'histoire de

fabriqués de 910 à 1650, et connus sous le nom de *Djidai mono*, jouissent encore aujourd'hui d'une réputation méritée, et ceux qui marquent la phase de luxe et de paix qui suivit cette dernière date passent pour être d'une magnificence et d'une solidité qu'on ne pourrait plus égaler. Par le fait, les sujétions de la main-d'œuvre ont rendu ces travaux d'art d'un prix de revient presque inabordable, et l'on ne saurait en douter, en face de la finesse, de la multiplicité du détail graphique accusées par certaines compositions anciennes. Aussi la plupart des laquiers se renferment-ils actuellement dans la fabrication exclusive d'objets de pacotille, ne payant de mine qu'aux yeux du vulgaire, et n'ayant aucune espèce de valeur intrinsèque. Il n'a fallu rien moins que les récentes expositions universelles pour déterminer une sorte de Renaissance, encouragée d'ailleurs chaudement par le gouvernement local. Aujourd'hui, les plus beaux produits modernes se vendent quasi aussi cher que les produits anciens; et, comme ces derniers tendent de jour en jour à disparaître du marché, on peut prévoir le moment où l'admirable industrie reprendra son éclat si longtemps éclipsé faute de débouchés suffisants et d'émulation artistique. Déjà les ouvriers de Tokio, de Kioto et d'Osaka sont rentrés dans les saines traditions nationales, marquant leur production journalière au sceau de la vraie originalité.

Les travaux de laque sont aussi nombreux que compliqués dans leur fabrication. Les procédés industriels varient même de localité à localité. On recule effrayé devant la simple mention des opérations multiples exigées par certains produits, comme les laques d'or avec dessins en relief, et comme ces incrustations de nacre, dont quelques-unes sont des merveilles de patience, d'exactitude et de fini.

Mais je me suis déjà étendu trop longuement pour entrer ici dans des détails techniques, où tous ne sauraient me suivre. A défaut de livres japonais, il est, je crois, des livres occidentaux sur les emplois de la laque et sur les divers moyens de l'utiliser.

Et puis, le laquier à qui je viens de faire visite et qui m'a donné le sujet de cette digression n'est qu'un fabricant d'articles courants. Bien qu'il connaisse, à coup sûr, les méthodes usitées dans les ouvrages minutieux, il est de l'opinion si commune aujourd'hui, en Europe comme au Japon, qu'il faut faire de l'art pour de l'art, ou bien se résigner à n'être qu'un commerçant.

Vendredi, 10 novembre. — Beau temps (th. + 16° cent.).

Le matin, promenade à cheval sur les hauteurs avoisinant la gare du chemin de fer.

Quelle douce fraîcheur et quelle exquise rêverie ! La brise de l'Océan vient en droite ligne me frôler au visage, avec cette incomparable pureté que deux mille lieues parcourues sans obstacle sont en mesure de lui procurer. Quel repos d'esprit, surtout ! Quel apaisement ! Dans les brumes vaporeuses du matin, les passions s'estompent comme par enchantement, le souvenir même s'en efface, et, dégagée de tout alliage étranger, l'âme s'élève par degrés à une sérénité inconnue aux autres heures de la journée.

PRÉPARANT LA LAQUE (p. 162).
D'après Hokousaï.

Au dîner, le baron S** me propose de l'accompagner à Takachimatcho, pour assister, en compagnie de quelques-uns de ses amis, à une petite fête de famille organisée par un riche négociant de Yokohama. Il me fait entrevoir qu'on exécutera devant nous la fameuse *djonkina*, dont je n'avais eu jusqu'ici que de vagues aperçus. J'accepte, et nous voilà, une demi-heure après, pénétrant dans une élégante tchaya, où, dès le matin, une salle particulière avait été retenue au premier étage.

Tout est prêt pour la représentation, et déjà la nombreuse famille du marchand, composée de femmes et de jeunes filles, est assise sur les talons, en attendant notre arrivée. Après quelques rapides salutations, nous nous accroupissons, à notre tour, le plus commodément possible.

Une grande housse de couleur écarlate, étendue sur le plancher, est semée de plateaux débordant de flacons de saké, de pâtisseries de toutes sortes, de fruits superbement variés. En ce pays de musardise, point de fêtes sans chatteries.

CHEZ LE FABRICANT DE LAQUE (p. 164).
Dessin japonais.

A peine avons-nous pris place, que huit danseuses, suivies de deux chanteuses, opèrent solennellement leur entrée. Toutes sont, conformément à l'usage, revêtues de riches costumes de soie aux couleurs disparates, alors que dans leur chevelure finement lustrée brillent de longues épingles d'ivoire et de métal. Chacune vient successivement se présenter à nous sous son nom d'artiste. Ce nom, — soit dit en passant, — presque toujours euphonique, répond invariablement à des appellations de fleurs ou d'oiseaux. Puis les unes et les autres vont s'accroupir sur les talons, à l'extrémité de la pièce, en formant éventail devant nos yeux. Dans le même temps, les musiciennes ont entonné des chants bizarres, accompagnés du samicen. Elles déroulent ainsi plusieurs morceaux de leur répertoire. Mais ce n'est là que le prélude d'une action plus serrée. Les deux chanteuses se retirent derrière un paravent, pour faire place à leurs compagnes, et tout aussitôt les exercices chorégraphiques de commencer.

Après quelques mouvements cadencés dans le goût du pays, les danseuses ne tardent pas à procéder aux ébats de la célèbre danse nationale.

Qui connaît le jeu de la *morra*, si populaire en Italie, peut se rendre compte aisément de ce qu'est la djonkina japonaise. Mêmes évolutions des mains et des doigts, même lutte d'agilité dans la demande et dans la réponse, même précision obligatoire. L'idée fondamentale du jeu japonais se résume dans ces trois phénomènes naturels : les ciseaux coupent le drap ; le drap peut envelopper la pierre ; la pierre a le don de casser ou de tordre les ciseaux. Quant aux moyens figuratifs employés en vue d'exprimer ces trois actes, ce sont : l'index s'abattant sur le médium pour représenter les ciseaux ; le pouce et l'index pliés simulant la préhension du drap, et par suite le drap ; et, enfin, la pierre imitée au moyen du poing fermé. C'est primitif, comme on le voit, et gracieux en même temps. Or, comme les joueuses mises en présence sont tenues de répondre exactement et sans hésitation à la demande qui est posée, les méprises se succèdent rapidement, et, chaque fois, la perdante est condamnée à fournir un gage. Ici s'arrête, d'ailleurs, la ressemblance de la djonkina avec le jeu de la morra, comme avec les pénalités de nos jeux innocents. Car les gages ne se composent plus seulement d'éventails, de bijoux ou

ENTRÉE DE L'ILE D'ENOCHIMA (p. 160).

de tout autre objet accessoire emprunté à la toilette féminine, mais des pièces essentielles de l'ajustement. Et, à chaque faute, au fur et à mesure que la danseuse se dépouille de ses voiles, elle se roule sur le tapis écarlate dans une sorte d'abandon lascif ou de feinte colère. Au bout de quelque temps, on le conçoit, les ballerines ont dû céder successivement jusqu'au dernier de leurs gages, sauf la plus habile de toutes, la triomphatrice, dont la chevelure reste finalement ornée d'une riche épingle à laquelle se balance un échassier de soie aux vives couleurs et aux ailes déployées.

Telle est la djonkina, si décriée ou si vantée. J'ai tenu à la raconter en détail pour qu'on ne la confondit pas avec d'autres danses du même genre, probablement plus modernes, mais dont je n'essayerai pas de rappeler les détails trop scabreux. Loin de moi, du reste, la pensée de vouloir excuser par une raison d'esthétique les singulières mœurs dont la djonkina, exécutée intégralement devant des femmes et des enfants, nous révèle l'existence. Le fait d'abandonner ses vêtements un à un, comme dans la danse de l'Abeille chez les Égyptiens modernes, peut répondre à coup sûr à des préoccupations artistiques, mais peut comporter également des aspirations moins austères.

La poésie n'a souvent rien à voir en ces sortes de distractions ; elle doit planer, pour rester inattaquable, au-dessus des sollicitations des sens. La licence y trouve trop son compte, et je ne saurais y découvrir, pour ma part, autre chose que l'indice d'une disposition particulière à tous les peuples de l'Orient, fruit de l'atavisme autant que du tempérament, et qui peut passer pour la marque indélébile des états sociaux appelés un jour à disparaître. Hâtons-nous de dire, pour nous résumer, n'étant ni bégueule par caractère ni tartufe dans nos goûts, que les Japonais, si rigides sur le point d'honneur, ne prêtent pas eux-mêmes à toute cette chorégraphie risquée le degré de sensualisme que je constate et que nous, Européens, ne saurions y méconnaître. J'ai déjà eu l'occasion de faire ressortir la différence des idées japonaises avec les nôtres, sur le chapitre de la pudeur. Le *kant* anglais, excellent en soi sous bien des rapports, n'est point de règle absolue, inéluctable. Il a même déjà trop pénétré dans nos mœurs occidentales pour que nous puissions juger sainement de pratiques remontant peut-être à la naissance du monde et perpétuées de siècle en siècle par un peuple amoureux de ses traditions nationales. Les danses, comme aux temps anciens et fervents, y ont encore, sans aucun doute, une connexion, quoique lointaine, avec les idées religieuses et sacrées. Pour rappeler ces mêmes Égyptiens dont je parlais tout à l'heure, il est certain que bien des scènes incompréhensibles pour nous se rattachaient à des dogmes, à des croyances d'une haute portée morale. Le culte de Jupiter Ammon en est une preuve. Hérodote en a dépeint quelques traits, et nous y trouvons encore le récit de ces processions solennelles usitées dans le culte phallique, où les femmes ornées de colliers symboliques s'empressaient autour de la statue du dieu, à seule fin de célébrer dans le père de la création cette merveilleuse puissance qui donne la vie à tout sur la terre comme au-dessus de nos têtes.

Peut-être une même idée a-t-elle présidé à l'invention de certaines danses japonaises, et je me plais à croire, en dépit de ce que je disais plus haut au sujet des dispositions ataviques constatées chez les peuples orientaux, qu'il existe des relations réelles entre ces danses et maints rites encore inexpliqués des religions locales.

Samedi, 11 novembre. — Beau temps (th. + 16° cent.).

Excursion à Tokio. J'y vais rendre quelques visites officielles, et réclamer au photographe que nous avons rencontré lors de notre expédition aux temples de Nikko, l'épreuve de son cliché.

Tout en parcourant la ville, j'ai l'occasion de me procurer un portrait du Mikado et de l'impératrice.

Cette dernière, un peu plus âgée que son auguste époux, a reçu une instruction exceptionnelle. Douée en même temps d'un tempérament autoritaire, elle est bien la digne descendante de ces grands Tokougawa dont Iyéyas fut le plus glorieux représentant. C'est dire qu'elle est capable de seconder l'empereur dans la lourde tâche d'*européanisation* qu'il a entreprise et qu'il mène — on doit le reconnaître — avec une grande sûreté de main. Car, malgré les difficultés semées sur la route, c'est bien grâce au Mikado, à sa clairvoyance dans l'avenir, à sa connaissance appro-

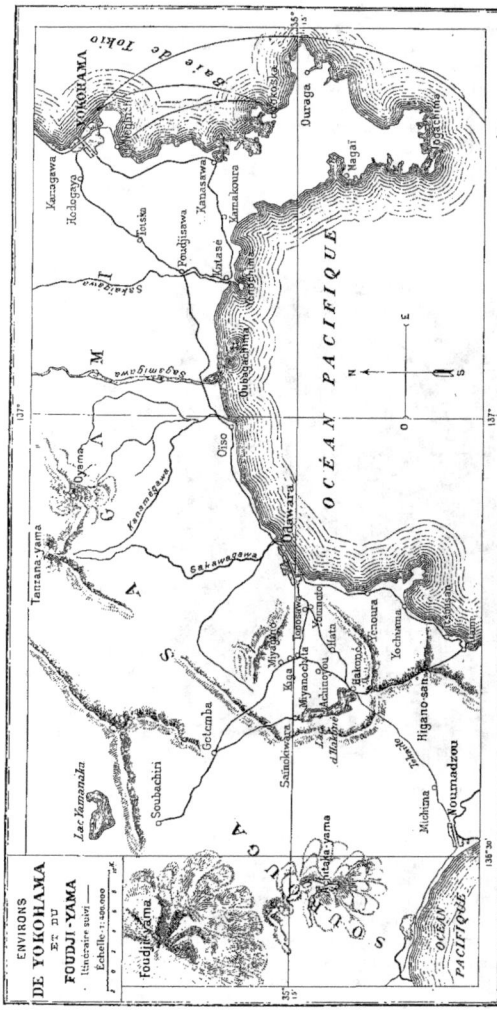

ENVIRONS DE YOKOHAMA ET DU FOUDJI-YAMA

fondée des hommes dont il a su s'entourer, que le Japon est définitivement entré dans le concert des nations civilisées. Il en a d'autant plus de mérite que, jusqu'à lui, le pouvoir effectif avait été exercé par une longue série d'usurpateurs, et qu'il a été le premier à trancher dans le passé en plaçant sa personne impériale au-dessus de toutes les compétitions.

M. O**, qui m'accompagne au cours de ma promenade et qui fait ressortir à mes yeux le rôle prépondérant du Mikado, ajoute cependant avec une certaine finesse, en faisant allusion à la grande influence de l'impératrice, et sans même avoir soupçon de la fameuse maxime des monarchies constitutionnelles : « Le Mikado règne, et ne gouverne pas. » Toujours le vieux dicton : *Nil sub sole novum!*

Parmi nos diverses visites, mentionnons celle que nous faisons au D^r D**, le bibliothécaire de « la Société allemande », dont les excellents travaux sont de nature à nous intéresser. Dans une prochaine entrevue, il me montrera les collections recueillies par la docte association et me fournira, j'en suis sûr, plus d'un détail précieux relatif à ce beau pays.

Dimanche, 12 novembre. — Beau temps, ciel un peu couvert (th. + 15° cent.).

Dès cinq heures et demie j'arpente le Bund, en respirant à pleins poumons les brises salines qui soufflent de l'Océan.

Le *Gaelic*, qui nous avait amenés d'Amérique au Japon, vient d'arriver de Chine. Beaucoup de résidents se sont transportés à bord, croyant avoir affaire à l'*Oceanic*. Celui-ci, au contraire, continue à se faire attendre.

L'église catholique de Yokohama, située au centre de la concession étrangère, est bondée de fidèles aujourd'hui. Rien de saillant ni à l'extérieur ni à l'intérieur de cette construction aux dimensions modestes, bien que conçue avec une certaine élégance. Si l'on ne faisait attention à la tenue bigarrée d'une partie de l'assistance, on pourrait se croire dans une de ces mille chapelles que la piété des fidèles a semées autour des grandes villes des États-Unis. En tout cas, elle est une des premières qui aient été édifiées au Japon depuis la réapparition des étrangers. Elle représente donc, pour ainsi dire, l'effort initial de rénovation du christianisme sur un sol déjà fécondé, au dix-septième siècle, par le sang de tant de martyrs.

Après une délicieuse promenade à cheval sur cette même route de Kamakoura, que j'avais suivie lors de mon excursion à l'île d'Enochima, je me rends chez notre ministre, qui m'avait promis, pour aujourd'hui, certains renseignements puisés aux sources officielles. J'y apprends avec plaisir que les événements ont pris une meilleure tournure. L'insurrection semble être désormais en voie d'apaisement. Les mesures énergiques adoptées par le gouvernement ont été providentiellement secondées par l'arrestation fortuite de Mayébara et de ses partisans. S'étant vus forcés de prendre la fuite dans une barque, les chefs rebelles ont été jetés sur les côtes par une tempête, et sont tombés, le 8 courant, entre les mains des hommes de police, sans tenter la moindre résistance.

Notre ministre veut bien, ainsi que M. O**, son hôte habituel des dimanches et notre cicerone manqué, consacrer le reste de la journée à parcourir mes notes sur le Japon et me fournir des renseignements précieux de nature à compléter mes propres observations.

PANNEAU DE LAQUE REPRÉSENTANT UN JARDIN (p. 163).

Après le dîner, et pour nous délasser de ce travail, nous allons flâner dans les rues obscures de la concession étrangère. Dès cinq à six heures du soir, toutes les portes des maisons sont closes. On se croirait dans une vaste nécropole. Quel contraste avec la ville indigène! Celle-ci ne commence vraiment à s'animer qu'à la brune, mais pour prolonger son mouvement jusque bien après minuit.

Pourtant je me trompe. Tout n'est pas mort, pas même endormi, par cette raison seule que le gaz, dont le mendiant de nos villes a sa part comme le plus opulent financier, ne peut plus répandre dans la rue les flots de lumière auxquels nous sommes habitués.

Voici venir, en effet, les cuisiniers ambulants, armés

d'un long bambou reposant en bascule sur leurs épaules. A l'une des extrémités pend une sorte de fourneau ; à l'autre, une boîte renferme les comestibles particuliers à la population. La base de cette cuisine en plein vent est le riz. Les restaurateurs du cru se rabattent sur la ville européenne, à la chasse des consommateurs attardés, qu'ils attirent par leur cri caractéristique. Bientôt, autour d'eux, s'amasse la foule des indigènes, formant, à la lueur fauve du fumeux *rosokou* ou chandelle indigène chargée d'éclairer les manipulations culinaires, autant de groupes fantastiques.

Et voyez quelle est sur nous l'influence des milieux ! On est plus heureux, en traversant les ombres épaisses, de rencontrer sur son chemin ce lumignon chétif, qu'on ne le serait chez nous à l'aspect d'une devanture *a giorno*. L'indifférence est la fille chérie de la satiété.

La mer est très houleuse, ce soir. Les vagues déferlent avec grand bruit sur les digues et sur les murs des quais. Nous nous attardons quelque temps à considérer ce sombre tableau, pour nous diriger ensuite vers la partie mixte de la ville nouvelle.

Là, Européens, indigènes et Chinois vivent confondus, exerçant les métiers les plus disparates. Le grondement d'une grosse caisse accompagné du bruissement aigu d'un triangle, étouffant sous leurs accords diaboliques un misérable violon qui n'en peut mais, nous attirent vers un établissement où l'on danse. Ce sont des marins étrangers qui se livrent entre eux, en souvenir de leur pays, au culte hilarant de Terpsichore. Pas de femmes : elles s'esquivent toutes au seul aspect d'une vareuse et d'un chapeau ciré ! Les rudes et fanfaronnes allures des matelots, trop prompts à froisser, à molester les indigènes des pays où ils abordent, suscitant à la fois leur terreur ou leur dédain, n'ont pas peu contribué à discréditer ici l'élément exotique. Nous jetons un regard et poursuivons notre route. Après quelques détours, nous nous trouvons en plein quartier chinois. Les Fils du Ciel sont très nombreux à Yokohama. Ils ne représentent pas, comme on le pense bien, les membres les moins actifs de cette ruche humaine étonnamment diaprée et composite. Les rues qu'ils habitent, favorisées, comme la cité japonaise, d'un brillant éclairage, se recommandent à l'attention par des maisons d'un caractère mi-européen, mi-japonais, mais d'apparence peu soignée. Un peu plus de confort, moins de propreté, voilà surtout ce qui distingue celles-ci des habitations locales.

Lundi, 13 novembre. — Beau temps (th. + 13° cent.).

Enfin ! L'*Oceanic*, si longtemps attendu, a mouillé en rade cette nuit. Parti le 18 octobre de San-Francisco, son port d'attache, il a mis vingt-cinq jours à faire la traversée, en décomptant le jour perdu que l'on sait.

Je consacre la matinée à terminer les divers arrangements nécessités par l'envoi en Europe de mes acquisitions. D'autre part, comme j'entreprends, demain, mon excursion au Foudji-yama et aux établissements thermaux qui lui forment une élégante ceinture, l'après-midi se passe tout entière à mettre à jour ma correspondance, tandis que Sada s'occupe à réunir les provisions dont nous aurons besoin. Bien que la montagne sacrée et ses environs soient le but d'excursions fréquentes pour les touristes et pour les résidents, il serait téméraire de compter uniquement sur les ressources comestibles dont le pays est soi-disant pourvu.

MM. O** et B**, ainsi que leur co-voyageur américain, sont revenus aujourd'hui même, tout enchantés de leur voyage à Nikko. Ils en parlent avec un enthousiasme que je partage sous bien des rapports, ainsi qu'on en a pu juger.

ARMURIER (p. 130).
D'après une gravure de la *Mangwa* de Hokousaï.

VILLAGE DE SOUBACHIRI, AU PIED DU FOUDJI-YAMA (p. 182).

VI

LE FOUDJI-YAMA ET SES ENVIRONS

Le « bohème » de l'extrême Orient. — Le Tokaïdo. — Chaussure et vêtement. — L'agriculture au Japon. — Tout pour l'enfance. — *Teppo, abounai!* — Odawara. — Verbiage à perte de vue. — Une avalanche d'un nouveau genre. — A travers les montagnes. — Youmoto. — Hata; un Éden en miniature. — Froidure et obscurité croissante. — Une escalade difficile. — Hakoné et ses pompiers. — Lac à mille mètres d'altitude. — Perdus dans les landes. — Un sentier interminable. — *La demi-vi des paysans japonais*; le ruban de Pénélope. — Gotemba. — Soubachiri et la « Montagne sacrée ». — Le Foudji-yama suivant la légende, l'histoire et l'orographie. — Une école. — Les diverses écritures japonaises. — *In hoc signo vinces*.
Vers les stations thermales. — Souvenir de la Sologne ou de la Bresse. — Miyagino, Kiga et Sokokoura. — Miyanochita; le *summum* du confort indigène. — *Private baths*. — Un exécrable voisinage. — Promenade à Tonosawa et Youmoto. — Une bande de Germains en goguette. — Les appartements du Mikado.
En route pour Atami. — Achinoyou. — Un magnifique panorama. — Procédé hydraulique pour décortiquer le riz. — Atami et ses sources sulfureuses. — Campagnes et paysages. — Un ouragan. — Le Pacifique en fureur. — Harmonieuse symphonie. — Odawara et Tonosawa pour la seconde fois. — L'impératrice en voyage. — Monnaie de billon. — Un incident comique. — Rentrée à Yokohama.

Mardi, 14 novembre. — Lever de grand matin. Il fait un temps superbe, et le thermomètre marque 13° centigrades.

L'indispensable *Sada*, malgré sa promesse formelle, est en retard. Il avait juré ses grands dieux qu'il se trouverait dès l'aube à son poste; mais un Japonais exact est plus difficile à rencontrer qu'un bohème assidu. Or, il y a beaucoup du bohème chez ce peuple artiste et dilettante qui laisse couler ses jours avec un suprême dédain du chronomètre. Tout comme le *lazarone* de la Chinja, auquel je l'ai déjà comparé, l'artisan du Nippon ne se résout à travailler qu'à la dernière extrémité ou stimulé par l'appât des plaisirs vers lesquels l'entraîne un goût irrésistible. Ceux-là que des relations directes mettent en communication avec les étrangers, et qui sont par conséquent en mesure de gagner non seulement leur vie, mais un véritable superflu, n'ont pas plus tôt amassé quelque argent qu'ils s'empressent d'abandonner le travail et de jeter les dollars aux quatre vents de leur fantaisie. Une fois le magot épuisé, chacun se condamne à la tâche, pour recommencer l'existence joyeuse à la première occasion. En aucun cas, on ne peut absolument compter sur eux. Sada, quoique un peu plus sérieux, quoique un peu moins prodigue que la plupart de ses compatriotes, en raison des besoins nouveaux qu'il s'est créés par un frottement journalier avec notre civilisation, Sada — dis-je — ne fait guère exception à la règle. Il faut le tenir en bride, pour l'empêcher de courir la prétantaine, à tous les arrêts du chemin. Lui adresse-t-on des reproches, il s'étonne avec la meilleure foi du monde et proteste de son zèle à toute épreuve. Peu s'en faut qu'il ne se pose en victime.

« Comment, si tard déjà ! » s'écrie-t-il en arrivant une heure après le délai fixé. Et ne croyez pas qu'il y ait de sa faute ! Sa montre s'est subitement arrêtée. Sans cette malencontreuse circonstance, il serait ici depuis cinq heures, car il s'était couché plus tôt que de coutume. Mais à voir la façon dont il se frotte les yeux gros d'insomnie, je soupçonne le drôle de ne pas s'être couché du tout. J'accepte cependant ses excuses pour ce qu'elles valent, et nous nous disposons immédiatement à prendre le chemin que j'ai suivi naguère en revenant d'Enochima.

En marche donc, et que le dieu des touristes nous protège !

En marche, par euphémisme, car ce sont des djinrikchas qui nous conduisent à Hodogaya, notre première étape. Nous nous apprêtons déjà à remonter dans de nouvelles voitures, quand je m'aperçois que le préposé aux relais impériaux, sur l'avis de Sada, a signé le reçu pour Foudjisawa seulement, alors que je prétends me rendre à Odawara tout d'une traite. Je sais trop combien de temps à chaque office intermédiaire. Moyennant une légère surtaxe, on satisfait à mes exigences. O miracle ! nos djinrikchas sont prêts avant que nous ayons fini de boire le thé traditionnel. Ma théorie est donc en défaut ; mais l'absolu n'est pas de ce monde, et du reste, comme on dit vulgairement, l'exception confirme la règle.

Dès la sortie de Hodogaya, la montagne sacrée, but de notre excursion, se dresse devant nous avec son manteau de neige éblouissante. Pendant une grande partie de notre voyage elle sera, d'ailleurs, constamment en vue.

La route impériale du Tokaïdo, que nous suivons depuis Yokohama, est en général assez étroite, ne mesurant pas plus de cinq à six mètres ; ce n'est guère qu'aux approches des lieux habités qu'elle s'élargit tout à coup et varie de dix à quinze mètres. Cette grande voie de communication est bien moins fréquentée aujourd'hui qu'autrefois, les nombreuses dénivellations auxquelles elle est sujette l'ayant fait abandonner du commerce indigène, beaucoup mieux desservi par les bateaux à vapeur qui sillonnent la côte[1]. Il ne faut pas, du reste, se laisser éblouir par le titre pompeux de route impériale. Déjà, à maintes reprises, nous avons eu à parler de cette longue artère, laquelle relie le nord de l'empire à son extrémité méridionale, ici sous le nom de Tokaïdo, là sous le nom d'Ochioukaïdo. Or, rien ne la distinguerait des autres, n'était le fait d'être carrossable sur une grande partie de son parcours et mieux entretenue que ses rivales.

Au sortir de Yokohama, nous avions eu l'occasion de voir, chemin faisant, un grand nombre d'habitations échelonnées de droite et de gauche. Celles-ci deviennent de plus en plus rares à mesure que nous avançons. Dans les intervalles qui les réunissent, la chaussée est bordée de sapins anguleux, aux rameaux peu fournis, auxquels s'enroulent gracieusement des liserons de toute espèce. Ce sont bien là ces fameux arbres reproduits si souvent dans les peintures locales, tant appréciées de l'esthétique moderne. Et quels délicieux paysages ! A tous moments, des points de vue qu'on dirait ménagés à dessein, mais où la main de l'homme n'a touché qu'accessoirement, apparaissent entre les branches, formant de délicieux *keepsakes*. Tels ceux qui me faisaient rêver autrefois devant un panneau de laque ou devant les contours d'une potiche. La nature s'est parée peu à peu de ses plus coquets ornements et se présente à l'observation sous des aspects toujours variés, toujours nouveaux, toujours pittoresques. On dirait un jardin anglais sans limites, avec ses bosquets et ses échappées fuyantes. D'ailleurs la végétation des collines a revêtu sa robe aux nuances automnales, et quoique cette végétation soit loin d'atteindre la richesse constatée aux environs de Nikko et de Tchiouzendji, elle n'en est pas moins séduisante, originale, pleine de délicieux imprévu. Nulle ne tendrait pourtant à rappeler nos campagnes les plus riantes, nos paysages les moins sévères des bassins de la Loire ou du Rhin, si des poteaux télégraphiques supportant un réseau de fils n'indiquaient déjà l'empiétement des siècles de fer et de houille sur des milieux paradisiaques.

Une chose me frappe : c'est le peu de souci que prennent les Japonais de s'abriter contre les intempéries. Il faut, en vérité, qu'ils soient bien peu sensibles au froid, pour ainsi tenir ouvertes à tous les vents et en toute saison leurs rustiques et légères habitations. Malgré la brise encore fraîche à cette heure matinale, je les vois paisiblement accroupis sur leurs nattes et à peine plus vêtus que si nous étions en plein été. Quant à nos coolies, à part quelques-uns d'entre eux habillés d'une sorte de braie collante, ils n'ont pour tout costume que l'indispensable *foundochi* passé autour des reins. Leur chaussure est tout aussi primitive. Consistant en une sandale de paille grossière, appe-

---

[1] En 1890, un chemin de fer a été établi tout le long de la côte, faisant ainsi avec la batellerie une double concurrence à l'ancienne route impériale.

lée *waradji*, chaussure que nos coureurs sont obligés de renouveler très fréquemment, elle est destinée à protéger la plante du pied contre les aspérités du sol.

Tout en cheminant nous rencontrons de nombreux djinrikchas et des chevaux de bât portant des marchandises de toute espèce. Notons, à propos de ces derniers, une bizarrerie que j'ai eu déjà l'occasion de constater, à maintes reprises, dans mes excursions. Les chevaux n'ont point des fers aux pieds, mais, tout comme leurs maîtres, sont munis de chaussures en paille, qu'il faut, naturellement, renouveler à chaque instant. En réalité je n'ai vu de chevaux ferrés qu'à Yokohama et à Tokio, et encore ces animaux appartenaient-ils, pour la plupart, à des loueurs européens ou à des résidents étrangers. L'usage de la ferrure indigène remonte cependant fort loin, mais il n'y a guère que les Japonais de haut rang qui l'emploient parmi la population indigène de se nourrir de légumes, à l'exclusion presque complète de viande de boucherie. Ce n'est que depuis l'établissement des étrangers dans le pays, que l'on s'y occupe de la reproduction du bétail au point de vue de l'alimentation publique. Mais, — chose vraiment caractéristique — jusqu'à présent je n'ai presque pas rencontré de moutons dans mes voyages à l'intérieur. Notre ministre estime qu'il est difficile de les protéger suffisamment contre une race de grands chiens, espèce de loups-cerviers qui pullulent dans les campagnes comme dans les villes. Ces féroces animaux ont, paraît-il, une audace incroyable. S'il n'est pas rare de les voir s'attaquer aux brebis clairsemées dans les champs, il est tout aussi habituel de les voir dévorer, sinon le berger, — comme dit La Fontaine, — du moins les chèvres et les porcs de petite taille vaguant auprès

UN TAUREAU DE BÂT (p. 171).

pour leurs coursiers de selle. Justement en voici défiler devant nous tout un groupe, richement caparaçonnés et hennissant à l'aspect des vulgaires chevaux de bât qu'ils devancent fièrement. On me dit qu'ils appartiennent au Mikado. Ce sont, dans tous les cas, de jolis spécimens de la race chevaline locale : tous chevaux entiers ou juments, car on ne pratique la castration dans le pays qu'à l'égard de la race porcine.

Le cheval n'est pas l'unique bête de somme employée dans ce pays. Nous devançons aussi des quantités de taureaux lourdement chargés, dont les larges naseaux sont troués par un cercle de fer.

On me dit, pourtant, qu'en général les vaches et les génisses servent de préférence au transport des marchandises, tandis que les taureaux sont surtout utilisés pour le labour. Quant au bœuf, il est, pour ainsi dire, inconnu au Japon, par la raison déjà citée précédemment, à savoir l'usage toujours répandu

des habitations. Lorsque l'adversaire est trop grand pour être facilement mis à mort et transporté jusqu'à leur repaire, ils se réunissent en bande ainsi que des brigands de profession. Il n'y a que les gallinacés qui échappent à leurs poursuites infernales. Aussi le gouvernement japonais, en créant des pâturages en vue de l'élève des moutons, a-t-il pris des mesures sérieuses pour mettre les troupeaux à l'abri de ces attaques. Dorénavant les susdits chiens seront tenus à quatre *ris* au moins des parcs d'élevage, et tués en deçà de cette limite. La mesure est d'autant plus rationnelle que les prairies, naturelles ou artificielles, pourront nourrir environ trente millions de représentants de la race ovine. Tout en améliorant le sol pratiquement aménagé et régulièrement engraissé, le Japon sera ainsi mis à même de s'affranchir de l'obligation de demander à l'étranger les laines et les tissus, dont l'usage tend de jour en jour à se répandre plus communément dans le pays.

Le gouvernement mikadonal s'applique, d'ailleurs, à prodiguer les encouragements de toute espèce à l'agriculture, laquelle, malheureusement, était restée plus que stationnaire depuis un temps immémorial. Il a compris que cette branche primordiale de la richesse publique méritait toute sa sollicitude, et que la véritable prospérité d'une nation dérive principalement de l'exploitation intelligente du sol.

Il est désormais prouvé que le Japon, grâce à son climat, peut produire les meilleures espèces de céréales, d'herbages et de légumineuses, et que les indigènes parviendraient sans trop de mal à y élever une excellente race de bêtes à cornes et de moutons. C'est dans le but d'atteindre à ce haut résultat que le gouvernement a demandé à l'Amérique des professeurs habiles dans l'art d'enseigner l'agriculture et l'élevage du bétail ; on a érigé, sous leur direction, des établissements agricoles peuplés des meilleurs spécimens. Il existe maintenant, non seulement au centre du pays, mais encore aux confins de l'empire, à Sapporo et à Hakodaté, des fermes modèles, où des prairies et des parcs d'acclimatation ont été soigneusement ménagés. Pour suffire aux besoins de ces exploitations, on a importé d'Australie et des États-Unis plusieurs milliers de têtes de gros bétail et de nombreux troupeaux de moutons. On a, en même temps, introduit à grands frais toute espèce d'instruments agricoles, voire des machines motrices. Pour ce qui concerne ce dernier point, par exemple, j'ose déclarer que c'était aller bien vite en besogne, car les bras ne manquent guère sur le territoire japonais, et le salaire des coolies est presque nul.

Je viens de dire que les bras ne manquent pas au Japon. On peut s'en rendre compte aisément. Partout les enfants grouillent autour des habitations. Le spectacle offert par cette marmaille en liesse, espoir de la nation, est même des plus réjouissants. Soit en pleine rue, soit dans les jardins, soit sous les vérandas, on la voit courant, gambadant ou maniant ces mille jouets auxquels l'art national a imprimé un cachet si extrême d'originalité, et dont nous voyons jusqu'en Europe les curieux échantillons. Du plus grand au plus petit, les enfants semblent animés de cette fièvre d'amusement caractéristique de la classe adulte. Quant aux babies, hissés sur le dos des femmes et littéralement emprisonnés entre la robe et le surtout de la porteuse, ils sont condamnés à suivre tous les mouvements de cette dernière, que ce soit la mère occupée aux différents soins du ménage, que ce soit la jeune folâtrant avec ses compagnes. C'est ainsi que je remarque nombre de fillettes d'une dizaine d'années s'envoyant et se renvoyant une balle avec l'ardeur particulière à leur âge, courant, sautant, se bousculant, voire se renversant par terre, bien qu'elles aient chacune sur le dos un bambin qui n'en peut mais et qui semble, au contraire, prendre un réel plaisir à ces exercices de dislocation. D'ailleurs l'enfance est ici l'objet d'une affection toute particulière. Encore

à la mamelle, les mioches sont de toutes les promenades, de toutes les excursions, de toutes les fêtes.

Jusqu'à Foudjisawa, la plaine seule est cultivée et paraît fertile. Sur les collines s'étalent des bois d'essences diverses. Passé cette localité, le terrain, d'argileux qu'il était, devient sec et friable, et le sol, de couleur noire, se montre abondamment mélangé de principes végétaux. Çà et là, aussi, quelques bouquets de sapins témoignent de la présence surabondante du sable. Toutefois, aux approches de la Sagamigawa, rivière que nous franchissons au moyen d'une barque, la campagne redevient fertile comme auparavant.

A Oiso, petite ville fortifiée, entourée d'une muraille lilliputienne d'un à deux mètres de hauteur, j'ai enfin la clef d'une énigme qui me préoccupait depuis longtemps. J'avais remarqué le long de la route que, sur certains mots lancés par mes coolies, tout le monde s'écartait non seulement avec une sorte de considération, mais encore avec une apparence de terreur. Ces mots effarés des passants avaient maintes fois éveillé ma curiosité. Mes hommes venaient-ils à pousser leurs cris, aussitôt la gent paisible de se garer à distance. Comme ces injonctions se renouvelaient à tout moment, j'avais fini par me les graver dans la mémoire : *Teppo, abounaï!* Dès que j'ai mis pied à terre, je demande à Sada l'explication du mystère. Il m'apprend, à mon grand étonnement, que ces mots cabalistiques, d'un effet partout si surprenant, signifient, ni plus ni moins : « Fusil, explosion! » Mes gens, pour s'amuser aux dépens de leurs compatriotes, ont trouvé bon de me faire considérer comme voiturant après moi tout un matériel de guerre en disponibilité. Or, mon arsenal se borne au seul fusil posé à mes côtés. Bien que les termes de mon permis de circulation interdisent le port de toute espèce d'arme à feu, notre ministre m'avait conseillé de m'en munir, en m'affirmant que celle-ci pourrait ne pas m'être inutile, et qu'elle ne soulèverait pas d'objections si je m'abstenais d'en faire usage au centre des lieux habités. Mais ce placide fusil, corroborant les menaces des coolies, n'en a pas moins l'avantage d'imprimer à ma marche, au milieu des embarras du chemin, l'assurance et la rapidité de l'obus.

Avant de pénétrer dans la ville d'Odawara, située à 12 ris de Hodogaya, nous traversons le lit de la Sakawagawa, large torrent presque à sec en ce moment. On se rappelle qu'Odawara constitue ma deuxième étape. Il est deux heures et demie quand je descends de mon djinrikcha.

Ici, grands pourparlers avec l'employé du bureau des transports. Je fais demander par Sada à cet honorable fonctionnaire quelques renseignements concernant les diverses directions d'Atami et de Hakoné ; mais, selon l'usage commun à beaucoup de ses pareils, il lui est impossible de répondre catégoriquement à mes questions. Aussi pourquoi vouloir obtenir d'un employé des indications relatives aux chemins pour le parcours desquels il procure tout le jour des djinrikchas, des kagos et des coolies? C'est au voyageur à se tirer d'affaire. Pour sa part, il a bien assez voyons entourés d'une vingtaine de badauds qui me donnent leur avis à tour de rôle. La discussion est devenue générale. On se croirait — sauf respect —

SE RENDANT A LA FONTAINE (p. 172).

de papoter, de paperasser, enfermé dans sa commode bureaucratie. Au bout de quelque temps, les passants s'arrêtent et se groupent autour de nous. Bientôt, le problème devenant de plus en plus obscur, nous nous dans un meeting politique. Quoi qu'il en soit, personne ne me dit rien qui vaille. Chaque orateur interpellé commence par se frotter le front en contemplant le ciel, puis, après avoir poussé un grognement en manière de solution, il reporte ses regards vers la terre et laisse tomber mollement quelques paroles embarrassées. Traduction faite de tant d'avis différents, chaque opinion se rapporte à tout autre chose que l'objet en question. Et plus je me montre impatient de savoir, moins j'arrive à me renseigner.

Voilà bien le Japonais pris au vif! Hésitant, indécis, beau diseur de balivernes, Oriental dans toute l'acception du terme, il n'a nul souci de ce temps que les Anglais estiment d'une valeur égale à l'argent. Lorsque, par un contact plus fréquent avec les Européens, il en aura reconnu tout le prix, il se réveillera sans doute de ce long rêve et mettra mieux à profit ses heureuses facultés. Mais cela n'est pas encore arrivé. Quoi qu'il en soit, le Japonais diffère du Levantin, toujours reconnaissable à sa nonchalance, en ce qu'il n'est pas précisément paresseux, mais bavard, pétulant et oisif. Lorsqu'il se met à l'ouvrage, il le fait courageusement, avec un entrain, une souplesse, un brio qui prouvent de prime abord qu'il n'y répugne point. N'avons-nous pas été à même de constater à chaque pas sa puissante vitalité? Regardez ces coureurs admirables, faisant dix ou quinze lieues sans broncher à la suite d'un coursier lancé à grande allure; ces conducteurs de djinrikchas traversant fossés et cours d'eau sans élever un murmure, tantôt

ENFANTS JOUANT AVEC UN OISEAU CAPTIF (p. 172).

rôtis, tantôt gelés, et toujours de joyeuse humeur; suivez encore ces portefaix, traînant de lourds fardeaux à travers les montagnes et ne paraissant jamais clocher du pied; et ces brigades volantes enrôlées pour des travaux urgents; ces habiles artisans élevant la minutie à la hauteur d'un art véritable! Quelle conscience! quelle verve endiablée! Loin d'assombrir les visages, tout déploiement de zèle est considéré comme un passe-temps. Le but à atteindre, s'il n'est pas trop éloigné, exalte les cœurs et les enivre. Il est vrai que cela ne dure que jusqu'au jour où quelques espèces sonnantes et trébuchantes déposées dans le boursicaut viennent les convier à de nouveaux plaisirs. Alors ils n'auront plus de cesse qu'ils n'aient été se joindre à la fête, à l'immense foire permanente où le pays se confond tout entier. Le Japonais — on

l'a dit avec raison — demeure enfant toute sa vie. Et pourquoi lui ferions-nous un grief de son insouciance et de sa mobilité, alors que nous observons les mêmes phénomènes dans nos grands centres européens? L'ouvrier, tenu de conquérir le strict nécessaire à force de travail, n'y devient-il pas aussi l'irrégulier, le fanfaron, le « gouapeur », aussitôt qu'une hausse de la main-d'œuvre lui permet de satisfaire ses fantaisies? Ne jetons donc pas la pierre à un peuple d'élite. Il jouit, hélas! de son reste. Encore quelques années, et, ses besoins se trouvant accrus, il ne sera que trop tôt pour lui rangé dans la simple catégorie des « bras » dont parle Dickens dans son roman les *Temps difficiles*. Ses défauts proviennent surtout de sa naïveté, de ses traditions et de son état social. Les nôtres sont plutôt le résultat des exigences tyranniques auxquelles est soumis un travail sans limite, sans repos et souvent sans réelle satisfaction.

Pour ma part, désespérant de jamais sortir du long et diffus échange de communications où je me trouve engagé, je remets sagement ma décision à l'heure qui suivra le déjeuner. Il est tard, et nous avons tous besoin de nous restaurer.

Bien qu'Odawara soit fréquemment traversé par des étrangers, puisque nous n'avons pas encore dépassé la ligne de démarcation tracée par le *Treaty-limits*, — une galerie de curieux se forme devant la tchaya où je prends mon modeste repas. Il est vrai que le rassemblement provoqué par nos demandes d'informations, a mis en rumeur toute la localité. Sada paraît ne peut plus fier de l'impression produite, et se complaît à fournir au public l'explication de nos faits et gestes. Quant à moi, déjà façonné à ces poses obligatoires, je ne perds ni un coup de dent ni une bouchée. Avec le temps on acquiert l'habitude des planches.

La ville d'Odawara, bien déchue de son ancienne importance, servait autrefois, vers le seizième siècle, de résidence fortifiée à de puissants personnages de la famille des Hodjo. Jusqu'en ces derniers temps elle était couronnée par un donjon féodal dont on n'aperçoit plus que des ruines et d'où l'on découvre la campagne environnante et de vertes échappées sur l'Océan.

Mais continuons notre route vers Hakoné ! — En dernier examen, j'ai dû renoncer à l'excursion d'Atami, qu'on m'avait du reste déconseillée à mon départ de Yokohama. Atami n'est rien de plus qu'une petite station balnéaire, située au bord de la mer, très fréquentée en la belle saison, mais dépourvue d'intérêt à l'époque où nous sommes. Je m'y rendrai peut-être à mon retour.

Nous avons changé de mode de locomotion. Aux djinrikchas, qu'on est à même de conserver jusqu'à Youmoto, nous avons substitué, pour les bagages, un kago, la litière en forme de panier que j'ai déjà décrite. Personnellement je ne ferai que trop tôt connaissance avec les délices de l'incommode véhicule. Aussi me mets-je délibérément à suivre la route à pied, en compagnie de Sada, la distance qui nous sépare de Hata n'étant que de 3 ris, et celle de Hata jusqu'à Hakoné de 2 ris tout au plus.

En quittant Odawara, nous nous sommes sensiblement écartés du Pacifique, dont la nappe éblouissante apparaît sur notre gauche, tandis que devant nous se dressent les pentes de la montagne où nous devons nous engager. Un peu plus loin la route se trouve barrée par un impétueux torrent qui court se précipiter dans l'Océan et que nous remontons pendant quelque temps.

Deux poteaux, fichés en terre de chaque côté d'un petit cours d'eau, indiquent les limites du territoire régulièrement accessible aux étrangers en vertu des traités. Déjà nous avons fait quelques pas au delà de cette barrière plutôt conventionnelle qu'effective, quand nous voyons tout à coup hommes et bêtes se garer hâtivement pour livrer passage à une charrette encombrée de pierres de taille et qui descend des coteaux avec un bruit effroyable, entraînant dans sa course vertigineuse le coolie qui la conduit et qui n'est plus maître de l'arrêter. Le véhicule, lancé à toute vitesse, manque même, en nous croisant, de renverser notre kago. Heureusement pour l'attelage comme pour le conducteur, le bas de la rampe arrête naturellement cette avalanche d'un nouveau genre sans causer de mal à personne.

Un peu remis de l'émotion que nous venons d'éprouver, nous traversons le torrent sur un pont nouvellement jeté, et bientôt nous arrivons aux confins de Youmoto, modeste bourgade assise au milieu des hauteurs, au fin fond d'une gorge sombre où sourdent des eaux minérales estimées. Une tchaya monumentale, qui revêt l'aspect tout germanique d'un kursaal en miniature, et les constructions blanches qui l'entourent me donnent aussitôt l'impression de ces petites villes de bains européennes, aux habitations clairsemées, avec le casino de rigueur. Du point où nous sommes nous semblons planer, à vol d'oiseau, sur l'agglomération. Ce doit être un lieu de promenade fort exploré des baigneurs, car de nom-

SUR LE PAS DE LA PORTE (p. 172).

breuses boutiques y sont rassemblées jusque sur la route que nous suivons, étalant toutes sortes d'objets de bois admirablement travaillés et vendus à des prix plus que modiques.

Ainsi que je l'ai annoncé plus haut, dès Youmoto le Tokaïdo cesse d'être praticable aux djinrikchas. De ce point jusqu'à Michima, c'est-à-dire sur une distance de plus de sept ris, on gravit des montagnes escarpées entremêlées de ravins où la raideur des pentes ne permet plus que le transport en kago ou bien l'usage du cheval. — De Michima à Kioto, la grande route impériale devient de nouveau carrossable, sans aucune interruption.

Nous sommes engagés en plein dans ces fameux défilés formant la limite occidentale des provinces de l'ancien Kwanto, au milieu desquels se sont déroulées les effroyables péripéties qui inaugurèrent la grandeur de Kamakoura. Là, à toutes les époques de l'histoire du Japon, eurent lieu de nombreux combats. On peut dire que les roches abruptes sont encore teintes du sang des soldats du Chogoun et du Mikado qui s'y mesurèrent en 1868. Ce théâtre de tant d'horreurs a un aspect sauvage et solitaire digne de son passé : rien que des bois sombres, croissant irrégulièrement sur le flanc des collines rugueuses, et, dans les bas-fonds, un torrent emporté, coulant avec des bruits de coup de feu.

Nous cheminons par des sentiers empierrés au moyen de cailloux informes, dégradés par les pluies, offrant à la marche des difficultés incessantes. Les coolies qui portent le kago n'avancent plus qu'avec une peine extrême. D'un autre côté, Sada, qui ne brille pas précisément par ses vertus chevaleresques, me communique ses défiances à l'égard des gens que nous rencontrons. Il craint qu'en raison de l'effervescence qui règne en ce moment dans la contrée, nous ne tombions sur des partis de samouraïs, en quête de représailles contre les Européens. Ses appréhensions, fréquemment exprimées, ne laissent pas à la longue que d'éveiller en moi certaines inquiétudes ; et, bien que nos moyens de résistance ne soient pas en rapport avec les périls signalés, je mets mon fusil en bandoulière, au lieu de le laisser négligemment avec mes bagages. Nous marchons en avant-garde, notre kago nous suivant à distance. Heureusement, malgré le pessimisme de Sada, nous ne rencontrons ni samouraïs ni voleurs de grand chemin.

La nuit tombe déjà lorsque, vers cinq heures et demie, nous parvenons à un petit village, où nous nous munissons de faisceaux dits *taï-matsou*, destinés à nous servir de torches et formés de brindilles de bambous préalablement séchées. La flamme qui s'en dégage pétille claire et brillante et, de ce moment, les endroits où nous passons semblent illuminés *a giorno*.

La route devient, du reste, de plus en plus difficile. Nous avons toutes les peines du monde, à présent, à gravir un cailloutis lisse et inégal, sur lequel on glisse à chaque pas. Cette marche nocturne a quelque chose de solennel, bien fait pour frapper notre imagination. Engagés entre des montagnes magnifiquement couronnées de forêts épaisses et dont la nuit estompe les masses imposantes, obligés de contourner des rampes semées de blocs de rochers qui ont dévalé des hauteurs, nous ressemblerions plutôt à ces bandits contre lesquels Sada voulait me prémunir. A nos pieds, le torrent bouillonne toujours, mêlant ses longs échos aux voix mystérieuses de la nature.

Enfin, vers sept heures, nous arrivons à Hata. Dès les premières maisons, mon factotum, rassuré maintenant contre ses périls imaginaires, me désigne, à la lueur de la torche, un ravissant jardin dépendant d'une maison de thé fort connue des excursionnistes de Yokohama. Il y a là des cascades, des ponts, des tourelles, des pelouses, des escaliers et des étangs en miniature, bref tout le charmant fouillis habituel aux riches villas du pays, mais à une échelle microscopique. Rien ne pourrait donner une idée de ce joli coin de terre, perché sur le flanc d'un coteau, au milieu de ce désert alpestre. Bien que simplement entrevue aux rouges flamboiements de nos torches, la délicieuse oasis nous permet d'admirer à la fois l'habileté du jardinier restreignant la croissance de ses plantes, et l'imagination de l'artiste résumant de la façon la plus originale et la plus pittoresque tout ce que produit la nature dans ses manifestations multipliées. On m'affirme qu'on entretient ici des carpes centenaires, tout comme dans les étangs de Fontainebleau.

Mais cet Éden n'est qu'un point d'arrêt ; il nous faut poursuivre notre route sans donner un plus libre cours à nos élans d'enthousiasme. Aussi, après avoir renouvelé notre provision de fascines, reprenons-nous allégrement notre marche vers Hakoné. Le coolie qui nous précède, en éclairant la route, semble porter une colonne de feu, tant la torche dont il est muni atteint de hautes proportions. Ces sortes de torches, particulières au pays, atteignent en effet non moins de cinq mètres. Nous en avons trois semblables. Elles devront nous suffire jusqu'à destination.

La montée est devenue plus ardue encore. A certaines places elle se présente comme à pic. De minute en minute, nous sommes obligés de nous reposer pour reprendre un peu de souffle et pour délasser nos pieds meurtris par les gros cailloux de la route. On n'éprouve de soulagement que dans les endroits où, par intervalles, cet horrible pavage fait défaut. La dernière étape de notre calvaire s'accomplit en suivant un sentier bordé de bambous, lequel nous conduit au sommet d'une ramification de la chaîne montagneuse particulière à la région. Bien qu'il fasse un froid assez vif, nos fronts sont en pleine transpiration.

Heureusement la descente s'effectue aussitôt, nous offrant des pentes moins rudes qu'à la montée et, en tout cas, moins pénibles à parcourir. Désormais les pierres accumulées par place forment comme autant de paliers d'une circulation relativement facile, au travers d'une majestueuse allée uniquement bordée de hauts cryptomérias. A neuf heures et demie nous sommes à Hakoné. Nous avons mis dix quarts d'heure à parcourir 1 ri et 8 tchos.

Le tambour résonne bruyamment dans l'unique rue du village. Les roulements se succèdent sans interruption. Ce sont les pompiers de la localité qui mènent cet affreux tapage. Depuis le dernier incendie qui a ravagé toute une partie de l'agglomération, un certain nombre d'hommes sont préposés à la garde des maisons. Soit pour montrer leur vigilance, soit pour éveiller l'attention des citoyens trop négligents à l'endroit des braseros, ils ne laissent à leur désagréable instrument ni cesse ni répit durant toute la nuit.

Ici la froidure a sensiblement augmenté. Nous ne parvenons même à nous réchauffer peu à peu qu'au moyen de deux réchauds qu'on allume au mépris des pompiers sonnant le couvre-feu, et auprès desquels nous prenons notre repas du soir. C'est bien en effet un souper que nous faisons, au lieu du dîner traditionnel, car il est dix heures quand je me mets à table, pour ne m'aller coucher qu'à minuit. Le tambour résonne toujours; mais je le défie bien de suspendre mon sommeil, après les dures fatigues de cette journée.

ferons étape avant d'atteindre Soubachiri, localité la plus voisine du Foudji-yama. Nouveau mode de locomotion. Nous nous embarquons sur un léger esquif, au bord du lac, sans oublier toutefois le kago, qui doit servir en pleines montagnes au transport de nos bagages.

Le lac de Hakoné forme une majestueuse nappe d'eau, claire et transparente, à l'altitude d'environ mille mètres. L'on présume que ses eaux remplissent l'ancien cratère d'un volcan, éteint depuis longtemps. Il est d'une extrême profondeur et ne mesure pas

VILLAGE ET LAC DE HAKONÉ (p. 176).

Mercredi, 15 novembre. — Beau temps: un peu couvert et température assez froide. Je constate 8° cent. au thermomètre, en me levant sur les sept heures et demie.

Notre tchaya est proprement aménagée. De ma chambre on a vue sur les eaux du lac dit de Hakoné, bien que des villages autres que ce dernier soient assis au pourtour. Des bandes de canards sauvages en sillonnent la surface dans tous les sens. Comme notre petite caravane reposera toute la matinée, j'emploie mes loisirs à rédiger les notes recueillies depuis hier.

A midi et demi, départ pour Gotemba, où nous

moins de dix kilomètres de longueur sur une largeur moyenne de quatre. Enserré par des hauteurs dont le pied se mire directement à la surface, il n'est accessible, en apparence, que de deux côtés: du lieu même où nous avons passé la nuit, et d'une agglomération diamétralement opposée à l'ouest, appelée Saïnokiwara, dans laquelle débouche une gorge assez étroite. Pourtant dix-sept petits villages parsemés dans les basses plaines sont arrosés par ce bassin. Les eaux renferment beaucoup de poissons de race saumonée. Au demeurant, son aspect est morne, quasi lugubre. Partout, sur les bords, en effet, ce ne sont que forêts de maigres bambous ou de bruyères desséchées, jetant sur les hauteurs un tapis jaune marbré de taches sombres. Quelle différence avec ce beau lac de Tchiouzendji, tapissé dans son circuit d'une riche et plantureuse végétation! Seuls les villages de Hakoné et de Saïnokiwara, campés aux deux extrémités, parviennent à en rompre la monotonie, ombragés qu'ils sont par des arbres encore verts.

A peine embarqués, les mariniers hissent la voile déchiquetée des jonques japonaises, cet engin précieux sans doute pour tamiser le vent, mais fort incapable de le retenir. Afin de suppléer à l'insuffisance du système, je donne l'ordre de ramer en même temps, ce qui nous réussit bien mieux. L'exercice, du reste, ne pourrait nuire à personne, car il fait un froid piquant, rendu plus pénétrant encore par la bise qui descend des montagnes et qui cingle le visage et les mains. En dépit de cette température inclémente, je me tiens à l'avant du bateau, épiant l'horizon et sondant du regard les profondeurs immenses au-dessus desquelles nous naviguons.

Il se rattache au lac de Hakoné une légende populaire qui trouve probablement son origine dans quelque phénomène naturel de cette région éminemment volcanique. Les eaux du lac — au dire des riverains — seraient habitées par un effroyable dragon, lequel n'était autre, avant sa transformation, que la mère du premier chogoun. Comment et pourquoi s'est accomplie cette bizarre métamorphose? Voilà ce que les clercs des environs n'ont pu m'apprendre. Toujours est-il que le treizième jour du dixième mois de chaque année, il s'élève à la surface des ondes une colonne de fumée blanche, haute d'une dizaine de mètres. C'est le monstre qui manifeste son appétit. On lui jette, séance tenante, une boîte de riz bien accommodé et servi chaud; puis on s'éloigne au plus vite, sans regarder derrière soi, sous peine d'être englouti. Le monstre en a jusqu'à l'année suivante à digérer ce repas frugal. Lorsque vous vous avisez de demander si quelque mortel a déjà vu le dragon, on vous répond péremptoirement : « Si jamais on avait ce malheur, on mourrait sur-le-champ. »

Après avoir doublé le petit cap à l'abri duquel le village de Hakoné conserve ses arbres de haute futaie, nous apercevons à tribord une hauteur complètement isolée des autres, et dont la végétation vigoureuse tranche sur le caractère rachitique de celle qui nous entoure. Là, comme ailleurs, l'automne a mêlé ses teintes gris de Payne et brun-terre de Sienne brûlée.

Au cours de notre navigation, les nombreuses tribus de canards sauvages qui strient l'eau bleuâtre m'inspirent l'irrésistible envie de leur envoyer quelques plombs. Mais mon intention de fournir à Sada l'occasion de s'illustrer ce soir dans l'accommodement du dîner est déçue du tout au tout. La victime qui tombe sous mon coup de fusil fait un rapide plongeon dans l'eau et ne reparaît plus que hors de portée. Au même instant, et comme nous longeons la rive, un chevreuil se jette résolument à l'eau, échappant à la traque d'un chasseur japonais qui paraissait fort animé à sa poursuite. L'animal passe devant nous, mais à une trop grande distance pour que je songe, cette fois, à lui couper la retraite. Il va prendre terre au loin de son persécuteur, abordant sans plus d'encombre un petit promontoire où des taillis épais lui donneront un abri.

Ma montre marque trois heures quand nous opérons notre débarquement. Je profite de cet instant d'arrêt pour prendre au vol la photographie de la barque, du kago et du personnel de l'expédition.

Nous sommes littéralement transis; mais la marche va nous dégourdir les jambes. Nous nous engageons aussitôt dans un sentier tortueux pratiqué en pleines herbes calcinées par les rayons du soleil estival, sortes de bruyères ou de joncs à tiges menues qui nous montent jusqu'aux épaules. On se sert de ces herbes pour recouvrir les habitations. Elles foisonnent, d'ailleurs, dans toute la vallée et s'étalent en masses, couleur d'ocre, infranchissables au piéton. C'est la lande vigoureuse et sauvage, dans la propre expression du terme. Un peu d'art, un peu de travail, et cette vallée en friche offrirait à la culture les terrains les plus fertiles et les plus productifs.

Après avoir cheminé pendant quelque temps au milieu de cette forêt basse, une bifurcation de routes se présente à nos regards, et l'escorte s'arrête indécise. Pas un de nos hommes ne sait par laquelle prendre; pour comble d'infortune, mes cartes routières ne me fournissent aucune indication. Je me souviens alors que M. B**, photographe à Yokohama, apprenant que j'avais l'intention d'excursionner dans ces parages, m'avait montré la voie à suivre sur l'épreuve d'un paysage tiré par lui. Heureusement cette épreuve, je l'ai sur moi. Nous devons — si j'ai bonne mémoire — franchir les montagnes du côté du sud. Mais l'escalade à laquelle nous devons nous livrer immédiatement n'est pas facile, tant s'en faut. Arrivés à mi-hauteur, sur une sorte de plateau, nous faisons halte un moment, et je prends à nouveau la photographie des montagnes qui se dressent en face de nous de l'autre côté de la vallée. A l'ouest, sur notre gauche, des sources sulfureuses dégagent en spirales épaisses et blanches des fumerolles d'un aspect analogue à celles des geysers que nous avons vus en Californie. Toute cette contrée volcanique est du reste semée d'eaux chaudes, auxquelles la thérapeutique trouverait certainement des qualités curatives fort diverses. Vers la droite, au contraire, le lac étend de toutes parts sa nappe lustrée d'azur, comme un écran bleu sur lequel les montagnes jaunissantes se détachent en haut-relief. Les sentiers qui gravissent les rampes ensoleillées font l'effet de sillons dans un vaste champ de blé mûri. Quelques groupes d'habitations parsemés çà et là du côté de l'ouest, viennent jeter sur l'ensemble une note un peu moins terne et trahir l'existence de la vie animale.

LE FOUDJI-YAMA ET SES ENVIRONS

D'une plate-forme, où nous parvenons vers quatre heures et demie sans trop de peine, nous dominons à la fois la vallée que nous avons quittée et celle, plus grandiose et plus évasée, qui nous sépare du Foudji-yama proprement dit. Sur tous les points de cette dernière se dissimulent, profuses et souriantes, des demeures rustiques enfouies sous les arbres ou adossées à des bois. C'est un fourmillement de taches grises et fauves signalant un point de territoire extraordinairement peuplé. Les volcans attirent l'homme dans leur voisinage. A côté de la mort qu'ils suspendent toujours au-dessus des têtes, ils communiquent aux sols nes de fumée. On dirait autant de feux de joie qui s'allumeraient sur une contrée en fête. L'un de ces foyers est même si intense qu'il fait penser à l'incendie d'une maison. A l'encontre de ses voisins plus modestes, il vomit des torrents de flammes comme un diminutif de volcan. C'est en quelque sorte un phare perdu dans la brume environnante.

Mais pressons le pas afin de ne point nous laisser surprendre par la nuit! L'ombre est déjà bien épaisse quand nous arrivons aux derniers contreforts de la montagne, ce qui ne nous empêche pas, fort heureusement, de distinguer encore, au milieu des herbes

MA PETITE CARAVANE AU BORD DU LAC DE HAKONÉ (p. 178).

refroidis une chaleur de serre favorable à la culture, c'est-à-dire à la vie en commun.

Pour nous, il s'agit encore de gravir la montagne située à notre droite, et de redescendre cette fois, pour tout de bon, dans l'immense vallée en question, par un long défilé plein de rampes et de ressauts courant à travers des fourrés de bambous, de buissons et d'herbes enchevêtrées. A mi-côte, nous jouissons d'une vue presque féerique. La montagne sacrée se dégage lentement des nuages qui l'enveloppaient, tandis que le soleil couchant illumine l'horizon de feux rouges et resplendissants. Au-dessous de nous la vaste dépression est constellée de plaques noires qui sont autant de villages dissimulés dans les taillis. Sur mille points à la fois s'élèvent de minces colon- devenues très courtes, et comme un serpent noir glissant devant nous, le sentier sinueux que nous suivons.

Dès nos premiers pas dans la vallée, je m'aperçois que les feux dont j'étais si fort intrigué d'en haut sont tout bonnement des brasiers où l'on consume la paille dont on ne saurait que faire, paraît-il. Le fait est que la paille n'entre ici que pour fort peu de chose dans l'alimentation des animaux. Aussi la brûle-t-on, pour s'en débarrasser simplement, et en répand-on les cendres sur la campagne en guise d'engrais. Pourtant il existe au Japon des régions moins fortunées où les paysans font cuire leurs aliments à l'aide de ce combustible. Ils la rassemblent alors avec quelque soin en botteaux serrés. Mais ce n'est qu'aux environs de

Yokohama même, où les colonies étrangères entretiennent beaucoup de chevaux, que la nourriture de ces derniers et l'élevage du bétail donnent à la paille toute sa valeur.

Le ciel est noir comme de l'encre, et, pour comble d'agrément, l'on ne peut nous procurer ni une torche ni une lanterne. Nous suivons néanmoins la route, au risque de culbuter dans les ruisseaux que nous avons à traverser à chaque pas sur des passerelles ou des ponts.

Ces bons paysans me prêteraient bien à rire, si la dernière partie de notre excursion comportait un pareil excès de gaieté. Impossible de tirer d'eux le moindre renseignement concernant le chemin à parcourir, si l'on n'agit peu ou prou à la façon d'un dentiste procédant à l'extraction d'une molaire, c'està-dire d'autorité. Nous nous sommes, à quatre reprises différentes, informés de la distance jusqu'à Gotemba, et nous n'avons jamais reçu que cette réponse invariable : « Un *demi-ri* tout au plus. » Voilà bien la demi-lieue de nos pays, jetée indéfiniment en réponse à l'excursionniste égaré dans les campagnes. Il semblerait qu'il faille, avec le rural, marchander la distance comme on le ferait d'une denrée. Ceux à qui nous nous adressons successivement cherchent à lire sur notre visage le nombre de *ris* ou de *tchos* que nous voudrions bien fournir, plutôt que de nous en donner le chiffre exact. Poussez-les dans un sens ou dans l'autre, ils majorent les quantités ou les diminuent sans vergogne. Peu leur importe, après tout! Mais telle n'est pas notre manière de voir, à nous qui marchons depuis le matin. Les kilomètres se sont assez succédé maintenant, et il est temps de nous reposer, les uns et les autres. L'inconvénient serait moindre, à coup sûr, sans ces malheureux coolies qui portent nos bagages, une batterie de cuisine et toutes nos provisions de bouche. Ils rient cependant de l'insuccès de nos démarches, et ne se préoccupent pas autrement de la somme d'efforts qu'il leur faudra dépenser pour gagner le but, se contentant de traîner par monts et par vaux, depuis plus de cinq heures, un poids effroyable pour des épaules moins aguerries. Je l'ai déjà dit, lorsque le Japonais a fait le sacrifice de son *dolce farniente,* il y va bon jeu bon argent jusqu'à conclusion.

Enfin, sur le conseil de Sada, nous nous adressons à une pauvre vieille attirée sur le seuil de sa porte par le bruit de notre marche, et nous entamons de nouveaux pourparlers. L'entrevue menacerait de s'éterniser encore cette fois sans profit, lorsque, s'impatientant lui-même, notre placide interprète — *ta quoque, Sada!* — met l'interlocutrice au pied du mur et lui enjoint catégoriquement de répondre à nos questions. Pour que mon factotum se décide ainsi à se fâcher, il faut que les choses ne puissent plus aller loin. Je le laisse donc se tirer d'affaire, me résignant pour ma part à constater, montre en main, le temps normal qu'il faut à une Japonaise pour faire rentrer sa langue dans le droit chemin. Sada est devenu maintenant d'autant plus impérieux qu'il s'était montré naguère trop patient. Pressée, traquée, surprise dans ses derniers retranchements, notre matrone se décide enfin à formuler quelque chose de positif, à ce que j'espère du moins, en raison de la solennité des réponses et des airs triomphants de notre ambassadeur. « Que t'a dit la femme? » fais-je à Sada. Et celui-ci, qui ne s'exprime jamais, et pour cause, qu'en style télégraphique, de me répondre : « Maintenant... femme... mari. » Je comprends aussitôt que le renseignement va s'obtenir par l'interposition d'un tiers. En effet la vieille, rentrée un moment dans son logis, accourt déjà m'informer que nous n'en avons que pour... un *demi-ri!* Sans mentir, voilà qui est trop fort. Je sortirais vraiment de mon calme, si la prudente commère ne venait en même temps m'offrir de nous faire accompagner par son mari, la route devenant presque impossible à suivre sans un guide sûr et responsable.

En attendant ce nouvel aide, j'entre dans la métairie, ou plutôt dans la misérable demeure où vit ce ménage serviable. Il ne s'y trouve qu'une seule pièce divisée en deux parties, l'une réservée à la famille et planchéiée grossièrement, l'autre servant de grange, de magasin, d'écurie et de tout ce qu'on voudra imaginer. En ce moment on y tamise le riz à l'aide d'un moulin rustique pour en séparer les résidus et la poussière accumulée. Des tas de sacs, des bottes de paille, sont disséminés par terre, à deux pas d'un brasier carré à pans de bois et fixé à même le plancher. Un peu plus loin, un second brasier en métal flambe et crépite, épandant sur le sol des flammèches incandescentes et des parcelles de tisons ardents. Étonnez-vous, après cela, que les incendies si fréquents et si terribles dont la contrée est périodiquement ravagée!

Nos pauvres hôtes sont des plus prévenants. Ils m'offrent quelques oranges et même une tasse de thé, que j'accepte avec empressement. Cette légère collation expédiée, nous nous remettons en route, munis cette fois des torches de bambou indispensables.

Une bonne demi-heure plus tard, — un fort demi franchi par conséquent, — nous parvenons à Gotemba. Dieu soit loué!...

Nous nous installons dans une auberge située en plein champ. L'aspect ne m'en déplait pas trop. Il a fallu me résigner à y descendre, l'hôtellerie de la localité étant, paraît-il, encombrée déjà de voyageurs indigènes. On me loge personnellement dans une dépendance de la tchaya. Pour me rendre à ma chambre, il me faut passer au-dessus d'un petit jardin sur lequel est jetée une étroite passerelle. Par un hasard extraordinaire, nous aurons des bancs et une table, une table immense que nous nous empressons de dresser, mais dont les pieds sont tellement bas que les bancs arrivent presque à niveau. En m'asseyant accroupi sur le plancher, j'atteins juste à la hauteur voulue : c'est à ce dernier parti que je m'arrêterai.

Pendant que je procède, comme de coutume, à des ablutions complètes, la nésan qui m'avait préparé mon bain dans une espèce de tonneau, veut pousser la complaisance jusqu'à m'éponger de ses mains. Ce n'est que devant mes dénégations formelles que je la vois enfin s'éloigner quasi humiliée. Singulières coutumes, en vérité !

ce qui me tombe sous la main, dans la crainte de ne pas m'endormir ou de me réveiller à l'état de banquise.

Jeudi, 16 novembre. — Beau temps : matinée très fraîche. D'un côté de ma chambre, le thermomètre indique un degré au-dessous de zéro. De l'autre, du

PÈLERIN SE RENDANT À LA MONTAGNE SACRÉE (p. 183).

A Gotemba, comme à Hakoné, les tambours battent sans répit. Mais ici ce n'est plus par mesure de prudence. Les tambours appartiennent au temple voisin. Ce sont les bonzes qui s'escriment à carillonner une fête religieuse pour demain.

Il souffle ce soir une bise glaciale. J'ai disposé, en conséquence, ma couchette au sud du réduit qui m'est assigné, et aussitôt après mon repas j'y entasse tout

côté du Foudji-yama, chose bizarre, il en annonce deux au-dessus. La température est descendue très bas durant la nuit. Les campagnes et les arbres sont tout couverts de givre. Malgré le froid piquant, je fais ma toilette au grand air, comme d'habitude. Cela semblerait dur en toute autre circonstance, mais devient à la longue aussi agréable que salutaire.

A dix heures on se remet en route. C'est à Soubachiri,

localité située au pied même du Foudji-yama, que nous devrons nous arrêter vers midi. J'emmène comme personnel, outre Sada, les coolies d'hier, sans leur kago toutefois. Mes deux hommes suffiront au transport de nos comestibles et de notre menu bagage.

Comme j'ai pu m'en rendre compte hier, la vallée est très habitée, et la campagne n'est rien moins qu'un immense jardin. Les arbres y abondent, croissant comme à plaisir, ombrageant de leurs rameaux pressés les métairies et les agglomérations. Mille espèces variées s'y donnent rendez-vous, accidentant les bosquets et les teignant de couleurs plus ou moins brunies, suivant leur nature. Je remarque dans un même espace de terrain le *soughi* (*cryptomeria Japonica*), atteignant une grande élévation, duquel on fait à la fois des matériaux de charpente et des objets d'ébénisterie; le *sawara*, sorte de cyprès aux formes sévères; le *kaya* (*torreia nucifera*), dont le tissu fibreux, de teinte blanchâtre, se prête merveilleusement à la fabrication des meubles. Le fruit du kaya contient une amande huileuse que les Japonais estiment beaucoup et dont ils se nourrissent après l'avoir fait sécher. Tout autour, des lauriers, des marronniers, des *mitsoumata* — arbres de petite taille dont l'écorce sert à la confection du papier japonais — et des mûriers innombrables, viennent encore mêler à cette végétation, déjà si riche en conifères, les ressources les plus variées comme nuances et comme proportions.

Je viens de citer le mûrier : tout le monde sait, en effet, que le Japon s'adonne à la culture du ver à soie. Ce qu'on ignore, peut-être, c'est la quantité immense des arbres propres à la faciliter. Non seulement, d'ailleurs, les habitants recueillent précieusement le produit du bombyx, mais ils savent aussi l'utiliser. Mais, ainsi que j'ai pu m'en assurer dans plusieurs chaumières où je suis entré, le tissage s'y pratique sur des métiers d'un primitif dont on s'étonnerait fort à Lyon et à Saint-Étienne. Ajoutons que sur plusieurs points du pays il existe, par contre, des manufactures modèles et parfaitement outillées.

Chemin faisant, nous débusquons de leurs retraites des quantités d'oiseaux ressemblant assez à des bécassines. J'en abats quelques spécimens, que Sada s'empresse de réclamer pour joindre à nos maigres provisions de bouche.

Bien avant d'atteindre Soubachiri, nous marchons déjà sur les cendres rejetées autrefois par le Foudjiyama et surabondamment éparses dans la vallée. Loin d'être impropres à la végétation, ces cendres sont, au contraire, de nature à la favoriser, si j'en juge par la quantité prodigieuse de plantes qui y croissent et s'y développent. A certaines places, là même où des tranchées ont été pratiquées ultérieurement, on peut se faire une idée de la pluie de feu qui a dû tomber ici, en des temps plus ou moins éloignés. A mesurer l'épaisseur de la couche des matières cinéfiées, celles-ci eussent été capables d'engloutir des centaines d'Herculanum.

Soubachiri, où nous arrivons à l'heure dite, n'est qu'un misérable village bâti sur la lave. A l'extrémité de son unique rue poudreuse, existe un petit temple entouré de quelques bouquets de sapins. Plus haut, au delà du village, s'élève une tchaya plus que modeste, d'où l'on jouit sans obstacle de la vue du Foudji-yama. C'est ici que nous nous arrêterons. Je ne ferai pas autrement l'ascension de la « Montagne miraculeuse », dont le sommet s'élève à quatre mille mètres au-dessus du niveau de la mer. Dans la saison trop avancée où nous sommes, la neige, qui en recouvre complètement la partie supérieure, rend la montée fort difficile ou même impossible, et ce serait de gaieté de cœur aller au-devant de véritables dangers. Je craindrais, au surplus, de couronner une excursion très pénible par une déception complète. A cette époque de l'année surtout, le cône du volcan est enveloppé de nuages si épais, de brouillards si intenses, qu'on ne saurait les percer du regard ni même distinguer au travers à quelques pas devant soi. Cette ceinture de vapeurs, essentiellement mobile et changeante, est d'ailleurs conforme aux termes de la légende sacrée des croyances populaires tendent à l'entourer. Ce n'est même que sous le règne de Koréi, le septième mikado, que la montagne se serait subitement dépouillée du linceul qui la dissimulait jadis à tous les yeux profanes, pour se montrer parfois aux humains dans toute sa gloire et dans toute sa beauté.

Le fait probable, — car l'histoire se rattache encore, en ces époques reculées, au domaine de l'hypothèse, — le fait probable — dis-je — est qu'il y aurait eu alors une éruption violente dont les cendres et les scories, qui ont envahi les creux tout autour, viennent témoigner aujourd'hui d'une manière irrécusable. Il est d'ailleurs raconté, dans les annales japonaises, qu'en différentes circonstances de semblables catastrophes désolèrent la contrée. Ainsi, vers la fin du huitième siècle de notre ère, le volcan s'est montré en pleine activité pendant plus d'un mois. Un peu plus tard, dans l'année 863, il se produisit une autre éruption, terrible celle-là, qui combla une partie de la côte avoisinante. Enfin la dernière éruption eut lieu en 1707; et c'est depuis cette époque déjà lointaine que le Foudji-yama a contracté la forme qu'il a définitivement gardée, celle d'un vaste cône tronqué.

Ce qu'il faut admirer dans la montagne sacrée du Japon, ce n'est pas son élévation, celle-ci étant fortement dépassée par un grand nombre d'autres montagnes disséminées sur le globe, mais c'est le singulier isolement de sa masse, au milieu d'un pays dont les plus fortes ondulations n'atteignent guère plus de mille mètres. Le Foudji-yama est l'Etna du Japon. On l'aperçoit de tous les coins de l'île, dominant la terre volcanique sortie, pour ainsi dire, de ses flancs et comme l'abritant sous son aile. Il attire sur sa tête altière toutes les foudres du ciel, écrasant sous son poids toute une génération d'Encelade et de Briarée. Dans le souvenir et dans l'esprit du peuple il se dresse entouré d'une auréole dont la plupart des peintres et des poètes japonais se sont inspirés et s'inspireront jusqu'à la conclusion des siècles. Le manteau de neige dont il a revêtu son sommet revient sans cesse dans les compositions locales et fait pendant aux cerisiers en fleur planant sur des tapis de verdure. Il est de tradition que les artistes du cru complètent tout paysage, toute vue, toute échappée rustique, toute enfilade de voie urbaine, par la ligne calme et sévère de son massif, lequel contraste par sa note alpestre et sonore avec une nature harmonique et relativement monotone.

douces cuisent sous la cendre, en vue du prochain déjeuner, je prends la photographie de la tchaya si primitive où nous nous sommes arrêtés, avec mon escorte au premier plan; comme fond de tableau, un massif touffu d'arbres. La vie, en effet, est loin d'avoir cessé dans ces parages volcaniques. Ce vivace effort de la nature s'affaiblit, il est vrai, petit à petit, aux approches du cratère, et s'annihile même complètement avant de l'atteindre.

L'air pur, abondamment saturé d'ozone, qui nous souffle au visage et qui pénètre dans nos poumons, a singulièrement aiguisé notre appétit. Le déjeuner

NOTRE ÉTAPE A SOUBACHIRI (p. 183).

De plus, le Foudji-yama, en raison de coutumes très anciennes, évidemment nées de sa puissante conformation, est le lieu de pèlerinage le plus célèbre du Japon. Il n'est rien moins pour les indigènes, bouddhistes ou chintoïstes, que ce qu'a coutume d'être pour les musulmans, sunnites ou chiytes, ismaéliens ou druses, le pèlerinage de la Mecque. La sollicitude des mikados n'a pas manqué d'attacher à la vénération qu'il inspire des faveurs toutes célestes, et chaque année des milliers de pèlerins, la plupart vêtus de blanc et munis du bâton traditionnel, en font l'ascension comme pour se rapprocher des dieux et attirer sur eux et sur leur famille une foule d'immunités inappréciables.

Pendant que les pommes de terre et les patates

frugal, renforcé des comestibles apportés avec nous de Gotemba, me semble tout à fait délicieux. Nous y faisons grand honneur, et, après avoir salué d'un long regard le colosse entrevu au milieu des nuées un moment dissipées, nous repartons vers trois heures, en redescendant la longue rue de Soubachiri.

A mi-chemin, j'entre dans une école où vingt enfants rassemblés s'égosillent à pousser des cris en face de caractères tracés sur un tableau noir. C'est le *hi-ro-ha* ou l'alpha-béta indigène, qu'on leur inculque de cette manière, en leur faisant répéter à tous le même son. On se figure aisément ce que ce bruit peut être, par ce qui se passe dans nos propres établissements primaires.

Un mot sur l'*A b c* japonais ne sera pas inutile ici.

Cet alphabet renferme quarante-sept syllabes, inventées, paraît-il, au huitième siècle, par le bonze Kokaï, ou Kobo-Daïchi, et universellement vénéré dans son pays. Pour en permettre l'énonciation, il composa une série de caractères dont l'expression, tracée à la main, constitue l'écriture appelée *katakana*. Elle traduit le langage courant. Toutefois, le même personnage inventa un autre genre d'écriture, plus cursive que la précédente, sorte de « démotique » à l'usage des femmes, des enfants et des illettrés, et qu'on désigne sous le nom de *hirakana*.

Cela était déjà bien, comme on voit. Cependant on se tromperait fort si l'on croyait qu'il suffit au Japon de ce mince bagage pour lire ou pour écrire. Tout d'abord, il s'agit de savoir ce qu'on se propose de lire, ce qu'on a l'intention d'écrire, et enfin à qui l'on veut adresser de sa prose. Ainsi, dans les œuvres sérieuses, l'écrivain ne se sert ni du *katakana* ni du *hirakana*, mais bien de l'écriture chinoise. Il en résulte que les véritables lettrés sont tenus de connaître la valeur des innombrables caractères dont la Chine a le privilège, ce qui complique étonnamment les choses, comme on pourra en juger tout à l'heure.

Ce fut, en effet, en l'an 284 de notre ère que la littérature chinoise fut introduite au Japon par le prince Atoji, fils du roi de Corée, et qu'un an après le célèbre philosophe Wani, lettré coréen, y vint enseigner l'écriture de son pays. Or, cette écriture est idéographique, c'est-à-dire que chaque caractère représente une idée; en d'autres termes, les lettres groupées ne forment pas des combinaisons phonétiques, mais constituent, comme les hiéroglyphes des premières dynasties égyptiennes, une convention figurée exprimant des actions, des sentiments, des objets, voire des successions de faits. De plus, l'énonciation des signes est différente dans les deux langues. Il s'ensuit qu'un sujet de l'empire du Milieu et un citoyen de l'empire du Soleil Levant, ne connaissant l'un et l'autre que leur idiome national, pourraient tous les deux comprendre leur écriture réciproque, mais seraient incapables d'entendre un seul mot de ce qu'ils se communiqueraient de vive voix.

Les caractères chinois sont les seuls employés dans le style lapidaire et dans les relations officielles. Les traités d'histoire, de sciences et de philosophie, et en général tous les ouvrages spéciaux, s'écrivent et s'impriment à l'aide de ce gigantesque alphabet, à double face, et dont la possession exige des efforts de mémoire considérables.

Mais revenons à Soubachiri. Le magister de l'école où j'étais entré, visiblement flatté de ma visite, et voyant l'intérêt que j'ai pris à quelques-unes de ses explications, me reconduit jusqu'à la porte, et m'adresse jusqu'à terre ses aimables salutations.

A cinq heures, nous sommes de retour à Gotemba. Je profite des derniers rayons du soleil pour visiter la localité. De nombreux magasins sont établis dans l'unique rue dont le village est composé. Là, fruits, légumes, poissons secs, nattes, *guétas*, objets de paille tressée, riz, œufs, sel, pétrole, sucre, confiseries, ustensiles de bois, casseroles de fer et poteries de terre, coutellerie, articles de ménage, vieux habits, chaussettes japonaises, lanternes de papier, etc., etc., se confondent et se pressent dans un chaos inénarrable. Pendant que j'observe ce plaisant tohu-bohu, tous les gamins du village se mettent à mes trousses en se montrant du doigt le voyageur, l'étranger. Non loin de là, dans un bain public, à peine abrité des regards indiscrets par un treillis, hommes et femmes s'ébattent confondus dans une promiscuité aussi extraordinaire que celle des mille objets énumérés plus haut.

Un droguiste que j'avise en rentrant à la tchaya présente un étalage tout aussi hétéroclite d'objets d'importation étrangère : bière anglaise, *Bass pale ale*, et *porter*, vins de Médoc et de Grave, lait conservé, produits pharmaceutiques, liqueurs assorties, au milieu desquelles je lis « alcool de menthe » et « véritable chartreuse ». Cela me rend rêveur. Je poursuis ma lecture : les fabricants ont eu la loyauté d'inscrire sur l'étiquette, en lettres microscopiques, « imitée de ». J'achète quand même une bouteille de vin « supérieur », pour me rendre un compte exact de la sincérité du produit. En recevant le prix de mon achat, le marchand se signe naïvement avec mon argent. En cela il paraît se conformer à une coutume assez générale parmi les populations de cette contrée; à moins que, dans l'occurrence, il n'ait voulu éloigner d'avance de sa personne les malédictions dont je pourrais l'accabler pour sa drogue. Mais n'est-ce pas vraiment singulier de voir ces peuples bouddhistes esquisser sur leur personne le symbole de la rédemption chrétienne? Ancien usage, apparemment, remontant à la période déjà lointaine où le Japon, presque tout entier catéchisé, semblait vouloir pour toujours renoncer à ses anciennes croyances.

Vendredi, 17 novembre. — Temps couvert (th. — 4 cent.).

Il s'est encore formé du givre pendant la nuit. Partis vers huit heures, nous traversons des campagnes toutes blanchies en faisant craquer le sol sous nos pas. La vallée est vraiment admirable, ainsi recouverte de frimas, au sein de ces bois et de ces jardins arrosés d'innombrables ruisseaux amenant l'eau vive dans chaque plantation.

J'ai eu plusieurs fois l'occasion de le remarquer : l'irrigation se pratique au Japon d'une manière tout exceptionnelle. Elle est, sans aucun doute, la cause principale de cette fécondité surprenante que nous constatons à chaque pas. Il est certain, d'ailleurs, qu'on ne saurait se passer d'eau dans une contrée où l'on s'occupe spécialement de la culture du riz. Et l'on recourt également à son emploi après la récolte de la précieuse graminée, pour les travaux de défonçage et de labourage. A cette époque, les champs sont

LE VOLCAN SACRÉ DU FOUDJI-YAMA

de nouveau inondés, afin d'amollir la glèbe et la rendre plus maniable.

Nous nous mettons bientôt à gravir de hautes collines recouvertes d'un gazon chétif et à demi voilées par les brumes du matin. La montée en est particulièrement rude. Ce n'est que deux heures après notre départ que nous arrivons au sommet. L'atmosphère, qui s'est peu à peu dépouillée de toutes ses vapeurs, nous permet alors de contempler l'ensemble du panorama. Dans l'immense vallée que nous venons de quitter, c'est Soubachiri et les nombreux villages entrecoupés de bois et de taillis épais. Une buée opaque, formée en partie de la fumée produite par tant d'habitations et par le genre de combustible

UNE ÉCOLE AU JAPON (p. 183).

employé, en partie de l'évaporation des eaux abondantes qui imprègnent le sol, flotte sur les campagnes en les dissimulant à nos yeux. A certains points, la couche est tellement dense et stationnaire qu'on croirait voir un pays parsemé d'étangs comme la Sologne ou la Bresse. Sur le tout se détache fièrement le Foudji-yama, émergeant de son vaste lit de nuages, avec son bonnet matinal de colonnade étincelante. La crête où nous sommes parvenus mesure à peine deux ou trois mètres de largeur. En nous retournant sur cet étroit observatoire, notre regard plonge dans la vaste région que nous avions aperçue et traversée en partie avant-hier, en quittant le lac de Hakoné. De ce même lieu, nous découvrons la nappe liquide à une assez grande distance sur notre droite. Les groupes d'habitations que nous avions entrevus, à l'arrivée, à l'ouest de notre route, se présentent maintenant tout à nos pieds et forment un village vers lequel nous devons nous diriger.

L'ascension nous a tous mis en moiteur. Il fait cependant un air piquant. Aussi nous empressons-nous d'allumer un feu de branches mortes, pour échapper au danger d'un refroidissement subit. Après une halte de courte durée, nous opérons notre descente, en suivant une inclinaison assez raide, au milieu de laquelle nous faisons la rencontre de deux touristes hollandais que nous reverrons ce soir à l'hôtel de Miyanochita.

Vers onze heures et demie nous sommes au village d'en bas. Nous entrons aussitôt pour déjeuner dans une tchaya où l'on s'empresse de m'offrir le thé de rigueur et tout l'attirail nécessaire au fumer de la pipe japonaise.

Dès notre sortie du village, nous nous retrouvons au milieu des joncs dont nous avions déjà remarqué la croissance touffue aux environs du lac de Hakoné. Quelques hommes sont occupés à en faire une ample moisson, pour en recouvrir leurs cabanes. A droite apparaissent ces mêmes colonnes de fumée dont j'ai également parlé, lesquelles, s'échappant des fissures des collines, trahissent la présence de veines soufrières très abondantes. Tout le pays, je le répète, est sillonné de ces sources sulfureuses. La vertu curative en est fort appréciée, et, en quelque lieu qu'elles se montrent, elles sont activement exploitées par l'habitant. Chacune des localités que nous rencontrerons dans ces parages se recommande par des eaux thermales de qualités particulières, et fréquentées, en la belle saison, par la société japonaise. Encore une idée qui ne nous est pas uniquement personnelle, ainsi que nous aurions pu nous l'imaginer!

Jusqu'à ce moment, le soleil s'était maintenu caché derrière un rideau de nuages sombres. Vers une heure, à l'instant où nous venons de franchir un torrent qui coule dans le ravin, l'astre nous découvre brusquement sa face éblouissante en répandant la joie et la vie autour de lui. En même temps se présente à nous, le petit village de Miyagino, assis au pied de montagnes boisées dont la végétation multicolore me rappelle celle de Nikko. L'aspect en est des plus attrayants, surtout des abords d'une tchaya construite sur les rives mêmes du torrent impétueux traversé par une foule de petits ponts rustiques.

A partir d'ici, le rapide cours d'eau s'enfonce dans une gorge que dominent des coteaux couronnés de bois magnifiques. Par un heureux hasard, la route que nous avons à suivre côtoie le lit du torrent. Nous nous engageons dans ce sentier pittoresque et, en trop peu de temps pour nous rassasier des charmes sans cesse renouvelés sur nos pas, nous arrivons à la petite station de bains appelée Kiga, toute peuplée de belles tchayas et placée dans un site véritablement enchanteur. A l'extrémité opposée de cette jolie localité, je ne suis pas peu surpris de voir son nom tracé en lettres romaines sur un large drapeau qui flotte au vent. Immédiatement au-dessous, un écriteau attire mon attention. Il porte la mention suivante : *Special baths for foreigners*. Nous sommes en pleine Angleterre. Mais on se demande pourquoi des étrangers seraient plus particulièrement séduits par des bains dits spéciaux? Réflexion faite, pourtant, le mot « spécial » a tout à fait sa raison d'être. La population japonaise, en effet, se fondant sur la fallacieuse opinion que les maladies cutanées ne se transmettent point par l'eau, n'a que des réservoirs communs d'une pureté plus que douteuse. Il n'est pas surprenant, dès lors, que les étrangers se montrent plus circonspects en pareille occurrence.

Un sentier de chèvres nous amène jusqu'à une charmante tchaya, du seuil de laquelle on jouit d'une vue magnifique sur le village de Kiga. Pittoresquement groupée au sein d'une nature exubérante, la petite station de bains nous apparaît comme endormie dans le fond de la gorge, attendant jusqu'à l'année prochaine qu'une nouvelle affluence de baigneurs vienne y répandre la vie en échange de la santé.

Après avoir franchi un pont rustique jeté à deux pas d'une cascade et d'une vasque d'eau sulfureuse amenée par des tuyaux de bambous, nous entrons dans Sokokoura, nouvelle station balnéaire, aux confins de laquelle Miyanochita vient également déployer ses premières habitations.

Il ne faudrait pas croire, à juger par cet itinéraire, que les différentes localités dont nous parlons soient de grande importance et possèdent des établissements thermaux comparables à ceux que l'on rencontre en Europe dans des régions de même nature. L'exploitation du précieux liquide n'y atteint pas le même degré d'intelligence commerciale. On s'y contente de mettre l'eau des sources à la disposition des passants, ou de la distribuer selon les besoins de chaque habitation, suivant le nombre d'hôtes qu'elle est censée abriter. Nous sommes loin, par conséquent, de ces hôtels somptueux où l'on débite le vivre et la santé à prix d'or, en élevant l'exploitation du client à la hauteur d'une institution. L'hôtelier n'y a point encore acquis le savoir-faire où vont de jour en jour se surpassant leurs confrères de la Prusse Rhénane, de la Suisse, de la Normandie et des Pyrénées. De simples maisons de bois, avec des châssis de papier, tout comme les demeures qui les avoisinent : tel est encore

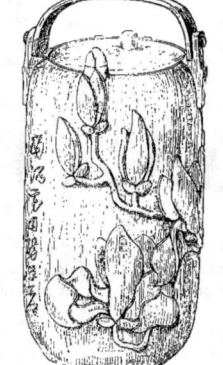

FLACON EN BOIS DE BAMBOU (p. 189).

le *summum* du confort où vient se délecter le high-life japonais. Ce n'est guère que par les dimensions que ces auberges se distinguent du commun. On vient réellement s'y guérir, les indigènes tout au moins. Quant aux résidents étrangers, plus abondants chaque année, ils s'y rendent autant pour se reposer que pour faire des excursions de plaisance. Quoi de plus propre à l'équilibre des facultés que la contemplation d'une nature aussi paisible et souriante!

Miyanochita, où nous arrivons vers deux heures et demie, est la plus fréquentée de toutes ces stations balnéaires. Elle doit cette préférence marquée à la beauté exceptionnelle de sa situation. Juchée sur le flanc d'un ravin largement ouvert, bâtie en amphithéâtre, elle suspend ses maisons coquettes et ses arbres nains aux marches d'escaliers grimpant en guise de ruelles jusqu'aux sommets de la colline. Tout autour, à travers des massifs de conifères, de hêtres et de chênes, on entend le frémissement des cascades déversant leurs ondes claires et limpides dans le torrent qui s'enfuit en bouillonnant. Bien que placée en dehors du territoire assigné à la résidence des étrangers en vertu du *Treaty-limits*, elle est d'un accès et d'un séjour très faciles. On n'y est en aucune façon soumis à l'exhibition permanente de ces permis de voyage qu'il faut produire à chaque pas dans le reste du pays. Par le fait, l'administration locale s'est montrée fort bien inspirée en laissant tomber cette pratique en désuétude. L'excursion du Foudji-yama et la visite des petites stations thermales qui l'environnent répandent l'aisance et la civilisation européenne sur l'entier parcours. C'est pour le coup qu'on pourrait ici paraphraser le distique du poète Scarron :

En chose où le péril manque de tous côtés,
On peut fort bien passer sur les formalités.

Nous nous installons, moi et mes hommes, dans un bel hôtel à étage, fort proprement tenu et desservi par un essaim de gentilles mousoumés. Toutes les chambres donnent sur un long corridor au bout duquel sont établies un certain nombre d'étuves séparées, affectées aux étrangers. Ce sont autant de « special », ou plutôt « private baths », dont l'annonce nous avait intrigués, ce matin, à notre passage dans le charmant village de Kiga. Quant aux baigneurs japonais, pour se conformer à l'usage, ils n'ont ici, comme ailleurs, qu'un seul et même réservoir où ils se réunissent, hommes et femmes. En raison de l'installation tout exceptionnelle de cette tchaya, installation *first rate*, comme disent les Anglais, je livre le nom du propriétaire à l'estime générale. Il s'appelle *Gioji*, et sa jolie retraite aux brunes naïades se nomme « Naraya ».

Nouvelles difficultés, tant auprès des gens de la tchaya qu'auprès des officiers de police, à l'égard des renseignements à obtenir sur la route par laquelle je devrai poursuivre mon voyage après-demain. Ce n'est qu'après mille hésitations, mille lenteurs, mille détours plus ou moins circonspects, que je parviens à peu près à m'orienter.

Tandis que Sada, aidé dans sa besogne par deux nésans comptant une vingtaine de printemps, s'occupe de mon installation, je descends, en guise de promenade, jusqu'à Dogachima, petite agglomération située au fond de la gorge même où s'étagent coquettement les maisons de Miyanoshita. A Dogachima l'on ne trouve plus que des hôtels, des maisons de thé, des établissements de bains. Je m'y pourvois d'un certain nombre de *yamami*, sortes de truites très succulentes, pêchées dans les eaux impétueuses qui tombent par bonds de la montagne. J'y remarque aussi divers objets en bois sculpté, semblables à ceux que j'avais déjà vus à Youmoto, mais cotés à des prix moins modérés, bien que toujours fort modestes.

Revenu à l'hôtel et en attendant mon repas du soir, je me dispose à prendre le bain préparé par les soins de Sada et des nésans dans l'un des compartiments que j'avais visités en entrant. On a vu que ces compartiments, munis chacun d'une baignoire, sont spécialement réservés aux étrangers sous le nom de *private baths*.

ÉTUI DE PIPE EN BOIS DE BAMBOU (p. 189).

Mais, si j'en juge par la surprise qui m'est réservée, ce terme n'est appliqué audit bain que par pur euphémisme ou plutôt par antithèse, pour le distinguer de l'étuve commune où les Japonais sont confondus pêle-mêle. En effet, à peine me suis-je plongé dans la baignoire, que voici mes deux nésans qui pénètrent dans la pièce et, sans paraître le moins du monde effarouchées, se placent devant moi. Immobiles comme des cariatides, l'une tient à la main une lanterne, l'autre est porteuse d'une cruche d'eau froide et de serviettes de papier. Ma foi! nous ne nous effaroucherons pas davantage. Ce serait vainement éveiller chez les naïves créatures des sentiments dont elles ne soupçonnent même pas l'existence. Bravant la situation et tout en sauvegardant autant que possible le rigorisme du cant britannique, je procède, en conséquence, comme si j'étais un simple Japonais. Les convenances, en de tels cas, consistent, en effet, à ne pas déroger à des pratiques longuement établies. — Mon bain pris, la nésan me présente les serviettes pour m'essuyer et, le plus innocemment du monde, se met en devoir de m'aider dans cette opération.

O mœurs lacédémoniennes! Une aussi admirable naïveté n'est-elle pas une preuve que la moralité de ce peuple enfant est au moins aussi saine que celle dont se piquent nos nations les plus policées? N'est-ce point, en somme, par une espèce de convention que nous sommes enclins à trouver malséant ce que l'on considère ici comme tout naturel? L'honnêteté qui se dégage du procédé m'a rempli, malgré moi, d'un respect véritable, et c'est sans aucune arrière-pensée que j'ai pu affronter une situation qui eût été vraiment licencieuse en présence d'une femme imbue de nos préoccupations pudibondes. « La honte, a dit un penseur, ne suit que les intentions perverses. »

Vers six heures, dîner, toujours préparé par les soins de mon maître coq. Il m'est servi par les deux nésans de tantôt, qui ne se font pas faute, d'ailleurs, de grignoter quelques biscuits et quelques sucreries de leurs petites dents blanches et bien plantées. Je les surprendrais beaucoup si je leur disais que, dans mon pays, après les divers services qu'elles se sont tour à tour empressées à me rendre, elles seraient compromises à tout jamais.

Je viens de retrouver mes deux Hollandais de ce matin. Ils sont logés ici depuis trois jours et comptent y séjourner encore quelque temps. Je les en félicite, car on pourrait vainement chercher un site plus agréable et un local mieux installé.

Tout cependant n'est pas pour le mieux dans la meilleure des retraites possibles. A côté de ma chambre — et l'on sait qu'ici les chambres ne sont séparées que par de fragiles cloisons de papier — est logé un baigneur japonais, un retardataire de la saison des bains, lequel poursuit une cure importante. Il passe tout son temps, en dehors de son traitement, à faire des lectures à haute voix, chantant en cadence sur un mode particulier analogue à notre plain-chant. On pourrait se figurer quelque chose de plus irritant pour le système nerveux. Dix heures sont venues, et il n'a pas encore interrompu son assourdissante musique. Par bonheur, au moment où, de guerre lasse, j'allais lui faire sommation de se taire, il met une sourdine à sa voix, et je puis enfin m'endormir en le vouant à tous les diables.

Samedi, 18 novembre. — Beau temps (th. + 10° cent.); au soleil, il fait une douce chaleur; à l'ombre, l'air est presque froid.

Je suis réveillé, dès sept heures, par mes folâtres nésans apportant sur des plateaux le thé traditionnel et la pipette japonaise. On ne pourrait souhaiter une diane moins farouche. Attention, pourtant! Je viens à peine de me vêtir que mon voisin se remet à son interminable complainte, en société cette fois d'un confrère. Quel agrément! Il paraît que cette lecture assidue est l'intermède obligé de ses bains quotidiens. D'après ce qu'on me rapporte, notre homme se rend d'abord à l'étuve, et, une fois rentré, il ne sort plus de tout le jour, se contentant uniquement d'entrouvrir ses châssis pour laisser pénétrer l'air et le soleil. Accroupi dans sa boîte comme une tortue dans sa carapace, il mène, à proprement parler, une existence de mollusque.

Ma journée sera consacrée à une promenade aux environs, soit à Tonosawa et à Youmoto. Je me mets en route, vers dix heures, par des sentiers longeant le torrent, au milieu de bois toujours pleins d'ombrages. La chaussée, fort rocailleuse par moments, ne laisse pas que d'être assez fatigante à parcourir, bien qu'elle descende presque sans interruption.

Tonosawa, située à un ri et demi au plus de Miyanochita, est encore une station thermale établie dans des conditions identiques à celles que j'ai déjà décrites. Les maisons de thé comme les auberges s'y ressentent, au point de vue de l'installation et du confort, de l'affluence des baigneurs qui s'y portent dans la belle saison.

De ce point même, deux routes conduisent à Youmoto, distant à peine d'un demi-ri, l'une praticable pour les djinrikchas, l'autre, plus pittoresque, ména-

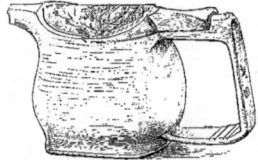

THÉIÈRE EN BOIS DE BAMBOU (p. 189).

gée dans le lit même du torrent, mais tout au plus accessible aux piétons. C'est celle-ci que nous suivons. De nombreuses passerelles relient les quartiers de rocs éboulés de la montagne, formant comme des tronçons de voie réunis bout à bout. Mais, à certains endroits, ces passerelles font complètement défaut. Aussi sommes-nous obligés, la plupart du temps, de sauter de pierre en pierre, au risque de nous rompre les os ou de choir dans le torrent qui bouillonne sous nos pas dans des accès de furie joyeuse et menaçante.

A Youmoto il n'y a plus un seul baigneur. Le principal hôtel est en réparation. Chose assez extraordinaire pour le pays, cet hôtel est construit en pierre. La pierre employée ici, pour ce genre de bâtisse, est une sorte de calcaire gris assez semblable à notre liais, mais plus friable et moins dur.

La localité fourmille, comme je l'ai déjà dit à mon premier passage, de magasins où se débitent toute espèce d'objets en bois. Il y a là des étagères, des coffrets s'emboîtant les uns dans les autres, des ustensiles de ménage, des boîtes à secret dont l'artifice se réduit à des assemblages capricieux sans secours de charnière ou de ressort caché, sans l'adjonction d'un clou. A ce propos, il est bon d'ajouter que le menuisier japonais n'utilise pas le fer, mais recourt à la cheville de bois pour joindre ses ais. Les assemblages ainsi obtenus sont presque toujours d'une précision et d'une solidité remarquables. Au surplus, tous ces objets sont fabriqués à l'aide d'un outillage dont nous aurions peine à nous figurer la simplicité. En ce qui concerne le bois, on emploie surtout le bambou et le camphrier à l'odeur aromatique, tout en incrustant dans les parties planes des bois plus rares aux couleurs variées. C'est toute une marqueterie originale comme détail et comme disposition, aussi curieuse par le fini que recommandable par le bon marché.

Retour à Miyanochita par la route suivie ce matin, en faisant un nouvel arrêt à Tonosawa, cette fois pour y déjeuner. Il est une heure et demie. L'hôtel où nous prenons notre repas est remarquablement tenu, et les nésans nous y font un accueil des plus empressés. Je fais, pour ma part, grand honneur à une modeste collation de langue fumée et de pain, toutes provisions amenées par nous et qu'on m'apporte dans une fort jolie chambre placée à l'étage. Mes très humbles hôtesses, conformément à l'usage du pays, me servent à genoux, tout heureuses de recueillir quelques bonnes paroles exprimées dans leur idiome national.

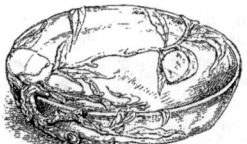

PLATEAU DE BAMBOU (p. 189).

Chez les Japonaises une telle attitude n'a rien de servile, et ne fait que prêter un nouveau charme à leurs gracieuses prévenances.

Nous ne revenons à Miyanochita que vers les quatre heures. Un groupe d'Allemands, résidant à Yokohama, vient en même temps d'y opérer son entrée. Ces représentants de la colonie étrangère sont tout au plus une demi-douzaine, et pourtant ils crient, chantent, sifflent et hurlent comme s'ils étaient vingt. Ils viennent passer ici la journée du dimanche le plus joyeusement possible, j'allais dire le plus bruyamment. En cela je n'aurais rien à voir, si leur gaieté n'avait quelque chose d'excessif, à côté des façons douces et polies de la population indigène. Je ne puis m'abstenir, dans le fond, de m'en trouver choqué pour le bon peuple japonais, si rieur et si franc compagnon, mais toujours réservé dans ses expansions les plus subites et les plus caractérisées. Qu'il y a loin des rudesses germaniques à leurs façons de bonne compagnie sans prétention et sans trivialité! La fibre aristocratique des peuples d'Orient se révèle ici par contraste. De quel œil dédaigneux ne doivent-ils pas considérer la plupart de ces étrangers affublés d'habits ridicules, se permettant mille gamineries et réclamant la prééminence au nom d'une prétendue supériorité? Je veux bien admettre que tous ces gens-là sont parfaitement honorables, commercialement parlant; mais je leur dénie le simple sens de la politesse et des égards que l'on se doit d'homme à homme. Et puisque, dès à présent, le Japonais a, pour ainsi dire, ouvert sa maison à toutes les intrusions exotiques, l'étranger, au nom du progrès qu'il acclame, devrait bien s'abstenir de scandaliser son hôte et de jeter la perturbation dans son foyer.

Une servante de l'hôtel me montre les appartements occupés par l'impératrice du Japon pendant le séjour qu'elle a fait cette année à Miyanochita. Ces appartements sont très simplement disposés, sans luxe ni dans les tentures ni dans les plafonds ou dans les nattes. Détail vraiment réaliste : en m'ouvrant ce que l'on ne voyait pas à Versailles et ce que les Anglais appellent pudiquement le double *you-ci*, en me désignant en un mot la place où Sa Majesté impériale venait parfois réfléchir aux exigences de l'humaine nature, la nésan me dit naïvement : « Maintenant voici le *stink-house*. » J'ignore si le vocable a cours désormais en Angleterre, contrairement à la première dénomination, mais il est en tout cas remarquablement expressif.

Toute fière de cette triviale expression qui lui a sans doute été suggérée par quelque Anglais facétieux, la nésan s'esquive brusquement. Par suite de l'invasion récente des fiers descendants d'Arminius, tout est en effet sens dessus dessous dans la tchaya; les pauvres filles sont continuellement sur le qui vive! On les appelle de vingt côtés à la fois, et elles ne savent plus où donner de la tête.

Dimanche, 19 novembre. — Beau temps (th. +10° cent.).

Dès hier je me suis arrêté au parti de me rendre à Atami par Achinoyou et Hakoné. On se souvient peut-être que j'avais presque renoncé à visiter cette petite ville de bains, sur le conseil qui m'en avait été donné. Cette fois, en présence de l'attrait que m'offrent nos différentes étapes et pour mieux compléter mon excursion, je me décide à ne pas l'omettre de mon itinéraire.

Départ à dix heures et demie. En s'éloignant de Miyanochita, le sentier dans lequel nous nous engageons s'enfuit par monts et par vaux à travers un pays accidenté. Deux ris sont à peine parcourus que nous arrivons à Achinoyou, une petite station d'eaux sulfureuses beaucoup moins fréquentée que les précédentes.

Je fais halte dans un vaste hôtel dont le service et la propreté laissent beaucoup à désirer. De plus, l'établissement en lui-même paraît avoir grand besoin de réparations. Un coup de mousson enlève, sous mes yeux, un des châssis tenant lieu de porte et le projette avec fracas sur le plancher. Il fait, du reste, en dépit de la pureté du ciel, un vent à déraciner les plus gros arbres. La maison tout entière craque sous la rafale, comme si elle allait s'abîmer. C'est au point que l'infortuné Sada, croyant à quelque tremblement de terre, vient s'abattre à mes pieds en exhalant sa terreur. Décidément mon homme ne raisonne point; et si, dans mes pérégrinations, je ne vise guère à jouer au Don Quichotte, lui, du moins, paraît, sous bien des rapports, endosser les frayeurs de Pança.

A quelques pas du susdit hôtel, j'aperçois un couple japonais dans un bain public. Les deux tourtereaux font leurs ablutions en commun, sans paraître se soucier de l'aquilon qui sévit et des regards indiscrets épiant leurs ébats. Un peu plus loin, dans les environs d'un petit lac, un daïboutz, taillé dans la masse du rocher, personnifie le calme et la quiétude au milieu du désordre des éléments.

Après avoir parcouru un autre ri de distance, nous découvrons le lac de Hakoné; et, rejoignant en même temps la grande route du Tokaïdo, nous pénétrons dans le village auquel la vaste nappe d'eau a donné son nom. Il est une heure et demie. Nous déjeunons à l'hôtel où j'avais logé il y a quelques jours, et aussitôt après nous nous remettons en route pour Atami.

Aux dernières maisons du village de Hakoné, on laisse le Tokaïdo sur la droite et on prend par un sentier qui grimpe allégrement jusqu'au sommet des collines. La crête en est assez régulière pour que nous puissions la suivre, au milieu de taillis formés d'essences diverses et de plantations de bambous. Çà et là une rampe tapissée de joncs secs se déroule sous nos yeux. La marche, quoi qu'il en soit, est longue et pénible en ces pays fortement vallonnés, et la lassitude est sur le point de nous envahir quand, soudain, un cri d'admiration s'échappe de nos poitrines, au moment même où nous parvenons en un lieu culminant, découvert de tous côtés.

Le panorama dont nous sommes gratifiés ici dépasse, en effet, tout ce que j'ai jamais vu d'analogue. En face de nous c'est une série de monticules isolés, courant et se poursuivant dans le même sens en forme de promontoire et allant se précipiter verticalement au loin dans les flots bleus du Pacifique. Tout autour, les hauteurs sur lesquelles nous planons, comme d'un nid d'aigle, descendent par degrés majestueux vers l'insondable profondeur. Là-bas, c'est l'Océan sans limites, confondant la couleur de ses eaux avec la teinte azurée du firmament. Sur notre droite, le coup d'œil est encore plus étendu, car, tandis que les ondulations du sol s'abaissent graduellement vers la mer étincelante, la plaine se poursuit sans limites ainsi qu'une immense prairie, où la ligne blanche du Tokaïdo serpente à perte de vue. J'y aperçois la petite ville de Michima, celle qui, pour le voyageur venant de Tokio, constitue, après le hardi passage des défilés de Hakoné, la première étape de cette vaste région toute plate. Derrière nous, enfin, le Foudji-yama imprime à ce magique tableau le caractère de grandeur auquel nous sommes accoutumés. Le vent, déjà très violent dans les vallées, a pris, à ces altitudes, une intensité vraiment terrifiante. Nous avons toutes les peines du monde à nous tenir debout au souffle impétueux qui nous arrive en pleine poitrine du fond du Pacifique. Malgré cela, nous ne pourrions détacher nos yeux de cet admirable horizon, s'il ne fallait pas atteindre le but du voyage avant la nuit.

A partir de ce point élevé, le terrain va, comme de juste, s'abaissant du côté d'Atami. Le sentier que nous suivons, d'une surface régulière, est relativement commode. Mais, aux abords de la petite localité, il devient de plus en plus inégal et se termine par une pente extrêmement rapide. Depuis le début de notre voyage ce n'a été, du reste, qu'une succession non interrompue de montées et de descentes qu'il serait absolument impossible de franchir en djinrikcha. Nulle part, au sein de ces pays de montagnes, on ne s'est soucié de faciliter, non seulement le roulage indispensable au commerce, mais encore le passage du moindre véhicule.

La distance de Hakoné à Atami est de 3 ris. Dans toute la longueur du dernier ri qui nous sépare de notre destination, nous rencontrons plusieurs séries de petits daïbouts en pierre de taille et recouverts de cailloux. Chaque tcho, c'est-à-dire chaque trente-sixième du ri, est ainsi marqué par une statuette faisant office de borne indicatrice.

Atami se baigne fièrement au bord d'une petite anse marine. Assise au milieu d'une série de promontoires qui font de la côte une longue frange capricieusement dentelée, elle est là comme une nymphe audacieuse, tantôt caressée par le flot en ses bras enamourés, tantôt violemment frappée au visage par les vagues de la tempête. Très courue dans la belle saison, elle semble jalouse d'assurer la santé, la joie et le repos aux baigneurs à deux fins qui viennent la visiter. On y prend, en effet, non seulement des bains de mer, mais aussi des bains sulfureux. Actuellement les vents paraissent s'y donner rendez-vous, chassant tous les retardataires et produisant le vide absolu.

Avant d'entrer dans le village, je relève un procédé naïf, quoique ingénieux, pour décortiquer le riz. L'eau

HOTELLERIE DE STYLE OCCIDENTAL, A YOUMOTO (p. 175 et 189).

courante étant trop rare en cet endroit pour utiliser une roue à palette, comme cela se fait généralement, on s'est contenté de faire basculer un bras de levier muni, à l'une de ses extrémités, d'un pilon, et à l'autre d'un simple godet. Le poids de l'eau dont celui-ci se remplit peu à peu a pour effet de soulever le pilon, lequel, aussitôt le godet vidé, retombe brusquement dans l'auge en reprenant sa position verticale. Voilà bien une machine hydraulique des plus primitives. Par son fonctionnement elle rappelle, d'ailleurs, celle que nous avons décrite lors de notre excursion à Nikko. La seule différence entre les deux consiste dans la force motrice employée; ici l'appareil est mû par l'eau, tandis que là-bas il était mis en mouvement par un simple coolie.

Je suis descendu à l'hôtel *Atami*, tenu par le nommé *Emaï Handayou*. Depuis notre arrivée, le vent, s'il est possible, a encore redoublé de violence. Il pénètre par toutes les fissures à la fois, dans la chambre que l'on m'avait d'abord désignée à l'étage de la tchaya. Aussi n'ai-je rien de plus empressé que de réclamer le transfert de mon domicile dans une partie un peu plus abritée de l'habitation. Quoi qu'il en soit, c'est au bruit des rafales qui se succèdent et des mugissements courroucés de la mer, que je vais prendre un repos rendu bien nécessaire après les fatigues de la journée.

Lundi, 20 novembre. — Beau temps (th. + 9° cent.).
Ma chambre donne sur un jardinet pourvu de rochers, de ruisseaux et d'arbres nains. Tandis que je procède à ma toilette matinale, je promène avec délice mes regards au milieu de cette nature en réduction, témoignage du goût local pour tout ce qui est coquet et mignard.

A quelques pas du gîte où nous avons passé la nuit, l'eau sulfureuse jaillit impétueusement d'un bloc de rochers, en exhalant des vapeurs intenses et un parfum *sui generis*. C'est une eau fortement saline et contenant une dose considérable de magnésie. L'enclos au milieu duquel s'épanche cette source abondante est fermé seulement par une clôture à jour en pierre de taille, et présente une décoration funèbre ressemblant assez, comme disposition, à celle de nos cimetières parsemés de stèles commémoratives. L'un de ces monuments bizarres a été érigé — me dit-on — par un Anglais monomane à la mémoire de son chien. Aurait-il ainsi voulu perpétuer le souvenir d'un vieux compagnon, ou flatter la croyance japonaise à la métempsycose?

Le petit bourg en lui-même n'offre rien de particulier, sauf qu'il est assez régulièrement coupé par quatre ou cinq rues descendant toutes vers la mer. Dans l'une d'elles je remarque l'hôtel *Watanabé*, lequel s'est donné le titre pompeux d' « hôtel des Étrangers ». Sur cette enseigne alléchante écrite en pur français, je me décide à le visiter en détail. L'établissement est parfaitement aménagé, mais il me fait l'effet d'être aussi dépourvu d'étrangers que d'indigènes. Faisons comme tout le monde et quittons sans tarder ces parages devenus décidément trop inclémentes. Notre itinéraire comporte encore Odawara, localité où nous avons passé récemment, et qui constituera notre dernière étape avant de rejoindre Yokohama.

Notre départ s'effectue vers dix heures. Nous allons toujours pédestrement, vu la réelle aversion que j'éprouve pour le kago. Celui que nous traînons avec nous n'est pas inutile d'ailleurs, car il contient et notre matériel et nos provisions. Néanmoins, j'aurais préféré y renoncer tout à fait et accomplir le trajet en barque jusqu'à Odawara, si on ne m'affirmait pas, vu l'état de la mer, nul matelot ne se soucierait de mettre à la voile. Le préposé aux barques me donne même à entendre que, plusieurs voyageurs ayant déjà péri par suite de leur ténacité à vouloir sortir du port malgré les gros temps, le gouvernement a pris des mesures de rigueur pour sauvegarder les existences, en dépit des mauvaises volontés. Mettons-nous donc courageusement en marche, et que le bon Yen-no-Chakkou, le patron des marcheurs japonais, protège nos efforts.

Aux environs de la station thermale, la route, qui mesure trois à quatre mètres de largeur, est de tout point excellente, comparée aux sentiers rocailleux des jours précédents. Bien différents aussi sont les paysages qui la bordent. Autant les premiers étaient vastes et austères, autant ceux-ci deviennent aimables et coquets. Dès le début, au tournant d'un coteau s'ouvre un vallon très fertile où des rizières, échelonnées d'étage en étage, descendent par degrés jusqu'à la mer. La végétation luxuriante, semi-tropicale, qui en recouvre les cimes, témoigne aussi de la douceur du climat et de la situation exceptionnellement abritée où elle se développe. La route franchit ainsi plusieurs vallées quasi parallèles, tout en escaladant par intervalles les hauteurs couvertes de taillis verdoyants et de lauriers dont l'émail resplendit au soleil. Pour lui livrer passage, la pioche du voyer a pratiqué dans le coteau les tranchées nécessaires, mais, comme un habile instrument aux mains d'un jardinier paysagiste, elle a ménagé, de distance en distance, des échappées pittoresques sur la campagne et sur l'Océan. Nous ne nous éloignons guère de la côte, en effet, et toute vue nouvelle se partage entre les ondulations dont le pays est formé, et la grande nappe d'eau qui coupe le ciel à l'horizon.

Bientôt, laissant sur notre droite la route de Takinoyi, petite place de bains que je me soucie peu de visiter, nous descendons dans une nouvelle vallée cultivée comme la plupart de ses voisines, c'est-à-dire par surfaces planes étagées en vue de maintenir les eaux et de conserver l'humus dans les parties supérieures. Quel combat incessant et bien ordonné n'a-t-il pas fallu livrer, depuis des siècles, aux forces aveugles de la création, pour obtenir ainsi ces campagnes essentiellement productives, à la place des pentes ravinées et sauvages des temps primitifs? Ici le village d'Itsousan, arrosé par de nombreux ruisseaux descendant des hauteurs, étale sa frange de toitures basses au bord du mobile Océan. Spectacle toujours nouveau, toujours charmant, tant il existe d'harmonie entre les tons juxtaposés par la main du grand ouvrier de la Nature. Par des gradins de granit surplombant l'agglomération, on accède à un temple construit en vue de la mer. De ce point encore le spectacle serait fort attrayant, si le vent, qui se déchaîne en tourbillons par toutes les issues de l'arène gigantesque, ne nous avait bientôt chassés de l'espèce de *podium* d'où nous observions la lutte des fétus de paille et des écorces de riz soulevés dans la tourmente à des hauteurs vertigineuses.

Durant un certain temps nous longeons le Pacifique,

à mi-côte des montagnes veloutées, et cheminons avec aisance en dépit des rafales intermittentes; puis, sans que rien nous le fasse pressentir, au faîte de la montée et à l'endroit même où se dresse une pierre tumulaire, la route tourne subitement à gauche, et le pays change complètement d'aspect. Là-bas les hauteurs étaient vertes et riantes; ici elles se montrent sauvages, dénudées ou recouvertes d'herbes brûlées par le soleil.

Mais le désenchantement n'est que de courte durée. et simplement couvertes en chaume. Distantes l'une de l'autre d'un ri environ, elles se huchent de préférence sur le point culminant des montées, comme pour inviter le passant au repos. La première que nous avisons a vue sur la mer. Jusqu'à celle qui la suit immédiatement, je puis voir à mes pieds, sans discontinuer, l'immense nappe liquide épandue sur notre droite. Le vent nous accompagne aussi. De plus en plus impétueux, il secoue les arbres de manière à les déraciner. Aussi jugeons-nous prudent,

LA STATION THERMALE DE KIGA (p. 187).

A peine avons-nous atteint le sommet de la rampe opposée, que déjà nous retrouvons de frais bocages, des ruisseaux cristallins, des vallons ombreux et parfumés.

Une porte, grossièrement établie, se dresse un peu plus loin en travers du chemin. On croirait être devant quelque vaste propriété privée, dont l'accès est interdit au passant. Mes porteurs de kago s'empressent de me détromper. Cette porte intempestive, ainsi que les clôtures qui la rejoignent des deux parts, ne servent — me disent-ils — qu'à retenir les incursions des sangliers qui peuplent la montagne et qui, sans cette précaution, ravageraient entièrement la contrée.

Désormais, le long de la route se succèdent, à intervalles réguliers, des tchayas de facture grossière en certains points, de prendre le pas de course. Quant au Pacifique, si bien nommé, il est blanc d'écume comme un lion en fureur. Quelle chance que l'administration prévoyante ne nous ait point permis d'affronter ses coups! Nous aurions infailliblement péri dans la tourmente.

A la seconde tchaya où nous reprenons haleine, une terrible rafale s'introduit en même temps que nous dans la frêle construction. La poussière nous aveugle, et je vois déjà le moment où nous allons être ensevelis sous les débris disloqués. Mais j'en suis pour mon aveuglement, et Sada pour sa terreur.

Nous nous empressons, toutefois, de quitter cet endroit balayé par l'ouragan, et ne tardons pas à descendre dans un ravin profond complanté de conifères aux rameaux majestueux, ainsi que d'une espèce d'arbres à l'écorce grisâtre et crevassée appelée *itcho* dans le pays, mais connue par les botanistes sous le nom de Salisburi. Bien que rangé également dans la classe des conifères, l'itcho ne ressemble à aucun des membres de cette famille. Ses feuilles triangulaires rappellent, au contraire, celles de l'Adiante. En ce qui concerne le bois, il contient aussi moins de résine. De nuance jaunâtre, il est d'une résistance extrême. On s'en sert indifféremment dans l'ébénisterie et dans les grands travaux de construction. Le fruit se rapproche de la prune et renferme un noyau dont l'amande est fort appréciée de la population indigène pour la préparation de certains mets, et duquel on extrait de l'huile. C'est — comme on voit — un arbre de grande ressource. Aussi est-il l'objet, en ce pays, d'une espèce de vénération. L'itcho atteint, d'ailleurs, une fort belle taille et sert à l'ornementation des bosquets dont les temples sont généralement entourés.

Telle est l'épaisseur du rideau formé par cette exubérante végétation, que le vent, si violent dans les hauteurs, parvient à peine à mouvementer la cime des grands arbres. De plus, on dirait que tous les oiseaux chanteurs, trop rares au Japon, se sont réfugiés comme nous dans ce bienheureux Éden. La symphonie formée par ces milliers d'exécutants est d'autant plus douce à mon oreille que, depuis le commencement de mon séjour, à part ces affreux corbeaux dont les croassements nous poursuivent partout, je n'ai pas été régalé de la plus mince rossignolade. Au milieu de cette nature extra-pittoresque, le rêve tourne bientôt à l'exaltation. Rien ne saurait, en effet, mieux idéaliser de telles campagnes que les tendres concerts d'oiseaux rappelant à la fois nos bocages printaniers et les vastes forêts de l'Amérique.

La descente, jusqu'à la mer, s'effectue par un chemin qu'on dirait tracé dans un véritable parc. Ce chemin se prolonge, sur le revers de la côte, jusqu'à Yochiama, village spécialement habité par des pêcheurs et protégé contre les flots par des digues grossières formées de roches amoncelées. Frêle rempart, en vérité, contre l'Océan déchaîné!...

Vers deux heures et demie, après avoir franchi une nouvelle barrière *ad usum aprorum*, ou mieux *contra apros*, nous nous arrêtons pour déjeuner dans une tchaya située sur le rivage. Nous y sommes servis par une femme portant un enfant sur le dos. Quant à nos hommes du kago, ils poussent jusqu'à la tchaya voisine, prétendant pouvoir y manger à meilleur compte. Cela me prouve que le système des commissions, dont, chez nous, le touriste est victime au profit de ses gens, est totalement inconnu dans ces contrées. Sada m'assure d'ailleurs que, partout où nous descendons, mes coolies payent intégralement leur nourriture, sans se prévaloir de ma personnalité. En Suisse ou dans les Pyrénées, on les aurait traités pour rien, quitte, bien entendu, à se rattraper grassement sur l'escarcelle de leur maître.

Les chemins escarpés qui se présentent aux environs d'Odawara sont loin de ressembler à celui que je vantais, en quittant Atami. J'enverrai donc mes coolies en avant, avec le kago, étant bien sûr de les rejoindre sur la route. Entre temps, je savoure à l'aise le tabac feutré de ma pipette japonaise. A force de voir fumer, en effet, dans ces fourneaux lilliputiens, à peine grands comme un dé à coudre, j'ai pris tout simplement l'habitude d'en user moi-même.

NORIMON DE LA SUITE IMPÉRIALE, D'APRÈS UNE ANCIENNE GRAVURE JAPONAISE (p. 197).

Après une succession de montées et de descentes fort rapides, à travers des haies de broussailles, nous sommes amenés, pour la vingtième fois, en vue de la mer, mais, dès lors, pour la côtoyer sur le sommet de falaises presque à pic. A proximité d'un nouveau village de pêcheurs, placé dans un site analogue à ceux des environs d'Atami, un simple bloc de granit, élevé sur le bord de la route, nous désigne l'endroit où Matano Gouro, du parti de Yédo, tua Sanada Yoïtchi, du parti d'Osaka. Nul point du territoire qui n'offre des traces de la lutte impie soutenue par les chogouns contre le pouvoir légitime!

Le vent s'est enfin calmé. Il ne fait plus obstacle à notre marche. La chose est d'autant plus heureuse que la route se continue maintenant dans le lit même de la mer, ou tout au moins sur ses bords inférieurs. Il nous faut, dès ce point, évoluer sur des blocs de rochers accumulés au bas des falaises et au milieu desquels nous n'avançons qu'avec beaucoup de peine. Singulier couronnement, en vérité, d'un chemin qui commençait si bien et qui paraissait au début d'un accès si facile! Cela dure peu cependant, et il ne nous reste bientôt plus qu'à remonter la côte et à cheminer durant quelque temps à travers des bois de sapins de toutes dimensions qui descendent presque à pic dans l'Océan. Peu à peu l'horizon s'élargit définitivement. Collines et montagnes font place aux longues plaines sans accidents, et, soudain, un village attenant à la ville d'Odawara, déjà décrite, se dresse devant nous sur la grève elle-même. Cette localité n'offrirait rien de particulier à noter, n'étaient les innombrables abris alignés par rangées que nous rencontrons sur notre passage. L'odeur *sui generis* qui s'en dégage tout aux alentours motiverait plus que jamais l'expression réaliste employée par la nésan de Miyanochita, lorsqu'elle nous faisait visiter les appartements impériaux. Mais quelle peut bien être la raison d'être de cette hospitalité si largement et si exceptionnellement offerte? — Mystère.

Au résumé, la promenade d'Atami à Odawara, surtout dans la première partie du trajet, est bien la plus intéressante et la plus variée que j'aie faite jus-

DÉCORTICAGE DU RIZ PAR LA FORCE HYDRAULIQUE. — Dessin humouristique de Hokousaï (p. 191).

qu'à ce jour au Japon. Si la nature n'y est pas aussi exubérante qu'aux environs du lac Tchiouzendji, elle n'en est pas moins remarquable, avec une note de gaieté en plus. C'est la première fois, en outre, que j'ai constaté dans le pays l'exploitation savante des coteaux, disposés en étages, bien que la chose ne soit pas rare au Japon. Il paraît que, dans les régions méridionales surtout, — ce que j'aurai prochainement l'occasion de vérifier, — la culture envahit presque tout le sol, même dans les rampes les plus abruptes. Et quant à la végétation, elle est loin d'être limitée à quelques espèces. Il m'a été permis, tour à tour, de longer des rizières, des champs de patates, de carottes, de navets, de pommes de terre japonaises, de *gobos* (sorte de bardane aux larges feuilles), de vingt autres légumineuses, et, quelques pas plus loin, des plantations d'arbres à thé et d'orangers à fruits acidulés, prêtant chacun le charme de leur feuillage exotique à cette région quasi tempérée.

TEMPO, ANCIENNE MONNAIE JAPONAISE (p. 197).

A quatre heures et demie, après avoir traversé un large torrent, nous parvenons à Odawara. J'y abandonne le kago qui me suit depuis près de huit jours. Mais, comme il est encore assez tôt pour ne pas m'arrêter et que, du reste, les bons souvenirs recueillis en passant me convient à revoir une partie des sites pittoresques salués il y a deux jours, je me décide à loger à Tonosawa. C'est en djinrikcha que nous parcourrons la distance qui nous sépare de cette localité. Au passage, nous plongeons un regard altier sur les bas-fonds de Youmoto, et, vers six heures et demie, nous arrivons à destination.

Je descends à l'hôtel où nous avions pris notre déjeuner samedi dernier. Les nésans de la tchaya de Tonosawa, deux petites espiègles, répondant aux noms de Toksa et Oyochi, font irruption, le soir, dans ma chambre et m'empêchent, par leur babil, de compléter les notes prises aujourd'hui, et que je serai tenu de rédiger à mon retour à Yokohama. Chacune se fait expliquer sur ma carte, étape par étape, sans avoir l'air d'y comprendre grand'chose, la tournée que je viens d'accomplir, tandis que Sada, venu à mon secours, appuie ma démonstration de ses récits explicatifs. Toksa, un peu plus réservée en ses expansions, apporte moins d'intérêt à ces diverses péripéties; mais Oyochi m'écoute le débit avec une sorte d'enthousiasme poétique. La description de l'orage que nous avons affronté, par-dessus tout, la laisse quasi pâle d'émotion. On croirait,

PIÈCE D'UN RIN (p. 197).

sauf comparaison, voir Desdémone écoutant les aventures d'Othello

And often did beguile her of her tears,
When I did speak of some distressful stroke
That my youth suffer'd.

Je me couche bien las vers dix heures et demie, lorsque mes interlocutrices ont enfin mis un terme à leurs naïves questions.

Mardi, 21 novembre. — Beau temps (th. +11° cent.).

Départ de Tonosawa vers dix heures et demie. Ce soir nous serons à Yokohama.

En repassant par les rues d'Odawara, j'y constate un déploiement de drapeaux tout à fait inusité. On m'apprend alors que l'impératrice, en se rendant à Kioto, passera par la ville, où elle logera cette nuit. C'est pour cette raison qu'on travaille si assidûment à réparer le Tokaïdo. La route est sablée sur une grande étendue. Toutes les inégalités ont été soigneusement aplanies. N'est-il pas flatteur de songer qu'un impur *todjin* profitera, tout en poursuivant son chemin, des attentions d'un peuple pour sa gracieuse souveraine?

TEMPO (REVERS) (p. 197).

Ce qui me réjouit le plus, en la circonstance, c'est que, devant aller à l'encontre du cortège, si l'on peut appeler ainsi la suite de l'impératrice, je me trouverai aux premières places pour l'examiner à mon aise.

Voici déjà les bagages, en quantités innombrables et recouverts de draperies de soie verte ou noire avec l'écusson impérial tout en blanc! Ces bagages sont placés en partie sur des charrettes à bras, en partie confiés à des coolies qui les portent tout bonnement suspendus à de grosses perches de bambous. Puis viennent de nombreux djinrikchas occupés par des personnages à l'air important et que dans mon for intérieur, au risque de les déprécier, je prends pour les domestiques de Sa Majesté. Suivent aussitôt des agents de police à pied, ou en djinrikchas, tout fiers de leur uniforme. A mon grand étonnement, ces soi-disant soutiens de la légalité ne jettent même pas un regard sur le fusil que je porte, en contravention des ordonnances locales.

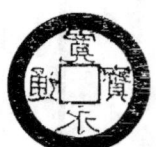

PIÈCE DE DEUX RINS (p. 197).

A l'extrémité de cette première partie de la caravane impériale, j'aperçois, dodelinant sur la chaussée, un riche *norimon* recouvert de nattes. Le *norimon* est, à proprement parler, une sorte de palanquin suspendu à une longue pièce de bois, et que quatre porteurs chargent sur leurs épaules. Contrairement au

LE FOUDJI-YAMA ET SES ENVIRONS

modeste kagô, taillé sur le même patron, le norimon, véhicule de cérémonie, spécialement en usage dans la classe noble, forme un cube régulier, aux parois laquées, dans lesquelles glissent des portières à treillis, permettant à l'air et à la lumière de circuler librement dans l'intérieur, tout en constituant un léger rempart contre les regards indiscrets.

Derrière ce norimon, des coolies marchent côte à côte, portant, au bout de longs bâtons en laque noire, des coffrets élégants enveloppés dans des housses de soie et contenant le thé réservé à la consommation particulière de l'impératrice et de son entourage.

Après ce groupe assez confus, voici venir un nouveau cortège de djinrikchas escortés par quelques yakounins à cheval. Les trois premiers abritent des dames élégamment vêtues, à l'apparence quasi euro-

complètement vêtus. Ils étaient des habits bleu de Prusse, tout en arborant pour coiffure de fort disgracieux bicornes.

Ainsi voyage l'impératrice du Japon, sans autre cérémonial. Quant à la foule, elle regarde impassible, et nos gens s'abstiennent de toute marque de politesse ou de respect, se contentant uniquement de ralentir le pas. *O tempora, o mores!*... Autrefois, le peuple entier se serait prosterné le nez dans la poussière. Aujourd'hui on ne se livre plus à aucune démonstration. C'est par l'ordre exprès du Mikado qu'on a renoncé à rendre à la famille souveraine des hommages qui tenaient de l'adoration. Mais, à notre point de vue européen, la transition ne laisse pas que d'être choquante. Jadis on faisait trop; à présent on ne fait plus assez.

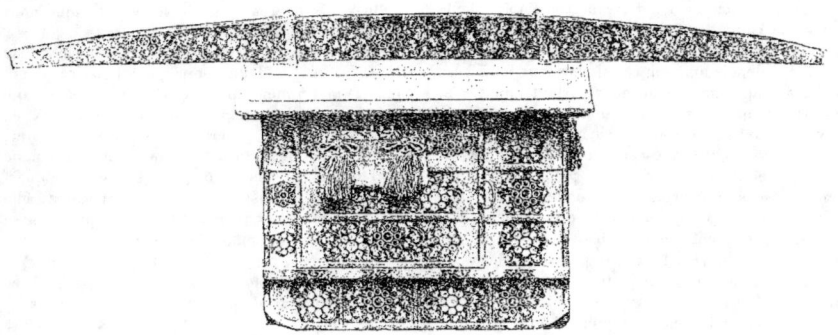

UN NORIMON. — RÉDUCTION EN LAQUE (p. 196).
Collection de l'auteur.

péenne. On me dit pourtant que ce ne sont que des femmes d'officiers subalternes. Les autres djinrikchas sont occupés uniquement par des servantes.

Puis surviennent quatre norimons de couleur sombre, renfermant la famille de l'impératrice. Entre ce dernier groupe et celui où figure la litière de la souveraine, il existe un assez long intervalle.

Enfin l'impératrice apparaît. Elle se tient assise, les jambes repliées, dans un norimon rouge dont les stores, formés de nattes très fines, sont soigneusement baissés. Tout ce que je puis distinguer, malgré la persistance et la fixité de mes regards, c'est que Sa Majesté japonaise s'évente complaisamment. Dans les cinq ou six norimons qui suivent se trouvent les dames d'atour de l'impératrice, recueillant sur leur passage le bénéfice des honneurs rendus à leur auguste maîtresse.

Une escorte de yakounins et de porteurs de rechange ferme la marche. En somme, c'est un défilé interminable de gens éparpillés presque au hasard et s'avançant au pas, dans le plus profond silence. Par exception, les hommes des norimons impériaux sont

Avant d'arriver à Oiso, nous avons plusieurs péages à acquitter, tant sur la route qu'à la traversée des cours d'eau. Excellente occasion de me débarrasser de l'incommode billon dont, sous prétexte de rendre de la monnaie, on emplit démesurément les poches de toute personne voyageant à l'intérieur du Japon. L'ancien billon se compose, outre le *tempo*, pièce valant une quinzaine de centimes et accusant la forme elliptique, de simples *rins*, qui n'en valent que la centième partie. On conçoit, dès lors, qu'il suffit d'une somme de dix francs, en cette menue monnaie, pour traîner à sa remorque plusieurs kilogrammes de potin. En vue de faciliter le transport de ce billon encombrant, chaque pièce est percée, en son milieu, d'un trou carré par lequel on fait passer des fétus de paille. Les rouleaux ainsi formés sont portés à la ceinture comme des breloques. Depuis un certain temps, cependant, ainsi que nous l'avons vu, la monnaie qui a cours au Japon est en tout semblable à la nôtre, et, pour peu que cela continue, bientôt les *rins* et les *tempos* ne seront plus qu'un anachronisme, comme les liards et les deniers le sont devenus chez nous.

Il est une heure et demie quand nous débouchons aux premières maisons d'Oiso, où nous déjeunons.

Tout en prenant notre repas en face d'un délicieux point de vue, j'apprends que le village d'Oiso, lequel remonte, paraît-il, à l'antiquité la plus reculée, est surtout célèbre, parmi les Japonais, par la tragique histoire qui se déroula dans les environs, vers le douzième siècle. Deux frères appelés Soga, dans le but de venger la mort de leur père assassiné par un nommé Koudo Souketsouné, partisan de Yoritomo, y surprirent le meurtrier et lui imposèrent la loi du talion. C'est un sujet que les peintres, les auteurs dramatiques et les romanciers ont popularisé sous toutes les formes et qui est universellement connu au Japon sous le nom des *Deux Frères Soga*.

A Oiso même, à proximité de la mer, on peut encore voir un petit temple consacré à la mémoire de la fiancée de l'aîné des frères Soga, laquelle avait inspiré et préparé leur terrible vengeance.

J'ai fait, depuis longtemps, la remarque judicieuse qu'il y a grand nombre de gens portant lunettes en ce pays. Or, que ce soit par fantaisie ou par calcul, les verres sont de couleur fort variable, alors que les montures, toujours rondes, atteignent parfois l'épaisseur d'un centimètre. Il en résulte que la plupart ressemblent, sous cet ornement équivoque, à des hiboux effarouchés. Si l'on ajoute à cela que le bourgeois japonais est souvent court et obèse, quand il atteint un certain âge, on se fera sans peine une idée des apparitions grotesques auxquelles on est soumis en parcourant la contrée.

Voici, du reste, l'événement qui tend à me remettre en mémoire cette remarque déjà faite. Au delà de Foudjisawa, nos coureurs de djinrikchas nous mènent de toute la vitesse de leurs jarrets. Ils y mettent d'autant plus d'entrain qu'ils ont été piqués d'émulation à la vue d'un de leurs confrères qui veut absolument les devancer. Or, dans le véhicule rival, se prélasse justement un particulier affublé d'une de ces énormes paires de lunettes. Nous voilà donc roulant sur la route, de concert, dans une course folle, lorsque tout à coup une violente secousse imprimée à mon djinrikcha m'annonce que les choses se sont gâtées. Comme il ne m'est advenu aucun mal, je ne prends pas la peine de me formaliser; mais il n'en est pas ainsi de mon personnage japonais. Sur le heurt, évidemment provoqué par la malice d'un des concurrents, le pauvre homme a vu ses lunettes quitter son front sourcilleux et aller s'abattre sur le sol à dix pas en avant. Apparemment que nous n'avons pas affaire à un seigneur « à deux sabres », sans quoi l'un de nous deux en serait réduit à faire *harakiri*, alternative dont je me passerais fort volontiers.

Nous débarquons enfin à Yokohama, juste à l'heure du dîner. Six heures et demie sonnent lorsque nous faisons notre rentrée à l'hôtel.

Rien de nouveau depuis notre départ, sinon que MM. O** et B** et leur compagnon américain sont partis ce matin même pour Kobé par le steamer qui fait le service. Je le regrette infiniment pour eux, en même temps que j'y perds une société qui eût été agréable, bien que tout à fait temporaire. La longue traversée qu'ils viennent d'opérer sur le Pacifique a sans doute été la cause d'une fugue aussi subite; elle a seule pu les déterminer à quitter le Japon sans se faire une idée plus complète d'un pays à la fois curieux et encore si peu connu. Il est certain que Nikko, Tokio et surtout Kioto, sur laquelle nos trois touristes ne manqueront pas de jeter un coup d'œil en passant à Kobé, sont des endroits fort intéressants à visiter, mais elles n'offrent l'étude que certains côtés spéciaux de la civilisation locale. C'est dans l'intérieur du pays, et spécialement dans les régions jusqu'ici quasi fermées aux étrangers, qu'il faut aller surprendre la vie et les mœurs indigènes.

UN LISEUR IMPERTURBABLE. — Dessin de Hokousaï (p. 188).

UN JARDIN AUX ABORDS DU TEMPLE DE KAMÉIDO, A TOKIO (p. 269).

VII

TOKIO

Installation à Tokio. — Le Chiro ou quartier officiel. — La *Ville des Jardins*. — Temples de Sousanao et de Cho-kou-cha. — La religion nationale. — Chant et déclamation. — Les jouets. — Une filature de soie. — Aperçus sévères sur le mercantilisme indigène. — Le temple de Zempoukoudji : la secte Chin et l'arbre sacré. — Un épisode tragique. — Fabrication du papier. Les tombeaux des chogouns à Chiba. — La Muse Terpsichore au Japon. — Bains de femmes. — Au faubourg de Yochiwara. — Le monde galant. — Musées indigènes. — Les cloisonnés japonais et chinois. — La bibliothèque de Séido. — Temple de Kanda-Miodjin. — Lamentable aventure d'un plaignant. — Le parc d'Ouyéno et ses mausolées. — Chimabara. — *Small fire*. A travers la ville marchande. — Dénomination des rues. — Le Rothschild du Japon. — Le pont de Nihonbachi, centre de l'empire. — Ichtyologie locale. — Le *Bon Marché* de Tokio. — Du plaisir jusqu'à satiété. — L'étang de Chinobazou. — Un peu de mythologie à propos de la déesse Benten. — L'horoscope d'un incrédule. — Au feu! — Embrasement général. — Le désastre et la statistique.
Les vieux ivoires. — L'art au Japon : xylographie et peinture. — Encore un incendie. — Un voyageur sans pareil. — La Nature en raccourci. — Rapports du Japon avec la Corée. — Les désordres de l'intérieur du pays. — Une punition exemplaire. — Le *harakiri* dévoilé. — Instruments de musique. — Dans le profane et dans le sacré. — Les tremblements de terre. — Au temple d'Eko-in. — Vaste cimetière. — Lutteurs japonais. — Un hôpital. — Méthodes curatives et empirisme.
Le thé japonais. — Temple de Hatchiman. — Une fonderie indigène. — Les cinq cents disciples du Bouddha. — Délicieuse pause à Kaméido. — Les jardins d'Académus et les belles-lettres japonaises. — Moukodjima et Horikiri. — Les bords de la Soumida-gawa. — A travers les ruines. — L'arsenal de Tokio. — Village d'Odji. — Le génie du mal et le renard sacré. — Un virtuose curagé. — De Kanagawa à Chinagawa par la route du Tokaïdo. — Massacre de Kawasaki.
Bibelotage de Chimbachi à Asaksa. — Cinquante degrés centigrades dans un bain! — La *rue des Boutiques* tout au long. — Les restaurants populaires et la gastronomie indigène. — Jongleurs et bateleurs. — Un augure forain. — *Numero deus...* — L'instruction publique au Japon. — Visite des écoles. — A l'arsenal de Yokoska. — Adieux à Tokio.

Mercredi, 22 novembre. — Beau temps (th. +1° cent.).
Après une matinée passée à faire des visites, départ vers cinq heures pour Tokio. J'y vais m'installer à l'hôtel *Séi-yo-ken*, situé dans le Tskidji, quartier qui constitue, comme on sait, la « Concession étrangère ».

J'ai déjà fait connaissance antérieurement avec cet hôtel. Mon intention est d'y rester jusqu'à mon départ définitif pour les régions méridionales de l'empire, ne comptant plus faire à Yokohama que de courtes apparitions.

Qui le croirait? Il y a eu ce soir à Tokio, chez le ministre d'Italie, une représentation du *Ballo in maschera*. Tous les rôles étaient remplis par une société d'amateurs. Sada, qui y assistait, noyé dans le personnel servant, me dit au retour que la fête était magnifique. Voilà mon Sada qui tourne au *dilettante*, à présent! En vérité, il n'y a plus de Japonais!...

Jeudi, 23 novembre. — Beau temps (th. +- 6° cent.).
Je consacre la matinée à mettre de l'ordre dans mes notes. Celles-ci se sont considérablement accumulées depuis ces derniers jours passés en excursions si pleines d'intérêt.

Pendant le séjour d'une certaine durée que je compte faire dans la nouvelle capitale du Mikado, je me propose de tout visiter en détail. Il ne sera pas de trop d'un mois pour mener à bien cette visite, et encore me faudra-t-il apporter beaucoup de méthode dans mes pérégrinations quotidiennes, si je tiens à connaître Tokio sous ses divers aspects.

Comme de juste, je dirige d'abord mes investigations vers les vastes enclos fortifiés qui constituent le noyau même de l'ancienne cité féodale, enclos que nous n'avions fait qu'entrevoir une promenade au parc impérial de Foukiaghé. On sait déjà, par la rapide description que nous en avons donnée à ce propos, ce que représentait, dans le Yédo des chogouns, cet amas prodigieux de constructions officielles. Elles servaient à maintenir dans la main du maître, par une cohabitation forcée, tous les fils de l'organisation politique. Bien que la destination de l'antique forteresse et de ses dépendances ait été complètement modifiée, il se rattache à cet ensemble, encore visible, des souvenirs si vivaces, si romanesques parfois, qu'on se sent invinciblement attiré près de lui dès qu'on arrive dans la cité.

Mais, avant même d'y pénétrer, jetons simplement les yeux autour de nous. Quel curieux tableau que celui de toute la foule bigarrée, courant et se démenant par les rues! Tandis que les hommes, pour la plupart drapés dans leur vêtement national, présentent quelques types habillés d'une redingote disparate ou d'un veston étriqué, et d'assez nombreuses exceptions à l'état de nature plus ou moins complet, les femmes se montrent toutes amplement vêtues, fort souvent en grande toilette, faisant étalage d'étoffes aussi riches que variées. Beaucoup d'entre elles ont, malheureusement, les sourcils rasés et les dents enduites d'un émail noir, pour annoncer qu'elles sont en possession d'un époux. Cette coutume tend, cependant, de plus en plus à disparaître.

De-ci de-là, traversant les masses grouillantes ou les formant en cercle autour d'eux, surgissent les marchands ambulants, les kagos, les files de djinrikchas, les quelques chars à bancs, qui font office d'omnibus et — brochant sur le tout — les sergents de ville en uniforme préposés à la circulation, sortes de repères jetés dans ce défilé carnavalesque. Ajoutez à cela tous les fourmillements de nos grandes villes, tous les chocs de ligne et de couleur que comporte un pays oriental, et vous vous ferez une idée assez exacte de l'aspect de Tokio, sous les rayons d'un soleil resplendissant. J'ai déjà eu, à mon retour de Nikko, l'occasion d'en donner un aperçu, mais le coup d'œil en est tellement spécial, tellement différent de ceux auxquels nos regards sont accoutumés, que je ne puis me lasser de revenir dans mes notes sur des impressions déjà ressenties.

Au début de ma promenade, à quelques pas d'un groupe de saltimbanques, je rencontre deux chanteuses ambulantes, armées d'une guitare japonaise, coiffées du chapeau de paille monumental que portent les coolies, et susurrant une complainte dont les notes musicales sont dominées par le flot mugissant de la marée populaire. Un peu plus loin, des masseurs aveugles de tout âge poussent des sons d'appel, en sifflant une fausse octave dans un tuyau de bambou, et des matrones de la même profession leur disputent les clients avec une aigreur pleine de défi. — Au Japon, où les bains et la friction sont fort en honneur, au double point de vue de l'hygiène et du délassement, la cécité est presque de rigueur chez l'artisan qui s'est fait une spécialité de racler l'épiderme de ses concitoyens. Pourquoi? Je ne le saurais expliquer, étant donné les idées générales en matière de nudité. Je disais tout à l'heure qu'une partie de la population de Tokio marchait dans la ville à moitié nue. Cela est parfaitement vrai, en dépit des règlements qui traitent de la question, car — quoi qu'on ait fait et quoi qu'on décrète — l'usage de se vêtir, aussi général qu'il puisse être dans la classe élevée, a bien de la peine à pénétrer dans les bas-fonds.

Tout en cheminant, nous voici arrivés au pied des

L'HOTEL SEI-YO-KEN

fiers remparts dont nous parlions tout à l'heure. Ainsi que nous le disions, ils semblent avoir été élevés principalement en vue de créer une démarcation plus nette entre le quartier de la caste noble et militaire et la cité marchande.

On se rappelle, en effet, qu'autour du Chiro, c'est-à-dire du château chogounal, se groupaient les palais des daïmios, ces hauts barons de la féodalité japonaise, tenus de rendre hommage périodiquement à leur suzerain. Or, cette mesure n'avait pas été prise uniquement dans le but de grandir l'importance de l'ancien Yédo, devenu avec les faubourgs qui l'environnaient le Tokio actuel, mais — comme on l'a pu voir dans nos détails historiques — pour affaiblir plus sûrement l'influence territoriale des daïmios, en les empêchant de se fortifier dans leurs provinces. En même temps que le Chogoun les tenait politiquement sous sa domination, et restait à même d'obtenir d'eux annuellement des comptes sévères sur leur gestion, il les amenait encore, par le déploiement d'un faste sans cesse croissant, à si bien ébrécher leurs ressources que ses faveurs et ses libéralités leur devenaient souvent indispensables. Depuis l'abolition du chogounal, arraché violemment aux mains d'un valétudinaire par les souverains légitimes, un grand nombre de daïmios, ruinés, dépossédés de leurs privilèges séculaires, se sont empressés à nouveau de s'ensevelir dans leur castel et d'y mener la vie retirée des mécontents. Quelques-uns, cependant, jaloux de rétablir leurs finances épuisées, se sont mis à faire de l'agriculture et ont ainsi contribué à réformer une des branches importantes de l'activité publique.

Par le fait, les prétendus palais où descendaient les daïmios venus de leur province ne présentent, comme aspect, que de longues files de bâtisses rectangulaires, entièrement dépourvues d'ornementation. Composées d'un rez-de-chaussée construit avec de simples lambris, couleur bistre, et surmonté d'une

SCÈNE DE RUE, A TOKIO (p. 215 et 236).

sorte d'étage enduit au plâtre, ils offrent une série monotone de lignes alternées, noir et blanc, à peine interrompues par quelques ouvertures oblongues, masquées, elles-mêmes, à l'aide d'un gros treillis de bois. Il est certain que rien ne donne moins l'idée d'une résidence princière qu'un pareil style architectural. On dirait plutôt des casernes, des prisons ou des entrepôts de commerce. Mais cette façade extérieure, bordant la rue, ne constituait pas le *yachiki* proprement dit, c'est-à-dire la demeure même du seigneur. Tandis que les locaux en question servaient au logement des domestiques, des soldats et des personnages de la suite, le yachiki s'élevait au centre d'une cour spacieuse, placée derrière, en face d'un large portique d'entrée, lequel communiquait au tout un caractère imposant et plus en rapport avec sa véritable destination.

Les lourds et massifs battants de porte qu'on y voit sont garnis d'une armature de fer ou de bronze solidement ouvragée. Ils ne s'ouvraient jadis que devant le maître. Et, à l'abri de cette fermeture discrète, celui-ci pouvait vivre aussi isolé que possible, dans un milieu toujours en fermentation, loin des regards curieux, en société de sa famille et des siens. Aussi, bien que les yachikis eux-mêmes se fassent remarquer, de l'extérieur, par une extrême simplicité, ils décèlent, au contraire, aux regards du visiteur qui y pénètre, un luxe, une richesse dont on n'avait point soupçon. Les panneaux des salles et les plafonds y sont, le plus souvent, décorés de peintures et de dessins dus au travail d'artistes dont le nom est demeuré célèbre au Japon.

Aujourd'hui, les yachikis, abandonnés par leurs anciens occupants, revenus à la disposition de l'État, sont convertis, pour la plupart, en ministères, en casernes, en écoles ou en musées.

ANCIEN YACHIKI DE DAÏMIO, CONVERTI EN CASERNE (p. 202).

Mais les chogouns avaient non seulement voulu s'entourer de la haute noblesse du pays, ils prétendaient encore grouper, autour de leur castel fortifié tous les hommes qui, de près ou de loin, tenaient à la cour par le rang militaire. C'est ainsi que les différents quartiers situés à l'ouest et au nord du Chiro étaient occupés par des personnages d'importance moindre, tels que les hatamotos, les gokenins, etc., tous seigneurs à deux sabres, individuellement gratifiés de privilèges et d'honneurs.

Et maintenant, puisque nous sommes pleinement édifiés sur l'objet des constructions qui se groupent dans l'enceinte fortifiée, passons rapidement en revue les divers locaux où s'abritent les administrations gouvernementales dont il a été parlé ci-dessus.

A peine avons-nous franchi la porte de Soukiyabachi et dépassé un parc d'artillerie, que nous nous trouvons au centre même du quartier officiel. Voici d'abord le ministère de la guerre ; il est orné d'un beau portique, peu élevé sur sa base, mais inspirant le respect par la puissance de son architecture. A quelques pas, c'est le Palais de Justice, bâtiment hétéroclite, construit en matériaux très légers et badigeonné de blanc de haut en bas. Il ne s'impose à l'attention que par des terrasses à l'italienne et des ouvertures gothiques. C'est, on peut le dire, le type de ces constructions sans style et sans caractère dont l'Orient

PORTIQUE D'ENTRÉE DU MINISTÈRE DE LA GUERRE (p. 202).

tout entier offre des spécimens et qui sont, heureusement, destinés à disparaître dans un avenir prochain.

Dans le même rayon on remarque l'imprimerie officielle et une série d'édifices, indépendants ou connexes, contenant le trésor national, les départements de l'intérieur, de l'instruction publique, etc., etc. La majorité de ces derniers services sont établis dans un des pseudo-palais que j'ai décrits tout à l'heure et dont j'ai constaté l'absence presque complète de caractère architectural.

de l'esprit essentiellement militaire qui a présidé à la fondation de la ville chogounale. Le talus, qui se trouve à proximité de l'édifice, résume, comme vue panoramique, un remarquable ensemble de fortifications exécutées tout en pierre et couronnées par un élégant chalet à triple toiture, d'une conservation extraordinaire.

Je n'en finirais pas si je devais énumérer ici toutes les portes qui nous livrent passage, d'une enceinte à l'autre. Celle de Sakourada, cependant, que nous

LES VIEUX REMPARTS DU CHIRO (p. 203).

Aux abords du Chiro et au centre d'une nouvelle enceinte, se dresse le Daï-jo-kwan, autrement dit le ministère central ou cabinet de l'empereur. Ce service, installé ici provisoirement, est appelé à être transporté, dans un avenir prochain, au Kichiou-yachiki, palais situé dans le quartier d'Akasaka, où habite actuellement Sa Majesté, en attendant qu'elle aille occuper le palais réédifié du Chiro[1].

De la place même où s'élève le ministère central on aperçoit de tous côtés des travaux de défense, aussi bien en pierre qu'en terre battue, et témoignant

franchissons au sortir du Daï-jo-kwan, mérite une mention spéciale. C'est à deux pas de ses pieds-droits que le régent Ii-Kamon-no-kami fut, à la date du 23 mars 1860, assassiné dans son propre norimon par une bande de ronins soulevés. Quelques mots ne seront pas inutiles pour rappeler ce sanglant événement. Les assaillants appartenaient au clan du prince de Mito, frustré dans les espérances que celui-ci avait fondées, pour son fils, sur la succession politique de Yésada, le dernier chogoun décédé, ledit prince de Mito attribuant son échec aux intrigues mêmes du régent. La lutte fut terrible. Aucun homme de l'escorte de Ii-Kamon ne resta debout; et, parmi

1. Voir la note page 52.

les meurtriers, cinq seulement parvinrent à se retirer sains et saufs, après avoir littéralement haché à coups de sabre les défenseurs du régent.

Tout à côté de ce lieu de carnage, s'élèvent de vastes établissements militaires dominant le champ de manœuvres, où nous avons vu dernièrement défiler les troupes japonaises sous les yeux du Mikado.

Après avoir un instant considéré le Gwaï-moucho, ou ministère des affaires étrangères, et les bâtiments où sont établis le musée et certaines administrations publiques, nous disons un paisible adieu à tous ces vestiges de l'ancien régime, plus intéressants à coup sûr par les souvenirs qu'ils évoquent que par les sentiments artistiques auxquels ils donnent naissance. En somme, tout cela est froid, je dirais même monotone. Ce qui concourt, du reste, à jeter sur l'ensemble de ce quartier officiel un cachet de tristesse et même de désolation, c'est qu'au rebours du mouvement et de l'imprévu dont la cité marchande est le théâtre permanent, les larges voies, tirées ici au cordeau et coupées à angles droits, ne laissent passer que la tribu grave et réfléchie des fonctionnaires et des hommes politiques. Nous ne saurions, toutefois, quitter ce lieu sans reconnaître avec quelle aisance pratique on a tiré parti de cet ensemble étonnant de constructions anciennes et modernes, pour la centralisation des services administratifs de l'État. Au point de vue même de la bonne

LE PALAIS DE JUSTICE (p. 202).

ENTRÉE DE CASERNE (p. 202).

gestion des affaires et de la convenance des intéressés, il serait impossible de trouver, en aucun pays, quelque chose de plus complet, de mieux entendu.

D'ailleurs, la promenade dans l'enceinte fortifiée de l'ancien Yédo ne se borne pas à la visite des bâtiments transformés en départements ministériels. Il reste encore — comme nous l'avons dit — d'autres affectations plus intéressantes, les écoles. Certains quartiers, placés au nord et à l'ouest du Chiro, renferment même des habitations particulières en partie occupées par des employés gouvernementaux, en partie par des commerçants de tout genre. Chemin faisant, nous passons successivement devant quelques légations étrangères et en vue de l'École impériale des ingénieurs. C'est un beau bâtiment en briques rouges remarquablement construit, et dont un photographe est, pour l'instant, en voie  de prendre une épreuve. Inutile d'ajouter que je m'inscris aussitôt pour un exemplaire auprès de l'artiste collaborateur du soleil.

A l'angle d'un autre établissement de haut enseignement, l'École des mines, le chemin descend dans un vallon où se groupent quelques habitations d'aspect quasi rustique. Ce changement de tableau est aussi subit que réjouissant. Autour de nous, des bois touffus et des collines verdoyantes s'étendent à perte de vue. On se croirait en pleine campagne, alors qu'on est au cœur même de la capitale.

Tokio est bien, à proprement parler, la Ville des Jardins, car on n'y aperçoit partout que des arbres, des taillis et des bosquets en fleur. En ce lieu privilégié de la cité, les villas, les enclos boisés, voire les champs en culture, pullulent et se confondent. N'avons-nous pas vu, au surplus, que le Chiro, qui constitue le centre de l'agglomération impériale, n'est lui-même qu'un parc immense, connu sous le nom de Foukiaghé? Par métonymie on peut également dire de Tokio qu'elle est la Ville des Corbeaux. Jamais je n'en ai vu autant réunis. Ils sont là, tournoyant au-dessus de nos têtes, criant, se poursuivant et prenant pour centre de ralliement un temple chintoïste dressé sur la colline, derrière le groupe de maisons rustiques que nous venons d'entrevoir. Leurs croassements, rauques et multipliés, semblent bruire plus faux encore sous l'azur rayonnant du ciel.

Quant au temple chintoïste dont il est question, il date du milieu du dix-septième siècle et est dédié à Sousanao, ce frère irascible de la divine Amateras et comme l'Achille de la mythologie japonaise. On y accède par cinquante-deux degrés de plus de six mètres d'emmarchement chacun. Parallèlement à cette montée gigantesque, un autre escalier de plus modeste envergure, mais infiniment plus commode, escalade allègrement la hauteur. Les marches en sont à la fois moins élevées et moins larges. Il paraît que ce second escalier est particulièrement réservé aux femmes, la voie la plus fatigante étant imposée au sexe fort.

Le temple n'offre, en dehors de cela, rien de curieux, si ce n'est qu'il domine toute la partie orientale de Tokio.

A partir de ce point, nous coupons en droite ligne une foule de rues bordées de maisons à jardins et de champs cultivés, pour aboutir à un quartier en majorité occupé par une population de marchands. Après avoir passé successivement par Nagata-tcho, la principale rue de ce quartier, qui peut être considéré comme le quartier fashionable de Tokio, nous longeons la légation d'Allemagne, la charmante résidence de la Mission militaire française, le siège de la légation anglaise, toutes constructions en brique, puis nous débouchons, toujours aux confins du Chiro, — dont les remparts se dressent maintenant devant nous, — en face d'une large avenue s'élevant en pente douce.

MASSEUR SIFFLANT POUR APPELER LA CLIENTÈLE
(p. 206).

Au moment de m'y engager, mon regard est arrêté par un singulier personnage, monté sur un cheval, et que je prends ni plus ni moins pour un représentant de l'ordre des quadrumanes. Toute vérification faite, le quadrumane supposé est tout uniment un Japonais de très petite taille, ridiculement vêtu à l'européenne, avec culottes collantes et bottes à l'écuyère. J'ignore comment ce grotesque *gentleman rider* se tient en selle; mais, bien qu'il s'avance de face, ainsi que de raison, je ne puis réussir qu'à l'entrevoir de profil. Quoi qu'il en soit, le macaque oscille sur sa bête ainsi qu'un mince ballon captif, manquant à chaque pas de vider les arçons. Mais si l'écuyer n'est pas un Alexandre, le destrier n'est pas davantage de la race des Bucéphale. Quel coursier, pour de si belles bottes! Souhaitons, en fin de cause, qu'ils arrivent l'un et l'autre à destination!

A l'extrémité de l'avenue, laquelle se termine par une sorte de clocheton de pierre où brûle une lampe sépulcrale, s'étend une plaine assez vaste, où des courses de chevaux ont lieu, à certaines époques de l'année. Cette plaine, ou mieux ce plateau surélevé, — car on y aperçoit de tous les points le massif du Foudji-yama à l'ouest et la plus grande partie de la ville à l'est, — est orné d'une double rangée de réverbères d'un modèle excentrique, et donne accès à un temple chintoïste. Celui-ci a été érigé en mémoire des braves de l'armée mikadonale tombés à la bataille d'Ouyéno, en 1868.

Je n'avais pas encore visité, jusqu'à présent, d'édifice revêtant le caractère purement chintoïste, caractère dont celui-ci présente un spécimen accompli. Uniquement fait de bois blanc et vierge de tout badigeon, aussi simple à l'intérieur qu'à l'extérieur, il ne renferme rien de plus, soit comme représentation sacrée, soit comme objet de culte, qu'un miroir de forme ovale devant lequel est appendu le *gohéi*, sorte de symbole composé de banderoles en papier blanc. En parlant des religions japonaises, j'ai déjà défini l'origine de ce symbole, dont le sens mystique a trait à la disparition de la déesse Amateras. Pour tout dire, le miroir est censé refléter l'âme de la lumineuse divinité, alors que les bandes de papier sont comme un emblème de son inaltérable pureté.

Comme particularité peu séduisante à mes yeux, le reste de l'ameublement est tout entier à l'européenne, c'est-à-dire qu'une carpette recouvre le plancher, tandis que des fauteuils de bois sont rangés autour des lambris. Sous bien des rapports, on pourrait s'y croire dans le local de quelque assemblée délibérante. Ce singulier mobilier de temple est rehaussé par deux peintures encadrées se rapportant, à ce que je puis comprendre, à quelque épisode fantaisiste de la guerre... franco-allemande! Il est vrai que nous nous trouvons dans un sanctuaire destiné à commémorer un événement belliqueux. Mais je cherche vainement la relation qui peut exister entre le chintoïsme et ces peintures. En tout cas, d'immenses drapeaux japonais, suspendus à la façade, sont là pour nous rappeler le but principal de la fondation.

Ce qui caractérise les temples chintoïstes, c'est la simplicité. Ainsi le bois qui en constitue, à lui seul, la structure doit rester exempt de toute décoration inutile. En conséquence, aucune peinture n'y est tolérée; et, quant à la sculpture, les seuls motifs admis représentent toujours l'image d'un chrysanthème épanoui, l'emblème du pouvoir mikadonal. La première particularité est conforme à une ancienne tradition de la cour, où l'on dédaigne de peindre ou de laquer tout monument en bois réservé à l'usage du souverain. Or, comme nous l'avons signalé, le mikado est non seulement le chef de la religion nationale, mais encore le Verbe incarné de toutes les divinités composant le panthéon primitif des Japonais. Rien

d'étonnant, dès lors, à ce que la tradition dont je parle s'étende à l'architecture chintoïste tout entière!

Telle est aussi probablement la raison pour laquelle l'intérieur des *miyas* chintoïstes ne renferme ni statue ni ornementation autre que celle dont nous avons signalé la figuration. J'ajouterai néanmoins que l'emblème d'Amateras, qui consiste ici en un miroir, est parfois remplacé par un globe de cristal, ou simplement par une sphère de marbre ou de pierre blanchâtre. Cet emblème, bien que d'origine religieuse, n'est pas seulement reproduit dans les temples. Il arrive aussi qu'on en orne la proue des navires, alors qu'en temps de guerre on le porte à la tête des armées.

Notre visite s'est effectuée sous la conduite d'un personnage n'ayant en rien les apparences d'un prêtre, mais se présentant au contraire comme un fonctionnaire de l'État. Bon nombre d'édifices consacrés au culte national sont, en effet, commis à la garde de simples laïques, et ne sont d'ailleurs ouverts aux fidèles qu'à certains jours d'adoration et de réjouissances.

TEMPLE CHINTOÏSTE DE CHO-KON-CHA (p. 205).

Aux alentours de Cho-kon-cha, — c'est ainsi que se nomme l'édifice que je viens de décrire, — quelques larges pierres tombales apparaissent disséminées çà et là. Elles sont destinées à perpétuer la mémoire des héros dont on a voulu célébrer le dévouement.

Après le dîner, je parcours avec Sada la fameuse avenue de Ghinza, surnommée, comme on se rappelle, par les étrangers la « rue de Rivoli », en raison de certaine conformité d'aspect bien vague, ainsi qu'on peut se l'imaginer. Parmi les magasins de toute espèce qui bordent cette voie animée, je m'arrête de préférence devant les nombreux étalages de curiosités et de jouets, et j'y suis tout naturellement amené à faire un choix. Au bout d'un instant, je me trouve avoir acquis un assortiment complet de charmantes babioles, lesquelles feront merveille en Europe à côté de maint petit ménage enfantin.

Plus loin, nous entrons dans une sorte de salle de spectacle, où des chanteurs et des déclamateurs donnent des représentations. Tout le public, hommes et femmes, y est accroupi sur le sol. Bien que j'aie pour principe de faire comme le commun des mortels et de me soumettre à la règle générale, je m'aperçois aussitôt que mon entrée produit une sensation analogue à celle que provoquerait un ancien daïmio en costume national pénétrant dans l'un ou l'autre de nos théâtres.

Une fois de plus, j'ai l'occasion d'y remarquer l'allure essentiellement gaie, vive et spirituelle des artistes japonais. Ils possèdent ou s'assimilent une variété d'intonations, une aisance de gestes, une vigueur d'expression tout à fait surprenantes. Quoique poussant la synthèse de leur jeu au delà des limites de la vérité absolue, ils la maintiennent toujours dans celles de la convenance et du goût. Ici, point de ces éclats de voix, redondants ou grasseyés, comme nous en entendons trop souvent dans nos petits théâtres de genre, où des Talma de boulevard s'évertuent à outrer la note tragique en l'entremêlant de hoquets de convention, où des Lassagne de pacotille s'ingénient à forcer lourdement la gamme des ironies sans sel et des calembours sans esprit. Point de ces charges odieuses qui font pâmer d'aise le public habituel de nos cafés-concerts! S'il leur arrive parfois de rendre, jusqu'à l'exagération, le pathétique inclus dans une phrase ou dans un mot; s'il leur convient de traduire jusqu'au grotesque une situation vraiment plaisante, ils n'ont jamais rien de commun ni de vulgaire dans leur attitude. Tout, jeu et diction, est net, franc, incisif et, par-dessus le marché, de bon ton. Cependant, les auditeurs auxquels ils s'adressent me semblent uniformément appartenir aux classes les plus infimes de la société.

A quelques pas de ce théâtre populaire, tout près du pont de Kio-bachi, je m'introduis dans un second local à la façade historiée, qu'on me dit être le théâtre de Chintomiza, un des plus anciens et des plus célèbres de Tokio. Bien que les dimensions de la salle soient assez vastes, l'atmosphère qu'on y respire est suffocante. C'est à se croire dans une étuve. On m'apporte aussitôt un brasier pour allumer ma pipette, car presque tout le monde fume à

CHANTEUSE DE RUE (p. 200).

pleins poumons. Les *ouvreuses*, s'il est possible de dénommer ainsi des femmes attachées à l'établissement et qui, du reste, n'ont rien à ouvrir, circulent entre les rangs, vendant des gâteaux et du thé. Elles offrent aussi des coussins à location, chose dont je m'empresse de profiter, à l'instar de mon sybarite compagnon.

Nous sommes arrivés, paraît-il, au bon moment. Un des principaux sujets de la troupe vient de faire son entrée. Au fond de la pièce, sur une estrade, est accroupi, comme un saint entre deux lumières, un émule des Faure ou des Mario; car il s'agit de musique à présent, et de chant en particulier. Bien que je ne comprenne aucunement le sens des paroles ainsi modulées, il me semble définir une façon de mélodrame, mi-symphonique, mi-déclamatoire, auquel je reconnais un caractère éminemment expressif. L'artiste — et il mérite cette qualification, ainsi que la plupart des comédiens japonais — entonne d'abord son récitatif comme une mélopée régulière et lente; puis il s'anime peu à peu. Tout à coup, les notes se pressent nerveuses, saccadées, débordantes de passion et d'énergie. Les accords qu'il tire en même temps de son *samicen* vibrent sous ses doigts comme les plaintes d'un alto. L'émotion vous gagne et vous pénètre. Déjà, de même qu'à l'audition d'un orchestre de tsiganes, vous vous élevez avec cette musique transcendante au sommet des régions élyséennes ou retombez avec elle dans les profondeurs du Cocyte, lorsque, sans aucune préparation, le rideau s'abaisse, dissimulant soudain le chanteur au moment le plus pathétique. En même temps, une chamade sonore et mystérieuse, obtenue par l'entre-choquement de deux bambous, se fait entendre et domine les derniers accords expirant derrière la toile. Dénouement brusque et imprévu, lancinant comme « la suite au prochain numéro » d'un roman à surprises; et plus piquant cent fois qu'un final à grand orchestre comme en comporte toute musique italienne. Un déclamateur succède au chanteur. Je remarque une fois de plus combien les choses sont dites finement, sur un ton badin, sans jamais tomber dans nos vulgarités.

Mais il commence à se faire tard, et je me décide, presque malgré moi, à regagner mon logis.

Vendredi, 24 novembre. — Beau temps (th. + 10° cent. à midi).

Je prends livraison des jouets achetés hier soir. Ils forment presque un étalage entier d'objets de toute sorte, aussi variés qu'originaux. J'ai déjà eu l'occasion de dire un mot des joujoux japonais et de l'engouement général de la population pour le plaisir et les distractions. Rien d'étonnant dès lors de trouver tant de goût et de diversité dans ces charmants colifichets. Tôt ou tard, j'en suis sûr, ils feront une terrible concurrence à ceux qui nous viennent des lieux de production les plus renommés. Déjà même ils commencent à pénétrer dans le commerce européen, aussi bien que ces ustensiles de ménage qu'on retrouve communément, chez nous, sous l'apparence de véritables petits chefs-d'œuvre d'ébénisterie ou de céramique. Je vois là des kaléidoscopes, des toupies énormes ou minuscules, des raquettes illustrées de peintures, de petits mobiliers, des cassettes de toute forme et de toute dimension s'emboîtant avec une précision admirable, des balles richement ornées de dessins en fil de soie tressée, des cages en miniature exhibant des oiseaux automates voltigeant et sifflant, des cerfs-volants à forme de papillons revêtus de dessins fantastiques et des masques au rictus diabolique. J'y vois encore des nuées de poupées remuant la tête, les jambes et les bras, ou des figurines représentant des animaux de toute espèce. Que de génie, que de patience, que d'art, déployés dans la fabrication de ces menus objets! Qu'on a bien raison de dire que le Japon est le paradis des enfants!

Et cette soif d'amusement n'est-elle pas — comme nous l'avons déjà fait remarquer — la caractéristique du naturel japonais? Chez l'adulte, comme chez l'enfant, elle se manifeste anxieuse et naïve et se perpétuera, pour la plupart, jusqu'à l'âge le plus avancé. Ainsi il n'est pas rare de voir des hommes mûrs et même des vieillards partager gravement les jeux de leurs plus jeunes rejetons. Fidèle aux instincts de sa race, Sada n'a pas plus tôt jeté le regard sur tout ce microcosme d'ingénieuses frivolités, qu'il s'empare tour à tour de chaque pièce, la fait mouvoir avec béatitude, l'étudie en ses secrets les plus profonds ou se livre à des combinaisons comme un écolier en face d'un problème nouveau. Il s'en amuse ainsi toute la matinée, tandis que je mets au courant le présent journal.

L'après-midi est consacrée à une longue promenade dans la partie méridionale de Tokio, où je visite, entre autres choses, plusieurs établissements industriels tenus à l'européenne. Notons tout d'abord une filature de soie appartenant au gouvernement et située non loin du quartier officiel. Un fonctionnaire spécial y est attaché à demeure, pour contrôler les opérations. En réalité c'est un Français, M. C***, qui dirige l'exploitation. Avec une extrême obligeance, née de l'emploi de la belle langue que nous parlons l'un et l'autre, M. C*** se met aussitôt à ma disposition pour m'expliquer par le menu les détails de l'industrie à laquelle il s'est dévoué. Bien que les procédés employés dans l'usine ne diffèrent pas précisément de ceux usités en Europe, j'en donne un rapide exposé, estimant qu'ils ne seront pas dépourvus d'intérêt.

Mais, avant de continuer, une simple indication historique est de tout point nécessaire. Ce fut de la Chine qu'en l'année 463 de notre ère l'industrie séricicole fut introduite au Japon. Elle y a toujours prospéré. Aujourd'hui, l'empire du Soleil Levant produit à lui seul 6 %, de la consommation du monde entier, soit à peu près autant que la France, mais assurément moins que la Chine, qui fournit 36 %, et l'Italie 37 %. Il s'ensuit que l'exportation s'élève, chaque année, à plus d'un million de livres.

Cela dit, suivons M. C*** dans ses explications. Tout d'abord, voici la salle où l'on se livre au triage des cocons. Les bons spécimens y sont séparés des médiocres : les premiers servent au filage des meilleures qualités de soie, et les seconds, ceux qui ont été percés par la chrysalide, ne sont utilisés que dans la fabrication de l'ouate fine.

Au moyen de l'immersion des cocons dans l'eau bouillante on enlève ensuite la substance gommeuse dont ils sont imprégnés.

Il ne reste plus dès lors qu'à procéder au dévidage. A cet effet, les cocons sont transportés dans la filature proprement dite. Là, chacune des ouvrières reçoit un certain nombre de ces cocons dans une bassine d'eau chauffée à une température moyenne, les passe en revue un à un pour en détacher les résidus et amorce le bon fil sur des dévidoirs mis en rotation par un générateur.

Ces opérations sont très simples, comme on le voit, le rôle de la vapeur se bornant uniquement à mettre les dévidoirs mécaniques en mouvement et à chauffer l'eau des bassines.

Bien que la filature dirigée par M. C*** ne soit établie que depuis une date relativement rapprochée, les fonctionnaires japonais chargés de la direction des travaux ont négligé d'adopter les derniers perfectionnements introduits dans l'industrie séricicole. En outre, par suite de fausses économies, le matériel, d'installation pourtant si récente, se trouve être dans un grand délabrement, et déjà on s'est vu forcé de le renouveler en partie.

On sait que l'importance d'une filature de soie se mesure habituellement au nombre de bassines que celle-ci met à contribution. La présente usine en compte quatre-vingt-dix-huit. Deux cent cinquante ouvrières y sont employées actuellement et gagnent chacune en moyenne une journée de 10 *sens*, soit 55 centimes de notre monnaie. Il ne faudrait pas croire — ajoute mon cicérone — qu'en raison de la modicité des prix de la matière première et surtout de la main-d'œuvre, la fabrication de la soie doive s'opérer au Japon dans des conditions exceptionnellement avantageuses. La journée de travail est, en effet, fort courte, surtout en été. C'est à peine si l'on peut retenir les

cent mille *yens*, soit plus de quatre millions de francs, somme énorme si l'on y réfléchit, et dix fois supérieure à celle qu'aurait nécessitée l'établissement d'une semblable manufacture en nos pays mieux ordonnés. En Europe on ne compte d'habitude que mille francs en moyenne par bassine. De trois cent mille francs à huit cent mille yens, l'écart, on l'avouera sans peine, est formidable. Il donne une piètre opinion du désintéressement des personnages commis à la réorganisation des ateliers de l'État. Chose stupéfiante, après avoir jeté sans contrôle plus de

FAÇADE DU THÉATRE DE CHINTOMIZA (p. 207).

ouvrières au delà de quatre heures après midi. Il en résulte que le bon marché de la manipulation est compensé en perte par la faible somme de travail fourni. Autrefois M. C*** dirigeait la filature de Tosa; mais on l'a fait venir tout exprès à Tokio pour remettre en bon état un établissement qu'il est, du reste, question, depuis quelque temps déjà, de reconstruire en entier.

Il existe encore d'autres grandes filatures de soie appartenant au gouvernement japonais. Elles sont disséminées dans la contrée. Citons notamment celles de Tomioka, de Tosa et de Kofou.

La plus importante de toutes est celle de Tomioka. Elle ne compte pas moins de trois cents bassines et aurait coûté, comme seule installation, environ huit

quatre millions de francs à la voracité de certains pillards étrangers ou indigènes, on refuse aujourd'hui mille pauvres yens indispensables au bon fonctionnement de l'outillage. Ainsi, quand il s'agit d'amener directement dans l'usine une eau beaucoup plus pure en échange de celle qui y est introduite jusqu'à ce jour, on rechigne en arguant des grands mots « économie » et « dépenses exagérées ».

Telle est, du reste, non l'appréciation de M. C***, très réservé dans ses manières de dire et de faire, mais celle d'un autre résident, de nationalité allemande celui-là, M. H***, que je rencontre au sortir de la filature, et qui soutient, malicieusement peut-être, que les « dévorants » de la « haute pègre » ne trouveraient pas assez à tondre sur un œuf trop petit. Le même personnage, bien connu à Yokohama, me donne un exemple entre cent pour me montrer, séance tenante, que le gouvernement japonais non seulement a été trompé par quelques étrangers avides de s'enrichir à ses dépens, mais qu'il a encore à lutter contre la rapacité de ses propres agents indigènes. Il y avait — paraît-il — à Akabané[1] une usine où l'on travaillait le fer. Comme l'exploitation marchait fort mal, il fut question de transporter dans les bâtiments tout construits la filature de soie de Tokio. Les locaux étaient, d'ailleurs, bien disposés en vue de cette nouvelle affectation. Quelques travaux sans importance ayant été, cependant, jugés indispensables, une commission s'y rendit un beau jour pour visiter les lieux et pour établir le devis de la dépense exigée. Quel ne fut pas l'étonnement des délégués quand ils y trouvèrent des ouvriers occupés, non pas à réparer ce qui existait, mais bien à démolir une superbe cheminée toute neuve, très utile aux dispositions projetées! Sur leur demande d'explications, il leur fut simplement répondu qu'un entrepreneur s'était présenté, muni d'un ordre supérieur, pour acquérir les matériaux de l'établissement, et qu'on se mettait en mesure de les lui livrer. Réclamation fut faite immédiatement à qui de droit, mais sans succès. On apprit bientôt que l'usine tout entière avait été démolie et que les matériaux, fer, bois ou brique, s'étaient vendus à des prix absolument dérisoires. Et, pour couronner ce bel exploit, peu de temps après on jetait, sur l'emplacement même de l'usine détruite, les fondements d'une nouvelle bâtisse destinée à servir aux mêmes usages que l'ancienne.

« C'est — ajoute mon interlocuteur en manière de conclusion — que, sur la première affaire, c'est-à-dire la transformation des locaux en filature, il n'y avait rien à gagner, tandis que sur l'autre on entrevoyait

[1]. Akabané fait partie du quartier de Chiba et tire son nom d'un petit cours d'eau qui l'avoisine.

les mille aléas d'une vaste et somptueuse entreprise où chacun tirerait son épingle du jeu.

J'avoue que cela ne m'étonne pas outre mesure. De telles choses ne se passent pas seulement au Japon, mais encore dans des pays plus rapprochés de nous.

Tout en dégustant le cigare que je lui ai offert en vue de le faire causer plus longuement, M. H*** ne tarit plus, une fois lancé, en épigrammes plus ou moins violentes contre les travers habituels aux Japonais. M'est avis que notre homme a dû éprouver bien des obstacles, de la part de l'administration et des indigènes, pour s'adonner ainsi à un éreintement aussi général. Je lui laisserai donc la responsabilité de ses appréciations, d'autant que je suis loin, pour beaucoup de cas, de les partager absolument. Si je tiens, du reste, à rapporter fidèlement ce que me dit M. H***, c'est que ces attaques, sans être toujours mesurées, comportent un certain fond de vérité, en ce qui concerne surtout la classe mercantile de la population. Au surplus, mon interlocuteur n'est pas le premier étranger qui m'ait tenu à cet égard un langage à peu près identique, et je me hâte d'ajouter, pour être juste, que bien des Japonais pourraient en dire tout autant de certains résidents européens. *Suum cuique!*

TYPE DE CLOISONNÉ JAPONAIS SUR MÉTAL (p. 220).

« Donc — me dit M. H*** — l'indigène est devenu très difficile en affaires. La classe marchande, à peu d'exceptions près, manque absolument de loyauté et de bonne foi. Elle ne tient pas ses engagements, ou s'efforce toujours de passer aux travers des clauses du marché. Allez chez un négociant quelconque! Après vous avoir fait approuver ses échantillons, il ne vous délivrera jamais exactement la marchandise qu'il est tenu de fournir. Eût-on déposé des arrhes pour s'assurer de l'exécution d'un contrat, on finit toujours par être dupe, si quelque surenchère, plus ou moins avantageuse intervient au milieu des livraisons. Tous les Européens ont dû passer par là, ou bien y passeront à leur tour, jusqu'à ce qu'ils en arrivent à ne plus faire montre d'aucun scrupule dans leurs propres transactions. C'est — comme on dit vulgairement — à qui s'attrapera le mieux.

« Essentiellement flâneur et dépensier, le marchand japonais ne songe qu'à profiter de ses aubaines. A-t-il négocié quelque bonne opération, vite il achète une maison élégante, s'entoure de coquettes mousoumés en les installant dans son logis sous les yeux de l'épouse légitime, engage cinq ou six *kodsoukaï*, ou domestiques, pour se donner des grands airs, court les lieux de plaisir et les spectacles sans plus s'arrêter, et puis... vogue la galère! — Elle vogue si bien, qu'à force de parcourir cet océan de délices les provisions s'épuisent. Bientôt la soute est vide, et l'imprudent nautonier n'a plus d'autre ressource que de se jeter dans l'abîme ou de mourir de faim. Pour ne pas poursuivre la métaphore au delà de certaines limites, ajoutons qu'il ne reste plus à l'imprudent qu'à emprunter à ceux-là mêmes qu'il avait éblouis de son luxe et de son éclat passagers. Or, à l'encontre de la fourmi, peu généreuse à ce que nous apprend La Fontaine, l'indigène est des plus crédules. Il ouvre opiniâtrement les yeux à toute la poudre que le premier venu lui jette avec habileté.

« Et cette vie d'expédients est propre au grand comme au petit, au plus noble des daïmios comme au simple coolie. C'est ainsi que beaucoup de samouraïs, autrefois gentilshommes à deux sabres, au lieu de s'efforcer de conquérir une situation indépendante par leur travail, embrassent, dans leur imprévoyance, les professions les moins relevées. Il y en a qui se sont faits conducteurs de djinrikchas, d'autres même qui s'abaissent à tenir des maisons suspectes, sans nul respect pour leur origine aristocratique.

« De noble et de fière qu'elle était autrefois, la race est devenue servile et triviale, au contact des étrangers. En se frottant à notre civilisation, elle s'est

UNE COURTISANE. — Dessin humoristique de Hokkéï (p. 218).

surtout approprié nos vices et nos travers. Sous l'empire des idées anciennes, les Japonais conservaient encore pour les distinctions hiérarchiques un respect aujourd'hui complètement évanoui. Se modelant sur nos mœurs égalitaires, sur nos coutumes démocratiques, et voulant, sans en comprendre la portée sociale, se façonner à notre image, ils en arrivent insensiblement à devenir grossiers, à s'abandonner sans réserve à leurs défauts naturels. Aujourd'hui les employés d'un service administratif ne saluent plus le chef d'un département voisin, pour la raison qu'ils ne sont pas ses subordonnés directs. Les personnages de la cour, les membres de la maison du Mikado, ne leur inspirent même plus aucune sorte de considération. »

A cet égard, ainsi qu'on se le rappelle peut-être, nous nous sommes trouvés tout récemment en posture, lors du passage de l'impératrice à Odawara, de vérifier l'allégation.

Voyant mon Aristarque en verve de récriminations, et ne cherchant pas d'ailleurs à l'arrêter dans son discours par les nombreuses objections qui me montent aux lèvres, je donne libre cours à ses doléances en comparant, pour les besoins de la cause, le commerce japonais au commerce chinois.

« Vous êtes bien indulgent, me répond M. H***, de tenter une semblable comparaison. Là-bas, il est possible de vérifier en une seule journée mille ou deux mille balles de marchandise, car on peut être sûr que la livraison est conforme à l'échantillon fourni. Ici, dans un même espace de temps, on n'en aura pas reconnu dix, car il est nécessaire de les passer minutieusement en revue, si l'on ne veut pas être trompé. Le propre du caractère indigène est la mesquinerie, en tout et pour tout. Procédez-vous à quelque achat ou à quelque vente, l'industriel avec qui vous traitez vous grappille 10 sens par-ci, 20 sens par-là, ne s'en tenant jamais à la parole donnée antérieurement.

Pour le Chinois c'est tout autre chose. Il n'a point de ces maladresses. S'il vous vole, il vous vole en grand, comme un brigand déclaré; mais jamais il ne s'attache à des profits indignes de transactions commerciales établies sur la bonne foi et sur l'intérêt mutuel. »

On aurait fort à faire — on le conçoit aisément — de contredire à tout ce qui vient d'être exposé. Je ne suis pas même en mesure, pour ma part, d'en relever les exagérations. Ce qui est certain, c'est qu'il existe entre la population des villes et celle des campagnes un contraste absolu, au grand détriment des premières. Mais, ici, sommes-nous pas ou un peu causes de cette décadence morale? Mon interlocuteur lui-même m'avoue qu'on ne saurait établir de rapport entre les Japonais d'il y a quelques années et ceux du temps présent : c'est du moins ce qu'il déclare avoir constaté, depuis qu'il s'occupe d'affaires au Japon. Faut-il en conclure que cette même civilisation, dont nous sommes si fiers, a une influence corruptrice, comme toutes les importations contraires au génie des peuples auxquels elles sont imposées sans ménagement; ou plutôt que tous les peuples chez qui l'on rencontre ces tristes germes de dissolution doivent d'abord traverser une crise aiguë, à la suite de laquelle ils se relèveront plus forts, plus jeunes et plus puissants que jamais, entraînés par un courant inéluctable vers le progrès universel?

En prenant congé de M. H***, je m'arrête au temple de Zempoukoudji, lequel se trouve être sur mon chemin. C'est un monument se rattachant au culte bouddhiste, et dédié, ma foi, à la Vertu et à la Prospérité. La Vertu a donc ici des sectateurs, en dépit des mauvaises langues qui semblent dire le contraire? Devant ce temple, assez peu remarquable du reste, est planté un arbre magnifique, objet d'une antique et sainte légende. Chinran, fondateur de la secte *chin chiou* au treizième siècle de notre ère, se trouvait un jour en tournée de propagande bouddhiste à l'endroit même où se dresse le présent sanctuaire. Là, dans une sorte de retraite, vivait un prêtre, non rallié encore à la nouvelle croyance. Comme la nuit tombait, la conversation s'engagea entre le missionnaire et l'ermite. Chinran, plantant alors son bâton dans le sol, dit : « Si ma doctrine est la vraie, tu verras après mon départ ce bois dépourvu de vie se transformer en un arbre immense et verdoyant. » Le prodige s'étant réalisé

L'ÉLÉPHANT ET LES AVEUGLES (p. 246).
Groupe en ivoire.

comme il l'avait fait pressentir, toute la contrée se convertit, et un temple fut élevé en commémoration de l'événement[1]. Bien que l'arbre sacré qui fait l'objet de cette naïve légende ait été frappé par la foudre, il y a bon nombre d'années, il est encore très vigoureux d'aspect, sous son feuillage doré par les rayons du soleil d'automne.

Ce fut dans une des rues avoisinant ce même temple que furent assassinés, le 15 janvier 1861, au milieu d'une escorte de huit yakounins, le Hollandais Heusken, interprète de la légation américaine, et le Japonais Denkichi, naturalisé Anglais. Le meurtre fut attribué à des ronins, dépendant d'un haut personnage qui s'était prétendu insulté par Heusken et avait fait aussitôt *harakiri*. Or, on sait que le fait de s'ouvrir le ventre devant les siens oblige immédiatement ceux-ci à venger la mort de leur maître. Les deux victimes sont enterrées, l'une et l'autre, à un mille environ de distance, dans un petit cimetière qui porte le nom de Korinji. Je m'y rends, en traversant des champs cultivés comme en rase campagne. Un résident anglais, qui habite tout auprès, a l'obligeance de me mener à leur dernière demeure. Le tombeau de M. Heusken, bâti par le gouvernement japonais dans le style du pays, est de toute simplicité. Il est d'ailleurs aussi mal entretenu que possible et va s'affaissant de jour en jour dans le terrain peu ferme où il a été élevé.

Voici, d'après mon gracieux cicerone, comment eurent lieu les funérailles à cette époque déjà éloignée :

« Heusken fut enterré solennellement en présence des plénipotentiaires des puissances étrangères, lesquels n'avaient tenu aucun compte de l'avertissement donné par l'administration locale concernant les périls que chacun courrait en assistant à la funèbre cérémonie. On était encore à l'époque où les indigènes, hostiles au nouvel ordre de choses, tâchaient, par tous les moyens, de créer des difficultés au gouvernement accusé de pactiser avec l'étranger. Malgré les objurgations, les ministres se contentèrent uniquement de se faire accompagner par une escorte de marins tirée des navires de guerre en rade et mar-

[1]. Malgré les prescriptions bouddhistes, Chinran avait fini par se marier. Aussi ses sectateurs n'observent-ils encore aucune des pratiques habituelles observées dans la religion mère. Chez eux, il n'y a ni pénitence, ni jeûnes, ni pèlerinages, ni éloignement du monde, ni claustration, rien, en un mot, de ce qui constitue le véritable Bouddhisme.

chant en ordre de bataille. La menace n'eut pas d'autre effet, comme on peut le croire, que de provoquer, de la part des représentants des puissances, un ultimatum intimant au Chogoun, le pseudo-souverain d'alors, l'obligation de prendre sur-le-champ toutes les mesures propres à garantir leur sécurité et à assurer pour l'avenir une légitime réparation de l'attentat. En attendant que satisfaction complète fût donnée à leur réclamation, ils se retirèrent tous à Yokohama, à l'exception de M. Harris, ministre des États-Unis. L'abstention était bien incompréhensible, — il faut le reconnaître, — puisqu'il s'agissait au fond d'un citoyen américain, M. Heusken étant secrétaire de la légation. Quoi qu'il en soit, les ministres persistèrent dans leur détermination et ne ramenèrent les pavillons à Yédo qu'après avoir obtenu gain de cause. Les drapeaux de chaque légation, à leur rentrée dans la capitale, furent salués de vingt et un coups de canon tirés des forts de la baie, en guise de réparation publique.

« Telle est une des dernières phases de l'introduction des étrangers au Japon, — ajoute mon interlocuteur, — et je ne puis assez exprimer combien le pays a changé d'aspect depuis cette époque déjà lointaine et cependant si près de nous. »

Au retour, j'arrive à passer devant une fabrique de papier, l'une des plus importantes qui soit dans tout l'empire. Elle appartient à un industriel nommé Hayachi-Kutchero, ancien daïmio, lequel a eu du moins le bon esprit de se lancer résolument dans les affaires. Cette fabrique est plus connue ici sous la raison sociale « Meta paper mill ». Un Américain, chargé de la direction, M. S***, veut bien m'en faire les honneurs.

Le papier s'y fabrique de la même manière que dans nos pays. Nous n'avons donc pas à faire la description de l'outillage adopté, celui-ci étant d'ailleurs muni de tous les perfectionnements connus jusqu'à ce jour. Chacune des machines, broyeurs ou cylindres, provient des États-Unis et fonctionne déjà depuis plusieurs années. Les produits de cet établissement sont uniquement affectés au service des bureaux administratifs, et ils montent au total respectable de deux tonnes par journée. Trois cents ouvriers des deux sexes y sont employés constamment. — Détail fantastique ! au Japon, il n'y a pas moins de cinq usines travaillant sans cesse à l'approvisionnement de ce papier officiel, si nécessaire à la bonne gestion de la chose publique. Cinq usines, bone Deus ! Allez donc crier, après cela, contre la paperasserie de nos grandes administrations européennes. Ces sources intarissables de documents sont ainsi réparties : trois à Tokio et deux à Osaka.

DACHI, OU CHAR TRIOMPHAL SURMONTÉ DE L'IMAGE DE DJINGOU-KOGO (p. 210).

Le soir, après le dîner, nouvelle promenade au boulevard Ghinza et dans les quartiers environnants. Les échoppes en plein vent y sont en grand mouvement d'affaires. On y débite un amas prodigieux de denrées hétérogènes et de victuailles.

De leur côté, les marchands de nourriture et les

cuisiniers ambulants font florès. Décidément il n'est pas d'estomac plus capace et plus avide à la fois que celui des coolies. Il est vrai d'ajouter que trop souvent le repas des pauvres gens y dépend des recettes encaissées. A-t-on fait une bonne affaire, on s'en donne à cœur joie. Au contraire, la journée a-t-elle été mauvaise, on se serre philosophiquement la ceinture, sans se croire plus malheureux pour cela.

Des groupes de bonzes mendiants parcourent également la ville en tous les sens et implorent l'aumône, mêlant leurs cris aux sifflements de masseurs aveugles. Autrefois, certaines catégories de ces quémandeurs cheminaient par les rues, la tête recouverte d'un panier, soi-disant pour s'épargner la honte qui s'attache à la mendicité. Mais, comme il arrivait souvent que des rebelles ou des malfaiteurs se dérobaient, à l'aide du même moyen, aux investigations de la police, on a défendu ce déguisement par une ordonnance générale.

Ma revue des échoppes et des magasins terminée, j'entre, comme hier, dans une salle de spectacle populaire où l'on danse et où l'on chante à la fois. C'est justement à l'heure où la représentation va prendre fin; aussi suis-je amené à entendre de derrière la toile et entre deux roulements de tambour, le régisseur parlant au public et recommandant la soirée de demain. Puis aussitôt, pour nous en donner un avant-goût, une danseuse entame prestement un pas aussi gracieux que mouvementé, tout en maniant le parasol et l'éventail avec une désinvolture adorable. Décidément, si je puis, je me rendrai demain à l'invitation du régisseur.

Samedi, 23 novembre. — Beau temps (th. +10° cent.).

Vers trois heures de l'après-midi, j'entreprends une seconde excursion à Chiba. On se rappelle que, jusqu'à présent, nous n'avions vu seulement la partie méridionale, spécialement affectée aux temples et au tombeau d'Hidétada.

C'est dans l'enclos qu'il nous reste à parcourir que s'élèvent les somptueux mausolées de cinq autres chogouns appartenant à la grande famille des Tokougawa. Ils rivalisent de magnificence avec celui de leur illustre chef de file. Mais, tandis qu'une foule empressée continue encore à se porter autour des monuments consacrés au grand Iyéyas, ici, de tous côtés, règnent la solitude et le silence. Moins honorées qu'autrefois, délaissées même par les derniers partisans des chogouns tombés du pouvoir, ces orgueilleuses sépultures témoignent cependant hautement de la puissance et du faste des anciens maires du palais mikadonal. Elles sont toutes entourées de murs, et la garde en est confiée à quelques bonzes, dont les petits bénéfices ne reposent plus guère aujourd'hui que sur la libéralité des voyageurs et des curieux.

Je pénètre dans la première cour, en passant sous un portique dont la toiture en saillie est supportée, du côté de la voie publique, par des piliers à simples cannelures. Le vaste parallélogramme suivant lequel ladite cour se présente est jonché de cailloux et planté d'une double rangée de lanternes funéraires, en granit poli. Je n'en compte pas moins de deux cents, revêtues d'inscriptions dorées et portant les armes des foudaï-daïmios, ou vassaux inférieurs, qui les avaient offertes. Bien que l'herbe et la mousse aient envahi le sol environnant, les torchères sont demeurées dans un excellent état de conservation.

La seconde cour, à laquelle on parvient en franchissant quelques degrés, est, comme la première, décorée de lanternes votives dues aux kokouchi-daïmios, ou grands vassaux des chogouns. Chacune de celles-ci est en bronze et d'une richesse extrême d'ornementation. Les plus monumentales sont rehaussées d'or et proviennent des trois familles princières Mito, Owari et Kii, lesquelles ont longtemps conservé le privilège de fournir des titulaires au poste envié de chogoun. Elles se dressent, dans le fond de la cour, séparées de leurs voisines par une vasque monolithe couronnée d'un auvent et par une sorte de pavillon où l'on renfermait le mobilier liturgique employé dans les grands *matsouris*.

Les différentes cours qui se succèdent sont séparées l'une de l'autre par des galeries dont la partie supérieure est à claire-voie et comportant, au centre, de riches portiques dorés à teintes polychromes. De tous côtés, ce ne sont que panneaux exquis et frises délicieuses, où l'art japonais a déployé ses ressources infinies. Ici, des oiseaux merveilleux, ciselés en haut relief, s'échappent de massifs de fleurs fantastiques; là, des poissons hybrides s'ébattent au milieu d'une forêt de roseaux; plus loin, enfin, des dragons et des chimères enroulent leurs anneaux vigoureux autour des fûts de colonne, comme s'ils s'essayaient à les briser. C'est, pour ainsi dire, un

UNE INSPIRATION D'ARTISTE
(p. 218).

assaut où le bois et le métal s'efforceraient tour à tour de produire la plus charmante illusion, à procréer un monde inconnu, harmonieux de forme et chatoyant de couleurs.

Le *Honden*, ou temple principal, apparaît majestueusement au centre de la troisième enceinte. L'intérieur, où je m'aventure après en avoir considéré les façades, est décoré de reliefs variés, représentant toute une nouvelle création teintée de couleurs et de dorures étincelantes. C'est au fond de ce sanctuaire richissime, dans un reliquaire à l'unisson, que l'on conserve les titres posthumes du chogoun auquel l'édifice est consacré.

Derrière le temple est une dernière cour, également ornée de torchères, et au bout de laquelle un étroit escalier de trente-sept marches conduit au *Haiden*. C'était dans ce modeste oratoire que les chogouns avaient coutume de s'arrêter quand ils venaient annuellement rendre hommage à la mémoire de leurs aïeux.

Enfin, tout près de là, s'élèvent les mausolées, objet de tout le déploiement architectural qui précède. Ils sont au nombre de cinq. Placés, chacun, dans un enclos spécial, isolés du reste par une magnifique porte de bronze, ils sont comme le couronnement de l'excursion artistique à laquelle nous nous livrons. Le premier qu'on rencontre en entrant est celui de Iyénobou, qui régna de 1709 à 1713 et qui fut le sixième chogoun. Le monument se compose d'une immense urne de métal, protégée par un auvent. Viennent ensuite les tombes en granit de Iyéyochi et de Iyémochi, douzième et quatorzième chogouns. Celui-ci, qui fut l'avant-dernier de cette pseudo-dynastie, est mort en 1866 seulement. Ces mausolées, comme ceux qui suivent, rappellent tous par la forme le tombeau de Iyéyas à Nikko.

Cette nuit même, une feuille de zinc nouvellement placée a été arrachée le long de la clôture qui abrite le tombeau de Iyémochi. L'ouvrier chargé de quelques menues réparations vient justement de constater le méfait. Moins ému qu'amusé de sa découverte, il en fait part au bonze qui nous accompagne, et tous les deux semblent ouvertement se gausser de la profanation. Pauvres chogouns! si jadis on tremblait au simple énoncé de votre nom, désormais on insulte impunément à vos royales sépultures; et ce sont ces mêmes prêtres bouddhistes, que vous combliez de vos faveurs, qui se rient du dédain dans lequel est tombée votre terrible mémoire! *Sic transit gloria mundi.*

Quant aux deux derniers mausolées, ceux de Iyétsougou et de Iyéchighé, septième et neuvième chogouns, ils n'offrent rien de particulièrement curieux.

Nous opérons notre sortie par deux nouvelles cours à portiques, littéralement encombrées de torchères de granit et de bronze, et nous allons revoir une dernière fois l'enclos de Iyéyas, dont le temple, étincelant

ENCLOS FUNÉRAIRE DES CHOGOUNS, A CHIBA. — AVANT-COUR DU TEMPLE (p. 214).

de lumières, est en ce moment rempli de fidèles. De tous côtés, des bonzes se mêlent à la foule prosternée, comme pour redoubler encore la naïve ferveur qui y règne. Nous laissons l'assistance à ses dévotions et regagnons le parvis, les yeux encore éblouis par tant de magnificences entrevues.

Ainsi que j'ai eu l'occasion de le dire plus d'une fois, les abords des temples sont envahis par tout un monde de tchayas, d'échoppes, de jeux, de débits de comestibles et de boissons, de marchands de riz et de confiseurs, de tirs à l'arc et de photographes, contrastant avec le caractère sacré du voisinage. On y constate aussi, plus qu'ailleurs, cette affluence de joueurs et de joueuses de samicen postés à chaque coin de rue de Tokio et tentant la générosité du passant par leurs accords plaintifs et leurs chants gutturaux. Je remarque une de ces virtuoses qui, pour mieux attirer l'attention, s'est fait accompagner d'une sorte de bateleur exhibant un singe savant. Quel fouillis!

J'achète diverses épreuves représentant les merveilles que je viens de visiter, tandis qu'en manière de délassement Sada s'essaye, assez maladroitement du reste, au tir où Guillaume Tell dut d'illustrer son nom et de sauver sa patrie. Mais n'oublions point que nous sommes au Japon et évoquons plutôt le souvenir d'un de ces tireurs célèbres dans l'histoire du pays, tels que le fameux Tatchito-no-skouné, qui, au quatorzième siècle, se distingua au service de l'empereur Nintokou, par des prouesses aussi remarquables que celles du héros des traditions suisses. Mon fidèle Achate ne se montre pas plus adroit à certain autre exercice consistant à terrasser à distance de petites figurines au moyen d'un éventail habilement lancé.

Dans l'arrière-boutique du photographe chez lequel je fais mes emplettes, une jeune fille s'exerce à chanter en s'accompagnant sur deux tambourins. Elle se destine — me dit le père — à l'art de la danse. Or, nous savons que danseuses et chanteuses font partie de la même corporation. La science à laquelle préside Terpsichore est fort répandue à Tokio. L'on s'y applique

UN PLAT EN CLOISONNÉ JAPONAIS SUR MÉTAL. (p. 220).

dès l'enfance. Les jeunes personnes qui en font leur métier ne sont pas précisément fort considérées; mais, en revanche, elles se distinguent, pour la plupart, de leurs égales, par une intelligence plus développée et par une instruction beaucoup plus étendue. Aussi réussissent-elles à se glisser jusque dans les classes élevées de la société indigène. Femmes libres comme les hétaïres grecques, elles allient à la fantaisie de leurs mœurs, à la prodigieuse légèreté de leurs mouvements, toutes les subtilités de l'esprit. Il n'est pas étonnant, dès lors, qu'elles exercent une aussi profonde séduction sur une population éminemment accessible aux mièvreries de l'intelligence et de la plastique. Cette artiste choyée, exaltée en ses mérites, est l'héroïne obligée de presque tous les romans connus, de presque tous les imbroglios scéniques. On lui prête les sentiments les plus élevés,

les renoncements les plus sublimes, les passions les plus généreuses. Ce dut être sur la scène japonaise que parut pour la première fois le type de Marguerite Gautier, retrouvé par Alexandre Dumas fils, et si amoureusement caressé par sa plume d'or. Mais, en vérité, je ne pourrais dire si la courtisane des pays du Soleil Levant, si bien dépeinte dans la comédie japonaise *Djiyé le Papetier*, n'est pas supérieure, comme tendresse et comme charme, à la pauvre phtisique de nos pays brumeux.

Ce soir, il y a fête religieuse au temple bouddhiste de Higachi-Hongwandji, plus connu sous le nom de Monzéki, situé aux alentours de l'enclos sacré d'Asaksa. Des djinrikchas, pris à la sortie de l'hôtel, nous mènent à fond de train dans cette direction.

Sada, qui m'accompagne, me fait remarquer le long de la route divers établissements de bains où la clientèle regorge. Par la porte, toute grande ouverte, du plus important de ces bains, j'aperçois une centaine de femmes au moins, pressées les unes contre les autres et se livrant ainsi, sous les yeux du public, aux douceurs du farniente. Quelques-unes d'entre elles, cependant, se lavent consciencieusement ou se massent tour à tour; mais la plupart semblent s'abandonner à un babillage intarissable. Rien d'inquisiteur, de curieux, de commère en un mot, comme cette race féminine japonaise, passant la moitié de sa vie à savoir ce qu'on fait ou ce qu'on ne fait pas. Tout, chez elle, est matière à caquetage. Comme les oisives habitantes des harems turcs, les bavardes font du bain une question de voisinage bien plus qu'une mesure d'hygiène. Elles s'y rattrapent amplement, sous prétexte d'ablution, de l'état de dépendance et d'infériorité où elles se trouvent reléguées, en immolant sans pitié amis ou ennemis sur l'autel de la critique. On dirait qu'elles s'exercent à justifier le proverbe local : « Avec une langue de trois pouces, on renverse un corps de cinq pieds. » Mais, — pour être exact, — ce ne sont pas seulement les femmes qui font, ici comme ailleurs, de la médisance

le péché le plus choyé. Les hommes eux-mêmes sont loin d'être exempts du travers. C'est pour le coup que le fabuliste pourrait dire qu'il connaît, en ces matières,

Bon nombre d'hommes qui sont femmes.

Derrière l'enclos sacré d'Asaksa, que nous contournons pour arriver au temple de Monzéki, s'ouvre le fameux quartier de Yochiwara, lequel forme pour ainsi dire une petite ville à part, administrée par un magistrat spécial. Bien que ce quartier ne batte son plein qu'à une heure plus avancée de la soirée, nous mettons pied à terre en vue d'en prendre une rapide inspection.

Ainsi que dans les rues de Yokohama affectées aux divertissements comme au libertinage et visitées par nous à la clarté des lumières, l'animation et le mouvement ne renaissent au quartier de Yochiwara qu'à la seule tombée de la nuit. Autant les rues en sont mornes et désertes quand le soleil est au-dessus de l'horizon, autant elles redeviennent bruyantes, populeuses et constellées de mille éclats fulgurants dès que le soir a jeté son voile sur la ville endormie. Ce ne sont alors partout que fêtes indiscontinues, musiques extravagantes, spectacles variés, danses, chants et cris joyeux. Car il ne s'agit pas seulement ici — comme nous l'avons déjà vu ailleurs — de simples réunions plus ou moins équivoques, mais encore de déplacements d'amis, de familles entières, accourus en ce lieu de plaisir pour participer aux divertissements de tout genre offerts à la curiosité par cette exhibition essentiellement orientale.

Malgré cela, on ne parcourt pas ce pandémonium aussi facilement qu'on visiterait les temples et les parcs dont la capitale est émaillée. De même que le Japonais, à quelque classe qu'il appartienne, ne s'y risque guère que revêtu d'un costume indigène, les étrangers ne sauraient pas toujours s'y aventurer sans encourir certains périls. Si, en effet, l'enclos que nous visitons est particulièrement consacré aux plaisirs, il abrite bien souvent des criminels cherchant dans la débauche l'oubli de leurs forfaits. Il est aussi le repaire habituel des mécontents confondant dans une haine commune les gens du gouvernement actuel et les étrangers.

Nous avons raconté tout au long, à propos d'une visite au temple de Mégouro, l'épisode romantique de Gompatchi et de la belle Koumarasaki. On se rappelle peut-être que c'est à Yochiwara, où s'était réfugiée

UN ARCHER CÉLÈBRE.
Dessin de Yosaï (p. 216).

l'héroïne de ce drame étrange, que les deux amants se retrouvèrent. Cette circonstance n'empêcha point, après leur mort tragique, la faveur populaire de s'attacher à leur souvenir, tout comme les sympathies du peuple de Paris vont à Héloïse et Abélard. Il ne faudrait pas en conclure, cependant, que la courtisane soit à l'abri de la déconsidération générale : s'il arrive qu'un indigène de bonne famille, sous l'influence de passions plus ou moins avouables, s'allie à l'une de ces malheureuses auxquelles l'amour, suivant la belle expression du poète, « refait une virginité », c'est, comme chez nous, une exception universellement critiquée. La flétrissure est un peu moins apparente, et voilà tout. En d'autres termes, les jeunes femmes vouées à tant d'humiliation sont déshonorées ici, comme partout ailleurs.

Le quartier que je traverse de part en part comprend quelques vastes établissements ; mais il est plutôt rempli de petites demeures, à la devanture fermée par de simples barreaux, sortes de cages au travers desquelles on entrevoit, comme à Kanagawa, des groupes de femmes accroupies. Celles-ci étalent aux yeux du promeneur leurs toilettes tapageuses et leurs coiffures lustrées ornées de longues épingles de métal. Telles nous les a dépeintes, dans une note satirique, le fameux dessinateur Hokkéi, l'un des élèves les plus renommés de Hokousaï. Et de tous côtés s'échappent, par les ouvertures demi-closes des grands établissements, les accords du samicen et les roulements du tambourin, le tout dominé par des éclats de voix féminines et par des acclamations. Il est clair que tout le monde, en ce quartier si bruyant, est au plaisir de vivre et de s'égayer.

Mêlé aux nombreux passants qui parcourent les rues, je remarque, non sans quelque surprise, que le simple aspect d'un Européen fourvoyé dans ce milieu essentiellement indigène tend à créer une sorte de vide autour de sa personne. Je constate même qu'il me suffit d'approcher de ces cages pourtant si hospitalières, pour qu'aussitôt les oiseaux effarouchés prennent leur vol vers l'intérieur. — Vaine terreur, en vérité, mais terreur qui marque bien l'aversion qui s'attache toujours au nom de *todjin*.

Le quartier de Yochiwara est de construction récente, puisque, au printemps dernier, il a été presque totalement incendié. Mais comme la bâtisse japonaise ne comporte à la fois ni grands frais ni grande consistance, on a pu le relever aussitôt et presque en entier. Si cela continue, il sera dans peu de temps ce qu'il était auparavant, c'est-à-dire une vaste agglomération quasi somptueuse où le dévergondage entonnera chaque soir son hymne délirant, jusqu'à l'heure où la moindre flammèche envolée d'un hibatchi y allumera de nouveau quelque brasier purificateur.

La fête religieuse, objet de mon expédition, se tient à un kilomètre environ de ce quartier bruyant et a pour point de mire le temple de Higachi-Hongwandji, autrement dit Monzéki, édifice aux lignes majestueuses, qui date de 1637 et passe pour être un des plus populaires de Tokio. Elle est presque en tout semblable à celle dont je fus témoin, un soir, à Yokohama.

l'objet de ce cortège est de proportions restreintes; mais il arrive souvent que, dans les grands *matsouris*, — nom sous lequel on désigne spécialement les fêtes chintoïstes, — ces figurations, comme en nos pays flamands pour nos fêtes historiques, atteignent parfois avec leurs assises huit et dix mètres de hauteur. Elles représentent le plus souvent quelque personnage célèbre dans les annales du pays, soit, par exemple, Djingou Kogo, la belliqueuse impératrice qui, au troisième siècle, fit la guerre et imposa un tribut à la Corée, soit Yoritomo, l'instituteur du chogounat, ou le fameux spadassin Yochitsouné. Ces constructions, qu'on appelle *dachis*, sont alors montées sur des chars que traînent des taureaux ou des groupes de fervents.

ENCLOS FUNÉRAIRE DE CHIBA. — ENCEINTE D'UNE COUR INTÉRIEURE (p. 214).

Ici comme là-bas, c'est le même va-et-vient, le même genre d'échoppes, j'allais ajouter le même personnel. La foule y circule, juchée sur ses incommodes chaussures de bois, se pressant autour des magasins d'objets de dévotion, de talismans débités en vue du « bon riz », d'une heureuse récolte ou de la prospérité en affaires, auprès des étalages de jouets, d'épingles à cheveux en ambre jaune ou en ivoire orné, de fleurs et d'oiseaux en miniature, de confiseries et de victuailles. De tous côtés, je constate un grand déploiement de police destinée à maintenir le bon ordre au milieu de la cohue ardente et fanatisée.

Pendant que je m'occupe à considérer ce prodigieux va-et-vient, un remous se produit tout à coup dans la foule, et des cris discordants se font entendre, couvrant les clameurs de la rue. C'est l'image d'une divinité populaire dans le quartier, et que l'on promène en la portant sur les épaules. La statue qui fait

Au centre du tumulte, le temple, asile de la fête, est illuminé à giorno. Dans la fosse aux aumônes, les gros et petits sous tombent comme une pluie, en se mêlant aux bouts de papier qu'on y jette également comme autant de suppliques aux dieux. Tandis que les fidèles prosternés se tordent les mains, soupirent ou se lamentent d'après l'usage consacré, les bonzes, établis dans une sorte de loge, débitent des pâtisseries ayant la vertu de guérir toute affection morale ou physique.

Comme je me défie à bon droit de cette cuisine bouddhiste, je m'installe, vers minuit, dans un restaurant voisin, où j'absorbe un souper très profane, assaisonné par un réel appétit.

Enfin, la fête devant se prolonger indéfiniment et l'heure de la retraite étant sonnée pour moi depuis longtemps, je quitte la fournaise encore en pleine effervescence, avec la perspective de deux ris à parcourir avant d'être rendu à l'hôtel. Nous reprenons donc, moi et Sada, les djinrikchas qui nous avaient amenés. Par malheur, la nuit aidant, nos coolies se trompent de route, et nous n'arrivons à destination que vers les deux heures du matin, après avoir fourni le double de l'étape qui nous en séparait.

Dimanche, 26 *novembre*. — Beau temps (th. +12°c.).
On adapte décidément un tuyau supplémentaire à la cheminée qui surplombe ma chambre. Depuis deux jours, j'avais cru, en présence du formidable échafaud qu'on dressait devant la maison, qu'il s'agissait de quelque grosse réparation. Mais point : tout ce matériel, toute cette forêt n'est qu'en vue de poser une vulgaire conduite ! En somme, pour mener à bien un travail aussi mince, il suffirait d'un ouvrier monté sur une échelle et travaillant une heure au plus. Ici, les voilà trois se déployant ou se consultant depuis le matin, et ne parvenant pas à mettre l'ouvrage en chantier. Les malheureux ! Déjà, par deux fois, ils se sont vus obligés de détruire ce qu'ils avaient eu tant de peine à édifier. Bien sûr, ils n'auront pas terminé ce soir. O fumistes piémontais, qui disséminez vos rejetons dans toutes les parties du monde, que n'êtes-vous en mesure de les guider ! Vos piteux émules ont tellement cogné sur le tuyau préexistant, qu'il menace désormais de nous tomber sur la tête. Je m'empresse de leur signaler le danger. Mais croyez qu'il se passera longtemps encore avant que tout le système soit rétabli suivant les doctes préceptes de l'art.

UN OBJET DE PIÉTÉ
CONSERVÉ AU TEMPLE DE KANDA-MIODJIN (p. 222).

Après midi, je me rends à Hakourankaï. On appelle ainsi le musée dont j'avais indiqué l'existence parmi les constructions officielles lors de ma visite au Chiro. Installé depuis quelques années tout au plus, le musée en question se trouve entièrement compris dans l'ancien palais du prince de Satsouma et peut être considéré comme universel, en ce sens qu'on y a recueilli un peu de tout. Bien que les collections n'en soient pas encore très riches ni très nombreuses, elles offrent cependant d'intéressants sujets d'étude et d'observation.

La section des antiquités, surtout, renferme un curieux amas d'instruments se rapportant à l'âge de pierre et relatifs au Japon. Ces vestiges préhistoriques sont, en partie, composés de têtes de lance, de piques ou de flèches, de couteaux, de massues taillées en plein dans la phthanite, sorte de jaspe d'un noir verdâtre, de piquets à riz, de gardes d'épée, etc. Parmi les anciens ornements figurent même des colliers faits de lapis-lazuli. Cet ensemble est d'autant plus remarquable que l'âge du silex dure encore, « pour ainsi dire », dans certaines parties éloignées de l'empire :
actuellement, des habitants de l'île de Yézo se servent couramment de quelques armes de pierre, comme aux temps les plus reculés de la civilisation.

Les deux âges du fer et du bronze, qui ont suivi théoriquement cette période primitive, sont aussi représentés par de nombreux spécimens. On voit, dans le même compartiment, des laques anciennes de toute beauté, des bronzes ciselés remontant aux premiers temps de la féodalité, des ivoires antiques, bref tout un assortiment de bibelots luxueux témoignant du degré de perfection auquel atteignaient déjà, il y a des siècles, les diverses industries artistiques de la contrée.

Dans une autre galerie est exposé l'ancien norimon des mikados. C'est une véritable chambre en raccourci. Plus loin, sont de vieilles coiffures de gala, des soieries merveilleuses, des selles, des étriers et autres objets de harnachement, une collection très complète de sabres et d'armures d'une fabrication plusieurs fois séculaire, des costumes de cérémonie d'officiers jadis attachés à la cour impériale, des masques de théâtre, des gongs, des instruments de musique, des ouvrages d'horlogerie, des monnaies, des armes à feu autrefois en usage et richement incrustées d'ornements de tout genre, des porcelaines, des faïences, des peintures sur soie, et, enfin, des étendards capturés au mois d'octobre 1875 dans l'expédition de Corée, le tout constituant des richesses véritables au point de vue de l'art, de la science et de la biologie japonaise.

Le musée industriel proprement dit ne présente pas le même intérêt, car, outre les produits de pure fabrication locale, tels que porcelaines, fils, tissus, bois travaillés, poteries, verreries, objets d'ivoire et de métal fondu ou martelé, il ne renferme qu'une collection insignifiante, de provenance internationale, où l'article d'exportation joue, hélas ! le principal rôle. Pourtant j'y remarque certains cloisonnés du Japon sur porcelaine et sur métal d'une grande précision de travail, d'une coloration des plus variées.

A ce propos, une parenthèse ne sera pas inutile. L'industrie des cloisonnés, si longtemps maintenue dans un état d'effacement regrettable, semble être enfin ressuscitée au Japon. Les spécimens offerts à la curiosité des visiteurs confirment même l'énergie et l'unanimité des efforts tentés pour la faire revivre. Ce mouvement date à peine de quelques années. Moins parfaits peut-être que les produits similaires de l'industrie chinoise, ils ne sauraient cependant être passés sous silence. Il va de soi que nous n'entendons parler que du cloisonné sur métal, car le cloisonné sur porcelaine constitue plutôt une fantaisie essentiellement japonaise.

On s'est demandé souvent pourquoi les cloisonnés

du Japon n'égalent pas les cloisonnés chinois comme valeur intrinsèque et marchande. Cela tient à la différence de fabrication. Dans le cloisonné japonais, le trait ou *serti* est formé de bandelettes de cuivre sim-

LE TOMBEAU D'UN CHOGOUN, A CHIBA (p. 215).

plement soudées sur la chape de même métal, tandis que dans le cloisonné chinois c'est la chape elle-même qui est creusée au burin pour recevoir les émaux et qui reparaît, en surface, à l'endroit du trait destiné à constituer le dessin. Il s'ensuit que le premier est moins difficile à fabriquer et moins artistique dans le sens vrai du mot; et — pour donner un exemple analogue emprunté à notre propre industrie — j'ajouterai qu'il y a, entre les deux genres, la même différence de travail et de savoir-faire qu'entre les vrais meubles de Boule et ceux qu'on a faits depuis à l'exemple du grand ébéniste.

Enfin, l'histoire naturelle, l'agriculture, la minéralogie, les arts graphiques sont également représentés dans cet intéressant musée. Mais il n'y a là que le noyau, l'embryon d'une collection à venir. Pour le moment je n'y trouve pas un objet qui vaille la peine d'être signalé. Ces sortes de créations ne s'improvisent pas tout d'une pièce. Le temps, les ressources, la patience, le hasard surtout, en sont les principaux agents. En tout cas je me plais à reconnaître que le musée proprement dit ne manque ni d'importance ni d'éléments curieux, eu égard à la date récente de sa fondation. Malheureusement il n'existe pas de catalogue, en sorte qu'on se perd littéralement au milieu du fouillis d'objets étalés sous les yeux et disposés suivant une méthode qui n'est pas toujours exempte de critiques.

Quant au local, il est dépourvu de tout attrait, les différentes annexes qu'il comporte n'étant qu'une succession de salles blanchies à la chaux. Mais il donne sur un jardin qui promet de devenir beau par la suite et qui semble déjà présenter une double destination. J'y aperçois en effet quelques cages contenant des aigles, des vautours, un ours, des chats et un chien, tous appelés à former la base d'un futur jardin de zoologie, ainsi que des parterres d'herbages et de plantes diverses pour servir à l'étude de la botanique.

En dehors de Hakourankaï, il existe encore, sur différents points de la ville, d'autres musées dépendant isolément des ministères de l'instruction publique, de l'intérieur, des colonies, etc. Tous marquent une innovation heureuse, aussi profitable à la nation elle-même qu'à la catégorie de ceux qui se livrent spécialement à l'étude du Japon et des Japonais. Dès à présent, d'ailleurs, les uns et les autres démontrent les progrès surprenants accomplis dans les sciences pures ou appliquées depuis l'initiation du pays à notre civilisation.

Ma visite terminée, je me décide à compléter mon

FONTAINE ET LANTERNES VOTIVES EN BRONZE AU TEMPLE DES CHOGOUNS A CHIBA (p. 214).

excursion d'hier aux tombeaux des chogouns par un pèlerinage à la nécropole d'Ouyéno. Si l'on veut bien se reporter à ce que j'ai dit antérieurement, on verra, en effet, que tous les successeurs de Iyéyas, hormis son petit-fils, ont été inhumés soit à Chiba, soit à Ouyéno.

Chemin faisant, nous traversons le Yorozou-yobachi ou Pont des dix mille royaumes, bâti en l'honneur du Mikado en l'année 1873 et composé d'une double arche en pierres de taille. Ce pont est jeté sur la Kanda-gawa, sorte de rivière artificielle creusée en 1659 aux frais d'un daïmio rebelle, dont les ressources furent confisquées à titre de châtiment politique. Là déjà nous franchissons la limite de l'ancien Yédo.

A quelques pas du pont, en marchant vers l'ouest, s'élève le Séi-do, littéralement temple de Confucius. C'est un ancien collège consacré par les chogouns à l'étude de la littérature chinoise et converti, après la chute de ses fondateurs, en bibliothèque. Son nom lui vient sans doute d'une sorte de chapelle qui y est annexée, et où l'on montre l'image de Confucius entourée de celle de ses principaux disciples. Outre la salle principale d'études, remplie en ce moment de jeunes néophytes, il y a plusieurs pièces accessoires, toutes munies de nombreux rayons sur lesquels s'échafaudent des centaines de volumes très disparates. Les ouvrages japonais et chinois y sont naturellement en majorité, mais les livres allemands, anglais et français ne font pas défaut. Je remarque aussi un grand nombre de traités néerlandais ayant rapport à l'agriculture, aux arts industriels, à des questions de législation. Le Séi-do possède un catalogue détaillé, dont on veut bien me promettre un exemplaire.

Non loin du Séi-do, je visite le petit temple chintoïste de Kanda-Miodjin, entouré comme toujours de jardins et de bosquets. C'est dans ce temple qu'on honore la mémoire de Masakado, de la famille des Taïra, lequel, au dixième siècle, se rendit célèbre par sa révolte contre le mikado régnant. Simple gouverneur de la province de Chimosa, il nourrissait, en effet, l'ambition de placer sous son autorité tout l'est de l'empire et d'y exercer les prérogatives souveraines en lieu et place de son maître. Pour arriver à ses fins, il employa tous les moyens et ne recula même pas devant l'assassinat de son propre oncle, qui lui barrait le chemin. Mais le châtiment ne se fit pas attendre. Le fils de la victime, suivi de nombreux partisans, s'attaqua au traître, le tua de sa main et promena sa tête ensanglantée dans les rues de Kioto.

Or, à partir de ce jour, la région soumise à Masakado — région au sein de laquelle devait plus tard s'élever Yédo — fut, dit la légende, gravement troublée par l'apparition répétée de son esprit. En vue de conjurer ces manifestations terrifiantes, on eut l'idée d'édifier près de Kanda-bachi un temple consacré à celui qui avait exercé en sa vie un si grand pouvoir, et qui, après sa mort, avait encore le don d'inquiéter les vivants. Et le fait est, qu'aussitôt le temple érigé, les apparitions cessèrent comme par enchantement. Dans les siècles suivants, le culte du redoutable personnage fut popularisé sous le nom posthume de Kanda-Miodjin, lequel signifie « illustre divinité de Kanda ».

MAÇONS A L'OUVRAGE. — Dessin japonais.
(p. 220).

Le présent temple, bien qu'il soit toujours en grande faveur, se trouve dans un état de délabrement assez accentué. La seule observation qu'il me soit donné d'y faire, c'est qu'à l'encontre de ce qui se passe dans les autres temples de même nature, le lavage des mains et de la bouche prescrit par le rituel y est soumis au droit d'un rin, la petite pièce de billon ronde percée d'un trou carré avec laquelle nous avons fait si amplement connaissance durant nos excursions à l'intérieur du pays. Plusieurs fidèles se trouvent en ce moment réunis dans le sanctuaire. Leurs ablutions faites et après s'être frotté les mains à des lambeaux d'étoffe recouverts d'inscriptions, ils se livrent à leurs bruyantes dévotions, faisant claquer à qui mieux mieux leurs doigts encore humides.

On conserve à Kanda-Miodjin un objet sculpté en forme de lotus. Chaque fois que le Bouddha prie pour sa mère, il est censé tenir cet objet devant soi, tout comme les reines égyptiennes et comme les prêtres de Thèbes et de Memphis, qu'on représente généralement une tige de lotus à la main. Curieux rapprochement et qui démontre une fois de plus les rapports mystérieux existant entre les deux civilisations.

D'une tchaya attenante à ce temple on découvre, à une faible distance, le parc d'Ouyéno, but de notre promenade. Avant de pénétrer dans le parc, nous avons à suivre une large avenue et à traverser l'un des trois ponts jetés, tout à côté l'un de l'autre, sur le mince cours d'eau qui le délimite. Ce fut de l'ancien pont du milieu, maintenant remplacé par un neuf, qu'un certain Sogoro lança au chogoun une plainte d'exaction qui attira sur sa tête des représailles terribles.

Voici d'ailleurs l'épisode : il donnera une idée de la manière dont les anciens Japonais pratiquaient la justice.

Sogoro, simple chef de village, vivant dans la première moitié du dix-septième siècle, s'était chargé, au nom de ses pareils, de réclamer directement au chogoun Iyémits contre la tyrannie du daïmio de Sakoura. Caché entre les poutres du pont, il y attendit le passage du lieutenant militaire qui devait se rendre au temple d'Ouyéno. Mais, surpris par les gens de l'escorte au moment où il jetait son placet dans le norimon du chogoun, Sogoro fut aussitôt appréhendé et jeté en prison. Iyémits prit, néanmoins, connaissance du parchemin et, jugeant les plaintes fondées, donna même des ordres sévères pour la répression des abus signalés. Par contre, en même temps il ordonna que l'infortuné Sogoro fût remis entre les mains de son chef hiérarchique. Et celui-ci, pour punir l'homme trop audacieux qui avait ainsi attiré sur son administration le blâme de son suzerain, prescrivit, sans autre forme de procès, la mise en croix du coupable et de sa femme et la décapitation de ses trois fils.

Il ne faisait pas bon, comme on le voit, attacher le grelot sous de pareils maîtres. Toutefois, s'il faut en croire la légende qui se rapporte à cette monstrueuse parodie de l'équité, — fait heureusement rare même à cette époque d'absolutisme, — le châtiment infligé par le daïmio de Sakoura valut à son auteur une punition morale presque aussi effrayante. Hanté, chaque nuit, par le spectre de ses victimes, il finit lui-même par

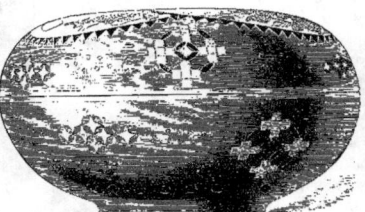

COUVERCLE D'UNE COUPE JAPONAISE. CLOISONNÉ SUR PORCELAINE (p. 220).

COUPE EN CLOISONNÉ SUR PORCELAINE (p. 220).

perdre la raison, jusqu'au jour où, dans un moment de quasi-lucidité, il put se délivrer de ces horribles visites en élevant un temple à la mémoire de Sogoro et des membres de sa famille.

Ouyéno est, dans la partie septentrionale de Tokio, ce que Chiba est dans le sud, soit un vaste enclos sacré, rendez-vous simultané des pèlerins et des simples promeneurs. Sous ce rapport, cependant, le lieu jouit de beaucoup moins de vogue que le temple d'Asaksa, situé dans la même zone, lequel a le don d'exercer un prestige incomparable sur la population. Toutefois, il l'emporte à la fois sur Asaksa et sur Chiba par son immense étendue. Depuis les événements de 1868, les bois qui formaient une couronne de verdure suspendue aux frontons des temples ont été complètement transformés. On y a ménagé de larges allées, soigneusement macadamisées, disposées à la mode européenne et, çà et là, égayées par des tchayas ou par des maisons de réfection. Les cerisiers, qui abondent dans ce superbe parc, y attirent, surtout en avril, au moment de la floraison, une foule avide de jouir du coup d'œil et de respirer les effluves printaniers.

A l'entrée du parc, on voyait jadis les portes massives qui abritèrent les derniers partisans du chogoun, attaqués par les troupes du Mikado. Ce fut ici, en effet, qu'eut lieu, le 4 juillet 1868, l'épisode final de la lutte séculaire dont nous avons fait le récit ailleurs. On sait déjà que l'armée impériale y fut victorieuse, bien que les assiégés eussent tous les avantages de la position. Ceux-ci croyaient pouvoir à l'aise foudroyer l'ennemi, parce qu'ils étaient retranchés sur des glacis en pente. Mais, comme le disait Napoléon Ier, « avec du canon l'on passe partout ». Et les assaillants disposaient de deux pièces de campagne qu'ils s'avisèrent, après quelques tentatives d'assaut restées sans objet, de mettre en batterie sur la terrasse d'une tchaya située dans le voisinage. Un feu très nourri, entretenu par cette modeste artillerie, fit tourner les chances du bon côté. Les troupes du Mikado purent enfin s'élancer à l'attaque et refouler les rebelles jusque dans le grand temple dont on aperçoit encore la base ruinée, au milieu du parc. Le plus grand nombre y périt dans les flammes que des mains vengeresses avaient allumées.

Aujourd'hui, les clôtures ont disparu, et le célèbre lieu de carnage s'est changé en lieu d'agrément. Un escalier nous conduit au plateau même où se déroulèrent les émouvantes péripéties que nous venons de rappeler. De ce point, on découvre la belle avenue de cerisiers que nous avons suivie, et le regard plonge au loin sur la ville étendue à nos pieds.

A l'extrémité du terre-plein, un monument a été élevé, par souscription, à la mémoire des soldats du chogoun disparus dans le massacre. Il peut pa-

VIEUX CLOISONNÉ DE CHINE (p. 220).

raître surprenant qu'on ait ainsi laissé glorifier la mort des adversaires du gouvernement impérial. Tel est le culte rendu par les Japonais à l'héroïsme en général, comme à la défense d'une cause, quelle qu'elle soit, propre à exciter les nobles passions. En cette circonstance ainsi qu'en beaucoup d'autres, comme nous l'avons vu pour les quarante-sept ronins, pour Taïra-Masakado, pour Sogoro, etc., l'esprit populaire a pu se donner librement carrière en honorant même des hommes ouvertement hostiles au régime établi.

Devant l'urne funéraire destinée à perpétuer ce grand événement et à côté de la fosse aux aumônes sollicitant les offrandes, se consument, en guise de cierges votifs, de petits bâtons bruns répandant un parfum pénétrant. Ce sont des *senkos* fabriqués avec les feuilles du kachiwa, sorte de chêne très odoriférant.

Sur la gauche, vers le nord-ouest, s'élève un temple bouddhiste dédié à Kwannon. Un peu plus loin, une hideuse baraque, peinte en rouge et qui se trouve dans un état presque complet de délabrement, renferme un grand *daïbouts* en bronze recouvert de poussière et dominant des ruines de toute sorte qui y sont amoncelées. Vis-à-vis, sur une butte artificielle, est bâti un clocheton. Entre ces deux constructions si différentes d'aspect s'étale le restaurant Séi-yo-ken, dont nous avons déjà apprécié la cuisine à

l'européenne lors d'une de nos premières visites à Tokio. Ce restaurant forme une dépendance de l'hôtel où nous sommes logés.

A proximité, de superbes bois de conifères abritent un temple et une pagode, tous les deux consacrés à la mémoire du grand Iyéyas. On s'y rend par une allée précédée d'un *torii* et bordée de lanternes massives sculptées dans la pierre. Tout cela est, sans doute, d'assez belle ordonnance, mais bien loin, hélas! des splendeurs de Nikko, au sein desquelles reposent les cendres des illustres fondateurs de la famille des Tokougawa. En fait, la plupart de ces édifices religieux ne présentent que des bâtisses isolées, accessoires du grand temple fondé, en 1625, par le chogoun Iyémits et dont nous avons dit la fin lamentable.

C'est en contournant ce lieu célèbre, dont il ne reste plus que des ruines à peine visibles, que nous nous trouvons bientôt aux confins du bois pour déboucher tout à coup devant un bâtiment superbe, encore en voie de construction. Est-ce une école, un asile, un hôpital? Personne ne peut me l'apprendre. Tout ce que savent les indigènes à qui je m'adresse, c'est que le lieu porte le nom de *Monboucho*. — Me voilà bien avancé! — Le soir même, heureusement, j'ai la clef du mystère. Monboucho signifie tout uniment « ministère de l'instruction publique », indiquant que la nouvelle bâtisse dépend de ce vaste département. D'après les renseignements que j'obtiens, en fin de cause, l'administration impériale se propose d'y installer un musée tout spécial aux matières de l'enseignement. Tel est, du moins, le dire d'un résident qui serait appelé à coopérer lui-même à cette intéressante fondation.

VIEUX CLOISONNÉ DE CHINE (p. 220).

Quoi qu'il en soit des projets ultérieurs, c'est avec le plus vif intérêt que je parcours cet ensemble disparate de temples, de pagodes, de daïbouts, de tchayas, de restaurants, entremêlé çà et là de constructions à l'européenne, au beau milieu d'un parc magnifique tracé sur un plan tout à fait inédit pour la contrée.

Non loin du monument cité plus haut, une magnifique haie verte, rasée avec soin, contourne un riant jardin au milieu duquel apparaît une délicieuse habitation. La cour qui la précède, semée d'un fin cailloutis, est si régulièrement ratissée qu'on la dirait peignée comme une crinière.

je poursuis mon indiscrète inspection, rien ne trahit la vie ou même une ombre qui la décèle ! Point d'intérêt, non plus, dans la disposition des constructions et dans le style uniforme qui les caractérise ! Pour plafonds, de minces bambous juxtaposés ; pour cloisons, de vulgaires châssis de papier. Pas de meubles, sauf les inévitables nattes recouvrant les planchers. Mais quelle netteté ! Elle est si minutieuse qu'elle surprend, même au Japon, où les habitations sont en général si admirablement tenues. — En vérité, j'ai scrupule et remords à la fois de fouler de mes chaussures profanes les nattes reluisantes, elles qui n'ont jamais subi que le contact du pied sortant de la vas-

LE PARADIS DES ENFANTS. — Dessin japonais (p. 172 et 208).

Je ne m'étonne plus d'une propreté si parfaite, en apprenant de la bouche de Sada que l'aimable domaine n'est rien autre chose qu'un monastère. Comme la porte est toute grande ouverte, je me décide à pénétrer dans la cour. A peine y ai-je fait les premiers pas sur les cailloux bruissants, que j'entends à distance les cris répétés de Sada : « Pas entrer, — me dit-il dans son jargon, — bonzes très fâchés ! » Joignant même le geste à la parole, mon fidèle trucheman me fait comprendre que, si je persiste, je pourrais fort bien être mis à la porte sans les honneurs de la guerre. N'importe ! — D'ailleurs, le silence qui règne partout jure avec le bruit de ses objurgations. De quelque côté que je me porte, je ne rencontre personne sur mon passage. Nulle trace de moine en ce lieu ! Dans les pièces sans fin, au travers desquelles

que aux ablutions. Mais aussi, pourquoi les hôtes de ce paisible désert ne sont-ils pas en mesure d'écarter les intrus ? — J'en suis là de mes réflexions, quand un bruit d'abord indistinct, puis un peu plus accentué, sollicite mon attention. Je retiens mon haleine, et, marchant toujours dans le même sens, j'arrive à pas de loup devant une pièce plus vaste que les autres à ce qu'il semble, derrière les châssis de laquelle partent des gloussements singuliers. Ce sont les bonzes qui font leurs prières en commun. Tous balbutient, sur un ton monocorde et d'après une formule rythmique, des paroles sacrées, paraissant plongés dans une sorte de somnolence active, si je puis m'exprimer ainsi, état qui les empêche de soupçonner ma présence. J'écoute. C'est une succession ininterrompue de *bab, bab, bab*, qui rappelle à s'y méprendre les inconscientes onomatopées d'un homme surpris au moment d'avaler une bouchée trop chaude. Faut-il entrer? — Ce serait, certes, le comble de l'indiscrétion. Mais pourquoi provoquer une algarade au milieu d'un calme aussi profond? Je me retire donc sans pousser plus avant, me contentant de la facile satisfaction de penser que jamais les bonzes du monastère d'Ouyéno ne se douteront qu'un sacrilège *todjin* ait osé s'introduire dans les arcanes de leur retraite inviolable, et se permette de divulguer ainsi les borborygmes prolongés de leur ventripotente piété.

Je rejoins Sada resté à la porte d'entrée, et le retrouve presque tremblant sur les suites de mon expédition. Il a peine à croire que j'aie pu aller jusqu'au bout. C'est avec non dissimulée qu'il s'éloigne de cette porte fatale, en s'enfonçant avec moi sous les délicieux ombrages qui font tout autour du monastère une ceinture incomparable.

Derrière le superbe rideau de verdure que je viens de signaler, sont placées les tombes chogounales, but de mon excursion, si l'on s'en souvient. Donc, après avoir longé pendant quelque temps un premier cimetière, nous nous arrêtons brusquement devant une palissade dont la porte se présente devant nous largement ouverte. A l'intérieur de cette clôture, de droite et de gauche, des tertres gazonnés se dressent fièrement comme les bastions d'une forteresse à la Vauban. Disposés en forme de carrés, ils mesurent vingt-cinq mètres de côté environ. Comme les issues en sont absolument closes, il s'agit d'escalader ces talus à pente fort raide, ce que je fais bravement, ne doutant fort peu d'une audace, après ma dernière équipée. Me laisser mollement glisser de l'autre bord et sauter sur un lit de cailloux est ensuite l'affaire d'un instant. Je me trouve aussitôt en présence de sept monuments funéraires contenant les dépouilles mortelles des femmes des chogouns Tokougawa et de leurs proches parents. Les noms de ces divers personnages sont dissimulés à tous les yeux par une porte de granit, laquelle fait corps, pour ainsi dire, avec une urne funéraire également en pierre.

Dans une seconde enceinte encore plus malaisée à visiter que la première, car une haie d'épines en défend l'accès, est une huitième tombe. Devant celle-là, je me contenterai de passer, étonné du soin tout particulier avec lequel les chogouns préservaient de l'indiscrétion populaire la dernière demeure de leurs épouses. Je ne voudrais pas me montrer trop sceptique à l'égard de tant de nobles dames endormies du sommeil éternel, mais pour peu que, de leur vivant, leur vertu ait été entourée d'autant de précautions qu'on en prend aujourd'hui pour assurer leur repos, les lieutenants militaires ont pu toujours, en dépit des aventures les plus lointaines, dormir sur les deux oreilles.

A la sortie des tertres bastionnés, je me fais conduire aux enclos où reposent les chogouns Iyétsouna, Tsounayochi, Yochimouné, Iyéharou, Iyénari et Iyésada, c'est-à-dire les quatrième, cinquième, huitième, dixième, onzième et treizième représentants de la famille des Tokougawa. Ces enclos, au nombre de deux, renferment chacun un temple et trois monuments. Ici les choses se passent plus régulièrement. Un bonze nous reçoit à l'entrée, et nous nous mettons paisiblement à sa remorque. Dans les temples, conservant à l'extérieur de nombreux vestiges de dorure, notre cicerone nous montre les châsses votives des lieutenants militaires, et, tout à côté, dans une enceinte de pierre, les monuments funéraires qui abritent leurs cendres. Inutile d'entrer à ce sujet dans de plus amples descriptions. Les nouveaux monuments sont en tout semblables à ceux que nous

MAÇON ET TAILLEUR DE PIERRE.
Dessin japonais (p. 252).

avons déjà visités hier à Chiba.

Dîner, comme de coutume, à mon hôtel du Tskidji, où se succèdent des repas sinon très variés, du moins honnêtement servis. Ce que j'apprécie davantage à cette table hospitalière, c'est que, de temps à autre, j'y rencontre quelque résident dont la société me dédommage de l'espèce d'isolement auquel je me suis condamné en quittant mes amis de Yokohama. Ainsi ce soir, j'ai le plaisir de renouer connaissance avec le résident M. H***, qui, lors de ma visite à la filature dirigée par M. C***, m'avait fait un tableau si sombre des mœurs commerciales du Japon. Avant de s'occuper du commerce, M. H*** a été employé au service du gouvernement. Il est donc en mesure d'en savoir plus long qu'un autre sur beaucoup de choses de ce pays. Aujourd'hui, il traite deux autres résidents fraîchement débarqués au Japon et se destinant à y poursuivre une importante opération. En attendant que l'affaire soit engagée, ces messieurs s'initient aux nombreuses curiosités de la capitale. Avec un cicerone

TOKIO

comme M. H***, ils ne courront certes pas le risque de conserver longtemps des illusions sur la facilité de traiter avec le commerce indigène.

Pour ce soir, les trois compagnons ont projeté une excursion au faubourg de Chimabara, situé non loin du Tskidji. Ils me proposent de me joindre à eux pour parcourir un quartier uniquement consacré à la joie et qui — prétend M. Il*** — est beaucoup plus luxueux et plus animé que celui de Yochiwara que nous avons visité hier.

Je n'entrerai pas dans la description détaillée de ce ghetto japonais. Qu'il me suffise de dire que les habitations dont il se compose semblent établies sur le pied du plus pur « confortable » : c'est le mot à Sada qui nous accompagne, comme de raison. La plupart d'entre elles, en effet, y sont construites sur un modèle uniforme, laissant voir, au travers du portique d'entrée, des jardins intérieurs coquettement décorés et scintillants de lanternes multicolores. Par-ci, par-là, une passerelle, jetée en cerceau, vient ajouter à la grâce et à la légèreté de ces temples voués au culte de la déesse tant honorée à Paphos.

Comme à Yochiwara, l'étranger n'y semble pas être entièrement sur son terrain. Les Japonais — c'est clair — se montrent fort jaloux de leurs capricieuses hétaïres. Toutefois, grâce à notre entreprenant conducteur, nous pénétrons dans un de ces Édens, en dépit des objurgations de son propriétaire. Mais ici, comme là-bas, toutes les habitantes du lieu s'enfuient effarouchées à notre approche, tandis que les visiteurs indigènes disparaissent comme des ombres en tournant de notre côté des visages quasi menaçants.

Sans bégueulerie, personne ici ne se rend compte du rôle purement d'observation que nous prétendons

PAON.
Dessin tiré de la *Mangwa* du Hokousaï (p. 248).

jouer, les uns et les autres. Ce n'est pas d'ailleurs que nous ayons quelque péril à craindre : notre nombre est assez respectable pour en imposer au plus téméraire. De plus, ces quartiers excentriques sont généralement assez surveillés pour ne plus prêter, comme autrefois, à d'abominables guets-apens. Cependant, par ces temps de samouraïs fugitifs, s'ouvrant encore le ventre par tradition politique, et qui, sans doute, l'ouvriraient plus volontiers au besoin à de simples todjins comme nous, de tels réceptacles sont devenus l'asile privilégié des adversaires du régime actuel. Comme nous avons vu, en somme, ce que nous désirions voir, c'est-à-dire les balcons illuminés et les délicieux parterres, nous nous éloignons assez rapidement, en dernière analyse, à l'aspect d'un certain mouvement qui se produit autour de nous et que notre cicerone lui-même ne croit pas exempt de malveillance.

Quant à Sada, qui n'est rien moins qu'héroïque, mais que je placerais volontiers dans la classe des voluptueux, il semble ne rien comprendre à notre entreprise. La curiosité, pour lui, n'a d'autre objectif que des satisfactions moins platoniques. Si, d'ailleurs, ses aspirations semblent le porter vers les choses d'Occident, témoin son complet marron et ses bottines cirées, nous, au contraire, nous nous appliquons surtout à connaître par le menu les mœurs et coutumes de ce peuple oriental. C'est au point que — si rien ne nous arrête — nous sommes en train de devenir beaucoup plus Japonais que lui, tant il semble déjà, sous bien des rapports, ne plus l'être assez.

Lundi, 27 novembre. — Vers trois heures et demie du matin, je suis brutalement réveillé par des cris effroyables poussés sous mes fenêtres. Je saute à bas du lit et cours à la croisée. C'est un incendie qui vient de se déclarer. Sans perdre une minute, j'endosse mes vêtements, et me voici en djinrikcha, — car il en circule à toute heure dans Tokio, — donnant l'ordre au coolie de me conduire immédiatement sur le lieu du sinistre.

Chemin faisant, nous croisons un groupe nombreux de pompiers indigènes traînant une sorte de bac que je suppose rempli d'eau. Devant le cortège, deux hommes s'avancent en faisant zigzaguer entre eux une longue échelle. Ils sont précédés eux-mêmes de certain coureur portant un étendard, au sommet duquel se profile une étoile de bois blanc et une vulgaire botte de paille. La hâte que tout ce monde déploie est plutôt apparente que réelle. En revanche, leurs clameurs assourdissantes, lancées dans les airs, font sortir des maisons des nuées de citoyens munis de lanternes et s'empressant à leur suite.

La ville tout entière est remplie de cris d'effroi, d'appels et de hurlements de chiens. Pas un habitant qui ne soit bientôt sur pied, pas une fenêtre qui ne s'éclaire. C'est que l'incendie est ici un fléau dont rien ne semble pouvoir limiter le progrès, la cité étant,

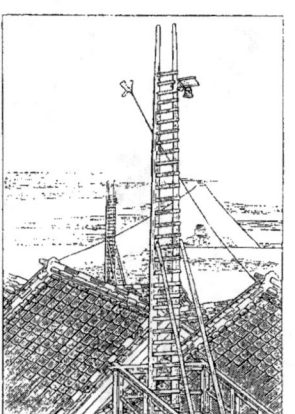

POUR GUETTER L'INCENDIE (p. 232).

pour ainsi dire, uniquement construite en bois et en papier. En somme, tout le monde court et se précipite, sauf peut-être l'escouade de pompiers dont je viens de faire la description.

Mais qu'est-ce encore? Voici un attroupement de gens vociférant à qui mieux mieux et barrant complètement la route. Hélas! c'est un grand baquet d'eau qu'une dizaine de maladroits cherchent à mener jusqu'au feu. S'ils continuent de la sorte, ils n'en laisseront pas une goutte dans le récipient.

Par bonheur, quand j'arrive sur le théâtre de l'incendie, celui-ci se trouve être déjà entièrement éteint, grâce à l'appoint d'un cours d'eau qui coule au milieu de la rue.

« *Small fire!* » me dit le conducteur de mon djinrikcha, quelque peu familiarisé avec l'idiome anglais. Petit feu, en effet : il n'y a guère qu'une vingtaine de maisons détruites, ce qui ne vaut pas la peine d'en parler.

Les journaux du pays sont pleins de récits se rapportant à de semblables événements. Il y a quelques jours tout au plus, on mentionnait encore la destruction de plusieurs centaines de maisons aux environs de Yokohama.

J'ai eu souvent l'occasion de parler de l'incurie prodigieuse du peuple japonais, exposé plus que tout autre aux effroyables incendies dont les annales américaines pourraient seules nous donner une idée. A la moindre étincelle, tout un quartier flambe et se consume comme une simple boîte d'allumettes. On conçoit, dès lors, qu'il n'y ait aucune société d'assurances assez hardie pour aventurer ses capitaux sur un bûcher aussi artistement préparé. Elle serait ruinée au premier embrasement.

En présence du danger terrible, permanent, en quelque sorte inévitable, on serait en droit de penser que les moyens de sauvetage sont aussi prompts que multipliés. Il n'en est rien. Ici, comme ailleurs, l'indigène est demeuré fidèle à ses habitudes d'imprévoyance et d'inertie. Bien que le gouvernement ait fait venir à grands frais d'Amérique le matériel le plus complet, ce n'est jamais qu'à la dernière sommation, bien après la foule avide de spectacle ou tremblant pour ses propres pénates, que le corps des pompiers se met en mouvement. Un sinistre est-il déclaré, les sauveteurs officiels surviendront neuf fois sur dix lorsque la part du feu aura été largement octroyée. Arrivent-ils à temps pour agir efficacement, ils ne sauront pas tirer parti de leur matériel perfectionné, n'ayant jamais appris le moyen de l'utiliser avec profit. Ce n'est pas, d'ailleurs, qu'ils reculent devant la peine ou le danger. Non, chacun ira vaillamment et sans hésitation offrir son assistance; mais il ne suffit pas de se réunir, de se mettre en mouvement au hasard de ses convenances personnelles, il faut agir suivant une méthode particulière, procéder avec discernement, sans perdre la tête, s'armer, en un mot, de vigilance et de sang-froid, toutes choses qui sont contraires au tempérament national et à l'éducation reçue.

J'ai dit plus haut que le feu était éteint à notre arrivée sur place; j'aurais dû dire maîtrisé. Pour la circonstance, et vu la rapidité du sauvetage, l'incendu feu. Mais point : sur ces planchettes sont inscrits les noms des citoyens qui, par leurs courageux efforts, ont opposé une digue à l'élément destructeur. C'est un hommage public rendu aux sauveteurs volontaires ou attitrés.

En retournant à l'hôtel, dans l'espoir de dormir cette fois, je constate combien les rues sont activement gardées par les agents de la police et par les veilleurs de nuit. Ils sont là, au coin le plus sombre du carrefour, entre-choquant leurs cliquettes, frappant sur des tambourins ou bien agitant en cadence des paquets de grelots. A dire vrai, cette manière de faire le guet a bien pour avantage de prouver à tout

ÉCHAPPÉE SUR LE LAC DE CHINOBAZOU, AU PARC D'OUYÉNO (p. 238).

die a été peu à peu transformé en feu de joie. Le dire est à la lettre. En ce moment, les sauveteurs, après avoir fait vaillamment leur devoir, s'occupent, en guise d'amusement, à rejeter dans les flammes des tisons imparfaitement consumés, au risque de renouveler la petite fête. Il est vrai aussi que de temps à autre les voisins les plus proches viennent, par manière d'acquit, verser un humble seau d'eau sur le brasier; mais le palliatif s'envole immédiatement en vapeur blanche, à la grande satisfaction de la galerie. Autre particularité bizarre : des deux côtés de la place incendiée, sur le toit même des maisons épargnées, on a fixé de longs bambous à l'extrémité desquels pendent, rattachées à des ficelles, certaines petites planchettes revêtues de caractères japonais. Tout d'abord, je crois avoir affaire à quelque pratique superstitieuse ayant en vue de conjurer les progrès

un chacun que la police ne s'endort pas; mais elle a le grave inconvénient de prévenir le voleur de l'arrivée des gardiens. Quoi qu'il en soit, ces mille bruits confus ou distincts, qui peuplent les ombres épaisses répandues sur la grande ville, réconfortent l'esprit et contrastent joyeusement avec le calme absolu qui règne dans les rues de nos cités endormies.

Dès l'aurore, le temps est devenu pluvieux, le froid assez piquant. Je constate 5° centigrades. Vers neuf heures et demie, départ pour Yokohama, où je suis attendu par M. de G***. Notre ministre, à qui je raconte l'événement de la nuit, y répond par un plaisant épisode dont il a été récemment témoin et qui vient corroborer mes assertions.

Un incendie s'était déclaré à Yokohama. Comme toujours, les pompiers se présentèrent trop tard pour sauver quoi que ce fût, tant ils avaient eu de peine à réunir leurs appareils. Cependant, comme il restait encore un foyer au milieu de la place imparfaitement consumée, ils durent s'appliquer à mettre les tuyaux en communication avec le corps de pompe. N'y pouvant parvenir, ils imaginèrent de les plonger dans le réservoir même, ce qui ne leur réussit pas mieux. Enfin, après avoir retourné la chose par tous les bouts, sans trouver la solution, ils abandonnèrent le matériel, jugeant plus simple de battre en brèche les murailles de briques du bâtiment incendié et de les faire s'écrouler sur le brasier incandescent. Ce dernier moyen était le bon. Bientôt le feu, n'ayant plus rien à dévorer, s'éteignit faute d'aliment, et les pompiers, fort glorieux, s'en retournèrent chez eux comme ils étaient venus.

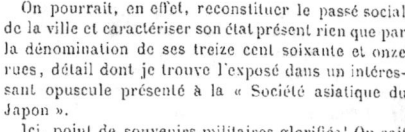

TENGOU, OU CROQUEMITAINE JAPONAIS, SORTANT D'UN ŒUF. Netské en ivoire (p. 215).

J'ignore pourquoi cette drôlerie me remet en mémoire *Nos bons villageois* de Sardou. Décidément, les pompiers seront toujours ou des héros admirables ou des pantins ridicules.

A six heures et demie je suis de retour à Tokio.

Mardi, 28 novembre. — Beau temps (th. + 5° cent.).

Ce matin, M. O***, avec lequel nous avons déjà lié connaissance, vient me chercher à l'hôtel, afin de me faire visiter la ville marchande. En compagnie d'un homme aussi profondément versé dans les coutumes du pays et connaissant la ville de Tokio jusque dans les coins les plus reculés, je suis sûr d'être supérieurement piloté.

La ville marchande, ou *cité* proprement dite, ne comprend qu'une certaine partie de l'ancien Yédo. Cette partie est limitée : au sud, par le pont de Chim-bachi dans les environs de la gare de Yokohama ; au nord, par le canal de la Kanda-gawa, qui séparait jadis la capitale de ses faubourgs ; à l'ouest, par le Chiro et le quartier noble ; à l'est, enfin, par la concession étrangère et la branche de la Soumida-gawa, qui se jette dans la baie. Mais, si la cité marchande ne représente qu'une faible partie de la surface occupée par Tokio, elle se distingue de la plupart des autres quartiers de la capitale par la régularité de ses rues presque toutes tirées au cordeau et à angles droits, comme dans les villes américaines. De plus, au même titre qu'elle avoisine le castel et les centres militaires, elle se trouve former l'indiscutable noyau de la vaste agglomération dont Iyéyas fut le fondateur. Aussi les habitants qui en dépendent s'y considèrent-ils comme appartenant à une classe plus élevée que ceux des districts environnants. D'ailleurs, la plupart des anciens noms de rues y ont été conservés, ce qui constitue à leurs yeux les parchemins de leur antique prépondérance.

NETSKÉ REPRÉSENTANT UN TENGOU DU SEXE FÉMININ (p. 215).

On pourrait, en effet, reconstituer le passé social de la ville et caractériser son état présent rien que par la dénomination de ses treize cent soixante et onze rues, détail dont je trouve l'exposé dans un intéressant opuscule présenté à la « Société asiatique du Japon ».

Ici, point de souvenirs militaires glorifiés ! On sait qu'à part certaines guerres relatives à la défense du sol, l'expédition de Corée et les nombreuses luttes intestines dont il eût été souverainement impolitique de rappeler les péripéties, le Japon se présente bien comme le pays de la grande Paix, ainsi que l'ont baptisé ses oublieux habitants. — Parcourez la ville en tout sens, vous n'y trouverez rien qui rappelle aux castes autrefois ennemies leur antagonisme séculaire, si ce n'est certains monuments funéraires indifféremment élevés en l'honneur du vaincu comme du vainqueur. Mais les noms y sont surtout empruntés aux diverses professions particulièrement exercées, aux produits du sol national, aux instruments aratoires et enfin aux choses de la nature, objet du culte général. Il n'est fait exception à cette règle que pour certains personnages légendaires, un petit nombre de divinités protectrices et quelques bonzes plus ou moins obscurs. Dans cette immense agglomération de cent vingt-cinq villages soudés ensemble, depuis Iyéyas, par leur développement graduel, les mêmes désignations se répètent à satiété, comme, par exemple, à Londres, où les *Upper street*, les *Low street*, les *High street*, ont des représentants en chaque quartier.

La partie historique est, certes, la moins importante. Parmi les principales dénominations, je me contenterai de citer la rue de Hatchiman, dieu des combats ; de la Porte-Tumulaire, du Portail-du-Temple, de l'Aqueduc, du Caveau-des-Esprits, de la Main-du-Roi et de la Paix, l'avenue des Reliquaires, de la Montagne-du-Trésor et du Relai, où s'arrêtaient jadis les daïmios en voyage. Le Foudji-yama, qu'on aperçoit de partout, a donné son nom à deux artères seulement ; toutefois, on y trouve encore la rue de la Montagne-Bleue, du Roc-Sauvage, de la Fontaine-de-l'Ours, qui s'y rattachent dans une certaine mesure ou qui proviennent de légendes plus ou moins intéressantes. Les noms d'arbres ont été grandement mis à contribution, surtout ceux du pin et du bambou, ces deux grands éléments de la construction nationale. Ainsi remarquons-nous le Jeune-Pin, le Vieux-Pin, les Branches et Barques-de-Pin. L'emploi générique du mot Pin était même tellement répandu qu'il a fallu, pour se reconnaître, y accoler à l'occasion certaines indications de lieu, comme nord, sud, est, ouest, auprès du Temple, non loin de l'Enfer, etc., etc. Ces désignations si analogues dérouteraient la mémoire la mieux douée, tout autre part qu'au Japon. Le saule, le bois d'absinthe, le cerisier sauvage, le cèdre, le roseau, sont plusieurs fois dénommés. Aux rues des Pierres, des Champs, de la Rangée-d'Arbres, s'adjoignent parfois celles du Riz, des Champignons, de l'Herbe, de la Racine-Double, de la Nouvelle-Fleur, de la Rose-Trémière, du Chrysanthème, de la Pivoine, de la Fleur-de-Rivière, du Verger-aux-Prunes, de la Brise-des-Montagnes, du Brouillard, de l'Ombre-Solaire, de l'Aube-Matinale, de l'Eau-Pure et du Remblai. Aux environs des canaux qui coupent la ville en tous sens, et qui sont particulièrement nombreux dans les districts de Foukou-gawa et de Honjo, s'étendent les rues du Filet, du Poisson-Frais, du Poisson-Grillé ou Bouilli. Les centres anciens ou nouveaux offrant des industries spéciales sont caractérisés par les noms de fil, pot, marmite, table, charpente, huile, gomme, indigo, cuir, charbon de bois, faucille, rouet, épingles à cheveux, éventails, norimons, nattes, brocart, monnaie d'argent, etc., etc., et par la spécification des différentes professions qui y sont ou y étaient généralement exploitées : betto, matelot, teinturier, menuisier, forgeron, fermier, vernisseur, etc., etc. Le règne zoologique y revendique aussi une part appréciable : la tortue, le requin, l'ours, le blaireau, la cigogne, y sont plus communs que le dragon lui-même, l'animal fabuleux si souvent reproduit par les imagiers indigènes. Parfois des dénominations moins rudimentaires, telles que Bosquet-de-la-Corneille, Vingt-Chevaux, Jeune-Faisan, Plume-Rouge, Nids-d'Oies et Musique-de-Singe, viennent jeter une idée plus saisissante dans cette nomenclature extra-naturaliste. L'art de l'armurerie a aussi son groupe important : flèche, arc, carquois, cuirasse, épieu, fourreau, arsenal, etc., etc. Non loin de là, s'entre-croiseront les rues du Sel, des Trois-Chapeaux, ou se heurteront des appellations plus abstraites, comme Allégresse, Abondance, Sort-du-Fermier, Couleur-Unique, Sortie, Ami-Fidèle, Amour-Conjugal, Félicitations, etc., le tout, enfin, si bien enchevêtré, si touffu, si fréquemment répété, qu'un inventaire de commissaire-priseur ne serait rien en comparaison.

Nous nous mettons en route vers dix heures, accompagnés de l'indispensable Sada.

A peine avons-nous franchi les limites du quartier étranger, que nous voici dans une des rues de la ville marchande tout spécialement affectée à l'industrie du bois. Sur toute sa longue étendue, des charpentiers, des menuisiers, des fabricants de châssis pour fenêtres en papier, de seaux, de coffres et de coffrets, d'oreillers japonais, de plateaux, de bols, de

LE DIEU DE LA SAGESSE. — Dessin de Ho-kio-korin (p. 237 et 238).

boîtes et de bâtonnets se succèdent sans interruption. Que d'objets, depuis les plus massifs assemblages du bâtiment jusqu'aux détails les plus délicats de l'ébénisterie ! On dirait que la population entière, préposée au sciage du bois, à la réunion des ais, à la sculpture des motifs, s'y est donné rendez-vous pour l'approvisionnement de la grande cité. Dans quelques rues adjacentes, on s'occupe plus spécialement de la fabrication des temples et des maisons en miniature, réductions exécutées avec un soin, une précision au-dessus de tout éloge.

Parallèlement à l'artère ci-dessus désignée, coule un canal sur les rives duquel sont entassés des amas de bambous à donner le vertige. C'est dans ce milieu qu'un incendie acquerrait des proportions formidables, si, comme par un sentiment de prévoyance, ces mêmes menuisiers et charpentiers n'avaient précisément choisi le bord de l'eau pour y établir leurs ateliers inflammables.

Dans la rue Zaï-Moktcho, où nous nous engageons ensuite, j'avise une sorte d'observatoire, comme il en existe partout au Japon, en vue de guetter l'incendie. C'est une simple plate-forme en bois surmontée d'une échelle au bout de laquelle se balance une clochette d'alarme. Tout à côté se trouve un dépôt d'appareils de sauvetage. Rien de plus enfantin! Au dehors, quelques étendards à étoiles de papier, en tout semblables à celui que j'ai décrit; à l'intérieur, des lanternes, une misérable échelle, deux petites pompes en bois impropres au service, bref, pas seulement de quoi réduire un simple feu de cheminée!...

Plus loin, à côté du pont de Kaï-oun-bachi, c'est-à-dire « passage de la mauvaise à la bonne fortune », — je n'oserais pas dire pourquoi, — s'élève la première banque nationale qui ait été fondée à Tokio. Elle est due à l'initiative d'un nommé Mitsoui, une des têtes les mieux organisées du Japon pour la conception et la poursuite des combinaisons financières. Cette banque appartient aujourd'hui au gouvernement. L'édifice qui l'abrite est d'un joli style indigène, avec étages et galeries, surmonté d'une tourelle de la dernière élégance. Mitsoui possède ailleurs d'autres banques. De plus, il dirige les plus vastes magasins de soieries qui existent dans la capitale.

C'est aux environs de ce coquet et très utile établissement que la Poste centrale a été installée, dans un bâtiment d'architecture européenne et sur des plans conformes à ceux qui sont adoptés en nos pays. La Poste est le nombril de la cité marchande. On est ici au milieu même de la ville et à proximité de Yédo-bachi, bachi signifiant pont, — cela soit dit une fois pour toutes. — Du tablier de ce pont, solidement assis sur deux arches de pierre à plein cintre, je vois des files de kouras, autrement dit godowns, hérissant la berge de chaque côté, comme autant de forteresses érigées contre les ravages du feu. Une innombrable quantité de barques chargées de bois, de poisson, de vannerie, de tissus, enfin de toutes espèces de marchandises, recouvertes de nattes, encombrent le cours d'eau cependant fort large en cet endroit. De ce lieu au

UNE FILE DE KOURAS, LE LONG D'UN COURS D'EAU.
D'après la *Mangwa* de Hokonsaï (p. 232).

Nihon-bachi, que nous apercevons sur notre gauche, on dirait une véritable fourmilière. Le Nihon-bachi ou pont du Japon, est ainsi appelé parce qu'il est considéré comme le centre géométrique de l'empire. Toutes les distances sont calculées de son milieu, comme en France toutes les routes sont kilométrées de Notre-Dame de Paris. C'est sur ses reins de bois que passe la grande route impériale que nous avons déjà si souvent parcourue.

Près de ce pont, d'où le regard peut se reporter sur le Foudji-yama, s'étend le marché aux Poissons. Ici point de ces vastes bâtiments comme on en voit au centre de nos grandes villes. Le marché en question consiste simplement dans un réseau de rues étroites, que bordent de légères constructions servant à la fois d'échoppes et d'habitations. Les denrées, étendues pêle-mêle, sont jetées jusqu'au milieu de la voie. Une population affairée, grouillante, circule entre des monceaux de marée fraîche, de poissons secs ou salés, pêchés en pleine mer ou dans les rivières avoisinantes. C'est non seulement un marché, mais un vaste atelier de salaisons. Partout les coolies s'occupent à mettre en caque du poisson de toute sorte nouvellement débarqué, en le saupoudrant de sel et en comptant chaque pièce sur un ton dolent et nasillard tout à fait caractéristique. Pour ne pas commettre d'erreur dans ces différentes manipulations, chacun d'eux répète machinalement le chiffre énoncé jusqu'au moment de passer au numéro suivant.

Bien que le marché de Nihon-bachi ne soit pas d'une étendue énorme, on pourrait croire, à voir la variété des espèces, que le poisson du monde entier y a été réuni, au plus grand détriment des sens olfactifs. Il ne tiendrait même qu'à moi, grâce à mon cicerone japonais, d'y suivre un vrai cours d'ichtyologie. Les *anagos* ou anguilles de mer frétillent auprès des *iséyébis* ou langoustes et à côté des *ounaghis* ou anguilles d'eau douce. Les poulpes hideux étalent leurs bras lisses et visqueux à côté de monstres marins à bec pointu. Plus loin se pressent des monceaux de chair rouge foncée, en tout semblable à celle du bœuf, et provenant de l'*irouka* ou marsouin. Quant aux coolies, préposés à ce commerce illimité, ils courent dans tous les sens, amoncelant Pélion sur Ossa, monstres marins sur monceaux de crustacés. En voici deux, notamment, qui traversent la rue avec un requin suspendu à une forte tige de bambou jetée d'une épaule à l'autre. L'énorme squale, déposé dans une échoppe voisine, est aussitôt découpé par pièces, à l'aide d'un puissant coutelas. Et, comme pour contraster avec

LA FAÇADE POSTÉRIEURE D'UNE TCHAYA

les hideurs de ce corps ensanglanté, surgit tout à côté une véritable montagne de menu fretin aux écailles rubescentes. Peu de poisson à chair saumonée, mais, en échange, une variété infinie de coquillages, grands et petits! Puis, voici le *taï*, le *hiramé*, le *tara*, le *kouroumayébi*, le *hayé*, le *kamasou*, le *fougou*, le *hobo*, espèces que je n'ai jamais rencontrées ailleurs. Elles forment un amalgame aussi pittoresque que varié de poissons de tout genre, de toute grandeur et de toute qualité. C'est un assemblage grouillant, luisant, bleuissant, bien digne de tenter la brosse d'un peintre réaliste. Si nos anciens maîtres flamands pouvaient revivre, ils y trouveraient mille éléments nouveaux, évidemment applicables à l'épisode de la pêche miraculeuse, le sujet de leurs intimes prédilections.

DANSE POPULAIRE
(p. 246).
Collection de l'auteur.

Il faut cependant nous arracher au spectacle. Les senteurs nauséabondes que répand la fétide population des mers exposée au soleil, nous engagent en outre à ne point différer plus longtemps notre sortie du marché. Pour le voyageur qui prétend visiter Tokio de fond en comble, il lui faudrait, d'ailleurs, souvent renoncer au sens qui nous fait tant aimer les fleurs. Je connais peu de cités aussi fécondes en parfums de mille sortes, aussi désagréables, pour tout dire, que l'est, sous ce rapport, Tokio en général, et la ville marchande en particulier.

C'est auprès du marché au Poisson qu'est située l'*Anjintcho*, c'est-à-dire « rue du Pilote », ainsi appelée en l'honneur de l'Anglais Adams, qui, au commencement du seizième siècle, s'établit au Japon avec quelques-uns de ses compatriotes et réussit à y acquérir une grande popularité.

En poursuivant notre chemin par la route impériale, nous ne tardons pas à gagner une artère non moins belle que la route elle-même, et qui va se prolongeant dans l'est jusqu'à la Soumida-gawa. Cette voie porte le nom de Hon-tcho-dori, ou « rue principale », tout uniment. Bien que nous nous trouvions ici dans le centre le plus actif de la cité, en plein quartier du haut commerce, je remarque toujours la même monotonie dans la construction des maisons. En revanche, c'est à peine si l'on s'aperçoit de cette uniformité, tant les étalages attirent les regards par la diversité des marchandises, tant la foule qui se presse aux alentours jette sur l'ensemble une teinte riante et colorée.

LE GENTILHOMME ET LE BRIGAND (p. 246).
Collection de l'auteur.

Des deux côtés de la chaussée s'ouvrent d'importants magasins, remplis d'approvisionnements de sucre, de papier, d'étoffes, de draps français, anglais ou américains, de produits pharmaceutiques. Là aussi sont accumulés du chanvre, de la vannerie, des objets de bambou, du fil, de la soie et du coton.

C'est surtout dans les spacieux établissements où l'on débite les cotonnades et les étoffes de soie que la vente est le plus active. Ils regorgent littéralement de commis déployant la marchandise ou attendant patiemment la clientèle. Aucun détail ne saurait échapper aux regards des curieux, car la boutique est, comme toujours, ouverte sur la rue. Çà et là seulement quelques draperies flottantes semblent en intercepter la vue et protéger les acheteurs contre la pluie, le vent ou le soleil.

Pour mieux nous rendre compte des transactions, nous pénétrons dans un de ces « Bon Marché » en miniature, mais l'un des plus importants, à ce que m'assure M. O***. Devant l'entrée, à un demi-mètre du sol, s'étend un vaste parquet tendu de nattes et chargé de commis immobiles comme des statues, dans la position d'un bonze accroupi. Un écriteau, respectivement appendu au plafond au-dessus de chaque tête, indique le nom du commis et la spécialité qu'il représente. A la portée de sa main, rien seulement qu'un certain nombre de livres, un chandelier, un *hibatchi* et tout ce qu'il faut pour fumer; partout, enfin, sur les parquets, des braseros ardents invitent les acheteurs à prendre un air de feu, comme à allumer leur pipette,

LA LONGÉVITÉ HUMAINE
(p. 246).
Collection de l'auteur.

tandis qu'ils dégusteront la classique tasse de thé qui leur est offerte généreusement. Quant au patron de la maison, il se tient au centre de la salle, entouré d'un grillage de bois, lequel protège à la fois sa caisse et sa comptabilité. La vaste pièce est animée par le va-et-vient incessant de jeunes garçons chargés de quérir au *koura* de l'établissement les marchandises demandées par le client, car ici, bien entendu, il n'est point question d'étalage.

Dès notre entrée, un long *ohaïo!* nous a accueillis. Des chants éclatent de toutes parts. Je note spécialement le refrain suivant, que je m'empresse de trans-

crire  et qui
est à l'instant repris dans tous les tons, avec une foule de variantes plus ou moins harmoniques. Cet ensemble produit assez bien l'effet de notre *Frère Jacques*, ce canon du premier âge, avec l'unique restriction qu'il est horriblement faux. Ignorant ce qui donne lieu à un pareil concert, je reste ahuri. Mon excellent cicerone m'apprend que tel est l'usage, en ces lieux, d'accueillir le client. Décidément on devrait s'en tenir, lorsqu'on parcourt le monde, au *nil admirari* du bon Horace. Ce sont particulièrement les jeunes garçons chargés de vous introduire qui se livrent à ces exercices vocaux tout en vous apportant le réchaud et le thé.

Nous nous sommes délibérément assis sur le rebord du plancher, car je ne me soucie pas, pour mon compte, d'aller m'accroupir sur les nattes dans l'incommode position que l'on sait. Au surplus, cela ne nous serait permis qu'à la condition de nous débarrasser au préalable de nos chaussures. Nonobstant cette attitude inusitée, les commis s'empressent autour de nous et déplient une grande quantité d'étoffes de toute espèce. On étale sous nos yeux des soies fines de Kioto, unies ou à dessins variés, des failles ou des taffetas de Tokio, des tissus mélangés de soie et coton, voire des panneaux ornés de figures et de paysages, enfin tout un lot de cotonnades plus ou moins attrayantes. J'achète, pour la circonstance, une pièce de taffetas de Tokio que le sieur Daï-ma-rou, le maître de céans, m'abandonne à un prix raisonnable, et nous allons courir les magasins avoisinants.

En fort peu de temps, nous avons passé en revue cent autres produits des plus divers, allant sans méthode des indiennes, des écharpes et des étoffes de fabrication européenne, aux cotonnades bleues et blanches dues à l'industrie locale; des tôles anglaises aux poteries de fer, chargées d'une ornementation bizarre et provenant de Kavagoutchi, localité manufacturière sise non loin de Tokio; des lampes à système américain au grossier luminaire des indigènes. Puis, ce sont des pinceaux, de l'encre japonaise, des cuirs, de la coutellerie de Kioto, des lanternes de fête d'un bon marché sans égal; bref, mille objets d'origine étrangère ou non et d'une variété prodigieuse.

A deux pas de Hon-tcho-dori, M. O*** me montre l'ancienne prison de Tokio. Elle n'a plus aujourd'hui la même destination, les habitants en ayant été transférés ailleurs, en raison des évasions nombreuses dont elle avait été le théâtre. Rien de plus facile, en effet, que d'escalader ces murailles insignifiantes, hérissées à peine, de distance en distance, de quelques gros clous plutôt utiles pour se hisser que pour effrayer les audacieux.

Vers deux heures et demie nous déjeunons dans un restaurant indigène entouré d'un petit jardin et orné d'un étang rempli de poissons rouges. Le menu qu'on nous y sert est bien national : soupe aux poissons toute chaude, canard aux oignons découpé en menus

SOUMIÉ, OU CROQUIS A L'ENCRE DE CHINE (p. 248).

morceaux et cuit devant nous sur un réchaud, poisson cru à la vinaigrette, poisson grillé, poisson frit, poissons rouges, pêchés sous nos yeux dans le réservoir et servis encore à moitié vivants, enfin tout un festin d'ichtyophage auquel mes Japonais, Sada compris, font nécessairement le plus grand honneur. Pour ma part, je m'en tiens surtout aux mets cuits, assez bons du reste, la chair crue, fût-elle de poisson, n'ayant jamais eu d'attrait pour moi.

En sortant de ce restaurant *spécialiste*, nous parvenons bientôt à l'extrémité de Hon-tcho-dori. Devant nous coule à pleins bords la Soumida-gawa, un des plus grands cours d'eau du Japon, le rival de cette fameuse Toné-gawa que nous avons rencontrée en allant à Nikko. En ce lieu même, il atteint près de deux cent cinquante mètres de largeur, et on le franchit sur le pont en bois de Riogokou pour entrer dans les faubourgs de l'est. De ce nouveau point, la vue du puissant cours d'eau et de ses rives animées est des plus curieuses. En amont et en aval, une foule de tchayas invitent au far-niente. Là se réunissent, en effet, les habitants de Tokio désireux d'échanger l'air vicié qu'ils respirent dans la cité contre les fraîches brises qui soufflent de la rivière et des campagnes environnantes. Par les belles soirées d'été, c'est à qui se rendra à Riogokou-bachi, le centre des réjouissances les plus fantastiques. Pendant les nuits chaudes et sereines, tout s'agite sur la terre et sur l'eau. Des milliers de barques, chargées de lumières et de lanternes multicolores, sillonnent le fleuve. Les explosions de joie de la jeunesse folâtre se confondent alors avec les accords du samicen et les chants harmonieux des ghéichas. Enfin, mille détonations de pièces d'artifice, éclatant de tous côtés, rehaussent l'animation d'une fête nocturne presque sans fin, puisqu'elle dure toute la saison.

Par le fait, nous nous trouvons désormais à proximité du temple d'Asaksa et de ses exhibitions foraines, rendez-vous par excellence de toute cette population si avide de divertissement. Mais avant d'y arriver nous visitons, au delà des limites de la ville marchande, l'un des immenses magasins où le gouvernement accumule chaque année les montagnes de riz provenant de l'impôt perçu à seule fin de prévenir les désastres causés par une mauvaise récolte. On ne saurait trop encourager ces mesures de prévoyance chez un peuple naturellement porté à dilapider ce qu'il possède. Le riz, cultivé dans tout l'empire, constitue d'ailleurs, avec le poisson et l'orge, la principale nourriture de toutes les classes de la société indigène. Ces greniers d'abondance, renouvelés des Hébreux et dont l'idée remonte aux premiers mikados, occupent une immense surface auprès de la Soumida-gawa, semblant protéger ainsi, de leur ombre bienfaisante, les plaisirs frivoles et incessants des zélateurs d'Asaksa.

C'est avec un nouveau plaisir que je revois l'enclos sacré qui porte ce nom. Quelle animation sur ce champ de foire permanent! quel singulier mélange du profane et du mystique! Tchayas et tirs à l'arc, restaurants et marchands de jouets, attirent, comme toujours, une clientèle sans cesse renouvelée! Ici l'on se presse autour des marionnettes et des histrions; là on s'amasse autour des jongleurs et des équilibristes. Tout à côté, un groupe joyeux se délecte au tir de la sarbacane, en poussant de bruyants éclats de rire chaque fois qu'un amateur réussit à atteindre le but et à faire saillir quelque figure grimaçante. Plus loin, c'est quelque joueuse de samicen qui accompagne les évolutions drolatiques d'un singe. Et partout les bonzes glapissent leur appel à la charité, les masseurs sifflent, les coolies et les moussoumés se croisent en échangeant des quolibets. Pour prendre part à la fête, nous entrons dans une baraque où l'on regarde, à travers des lentilles, une collection de sites et de monuments étrangers et indigènes.

LE DRAGON DÉCHAINANT LES ÉLÉMENTS
Dessin japonais. (p. 99 et 256).

Au milieu de vues de Paris et de Londres entremêlées, je découvre, non sans étonnement, deux échappées du bal Bullier! O Terpsichore, voilà de tes coups!... Le bal Bullier à Tokio! ce n'est plus la peine d'aller aux antipodes. Mais passons! D'autant que, pour couronner cette journée si bien remplie, nous allons visiter un jardin tenu par un horticulteur émérite. Les élégants pavillons, les arcades fleuries, y sont ménagés avec un goût parfait, avec une science de l'effet à rendre des points à nos décorateurs les plus habiles.

Il est déjà très tard quand nous quittons Asaksa. Qu'à cela ne tienne, le lieu des réjouissances restera longtemps encore éblouissant et animé. Se divertir n'est-il pas la principale affaire des Japonais?

Mercredi, 29 novembre. — Beau temps (th. +10° c.).

Je sors vers midi, dans l'intention de continuer ma visite de la ville marchande, en me dirigeant cette fois du côté d'Ouyéno. Des groupes de chanteuses ambulantes, jeunes et vieilles, parcourent les rues, faisant appel à la générosité des passants. Jusqu'à ce jour, tel est l'unique mode de mendicité que j'ai constaté au Japon. Encore a-t-il quelque chose d'artistique.

Dans la rue Mouromatchi, laquelle fait suite au boulevard de Ghinza, juste à l'angle de la rue Hontcho, se présentent les magasins de soieries et d'étoffes japonaises créés par le fameux Mitsoui. Tout en face, à proximité d'une banque qui lui appartient également, une armée d'employés à sa solde débitent des marchandises européennes. Mitsoui, dont les dépôts font partout florès, dans les grandes villes de l'Europe et de l'Amérique, est, comme je l'ai dit, un des financiers les plus remarquables du Japon. Autant le gouvernement y a contribué pour sa part à développer le commerce, autant Mitsoui s'est efforcé d'honorer la profession de marchand et de la relever aux yeux de la population tout entière, en l'associant adroitement à ses opérations de banque. Investi de la confiance des réformateurs politiques, mêlé à chacune des opérations financières de l'empire, il n'a pas toujours été à l'abri des représailles exercées par les samouraïs de l'ancien régime. Un soir, il y a quelques années, une troupe vint assiéger sa demeure en exigeant une certaine somme d'argent; et, comme il refusait énergiquement d'obtempérer à cette impudente réclamation, les assaillants mirent le feu à ses magasins. Ce ne fut qu'à grand'peine que l'on se rendit maître du fléau. A l'heure actuelle, le Rothschild de l'extrême Orient possède encore les plus importants établissements de Tokio, au point de vue commercial et financier. Outre les trois banques qu'il y a successivement fondées, il maintient aussi des comptoirs à Kioto, à Osaka, à Ochiou, sans parler des succursales plus ou moins considérables qu'il a répandues sur le Japon tout entier.

Comme disposition générale, ses magasins ne diffèrent point d'une manière absolue d'avec ceux que j'ai déjà décrits. On y est un peu moins japonais, voilà tout. Pas d'*ohaïo!* pour accueillir le visiteur, pas de tasses de thé comme bienvenue; moins de bruit, moins de concerts discordants! L'empressement des acteurs y rend inutiles ces politesses intéressées, plutôt gênantes à la longue que favorables à la conclusion des affaires. Mitsoui est donc en train d'opérer, là encore, une petite révolution qui fera disparaître une coutume étrange, tout empreinte de couleur locale, mais parfaitement superflue.

LE DIEU DE LA FOUDRE (p. 99 et 256).
D'après Hokousaï.

Bien que la cité marchande ait, ainsi que je l'ai dit plus haut, une démarcation bien établie, il s'en faut qu'on ne traite, dans les autres quartiers de la ville, d'affaires également importantes. En prolongeant notre promenade au delà de la Kanda-gawa, limite septentrionale de ladite cité, nous rencontrons encore une foule de boutiques de toute nature, et ce ne sont pas les moins curieuses ni les moins considérables.

Dans l'une d'elles, établie au coin de la grande avenue d'Ouyéno, appartenant à un sieur Madzouzagaïa et où l'on débite en grand des étoffes japonaises, je choisis quatre pièces de cotonnades aux dessins curieusement historiés d'éventails, d'oiseaux multicolores et d'arbres couverts de fleurs et de fruits. A quelques pas de ce vaste magasin, je fais acquisition d'un charmant fac-similé, reproduisant un des palais du Mikado. Il n'y manque aucun détail, ni une poutrelle, ni même un simple lambris. C'est une véritable réduction Collas. Chez le même marchand d'antiquailles, — car je ne saurais qualifier autrement le ramassis étrange des objets qui encombrent la boutique, — je me procure certains bronzes curieux, notamment un oiseau aux ailes déployées suspendu par une triple chaîne au plafond de l'habitation. C'est une façon de brûle-parfums. Mis en belle place, ce bronze doit faire l'effet d'un oiseau fendant les nues. Toujours ingénieux, ces Japonais!

Enfin, pour compléter mes achats, je choisis une dizaine de statuettes en porcelaine, représentant, sous leurs traits grimaçants, quelques-uns des disciples du Bouddha. Deux autres statuettes en bois sont des divinités qui, groupées avec les autres, semblent présider cette réunion de saints. L'une des deux est pourvue d'un appendice nasal aux proportions démesurées, et la seconde présente une protubérance cranienne absolument anormale. Cette dernière est l'image de Foukouroukoudjou, le dieu de la Sagesse très vénéré des populations. On en trouve beaucoup de

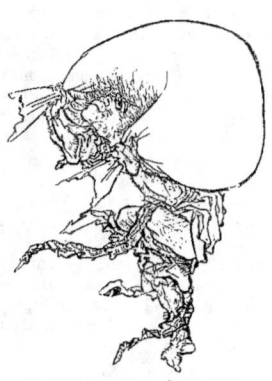

LE DIEU DES VENTS (p. 99 et 256).
D'après Hokousaï.

reproductions par la sculpture, la peinture ou le dessin.

De telles compositions relèvent incontestablement du grotesque, genre qui s'observe assez communément dans les arts plastiques japonais. Mais ce défaut serait-il autre chose que l'exagération même d'une qualité? Le peuple du Nippon possède, en effet, à un haut degré, l'esprit humouristique. A tout propos, qu'il s'agisse d'art ou de littérature, on voit poindre ce côté original de son caractère. De là à la satire outrée il n'y a qu'un pas, facile à franchir pour ce peuple artiste, dont la féconde imagination ne trouve de règle que dans sa propre fantaisie.

Mais nous voici parvenus à l'entrée du parc d'Ouyéno, où je visite un petit temple consacré à la déesse Benten. Ce temple se trouve au centre d'un îlot formé dans l'étang de Chinobazou, dont les eaux, fangeuses en ce moment, disparaissent sous les fleurs de lotus à la saison estivale. L'île sacrée est reliée à la terre ferme par une chaussée bordée de tchayas. Une croyance populaire veut que, dans les ondes opaques de l'étang, un dragon malfaisant résidât jadis caché à tous les yeux. C'est même à sa seule influence qu'auraient été dus les troubles nombreux dont ces lieux ont servi de théâtre. Heureusement la déesse Benten doit avoir, tout comme à Énochima, vaincu le génie farouche qui hantait les parages au sein desquels nous flânons, car elle tient, pour ainsi dire, la place d'honneur, ici de même que là-bas. D'habitude, au reste, elle est représentée ayant le dragon à ses flancs, en témoignage du triomphe qu'elle a remporté sur lui.

LE RENARD A NEUF QUEUES (p. 240).
Collection de l'auteur.

Benten occupe, en outre, une situation privilégiée parmi les sept *kamis* protecteurs de la monarchie. Cumulant pour sa part les doubles fonctions de Mercure et de Minerve, elle préside à la fois aux arts et au négoce, et charme les serpents en jouant de la guitare. Les autres principaux kamis sont Bichamon, sorte de dieu Mars, armé de pied en cap et portant lui-même son propre temple; Iyébis, correspondant à Neptune, muni d'une ligne au bout de laquelle frétille un gigantesque poisson reluqué avec envie par Sa Seigneurie la Grue; celle-ci, appelée Tsourisama, est le symbole de la longévité, comme la tortue de mer.

L'HOMME ET SON MAUVAIS GÉNIE (p. 240).
Collection de l'auteur.

Foukourokoudjou, le vieillard sacré, a cela de commun avec Saturne qu'il porte une barbe blanche comme lui, et cela de différent qu'il prolonge la vie au lieu de la trancher. Hotéi est le protecteur des enfants. A l'instar du bon saint Nicolas, il arrive toujours chargé de bonbons et de jouets. Daikokou symbolise l'abondance, et Youro la fortune. Le premier est assis sur des sacs remplis de riz, et le second est monté non point sur une roue, comme la déesse aveugle, mais sur un cerf rapide indiquant la promptitude avec laquelle la prospérité survient et s'éloigne. C'est, comme on le voit, le même principe théogonique. Quiconque est de noblesse, au Japon, se prévaut de compter un de ces kamis comme ancêtre, de même que la famille d'Este — je crois — se prétendait descendre d'Hercule. Quant au vulgaire, il se contente de provenir des kamis secondaires, sans s'inquiéter outre mesure de sa généalogie.

Au moment où je pénètre dans l'édifice, un bonze, caché derrière des châssis de papier, est en train de réciter ses prières. Celles-ci se succèdent sur ses lèvres avec une étonnante vélocité, toujours dans le même ton et dans la même mesure. De plus, chaque mot est ponctué d'un coup de tambourin, en sorte que l'homme et l'instrument semblent n'être qu'un automate ou qu'un double métronome lancé à toute vitesse. Bien sûr, le monotone personnage a quelque ressort dans le bras et dans le gosier, pour prolonger ainsi sans interruption ses inimitables exercices. Je reste plus d'un quart d'heure, montre en main, sans surprendre en ses manœuvres la moindre défaillance. On dirait un long déchaînement du vent dans l'espace avec le crescendo initial et le decrescendo de la fin.

A toute chose, cependant, il y a une limite. Les roulements frénétiques cessent brusquement. Bien que l'oraison ne soit point achevée, et qu'elle doive même se continuer sur un ton grave et soutenu, le bonze se contente, pour la mener à bonne conclusion, de faire résonner par intervalles un timbre à la voix argentine lemment un paquet de grelots, le bonze extrait d'une boîte à malice un bout de papier qu'il remet solennellement à mon guide. Seulement, malgré son haut savoir, Sada ne parvient pas à en déchiffrer le sens. Ce n'est qu'après avoir de nouveau consulté l'augure qu'il saisit la valeur de l'horoscope. Celui-ci n'est ni bon ni mauvais et offre — comme on dit plaisamment — autant à boire qu'à manger. Tout comme les avis prophétiques obtenus par nos miroirs secrets, nos cartes et nos tarots.

MAGASIN D'OBJETS EN BOIS (p. 231).

et sonore. Singulier appel, en vérité, à l'attention des dieux! Je préfère pourtant cette seconde manière à la précédente. — Mais, hélas! ce n'était qu'un moment de répit : voilà le sabbat qui recommence de plus belle, jusqu'à parfait assourdissement. C'est à ne pas en croire ses oreilles. Jamais je n'ai vu de ferveur semblable. Quelle prière! quel poignet!...

De son côté, Sada n'est pas en retard d'activité. Unissant, comme la plupart de ses pareils, la crédulité au scepticisme, il s'est adressé à un bonze bayant aux corneilles et lui a réclamé sa bonne aventure, ou du moins quelque chose d'analogue, si je m'en rapporte à la petite scène qui se passe sous mes yeux. En effet, après avoir frappé trois coups d'appel sur le *kin*, ou timbre placé à sa portée, tout en agitant vio-

Nous repassons, en revenant à l'hôtel, par ce même quartier marchand que nous devons, comme bien d'autres, traverser pour la dernière fois. Le soir de ce même jour, en effet, à onze heures, au moment où je me dispose à congédier Sada, qui m'avait aidé jusquelà à classer quelques semences de fleurs et de légumes achetés dans la journée, des clameurs s'élèvent de toutes parts, et le gong d'alarme résonne à tous les carrefours. Nous nous précipitons à la fenêtre. Une immense lueur pourpre illumine le firmament dans la direction du Chiro.

Un incendie encore une fois!

Allons, en route,... sans perdre un instant!

C'est dans la ville marchande que le feu a éclaté, tout auprès des remparts du quartier officiel, entre

Kio et Nihon-bachi. Grâce à notre diligence, nous nous trouvons bientôt dans une rue voisine du lieu du sinistre. En même temps j'avise une échelle adossée contre un koura et, du même coup, nous grimpons l'un et l'autre sur la toiture d'une maison dont les frêles voliges craquent de manière inquiétante sous notre poids. Cette maison est déjà abandonnée de ses habitants, comme la plupart des logis voisins, bien que l'incendie ait encore un vaste espace à franchir avant d'arriver jusqu'à nous. Une fois sur cet observatoire, je fais hisser l'échelle par Sada, de façon à ne pas nous trouver pris comme des renards dans leur tanière. Si nous ne prenions pas cette précaution, nous pourrions, à certain moment, nous voir dans l'alternative ou d'être brûlés vifs, ou de nous casser le cou en nous précipitant sur le sol.

De ce point, nous assistons alors au terrifiant spectacle de l'incendie. Les flammes s'élèvent en tourbillons vers le ciel et, poussées par un vent de nord-ouest des plus violents, projettent des gerbes d'étincelles qui se brisent tout à coup et retombent en pluie de feu sur les habitations environnantes. Déjà l'élément destructeur a gagné beaucoup de terrain. Il règne en maître sur une immense étendue. D'après notre calcul, il semble avoir dévoré plus d'un millier d'habitations, et il s'avance vers nous avec une vitesse vertigineuse. Quel coup d'œil! Jamais je ne pourrais décrire les sublimes et formidables beautés de cette scène à la Néron, la plus émouvante certainement de toutes celles que j'ai eu l'occasion de contempler jusqu'à ce jour. Toutes ces maisons de bois sec offrent au fléau un aliment que ne saurait maîtriser aucune pompe, aucun engin aussi perfectionné qu'il soit. C'est avec une profonde tristesse que nous les voyons s'enflammer, les unes après les autres, avec une rapidité sans égale et formant autant de bûchers qui portent la mort à leur tour. En quelques minutes les charpentes embrasées se tordent, se carbonisent et s'abattent sourdement sur les kouras, qui demeurent seuls intacts avec les richesses qu'ils renferment dans leurs flancs réputés incombustibles. A vrai dire, ces kouras léchés par les flammes gigantesques résistent admirablement. D'ici j'en puis compter plus de cinquante encore debout, au milieu des ruines incandescentes, et paraissant défier l'incendie dont la rage ne fait que croître.

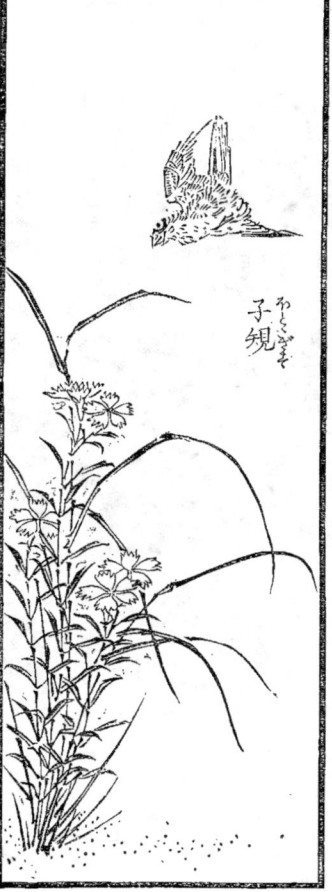

CROQUIS REPRÉSENTANT UN PIED D'ŒILLETS (p. 218).

Au milieu de ce foyer quasi infernal, des groupes d'hommes résolus combattent héroïquement le monstre à gueule vomissante. Ils sont là, s'élançant, l'étendard en tête, sur les toits des kouras, rejetant les bûches enflammées et faisant l'impossible pour l'arrêter dans sa marche. Vains efforts! Le dragon dirige contre eux ses langues perfides et empoisonnées. Mais ce n'est qu'à la dernière extrémité qu'ils battent en retraite, l'étendard brûlé et les vêtements en feu. Obligés de quitter leur poste d'honneur, ils courent dresser leur misérable échelle de bambou à quelques pas plus loin dans le but de recommencer la lutte, avec un courage qui ne se démentira jamais. En vérité, la conduite de ces vaillants coolies m'inspire la plus vive admiration. N'ayant à leur disposition qu'un matériel aussi incomplet que primitif, ils déploient une audace, une énergie incroyables. Quel généreux mépris de la mort! Celui qui prétend qu'en dehors de la classe des daïmios et des samouraïs il n'y a au Japon ni héroïsme ni résolution, en a menti par la gorge.

A ce spectacle inoubliable, on se surprend à répéter les vers de Virgile qu'on croirait avoir été écrits pour la circonstance :

Felix qui potuit rerum cognoscere causas,
Atque metus omnes et inexorabile fatum
Subjecit pedibus, strepitumque Acherontis avari!

De toutes parts, le craquement des maisons qui cèdent, se disloquent et s'écroulent dans des torrents de feu; les clameurs de la populace qui s'enfuit en emportant ce qu'elle peut arracher aux maisons, mobilier, menuiseries ou charpente, voire des escaliers; les appels des coolies courant dans les deux sens, les uns pour combattre le fléau, les autres pour opérer ce vaste et lugubre déménagement, tout contribue à décupler le bruit inénarrable qui a succédé en moins de rien au calme de la ville endormie. Sur l'ensemble des cris affolés, le tintement sinistre des gongs domine comme des points d'orgue, ajoutant à cette grandiose symphonie une note à la fois pathétique et terrifiante. Malgré moi, je me sens le cœur serré, comme dans un étau, à l'aspect de toute une ville qui croule dans le néant, de tant de labeur perdu, de toutes les misères qui s'accumulent.

Non loin de nous, un jardinet, naguère paisible et verdoyant, est placé sur le passage de la trombe de feu. Aux brûlantes approches de celle-ci, les plantes immobiles sur leur pied semblent se contracter d'épouvante. Tout à coup, un vague bruissement se fait entendre, et les arbres se montrent dépouillés de leur parure, ne présentant bientôt plus que l'aspect de troncs décharnés encore pleins de sève, mais qui s'enflammeront à leur tour comme de simples torches de résine. En moins de temps qu'il n'en faut pour le décrire, l'œuvre de destruction finale est accomplie.

Si, il y a une demi-heure à peine, l'incendie était loin de nous, à présent il nous menace directement. Encore une vingtaine de maisons, et il aura gagné le point d'où nous l'observons. Or, telle est la fascination exercée sur nous par ce spectacle sans précédent, que, malgré le danger qui s'avance, nous restons comme cloués sur place. Déjà la chaleur est devenue intense. Sans plus discontinuer, de rouges brandons éclatés et des nuées d'étincelles voltigeantes passent au-dessus de nos têtes en s'abattant en mille endroits. Sous cette pluie d'un nouveau genre, une maison s'enflamme derrière nous. Ce n'est d'abord qu'une lueur dont nous sommes les premiers à nous apercevoir. Nous faisons aussitôt des signes à quelques pompiers qui se trouvent déjà retenus aux environs. Il est clair qu'on éteindrait facilement ce bûcher naissant, au moyen de quelques coups de bâton. Mais,

hélas! le quartier tout entier n'est-il pas destiné à disparaître?

Sada commence à juger qu'il est grand temps de quitter notre observatoire, et je sens qu'il va falloir, malgré moi, me rendre à son avis, car déjà le feu n'est plus qu'à dix mètres de nous. A quelques pas derrière, on réinstalle des pompes, misérables engins pour combattre un tel ennemi. En moins de rien, même, nous sommes recouverts d'eau. Il faut fuir à notre tour. Quel bonheur d'avoir gardé notre échelle! En ce moment, en effet, je m'aperçois que la maison voisine, dont le balcon se présentait à nous

CANARDS SAUVAGES (p. 248).

comme un moyen d'évasion et par l'intérieur de laquelle nous aurions pu déguerpir commodément, a été dépouillée de son unique escalier. Il n'y a plus un instant à perdre. Vite au sauvetage! Nous nous avançons donc à nouveau, sur notre plancher débile, au risque de plonger au travers, et nous descendons sains et saufs sur la voie à l'heure où les flammes vont déjà nous toucher.

Mais c'est ici que le danger va devenir tout à fait sérieux. Je dois même constater que j'ai commis la plus grave des imprudences en différant notre retraite. La rue est si encombrée d'indigènes fuyant dans toutes les directions avec leur mobilier, qu'il devient impossible d'y circuler. Plus nous avançons, plus le flot humain s'amasse sur notre passage, débouchant tumultueusement par toutes les voies latérales. Dans l'incertitude où est plongée une immense population, réveillée en sursaut, les uns vont dans un sens, les autres dans le sens opposé. Une lutte désespérée s'engage alors entre ceux dont nous suivons le courant et ceux qui viennent vers nous. Si cela continue, il n'y aura plus moyen de nous échapper.

En moins d'un instant, je suis couvert de contusions, heurté par les mille objets dont chacun est muni. La mêlée devient inexprimable. Heureusement Sada, qu'on retrouve toujours au moment critique, a conservé l'échelle qui nous avait servi à faire notre escalade. Il ne s'agit plus d'observer de vaniteuses convenances. Je saisis celle-ci avec l'énergie que donne la conscience du péril; puis, en la faisant manœuvrer rudement, nous pratiquons une trouée dans la foule jusqu'au large fossé qui baigne le pied des remparts du Chiro. A présent, nous n'avons plus l'incendie que de deux côtés; nous pouvons, à la rigueur, nous évader par le quai qui borde le cours d'eau.

Mais — ô fatalité ! — les bois et les marchandises déposés tout le long de la rive ont pris feu à leur tour. Dès lors, nul moyen de fuir : l'incendie en avant, le rempart au dos. Que faire? Faut-il nous précipiter dans le lit du canal, dont, pour fiche de consolation, les bords sont à sec? Faut-il revenir sur nos pas résolument et retraverser cette foule en délire, au risque de nous faire assommer? Faut-il nous jeter au milieu du foyer naissant? C'est à ce dernier parti que je m'arrête, sur l'exemple de quelques fuyards placés dans les mêmes conditions que nous. Abandonnant cette fois l'échelle, qui ne nous est plus d'aucun secours et qui pourrait, au contraire, entraver notre marche, nous nous coiffons l'un et l'autre d'une caisse vide pour nous garantir la tête, et, bondissant entre les bûches ignées et les débris croulants, nous nous engageons en plein incendie. Le passage est de tout point effrayant. Heureusement il est de courte durée. Après une centaine de pas, je devrais dire de sauts, pour éviter les brandons qui s'amoncellent, nous avons traversé la haie incandescente et sommes parvenus à l'autre extrémité, juste au moment où la dernière maison s'effondre en éparpillant les éclats jusque sur nos pieds. — Il était temps. Si dans mes voyages j'ai souhaité d'arriver au but, c'est bien au milieu de ce péril sérieux né tout à coup sous mes pas. Rendons grâce au Ciel d'avoir ainsi esquivé le triple danger qui nous menaçait : celui d'être broyés entre les meubles, celui d'être renversés par la foule, et celui d'être flambés tout vifs.

C'est bien le cas de dire :

Remettons-nous, seigneur, d'une alarme aussi chaude!

Du haut du rempart sur lequel nous nous sommes réfugiés, nous pouvons maintenant observer sans risque la marche effrayante de l'incendie. Celui-ci s'est étendu bien au delà du point que nous occupions primitivement, il n'y a qu'un quart d'heure. Pour peu qu'il continue de la sorte, il va gagner le quartier du Tskidji, où je suis descendu. Déjà je me représente dans la flamme et mon hôtel, et mes bagages, et mes collections, et mon journal de voyages écrit au jour le jour. Mais ce n'est pas possible! La ville entière ne peut disparaître; et cependant les bâtiments publics, les places ouvertes du quartier officiel, sont éclairés comme au grand jour, comme si le soleil couchant les regardait en face.

A nos pieds, la foule renouvelée lutte toujours pour se frayer un passage. C'est la même scène à laquelle nous avions participé. Par bonheur, tout danger semble à présent conjuré. L'on est parvenu, non sans peine, à étouffer les flammes qui gagnaient le long du canal et menaçaient de barrer toutes les issues.

UN HIDATCHI, OU BRASERO, EN FONTE D'ART

Mais c'en est assez. Bien que le Tskidji ne nous semble pas encore attaqué, il est bon de nous rapprocher de l'hôtel. Nous reprenons donc notre course, et nous allons déjà nous engager dans les quartiers qui y conduisent, quand nous devons, pour la troisième fois, voir renaître nos émotions. L'incendie a, dans une sorte de bond désordonné, atteint, aux abords de la Concession étrangère, le quartier où se concentre le commerce du bois, et qui m'avait tant étonné il y a à peine deux jours. A tous moments, maintenant, des détonations analogues à celles d'un combat de mousqueterie déchirent l'air. Ce sont les bambous entassés auprès du canal qui éclatent en se consumant. La foule s'empresse de pousser dans les eaux ces dangereux amas de matières combustibles.

Par le fait, notre hôtel n'est plus qu'à quelques centaines de mètres du quartier qui brûle. Lorsque nous y arrivons, je m'aperçois que le fléau s'est étendu dans la direction de Chimabara. S'il traverse le canal qui nous en sépare, nous serons fatalement englobés. Dans cette prévision, je fais entasser dans mes malles tout ce qui me tombe sous la main et j'arrête deux djinrikchas pour le reste de la nuit. A la moindre alarme sérieuse, nous fuirons vers d'autres lieux plus hospitaliers. Mais où aller? Il me semble que Tokio tout entier va être consumé dans un embrasement général. L'incendie, à présent, s'étend de l'est à l'ouest, sur une distance que l'œil ne saurait embrasser d'un regard. Déjà les flammèches et les étincelles forment au-dessus de nos têtes comme un dôme d'étoiles filantes. Au surplus, les préparatifs que l'on fait autour de nous, dans l'hôtel, sont loin d'être rassurants. Voici qu'on ferme les volets à la hâte et qu'on fait sortir d'un hangar une pompe mise immédiatement en état de fonctionner. Bientôt on asperge d'un jet continu les toitures voisines, lesquelles sont, comme dans la plupart des habitations japonaises, formées de voliges légères simplement juxtaposées et sèches comme de l'amadou.

Notre anxiété se prolonge pendant de longues et mortelles heures. De nouveau nous revoyons l'incendie auprès de nous et gagnant insensiblement notre quartier. C'est comme un immense rideau couleur d'or et de sang, qui s'élève jusqu'aux nues en absorbant le sol qui se dérobe dans un cercle à la fois magique et fallacieux. Le théâtre de Chimabara, qui vient de prendre feu également, projette sur ces lueurs sombres un point éclatant de lumière. Par un bizarre effet d'optique, on croirait voir la ville s'avancer au-devant des flammes, en leur présentant successivement tout ce qui s'y trouve, à la façon des tableaux roulants dans une féerie. C'est Tokio qui s'offre d'elle-même à la mort et au néant !

L'HOMME VERTUEUX (p. 217).
Collection de l'auteur.

Dans la perplexité commune, je tente deux reconnaissances du côté de l'incendie, après avoir donné l'ordre à Sada de se tenir prêt à partir si notre hôtel venait à être atteint. J'ai lieu de constater, non sans satisfaction, que la flamme décroît enfin. Le dragon semble avoir apaisé son effroyable appétit. Dans les lieux découverts, où l'on jouit d'une sécurité relative, une foule innombrable est campée en plein vent, auprès des objets mobiliers arrachés au désastre. De toutes parts, les coolies, lourdement chargés, arrivent, déposent leurs fardeaux et s'envolent vers de nouveaux sauvetages. Plusieurs indigènes se sont ménagé des abris provisoires au moyen de quelques planches épargnées. Déjà ils ont étendu leurs nattes, rangé tout autour leur mobilier et même allumé leurs hibatchis. Chose extraordinaire, aucun d'eux n'a l'air de s'affliger outre mesure du malheur qui les a frappés ! L'incendie rentre, au Japon, dans la catégorie des accidents banaux qui, menaçant tout un peuple, sont acceptés de chacun avec une imperturbable résignation.

DANSE MACABRE (p. 246).
Collection de l'auteur.

Vers six heures du matin, le fléau semble arrêté dans sa marche. Cependant on n'en est pas encore définitivement maître; car, après avoir tout anéanti, de l'orient au couchant, il se rallume soudain avec une même intensité justement auprès de son premier point de départ.

Mais tout danger a disparu pour nous. Il n'y aura plus que les quelques maisons formant l'extrémité du quartier consumé qui flamberont encore, comme dans un sentiment d'holocauste inspiré par la catastrophe. J'en suis sûr, il ne doit plus rien exister entre les deux canaux. L'incendie a certainement rasé la partie de la ville comprise entre le Kio et le Nihon-bachi. C'est ce que je vérifierai demain, si je le puis, que dis-je, aujourd'hui, puisque nous sommes bien au jour suivant, sans avoir fermé l'œil, comme on le conçoit.

Jeudi, 30 novembre. — Beau temps (th. +5° cent. le matin; 10° vers midi). Déjà la presse locale nous apporte des nouvelles du désastre. Voici la traduction littérale d'un grand journal quotidien de Tokio appelé *Hotchi-chimboun*.

« Le feu a pris naissance chez un nommé Souzouki, marchand de chevaux, résidant au n° 2 de la *Soukiyamatchi*. Voici les noms des rues incendiées : *Gimomotcho*, etc. (suivent quarante noms environ), et plusieurs autres encore.

« Le feu, très violent, s'est étendu de l'ouest à l'est. Au moment où nous mettons sous presse, l'incendie n'est pas encore complètement éteint. Nous sommes certains, dès à présent, qu'il y aura eu beaucoup de morts et de blessés ; mais, faute de renseignements précis, nous sommes obligés de remettre les détails à demain. »

Voici ces détails, que je me suis procurés après coup et qui trouvent une place naturelle dans mon récit. Ils sont malheureusement d'une éloquence telle que le moindre commentaire serait superflu : *quatre-vingt-sept rues*, comprenant *huit mille neuf cent six maisons*, ont été la proie des flammes. Il y a eu, en outre, plusieurs ponts détruits et une *cinquantaine* de barques brûlées. Le nombre des morts ne dépasserait pas ce dernier chiffre, mais celui des blessés se compte par centaines. Encore faut-il s'étonner qu'il n'y ait pas eu plus de victimes.

UN MARCHAND AMBULANT
(p. 246).
Collect. de l'auteur.

Vingt mille personnes de tout âge et de tout sexe sont maintenant sans abri.

Un plan vendu sur la voie publique, aux environs des ruines encore fumantes, donne l'indication de tous les quartiers détruits. Il sera de nature à me rappeler une série de faits vraiment effrayants

Quorum pars... parva fui.

En vérité, auprès de ce drame terrible, accompli en quelques heures, que sont nos incendies d'Europe? Rien, à coup sûr, ne saurait en donner même une idée, Dieu merci!

Vers midi, je vais voir M. O*** au Daï-jo-kwan, où je fais, entre autres, la connaissance de M. S***, directeur de la commission centrale de statistique. M. S*** parle, ou, pour être plus exact, écrit le néerlandais, car sa prononciation est assez défectueuse pour rendre son langage inintelligible. Le hollandais était autrefois le seul idiome étranger que connussent les Japonais, ce qui s'explique suffisamment par leurs relations exclusives avec les Pays-Bas. Mon aimable cicerone me sert naturellement d'interprète durant cet entretien, auquel prennent successivement part les personnes présentes.

On boit du thé, on échange des vues sur le Japon, sur son passé, sur son état présent et surtout sur son avenir prochain. Le sinistre de cette nuit est naturellement mis sur le tapis. Chose extraordinaire, on ne s'en occupe que comme d'un événement sans grande importance. On avoue bien que les ruines s'étendent sur une surface immense; on dit bien qu'il n'existe plus que des cendres là où s'élevaient des établissements considérables, mais on n'en est pas autrement affecté. Par le fait, les kouras ont admirablement résisté, et c'est dont on se félicite le plus.

Nous avons, d'ailleurs, au sortir du ministère, l'occasion de visiter quelques-uns de ces kouras. Dans tous ceux où nous pénétrons, les objets les plus fragiles, les plus inflammables, sont demeurés intacts. J'ai peine à en croire mes yeux. Il semblerait pourtant que ces magasins, surchauffés par le voisinage, ont dû subir une température assez élevée pour entraîner la détérioration des marchandises qui y sont contenues. Il n'en est rien, cependant. Je ne constate aucune trace du fléau qui a sévi tout autour! Le feu des maisons de bois — à ce qu'il paraît — n'est ni assez continu ni assez intense pour attaquer les murailles de plâtre dont les kouras sont formés. On peut donc dire que les marchandises qu'on y entasse sont à l'abri de tout événement. Quant aux hommes, jamais ils ne s'y renferment, l'effondrement des toitures étant parfois à redouter. Au résumé, sur un millier de kouras rencontrés durant toute notre promenade, je n'en vois guère qu'une demi-douzaine qui aient fait faillite à leur réputation d'incombustibilité. Encore est-il présumable qu'avant de s'abîmer dans les flammes ils avaient subi antérieurement certaines attaques qui les rendaient plus accessibles que les autres à la dévastation générale. Mais, à part ces mêmes kouras, dont les masses se dressent de distance en distance, le sol est entièrement nivelé. Çà et là seulement quelques tuiles révélatrices indiquent la trace des habitations qui en avaient été primitivement recouvertes, par une sorte de luxe assez rare pour qu'il soit signalé. Auprès du canal, un grand amas de combustibles dégage encore des colonnes de fumée. C'est un tas de charbon amoncelé, qui, au lieu de se consumer pour le bien du client, s'envole ainsi en vapeurs, au grand détriment du marchand. La Concession européenne n'a pas été épargnée. Tout le Tskidji a souffert, il n'en reste plus une partie debout. La légation autrichienne,

JOUEUR DE KOKIOU (p. 258).
D'après un dessin japonais.

établie à la japonaise, est détruite de fond en comble. Le ministre y achevait à peine son installation, car il n'était arrivé que depuis quinze jours. On prétend qu'il avait rapporté de Chine une collection fort intéressante, de laquelle il n'a rien pu sauver.

Déjà une nuée de charpentiers sont à l'œuvre pour élever des abris provisoires. Partout, les indigènes que je rencontre, faisant le relevé de leurs pertes, m'accueillent avec le sourire sur les lèvres. Bien qu'ils viennent d'être cruellement éprouvés, ils ne semblent pas en ressentir une consternation analogue à celle qui régnerait dans nos pays à l'issue d'une pareille catastrophe. Cette attitude philosophique confirme hautement ce que M. S*** me déclarait tout à l'heure: « Au Japon, l'incendie entre si bien dans le calcul des probabilités, que les habitations y sont, pour la plupart, construites des matériaux les moins dispendieux. Une maison ordinaire coûte à peine quelques centaines de francs. Autrefois la durée moyenne de ces bâtisses était de trois ans seulement ; quand ce terme était atteint ou dépassé, on se félicitait du résultat. Aussi les sinistres étaient-ils si fréquents qu'on avait fini par surnommer Yédo « la Fleur des incendies ».

Vendredi, 1er décembre. — Beau temps (th. +5° cent.).
J'expédie à Yokohama le fac-similé du palais mikadonal que j'ai acheté avant-hier. Il l'a échappé belle.
Journée entièrement consacrée à visiter les magasins de curiosités. Cette occupation est cent fois plus

La population indigène recherche beaucoup ces petits ivoires, constituant à ses yeux de véritables fétiches. En général, ces œuvres portent le nom de leur auteur, du moins celles qui sont soignées de forme et d'exécution. Les plus anciennes, assez difficiles à rencontrer, sont toujours revêtues de cette signature. La plupart d'entre elles, de dimensions lilliputiennes, appelées dans le pays *netskés,* tenaient autrefois lieu de breloques. Tout Japonais de bonne naissance ne manquait jamais d'en adjoindre un certain nombre à sa ceinture au milieu des mille et un objets qui y étaient appendus. A cet effet, chaque *netské* était percé de

DANS LE PARC DE L'ANCIEN YACHIKI DU PRINCE DE MITO (p. 271).

intéressante à Tokio qu'à Yokohama. Ici — comme je l'ai déjà dit — les objets usuels sont fabriqués en vue de la consommation locale, tandis que là-bas ils n'ont d'autre destinée que de suffire à l'exportation.

Dès la matinée, aux environs du temple d'Asaksa je trouve un marchand de bric-à-brac qui, après mille hésitations, et tout en me présentant des articles vulgaires, finit par étaler sous mes yeux toute une collection de petits ivoires vraiment charmants. Je conclus, à cet empressement, que mon homme ne serait pas fâché de les écouler en raison de l'approche du jour de l'an, époque à laquelle tout le monde ici est moralement tenu de régler ses comptes. Grâce à ses bonnes dispositions, j'ai bientôt fait mon choix, parvenant à me rendre acquéreur du lot dans des conditions acceptables.

deux trous. On y passait les cordons de soie qui servaient à retenir la pipette, la blague à tabac, tout l'appareil nécessaire a faire du feu, les boîtes à compartiments renfermant les médicaments, etc. Ces breloques sont marquées au coin de l'originalité la plus fantaisiste et dénotent chez l'artisan qui les a conçues ou exécutées un talent vraiment remarquable. Je dis artisan, je devrais plutôt dire artiste. A part, en effet, certains produits d'imitation, grossiers de forme et vendus au rabais, tous possèdent un mérite intrinsèque plus ou moins grand, mais indiscutable en principe. Chaque pièce représente un personnage différent, une scène quelconque de la vie. Quand le sculpteur s'est inspiré d'un sujet déjà traité par un autre, il a toujours eu soin de communiquer à son œuvre un caractère qui lui est propre. Depuis que je me livre à la recherche de ces petits riens, je n'en ai jamais rencontré deux échantillons qui fussent identiquement semblables.

Cette observation ne devrait pas seulement s'appliquer aux *netskés*, mais aussi et mieux encore à toutes ces statuettes minuscules, à ces groupes de personnages dont l'industrie japonaise nous offre une si grande variété. Là se révèle une imagination d'une fécondité inépuisable ; là se trahit un art qu'on rechercherait en vain chez aucun autre peuple. L'empressement, du reste, avec lequel les amateurs modernes les recherchent témoigne hautement de leur valeur.

Quant aux sujets représentés par ces figurines, ce sont le plus souvent des personnages historiques ou mythologiques, des animaux fantastiques, des masques de théâtre, des types de toute espèce, hommes ou femmes de toute condition, depuis le samouraï à deux sabres jusqu'au plus vulgaire coolie. La plupart des groupes rappellent des scènes légendaires ou se rapportant à l'histoire, des tableaux de la vie réelle, le tout plein d'expression, de vie et de cette verve comique qui est le fond de l'esprit japonais. Tel représentera, par exemple, maître *Kitsné*, l'animal fabuleux dont nous avons déjà indiqué l'esprit maléfique, et qui, après s'être incarné subrepticement dans la personne d'une impératrice en vue de révolutionner la cour mikadonale par ses mauvais tours, en est finalement expulsé par exorcisme, sous forme d'un renard à neuf queues. Tel autre mettra en scène une bande d'aveugles cherchant à connaître la conformation de l'éléphant, sujet essentiellement satirique dans lequel l'auteur s'est appliqué à démontrer la vérité d'un proverbe japonais, presque français : *Mo djin tso wo sagourou*, « juger d'une chose comme un aveugle d'un éléphant ».

LES MÉDECINS AVEUGLES (p. 246).
Groupe en ivoire. — Collection de l'auteur.

M. K***, mon pourvoyeur habituel de curiosités japonaises, m'a récemment procuré une collection d'ivoires où l'on retrouve des spécimens de toutes dimensions, depuis le netské minuscule jusqu'à la dent d'éléphant entièrement refouillée et sculptée. Groupes et statuettes sont aussi remarquables par la finesse de la ciselure que par l'originalité de la conception. Parmi les premiers, j'en remarque surtout un, de forme elliptique, représentant la scène du Jugement dernier. On y voit, d'une part, le Minos japonais flanqué de personnages cornus et grimaçants, trônant au-dessus de la foule hurlante des trépassés, mettant en balance le juste et le coupable et rendant ses arrêts un éventail à la main. Sur la face postérieure, au contraire, une femme, sorte de Proserpine, verse le nectar divin à un bienheureux assis dans un fauteuil.

Tandis que celui-ci semble être au comble de la félicité, les réprouvés, consternés et grinçant des dents, se livrent à ses pieds à des batailles intestines et sans fin.

Un autre groupe, constituant une satire à la Molière des disciples d'Hippocrate, nous montre la carrière médicale depuis le passage du pont aux ânes jusqu'à l'accession à la réputation et aux honneurs, sous forme d'aveugles s'efforçant d'atteindre au sommet d'un rocher élevé.

Le squelette humain, comme dans notre iconographie du moyen âge, est très fréquemment emprunté par les Japonais dans leurs compositions artistiques. Le groupe du Jugement dernier nous en a donné un exemple. Voici encore un sujet aussi macabre, mais d'allusion moins claire, où le sculpteur a groupé aux pieds d'un corps décharné la fleur du lotus, emblème de la vie et de la génération, et un groupe d'échassiers, symbole de la longévité, semblant ainsi prêcher aux mortels de vivre dans le calme de la nature et dans l'oubli des passions terrestres.

Quant à la collection de netskés proprement dits recueillis par M. K***, elle est aussi variée que nombreuse. Quelques-uns représentent des scènes légendaires, comme celle du Gentilhomme et du Brigand. On y voit le jeune insouciant au sein d'un pays infesté de malfaiteurs, tout en jouant tranquillement de la flûte. Cette attitude courageuse lui vaut l'admiration du des brigands, qui s'agenouille à ses pieds en remettant sa lame au fourreau et s'offre à devenir son serviteur. M. O***, mon compagnon de chaque jour, m'assure que ce serait là un des mille épisodes de l'histoire du fameux Yochitsouné, le plus populaire des héros japonais. Un autre netské se rapporte au jeu populaire appelé *okagoura*, jeu dans lequel, au son du tambour et du fifre, des enfants affublés d'un masque de lion et d'un masque de renard semblent symboliser la lutte entre la force et la ruse. Enfin, il y a là encore des squelettes et des diablotins grimaçant et dansant, des marchands jetant leurs appels à travers les rues, des divinités aux protubérances fantastiques, des guerriers armés jusqu'aux dents, des savants le nez plongé dans leurs livres d'étude, des mousoumés promenant leur progéniture ou s'adonnant aux mille occupations du ménage, etc., etc., tous objets aussi finement sculptés que plaisamment composés.

Mais revenons à notre marchand d'Asaksa.

A côté de la collection d'ivoires qu'il a mise sous mes yeux, d'autres statuettes sont tour à tour étalées. Celles-ci sont travaillées dans le bois. Les unes comme les autres excellent par l'art qui y est déployé. Chacune d'elles cependant n'a été sculptée qu'à l'aide d'un instrument des plus primitifs, bien que les détails en creux y soient d'une netteté parfaite comme le modelé des bosses.

Parmi tant de merveilleux bibelots étalés sous mes yeux, je n'en veux décrire qu'un seul, autant parce qu'il constitue un réel petit chef-d'œuvre de finition qu'à cause de la pensée morale évoquée par sa délicate contexture. C'est un netské en ivoire représentant un vieillard occupé à répandre de la cendre sur des troncs d'arbres desséchés, tandis que de tous côtés apparaissent des boutons naissants et des fleurs épanouies. La légende veut que cet homme, d'une vertu éprouvée, ayant vu dépérir toute la végétation de son jardin, réussit, par ce moyen, en récompense de ses mérites, à faire reverdir les tiges mortes. Et elle ajoute que des voisins, ayant voulu tenter du même procédé sans prendre en même temps exemple sur la vie édifiante du vertueux personnage, obtinrent un résultat tout opposé. La cendre leur retomba dans les yeux. Tant il est vrai que la Providence ne vient en aide qu'aux hommes de bien. La sculpture, d'une finesse remarquable, est d'un certain Rioumin, qu'on me dit jouir d'une grande célébrité.

Tout en explorant la ville, je m'arrête dans quelques boutiques, où j'ai l'occasion de voir nombre de peintures japonaises, la plupart anciennes, ainsi que des livres illustrés.

Si l'art du dessin n'est peut-être pas le plus important de tous les arts indigènes, il est certainement celui auquel tous les autres ont fait le plus d'emprunt, et, à ce titre, il mérite que nous en disions ici quelques mots, en l'examinant successivement dans ses deux plus amples manifestations : la xylographie et la peinture.

La xylographie japonaise, ou impression à l'aide de planches de bois de cerisier gravées en relief, est d'importation chinoise, les Célestes ayant — on sait — pratiqué la sculpture en saillie de caractères et de dessins dès les premiers siècles de notre ère. Il s'ensuit que les œuvres archaïques ont quelque analogie au Japon avec celles de l'empire du Milieu. Toutefois, les dessinateurs japonais se sont rapidement débarrassés du formalisme étroit dont la Chine a gardé le monopole, et c'est par une série de créations personnelles, absolument géniales, que l'empire du Soleil Levant a conquis la très haute réputation dont jouit, à juste titre, son art national.

Dans le principe et jusqu'au dix-septième siècle, la xylographie japonaise semble avoir reposé sur la simple impression en noir. Ce n'est qu'à partir de cette époque que la chromoxylographie prit naissance au Japon. On n'employa d'abord que quatre couleurs : noir, vert pâle ou bleu, et rose clair. Mais au dix-huitième siècle la palette se vit augmentée de plusieurs autres complémentaires et atteignit du coup un haut degré de perfection. Quant au procédé d'impression, il consistait à faire passer successivement la même feuille sur les différents bois, et par voie de reports, tout comme dans le procédé qui s'en est répandu depuis en Europe pour la chromogravure et la chromolithographie. Si, d'ailleurs, la xylographie avait été jusqu'à cette époque quelque peu arrêtée dans son essor, c'est qu'elle se confinait dans la représentation des scènes religieuses et dans la vulgarisation des textes sacrés. Avec Hokousaï et ses contemporains, au contraire, et grâce au développement intellectuel de la race, elle étendit son domaine et s'adonna plus particulièrement à l'illustration des œuvres littéraires.

LES MÉDECINS AVEUGLES (p. 246).
Face postérieure.

Nous ne citerons pas assurément, à ce propos, les nombreux artistes qui se sont illustrés, aux diverses époques de l'art xylographique. Ce sont là des détails que ne comporte pas notre cadre trop restreint. Disons seulement que cet art, pratiqué et perfectionné par l'illustre Hokousaï, — un des artistes les plus originaux du Japon, à la fois dessinateur et peintre, et dont l'œuvre a été surtout vulgarisée en Europe par la célèbre Mangwa, album de dessins en quatorze volumes, — s'est élevé à une hauteur qui ne fut jamais dépassée, au triple point de vue de la conception, de l'exactitude et de la virtuosité.

Passons maintenant à la peinture proprement dite. Comme la xylographie et les arts de tous les pays, quels qu'ils soient, la peinture japonaise présente une histoire spéciale et des phases bien distinctes. Née avec l'invention du dessin, elle s'est avancée, étape par étape, depuis le simple croquis enluminé d'une manière plus ou moins adroite jusqu'à la création traitée *ex professo* par des maîtres en l'art de peindre.

Il ne subsiste malheureusement, à la connaissance de tous ceux qui s'occupent de l'art japonais, que très peu de vestiges de l'époque archaïque, non plus que des anciens tableaux attribués à tort ou à raison aux artistes coréens qui furent mandés, vers l'an 463 de notre ère, par l'empereur Youriakou. Un des seuls tableaux même qui aient surnagé d'entre les œuvres de cette époque, ne remonterait pas au delà du septième siècle, et se trouve dans la province de Yamato, appendu aux murs du temple de Horioudji. Il représente le prince Cho-tokou-Taïchi peint par lui-même. Ce prince, fils de l'empereur Yoméi, fut à la fois un zélé propagateur de la religion bouddhiste et un fervent adepte de la civilisation coréenne.

Depuis nombre d'années déjà, grâce aux études critiques conduites simultanément en France, en Angleterre, en Allemagne et en Amérique, grâce surtout aux persistantes investigations de quelques résidents étrangers constitués ici en sociétés d'études, on est parvenu à classer l'œuvre japonaise en un certain nombre de divisions ou d'écoles.

Sans nous arrêter spécialement à chacune de ces diverses classifications, constatons d'abord que, dans le principe, les sujets choisis sont presque tous tirés de la religion bouddhique, et que l'étude de la nature ou de l'histoire y est traitée suivant la conception chinoise. Cette particularité lui a valu le nom d'école chinoise et bouddhiste. N'avons-nous pas vu, d'ailleurs, à diverses reprises, qu'aux époques reculées de son histoire, le Japon subit l'influence de ses puissants voisins jusque dans les moindres manifestations de son activité nationale?

A partir du onzième siècle seulement, l'art semble vouloir s'affranchir enfin de la tutelle étrangère, et la peinture aborde peu à peu le domaine de l'épopée japonaise. Au treizième siècle, cette nouvelle école, d'abord connue sous le nom de Yamato, devint particulièrement illustre, grâce au génie de Tsounétaka, de la grande famille des Foudjiwara, lequel prit le pseudonyme de Tosa, sa province natale. De là le nom de Tosa sous lequel on a désigné l'école tout entière. Sous l'impulsion prépondérante de cet artiste, la peinture tourna bientôt au pompeux et au courtisanesque.

On n'y voit plus que hauts dignitaires en costumes de gala, héros encuirassés et daïmios brodés d'or. Ayant graduellement gagné en magnificence, l'école nationale de Tosa perd fatalement en naturel.

Malgré les tendances chauvines des peintres de cette école, il est clair pourtant que l'art japonais a toujours suivi, même malgré lui, les leçons fournies par les maîtres chinois. Et c'est ainsi qu'au quinzième siècle nous voyons une sorte de renaissance chinoise se produire sous l'initiative de Kano-Masanobou et de son fils Motonobou, et jeter un brillant éclat sur l'antique civilisation du Soleil Levant.

Vers la fin du seizième siècle, une révolution radicale s'opère en la personne d'Iwasa-Matahéi, lequel rompt brusquement avec la tradition constante et l'imitation continentale. Comme les maîtres de la Hollande, dont le Japon subit alors l'influence, la peinture semble s'attaquer délibérément à la reproduction des intérieurs et des mœurs, résultat qu'elle atteint du coup avec une grande fraîcheur d'idées et un réalisme charmant. C'est cette école, suivie de l'école de Chijo, laquelle accentua encore la tendance naturaliste qui a donné plus particulièrement lieu à l'engouement artistique connu de nos jours en Europe sous le nom de japonisme et d'où sortira sans doute dans l'avenir, avec ses mille applications diverses, toute une moisson d'œuvres remarquables.

UN PLAT ILLUSTRÉ D'UNE FAÇON HUMOURISTIQUE (p. 238).

A la suite de l'école de Chijo, enfin, une dernière révolution s'est produite, laquelle témoigne à la fois d'un retour à la tradition de Tosa et d'une accentuation des idées naturalistes.

Ce sont là actuellement les deux grandes divisions de la peinture au Japon ; et cette constatation me dispensera de me livrer ici à d'amples digressions. Nous rappellerons, en effet, que les artistes modernes pratiquent l'un et l'autre genre. Tandis que les uns se plaisent à placer en scène des personnages de l'histoire nationale ou de la légende bouddhiste, sous le riche apparat des costumes de cérémonie, les autres s'étudient à faire connaître, dans leurs détails circonstanciés, le pelage des fauves, le plumage des oiseaux, la cuirasse des poissons, l'inexprimable coloris des fleurs du pays. Ils mettront encore toute leur coquetterie à nous représenter des chevaux lancés au grand galop et dessinés d'un seul trait, des grues, des canards s'envolant de marécages mornes, des oiseaux traversant l'horizon montagneux à tire-d'aile. Aux sites pittoresques, ils ajouteront le portrait, saisissant la silhouette et la ligne avec une superbe maestria. Ils iront même, dans des *soumiés* lestement enlevés à l'aide d'un pinceau trempé d'encre de Chine, jusqu'à rappeler, par la forme et le fond, nos caricaturistes les plus habiles. A l'instar des Gavarni, des Daumier, des Cham et des Grevin, l'artiste écrira sous son œuvre une légende explicative, rimée parfois, complétant par l'interprétation ce que le trait peut avoir de trop

LE MARCHÉ AUX POISSONS, A TOKIO (p. 232).

sommaire. Et cette tendance rencontre déjà une telle vogue parmi les populations, qu'on est en droit de se demander si, comme chez nous, elle n'est pas aussi le signe de quelque future innovation.

Nous avons tout moyen, du reste, de nous rendre compte, même en nos pays d'Europe, de cet art essentiellement prime-sautier, propre aux Japonais, à l'aide des exemples placés incessamment sous les yeux. Qui n'a vu, en effet, les innombrables *kakémonos* et *makimonos*[1], journellement créés par leur génie fécond, et que le commerce d'importation commence à introduire couramment dans nos salons occidentaux?

J'ai l'occasion, dans une des boutiques visitées, de voir quelques essais de peintures exécutées par des Japonais pur sang, conformément à nos formules européennes. Chose singulière : lorsque nos peintres de la fin du présent siècle s'évertuent, au nom du progrès, à trouver des effets originaux ou des harmonies nouvelles dans les aplats et les lignes cassées des maîtres reconnus par l'ancien Japon, tout un peuple d'artistes — car il en existe beaucoup dans l'empire du Soleil Levant — se prépare peut-être à lutter avec nous, sur notre propre terrain, au moyen des armes empruntées à notre génie.

Comme il fallait s'y attendre, la portée morale et vulgarisatrice du dessin, cette source inépuisable à laquelle l'art japonais est toujours venu se retremper, ne pouvait échapper à la perspicacité du gouvernement national. Et c'est pourquoi le Japon a possédé une administration officielle des beaux-arts bien avant que notre orgueilleuse Europe songeât même à comprendre les principes du beau dans son enseignement public. Ce département, qui fonctionnait déjà au septième siècle de notre ère sous le nom de Gouwa-kochi, acquit rapidement de l'importance, et dès l'année 808, — c'est-à-dire à l'époque où Charlemagne songeait à peine à fonder à Paris, à Tours, à Aix-la-Chapelle, les premières écoles de son vaste empire, — changeant son nom primitif en celui de Edokoro, il comprenait dans son sein une pléiade d'artistes célèbres dans toute la contrée.

Aujourd'hui encore, la même méthode intelligente

LE JUGEMENT DERNIER (p. 246). Groupe en ivoire. — Collection de l'auteur.

1. *Kakémono*, littéralement « chose à suspendre », se dit des tableaux japonais sur soie ou sur papier, destinés à être fixés contre un mur, à la façon de nos cartes géographiques.
Makimono, littéralement « chose à dérouler », s'applique au contraire à des tableaux qu'on développe dans le sens horizontal, et spécialement appropriés à la reproduction de cortèges, de processions ou même des scènes successives d'un fait historique ou d'une conception littéraire.

prévaut dans les décrets du gouvernement, et l'on prête à l'empereur, toujours porté aux mesures progressistes et conservatrices à la fois, l'intention de reconstituer prochainement une sorte de conseil supérieur des beaux-arts, composé des peintres les plus en vue du pays.

Samedi, 2 décembre. — Temps un peu couvert (th. +3° cent.).

Pendant la nuit, je suis réveillé de nouveau par des cris en tout semblables à ceux qui m'avaient tenu sur pied il y a deux jours. Je me lève en toute hâte, mais n'aperçois dans la plaine, aujourd'hui formée en avant de l'hôtel, que les feux allumés par les incendiés sans asile. Aurions-nous eu affaire à quelques mauvais farceurs, mis en goût par les circonstances? Cependant si, au lieu de tenir mes regards fixés sur les divers foyers qui brûlaient paisiblement, je les avais reportés vers le nord de la ville, je me serais, hélas! convaincu qu'il n'y avait point là matière à plaisanterie. J'apprends, en effet, aussitôt levé de bon matin, que le feu s'est encore déclaré auprès de Nihon-bachi, justement à proximité du quartier qui avait été atteint dans le dernier sinistre. Décidément, c'est une habitude, et je finirai, comme les autres, par n'y plus faire attention. Dès six heures tout était terminé. Que diable, point ne valait la peine de se déranger! Il n'y a eu que deux cents maisons de flambées, tout au plus. Une bagatelle!

Dans mes courses d'aujourd'hui je fais l'heureuse rencontre de M. G***, un numismate sourd-muet, lequel m'avait juré, quand nous nous connûmes à Berlin, qu'il me rejoindrait en route. Un sourd-muet voyageant seul, le fait peut sembler extraordinaire. Quand j'aurai dit, de plus, que M. G*** ne connaît que le français, mon assertion paraîtra presque invraisemblable. Comment s'y prend ce voyageur pour se faire comprendre, et surtout pour en arriver à courir l'aventure au milieu des peuples étrangers qu'il visite successivement avec une confiance sans limite? Assurément il possède comme d'autres les ressources de la mimique et du dessin; mais il est des cas nombreux où celles-ci ne sauraient être mises en œuvre. Quelle intelligence, quelle témérité, quel désir de voir et de connaître ne faut-il pas à celui qui affronte ainsi de pareilles situations! Qu'on juge de ses exploits! Il a passé quatre mois en Russie, trois en Sibérie, trois autres en Chine, où il a visité l'intérieur. C'est par Hakodaté, port de mer situé au nord du Japon, qu'il a débarqué sur les côtes de ce pays. Il compte séjourner ici deux ou trois mois, pour retourner ensuite en Chine. En toute circonstance, il se confie à l'inspiration du moment, et il n'est point encore fixé sur l'itinéraire qu'il suivra en quittant l'empire du Milieu. L'abbé de l'Épée, en s'efforçant de rendre à la société plusieurs milliers d'êtres considérés jusqu'alors comme des parias, ou tout au moins comme des bouches inutiles, n'aurait certes pas eu la hardiesse de croire à de semblables tours de force.

Dimanche, 3 décembre. — Beau temps (th., à midi, +13° cent. ; le soir, à 9 heures, 7° cent.).

Vers dix heures du matin, je me rends avec M. O*** chez l'aimable M. S***, le chef de la statistique de l'Empire, à qui j'avais déjà rendu visite l'autre jour dans ses bureaux du Daï-jo-kwan. Nous le trouvons complètement installé à la japonaise, comme de raison, c'est-à-dire dans une maison de la dernière simplicité. Il est là, derrière ses châssis de papier, accroupi sur une natte luisante de propreté, devant une petite table fort basse, et ayant à sa portée un cabinet de laque contenant des rouleaux et des papiers. A sa droite, une bibliothèque renfermant quelques livres hollandais et protégée par une sorte de paravent, complète ce modeste et sévère ameublement. J'allais oublier le *hibatchi* ou brasero, qui ne saurait naturellement y manquer. Quelle austérité ! quelle simplicité antique ! Un visiteur quelconque, habitué à pénétrer dans le salon de nos fonctionnaires européens, ne dirait point que telle est la demeure d'un directeur général dont les émoluments sont pourtant fort honorables. Ce n'est point, d'ailleurs, par économie qu'il s'y résigne. Au Japon, l'usage le veut ainsi. Sauf les grands seigneurs, tenus d'afficher un certain luxe, en dehors des marchands enivrés par des coups de fortune inespérés, les gens de la meilleure société ont conservé des mœurs quasi patriarcales, écartant toute idée de ces raffinements qui pour nous constituent le confort. Au reste, quoique l'habitation soit simple en elle-même, elle est loin d'être dépourvue d'agrément. Sise au milieu d'un charmant jardinet, elle se dresse tout à côté d'un volcan haut de quelques pieds et à deux pas d'un étang minuscule sur lequel flotte une barquette. Il est vrai de dire que le susdit esquif ne pourrait être manœuvré qu'en tournant sur soi-même, tant la pièce d'eau est exiguë. Tout autour, des rochers et des arbres nains viennent achever la décoration de l'ensemble.

Dans plusieurs circonstances, j'ai déjà remarqué ces jardins en miniature. De même que les artistes nationaux ne se lassent point de multiplier les représentations graphiques des plus fameux monuments et des sites célèbres du Nippon, de même les jardiniers japonais s'attachent à en offrir le fac-similé partout où ils disposent de quelques mètres de terrain.

Nous avons parlé ailleurs de la science merveilleuse avec laquelle les horticulteurs indigènes parviennent à restreindre la croissance de leurs arbres, au point d'en modifier l'échelle d'une manière étrange, tout en conservant à ces arbres leur harmonie individuelle et leur caractère particulier. Ils en usent de même à l'égard des rochers, des lacs, des volcans et, comme on l'a vu, des temples, des habitations, de tout enfin de ce qui subsiste à la surface de leur sol. On trouve ici des torrents lilliputiens, des fleuves larges de quelques pieds dessinés dans tous leurs méandres, ou bien encore des Foudji-yama hauts comme des taupinières, reproduits avec toutes les dénivellations du terrain, routes et sentiers, et jusqu'à la flore spéciale de la montagne sacrée. Pas une pagode, pas une tchaya, n'y semblent oubliées. Telle est l'exactitude de ces réductions, qu'on pourrait se croire en face des paysages réels vus par le petit bout d'une lorgnette. Ces reproductions aimables, quoique enfantines, sont ordinairement agrémentées de détails microscopiques tels que petits ponts divinement refouillés, bestiaux au pâturage, chevaux tout harnachés, kagos avec leurs porteurs, daïmios en voyage, bonzes et pèlerins. Cela est plus charmant qu'on ne saurait le dire, tant il y a de scrupule, de science d'ensemble et d'harmonie dans les échelles. Rien

LE JUGEMENT DERNIER (p. 246). Face postérieure.

ne saurait y être comparé dans nos pays, rien surtout de ces grottes, soi-disant nature, de ces rochers extra-bourgeois, comme nous en retrouvons encore des échantillons baroques dans les jardins de banlieue. Cela pourrait être plutôt comparé aux massifs rocheux, aux cascades qui ornent nos parcs, et où la science de l'architecte des jardins atteint une note plus élevée et parfois même émotionnante. D'ailleurs, quand il ne s'agit pas de rendre un point de vue déterminé, l'imagination du miniaturiste japonais se donne libre carrière, tout en ne s'écartant jamais de la nature, par un sentiment inné d'observation et de conscience particulier à la race même. Ce ne sont plus alors que rocailles savantes, d'où s'échappent de minces cascatelles, que flaques d'eau sur lesquelles naviguent de petites jonques admirablement ciselées, que tchayas avec leur personnel de servantes, de chanteuses et de ballerines, que bosquets d'essences variées, le tout s'échelonnant sur des chaînes de montagnes au milieu desquelles on rêverait de circuler la canne à la main. J'avoue avoir rencontré, en ce genre, des compositions tellement remarquables qu'un peintre paysagiste y pourrait choisir un sujet de tableau et que, traduites par la photographie, elles sembleraient avoir été prises sur le vif de la nature réelle.

Quoique d'ordonnance moins compliquée, le jardinet de M. S*** renferme un peu de tout cela et constitue un paysage charmant, où le maître de la maison de la rapidité avec laquelle on parvient à faire ces nouvelles installations, si je ne savais qu'en prévision des sinistres les magasins de menuiserie sont toujours abondamment pourvus de matériaux tout prêts, qu'il s'agit seulement d'assembler au lendemain des catastrophes. Naturellement, ces nouvelles constructions sont tout aussi fragiles, aussi inflammables que celles qu'elles ont remplacées. Toutefois, une autre chose me paraît moins concevable : le soir, les incendies allument à proximité de leurs abris de nombreux feux

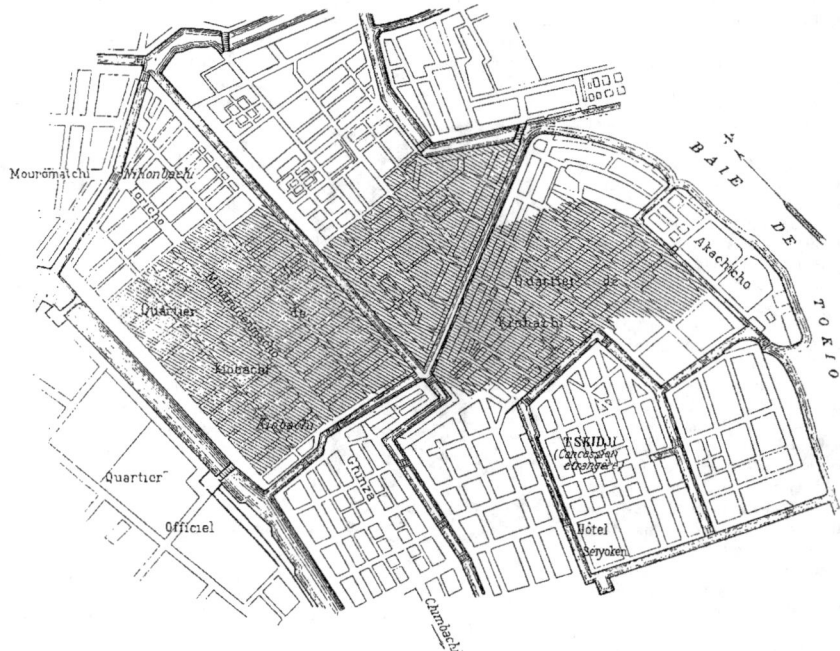

QUARTIERS DÉTRUITS PAR L'INCENDIE DU 29 NOVEMBRE (partie grisée) (p. 243).

peut se délecter avec sa famille au milieu d'une nature agreste, dans une quasi-solitude pleine de poésie et d'enseignement. Que de conversations instructives doivent résulter d'une semblable contemplation ! On voudrait être marmot pour demander le pourquoi et le parce que de tant de choses. M. S*** a du reste plusieurs enfants, qu'il élève avec le plus grand soin. Il me présente son fils aîné, qui, dans quelques jours, va partir pour la France afin d'y parfaire son éducation déjà fort avancée.

En sortant de chez M. S***, nous passons par plusieurs rues des quartiers incendiés. Des centaines de baraques y sont déjà installées, les unes provisoires, les autres définitives. J'aurais lieu de m'étonner de joie, et justement au beau milieu des planches et des copeaux amoncelés. C'est à croire, en vérité, qu'ils ont oublié le désastre de la veille.

Quant aux constructions en pierre ou en brique, on n'en voit guère que dans les rues principales de la ville. Il passera encore beaucoup d'eau sous le Nihonbachi avant qu'elles soient généralisées, tant en raison de la dépense qu'elles occasionnent qu'à cause du nombre encore relativement restreint des ouvriers capables de manier le ciseau et la truelle.

Lundi, 4 décembre. — Temps couvert (th. +10° c.). J'apprends aujourd'hui, de la bouche de M. S***, vice-ministre des affaires étrangères, que M. H***,

TOKIO

mon répétiteur de japonais à bord du *Gaelic*, est reparti pour la Corée avec mission du gouvernement.

J'ai nommé la Corée. Voilà décidément un pays dont on s'occupe fort ici, conformément aux anciennes traditions de la politique nationale. On se rappelle peut-être, en effet, qu'au troisième siècle de notre ère l'impératrice Djingou-Kogo avait réussi à de faire pénétrer dans l'empire du Soleil Levant un grand nombre d'innovations empruntées à la civilisation chinoise. Nous avons été plusieurs fois en mesure de faire allusion aux étapes parcourues dans cette voie depuis que les savants coréens, ayant à leur tête les philosophes Wani et Adjiki, abordèrent sur cette terre jadis réfractaire à toute idée venue du

POMPIERS AVEC LEUR MATÉRIEL (p. 228 et 240).

porter ses armes conquérantes sur cette partie du continent asiatique, et avait même imposé à la presqu'île un tribut annuel. Ce tribut, qui fut toujours irrégulièrement perçu et qui devint l'occasion de guerres sans cesse renaissantes, avait été réclamé, pour la dernière fois, dans l'année 1872. Or, si ces guerres, trop fréquemment renouvelées, avaient été pour le Japon une cause permanente de faiblesse, elles avaient eu, du moins, pour résultat immédiat dehors. A ce propos, il est assez curieux de remarquer qu'aujourd'hui c'est le Japon qui importe à son tour, dans ce pays nouvellement ouvert aux relations internationales, les bribes encore éparses de notre propre civilisation.

Les choses en étaient donc restées au point où les événements de 1872 les avaient laissées, quand, en 1875, à la suite d'une bordée de coups de canon lancée des côtes coréennes contre l'équipage d'un navire de guerre japonais, le vieux conflit se rouvrit tout à coup, menaçant de prendre des proportions désastreuses pour les deux pays. Pour éviter une nouvelle et coûteuse expédition, le gouvernement japonais se décida à envoyer à son ancien tributaire une solennelle ambassade, en vue de lui demander des explications sur cette incompréhensible agression, et de chercher à conclure un traité de paix dans le cas où les torts seraient loyalement reconnus. Des négociations, aussitôt entamées, sortit le traité signé entre les deux puissances, à la date du 27 février 1876. Il avait pour objet d'ouvrir au Japon plusieurs ports d'une contrée restée jusqu'à ce jour absolument fermée à toute immixtion extérieure.

Ce serait, paraît-il, en vertu des nouvelles relations établies entre les deux ennemis séculaires, que mon ex-compagnon de cabine a été envoyé à Séoul en qualité de ministre. Décidément le mutisme de M. H*** aurait dû me faire reconnaître en lui un collègue appelé au plus brillant avenir.

Le ministre m'offre obligeamment toutes les autorisations qui me seront indispensables les jours suivants pour visiter l'arsenal, les usines de l'État et les établissements d'instruction. En même temps il me fournit des indications précieuses concernant mon prochain voyage à Kioto par la route du Nakasendo. M. S*** estime qu'il n'existe pas d'itinéraire qui soit préférable à celui que j'ai choisi, pour s'initier aux mœurs du pays. Mais la route, ajoute-t-il, n'est pas sans offrir quelques difficultés, eu égard aux neiges qui recouvrent les montagnes en cette saison, et peut-être aussi à cause des nouveaux troubles qui s'annoncent à l'intérieur du pays.

UNE THÉIÈRE EN FONTE ORNÉE (p. 267).

Voici les détails qui me sont donnés à ce sujet. Dès la fin du mois dernier, des paysans s'étaient soulevés, sur plusieurs points du territoire, à la suite de l'établissement de certaines taxes foncières. Aussitôt quelques bandes de samouraïs firent cause commune avec eux, par contre-coup, sans doute, des désordres qui se sont également manifestés dans l'île de Kiouchiou et ailleurs et dont nous avons parlé. Ainsi que dans les échauffourées que nous rappelons ici, plusieurs agents de l'autorité ont été assassinés dans l'exercice de leurs fonctions.

Si le mouvement dont on parle s'accentuait, le gouvernement aurait lieu d'en être fort inquiet, car il serait l'indice que le mécontentement a pénétré jusqu'au sein des populations les plus paisibles de l'Empire. Tel n'est pas, en effet, le cas des désordres survenus à Koumamoto et à Tchochou, dont l'aristocratie s'est montrée, de tout temps, hostile au nouveau régime et plus remuante de caractère.

Et pourtant, dans cette dernière affaire le gouvernement est loin d'avoir montré de la faiblesse ou de l'indécision. La répression, au contraire, a été conduite avec une vigueur exceptionnelle. Les principaux chefs incriminés, au nombre de quinze, Mayébara en tête, dont nous avons appris l'arrestation il y a à peine trois semaines, ont expié leur crime avant-hier, 3 décembre. Ils ont été décapités en pleine place publique, sur le lieu même de leurs exploits.

En cette circonstance, comme en bien d'autres, il a été permis de reconnaître l'esprit chevaleresque qui caractérise la race japonaise, et dont nous avons cité ailleurs quelques exemples saisissants. En effet, si les samouraïs qui ont subi le dernier supplice n'ont pas été plus de quinze, c'est que beaucoup d'entre eux avaient préféré devancer le sort qui les attendait. Quatre-vingt-quatre insurgés, en effet, voyant l'insuccès de leurs efforts, ont préféré ne point survivre à leur échec et se sont, tout simplement, ouvert le ventre, d'après l'antique et terrible tradition du *harakiri*.

Mais il est temps de m'expliquer sur ce mot.

On sait que les hauts personnages convaincus de concussion, de meurtre ou de trahison jouissaient du privilège héroïque, en vertu du code d'honneur élaboré par le grand Iyéyas, de se soustraire par le harakiri à un supplice déshonorant. Or, ce genre de mort violente remonterait à la plus haute antiquité, et on n'en retrouverait la trace qu'au Japon, où probablement il a dû prendre naissance. D'anciennes chroniques rapportent, notamment, qu'en l'année 310 apr. J.-C. un personnage appelé Waké-Irako, lequel était légitime héritier du pouvoir impérial, s'ouvrit le ventre en faveur de son frère, le débonnaire empereur qui régna de 311 à 399 sous le nom de Nintokou-Tenno. Ce suicide « par dévouement » fut-il le premier dans l'ordre? Je ne saurais l'établir. Toutefois il eut pour effet d'en populariser l'idée, grâce aux sentiments de bravoure et de stoïcisme dont l'esprit national est naturellement imprégné. Un tel dédain de la souffrance et de la vie eut, dis-je, pour résultat de passionner la caste militaire ainsi que l'aristocratie de la contrée. Bientôt tous les daimios tombés en disgrâce, vaincus dans les combats ou soucieux de tirer vengeance d'une insulte, ne connurent plus d'autre moyen d'échapper à leurs pénibles obsessions qu'en s'immolant en présence de leurs partisans. Or, par une logique toute orientale, empruntée à la tradition brahmane[1], ces mêmes partisans se virent tenus, à

---

1. Ce sacrifice inutile se rapproche, en effet, par quelques points des immolations, autrefois si fréquentes, dans les *suttees* hindoues.

leur tour, de se rallier dans la mort au chef qui s'était ainsi offert en holocauste pour une cause désespérée. Et cet usage se perpétua de génération en génération. Nous avons rappelé dans quelques-uns de nos récits combien il avait encore d'empire sur les esprits à une époque relativement très récente. L'épisode glorieux des quarante-sept ronins s'ouvrant le ventre sur la tombe de leur maître, après l'exécution de terribles représailles, nous a complètement édifiés sur ce point du code nobiliaire alors en très haute faveur.

Mais ce fut surtout du treizième au seizième siècle que le harakiri fit des quantités innombrables de victimes. Le moindre gentilhomme, quelque peu froissé dans son amour-propre, s'imposait cette fin lamentable, à charge pour ses amis de le venger de l'insulte subie, et certain que sa mémoire deviendrait pour tout le monde un objet d'admiration et de respect. C'est à la même époque que fut réglé le cérémonial encore en usage à l'heure qu'il est dans la pratique de cette étrange manière de se suicider.

Le harakiri a des chroniqueurs attitrés, comme il possède toujours des observateurs convaincus. La noblesse japonaise est, encore aujourd'hui, si profondément imbue de ce sinistre préjugé, que le formulaire fait invariablement partie de toute bonne éducation aristocratique et militaire. Telle est l'histoire du duel, en Europe, du duel survivant à tous les arrêts, à toutes les lois, et se réveillant plus vigoureux que jamais au moment où on le croyait tombé dans l'oubli.

On a peut-être entendu dire que, dans le harakiri, le personnage qui s'entaille délibérément l'abdomen est achevé par un de ses fidèles, placé derrière, lequel lui tranche incontinent la tête comme à un vulgaire criminel. Ce qu'on ignore sans doute, c'est que le suprême bon ton, en pareille circonstance, consiste à se passer de second. Pour y parvenir, le « héros » outragé doit, de la même main dont il s'était taillé le ventre, se plonger le poignard fumant dans la gorge.

Voilà qui est déjà bien, sans doute! Mais le sport consiste à surenchérir sur les manières du commun. Ainsi, après avoir accompli le premier et le principal acte de ce suicide sans nom, quelques-uns ont trouvé l'énergie suffisante pour tremper un pinceau dans leur propre sang, écrire lisiblement leurs volontés dernières, et enfin s'achever sans pitié, d'après la méthode citée plus haut. On raconte l'histoire d'un de ces martyrs des conventions humaines, qui, après s'être tranché les entrailles et perforé la gorge, remit soigneusement son *wakisachi* dans le fourreau et mourut aussitôt la besogne faite. On ne sait jusqu'où peut aller, dans cet ordre d'idées, le sentiment de l'orgueil individuel. Cela devient alors une sorte de course au clocher à qui arrivera le plus haut, et où le gagnant s'éteint avec la conviction que le peuple redira son nom d'âge en âge, comme s'il s'agissait de quelque dévouement utile à la cause de l'humanité.

Telle est la force des traditions qu'il est vraisemblable qu'on n'extirpera pas plus le harakiri des mœurs du Japon, qu'on ne fera disparaître le duel de notre code mondain. J'ose même affirmer que tout gouvernement qui tenterait de le supprimer y compromettrait son propre prestige.

Le harakiri n'est plus adopté, toutefois, — les récentes exécutions capitales en font foi, — pour l'expiation des crimes politiques. Désormais, c'est un vulgaire bourreau que le gouvernement charge de la besogne sanglante, et ce n'est que par un harakiri volontaire que l'on échappe à la loi. Cela est plus austère, à coup sûr, plus sinistre encore, — si c'est possible, — et enlève en tout cas à l'exécution le caractère chevaleresque dont plus d'un condamné se faisait, à tort, honneur et gloire.

Voici comment les choses se passaient naguère pour les criminels. Le gentilhomme reconnu coupable recevait officiellement de l'administration supérieure un *wakisachi*, c'est-à-dire le sabre à courte lame dont il était tenu de se servir. De là ce passage caractéristique d'un chant populaire, exprimant en une périphrase bien japonaise le désir de voir condamner à mort le personnage auquel le chant est consacré : « Le don que j'entends offrir à mon seigneur d'Aïzou, est d'une longueur de neuf pouces et demi. » Telle est, en effet, la dimension précise des petits sabres dont on faisait usage pour perpétrer les suicides légaux.

En outre, le sacrifice devait s'opérer en présence de témoins et d'une délégation nommée par le gouvernement, chacun ayant pour mission de veiller à l'observation rigoureuse de l'antique cérémonial. L'exécution avait lieu d'ordinaire la nuit, dans l'intérieur d'un temple ou dans un jardin, et par privilège spécial — s'il s'agissait d'un haut fonctionnaire — dans la chambre même du coupable. A cet effet, celle-ci était tendue de blanc, en signe de deuil. Blanche aussi

WANI ET ADJIKI, SAVANTS CORÉENS
Dessin de Yosaï (p. 27, 139, 184 et 253).

devait être la robe du condamné. Le moment était arrivé, le patient s'agenouillait, le visage tourné vers le nord, en face de l'assistance rangée en demi-cercle. Lecture était aussitôt donnée de l'arrêt d'exécution; après quoi on apportait sur un tabouret l'instrument *fictif* du supplice. Je dis fictif avec intention, car, en réalité, la blessure produite par cette arme, presque entièrement garnie d'étoffe, était assez légère pour ne point déterminer la mort. Le véritable bourreau était l'homme qu'on plaçait derrière le condamné et qui le secondait dans sa lugubre opération. Donc, après avoir dicté ses dernières volontés, le personnage astreint au suicide saisissait le couteias mis à sa disposition et s'entaillait l'abdomen, de gauche à droite. Et sa main s'arrêtait à peine, alourdie dans sa course, que le glaive du bourreau s'abattait sur la tête et la faisait rouler sur la natte ensanglantée.

Tel était le cérémonial autrefois prescrit dans le suicide par ordre. Tel est encore celui qu'on observe aujourd'hui dans le suicide volontaire.

Mardi, 5 décembre. — Pluie toute la journée (th. + 10° cent.). La matinée entière se passe à combiner mes dernières excursions à Tokio et à Yokohama. Pour l'instant, il ne me reste plus à voir, dans la ville impériale, que les quartiers de l'Est, avec les temples nombreux qui y sont situés, le village d'Odji où s'éparpillent de coquettes maisons de thé au milieu de jardins luxuriants, enfin les écoles publiques et l'arsenal militaire. D'autre part, encore deux ou trois courses à Yokohama, courses comprenant notamment une excursion aux chantiers maritimes de Yokoska, et je dirai pour toujours adieu à la partie orientale du Japon. Bien que cette région de l'Empire présente, d'ailleurs, un vif intérêt pour ceux qui la visitent, c'est elle assurément qui a subi les plus grandes transformations depuis l'arrivée des étrangers, et qui, par conséquent, semble la moins digne d'attention à mes yeux.

Vers trois heures, je sors en djinrikcha, malgré la pluie qui me fouette le visage et le vent qui souffle en tempête. Décidément le dragon japonais fait des siennes aujourd'hui. On sait, en effet, que cet animal fabuleux symbolise au Japon la réunion de toutes les forces vitales ou destructives de la nature. Nous en avons déjà décrit le caractère lors de notre visite au temple de Iyémitz, à Nikko, à propos du dieu de la Foudre et du dieu des Vents, lesquels figurent dans un des portiques de ce temple célèbre. Je me contenterai donc, pour le moment, de rappeler que ce génie, bon et mauvais selon les circonstances, a été à la fois et de tout temps l'objet de la vénération et de l'effroi du peuple japonais. C'est lui qui, dans sa haute puissance, est censé semer tantôt la foudre, tantôt la pluie, tantôt l'ouragan, et artistes comme poètes se sont emparés de ses divers attributs pour personnifier, dans leurs compositions, les éléments déchaînés.

Le hasard semble me favoriser aujourd'hui. J'étais sorti en vue de me livrer à l'achat de quelques beaux ivoires. Or, tout en examinant les curiosités, éparpillées de part et d'autre, que j'avais découvertes dernièrement dans l'arrière-boutique d'un marchand, j'ai la bonne fortune de tomber sur une véritable collection d'instruments

UN ATELIER DE SCULPTEURS D'IVOIRE. — Dessin japonais (p. 215).

de musique japonais. Avec le koto, que je possède déjà, et dont j'ai donné ailleurs la description détaillée, je me trouverai ainsi à la tête des principaux spécimens des instruments de musique usités dans le pays. Il y a notamment un cho, un biwa, un samicen, un kokiou, un idsoumo-koto, un soumma-koto, un tsoudsoumi, un kokkin et un ghéking, ces deux derniers importés de l'empire du Milieu, un chimé-daiko et un mokou-ghio, au milieu d'un assortiment nombreux de clarinettes, de flûtes, de gongs, de tambours, de clochettes, de timbres et de claquettes de bois, dont les noms plus ou moins barbares pour nos oreilles n'offrent pas d'intérêt.

Le principal de ces engins, comme le premier dans l'ordre d'énonciation, est assurément le *cho*. C'est lui qui occupe la première place parmi les instruments à vent. Il est aussi le plus compliqué, au point de vue de la construction luthière. Imaginez une sorte de boîte cylindrique dont la section supérieure est percée, en cercle, d'une série de dix-sept trous dans lesquels sont adaptés autant de tuyaux de bambou maintenus en forme de faisceau par un anneau circulaire. Ces tuyaux, à l'instar de ceux de nos orgues d'église, sont tous pourvus, à leur extrémité inférieure, d'anches métalliques. Ils sont, de plus, forés, dans leur longueur très variable, d'une petite ouverture analogue aux trous ronds d'une flûte, et sur lesquels l'exécutant place le doigt suivant les besoins. Enfin, sur le côté du cylindre se trouve une plaque d'argent, au milieu de laquelle est pratiquée une ouverture rectangulaire où l'artiste colle ses lèvres, soit pour souffler, soit pour aspirer, à sa fantaisie, car les deux procédés n'offrent aucune différence sous le rapport de la production des sons. En réalité l'instrument délicat ainsi obtenu est une sorte de flûte de Pan à base circulaire, au lieu d'être à base oblongue. Comme aspect, il ressemble ni plus ni moins à quelque carquois rempli de flèches inégales et dont on aurait arraché les barbes.

Le cho constitue, avec le *hitchiriki*, sorte de hautbois, l'*otéki*, ou flûte chinoise, et le *koma-fouyé*, ou flûte coréenne, l'ensemble des instruments à vent employés dans la musique sacrée, et qualifiés de « purs » en raison de cette particularité.

Dans la même catégorie d'instruments purs, mais « à cordes », on range le *kino-koto*, dont nous avons parlé précédemment, et que l'on sait être à sept cordes, ainsi que le *biwa* dont un échantillon est actuellement sous mes yeux.

Le biwa mérite une mention toute particulière, en raison du lac historique qui lui a pris son nom. Tendu de quatre cordes de soie, il donne assez exactement l'idée d'une mandoline espagnole, à cette différence près que la caisse, de forme ovale et mesurant quatre-vingts centimètres de haut sur trente de large, est presque aplatie dans sa surface antérieure, au lieu d'être renflée comme la moitié d'une poire bien formée. On attaque généralement les cordes du biwa à l'aide d'une palette de bois, d'ivoire ou d'écaille appelée *batchi*, laquelle renforce naturellement la sonorité des vibrations.

Il faut comprendre également parmi les instruments qualifiés de « purs » le *taiko*, grosse caisse, le *kako*

et le *yoko*, deux tambourins, et enfin le *choko*, sorte de gong.

J'ai déjà décrit ailleurs le *yamatono-koto*, dit *wanggong*, ou koto sacré. Si l'on y ajoute le *kagoura-fouyé* ou flûte japonaise, de minces claquettes de bois raboté appelées *chakou-biochi* et les instruments à vent, à cordes et à percussion décrits plus haut, on a toute la collection des instruments dits « purs ». Mais ici se présente une nouvelle singularité. Tandis que le wanggong, le kagoura-fouyé et le chakou-biochi s'emploient uniquement dans la musique sacrée d'origine locale et chintoïste, tous les autres sont spécialement voués à l'interprétation de morceaux sacrés d'origine chinoise et coréenne.

VUE SUR UN JARDIN JAPONAIS (p. 251).

Cela soit dit sous réserves, car je n'ai pas encore entendu jouer de ces instruments dans une composition où ils figurent seuls. A moins, en effet, d'occuper un certain rang à la cour du Mikado, il est tout aussi difficile aux Japonais eux-mêmes qu'aux étrangers d'assister à une exécution en règle de musique religieuse. Car on ne saurait donner ce nom au vacarme effroyable que les bonzes s'efforcent journellement de produire, soit dans les temples qu'ils desservent, soit à l'occasion des *matsouris*. Par le fait, les partitions sacrées ne sont guère interprétées que dans les *dairis* des Mikados, ou plutôt dans le Conservatoire institué pieusement par les empereurs en vue de ne pas laisser mourir un art, auquel se rattachent des traditions solennelles et dont les interprètes voient chaque jour leur nombre s'éclaircir.

Ce qui vient d'être établi relativement à la musique religieuse n'est plus du tout vrai quand il s'agit de musique profane. On se rappelle, en effet, qu'au cours de mes promenades j'en avais, souvent et sans aucun empêchement, noté certains motifs de forme originale. Or, parmi les instruments qui servent à l'interpréter, le *koto* demeure le roi, à tous les points de vue, sinon par droit d'ancienneté, du moins par la perfection même de sa facture et les ressources qu'il peut offrir aux musiciens de profession. Malheureusement, l'étude en est trop négligée par les virtuoses indigènes, lesquels préfèrent de beaucoup se restreindre au très populaire *samicen*, dont l'origine ne remonte guère à plus de trois siècles, et dont les grattements incessants ont frappé l'oreille de quiconque a mis seulement le pied sur un coin du sol de l'Empire. « From, from, from, — disait Figaro, — il n'y a qu'à frotter les cordes avec le dos de la main. » Et, de fait, soit à la ville, soit à la campagne, soit sur terre, soit sur l'eau, ce n'est partout qu'un seul et même concert de l'instrument bien-aimé. Samicen au théâtre, samicen à la tchaya, samicen au pique-nique, sur les bateaux de plaisance, dans les rues, à la danse ou chez soi; samicen, en un mot, en quelque circonstance où l'on soit, en quelque lieu que l'on aille! Ce culte invariable caractérise autant le Japon moderne que celui des deux sabres signalait naguère le Japon féodal. Qui n'a eu l'occasion d'entendre le samicen au cours d'un voyage, l'a vu cent fois sur les potiches, les éventails et les tableaux exportés dans le monde entier.

Le samicen est une façon de guitare, au manche effilé, formée d'une petite caisse carrée défoncée et tendue, des deux côtés, d'une peau de chat. Trois cordes de soie filée (il n'y en a point d'autres dans le pays), grattées au moyen du *batchi* de bois poli ou d'ivoire, comme cela se pratique avec le biwa, complètent la série des éléments dont l'instrument se compose.

Le son qu'on tire du samicen est à la fois doux et nasillard. Comme au souvenir du *tarabouka* des Arabes,

MAKIMONO ANCIEN (p. 250).

je retrouve, à l'écho de ses vibrations exotiques, un vif reflet de couleur locale impossible à définir. Ne semble-t-il pas, au surplus, que chaque race possède quelque instrument de musique en rapport avec son génie ou son tempérament? A ce compte, le samicen est bien l'accompagnateur obligé des notes gutturales et heurtées du langage japonais. Et from, from, from, depuis l'aube jusque bien après minuit, on n'entend que ces accords en sourdine sur le concert indéfini des voix s'appelant, se répondant ou monologuant.

Un autre instrument qu'on rencontre moins fréquemment, bien qu'il soit tout aussi *impur*, tout aussi profane que le koto et le samicen, c'est le *kokiou*, dont j'ai cité le nom plus haut et dont je possède déjà un exemplaire. Cet instrument date à peine de deux siècles. Le docteur M***, qui faisait dernièrement aux membres de la Société asiatique allemande une série de conférences très intéressantes sur l'art musical au Japon, prétend, entre autres choses, qu'il n'y a plus à Tokio qu'un seul musicien capable d'en jouer proprement. J'ignore si l'assertion est exacte. En tout cas la preuve n'est point facile à faire. Ce qui distingue le *kokiou* du samicen, indépendamment de ses dimensions plus restreintes, c'est qu'il faut recourir à un archet pour en jouer. Et cet archet n'a pas moins de quatre pieds de long. Pour s'en servir, on appuie verticalement la caisse sur le genou, comme les Napolitains font de leur violon, et l'on racle à tour de bras, sans grand souci de la mesure ni des fausses notes. Telle n'est point la méthode — comme on le sait — dès qu'il s'agit du samicen ou même du biwa, lesquels n'exigent pas le secours d'un archet, et que l'on tient horizontalement sur le genou ou serrés contre la poitrine à la manière d'une guitare.

Ainsi que je l'ai annoncé plus haut, des flûtes, des clarinettes, des tambours, des claquettes de forme particulière et autres instruments à percussion, tels que le *mokou-ghio*, sorte de boîte sonore en bois, complètent la série des instruments profanes étalés sous nos yeux. Je ne crois pas, à bien examiner les choses, qu'il en existe d'autres d'un usage quelque peu constant.

Parmi les tambourins il y a lieu de distinguer le *tsouzoumi*, qui se frappe au moyen des doigts de la main droite. C'est celui qui est employé concurremment avec le samicen pour accompagner les danses populaires.

Quant aux instruments qu'on pourrait aussi comprendre dans la catégorie des *impurs*, je veux dire ceux dont on faisait autrefois usage à la guerre, ils se bornent à des tambours de plusieurs dimensions et à une espèce de conque aux sonorités éclatantes ayant pour objet de remplacer le fifre, les trompettes et le clairon.

Reste une dernière classe d'appareils résonnants, ou mieux tonitruants, pas plus sacrés que profanes, bien que, par destination, ils semblent devoir être rangés parmi les premiers : j'entends parler de ceux qu'on met en branle à toute heure dans les temples bouddhistes du Japon. Avouons, d'ailleurs, qu'ils ne se prêtent à aucune espèce de musique proprement dite, puisqu'ils servent plutôt à frapper l'oreille qu'à la charmer. Aussi éloignés de la lyre d'Apollon que de la flûte de Pan, ils appartiennent entièrement à la classe des choses auxquelles — suivant le proverbe — on fait dire tout ce qu'on veut. Cloches et clochettes, gongs, timbres et cymbales, tambours, tambourins et grosses caisses, cliquettes, claquettes et castagnettes en sont les représentants attitrés. Et il faut voir comment on en use, sur toute l'étendue de l'empire du Soleil Levant ! Au résumé, ces engins sont les facteurs du sabbat quotidien tenu dans les temples par des légions de bonzes désireux de se rendre ainsi favorable le dieu d'universelle harmonie. En cela, le clergé bouddhiste est loin d'imiter le clergé chintoïste, qui fait concorder la simplicité de sa musique avec celle de ses temples et de son culte. Ici, en effet, on n'a recours qu'au *souzou*, appareil consistant en plusieurs sphères de métal creux, rentrées les unes dans les autres, qui, au lieu de tintements assourdissants, ne produisent que des sons toujours adoucis.

Mais je m'aperçois que j'ai résumé en ces quelques lignes tous les éléments matériels de la musique

KAKÉMONO REPRÉSENTANT LA DÉESSE KWANNON
(p. 230).

locale. Me faudra-t-il ajouter encore que, malgré le charme produit par certains préludes entendus de-ci de-là, au hasard de mes promenades, sur le koto ou le samicen, il n'existe, au Japon, ni musique réelle ni musiciens véritables ?

Mercredi, 6 décembre. — Beau temps. Le soleil brille superbement quand je me lève, et le thermomètre accuse 4° centigrades.

Il paraît que nous l'avons échappé belle, cette fois. Vers minuit, il s'est produit un tremblement de terre assez accentué. M. O***, réveillé en sursaut, avait été sur le point de gagner la rue. Le fait m'est d'ailleurs confirmé par plusieurs autres personnes. Quant à moi, je ne me suis douté de rien. Serais-je insensible à ces sortes de secousses terrestres ? Depuis mon arrivée en ce pays, le sol a déjà maintes fois éprouvé des oscillations assez fortes, et jamais je n'en ai ressenti les atteintes. Cela se renouvellera certainement avant qu'il soit longtemps, étant donné que les tremblements de terre deviennent de plus en plus fréquents. Si jadis les commotions du sol, assez violentes pour détruire ce qui se trouvait à la surface, ne se produisaient en moyenne que de cinquante en cinquante ans, elles se sont renouvelées, depuis trois siècles, de cinq années en cinq années tout au plus. On en compte quarante-trois très sérieuses en cette dernière période de six cents ans à peine.

Les annales japonaises donnent sur ces terribles phénomènes des détails fort curieux. Celui de 1716 sévit particulièrement aux environs du Foudji-yama. Une pluie de gravier noir accompagna le bouleversement, projetant à une distance énorme des averses d'un nouveau genre, avec un bruit comparable à celui du tonnerre. L'obscurité produite par ces trombes opaques fut telle que, même à Yédo, on ne put circuler pendant plusieurs jours qu'avec des lanternes allumées. A l'issue de la tourmente, on s'aperçut qu'une petite montagne avait surgi des flancs mêmes du volcan sacré. — En 1726, dix ans après, ce fut un ouragan de pluie et de vent qui s'abattit sur la province d'Echigo. La terre s'entr'ouvrit, en vomissant des torrents liquides, lesquels engloutirent hommes et animaux et occasionnèrent partout une affreuse dévastation. — En 1730, la même province est ébranlée trente fois en moins de dix heures; une montagne se crevasse dans toute sa hauteur, le sol se fend sur une longue étendue, et seize mille trois cents habitants perdent la vie, enfouis dans les profondeurs de la déchirure. La plus récente catastrophe est celle de 1855. Pendant un seul mois, quatre-vingts chocs épouvantables furent ressentis. Yédo et ses environs furent peuplés de deuils et de ruines. Au dire des témoins, dont beaucoup naturellement subsistent encore, le cataclysme coûta la vie à plus de cent vingt mille habitants. Si l'on fait la part de l'exagération qui ne manque pas de se produire en pareille circonstance, on doit cependant admettre que le désastre fut immense.

Malgré tant de dangers divers, semés sur leurs pas, on s'étonne de voir les Japonais faire preuve, en toute circonstance, d'une bonne humeur et d'une insouciance inaltérables.

Par une coïncidence assez bizarre, c'est justement aujourd'hui que je me suis proposé de faire une première promenade dans le quartier de l'Est, en commençant ma visite par celle du temple d'Eko-in. Or ce temple s'élève à l'endroit même où furent enterrées les victimes de l'épouvantable bouleversement que je viens de rappeler.

À onze heures, je pars donc, avec M. O***, pour l'expédition projetée. Le quartier de l'est se compose de deux grandes divisions, appelées Hondjo et Foukagawa. L'une et l'autre de ces divisions sont traversées par des canaux et s'étendent, au nord de la baie, sur un espace considérable recouvert en grande partie de champs cultivés. C'est en ce lieu que vont principalement s'établir les gens qui fuient les affaires et le bruit, protégés qu'ils sont contre l'envahissement de la foule par la Soumida-gawa.

Mais nous voici déjà sur les rives du large cours d'eau. Je le comparerais volontiers au *Canale grande* de Venise, n'était l'absence des vastes et magnifiques palais de marbre dont les façades effritées et les sombres portiques bordent l'incomparable artère de la Reine des eaux. L'animation y est presque aussi grande, en tout cas le caractère tout aussi aquatique. Par contre, les noires gondoles, aux ferrures d'argent, sont remplacées par des jonques de différentes dimensions, de formes très variées et vierges de toute peinture.

C'est le Chino-bachi, pont de bois d'une longueur d'environ trois cents mètres, qui nous fournit un passage au-dessus des eaux bleuâtres de la Soumida-gawa. Entre ce pont et le Riogokou-bachi, que nous avons entrevu dans une dernière excursion, se concentre surtout le mouvement des barques enguirlandées de lumières, à bord desquelles la jeunesse folâtre de Tokio s'adonne, en été, à ses amusements nocturnes. De ce point, je le répète, le coup d'œil est superbe.

SOUMIÉ, OU CROQUIS À L'ENCRE DE CHINE REPRODUISANT LE TUSSILAGE VULGAIRE (p. 218).

Après avoir franchi le pont, nous longeons pendant quelque temps une voie parallèle à la rivière, et nous débouchons dans la rue la plus mouvementée du quartier. Là, aux abords d'un cimetière, s'élève le temple d'Eko-in, c'est-à-dire de « l'heureux retour », édifié à la suite d'un épouvantable incendie qui, en 1657, détruisit une grande partie de la ville et coûta, dit-on, la vie à plus de cent mille personnes. Rien de remarquable, du reste, en ce temple où seulement un bonze est occupé à sonner de la cloche à tour de bras, rien que la couche épaisse de guano répandue sur la fosse aux aumônes par les innombrables pigeons qui ont fixé leur demeure dans ses murs hospitaliers, rien, surtout, que le souvenir des victimes reposant à quelque distance.

En face, du côté du sud, est établie une arène où, à intervalles périodiques, les *soumos*, ou athlètes japonais, viennent lutter à main plate sur un tertre élevé de quelques pieds. Pour obtenir la palme, chacun doit chercher à en éliminer l'adversaire. Bien que cet exercice comporte une certaine quantité de manœuvres licites, les lutteurs japonais ne comptent guère que sur leur poids. Leur principale ressource consiste donc à prendre du champ et à bondir l'un sur l'autre.

Ces *soumos*, qui contrastent par leur taille élevée et leurs membres musculeux avec le reste de la population, forment comme une race à part, dont les quelques représentants se marient entre eux et suivent un régime spécial, plus substantiel que celui qui est généralement adopté. Ils se nourrissent volontiers de la chair des animaux, au mépris des prescriptions bouddhistes, et cependant ils n'en sont ni moins accueillis ni moins considérés par toutes les classes de la société japonaise.

Parfois, comme aux temps de la décadence romaine, les lutteurs ont joué un rôle politique. En 705 de l'ère japonaise (an 45 apr. J.-C.), les deux fils de Souinin-Tenno, revendiquant l'empire, remirent au hasard de la lutte à main plate le soin de décider entre eux. Le nom des champions engagés dans cette mémorable circonstance est demeuré célèbre dans l'histoire.

Quant au plus ancien soumo connu, c'est un certain Nomi-no-Skouné, qui vivait au commencement de notre ère. Il est dit avoir lutté, pour la première fois, contre un paysan de la province de Yamato, en présence de l'empereur Souinin.

Mais revenons aux victimes de la catastrophe de 1657, à la suite de laquelle le temple d'Eko-in fut édifié. Elles sont enterrées dans le cimetière attenant, cimetière qui, naguère assez restreint, fut considérablement agrandi quand survint le fameux tremblement de terre de 1855, où tant de milliers d'individus trouvèrent la mort. J'ai déjà fait remarquer que le chiffre fourni à cette occasion avait été probablement surfait. Ce qui est malheureusement certain, c'est la dimension formidable de ce champ de repos, parsemé de chapelles funéraires et renfermant de gigantesques daïboutz. En le parcourant on peut juger de l'importance des hécatombes humaines qui eurent lieu à ces deux époques terribles de la vie japonaise.

En regagnant la rivière citée plus haut, nous jetons un coup d'œil sur les kouras dépendant du ministère de la guerre et qui avoisinent le temple d'Eko-in. Que de provisions et munitions de toute sorte, accumulées dans ces magasins à perte de vue!

Nous voici maintenant sur la route d'Asaksa, en face de l'hôpital Go-daï-biyo-in, où le docteur D***, avec

REVENANT DE LA FÊTE DES CERISIERS EN FLEUR (p. 223, 270 et 272).

lequel nous avons déjà fait connaissance, exerce ses fonctions bienfaisantes. Cet établissement, fort vaste, est — on le sait — organisé à la japonaise. L'alimentation habituelle, quoique un peu différente de celle qui est en usage au Japon, conformément aux prescriptions ordonnées, n'y heurte point de front les scrupules religieux de la population. Une école est annexée à l'hospice. Les élèves y sont logés dans des chambres bien aérées et chauffées au moyen de poêles. Quant aux malades, ils n'ont encore à leur disposition que le *brasero* national. C'est naturellement le docteur D*** qui fait les cours aux élèves, concurremment avec un médecin de nationalité autrichienne et quatre professeurs indigènes.

Au moment où j'ai pénétré dans l'hôpital, on y amenait un pauvre diable qui présentait le cas d'une fracture du tibia au-dessous de l'articulation. Un djinrikcha, dans sa course, l'avait rejeté contre un poteau télégraphique. J'assiste au pansement et à l'application du bandage. A ce propos j'ai lieu de remarquer l'habileté avec laquelle les jeunes Japonais jouant le rôle d'internes assistent le chirurgien.

Après avoir dîné chez M. D***, nous nous rendons au musée organisé par la Société allemande, dans le quartier de Chiba. Très curieux vraiment, ce musée, dont la formation ne date que de quelques années. Il est entièrement dû à la coopération active d'une douzaine de personnes, parmi lesquelles mon cicerone, bibliothécaire du cercle, occupe une place distinguée. J'y remarque de superbes armures, des armes de tout modèle, des instruments de musique, des ustensiles très primitifs encore en usage parmi les habitants de l'île de Yézo, une collection spéciale d'hameçons offerte par le docteur D***, des étoffes admirables, des papiers peints et historiés, enfin une bibliothèque déjà nombreuse.

DESSIN DE BAMBOUS (p. 248).

Au cours des diverses visites que j'ai faites en compagnie du docteur, j'ai eu l'heureuse occasion de recueillir, sur la médecine japonaise et sur les praticiens qui ont charge de l'exercer, les renseignements les plus intéressants.

Autrefois, on était médecin de père en fils, au Japon, ou même par voie d'adoption, comme on y est encore fabricant de porcelaines, laquier ou armurier. Par contre, si l'artiste ou l'industriel prend à cœur de léguer à ses descendants le fruit de son expérience personnelle, le médecin s'interdisait d'initier son successeur aux secrets de la science qu'il exploitait. Le futur Diafoirus était envoyé chez un confrère pour y faire son stage, à charge de revanche, bien entendu. Et, comme il n'y avait pas d'école de médecine proprement dite sur tout le territoire du Nippon, il s'en-

suivait que les méthodes généralement en faveur n'y étaient point scientifiques, mais résultaient uniquement de l'expérience individuelle. Presque toutes — on doit le dire — sont empreintes d'une superstition grossière. Le Codex actuel renferme encore des recettes d'autant plus empiriques que la physiologie, la physique et surtout la chimie sont encore lettre morte dans presque tout l'extrême Orient. Le seul enseignement supérieur qui se donne, de professeur à élève, se borne même à la lecture de certains traités chinois, d'essence très contradictoire, et que l'initié apprécie à sa convenance le jour où il est appelé à les commenter pour son propre compte. De ce moment aussi, l'élève, devenu maître, a tout droit d'en appliquer les procédés à sa guise, au hasard de ses propres observations ou de ses facultés géniales. Il en résulte un gâchis pathologique, plein de dangers pour la santé universelle, surtout dans les campagnes, où la médecine reste encore rivée aux errements les moins justifiés.

Pourtant, cet état de choses s'est sensiblement amélioré, grâce à l'ouverture, à Tokio, à Osaka, à Nagasaki et dans d'autres grandes villes, de cours réguliers, de cliniques et de laboratoires, sous la direction de médecins européens. Bref, si l'on s'étonnait de l'infériorité relative où le Japon se trouve toujours par rapport à nos pays, nous dirions qu'en 1859 seulement le célèbre docteur Pompe de Meedervoort obtenait à grand'peine du gouvernement l'autorisation de disséquer le cadavre d'un supplicié, en présence de quarante-cinq médecins indigènes et d'une sage-femme. Depuis cette époque relativement lointaine, les études ont fait un grand pas, et l'on peut déjà prévoir le jour où les méthodes sino-japonaises seront définitivement écartées.

Très versés dans la botanique, possédant leur flore sur le bout des doigts, supérieurs sous ce rapport à leurs voisins de Chine, les Japonais sont à peu près ignorants sur tous les autres points de la thérapeutique.

Rien de bizarre comme les propriétés reconnues par eux aux différentes eaux plus ou moins potables dont ils prescrivent l'usage. S'ils reconnaissent — par exemple — l'efficacité des bains de mer dans la plupart des affections cutanées, cette maladie commune à tant de leurs concitoyens, ils attribuent des qualités tout aussi remarquables, sinon supérieures, aux eaux de pluie qu'on a recueillies au mois de juin. Les eaux grasses ayant servi « à laver les ustensiles de trois ménages » sont employées dans les cas

CHARPENTIER, D'APRÈS HOKOUSAÏ (p. 244 et 252).

extrêmes. Celles que l'on extrait des fouilles pratiquées dans les vieux tombeaux ont la réputation de guérir de la lèpre. L'eau provenant du lavage des défunts calme les frénésies et permet de voir le diable aux personnes qui s'en humectent les paupières. Les compresses d'eau froide sont usitées, avec raison, dans les cas d'empoisonnement ou d'asphyxie; mais l'eau chaude, l'eau brûlante surtout, recommandée à tort et à travers par tous ces Sangrados à lunettes, engendre plus de maladies qu'elle n'en soulage. L'eau de pluie printanière, bue en même temps par un jeune couple, a des vertus prolifiques; et celle qu'on se procure le cinquième jour du cinquième mois de l'année fortifie les bronches et la poitrine. La rosée guérit les pulmoniques, et l'eau dite « de la lune », condensée sur un miroir, calme les fièvres puerpérales, tout en servant de collyre. L'humidité suintant des vieux bambous, et généralement celle de toutes

MENUISIER, D'APRÈS HOKOUSAÏ (p. 244 et 252).

les graminées, sont souveraines dans les cas de fièvres typhoïdes, ou bien arrêtent la dysenterie. Celle qui provient des jeunes bambous, mélée à du fiel de loutre, est un vermifuge apprécié. L'eau de chaux carbonatée rajeunit comme celle de la fontaine de Jouvence. L'eau qui a séjourné sur les vieilles toitures s'emploie contre la rage. Est-on mordu par des serpents ou piqué par des scorpions et des moustiques, vite une infusion de pierres à aiguiser ou bien quelques gouttes du purin provenant de la litière des porcs! Ce dernier remède est encore administré, d'une façon interne, cette fois, comme anthelminthique. Quant aux maux de ventre des convalescents (?), ils sont coupés net (*horresco referens*) par l'eau qui a servi à quelque bain de pieds. Excellent aussi cet extrait d'escafignon pour donner du lustre aux cheveux! La neige fondue conjure de nombreuses affections; la gelée blanche est la grande réparatrice des anémiques. La glace prévient le choléra-morbus (pas si mal, cela). Mélangée de *saké*, elle sert de cordial, en cas d'indigestion bachique. Pour l'amour de Dieu,

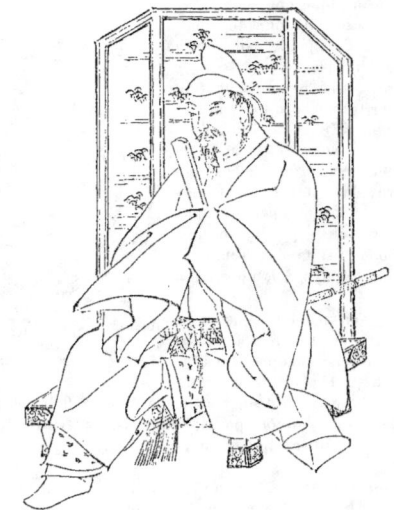

SOUGAWARA MITCHISANÉ. — Dessin de Yosaï (p. 103 et 269).

ne buvez jamais de l'eau où des tortues ont pris leurs ébats. Il vous en cuirait.

Quant aux eaux thermales, qui abondent sur tous les points du territoire, — il y en a plus de trois cents, — elles sont arbitrairement ordonnées, sans que les médecins qui les conseillent se doutent le moins du monde ou de leur composition ou de leurs propriétés.

Pour le Japonais pur sang, certains animaux possèdent en eux des vertus médicinales, ainsi que certaines pierres de forme particulière. Les aérolithes, ou « pierres de foudre », comme on dit ici, ont toujours une influence magique. L'encre de Chine proprement dite ne sert pas seulement à écrire ou à dessiner, elle s'applique aussi sur les blessures et les ulcères. Avec une aiguille chauffée au rouge et plongée aussitôt dans l'huile, on fait mûrir les abcès.

Mais le remède le plus populaire, celui duquel on fait sans cesse usage, sans même consulter l'homme de l'art, c'est le moxa, médicament d'origine toute locale, formé soit de l'*oyomoghi*, espèce d'absinthe ramassée le cinquième jour du cinquième mois (ce jour est décidément favorable), puis séchée, soit du bois de pêcher malaxé, soit enfin de la moelle de jonc. Le moxa guérit indifféremment le rhumatisme, la goutte, la crampe au mollet, et s'applique sur le corps tout entier. L'usage des moxas est si répandu que les gens du peuple, qu'on voit passer le torse découvert, ont presque toujours le dos couturé de cicatrices, aussi nombreuses, aussi rapprochées que le sont les trous d'une écumoire.

Une pratique non moins fréquente est celle dite de l'acuponcture, laquelle consiste à introduire sous les tissus de fines aiguilles d'or, d'argent ou d'acier trempé. On prétend que cette opération — qui fut, d'ailleurs, en vogue chez nous au commencement du siècle, et qui relève, dans une certaine mesure, de la thérapeutique par l'électricité — produit parfois de bons résultats et remonterait, en ce pays, à la plus haute antiquité.

Mais j'en ai dit bien assez, je pense, pour établir la fantaisie de cette pharmacopée. En réalité, à part certains cas fort rares, elle ne repose sur aucune base scientifique et rappelle bien plutôt, par ses aphorismes extravagants, les philtres de nos sorciers du moyen âge.

Jeudi, 7 décembre. — Beau temps (th. + 5° cent.).

A sept heures, départ pour Yokohama, après avoir eu la corvée d'aller réveiller Sada qui dormait encore à poings fermés. Singulier serviteur, vraiment! Dès mon arrivée, je termine les arrangements nécessités par l'envoi en Europe des colis renfermant, précieusement emballés par les soins de M. K***, les objets que je me suis procurés depuis le commencement de mon séjour au Japon.

Le steamer *Belgic* est arrivé ce matin de San-Francisco, après vingt-deux jours de traversée. Voilà un bien petit fait, à distance; ici, c'est un événement! Toute la concession est sens dessus dessous. Un navire arrivé au port, ce sont des nouvelles d'Europe et d'Amérique, et tous les résidents en sont avides, comme on le pense bien.

Non loin des bureaux de la douane, où j'ai affaire aujourd'hui, se trouve un vaste établissement dans lequel on manipule le thé. Ce produit purement japonais, surtout estimé en Angleterre et en Amérique, fait l'objet d'une immense exportation. A ce titre, il mérite bien que nous en disions un mot.

Le thé tel qu'il est travaillé ici rentre dans la classe des *thés verts*, c'est-à-dire qu'avant d'être séché il n'a pas été soumis, comme les *thés noirs*, à la fermentation. Le thé fraîchement cueilli est directement jeté dans des bassines de métal chauffées à l'aide d'un feu de charbon de bois. Pour qu'il soit séché également, on agite ces bassines sans discontinuer. Le principal effet de la chaleur est d'enlever au produit ses qualités narcotiques et de faciliter en même temps le frisage des feuilles, opération tout à la fois nécessaire à la réduction du volume et à la conservation de l'arome. Dès que le thé a été ainsi privé de son eau, on l'extrait des récipients et on le place dans de grandes boîtes de ferblanc. Là se termine la série des manipulations. Il ne s'agit plus que d'envelopper la marchandise dans du papier colorié.

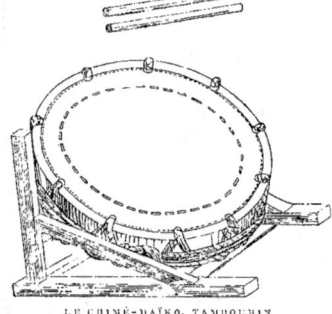

LE CHIMÉ-DAÏKO, TAMBOURIN
(p. 246, 258, et 271).

On voit que le thé japonais ne subit point les nombreuses transformations pratiquées en Chine. Bien qu'il existe plusieurs qualités de feuilles, il n'est pas non plus d'usage d'en éprouver les qualités respectives au moyen de dégustations spéciales. On procède plus simplement. M'est avis, pourtant, qu'un peu plus de charlatanisme ne ferait qu'ajouter à la vogue dont le débit est déjà entouré.

A cinq heures, nous sommes de retour à Tokio.

Vendredi, 8 décembre. — Beau temps (th. + 7° cent.).

Dès six heures, nous sommes en route pour accomplir notre seconde et dernière promenade dans les quartiers de l'Est. Notre but est de visiter les temples les plus importants dont ce faubourg de Tokio est émaillé. Cette fois, nous traversons la Soumidagawa sur l'Eitaï-bachi, l'un des grands ponts de bois jetés au-dessus du large cours d'eau et, en même temps, le plus voisin de l'embouchure. A notre droite, le regard se repose à perte de vue sur la nappe resplendissante de la baie.

De ce point il n'y a plus qu'un pas à faire pour gagner certain temple dédié à Hatchiman, dieu de la Guerre, divinité à laquelle les Japonais ont élevé tant de sanctuaires et dont nous avons visité un si curieux type à Kamakoura. Le temple de Tokio est loin d'offrir le même intérêt.

Tandis qu'aux abords du temple se dressent les inévitables *toriis*, tout à côté se présente un portique dont les pieds-droits sont reliés de part en part à l'aide d'une corde. Ce simple morceau d'étoupe est destiné,

DESSIN REPRÉSENTANT UNE RICHE FLORAISON (p. 218).

dans l'esprit des fidèles, à barrer le passage aux mauvais esprits. Singulier mode de préservation, usité là d'ailleurs comme en beaucoup d'autres lieux. M. O***, qui m'accompagne, prétend même qu'à l'intérieur du pays il est couramment employé sur les chemins publics de réputation suspecte.

Comme au temple de Kamakoura cité plus haut, deux ponts juxtaposés précèdent l'entrée, tout en rompant la monotonie de la cour située au-devant du sanctuaire. L'un est fait de pierre, l'autre de bois. Ainsi que je l'ai annoncé, le temple, petit en lui-même, est assez insignifiant, en dépit des peintures et des sculptures qui décorent ses parois. D'autre part, pour tout mobilier on n'y découvre que le miroir et le *gohei*, ces deux éléments caractéristiques du culte chintoïste. Par contre, je constate qu'on a tiré bon parti des alentours immédiats du temple. Derrière le monument se dresse une petite colline artificielle, rappelant le Foudji-yama par la forme et par les détails. Sur une autre élévation, située à droite, une sorte de hangar primitif est construit d'après le type en faveur chez les anciens architectes du chintoïsme. Enfin, comme toujours, de nombreux édicules avoisinent le bâtiment principal. L'un d'eux est consacré à Kobo-Daïchi, ce fameux bonze bouddhiste qui, au neuvième siècle de notre ère, amalgama les croyances nouvelles aux anciennes, sous le nom générique de Riyobouchinto, et qui, de plus, passe pour avoir été l'inventeur du katakana, l'alphabet japonais. Un autre est dédié à Amatéras, la déesse du Soleil et l'aïeule divine des Mikados; enfin, un troisième est placé sous le vocable d'un dieu ou d'une déesse dont je ne puis définir le nom et les attributions. Quoi qu'il en soit de cette dernière déité, son culte doit être en grand honneur parmi les indigènes, à en juger par les innombrables et bizarres ex-voto qui lui sont offerts annuellement. Tout autour, en effet, sont accrochés des chignons d'hommes ou de femmes, précieusement cueillis sur la tête des fidèles. En considérant tant de faux toupets, je pense involontairement à ce vieux calembour de tréteaux : « Les gens chauves ne le sont jamais que par dé... tresse. »

En achevant le tour du temple et en revenant sur nos pas, nous sommes arrêtés par la vue d'un cheval sacré, exposé à la vénération publique dans la cour d'entrée que nous avions franchie tout d'une traite. L'objet de ces égards, renouvelés de Caligula, est un petit poney indigène à robe isabelle et à postures capricieuses. On le tient là tout prêt pour le cas, assez peu probable, où il prendrait fantaisie à Hatchiman de revenir commander en personne les troupes de son successeur impérial. Comme l'âne de saint Nicolas, auquel les marmots flamands préparent à certain jour une provende de carottes et de navets, le noble animal accepte volontiers sa pâture de la main des croyants. A cet effet, une collection de petites tasses, remplies de fèves, est disposée hors de sa portée, attendant que, moyennant une monnaie de cuivre, les zélateurs pourvoient à sa réfection journalière. En raison de ma sympathie pour les bêtes, j'offre généreusement au cheval de Hatchiman quelques tasses de fèves, et je constate avec satisfaction qu'il se régale aux dépens d'un simple todjim, comme du premier dévot venu, sans montrer le moindre scrupule.

Tout à proximité du temple de Hatchiman, un photographe s'est établi. Sa spécialité — si je m'en rapporte aux échantillons placés sur son éventaire — est celle des portraits de danseuses et de femmes galantes. Voilà bien un article de dévotion auquel je ne m'attendais pas en ce lieu.

Mais passons. A un quart d'heure de là, nous débouchons sur une allée de conifères, à l'extrémité de laquelle se trouve, élevé sur un piédestal de granit, un grand daïboutz de bronze en partie doré et mesurant près de quatre mètres de haut. Il confine au temple de Réiganji, que nous visitons à la suite et qui ne mériterait pas la démarche, s'il n'était entouré d'un fort beau cimetière où sont enterrés bon nombre d'anciens daïmios.

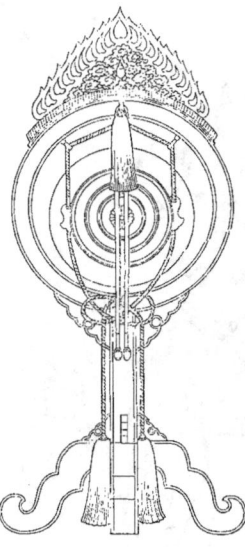

LE CHOKO, GONG JAPONAIS
(p. 257).

En suivant l'un des canaux qui coupent le quartier en diagonale, nous parvenons à une fonderie de fer où l'on fabrique des ustensiles de toute dimension. L'installation en est des plus rudimentaires. Une petite fournaise, qui menace de s'effondrer, contient le métal liquéfié; le feu, placé au-dessous, est activé par un soufflet mû par huit hommes mettant la machine en branle à l'aide du pied et disposés quatre par quatre. Nous assistons au coulage d'une sorte d'urne dont le moule est simplement retenu par des cercles de bambou. Au moment où le métal brûlant se déverse dans les creux, plusieurs parties du moule laissent échapper des jets de fer en fusion. On s'empresse de mastiquer les fissures au moyen de terre grasse. Comme on le voit, tout cela est bien primitif. Une fois coulée, chaque pièce est passée sur l'enclume, ébarbée et redressée au marteau. On me dit que le fer employé dans ces fonderies provient de Jochou, localité située sur la route du Nakasendo.

Il ne faudrait pas croire, cependant, que les produits obtenus au moyen de ce mince outillage soient dépourvus de caractère artistique. On me montre certains objets remarquablement achevés, et notamment des théières ornées de fleurs ou d'animaux en plein relief. En outre, chacun de ces objets constitue généralement une pièce unique, car moules et modèles sont détruits après chaque opération.

Au sortir de cette fonderie embryonnaire, nous abandonnons l'interminable canal suivi depuis Réiganji, pour prendre un petit chemin pratiqué entre des rizières et qui nous conduit tout droit en face du célèbre temple de Go-hiyakou-Rakan, ou des cinq

Tout autour, les autres disciples, au nombre de cinq cents, sont irrégulièrement rangés. Il est d'usage, en effet, de comprendre dans la catégorie des disciples non seulement les compagnons qui ont collaboré à la doctrine du maître, mais tous ceux qui, s'étant ralliés au bouddhisme, contribuèrent à le propager.

Rien de curieux, d'attachant, de réellement effrayant comme ce cénacle d'apôtres, ce conclave de hauts personnages réunis en vue de faire triompher le dogme d'élection. Quelle variété dans la pose, dans le geste et dans la manière d'être! Tous les personnages, de grandeur naturelle, assis les jambes repliées et revêtus d'une longue robe, le crâne rasé, dorés des pieds à la tête, affectent une attitude particulière et se livrent à une occupation spéciale. Tandis

SCÈNE DE HARAKIRI. — Dessin de Yosaï (p. 254).

cents disciples du Bouddha. A peine si nos djirinkchas peuvent avancer dans l'étroit sentier. En dépit de la réputation qui s'attache, d'ailleurs, au monument sacré, il n'est rien autre, extérieurement, qu'une affreuse bicoque à demi disjointe et qui s'écroulera, bien sûr, au premier typhon. C'est un tremblement de terre qui, dit-on, a réduit l'édifice à cet état de délabrement. Mais il en est de ce simple hangar vermoulu comme de l'os médullaire de Rabelais : les qualités du contenu font vite évanouir les dédains inspirés par le contenant.

Dès le seuil, en effet, apparaît une gigantesque figure du Bouddha, placée au fond du sanctuaire. Cette statue, dorée sur toutes ses faces, représente la Sagesse déifiée, dans l'attitude de la méditation. Le personnage a pour trône et pour piédestal des assises de rochers, de lave et de pétrifications marines. A ses côtés se tiennent les disciples de prédilection.

que ceux-ci procèdent aux ablutions, aux prières, aux méditations, ceux-là s'adonnent aux mille offices de la liturgie ou du culte, chacun ayant à la main quelque emblème de la prépondérance sacerdotale, le sceptre, le rouleau de parchemin, l'éventail, le trousseau de clefs ou tout autre objet moins facile à définir.

Mais ce qui frappe d'abord le regard et ce qui contribue à glacer l'âme d'une secrète épouvante, c'est la hideur voulue, stupéfiante, incroyable, de la plupart des physionomies. Partant du principe que toute préoccupation morale influe sur une partie quelconque de l'être physique suivant le sens ou l'acuité de la préoccupation, l'artiste ou les artistes se sont plu, dans un même esprit créateur, d'attribuer à l'un des oreilles démesurées, à l'autre un front pointu, à celui-ci l'hydrocéphalie, à celui-là des bosses phrénologiques inquiétantes, à tous quelque difformité étrange, indicatrice du concept de la passion ou de l'aptitude.

Si l'on ajoute à ce caractère qu'une grimace, un rictus, une torsion douloureuse du faciès fournira toujours l'impression d'une souffrance intime, d'un désir immodéré, d'une contention morale excessive, on aura le sentiment exact et pénible que procure un pareil ensemble.

Dans un coin de la scène, Éma, le Minos japonais, maître et justicier du purgatoire bouddhiste, se profile en couleur sombre derrière un grillage, la menace à la bouche, la fureur dans le bras, jetant par les yeux des éclairs capables de faire trembler le criminel ou de ramener l'indifférent.

En fait, par moments il semblerait que toutes ces têtes, au regard pénétrant, s'agitent et se tournent vers vous, dans un effort prodigieux, alors que le Bouddha, placide au centre de l'assemblée, paraît résumer à lui seul la solution de tous les problèmes par l'absorption dans le Nirvana, c'est-à-dire dans l'anéantissement absolu. C'est un spectacle inoubliable par sa puissance et son étrangeté.

Malheureusement, tout ce peuple de bois, en dépit de ses dorures étincelantes, est dans un état piteux de conservation, et le jour n'est pas loin peut-être où tant d'œuvres d'art s'en iront s'effritant par morceaux, sous les débris vacillants du temple qui les abrite[1].

Mais nous voilà rendus au grand air et secouant la poudre qui s'abat intense sur ces antiques témoins de la foi japonaise. Une dernière fois je salue la grave assemblée, et je me remets en route pour l'enclos sacré de Kaméido. Le chemin qui y mène est ravissant. Soit que les merveilles que je viens de voir dans le temple de Go-hyakou-Rakan aient exalté mon lyrisme, soit que la nature ait revêtu pour la circonstance ses plus magnifiques ornements, j'observe avec délices les mille beautés du paysage qui se présente à ma vue. C'est au point que nous allons ainsi, presque à l'aventure, sans savoir au juste si la voie que nous suivons est la vraie. Enfin, après avoir traversé un canal qui se présentait à nous, je consulte la carte qui ne me quitte jamais, et je m'aperçois à l'instant qu'aucun de nos coolies ne connaît la direction à choisir. Il s'agit de les remettre dans le droit chemin et d'éviter que, par d'inutiles détours, ils ne prolongent indéfiniment l'excursion.

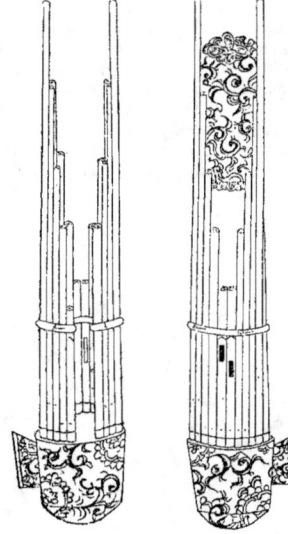

CHO, LE PRINCIPAL DES INSTRUMENTS A VENT JAPONAIS (p. 256).

PARTIES DÉTACHÉES DU CHO (coupes) (p. 256).
HAUTE — BOITE A AIR — EMBOUCHURE

Désormais, les rizières d'aspect monotone ont fait place à des campagnes parsemées de jolis jardins, entourés de haies de lauriers, sur lesquels la *sazankouwa*, fleur de thé des montagnes, pareille à nos camélias, vient jeter des taches de rouge et de blanc contrastant avec le vert foncé des arbres. Quelle admirable nature! quelle variété dans les échappées! quel contraste joyeux avec les sombres impressions dont nous nous sentions tous envahis il n'y a qu'un instant! Et tout cela en plein mois de décembre, à l'heure où nos pays brumeux disparaissent enfouis sous les frimas et sous les ombres opaques, précurseurs de l'hiver qui va régner en maître à travers les campagnes dépouillées!

Tokio est bien la grande ville comme nous la concevons. On y trouve de tout, du plaisant, du sévère, de l'horrible, du beau. En approchant de ses murs populeux par ces chemins solitaires, nous rencontrons un colporteur de journaux. Il annonce sa marchandise au moyen d'une sonnette attachée à ses vêtements.

Kaméido, où nous nous arrêtons au bout de quelque temps, est un délicieux enclos renfermant un étang avec îlot, des ponts, des berceaux verdoyants et un joli petit temple tranchant par sa lourde toiture sur les habitations rustiques éparses dans les environs. L'enclos s'ouvre par un portique excellemment sculpté.

Le *kami* qui est particulièrement honoré dans ce paradis terrestre en miniature est un personnage déifié sous le vocable de Ten-djin. Or, Ten-djin est,

---

1. En 1890, tout ce panthéon a été logé dans une nouvelle construction établie non loin de l'ancienne.

tout simplement, l' « okourina » ou nom posthume du fameux Sougawara-Mitchisané, l'homme d'État dont nous avons esquissé la vie, durant nos promenades à Nikko. Tel est le patron des gens de lettres, dans l'empire du Soleil Levant. Au neuvième siècle de notre ère, ce personnage très savant, après avoir occupé un rang presque égal à celui de l'empereur, fut arbitrairement exilé dans la province de Chikousen et en mourut de chagrin. L'enclos de Kaméido, avec le temple qu'il contient, ne sont — paraît-il — qu'une réduction de ceux qui lui sont consacrés encore dans la province de Chikousen, témoin de ses malheurs. Sur tous les points du Japon, d'ailleurs, écoliers et écolières, poètes et lettrés, rendent un universel hommage à ce savant divinisé. Le temple de Kaméido, par exemple, est des plus fréquentés. C'est comme le Lycée d'Athènes où les péripatéticiens venaient s'entretenir de science et de philosophie, en se promenant dans les allées ombreuses bordées par l'Ilissus. Plusieurs cercles littéraires y font encore des pèlerinages réguliers, et même y viennent rimer des stances, au clair de lune, sur les bancs disposés devant l'entrée principale.

Un long rideau de treillages, où grimpent follement des liserons et des wistéries, entourent l'étang, dont les eaux sont abondamment peuplées de poissons rouges. Je recueille quelques graines de ces plantes à la barbe d'un officier de police qui, depuis notre entrée, ne nous a pas quittés d'une semelle. Au printemps, me dit M. O***, ces charmantes fleurs marient leur parfum à celui des pruniers, en attirant dans ces lieux embaumés une foule de promeneurs et d'oisifs.

Dans le temple, je remarque plusieurs portraits ou images sacrées, le tout peint sur bois. Aux alentours, des tengous rébarbatifs, des reproductions de chevaux noirs et gris, une vache en marbre, enfin des personnages fantastiques teintés de vert et de rouge et sculptés également dans le bois, complètent le mobilier sacré de ce Parnasse japonais. J'allais oublier un grand coffre où les experts en l'art de bien écrire et de bien dire viennent pieusement déposer leurs pinceaux ; c'est là qu'ils puiseront l'inspiration et chargeront leur style des paillettes d'or qui font les belles figures, les couleurs éclatantes, c'est-à-dire l'éloquence et la poésie. Heureux écrivains du Japon, comme on conçoit que vous accouriez ici emprunter à la nature une parcelle des richesses qui y sont accumulées !...

A quelque cent mètres de l'enclos sacré, s'étend un jardin dépendant également du temple et sous les ombrages duquel les amateurs des belles-lettres vont compléter leur pèlerinage. Nous y trouvons un fouillis inextricable de rochers bizarres et de pièces d'eau aux rives contournées, de passerelles, de lampes funéraires et d'édicules, le tout brochant sur un fond de végétation touffue et torturée. C'est comme si on s'était plu à symboliser, dans ce milieu tourmenté, le labeur ingrat qu'impose à l'écrivain l'invention d'une figure poétique ou d'une stance littéraire.

UN LUTTEUR EN COSTUME DE GALA (p. 260).

Revenons à présent — il le faut bien — à des soins plus prosaïques ! Les exigences de l'estomac sont là pour me rappeler que nous n'avons encore rien absorbé depuis le matin. A la jonction de deux cours d'eau, et non loin d'un nouveau petit temple, le restaurant *Hachimoto*, bel établissement d'une élégance et d'une propreté rares, nous ouvre ses portes toutes grandes. Trois officiers supérieurs de l'armée japonaise, explorant en ce moment les environs de Tokio, y sont établis, depuis une couple d'heures, avec une suite nombreuse. Aussi le personnel entier est-il en l'air pour les servir. Après des retards multipliés, — Sada soutenant pour les excuser que plus un restaurant est d'ordre supérieur, plus les retards y sont naturels, — nous parvenons à obtenir enfin un assez bon déjeuner, composé de poissons et d'œufs. Le repas est accompagné de la fameuse sauce aux fèves nommée *choyou*, qui peut passer pour être d'une consommation générale au Japon, dans les ménages pauvres comme dans les intérieurs les plus opulents. Cette sauce nationale, sur le compte de laquelle il est bon de dire un mot, est préparée par grandes quantités dans des maisons spéciales et recueillie dans des barils de bois. Les ingrédients qui entrent dans sa composition sont les fèves, le froment, le sel et l'eau, le tout en proportions équivalentes. La fabrication exige beaucoup de soins. Ce n'est qu'après plusieurs années d'un triturage quasi journalier que le produit est livré aux consommateurs. La couleur en est brun foncé, le goût très relevé, quoique fort salé. Ce condiment a pour principale propriété d'aiguiser l'appétit.

A notre départ, les nésans, comme pour nous faire oublier les lenteurs premières, nous reconduisent à la porte en grande cérémonie, leur illustre patronne en tête.

A partir de ce restaurant, nous ne voyons plus que coquettes habitations, alternant avec des temples de dimensions modestes et des jardinets en miniature comme ceux que nous avons déjà décrits. C'est de tout point ravissant. Déjà, presque sans coup férir, et tout en longeant une belle allée plantée de cerisiers, nous nous retrouvons sur les bords de la Soumida-gawa, dans un endroit appelé Moukodjima. Je ne saurais mieux comparer cette localité, en dehors de sa couleur bien locale, qu'à ces gracieuses agglomérations suburbaines assises le long des rivières et dont quelques grandes capitales nous offrent le spectacle. Partout les tchayas étalent leur façade engageante et leurs tonnelles de verdure, de même qu'à Bougival ou à Joinville-le-Pont.

Pour compléter notre excursion dans ces parages, il nous reste à pousser jusqu'à Horikiri, village situé encore à une assez grande distance. Or, nous nous sommes à peine engagés en plein champ, que nos coolies, s'arrêtant court, élèvent brusquement la voix et réclament ou quelque supplément de prix ou le payement immédiat et intégral de ce qui avait été convenu entre nous le matin même. A leur extrême surprise et désappointement, je prends les manants au mot, et les congédie, après règlement, sans autre forme de procès.

Par le fait, j'ai été fort bien inspiré en abandonnant les étroits véhicules. Le temps est magnifique, et la promenade charmante. Le chemin, pratiqué entre des rizières, me conduit en trois quarts d'heure à Horikiri, où je trouve, entre autres, deux charmantes tchayas offrant un abri délectable. Celles-ci sont entourées de beaux jardins garnis d'arbres nains, de pavillons en miniature, de rochers artificiels, de cours

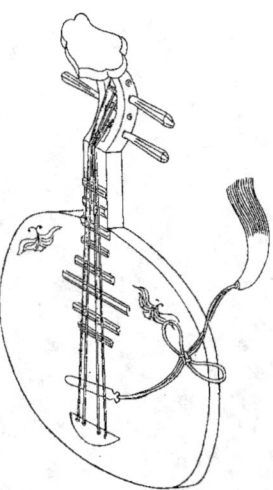

LE GHÉKING, INSTRUMENT A CORDES D'ORIGINE CHINOISE (p. 256).

d'eau minuscules, et surtout d'arbustes magnifiques dont la foule des oisifs vient admirer au printemps la floraison sans égale. Tous les alentours de Moukodjima et de Horikiri sont ainsi peuplés de jardins et de parcs, dont quelques-uns, appartenant à de riches particuliers, présentent un caractère des plus pittoresques. On chercherait vainement un endroit de la terre où la végétation puisse offrir, dans la saison des fleurs, plus de couleurs souriantes, plus de trésors capricieux.

Malheureusement peu à peu un gros nuage, monté des confins de l'Océan, a jeté sur ce délicieux ensemble un voile sombre et menaçant. Pendant qu'il se distille sur la plaine en pluie fine et serrée, nous buvons tranquillement dans la tchaya une excellente tasse de thé, et absorbons une platée de riz préparé à la japonaise.

Nous avons à peine fini que le soleil reparaît radieux, quoique déjà bien bas sur l'horizon. Quand nous arrivons aux bords de la Soumida-gawa, ses derniers rayons inondent de teintes rouges et vermeilles les eaux bleuâtres du fleuve. La douceur de l'atmosphère, le plaisir d'être mollement entraîné sur cette surface transparente et unie comme un miroir, la pensée de juger une fois de plus des ressources fluviales de la cité, tout m'engage à rejoindre mon quartier par la voie navigable. — L'exquise promenade! — Nous passons successivement sous les grands ponts qui livrent passage à la foule bigarrée. Le mouvement des quais alterne avec celui des barques qui sillonnent le fleuve en tous sens. Quel coloris! quelle animation! quel ruissellement de vie et de lumière!

Mais, insensiblement, aux mille bruits qui frappaient les échos a succédé le silence le plus profond. Nous avons laissé la Soumida-gawa pour nous engager dans d'étroits canaux, au bout desquels de longues files de maisons alignent de chaque côté leurs façades postérieures. Déjà les ombres de la nuit commencent à s'élever sur notre route et à envelopper la cité. Le regard se perd au fond de ces longues rues vénitiennes, contrastant par les reflets de métal de la chaussée liquide avec les sombres parois des demeures qui la bordent. Tout à coup, pourtant, au détour du canal, se présente une immense éclaircie. Les rangées de maisons cessent brusquement. Nous nous trouvons au beau milieu du quartier incendié. Ici tout respire la mort. Des poutres calcinées flottent à côté de notre légère embarcation comme les immenses épaves d'un naufrage sans précédent; des débris de toute nature recouvrent les berges du cours d'eau, comme de lamentables témoins de l'ouragan. Voilà bien la ruine et la désolation! Et cependant, par-ci par-là, des groupes de baraquements surgissent déjà de la plaine ruinée, tandis que les sons du tambourin s'échappent à profusion de ces huttes à demi closes. Le plaisir et la bonne humeur qui, dans ce pays béni du Ciel, ne perdent jamais leurs droits, campent avec insouciance sur les décombres encore fumants de la cité. Telle est la dernière impression que nous rapportons de cette promenade, au cours de laquelle nous avons entrevu des spectacles si variés, si étranges, si enivrants. Il est nuit noire quand nous débarquons à proximité de notre hôtel.

Les jardins, en grande partie maintenus tels qu'ils étaient avant la nouvelle appropriation, sont magnifiques. Ils attestent la puissance et le luxe du premier occupant. Aussi n'est-ce pas sans regret qu'on y voit surgir de nouvelles et vastes constructions remplaçant les plantations séculaires. Bien que les installations ne soient pas encore entièrement achevées, je remarque de très importants magasins remplis d'armes de toute espèce et de milliers d'objets d'équipement et de harnachement.

Parmi les objets hors de service, le colonel me montre une collection, déjà fort complète, de fusils anciens et modernes, rassemblée pour former un

SUR LA SOUM IDA-GAWA (p. 236 et 270).

Samedi, 9 décembre. — Beau temps (th. + 3° cent.).
Vers neuf heures, nous quittons notre quartier général. Il ne me reste plus que peu de jours à passer à Tokio. Force est donc de mettre ceux-ci entièrement à profit. Pour répondre à ce programme, je compte me diriger dans le nord-ouest de la ville jusqu'à Odji, l'une des promenades les plus goûtées par la population.

Sur mon chemin se trouve l'arsenal dirigé par le colonel O*** et qui porte ici le nom de Mito-yachiki. Le colonel a été obligeamment prévenu de ma visite par le sous-secrétaire d'État, M. S***.

Ainsi que son nom l'indique, l'arsenal occupe l'ancien palais du prince de Mito, lequel a joué, comme on sait, un si grand rôle dans l'histoire générale du Japon. Il comprend environ quarante hectares de superficie.

musée. Il me fait voir aussi, dans le même compartiment, des appareils spéciaux pour la télégraphie en campagne. Ce matériel provient directement d'Allemagne.

Nous parcourons successivement les forges où l'on s'occupe de la transformation d'armes réformées, les ateliers où se fabriquent les cartouches, ceux qui sont consacrés à l'instrumentation musicale, à la sellerie, au vêtement, à la buffleterie, enfin de grands chantiers de menuiserie et une fonderie.

Partout règne une extrême animation. Jusqu'à ce jour, quinze cents à deux mille ouvriers, presque tous indigènes, sont attachés à ce puissant laboratoire, lequel est encore appelé à acquérir plus d'importance dans un avenir rapproché. Quoique les machines motrices passent pour provenir à la fois de France, d'Allemagne et d'Angleterre, j'apprends que la plupart d'entre elles ont été construites en Belgique, dans les ateliers de Seraing. Une seule pourtant est revêtue de l'estampille Cokerill. C'est également un ingénieur belge qui a été chargé de monter l'établissement. Mais, cette besogne une fois faite, les Français, qui avaient reçu la mission de réorganiser les forces navales et militaires du Japon, se sont mis à la tête de l'exploitation.

Combien de temps se prolongera cette tutelle étrangère, non seulement acceptée du gouvernement impérial, mais sollicitée par lui? On ne saurait le préciser. Évidemment elle n'est que passagère. Les Japonais s'initient avec trop d'ardeur aux progrès mécaniques et industriels dont ils nous ont demandé la clef, pour n'avoir pas l'arrière-pensée de se suffire bientôt à eux-mêmes d'une manière plus ou moins complète. Déjà ils affectent de se passer de l'Europe et de l'Amérique pour beaucoup de choses dont ils se sentaient naguère nos tributaires. Chaque fois qu'ils se jugent en mesure de supplanter nos artisans avec des indigènes, ils en saisissent l'occasion, non sans un empressement légitime. Nous en avons ici l'exemple sous les yeux. Et — je le répète — en cela nul ne peut leur donner tort, car le Japon a déjà payé largement l'apprentissage auquel il s'est soumis dans le principe.

D'ici au village d'Odji, la distance est de quatre kilomètres environ. Grâce à nos rapides coureurs, nous la franchissons en trente-cinq minutes, à travers des campagnes cultivées.

Bien que le but de notre promenade soit d'admirer un des sites les plus vantés des environs de Tokio, nous faisons halte tout d'abord dans une fabrique de papier officiel placée sur notre route, et dont la construction remonte à l'année 1874. C'est l'une des trois fabriques que j'ai citées antérieurement. Tout le matériel qui en dépend vient en droite ligne de Londres. L'installation, quoique moins étendue qu'à l'usine de Mita, est incontestablement supérieure. On y produit quotidiennement une tonne et demie de papier.

Odji est le rendez-vous préféré des promeneurs de Tokio. Chaque année la foule s'y porte, sollicitée par des préoccupations religieuses ou par des suggestions d'ordre absolument profane. Deux temples, étagés sur les hauteurs et entourés d'une végétation magnifique, dominent l'agglomération. Celui d'Inari est consacré au dieu du Riz, ce produit du sol — est-ce une assonance d'occasion? — duquel le bon abbé Delille a dit si naïvement :

LE PREMIER LUTTEUR CONNU. — Dessin de Yosaï (p. 261).

Qu'il défie la tempête et les vents rigoureux,
Et que, pour la beauté, se tressant en coiffure,
Il fournit des chapeaux l'élégante parure.

Dans ce temple, se succèdent sans cesse des pèlerinages de cultivateurs. Une chose suffit à en témoigner, ce sont les innombrables boules de papier mâché qui recouvrent les tableaux bizarres appendus dans une sorte de hangar situé à côté du sanctuaire.

Tout près dudit hangar règne un étroit escalier de granit conduisant à une chapelle accessoire. Cette dernière est précédée d'une longue série de *torii*, peints en rouge, presque juxtaposés et à peine assez élevés pour laisser passer des gens de toute petite taille. Dans la chapelle, maître Renard, ce malin croqueur de poules, le seigneur *Kitsné*, — comme on l'appelle dans le pays, — reçoit les hommages respectueux des mortels. Singulier être que ce *Kitsné*! Plutôt loup-garou qu'autre chose, il ne doit son prestige qu'à ses méfaits. Non seulement il aime le saké des bonzes, mais il enlève encore les mousoumés qui s'aventurent le soir à travers champs. Et il joint à sa spécialité de mystificateur les horribles attributions du vampire. Ainsi, il lui est arrivé notamment d'étrangler la jeune épouse d'un prince et de se loger ensuite dans le corps de celle-ci, pour mieux sucer le sang du malheureux mari. La ruse du renard sacré ne fut découverte que grâce au dévouement d'un soldat mis en faction auprès de la défunte, et qui, plutôt que de céder au sommeil lequel le fin compère l'accablait insensiblement, se porta de profondes blessures avec son épée. Kitsné est, en outre, le serviteur d'Inari. Cela explique suffisamment la présence des deux sanctuaires en un même lieu.

Bien que le second temple d'Odji dépende du culte chintoïste et n'ait pas de vocable particulier, attendu qu'il est consacré aux *gonghen*, c'est-à-dire aux dieux protecteurs de l'Empire, il profite de la vogue de son voisin pour acquérir une certaine importance. A l'époque de la fête du Riz et des Céréales, notamment, les prêtres qui le desservent se constituent en véritable corps de ballet et se livrent, *coram populo*, à des danses plus ou moins caractérisées.

Si les fêtes *ambarvales*, d'où nous avons fait nos Rogations, ont des journées correspondantes au Japon et deviennent, sur d'autres points de Tokio, l'occasion de promenades ou de réjouissances; si, à Kameïdo et sur les bords de la Soumida-gawa, on célèbre les pruniers en fleur au mois de février; si, à Ouyéno, on honore en avril les premiers cerisiers revêtus de leur toison printanière, c'est, en somme, à Odji qu'on vient saluer la nature entière livrée au travail souterrain, celui-là même qui produira l'abondance et la richesse au sein d'un épanouissement toujours vivace et toujours luxuriant.

Nulle part on ne saurait trouver un groupe plus coquet de tchayas et d'habitations perdues dans les massifs de verdure, ou courant au hasard des eaux le long de la petite rivière qui s'enfuit en ricanant. Quel coup d'œil enchanteur! — L'appétit aidant, je me décide à entrer dans l'une de ces maisons hospi- à peine assez large pour laisser passer nos djinrikchas.

Tout en roulant rapidement, nous longeons le cours d'un ruisseau bordé, sur la droite, par des élévations de terrain légèrement ondulées, lesquelles s'en vont mourir non loin de là, et, sur la gauche, par des rizières, des jardins et des cultures maraîchères d'une extrême fertilité.

Forte alerte au passage d'un pont étroit et caduc jeté sur les eaux fangeuses du ruisseau! Je suis à peine parvenu sur l'autre rive que, derrière moi, j'entends un bruit sourd, aussitôt accompagné de cris lamen-

LA LUTTE JAPONAISE (p. 260).

talières pour y déjeuner. C'est assurément l'une des tchayas les plus attrayantes que j'aie rencontrées jusqu'à ce jour. Je livre son nom à l'admiration des touristes. On l'appelle le restaurant *Ognia*. Tout autour, de grands arbres l'ombragent en jetant comme un rideau impénétrable sur ce qui l'environne. En arrière du cours d'eau, le plus charmant fouillis d'escaliers, de rochers, de lampes en granit, surgit des ondes jusqu'au sommet de la berge, formant des échappées souriantes, des perspectives variées.

Vers deux heures et demie, nous nous éloignons à regret de ce délicieux coin de terre, et regagnons Tokio par un chemin qui contourne la ville au nord. Ce chemin, à l'instar de la plupart de ceux qu'on voit dans la partie suburbaine de la capitale, n'est, à proprement parler, qu'un simple sentier, tables. C'est Sada qui, sommeillant voluptueusement au fond de son djinrikcha, vient de faire la culbute dans la vase, par suite de l'inclinaison soudaine du véhicule. Le voici qui patauge à présent en plein bourbier tout en appelant au secours! Décidément le sybarite est prédestiné aux chutes. Déjà, — on se le rappelle, — sur la route de Nikko, il faillit être précipité du haut d'un talus, à la suite d'une roue brisée. Aujourd'hui c'est une autre aventure. Aussi pourquoi toujours dormir, comme Sancho sur son âne, quand il conviendrait d'ouvrir les yeux? Heureusement, le lit d'un nouveau genre où le pauvre diable s'est retrouvé éveillé est assez peu profond. On le repêche aussitôt, on le nettoie tant bien que mal et, l'entourant de ma couverture de voyage, on confie aux derniers rayons du soleil le soin de pomper l'humidité de ses vêtements. S'en voyant quitte, du reste, pour quelques gorgées d'eau équivoque et pour une douche forcée en plein mois de décembre, Sada en a vivement pris son parti, avec la bonne humeur dont je m'empresse de lui montrer l'exemple.

A quelque distance de ce lieu néfaste, nous atteignons les premiers faubourgs de la ville, accusés d'abord par quelques riantes habitations entourées de haies de bambous. Un peu au delà est le fameux quartier de Yochiwara, que j'ai déjà décrit sous ses aspects nocturnes et que nous traversons dans toute sa longueur.

Enfin se dressent les murailles de Tokio, au sein desquelles nous pénétrons par une sorte de guichet monumental abandonné de ses gardiens. Ce n'est qu'une heure plus tard que nous parvenons à l'hôtel, où Sada grelottant achève de se sécher.

L'hôtel *Séi-yo-ken* est favorisé, depuis quelques jours, de la présence de certains professeurs étrangers, engagés par le gouvernement japonais. Dans le nombre se trouve un enragé racleur de violon, lequel me régale chaque soir d'un concert de son cru. Malheureusement ce monomane est un véritable bailleur de fausses notes; et il n'a pas plus tôt achevé un motif qu'il en aborde un autre. Serait-ce bien là un professeur? Il me rappelle plutôt les clowns virtuoses qui modulent le *Carnaval de Venise* en accomplissant leurs sauts périlleux. Pour sûr, il démanche en même temps qu'il fait le grand écart. Encore si j'étais admis à le contempler! L'acrobate me consolerait du musicien. Mais à distance, avec un mur qui nous sépare, ce concert à jet continu me donne la danse de Saint-Guy. — Ce doit être probablement quelque Américain. Il n'y a que le Yankee pur sang qui puisse pousser à un tel degré l'amour du grincement avec un pareil dédain de l'harmonie. Quelle musique! quelle fécondité! Vieuxtemps et Joachim lui passeraient, d'indignation, leur archet à travers le corps.

Mais voyez ce qu'il en est de la critique! Mon ménétrier a réussi à se composer une galerie. Comme couronnement de la soirée, j'ai, tout à coup, en plein premier sommeil, la tête fendue par le tonnerre des applaudissements. Il n'y a plus de doute, il doit y avoir de l'acrobate là-dessous.

OTÈKI, FLUTE CHINOISE (p. 257).

Dimanche, 10 décembre. — Beau temps : le matin, th. + 1° centigr.

Un bon point, cette fois, à maître Sada! Il est dans ma chambre à l'heure dite, car nous devons partir avec le train pour Yokohama. M. O*** nous accompagne, le dimanche étant le jour de sa visite hebdomadaire à M. de G***. Je profite de cette réunion pour leur demander à tous deux certains renseignements

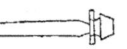

LE HITCHIRIKI, OU HAUTBOIS JAPONAIS (p. 257).

complémentaires qui trouveront place dans mes notes.

Après cette visite, toute d'agrément, nous reprenons le chemin de fer pour Tokio, mais avec le projet de descendre à quelques kilomètres de là, à la station de Kanagawa. De Kanagawa, je compte rejoindre, par la grande voie impériale, la station de Chinagawa, où je reprendrai le train.

Depuis que le chemin de fer a été construit, cette portion du Tokaïdo est bien délaissée, non seulement par les voyageurs, mais encore par le commerce. Si, de Yokohama à Kanagawa, ce ne sont que des maisons innombrables à fenêtres coupées de barreaux au travers desquels nous avons pu, un soir, contempler toute une population d'hétaïres exposées à l'étalage, à partir de Kanagawa nous n'apercevons plus maintenant que des habitations d'un aspect purement rustique. Autrefois ce parcours de peu d'étendue était constamment animé par le défilé des armées de Iyéyas ou de ses successeurs, et par les cortèges somptueux des daïmios se rendant auprès des chogouns. Désormais la nature a repris ses droits sur la région; et, n'était la vue de la baie avec ses navires au long panache de fumée, on pourrait croire à cent lieues de la capitale, en dehors de toutes les passions qui s'agitent dans les grandes villes.

Ce lieu, si paisible, a pourtant été le théâtre d'un bien triste épisode, durant les premières années qui ont marqué au Japon le séjour régulier des Européens. Le fait a été diversement raconté par un grand nombre de voyageurs. Je prendrai donc à tâche de le rappeler ici, en le dépouillant peut-être des enjolivements dont certains narrateurs s'étaient plu à l'accompagner, mais en lui restituant son véritable caractère, très suffisamment dramatique. Il montrera combien, en ces temps si troublés, les étrangers se trouvaient sans cesse exposés à devenir victimes de leur excès de confiance ou du manque d'égards le plus inoffensif. Car, il faut l'avouer, tel fut bien un peu le cas de l'infortuné Richardson, qui trouva la mort dans les circonstances suivantes.

On était au 14 septembre de l'année 1862. Le cortège de Chimadsou-Sabouro, prince de Satsouma,

CHAKOU-IMOCHI, OU CLAQUETTES (p. 257).

devait passer sur cette route. Le prince retournait à Kioto, après s'être acquitté auprès du chogoun d'une mission spéciale tendant à rétablir l'accord entre le Mikado et son lieutenant militaire.

Entre parenthèses, ce prince est toujours vivant. Après avoir eu sa place réservée dans les conseils de l'État jusqu'à la fin de l'année 1875, il a donné sa démission et s'est retiré dans sa province. C'est lui que nous voyons, en ce moment, à la tête des mécontents. Mais je continue.

Chimadsou-Sabouro était loin, à cette époque surtout, d'être favorable à l'ordre de choses qui s'implantait déjà et qui depuis a totalement prévalu. Le gouvernement du chogoun ne l'ignorait pas. Aussi avait-il prévenu la colonie étrangère qu'elle eût à se tenir sur ses gardes et qu'elle courrait certains dangers en s'exposant à rencontrer le cortège.

Cependant trois Anglais, parmi lesquels se trouvait M. Richardson, accompagnés d'une dame de même nationalité, entreprirent une excursion au temple de Kawasaki. Tous les quatre étaient à cheval. Ils avaient dépassé Kanagawa, quand ils rencontrèrent le premier groupe du cortège, escortant des *norimons* et marchant, pour ainsi dire, sans ordre. Parmi les gardes, tous armés de deux sabres, quelques-uns portaient également une lance très allongée. Chacun d'eux était vêtu de bleu foncé, aux armes du prince. Aucune difficulté, pourtant, ne surgit au passage de ce groupe.

Mais arrive un corps plus compact et composé d'une centaine d'hommes environ. A peine les quatre excursionnistes ont-ils atteint le détachement, au milieu duquel figure le norimon du prince lui-même, qu'un mouvement subit se produit dans la foule. Ici plusieurs versions contradictoires : d'après certains témoignages, les Anglais auraient non seulement failli à tous les usages orientaux, en continuant leur route assis sur leur monture, mais ils auraient encore fait mine de garder le milieu de la chaussée. Or, les lois de la déférence à l'égard d'un haut personnage exigeaient impérieusement du passant qu'il se rangeât sur le bord et qu'il descendît de cheval ou de kago. Toutefois, cette version, que les gens de Satsouma mirent peut-être en circulation, a été fortement contestée, soit par d'autres témoins, soit par ceux-là mêmes qui en furent les victimes.

Le fait est qu'à peine les excursionnistes étaient-ils mêlés à cette portion de l'escorte, un homme robuste, se dépouillant jusqu'à la ceinture et tenant un sabre entre ses deux mains, se jeta sur M. Richardson et l'atteignit sous le bras gauche.

Puis, sans même que les Anglais eussent le temps de tourner bride, un autre d'entre eux se vit également frappé. Sur ces entrefaites, le groupe d'avant-garde se met en mesure de barrer le chemin aux cavaliers

KAGOURA-FOUYÉ, FLUTE JAPONAISE (p. 257).

affolés et tâchant de fuir vers Kanagawa. Tous les Japonais ont désormais le sabre au clair, et ce n'est qu'en forçant au galop du cheval une nouvelle barrière opposée à la retraite, que les malheureux parviennent à s'échapper. Ils sont tous grièvement blessés, à l'exception de la dame, qui n'a eu que sa coiffure naturelle rasée d'un coup de sabre. Quant à Richardson, il est déjà mourant. A quelque distance de la mêlée, il tombe inanimé sur le sol. — Que se passa-t-il à la suite ? Nul ne pourrait le dire au juste. On raconte, cependant, qu'une jeune femme, connue de toute la colonie étrangère sous le nom de « Suzanne aux yeux noirs, ou la belle Espagnole », laquelle tenait une tchaya située non loin de là, se mit à la recherche de Richardson, qu'elle trouva bientôt étendu sur la route, mais respirant encore et même revenu quelque peu à la vie. Sur sa demande, elle aurait lavé ses blessures et lui aurait donné à boire. Mais les meurtriers, survenus au même moment, s'interposèrent, en forçant « l'Espagnole » à s'éloigner.

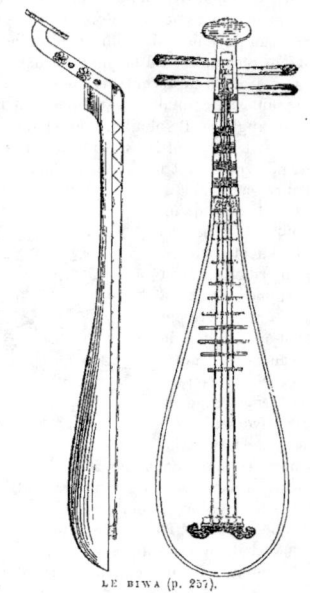

LE BIWA (p. 257).

KOMA-FOUYÉ, FLUTE CORÉENNE (p. 257).

Alors ces hommes barbares, excités par la vue du sang et encouragés par le prince en personne, se seraient acharnés sur l'agonisant et lui auraient même coupé les mains, qu'il élevait pour écarter leurs coups. Finalement ils lui auraient ouvert la gorge, et auraient aussitôt recouvert son cadavre de paille menue et de nattes qu'ils avaient à leur portée.

On se refuse à croire à des actes aussi monstrueux. Toujours est-il qu'on constata sur Richardson dix blessures, toutes capables de produire la mort. Ce qui est également prouvé, c'est que le prince de Satsouma avait, avant son départ de Tokio, menacé le chogoun d'exterminer les Européens, si l'occasion s'en présentait. Il n'y a donc matière à aucune excuse. Quels que soient les motifs qu'on veuille alléguer, l'histoire y verra toujours un lâche attentat perpétré par plusieurs centaines de furieux armés contre quatre personnes inoffensives, parmi lesquelles était une femme.

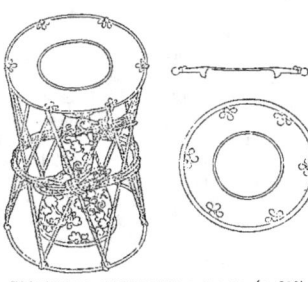

TSOUZOUMI, TAMBOURIN A MAINS (p. 259).

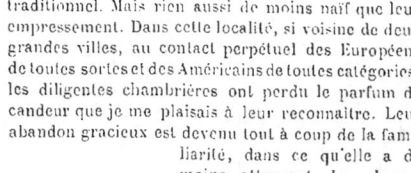

L'événement eut, d'ailleurs, les plus graves conséquences pour ceux qui en furent rendus responsables, et même pour le gouvernement japonais tout entier. D'abord, celui-ci fut contraint de payer cent mille livres sterling à titre d'indemnité. Puis ce fut au tour du prince de Satsouma. Comme il voulait se soustraire et au payement des vingt-cinq mille livres qui lui étaient réclamées et à la punition exemplaire des assassins, il se vit capturer trois navires de guerre lui appartenant. Sa capitale, Kagoshima, fut brûlée par la flotte anglaise. Le bombardement dura deux jours, le 15 et le 16 août 1863. Au cours de ces représailles, non seulement les batteries furent réduites au silence, mais l'arsenal fut détruit ainsi qu'un grand nombre de magasins et d'établissements publics. Le palais du prince disparut dans les flammes. Enfin, la population tout entière eut grandement à souffrir de la lutte, et beaucoup de morts restèrent sur le carreau comme un témoignage de l'opprobre universel.

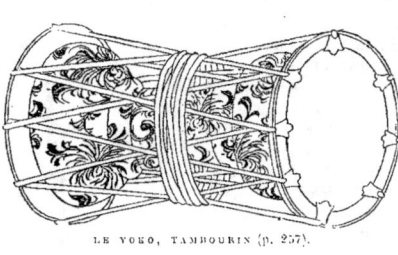

LE YOKO, TAMBOURIN (p. 257).

Le village de Kawasaki, où nous nous arrêtons dans une magnifique tchaya disparaissant en partie sous les tentures flottantes et les lanternes multicolores, semble être en fête d'un bout de l'année à l'autre. Partout des étoffes bariolées appendues au balcon des auberges. Rien de folâtre, au surplus, comme l'essaim de nésans servant à toute une foule nomade des provisions de bouche ou le thé traditionnel. Mais rien aussi de moins naïf que leur empressement. Dans cette localité, si voisine de deux grandes villes, au contact perpétuel des Européens de toutes sortes et des Américains de toutes catégories, les diligentes chambrières ont perdu le parfum de candeur que je me plaisais à leur reconnaître. Leur abandon gracieux est devenu tout à coup de la familiarité, dans ce qu'elle a de moins attrayant. La plupart sont trop poudrées, du reste, et déjà cette coquetterie de mauvais aloi tend à les rendre plus suspectes encore qu'elles ne le mériteraient peut-être.

Pendant que les coolies de nos djinrikchas se repaissent avec délices en face d'une platée de riz, nous allons visiter, à une demi-lieue de là, sur la droite du Tokaïdo, le temple bouddhiste d'Ekendji. Ce temple, consacré au bonze Kobo-Daïchi, est d'une belle apparence et, par extraordinaire, il est entièrement peint du blanc le plus éclatant. D'immenses lanternes de papier aux couleurs flamboyantes en décorent l'entrée. Comme de coutume, les bonzes s'empressent de m'approvisionner de leurs images sacrées. J'en achète une, entre autres, représentant, assis sur son trône, le célèbre bonze bouddhiste révéré en ces lieux et dont j'ai si souvent déjà évoqué le nom et les traits dans mes différentes excursions. Sur une seconde image, qu'on appelle « papier de protection », est gravée l'empreinte de la main du même personnage. Sada m'apprend que cette dernière représentation n'est qu'une simple amulette éloignant tout maléfice de l'heureux mortel qui en est possesseur. Les autres figurations rappellent, l'une Foudosama, le dieu qui protège contre les incendies et les malfaiteurs, l'autre Aïzen-Mio-o, dieu qui, muni de trois yeux et de six bras, n'est en somme qu'une simple émanation du précédent. Tandis que le premier personnifie la Sagesse, le second réalise spécialement le type de l'Amour. En dépit de leur caractère bienfaisant, ces divinités, mille fois rencontrées dans nos pérégrinations et dont le culte est répandu par tout le Japon, présentent une attitude menaçante peu en rapport avec la quiétude qui semble être le signe distinctif de l'idéal bouddhiste.

Entre Kawasaki et le temple d'Ekendji, je constate une méthode bien curieuse de cultiver le poirier. Les arbustes sont coupés à hauteur d'homme, et les branches ramenées sur des treillis de bambous, comme on le ferait de nos vignes. Chaque carré de culture forme ainsi un berceau plat recouvrant une vaste étendue de terrain. Cette manière étrange de traiter muet avec qui nous avons fait connaissance dernièrement. Il est en compagnie de M. B***, un résident très expert en monnaies anciennes et nouvelles du Japon. Pendant quelques heures, j'ai la bonne fortune d'assister à un échange de vues et d'appréciations fort curieuses sur cet objet spécial. L'écriture est naturellement le mode de conversation employé par nous. Il est étrange de voir avec quelle rapidité nous parvenons bientôt à correspondre, tant M. G*** devine, pour ainsi dire, notre pensée avant que nous l'ayons traduite par le crayon.

LE TEMPLE DE KAMÉIDO (p. 268).

Lundi, 11 décembre. — Beau temps (th. + 1° cent.). Toute la journée se passe à faire de menues emplettes de bibelots. Je m'en vais ainsi, parcourant les boutiques, de Chimbachi à Asaksa. Pour parler exactement, ce sont surtout les petits ivoires à détails exquis qui attirent mon attention aujourd'hui, et je dois user, en vue de les obtenir à des prix raisonnables, du machiavélisme le plus profond. Il me faut marchander, comme à la foire. Toutefois, comme

le poirier m'avait déjà frappé, dans la première excursion que je fis en chemin de fer de Yokohama à Tokio. Elle doit être très avantageuse, si j'en juge d'après les nombreux tas de poires exposés sur le seuil des maisons que nous dépassons. Les habitants de la localité vivent presque exclusivement du commerce des fruits ainsi récoltés. Mais la poire qu'on obtient avec une telle abondance n'a rien de commun avec celle de nos contrées. Ronde comme une boule, de queue allongée et d'un goût fadasse, elle me fait songer à la pomme à cidre, comme saveur et comme dureté. Nous n'en ferons pas abus.

Nos coolies réconfortés nous ont rapidement conduits de Kawasaki à Chinagawa, où, conformément à notre programme, nous reprenons le chemin de fer pour Tokio. Le soir à dîner, j'ai le plaisir de me rencontrer avec M. G***, le numismate sourd-

ÉTALAGES, LE SOIR, DANS LES RUES DE TOKIO (p. 140 et 282).

il paraît que le commerce ne va guère en ce moment, je parviens, tout compte fait, à n'être surfait que de moitié. Mais que d'albums, d'images, de gravures, de peintures et de sculptures, que de boîtes, de coffrets, d'objets de toute sorte en métal ou en bois délicatement ouvrés, que de papier épistolaire enrichi d'enluminures! J'en acquiers une véritable pacotille, que j'entasse avec soin au fond de mon djinrikcha.

Vers deux heures, auprès d'Asaksa, j'entre, avec l'intention de déjeuner, dans le restaurant *Yaozen*, une des bonnes maisons du quartier; mais comme il m'y faut attendre plus d'une demi-heure avant d'être servi, je m'engage, au risque de me faire empoisonner, dans l'allée d'un établissement voisin auquel est annexé un bain public.

Après un repas assez réconfortant en dépit de mes prévisions, mon hôte m'invite à visiter les étuves dépendantes de sa maison et qui m'avaient arrêté au passage. Du côté des hommes, la chaleur semble en partie retenue par une façon de hotte ménagée au-dessus des piscines et prévenant la diffusion des vapeurs. Du côté des femmes, où je m'attendais à retrouver cette disposition toute spéciale, assez rare, paraît-il, rien de semblable. Au milieu de la pièce, au contraire, se trouve pratiqué au ras du sol un simple récipient, de cinq à six mètres carrés tout au plus, littéralement encombré de baigneuses. Les deux compartiments, celui des hommes et celui des femmes, sont séparés l'un de l'autre par trois ou quatre planches jointes tant bien que mal et formant une sorte de cloison d'environ un mètre d'élévation. Le lieu d'où j'embrasse ce singulier coup d'œil tient lieu d'antichambre, où cinq ou six curieux de mon espèce contemplent les groupes de naïades se frottant le corps avec énergie, se massant avec une mutuelle obligeance et bourdonnant à qui mieux mieux, au milieu de l'étuve, comme un essaim d'abeilles troublées dans leur laborieux travail. Je dis bien étuve, car la chaleur y paraît d'une intensité extraordinaire. Pour m'en rendre compte, j'y vais plonger mon thermomètre, sans effaroucher en rien les nymphes folâtres, et je constate avec stupéfaction que l'instrument monte rapidement au-dessus de quarante-cinq degrés centigrades. La théorie japonaise consiste — à ce que je vois — à se démener le plus possible, en dehors de la piscine, et à subir ensuite, dans l'eau d'ailleurs peu profonde, des frictions nombreuses et variées. A mon sens, pareille balnéation constitue non point un délassement, mais un labeur fatigant. Du reste, ainsi que j'ai déjà eu l'occasion de le signaler, le bain, pour les femmes surtout, est un prétexte à causeries illimitées.

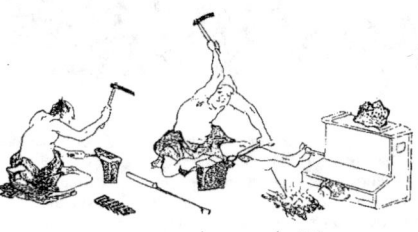
FORGERONS A L'OUVRAGE (p. 266).
D'après une gravure de la *Mangwa* de Hokousaï.

Et, dans ce moment, je puis l'affirmer sans exagération, tous les rouages de la petite usine balnéaire fonctionnent avec un ensemble et une régularité admirables.

Mardi, 12 décembre. — Beau temps (th. + 7° cent.). Je passe la matinée à rédiger mes notes. Que Tendjin, le protecteur des lettres, dont j'ai récemment visité la retraite sacrée de Kaméido, prête à ma plume barbare une humble portion des richesses qu'il dispense à tous ceux qui s'inspirent de la conscience et de l'étude! En vérité, mon journal prend déjà une importance à laquelle je ne visais point. Tant mieux! On n'a jamais trop de souvenirs personnels. Du reste, noter des impressions au jour le jour, n'est-ce pas en quelque sorte se confier à quelqu'un? En ce qui me concerne, et quel que soit l'accueil fait à mes longs bavardages, je recommencerai souvent, et sans fatigue cette fois, ce voyage ininterrompu de tant de mois où chaque jour amène ses grands et petits événements. Pour ceux qui me liront, au contraire, ces remarques de tous les instants, ces idées plus ou moins approfondies, ces croquis pris sur nature, cette documentation indéfinie, formeront peut-être un ensemble instructif digne de leur bienveillance et de leur intérêt.

Dès deux heures de l'après-midi, je me remets en route pour terminer la série de mes observations à travers l'étonnant kaléidoscope placé sous mes yeux. Cette fois, c'est le Chinmé-maï que je me propose de parcourir. Chinmé-maï est le nom d'une rue relativement étroite, tracée parallèlement à la large voie qui mène à Chinagawa. Ladite rue offre le plus vif intérêt par les magasins de toute nature dont elle est bordée. Une foule compacte et affairée y circule matin et soir. Mais, comme aspect, elle diffère complètement du Hontcho, dont nous avons donné la description il y a quelques jours. Là-bas, c'étaient surtout de gros marchands, le haut commerce indigène; ici, c'est le petit trafic. Chinmé-maï devrait être dénommé « la rue des boutiques ».

Les libraires y surabondent. Que vous en franchissiez le seuil, et vous y trouverez encore, au milieu d'un fouillis de volumes insignifiants, quantité de ces livres anciens ou nouveaux dont les illustrations, dues aux maîtres de la xylographie, font la joie de nos bibliophiles.

Non loin de ces Michel Lévy et de ces Hachette du Japon, les marchands de porcelaines exhibent des milliers de poteries diverses, les plus délicieux carafons alternant avec les plus élégantes tasses à boire le saké qu'il soit permis de rêver. La terre en est d'une légèreté, d'une transparence incomparables. Quant aux dessins qui les recouvrent, ils sont d'une finesse et d'une grâce merveilleuses. La nature des objets que ces dessins représentent est particulièrement puisée dans le règne animal, dans le monde marin et dans cet admirable panorama japonais où les grands arbres verts, les cascades de fleurs, les oiseaux éclatants, les paysages accidentés de rivières, de ponts, de montagnes, d'habitations coquettes, forment un tableau sans égal, aussi varié que séduisant.

A deux pas de cette industrie géniale, voici les marchands d'estampes, avec leurs étalages bariolés! De tous côtés, scènes de batailles, portraits de comédiens en vogue, danseuses ou musiciennes remarquables par le talent ou par la beauté, personnages célèbres, épisodes mythologiques entremêlés de dieux et d'animaux fantastiques, tous croqués de main de maître avec une verve à faire pâlir d'envie les Jacques Callot, les Hogarth, les Holbein de l'humanité entière; luttes d'athlètes, fêtes religieuses, scènes érotiques, cortèges officiels, défilés militaires, drôleries satiriques, sujets grotesques, se côtoient, se confondent, se bousculent, teintés de couleurs éclatantes où le rouge, le bleu, le jaune et le vert dominent comme dans l'imagerie d'Épinal. En quelques-unes de ces productions au pied levé, la figure humaine est remplacée par un type animal auquel on prête des attitudes ou des contours propres à symboliser les côtés ridicules du personnage. C'est quelque chose comme les *Animaux peints par eux-mêmes* de Grandville. Une foule de curieux se presse devant les boutiques pour jouir des péripéties émouvantes des combats de Koumamoto, représentés l'un après l'autre, et des divers épisodes de la récente insurrection des samouraïs. Et il faut entendre les commentaires, les lazzis, les discussions pacifiques ou passionnées dont les murs se font l'écho!

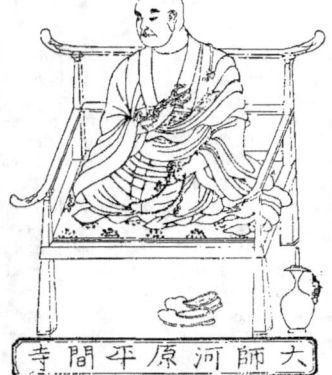

LE DIEU DE FEU, A KAWASAKI (p. 276).
D'après une gravure japonaise.

LE BONZE KONO-DAÏCHI (p. 41, 88, 184, 266 et 276).
D'après une gravure japonaise.

Plus loin apparaissent les éventails populaires, ornés de dessins coloriés et de légendes explicatives. Cela se vend déjà bien bon marché dans nos pays. Au Japon, vous les obtenez pour une bagatelle, pour un rien.

A côté des fabricants de *guétas*, — la chaussure japonaise dont le joli toc-toc résonne si agréablement sur la dalle des quartiers modernisés, — de nombreux ouvriers spéciaux mettent en œuvre le cuir, la soie et le lasting en vue de la clientèle plus relevée des résidents étrangers. Que dis-je? La plupart des partisans du mouvement réformiste ne se promènent-ils pas aujourd'hui en bottes, en bottines ou en souliers plats?

Au tour des marchands d'habits maintenant! Amateurs de toute classe, choisissez entre la défroque d'un daïmio, d'un samouraï ou du plus vulgaire betto! Telle échoppe, dont la superficie n'excède pas douze pieds carrés, renferme de quoi faire la fortune d'un de nos costumiers en vogue.

Voulez-vous de l'encre ou des plumes japonaises? Entendez-vous renouveler votre provision de ces ravissants papiers à lettres historiés, dont j'ai fait ample collection hier aux environs d'Asaksa? Ne vous mettez pas l'esprit à la torture. Vous trouverez ici de quoi satisfaire la fantaisie la plus capricieuse, le goût le plus épuré. Les dames, à Tokio, n'écriraient pas une ligne sans la mettre sous la protection d'une vignette.

Je m'étais déjà muni de lanternes de tout choix; mais le moyen de passer insensible devant ces mille objets chatoyants, d'une décoration aussi fine qu'artistique! J'en achète un nouvel assortiment, tant de papier que de coton ou de soie.

Les articles de coiffure pour dames sont — comme on dit en style de mercuriales — fortement demandés.

Épingles et peignes de bois jaune, d'ambre, d'écaille ou de métal, de toutes formes, de toutes dimensions, provoquent la curiosité des jolies clientes. Une simple mousmoué, qui n'éprouverait pas le moindre scrupule de s'exposer sans voile à tous les regards, se croirait perdue de réputation si elle n'était coiffée avec le plus grand soin, avec la dernière élégance. Bien que les pierres de valeur ne manquent point dans le pays, personne n'y porte de bijoux comme on en voit ailleurs. Le luxe par excellence consiste à se surcharger la tête d'épingles plus ou moins riches, plus ou moins finement travaillées. Les petites filles — à ce qu'il me semble — se montrent les plus ardentes à ces assauts de coquetterie. Les parents, d'ailleurs, se plaisent à les embellir ainsi de fleurs, de rosettes, d'ornements et de banderoles, comme une marchandise parée en vue d'une plus facile défaite. Une fois mariées, adieu la fantasmagorie ! Comme on dit dans la chanson :

Nous n'irons plus au bois, les lauriers
[sont coupés.

Une fois en possession de maris, en effet, les femmes se noirciront les dents, se raseront les sourcils et se confineront comme des matrones antiques dans le gynécée conjugal. La floraison des plantes n'a qu'un temps. Elle disparait à la saison des fruits. Aussi, dans l'esprit public, la virginité doit-elle amplement s'abreuver aux frais effluves de l'aurore. Mais voici justement, à côté de ces aimables parures, les petits pots vernissés contenant le rouge et le carmin à l'aide desquels on réveillera la fraîcheur en passe de s'endormir sur les teints ; et, à quelques pas plus loin, la poudre noire et les pinceaux de plume destinés à conduire le deuil de tant de jeunesse disparue !...

Voyons les marchands de bibelots ! Ici, il faut prendre garde à soi, car les tarifs sont plus ondoyants que les flots de la mer. Quel monde de séductions ! Porcelaine, bronze, ivoire, meubles anciens et modernes, horlogerie, armes, vases précieux, étoffes de luxe, peintures, statues et statuettes, papiers peints et bijoux, quel assemblage inénarrable ! quelle indicible profusion ! Vous en auriez pour des heures avant de fixer votre choix, vous en auriez pour des journées entières à défendre votre bourse, si le goût s'arrête enfin sur un objet. Surtout que votre visage ne trahisse rien de vos secrets désirs, sinon vous succomberiez aussitôt devant d'innombrables sollicitations. — Quant à nous, soyons sage ; allons plutôt rendre visite aux poupées articulées, auxquelles il ne manque que la voix, faire ronfler les toupies de tout calibre et de toute couleur, nous réjouir enfin aux ébats

LE MOKOU-GHIO, INSTRUMENT A PERCUSSION
(p. 258).

des scarabées, des tortues et des araignées mobiles. En agissant ainsi, nous ne ferons qu'imiter tous ceux qui nous entourent. Au Japon, pays de la fantaisie par excellence, tous, enfants, hommes, vieillards, s'entendent à qui mieux mieux pour ranger des soldats de plomb en ordre de bataille ou pour jouer à la dînette. La famille entière s'y prête du meilleur cœur du monde. Voici, d'ailleurs, la société japonaise en raccourci : côté religieux, les bonzes et les pagodes ; côté civil, les artisans revêtus de leur costume distinctif et maniant les outils de chaque profession ; côté militaire, les samouraïs, les chevaux harnachés en guerre, les étendards, les tambours et les trompettes, en un mot tout l'attirail militaire ancien et moderne. Et puis encore, les balles incrustées, chamarrées, peinturlurées, les tchayas, les locomotives, les bateaux à vapeur, les djinrikchas, les kagos et les norimons ; les animaux, les oiseaux et les fleurs ; les tours d'escamotage, les menus objets de bois rouge et de bois blanc, le tout admirablement réduit, supérieurement ciselé. Un rêve de Noël, pour tout dire ! Non, jamais le bon Jésus n'apportera d'aussi nombreuses étrennes à nos chers petits anges, que le dieu Hotéi, souriant et prodigue, n'en réserve à ce peuple d'enfants.

Allons toujours !

Pour le coup, nous en sommes aux magasins *ad usum barbarorum*, comme dirait un pédant japonais, puisque nous retrouvons ici la parfumerie, les chapeaux, les lampes, les brosses, les miroirs, les gants, le linge, les boutons de manchette, les porte-monnaie et autres objets qui fleurissent dans tout pays sous le nom d'articles de Paris ou de Vienne.

Hâtons le pas ! — Bien nous en prend, car déjà j'entrevois les ustensiles de bois, de bambou, de paille, si franchement nationaux. En ces lieux, on vend les précieux bâtonnets dont s'aide le Japonais pour le poisson et le riz, les coffrets, les cassettes, les flûtes, les flageolets, cette immense variété d'ustensiles de ménage si surprenante chez un peuple dont les usages primitifs excluent, pour ainsi dire, l'emploi d'un mobilier quelconque. On y trouve également un étalage bigarré d'articles pour fumeurs : d'un côté, les blagues et les étuis ornés de ces charmants *netskés*, ou breloques en ivoire, dont quelques-uns sont merveilleusement fouillés ; de l'autre, des rangées de pipettes, au tuyau de bambou et au fourneau microscopique, en métal poli ou ciselé, dans lesquelles il ne peut entrer qu'une pincée de tabac.

Mais nous voilà un instant arrêtés, dans cette

UN RESTAURANT DE LA BANLIEUE DE TOKIO (p. 260).

marche, par un groupe de flâneurs massés devant l'échoppe d'un détaillant de photographies !...

Portraits des personnages illustres du monde entier : la reine d'Angleterre, le président de la République française, l'empereur de Russie, s'y voient en compagnie des hommes politiques de la contrée. Conformément à l'usage de nos pays, les actrices y ont le pas sur les notabilités, les gueïchas sur les ministres. Point d'exhibitions indécentes cependant! Le Japonais est trop simple de mœurs pour se complaire dans les immondes produits d'une imagination malsaine. Ce n'est pas, à coup sûr, que la pornographie lui soit inconnue ; mais il ne la fait pas consister dans les restrictions mentales si habilement exploitées en Europe par des industriels sans pudeur. La nudité, pour lui, est chose éminemment chaste et inspire le respect, comme chez les anciens Grecs. Ne demandez pas non plus, ouvertement, des portraits du Mikado ou de son impériale épouse! Il est toujours défendu de colporter leur image. Mais le soleil est un indiscret qui se moque de toutes les prescriptions. Il aura profité d'un moment d'abandon pour saisir d'augustes traits au passage et pour les fixer sur le cristal d'une manière à peu près indélébile. Ces damnés todjins n'en font jamais d'autres. Et pourquoi leur laisser le monopole d'une vente lucrative, puisque aussi bien le mal est déjà fait? Passez dans l'arrière-boutique de notre respectable détaillant, et, si vous y mettez le prix, vous vous procurerez la famille impériale au grand complet.

Que souhaitez-vous encore ? Des parasols, des parapluies en papier huilé plus imperméables que nos taffetas, des étoffes à dessins bizarres, des cannes excentriques, des nattes, des couvre-chef, des boîtes de paille ou de bambou, des gâteaux de riz, du macaroni, des confitures? Que recherchez-vous? De la science, de la mécanique appliquée, de la littérature, de l'art ou de la religion? Il y en a pour tous, pour le plus grand comme pour le plus petit, pour toutes les bourses, pour tous les appétits, pour tous les goûts.

Mais j'en ai dit assez, je pense, pour donner une idée de ce vaste capharnaüm où l'on s'attarderait des journées entières à regarder sans se fatiguer. C'est au point que, le soir venu, suivant l'habitude contractée, je vais encore parcourir les principales artères de la capitale toutes remplies d'étalages sans fin, dressés soit sur le sol même, soit sur quelques planches tenant lieu de tables.

Je n'entreprendrai pas une nouvelle description des objets innombrables étalés ainsi en plein vent. On y retrouve, en effet, la plupart de ceux que je viens de désigner, avec moins de luxe dans la matière employée, moins de fini dans la main-d'œuvre.

Ce qui frappe surtout le regard du promeneur à travers ce fourmillement ininterrompu, c'est la multiplicité des restaurants populaires dressés sur la route et dont les fourneaux allumés répandent les senteurs les plus diverses. Si les tchayas ordinaires flamboient, les échoppes volantes, qui leur font concurrence, s'éclairent successivement et se parent tour à tour de lanternes multicolores. Ici l'on vend des pois et des fèves grillés, là des pâtisseries dont le riz est la base primordiale ; plus loin, et entre deux étalages encombrés de légumes et de navets volumineux comme il n'en existe qu'en ce pays, on débite du poisson cuit sous les trois formes sacramentelles, bouilli, rôti ou sauté. Préférez-vous le poisson sec? En voilà des amas odoriférants.

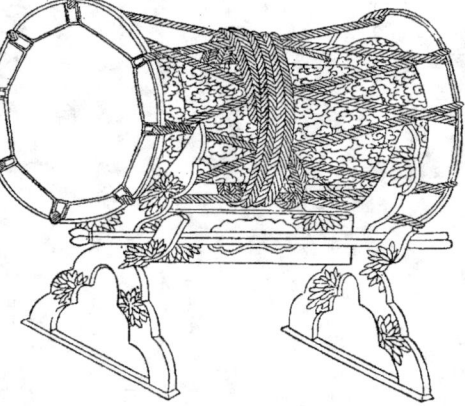

LE KAKO, TAMBOURIN (p. 257).

— Aimez-vous les sangsues de mer frites au riz? Ne vous gênez pas, si le cœur vous en dit. Faites de même à l'égard des huîtres séchées, du lard de baleine salé, du requin ou du dauphin cuit au court-bouillon! Ces mets vous semblent-ils être de digestion difficile? On vous servira alors, comme dans le midi de la France, du poulpe sauté à la poêle. Cela n'est point à dédaigner, — à ce que prétendent les bonnes gens de Port-Vendres et de Cette. Qui sait même si l'on ne vous offrira pas encore quelque salade de hannetons? Au surplus, si vous hésitez devant une pareille gastronomie, il vous reste toujours la ressource des œufs durs ou mollets, des hachis de poisson, des marinades de pousses de bambous ou des haricots rouges flanqués de patates douces et de carottes. Vous avez enfin le choix entre les pâtes plus ou moins fermes roulées autour de bâtonnets, les mayonnaises d'oignons et de lotus et les plats d'herbes marines. Certains amateurs de crevettes frites, de riz enveloppé de poisson cru à la peau luisante, de macaroni, ont toujours leurs fournisseurs attitrés. Pour ce qui concerne le dessert, on en recueille les éléments chez les marchands d'oranges, de *kakis* et autres fruits indigènes; chez les industriels grillant la pâte de froment et de maïs gés par une cohue d'artisans et de coolies. Plus d'un grave bourgeois de Tokio y vient également complé-

CHANTEUSE S'ACCOMPAGNANT DU SAMIGEN (p. 258).

au feu de la poêle et aplatissant le produit au moyen d'un fer à repasser; ou chez les confiseurs, manipulant et présentant avec art des sucreries en tout genre.

La plupart de ces restaurants populaires sont assié-ter son repas ou achever, au milieu de la joie universelle, les quelques heures qui le séparent de son coucher.

Improvisateurs et conteurs, estimés du public, sont

là sur des estrades, surveillant le moment psychologique de réciter leur boniment. On sait que la population indigène, en tout si semblable à l'enfance, raffole des histoires et des histrions. Tandis que je m'arrête devant l'un de ces derniers, le Guignol voisin met en scène le combat d'un lutteur et d'un loup. Au dénouement, le loup vaincu se transforme en jeune fille et dévore le *soumo* en quelques bouchées. A vrai dire, je ne saisis pas bien l'apologue. Mais ne sommes-nous pas dans le pays de la métempsycose, dans la région des avatars, où le même être peut devenir tour à tour dieu, homme, animal ou plante?

Un peu plus loin, une femme au front jaune et ridé vous propose certaines éraflures de bois, semblables à des copeaux, et qui, jetées dans l'eau, se transformeront tout à coup en mille objets différents. Approchez-vous : ce sont ou des arbres, ou des fleurs, ou des bêtes, des paysages, des bosquets, des figures humaines, des groupes, des fantaisies de tout genre et la plupart du temps fort comiques.

Comme toujours, les éventaires les plus assiégés sont ceux où des industriels façonnent, de leurs doigts habiles et tout en soufflant dans un tuyau de bambou, des boules de gluten ou de sucre candi, auxquelles ils impriment les formes les plus fantastiques.

En revenant sur mes pas, j'aperçois en pleine avenue, au beau milieu des étalages et des restaurants, un augure forain accroupi dans l'attitude de la plus profonde méditation. Une table, placée devant lui, est chargée d'un paquet de minces baguettes et d'un tas de petites règles inégales. Quelques livres mystérieux complètent l'attirail de cet homme inspiré à tant la consultation, lequel s'offre, comme de raison, à me dire la bonne aventure. Acceptons, pour la rareté du fait. Mon devin commence par agiter ses baguettes, en distrait une certaine partie et compte fiévreusement celles qui lui restent, en faisant mine de regarder au travers. Puis il remue, dérange et brouille ses petites règles, obtenant par cette simple manœuvre un numéro qui sera celui de la page afférente à ma destinée. D'après ce qu'il m'est permis de voir, mon avenir est assez inquiétant. J'ai, en effet, devant moi deux serpents, plus une femme. Le farouche trio me couve de l'œil d'une manière sinistre et semble vouloir m'avaler tout cru. Heureusement que le mal admet les palliatifs : mes deux serpents sont d'excellentes bêtes inoffensives, et la fille d'Ève est une simple statue de sel, ni plus ni moins que la femme de Loth. Cette statue est susceptible de se changer en sucre ou même en farine, au gré de mes désirs. Allons, cela vaut mieux que je ne croyais!

De telles superstitions sont bien naïves, assurément. Elles ne sont pas plus grotesques que celles de nos aïeux ou de nos contemporains. Les baguettes valent nos tarots, notre marc de café, notre cartomancie, nos tables parlantes et, enfin, toutes les pratiques bizarres et grossières encore en usage dans certaines de nos contrées. A ce cortège innombrable de sottises, les diseurs japonais opposent des baguettes de bambou, des omoplates de chevreuil, des carapaces de tortue. Ils possèdent, en outre, d'ailleurs tout comme nos nécromanciens, une théorie des nombres, et se servent du *soroban* pour dévisager l'avenir. Les diverses dates de la naissance, du mois et du jour de la consultation, et quelques autres dates encore prises dans la vie individuelle, sont additionnées, soustraites, multipliées, divisées et combinées en une série d'opérations rappelant à peu près le problème fameux où l'on demande l'âge du capitaine, étant données les dimensions du navire. En règle générale, il s'agit de revenir à l'un des neuf premiers chiffres ordinaires, ceux-ci ayant tous une signification. Le nombre 3 ne plaît guère aux *kamis*. Il est néfaste au Japon, au même titre qu'il était faste chez les Hébreux. *Numero deus impare gaudet*. Au contraire, le 2 et le 8 sont des plus favorables. Quant au 9, qui en saine logique devrait être triplement malheureux, il entraîne, au contraire, une réussite complète, tout comme au baccara.

LE DIEU AÏZEN-MIO-O, A KAWASAKI
D'après une gravure japonaise (p. 276).

Le sel, ainsi que chez les cabalistiques évocations. Il faut bien se garder d'en acheter à la nuit close, mais chaque fois, quand on étrenne sa provision, en jeter quelques grains sur le brasero national. Ne cassez jamais les bâtonnets dont vous usez pour manger; surtout, ne prenez pas en dormant la position des cadavres, c'est-à-dire la tête tournée vers le nord et les pieds dans la direction du sud! Ce sera pourtant la moindre de mes préoccupations, quand je m'endormirai ce soir, très satisfait et très las de la longue promenade que je viens de raconter.

Mercredi, 13 décembre. — Pluie (th. +8° cent.).

Toute la journée se passe en préparatifs. C'est, en effet, dans très peu de jours que je me propose de quitter définitivement Tokio pour me rendre à Kioto, par la voie intérieure, et dans la partie méridionale du Japon.

Jeudi, 14 décembre. — Beau temps (th. + 10° cent.). Journée consacrée tout entière à la visite des écoles. Je débute par une démarche auprès de M. K***, remplissant par intérim les fonctions du ministre de l'instruction publique, actuellement aux États-Unis.

M. K***, prévenu de ma visite, me reçoit avec la plus grande courtoisie et m'entretient longuement de l'enseignement local. C'est M. S***, propre frère du vice-ministre des affaires étrangères, qui nous sert d'interprète dans cette conversation pleine d'attraits.

Le vice-ministre de l'instruction publique me fait, séance tenante, délivrer une introduction auprès des directeurs des principaux établissements de Tokio ressortissant à son département. A ce propos, il n'est pas inutile de consigner ici quelques réflexions préalables.

Les Japonais, qui se sont trouvés complètement isolés du monde pendant trois siècles, avaient des idées fort primitives sur les qualités à exiger d'un homme appelé à enseigner. Il suffisait, par exemple, qu'un individu parlât l'anglais pour qu'il fût déclaré apte à professer la langue de nos voisins. Cela résultait d'une conviction très arrêtée chez eux. Il s'ensuivit qu'au début de l'ère nouvelle d'anciens soldats, des marins, des employés quelconques, voire de simples particuliers, firent agréer leurs services comme professeurs. On juge aisément des succès obtenus par ces pédagogues improvisés.

Depuis, le gouvernement, comprenant que l'instruction publique est la source de tout progrès, a pris à cœur de réorganiser complètement ses écoles. En 1870, il chargea donc de cette noble tâche quelques hommes compétents, si bien qu'un missionnaire américain, professeur de mérite, fut placé à la tête de l'université de Tokio. Quoique celle-ci eût déjà une dizaine d'années d'existence, elle n'était, à proprement parler, qu'une simple école de langues où huit à neuf

DANS UN MAGASIN D'ÉTOFFES (p. 231).

cents élèves étaient dressés à l'usage des idiomes les plus répandus, par des praticiens de différentes nationalités. A partir de cette époque, on y adjoignit des cours se rapportant à d'autres matières également indispensables.

Aujourd'hui il existe des écoles spéciales affectées aux divers enseignements du droit, du génie, de la médecine, des sciences mathématiques et même des beaux-arts.

Or, si l'on réfléchit que c'est depuis une époque relativement récente que l'administration s'occupe en réalité de l'enseignement, on est tenu de reconnaître que l'instruction publique a marché à pas de géant, et que si une réaction était encore possible il y a quelques années, elle devient de plus en plus improbable en face de tant de jeunes intelligences initiées aux bienfaits de notre civilisation.

ALLÉE DE TORII PRÉCÉDANT LA CHAPELLE DE MAÎTRE KITSNÉ (p. 272).
Dessin japonais.

Cela dit, revenons à notre point de départ.

C'est par le Gwaïkokou-go-gakko, ou École de langues étrangères, que je commence ma très intéressante revue. On sait que cette institution fut, pour ainsi dire, la base de l'université. Fort importante en étendue, elle est une sorte de pépinière où l'on forme les jeunes gens destinés à entrer dans la machine gouvernementale ou désireux de s'adonner à des études diverses, telles que celles du droit, de la médecine, du génie. On y professe, outre le japonais et le chinois, le russe et les trois grandes langues qui deviendront un jour universelles au même titre, je veux dire le français, l'anglais et l'allemand. Des cours de mathématiques et de sciences exactes complètent le programme. Les bâtiments sont situés en face de jolies résidences étrangères et d'un autre établissement d'instruction appelé Teïkokou-daïgakou, ou université impériale.

Cet établissement, construit en briques et dont les installations sont fort simples, bien que fort pratiques, réunit à la fois les attributions d'une école polytechnique et d'une université, et comporte à la fois l'étude approfondie des sciences exactes, de la littérature, de la jurisprudence et de la médecine. En l'absence du directeur, c'est M. H., assisté d'un interprète anglais, qui m'en fait les honneurs tout au long. Là se prépare une génération instruite et vivace, qui ne manquera pas d'implanter sur le sol de la patrie régénérée la bannière du progrès et de la civilisation. Les salles, très spacieuses, consacrées à la physique, à la chimie, au dessin, sont pourvues d'un matériel irréprochable. Nous visitons successivement les ateliers où l'on répare les instruments servant aux démonstrations techniques, et une petite verrerie affectée au renouvellement des éprouvettes et des cornues.

L'école normale des filles se trouve également dans ces parages. De construction relativement récente, elle présente un ensemble de dispositions très bien comprises. L'instruction y est fournie à des internes et à des externes. Quant au personnel enseignant, il se compose de professeurs des deux sexes. Je ne trouve rien de spécial à noter au cours de ma visite, sauf

AU MILIEU DES FLEURS (p. 16, 49, 223, 270 et 272).

peut-être l'observation qui m'est faite par le directeur, grâce à l'entremise d'une élève interprète, que ladite école normale reçoit des enfants à partir de trois ans, et encore de voir dans la salle de réception un appareil fort complet à l'usage des fumeurs. Des enfants de trois ans initiés à la pédagogie, cela est bien un peu étrange; et quant à ces ustensiles de fumeur dans une école de demoiselles, cela ferait rêver partout ailleurs qu'au Japon.

En retournant à l'hôtel par le quartier officiel, je visite le nouvel établissement où l'on fabrique la monnaie de papier. Le matériel, établi dans de beaux et vastes locaux, provient de Munich en ligne directe. Voici, du reste, dans quelles circonstances il fut amené jusqu'en ces lieux. Le gouvernement japonais avait fait graver dans cette dernière ville des billets manière pour les falsifier et pour les lancer sur le marché. L'opinion de personnes très bien placées pour en connaître est qu'il peut bien y avoir au Japon vingt millions de yens, soit, en francs, plus de cent millions de valeurs absolument fausses. On est donc en droit de s'étonner de l'extrême défiance témoignée à l'égard de papiers offrant de réelles garanties en eux-mêmes, et de la superbe avec laquelle on traite une monnaie courante si étrangement contrefaite.

J'ai parlé, d'après une conversation avec M. H., — le résident allemand avec qui j'ai fait naguère connaissance, — de certains manques de bonne foi en matière commerciale. En voici un exemple qui m'est

LA BANLIEUE DE TOKIO A LA SAISON DES FLEURS (p. 270 et 272).

de un *yen* et de fractions de yen. Or, certaines circonstances, que j'ignore, l'ayant amené à craindre qu'il ne se produisît une émission supérieure à celle qui avait été commandée, il ordonna qu'on lui expédiât non seulement le matériel qui y était employé, mais encore l'ouvrier préposé à ce travail. C'était un grand luxe de mesures prudentes, assurément. Toujours est-il que nulle émission illégitime ne fut faite et que nulle contrefaçon ne s'est produite jusqu'à ce jour. — Il n'en est pas de même, hélas! des anciens *bous* japonais, dont la valeur est d'un franc environ. On ne comprend pas que cette monnaie fiduciaire ait été maintenue dans la circulation. Cela se conçoit d'autant moins que les *bous*, n'étant pas numérotés, n'offrent aucune garantie contre l'imitation. Une chose certaine, en tout cas, c'est qu'on ne se gêne en aucune tout à fait personnel et que je crois intéressant de rapporter.

J'avais acheté, il y a juste quatre jours, pour onze yens, soit soixante francs environ, le dictionnaire anglo-japonais de *Hepburn*. C'était d'un prix respectable. Il est vrai de dire que ce lexique est le plus complet qui ait paru jusqu'à présent. Or, tout en concluant cet achat, j'avais retenu chez le même libraire un dictionnaire de la langue japonaise, que j'avais aussi payé séance tenante, mais sous la réserve expresse de ne considérer le marché comme valable que si M. O*** jugeait bien de l'approuver dans les quatre à cinq jours qui suivraient. Comme il existe, paraît-il, un ouvrage beaucoup plus recommandable, M. O*** m'en fit l'observation, et je m'empressai de dépêcher Sada au susdit libraire pour lui rapporter le volume choisi primitivement et lui en réclamer le montant. Mais va-t-en voir s'ils viennent, Jean! L'industriel peu consciencieux ne l'entendait pas de cette oreille. Il soutient aujourd'hui que le délai convenu n'était pas de quatre à cinq jours, mais de deux. Rien n'est aussi exaspérant comme ces petitesses! Aussi notre parti est-il vite pris. Sada vient, en effet, de se transporter chez le libraire avec M. O***, et, déposant l'objet du litige sur son comptoir, l'a averti que, s'il ne s'exécute pas avant demain soir, une plainte sera adressée à la police. Me voilà du coup sur le point d'avoir affaire à la Thémis japonaise. Il ne sera pas sans intérêt de voir ce qu'il en adviendra.

Vendredi, 15 décembre. — Beau temps (th. + 5° cent.).

Dès neuf heures, je me rends à l'École du génie[1], en plein quartier officiel. Cette école est un spacieux enclos renfermant des bâtisses superbes en briques. De construction encore récente, l'institution n'a d'autre but que de former des ingénieurs pour le service spécial des travaux publics. Les bâtiments présentent assurément une des plus belles ordonnances architecturales qui se puissent voir à Tokio. Toutefois, si l'extérieur est fort soigné, l'intérieur ne répond pas comme hygiène à tout ce qu'on serait en droit d'attendre. Salles et corridors sont éclairés par des fenêtres de dimensions insuffisantes. Combien cette construction, somptueuse pour le pays, contraste en cela avec la totalité de celles que nous avons déjà décrites! Elle constitue, en somme, un assez triste séjour pour des jeunes gens. En revanche, les professeurs sont admirablement logés. Leurs demeures ne laissent rien à désirer sous aucun rapport.

Un musée est attaché à l'École. Bien qu'il soit loin d'être achevé, il compte déjà de nombreuses et curieuses collections de toute espèce. Une des plus caractéristiques, à tous égards, est celle des outils pour

[1]. L'École du génie a été annexée depuis à l'Université impériale de Tokio.

charpentiers et menuisiers, en ce sens que chaque série offre en quelque sorte le contre-pied de l'instrument employé dans nos ateliers. Pour n'en donner qu'un exemple, nous dirons que, soit pour raboter, soit pour scier, soit pour accomplir la plupart des opérations professionnelles, tout ouvrier japonais attire à soi l'outil dont il se sert, au lieu de le repousser, comme l'artisan européen. Il y aurait là peut-être à puiser bien des indications fructueuses au point de vue de la main-d'œuvre, de la rapidité du travail, du fini de l'exécution. Remarque singulière, il semblerait qu'aux antipodes l'homme jouit de facultés inverses et d'aptitudes diamétralement opposées. Ainsi, de même que le Japonais manie ses outils d'une façon toute différente de la nôtre, de même qu'il enfonce ses vis de droite à gauche, fait tourner la clef des serrures dans le sens opposé à nos habitudes, de même ses sentiments s'exercent d'une manière tout inverse à celle qui nous est particulière. Et, en effet, n'avons-nous pas déjà vu qu'au rebours de ce qui se passe chez nous, où la colère et la vengeance portent l'offensé à tuer son ennemi, chez le Japonais, au contraire, le paroxysme de la passion consiste à s'ouvrir son propre abdomen?

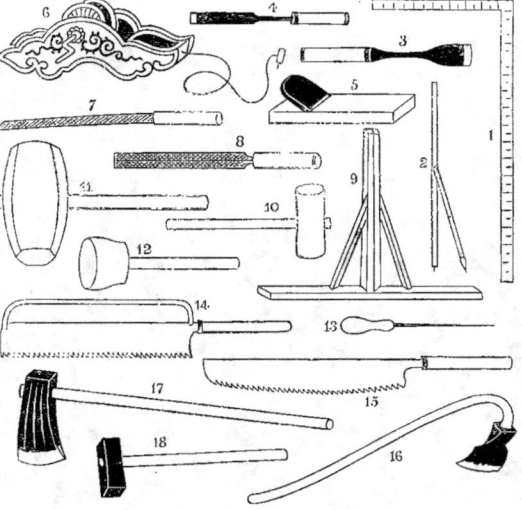

DIVERS OUTILS À TRAVAILLER LE BOIS. — 1, équerre et mesure; 2, compas en bambou; 3, 4, ciseaux; 5, rabot; 6, corde-rouleau; 7, 8, limes; 9, équerre et fil à plomb; 10, 11, 12, maillets; 13, alène; 14, 15, scies; 16, 17, haches; 18, marteau. — D'après un dessin japonais (p. 288).

Dans ce même musée, l'industrie du coton, celles de la soie et du papier sont également représentées par de curieux et beaux spécimens.

Des appareils de télégraphie, des minéraux, des modèles de mécanisme, des ateliers, une bibliothèque composée de livres techniques, complètent cet ensemble éminemment sérieux. Plus d'une de nos écoles d'Europe serait en droit d'envier un matériel ainsi composé. Très remarquables aussi les estampes coloriées servant à asseoir les leçons sur les procédés graphiques et représentant la mise en œuvre des différents corps de métiers, les instruments et les machines auxquels on a recours. Au Japon, c'est une méthode usitée que l'enseignement par la pratique. Ainsi, nous voyons toujours la théorie expliquée par des figures, soit dans les écoles supérieures, soit dans les écoles primaires. Je dois à la gracieuseté du directeur de l'établissement de posséder la curieuse collection placée en ce moment sous mes yeux et qui représente toutes les branches de l'activité nationale.

De cette école si remarquable à tous les titres, je vais visiter, non loin de Chiba, l'usine métallurgique d'Akabané. Elle dépend directement de la même administration et ne semble avoir eu d'autre objet que de fournir aux étudiants un champ de pratique développé. Comme on le voit, le gouvernement du Mikado n'épargne aucune dépense, aucun effort, pour mener à bien l'œuvre de rénovation à laquelle il s'est voué.

Samedi, 16 décembre. — Beau temps (th. -|- 1° cent.).
Vers sept heures, départ pour Yokohama. Je me propose d'y faire une excursion à l'arsenal maritime de Yokoska. M. T***, le directeur, m'a remis ce matin même une lettre d'introduction auprès de M. D***, ingénieur français, chargé de le remplacer durant son absence. L'arsenal est situé dans une petite presqu'île, à douze milles environ de la cité. Comme la mouche qui fait ordinairement le service entre les deux rivages ne quitte pas aujourd'hui le quai de Yokohama, je me vois contraint de faire en partie le trajet par la voie de terre. Itinéraire : en djinrikcha, jusqu'au modeste village de Néighichi ; en barque, de Néighichi à Yokoska. — Grâce à trois vigoureux rameurs, la traversée, habituellement de deux heures et demie, s'accomplit en une heure trois quarts. Inutile d'ajouter, du reste, que ce véritable tour de force est imputable au gros pourboire que je leur avais promis, en supplément du dollar exigé par le tarif.

M. D*** me reçoit avec une grâce toute française. Il me fait successivement les honneurs des forges et des ateliers. L'établissement recouvre une immense superficie. Bâti au fond d'une petite baie échancrée dans la presqu'île auquel il doit son nom, il est à la fois abrité, très accessible aux navires du plus fort tonnage et pourvu de cales sèches comme nos plus grands ports d'Europe. On n'y emploie pas moins de deux mille ouvriers. J'y visite, encore sur chantier, le steamer qui doit servir au voyage depuis longtemps projeté, mais toujours bien hypothétique, que le Mikado se propose de faire en Occident. Qui sait si le déplacement s'accomplira jamais ? Bien que le drapeau de la révolution japonaise abrite une politique des plus tolérantes à l'égard des étrangers, le Mikado est, par éducation, par tradition, par principe, beaucoup trop imbu du passé pour se mettre ainsi ouvertement en rapport avec le personnel des cours occidentales. Cela viendra plus tard inévitablement ; mais, je le répète, on est en droit de craindre que l'empereur actuel ne soit jamais amené à exécuter ce projet hardi.

Ainsi que je l'ai dit plus haut, l'arsenal maritime de Yokoska, tout comme celui de Mito-yachiki, que j'avais visité naguère à Tokio, est entre les mains des Français. Il existait, d'ailleurs, bien antérieurement à ce dernier, sa création remontant à 1867, c'est-à-dire à l'ancien chogoun. C'est incontestablement l'institution qui rend le plus de services au gouvernement du pays. Le Japon croit, à juste titre, qu'il lui convient de se créer, à n'importe quel prix, une marine de guerre destinée à protéger ses vaisseaux et à défendre ses côtes. On comprendrait mal une population de quarante millions d'habitants placée au milieu de l'Océan, à deux pas de puissances comme la Chine et la Russie, et qui ne posséderait pas de ces forteresses mouvantes comme en ont toutes les nations civilisées. Il est même question, à ce propos, d'édifier à Nouroran, dans l'île de Yézo, de nouveaux chantiers spécialement affectés à la construction de navires à voiles et de cargo-boats.

COIFFURE DES FEMMES DE TOKIO (p. 270).

Je ne m'étendrai pas en détail sur tout ce qu'il m'a été permis de voir ici, grâce à l'obligeance de mon cicerone, les choses se passant à Yokoska comme dans tous les arsenaux de notre continent. Qu'il suffise de savoir que le matériel y est aussi complet qu'on peut le supposer et que, les années aidant, le Japon se trouvera bientôt à la tête d'une flotte respectable et respectée.

Dans les environs de l'arsenal, on voit encore le tombeau du fameux Anglais Adams, lequel, vers l'année 1600, construisit les premiers vaisseaux japonais sur le modèle des *men-of-war* britanniques.

Quoique nous ayons passé notre revue en courant, je n'ai que le temps de monter sur le petit steamer qui part à quatre heures, pour rentrer à Yokohama. J'en débarque une heure et demie après, si bien que je reprends le train pour Tokio vers les six heures.

Dimanche, 17 décembre. — Beau temps (th. 0°).
Passé une grande partie de la journée à Yokohama, pour soigner l'expédition des colis que j'adresse en Europe. Par la même occasion, je dirige par mer à Kobé, où je les retrouverai en temps et lieu, mes malles de voyage les plus encombrantes.

kado, il était, par le fait, jadis réparti entre la population par portions subdivisées elles-mêmes en neuf parts. Huit de celles-ci étaient censées exploitables chacune par un homme, et la neuvième, afférente aux huit hommes réunis, était cultivée en commun pour le compte personnel du Mikado. En d'autres termes, le gouvernement prélevait le neuvième de la production totale du sol.

Un pareil système ne pouvait avoir une bien grande stabilité. Naturellement, les fermiers impériaux qui

LES TCHAYAS D'ODJI, DANS LA BANLIEUE DE TOKIO (p. 273).

Ayant fait, au cours de mes visites, la rencontre de notre ministre, j'apprends de sa bouche des nouvelles assez alarmantes.

Les troubles survenus au milieu des populations agricoles de quelques provinces centrales sont loin de s'apaiser. L'assassinat, le pillage et l'incendie sont, au contraire, mis en œuvre par les rebelles en manière de protestation contre les nouvelles taxes foncières.

Mais en quoi consistent ces taxes, objet de la réprobation publique? Quelques mots suffiront à les faire connaître.

Au Japon, l'impôt foncier, tel qu'il est appliqué aujourd'hui, diffère essentiellement de ce qu'il était autrefois. Si, en théorie, tout le sol appartient au Mi-

s'étaient endettés avaient vendu leur part, et, conformément à tout partage agraire non assis sur des garanties inaliénables, la grande propriété s'était formée à côté des petites, devenues de plus en plus rares, les plus grosses absorbant toutes les autres successivement. Aussi la répartition de l'impôt, d'abord établie sur cette base, ne tarda-t-elle pas à se transformer selon les convenances particulières des grands seigneurs féodaux, ou tout au moins d'après les engagements pris envers ces derniers par leurs vassaux grands et petits, sur des bases des plus variables et des plus arbitraires. Bref, autant les taxes étaient légères sous les anciens Mikados, autant elles devinrent lourdes sous la pression inflexible des événements et des nécessités budgétaires de chaque daïmio.

Les exigences individuelles de ces suzerains et tenanciers n'avaient, le plus souvent, pour motif déterminant que la satisfaction de leur luxe, de leurs convoitises et de leurs caprices. Il s'ensuivit une situation différente, de principauté à principauté, et parfois même de village à village.

Un tel mode devait disparaître avec l'abolition de la féodalité; et cependant ce ne fut pas sans hésitation qu'à la suite de la remise de l'Empire entre les mains du Mikado, le nouveau gouvernement se décida à toucher au règlement des taxes. Il n'était point sans danger, en effet, d'unifier celles-ci sur tout le territoire du Japon, car, si d'un côté, en frappant ces impôts arbitraires, on libérait certains contribuables de charges trop onéreuses, on augmentait, de l'autre, celles des citoyens qui payaient peu.

Quoi qu'il en fût, la loi, décrétée en 1872, s'appliqua, en dépit des troubles qui avaient surgi dans l'intervalle; et, malgré l'émotion passagère, il n'est pas

UN MARCHAND DE FLEURS (p. 16, 49, 223, 270 et 272).

douteux que le pays s'est trouvé fort bien d'une mesure aussi régulière que juste. Par le fait, les derniers soulèvements sont surtout motivés par le surcroît des taxes imposé récemment aux cultivateurs, taxes portant uniformément la charge foncière à trois pour cent de la valeur cadastrale des terrains.

Revenu à Tokio, je fais halte au bureau de la police, en vue de porter plainte contre mon bouquiniste récalcitrant. J'y rencontre deux Japonais venus avant moi et se confondant en courbettes cérémonieuses à chaque parole du préposé. Que de phrases! quels airs sentencieux! Enfin mon tour arrive, mais je dois, naturellement, le céder à mon trucheman. D'où colloque interminable, dans lequel Sada déploie toutes les ressources de son talent oratoire en face de l'officier public non moins verbeux. Par malheur, je ne parviens pas à saisir un traître mot des effroyables tirades que me dégoise, tout d'une haleine, le magistrat indigène, à la fois confus et charmé d'avoir à protéger un diplomate en voyage. En dernière analyse et sur la requête de mon fidèle compagnon, le marchand peu consciencieux est cité à comparaître sur-le-champ. Le plus prudent est de partir, car les débats promettent d'être longs. Je laisse donc tout le monde aux prises et m'en vais dîner à l'hôtel. Ce n'est que vers dix heures du soir que Sada me rejoint pour m'apprendre que la cause doit suivre son cours régulier. En conséquence, il sera obligé demain de retourner au commissariat de police. Voilà bien des formalités pour un objet de si mince importance! Je serais presque tenté de m'en tenir là, n'était mon secret désir de voir la justice japonaise à l'œuvre, dans les rapports des todjins avec ses nationaux.

Lundi, 18 décembre. — Beau temps (th. + 1° cent.). Dernière excursion à Yokohama. Visites diverses et dépôt de cartes avec la mention p. p. c.

Vers une heure, Sada m'arrive rayonnant. Victoire sur toute la ligne! Le bon droit l'emporte enfin sur de perfides manœuvres. Je suis réintégré judiciairement dans les propres yens que j'avais trop naïvement déposés. Mais il importe de ne rien omettre en cette matière. Ajoutons donc que le libraire en question est un nommé *Marouya*, demeurant en plein Tokio, entre Kio et Nihon-bachi. Je consigne charitablement l'adresse à l'usage des étrangers bibliophiles.

A 11 heures du soir je suis de retour à Tokio.

Mardi, 19 décembre. — Beau temps (th. 6°).
Journée employée à faire mes visites d'adieu. J'entre en passant à la Bourse du riz située à proximité de la première banque fondée par Mitsoui. Comme architecture, la Bourse du riz présente, du reste, la plus complète analogie avec les établissements du grand financier. Si, à San-Francisco, la spéculation se concentre sur les valeurs minières d'or ou d'argent, ici elle semble limitée à la grande et principale richesse du pays, c'est-à-dire à l'achat et à la vente du produit national par excellence. Le riz, en effet, ne sert pas seulement de base à l'alimentation publique, il en est encore expédié, chaque année, un immense approvisionnement dans l'empire du Milieu. Comme ce n'est point actuellement la saison des transactions, il m'est difficile de me faire une idée exacte du marché à l'heure où celles-ci sont en pleine activité.

C'est demain que je quitte définitivement Tokio pour entreprendre mon voyage au cœur du Japon. Tout est prêt. Sada a bouclé nos valises, complété sa batterie de cuisine et fait d'amples provisions de pain, de viande et de conserves de toute espèce. Quant à nos moyens de locomotion, ils varieront selon les circonstances. Ainsi, j'ai déjà retenu des billets pour la voiture publique qui doit nous transporter de Tokio à Takasaki, sur un parcours de 28 ris. A partir de Takasaki, tout est laissé au hasard de la rencontre. Nous suivrons la voie montagneuse du Nakasendo, cette route dont la longueur totale est de 613 kilomètres et qui aboutit à Kioto, l'ancienne capitale de l'empire, et de là nous gagnerons Osaka et Kobé, où je rentrerai en possession de mes bagages. C'est, en un mot, la traversée de la grande île de Hondo, presque de part en part, du nord-est au sud-ouest.

Par le fait, je dirai adieu, pour toujours peut-être, à la partie orientale de l'Empire, où j'ai relevé tant de sujets d'étude intéressants, où j'ai trouvé surtout un accueil si cordial, si empressé.

LUTTANT. — D'après Hokousaï (p. 260).

MON CHEVAL DE BÂT DANS LA MONTAGNE (p. 396).

VIII

AU CŒUR DU JAPON

En patache. — La pipette nationale. — Takasaki. — Au pays de la soie. — Richesses métallurgiques du sol. — *Torii* et temples chintoïstes. — Les auberges d'Oïwaké. — Ouyéda, centre des régions séricicoles. — Le jeu du cerf-volant. — Fâcheux contretemps. — Les montagnes du Wada-toghé. — A travers les neiges. — Chimo-no-Soua et ses bains sulfureux. — Chez Esculape. — Une pommade merveilleuse. — Mode de chauffage primitif. — Le lac Soua. — Sur les sommets glacés. — Un panorama splendide. — La faune au Japon. — Toute une contrée en révolte. — A marches forcées. — Le 1ᵉʳ janvier au Japon. — Le royaume de Morphée. — Un cap redouté heureusement franchi. — Le défilé des Treize-Collines. — Crépuscule enchanteur et souvenir à la patrie. — En barque sur la Kiso-gawa. — Navigation mouvementée. — Un yachiki seigneurial. — La petite ville de Kasamatz et ses rues pittoresques. — Une page d'histoire. — Nouveaux détails inquiétants.
Séki-ga-hara : souvenir au grand Iyéyas. — Hikoné et son vieux castel. — Le lac Biwa. — Otsou, capitale des premiers Mikados. — Le temple d'Ichiyama. — La légende d'Onono-Komatchi. — Les bonzes d'Otsou. — Une prière chintoïste.
Arrivée à Kioto. — Le grand temple de Tchion-in et le panorama de la ville des Mikados. — A l'hôtel Marouyama. — Sabbat orgiaque et mystique. — Excursion préliminaire à Osaka et à Kobé. — Installation à Kioto.

Mercredi, 20 décembre. — Dès trois heures je suis sur pied. Le temps est beau. Le thermomètre marque 1 degré au-dessous de zéro.

Miracle! Sada pénètre dans ma chambre à l'heure indiquée. Que dis-je ! il est en avance. En vérité, si je ne le voyais frais et dispos, je croirais qu'il a veillé toute la nuit pour n'avoir point la peine de s'arracher au sommeil.

Par contre, des deux djinrikchas retenus hier soir, un seul a répondu à l'appel. Quatre heures moins le quart à ma montre! Plus de temps à perdre. Nous chargeons notre unique véhicule des petits colis que nous n'avions pas déposés au bureau, et le suivons à pied jusqu'à Kio-bachi, où nous trouvons d'autres djinrikchas. Jamais les principales artères de la capitale ne sont désertes. A quelque heure que ce soit, on s'y croise avec des passants.

Voici précisément l'époque où les habitants procèdent au grand nettoyage annuel de leurs maisons. Déjà bon nombre de boutiquiers sont sur pied, vidant leurs étalages dans la rue, tandis que des subalternes battent à qui mieux mieux les nattes enlevées du sol et projettent dans les airs d'épais tourbillons de poussière nauséabonde. Une fois les choses rétablies en place, on en aura jusqu'à l'année suivante pour recommencer. En route, nous remarquons de nombreux gardiens de nuit, munis de la crosse à grelot au moyen de laquelle ils rappellent aux habitants d'avoir à se tenir en garde contre les dangers du feu.

A quatre heures et demie sonnantes, nous arrivons au dépôt des omnibus, si l'on peut appeler ainsi l'enclos primitif où sont remisées les trois ou quatre voitures d'aspect archaïque qui font régulièrement le service de Tokio à Takasaki. Il est bon de dire aussi que je n'ai versé, pour payement anticipé de deux places, que la somme de quatre yens et demi, soit environ vingt-cinq francs. Mais, bien que je n'emporte avec moi qu'un poids de bagages équivalant à cent cinquante livres anglaises, on me fait payer cinq yens de supplément, ce qui me semble être une compensation suffisante. Tel est le minimum de bagage auquel j'ai pu atteindre avec bien de la peine. Il y a à des provisions de bouche, quelques objets de literie et le linge indispensable. On ne saurait trop, en pareille occurrence, limiter le nombre et le poids de son attirail. Autrement, l'itinéraire que j'ai adopté ne serait pas praticable.

Comme la circulation entre Tokio et Takasaki est assez importante, la compagnie s'est vue forcée d'organiser trois départs tous les jours, un le matin, un à midi, un le soir. Bientôt, d'ailleurs, un railway reliera ces deux villes, car on étudie en ce moment le tracé de la ligne à construire, ligne destinée à rejoindre plus tard la côte occidentale de la grande île de Hondo.

A peine avons-nous mis pied à terre et congédié nos djinrikchas, qu'il s'agit de remonter en patache. Deux voyageurs, survenus en même temps que nous, se disposent également à y prendre place. Ils se connaissent, — paraît-il, — car ils échangent le bonjour matinal à grand renfort de salutations jusqu'à terre. Ils n'en finiraient pas si, montre en main, je ne leur indiquais l'intérieur du carrosse.

Cinq heures et quart! Il est temps, je crois, de mettre un terme à tant de politesses échangées. Montant alors moi-même sur la banquette, à côté du cocher, nous partons aussitôt pour tout de bon. Les chevaux de notre attelage me paraissent excellents, robustes et pleins d'ardeur. Ils ont du jarret et du poumon, trop peut-être, car ils n'ont pas franchi une demi-lieue que l'un d'eux, bondissant sur ses traits, les brise net, et nous roulons emportés par les animaux affolés, sans que notre automédon parvienne à les maîtriser. Cette course à travers l'obscurité, dans des rues relativement étroites où nous risquons à tout moment d'être jetés contre les maisons, se prolonge sur un assez long parcours. Le véhicule, rendu pareil à quelque balle de caoutchouc lancée par un bras vigoureux, s'avance par bonds rapides et désordonnés sur la route inégale. Déjà j'ai saisi le bout des rênes pour ne pas perdre tout espoir de nous tirer d'affaire, si elles échappaient des mains de mon voisin, quand, enfin, après mille péripéties heureusement dénouées, mille obstacles dépassés sans encombre, mille cahots supportés avec résignation, les chevaux s'arrêtent hors d'haleine au bas d'une légère montée. Ma foi! nous l'avons échappé belle. Espérons que nous aurons ainsi, d'ores et déjà, payé notre tribut à la mauvaise fortune et que nous finirons mieux que nous n'avons commencé.

Hélas! nous ne sommes qu'au début de nos peines. Nous n'avons pas fait huit kilomètres, ni parcouru la seule banlieue de Tokio, que déjà les arrêts se produisent et se multiplient. Tantôt c'est pour prendre une tasse de thé, tantôt pour allumer la pipette japonaise, tantôt par simple fantaisie. Les nombreuses tchayas qui s'échelonnent le long de la route jouent ici le même rôle que naguère chez nous les auberges de village placées sur le parcours de la diligence. Il serait vraiment trop inhumain, pour un conducteur digne de ce nom, de ne pas laisser souffler ses bêtes à la moindre apparence de buvette.

UNE TCHAYA DE VILLAGE (p. 294).
Dessin tiré du *Kiso-Kaïdo meïcho zouyé*, par Hokio Tchouwa.

En voyant à tout propos notre automédon allumer sa pipe et la rebourrer, je nourris les plus amères inquiétudes à l'endroit de notre arrivée. Dieu sait si ce sera pour aujourd'hui ou pour demain.

Oh! cette pipette japonaise! Quelle source inépuisable d'événements inattendus! Que de temps gaspillé dans cette constante manipulation! Si jamais, ô voyageur, vous avez à traiter une affaire avec quelque sujet de l'empire du Soleil Levant, tremblez quand il extraira de ses poches son calumet minuscule! Il en aura pour d'implacables délais avant de se décider à traiter la question dont il s'agit. En aucune autre région du monde, peut-être, on ne pratique plus inconsciemment qu'au Japon l'art de parler pour ne rien dire. Aussi, en ce qui me concerne, ai-je formellement défendu à Sada d'exhiber sa malencontreuse pipe lorsqu'il aurait, soit à débattre quelque intérêt en mon nom, soit à demander le plus modeste renseignement. J'ai eu lieu plus d'une fois de me féliciter de ma sévère prescription. Heureusement, mes craintes à l'égard du cocher ne se vérifient pas complètement. Soit qu'il nourrisse pour le tabac un culte modéré, soit qu'il se trouve lui-même sous le coup du règlement, il se contente, en fin de cause, d'un certain nombre de bouffées tirées de temps à autre, c'est-à-dire d'une quantité de pipes limitée.

Les fourneaux des pipes japonaises sont, d'ailleurs, si petits qu'on pourrait, en une seule bouffée, en aspirer le contenu. C'est dire qu'on est contraint de les bourrer et de les rebourrer à chaque instant, après en avoir secoué le résidu dans le brasero qui sommeille au milieu des habitations. Il en résulte, pour l'indigène, une sorte d'opération machinale, comme le roulé d'une cigarette parmi les Occidentaux du bassin méditerranéen. En fait, les fragments finement découpés de la feuille de tabac sont pressés dans le foyer de manière à n'être pas plus gros qu'un pois chiche, et un sérieux fumeur absorbera jusqu'à cinquante de ces pipes en une seule matinée.

La pipette japonaise, tout en ne variant guère comme dimensions, peut varier comme forme et comme matière, suivant la richesse et le goût du propriétaire. Il en est en ivoire, en corne, en cristal de roche, en bois, en agate ou même en métaux précieux. Les sculptures qui les ornent d'habitude représentent des scènes intimes de la vie japonaise, dans le genre grimaçant particulier aux charmants bibelots d'ivoire appelés *netskés*. Toutefois la plupart de ces pipettes sont simplement formées d'un fourneau et d'une embouchure en métal, reliés par un mince tuyau de bambou. Tout au plus si le bambou se trouve parfois enrichi de quelque guirlande de bronze finement ciselé. Quant au métal, il est le plus souvent orné de cannelures ou damasquiné d'or ou d'argent.

Ainsi que nous avons eu l'occasion de le voir, la pipe est la compagne inséparable de tout fils d'Izanaghi. Il la fumera invariablement partout, chez lui comme dans les maisons de thé, dans les temples comme dans les théâtres. Elle est même d'usage général parmi les femmes. Remarque à faire, d'ailleurs, pour tout l'Orient sans exception, on s'y passerait plutôt de manger ou de boire que de fumer.

Après avoir traversé le pont jeté sur la Soumidagawa, nous changeons de chevaux. Autant notre premier attelage était fougueux et rapide, autant celui

UN COURRIER DE LA POSTE. — Croquis humoristique de Hokousaï (p. 296).

qui le remplace est indolent et malingre. Le cheval de gauche, surtout, une malheureuse victime du fouet, boite de manière à m'attendrir profondément. Si je ne m'apercevais, bientôt, qu'en le traitant avec la dernière rigueur notre automédon parvient enfin à le faire trotter comme un pur sang, je m'interposerais en sa faveur. Décidément, l'homme et la bête arriveront toujours à s'entendre.

Malgré la fraîcheur du temps et la petite gelée qui nous pique à l'épiderme, nous ne rencontrons que des paysans au buste à peine recouvert d'une méchante veste de toile, quand ils ne se montrent pas complètement nus de même qu'en plein été. Les femmes ne sont guère plus frileuses. Nourrices, elles vont par la campagne, exposant leur poitrine sacrée à la bise inclémente qui souffle. Sada m'affirme que leur lait n'en est que meilleur et plus abondant. Je ne saurais m'inscrire en faux contre cette assertion, mais j'estime que les poupards ainsi alimentés exprimeraient là-dessus, s'il leur était permis de parler, une tout autre opinion.

A chaque village un peu important que nous trouvons sur le chemin, nous relevons la *correspondance*. Nous sommes, à la fois, omnibus pour voyageurs et messagers pour la poste. La compagnie *Kouncha* reçoit, à ce dernier effet, un subside du gouvernement. Sans doute le service de la poste laisse encore quelque peu à désirer au Japon ; mais quelle différence avec ce qui passait autrefois! C'est à peine si on se souvient du temps où ce service était uniquement confié à d'agiles coureurs qui, haletants et ruisselants de sueur, un petit paquet de missives fixé au bout d'un bâton, sillonnaient le pays en tous sens, sans souci des obstacles semés sur leur route.

Vers huit heures, nous arrêtons à une grande tchaya, devant laquelle un feu de paille, allumé à notre intention, réchauffe quelque peu nos membres engourdis. Je déballe aussitôt les sandwiches dont on a eu l'excellente précaution de me munir à l'hôtel Séi-yo-ken, et Sada, que je convie à prendre part au festin, en exprime son contentement d'une manière non équivoque.

Nouvelle alerte! Comme je monte sur le marchepied de la voiture pour prendre un objet resté dans ma valise, les chevaux renversent la mangeoire placée devant eux et se mettent soudain à détaler avec rapidité, pensant sans doute prévenir ainsi les coups de fouet dont le cocher leur a jusqu'ici prodigué d'amples distributions. Et me voilà, cette fois, emporté pour de bon par des haridelles que nulle main ne dirige et ne retient! Sauter du marchepied sur la route serait risquer de se rompre la tête ou les jambes. Voici, d'ailleurs, une seconde mangeoire qui nous barre le passage. Ainsi que la première, nous la foulons sous nos pieds. Déjà j'aperçois d'autres obstacles et m'attends de seconde en seconde à quelque catastrophe. Par bonheur, le cocher, témoin à distance de l'incident, accourt au-devant de son équipage avec la vélocité particulière à ses compatriotes. Il se jette à leur tête sans la moindre hésitation, et réussit à les réduire au moment où nous allions verser dans un fossé avec armes et bagages. J'en suis quitte pour une galopade de cent mètres environ à travers l'inconnu. Et moi qui, ce matin, redoutais si fort les arrêts innombrables, je vois celui-ci s'opérer avec un plaisir extrême. Mais quel triste début pour une excursion de cette importance! Vraiment, si je croyais aux mauvais présages, je retournerais sur-le-champ à Tokio.

FILATURE DE SOIE, A TOMIOKA (p. 301).

Rien n'est salutaire pour remettre d'une pareille fugue, rien n'est plus réconfortant par le froid qui règne et qui augmente, comme une tasse de thé bien chaud, bien parfumé. Je ne manque pas de m'offrir ce cordial, avant de remonter dans notre tragique instrument de supplice.

Au troisième relais, nos chevaux, de mauvais qu'ils étaient, deviennent absolument détestables. On nous a gratifiés de deux petites rosses avec lesquelles nous ne parvenons même pas à démarrer. Le conducteur a beau désormais interpeller celles-ci bruyamment, faire succéder les injures aux coups, la rigueur aux sommations, rien ne parvient à réveiller une ardeur depuis longtemps endormie. C'est inutilement qu'il tempête, qu'il cogne, se servant autant du manche que de la corde de son fouet. Sans le *betto* qui s'en mêle et se décide à courir en même temps que les malheureux animaux, comme pour les piquer d'émulation, tout en joignant ses cris à ceux du chevalier du siège, nous n'avancerions plus d'une semelle. Grâce à tant d'efforts, nous nous remettons en route, résignés dès lors à ce petit trot languissant des fiacres de nos grandes villes à l'issue d'une journée laborieuse, quand le soleil a dardé quinze heures durant sur l'énergie de la bête et sur la bonne volonté de l'homme.

Il faut en prendre son parti. Cherchons ailleurs des compensations! Dans un village, sur la route, on me désigne des laboureurs et des marchands traitant d'affaires. Quelques balles de riz sont déposées devant eux, comme un témoignage de la transaction.

Quel flux de paroles! quelle expertise méticuleuse!

A quelque distance de là, belle vue sur le volcan Assama-yama. La montagne est couverte de neige dans toute sa hauteur et projette, dans les airs refroidis, de longues spirales de fumée. Moins remarquable, cependant, que le Foudji-yama, dont la forme régulièrement conique est, pour ainsi dire, unique au monde, l'Assama-yama est aussi moins élevé; il mesure à peine 2,500 mètres, alors que son fier rival en atteint près de 4,000. Et comme pour nous permettre de juger de leurs proportions respectives, voici le volcan sacré qui surgit également sur notre gauche. Les deux colosses dominent la contrée tout entière, semblant se jeter un mutuel défi et communiquant au paysage un caractère de grandeur et de majesté.

Vers onze heures et demie, arrêt sérieux à Konosi. Nous y déjeunons dans une tchaya des plus hospitalières, dont la vénérable patronne siège derrière une série de petits paravents juxtaposés, à portée des ustensiles obligatoires, c'est-à-dire la théière et le brasero. Une fois de plus je constate que, surtout à l'intérieur du pays, l'installation de ces petits établissements publics ne diffère en aucune manière des demeures privées. En raison même du nombre prodigieux de ces sortes de débits, le client y est aussi rare que l'oiseau bleu. Aussi sommes-nous salués au départ, suivant la coutume d'ailleurs, mais peut-être avec plus de chaleur, par un concert de *sayonaras* chanté par le chœur des *nésans* sur un ton nasillard et traînant.

Au quatrième relais, nouvelles péripéties, mais attelage identique au précédent. Grêle de coups et d'apostrophes violentes! Aux objurgations du cocher et du betto s'unissent les hurlements de la marmaille attroupée. C'est un tohu-bohu à fendre le tympan. On dirait le char de Thespis, escorté par la foule des chie-en-lit. Peu à peu cependant, la meute se dissipe, épuisée par la course, époumonée par les cris.

Pour le moment nous suivons une digue peu élevée. A l'horizon, des montagnes ouatées d'une neige étincelante ont l'air de vouloir nous barrer le passage. C'est, en effet, au pied de ce rempart naturel que finit toute voie carrossable. A partir de ce point, il nous faudra poursuivre notre voyage à cheval, en kago ou simplement à pied.

A Foukaya, arrêt devant le bureau des postes. En général celui-ci se distingue des autres constructions par quelque détail emprunté à notre architecture. Un peu plus loin, sur le bas côté de la chaussée, un quidam à mine farouche, affublé d'une couverture de coton historiée de dessins bizarres, nous considère en maugréant. C'est un diseur de bonne aventure, entouré de ses instruments de divination, baguettes magiques, petites règles à présages, manuels *ad hoc* et livres du destin. Nous passons à fond de train devant ce prophète rustique et sans faire attention à ses propos indignés.

Jusqu'ici, le chemin n'a offert qu'un mince intérêt.

FUMANT LEUR PIPETTE. — Dessin tiré de la *Mangwa* de Hokousaï (p. 295).

A peine avons-nous rencontré, de temps à autre, quelques conifères rabougris, plantés en bordure, sauf peut-être en deux ou trois points où certains groupes d'arbres bien venus rappelaient, comme disposition, la grande allée de Nikko. Quant aux bourgs devant lesquels nous avons passé, ils ne diffèrent pas d'une manière sensible des quartiers excentriques de Tokio. Ce sont les mêmes constructions étriquées, les mêmes industries exercées en public, les mêmes étalages de marchandises. La capitale n'est d'ailleurs, ainsi que je l'ai déjà dit, qu'une immense agglomération de villages soudés les uns aux autres par le temps. D'autre part, bien que le pays semble fertile, rien n'est de nature à capter l'attention. Les champs paraissent, en général, bordés d'arbres sur tout leur pourtour et singulièrement morcelés.

Pour notre bonheur, en échange, la chaussée semble jouir d'un entretien régulier, ce qui, grâce à notre voiture suspendue par des lanières de cuir, a pour résultat de nous épargner les trop violents cahots. La circulation est, du reste, assez importante. Outre les véhicules venant en sens inverse, nous croisons un grand nombre de voyageurs cheminant soit en djinrikcha, soit à pied. Ces derniers portent leurs bagages sur le dos, roulés dans un morceau d'étoffe dont ils rejoignent les deux bouts sous le menton. Ainsi chargés, ils marchent d'une allure passablement grotesque. Serait-ce en parcourant les routes de son pays, comme il passe pour en avoir eu la constante habitude, que le spirituel Hokousaï conçut ces ridicules *tengous* déambulant de concert, comme de vulgaires voyageurs, et portant, sur un nez démesurément prolongé en forme de perche, les provisions de la journée? Dans la foule bigarrée des passants, je distingue surtout une femme au visage à demi caché par une énorme paire de besicles à verres bleus. Sa bizarre physionomie ferait éclater de rire l'Anglais le plus flegmatique. Et, pourtant, personne autour de nous ne semble en aucune manière s'en apercevoir, tant il est vrai de dire que le grotesque et le sublime ne sont rien autre chose qu'une affaire de convention. Quant à Sada, qui dormait profondément et que mon accès d'hilarité a réveillé, il est seul à partager ma joie, estimant qu'il est de son devoir de rire quand je ris et de pleurer si je viens à pleurer. C'en est fait, la glace est rompue, le souvenir de nos tristes débuts oublié ; désormais la journée s'achèvera dans ce doux contentement de l'âme, duquel un penseur a dit « qu'il n'est rien au dessus, ni richesses, ni honneurs, ni voluptés ».

En général, toutes les bêtes de somme que nous rencontrons s'effrayent de notre équipage comme d'une chose absolument inusitée. Il faudra encore une génération de chevaux pour qu'une voiture puisse passer ici sans trop causer d'émoi. Faut-il beaucoup s'en étonner? L'introduction des chemins de fer n'a-t-elle pas, autrefois, jeté dans nos propres campagnes une terreur quasi superstitieuse? Au sein même de certaines villes populeuses, la traction des tramways par la vapeur n'entraîne-t-elle pas encore un véritable désarroi?

Cependant le vent du nord s'est levé en même temps que la journée s'avance, et il se met à souffler d'une manière fort désagréable. La région que nous traversons en ce moment semble, d'ailleurs, y être particulièrement exposée, si j'en rapporte à la présence d'une série de paravents de paille dressés verticalement sur le côté des maisons et barrant presque la route. Tel est l'unique point saillant

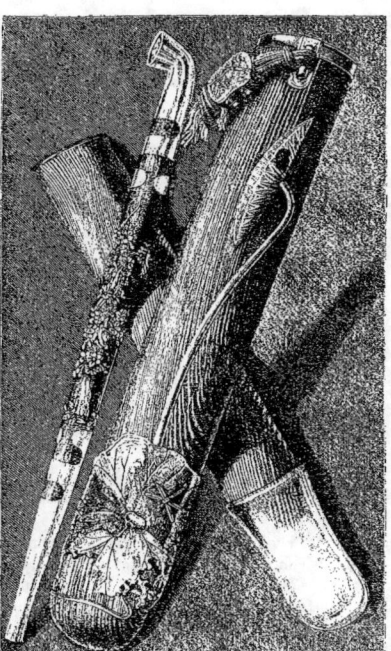

PIPETTE DE LUXE AVEC SON ÉTUI (p. 205).

du village de Chimmatchi, où s'élève, cependant, paraît-il, une petite filature de soie. A partir de cette agglomération, les cultures de mûriers deviennent, en effet, de plus en plus nombreuses, car nous entrons déjà dans le pays de la soie proprement dit.

Le village d'Iwahana, situé à une lieue de Takasaki, présente une incroyable profusion d'établissements, où les populations des environs viennent se divertir. On y festine tout le long du jour et de la nuit. De presque toutes les habitations des accords de samicen s'échappent comme des flons-flons caractéristiques. Il en est, d'ailleurs, ainsi dans maintes localités de l'intérieur, et principalement aux points de jonction de certaines routes importantes. Impossible d'y trouver d'autres lieux de réfection ou de repos. Ce peuple japonais est vraiment extraordinaire. Il ne saurait comprendre la vie sans les divertissements à jet continu et à haute pression. Une telle légèreté semblerait, chez nous, un constant anachronisme, un éternel oubli des réalités de l'existence.

En dépit des incidents de la route et de l'inexactitude nationale, nous mettons pied à terre à Takasaki vers six heures et demie, c'est-à-dire à l'heure même qu'on nous avait annoncée.

L'hôtel *Tamaya Jasounoso*, où je descends incontinent, me paraît assez médiocre pour une ville fortifiée et favorisée d'une garnison de soldats; car Takasaki est une des neuf forteresses édifiées par Iyéyas, en vue de la défense des provinces de l'ancien Kwanto. En pénétrant dans cet hôtel de troisième ordre, le premier objet qui frappe mes regards est une cuve ronde et étroite au milieu de laquelle trois femmes, dépouillées de tout voile, s'ébattent de leur mieux. C'est le « bain chaud » de l'hôtel, je devrais dire le « bain bouillant », tant les vapeurs qui s'en échappent dénoncent une température excessive. Un Européen ne saurait y séjourner plus d'une minute sans en sortir aussi rouge qu'un homard cuit. Nos trois Grâces cependant ont tout l'air de s'y délecter, et se frottent mutuellement l'épiderme, conformément à la coutume. En vérité, le peuple japonais tient quelque peu de la salamandre.

Une jeune servante, supposant apparemment que j'envie le bonheur des baigneuses, dont je ne fais que contempler les ébats, me propose avec obligeance de me joindre au trio et de me masser comme il convient. Telles sont les mœurs. Tels sont surtout les usages, car les voyageurs ne manquent jamais, en arrivant ici, pour se délasser des fatigues du voyage, de recourir à cet exercice violent. Comme je me sens peu de goût pour jouer en public ce rôle de crustacé vivant mis dans un court-bouillon, je renvoie la nésan à d'autres amateurs et me hâte d'aller au plus pressé, c'est-à-dire au repas du soir, à l'endroit duquel je me sens maintes velléités. Par ce froid, après une journée entière passée en voiture au grand air, on ne peut manquer de se sentir quelque appétit.

Je me rends donc au logement qui m'a été assigné et qui me servira à la fois de salle à manger et de chambre à coucher. Pas plus que dans mes précédentes excursions je ne trouve ici ni table, ni chaises, ni objet propre à constituer un *triclinium* quelconque. J'y supplée aussitôt, en faisant de mes malles ce qu'il me faudra en faire sans doute durant tout le voyage, c'est-à-dire en les transformant en meubles. A coup sûr, la civilisation européenne n'a pas encore pénétré sur la route du Nakasendo. Dans le même intervalle, Sada s'est spontanément remis à ses fourneaux. Pendant tout le temps que nous traverserons ces pays dignes de l'âge d'or, sa principale mission consistera, du reste, à confectionner journellement, avec les provisions qu'il pourra se procurer là où nous serons surtout qui sont au fond de ma cantine, les plantureux repas dont j'ai eu déjà certains échantillons durant mon voyage à Nikko.

Si le mobilier de l'hôtel est tant soit peu rudimentaire, en revanche l'hospitalité qu'on y reçoit a quelque chose de patriarcal. L'hôtesse, accompagnée de sa fille, une mignonne créature d'une quinzaine d'années, préside familièrement à mon dîner. Pour me bien faire venir de ces dames, je leur ai présenté ma blague à tabac et ma pipe japonaise, en sorte que pendant que je déguste les savantes préparations de mon cuisinier, elles extraient tour à tour de mon ustensile précieux d'odorants nuages de fumée. La connaissance est faite. L'Orient et l'Occident viennent une fois de plus de fraterniser.

Après cet échange de bons procédés, je passe dans la salle commune. Quelques personnes sont rangées autour du foyer, c'est-à-dire du carré pratiqué dans le plancher. Elles y jouent à une sorte de jeu de dés, auquel on se livre avec passion durant les longues soirées d'hiver. Voici en quoi consiste ce jeu, rappelant en tout point notre classique jeu d'oie. Sur une grande feuille de papier carré, les cinquante-trois relais de postes compris entre Tokio et Kioto sont successivement reproduits. La case afférente à cette dernière localité, but final de la partie, supporte l'enjeu, représenté ici par une pile de friandises. Chaque coup de dés amenés par le joueur l'en rapproche ou l'en éloigne, suivant qu'il franchit rapidement les relais ou qu'il est contraint de revenir en arrière pour occuper la case du concurrent qui l'a délogé. Naturellement, c'est le plus vite arrivé à Kioto qui gagne. Les Grecs ne seraient-ils pas les vrais inventeurs de ce jeu innocent?

TENGOUS EN VOYAGE. — Dessin tiré de la *Mangwa* de Hokousaï (p. 299).

A ce propos, nous dirons que le jeu est très répandu au Japon. Il n'est guère d'établissement public, hôtel, tchaya ou simple auberge de campagne, où quelque compagnie d'hommes ou de femmes ne s'applique à tenter la fortune aux dames, aux échecs, ou bien à d'autres jeux essentiellement nationaux. Parmi ces derniers, je rangerai certains jeux de cartes indigènes, de petit format comme chez nous, mais où nos personnages et nos chiffres sont remplacés soit par les cinquante lettres de l'alphabet japonais, soit par les stances si connues des cent poèmes célèbres, soit encore par des épisodes saillants de l'histoire.

La nuit est très froide. En outre, ma chambre ou plutôt mon réduit est fort mal abrité. Les vents coulis s'y livrent à des gentillesses nocturnes dont je leur ferais grâce volontiers. Emmitouflons-nous le mieux possible dans nos couvertures et dormons le sommeil du juste. Il est dix heures du soir, et je suis rompu de fatigue.

Jeudi, 21 *décembre.* — Beau temps (th. — 2° cent.).

A une heure, départ pour Tomioka, siège de la plus grande filature de soie qui existe dans tout le pays. Pour atteindre cette localité, il me faut momentanément quitter la route du Nakasendo, laquelle oblique vers l'ouest. Comme la distance n'est que de cinq *ris*, par le sentier des montagnes, je me décide à faire la route à pied. Mes bagages, expédiés en djin-rikchas, arriveront à destination par une voie moins accidentée, mais plus longue de deux ris. Un guide m'accompagnera : cela est plus sûr, car je m'aperçois qu'il faut beaucoup se défier des renseignements fournis par mon cuisinier-drogman.

La gelée a fait des siennes cette nuit. Les fossés de la ville sont couverts d'une couche de glace assez épaisse.

Après avoir passé la Karasou-gawa, — rivière large, mais peu profonde, formant un des affluents du fleuve Toné-gawa déjà rencontré lors de notre excursion à Nikko, — nous suivons un sentier tracé dans la plaine, pour monter ensuite de colline en colline jusqu'à une assez forte altitude.

Du sommet que nous atteignons ainsi, la vallée, au fond de laquelle semble se pelotonner la ville de Takasaki, nous apparaît tout entière. Au loin, la vue est bornée par la courbe des montagnes revêtues de leur parure hivernale. A part les détails empruntés à la saison où nous sommes, ce panorama me rappelle assez exactement celui que je découvris des hauteurs de Hakoné sur Gotemba et les autres villages groupés en avant du Foudji-yama.

Pour descendre l'autre versant, nous prenons un étroit défilé, d'aspect pittoresque, au détour duquel nous découvrons le volcan d'Assama-yama, pour le moment en pleine ébullition. D'épais nuages de fumée tourbillonnent au faîte de la montagne, laquelle est enveloppée d'une ceinture neigeuse dont les paillettes cristallines scintillent aux clairs rayons du soleil comme de purs diamants.

Vers deux heures et demie, nous nous arrêtons dans une pauvre tchaya pour nous réconforter à l'aide des provisions que nous avons emportées. Puis nous reprenons notre route et débouchons dans une vallée assez étendue, couverte de champs délimités par des mûriers et au fond de laquelle se profilent les maisons de Tomioka. Vers cinq heures, nous atteignons ce joli village par des sentiers vraiment délicieux.

L'hôtel *Sanoya*, que nous recommande notre guide, est plus vaste et plus confortable que celui où nous avons logé à Takasaki. Il est bondé de marchands de soie. On y trouve moyen, cependant, de me caser dans une chambre ayant vue sur l'artère principale. La température, plus clémente qu'hier, que je goûte dans cette chambre me promet une nuit réparatrice. Je me couche vers onze heures, après avoir mis au courant les notes de la journée.

Vendredi, 22 décembre. — Beau temps (th.—1° cent.).

Dès dix heures du matin, j'expédie mes quelques

UNE VIEILLE LÉGENDE. — Dessin de Yosaï (p. 311).

bagages, par cheval de charge, jusqu'à Chimonita, situé à trois ris de distance, et je me rends à la filature de Tomioka.

Nous avons déjà eu l'occasion de dire quelques mots de cette filature, durant notre séjour dans la capitale. Placée d'abord sous la direction de M. C**, elle est actuellement régie par un Japonais. Nous nous sommes également étendu, assez longuement, sur les différentes phases de la préparation de la soie. Je me dispenserai donc d'y revenir. Il me suffira de mentionner que le présent établissement est muni de trois cents bassines et qu'il emploie près de six cents ouvriers gagnant, comme à Tokio, dix sens par jour. La magnanerie, seule, nécessite le concours de cent cinquante ouvrières. On file quotidiennement, à la fabrique de Tomioka, dix tonnes de soie environ. On peut donc dire que c'est une usine modèle, sous tous les rapports. Le matériel vient d'Europe en droite ligne et comporte les divers perfectionnements introduits, jusqu'à ce jour, dans l'industrie séricicole.

Ma visite une fois terminée, nous nous remettons en route par la vallée. Je suis frappé des nombreuses habitations qui y sont éparpillées. Les champs, comme toujours, sont bordés de mûriers et s'étendent jusqu'au pied de collines pointues, qui forment le premier plan d'une succession de montagnes élevées.

La route est praticable aux djinrikchas jusqu'au village de Nansaï. À partir de cet endroit, le sentier s'enfonce dans la gorge resserrée des premières rampes et, par une montée rapide, conduit en un site extra-sauvage. De là il pénètre dans un nouveau défilé, pour déboucher tout à coup au sein du merveilleux vallon où se trouve Chimonita. La brusque opposition de cet Éden en raccourci, avec les aridités du chemin parcouru, est d'une impression vraiment saisissante.

À deux heures, nous sommes à Chimonita, où nous nous arrêtons pour déjeuner. Par la même occasion, je réexpédie mes bagages jusqu'à Motojico, localité située à deux ris et demi du village. Le repas est aussi court que modeste. Après la dernière bouchée, nous voici de nouveau sur pied.

Rien de joli comme la vallée au fond de laquelle nous avançons. De tous côtés, sur les pentes et sur le sommet des coteaux, s'éparpillent de coquettes habitations. En arrivant à Chimosaka, les deux murailles de végétation qui couraient parallèlement semblent se rapprocher, et bientôt une rivière peu profonde, un affluent de la Karasou-gawa, se montre roulant sur des cailloux, au pied des arbres agités.

Il y a dans cette aimable agglomération une mine de fer et même des hauts fourneaux, exploités tous deux par une société indigène. La découverte du filon — lequel promet d'être important — ne remonte pas à une époque très éloignée. Comme toujours, ce fut un ingénieur étranger qui se chargea d'attacher le grelot. Ce spécialiste, venu d'Angleterre, avait naturellement recruté ses collaborateurs parmi des hommes de sa nationalité. Ce furent eux qui édifièrent les hauts fourneaux qu'on voit au bord de la rivière et qui construisirent, sous plan incliné, le chemin de fer à voie étroite amenant le minerai du sommet de la montagne au lieu d'exploitation. Mais, une fois ces premières installations établies, l'élément national reprit ses droits. Il est absolument interdit aux étrangers d'exploiter les mines pour leur propre compte. Ils ne sont pas même autorisés à y prendre des intérêts, l'administration leur permettant seulement de prêter leur concours et leurs lumières aux seuls sujets du Mikado. Faut-il s'en étonner? Non, assurément. N'y a-t-il pas plutôt dans cette jalouse émulation un côté noble et surtout légitime? Le Japon est en droit de nous demander des professeurs, de s'instruire à notre école, mais il a le devoir aussi de ne pas abdiquer entre nos mains. Si les Indes, par exemple, consentent à se soumettre à la domination britannique, à ne vivre, pour ainsi dire, que par la puissante métropole, il n'est pas de raison pour qu'un pays actif et jeune s'efface indéfiniment. Ouvert aux progrès de l'Occident, l'empire du Soleil Levant prétend se les assimiler une fois pour toutes, mais non livrer *hic et nunc* ses richesses métallurgiques au monopole international. Sous ce rapport, le gouvernement n'a jamais dévié. Il connaît ses ressources, il les croit mal exploitées, la plupart du temps suivant des procédés caducs abandonnés partout ailleurs. Mais il attend que ses nationaux soient mis en mesure de s'en emparer eux-mêmes, en dépit des convoitises du dehors. Il se passera donc bien des années encore avant que les entrailles de la terre abandonnent les trésors qu'elles tiennent en réserve. L'heure où le Japon pourra prononcer le fameux : *Sésame, ouvre-toi!* n'est pas encore près de sonner pour lui.

Qu'en attendant une pareille aurore, il nous soit permis de dire un mot sur l'ensemble des richesses renfermées dans ce sol incomparable. Jusqu'à ce jour, le cuivre a été reconnu ou extrait dans dix-sept provinces; la présence du soufre est constatée dans cent vingt localités différentes, et le minerai de fer abonde dans toutes les régions de l'Empire ainsi que la houille, dont les gisements les plus importants se trouvent dans les îles de Yézo et de Kiouchiou. Quant à l'antimoine, il en est exploité également des gisements très importants. Mais combien d'autres filons précieux d'or, d'argent ou de cuivre sont encore inconnus, à l'heure où nous sommes, qui rapporteraient des bénéfices certains s'ils étaient recherchés et convenablement traités, suivant la science actuelle!

Pour en revenir à l'exploitation de la mine de Chimosaka, jusqu'à présent elle est menée sur une assez petite échelle. Soixante-dix ouvriers seulement y sont employés. De plus, comme le chemin de fer dont j'ai parlé n'est qu'à une seule voie, il faut remonter les wagonnets à l'ouverture de la mine à force de bras, ce qui occasionne une grande perte de temps. La compagnie concessionnaire, d'ailleurs, ne possède qu'une superficie de terrain assez restreinte, voisine des ateliers, le reste de la montagne appartenant à des particuliers qui en exploitent les bois. Mais elle est autorisée à pratiquer des galeries sur un certain rayon, à toute profondeur et dans n'importe quelle direction. De plus, la veine se dirige de haut en bas et semble être à peine entamée. Enfin, le minerai, de couleur grisâtre, est très riche en métal. Une seconde mine de fer est exploitée non loin de là, par la même compagnie. Le minerai y est plus blanc, mais aussi moins avantageux.

En quittant l'usine, nous nous mettons à suivre le bord de la rivière. Celle-ci descend le long d'un pli de la montagne qu'elle semble avoir creusée par l'action ininterrompue de ses eaux rapides. De ce point, le site devient merveilleux. Le lit du cours d'eau, bordé de roches grises, serpente au sein de bouquets d'arbres et de champs cultivés montant par échelons jusqu'au faîte des deux versants. La dévotion locale, toujours prompte à tirer parti des situations pittoresques, s'y manifeste sous la forme coquette d'un petit temple. Ce dernier est agrémenté d'un *torii* dont la silhouette se profile vivement sur les massifs de verdure environnants. Fait de bois blanc, vierge de toute inscription, ce *torii* m'indique à première vue que le temple appartient au culte chintoïste, le bouddhisme

Nous avons eu déjà, maintes fois, l'occasion de signaler cette particularité, notamment lors de notre visite au temple chintoïste de Cho-kon-cha, à Tokio. Ce que nous n'avons pas dit alors et ce que nous croyons devoir ajouter aujourd'hui, c'est que le prototype des temples chintoïstes, celui qui, dans la suite des siècles, a servi de modèle à tous les autres, existe encore aux environs de l'antique cité de Yamada, dans la province d'Isé, sous la forme d'une série d'édifices de dimensions restreintes et d'une primitive simplicité. L'origine de ce modèle remonte à l'année 674 avant Jésus-Christ, c'est-à-dire à l'époque même de la fondation de Rome. Et l'empereur Temmou, qui

MON HÔTEL A OÏWAKÉ (p. 308).

faisant plutôt précéder ses sanctuaires de riches et lourds portiques enluminés de couleurs, comme nous en avons déjà tant rencontrés. S'il arrive, par hasard, que des *torii* signalent quelque édifice bouddhiste, ils sont toujours recouverts de peintures ou de sculptures. C'est à ce critérium qu'on doit de ne jamais se tromper dans l'étude des innombrables autels élevés aux divinités, sur le sol des trois mille huit cents îles qui composent l'archipel du Nippon.

On sait, en effet, que les temples chintoïstes, petits ou grands, sont totalement dépourvus de couleur et de décor. Le seul apprêt qui puisse y être constaté réside dans le choix même du bois travaillé, ainsi que dans l'emploi de certaines pièces métalliques appelées à consolider les assemblages de la charpente et parfois enrichies de dorures.

en avait décrété les dispositions premières et irrévocables, décida, en outre, que les deux principaux d'entre les édicules qui le composent seraient rasés et reconstruits tous les trente ans. Il en résulte, si le calcul est exact, que c'est pour la quatre-vingt-cinquième fois que ceux-ci ont été réédifiés, sur le même emplacement et d'après des règles invariables. Il s'ensuit également que quatre-vingt-cinq générations d'hommes, de trente ans chacune, ont renoué dans les petits temples de la province d'Isé la chaîne des traditions anciennes, et salué la divine Amatéras sur les lambris nus et primitifs d'une construction de bois, telle que les peuples d'alors concevaient leurs plus luxueux monuments. A quelle période historique du monde ne faut-il pas rattacher ce glorieux phénix, sans cesse renaissant de ses cendres? A quels souvenirs lointains de l'humanité ne nous reportent pas ces quelques ais, assemblés de façon rudimentaire et constituant, par la répétition indéfinie, le siège hiératique d'un culte définitivement restauré ! Aujourd'hui encore, le temple d'Isé est resté l'objet de pèlerinages nombreux, s'ébranlant de tous les coins du Japon à époques fixes et venant rendre à la déesse du Soleil, symbole de l'Empire rétabli, l'hommage de leur foi inébranlable et de leur fervent respect pour les institutions séculaires de la patrie.

Arrivée, vers six heures, à Motojico, où nous passerons la nuit.

Motojico est un petit village absolument ignoré de ma carte routière. Par contre, j'y trouve le nom de Foudjii, localité moins importante encore et placée immédiatement en face. L'omission n'est pas grave, à coup sûr, mais elle existe, et je me hâte de la dénoncer. Pour accomplir mon voyage, je me sers tout spécialement d'une série de cartes détaillées donnant la configuration des provinces. Ces cartes, dressées par le gouvernement japonais, me semblent être assez exactes, bien qu'elles soient déjà anciennes. Grâce au concours de Sada, qui m'en déchiffre les écritures, je parviens à m'orienter suffisamment dans le dédale des routes, des villages, des rivières et des montagnes qui s'étend à droite et à gauche de mon itinéraire.

L'auberge de Motojico me paraît excellente, ni plus ni moins. Depuis Tomioka, la série a suivi le crescendo, sous le rapport du bien-être et de la propreté. Toute une paroi de ma chambre est maçonnée, ce qui m'est une garantie efficace contre la froidure. Comme je m'y occupe à m'installer confortablement pour la nuit, le maître de l'établissement, un vieillard vénérable, vient se prosterner devant moi en guise de salutation. Il est bientôt suivi de toute sa famille. Au dîner, trois générations me contemplent dans l'exercice de mes mâchoires : la digne épouse de l'hôtelier, sa fille et ses petits-enfants, sans préjudice de tous les familiers accourus pour voir l'étranger et se repaître du moindre de ses mouvements. C'est l'heure de faire circuler un choix de ces douces friandises qui m'ont ouvert tant de cœurs par le canal de l'estomac. Les petits gâteaux anglais et les boules de gomme surtout donnent lieu à des effusions de reconnaissance qui me touchent jusqu'au fond de l'âme. Les « arigato » ou « merci » se croisent et s'entre-croisent au milieu de mes protestations. Pour un peu, on me tiendrait là toute la nuit, à seule fin de me témoigner des égards et de déguster ma petite provision. La même curiosité me poursuit jusqu'au moment de me jeter sur mes minces matelas japonais; car, comme toujours, c'est la même pièce qui me sert à la fois de réfectoire et de chambre à coucher. Des chuchotements confus m'apprennent, en effet, que l'indiscret essaim des mioches est là, bourdonnant derrière les châssis de papier. Ah ! si les Japonais disent, comme chez nous, que les murs ont des oreilles, ils pourraient bien ajouter qu'ils ont aussi des yeux. Tels sont, au reste, les enfants du pays. Un de leurs jeux de prédilection est — suivant l'expression commune — de contrefaire l'*idjin-san*, c'est-à-dire le « monsieur étranger ». Et, à ce propos, il convient peut-être de faire remarquer que les tendances bien accusées de la marmaille indigène consistent à représenter des scènes de la vie réelle. Ainsi, les parties de thé, les dîners d'apparat, les voyages de daïmios, les visites de médecin, voire les cérémonies de funérailles, sont imités tour à tour et rendus avec un esprit d'observation extraordinaire, avec un naturel vraiment exquis.

Comme je suis fait depuis longtemps à cet innocent espionnage, je m'étends indifférent sur ma couche, après avoir remplacé l'incommode oreiller japonais par une couverture roulée avec soin. Vers les onze heures du soir, j'ai déjà perdu toute notion du réel.

Samedi, 23 décembre. — Beau temps (th. — 7° cent.).

Bigre ! la température a singulièrement baissé ! Pour de bon, je m'étonne que, dans un pays exposé comme celui-ci à des froids aussi incléments, les habitations ne soient pas mieux conçues, plus hermétiquement fermées. On comprendrait à peine une pareille négligence des régions basses, au bord de la mer, où la présence des eaux salées tempère les rigueurs de la saison ; mais dans ces vallées déjà élevées, si voisines de neiges quasi éternelles, un tel dédain est tout simplement une aberration.

Et, pourtant, les meilleures installations sont quelquefois les plus décevantes. Je me croyais très bien abrité contre tous les vents coulis, parce qu'à la cloison traditionnelle succédait un prétendu massif de maçonnerie. Hélas ! je ne m'étais pas aperçu, à la clarté de ma modeste bougie, que le plâtre se détachait de toutes parts des pans de bois grossiers auxquels il avait adhéré jadis, formant ainsi mille issues où l'air extérieur s'engouffre, activé dans sa marche par les fentes innombrables qui décorent mes châssis. En sorte que, ce matin, je me réveille muni d'un fier et robuste coryza.

Au surplus, que dire du vieux proverbe prétendant que l'habitude est une seconde nature? Les indigènes qui s'exposent avec la hardiesse qu'on sait à toutes les intempéries, ne sont pas plus que moi préservés de l'inconvénient signalé. Pour eux, comme elle le serait pour nous, la saison que nous traversons est féconde en rhumes, en bronchites, en asthmes et en catarrhes. Tout le long du chemin, je n'ai rencontré que bonnes gens toussant et crachant leurs poumons. Le personnel de notre tchaya est loin de faire exception à la règle commune. Tous les voyageurs y sont quelque peu grippés et jettent, dans ce concert discordant, la note plus ou moins aiguë qui leur est propre. On se dirait dans un hôpital de phtisiques.

Je crois l'avoir déjà rapporté : ce qui me réussit le mieux, en pareille occurrence, c'est de me doucher à grande eau depuis la tête jusqu'à la ceinture, en plein air matinal, au beau milieu de la galerie qui contourne toute auberge japonaise. *Similia similibus* : la réaction qu'opère en moi l'eau glacée dont je m'inonde l'épiderme m'est des plus favorables, et il est rare que je ne me délivre pas ainsi du malaise odieux qui succède à tout refroidissement. Or, tandis que je me livre à cette grave opération, j'ai imprudemment laissé mon matériel de toilette exposé au frimas sur une planche imbibée d'eau, et telle est l'intensité du

lage que deux vues charmantes sollicitent notre attention. D'un côté, vers la gauche, c'est une élégante maisonnette perchée au sommet d'une colline de forme conique et se profilant sur un fond de montagnes vaporeuses ; de l'autre, sur la droite, la denteure pittoresque d'un hameau que nous aurons à traverser. Profitons de cette belle occasion pour enrichir notre album particulier. Je fais extraire de son étui mon appareil photographique, et je me mets en mesure pour opérer « moi-même », quand je m'aperçois que le verre dépoli servant à prendre le point a été brisé dans une secousse. Il est rare que le

LE LONG DE LA ROUTE DU NAKASENDO. — Dessin de Hokio Tchouwa.

froid ambiant, qu'il me faut aller querir un fer rouge pour rentrer en possession de ma brosse à dents (7 degrés au-dessous de zéro).

Ohaio, Ohaio !... Tous mes curieux d'hier sont là, qui me souhaitent le bon réveil et qui bientôt assistent à mon déjeuner, pour participer à une nouvelle distribution de friandises. Mais il n'est si aimable société qui ne se disjoigne. En même temps que nos bagages sont expédiés par cheval jusqu'à Atsoudoya, situé à la distance de deux ris, nous nous remettons en route à neuf heures et demie.

La rivière peu profonde qui, en maints endroits, tombe ici en gracieuses cascatelles, est partiellement recouverte de glace. La chaussée que nous suivons en accompagne le cours sinueux.

A peine sommes-nous parvenus aux confins du vil-

transport des bagages par chevaux ne produise quelque événement fâcheux de cette espèce. Force m'est dorénavant de procéder par tâtonnements. Espérons, pour cette fois, que le hasard me favorisera. Le hasard n'a-t-il pas fait beaucoup pour la réputation de Protogène ?...

Sans exagération, il doit souffler dans ces parages de ces vents épiques dont Homère disait qu'ils décornaient les bœufs et que le facétieux Hokousaï nous a dépeints d'une façon si humoristique dans ses croquis pris sur le vif. A ce propos, je constate que les habitants des petites agglomérations semées sur notre parcours ont une façon toute primitive de soustraire leur légère toiture à l'action de ces rafales trésautantes. Ils la surchargent tout bonnement de blocs de pierre irrégulièrement espacés ; à distance on dirait des jouets d'enfants surmontés de vulgaires presse-papier.

Dans le but de me rappeler l'aspect primitif de ces toitures et de me représenter, du même coup, le pauvre cheval de bât, porteur de mes bagages, ainsi que son conducteur, je m'apprête à prendre la vue du hameau entrevu de loin tout à l'heure. Tout en braquant tant bien que mal mon objectif détérioré, j'avise à mes côtés une douzaine de coolies se démenant comme des diables et vociférant à pleins poumons autour d'un grand pieu fiché en terre. Renseignements pris, il s'agit de poser la première pierre d'un futur *koura*, ou magasin incombustible. Cette cérémonie d'inauguration est — paraît-il — usitée sur toute l'étendue de l'empire japonais.

Mais il n'est plus temps de nous arrêter. Pour nous rendre à Atsoudoya, nous avons à franchir un défilé tortueux serpentant à travers les montagnes, et déjà la neige commence à faire son apparition. Là, tour à tour, de petits temples favorablement situés, des cimetières d'aspect quasi joyeux, des mûriers escaladant en masse les deux versants de la route jusqu'à la zone rocheuse où la végétation s'arrête, impriment à toute la contrée un caractère varié des plus attrayants.

Chemin faisant, Sada me montre quelques spécimens du *kosou*, l'arbre national dont l'écorce sert, par excellence, à la fabrication du papier. Cet arbre, connu dans la science sous le nom barbare de *Broussonetia papyrifera*, n'est, au reste, pas la seule plante avec laquelle les indigènes fassent du papier. Il est encore, au Japon, trois espèces de végétaux : le *mitsoumata* (*Edgeworthia papyrifera*), le *gampi* (*Wickstrœmia canescens*) et même le simple mûrier, qui servent à cet usage. Toutefois, l'emploi de ces dernières essences est beaucoup moins généralisé.

Vers midi, halte pour déjeuner dans le village d'Atsoudoya. Le froid n'a pas diminué, bien au contraire. Nos hôtes, philosophiquement rassemblés autour d'un misérable hibatchi, ne semblent pas se douter qu'il y ait au monde un autre moyen de se réchauffer. De temps à autre, le vent, qui se joue entre les larges déchirures de leurs châssis de papier, arrache au brasier incandescent une gerbe d'étincelles. Au point de vue du danger, ce mode de chauffage est pourtant préférable à celui que nous avons maintes fois rencontré dans les habitations rustiques, où le hibatchi est tout simplement remplacé par une sorte d'âtre sans dégagement de flamme et de fumée. Dans ce dernier cas, les parcelles ignées qui s'échappent du brasier volent au hasard de tous côtés, retombant sur les planchers encombrés de matières inflammables ou s'élançant jusqu'à la toiture de chaume desséchée par les ardeurs de l'été et par les grandes flambées de l'hiver. Ce qui est vraiment surprenant, c'est qu'avec de

SUR LES RAMPES DU TORI-TOGUÉ (p. 322). — D'après Hokio Tchouwa.

semblables procédés les incendies ne soient pas beaucoup plus fréquents. Jean Bart fumant hardiment sa pipe sur un baril de poudre n'est pas plus audacieux, à mon sens, que tout bon propriétaire d'immeuble en ce pays de casse-cou.

Nos bagages sont maintenant partis en avant pour Oïwaké, chargés sur un cheval que j'ai pris au bureau de poste. Comme on le voit, cette route, d'importance très secondaire en elle-même, comporte tout un système de relais assurant au voyageur des moyens de transport suffisants. D'après la carte, la distance qui nous sépare d'Oïwaké est de quatre ris ; mais, en dépit de cette indication officielle, j'apprends que j'en ai au moins pour six heures de marche. Dans les montagnes et dans les chemins de traverse, le *ri* comprend, en effet, 50 et même 60 *tchos*, au lieu de 36 comme en plaine, c'est-à-dire six et sept kilomètres au lieu de quatre. Donnera qui pourra l'explication de ce phénomène, dont nous avons fait déjà l'expérience lors de notre excursion au lac de Tchiouzendji.

Repartis vers une heure, nous nous engageons dans une montée pénible, dépourvue de tout intérêt artistique, et nous franchissons successivement diverses hauteurs recouvertes de longs herbages coupés de place en place. C'est avec ces mêmes herbages qu'on forme la toiture des habitations. Du sommet du massif montagneux que nous explorons, nous revoyons l'Assama-yama, avec son panache de fumée.

A deux heures et demie, nouvel arrêt dans une misérable tchaya aux cloisons et aux poutres branlantes, le temps d'absorber une tasse de thé et de souffler quelques secondes. Non loin de cette auberge, un faisan sort tout à coup d'un buisson, à portée de mon fusil. J'ajuste le volatile et... je le manque. Pas de fausse honte! Il faut reconnaître que, dans le genre cynégétique, je suis à plusieurs centaines de coudées au-dessous de la plupart des voyageurs, dont les souvenirs sont remplis d'éléphants, de rhinocéros et de caïmans abattus par chapelets. Mais revenons au faisan manqué, ou plutôt à son espèce. Le délicieux gallinacé jouit, au Japon, de la réputation d'être invulnérable. Dans les croyances indigènes, jamais chasseur, eût-il l'adresse et les armes d'Achille, ne saurait atteindre une telle proie. Qu'il ne s'en avise pas, au surplus, qu'il ne le poursuive pas même jusqu'à sa retraite, jamais il ne reparaîtrait aux yeux des vivants. Profitons-en pour m'excuser : aux yeux des indigènes, ma maladresse n'aura pas eu d'autre raison d'être.

Voici maintenant une autre singularité! — Sur la route, une roche naturelle se présente taillée en forme de tuyaux d'orgues. Et, comme pour compléter la ressemblance, des herbes sèches, croissant à la base, flambent languissamment en répandant par les airs des parfums rustiques. Sous la grande nef formée par les branches d'arbres qui se rejoignent, on dirait

d'une église où fumerait l'encens capricieux. Du sein de cette admirable nature, c'est comme un hymne d'adoration adressé à l'Infini par la matière vivifiée. Mais voici les broussailles qui s'enflamment. Pourvu que le feu, en se propageant jusqu'à quelque centre habité, ne transforme pas l'objet de notre lyrisme en une réalité brutale et désillusionnante!

Après avoir dépassé un modeste hameau, sommeillant un peu plus bas au bord paisible d'un cours d'eau, nous débouchons sur le Nakasendo, à un demi-ri tout au plus d'Oïwaké. Nous avons ainsi retrouvé la route nationale que nous avions abandonnée avant-hier pour aller visiter la filature de Tomioka. Sur le parcours de cette artère importante, nous croisons un

CHEVAUX DE TRANSPORT (p. 324).

certain nombre de chevaux chargés de marchandises, tous étalons ou juments. J'ai déjà eu l'occasion de dire que la castration n'est point usitée au Japon. Incidemment, je demande au coolie qui convoie mes bagages, et que nous avons fini par rejoindre, quel âge a la bête qu'il conduit. « Huit ans, » me répondit. — Belle réponse! Je suis sûr qu'il retranche à plaisir de nombreux mois de nourrice et même de sevrage. Mais Sada, venu à la rescousse, m'affirme gravement que jamais cheval japonais n'a poussé plus avant la chronologie en action. Une fois l'âge de huit ans atteint, le noble animal ne vieillit plus... pour son maître. Malgré la bizarrerie du fait, cela ne rappelle-t-il pas ce qui se passe en nos pays? Quand un cheval a fini de « marquer », on lui attribue toujours le même âge; et tout surcroît d'années ne compte pas plus dans cette longévité honteuse, que la « réjouissance » du boucher n'a de valeur réelle dans le poids que celui-ci livre à la ménagère.

Cependant, notre guide nous a recommandé de hâter le pas, en sorte que ce n'est point six heures que nous mettrons à parcourir l'étape, comme on nous l'avait dit à Atsoudoya, mais cinq tout au plus. Quoi qu'il en soit, il convient d'arriver à Oïwaké avant la chute du jour, le voyage à travers les monts — *tra los montes*, comme disent les Espagnols — étant hérissé de dangers aussitôt la nuit venue. A en croire Sada et le coolie, qui s'entendent probablement comme larrons en foire, tout sentier désert, tout buisson, tout rocher de la route, cache un bandit de profession. Jamais un voyageur ne s'aventure de nuit à travers cette région si mal réputée. Pour ma part, sans avoir la prétention d'être plus audacieux qu'un autre, j'estime que l'assertion émise par nos deux compères pèche absolument par la base. Si toute cette région est déserte, autrement dit s'il ne passe jamais personne sur les routes obscurcies, comment ces redoutables voleurs font-ils pour gagner leur vie? A moins qu'ils ne s'entretiennent la main en se dépouillant à tour de rôle, et qu'ils ne se dévorent réciproquement comme de vulgaires anthropophages.

Pour un peu, je me croirais revenu aux temps de l'âge d'or, où l'on passait le jour, en groupes dispersés, à manger le miel des abeilles, à dire des proverbes et des poésies, à chanter, jouer et danser au son de la flûte de Pan. Ne va-t-on pas plutôt, et en fin de cause, me présenter au généreux seigneur qui accueille ainsi, avec tant d'hospitalité, dans sa superbe *yadoya*, les nobles étrangers perdus dans ces régions?

Cependant, toute enquête terminée, il me faut revenir à une interprétation plus exacte des faits ambiants. Le village d'Oïwaké, situé à la bifurcation de plusieurs grandes routes, au point même où doivent s'arrêter forcément tous les voyageurs et messagers de la contrée, qu'ils viennent du nord, du sud, de l'ouest ou de l'est, n'offre comme lieux de séjour que des établissements de ce genre. Demi-hôtels, demi-casinos, — si le terme ne semble pas trop dépaysé, — ces asiles, presque luxueux, comme celui où je suis descendu, donnent à la fois le boire, le manger, le coucher, et s'efforcent encore de retenir le passant en l'abreuvant de musique et de chant, en le captivant par les séductions dont l'art indigène se plaît à

L'ENCLOS CHINTOÏSTE D'ISÉ, VU A VOL D'OISEAU (p. 303).

Il n'est pas cinq heures et demie quand nous arrivons devant l'hôtel *Abouraya*. A notre aspect s'en échappent toute une nuée de serviteurs qui se prosternent à mes pieds. Jamais, jusqu'ici, je n'ai vu ni pareil empressement ni pareil aplatissement. O surprise nouvelle! On m'apporte une « chaise », j'ai bien dit une chaise, en pleine rue, comme pour me convaincre, au moment de pénétrer dans cette demeure hospitalière, que la civilisation européenne y est entrée avant moi. Du siège où je trône, il m'est aisé de voir qu'à l'intérieur déjà de nombreuses nésans s'occupent de ma précieuse installation. Un instant après, je puis m'assurer *de visu* que la réalité des choses n'est pas inférieure à de si beaux préparatifs : ma chambre est superbe, close pour de vrai, et richement décorée. Table, chaises, rien n'y manque, sauf le lit, meuble destiné à rester encore bien longtemps inconnu dans ce pays retiré. Par le fait, c'est la première fois, depuis mon départ de Tokio, que je trouve un mobilier aussi luxueux, quoique aussi rudimentaire. N'était ma conviction du contraire, je me croirais dans le yachiki de quelque prince indigène.

Pour comble de sybaritisme, tout autour de moi, des différentes pièces habitées, s'échappent de longs accords de samicen, entremêlés de vocalises joyeuses. En vérité, sommes-nous dans un pays enchanté?

draper tout un peuple folâtre de nésans et de moussoumés.

Mais il me faut, pour le moment, céder à des préoccupations plus prosaïques et recourir, comme de coutume, aux réactions réconfortantes du bain pris avant le repas du soir pour combattre les fatigues écrasantes de la journée. Comme de coutume aussi, la température de l'eau atteint des hauteurs invraisemblables. Il ne faut rien moins que l'addition copieuse d'une eau quasi glacée pour ramener la première à un nombre de degrés supportable. Ainsi que j'ai eu l'occasion de le dire, le baigneur japonais ne se tient pour satisfait qu'au prix de la demi-centaine, quand, en Europe, on est dans l'usage de s'en tenir à 30 ou 35° au plus. J'ai souvent cherché l'explication de cette bizarrerie, sans être sûr de l'avoir trouvée. Voici pourtant celle qui me vient à l'esprit. L'indigène, en général, peu vêtu, mal abrité dans sa maison, gèle, à proprement parler, sur place, comme les sentinelles moscovites. Il ne parvient à rétablir chez lui la circulation vitale qu'à l'heure réconfortante où il prend son bain, et il emmagasine alors des calories, le plus qu'il lui est possible. Chose vraiment incroyable, j'ai vu de ces amateurs séjourner impassibles dans une eau où tout crustacé de bonne composition aurait bientôt justifié la description fameuse de Jules

Janin : « le homard, ce cardinal des mers. » Les médecins occidentaux que j'ai entretenus de cette singulière hygiène s'accordent à déclarer qu'elle exerce sur l'organisme une influence pernicieuse. Les empiriques japonais, eux, se tiennent sur la réserve. Quant à moi, je ne suis pas enclin — comme on pense bien — à tenter pareille épreuve, et j'avoue préférer, à l'imitation des Romains des premiers âges, le régime de l'eau coupée, plutôt fraîche, voire l'eau complètement froide, tout comme ces lutteurs qui couraient se plonger, en plein hiver, dans le cours limoneux du Tibre, au sortir des plus violents exercices du palestre.

danses dont elles me gratifient, exécutées par de véritables artistes en chorégraphie. D'ailleurs les rasades de *saké*, plusieurs fois renouvelées et bues sans sourciller jusqu'à la dernière goutte, les pipettes de tabac constamment rallumées, ont rempli l'appartement d'une atmosphère odorante et somnifère peu propre à me tenir plus longtemps éveillé. Malgré toutes les séductions, la fatigue corporelle ne tarde pas à reprendre le dessus. On ne marche pas impunément, pendant six heures consécutives, à travers des chemins montagneux. Bientôt des bâillements ininterrompus témoignent de mes dispositions soporifiques, et je rejoins sans plus tarder mes pénates passagers.

ASPECT GÉNÉRAL DES PETITS TEMPLES D'ISÉ (p. 302).

Mon bain pris, je fais un excellent dîner, comme toujours apprêté par l'inimitable Sada, servi cette fois presque à l'européenne par le bataillon brillant des mousmés attachées à l'établissement. Au dessert, pour parfait couronnement de la journée, danseuses et chanteuses font à leur tour irruption dans la salle. Viennent-elles, comme disent les poètes, pour tenter de me faire oublier les heures qui s'approchent, ou simplement pour leur compte personnel, c'est-à-dire en vue de se bourrer des sucreries et du saké qui font partie de mon menu? Toujours est-il qu'elles sont là bientôt une dizaine de vierges folles, en costumes magnifiques, avec un rire bon enfant sur les lèvres, les dents blanches et aiguisées, les regards sémillants. Mais la scène, toute charmante qu'elle puisse être, n'a plus pour moi l'attrait de la nouveauté. Déjà là-bas, à Tokio, j'avais vu les mêmes

Dimanche, 24 décembre. — Temps un peu couvert. Il a gelé pendant la nuit, et même la neige est tombée abondamment. Dès le petit jour, je suis sur pied. J'ai hâte de me rafraîchir au grand air des montagnes et de secouer l'atmosphère épaisse et molle qui m'entoure depuis hier.

Une fois sorti, je parcours en tous sens les rues du village, aspirant la brise à pleins poumons. Absolument rien de saillant à remarquer en ce lieu. Je me trompe : comme leurs confrères de la vieille Europe, les gamins japonais ont pris possession de la voie publique pour s'y battre à coups de boules de neige et pour s'agiter sur la glace. De petits traîneaux circulent, poussés en tous sens; des glissoires s'établissent sur les ruisseaux durcis. C'est une joie, un délire, qui rappellent ces folles ardeurs d'écolier s'échappant de l'étude, plongeant les mains rougies dans la neige ou tirant une glissade à perte de vue.

Plus loin, des combats s'organisent, on construit de vastes forteresses. Les uns s'y retranchent, et les autres en font l'attaque. Bientôt une grêle de projectiles traverse les airs, et, ma foi! tant pis pour l'importun qui voudrait s'en offusquer, tant pis pour l'étranger qui prend des notes et qui se hasarde au milieu de la mêlée. Ce qui n'empêche tout le monde, vieux et jeunes, marchands et coolies, mères de famille et gracieuses mousoumés chaudement emmitouflées, de circuler sans crainte par les rues, trottant sur leurs ghétas et faisant à mon accoutrement exotique l'hommage d'un regard bienveillant et curieux.

Je profite de ma promenade pour retenir trois djinrikchas, l'un afin d'y déposer nos bagages, les deux autres en vue de nous faire voiturer tous les deux, Sada et moi; puis, revenu à mon hôtel, je le quitte définitivement vers onze heures.

Nous voici donc en djinrikcha : depuis Takasaki, nous n'avions pas eu lieu de recourir à ce mode de transport, vu la nature montagneuse des pays que nous traversions. En laissant Oïwaké, nous abandonnons de nouveau le Nakasendo pour aller toucher à Komoro, agglomération d'une réelle importance située à trois ris de la première localité. La route qui y mène descend presque sans interruption; aussi jouissons-nous tout le temps d'une vue très étendue, limitée à l'extrême horizon par une chaîne de montagnes couvertes de neige. Les frimas ont fini par recouvrir le territoire presque tout entier, et le sol que nous foulons, atteint par la gelée, craque sous nos pas comme du verre.

En général, la région semble peu fertile. Quelques bois de sapin, au feuillage sombre, tranchent vivement et d'une manière quasi lugubre sur le vaste linceul blanc où l'hiver ensevelit la nature. Ce n'est qu'après Hirahara que le paysage offre à nouveau du charme et de la variété. Le ciel, heureusement, s'est éclairci au point que nos regards peuvent s'étendre à l'infini. Coup sur coup, nous traversons plusieurs ravins que l'on croirait empruntés à quelque décor du *Freyschütz* ou du *Guillaume Tell*, et nous arrivons à Komoro par un bois de sapins séculaires recouvrant un plateau aussi long qu'étroit, au milieu duquel la route se découpe en creux.

Komoro paraît avoir pour spécialité la fabrication des ghétas, la peu commode et « cliquetante » chaussure de bois, dont l'usage est si général au Japon et dont le bruit est si fastidieux à Yokohama, quand elle résonne les jours de pluie sur les trottoirs dallés de la concession. J'apprends qu'on y fait également un grand commerce de soie et de cocons. En traversant la ville de part en part, je découvre quelques beaux magasins abondamment approvisionnés.

OFFRANDES DU DERNIER JOUR DE L'AN. — Dessin japonais (p. 330).

Nous nous empressons d'abandonner ici les djinrikchas qui nous ont amenés pour en prendre d'autres qui soient plus rapides. Mais nos coolies nous traînent de nouveau si lentement que, dès la sortie de Komoro, je remets pied à terre et me décide à garder l'avance en esquissant un pas de course juvénile. Il pourra paraître assez étrange que je me fasse ainsi l'émule de mes coureurs japonais. Cependant il n'y a pas trop lieu de s'en étonner. Outre que l'exercice est très agréable en soi-même, il est des plus salutaires par le froid piquant dont nous sommes gratifiés. En moins d'une heure, nous aurons ainsi franchi les deux ou trois ris qui nous séparent de Tanaka; et lorsque nos « traîneurs de carrioles » nous rejoindront essoufflés, ils se montreront tout confus de s'être ainsi laissé battre à la course par un simple « barbare » de l'Occident.

Après le déjeuner, nouvel échange de djinrikchas ! C'est vers Ouyéda que nous nous dirigerons maintenant, à deux ris de distance seulement. Désormais les villages se multiplient, à mesure que nous avançons, et les plantations deviennent de plus en plus considérables et rapprochées. Quant au mûrier, il domine sur toute la ligne. Non seulement les champs en sont entourés, comme les prés de Normandie sont bordés de pommiers, mais il en existe des carrés entiers où les arbres se groupent drus et vigoureux. On évite cependant, autant que possible, de les planter trop près les uns des autres, tant pour activer la circulation de l'air entre les tiges que pour assécher le sol. S'il en était autrement, la feuille se saturerait d'humidité et deviendrait nuisible aux vers à soie, connus dans le pays sous le nom de *kaïkos*. Au surplus, il n'est pas inutile d'indiquer qu'il existe deux méthodes différentes applicables à la culture du mûrier : ou bien on laisse l'arbre se développer librement selon les caprices de la nature, ou bien on en coupe le tronc à un ou deux mètres d'élévation, soit même à ras du sol, et on en taille annuellement les pousses, aussitôt qu'elles ont pris une extension suffisante.

A propos du mot *kaïko*, on rapporte qu'au cinquième siècle de notre ère, l'empereur Youriakou ayant chargé un de ses sujets d'aller quérir au loin le précieux bombyx, ce dernier comprit *ochikaïki*, mot qui signifie « petits enfants », et amena, en conséquence, à son souverain une légion de marmots. Cette singulière méprise excita un vif succès de gaieté à la cour et valut à son auteur une célébrité qui s'est perpétuée jusqu'à nos jours dans la mémoire populaire par la tradition et par le dessin.

A mi-chemin entre Tanaka et Ouyéda, dans la vallée, nous rencontrons la Tchikouma-gawa : c'est une large rivière aux eaux peu profondes, mais impétueuses, et qui court se jeter là-bas dans la mer du Japon, tout près de la ville de Niigata. Nous en côtoyons le cours pendant quelque temps.

Depuis le matin, nous avons croisé sur la route un grand nombre de voyageurs isolés, ainsi que plusieurs caravanes d'hommes et de chevaux. Nous explorons, en effet, une des régions séricicoles les plus productives de tout l'Empire, région dont Ouyéda, aux portes de laquelle nous sommes parvenus, représente le centre très actif et très prospère. On y fait un gros commerce de tout ce qui concerne la soie. Aussi non seulement la contrée entière est-elle bien cultivée, mais les populations paraissent jouir d'une aisance extraordinaire, d'un luxe auquel je n'étais plus accoutumé. Nulle part les paysans ne s'y montrent couverts, comme ailleurs, de lambeaux d'étoffes inénarrables, mais ils vont enveloppés, comme des seigneurs, de couvertures vertes ou rouges, en guise de manteaux et de surtouts. Bref, la race elle-même s'y accuse plus robuste et d'une taille plus élevée que sur les côtes orientales.

Vers quatre heures et demie nous entrons dans Ouyéda. C'est une jolie ville, ornée de beaux et vastes magasins. Par le fait, je remarque, tout en m'avançant dans l'intérieur des terres, que les villes avoisinant le Nakasendo sont construites d'après un plan moins uniforme que les villes traversées par les routes du Tokaïdo et de l'Ochioukaïdo. Pour l'instant, on célèbre à Ouyéda quelque fête locale, et nous savons que ce genre de fêtes n'est pas rare au Japon, où tout est

EXORCISANT LE DIABLE. — Dessin tiré de la *Mangwa* de Hokousaï (p. 331).

prétexte à réjouissance. Les bureaux de police et de transport, la plupart des boutiques sur rue, sont pavoisés du haut en bas et de long en large. Les djinrikchas eux-mêmes prennent part à cette débauche de décoration.

Sir Rutherford Alcock a dit, dans sa belle relation de voyage : « Le Japon est le paradis des enfants. » Je me permettrai d'ajouter qu'il n'y a guère que des enfants dans ce pays béni du Ciel, où, du plus grand au plus petit, nul n'a jamais rien de mieux à faire que de vaquer à ses amusements. Pour donner une idée de cette tendance universelle, je dirai simplement qu'à l'heure où nous descendons de nos voitures, sur tous les points d'Ouyéda, des milliers d'amateurs s'exercent à faire voltiger dans les airs des cerfs-volants de toute forme, de toute couleur et de toute dimension. S'il faut en croire Sada, ce déploiement extraordinaire ne serait rien auprès de ce qui se produit au printemps, dans chaque ville, dans chaque village, dans chaque hameau de l'Empire. Le cerf-volant est le jouet national par excellence. A ce moment de l'année, une véritable fièvre s'emparerait de la population, les rues seraient littéralement encombrées de « lanceurs », jeunes ou vieux, grands ou petits, s'efforçant de voiler le jour par d'immenses appareils de papier, tout comme les armées de Xerxès obscurcissaient le ciel de leurs flèches dans le combat des Thermopyles.

La plupart de ces engins sont de forme rectangulaire, mais toujours brillamment enluminés de dessins. D'autres, d'une coupe parfois très réaliste, affectent la forme de bêtes, de chimères, d'oiseaux, de poissons ou même de masques d'homme. Maintenus à l'intérieur par une armature de bambou, ils sont garnis à leur extrémité de touffes de rubans ou de faisceaux de baleines qui claquent avec bruit au contact des zéphyrs.

Le plaisir ne consiste pas, d'ailleurs, uniquement à faire monter le cerf-volant le plus haut possible. Il s'affirme encore d'une autre façon : c'est ce dont je me rends compte en voyant opérer en commun bon nombre de ces grands enfants, tous armés de leur appareil et se bousculant les uns les autres. Le problème à résoudre — paraît-il — est de lutter d'adresse et, tout en maintenant son cerf-volant dans les airs, de faire redescendre celui de ses voisins. Voici comment l'on s'y prend. Toute corde de cerf-volant a été préalablement enduite de glu, à partir d'une certaine hauteur, puis plongée dans un récipient contenant du verre pilé. Elle se trouve être ainsi transformée en une scie à dents tranchantes, en sorte que si, par un tour de main, l'un des lutteurs parvient à s'emparer de la situation favorable, il imprime une secousse particulière à l'appareil et tranche net la corde de son adversaire. L'épave résultant de ce naufrage aérien devient aussitôt la propriété du vainqueur. J'assiste à quelques hauts faits de ce genre, et je dois confesser que j'y prends un intérêt dont je ne me serais pas senti capable du premier abord. Quelle étonnante profusion de couleurs chatoyantes jetées sur le ciel bleu par tous ces oiseaux d'un nouveau genre, voltigeant capricieusement et tourbillonnant dans l'espace !

On se rappelle que nous avons déjà vu de ces cerfs-volants dans les bazars de Tokio, et que beaucoup d'entre eux nous ont paru être d'une originalité, d'un éclat, d'un goût véritablement merveilleux. Je m'étais même efforcé d'en joindre quelques spécimens à la collection des objets que j'ai envoyés en Europe ; cette dernière scène n'est pas faite pour m'inspirer des regrets. Le coup d'œil auquel je viens d'être convié inopinément ne laissera pas que de hanter parfois mon souvenir.

Ouyéda, localité qu'on me dit peuplée d'environ trois mille habitants, constitue, ainsi que je l'ai dit plus haut, un des centres importants pour le commerce de la soie. Comme il n'existe pas ici, à proprement parler, d'établissement monté en filature, c'est à la main, chacun chez soi, comme les « canuts » lyonnais pour le tissage, que les ouvriers de la ville et des campagnes environnantes procèdent à cette délicate opération. La rémunération qu'ils en retirent suffit pour répandre le bien-être dans la contrée.

Pour mon malheur, je descends à l'hôtel *Miashta*, une grande diablesse de baraque ouverte à tous les vents, exposée à toutes les intempéries. J'eusse vraiment préféré, toute révérence gardée, quelque *yadoya* plus modeste d'allures, mais un peu plus abrité. Mon désappointement est « au comble » lorsque je me vois contraint, pour ne pas coucher dehors, d'accepter une chambre placée au faîte de la maison, directement sous les toits. Détail lamentable : cette pièce est dépourvue de tout plafond, en sorte que je m'attends à jouir cette nuit d'une température sibérienne.

Lundi, 23 décembre. — Temps couvert (th. — 1° cent.).

Pendant que je me livre à mes ablutions matinales, je reçois la visite de l'hôtelier, un vieux bonhomme répondant au nom de *Ghioyémo*. Son but est de me faire un éloge pompeux de son établissement et de le recommander à mon bienveillant souvenir. Je me suis déjà acquitté de ce soin. Ah ! certes, Ghioyémo, si je reviens jamais au Japon, et si j'honore de ma visite la jolie cité d'Ouyéda, je penserai bien à toi ; mais ce sera — je t'assure — pour ne pas venir te demander l'hospitalité !...

Donc, en route pour Nagasé, village situé à trois ris d'ici ! Nos djinrikchas viennent nous prendre vers les neuf heures du matin, et nous nous engageons bientôt sur le même chemin que nous avions suivi hier, tout en continuant à côtoyer la rivière qui coule impétueusement à nos pieds. Ce n'est qu'au hameau d'Oya que nous traversons celle-ci sur un pont de bateaux, en vue du village d'Iwachita. De ce point, la vallée s'étend longue et étroite jusqu'à Wada, où nous camperons ce soir. Wada est une localité à cheval sur le Nakasendo ; c'est dire que nous y retrouverons à nouveau la grande route nationale que nous avons abandonnée un moment.

Dans cette zone très peuplée, les villages se succèdent sans interruption, présentant tous le même aspect : des champs de mûriers partout. Cet arbre constitue décidément la principale culture du sol. Il y en a de quelque côté qu'on se tourne. Le district ne forme plus, pour ainsi dire, qu'une même et vaste magnanerie entrecoupée de jardins.

De Nagasé, où nous parvenons vers onze heures,

ASSISES AUTOUR DU HIBATCHI (p. 37, 306, 319 et 336).

jusqu'à Kochigoï, situé à un ri plus loin, nous sommes contraints de faire la route à pied et de confier à un cheval de bât la charge de nos bagages.

Rien de moins agréable que cette marche forcée. Je me suis, en effet, écorché le talon, en faisant route de Takasaki à Tomioka, et la plaie, d'abord légère, s'est insensiblement envenimée. Depuis, la course accomplie dans la journée d'hier n'a pas été faite pour me guérir. Cette nouvelle marche, bien qu'elle ne soit que d'une lieue, va m'achever. Dès notre arrivée à Kochigoï, je dois reconnaître que mon pied se refuse dorénavant à tout usage. Pour me servir d'expressions bien locales, il me serait aussi impossible d'aller plus loin que de « construire un pont jusqu'aux nues » ou bien « de jeter une pierre jusqu'au soleil. » Quel contretemps! Et pas un djinrikcha en perspective, pas même l'ombre d'un kago! Mon personnel se met en quatre pour me tirer d'embarras. On court, on s'enquiert, on explore les environs. Rien! — Enfin, après une heure entière de démarches et de pourparlers, on m'amène un bidet à bagages que j'enfourche avec l'aide de mes gens. Quel triste mode de voyage! Outre le supplice d'être perché à califourchon sur un bât rugueux ne tenant en équilibre que par la force de l'habitude, je me vois à chaque balancement menacé de faire plongeon dans la rivière que nous côtoyons. Tantôt versant sur la droite, tantôt sur la gauche, je suis sûr que, n'était la vigilance attentive de Sada et du betto, j'aurais déjà fait vingt fois la culbute. Sans compter que ma misérable monture est vicieuse comme Rossinante, têtue comme un âne rouge. Elle renâcle, elle rue, elle mord. Je dois me mettre constamment en garde contre ses fantaisies dépravées. Ce que c'est, pourtant, que d'être vulnérable au talon! Encore si, comme le divin Achille, je ne l'étais que de ce côté! Mais, en me redressant parfois sur mon séant, je suis bien obligé de convenir que je n'eus jamais l'heur d'avoir été plongé dans le Styx, tant je me sens courbatu et brisé.

C'est en ce piteux équipage que je fais incidemment la rencontre d'un personnage d'importance, précédé de porteurs chargés de ses coffres et escorté de toute sa parenté mâle. Derrière, à quelque distance, viennent ses femmes, tout de bleu vêtues et — je dois le confesser — d'une laideur remarquable. Le beau sire a bien piètre goût. Il lui eût été facile de mieux choisir, dans ce pays où les jolies filles abondent. Qu'à cela ne tienne! La noble caravane me croise, en jetant sur moi des regards aussi surpris que dédaigneux.

Le fait est que, ainsi affalé sur cette bête apocalyptique, je dois avoir tout l'air d'un marchand d'oriétan.

A chaque pas, ce sont nouvelles péripéties, nouvelles alertes. Toute traversée de pont — et Dieu sait s'ils sont étroits et nombreux! — provoque des scènes à me faire mourir de rire, si je n'étais déjà mort d'inquiétude. Malgré ce décès anticipé, je trouve encore le moyen de remarquer les nombreux moulins à décortiquer le riz, établis sur la rivière et faisant servir à cette vaillante industrie une partie de la force incalculable dissimulée dans les flots.

Nous avons déjà vu, notamment aux environs d'Atami, la manière primitive mise en œuvre pour utiliser l'eau des maigres ruisselets descendant de la montagne. Ici il ne s'agit plus de ces caducs moulins à palettes, mais de constructions sérieuses, munies, pour la plupart, de roues hydrauliques puissantes.

J'ai également l'occasion d'observer, à proximité de certaines habitations, le décorticage du riz opéré à la main ainsi que les diverses manipulations auxquelles la graine est soumise en vue de la dépouiller, au moyen du van, des corps étrangers qui s'y trouvent mêlés.

Enfin, à Nagakoubo, après de longues négociations, j'affrète le seul djinrikcha existant dans la localité. Mes alarmes vont donc avoir un terme.

Ce n'est qu'à six heures et demie du soir que nous arrivons à Wada. Je vais descendre à l'hôtel Komea, établissement qui me semble être assez bien tenu. A en juger par l'extrême timidité des nésans qui y sont attachées, très peu d'Occidentaux ont dû s'y arrêter. Les pauvrettes s'enfuient à mon approche comme si j'étais le diable en personne. Faut-il donc croire à quelque fâcheuse ressemblance, ou bien admettre que cette frayeur inaccoutumée soit justifiée par les mauvais procédés ou la rudesse des voyageurs qui m'y ont précédé? Durant tout mon dîner, elles ne quittent guère le seuil de la porte, et leur attitude dénote à la fois la crainte et la curiosité.

Mardi, 26 décembre. — Les élancements douloureux de mon pied m'ont empêché de fermer l'œil pendant la première partie de la nuit. Vers trois heures, je me décide à me lever, pour appliquer et renouveler sur ma blessure des compresses d'eau glacée. Le talon me brûle, comme si j'y avais un tison. Pourvu que cet accident ne dégénère pas en catastrophe!

Vers onze heures du matin, le repos aidant, je me sens beaucoup soulagé. Aussi, sans tarder, je me décide à partir en kago, dans l'espoir de gagner Chimono-Soua, village important situé à cinq ris et demi de distance, au milieu de montagnes fort abruptes. Conformément au mesurage habituel, ces ris sont assurément les plus importants que j'aie rencontrés jusqu'à ce jour. J'ose même croire, tant la route me paraît longue, qu'un bornage consciencieux amènerait la découverte d'un couple de ris supplémentaires. Cette fois encore, ce n'est qu'à six heures et demie du soir que nous parvenons à destination.

Quel voyage! Replié sur moi-même comme un tailleur, souffrant du pied, énervé par les lenteurs de la route, j'ai accompli le rude passage du *Hada-togho*, ou montagnes de Wada, par une température sibérienne. En vérité je devrais laisser dans l'ombre cette journée abominable, tout comme la République de Venise avait recouvert d'un voile le portrait de Marino Faliéro, traître à la patrie. Vertubleu! le kago ne vaut décidément pas un sleeping-car.

Résumons cependant en quelques mots notre odyssée lamentable.

Pendant deux ris et demi, à peu de chose près, la route va s'élevant graduellement entre les gorges du Wada-toghé. Partout la neige durcie, étincelant aux rayons du soleil, forme une couche de plus en plus compacte à mesure qu'on croit en altitude. Au sommet de la montée, le manteau de frimas atteint une épaisseur considérable. Par le fait, nous nous trouvons ici à plus de seize cents mètres au-dessus du niveau de la mer. On conçoit qu'en de pareilles conditions le paysage soit tout à fait dépourvu d'intérêt. De quelque côté que le regard se dirige, il ne découvre que des hauteurs enveloppées d'un linceul blanc à la surface duquel, et faisant tache comme le squelette d'un mort gigantesque, des ossements de bois décharnés trouent l'enveloppe redoutable et sinistre. Là, ni pittoresque dans les échappées ni variété sous les pas! « La neige, la neige, toujours la neige, » comme dans les *Châtiments*.

Pour surcroît d'infortune, si la montée est assez douce, la descente, au contraire, qui se prolonge pendant plus de trois ris, est de nature à terrifier le plus audacieux montagnard. A chaque pas, mes coolies trébuchent, risquant de me projeter dans le vide ou de s'abîmer dans quelque précipice. C'est une infinie succession de culbutes ébauchées, de glissades, d'écroulements sur les reins. Enfin, à l'endroit même où la route fait une courbe accentuée, l'accident depuis si longtemps prévu se produit brusquement. Le coolie qui tient la tête du kago butte contre un obstacle, et, de même qu'un limonier entre deux brancards, s'abat en entraînant dans la chute son collègue subitement gratifié d'un poids supplémentaire. Et me voici, dans quelque véhicule transformé en traîneau, rasant le sol sur la pente rapide! Grâce à Dieu, la route est relativement spacieuse en ce point, et le kago est arrêté, en sa périlleuse glissade, juste assez à temps pour ne pas rouler dans un ravin avec son très précieux fardeau. « Tout est bien qui finit bien, » dit le proverbe. C'est la meilleure façon de conclure. Mes coolies se relèvent en riant et s'efforcent par tous les moyens de ne plus récidiver. On approche, d'ailleurs, du but, et déjà le pays environnant revêtirait un caractère plus pittoresque, si la nuit qui tombe lourdement ne m'empêchait d'en remarquer les particularités.

Le village de Chimo-no-Soua est une station d'eaux thermales, pourvue d'hôtelleries assez confortables, au point de vue purement japonais, bien entendu. Nous nous y arrêtons devant l'hôtel *Kikio-ya,* où nous pénétrons au milieu d'un grand concours de curieux.

Nos premières dispositions prises, je me mets en quête d'un apothicaire, car, par un inexplicable oubli, j'ai négligé d'emporter ma pharmacie de voyage. On m'indique une boutique, à quelques pas du logis. J'y trouve le propriétaire gravement occupé à resarcir une de ses vieilles culottes. Il n'a point d'arnica dans son officine, mais il m'offre à la place du sulfate de quinine. Au surplus, ce spécialiste de

LE TEMPLE PRINCIPAL DE L'ENCLOS CHINTOÏSTE D'ISÉ (p. 303).

haute fantaisie vend un peu de tout, excepté pourtant « de ce qui concerne son état ». Sauf deux ou trois onguents équivoques, certaines pommades absolument dépourvues de qualités curatives si ce n'est pour « le cuir chevelu », il n'a peut-être pas un demi-kilo de produits pharmaceutiques dignes de ce nom. Par contre, il tient les liqueurs de choix et débite force huile de pétrole.

Ce n'est certes pas à ce savant chimiste que viendra l'idée d'analyser les eaux thermales de Chimo-no-Soua, bien que leur composition ne soit pas mieux connue que celle des innombrables sources dispersées sur tout le territoire japonais. Les malades qui font usage de ces eaux, eux-mêmes, ne s'inquiètent guère de détails aussi minutieux. On sait, en principe et simplement sur des appréciations individuelles, qu'elles sont favorables à tel ou tel genre de maladie, voilà tout. Pourtant, un Européen, un savant, venu ici par hasard, aurait constaté qu'une des propriétés de la source est d'aider à la guérison des blessures, grâce à certaines qualités antiseptiques. Ma foi, me voilà bien tombé, sans en avoir eu conscience !

Oui, c'est le cas ou jamais de prendre un bain sulfureux, puisque bain sulfureux il y a, public ou privé ; public surtout, étant donné les singulières habitudes répandues dans le pays. Car on ne saurait vraiment appeler un bain privé celui où vous n'êtes défendu contre la curiosité que par une cloison en planches disjointes, et où le tarif seul témoigne de visées séparatistes. Pour le restant, celui-ci ne se distingue guère des autres. Je puis m'en convaincre dès l'entrée du bain prétendu privé de l'hôtel où l'on entend me caser. La piscine, de six à huit mètres de superficie, ouverte à ras du sol dans ce compartiment privilégié, est déjà occupée par une jeune indigène que mon arrivée ne surprend ni n'embarrasse. Cet état de choses est trop conforme aux idées reçues dans le pays pour que j'en sois surpris de mon côté. Toutefois, comme nos coutumes occidentales sauraient difficilement s'accommoder d'une pareille promiscuité, je remets à plus tard mon ablution curative, tout en prétextant la température trop brûlante de l'eau. Le fait est que l'atmosphère de la cuve, toute plaisanterie à part, est absolument irrespirable.

La station de Chimo-no-Soua, dont la population normale, tout entière vouée à la fabrication de la soie, ne monte guère à plus d'un millier d'individus, est exclusivement fréquentée par les habitants des provinces environnantes. En automne surtout, les visiteurs y abondent. La plupart des bains sont établis en plein air, en pleine rue, dans de simples réservoirs pratiqués à même le sol. Une légère toiture, supportée par quelques montants rustiques, constitue, avec la piscine, tous les frais de première installation.

Nous avons pu constater l'emploi abusif que les Japonais, en général, font des immersions dans l'eau chaude. Ainsi, même en cette saison, les réservoirs sont encombrés de baigneurs appartenant à toutes les classes de la population. Une foule complètement nue y séjourne durant des heures entières et même y revient plusieurs fois par jour, sous le prétexte fallacieux de se réchauffer. On peut penser combien ces brusques alternatives de chaleur torride et de froid boréal doivent engendrer de bronchites, de laryngites et de pneumonies. De là aussi l'énorme quantité de piscines, disséminées devant et derrière les maisons, dans toutes les cours et jusque dans les rues passagères. Là chacun se presse, s'éponge, se frictionne. Sous l'espèce de véranda qui précède mon propre hôtel, j'ai le spectacle d'un de ces bains où une dizaine d'amateurs, hommes, femmes et enfants, s'ébattent joyeusement. Une mousmé de service est chargée de tous les menus détails. Elle masse, peigne, essuie sans sourciller les individus de tout sexe et de tout âge, avec un zèle qui n'a d'égal que l'insouciante modestie qu'elle apporte à ses soins.

Mercredi, 27 décembre. — A huit heures du matin, la neige tombe abondamment (th. 0° cent.).

Je ne me remettrai en route que demain dans la journée, car décidément ma blessure exige du repos et des soins. En attendant, je me ferai transporter à Takachima, petite ville située à deux ris tout au plus et sur les bords mêmes du lac Soua, qui la sépare de Chimo-no-Soua. Là je trouverai, me dit-on, certain apothicaire mieux outillé que mon marchand de pommade d'hier, voire un médecin en chair et en os. Il n'est pas possible vraiment que ce coin du Nippon soit si favorisé des dieux, qu'on ne puisse y rencontrer à la fois des malades et quelque guérisseur attitré.

Mais, avant de quitter Chimo-no-Soua, je m'aventure dans le bâtiment d'école situé sur mon passage. C'est une jolie construction à étages, flanquée d'une tourelle. Quatre cents élèves, garçons et filles, y reçoivent l'enseignement de six professeurs indigènes. Je constate, à la fois, le parfait aménagement des locaux et l'excellente tenue des élèves. Nous avons déjà vu les efforts tentés par le gouvernement pour la diffusion de l'instruction. Voilà qui viendra corroborer nos assertions. Le nombre des écoles élémentaires dispersées sur tout le territoire est déjà considérable. Il a été calculé comme devant atteindre, dans un avenir rapproché, la proportion de une école par six cents habitants.

Contentons-nous, au surplus, de jeter un simple coup d'œil sur les temples, d'un aspect assez insignifiant, de la localité balnéaire, mais gardons-nous bien d'exprimer notre dédain d'une façon trop bruyante. Souvenons-nous que pareil dédain valut jadis à un guerrier célèbre la colère des dieux de céans. La légende rapporte, en effet, que, poursuivi par ses ennemis, il fut précipité dans la rivière du haut d'un pont qui se brisa sous ses pas.

Vers dix heures et demie, nous partons définitivement en djinrikcha, par un temps exécrable. Bien que mon véhicule ait la réputation d'être couvert, je me vois, en quelques minutes, les genoux capitonnés de quatre pouces de neige. En route, je suis contraint d'abandonner Sada, le maniement de mon djinrikcha réclamant impérieusement le secours du coolie qui conduisait le sien. A midi, nous sommes rendus à destination, et nous nous arrêtons dans une tchaya, où mon écuyer servant et tranchant ne tarde pas à me rejoindre.

Takachima est une petite ville d'environ deux mille âmes, où l'on se livre, comme partout ici, à l'industrie de la soie.

Un médecin ! Il y a décidément un médecin dans ces lieux trois fois fortunés. Vite, allons lui rendre visite ! Excellente occasion, d'ailleurs, de renouer connaissance avec la thérapeutique japonaise, tout en me débarrassant, si c'est possible, du mal qui me paralyse dans l'exécution de mes projets. Clopin-clopant, soutenu par mon fidèle cuisinier, élevé à la dignité de trucheman pour la circonstance, je m'achemine vers la demeure du docte enfant d'Esculape. Une sorte de portique, large et surhaussé, m'indique à première vue que je vais avoir affaire à quelque personnage de distinction.

Entre temps, un de ses serviteurs s'est présenté à l'entrée. Sada n'a rien de plus pressé que de décliner à notre introducteur, avec force détails emphatiques, mes nom, prénoms et qualités et lui annonce le but de ma visite.

Je coupe court aux bavardages, en demandant tout je ne me soucie guère de procéder ainsi, en pleine rue, devant la foule de curieux qui s'amasse, sous les yeux effrontés des bambins et des badauds. Feignant donc de ne pas avoir compris, je pénètre hardiment dans le logis de l'homme de l'art, lequel ne tarde pas à me suivre, escorté de son personnel comme un médecin d'hôpital assisté de ses carabins.

La pièce où nous pénétrons, fort simple en elle-même comme toutes les chambres japonaises, ne possède en fait de mobilier qu'une sorte de petite table de laque ayant un pied d'élévation à peine au-dessus

UN COUP DE VENT. — Dessin tiré de la *Mangwa* de Hokousaï (p. 305).

d'abord si l'on possède de l'arnica dans la maison. Réponse négative ; mais, à défaut d'arnica, on me fournira quelque chose de tout aussi efficace, sinon de bien meilleur.

Sur cette assurance formulée par le sous-ordre, le docteur en personne apparaît sur le seuil du portique, accompagné de ses élèves.

Je m'attendais à quelque physionomie solennelle et prétentieuse ; je me trouve, au contraire, en face d'un homme jeune encore, à la figure ouverte, aux yeux éveillés. Il me fait brièvement signe d'enlever ma chaussure et de poser mon pied endolori sur une pierre placée à mes côtés. Devant mon hésitation, Sada me fait observer que tel est l'usage et que la pierre en question n'a pas d'autre raison d'être. Mais du sol. Tel est le pupitre de mon hôte, chose dont je ne m'aperçois, du reste, qu'après m'en être d'abord servi comme d'un siège. Une fois là, j'ai bientôt fait de découvrir mon pied malade devant le savant aréopage. Aussitôt chacun de s'accroupir devant l'objet et de s'extasier sur le cas ! Ils sont là onze personnes, maître, disciples et valets, la figure penchée sur mon talon. Mais on doit se faire à tout dans ce diable de pays, et affronter sans se dérider les situations les plus comiques.

Pourtant le docteur a examiné la blessure et, se relevant à demi, ordonné *ex professo* à l'un de ses aides d'aller prendre, dans un coin de la pièce, deux grands pots qu'on ouvre immédiatement sous mes yeux. L'un et l'autre contiennent de la pommade, c'est clair; mais ici la pâte est rouge-incarnat, et là elle est d'un gris pâle argenté.

« Voilà les remèdes, — me dit mon Hippocrate; — choisis! »

Comment, choisir? — Des goûts et des couleurs, je sais qu'il ne faut point discuter; et, d'ailleurs, je ne m'explique pas comment deux remèdes différents pourront avoir une action identique. Rouge ou noir, — comme à la roulette, — le cas est grave! Me faudra-t-il résoudre la question par pile ou face?

Je vais déjà me décider pour la pommade rouge, qui me séduit par inclination naturelle, lorsque le bon docteur, mis au fait de mes perplexités, sourit malicieusement et me conseille de ne jamais céder à des influences qui ne soient pas raisonnées. « Les deux onguents sont bons, ajoute-t-il, mais ce que l'un gagne en apparence, l'autre le rachète en vertu. »

Ces Orientaux sont vraiment prodigieux, grands discurs de proverbes et démontreurs de moralités. Que ne me disait-il cela tout de suite, au lieu de jeter mes esprits dans un océan de réflexions? Voulait-il simplement faire étalage de la multiplicité de ses moyens d'action?

Toujours est-il que le spirituel Hokousaï eût trouvé ici l'occasion d'ajouter encore une page satirique à ses consultations à la Molière.

Mais ne plaisantons point. Je déclare donc péremptoirement au docteur que j'entends m'en rapporter à ses lumières. Et bien m'en prend. A peine un des aides a-t-il appliqué le baume sur la plaie à vif de mon talon, que je me sens envahi par un bien-être indicible. Et le docteur m'affirme que demain le mal aura complètement disparu.

[LA POÉTESSE ONO-NO-KOMATCUI]. — D'après Yosaï (p. 354.)

Voilà qui est positivement miraculeux! Pour sûr, jamais je ne rirai plus des pots de pommade grise et rose des praticiens japonais, et, s'il faut me confesser, j'aime mieux encore ces petits airs de parfumerie au jasmin ou à la bergamote que nos préparations chimiques trop lentes à produire la guérison.

Chose extraordinaire, cette consultation si utile ne coûte — d'après Sada — que quarante sens, un peu plus de deux francs. Ma surprise ne fait que s'accroître en voyant le docteur refuser cette modique somme sous prétexte que c'est trop. Il ne veut en accepter que la moitié, et même à titre gracieux; pas un *tempo*, pas un *mon* en plus. Et, me congédiant avec force salutations, il me remet, comme appoint, et roulée dans un cornet de papier, une certaine quantité du précieux liniment. Que diront d'un pareil désintéressement les princes de la science en vogue à Paris, à Bruxelles ou à Londres?... Ce serait à faire le voyage du Japon pour aller chercher la santé. Il y aurait encore économie.

Tandis que l'apôtre et ses disciples, réunis en groupe, me reconduisent solennellement jusqu'à la porte, une ovation moins flatteuse m'attend à la sortie. Décidément, l'intelligence et l'instruction constituent une véritable aristocratie : les mœurs qu'elles engendrent sont empreintes d'une réserve discrète, partout la même dans les pays les plus différents. L'ignorance, au contraire, se traduit toujours par la curiosité malveillante, par la grossièreté sans examen. A peine donc sommes-nous arrivés dans la rue, que le terme injurieux de *todjin* éclate à mes oreilles, jeté par les enfants, qui me poursuivent en me montrant du doigt. *Todjin,* ou « Chinois », littéralement parlant, est l'expression haineuse dont se sert la population indigène hostile à l'étranger. Sans doute les galopins n'attachent-ils pas à la qualification le sens désobligeant qu'elle comporte. Cependant l'époque n'est pas encore éloignée où, dans le Japon tout entier, l'Occidental était à la fois un objet de terreur et d'exécration. Ce n'est pas, hélas! en un jour qu'on réforme les idées d'un peuple, qu'on extirpe les malentendus les mieux enracinés. La dernière partie de cette tâche civilisatrice est réservée au gouvernement local. Lui seul a le pouvoir, par la prompte diffusion de l'instruction, par la jalouse application de nos progrès, de faire graduellement disparaître des préjugés séculaires qui n'ont plus de raison d'exister. A nous aussi, étrangers de toute nationalité, voyageant au Japon ou y demeurant, de prouver, par la convenance de nos procédés, par l'exemple de notre manière de vivre, que nous ne sommes pas les barbares qu'on leur a dépeints de tout temps. Il arrive malheureusement trop souvent que ces mêmes étrangers ne se montrent pas, dans leurs rapports avec l'indigène, les hommes de bonne compagnie, de modération, pour lesquels nous voudrions être tous pris indifféremment. Il en résulte que le travail d'apaisement est constamment enrayé et que l'équivoque tend à s'éterniser.

Dans la tchaya où nous sommes descendus, la pièce commune est ornée de temples en miniature et décorée, en son milieu, d'un grand masque à joues boursouflées. Sada m'apprend que ces sortes de figures ne sont rien autre chose que des talismans ayant pour propriété d'attirer les regards de la fortune sur les demeures qui en sont pourvues.

Au moment où le brave garçon me donne cette explication, un client de race indigène pénètre dans la salle en grelottant. Il va se blottir immédiatement sous une épaisse couverture jetée au-dessus d'une sorte de fourneau appelé *kotatz* dans la langue du pays. Ce kotatz n'est, à proprement parler, rien de plus qu'un trou ménagé dans le plancher et garni tout autour de pierres résistantes à l'action du feu. Quand l'hiver sévit, on y dépose quelques tisons ardents, lesquels y couvent sous la cendre en dégageant une chaleur à la fois lourde et asphyxiante. Le tout est dissimulé par un vaste couvercle de bois percé de trous et affectant la forme d'une pyramide tronquée. Les amateurs viennent s'y asseoir à tour de rôle pour y réchauffer leurs membres engourdis. Par le fait, un tel mode de chauffage est encore plus primitif que tous ceux que j'ai vu employer au Japon jusqu'à ce jour. Il est bien en rapport avec la simplicité des populations reléguées dans cette région perdue et quelque peu déshéritée. En attendant, la température est devenue très inclémente; ce qui n'a rien d'étonnant, puisque le village est situé à près de mille mètres au-dessus du niveau de la mer.

Quoi qu'il en soit de ces engins locaux, on me sert bientôt un excellent déjeuner ichthyophagique, uniquement composé du poisson pêché dans le lac Soua. Ce lac est très poissonneux, et les espèces variées qu'on y trouve sont toutes d'une chair succulente. Je suis convié à manger du *namadzou*, type répondant à peu près à notre brochet d'Europe; du *founa*, sorte de tanche d'un goût relevé; de la carpe, de l'anguille, et même, si je dois m'en rapporter à l'aubergiste, d'une espèce de crevette d'eau douce. Tout le poisson qu'on retire annuellement du lac est assez abondant pour donner lieu dans les alentours à un commerce étendu.

Avec le milieu du jour, le temps s'est insensiblement adouci. L'atmosphère s'est débarrassée lentement du voile de brouillards qui rendait tout morne autour de nous. Aussi j'en arrive à considérer sous un aspect moins lugubre la route parcourue ce matin et où cha-

LE POÈTE ARIWARA-NO-NARIHIRA. — D'après Yosaï (p. 351).

que impression recueillie avait un caractère si maussade. L'horizon s'allonge devant moi, et je distingue peu à peu les cultures échelonnées depuis le lac jusqu'au sommet des hauteurs qui le dominent. Comme toujours, les plantations de mûriers en forment la base. A trois heures et demie, nous sommes de retour à Chimo-no-Soua.

Le bain particulier de l'hôtel, dans les eaux duquel j'avais décliné hier la faveur de me plonger, est libre à l'heure où je rentre. C'est le moment d'en profiter. Mais j'y suis à peine depuis quelques minutes, à peine ai-je eu le temps de me familiariser avec les quarante-cinq degrés centigrades qui s'y maintiennent sans variation, que des baigneuses, au nombre de trois font irruption dans la pièce. Toutes viennent partager l'hospitalité de ma piscine. Allons! rien ne servirait de protester. Il faut, bon gré, mal gré, que je me fasse aux usages japonais.

Juste à côté de ce compartiment « privé », s'ouvre un bain public de grande dimension. Au moment de mon passage devant la vasque, où se jouent une foule de tritons et de naïades, hommes et femmes, *cardinalisés* par une longue cuisson, se précipitent au dehors pour voir passer le voyageur étranger.

Sada, qui, de son chef, a pris divers renseignements et qu'on a fort questionné sur la personne qu'il accompagne, m'apprend, en effet, que jamais on ne rencontre ici d'Occidentaux, et qu'il n'en est peut-être pas venu plus de cinquante depuis que les ordonnances prohibant l'accès des provinces intérieures se sont relâchées de leur première rigueur. Je ne m'étonne donc plus d'être ainsi l'objet de la curiosité générale, d'autant que je commence à me blaser quelque peu sur les ennuis de cette constante obsession.

Au dîner, — décidément c'est un jour maigre, — mon majordome me sert une admirable anguille pêchée le matin même dans le lac de Soua. Cette murène jouit ici d'une grande réputation. Je dois reconnaître qu'elle ne la vole pas. Jamais je n'ai goûté plus fin morceau. D'ailleurs la société qui m'entoure vient à point aiguiser mon appétit. Toute la famille de l'hôtelier, sa domesticité réunie, assistent à mon repas, heureuse de voir un Européen de si près. La curiosité redouble quand je dépose la fourchette pour prendre la plume. Ce n'est qu'après avoir mis toutes mes notes au courant que je parviens enfin à congédier mes excellents visiteurs.

Jeudi, 28 décembre. — Beau temps (8 h. — 1° cent.).

Un cheval, chargé de nos bagages, est parti ce matin, nous précédant d'une heure. Nous le retrouverons à Chiojiri, village situé à trois ris de Chimono-Soua.

Le départ s'exécute à neuf heures et demie, en djinrikcha. Nous laissons le lac sur notre gauche; puis, dépassant bientôt le hameau de Yotsouya, nous commençons l'ascension d'une montagne assez escarpée. Les coolies qui me traînent — ils se sont mis trois pour la circonstance — déploient mille efforts en vue de me hisser, avec leur carriole, sur les pentes encroûtées de neige glacée et luisante comme de l'albâtre poli. Que je regrette de ne pouvoir mettre pied à terre, ne fût-ce que pour les aider! Par cette température sibérienne, la buée qui s'échappe de leurs corps ruisselants rappelle les vapeurs exhalées par des chevaux de poste qui auraient fourni plusieurs relais.

Du haut de cette montée pénible, un beau panorama vient distraire notre attention. Nous y dominons le lac à une grande hauteur et découvrons, comme fond de tableau, la pyramide gigantesque du Foudjiyama. Il est là qui se profile superbement dans l'écartement respectueux des montagnes voisines. Cette apparition subite et inattendue me surprend, à ce point de ma route, comme la rencontre d'un vieil ami qu'on croyait déjà ne plus revoir. Je ne supposais pas, en effet, qu'à pareille distance je pourrais encore repaître ma curiosité de la vue majestueuse du mont sacro-saint illustré par toutes les traditions japonaises. — En avant de nous, au contraire, dans la direction de Chiojiri et comme à perte de vue, la contrée entière se renfle en une multitude de petits cônes aigus qui paraissent transformés en glaciers. On les dirait taillés à l'emporte-pièce sur une feuille de métal, noircie dans le bas et blanchie dans le haut. C'est d'un effet tout à fait bizarre, absolument différent de ce que j'ai vu jusqu'ici. Quelle originalité dans la nature! quelle diversité de décor!

A nos pieds s'étend la vallée, où nous descendons aussi rapidement que nous avions mis de lenteur à nous élever. Par un contraste plein de charmes, l'aspect en est verdoyant. Le sol, totalement dépourvu de neige, est semé de jolis villages, d'élégantes habitations, de temples perdus au milieu des bosquets. Là-bas, derrière nous, c'était l'hiver avec son cortège de maux et de frimas, cinglant les visages avec la bise, distribuant l'onglée à coups de verges; ici, maintenant, c'est l'automne encore, à la mollesse somnolente sous les doux baisers du soleil, c'est quasi le printemps qui revient, avec ses aspirations nouvelles et ses mouvements de sève mystérieux.

Déjeuner, vers midi, dans une aimable tchaya du très gracieux village appelé Chiojiri. J'ai hâte de faire réconforter mes pauvres coolies, si malmenés par les obstacles du chemin. Comme toujours, une simple assiettée de riz, arrosée de quelques tasses de thé, compose leur repas frugal. Et cependant, mes braves gens ne se plaignent pas de leur sort. Je doute même que celui qu'ils convoient à la sueur de tout leur être soit, au fond, plus heureux de cœur et d'esprit. « Pas de besoins, pas de misère, » dit le proverbe : on pourrait dire aussi : « Ignorance, insouciance! » — « Le bonheur de l'homme, affirmait Buffon, consiste dans l'unité de son intérieur. »

Les mêmes djinrikchas nous conduiront jusqu'à Naraï. C'est un village distant de six ris environ. On voit que l'étape sera longue et pénible.

Nous repartons à une heure. La campagne conserve toujours ce même aspect charmant qui nous avait tant séduits. A l'extrémité du vallon, cependant, les conditions climatériques semblent de nouveau se modifier. Un vent froid survenu tout à coup, ainsi qu'un courant d'air glacé par des portes entr'ouvertes, nous a ramenés de notre rêve passager aux rigueurs de la saison. C'est dans ce corridor si puissamment ventilé que le hameau de Séba groupe ses maisonnettes frileuses. A partir de ce point, la route se continue à travers une gorge étroite, présageant une nouvelle ascension. Si l'on se rappelle la configuration du sol décrite un peu plus haut, on ne sera point surpris de nos alternatives de montées et de descentes.

A deux heures et demie, nous faisons halte dans une tchaya du village de Motoyama. Cette fois, — Dieu me pardonne, — l'impression que je produis sur l'entourage n'est plus simplement du respect, c'est de la véritable terreur. L'établissement est encombré d'indigènes qui tous, à mon apparition formidable, se mettent prudemment à distance. Quant aux mousmés, en général si peu farouches, elles me regardent avec effarement de leurs gros yeux bruns fendus en amande. Au moindre de mes mouvements, que chacun épie de son côté, le plus grand comme le plus petit tressaille ou se consulte. S'il m'arrive de considérer fixement un de ces affolés, il s'esquive aussitôt. Quels contes ridicules a-t-on bien pu faire à tous ces pauvres diables, pour qu'ils éprouvent ainsi, à la vue d'un étranger à mine pacifique, une épouvante si grotesque? Je n'ai vraiment rien en moi qui rappelle l'anthropophage. — Allons, tâchons de les apprivoiser par l'offre de quelques menus cadeaux! — Mais, bah! nul ne veut se laisser approcher; et cependant, à côté de femmes et d'enfants, je vois là des gars solides et bien découplés. Puisque rien ne réussit, prenons nous-même la poudre d'escampette et délivrons les trembleurs de leur affreux cauchemar. Il reste encore trop de lacunes dans l'éducation populaire pour que j'essaye de les combler en quelques minutes d'arrêt.

A partir de ce lieu peu hospitalier, le chemin devient de plus en plus difficile. Les rampes se succèdent sans interruption, et le sol est recouvert d'une couche épaisse de neige.

A Sakourawa, nous trouvons de grandes tchayas, dans lesquelles on vend des objets de bois, comme à Youmoto, cette station balnéaire visitée durant notre excursion au Foudji-yama, ainsi que certaines curiosités particulières à la contrée. Là, du moins, ce n'est plus comme au village précédent. L'étranger n'y est point redouté, mais exploité. On m'y présente notamment la peau d'un ours tué récemment dans les

ROUE HYDRAULIQUE SERVANT A DÉCORTIQUER LE RIZ (p. 314).

environs, et certain animal empaillé dont l'espèce m'est inconnue et dont je ne puis même obtenir le nom japonais. Malgré toutes les sollicitations, je me vois contraint de décliner chacune des offres, sous peine de voir mon bagage déjà lourd, quoique réduit à la plus simple expression, devenir assez encombrant pour ne me plus permettre d'avancer d'un pas sur ces routes accidentées.

Nous nous enfonçons, en effet, de plus en plus dans le cœur des montagnes, tout en nous maintenant chaque jour à des altitudes moyennes très élevées pour le pays. Presque continuellement, mes coolies doivent allier leurs efforts pour manœuvrer mon djinrikcha. Ce n'est qu'à trois réunis, souvent à quatre, qu'ils parviennent à l'entraîner. Le sol que nous foulons n'est plus même ou rugueux, ou coupé de plateformes permettant la pose du pied : c'est une immense

« montagne russe », sans cran d'arrêt, formée par la congélation subite de neiges à demi fondues simulant le verglas. A chaque instant, pour deux pas en avant on en fait un en arrière, de sorte que je suis affreusement ballotté dans mon véhicule, tandis que mes conducteurs doivent s'armer de la plus grande vigilance pour ne pas rouler, eux et leur fardeau, dans la profondeur des ravins.

Quant à ce mirliflore de Sada, il vient tranquillement à pied, derrière nous, choisissant son chemin, prenant souffle à tout propos, et dédaignant absolument de se préoccuper de nous, fût-ce pour éviter à son maître les horreurs d'une catastrophe. Comment s'abaisserait-il à prêter la main à l'œuvre servile qui demeure la tâche exclusive des coolies? Lui, pousser à la roue; lui, rendre un service de cette nature à l'homme qui l'emploie, au risque de diminuer sa situation d'artiste culinaire? Non, non; cela ne se doit, cela ne se peut!...

Chemin faisant, j'ai lieu d'admirer l'état des cultures qui, même en ces régions montagneuses, ont envahi jusqu'aux pentes des coteaux les plus difficiles d'accès. Partout se décèlent des preuves de réelle activité. Il n'est pas jusqu'aux temples qui ne se soient également multipliés, depuis Chimo-no-Soua, et qui ne témoignent à leur tour d'un peuple sage et laborieux. La plupart, ainsi qu'il m'est permis d'en juger, sont affectés au culte chintoïste.

Mais nous ne sommes pas, hélas! à bout d'embarras. A peine avons-nous dépassé Niégawa, que la route s'annonce à peu près impraticable pour nos djinrikchas. Malgré ma blessure récente, je me vois donc dans la nécessité de gravir à pied quelques-unes des pentes les plus rapides. Cela du moins a pour résultat de me réchauffer; car le froid est devenu singulièrement piquant. — Avant de parvenir à Naraï, un de nos coolies tombe à la renverse, en culbutant deux ou trois fois sur lui-même. On se précipite à son aide. Il se relève tout meurtri, mais bientôt l'accident se reproduit et se renouvelle si fréquemment que, dès notre arrivée à destination, vers six heures, le malheureux perd tout à fait connaissance. Je mettais ces chutes réitérées sur le compte du verglas; il paraîtrait, — si je m'en rapporte au dire de ses camarades, — qu'il faut plutôt en attribuer la cause au manque de nourriture comme au froid. Que n'en soufflait-il mot? En vérité, pareil silence dénote, chez celui qui l'a gardé, ou un entêtement inexplicable ou un stoïcisme merveilleux. Je fais aussitôt transporter notre coolie à l'intérieur de la tchaya, où l'on s'empresse de lui donner tous les soins que nécessite son état. Rien de grave, heureusement! Au bout d'une heure de repos, le gaillard est sur pied, tout prêt à recommencer le voyage, comme il le déclare. Autant par humanité que par convenance personnelle, je ne ne le prendrai pas au mot.

Naraï est un petit village perdu dans la montagne et dont les habitants se livrent spécialement, ainsi que je suis à même de le constater, à la fabrication des peignes pour femmes. Mais point n'est le moment de s'arrêter à de pareils détails. Le plus urgent, en la circonstance, est de nous réfectionner. Il n'est que temps, car l'étape a été rude. Heureusement, Sada, qui se retrouve tout entier dans son noble office de cordon bleu, m'a bientôt préparé un repas substantiel, à la suite duquel je me sens assez reposé pour consigner dans mes notes les événements de cette laborieuse et fatigante journée.

Vendredi, 29 décembre. — Temps couvert (th. — 3° cent.).

A neuf heures, départ pour Mianokochi, éloigné de trois ris. Pour cette fois, je franchirai la distance en kago, tandis qu'un cheval chargé de nos bagages et de nos provisions nous précédera jusqu'à Aghématz, localité située à sept ris et demi en avant de nous.

Il s'agit, aujourd'hui, de franchir le Tori-toghé, montagne assez élevée et d'accès d'autant plus redoutable que la neige abondante et durcie qui le recouvre en fait comme un immense fromage glacé aux parois glissantes et dénudées. Bien que mes coolies soient agiles et vigoureux, qu'ils se déclarent suffisamment repus, je ne suis pas sans inquiétude sur la manière dont s'effectuera notre dangereux passage, l'aventure survenue hier à l'un d'eux n'étant pas de nature à me rassurer. Mais l'appréhension du péril ne sert à rien, tout au contraire. En dépit des ordres formels et plusieurs fois renouvelés arrachés à mes préoccupations, mes porteurs semblent prendre à tâche de côtoyer le bord même des précipices, tout en me suspendant inerte au-dessus de l'abîme. Ils semblent se jouer de leur fardeau, comme si leur propre existence n'était pas attachée au maintien de ce précieux équilibre. Point de catastrophe, cependant : quelques alertes, quelques glissades seulement pour accidenter l'excursion! Vers midi, nous atteignons Yabouhara, dont l'industrie semble faire concurrence à celle de Naraï dans la fabrication des peignes pour femmes. Aussi ajouterai-je ici que ces peignes sont délicatement taillés dans un bois très dur, et relevés, pour la plupart, des couleurs les plus variées. J'en achète une véritable collection, moyennant quelques pièces de menue monnaie.

A cette heure, nous devons nous trouver en pleine région de fauves. Il ne tiendrait qu'à moi, ce semble, de m'approvisionner à la source des peaux de chamois et des pelures de carnassiers. Ces derniers sont cependant assez rares dans la contrée, tandis que les chevreuils abondent, ainsi que les sangliers.

Ce n'est pas, d'ailleurs, que la faune japonaise soit bien riche. Assurément non, car si, dans les contrées montagneuses de l'archipel, on signale la présence de la grosse bête, y compris l'ours, les divers échantillons en sont généralement assez rares dans le reste du pays. L'ennemi le plus redoutable que l'homme isolé ait encore à y combattre est, avant tout, cette race de chiens féroces dont j'ai déjà parlé à propos de l'élevage des moutons, et au sujet desquels l'administration supérieure a dû prendre des mesures de prudence. En revanche, les renards, les fouines, les blaireaux et les rats sont des plus fréquents. Aussi chacune de ces espèces joue-t-elle, au Japon, un rôle fort étendu dans l'inextricable imbroglio des superstitions locales. Le renard surtout, objet d'une terreur enfantine et d'une vénération bizarre, a eu le don d'accaparer l'attention des Japonais. Ils en sont arrivés — comme nous l'avons vu — jusqu'à lui élever des chapelles propitiatoires. Maître *Kitsné* est aussi populaire ici que le *goupil* de nos légendes carlovingiennes.

sauvage, qu'on rencontre abondamment dans les zones marécageuses. En ce qui concerne les mouettes, les albatros, les cormorans, on peut dire littéralement qu'ils fourmillent sur les côtes anfractueuses de ces îles dressées en plein Océan. Ce qui domine, enfin, en quelque lieu où l'on passe, c'est le pigeon et le corbeau. Rien, comme ces cours innombrables de temples, au sol tapissé de graines, comme ces villages populeux encombrés de détritus, pour fournir à l'une et à l'autre espèce une nourriture abondante. Enfin les animaux domestiques, tels que le bœuf, le cheval et le mouton, sont, — on le sait, — pour la plupart, d'importation chinoise, c'est-à-dire

TCHAYAS DU VILLAGE D'IWAHANA. — D'après Hokio Tchouwa (p. 293).

Bien qu'on se livre fort peu à la chasse au Japon, en comparaison de ce qui se passe dans nos contrées, soit en vertu des ordonnances sur la matière, soit à cause de l'aversion même des habitants pour la viande, le gibier ne s'y multiplie pas extraordinairement. Le lièvre et le lapin demeurent aussi problématiques dans les buissons du cru que dans ceux qui avoisinent nos grandes villes. Faut-il en accuser les aigles, les milans et les faucons qui peuplent la montagne et qui, généralement respectés par les chasseurs, livrent à ces innocents herbivores une véritable guerre d'extermination? Quant aux daims, aux faisans, aux cailles, aux bécasses et aux bécassines, ils sont des plus communs sur tout le territoire. Même remarque à l'égard de la grue, du héron, du canard et de l'oie

sans racine sérieuse dans le sol. Par le fait, si à cet exposé assez complet en soi-même vous joignez la poule, le canard, le dindon, le porc et une sorte de chat sans queue, vous aurez une idée exacte du peu de ressources offertes à la population par cette faune vraiment restreinte, eu égard à la richesse du continent dont les îles du Soleil Levant sont une dépendance géographique.

Il m'eût plu, cependant, d'abattre quelque gibier pour en constituer les éléments de notre déjeuner. En l'absence de tout lièvre et de tout faisan, nous nous contenterons d'absorber nos provisions de bouche et de les arroser de plusieurs tasses d'excellent thé. Une simple halte d'une heure pour faire ce repas frugal, et nous repartons satisfaits.

J'ai ici l'explication d'un petit mystère. Depuis quelques jours, j'avais remarqué un relâchement notable dans les égards des hôteliers à mon endroit. Cela m'étonnait d'autant plus que, les prix demandés étant toujours d'une modération extrême, je n'avais jamais élevé la moindre objection à l'heure du règlement. Dans ces lieux retirés, en effet, tout voyageur est traité comme l'indigène, les hôteliers ne cherchant pas encore à se modeler, comme exigences, sur ceux de Yokohama, de Tokio et des localités habituellement fréquentées par l'étranger. Or, voilà le mystère en question : Sada, qui ne saurait parfois s'abstenir de parler quand il aurait tout intérêt à garder le silence, mais qui, en revanche, demeure souvent muet comme un poisson là où j'aurais besoin de ses avis, s'est enfin décidé, sur mes instances, à m'expliquer la raison d'un tel manque de courtoisie. Il paraît qu'il entre dans les habitudes des restaurateurs et logeurs du pays que nous traversons, de ne pas consigner sur la note les consommations de thé. Un pourboire final suffit, le cas échéant, à les indemniser. Que diable le traître qui paye de mes deniers n'a-t-il pas suivi la coutume? Je ne souffrirais pas ainsi, très inconsciemment, des économies réalisées, malgré moi, par mon majordome. Quoi qu'il en soit de l'usage admis généralement, je conclus que, tout aussi bien au Japon qu'en Suisse ou en Amérique, la politesse qu'on vous témoigne est toujours en raison des écus que vous laissez sur votre passage. Si j'avais oublié cet aphorisme, la déconvenue que je signale serait de nature à me le rappeler.

A Mianokochi, où nous arrivons à deux heures et demie, des tribulations d'un nouveau genre nous attendent. Il s'agit, en effet, de me trouver un cheval, car je ne me soucie plus de continuer la route en kago. Les positions, par trop japonaises, que j'ai dû subir dans ce panier de tortures ont ankylosé tous mes membres. Je suis courbatu par les efforts prolongés qu'il m'a fallu supporter. Après une heure d'attente et d'explorations minutieuses dans tous les coins du village, on m'amène enfin un misérable bidet, ayant une femme pour betto, et sur le bât duquel je me hisse péniblement. *Bene sit. Bene vertat!*

En ce pays aimé des dieux, ce sont généralement les femmes qu'on charge de la conduite des chevaux et des taures employés au service des transports. Je ne suis donc pas surpris de ce changement de cornac. Malheureusement, à peine avons-nous dépassé les dernières maisons du village que, sans avertissement mutuel, la bête et moi, nous nous abattons en bloc sur la route. Comme, dans cette chute depuis longtemps attendue et redoutée, j'ai conservé ma position équestre, je me hâte de vider les arçons, préférant encore faire la route à pied et clopin-clopant que de m'exposer à quelque aventure plus grave. De Mianokochi à Aghématz, d'ailleurs, il n'y a guère que quatre ris et demi, et je nourris en secret l'espoir que je retrouverai un kago à Foukouchima, bourgade située à mi-chemin. Mieux vaut encore affronter la fatigue et la douleur que de se rompre inévitablement bras et jambes à la première occasion. Enfin, j'ai encore la perspective de rejoindre dans cette localité notre cheval de bagages, ce qui nous permettrait de nous y arrêter pour la nuit.

Pas de chance, en vérité. — En arrivant vers cinq heures et demie à Foukouchima, nous ne retrouvons plus notre bête de charge ni son conducteur, Sada lui ayant ordonné, *proprio motu*, de se remettre en route dès notre arrivée. Ainsi, quand je me délectais à la pensée de réparer mes forces épuisées par cette marche forcée, il me faut à présent courir après mon avant-garde. Et pas plus de kago que sur la main! — Partons vite à la recherche des fuyards! — Ce n'est qu'à plus d'un ri de Foukouchima que nous rejoignons l'homme et la bête, heureusement en passe de flâner l'un et l'autre dans la première tchaya qu'ils avaient rencontrée. Le sort en est jeté! J'irai désormais de l'avant, surmontant mes sensibilités et confiant dans la pommade du docteur, laquelle m'a déjà rendu tant et de si bons offices. Je m'enveloppe de nouveau le pied avec un linge, et Sada y assujettit, avec précaution, une sandale japonaise faite de paille tressée. Encore un peu de gêne dans cet accoutrement « élégant », mais plus de souffrances proprement dites! La blessure, du reste, est en bonne voie de guérison.

Mais en voilà d'une autre! Au dégel maintenant à faire des siennes! Plus nous avançons, plus les routes et les sentiers ressemblent à de véritables marécages. Nous pataugeons en pleine boue. Tout le poids que je porte au pied, augmenté de l'eau que j'éponge avec mon attirail, prend des proportions insensées. Ce n'est point une chaussure, c'est un boulet que je traîne, représenté par un amalgame affreux de linge mouillé, de paille sordide et de paille agglutinée. Je ne marche plus qu'avec une extrême difficulté et je commence graduellement à m'épuiser. Par surcroît d'infortune, la neige se remet de la partie en tombant par flocons épais.

Heureusement, la curiosité, ce grand stimulant des voyageurs, devient un puissant antidote contre tous les poisons que la Nature distribue, au milieu de ses faveurs, à celui qui brûle de la connaître. Ni la neige, ni la boue, ni la fatigue ne peuvent distraire mes regards du spectacle grandiose qui se déroule devant moi. A la clarté de la lune, irradiant, en dépit des obscurités produites par la neige en suspens, les espaces bleuis du ciel, je découvre successivement des tableaux merveilleux. Depuis notre départ de Tokio, j'ai bien rencontré de beaux paysages, des échappées resplendissantes, notamment aux environs de Tomioka; mais jamais je n'ai rien vu de comparable au site qui me tient en ce moment sous le charme de son imposante majesté. Un large torrent, ou plutôt un fleuve, la Kiso-gawa, actuellement grossie par la fonte des neiges, coule au fond du ravin avec une effrayante rapidité. Toutes les parois de la montagne, çà et là recouvertes de noires et lugubres forêts, sont semées de quartiers de roches qui vont se précipitant jusque dans le lit obstrué des eaux bouillonnantes. Il doit s'être produit, en ce lieu sauvage, quelque grande convulsion terrestre, à l'époque où les volcans éteints et noyés sous des amas de pouzzolanes brûlaient encore de feux incandescents ou cachés. Les masses de pierres, aux cassures aiguës, sont en telle abondance qu'elles forment, de chaque côté du torrent, comme une sorte de double

quetée. C'est à la fois sublime et poignant, surtout dans la demi-obscurité qui règne au fond de cette nécropole de cyclopes. En outre, la neige éparse sur le sol, communiquant aux ombres portées une vigueur intense, imprime un aspect encore plus sévère à ce paysage alpestre.

Sur la côte, des arbres séculaires, témoins sans doute du cataclysme que nous essayons de rappeler, élèvent dans les airs leur tête orgueilleuse, sans même prendre garde aux pygmées qui passent en éraillant

YACHIKI SEIGNEURIAL SUR UN PROMONTOIRE DE LA KISO-GAWA (p. 337).

rempart qui l'encaisse profondément. L'éboulement semble n'avoir encore accompli que la première période de cette révolution lointaine, à en juger par les rocailles gigantesques arrêtées au milieu de leur course et lourdement enfoncées dans la terre meuble du voisinage. Quelques-unes d'entre elles, suspendues aux flancs de la montagne que nous gravissons, bordant le sentier vers la gauche comme des sentinelles avancées, menacent d'écraser le voyageur trop hardi, à la première tempête qui éclatera, à la moindre rigole d'eau céleste qui en déchaussera le pied. Ces dents de mastodontes tiennent-elles encore dans leurs mouvantes alvéoles? Mystère! Une vague terreur vous pénètre en en longeant la masse déchi-

leurs racines. Enfin, l'eau qui gronde dans les profondeurs ténébreuses de l'abîme, vient donner une voix formidable à ce chaos universel, plein de sublime poésie et d'horreur indescriptible.

Au delà du confluent formé par un ruisseau tributaire de la Kiso-gawa, s'élève, sur le sommet de la butte, une tchaya de belle apparence. Quelle retraite pour un admirateur passionné de la nature! Ce point, désigné sous le nom de Foukouchima, ne se trouve guère placé à plus d'un demi-ri d'Aghématz, où nous arrivons enfin, vers huit heures, à la nuit close. Il n'est que temps en vérité. Mes sandales ne tiennent plus au pied que par quelques bouts de ficelle en lambeaux.

Bain, repas et mise au courant des notes quotidiennes, tout est prestement expédié; je me jette sur ma couche dès dix heures, heureux d'être au bout de la pénible journée.

Samedi, 30 *décembre*. — Beau temps (th.—2° cent.). A bon somme, fâcheux réveil!

Partis d'Aghématz, nous avons à peine dépassé les dernières cabanes du village, que Sada me communique des nouvelles d'une certaine gravité. Si celles-ci se vérifient, j'aurai lieu de regretter de m'être ainsi engagé à la légère sur la route du Nakasendo. L'hôtelier et quelques autres personnes d'Aghématz ont raconté à mon interprète que les samouraïs des provinces d'Owari, de Mino et d'Isé se sont réunis aux paysans mécontents et tiennent la campagne. Ainsi que je l'ai dit, le gouvernement, débordé par les dépenses, a été, en effet, contraint d'imposer de nouvelles charges aux contribuables. On ne transforme pas un pays tout entier sans de lourds sacrifices. Or, les redevances de la population rurale ont presque doublé depuis l'anéantissement du pouvoir chogounal. De là la rébellion, que les partisans de l'ancien régime exploitent au profit de leur cause et cherchent à étendre par tous les moyens.

Voici, maintenant, d'après les renseignements particuliers recueillis par mon fidèle Achate, de quelle manière a débuté le présent soulèvement.

Les samouraïs se seraient rendus chez le gouverneur d'Owari, en exigeant de lui qu'il leur versât des fonds pour subvenir à leurs frais de route par le Nakasendo. A quel titre un tel cadeau? On ne saurait le préciser; toujours est-il que le gouverneur d'Owari aurait répondu par un refus formel à des exigences extralégales, et c'est alors que les samouraïs, joignant le fait à la menace, mirent le feu aux quatre coins de la ville de Nagoya. Deux autres cités, Kwana et Yokaïtchi, auraient subi le même sort. Bref, tout le pays environnant serait en pleine révolte.

Comme c'est avec cette nouvelle préoccupation que nous devons poursuivre notre route, il convient de nous éclairer par tous les moyens possibles. Plusieurs passants, que je fais interroger, annoncent que les samouraïs se rapprochent du lieu où nous sommes et que les habitants s'attendent chaque jour à leur visite. Tous s'accordent à déclarer que le mouvement, commencé depuis moins d'une semaine, n'est pas près de prendre fin. Toutefois, les vraies nouvelles manquent absolument, les rebelles ayant pris la précaution de couper les fils télégraphiques. On sait, à n'en pas douter, qu'ils vont pillant tout sur leur passage, et que les expéditions de marchandises par Nagoya ont dû être interrompues. Voilà qui n'est pas rassurant!

Un voyageur, que nous croisons plus loin, nous apprend que les mécontents se sont portés sur la ville de Ghifou, justement comprise dans notre itinéraire. Je comptais y visiter une importante fabrique de papier. On comprendra que je fasse délibérément le sacrifice de l'excursion que cette visite aurait nécessitée. Le pays est superbe, — j'en conviens, — et les beautés naturelles dont il est émaillé sont bien faites pour m'y retenir plus longtemps. Mais comment goûter les charmes du voyage, quand on est talonné par la crainte qu'inspirent d'aussi horribles attentats? Si, déjà, les indigènes manquent de sécurité sur les routes, de quelle manière un simple *todjin* comme moi pourra-t-il y suppléer? En vérité, de telles questions me rendent fort perplexe, et je me demande aussitôt à quel parti m'arrêter. Dois-je revenir sur mes pas et renoncer au voyage plein d'attrait, dont la dernière et principale étape sera l'ancienne capitale des Mikados? dois-je, au contraire, aller toujours de l'avant, au risque de donner tête baissée dans un parti de fanatiques ou de détrousseurs de grands chemins? Faut-il, en fin de compte, s'avancer résolument dans la direction de Kioto, où nous arriverons dans huit jours, ou bien regagner Tokio, dont nous sommes déjà si éloignés?

Je fais part à Sada de mon hésitation. Mon trucheman me représente, avec assez de justesse, le mauvais état des chemins déjà parcourus. Ceux-ci étaient déjà bien peu praticables avant la neige qui vient de tomber. Quel gâchis ne doivent-ils pas offrir à présent? Il nous faudrait au moins une semaine pour retraverser les montagnes que nous avons franchies avec tant de difficulté. Et qui sait si, de l'autre côté, nous ne retomberions pas sur quelque détachement de samouraïs arrivant par une autre route? Mon écuyer m'assure, du reste, que les guerroyants seigneurs ne frappent jamais que de grands coups. Ils poussent la chevalerie de leurs procédés jusqu'à prévenir leurs victimes du sort qui les attend. Selon lui, de simples voyageurs comme nous n'ont que peu de chose à redouter de leur colère. Le raisonnement peut être juste au point de vue de Sada et des coolies japonais. Il s'en faut pourtant qu'il me suffise. Je sais combien les samouraïs sont hostiles aux étrangers, qu'ils accusent de leur abaissement. Trop espérer de leur désintéressement est se nourrir de chimères. Alors qu'au sein des villes les plus universellement soumises au régime nouveau, des attentats se produisent encore contre les résidents occidentaux, puis-je me croire en sûreté dans un pays perdu, au beau milieu des montagnes, à la limite d'une région en pleine insurrection? Des hommes qui n'hésitent pas à s'ouvrir le ventre sous le plus futile prétexte, auront-ils pour celui d'un ennemi, fût-il protégé par le texte du droit international, le respect que je lui juge indispensable? Que diable! on tient à son abdomen, se donnât-on pour touriste et diplomate. Et, sur toute cette route du Nakasendo, pas un poste de soldats, pas un vulgaire gendarme pour défendre l'imprudent contre une agression à main armée. Il n'y a pas à dire : je me suis bénévolement fourré dans un guêpier. Le tout est de m'en tirer comme je pourrai. Or donc, nous poursuivrons jusqu'à nouvel ordre. Il s'agira de ne pas nous laisser rejoindre et de nous éclairer sans cesse. Nous marcherons par fortes étapes, afin d'arriver plus tôt à l'endroit où nous retrouverons des djinrikchas, c'est-à-dire le seul moyen de locomotion qui soit rapide et commode à la fois dans ces régions perdues. En avant donc, et bon courage!...

Courage, cela plaît à dire! En attendant, la plupart des individus que nous croisons sur la route semblent d'allure équivoque. Est-ce affaire d'imagination? est-ce la conséquence des événements? Le fait est que beaucoup d'entre eux se donnent des airs de matamores, peu en harmonie avec l'allure à laquelle ils nous avaient accoutumés. Quelques-uns affectent d'es-

un de nos francs environ, j'achète une mâchoire d'ours, laquelle peut servir à compléter notre système défensif. Samson n'avait — dit l'Écriture — qu'une simple mâchoire d'âne à sa disposition. Il était, à coup sûr, plus robuste que moi; mais combien plus noble est le porte-respect que je brandis en cheminant!... D'ailleurs, le pays est toujours magnifiquement accidenté, aussi favorable à la défense qu'à l'attaque. Depuis le matin, nous longeons sans discontinuer le superbe torrent dont j'ai parlé plus haut, et qui est destiné à former un beau fleuve quand il sera parvenu dans la plaine.

A chaque instant, le point de vue se transforme.

CHATIMENT INFLIGÉ AUX MÉCRÉANTS PAR LES DIEUX DE SOUA. — D'après Hokio Tchouwa (p. 316).

corter mes bagages, ne les quittant pas des yeux, comme pour pouvoir les revendiquer, s'il se produisait une algarade. Voudraient-ils simplement s'en emparer au détour d'un bois ou sous l'égide protectrice d'un chemin creux? Puisqu'on pille si volontiers les indigènes, ce projet secret n'aurait rien d'invraisemblable, d'autant que mon arsenal se compose pour toute défense d'un modeste revolver et du fusil à deux coups que je porte en bandoulière : peu de chose, comme on le voit, si nous avions maille à partir avec des bandits déterminés. Mais ne communiquons pas nos pénibles impressions à tous ceux qui m'accompagnent. Pour le quart d'heure, il n'y a point de samouraïs, et c'est le principal.

Dans une tchaya sise au bord de la route, on me propose encore des fourrures. Pour vingt sens, soit

Tantôt nous traversons des bois épais, où de hauts conifères recouvrent la montagne d'un dôme entrecoupé de noir et de blanc; tantôt nous longeons de fières murailles de rochers superposés comme les puissantes assises d'une construction pélasgique. De ravissantes cascades bondissent sur les pentes où elles sont entraînées; et, du haut des innombrables ponts jetés sur les ruisseaux qui se déversent dans le torrent et augmentent son débit de flots bleus et cristallins, nous découvrons mille sujets de tableaux, aussi jolis que variés. Çà et là, quelques pierres tumulaires! Sada prétend qu'elles sont élevées à la mémoire de voyageurs surpris par l'avalanche ou perdus au milieu des neiges. « Celui-ci, me dit-il, est mort de froid sur la route. Tel autre avait roulé dans le précipice. » Allons, voilà qui n'est vraiment pas gai!

Jamais oiseau de mauvais augure ne s'appliqua mieux que le pauvre garçon à inspirer des idées lugubres. Au surplus, tout le Wada-toghé, cette montagne que nous avions franchie avant d'arriver à Chimo-no-Soua, est elle-même émaillée de ces fâcheux souvenirs, et il ne faut rien moins que nos impressions actuelles pour m'y faire attacher tout à coup une importance que je ne leur prêtais pas antérieurement.

Vers six heures et demie, nous atteignons le village de Midono. C'est l'hôtel *Miagawa* qui a l'honneur de nous abriter. Ma blessure, heureusement, ne se ressent pas trop d'une marche forcée de huit gros ris, « mesure du Nakasendo », car je puis loyalement porter à ce nombre le chiffre de ris qui m'avait été annoncé en partant d'Aghématz.

Mais voici un nouveau renseignement : au dire de notre hôtelier, les samouraïs seraient au nombre de quarante mille ; ils viendraient en grande partie de l'île de Kiouchiou et manifesteraient l'intention de pousser, étape par étape, jusqu'à Tokio, tout en se renforçant des mécontents qu'ils rencontreraient sur leur passage. Il y a peut-être bien des exagérations dans ces rumeurs grossies par l'épouvante ; mais, quoi qu'il en retourne, l'ensemble des informations, même réduit à sa plus simple expression, est encore suffisamment inquiétant.

A dîner, une petite compensation nous est réservée. Nous nous taillons de superbes filets dans un estimable chevreuil acheté sur la route. C'est là une réelle aubaine, car la viande fraîche nous faisait défaut depuis longtemps déjà. De plus, si notre voyage doit se prolonger trop au delà des prévisions, nous aurons vite épuisé les conserves que nous avons emportées. *Carpe diem!* Savourons cette bonne chair inattendue et dormons sur nos deux oreilles, dût l'excellent repas, en ses délices passagères, constituer notre banquet des Girondins !

Dimanche, 31 décembre. — Beau temps, mais froid. Dès le lever, ablutions en plein air, par 9 degrés centigrades au-dessous de zéro ! — Le cheval qui porte nos bagages est déjà parti en avant pour Nakatzgawa, localité située à une demi-douzaine de ris du village de Midono. Le Ciel le préserve, avec son fardeau, de toute fâcheuse rencontre !

A neuf heures, notre petite caravane s'ébranle. — *Saïtchi aiakou*. — Partons, et lestement!!!...

Les paysages que nous avons admirés pendant ces deux derniers jours se représentent avec les mêmes alternatives de bois ombreux et de rochers agrestes. Les sapins, surtout, deviennent remarquables en raison de leur majestueuse ampleur. Au tour des bambous, à présent ! A ces altitudes élevées, ces immenses graminées doivent avoir changé leur écorce frileuse pour un manteau de mousse ou contre une douillette de zibeline. Je ne m'attendais guère, en effet, à voir leur complexion grêle affronter, sans une mort rapide, des températures aussi inclémentes.

Il est vrai de dire qu'aux premiers rayons du soleil le dégel se produit sur toute la ligne. Dans ces régions, le froid ne dure jamais assez longtemps pour nuire à la végétation, — celle-ci eût-elle même un caractère tropical.

Nous côtoyons une succession de ravins pittoresques, ombragés de sapinières ou poudrés de cristaux de neige scintillants de mille feux. A droite, le torrent fidèle continue sa course vertigineuse sur son lit de roches bruissantes. Auprès de Tsoumago, le site revêt un aspect moins sévère. Je commencerais à me dérider, si Sada, toujours en quête de lugubres trouvailles, ne m'y faisait remarquer certaine planchette fixée au bout d'une perche et surplombant le chemin, planchette à laquelle se rattache un souvenir fâcheux. « Ceci, dit-il, est le signalement d'un voyageur trouvé mort dans la montagne, il y a quelques jours à peine. » — C'est une série à la noire, décidément.

Les habitants du coquet village de Tsoumago ont déjà fait leurs préparatifs pour célébrer dignement le 1er janvier, date qui, au Japon comme chez nous, constitue un jour férié par excellence. A l'époque du renouvellement de l'année, tous les travaux sont suspendus pendant une semaine entière, et chacun, selon ses goûts et ses moyens, s'adonne aux divertissements les plus variés.

Il peut paraître étonnant, au milieu de tant d'étrangetés, de voir ici la coïncidence du commencement de l'année japonaise avec notre 1er janvier. La raison en est simple. Depuis l'année 1872, le calendrier solaire ou grégorien a remplacé le calendrier lunaire usité jadis dans tout l'extrême Orient.

Devant chaque demeure sont érigés de jeunes plants de sapin, de maigres tiges de bambous et des pousses de plantes, au vert feuillage, portant de petites baies rouges pareilles aux fruits du sorbier. C'est un fait digne de remarque que l'on retrouve ainsi, dans les régions les plus lointaines de l'extrême Orient, l'usage répandu en nos pays d'Europe de couper aux arbres toujours verts quelque branche vigoureuse, en souvenir d'un usage aussi antique que le monde lui-même et témoignant des aspirations champêtres de l'homme à l'heure où le soleil est le plus éloigné de lui.

Au sortir de Tsoumago, j'ordonne de faire halte pour prendre, au collodion sec, deux vues qui m'ont vivement frappé, l'une du village que nous venons de laisser, l'autre des rives de la Kiso-gawa. Les ondes du cours d'eau décrivent ici, en effet, une ellipse si étroite, qu'elle communique au paysage un aspect vraiment enchanteur. Plusieurs indigènes accourus sur mes pas, pour satisfaire leur curiosité enfantine, s'éloignent à toutes jambes en me voyant braquer sur eux l'objectif de mon appareil. Déjà trop intimidés par la vue de mon fusil, les habitants du village iraient-ils croire maintenant que je vais bombarder leur fourmilière ? Peu à peu cependant, les naïfs, constatant qu'aucun cataclysme ne s'est produit à la suite

INTÉRIEUR DE FERME (p. 314).

de la mise en batterie, rassurés d'ailleurs par mes allures pacifiques, se rapprochent graduellement et finissent par se familiariser au point de toucher et de manier les instruments qui les avaient remplis, tout à l'heure, de la plus amusante inquiétude.

Enfin, à quelque distance de ce lieu, nous abandonnons le cours du torrent pour remonter bientôt un de ses affluents, au fond même d'une gorge resserrée et assombrie par le feuillage de vieux sapins. J'en prends aussi la vue photographique, avant d'aborder la longue et pénible ascension qui doit nous conduire au faîte de la montagne.

Dieu, quel travail pour y atteindre! Quelle peine! quel essoufflement! que de faux pas! Rien que d'y penser, j'en frémis encore. Mais je ne regrette pas mes efforts! Du sommet, en effet, j'embrasse un panorama on ne peut plus étendu sur la contrée qu'il nous reste à parcourir. On croirait avoir devant soi tout le Japon, descendant par gradins, de collines en collines, jusqu'à la mer, qu'on s'étonne de ne pas découvrir à l'extrémité.

Derrière nous, au contraire, la vue reste bornée par les cimes neigeuses que nous avons escaladées au prix de tant de fatigues, et bien longtemps encore nous les aurons pour majestueux horizon, toutes les fois que nous tournerons nos regards vers le chemin parcouru.

A comparer les deux points de vue si différents d'aspect, on dirait, d'une part, le mélancolique hiver avec ses austérités rigides, et de l'autre l'été qui commence au milieu des floraisons hâtives et des effluves embaumés. C'est avec un réel soupir de soulagement qu'on descend la rampe de cette chaîne séparative pour se rapprocher, de plus en plus, d'une contrée riante et prospère, en voyant à chaque pas les neiges prendre moins de consistance et même disparaître tout à fait. Comment les samouraïs ont-ils eu la fâcheuse idée de se mettre en état de révolte, pour me gâter ainsi l'enthousiasme que j'éprouve à l'aspect de ce merveilleux tableau?

Vers une heure, déjeuner à Magomé. Le village est partout décoré de branchages et de banderoles. Un peu plus bas, à Otchiaï, coquette agglomération de cabanes rustiques, la voirie a déjà revêtu sa parure de fête. Devant chaque demeure et le long du ruisseau qui partage en deux la route traversière, des buissons d'arbres verts ont été échelonnés. On sent l'approche d'une grande fête et le relâchement qui prélude aux liesses populaires.

Sur notre passage retentissent tout à coup des rires moqueurs. Le fait est que nous formons un ensemble assez burlesque : moi, cheminant, un soulier au pied gauche et le pied droit chaussé d'une sandale de paille ; Sada, chargé de mon appareil photographique, portant gravement en bandoulière une ex-boîte de sardines qui avait contenu notre déjeuner, et s'appuyant sur le pied de mon objectif avec toute la dignité d'un évêque en tournée pastorale. — Ma foi, le spectacle en vaut la peine; et pour peu je ferais chorus avec les rieurs !...

En attendant, nous descendons toujours. Le pays, bien que montagneux en lui-même, tend de plus en plus à s'élargir. Encore quelque temps, et nous nous retrouverons dans la plaine où nous devons rencontrer, sinon les obstacles de la nature, du moins ceux que l'homme se plaît trop souvent à élever. Et, par le fait, les renseignements que nous obtenons des passants ne concordent que trop bien avec ceux qui nous ont été donnés jusqu'ici. L'insurrection se concentre, notamment, autour de Nagoya, une des plus importantes cités du Japon, et les rebelles s'apprêtent à se diriger de cette ville sur le Nakasendo où nous voyageons. Il n'y a plus à tergiverser : à nous d'arriver les premiers à la bifurcation des deux routes. Au delà de ce point seulement, nous pourrons mettre un terme à notre marche précipitée.

Un peu en avant d'Otchiaï, nous étions entrés dans la province de Mino, après avoir laissé derrière nous celle de Chinano. A nos pieds maintenant, le village de Nakatzgawa aligne ses longues rangées de toits gris faisant tache au milieu des rizières qui l'entourent de toutes parts.

Il est trois heures et demie quand nous atteignons l'agglomération. Mais nous ne nous y arrêtons pas. Nous pousserons sans retard vers Oï, situé à trois ris plus loin. Ce sera autant de gagné sur l'ennemi. Nous y coucherons, et demain, s'il plaît à Dieu, nous aurons rejoint et bientôt dépassé le terrible cap de la bifurcation.

Désormais la plaine uniforme verdoie paisiblement sous nos yeux, semée çà et là d'habitations rurales étincelantes au soleil. Le fond des montagnes neigeuses, qui se dressent comme un rempart derrière nous, va s'éloignant de plus en plus. Quel admirable coup d'œil! Et, pourtant, l'heure n'est pas à la rêverie. C'est bien de jeter un regard, mais il ne faut plus s'arrêter. Nous entrons dans le village d'Oï, vers six heures et demie, après une course vertigineuse de neuf ris.

C'est à l'hôtel *Ghichia* que nous allons demander une hospitalité bien nécessaire, après la longue étape fournie depuis ce matin. Le propriétaire de l'établissement, un nommé *Ghiokouro*, ne nous apprend rien que nous ne sachions, au sujet de l'insurrection. Tant mieux ! c'est ici que l'adage : « Pas de nouvelles, bonnes nouvelles, » éclate dans toute sa bienfaisante application. Les préparatifs de fête que je constate à chaque pas sont même de nature à nous tranquilliser.

Dans la chambre voisine de la mienne, on a disposé, à l'occasion du dernier jour de l'année, une sorte de petit autel votif brillamment illuminé. Une tige de camélia est fixée au beau milieu, entre deux branchages ornant l'autel sur ses extrémités latérales. Tout autour, des bandes de papier découpé, conformément aux prescriptions du rite chintoïste, produisent à la fois un ensemble harmonieux et varié d'un effet papillotant. Au-devant de ces naïfs emblèmes, deux bouteilles de saké, des gâteaux de riz, du sel, des oranges, des marrons, des *kakis*, le fruit tant apprécié au Japon, du poisson sec, des navets, des carottes et autres herbes potagères, forment une sorte d'offrande résumant tous les dons de la nature. Ils me rappellent ce corbillon que les enfants des Flandres emplissent, aux premiers jours de décembre, pour l'âne du bon saint Nicolas. Mais ici, ces diverses oblations ont un but vraiment religieux. Elles sont faites aux dieux tutélaires pour se concilier leur haute protec-

A dîner, on me sert de succulentes grillades de sanglier. Encore un bon repas qui nous permettra de ne point toucher à nos conserves et de faire face aux événements, quels qu'ils soient !

Lundi, 1er janvier 1877. — On ne se couche pas, au Japon, pendant cette nuit solennelle. Ne faut-il pas saluer dignement le renouvellement de l'année? Tout l'hôtel est sur pied, et les allées et venues ne discontinueront plus jusqu'au matin.

Déjà la chambre, transformée en chapelle, se remplit de pieux visiteurs. J'entends prier à haute voix,

STATION BALNÉAIRE DE CHIMO-NO-SOUA. — D'après Hokio Tchouwa (p. 315).

tion et pour attirer sur la famille tout entière la bonne fortune et les félicités terrestres. Enfin, brochant sur le tout, une corde, ornée de festons de papier blanc, court d'une muraille à l'autre pour empêcher le mauvais génie de pénétrer dans la maison. C'est, en un mot, la foi païenne dans sa plus touchante expression, presque l'âge d'or chanté par les poètes de l'Hellade.

Puisque nous parlons de « mauvais génie », rendons compte ici d'une coutume usitée au 1er janvier de chaque année, laquelle consiste, pour le maître de la maison japonaise, à jeter des poignées de haricots grillés à travers la demeure familiale en vue d'en chasser les esprits du mal et d'y attirer le bonheur et la fortune. Le célèbre Hokousaï nous a représenté allégoriquement cet usage sous la forme d'un vieux samouraï exorcisant le diable.

soupirer bruyamment et claquer des mains avec ferveur. Les enfants mêlent leurs supplications à celles des vieillards, mais c'est pour s'abandonner bientôt à une somnolente rêverie, au cours de laquelle ils entrevoient sans doute, sous des formes fantastiques, cette légion de personnages et d'animaux fabuleux dont on peuple leur imagination, et tout ce monde de jouets et de friandises qui ont valu au Japon le surnom de « paradis des enfants ». Il y a comme une manifestation grave, dans cette veillée universelle, où le caractère franchement religieux de la nation se révèle tout entier. Sans dogme nettement défini, partagé entre le pur chintoïsme national et le bouddhisme aux cérémonies pompeuses, dominé par des superstitions qui participent de toutes les mythologies orientales, le peuple japonais a conservé intacte la grande et féconde idée de l'Être suprême, créateur et protecteur de l'univers. Ses humbles élans sont inspirés à la fois par la crainte de l'inconnu et par une pensée de reconnaissance pour tous les biens dont jouit l'humanité. Dites par un cœur vraiment sincère, de pareilles invocations, qu'elles s'exhalent d'une cathédrale, d'une synagogue, d'une mosquée ou d'une pagode, montent tout droit comme un pur encens aux pieds du Maître de la création.

Ayant réussi à m'endormir, au milieu des psalmodies de fin d'année, je suis sur pied dès six heures, prêt à recommencer la nouvelle. Le temps est clair et serein. Le thermomètre accuse sept degrés centigrades au-dessous de zéro.

O pâles visites du jour de l'an, perfides embrassades d'arrière-cousins et de vieilles filles, froides poignées de main, stupides compliments stéréotypés, combien de fois, en Europe, vous a-t-on maudits? Ai-je assez maugréé moi-même contre ces simagrées de convention? Comment se fait-il donc que je les regrette aujourd'hui, au milieu de cette douce nature, dans la plénitude de ma liberté, dans l'effacement de tout ce qui me rappelle les mœurs de l'Occident? Bien que j'aie secoué momentanément les chaînes de notre civilisation raffinée, et que je me sois, par un éloignement volontaire, mis au-dessus des formules vaines ou puériles, voilà que je souffre, en secret, plus que je ne saurais le dire, d'être ainsi écarté du reste des hommes, en une occasion pareille. Seul de ma race, à trois mille lieues de tous les miens, étranger, presque odieux à qui me côtoie, c'est avec un serrement de cœur que je suis des yeux cette population entière s'agitant autour de moi et s'unissant joyeusement dans une manifestation spontanée. Aujourd'hui, force m'est de reconnaître la douceur, — que dis-je? — l'impérieuse nécessité de ce vaste recensement des membres d'une même famille, de ceux qui portent le nom de l'ami, du groupe qui constitue les relations individuelles. Que j'aurais de plaisir à rencontrer ici quelque figure aimée, quelques traits entrevus déjà! Que de malentendus, d'antagonismes, de préventions s'évanouiraient dans mon âme, à ce vivant témoignage de la patrie absente! Une bonne année à vous tous qui m'appartenez par les liens du sang ou de l'amitié, à vous tous qui, — j'en ai la certitude, — en cette heure de ressouvenance, traversez par la pensée la masse écrasante de notre planète et retrouvez le voyageur perdu au cœur du Japon!

Et maintenant, hâtons le départ et pressons le pas. Rien ne saurait, d'ailleurs, nous retenir ici, rien sinon quelques regards étonnés et quelques secrètes convoitises. Avec l'argent de notre escarcelle, nous retrouverons partout la même hospitalité presque obséquieuse, la même indifférence logique. Profitons, au contraire, de la journée. Elle est favorable à nos projets. Il est impossible qu'au sein d'une pareille allégresse, les révoltés se soient remis en route. Nous aurons donc le loisir de les devancer.

Le cheval de bât que j'avais affrété est parti en avant, chargé de nos bagages. Il nous attendra à neuf

SPÉCIALISTE INTERROGEANT L'ŒIL D'UNE MALADE. — Dessin humoristique tiré de la *Mangwa* de Hokousaï (p. 318).

ris de distance, au bourg même de Mitaké. Si sur la route devait s'annoncer quelque rencontre fâcheuse, le conducteur s'est engagé à revenir aussitôt vers nous. Tout le monde dort encore dans le village, fatigué par la veille à outrance. A peine quelques jeunes filles, quelques gamins matinaux circulent-ils dans les rues encore abandonnées. Hommes et femmes, après avoir vaillamment réveillonné, ont été s'étendre, au jour levant, sur leurs peu moelleux *tatamis*. Ce n'est cependant qu'à dix heures et demie que nous parvenons à nous mettre en route définitivement, après avoir déjeuné à la diable dans une tchaya du voisinage.

Regagnons le temps perdu. Volons de notre pied le plus léger, — comme eût dit l'ami de Patrocle! — Que le mien, dont l'épiderme a été si brusquement renouvelé, me porte allègrement jusqu'au delà de nos périls! Beau silence, d'ailleurs, à travers route. Les habitations sont partout hermétiquement closes. Morphée y règne encore en maître absolu. La campagne est universellement déserte. Pas un laboureur dans les champs, pas une silhouette de désœuvré dans les chemins! Tout autour, les rizières, limitées par des collines boisées de sapins, se dorlotent aux premières caresses du soleil. Les flancs déchirés de ces élévations sablonneuses opposent les tons rouge et or de leurs entrailles au masque argenté des cimes neigeuses qui grimacent au loin derrière nous.

AU CŒUR DU JAPON

Nous sommes à peine distants d'un demi-ri de notre point de départ, que nous recommençons à escalader une succession de collines sans grande élévation, et que nous découvrons, enfin, après une marche à la fois rude et fatigante, cette fameuse bifurcation, objet de tous nos désirs, le seul point qui concentre, pour le quart d'heure, nos préoccupations les plus intimes. Encore un effort, et nous n'aurons plus rien à redouter. — Mais, déjà, de nombreux indigènes s'en viennent, nous croisant sur la route. Plusieurs sont chargés de leur fortune, déclarant fuir la ville maudite de Nagoya, où règnent désormais la mort et la désolation. La marée de fuyards, qui monte sans cesse, semble nous avertir encore de presser le pas. Qui sait si ce soir nous ne serions pas arrêtés par les rebelles?...
Mais, Dieu soit loué, voici la route fatale dépassée! Et vraiment, il n'était que temps, si nous devons en croire les pauvres diables qui se sont engagés, eux aussi, sur le côté du chemin où nous sommes. Nagoya n'est situé qu'à onze ris du point d'où nous nous éloignons. Il paraît que les samouraïs se livrent plus que jamais au pillage. Voulant, en outre, se retirer dans les montagnes, pour échapper à la poursuite des troupes régulières, ils se sont engagés sur la route que nous venons de traverser. Ils ont campé, cette nuit même, à une faible distance de la bifurcation, prêts à tout événement, et couvrant déjà ce point stratégique en vue de ne pas se laisser surprendre. Heureusement que nous avons réussi, grâce à la célérité de notre marche, à les devancer en ce lieu. Demain, certainement, il eût été trop tard. — Bien que je fusse préparé, depuis longtemps déjà, à l'idée du péril que nous courions, je déclare que je m'habituais mal à cette constante obsession. Voyager est un passe-temps

délicieux, mais le plaisir s'en efface bien vite quand on redoute à chaque tournant de voir apparaître un ennemi farouche, enivré de carnage et de rapines.
Ouf! quelle montée! Reposons-nous un instant sur cette pierre. Elle semble avoir été disposée à notre intention. Nous sommes ici au faîte de la plus élevée des collines qui forment, dans la plaine environnante, une sorte de chaîne minuscule à côté des montagnes alpestres que nous avons précédemment franchies.

La route, généralement ascendante, qui mène du village d'Oï à celui d'Okouté, sur une distance de moins de quatre ris, est dénommée par les indigènes le « défilé des Treize-Collines », en japonais *djou-san-toghé*. Et celles-ci sont bien treize, en effet. Je les ai comptées. L'une d'elles est surmontée d'une guérite en paille que, pour me délasser de mes appréhensions du matin, je photographie au pied levé, au moment précis où Sada, harassé de fatigue, vient de s'y affaler le long de la paroi. Toutes ces hauteurs, où les sapins croissent par touffes et par rangées, sont tapissées d'un sable fin sans cesse apporté par le vent. On reconnaît toutefois la nature volcanique du sol aux roches porphyroïdes vomies des entrailles mêmes de la terre, à des époques antéhistoriques. L'élévation graduelle de ces treize collines nous a conduits jusqu'à certaine altitude, d'où nous découvrons un singulier pays de montagnes noires, aux flancs presque polis, bornées elles-mêmes par des pics neigeux qui allument à l'horizon comme autant de pointes diamantées. Ce coup d'œil a quelque chose de fantastique.

Encore un regard du haut de notre observatoire, et dévalons sans hésitation dans le bas-fond qui court à nos pieds, par une rampe escarpée. La végétation, d'une opulence coquette, devient semi-tropicale. Le

CHEZ UN PHARMACIEN. — Dessin de Hokio Tchouwa (p. 315).

laurier et les arbres à épines comme au feuillage vernissé s'y mêlent aux chênes, aux conifères et aux bambous.

Vers deux heures et demie nous atteignons Okouté, toujours plongé dans le repos. Ainsi que dans la précédente localité, il n'y a d'éveillés, jusqu'à cette heure, que les garçonnets et les fillettes, déjà revêtus de leurs habits de fête, la plupart flambants neufs et bariolés, suivant la coutume, des couleurs les plus éclatantes. Les jeunes filles sont coiffées avec le luxe et la recherche des courtisanes elles-mêmes. Chacune d'elles porte sous sa houppelande une jupe d'un rouge vif, tandis que la ceinture est striée de teintes mordant violemment sur la rétine de l'œil. Çà et là, des trophées de fleurs et de branchages ornent la rue. Quelques demeures ont bien entre-bâillé leurs châssis,

des bâtonnets traditionnels, que je manie déjà avec la dextérité d'un indigène!

De Okouté à Hosokouté il n'y a que deux ris. Nous les parcourons à cheval, tantôt en franchissant de jolies collines, tantôt en plongeant dans les vallons verdoyants. Le froid est redevenu assez piquant. De plus, la difficulté que nous éprouvons à garder l'équilibre, sur le bât incommode de nos montures, nous a raidi tous les membres.

Où nous délasser un moment? Hosokouté aussi, malgré l'heure avancée, est encore ensevelie dans le sommeil. Quelle singulière façon de fêter le 1er janvier! Une seule maison du village, appartenant à un bourgeois quelconque, est cependant toute grande ouverte. Le feu vif et clair pétille dans l'âtre. Nous demandons aux enfants ébaubis la permission d'y combattre notre engourdissement, et, interprétant leur silence dans le sens de notre vieux proverbe : « Qui ne dit mot consent, » nous pénétrons sans autre forme de procès dans le yachiki rural. Là, sans faire de bruit, à la cadence des ronflements sonores du maître du logis dormant dans la pièce voisine, nous réparons tant bien que mal les injures que la fraîcheur et la contention d'esprit avaient occasionnées à notre être. Cela était indispensable. *Okini arigato*, « merci beaucoup, » mes enfants! Votre hospitalité nous a remis sur pied. Quelques *tempos* distribués à la jeune assistance, en manière d'étrennes, achèvent de faire disparaître la fâcheuse impression qu'avait ressentie en nous voyant envahir le domaine paternel. Allons voir maintenant à Mitaké, notre étape de ce soir, si l'on s'y lève plus tôt qu'ici!

MÉDECIN ÉTABLISSANT LE DIAGNOSTIC. — D'après Hokousaï (p. 318).

pour boire un rayon bienfaisant au pâle soleil hivernal, mais partout encore règnent le calme et la torpeur rappelant à l'imagination ce silence extraordinaire qui accueillit le jeune prince dans le château de la Belle au Bois dormant.

Il faut déjeuner cependant. Ma foi! d'autorité, je tire de son sommeil léthargique le propriétaire d'un hôtel que je distingue entre les autres. Celui-ci m'arrive bientôt, se frottant les yeux comme un écolier. « Qui dort dîne, » affirme la sagesse des nations. Il paraît que notre homme n'a pas même, chez lui, un atome de victuailles : ni riz, ni poisson, ni même un brin de feu dans les fourneaux. Or, j'aurais tort, pour y suppléer, de compter sur mes propres provisions, car le cheval qui les porte a maintenu son avance sur nous. Rabattons-nous donc vers une tchaya voisine. La fumée abondante qui s'échappe de son toit moussu est de bon présage. On nous y offre des œufs et du poisson, une sorte de grosse anguille à large tête ressemblant à nos congres de mer. Cela nous constitue un petit festin à la japonaise absorbé au moyen

Et nous voilà repartis vers les cinq heures, ayant encore trois ris d'équitation en perspective! — Que de collines! Toujours et toujours le pays est un véritable dédale de monticules juxtaposés. Quoi qu'il en soit, nous nous tenons constamment à des altitudes élevées, ce qui permet à notre regard de planer sur le pays environnant.

A mi-chemin, le paysage devient magnifique et revêt, aux approches du crépuscule, des teintes opalines qui provoquent nos cris d'admiration. En moins de quelques minutes nous embrassons un panorama de montagnes flamboyantes sous les rougeurs fantastiques d'un coucher de soleil incomparable. Je ne me rappelle pas, en toute ma vie, avoir vu rien de plus beau. Les hauteurs les plus rapprochées sont comme émaillées d'un vert sombre, tirant sur le noir. Une vapeur légère, dégradée en teinte neutre, court jusqu'au pied des montagnes, baignant d'ombre diaphane toute la distance qui nous en sépare. Enfin, les sommets lointains, chargés d'une robe de pourpre,

AU CŒUR DU JAPON

se détachent en camaïeu sur le ciel cramoisi où disparaît insensiblement le disque de feu. Quel horizon! quel divin incendie! De telles choses ne se décrivent pas, elles restent comme un souvenir ineffaçable dans l'âme de celui qui les a contemplées. De quelque côté que l'on se tourne, pas une habitation, pas un souffle dans l'air attiédi.

Pas un murmure humain : il serait sacrilège. Il semble que la nature entière se recueille en face d'un pareil tableau. Et dans cette immensité, où règne un silence solennel, où le premier jour de l'année finit dans un embrasement féerique, moi-même, je sens comme une torpeur s'emparer de tout mon être, comme un éblouissement moral m'attacher au point où je suis. Ma contemplation dure autant que le merveilleux phénomène. Peu à peu, cependant, au décroissement progressif de la lumière, mes pensées vont s'imprégnant de mélancolie et de ressouvenirs. Elles franchissent à nouveau les montagnes de feu qui me désignent l'Occident, et volent comme une secousse électrique, à travers l'immensité des mers et des continents, pour retrouver sans effort tous ceux que j'ai laissés au pays natal.

UNE BRANCHE DE LA KISO-GAWA (p. 337).

pour mieux nous faire regretter les splendeurs du crépuscule, elle s'enveloppe dès son lever, comme une coquette, dans des flots de brouillards massés à l'horizon. Cela nous est d'autant plus préjudiciable qu'une nouvelle descente se présente à nous sous forme d'un talus presque vertical, jonché de pierrailles aiguës contre lesquelles nous butons à chaque pas. Et quelle inclinaison, bon Dieu! C'est un casse-cou invraisemblable, qui n'en finit pas. On croirait que nous descendons, en une seule fois, tout ce que nous avons monté depuis plusieurs jours. La nuit aidant, je gagerais traverser les steppes horrifiques de l'Arabie Pétrée.

Enfin, la pâle déesse, satisfaite de nous avoir fait languir, daigne mettre son nez camard à l'échancrure d'un nuage. Il est bien temps, vraiment. Nous sommes enfin parvenus au bourg de Mitaké, objet de nos aspirations, sans même que nous ayons pu nous en douter. Aucune lumière, en effet, ne nous en a trahi la proximité. A l'intérieur du Japon,

A Tsoubachi, situé à deux ris de Mitaké, le terrain s'abaisse rapidement pour se relever bientôt, par une rampe lente et prolongée. La nuit s'est faite peu à peu, ne laissant plus subsister que la tristesse et l'isolement. Par surcroît de malheur, nous avons laissé nos lanternes dans les bagages, et la sournoise Phébé se cache encore derrière les montagnes. Bientôt,

grâce à l'absence presque complète d'éclairage dans les rues, rien ne décèle le voisinage des lieux habités, une fois le soir arrivé. Les constructions basses qui en constituent les agglomérations se confondent la plupart du temps avec les accidents du terrain.

Bien qu'il soit à peine sept heures et demie, nous ne rencontrons pas âme qui vive sur notre passage. La devanture des maisons qui s'alignent des deux côtés de la rue est hermétiquement close. Évidemment toute la population dort encore et dormira sans doute de plus en plus profondément. Le réveil sera pour demain. Il n'en faut plus douter, au pays du Soleil Levant le premier jour de l'année est exclusivement consacré au sommeil, fils de l'Érèbe et de la Nuit.

Descendus au centre de la ville, nous nous faisons ouvrir la porte de l'hôtel *Krouria*. C'est un fort bel établissement, où nous étions attendus, grâce à notre avant-garde. Telle est, sans doute, l'unique raison pour laquelle le propriétaire, un nommé *Kignemon*, échappe à la léthargie universelle. Le brave homme daigne m'assigner une chambre qui serait très agréable, si je n'avais pour voisin le plus déterminé ronfleur que j'aie onques rencontré dans mes voyages dans les deux mondes. Tudieu! quels poumons! Un congrès d'ours en frairie ne mènerait pas un vacarme plus assourdissant. Toute la soirée, toute la nuit, j'aurai donc l'agrément de ces bassons d'un nouveau genre. Et je n'en suis séparé que par une simple cloison de papier!

Vers neuf heures, après le dîner, grand conseil avec le propriétaire de l'hôtel, l'indispensable Sada et une espèce de maître Jacques, à la parole sentencieuse : l'importante discussion roule sur la route qu'il conviendra de suivre dès demain. Les délibérants, accroupis autour du *hibatchi*, ont commencé d'abord par bourrer et consumer quelques pipes, en émettant les avis les plus divers, tandis que je me livrais moi-même à certaines manipulations photographiques. Mais au bout de quelques moments je les entends, les uns et les autres, discrètement d'abord, puis bruyamment, faire chorus avec mon satané voisin. Le pauvre Sada n'en peut plus. Je le soupçonne fort d'avoir partagé, à Oï, la veillée de mon hôte et de ses familiers. Aussi y aurait-il cruauté pure à le tenir plus longtemps sur pied. D'ailleurs, cette ineffable mélodie a réussi, elle-même, à enivrer mes esprits. Le sommeil est d'essence contagieuse. Après avoir congédié l'aréopage et mis mes notes au courant, je m'abandonne enfin, pieds et poings liés, au fléau qui sévit aujourd'hui sur le Japon tout entier.

Mardi, 2 janvier. — Il a neigé toute la nuit. Il neige encore au moment où je me lève. Vers neuf heures, le temps se remet au beau, et le thermomètre marque zéro.

Nous avons tous dormi comme des loirs. De même que le 1er janvier ont allé rejoindre le 31 décembre, le village renaît à la vie et au mouvement, en secouant sans honte ses vingt-quatre heures d'engourdissement.

Je croyais en avoir fini avec les rebelles. Mais Sada m'apprend qu'un certain nombre se sont concentrés sur le Nakasendo, d'ici à la ville de Ghifou. Nous avons trop heureusement réussi jusqu'à présent à échapper à toute fâcheuse rencontre pour aller nous jeter de propos délibéré dans le guêpier. Nous nous décidons, en conséquence, à descendre en barque la Kiso-gawa, ce fleuve-torrent que j'ai déjà longé pendant plusieurs jours, et dont la navigation passe pour être des plus dangereuses en certains endroits. Nous rejoindrons la rivière à Fouchimi, village situé à un ri de distance, où nous nous embarquerons. Vers dix heures et demie, tout est prêt. Sada est devant l'hôtel avec trois djinrikchas, affectés spécialement au service de nos personnes et de nos bagages.

A notre départ, un « ohaïo » crié d'une voix argentine accueille notre caravane : c'est une jeune fille ayant pour tout vêtement un jupon gaillardement retroussé, et qui procède, au beau milieu de la grand'rue, aux soins d'un petit lessivage. La belle se dérange à peine pour nous faire place. Est-ce qu'il n'est plus permis de vaquer « à son aise » à ses occupations domestiques?

De Mitaké à la rivière, la campagne est admirable. Une fois de plus, je me plais à constater la vigueur de la végétation.

Nous distinguons bientôt le lieu d'embarquement. Déjà, comme dit Sada, « voici le *bateau de maison*! » Car c'est ainsi qu'il désigne la galère primitive à laquelle nous allons nous confier, corps et biens, pendant une traversée de neuf ris. Les expressions françaises de mon truchement se calquent toujours sur la construction japonaise, laquelle se forme en mettant le terme principal en premier lieu dans tous les mots composés. C'est ainsi qu'il dira « homme de nom » pour nom d'homme, « navire de cheminée » pour cheminée de navire, etc., etc. J'ai voulu m'instituer son professeur de langue et réformer en lui cette façon de parler, la plupart du temps inintelligible pour nos oreilles. Peine perdue! J'aurais eu plus tôt fait de prendre mes grades universitaires à la faculté de Tokio.

L'embarquement se fait entre onze heures et midi, et nous nous mettons aussitôt en route. Notre « bateau de maison » n'est qu'une sorte de bachot formé de planches longitudinales, réunies ensemble par des traverses et cédant à la moindre pression. Ces embarcations embryonnaires ont cependant de rudes secousses à supporter. L'équipage, composé de trois *sendos*, tantôt égratigne la surface des eaux avec les rames de bambous, tantôt y plonge la gaffe, en vue de diriger plus efficacement notre marche. Le lit de la rivière, semé de rocailles et de cailloux, nous apparaît à travers les ondes, ici placides, là tumultueuses, partout claires et cristallines. Nous traversons un grand nombre de rapides, qui entraînent notre léger esquif avec une vitesse dont les eaux du Saint-Laurent lui-même ne pourraient donner une idée. La comparaison n'est pas excessive, en effet, car les rapides du fleuve d'Amérique sont assez profonds pour laisser aux steamers la liberté de les franchir avec une quasi-sécurité, tandis qu'ici les rochers, trop souvent à fleur d'eau, exigent de continuels efforts pour être évités. Il ne faut pas moins de toute l'adresse et de toute la force réunies de l'équipage, pour ne pas aller en dérive se briser sur les écueils. Plus d'une fois même, la manœuvre, trop lente encore, nous laisse heurter l'obstacle, et, alors, nous tressautons sur notre embarcation, ainsi que des pantins mus par un ressort caché. C'est à donner le vertige. Vingt fois je prévois le moment où nous allons couler sur place. A certains points du fleuve, la pente est tellement forte que l'eau se déverse, sous forme de cascade, en agitant les ondes comme une mer démontée.

Toutefois, certains travaux ont été faits pour garantir les navigateurs. Ainsi, aux endroits les plus dangereux, il a été ménagé des façons de petits canaux, au milieu même de la rivière, grâce au relèvement des grosses pierres qui en obstruaient le lit. Sans ces refuges, où l'on se repose un peu des appréhensions et des fatigues que vous fait éprouver un semblable voyage, on finirait par s'abîmer dans les eaux.

Nous avons parcouru d'abord un pays relativement plat, aux berges gazonnées. Bientôt nous nous trouvons encaissés entre deux murailles de rochers au profil irrégulier, descendant à pic jusqu'au fond de la rivière, et formant avec le lit de roches où nous naviguons comme une sorte de cuvette dont la paroi de gauche est presque une montagne aux flancs lisses, tandis que celle de droite, moins élevée, se distingue par les formes les plus bizarres et les plus inattendues. Parfois les murailles se rapprochent comme dans un col resserré; parfois elles s'éloignent brusquement, en laissant à la rivière, qui s'élargit, toute l'aisance qui convient à l'écoulement de ses eaux agitées.

Une des plus belles vues dont on soit gratifié, sur la partie de la rivière que nous parcourons, est celle du

LA BELLE AU BOIS DORMANT (p. 334).

château qu'on me dit appartenir au seigneur Narouché Hayétonocho, vassal du prince d'Owari. Ce yachiki féodal, surélevé de plusieurs étages et à toits proéminents, est perché sur une hauteur en forme de promontoire plongeant presque à pic dans la

Kiso-gawa, tout comme les manoirs juchés au bord du Vieux-Rhin. Des arbres verdoyants ont greffé leurs racines dans les fentes du rocher et recouvrent d'une végétation luxuriante toutes les parcelles de terre végétale qui en garnissent les fissures et le plateau supérieur. Au détour du promontoire, le parc attenant à la propriété se déroule au bord de l'eau, étalant aux regards les alternances d'un manteau diapré dont la bordure monumentale est figurée par une muraille d'enceinte à créneaux. Ce site est vraiment admirable. Aussi je m'empresse de faire aborder sur la rive opposée pour en prendre une photographie. Le cliché que j'en obtiens constituera certainement une des perles de ma collection japonaise. A ce propos, il est bon de faire remarquer que nous nous trouvons ici dans des districts que nul étranger, apparemment, n'a visités avant nous. Depuis que nous avons quitté le Nakasendo, nous nous sommes jetés en dehors de tous les itinéraires habituellement suivis.

A peine sommes-nous remontés en barque qu'une bande d'oiseaux amphibies se lève devant nous. L'un d'eux tombe sous mon coup de fusil. Nous éprouvons quelque peine à le repêcher. La victime est une sorte de cormoran, volatile plongeur se nourrissant exclusivement de poisson. De l'avis de Sada, pourtant très coulant sous ce rapport, la chair en est de saveur médiocre. Je me dispenserai donc de faire moi-même une expérimentation gastronomique.

Encore quelques rapides de plus en plus rares, et nous voici dans un pays presque plat. Il faut convenir qu'après tant de montagnes à l'aspect farouche, tant de rochers menaçant le ciel de leurs pointes innombrables, la plaine au vaste horizon, à la vie paisible et douce, a son charme particulier. Comme celle qui se déroule sous nos pas est séduisante! Qu'elle captive l'attention de l'observateur avec ses champs cultivés, ses maisonnettes éparses et ses bosquets de flexibles bambous! A considérer l'immense étendue, il semblerait que nous passerons des jours à la franchir et qu'elle nous conduira jusqu'à Kioto, peut-être même jusqu'à la mer. Mais cela n'est qu'une illusion, heureuse après tout. Déjà, devant nos regards, surgissent les assises colossales d'une nouvelle chaîne de montagnes couvertes de neiges éclatantes. Ce sont, à ce qu'il paraît, les hauteurs de la province d'Omi, dont j'avais méconnu les frasques topographiques.

De distance en distance, à présent, nous rencontrons en travers du courant des espèces de fascines faites d'un étui de bambous entrelacés et remplies de pierres de toutes dimensions. Ce sont des barrages ayant pour objet d'atténuer la force des eaux ou de la rendre utilisable aux riverains. Partout, en effet, des bateaux-moulins, servant à décortiquer le riz, sont habilement disposés sur le courant.

Un peu avant d'arriver à destination, nous laissons sur la gauche le village de Kitagata. Les jolies habitations qui le composent s'étagent, d'une manière pittoresque, en s'éparpillant sur la rive assez élevée en cet endroit. Un peu plus loin, vers la droite, se présente un village également coquet et répondant au nom de Kasamatz. C'est là que nous débarquons, à cinq heures. Ordinairement, le trajet que nous venons de fournir s'opère en moins de quatre heures. Nous en avons mis cinq et demie, en raison de nos exploits cynégétiques et des pertes de temps causées par nos opérations de photographie.

Et, maintenant, en djinrikcha jusqu'au village de Kano! Nous traversons rapidement Kasamatz, dont le plan général me plaît infiniment. Les rues, plus étroites qu'elles ne le sont d'ordinaire même au Japon, s'y entre-croisent à l'aventure comme les fils d'un écheveau brouillé, présentant à chaque pas des habitations d'une certaine diversité. Il existe en ce fouillis, voulu par le hasard, un côté pittoresque assez peu fréquent dans la plupart des agglomérations japonaises, et bien rare aujourd'hui dans nos villes européennes tirées au cordeau. Rien de monotone, en effet, comme nos blocs à angles droits offrant partout au regard la même disposition planimétrique, la même ordonnance architecturale. Où chercher « le beau désordre », auquel notre imagination se complaît, dans ces grandes villes modernes si semblables d'aspect et quasi copiées l'une sur l'autre? Courbez la ligne, au contraire; échancrez-la de point en point; opposez aux façades à belvédères la toiture en chalet ou la *loggia* italienne; faites succéder aux bâtiments en brique, la pierre et le bois; resserrez la rue et le carrefour en une proportion plus conforme à l'échelle du passant ou des objets qu'il convoie, et vous aurez un tableau tout à la fois coloré, débordant d'animation et toujours empreint d'un caractère original. Une pareille ville ne sera pas toujours favorable aux affaires, à la circulation surabondante, mais elle fera les délices du voyageur et de l'artiste. Telles sont les vieilles cités andalouses. Comme leurs coquetteries imprévues, leurs grâces pimpantes et attractives s'imposent au souvenir du touriste! Quelle différence avec ces éternels quinconces de pierre visibles à Berlin, à Londres, à New-York, à Saint-Pétersbourg, et malheureusement aussi à Bruxelles et à Paris!

Il ne faudrait pourtant pas croire, d'après ce qui précède, que Kasamatz soit tout à fait l'aimable kaléidoscope dont je me plais à retracer le tableau. La digression m'est tout bonnement indiquée par l'ensemble des rues et des maisons, ensemble affectant une disposition peu fréquente même en ce pays de la fantaisie et dans lequel, au surplus, il serait oiseux de rechercher une architecture digne de ce nom. En d'autres termes, et pour bien exprimer toute ma pensée, je dirai que si, durant mes pérégrinations vagabondes au Japon, j'ai pu rencontrer des cités plus riches ou plus importantes, je n'en ai pas vu, jusqu'à présent, qui aient eu le don de me séduire autant que le modeste bourg de Kasamatz.

Mais passons! Le voyage est un changement de décor sans repos. Nous franchissons un portique de bois, puis un pont, et nous nous retrouvons aussitôt en pleine campagne. Il n'y a guère qu'un ri à parcourir d'ici à Kano. Nous y arrivons vers six heures et demie, au moment où je pensais que nous n'y parviendrions jamais. L'uniformité de la plaine, après laquelle je soupirais tout à l'heure, faisant suite aux péripéties de notre voyage par eau dans des régions montagneuses, semble m'avoir plongé dans une vague inertie. Voilà bien la faiblesse humaine avec sa recherche du contraste :

> L'homme est changeant dans ses désirs :
> Lorsqu'un souvenir le ramène,
> Souvent il regrette sa peine
> A l'égal des plus doux plaisirs.

Grandes tribulations pour trouver un hôtel ! Partout où nous nous présentons, on nous répond qu'il n'y a plus de place. Je me vois contraint, pour ne pas passer la nuit à la belle étoile, de m'adresser au bureau de police, en priant le préposé de vouloir bien me trouver un gîte. Celui-ci finit par nous caser dans un établissement de second ordre, où, par parenthèses, je me trouve aussi bien, sinon mieux, que dans toute autre installation *first rate*.

La vérité crue est que les auberges auxquelles nous nous sommes adressés d'abord sont entièrement vides et qu'on n'a pas voulu nous y recevoir. Par une anomalie singulière et fâcheuse, l'étranger, qu'on accueille partout à bras ouverts dans les hôtels villageois, sauf à lui faire payer double cette large hospitalité, ne rencontre, en général, dans les villes importantes que la défiance et l'animosité. Les préjugés nationaux, toujours attisés par les mécontents, continuent à enflammer les cœurs de haine et de vindication.

Il est juste d'ajouter que la plupart des mesures recommandées à l'égard de l'étranger, ne tendent à rien moins qu'à rendre celui-ci suspect aux yeux de tous, en le rabaissant plus bas que le plus infime des indigènes. Ainsi, dans le passeport qui lui est délivré, il est telle stipulation qui lui interdit de se livrer à des voies de fait vis-à-vis des indigènes ou d'incendier leurs biens et leurs récoltes, telle autre qui lui enjoint de payer ses frais de transport et ses dépenses d'auberge, telle autre encore qui lui somme de se comporter avec honnêteté au cours de ses voyages à l'intérieur du pays, tout comme si on avait affaire à un voleur de profession ou à un brigand déclaré. Et quelle constante obsession ! A chaque instant, il nous faut exhiber nos passeports, non seulement dans les bureaux de police devant lesquels nous venons à passer, mais encore dans le moindre établissement public où nous faisons halte. Partout ce sont des questions innombrables, à perte de vue, auxquelles j'ai pris le parti de ne plus répondre, en intimant l'ordre à Sada de laisser au seul papier administratif le soin de renseigner les indiscrets. On s'expliquera cette détermination quand j'aurai dit que nos persécuteurs viennent nous relancer jusque dans notre chambre d'hôtel, où ils se mettent à copier à qui mieux mieux le document officiel. Il me plaît, certes, de reconnaître que le passeport est donné aux étrangers surtout en vue d'assurer leur protection et de les suivre paternellement

LA POÉTESSE MOURASAKI CHERCHANT SES INSPIRATIONS. — D'après Uokio Tchouwa (p. 351).

jusque dans les coins les plus reculés de l'Empire ; mais je crains qu'à l'intérieur du pays, et particulièrement dans les régions où nous sommes, la formalité ne soit plutôt interprétée dans un sens vexatoire. En tout cas, à la manière dont on procède, il semble que les soupçons les plus graves pèsent toujours sur le malheureux voyageur. Évidemment, on nous fait encore, dans l'intérieur du Japon, une réputation de bandits, contre laquelle le temps et des rapports plus suivis auront bien de la peine à réagir.

En attendant, je déclare n'avoir jamais rencontré, en ce pays si bienveillant d'habitude, une population à la fois plus farouche et aussi mal prévenue que celle de Kano. M'est avis que le voisinage du mouvement insurrectionnel entre pour quelque chose dans cet accueil discourtois. L'administration, comme la bourgeoisie, craindrait de se compromettre en paraissant frayer avec des « barbares », objet de la haine et de la réprobation des rebelles. Tel est du moins l'avis de Sada, lequel a déjà eu le temps d'aller prendre l'air de la ville et qui me fait part, à son retour, des rumeurs inquiétantes dont elle est remplie.

Mercredi, 3 janvier. — Beau temps le matin; pluie dans l'après-midi (th. + 3ᵉ cent.).

Comme la nuit s'était passée sans que nous eussions dévalisé ni assassiné qui que ce soit, la défiance, d'abord extrême, du personnel servant s'est un peu atténuée. La fille de l'hôtelier, préposée à mon service, se fait même, en dépit de mes objurgations, un devoir de présider à ma toilette, et cela avec une ingénuité que je redouterais de voir mal comprise, si j'entrais dans plus de développements. Je l'ai déjà

LA PÊCHE AU CORMORAN. — Dessin de Hokio Tchouwa (p. 342).

dit et je le répète : cette étonnante simplicité, à laquelle je suis fait maintenant, n'existe réellement qu'au Japon. On parcourrait le monde en vain peut-être pour en retrouver une plus absolue et de meilleur aloi.

Ainsi que toujours, ce sont nos provisions qui constituent le fond du repas. Le pain, bien qu'il date d'une quinzaine de jours, est délicieux au goût. Spécialement préparé et cuit pour mon usage, il renferme une dose abondante de sel, laquelle en prolonge la conservation. J'ai cru prudent, en effet, de ne pas trop compter sur les ressources de la cuisine japonaise, en cette région moins encore que partout ailleurs. Pour un bon plat de gibier ou de poisson apprêté par nos soins, il y en a dix qui soulèveraient le cœur du voyageur le moins délicat. J'excepterais ici le riz cuit à l'eau, s'il n'était presque toujours accompagné de cette horrible sauce, espèce de *choyou* mal préparé, dont la seule émanation me coupe radicalement l'appétit. Quant au poisson cru, aux légumes sans assaisonnements, aux tartelettes nauséabondes dont les menus locaux sont en général émaillés, je conseille de n'y céder qu'à la dernière extrémité.

À dix heures et demie, départ pour Seki-ga-hara (8 ris) en trois djinrikchas, traînés par six hommes. Je ne suis pas fâché, tout compté, de m'éloigner le plus vite possible de cette triste ville de Kano, aux environs de laquelle un poste de rebelles s'est, me confirme-t-on, rassemblé tout près de Ghifou, la ville qui était primitivement comprise dans mon itinéraire.

D'ailleurs, je ne m'étais fait qu'une idée très superficielle des progrès accomplis par l'insurrection. Jusque-là, je m'étais imaginé que les bruits en circulation reflétaient des craintes excessives. Il n'en est pas ainsi, cependant. Loin d'être exagérées, les nouvelles que nous avions recueillies sur notre route étaient, au contraire, fort atténuées. Partout le meurtre, le pillage et l'incendie se succèdent sans discontinuer. Ce ne sont, à quelques ris de la ville, que poteaux télégraphiques brisés, préfectures saccagées, postes de police et écoles incendiés, maisons de fonctionnaires et même habitations quelconques affectant un caractère étranger dévastées ou ruinées de fond en comble. On sait, du reste, l'aversion marquée des rebelles pour tout ce qui porte le nom d'européen. Elle est poussée à un tel point qu'en maintes localités l'administration a jugé prudent de faire disparaître tous les objets de provenance étrangère. Bien que certaines villes aient été rendues indemnes par le concours des samouraïs eux-mêmes, un grand nombre de ces derniers se sont joints aux paysans révoltés.

Mais je préfère donner, pour ne pas être taxé de pessimisme, la traduction textuelle du *Nitchinitchi-Chinaboum*, lequel résume, à la date du 28 décembre dernier, tous les détails de ce grave soulèvement.

« L'insurrection du *ken* de Miyé a gagné les trois provinces d'Isé, de Mino et d'Owari. Elle a pris naissance, le 17, dans la province d'Iga, d'où elle s'est propagée dans l'arrondissement d'Ino, lequel dépend de la province d'Isé. Le nombre des rebelles a grossi très rapidement. Le 19, ils étaient déjà deux mille cinq cents environ. Ils se sont séparés en deux corps.

« L'un de ces deux corps de rebelles s'est porté sur la ville de Tsou, où il a pénétré et incendié la poste.

les stations de police, le bureau du télégraphe, les écoles, les maisons habitées par les fonctionnaires. Les insurgés ont ensuite mis le feu à la prison et en ont fait sortir les détenus, dans le but de s'en servir d'avant-garde pour attaquer la préfecture. Mais celle-ci était gardée par les agents de police et un certain nombre de samouraïs. Les insurgés, n'ayant pas réussi de ce côté, se sont alors retirés, après avoir brûlé une partie de la ville. De là, ils se sont dirigés sur Chiraka, Kanbé et Tomita, qu'ils ont également incendiés, et sont arrivés, le 20 au matin, à Yokkaïtchi, où ils ont détruit le bureau du télégraphe et ceux de la compagnie de transport *Mitsou-Bichi*. Les employés du télégraphe ont pu se sauver avec les appareils. Mais peu s'en est fallu qu'un étranger faisant partie de l'administration ne fût massacré par les forcenés. Heureusement, au moment de tomber entre leurs mains, il a pu se réfugier sur une chaloupe et s'est embarqué à bord du *Chinagawa Marou*. — Les agresseurs étaient fort nombreux. Leur chef avait fait remettre une lance de bambou à tous ceux qui se joignaient à lui. Les malheureux paysans sont, du reste, contraints à les suivre, et beaucoup ne s'y sont résignés que sous la menace d'être mis à mort s'ils refusaient.

« Vers quatre heures du soir, les rebelles pénétraient dans la ville de Kwana et mettaient le feu à toutes les maisons construites dans le style européen. Ils réussissaient, en outre, à s'introduire dans le château, mais en étaient délogés presque immédiatement par des samouraïs restés fidèles. Ils quittèrent alors Kwana et se dirigèrent sur Mayégasou, dans la province d'Owari.

« Le deuxième corps d'insurgés s'est porté sur Matsouzaka, dans la province d'Isé. Après avoir incendié les magasins de la banque Mitsoui, ce détachement marcha sur le port de Toba, dans la province de Chima. Les rebelles saccagèrent la sous-préfecture et brûlèrent la ville, dont les officiers, ne se sentant pas en force pour résister, s'étaient tous sauvés par mer dans la province d'Owari.

« Dans la province d'Owari, les insurgés, au nombre d'environ trois mille, sont entrés à Mayégasou et ont dévasté cette localité ainsi que d'autres aux alentours.

La préfecture d'Aïtchi envoya contre eux les agents de la force publique et un corps de soldats de la garnison, lesquels mirent la bande complétement en déroute.

« A Nagoya, en apprenant que les insurgés se préparaient à attaquer la ville, cinq cents samouraïs coururent à la préfecture pour offrir leurs services aux autorités et se joindre aux troupes régulières. La garnison ayant poursuivi avec vigueur les insurgés à Akitaké et dans les environs, ceux-ci traversèrent la Kiso-gawa et pénétrèrent dans la province de Mino. Dans la soirée du 19 courant, on aperçut au loin, dans le sud, les lueurs d'un vaste incendie,

UNE GUÉRITE DANS LE DÉFILÉ DES TREIZE-COLLINES (p. 333).

lequel a duré toute la nuit et toute la journée du lendemain, s'étendant de proche en proche. Le jour suivant on a aperçu d'autres incendies à une grande distance et sur trois points différents.

« Les insurgés ont brûlé partout les habitations des officiers provinciaux, les postes de police et les écoles. Quand ils arrivèrent à Kamonomoura, ils étaient au nombre d'au moins dix mille. La préfecture de Ghifou, qui était sur le point d'être attaquée, a fait des préparatifs de défense, et a appelé à elle les samouraïs pour lui prêter main-forte. »

Les détails du journal que je viens de rapporter me confirment dans l'idée que nous l'avons échappé belle, grâce, en somme, aux détours que Sada nous a fait faire. Si nous avions suivi strictement notre itinéraire, pas de doute que nous ne fussions tombés en pleine rébellion.

Ici, cependant, on ne peut me renseigner exactement sur les faits et gestes des insurgés. A ne conclure que par l'absence de nouvelles, il y a tout lieu d'espérer que le pays ne tardera pas à rentrer dans l'ordre. Un fait important vient, d'ailleurs, corroborer cette opinion. Le 1ᵉʳ janvier, avant-hier, comme don de bonne année, le Mikado a solennellement annoncé à son peuple la remise d'une partie de l'impôt foncier que les populations rurales trouvaient si lourd à porter, circonstance qui avait été, pour ainsi dire, la cause de la révolte signalée. Cette mesure est tout à la fois un témoignage de la sollicitude impériale et de la prudence du gouvernement. Il ne s'agissait plus seulement, comme on le voit, d'une simple échauffourée de samouraïs, toujours prêts à relever la tête aussitôt que l'occasion s'en présente, au nom des anciens privilèges abolis par le nouveau régime, mais d'une révolte basée sur un fait économique et habilement propagée parmi la partie la plus saine et la plus laborieuse comme la plus nombreuse de la nation.

Quoi qu'il en soit des tempéraments attendus, on ne saurait dissimuler que la tranquillité publique court encore bien des périls. Le pays est toujours en ébullition. Ces nombreuses insurrections, fomentées par des meneurs allant et venant dans tous les sens, ces haines sans cesse comprimées et renaissant d'elles-mêmes plus vivaces, ne sont peut-être que le prélude de mouvements plus sérieux encore. Ce qui semblerait le faire croire, c'est qu'indépendamment des troubles dont nous venons de parler, on signale, dans le Sud, de graves agitations autour de hauts personnages très en vue, lesquels s'étaient notoirement trouvés mêlés aux événements d'octobre. On se rappelle que c'est toujours de ce point du territoire que sont partis les soulèvements les plus terribles.

Nous ne faisons que traverser Godo, grand et beau village dont les habitants ont pour spécialité la confection des poteries de grès. Devant les portes, des rameaux et des brindilles, derniers vestiges du jour de l'an, sont encore là pour récréer les yeux. Ils y resteront une semaine entière, selon l'usage de la région. Sada m'affirme qu'à Tokio, au contraire, comme dans beaucoup d'autres grandes villes, ces emblèmes de fête disparaissent au bout de la troisième journée.

Nous franchissons en barque le cours paisible de la Nagara-gawa, affluent de la Kiso-gawa. Cette rivière, très poissonneuse, est connue pour être le rendez-vous de certains pêcheurs, qui, s'éclairant la nuit au moyen d'une sorte de falot, se livrent à la pêche au cormoran, tout comme les anciens Grecs.

Le pays est plat et particulièrement fertile. De toutes parts, des champs de riz, des sillons d'orge, des plantations de navets rouges et blancs frappent le regard. Comme toujours, la culture est divisée en de nombreuses parcelles, séparées les unes des autres par des rigoles et de petites digues multipliées à l'infini. Ce système de canalisation est uniquement établi en vue de la production du riz. Il ne faut pas oublier, en effet, que les rizières constituent la grande richesse du pays. Or, autant la chaleur est nécessaire au développement de la précieuse graminée, autant l'humidité, à certaines époques de la croissance, lui est indispensable. C'est afin de pouvoir périodiquement irriguer les rizières que l'on a recours à l'ingénieux enchevêtrement de conduits, d'endiguements et de barrages qui vient une fois de plus solliciter notre attention. Nulle part, peut-être, l'irrigation n'est pratiquée aussi largement que dans l'empire du Soleil Levant. Il n'est pas un fleuve, pas un cours d'eau, sur lequel on ne prélève un fort tribut pour inonder les plaines et même les coteaux, à l'aide de canaux, de tuyaux ou de simples conduites.

Après les angoisses des jours passés, je me réconcilie avec ces doux et riants paysages, éclairés par le soleil bienfaisant, qui paraît prendre à tâche d'y répandre la joie et le repos. Déjà la divine Amatéras, l'aimable dispensatrice de la lumière et des rayons, cette même déesse dont nous avions regretté la disparition pendant quelques jours maussades, semble à nouveau nous combler de toutes ses faveurs. Partout, massifs de verdure, habitations rustiques, temples champêtres, campagnes pittoresques, semblent s'épanouir au contact de mille effluves embaumés.

Mais trêve au lyrisme inspiré par ce tableau merveilleux !

Je crois remarquer, au fur et à mesure que j'avance, une différence notable entre les habitants de cette région et ceux des provinces que j'ai visitées antérieurement. Le type en est plus grand, plus svelte, plus dégagé. Si je m'en tiens aux particularités du faciès, le front s'élargit et se découvre, le menton s'accuse avec grâce et fermeté, le nez s'incline suivant une ligne plus noble. On dirait presque une autre race, n'était l'invariabilité du costume. Il est présumable que la population s'est affinée et même imprégnée d'élégance, en raison du bien-être dont elle jouit au milieu de cette nature privilégiée.

Une nouvelle rivière vient nous arrêter momentanément : c'est l'Ibi-gawa. Il s'agit de la traverser en bac. Mais la manœuvre n'est pas commode, à cause de l'impétuosité même du cours d'eau. Après nombre d'efforts infructueux, nous prenons pied de l'autre côté, sur une large digue établie en vue de résister aux crues subites auxquelles le fleuve est sujet. Tout en suivant cette digue, nous rencontrons de nombreux coolies, portant sur l'épaule une sorte de hampe à laquelle sont suspendues, à chaque bout, un certain nombre de tuiles. Ce mode de transport, assez primitif, est très usité sur tous les points de l'Empire. Briques, étoffes, bagages de toutes sortes, paniers de fruits ou de légumes, voire baquets remplis d'eau potable ou d'autres liquides quelconques, sont ainsi transités à dos de portefaix, et quelquefois à des distances de trois et quatre lieues. Chacun de ces pauvres diables fera ainsi un ou plusieurs voyages par jour et recevra comme rémunération la somme de dix ou de qu in*zesens*. Or, un aussi modique salaire suffira amplement à ses besoins, et il se croira, à la fin de la journée, l'homme le plus heureux de la terre. L'âpreté de ce labeur quotidien ne semble autoriser personne à manquer aux égards dus à des personnages de marque. En nous croisant, tour à tour, les uns et les autres nous saluent avec politesse.

Dans le bourg d'Akasaka, situé sur notre passage, on travaille le marbre et d'autres pierres dures. J'y vois, exposées à nos yeux, une foule de figurines re-

mélia rouge, étoile le fond sombre des jardinets, tandis que la crête de vigoureux palmiers forme au front de la plaine une couronne de panaches verdoyants.

Entre temps, voici les hauteurs qui s'affirment de nouveau. On dirait, à les voir se hérisser en travers de la route, qu'elles vont lui faire un obstacle infranchissable. Mais ce n'est là qu'une vaine menace. Sans plus ample défi, la route s'engage dans un vallon resserré où elle grimpe lentement, à l'abri même des géants qui la dominent et en attendant qu'elle leur ait tranquillement passé sur le dos.

Nous faisons halte à Séki-ga-hara. Avec les hautes

MAGASINS DE FOURRURES D'OURS, AUX ENVIRONS DU TORI-TOGHÉ. — D'après Hokio Tchouwa (p. 322, et 327).

présentant soit des personnages, soit des animaux. Je n'ai que l'embarras du choix pour m'en procurer quelques spécimens caractéristiques. Il paraît, du reste, qu'en approchant de Kioto nous entrons dans une région où la taille des pierres est très répandue. Et, à ce propos, il ne sera pas inutile de dire que la population japonaise apprécie beaucoup les sphères de cristal de roche appelées à réfléchir les objets qu'on leur présente. Ces sphères représentent, d'ailleurs, le divin miroir, emblème de la déesse Amatéras. On en voit de toutes parts, placées sur un moelleux coussinet et supportées par un élégant piédestal.

Charmante localité, au surplus, que ce village d'Akasaka! Dans les habitations qui s'éparpillent à ses extrémités, la fleur des sasankouwas, espèce de ca-

altitudes sont revenus le brouillard et la pluie. Prenons patience, ce ne sera qu'une averse pour nous permettre de déjeuner.

Séki-ga-hara est un lieu historique. Il fut témoin du fameux combat livré par Iyéyas aux forces liguées de ses compétiteurs politiques[1]. On y montre une sorte de tumulus recouvrant la dépouille des victimes tombées en cette sanglante journée qui décida des destinées du Japon. Au reste, tout le pays environnant le lac Biwa, duquel nous approchons, est semé de souvenirs se rapportant à cette époque troublée de l'histoire japonaise.

Notre étape de ce soir sera Samégaï, où j'espère arriver de bonne heure. Mais il est probable que

1. Voir chapitre II : *Histoire et religion*.

j'aurai compté sans mon hôte. L'examen des six coolies que le bureau des messageries met à ma disposition, pour conduire nos djinrikchas, n'est rien moins qu'une première déception. Je me trouve, en effet, en présence de braves sexagénaires dont les jarrets amollis doivent avoir, depuis quelque temps, rompu avec toute souplesse et toute élasticité. Que diable! je ne puis décemment viser à me faire traîner par ces pères conscrits!

Débarrassons-nous au plus tôt de ce vénérable attelage! Pour y parvenir, j'use d'un expédient qui m'a déjà réussi en pareille circonstance. De la part de l'Idjinsan, — et l'Idjinsan est votre humble serviteur, — le compère Sada annonce avec emphase qu'on donnera des primes graduées aux conducteurs, suivant le temps gagné sur la course réglementaire. Entre parenthèses, celle-ci est de trois ris et demi, par des chemins épouvantables. Le préposé tend l'oreille. Voici notre dernier mot : 10 sens de supplément par coolie, si nous faisons le trajet en deux heures et demie, 20 si nous n'en mettons que deux; 30 au cas improbable où notre voyage ne durerait pas plus de six quarts d'heure. Avec nos premiers convoyeurs, nous en aurions eu pour trois heures au moins. L'effet de ma proposition est immédiat. En moins de temps qu'il ne me faut pour le noter, les susdits pères conscrits sont remplacés par de solides gaillards, fièrement râblés, lesquels se livrent, en m'entraînant à leurs trousses, à la fantasia la plus échevelée. Nous allons un train d'enfer, c'est-à-dire aussi rapidement que le permettent les nombreuses montées, en dépit des ornières et des fondrières que nous rencontrons sur notre parcours.

Le départ s'est effectué à trois heures précises. Un peu au delà du village, j'aperçois une compagnie de *highlanders* marchant à notre rencontre. Il n'y a pas de doute sur ce point : les jarrets nus, la guêtre et la courte jupe, voilà bien l'attirail écossais si vanté, et j'oserais dire si éventé. Mais, ô surprise! la troupe, que j'avais prise pour un corps d'armée britannique, est tout simplement un essaim de jeunes mousoumés, se rendant à la ville et vêtues à la façon du pays, c'est-à-dire le bas de la jambe serré par une façon de guêtre et la ceinture garnie d'une jupe extra-courte formant tablier. Voilà qui doit être vraiment pratique, dans un pays marécageux comme celui-ci. Toutes les femmes que nous croiserons désormais ne seront pas autrement nippées. Mais, hélas! les malheureuses ne sont guère mieux favorisées sous le rapport de la beauté que sous celui de la coquetterie. D'ordinaire, et plus qu'en aucun point du Japon, les femmes partagent ici les corvées journalières avec les représentants du sexe fort. Nous remarquons un grand nombre d'entre elles pliant sous le poids des marchandises qu'elles portent suivant le mode bizarre indiqué précédemment. D'autres conduisent les chevaux de bât et les taureaux, employés concurremment dans l'industrie des transports. Ainsi qu'en nos contrées,

ces derniers ont le naseau traversé par un anneau : mais ici, au lieu d'être en métal, il est en bois.

Pour le moment, la gorge où nous sommes engagés devient tellement étroite qu'elle n'est bientôt plus qu'un défilé scabreux. Elle nous fait déboucher dans un vallon humide où moisit un village dont je ne me rappelle plus le nom. L'espoir du lucre a si bien exalté les conducteurs, que nos djinrikchas s'avancent maintenant sur les rugosités du chemin comme des lougres de pêche ballottés par une mer en furie. Quant au véhicule chargé de nos bagages, et dont le poids moins lourd réclame également moins d'égards, il rappelle par ses bonds désordonnés le chevreau sautillant du *Cantique des cantiques*. Plusieurs fois l'ensemble titube, prêt à verser dans l'ornière, ce qui fait rire aux éclats nos coolies mis en gaieté. Quant à Sada, voluptueusement étendu dans son équipage, il reste d'autant plus indifférent aux chocs et aux cahots ininterrompus, que, suivant sa louable habitude, il poursuit un somme depuis le départ. Sans lui vouloir du mal, je donnerais une obole pour lui voir décrire dans l'espace une de ces maîtresses culbutes comme il en avait fait aux environs de Tokio. C'est impatientant, en vérité, qu'un interprète aussi muet. Il mériterait d'aller achever son rêve au fond de quelque crapaudière.

Mais, paf! comme pour me faire regretter cette pensée peu charitable, voici la roue de mon djinrikcha qui s'enfonce subitement dans la terre détrempée, en me laissant suspendu sans défense au-dessus d'une mare infecte et noire à donner le frisson. Le coolie qui tient les brancards jette un cri perçant. Toute notre caravane s'arrête. Sans un effort d'équilibre de ma part, pour déplacer le centre de gravité, j'allais prendre un bain glacé dans le bourbier nauséabond. Aux clameurs qui accompagnent ma mésaventure, Sada a rouvert les yeux, et, comme tout danger a déjà disparu, ce n'est que pour s'en esclaffer de rire. Une pareille joie se communique du même coup à notre escorte, et bientôt les naïfs ébats de toute l'expédition retentissent par les échos, arrêtant les passants ahuris et faisant aboyer les chiens confondus.

Nous avons repris le galop! A travers les rues d'un village, où nos coureurs s'arrêtent probablement d'habitude, les appels désespérés des mousoumés, groupées sur le seuil d'une tchaya, ne parviennent pas à modérer leur élan. Ces vierges hospitalières ne peuvent en croire leurs yeux. Pour un peu elles se mettraient à notre poursuite, et nous forceraient à sacrifier comme les bacchantes antiques dont parle le *Satyricon*. Mais les gazelles seules seraient en mesure de lutter de vitesse avec nous; or, si nos jeunes persécutrices ont le regard de ces habitantes du désert, elles n'en ont pas la vélocité.

Hourra! à cinq heures sonnantes, nous opérons notre entrée à Samégaï, brisés par les cahots et crottés comme des barbets. Quant à nos hommes, ils sont trempés de sueur et haletants comme des chevaux de

LE MASSAGE AU JAPON (p. 200 et 354).

course. Aussi leur fais-je délivrer la plus haute récompense promise, tout en leur faisant grâce de la demi-heure que nulle puissance humaine n'aurait pu m'épargner. Enthousiasme sur toute la ligne; remerciements chaleureux! Sans conteste, le moyen est bon à recommander.

Nous nous logeons à la tchaya *Sénia*, car il n'existe pas d'hôtel proprement dit dans toute la localité. Pour ce qui me regarde, je ne vois pas trop en quoi peut bien consister la différence entre les deux genres d'établissements.

Jeudi, 4 janvier. — Temps couvert, un peu de pluie vers le soir (th. + 5° cent.).

Départ à onze heures pour Hikoné, ville située au bord du fameux lac Biwa, dont il est tant parlé dans l'histoire japonaise. La distance qui nous en sépare n'est que de trois ris et demi en suivant par les hauteurs du Sourihari-toghé. Après avoir franchi la valeur d'un ri et demi, nous quittons définitivement nos djinrikchas, au pied de la montagne. Comme le temps est sec et la voie en bon état, nous continuerons la route pédestrement. La charrette où sont déposés nos bagages se rendra par un chemin plus long d'un ri vers la même destination. Elle s'épargnera ainsi une montée assez pénible.

Autant les fondrières étaient nombreuses sous nos pas, avant de parvenir en ce lieu, autant le sol devient maintenant uni et facile à la marche. Malgré les fatigues de la montée, j'éprouve un véritable plaisir à escalader ces rampes alternativement séchées par le soleil et par le vent. Tout au haut du Sourihari-toghé, se dresse une tchaya. Nous y prenons un instant de repos et découvrons une vue admirable sur le lac. C'est comme un bras de mer que l'on aperçoit, tant l'étendue en est immense. Par le fait, nous en sommes à peine distants d'un bon kilomètre à vol d'oiseau, et des deux côtés, à nos pieds, la plaine se déploie, frangée par les eaux paisibles.

Quant à Hikoné, elle se tient encore cachée à nos regards. Ce n'est qu'après avoir traversé une gorge de montagne et nous être élevés à nouveau sur les hauteurs que nous apercevons, enfin, la ville dominée par son joli château fort. Il est deux heures quand nous y pénétrons. Hikoné recouvre une étendue de terrain relativement considérable, eu égard au chiffre de sa population. Celui-ci s'élève à peine à treize mille habitants. C'est autour du château, déjà très spacieux, en raison des nombreuses affectations auxquelles il était appelé dans le principe, que la cité s'est groupée, en absorbant graduellement dans son enceinte les nouveaux villages qui se formaient autour d'elle. On dirait une agglomération de cent mille habitants. De quelque côté que la vue se porte, c'est un formidable anneau de toitures et de jardins assiégeant la double escarpe du vieux *chiro*.

Pendant plus d'une heure, nous errons à la recherche d'un hôtel. D'abord on nous avait menés au centre de la ville. Après réflexion, je préfère me loger à proximité du débarcadère des « bateaux à vapeur »; car il y a ici des bateaux à vapeur, tout comme sur le lac de Genève ou sur les grands lacs d'Amérique.

Quantité de bonzes en grand costume de cérémonie, de soie rouge, verte ou blanche, brodée d'or fin, parcourent les rues en tous sens. A mon passage inattendu, ils me suivent d'un œil curieux et se pavanent devant moi fiers comme des paons. Les voici même qui reviennent sur leurs pas, afin de se mieux faire admirer. Soit dit sans offenser les augustes personnages, on dirait une volée de perroquets étalant au grand jour leur plumage multicolore.

Enfin, vers les trois heures nous trouvons — comme on dit — chaussure à notre pied. L'hôtel *Abouraya* n'est qu'une modeste tchaya, assez propre d'aspect toutefois, où nous ne serons pas plus mal qu'ailleurs, si je m'en rapporte aux précédents.

Aussitôt installés, nous nous mettons en route en vue de visiter le château. Les deux enceintes qui le défendent sont précédées de larges fossés remplis d'une eau croupissante. De la première muraille, il n'est guère d'intact que les assises du portique par lequel nous opérons notre entrée. La citadelle fut capturée par les troupes de Iyéyas, à la suite de la victoire de Séki-ga-hara. L'état de délabrement auquel nous la voyons réduite provient sans doute des formidables assauts qu'elle a dû subir pendant les guerres intestines qui remplissent le moyen âge du Japon. Quant à la seconde enceinte, elle est assez bien conservée. Une photographie, faite il y a six ans par M. B***, me la représente avec les pavillons à double toiture qui la couronnent. En comparant l'épreuve photographique avec l'ensemble des édifices que j'ai sous les yeux, il m'est facile de constater que le gouvernement ne se soucie guère de leur entretien. Sur la façade de l'une des constructions, en effet, une brèche, occasionnée par la chute d'un gros plâtras, existait déjà à l'époque où l'artiste en tournée obtint son épreuve. Permis au temps et à l'humidité de poursuivre à loisir leur œuvre de destruction! Chaque année, le vieux château de Iyéyas ira s'émiettant sous les brouillards et sous les à-coups du soleil, au milieu de l'indifférence universelle.

Derrière la double enceinte dont je viens de parler et sur une sorte de pic, s'élève le donjon. Il est entouré d'arbres et d'arbustes au feuillage toujours verdoyant.

Mais, si nous n'avons rencontré aucune entrave au passage des deux enceintes, il n'en est pas de même pour la visite du donjon. Le gardien somnolent de ce triste séjour m'en refuse obstinément l'entrée. Rien à faire, c'est la consigne. Heureusement le gouverneur de Hikoné habite précisément une dépendance du *chiro*, et j'obtiens de lui, sans coup férir, l'autorisation de parcourir le castel. Toutefois il me donne, par précaution, une escorte de trois officiers de police, au milieu desquels je traverse la foule rassemblée, dans le gênant appareil d'un malfaiteur appréhendé au corps. Ce sont de bonnes gens, assurément, que ces austères *yakounins*; ce sont des agents bien consciencieux! Tout en cheminant, ils ne cessent de poser des questions à Sada; c'est à se croire l'objet d'une instruction criminelle : « D'où venez-vous? où allez-vous? que faites-vous? Combien de temps avez-vous passé sur le Nakasendo? Quel est votre nom à l'un et à l'autre? » etc., etc. Décidément, la police est admirablement faite en ce pays. Elle ne perd jamais ni ses droits ni son temps, même pendant une simple promenade.

la montagne. Aussi y jouit-on d'une vue étendue sur la surface miroitante du lac, sur les toits de la ville assise à nos pieds et sur les hauteurs dont la chaîne se profile à l'horizon. On s'attarderait volontiers à contempler ce spectacle, mais d'autres curiosités sollicitent encore notre attention.

Nous opérons donc notre descente et prenons congé des yakounins. Ils partent enchantés de ma courtoisie, c'est-à-dire du pourboire que je leur octroie en guise de remerciement. Le gardien lui-même, admis au partage, se confond désormais en salutations respectueuses et en protestations éveillées.

HOTELLERIE A OTSOU. — D'après Hokio Tchouwa (p. 351).

Ce donjon, d'un si redoutable accès, est en somme médiocrement intéressant. C'est un lourd édifice à plusieurs étages, conçu dans le style de ceux que nous avons rencontrés à Tokio et ailleurs. Tout y est naturellement solide comme il convient à ces sortes de bâtisses; mais on se tromperait fort si l'on croyait y retrouver le luxe de matériaux qui caractérise nos anciennes bastilles crénelées. Le bois forme, pour ainsi dire, l'unique élément de la construction. Ce ne sont, en dernière analyse, que poutres s'enchevêtrant les unes dans les autres et formant une lourde charpente au milieu de laquelle des escaliers en casse-cou zigzaguent jusqu'au faîte. Quant aux murailles, elles sont également en pans de bois simplement hourdés au plâtre.

Ainsi que je l'ai dit, le castel est établi sur le pic de

Au bas du donjon, je remarque un petit temple appelé Cho-kon-cha, consacré, comme celui de Tokio qui porte le même nom et qui lui a, d'ailleurs, servi de modèle, à la mémoire des combattants morts pendant la guerre de 1868.

Durant le cours de notre promenade, nous poussons jusqu'à Hohara, charmante localité située au bord du lac, et que M. B*** a également photographiée. Hohara est un lieu de plaisance où les habitants de Hikoné se donnent rendez-vous dans le but de faire des excursions en bateau, aux chants plaintifs et mystérieux des joueurs de samicen qu'ils engagent sur place pour charmer la traversée.

Grande nouvelle! Il y a des mangeurs de viande à Hikoné! Aussi nous mettons-nous sans tarder en campagne, à l'effet de nous procurer quelque succulent morceau de bœuf, capable de compenser nos privations passées! O vous pour qui le *roast beef* est une banalité et le *beef-steak* une importune réédition, vous ne comprendrez jamais l'allégresse dont nos cœurs se sont remplis à la seule pensée du festin qui nous attend. Nargue des conserves, et vive le rôti! Mais il nous faut conquérir ce butin au fond de vastes quartiers uniquement réservés aux divertissements, chez les trop rares vendeurs d'aliments proscrits par les préjugés nationaux.

En traversant lesdits quartiers, je suis à même de constater que le libertinage y est plus discret qu'à Tokio. Les courtisanes se tiennent dans l'intérieur de leurs retraites profanes, au lieu de s'exhiber en montre derrière des grillages de bois. C'est moins pittoresque assurément, mais infiniment plus moral.

Quoi qu'il en soit, à sept heures et demie, il y a grand festin à l'hôtel. Le repas est servi triomphalement par mon Vatel ambulant, toujours heureux de mettre à profit les ressources culinaires qu'il rencontre pour en faire profiter à la fois et ma table... et la sienne. En effet, malgré le cas que le sceptique Sada fait de la cuisine indigène, je le soupçonne d'être, en somme, aussi carnivore que son maître.

Vendredi, 3 janvier. — Beau temps, un peu couvert (th. + 7° cent.).

Aux premières lueurs du jour, je me trouve déjà sur les bords du lac Biwa. Quel charme de respirer, à cette heure matinale, l'air embaumé, mollement agité par la brise qui frôle l'immense surface liquide! Rien ne trouble le silence plein d'attrait de la nature au repos. Autour de moi, pas un murmure; sur la nappe d'eau à peine ridée, pas le moindre clapotis! Là-bas, cependant, comme pour donner quelque animation au tableau, un léger esquif se rapproche sous les efforts d'un rameur, et puis c'est tout: il n'y a pas même une voile à l'horizon.

D'ailleurs, depuis que la vapeur a fait son apparition dans ces parages, les barques, autrefois les seules à faire le service des transports, se sont vu susciter une concurrence désastreuse. La navigation des steamers acquiert chaque année une importance plus considérable. Pour desservir les différentes lignes qui sillonnent le lac, la compagnie concessionnaire possède actuellement une petite flotte de dix-huit bateaux. Ce chiffre est fort respectable, pour peu que l'on considère la création relativement récente du service. Et il ne pourra aller qu'en augmentant, si l'on met à exécution, comme cela m'a été dit, un projet datant déjà du douzième siècle, lequel projet consisterait à relier le lac à la mer du Japon par un canal. Ce canal aboutirait à Tsourouga, le port le plus sûr de la côte occidentale.

Le départ du bateau qui doit nous transporter à Otsou s'effectue chaque jour vers les huit heures du matin dans cette saison avancée. La distance est d'une quinzaine de ris. Toutefois, ce n'est pas Hikoné qui est la véritable tête de cette navigation, mais Mayébara, localité située à deux ris environ plus au nord. En été, le bateau y lève l'ancre à quatre heures; en hiver, il ne part qu'à sept heures et demie. Au bureau de l'embarcadère, où l'on me délivre ces renseignements, je continue à faire sensation; car, jusqu'à ce jour, bien peu d'étrangers ont traversé le lac qui s'étend devant nous. Je suis le dixième, tout au plus, à ce que m'assure le préposé.

Pour le moment, le petit steamer fume en rade comme un vieux loup de mer, un peu en avant de la jetée qui abrite le petit port de Hikoné. Nous nous y rendons en canot.

Je constate que la coque de notre bateau est presque plate. Elle est cependant suffisamment vaste pour abriter un certain nombre de passagers et pour affronter sans péril les eaux mobiles et facilement soulevées du lac Biwa. Les voyageurs du bord sont partagés en deux classes. Dans la cabine de première, pourvue de bancs et même d'un tapis, nous ne sommes que trois: un noble indigène, moi et mon majordome. Quant au compartiment des secondes, garni de simples nattes sur lesquelles les passagers s'accroupissent en fumant leur pipette, il est littéralement pris d'assaut par une foule grouillante et affairée.

L'équipage est naturellement composé de gens du littoral, ce qui n'est pas très rassurant. Les accidents sur le lac ne sont pas, en effet, inadmissibles. Il y a quelques années à peine, il s'en est produit un de nature à faire réfléchir. Un bateau de la compagnie a sauté comme un baril de poudre, en précipitant dans les flots vingt et un passagers, qui y trouvèrent la mort. Depuis cette époque, on a prudemment limité le degré de mise en pression. Ce fut même à la suite de cet épouvantable sinistre que l'on tenta de remplacer la vapeur si brutale par la manœuvre à bras d'homme. L'essai n'en fut pas heureux. On peut voir encore, dans les eaux du principal rempart qui contourne la citadelle de Hikoné, un innocent bateau à palettes, couché sur le flanc comme une baleine naufragée. Les roues de ce bâtiment mort-né étaient mues à grands renforts de coolies. L'entreprise, je le répète, n'eut qu'un succès d'estime. Autant valait manœuvrer à la rame, comme dans les galères dont l'antiquité nous a fourni le modèle. On en revint, tous comptes faits, à la marmite perfectionnée de Denis Papin, sans plus penser à ses inconvénients et sans cesser toutefois de la considérer comme une invention vomie par les enfers.

Je remarque avec stupéfaction que nous partons militairement à l'heure annoncée.

Biwa, en japonais, veut dire, comme on sait déjà, « guitare à quatre cordes ». Le nom en fut donné au lac en raison de sa conformation particulière. Vue de plan, la surface des eaux figure assez bien l'instrument que nous avons décrit et dont la caisse, arrondie vers le bas, se termine dans le haut par un manche

AU CŒUR DU JAPON

rétréci. C'est ce bras allongé que le lac utilise, comme déversoir naturel, pour aboutir à la mer.

S'il fallait s'en rapporter à la légende, le lac Biwa aurait été formé en une seule nuit par un immense affaissement du sol, comme le Foudji-yama aurait surgi des entrailles de la terre par un phénomène inverse. Géographiquement parlant, cette belle nappe liquide, tant de fois célébrée par les poètes japonais, a 80 kilomètres de longueur sur 40 de largeur, soit, en tout, 290 kilomètres de circonférence. On voit d'ici que nous avons affaire à une véritable petite mer inté-

en face même de Hikoné, ainsi que celles d'Okouno et d'Okino, entre lesquelles notre steamer vogue fièrement, sous son panache de fumée. La pointe d'Okino-chima, la plus grande de toutes ces îles, — tel le cap Sunium où Platon aimait tant à discourir, — descend à pic dans les flots et se couronne d'un petit temple entouré de verts bosquets. Quant à l'île qui lui fait face dans l'ouest, elle semble en faire deux bien distinctes, reliée qu'elle est, en son milieu, par une sorte d'isthme étroit sur lequel sont établies quelques cabanes de pêcheurs.

EN NORIMON (p. 106 et 355).

rieure. Elle se trouve à une altitude d'environ cent mètres. De tous côtés, des montagnes l'enserrent de leur masse imposante, tantôt en plongeant pour ainsi dire à pic dans les flots limpides où elles se mirent, tantôt précédées de plaines d'une étendue variée où l'agriculture étale généreusement ses richesses. Quinze ou vingt îlots émergent à la surface, rayée çà et là par quelques bateaux à voiles. Le coup d'œil produit par cet ensemble est tout simplement enchanteur, étant donné que les îlots dont nous parlons sont, pour la plupart, fort élevés au-dessus des eaux. Toutefois, ceux-ci n'offrent qu'une maigre végétation, due apparemment à leur nature volcanique. Les plus considérables sont les îles de Tchikoubou et de Takéi, situées

Oikno-chima dépassée, nous apercevons, toujours vers l'ouest, une chaîne de montagnes élevées, frangeant le lac et l'écrasant, pour ainsi dire, de sa masse chargée de frimas. Le vent glacial qui en descend par les ravins nous cingle impétueusement le visage à mesure que nous avançons. Les hauteurs que l'on découvre du côté opposé, c'est-à-dire sur notre gauche, quoique baignant directement dans les eaux du lac, sont moins imposantes près des rives, mais elles se développent progressivement en pénétrant dans les terres et laissent voir à l'horizon les sommets neigeux de la province d'Isé.

Nous faisons escale à Mitobia. Déjà, plus nous avançons dans la direction d'Otsou, notre point d'arrivée, plus le massif de montagnes dont nous admirions naguère, à l'ouest, les assises plutoniennes, va s'éloignant des rives, pour faire place à la plaine ondulée comme l'Océan. Déjà, aussi, la végétation reprend ses droits seigneuriaux. Consistant spécialement en bambous et en sapins de belle venue, elle contraste avec l'aridité presque générale dont les hauteurs sont frappées.

Çà et là, quelques villages dispersés sur les bords du lac animent ce verdoyant tableau. Nous faisons une nouvelle halte dans l'un d'eux. C'est, me dit-on, celui de Katada. Il se montre protégé contre les crues subites par des murs de quai. A l'extrémité de cette même agglomération, et sur une rangée de pilotis, comme dans les constructions lacustres, se dresse un gracieux petit temple précédé d'une rangée de vieux sapins plantés en terre ferme.

Comme, en ce moment, nous ne cessons de friser la côte occidentale du lac, je ne puis distinguer que fort imparfaitement les détails de la rive opposée. Je remarque, toutefois, qu'entre l'eau et les montagnes qui bornent l'horizon, il existe une plaine très vaste, très plate, recouverte à la fois de la végétation la plus riche et de villages très multipliés. C'est dans cette plaine que passe le Nakasendo, de si pénible mémoire; il vient s'y réunir, en un point nommé Ksatz, à la grande route du Tokaïdo dont nous avons eu également et souvent l'occasion de parler.

Aux approches d'Otsou, de nouvelles montagnes reparaissent, hissées en face de nous sur leur base granitique, semblant fermer le lac de tous côtés à la façon d'un entonnoir gigantesque.

C'est devant Karasaki que la largeur des eaux atteint ses plus grandes dimensions. Des campagnes fertiles circonscrivent cette jolie localité, où l'on montre, à titre de merveille sylvicole, un gros sapin plusieurs fois centenaire, dont les branches, ramenées à hauteur d'homme et conduites en berceau, s'étendent sur une surface de cinq cents mètres carrés. Du pont du steamer, nous voyons ce vénérable représentant du passé diriger ses branches touffues jusque sur les eaux qui l'abreuvent et refléter dans leur miroir ses ombrages impénétrables.

Enfin, Otsou se présente à nos regards, perché au sommet d'un plateau qui domine le lac. Un immense édifice, — une caserne, à ce qu'il paraît, — dont la couleur blanche et crue fait papilloter le regard sous les rayons du soleil, lui communique un aspect quasi monumental. Désormais, la transformation est complète: autant les abords du lac avaient été sévères, presque mornes jusqu'à présent, autant la ville d'Otsou et ses environs se montrent sous un jour récréatif. Les collines qui couronnent l'agglomération sont couvertes de bois délicieux, au milieu desquels surgit un gracieux temple. La vue de ces lignes architecturales, courant à travers les arbres, dans un site extra-pittoresque, confirme une fois de plus cette notion, que nous avons acquise, du culte profond et inné de la race japonaise pour la sainte et grande nature où elle a trouvé son berceau.

Nous débarquons vers deux heures, à côté du bureau central des bateaux à vapeur. Il serait difficile de loger une administration d'une manière à la fois plus confortable et plus charmante. Employés et directeur sont répartis dans de ravissants cottages à l'aspect quasi européen et bâtis au milieu d'un jardin planté d'arbres toujours verts. Les attraits de ce petit Éden administratif réconcilieraient un poète avec les horreurs de la bureaucratie.

CHATEAU FORT DE HIKONÉ (p. 346).

Otsou n'est pas la première ville venue. Il y a bien longtemps de cela, au deuxième siècle de notre ère, à l'époque où Rome avait successivement pour maîtres Caracalla, un monstre, Héliogabale, un fou, cette cité était déjà la capitale de l'Empire et la résidence du Mikado. Ce fut seulement plus tard que Kioto devint le pompeux exil des souverains légitimes, sous la longue usurpation des chogouns. — Comme Hikoné, comme d'autres grandes villes surveillant les abords de ce même Kioto, si longtemps tenu en chartre privée, Otsou possède un château fort capable d'abriter un corps d'armée. Actuellement, la garnison y est encore très importante. Par contre, le rôle de ces hordes guerrières a changé. Il n'a plus maintenant pour objet de surveiller les agissements du Mikado, mais les derniers soubresauts du parti des chogouns, encore vivant, quoique terrassé[1].

Otsou sert de résidence au gouverneur de la province. Son importance commerciale passe pour être considérable. Toutes les lignes de bateaux y convergent nécessairement. Par le fait, les anciens daïmios, suzerains du pays, y avaient, de longue date, établi des docks particuliers, sorte de magasins féodaux, qu'on peut encore voir, au bord du lac plongeant dans les eaux saumâtres leurs massives fondations. C'est dans ces entrepôts immenses que s'amoncelaient leurs commercial, affluent dans ce centre d'activité, ils sont expédiés à Kobé, d'où ils prennent la direction des différents ports de l'océan Pacifique. En somme, qu'il s'agisse du thé parfumé du district d'Oudji, des étoffes de soie fabriquées à Kioto, ou bien du riz et de la soie brute en provenance de l'intérieur, tout concourt à développer merveilleusement un essor de plus en plus accusé.

Après le débarquement, déjeuner dans une tchaya placée aux abords du lac. Nous resterons, ce soir, à Otsou, afin de pouvoir immédiatement accomplir une excursion au célèbre enclos religieux d'Ichiyama. A

UN RÊVE D'ENFANT, AU JAPON (p. 100, 172, 208 et 331). — Dessin japonais.

revenus en nature, revenus qu'on expédiait ensuite dans toutes les directions. Aujourd'hui ce monopole oligarchique n'existe plus. Tout Japonais a le droit d'y faire du commerce, et l'initiative privée y a les coudées franches. Aussi le chiffre des affaires a-t-il décuplé. C'est, en effet, de ce point que partent d'innombrables marchandises à destination du sud, et que les denrées envoyées par les contrées méridionales sont expédiées vers le nord. On peut dire d'Otsou qu'il approvisionne tout l'intérieur du Japon, c'est-à-dire la zone au milieu de laquelle serpente le Nakasendo. Quant aux produits qui, par rayonnement

1. C'est dans la petite ville d'Otsou qu'en 1894 le tsar actuel, Nicolas II, alors simple tsarewitch, fut victime d'un attentat et blessé au front par un Japonais fanatique préposé à sa propre escorte.

cette fin, courons vite déposer nos bagages à l'hôtel *Kaméa* et montons sans plus tarder en djinrikcha.

Ichiyama se trouve à deux ris d'Otsou. Pour y atteindre, nous traversons la ville de part en part. L'aspect de celle-ci est tout à fait séduisant. Les rues y sont macadamisées et proprement tenues. Bien que les maisons soient généralement basses, elles respirent une profonde aisance. J'observe, du reste, que la cité présente, dans son ensemble, un caractère de bien-être qui n'est pas habituel au Japon. Jamais je n'ai vu, en ce pays, boutiques plus jolies, plus proprettes, population plus aimable, plus joyeuse, plus bienveillante. Cela diffère en tout du caravansérail de Yokohama et du méli-mélo hétérogène de la capitale. La différence que je constate en ce milieu, pourtant si peuplé, se reflète même dans les détails de l'habillement et de la toilette féminine. La coiffure des femmes, notamment, n'est plus celle qui est portée à Tokio. Là, c'était une sorte de chignon ramassé au droit de la nuque; ici, c'est une coiffure élégante en forme de coque de navire et dont les épingles qui la retiennent semblent figurer les rames au repos. Telle est la mode de Kioto.

Non loin de notre point de départ, nous remarquons en passant un sapin conduit en berceau comme celui de Karasaki, mais dont la tige, beaucoup moins forte, se couronne d'une façon plus modeste. J'en évalue cependant le développement total à près de cent cinquante mètres de superficie. Cet arbre prodigieux est planté, comme son congénère, à proximité même du lac. Entre la rive et son tronc puissant, une immense lanterne élève sa masse de granit.

On fête toujours l'année nouvelle, à ce que je vois, en ce pays privilégié. Toutes les habitations y sont encore pavoisées de drapeaux aux couleurs japonaises, et garnies de lanternes assorties. Lanternes et oriflammes paraissent être toutes de la même dimension et, qui plus est, de la même forme. Évidemment, cela sort d'une source unique, comme les produits similaires d'une illumination par ordre.

Nous ne cessons pas de côtoyer le lac. La plaine qui s'étend d'Otsou au lieu de pèlerinages où nous nous rendons paraît être assez fertile. Elle a pour limites, sur notre droite, les montagnes dont nous avons parlé, et, sur le côté opposé, les eaux mêmes du lac, si resserré en cet endroit qu'il n'est plus qu'une simple rivière, désignée sous le vocable indicatif de Séta-gawa. Aux environs d'Ichiyama, le paysage prend une allure encore plus coquette, encore plus attrayante. Tandis qu'un temple chintoïste, placé au milieu d'un bouquet d'arbres, constitue pour les yeux une sorte de reposoir immense, le chemin, devenu un sentier agreste, se faufile avec grâce entre le cours d'eau et les rampes abruptes, sous des berceaux de verdure luxuriante.

Bientôt, les maisons du village d'Ichiyama — celui qui a donné son nom au temple célèbre — se montrent éparpillées sur la berge; et, non loin de là, un peu derrière nous, se dresse le pont où passe la route formée de la réunion du Tokaïdo et du Nakasendo, fondus l'un dans l'autre.

Avant de poursuivre notre chemin, allons voir de plus près cet ouvrage, de proportions remarquables pour le pays. Depuis les âges les plus reculés, le pont de Séta sert à relier les deux rives de la Séta-gawa au sortir du lac Biwa, mais il a été presque entièrement reconstruit en 1875. Bien que le bois seul entre dans sa construction, il revêt un aspect des plus solides. Quant à sa longueur totale, elle est à peu près de deux cent cinquante mètres. Je dis « longueur totale », car, à proprement parler, le pont est divisé en deux parties, ou plutôt il est composé de deux ponts distincts, séparés par un îlot; le premier de ces tronçons mesure 36 kens, soit environ 66 mètres, tandis que le second atteint 96 kens, soit plus de 175 mètres. J'en évalue la largeur à six mètres.

De l'autre côté de ce double pont, que nous traversons de part en part, nous sommes admis à jouir d'un charmant coup d'œil sur les abords d'un petit temple chintoïste pittoresquement encadré et dont je possède une délicieuse photographie. Pont et temple sont, au surplus, l'objet d'une légende locale qui évoque dans l'esprit des populations environnantes des souvenirs pleins d'attraits. Mais contentons-nous de contempler l'admirable paysage et repassons le double tablier qui nous sépare de l'autre rive et du fameux temple d'Ichiyama.

Ichiyama, comme tous les grands centres de la dévotion populaire, s'annonce par une série interminable de tchayas et de grands restaurants, accolés à la montagne, regardant béatement la rivière et la route, afin de mieux happer au passage les nombreux pèlerins qui s'y donnent rendez-vous. Il n'y a pas, d'ailleurs, que la seule piété qui attire ici les dévots. Le désir de jouir de l'admirable vue qui le pousse encore nombre de tièdes fervents à venir réclamer de ces demeures hospitalières un asile qui ne sera jamais refusé.

Mais nous voici parvenus à l'entrée du temple. Conformément à l'usage, il apparaît défendu par les monstres légendaires qu'on rencontre à la porte de tout sanctuaire bouddhiste. Immédiatement après se présente une longue avenue, dallée en son milieu et bordée de *momidjis*, espèce particulière d'érables, aujourd'hui dépouillés de leur toison printanière, — ce qui, dans ce pays aux arbres toujours verdoyants, paraît être une exception. — Cette avenue conduit à trois escaliers. Le plus grand possède une série de soixante-six marches, coupée par un palier. Il est spécialement attribué au sexe fort. Le deuxième, formé de degrés plus larges et plus commodes, est réservé aux femmes. Au delà de ces deux rampes, de construction spéciale, est un troisième escalier où hommes et femmes, après être montés séparément, ont tout loisir de se rencontrer pour la descente. Singulière prescription, dira-t-on! On se rappellera peut-être que nous en avons vu d'autres exemples dans plusieurs enclos religieux.

Une véritable surprise nous attend de la plateforme où nous accédons. Tout autour du parvis qui s'étend devant le temple proprement dit, plusieurs petits sanctuaires, disséminés au hasard, se détachent sur un fond de roches noires de l'aspect le plus fantastique. On dirait des êtres monstrueux sculptés dans une table polie, tant ils se détachent, comme en haut-relief, sur le basalte qui leur sert de repoussoir. Tout au-dessus de ces rochers, se dresse la montagne à pic, couverte de bois, et sur laquelle se penchent gracieusement de jolies petites chapelles faisant risette aux sanctuaires placés en contre-bas. Cet ensemble est magique et n'est que fort imparfaitement reproduit dans une photographie que je tiens à la main.

FEMME EN COSTUME D'HIVER (p. 310).

Le temple principal de l'enclos d'Ichiyama est bâti sur la gauche du perron d'accès. Il est consacré à Kwannon, la bonne déesse que nous avons déjà si souvent rencontrée et qui est une des divinités les plus en honneur dans tout l'Olympe bouddhiste. On y monte par dix-sept degrés que nous ascendons aussitôt. Dès la porte, on se trouve dans une vaste salle, très basse de plafond et soutenue par des colonnes de bois. Malheureusement il y règne une obscurité plus favorable à la prière qu'à l'admiration du détail. Des siècles ont passé sur cette construction remontant à l'origine du bouddhisme au Japon. On y conserve — paraît-il — l'antique image de la déesse. Mais impossible même d'en vérifier l'existence, tant la nuit générale y est encore accrue par les multiples ornements dont tout autel bouddhiste est encombré. C'est à peine si, dans la partie réservée aux fidèles, on soupçonne les tableaux symboliques reproduisant de bizarres épisodes de la mythologie nationale, et étoilés çà et là de boules de papier mâché. Par contre, ce que le visiteur le moins clairvoyant peut apercevoir sans recherche aucune, c'est l'inoubliable fosse aux aumônes. Celle-ci est longue et large à contenir l'indemnité de guerre payée pendant des siècles au Japon par le gouvernement de Corée. Ce n'est pas un coffre, c'est une arche ; ce n'est pas une arche, c'est une cale de radoub, dont le contenant, hélas! proteste avec énergie contre la maigreur lamentable du contenu.

En sortant de cette crypte peu attrayante, nous grimpons sur un tertre au sommet duquel s'élève une pagode à deux toitures. Bien que ce monument soit dépourvu de toute sculpture, il est d'une extrême élégance. De la terrasse, ménagée en avant, on jouit d'une vue très étendue sur le lac Biwa. L'exactitude de la comparaison fournie par l'étymologie du nom prêté au lac, nous apparaît maintenant dans toute son évidence. La surface des eaux découvertes affecte bien la forme d'une guitare, dont le manche serait placé à nos pieds et dont la caisse sonore s'arrondirait au loin devant nous.

Au-dessus du point où nous sommes, domine encore le pic montagneux aux flancs duquel sont accrochés les petits temples dont nous admirions tout à l'heure la position pittoresque. Quant à ceux-ci, ils représentent autant de sanctuaires consacrés à des divinités secondaires. Ils tranchent par la sveltesse des formes, la grâce du style et la sobriété de la construction, avec l'aspect majestueux des montagnes et la couleur nuancée du basalte. Ils communiquent à ce décor déjà merveilleux un cachet de fantaisie qui vous laisse dans le ravissement. L'une de ces chapelles a beaucoup de ressemblance, comme ligne, avec les *isbas* russes. Elle est établie au moyen de poutres équarries et superposées horizontalement sur les angles. De plus, le gracieux et modeste édifice repose tout entier sur douze colonnettes d'un mètre d'élévation environ.

Ce fut — dit la légende — dans un de ces retraits, si propres à l'inspiration, que la prêtresse Mourasaki-Chikibou composa, à la fin du dixième siècle, les fameux *genji-monogatari*, sortes de Niebelungen orientaux, décrivant les longues querelles de deux familles rivales, dans un vaste poème épique que les dramaturges et les poètes locaux ont souvent mis à contribution. L'encrier de cette Sapho japonaise, authentique sans doute à la manière de la canne d'Arouet, est toujours présenté à la vénération des croyants.

D'ailleurs, l'éternel féminin est ici représenté sur une grande échelle. Outre la bonne déesse protectrice du temple principal, outre la prêtresse Mourasaki, la patronne des bas-bleus nationaux, il est encore une personnification non moins auguste, dont l'ombre plaintive a la réputation de hanter les bords du lac Biwa et de raccommoder les unions ébranlées. Je veux parler d'Ono-no-Komatchi, patricienne et poète, ravalée du plus brillant destin au sort le plus misérable, et dont l'histoire légendaire occupe une si grande place dans les souvenirs du pays. Aussi connue dans les arts plastiques que dans la littérature, elle est constamment représentée sur les porcelaines, dans les reliefs sur laques, dans les illustrations d'albums et d'éventails.

Ono-no-Komatchi était d'une beauté idéale et d'un savoir profond ; si bien que ses charmes finirent par fasciner le prince Ariwara-no-Narihira, qui était de sang impérial et, en même temps, considéré comme le plus séduisant des poètes. Mais la patricienne ne consentit à combler le royal soupirant de ses faveurs célestes qu'à la condition expresse que celui-ci lui rendrait, pendant cent nuits consécutives, les hommages respectueux auxquels elle avait droit. Le pacte fut loyalement conclu et fidèlement exécuté. Déjà le fils du Mikado allait recueillir le fruit de sa constance et de sa soumission, lorsque, justement, le dernier soir, un violent tremblement de terre vint à se déclarer. En présence d'une telle catastrophe, le prince se crut autorisé à rester chez lui et ne rendit pas sa visite habituelle. C'était une infraction aux conditions stipulées, et, dès le lendemain, quand il voulut revoir celle qu'il adorait, il ne la retrouva plus. On juge de sa douleur. Pourtant, avec les jours, son chagrin alla s'affaiblissant, en sorte qu'il en vint bientôt à l'oublier et même à prendre femme. Ono-no-Komatchi n'avait cédé qu'à un sentiment d'orgueil déplacé. Aussitôt ce mariage conclu, elle en ressentit une vive peine, due au véritable amour qu'elle éprouvait en secret. Mais, désormais, son existence tout entière devait être le châtiment de son extrême présomption. Vouée à une vie vagabonde, elle ne trouva de remède à sa souffrance que dans le récit même de ses malheurs. Chaque jour, à travers le Nippon, et spécialement aux bords du lac Biwa, on la vit errer de village en village, vieille, décrépite et ridée, jetant encore par ses yeux restés jeunes la flamme qui dévorait son âme, et raconter, dans un langage magnifique, les splendeurs de la création, tout en exhalant ses plaintes contre la fatalité qui l'avait poursuivie. Il n'était point de paysan qui ne l'eût rencontrée ainsi, appuyée sur son bâton, marchant péniblement sur les routes et portant sur le bras un panier où se trouvait à la fois la maigre nourriture qu'elle avait recueillie en route et les pages qu'elle avait remplies aux heures de solitude. Elle ne recouvra sa beauté perdue qu'à l'heure où la mort vint, dans une étreinte finale et délirante, lui rendre au cœur le repos qui l'avait fui. Depuis, son souvenir gracieux et pathétique revit indéfiniment dans la commisération de tous ceux qui aiment ou ont aimé.

Telle est cette histoire touchante. Nous l'avons résumée en quelques mots, tant elle nous a paru remarquable de simplicité et de contexture héroïque.

Le jour qui va s'éteindre offre un tableau superbe. Tandis que le soleil se couche à l'horizon, dans un océan de feux empourprés, les montagnes situées en face, et qu'il frappe en droite ligne de ses rayons, semblent s'embraser comme de l'amiante et rappellent les terrifiantes beautés d'un incendie. Les traînées de neige incrustées dans leurs flancs contrastent superbement avec les parties rocheuses qui les enserrent. On dirait de vastes coulées de lave en fusion descendant du cratère d'un volcan gigantesque. C'est d'un effet prestigieux. Décidément, les couchers du soleil, en cette saison et dans cette partie du Japon, suffiraient pour déterminer les artistes à faire le pèlerinage d'Ichiyama.

LA POÉTESSE ONO-NO-KOMATCHI, DANS SA VIEILLESSE. — D'après Nichikawa-Soukénobou (p. 354).

Nous ne rentrons à Otsou qu'avec la nuit. En général, dans toutes les villes japonaises, à l'exception peut-être de certains quartiers de Yokohama et de Tokio, les magasins se ferment à la brune. Otsou ne déroge pas à cette règle invariable. La seule rue de la cité qui demeure encore un peu animée, au moment où nous la traversons, est éclairée par d'immenses lanternes suspendues au-dessus de la chaussée.

Nous avons, chemin faisant, croisé bon nombre de *norimons*. Le Sud est resté fidèle à ces chaises à porteurs closes et grillagées, alors que le djinrikcha, ce commode et rapide moyen de transport, les a partout remplacés dans le Nord. En dépit des inconvénients connus, le norimon est cependant mille fois préférable au kago, de si néfaste mémoire. Il est, d'ailleurs, plus spacieux, et les portières en peuvent être fermées, le cas échéant. Aussi le tarif d'usage en est-il deux fois plus élevé.

Tout en faisant ma rentrée à l'hôtel, je remarque dans la chambre commune un de ces aveugles ambulants, si souvent rencontrés dans les rues de Tokio, lequel est occupé à masser consciencieusement la fille de céans. J'ai déjà eu l'occasion de faire observer que, par une coutume bizarre, ce sont généralement les hommes qui massent ici les femmes, tandis que le massage des hommes est dévolu à des masseuses, également aveugles.

L'hôtel où nous sommes descendus est situé à proximité d'un temple chintoïste. Ce voisinage est peut-être favorable à l'édification des voyageurs, mais il est bien préjudiciable à leur repos. En vérité, les bonzes qui les desservent mériteront sûrement le ciel après leur mort. Le sabbat qu'ils mènent en psalmodiant des prières sur tous les tons de la gamme, en claquant dans leurs mains d'ascètes, en battant sur des tambours endiablés, en faisant résonner des gongs ultra-sonores, est tout simplement inimaginable. A mon arrivée, déjà le concert allait grand train; mais, pendant le dîner, il a pris des proportions épiques.

Ma montre marque plus de minuit quand enfin mes bonzes se décident à mettre un terme à leur effroyable tintamarre. Que Morphée verse sur nous tous ses pavots!

Samedi, 6 janvier. — Beau temps (th. +5° cent.).
Dès le matin, roulements de tambours, comme hier. Ce sont mes bonzes qui se livrent à leur prière matinale. Les dieux qui se montreraient sourds à de pareilles invocations y mettraient, certes, de la mauvaise volonté.

D'ailleurs, tout fidèle adorateur des *kamis* s'incline chaque matin devant le globe de cristal qui représente le soleil, bien que nul élan personnel, aucune note partie du cœur, ne semblent être inclus dans cette oraison bizarre, où les cinquante sons élémentaires de la langue japonaise et les noms de nombres ordinaux prononcés à haute voix constituent le fond du discours. En fait, la formule a totalement remplacé la ferveur spontanée. Il existe, cependant, certaines prières, récitées à l'occasion des fêtes pour le bien-être général de la nation, qui ne manquent ni de couleur ni d'originalité. Nous nous permettrons d'en exposer une seule où l'on demande aux divinités la prospérité de l'Empire. Cette oraison est quelque peu ambitieuse, ainsi qu'on en pourra juger:

« Daignez, ô dieux généreux, soumettre à la puissance japonaise tous les pays placés dans l'angle de notre rayon visuel, du point où nous tournons autour de nous jusqu'aux limites extrêmes de la terre, voire jusqu'aux nuages blancs qui volent dans l'azur éthéré. Que toutes les mers, jusqu'où peut aller la rame du marin, soient couvertes de nos vaisseaux; que toutes les routes du pays, jusqu'où peut aller le sabot d'un coursier, soient parcourues sans interruption par des chevaux chargés de nos denrées; que les rochers qui interceptent notre passage soient rasés; que les forêts soient abattues; que les sentiers escarpés franchissant les montagnes soient tour à tour nivelés! Faites que le domaine de vos humbles fidèles s'agrandisse indéfiniment! Si vous exaucez nos vœux, des montagnes d'offrandes s'accumuleront devant votre autel. Nous n'affecterons à nos besoins que ce que vous voudrez nous laisser.

« Permettez que notre empire dure éternellement sous votre égide protectrice, comme les roches qui percent le sol. Ainsi que le goéland qui plonge dans les eaux pour y chercher sa nourriture, laissez-nous doucement nous baigner au milieu des richesses de la terre recueillies, grâce à vous, et formant comme un vaste océan que nous vous offrons ici même en holocauste! »

Mais il est temps d'abandonner Otsou et de nous mettre en route pour Kioto, ce Tombouctou du Japon si longtemps arraché aux convoitises de l'explorateur. La distance qui nous en sépare n'est plus considérable. Nous la franchirons à pied comme de simples promeneurs. Nos bagages sont déjà partis en avant, à dos de coolies, en sorte que nous n'aurons point à nous en occuper.

En traversant la ville, nous passons devant une demeure ouverte, où des athlètes s'exercent en présence d'un nombreux public. Ce ne sont là que des apprentis, à ce que je puis voir. Tous accroupis les uns en face des autres, ils se relèvent brusquement, se saisissent, s'enlacent et roulent sur le sol avec un laisser aller incroyable. Voilà qui promet pour l'avenir.

De nombreux ouvriers sont occupés à réparer la route. Il paraît que celle-ci était naguère absolument impraticable aux djinrikchas, en raison des cailloux raboteux dont elle était formée. Aussi n'y passait-on qu'en norimon. Après l'achèvement des travaux, elle sera tout point magnifique. On se propose, en effet, de la macadamiser, de manière à la rendre carrossable. Pour l'instant, on s'y livre à des terrassements importants tendant à niveler les hauteurs et à remblayer les marécages dont elle était semée.

Si la distance entre Otsou et Kioto n'est que de deux ris et demi, en revanche elle est plus pénible à parcourir que je ne me l'étais imaginé. Pendant près d'une demi-heure, nous sommes contraints de marcher sur un cailloutis abominable destiné à former le sous-sol de la route et sur lequel aucune matière sablonneuse n'a encore été déposée. Quel supplice! Mon pied, toujours endolori, recommence, à cet exercice infernal, à me causer de sourdes douleurs qui ne sont pas sans m'inquiéter.

Heureusement qu'après mille efforts surmontés de gaieté de cœur, nous arrivons à la station provisoire des djinrikchas, c'est-à-dire aux confins mêmes de la ville. La circulation qui règne sur ce point est vraiment incroyable. On ne voit que coolies, chevaux de bât, taureaux ployant sous le faix, tout un peuple enfin circulant dans les deux sens. C'est un cortège ininterrompu de véhicules et de piétons, attestant une fois de plus la richesse du pays et l'activité dévorante de la race.

A partir d'ici, le chemin suit une sorte de vallée, bordée, en certains endroits, de jolies maisonnettes escaladant la pente des collines. Çà et là, de verts bouquets d'arbres, remplis de doux frémissements, répandent la fraîcheur et l'ombrage. Partout des plantations de thé, des rizières, des champs de coton, se montrent comme pour témoigner d'un climat plus chaud et plus abrité. Enfin, aux portes de Kioto, le vallon se rétrécit brusquement pour n'être plus qu'une simple tranchée, au bout de laquelle, ainsi que dans une lunette d'approche, on aperçoit tout à coup les toits grisâtres de la cité des Mikados.

Quelques fabriques et magasins de produits céramiques semblent convier quiconque fait son entrée dans Kioto à payer sa bienvenue aux industriels de la ville. Pour ne point manquer à la politesse, je m'arrête chez un potier dont la montre est encombrée de ces faïences jaunâtres, délicieusement historiées, dont les formes et dessins font la joie inaltérable des collectionneurs. Un vieux peintre à lunettes y est justement en besogne, recouvrant de ses hautes fantaisies les différents spécimens déposés devant lui. En moins de dix minutes, il a illustré une tasse et une théière avec les plus jolis paysages. La sûreté de main dont il fait preuve est inimaginable. En voyant cet homme à l'œuvre, on conçoit le bas prix d'une marchandise, peut-être stéréotypée comme conception, mais à coup sûr souverainement artistique. Cela semble être un jeu et non plus un travail. Pensez que la journée de ce spécialiste est à peine payée plus cher que celle du plus simple ouvrier. Chacun est quelque peu dessinateur au Japon, quelque peu coloriste. L'art n'est, pour ainsi dire, plus l'attribut d'une caste inventive et privilégiée ; il est passé dans le domaine commun.

Nous pénétrons à Kioto par un quartier émaillé de temples ; or, Dieu sait s'il existe des temples dans cette Rome du bouddhisme et du chintoïsme confédérés. D'anciennes statistiques locales en portent le nombre à plus de trois cent cinquante, dont environ le tiers est desservi par trois cents prêtres du rite chinto, et le reste par au moins quinze mille bonzes bouddhistes. Toutefois, je crois qu'il faut se défier des évaluations ainsi faites, car, à parler franchement, celles des Japonais sont presque toujours empreintes d'exagéra-

UN PRÊTRE, EN HABIT DE CÉRÉMONIE (p. 316).

tion. Il est même rare que je n'y découvre, à l'occasion, quelque tendance à l'hyperbole. La statistique en question se rapporte, d'ailleurs, aux temps où la ville sainte abritait encore dans ses murs la souveraineté des Mikados. Leur présence encourageait un développement aussi prodigieux. Depuis le transfert de la cour à Tokio, j'estime que le nombre des sanctuaires a très sensiblement diminué.

A peine entrés en ville, nous côtoyons précisément l'enceinte d'un des temples les plus importants de la vaste cité sainte, celui de Tchion-in.

Le temple de Tchion-in s'annonce par un portique d'aspect monumental, en bois brut, sans aucune peinture ni sculpture, et ne mesurant pas moins de vingt-cinq mètres de hauteur. Immédiatement au pied, deux larges escaliers donnent accès à une cour centrale où s'élève le sanctuaire proprement dit, au milieu de diverses constructions accessoires. Dans cette même cour, une sorte de piscine et deux grandes lanternes de granit marquent l'entrée principale. En contemplant le tableau qui s'offre à ma vue, de ce point particulier, je reste littéralement stupéfait. Tout y est grandiose dans le plan comme dans le détail esthétique, bien que l'architecte paraisse n'avoir voulu recourir ni à la sculpture ni à la polychromie pour obtenir ses effets. Il semblerait qu'il a été surtout dirigé par le désir de faire large. A peine si les frises, placées entre les cariatides qui supportent le balcon, sont ornées de quelques figures d'animaux, d'ailleurs très savamment fouillées. Comprises avec une pareille sobriété, ces sculptures très fines me donnent l'impression de joyaux enchâssés dans un mur de forteresse.

L'intérieur du temple n'est pas moins imposant que l'extérieur. Là encore, nulle décoration de placage :

de vastes autels seulement pourvus de leur matériel sacré, et voilà tout. L'absence de luxe, vrai ou faux, est telle que le sol de la nef réservée aux fidèles est simplement recouvert de nattes et que les innombrables lanternes de papier, jadis pendues à la plupart des voûtes, en ont été sévèrement proscrites.

Nous montons sur un petit plateau dressé à côté même du parvis. On m'y montre une cloche colossale suspendue à l'arbalétrier d'un hangar. Cet extraordinaire échantillon de bronze ne mesure pas moins de trois mètres et quart de haut, exactement parlant bien entendu, car j'ai pu en prendre les véritables dimensions. L'épaisseur de la paroi vibrante n'est pas inférieure à vingt-cinq centimètres. Ladite cloche, datant de la première moitié du dix-septième siècle, est assurément une des plus grandes que l'on ait fondues au Japon. Son poids atteint près de soixante-quinze mille kilogrammes. En fait, elle n'est appelée à résonner que les 12°, 13° et 23° jours de chaque mois, pour un motif qu'on m'a laissé ignorer.

Un peu au-dessus de cette même terrasse, s'élève le monastère dépendant du temple. Il est aussi vaste et aussi simple que les autres constructions qui l'environnent. Un bonze que je rencontre, au moment où je m'y rends, m'en refuse carrément l'accès. En revanche, il m'engage à visiter l'intérieur du portique par lequel nous avions opéré notre entrée dans l'enclos. Il s'y trouve, paraît-il, une curieuse collection de statues.

La salle qui renferme cette collection est placée dans la partie haute du portique. On y grimpe par un escalier des plus raides. Là, dans le silence grave de la méditation, siègent les *djou-rokou-rakan*, c'est-à-dire seize disciples du Bouddha. Chacun des personnages est assis, muni de ses attributs caractéristiques. Les uns comme les autres sont un peu plus grands que nature et, de même que nos saints et martyrs, ils portent sur la tête une auréole de métal doré. Quelques-uns des membres du cénacle ont le visage horriblement contracté. L'explication de leur mimique est bien simple : les disciples du Bouddha doivent surtout leur haute réputation aux pénitences qu'ils s'imposèrent. Or le sculpteur, dans sa naïve conception, a cru pouvoir exprimer par des grimaces effroyables les souffrances et les macérations que ses héros eurent à supporter.

Les statues, ainsi que les parois de la salle qui les renferme, sont peinturlurées aux trois couleurs rouge, vert et or, et causent d'abord à l'œil un éblouissement qui, s'il se prolongeait trop longtemps, deviendrait quasi douloureux. Seules, la figure, les mains et les parties nues du corps sont teintées de rose tendre, pour imiter les chairs. Quant au Bouddha, il trône au milieu de l'assemblée, doré des pieds à la tête ; en guise d'auréole, il porte sur l'occiput un immense plat, également doré, donnant l'idée d'un halo.

Pour échapper à cette riche et turbulente polychromie, je me précipite en dehors du portique, sur le balcon monumental qui le pourtourne. J'y jouis d'une vue magnifique. A travers la dentelle formée par les arbres voisins, plaquant de taches harmonieuses l'immensité du panorama, j'aperçois la vaste agglomération des temples, des clochetons et des portiques dont Kioto est émaillé. La ville, environnée de montagnes, excepté vers le sud-ouest, c'est-à-dire sur la gauche, tout en semblant incommensurable, m'apparait sous les aspects les plus riants. Si, d'une part, les toitures, uniformément élevées, se présentent sombres et monotones, de l'autre, les pignons, généralement enduits à la chaux, font contraste par leur blancheur étincelante. Aussi ce coup d'œil est-il d'une extrême originalité.

Les proportions inaccoutumées du temple de Tchio-ïn ont suggéré au gouvernement l'idée assez pratique, mais irrévérencieuse à coup sûr, d'y installer la grande exposition de 1872, la première qui eut lieu au Japon. Ici, porcelaines sous toutes les formes, soies grège ou tissée, armures anciennes et modernes, ont dû faire une terrible concurrence à l'imagerie religieuse renfermée dans le pieux enclos. Mais il est probable aussi que les marchands d'objets d'art, les propriétaires d'hôtels ou de maisons de thé, les mille industriels vivant du public, ne se scandalisèrent pas plus de la profanation infligée au « Capitole » que si le tout se fût passé en plein « forum ». N'oublions pas, du reste, qu'au point de vue japonais, le marchandage dans le temple n'a rien de rédhibitoire. — Ce fut encore dans ce même lieu que séjourna Sir Harry Parkes, lorsque, le premier entre tous les envoyés étrangers, il se rendit à la cour du Mikado pour faire ratifier par le souverain légitime les traités conclus avec le gouvernement des chogouns. On se rappelle la tentative criminelle dont l'agent britannique fut l'objet, à cette occasion, dans la journée du 23 mars 1868. Le cortège, en se rendant au palais de l'empereur, fut attaqué par une bande de *ronins*. Heureusement, les auteurs de cet attentat furent hautement réprouvés et châtiés par le gouvernement impérial.

Mais nous voici redescendus des hauteurs où nous nous étions un moment arrêtés dans notre course, et nous nous remettons à cheminer non loin de la Kamo-gawa, ou plutôt d'une dérivation du fleuve, lequel contourne Kioto, presque entièrement, comme un immense fossé naturel. Par malheur, ce bras est à sec quatre-vingt-dix neuf jours sur cent. Plus n'est temps, d'ailleurs, de nous attarder en pérégrinations. Il faut songer à prendre domicile quelque part. Et pourquoi ne nous installerions-nous pas justement à proximité des temples, ou, pour mieux dire, dans leur propre enceinte ? Par le fait, tout nous convie à choisir la jolie *yadoya* que nous apercevons d'ici, se détachant sur un fond de montagnes boisées et surplombant, de sa masse élégante, les maisons à balcons dissimulées à ses pieds dans les massifs verdoyants. Cet aimable asile est l'hôtel *Maruyama*, appelé ainsi de la colline qui apparaît au-dessus de la toiture. Il est tenu par un certain *Y'a-ami*. Souhaitons que l'hôtelier ne mente point aux promesses renfermées dans son nom !

Trois heures sonnent quand nous entrons dans la demeure hospitalière. Elle n'est autre qu'un ancien sanctuaire transformé en hôtellerie; ainsi que cela se présente dans beaucoup de capitales abandonnées, les édifices se montrent trop souvent déchus de leur destination primitive : les temples de Kioto, comme les palais de Venise, ne servent plus qu'à abriter les étrangers.

rampes abruptes de l'enclos de Tchio-ïn, gonfle à vue d'œil, étroitement enserré qu'il est dans une chaussure de cuir un peu trop juste. Il faut à tout prix remédier à cela. Sans perdre de temps, je vais parcourir les rues avoisinantes à la recherche d'escarpins en étoffe, et puis je reviens à l'hôtel fièrement chaussé de larges pantoufles.

À sept heures, excellent dîner, parfaitement servi. Ici, dans cet hôtel sans lits mais tenu pourtant à l'européenne, Sada se borne à contrôler la cuisine préparée par un Carême de l'endroit. Et, en effet,

LE TEMPLE D'ICHIYAMA (p. 352).

La liste de ces derniers, reçus dans les murs de notre élégant hôtel, m'est présentée en grande cérémonie. Elle porte quelques noms que je ne retrouve point sans un muet attendrissement. Ces ombres passagères et fugaces arrivent aussitôt peupler mon isolement de tout un monde de souvenirs. Il est si pénible, parfois, de se sentir le seul de sa race dans une ville aussi populeuse que l'est Kioto ! Et, il n'y a pas à dire, à l'heure présente, je suis probablement l'unique Européen qui foule le sol de l'antique capitale.

Comme corollaire à ces réflexions mélancoliques, je constate que mon pied, échauffé par la traite du matin sur les cailloux aigus de la route et sur les

l'hôtel *Marouyama* est établi dans des conditions de confort exceptionnelles pour le Japon. On y trouve des tables, des chaises, certains meubles courants dont nous avions même, depuis notre départ, perdu la plus humble notion. Nul doute qu'en été, pareille demeure ne soit un séjour fort agréable. Pour le moment, malheureusement, il y fait un froid de loup, en dépit du grand poêle, sans cheminée, qui trône dans la salle commune, et où l'on brûle uniquement du charbon de bois. Le fait est que tout y est ouvert, comme si l'on jouissait de la plus douce température. La vaste halle de l'ancien temple transformé n'est guère mieux clôturée que la plus primitive des cabanes japonaises. En guise de murs extérieurs, il n'est là, comme partout ailleurs, que de minces châssis de bois garnis de petits carreaux de papier. Une différence pourtant : la moitié desdits carreaux a été fort sensément remplacée par des vitres de verre blanc. Mais cela, et rien de plus. Les châssis ne joignent que très imparfaitement, et chacun est agrémenté de trous comme une véritable passoire. Si l'on voulait se faire une idée plus exacte du singulier logement formé par ce hangar colossal, autrefois consacré au culte, qu'on se figure une salle très étendue qu'on aurait divisée après coup en multiples compartiments à l'aide de paravents réunis. Or, ici les paravents ne sont autre chose que des châssis, et chaque chambre n'est clôturée qu'à la hauteur de ces derniers. Il s'ensuit qu'au-dessus et jusqu'au plafond, l'air circule aussi librement que dans les tuyaux d'un harmoniflûte.

Par bonheur, je ne coucherai pas dans cette boîte à coryzas. C'est à peine si je me suis mis en devoir d'y prendre quelque repos, après avoir dîné et transcrit mes notes de voyage. On veut bien me désigner un petit pavillon isolé, d'aspect tout à fait charmant et situé dans la cour auprès de l'entrée de l'hôtel. Hélas ! il y fait tout aussi froid que dans la case aux compartiments, mais j'y serai un peu mieux garanti contre les courants d'air.

Voici maintenant d'autres particularités. Nous nous trouvons perchés d'une part, comme un nid de pie, au-dessus du quartier principal des chanteuses et des ballerines, appelé Ghion-chin-tchi, tandis que, vers le flanc opposé, un autre quartier également voué au culte de Terpsichore étale à nos regards des constructions uniformes. C'est en ce lieu folâtre que la jeunesse dorée de Kioto vient prendre ses ébats quotidiens, aux grincements des samicens, au bruit des chants d'amour et des déclamations emphatiques, au tumulte indescriptible des spectateurs et des acteurs unissant indéfiniment leurs cris, leurs allégresses, leurs quolibets. La fête est, pour ainsi dire, perpétuelle, sans commencement ni fin ; et tel est même le tapage assourdissant qui en résulte, que je pourrais me croire en pleine liesse, tout comme la foule. Si vous ajoutez à cela les roulements de tambourins se dégageant des temples, les grondements des gongs et les appels vibrants des cloches, vous aurez une idée du hourvari dont nous sommes impitoyablement régalés. Pour ma part, du haut de mon observatoire, au sein de ce sabbat orgiaque et mystique, je me fais à moi-même l'effet du diable boiteux planant sur une ville en délire. Et il en sera ainsi tout le long de mon séjour à Kioto ! En temps ordinaire, je m'empresserais de fuir bien loin, haïssant le tapage et la foule par tempérament. Mais, après tant de soirées si calmes passées en pleine campagne, cette brusque transition est loin de me déplaire. Pourtant, l'intensité du vacarme contribue à me rappeler l'insuffisance des cloisons destinées à nous protéger contre la froidure sans cesse envahissante, et cette pensée n'est pas faite pour me rassurer sur le sort de la nuit prochaine.

Il n'y a pas à le nier : la température est glaciale. Aussi, couvertures de voyage, paletots et pardessus, *ftons*, — ces matelas japonais assez semblables à nos courtes-pointes ouatées, — tout y passe, tout s'accumule autour de moi. Une douce chaleur envahit enfin mes membres fatigués. Je dors, oui, je dors malgré la sonnerie infernale, dans toutes les mesures et dans tous les tons, qui me fait tressauter à chaque instant sur mon matelas « solitaire », pour me servir de l'expression employée par certain personnage de vaudeville déclarant qu'il n'avait qu'un seul matelas. Oui, à n'en pas douter, nous sommes bien en pleine région des temples.

Dimanche, 7 janvier. — Le temps est beau, mais la gelée a fortement sévi pendant la nuit. A huit heures, le thermomètre marque zéro.

Avant de nous consacrer à la visite de Kioto, il nous faudra faire à Osaka et à Kobé une excursion préliminaire, afin d'y reprendre nos malles expédiées directement de Yokohama et retrouver notre correspondance. Une journée suffira à cette promenade de 46 ris, aller et retour, car nous avons retrouvé d'ores et déjà les moyens rapides de locomotion. En effet, un chemin de fer récemment ouvert relie Kioto à la première de ces localités. Quant à Kobé, elle est reliée à Osaka par une ligne livrée à la circulation depuis un temps déjà éloigné.

Au surplus, le gouvernement japonais s'occupe très sérieusement de compléter son réseau ferré. L'administration étudie même une ligne passant dans les environs du Nakasendo. Ce travail sera indubitablement fort coûteux, en raison des très nombreux travaux d'art que son exécution réclame. Il offrira, en revanche, des avantages incalculables. Si la route du Tokaïdo est déjà suffisamment reliée aux villes du littoral par les inflexions multiples qu'elle fait vers la mer, le Nakasendo, au contraire, courant au milieu même du pays, ne peut être soulagé que par une voie purement terrestre. De plus, le Nakasendo, seul, donne accès à l'intérieur du Japon. Cela n'empêche pas, d'ailleurs, qu'une nouvelle ligne projetée également le long du Tokaïdo complétera jusqu'à Yokohama et Tokio le tronçon de chemin de fer établi de Kioto à Kobé. Quant au chemin de fer qui reliera Tokio à Awomori, localité située en face de Hakodaté, il est décidé en principe. Par ce railway complémentaire, on obtiendra la traversée de l'île de Hondo, du nord au sud. Or cette île de Hondo est, comme on peut s'en rendre compte, la principale de toutes celles qui composent l'archipel japonais ; car c'est à tort qu'on lui donne généralement le nom de *Nippon*, ce dernier nom n'étant rien autre que le titre même de *l'empire du Soleil Levant*.

La gare d'Osaka est située au sud-ouest de la ville de Kioto, fort loin de l'hôtel où nous sommes descendus.

A neuf heures quarante notre train se met en marche. Je remarque que le matériel de ce chemin de fer diffère complètement de celui employé sur la ligne de Yokohama à Tokio. Au lieu d'une machine de dimensions réduites, nous sommes traînés par une puissante locomotive; en place des voitures légères, affectant la forme des cars de tramways, les wagons sont établis sur le modèle de ceux qui roulent presque partout en Europe.

A peine a-t-on quitté la gare, située aux confins extrêmes de la ville, qu'on a tout aussitôt perdu de vue les derniers immeubles de l'agglomération. On décrit alors une large courbe au pied même des montagnes qui encaissent vers l'ouest la vallée de Kioto. Toute la plaine qui se déroule à nos regards est à la fois fertile et bien cultivée. A cette époque de l'année, malgré le froid qui règne dans la contrée, bon nombre de paysans sont là travaillant dans les rizières, ayant de l'eau et de la fange jusqu'aux genoux. C'est la dure période du labour qui se poursuit à l'aide de charrues traînées par des taureaux.

On se rappelle la plaisanterie d'Alexandre Dumas, disant à un garçon de café madrilène, qui osait lui servir de l'eau quasi tiède : « Portez cela au Manzanarès, ça lui fera toujours plaisir. » La rivière de Katsoura-gawa, que nous traversons sur un grand pont de fer, et qui n'est autre que la branche occidentale du fleuve entourant Kioto, est proche parente du maigre cours d'eau espagnol. En ce moment le lit en est presque aussi à sec que le fond du verre d'un ivrogne. Viennent les crues, cependant, et elle roulera des flots tumultueux, qui rivaliseront d'aspect avec les lames de l'Océan.

Nous atteignons, suivant la sage lenteur que comporte tout chemin de fer japonais, la première station, laquelle porte le nom de Moukomatchi. Quelques naïfs campagnards s'arrêtent sur notre passage, en regardant le train d'un regard ébahi. Cela ne doit pas nous surprendre, puisque l'ouverture de la ligne est encore de date récente. Lors des premiers chemins de fer construits en Europe, nos paysans eux-mêmes croyaient à l'intervention du diable dans cette lourde masse courant toute seule le long des rails. Et, pour ma part, je serais presque sur le point d'éprouver un sentiment analogue à celui de nos braves Japonais. Venant d'achever une excursion pénible à travers un pays fortement accidenté; ayant fourni, presque toujours à pied, une traite supérieure en parcours à deux cents de nos lieues, je retrouve, pour ainsi dire, avec une sorte de stupéfaction ces puissants moyens de transport à l'absence desquels je m'étais si bien habitué.

FUYANT DEVANT L'INSURRECTION (p. 333).

Avant de parvenir à la deuxième station, laquelle se dresse aux abords de Yamazaki, nous nous rapprochons encore une fois des montagnes. Les robustes contreforts en sont comme hérissés par de nombreux bois de bambous. En même temps la route s'enfonce délibérément dans quelques tranchées profondes. La troisième station s'appelle Takatsouki. Bien que les arrêts soient assez éloignés les uns des autres, les villages se succèdent avec une rapidité prodigieuse.

En arrivant aux environs de la quatrième station, nommée Harraki, nous franchissons deux autres ponts de fer. Enfin, aux approches mêmes d'Osaka, après Souita, la cinquième station, nous enjambons une nou-

ble d'imaginer. On dirait comme une infinité de clochettes, tintant sous une main invisible. Les modes européennes, bien que moins suivies à Osaka qu'elles ne le sont à Tokio, ont cependant déjà pénétré dans cette ville lointaine. Toutefois, les élégants, qui veulent bien y sacrifier, ne manquent pas de revenir à l'occasion vers les habitudes nationales, ce qui produit un constrate aussi amusant que possible. En général, d'ailleurs, les indigènes, embarrassés dans nos chaussures européennes, ont une démarche lourde

HOHARA, SUR LES RIVES DU LAC BIWA (p. 317).

velle rivière sans eau, sur un dernier pont métallique. Là, le sol, de nature sablonneuse, a perdu son caractère d'extrême fertilité.

La gare d'Osaka, bâtie en briques rouges, est d'un aspect fort élégant. Nous nous y arrêterons un moment à notre retour de Kobé. En attendant l'heure du départ, de nombreux voyageurs arpentent le quai d'embarquement, tout en faisant retentir les dalles sonores sous les talons de leurs *ghétas*. Chose assez singulière comme effet, mais facilement compréhensible, ces cubes de bois, frappés d'une façon plus ou moins vigoureuse, forment toute une série de notes musicales comprises dans une échelle de plusieurs tons. Il en résulte la plus étrange musique qu'il soit possi-

et disgracieuse. Habitués depuis l'enfance à se servir de socles japonais, ils plient le genou en avançant, comme un cheval fourbu, et butent sur tous les obstacles avec une obstination risible.

C'est à peine, au demeurant, si nous apercevons d'Osaka autre chose que plusieurs cheminées d'usines dépassant les toitures peu élevées des habitations. La gare du chemin de fer se trouve, en effet, à l'extrémité de la ville près de certaine bifurcation, dont une branche, celle de droite, nous mènera jusqu'à Kobé, tandis que l'autre s'enfonce dans la cité pour gagner les bâtisses de la concession étrangère.

Comme je l'ai dit plus haut, le tronçon vers Kobé est établi déjà depuis assez longtemps. Il date de

1874. On se rappelle peut-être que celui de Tokio à Yokohama fut inauguré en 1872. Quant au tracé de la ligne, il longe toujours la côte, sur un parcours total de trente-cinq kilomètres.

Chemin faisant, nous traversons une quantité de petites rivières à sec et deux ponts de fer d'une certaine envergure, jetés sur des fleuves non moins desséchés que la Katsoura-gawa, l'un près de Kanzaki, l'autre avant d'arriver à Nichi-no-miya. Sur notre gauche s'étend une longue bande à l'aspect gris-de-fer : c'est l'Océan. A droite, au contraire, s'élèvent des montagnes plus ou moins tapissées de verdure. Devant nous, en même temps, depuis notre sortie d'Osaka, s'allonge la plaine redevenue fertile, jusqu'au moment précis où, nous rapprochant de nouveau de la mer, nous pénétrons dans une partie de terrains sablonneux avoisinés par des dunes.

A ce point, nous rencontrons deux tunnels forés dans des collines de sable, là même où il semblerait que de simples tranchées eussent suffi. Après Soumiochi, troisième station, se présente un nouveau tunnel bâti dans les mêmes conditions et dont je ne m'explique pas mieux la nécessité. Conserverait-on ces barrages naturels, faciles à relier, pour mieux résister, le cas échéant, aux invasions soudaines de la mer? Je croirais plutôt que ces trop discutables ouvrages ont été exécutés par l'entrepreneur en régie intéressée.

A l'approche de Kobé, des champs cultivés et bordés de grosses pierres s'étagent à droite de la voie. Çà et là, quelques plantations de thé réapparaissent également. Bientôt, enfin, sur la gauche, l'horrible jonque japonaise, au sujet de laquelle j'éprouvai une première désillusion en abordant au Japon, étale effrontément au soleil ses loques sordides en guise de voile, comme un santon musulman sous le ciel bleu de la Thébaïde. Derrière cette gueuserie rappelant, par les groupements, l'idée de la cour des Miracles, on aperçoit, de même que les clochers feuillus d'une ville moyen âge, les

PETIT TEMPLE CHINTOÏSTE, AUX ABORDS DU PONT DE SÉTA (p. 352).

mâtures élancées des bâtiments de haut bord à l'ancre dans la baie. Et, comme c'est aujourd'hui dimanche, les usines aux cheminées effilées restent veuves de leur panache noir; les pavillons internationaux, aux mille couleurs, réjouissent les yeux un moment assombris; les jolies habitations, coquettement éparpillées sur le flanc des hauteurs boisées, ont revêtu leur air de fête. Partout respire de nouveau l'aisance, le confort, je dirais même la vie. C'est, en un mot, un coin de l'Europe qui se dévoile tout à coup devant moi; ou, pour mieux dire, c'est l'Amérique qui se rappelle à mon souvenir, dans ses manifestations les plus séduisantes.

Il me plaît de le constater : la ville de Kobé, avec

ses jolis cottages, ses maisons blanches et ses rues proprettes, est bien faite pour captiver le voyageur sevré depuis longtemps de perspectives occidentales. Ce n'est point que la couleur locale y fasse défaut. Celle-ci déborde, au contraire, sur tous les points, car l'agglomération est étroitement soudée à l'ancien village de Hiogo, lequel a conservé son caractère extra-japonais.

Il est midi quarante quand nous mettons pied à terre. Nous allons déjeuner précipitamment à l'hôtel de *Hiogo*, puis, de là, je vais faire visite à M. L***, notre consul. J'y apprends que mes malles sont arrivées à Kobé, depuis quelques jours déjà, et qu'elles me seront expédiées demain à Kioto. J'y trouve aussi un paquet de lettres, venues d'Europe et de Yokohama. Les nouvelles qu'elles renferment ne sont plus de première jeunesse, assurément, mais qu'y faire? D'ailleurs, comme dit le proverbe japonais : « En cherchant le vieux, on apprend du neuf. » Pour ce qui me concerne, et bien que ces chiffons de papier datent de plusieurs mois, ils me causent un plaisir immense. Comme l'a fort bien dit le poète :

> Interprète éloquent, une lettre rassemble
> Tout ce qu'on se dirait si l'on était ensemble.

Et puis, pour le voyageur un moment arrêté dans sa course, une missive n'apporte-t-elle pas, sous son aile parfumée, comme une douce senteur de la patrie?

A deux heures vingt-cinq, je reprends le chemin de fer pour Osaka, où nous arrivons en moins d'une heure et demie.

Je me rends aussitôt chez M. F***, notre consul en cette ville. Je m'aperçois de suite qu'il connaît son Japon sur le bout du doigt, comme pays, comme mœurs et comme ressources. Il me met notamment en mesure d'élucider nombre de questions restées chez moi à l'état un peu vague. Durant mon séjour dans cette région, j'aurai souvent recours à son obligeante encyclopédie.

Dans le cours de notre conversation, M. F*** me donne incidemment l'explication des tunnels qui m'avaient si fort intrigué en arrivant ici. Ainsi que je l'avais pensé, ces ouvrages si coûteux n'étaient pas absolument utiles. Il paraîtrait — je donne l'explication pour ce qu'elle vaut, comme dit Hérodote — que certains hauts personnages japonais, avertis que sur les chemins de fer européens les tunnels étaient assez nombreux, prétendirent *mordicus* s'en payer quelques-uns à titre de fantaisie. Et on leur en construisit. Comme le père de l'histoire susnommé, je me permettrai moi-même un seul commentaire. Il est douteux que le plaisir de voyager en souterrain ait été l'unique mobile de nos illustres constructeurs. J'aime mieux croire, tout compte fait et pour leur gloire, que, les dunes étant de nature assez mobile, ils ont préféré les passer à couvert que de s'exposer tous les ans à faire l'enlèvement des sables apportés par les vents d'équinoxes.

Les insurrections provinciales, dont tous les détails me sont confirmés oralement, touchent à leur terme. On signale pourtant, dans l'île de Kiouchiou et particulièrement dans la province de Satsouma, une nouvelle et inquiétante agitation de la part des samouraïs. On sait que les mouvements insurrectionnels sont tous partis de ce centre en fermentation. Il s'agirait, cette fois, d'un complot préparé de longue main et dont l'impatience des conjurés aurait éventé la mèche. En fait, l'échauffourée est plutôt due aux projets belliqueux de certains chefs politiques d'ordre secondaire, car il est notoire que le maréchal Saïgo, ministre de la guerre jusqu'en 1873, et le remuant Chimadsou Sabouro, prince de Satsouma, dont nous avons déjà signalé les visées ambitieuses, ne voudront agir que lorsque toutes les chances de réussite se trouveront assemblées dans leurs mains. Quoi qu'il en soit de ces on dit, il est certain que le Japon est arrivé à la veille d'une grande révolution, pacifique ou non. Si l'on devait même écouter tout ce qu'on raconte, il n'y aurait rien moins qu'une armée de vingt mille hommes déjà toute prête à entreprendre une campagne en règle contre le gouvernement mikadonal.

Départ à six heures pour Kioto, où nous arrivons vers huit heures et demie.

PROCESSION DE BONZES. — Dessin tiré de la *Mangwa* de Hokousaï (p. 346).

IX

KIOTO, NARA, OSAKA ET KOBÉ

Le gouverneur de Kioto et le palais de Nidjo. — Kioto, foyer des beaux-arts. — Faïences et soieries. — Origine et développement de la ville des mikados. — Une ceinture de temples et de palais. — Le sanctuaire de Ghion. — Une galerie de tableaux humoristiques. — Le temple d'Inari. — En plein pèlerinage. — Une nuée de gracieuses ferventes. — Les jardins de Tofoukoudji. — Le monastère de Sénioudji. — Sépulture des mikados pendant les cinq derniers siècles. L'impératrice du Japon à mon hôtel. — Promenade à travers le palais du Gocho et les jardins impériaux. — La fille de l'antique Amatéras dans son apparat moderne. Les rues de Chidjo et Ghioumatchi. — La poétique sanglante au théâtre japonais. — Le temple de San-djousan-ghen-do ou des 33,333 attributs de Kwannon. — Un daïboutz gigantesque et une cloche colossale. — Le « tombeau des oreilles » et le « Pont à lunettes ». — L'enclos bouddhiste de Kiomidzou. — Quelques tableaux de maîtres. — Le saut de Leucade. — Un

KIOTO. — UN COIN DE MAROU-YAMA (p. 358, 372, 388 et 404).

fouillis d'architectures dans un cadre merveilleux. — La poterie de Kioto. — Parallèle entre Kioto et Tokio. — Au théâtre de Ghion-chintchi : le public et la scène. — Carnage effroyable. — Quelques phrases musicales prises au vol. — Autour du tombeau de Chiuran. — Nouvelle visite au temple de Tchion-in. — Le cimetière de Kourodani. — Au palais d'Argent. — Une montagne d'azalées. — La légende de Tamayori-himé. — Au milieu des fleurs. — Le temple de Kitano. — Le palais d'Or. — Les grands temples de Nichi et de Higachi-Hongwandji. — Une fabrique de papier.
Vers Osaka. — Plantations de thé. — Arrêt à Nara. — Le plus grand daïboutz du Japon. — Un musée d'antiquités. — Temples et danses sacrées. — Une région peuplée de cerfs. — Grandeur et décadence de Nara.
Pénible arrivée à Osaka. — Statistiques officielles. — Quelques considérations sur le commerce et l'industrie indigènes. — Les bronzes d'Osaka et deux chandeliers anciens. — Dîner à l'européenne chez le gouverneur.
Une dernière fugue à Kioto. — Le gaggakou, ou conservatoire impérial de musique sacrée. — Cacophonie sans nom. — Grande réjouissance chorégraphique à Ghion-chintchi. — Un art académique.
Retour à Osaka. — Trio de polyglottes. — L'hôtel des monnaies. — Les remparts de l'ancien Chiro. — Une construction pélasgique. — Au temple de Tennodji. — La légende de Chotokou-Taïchi. — Une collection inédite. — Exhibitions théâtrales. — L'arsenal.
La ville de Kobé et sa satellite Hiogo. — Le commerce international au Japon. — Embarquement sur la mer intérieure. — Coup d'œil rétrospectif.

Lundi, 8 janvier. — Beau temps : à dix heures, le thermomètre marque 5° centigrades.
Matinée consacrée à combiner les dispositions de mon séjour à Kioto avec les excursions que j'ai en vue, soit à l'intérieur de la ville, soit au dehors.
Dès une heure, je me mets en route. Ma première

visite est pour M. M***, gouverneur de Kioto, dans le somptueux palais qui lui sert de résidence et qu'on désigne sous le nom de Kioto-fou. A vrai dire, le suffixe *fou*, joint au nom de Kioto, désigne simplement le siège de la circonscription administrative placée sous

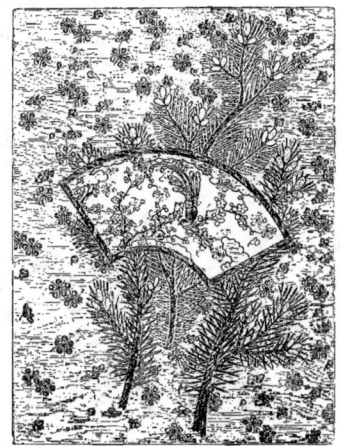

ÉTOFFE PEINTE ET BRODÉE (p. 369 et 435).

la haute direction du gouverneur. Il n'y a dans tout le Japon que trois circonscriptions de cette importance : Tokio, Kioto et Osaka. Les autres divisions territoriales sont appelées *kens* et possèdent à leur tête un simple préfet. Le gouverneur de Kioto est donc un des fonctionnaires les plus haut placés de l'Empire.

Le Kioto-fou, plus connu sous le nom de palais de Nidjo, n'est rien moins que l'ancien pied-à-terre des chogouns, quand ceux-ci venaient présenter leurs hommages périodiques au Mikado. Il est situé à l'extrémité occidentale de la vaste agglomération, à l'opposite du quartier que nous habitons. Pour nous y rendre nous avons donc à traverser la vieille cité dans toute sa largeur, c'est-à-dire de part en part, car toutes les rues de la ville sont rectilignes comme celles d'une cité américaine. La régularité est telle qu'en s'engageant dans l'une d'elles on arrive, sans dévier, jusqu'à l'autre bout. En dépit de l'affluence des passants, une pareille disposition dans le tracé des voies publiques jette nécessairement sur l'ensemble un certain caractère de monotonie.

Comme un autre Versailles, abandonné par la monarchie, Kioto a cédé le pas à Tokio. La vie s'est déplacée avec le départ de la cour impériale. Pourtant, les rues, demeurées actives, sont d'une animation encore extraordinaire et sont empreintes de beaucoup de couleur locale. Celle-ci déborde surtout dans l'habillement des femmes, dont bon nombre passent recouvertes de riches étoffes de soie aux teintes les plus variées et les plus flamboyantes. Parmi tant d'élégance, jointe à tant de coquetterie, je découvre beaucoup de visages peints avec un soin méticuleux et chargés de poudre de riz. A ce déploiement inusité de séductions plus ou moins charmeresses on s'aperçoit vite que, si Kioto est la ville des temples proprement dits, elle est aussi la ville des théâtres et des plaisirs.

Une place publique, ornée d'une rangée de beaux arbres, précède le vaste édifice appelé Fou. Celui-ci se présente complètement entouré d'un mur percé de meurtrières et ayant pour soubassement un talus maçonné de blocs de granit à joints inégaux, taillés sur une seule face. Un large fossé plein d'eau baigne les pieds de la massive construction. Ces remparts sont, euxmêmes, surmontés, à intervalles réguliers, de tours carrées formant bastions à deux et trois étages. Enfin des portiques à l'aspect redoutable donnent accès dans l'enceinte si bien défendue. Tout cela dénote assez à quels sentiments obéissait le chogoun lorsqu'il venait rendre hommage à son soi-disant seigneur et maître. Il cherchait avant tout à se mettre à l'abri d'un hardi coup de main, et, accessoirement, à prouver qu'il détenait bien ce pouvoir militaire duquel il avait fait une belle et bonne usurpation politique. Si, d'une part, le palais impérial, à peine caché par ses

NISHIKI, OU BROCART D'OR (p. 369 et 435).

faibles murailles, s'offrait comme une proie facile à toutes les compétitions, son séjour à lui, même temporaire, défiait toutes les revendications à main armée. D'ailleurs, en adoptant le principe qu'on n'est jamais mieux gardé que par soi-même, les chogouns faisaient acte de prudence. Et si l'un d'eux s'était senti assez fort pour élever une pareille citadelle à côté de la demeure même de son suzerain, l'événement a prouvé, par un juste retour des choses d'ici-bas, que la force reste toujours au bon droit.

Mais entrons dans le palais transformé en gouvernorat et désormais rendu au pouvoir central. Nous sommes aussitôt introduits dans une salle de proportions immenses, avec baies monumentales fermées par des châssis dorés et illustrés de grands arbres occupant la surface de plusieurs panneaux contigus. Les trumeaux, que masquent en partie ces décorations mer-

dénote l'intelligence et la finesse. Il revêt avec beaucoup d'aisance notre costume de cérémonie, je veux dire l'habit noir et la cravate blanche. A coup sûr, il a beaucoup plus grand air que son interlocuteur. On se rappelle, en effet, que, par suite de mon mal au pied, j'ai dû chausser une pantoufle, comme un zéphir d'Afrique en rupture de botte. Je me vois aussitôt forcé de narrer ma fuite au gouverneur, ce qui le fait rire à gorge déployée. Son accueil cordial me prouve, c'est-à-dire à ces mêmes Européens dont il a adopté si délibérément la livrée uniforme. M. M*** me facili-

ENTRÉE DU TEMPLE DE GHION, A KIOTO (p. 374). — Dessin tiré du *Karakou meicho zouyé* par Hanzan Yasounobou.

veilleuses, ainsi que les plafonds sont entièrement revêtus de dorures. C'est d'un effet éblouissant. Et, partout, le Kioto-fou présente la même magnificence, le même essor décoratif, au milieu d'une profusion de peintures et de sculptures dues à des maîtres de grand renom. Malheureusement l'état d'abandon dans lequel sont laissées toutes ces richesses artistiques dénote, de la part des gouvernants actuels, une négligence qu'on ne saurait s'expliquer que par l'oubli momentané des traditions nationales[1].

M. M*** ne tarde point à paraître. Il est de taille moyenne et porte barbiche au menton. Son visage

tera l'accès des monuments de Kioto et d'Osaka et fera en sorte que je puisse visiter le palais impérial du Gocho, bien qu'actuellement la présence de l'impératrice entoure cette visite d'assez grandes difficultés.

Notre entrevue dure une heure environ, heure pendant laquelle la conversation ne languit pas un seul moment, bien qu'elle ait lieu par voie d'interprète, le gouverneur ne parlant que le japonais. Le susdit interprète sait à peine quelques mots de français, mais, grâce à mes études rudimentaires de la langue du pays, nous parvenons tant bien que mal à nous comprendre. Nos tournures de phrases endiablées sont, tout comme les demeures infernales, pavées des meilleures intentions. Il faudrait être bien dur d'oreille

[1]. Vers l'année 1890, le palais de Nidjo, transformé en résidence d'été à l'usage de l'empereur, a été l'objet d'une restauration complète, appelée à relever son antique splendeur.

pour ne pas les saisir au juger. Suivant l'usage fashionable de l'endroit, M. K*** s'est présenté recouvert également de notre costume occidental. Je pourrais reconnaître qu'il le porte assez gauchement, si, avec un pied chaussé d'une savate et l'autre d'une bottine mise en piètre état par un voyage de plusieurs semaines, j'étais en droit de donner des leçons d'étiquette ou de maintien.

Derrière le Kioto-fou s'étend la pleine campagne, le palais étant, comme je l'ai dit, situé aux confins de la ville. De tous côtés, ici et là, sur les toitures assombries comme sur les champs verdoyants, planent d'innombrables cerfs-volants affectant les formes et les couleurs les plus variées. Au beau milieu de cette forêt aérienne, circulent gravement des nuées de corbeaux. Aucun ne semble s'inquiéter outre mesure d'une concurrence aussi déloyale.

Je ne rencontre à Kioto que des Japonais, cela va sans dire. Hormis deux ou trois étrangers, employés au palais du gouvernement ou faisant partie du corps professoral, je suis, pour le moment, le seul Européen perdu dans la grande capitale des anciens mikados.

Profitons du restant de la journée pour passer une revue des magasins de soieries, de porcelaines et de bibelots! Cela est indiqué de tout point. A peine débarqué dans une localité japonaise, on se trouve infailliblement amené à « bibeloter ». C'est une manie innocente, à laquelle on aurait tort de faire les gros yeux dans un pays où tout convie à la curiosité. Il n'y a, du reste, que le choix qui embarrasse, depuis les grandes pièces de bois et de métal, jusqu'aux délicieux petits riens dont on se remplit les poches en vidant parallèlement sa bourse. Or, point de ville au Japon où l'on trouve des objets ni plus rares ni plus précieux qu'à Kioto. Souvent même les échoppes dans lesquelles on vous les présente sont des spécialités uniques pour tout l'Empire, et conséquemment pour le monde entier. Depuis les temps les plus reculés, Kioto est le foyer de la civilisation locale. En dépit de sa déchéance, elle est encore la capitale des beaux-arts, comme elle l'était jadis des grandes manières, de la littérature et de la philosophie.

Mais ce serait vainement que l'amateur s'aventurerait dans ce capharnaüm artistique sans des indications précises. Il doit s'y faire accompagner de personnes très au courant des us et coutumes. S'en rapporter à son propre flair serait perdre son or et sa jeunesse.

DANS L'ATELIER D'UN PEINTRE (p. 369 et 435). — Dessin japonais.

Des mois ne suffiraient pas au labeur. Si à Tokio, en effet, nous avons vu les marchands cacher obstinément leurs objets les plus précieux et ne les exposer à vos convoitises qu'à force d'instance et d'habiles négociations, ici c'est l'industriel lui-même, *rara avis*, qui se dissimule aux yeux du commun. A part trois ou quatre grands magasins de bibelots, où le collectionneur peut trouver à satisfaire ses goûts ruineux, il n'existe plus que d'obscurs revendeurs chez lesquels se sont réfugiées les pièces les plus authentiques et les plus recherchées. Pour quiconque désire composer une vitrine, il faut courir de l'un à l'autre, faire des kilomètres inutilement ou s'exposer à des rebuffades difficiles à expliquer. Et le nombre de ces pièces si courues tend naturellement à diminuer de jour en jour, en raison même de la multiplicité des demandes. La plus grande partie des objets fabriqués, ou simplement conservés à Kioto, prennent désormais le chemin de Tokio, la capitale nouvelle, ouverte aux étrangers et par suite aux transactions les plus fructueuses.

Par le fait, toutes les reliques mobilières des daïmios ruinés courent invariablement s'entasser sur le seul point qui offre tant d'avantages. Aussi n'est-il pas étonnant qu'on voie à Tokio une telle affluence d'objets antiques ou modernes, destinés soit à la consommation locale, soit à l'exportation, la règle, à Kioto comme ailleurs, étant que les fabricants y expédient également leurs produits les plus achevés et leurs marchandises les plus riches. Avec le système encore en vigueur, les ports ouverts au commerce auront toujours l'avantage sur les marchés qui ne le sont pas.

C'est par conséquent à Tokio, et non plus à Kioto, qu'il faut aller pour trouver rassemblés sous la main les armes merveilleuses, les ivoires de grand prix, les laques superbement colorés, les bronzes finement ciselés, bref tout ce qui s'exécute de plus beau dans tout l'Empire, y compris les peintures en décor et les émaux cloisonnés. En résumé, Tokio et Yokohama, sa voisine, constituent aujourd'hui le vrai marché des arts industriels, avec cette seule différence pourtant que cette dernière place est surtout pourvue des objets de vente courante destinés à être immédiatement embarqués. Néanmoins toute règle comporte exception, et c'est pourquoi nous avons vu à Yokohama même des pièces d'une valeur inappréciable accolées à des articles tout à fait ordinaires.

Pour en revenir à Kioto, on est tout surpris, en

parcourant les rues, de n'y point rencontrer ces nombreux étalages de curiosités où le Moderne coudoie l'Antique, où la babiole fait la nique à l'objet de prix.

Ce qui caractérise surtout l'aspect de la ville, c'est la grande quantité de magasins de porcelaines, de faïences et de soieries. La production du centre industriel dont Kioto fait partie est assurément considérable. Il est certain qu'elle est la grande manufacture de l'empire japonais, sous ce point de vue particulier.

A l'égard de la céramique, en effet, bien que cette industrie, remontant aux origines mêmes de l'histoire

industriels de Kioto à prendre un moindre souci de la finesse de leurs produits.

Certains personnages influents essayent, il est vrai, de lutter contre cette tendance fatale et naturelle, en couvrant l'industrie nationale de leur haute protection. M. M***, entre autres, sous la direction de qui fonctionne une fabrique appartenant à la ville de Kioto, s'est mis à la tête du mouvement. Je visite, en passant, l'usine dont il est question, et suis à même d'y admirer des étoffes brochées d'une grande magnificence.

HANGAR ABRITANT LES COLLECTIONS DU TEMPLE DE GHION (p. 374).

locale, n'y ait été pratiquée couramment que dans ces derniers siècles, elle a pris un développement tel que nulle autre ville indigène ne saurait lui être comparée.

Même remarque en ce qui concerne le tissage des soies. Ce genre de manipulation prête à vivre à un nombre immense d'ouvriers, dispersés sur tous les points de la ville, comme les *canuts* de Lyon, et particulièrement dans le quartier de Nichidjin, avoisinant le Kioto-fou. Malheureusement pour le Japon, la fabrication tend à se déprécier peu à peu, en raison de la concurrence des tissus ordinaires provenant de l'étranger. Les bas prix auxquels on peut se procurer ces articles courants forcent, pour ainsi dire, les

Ce qui peut être considéré, ici et ailleurs, comme étant hors de toute comparaison, ce sont les *nichikis* ou brocarts d'or, les *haboutayis* ou tissus de soie blanche, et les taffetas lustrés. La fabrication de ces précieuses étoffes, dont quelques-unes sont à la fois historiées de peintures et de broderies, atteint une richesse, une splendeur, une perfection inimitables.

Parmi ces étoffes, il est certains crêpes de soie qui présentent des parties en relief du plus singulier effet. La méthode employée dans leur fabrication me paraît intéressante à rapporter. Deux pièces de soie sont nécessaires pour obtenir le résultat désiré; elles sont exactement superposées et doivent être traitées comme si elles n'en faisaient qu'une seule. Prenant alors des chevillettes pointues, l'ouvrier ramène l'étoffe sur chacune d'elles de manière à former autant de petits cônes, autour desquels il noue solidement du fil préalablement enduit de cire. L'étoffe présente ainsi l'aspect d'une surface garnie de nodules. Il ne reste plus, dès lors, qu'à la plonger dans le bain de teinture. Or, c'est ici que le procédé a des résultats curieux. Non seulement la teinture a pour effet de colorer les parties exposées directement à son action, mais aussi de les rétrécir. Il s'ensuit qu'aussitôt les nœuds défaits, le crêpe de soie apparaît revêtu d'une foule de petites proéminences coniques et empreint d'une diversité de nuances des plus bizarres.

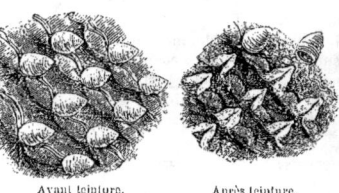
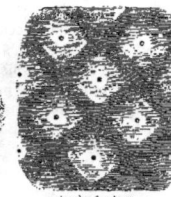

Avant teinture. — Après teinture. — Après foulage.
FABRICATION DES CRÊPES DE SOIE (p. 370).

Bien que le procédé que je viens de décrire soit surtout applicable aux crêpes de soie, il est aussi parfois employé dans l'apprêt de certaines étoffes de coton. Mais celles-ci se distinguent surtout par la variété et l'éclat des couleurs comme aussi par l'originalité du dessin. On peut dire qu'à ce point de vue, le Japon prime toutes les autres contrées du monde.

Une fois rentré à l'hôtel, c'est à la clarté des bougies que je griffonne mes quelques notes, tandis que, dans les bosquets voisins, gémit le son mystérieux et lamentable des gongs sacrés, et que, de la ville en délire, montent vers nous des clameurs confuses et les accords vibrants du samicen. Malgré ce tapage, Sada, décidé à me tenir compagnie et assis derrière le feu, ronfle comme une toupie d'Allemagne. Depuis quelque temps, — je ne sais à

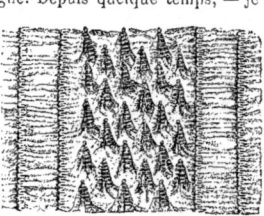

CRÊPE DE SOIE BORDÉ

quoi l'attribuer, — mon fidèle servant semble dormir tout debout. Les nuits ne lui suffisent plus. À peine s'est-il introduit en djinrikcha, à peine a-t-il une minute de loisir, qu'il ferme aussitôt les yeux et reprend son somme inachevé. S'est-on enfin arrêté dans un lieu pour y séjourner, qu'il ne songe qu'à gagner sa couchette. J'ai beau le héler de temps à autre, essayer de tirer de lui quelques renseignements, il me fait les réponses les plus incohérentes, les plus inattendues. Le pauvre diable est décidément sur les dents. Il déclare à qui veut l'entendre que je suis de bronze. Le fait est, qu'en dépit de mon pied malade et de la fatigue d'une traite ininterrompue, je m'étonne moi-même de la facilité avec laquelle j'ai pu franchir la route qui nous sépare de Tokio, et me trouver si dispos pour de nouvelles excursions.

Mardi, 9 janvier. — Temps un peu couvert. À neuf heures du matin, le thermomètre marque 3° centigrades.

C'est, à vrai dire, aujourd'hui seulement que commencera ma visite de l'ancienne capitale des mikados. Toutefois, avant de procéder à ces intéressantes promenades, quelques notes introductives ne me paraissent point superflues.

Kioto doit son origine à Kwammou-Tenno, le cinquantième mikado, ce fastueux empereur dont les constructions magnifiques auraient fini par obérer

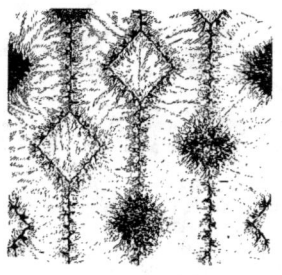

COTONNADE CRÊPÉE

complètement les finances du pays, s'il n'avait été retenu à temps dans ses prodigalités par un sage conseiller appartenant à la puissante famille des Foudjiwara. Or, parmi les édifices les plus importants dus à ce Louis XIV du Japon, il convient de citer le palais des Mikados appelé *Héi-an-djo* ou « château de la Paix », lequel fut érigé en l'année 794 à Kadzouno, ville qui devait plus tard prendre le nom désormais illustre de Kioto. A cet égard, nous ferons utilement remarquer que les empereurs, jusqu'à l'époque citée plus haut, avaient toujours transporté leur capitale de ville en ville, au gré de leurs caprices individuels. Dès que Kioto fut créé, au contraire, la monarchie, trouvant l'asile à sa convenance, ne s'en est plus éloignée que durant la période tout actuelle de l'histoire japonaise et pour les causes que nous avons eu déjà sujet d'expliquer. Par malheur pour le trésor artistique du pays, ce même Héi-an-djo fut détruit dans un incendie moins de quatre siècles après son édification, et nous n'avons plus que les chroniques du temps pour juger de sa superbe ordonnance comme séjour impérial, que le *Cho-Dairi* ou petit palais, sorte de Trianon, singulièrement réduit à côté du Versailles écroulé.

C'est à l'abri de ce double effacement moral et matériel que les souverains légitimes du Japon ont achevé, dans leur propre capitale, la longue période qui commence à la fondation de la ville et qui finit à son abandon par leur dernier successeur. Il n'y a eu, pour ainsi dire, d'exception à cette règle que pendant le quatorzième siècle, au cours de l'espèce de schisme qui frappa la dynastie impériale et dont la durée fut d'environ cinquante ans.

GHION ET MAROU-YAMA PENDANT LA FLORAISON DES CERISIERS (p. 372, 375, 391 et 401).
Dessin de Hanzan Yasounobou.

ques du temps pour juger de sa superbe ordonnance comme des frais qu'avait nécessités sa construction.

Depuis lors, le *dairi* impérial, successivement rebâti ou ravagé par de nouveaux incendies, fut dévoré, presque de fond en comble, par l'insatiable minotaure auquel le Japon est redevable de ses principaux désastres. Cet événement final date du milieu du dix-septième siècle. Postérieurement à cette époque, malgré les promesses formelles faites par les chogouns, le projet de reconstruction ne fut jamais exécuté. Faut-il attribuer cette négligence, de la part des intendants militaires, au désir de diminuer encore le prestige de leur auguste suzerain? Toujours est-il que les mikados n'eurent dorénavant à leur disposition,

Enfin, en 1868, le souverain actuel choisit Yédo, l'ancienne capitale militaire des chogouns, pour siège de son gouvernement. Et, dans le but de compléter une révolution si radicale, il substitua à ce même nom de *Yédo*, donné par le fameux Iyéyas, le vocable *Tokio*, qui signifie en propres termes « capitale de l'Est ». Par un même sentiment de rénovation, il ajoutait à celui de *Kio* ou *Kioto* le surnom de *Saïkio*, c'est-à-dire « capitale de l'Ouest », ne voulant pas, du moins en apparence, faire déchoir cette antique cité de sa prépondérance séculaire. Malgré ce déguisement du passé, l'empereur actuel n'y a jamais fait que des séjours passagers et à des intervalles éloignés. Pour n'en citer qu'un exemple, il y a juste trois ans que le fils des dieux n'a point reparu dans la ville des *kamis*, alors que celle-ci avait eu le privilège d'abriter toute l'ascendance pendant plus d'un millier d'années.

On ne saurait faire aucun cas des statistiques, présentées par d'anciennes chroniques japonaises, portant la population de la ci-devant Kioto à des chiffres invraisemblables. Pour le moment cette même population se trouverait réduite, s'il faut en croire les derniers recensements, au total déjà respectable de 226,491 habitants. Il se pourrait d'ailleurs fort bien que ce nombre n'ait jamais été dépassé aux époques antérieures [1].

Comme plan d'ensemble, la ville forme une sorte d'ellipse entourée d'un rideau de montagnes. Celui-ci se déchire tout à coup vers le sud pour laisser un passage à la Kamogawa, dont les eaux, réunies à celles de la Katsoura-gawa et à celles de l'Oudjigawa, forment plus loin la Yodo-gawa. C'est à l'embouchure de la Yodogawa que se trouve la ville d'Osaka, où nous avons fait une rapide excursion.

Quant à la Kamogawa et à la Katsouragawa, elles enserrent la ville proprement dite de Kioto. L'une, la principale, coule à l'est, au pied même des hauteurs où notre hôtel est construit, nous séparant ainsi de l'agglomération, tandis que l'autre enclôt la ville du côté opposé.

Chacun de ces cours d'eau, assez fantaisiste dans la réglementation de son débit, tantôt charrie des masses d'eau considérables, quand la saison des pluies a sonné, tantôt laisse fluer lentement un mince filet d'argent sur la couche rugueuse des galets qui en tapissent le lit.

Il suffira d'ajouter à l'énumération de ces voies peu navigables une tranchée artificielle coupant la ville dans toute sa longueur et contenant à peu près la même quantité de liquide, pour en avoir terminé avec l'hydrographie du berceau de la monarchie japonaise. Il était d'autant moins inutile de consigner ici ces renseignements détaillés, que les habitants de Kioto sont très fiers des avantages naturels de leur cité, et qu'au point de vue même de l'histoire rien ne porte en soi plus d'enseignements que la connaissance approfondie du lieu où elle s'est, pour ainsi dire, déroulée.

Du reste, si, en temps normal, l'eau fait manque aux torrents, on y trouve, en revanche, jetés en travers des rives, un nombre considérable de ponts, dont les plus importants atteignent plus de deux cents mètres de longueur. Tel est le cas du Sandjo-bachi, construit en bois, et d'où part indistinctement le bornage des routes de toute la contrée; puis du Chidjo-bachi, établi sur culées en pierre affectant la forme de colonnes élégantes, avec revêtement de briques rouges et garde-fou en fer forgé. Ce dernier pont est situé au centre même du mouvement commercial. Le Godjo-bachi est également remarquable comme portée; mais son état de délabrement nécessite aujourd'hui l'adjonction d'une passerelle. Ces vénérables travaux d'art remontent, paraît-il, au seizième siècle. Ils furent édifiés sous les ordres du fameux Hidéyochi, le précurseur du grand Iyéyas, celui-là même qu'on désigne le plus souvent sous le nom de Taïkosama.

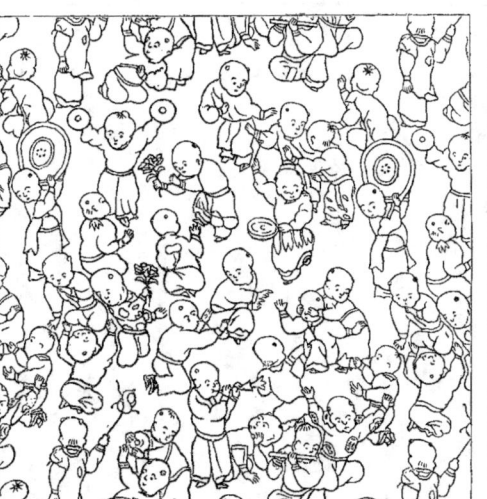

TISSU REPRÉSENTANT UNE NUÉE D'ENFANTS (p. 370).

Il serait question, hélas! de remplacer toutes ces anciennes constructions par des ponts métalliques, ni plus ni moins qu'à New-York ou à Boston. On sait déjà qu'à l'instar des villes américaines, Kioto a toutes ses rues coupées à angle droit.

Il est d'autres points de ressemblance avec ces mêmes villes. Ainsi, les principales artères se reconnaissent, non à des appellations conventionnelles d'hommes ou de lieux, mais à des chiffres mathématiquement échelonnés. Ces artères sont désignées sous le vocable Nidjo, deuxième, ou Sandjo, troisième, ou Godjo, cinquième, etc. La rue Chidjo, quatrième, qui a donné son nom au pont de pierre décrit ci-dessus, est la voie la plus commerçante et la plus animée. Elle relie la ville proprement dite au *Ghion-chintchi*, le quartier des danseuses, des chanteuses et des guitaristes, lequel, ainsi que nous l'avons dit en débutant, se développe juste au pied de l'hôtel *Marouyama*, où nous avons établi notre quartier général.

[1]. En 1897, la population de Kioto montait à 317,230 habitants.

Décidément, l'impression ressentie à mon arrivée s'accentue. Rien qu'à promener son regard sur ces maisons basses, à toiture sombre, aux pignons blanchis, on croirait voir une mer agitée par le vent et d'où émergent çà et là, comme des navires désemparés, quelques lourdes silhouettes de temples. De ma fenêtre surplombant ce chaos tempétueux, je découvre à droite une vaste éclaircie parsemée d'arbres et de constructions isolées : c'est le palais du Mikado, que nous devons visiter prochainement. En face de nous, aux confins mêmes de la ville, les yeux s'ar-

Et, maintenant que nous connaissons l'entière topographie de la ville, pénétrons dans le damier formé par ses rues, parcourons les hauteurs environnantes et tâchons d'en esquisser les plus intéressants détails.

Tout d'abord, il nous faudra constater une chose : c'est que la plupart des monuments dignes d'attirer l'attention sont situés aux confins mêmes de la cité, c'est-à-dire au pied ou sur le flanc des montagnes qui l'entourent. C'est en voyant cette disposition bien voulue qu'on peut dire de Kioto qu'elle est un joyau de prix cerclé de pierres précieuses. L'encadrement

L'HOTEL YA-AMI, SUR LES RAMPES DU MAROU-YAMA, A KIOTO (p. 358, 372, 388 et 404).

rêtent sur un groupe d'édifices blancs : c'est le Kioto-fou admiré hier. Au surplus, la ville tout entière nous apparaît comme un vaste panorama, dans son cadre magique de montagnes recouvertes à la fois de temples et de bois mordorés. Il n'y a, pour ainsi dire, à ce tableau lumineux qu'une seule ombre, faite comme pour lui servir de repoussoir : les pentes, qu'on distingue au loin vers l'occident, ont un caractère de profonde aridité contrastant avec le luxueux coloris dont nous venons de donner un aperçu. Ces dernières forment l'arrière-plan des hauteurs désignées sous le nom de Nichi-yama, c'est-à-dire « Collines de l'Ouest », par opposition avec celles de Higachi-yama, ou « Collines de l'Est », qui se prolongent de notre côté.

en est littéralement serti de merveilles architecturales, temples ou palais. Comme une coquette sur le retour, la vieille capitale des mikados ne s'accuse extérieurement que par les grâces et les ris.

C'est aussi vers ces différents points de la périphérie que nous dirigerons nos promenades quotidiennes, en commençant par la partie méridionale des Collines de l'Est. En route donc pour Higachi-yama! Le temple le plus éloigné que nous ayons à visiter de ce côté est celui d'Inari. Il est dix heures du matin quand nous montons en djinrikcha.

Chemin faisant, nous nous arrêtons au passage devant le sanctuaire de Ghion, situé aux abords mêmes du quartier des danseuses cité plus haut. Cet édifice sacré est certainement l'un des plus fréquentés de tout Kioto, bien que son état incroyable de délabrement ne semble point témoigner en sa faveur d'une affluence aussi importante. Il est vrai qu'il relève uniquement du rite chintoïste, et qu'à ce titre il doit avant tout briller par une extrême simplicité.

Le temple de Ghion, pour la construction duquel on avait pris modèle sur le palais de Seïwa-Tenno, fut bâti en 870 par Foudjiwara-Mototsouné, régent de l'Empire. Les archéologues ne sont point d'accord sur le kami jadis révéré dans cet asile ; mais, si l'on

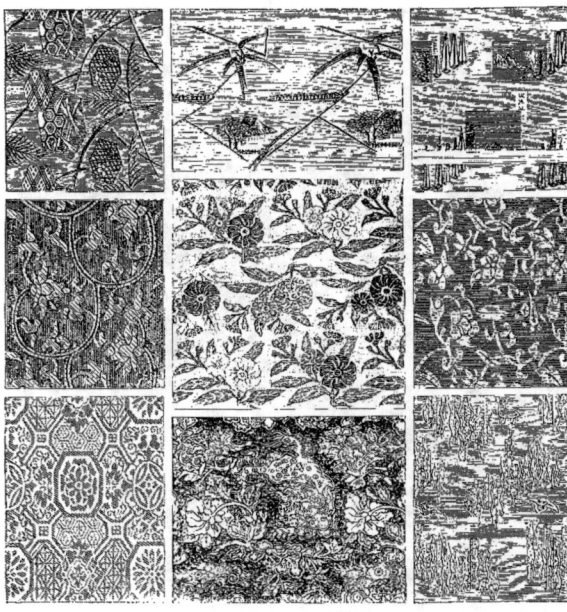

TISSUS JAPONAIS (p. 370).

s'en réfère aux notices historiques d'un prêtre bouddhiste appelé Djiyé-Daïchi, lequel vivait au dixième siècle de notre ère et dont les assertions font foi, le temple aurait été, de tout temps, consacré à Godsou-Tenno. Or, ce nom, que nous n'avons point encore trouvé sous notre plume, n'est autre que l'appellation bouddhiste de Sousanao, ce personnage auguste et sémillant déjà présenté dans notre Notice sur les Religions du Japon, et qui fut le propre frère de la déesse Amatéras. Le fait est qu'on y révère encore actuellement ce dieu, dont le principal mérite, aux yeux des habitants, fut d'avoir mis fin à une terrible épidémie qui ravageait la contrée. C'est en souvenir du même apaisement qu'un *matsouri* s'y tient au cours du sixième mois de chaque année. Notons en passant qu'il s'agit ici du calendrier lunaire, le même qui fit place au nôtre en l'année 1872.

Cette fête religieuse, autrefois très suivie, attirait une foule considérable dans les murs de Kioto. Encore aujourd'hui, le Mikochi, temple minuscule, sorte de *naos* grec, reposant dans l'enceinte principale et contenant à la fois le *gohéi* et les emblèmes du *kami* invoqué, sort processionnellement à cette occasion, escorté par des chars symboliques et par des groupes d'hommes représentant les anciens épisodes de la vie nationale. Ces chars sont traînés par des taureaux et entourés de nombreux fidèles portant les accessoires usités en pareille circonstance, faisant retentir les airs de musique et de chants, et stationnant par la rue pour exécuter des danses sacrées. Depuis quelque temps, même, une seconde fête a été instituée. La veille du jour de l'an, les prêtres allument un vaste brasier brûlant sans interruption, comme le foyer de Vesta, et le peuple vient précieusement y emprunter la flamme qui doit servir à préparer le premier festin de l'année nouvelle.

En réalité, ce temple n'offrirait rien d'autrement remarquable, s'il n'était précédé d'un gigantesque *torii* en pierre, assurément le plus monumental de tous ceux que j'ai vus jusqu'à présent, et si, dans un immense hangar, attenant à l'enclos et placé en contrebas du sanctuaire lui-même, on n'avait réuni toute une collection d'armures, de sabres de bois et de tableaux bizarres représentant divers personnages dans des attitudes variées.

La plus magistrale de ces peintures représente un grand seigneur, assis dans son parc, à la porte d'un pavillon isolé dont on aperçoit le péristyle, et paraissant en proie à des préoccupations mystérieuses. Il prête attentivement l'oreille aux suggestions de l'esprit malin, lequel se cache, dans l'ombre même du vestibule, sur un nuage de lourdes vapeurs, sous la figure d'un chat corné, armé de pied en cap et vomissant la haine et la fureur.

Les animaux de toute nature, au surplus, abondent dans ces diverses compositions. Plusieurs d'entre celles-ci sont traitées d'une façon humoristique : on les comparerait volontiers aux fables de La Fontaine illustrées par Grandville. Telle, par exemple, est consacrée à la quasi-glorification d'un grand singe pongo, monté sur un bidet efflanqué que tiennent en laisse quatre autres quadrumanes de même espèce. Telle autre, due au pinceau de Nichikawa-Soukénobou, — un des principaux vulgarisateurs de l'école réaliste fondée par Iwasa-Matahéi, — nous montre un renard, au museau patelin, à l'œil demi-clos et, sous la robe pacifique d'un bonze, s'avançant à pas mesurés pour se saisir d'une souris prise dans un piège, alors qu'un homme caché derrière une haie le guette et s'apprête à lui faire un mauvais parti. Plus loin un personnage, — historique, celui-ci, — Nita-Chiro, général de Yoritomo, — invité par son souverain à une

C'est aux environs mêmes du temple de Ghion, véritable entrée de la ville, que se logeaient autrefois les envoyés hollandais, quand, allant à Yédo déposer leurs respectueux hommages aux pieds des chogouns, ils s'arrêtaient quelque temps dans la capitale des mikados. Les tchayas abondent en cet endroit, et, comme toujours, le plaisir vient s'y enter sur l'arbre de la dévotion.

De ce point précis au temple d'Inari, édifié à proximité du village de Fouchimi, la distance est d'un *ri* tout au plus. Le monument, dont la fondation remonte au chogoun Yochinari Achikaga (1438), est

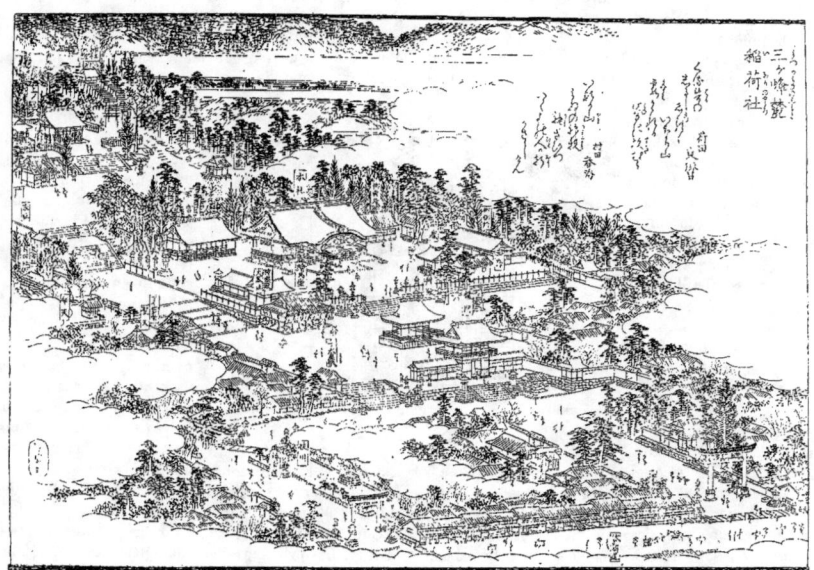

VUE A VOL D'OISEAU DU TEMPLE D'INARI, A KIOTO (p. 375). — D'après Hanzan Yasounobou.

grande chasse, enjambe un énorme sanglier et, le saisissant d'une main par l'appendice caudal, se dispose à le servir au couteau.

Enfin, parmi tant de tableaux vraiment curieux et dont quelques-uns sont de véritables œuvres d'art, je remarque une vaste page décorative, laquelle reproduit le cortège d'un haut personnage passant devant le temple même de Ghion, dont on aperçoit le portique. Le puissant daïmio apparaît porté dans son norimon, précédé et suivi de ses samouraïs. Ce tableau est attribué à You-asa Matahéi, homonyme et disciple du célèbre Iwasa-Matahéi qui vivait à la fin du seizième siècle, et passe, comme nous l'avons vu, pour être le créateur de la peinture dite populaire.

consacré aux dieux du Riz et de la Prospérité. Il est l'un des sanctuaires les plus renommés de tout le culte chintoïste, partageant, d'ailleurs, cette vogue exceptionnelle avec d'autres temples du Japon consacrés aux mêmes divinités. Nous avons été à même de le constater — on se le rappellera peut-être — dans une excursion à Odji, durant notre séjour à Tokio.

L'enclos d'Inari s'annonce par deux grands *torii* enluminés de rouge. Une large allée sablée et bordée de lanternes votives se présente ensuite. Ces lanternes monumentales, semblables à celles si souvent rencontrées, contrastent magnifiquement avec les piètres réverbères dont on a agrémenté le prestigieux tracé. Un portique, gardé par deux énormes renards en pierre, donne accès dans la première cour. On sait que le renard est considéré comme le fidèle serviteur d'Inari. Il est à remarquer, d'autre part, que la présence d'un portique en ces lieux, aussi bien que la peinture dont sont revêtus les *torii*, constituent une grave dérogation aux rites du pur chintoïsme. Quant à cette première cour, elle renferme une sorte de halle ouverte à tous les vents, et un certain nombre de tchayas, conformément à l'usage.

Le temple proprement dit, de dimensions restreintes, s'élève dans une deuxième cour qui renferme, en outre, quelques constructions accessoires. Comme nous sommes au début de l'année, on y est en pleine fièvre de pèlerinage. C'est dire que nous sommes admirablement tombés en venant faire ici nos dévotions de touriste.

Sans doute à cause des solennités qui se poursuivent actuellement, on a enlevé les châssis qui garnissaient les murailles; en sorte que la nef est ouverte de tous les côtés, à l'exception de la façade postérieure. Le temple donne ainsi, assez exactement, l'idée d'une estrade surélevée d'un mètre au-dessus du sol et comme écrasée par un massif baldaquin de bois. A l'entrée sont appendues une douzaine de sonnettes, en ce moment agitées par de nombreux fidèles.

Les visiteurs arrivent en très grand nombre, chargés d'offrandes de toute espèce. Ils déposent celles-ci sur une planche fixée à la balustrade qui barre l'accès du sanctuaire. Quelle libéralité! quel généreux abandon! Jamais je n'ai constaté pareil empressement. Si la fameuse *fosse aux aumônes*, dont nous avons eu souvent l'occasion de parler, n'existe pas ici, en revanche le sol du temple est littéralement jonché des innombrables pièces de monnaie qui y tombent en pluie bienfaisante. En attendant l'asséchement, un prêtre vêtu de bleu ne fait que transporter sous l'escalier de petites cages à forme de châsses, dans lesquelles sont déposées toutes sortes d'offrandes, telles que pains de riz, gâteaux, oranges, etc., etc. Cette simple réserve est destinée, paraît-il, à la constitution du repas quotidien offert chaque matin aux dieux protecteurs du lieu. Faut-il vraiment que des êtres divins soient affamés pour engloutir une pareille quantité de provisions et de victuailles!... Ce qui donne, au surplus, un intérêt très particulier aux allées et venues du prêtre habillé de bleu, c'est qu'à chaque service du festin pantagruélique les sous pleuvent avec d'autant plus d'abondance sur le parquet. Il n'est pas à présumer que les dieux du Riz et de la Prospérité se mettent jamais à la diète, pour cause d'indigestion. Toute gastrite bien caractérisée entraînerait la ruine de leurs très fidèles servants.

Mais arrachons-nous à ce curieux tableau et montons, par une série d'emmarchements, jusqu'à la troisième cour, située non loin de là, et dans laquelle sont disséminées de nombreuses chapelles.

De ce point précis s'étend une allée qui, se divisant en plusieurs sentiers, escalade aussitôt, dans la principale de ses ramifications, les flancs sablonneux de la colline. L'allée ainsi que le sentier dont il s'agit sont décorés d'innombrables *torii* enluminés de rouge. Ces *torii*, en certains endroits, forment une double rangée. Sur d'autres points, ils sont juxtaposés bout à bout comme les arcades d'une galerie. J'en compte jusqu'à 375 avant d'arriver au faîte, en omettant même les plus petits.

Par contre, la végétation est loin d'être luxuriante sur la colline, mal recouverte par de maigres bosquets de sapins. De-ci, de-là, des temples minuscules émaillent la montée, semblant multiplier les lieux de halte pour quiconque manquerait du souffle nécessaire. Enfin, comme si ces refuges n'étaient pas encore assez nombreux, les bonzes, usant d'une vigilante sollicitude, ont ménagé de larges silos dans des tas de pierrailles accumulées.

BLOUSE DE COOLIE MARQUÉE AU CHIFFRE DU MAITRE (p. 370).

Édicules et caveaux sont, toute inspection faite, remplis de monceaux de riz, d'avalanches de fèves, de milliers d'autres offrandes également végétales...

Que de fervents sur cette montée propitiatoire! Le sentier, but principal du pieux pèlerinage, ne désemplit point une seconde. A voir ce nombre incalculable de dévots, on croirait que tout le Japon s'est mis en marche pour célébrer ses dieux de prédilection. Et, parmi cette foule empressée, personne ne vient les mains vides! Ce ne sont partout que petits sacs bourrés de riz et de fèves, présentés par les hommes; que paniers débordants de galettes, apportés plus spécialement par les femmes. En outre, chacun est muni d'une gourde contenant du saké. En passant devant chaque chapelle ou chaque silo, le pèlerin verse quelques gouttes du précieux liquide dans un pot de grès placé à proximité. Il s'ensuit que, tous les deux pas au moins, ou il jette une poignée de comestibles dans les réserves, ou il répand la valeur d'un petit verre dans les urnes. Dans le même temps, il se prosterne sur le chemin, entre-choque ses doigts bruyamment, pousse de gros soupirs, se lamente à

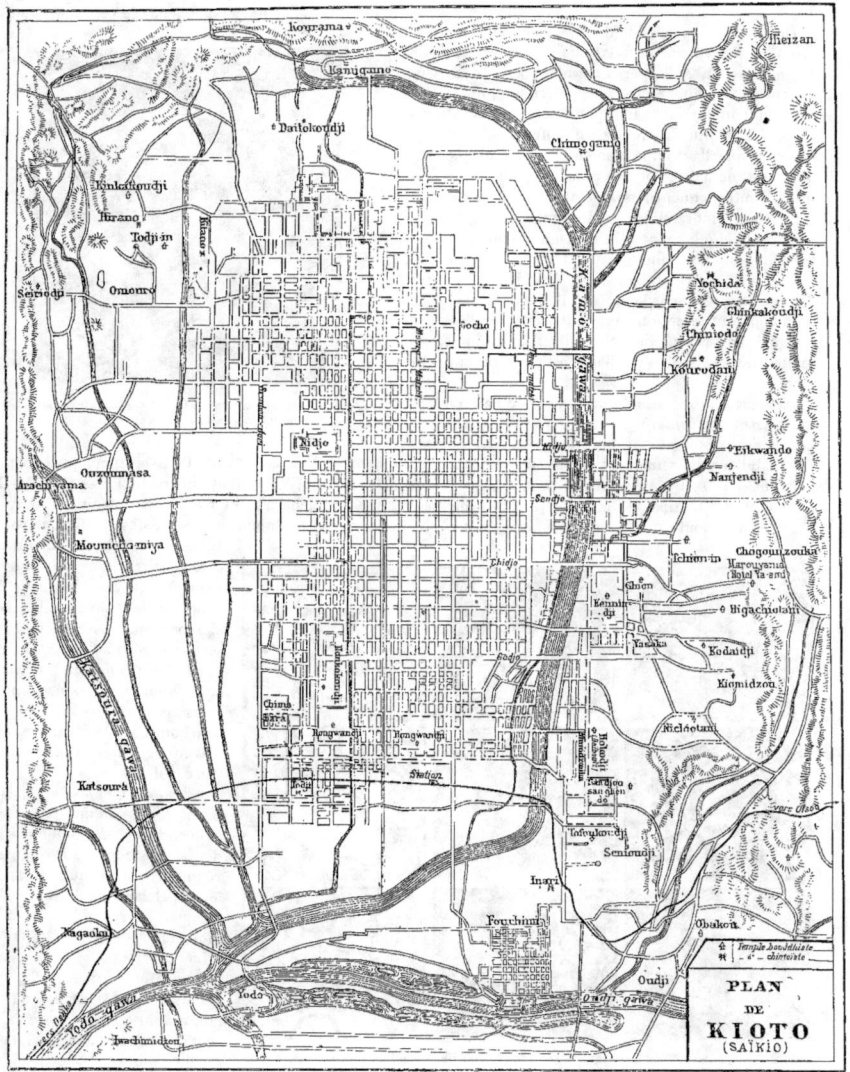

haute voix ou bredouille quelque prière. Cela fait, il se relève et va répéter le même exercice à la station suivante.

Qui le croirait cependant? Malgré cette fièvre d'abandon, malgré ce zèle extatique, malgré cette foule toujours renaissante, personne n'est mû par un sentiment de véritable piété. Tout pèlerinage, au Japon, est plutôt une promenade qu'un acte vraiment mystique. La tradition le veut ainsi. Offrandes et prières n'y sont que l'accompagnement d'une pratique très ancienne, dont le goût des plaisirs, les joies du farniente, entretiennent l'usage établi. Quant au fervent sincère, il viendra simplement demander à ses dieux préférés quelque bonne faveur essentiellement terrestre et de jouissance immédiate. Il n'y en a pas un seul dont les visées aillent au delà, dont les espérances dépassent le terme de la vie. Or, l'obtention exclusive d'un bien tout temporel saurait-il constituer l'essence même de la prière? En dehors de l'aspiration spirituelle ou morale, il n'y a pas d'esprit vraiment religieux.

Dans cette procession interminable de gens de toutes classes, je remarque beaucoup de femmes, et, parmi elles, bon nombre de fort jolies. La plupart sont habillées de la manière la plus élégante, quoique leur costume soit à peu près le même pour toutes indistinctement. Ainsi, la chaussette, uniformément blanche, ne monte que jusqu'au-dessus du cou-de-pied; la tunique légère, formant corsage et jupe, est invariablement rouge ou bleue. Descendant à la cheville, elle est serrée à la taille par une ceinture multicolore et fendue sur le devant depuis le haut jusqu'en bas. Les plus prudes daignent, de temps à autre, en rapprocher les pans écartés par le vent indiscret. On

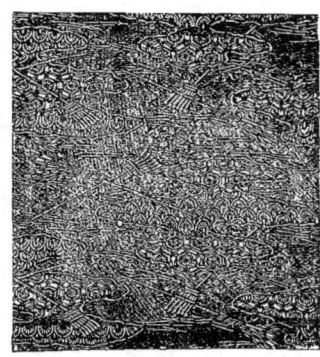

TISSU REPRÉSENTANT DES BATEAUX ET DES BALAIS JETÉS SUR DES TAS DE FEUILLES DE PIN (p. 370).

s'aperçoit vite, à ce galant laisser aller, que la femme de ces contrées n'a pas encore subi le contact des dames occidentales. Et c'est à bon droit qu'on vante dans tout le Japon la beauté des femmes de Kioto.

Elles sont vraiment pleines de charme avec leur bout du nez rose. N'était le maquillage insupportable auquel elles n'échappent pas assez souvent, on serait forcé d'admirer tant de morbidesse ou de fraîcheur, sous le feu toujours éclatant de leurs yeux noirs comme du charbon, sous la couronne scintillante et parée de leurs cheveux lustrés.

A vrai dire, si les Japonais se plaisent — comme j'en ai le soupçon — à la contemplation de la grâce et de la jeunesse réunies, ils n'ont qu'à se rendre à ces pèlerinages de nouvel an et qu'à se répandre en dons individuels dans l'enclos sacré d'Inari.

Constatons en même temps que les dieux Inari et Daikokou, ou leurs ministres empressés, ne sont pas les seuls à profiter d'une récolte aussi abondante que facilement faite. Des nuées de corbeaux leur font irrévérencieusement une concurrence acharnée et planent au-dessus de la foule tumultueuse en emplissant les airs de leurs cris. Ils

TISSUS JAPONAIS (p. 370).

arrivent à la curée, en se réjouissant bruyamment de voir çà et là, réunie par des mains charitables, la nourriture du jour et de plusieurs lendemains. Les artistes du cru ne se seraient-ils pas inspirés de ce spectacle dans leurs compositions humoristiques, lorsque, au milieu des sacs de riz accumulés par Daïkokou, ils ont groupé une légion de rongeurs amplement repus et narguant la Pauvreté amaigrie et décharnée qui fuit à leur approche? Pour moi, pareille profusion de biens me confirme dans l'idée que le Japon est le vrai pays de cocagne de nos légendes populaires.

Comme la montée que nous décrivons est rude à parcourir, maintes tchayas se sont établies sur le versant du coteau. Nous ne nous y arrêtons pas, et nous arrivons enfin sans trop de peine au faîte qui sert de but à chacun. Là, chapelles votives, silos infundibuliformes, pots de grès interrogateurs, disent leur dernier mot. Nous y jouissons d'une vue très étendue sur la ville et ses environs. Vers la gauche s'étend le bourg, d'importance considérable, nommé Fouchimi. Sur la droite, moutonne, comme toujours, la vaste mer aux toitures sombres et aux pignons blanchissants que nous connaissons déjà sous le nom de Kioto.

A partir de cet observatoire naturel, le sentier, qui ne mesure pas moins d'un *ri* dans toute sa longueur, contourne la colline en forme d'hélice et nous ramène au temple proprement dit, à travers des campagnes plantées de bambous et de ces arbrisseaux précieux dont Delille a dit que le feuillage, apparemment traité par l'infusion,

De nos dîners tardifs corrige les excès.

Justement, voici le tambour qui résonne, accompagné d'un bruit de castagnettes tout à fait entraînant! Approchons, en fendant la foule qui se groupe à cet appel! Au beau milieu du temple, une danseuse de forme élégante, vêtue d'un costume d'apparat de couleur blanc et pourpre, exécute quelques gracieuses pirouettes en agitant une branche hérissée de grelots. Une fois ce premier tour accompli, notre coryphée se porte vers le personnage qui, ayant sollicité la cérémonie, en fait naturellement les frais, et, secouant la marotte sacrée au-dessus de sa tête, reçoit, en retour, une obole qu'elle se hâte de mettre en lieu sûr. Elle revient alors vers le centre du groupe, et, recommençant identiquement le même manège, court s'adresser à quelque nouveau fervent pour en obtenir une récompense analogue. Pendant ces différentes évolutions, deux jeunes bonzes de huit ans à peine — il y a ici des bonzes encore à la mamelle — battent la grosse caisse ou plutôt du tambourin, avec une précision qui rappelle celle de nos lapins mécaniques frappant sur un tambour lilliputien. Doués d'une adresse sans égale, ils entre-choquent en même temps les bâtonnets qui leur servent de baguettes, en produisant un cliquetis régulier et continu, dont l'audition me fait penser au rythme saccadé des cachuchas andalouses.

LA MISÈRE FUYANT DEVANT DAÏKOKOU, LE DIEU DE LA PROSPÉRITÉ (p. 379). — Dessin de Ozawa.

Ce coup d'œil est des plus divertissants. Je m'abandonnerais même, séance tenante, à quelque accès d'hilarité, si tous, ici présents, bonzes grands et petits, public et danseuse, n'avaient les yeux ardemment fixés sur mon visage exotique. Rire, en pareille circonstance, serait un manque de tact absolu. J'ai appris, d'ailleurs, à ne plus m'étonner de rien. Au surplus, la chorégraphie n'entrait-elle pas, comme au Japon, dans les cérémonies religieuses des Hébreux, des Grecs, des Égyptiens, en un mot de tous les peuples de l'antiquité? Et les premiers évêques chrétiens eux-mêmes ne menaient-ils pas la danse des enfants de chœur durant les fêtes solennelles? C'est égal, quand on n'est plus fait à de pareilles mœurs, on a au moins le droit de s'en montrer surpris.

Il y a peut-être lieu d'ajouter que, si les danses sacrées tiennent aux origines mêmes de la religion chintoïste, — ainsi qu'on a pu le voir dans la légende d'Amatéras, où la déesse Ousoumé se livre à une chorégraphie savante en présence de l'aréopage divin, — la danse profane, elle aussi, qui cependant remonte à peine au treizième siècle de notre ère, est de tout point symbolique, dans la représentation des scènes plaisantes comme dans celle des épisodes austères. Ainsi, le plus ancien de ces divertissements classiques, appelé jadis *sarougakou*, et connu aujourd'hui sous le vocable *no*, si peu compliqué qu'il soit en somme, tendait surtout à représenter une sorte de salutation au Mikado en personne et consiste en promenades lentes et mesurées, en génuflexions et courbettes, comme dans nos menuets, au son grave des instruments et des voix. Il est, avec la *chiosa*, la danse la plus populaire du Japon et celle qu'on exécute encore le plus souvent sur les principales scènes de Tokio, d'Osaka et de Kioto.

Dans un petit temple situé tout près, sur un point de la même cour, un prêtre, habillé de jaune, vend des bouts de papier possédant — à ce qu'il assure — des propriétés multiples; et, à côté, dans un local sans caractère particulier, un consistoire de bonzes plus ou moins élevés dans la hiérarchie se tient silencieux, en écoutant un orateur. Ils sont revêtus d'habits de cérémonie en soie aux couleurs les plus variées, bleu, vert, brun, orange et rouge; en outre, chaque membre de cette honorable assemblée est coiffé d'une sorte de toque noire épousant la forme bien connue du casque à mèche normand.

Enfin, auprès du premier *torii*, s'est subrepticement installée une femme, montrant à la foule ébahie des singes savants. Cet industriel en jupon, je devrais dire cette artiste foraine, fait monter successivement au sommet d'une perche de bambou ses élèves disciplinés. A chaque fois, les grimpeurs entraînent avec eux de petits godets garnis de morceaux de carottes, destinés à la nourriture du lendemain. Ma foi! les singes qu'on donne, bien à tort, pour des imitateurs de l'homme, pourraient ici passer pour des plagiaires. Ils ne font que suivre l'exemple donné de haut.

Aux abords du temple d'Inari, le long de la route conduisant au village de Fouchimi, se pressent, outre les nombreuses tchayas, des boutiques de toute nature et notamment de jouets, en ce moment assiégées par une foule bigarrée d'enfants et de moussoumés.

Il n'y a pas à dire, ce tableau diapré comme un parterre au printemps, ce bruit, cette animation, cette gaieté, ce déploiement incroyable de pompes et d'œuvres inédites pour moi, rendent le pèlerinage extraordinairement curieux. Aussi, quel que soient la nature ou le but de cette manifestation populaire, affirmerai-je que le souvenir des scènes dont j'ai eu la bonne fortune d'être témoin n'est pas près de s'effacer dans mon esprit.

PROUESSE DE CHASSEUR (p. 375). — Tableau du temple de Ghion, peint par Kaïhokou Kenzaï, en 1702.

Non loin du temple d'Inari, nous allons voir celui de Tofoukoudji, appartenant au culte bouddhiste. Pour y arriver, nous passons au travers d'un portique presque aussi monumental que celui du temple de Tchion-in. J'y suis admis à observer combien le système de charpente usité dans la bâtisse japonaise s'écarte de nos principes de construction. Nos poutres et contre-fiches y sont remplacées par tout un jeu de consoles, qui s'échappent directement des piliers de soutien et supportent les fermes de la toiture dans une conception aussi originale que hardie.

Le temple de Tofoukoudji fut édifié au treizième siècle par le chogoun Yoritsouné. On se rappelle qu'à cette époque troublée de l'histoire japonaise, le pouvoir chogounal aussi bien que le pouvoir impérial n'étaient plus que choses illusoires, les membres de la puissante famille des Hodjo étant devenus les maîtres incontestés du pays. Pour tout dire, il n'existe rien dans ce sanctuaire qui puisse retenir longtemps l'attention. En revanche, l'enclos est fermé de murs indiscontinus qui revêtent un caractère quasi monumental, et il est traversé par un cours d'eau coulant au fond d'un ravin merveilleux. J'y remarque des érables d'un grand âge et des sapins magnifiques, comme on n'en voit assurément que dans l'archipel japonais.

C'est encore à proximité du même temple d'Inari que se trouve l'enclos sacré de Sénioudji. Il renferme les restes de plusieurs mikados. Pour y arriver, nous avons à gravir des collines sablonneuses, au sommet desquelles s'alignent des tombes uniformément décorées d'une simple colonnette. En cet endroit sont inhumés les officiers du Mikado morts en 1868 à Fouchimi, durant la bataille livrée par les troupes impériales aux partisans réunis du chogounat. Un mausolée plus important est séparé du reste des tombes. Il contient la dépouille du général qui commandait la phalange mikadonale. Tristes vestiges de la guerre civile, ils sont là comme un témoignage irrécusable des luttes odieuses engendrées par l'ambition.

Encore un dédale de monticules à gravir les uns après les autres, et nous voici à Sénioudji. Les empe-

reurs qui ont régné sur le Japon depuis le treizième siècle jusqu'à nos jours ont leur sépulture en ce lieu. Les cendres de ces augustes personnages sont confiées à la garde d'une congrégation de moines, dont la sévère habitation s'élève justement en face de nous. Malgré le vif désir que j'éprouverais à passer en revue les ombres glorieuses de la dynastie impériale, je suis obligé d'y renoncer, tant je me heurte, de tous côtés, à l'obstacle insurmontable des portes fermées à triple tour. Du reste, une inscription tracée en caractères qui me sont bien connus, *Foreigners are not allowed to pass* (Il est interdit aux étrangers d'entrer), m'o-

BOUTIQUES DE JOUETS A PROXIMITÉ DU TEMPLE D'INARI (p. 380). — Dessin de Hanzan Yasounohou.

blige à tenir compte d'un manque absolu d'hospitalité. Ma qualité d'étranger ne ferait de doute aux yeux de personne. Ce qu'il y a donc de mieux à faire, pour ne pas perdre un temps précieux, est de tourner les talons et de me consoler de la mésaventure en contemplant le monastère sous toutes ses faces extérieures.

Qu'importe! lesdites sépultures — à ce que l'on m'affirme — ne brillent que par une noble ordonnance. Ce ne sont plus les fastueux tombeaux d'Ouyéno, de Chiba, de Nikko, où les familles chogounales voulaient contraster, par une splendeur inouïe, avec l'infériorité de leur origine. Les mikados, dont la lignée se perd dans la nuit des temps au point de donner à confondre leurs ancêtres avec les dieux créateurs, ont toujours recouru, au contraire, à la simplicité, dans la mort comme dans la vie. Soit pour leur tombeau, soit pour leur demeure, leur règle invariable a été de rechercher les plus modestes dispositions.

Une grande quantité de djinrikchas encombrent, dans ce moment, le portique d'entrée du monastère si défendu. Cela s'explique de soi. Il y a pas mal d'officiers logés dans le couvent, depuis que l'impératrice est de passage à Kioto.

En revenant de l'hôtel, je remarque que les djinrikchas de Kioto sont d'une capacité plus grande que leurs correspondants de Tokio. Les dimensions permettent notamment aux promeneurs de faire asseoir à leur côté quelque jeune et jolie compagne, facilité dont on use très largement. Nombre de ces voluptueux poussent même l'assurance et l'orgueil jusqu'à se faire accompagner par d'autres voitures contenant tout le personnel féminin de leur maison. Ces façons de grand Mogol, essentiellement orientales, encore en faveur à Kioto, sont déjà tombées en désuétude à Tokio, plus souvent en rapport avec l'élément étranger.

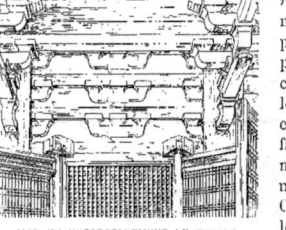

MUR EN ENCORBELLEMENT DU TEMPLE DE TOFOUKOUDJI (p. 381).

Au repas que je prends dès ma rentrée, mon hôte a le vif plaisir de m'informer que l'impératrice, faisant demain visite aux temples du voisinage, s'arrêtera dans l'hôtel pour déjeuner, tout comme une simple tête couronnée de notre Occident. Mais,... car il y a un mais,... il m'engage, pour toute la journée, à aller me pourvoir ailleurs, l'établissement devant être accaparé par la cour. Coûte que coûte, il n'y aura plus de place pour ma modeste personnalité. Voilà qui est amusant et flatteur! Toutefois, je ne suis point d'humeur à me laisser éconduire d'une façon aussi cavalière, d'autant que le désir de voir de près la souveraine et de juger de sa manière de vivre en voyage me fait une double obligation de ne pas en manquer la très précieuse occasion. On se souvient sans doute que, lors de mon excursion au Foudji-yama, durant mon retour à Yokohama, je n'avais pu qu'entrevoir la silhouette de l'impératrice, enfermée dans son norimon. Je refuse donc catégoriquement au seigneur Ya-ami de céder la place, et, pour mettre sa responsabilité à couvert, je me risque à écrire immédiatement à M. M*** une lettre conçue en ces termes :

« Monsieur le gouverneur,

« J'apprends que S. M. l'Impératrice prendra demain une collation à l'hôtel *Marouyama* où je suis descendu. Comme je réside dans un pavillon complètement séparé du corps de logis principal, je ne saurais être d'aucune gêne pour Sa Majesté ni pour les personnes de sa suite. J'ose donc espérer que vous m'accorderez la faveur de conserver mon appartement, malgré les instructions données au propriétaire de l'hôtel. Outre que je me trouverai, d'ailleurs, sous un autre toit que votre auguste souveraine, je suis appelé, en ma qualité de diplomate, à approcher les princes avec qui mon gouvernement entretient des rapports officiels, et même à obtenir d'eux des audiences particulières.

« Veuillez agréer, etc., etc. »

Et je signe bravement de mon nom, en faisant suivre celui-ci de mes titres et qualités.

Étant donné les us et coutumes japonais, j'ai peut-être un peu forcé la note; mais qui veut la fin veut les moyens. En voyage, il faut savoir risquer un œil, sous peine d'être condamné à ne rien voir. Du reste, il sera toujours temps de m'éclipser quand le météore apparaîtra.

Les présentes notes une fois complétées et mises au net, je pousse, vers quatre heures, jusqu'au temple de Sandjou-san-ghen-do, sanctuaire plus communément désigné sous le nom de Renghéoïn.

PLAN-TYPE DE CHARPENTE JAPONAISE (p. 380).

On l'appelle aussi le temple des 33,333 divinités, faisant ainsi allusion aux multiples statues de la déesse Kwannon qui l'encombrent littéralement. Mais le nom de Sandjou-san-ghendo lui a été donné en raison des trente-trois piliers sur lesquels repose sa longue et lourde toiture. Durant cette excursion j'aurai eu le temps de recevoir une réponse à ma lettre. Mais le

KIOTO, NARA, OSAKA ET KOBE

soleil décroît déjà et l'obscurité a envahi l'édifice sacré quand je mets le pied sur le seuil. Remettant ma visite à une heure plus convenable, je me borne à décocher quelques flèches dans le tir au but établi derrière le temple, sur la galerie extérieure.

J'ai tout lieu de croire, à compter les flèches perdues, que je mettrais quelque temps avant de pouvoir, comme tant d'autres visiteurs, suspendre sous la galerie du temple un tableau témoignant à la fois de mon adresse au tir et de ma reconnaissance envers

deuxième, et mourut, dit la légende, au troisième siècle, à l'âge respectable de plus de trois cents ans.

Mes prévisions se vérifient. En rentrant à l'hôtel, je trouve l'interprète du gouverneur, accouru pour me donner réponse. Il m'informe que ma demande a été favorablement accueillie, et, par surcroît de prévenance, me promet pour demain une autorisation écrite de visiter le palais impérial. On ne saurait pousser plus loin les bons procédés. Mais ce permis, arrivant sur ma fière déclaration de diplomate, ne serait-il

EN PROMENADE (p. 10 et 382).

les divins protecteurs du Sport. Et combien cependant je serais fier de figurer en si haute compagnie ! Voici, par exemple, un tableau où l'artiste n'a point hésité à placer un arc entre les mains de l'illustre impératrice Djingou-Kogo, celle-là même qui entreprit, au deuxième siècle de notre ère, la fameuse expédition de Corée à la suite de laquelle devaient pénétrer au Japon les civilisations coréenne et chinoise. A côté d'elle se tient le non moins célèbre général Takémoutchi-no-Skouné, qui, après avoir soumis les Aïnos sous l'empereur Kéiko, au premier siècle, mena la guerre de Corée à bonne fin au

pas simplement un tour à la Talleyrand pour m'évincer quand même des lieux visités par la souveraine? Cela pique mon amour-propre. Nous aurons l'œil au guet.

Après le dîner, je fais une courte promenade aux environs de mon hôtel. La foule encombre les rues de la ville, et la joie publique se manifeste par des mouvements tumultueux, inspirés sans doute par un trop grand abus de saké. Depuis huit heures du soir jusqu'à minuit, la bacchanale ne discontinuera pas. Très guillerets, décidément, ces bons bourgeois de Kioto!...

Mercredi, 10 janvier. — Beau temps (th., à neuf heures du matin, + 5° cent.).

Je reçois la visite de M. M***, gouverneur de Kioto. Il vient, en personne, me remettre l'autorisation promise hier et me confie aux soins de son interprète pour me faire les honneurs du palais impérial. Nous partons aussitôt et, vers dix heures, sommes à destination.

Le « Gocho » — c'est ainsi qu'on désigne le palais impérial — est situé au nord-est de la cité proprement dite. Il y occupe une vaste superficie, bien que celle-ci soit incomparablement inférieure à celle que recouvrait autrefois le *daï-daïri*, c'est-à-dire le « grand palais ». Nous avons vu que cette ancienne résidence impériale fut détruite par un immense incendie en l'année 1653, et qu'à partir de ce jour, les mikados se reléguèrent dans le *cho-daïri* ou « petit palais ». Ce dernier fut également et à plusieurs reprises la proie des flammes.

En ce qui concerne le Gocho que nous allons visiter, il est de construction relativement récente et fut édifié après l'incendie qui dévasta Kioto en 1854.

L'enclos, dépourvu de fossés et généralement de toute défense stratégique, est cependant, comme pour la forme, entouré de plusieurs enceintes, consistant en vulgaires murs de bois hourdés de plâtre, dressés sur un socle de pierre de taille, le tout d'une solidité et d'une force de résistance absolument fictives. Ces murailles dérisoires sont surmontées de grandes toitures formées de tuile bleue.

Quel contraste, au point de vue de la défense, avec la résidence même temporaire des anciens chogouns, de passage à Kioto! Ceux-ci — comme nous avons été à même de le constater en visitant le palais du Gouvernement, leur ancien pied-à-terre — vivaient retranchés dans une véritable forteresse! Là-bas, c'était le roc et les ais de pierre dure; ici, ce ne sont plus que des bardeaux et du plâtre. Dissimulé, de par sa position même, aux yeux des profanes, le Mikado n'avait, pour exalter son prestige, que le mystère dont il s'entourait et que le respect des traditions. Le chogoun, au contraire, toujours sur le qui-vive, en vrai lieutenant qu'il était, n'avait que l'appareil guerrier pour imposer son autorité. Chose singulière, il a suffi d'une résolution énergique du droit pour que la force brutale s'abîmât devant le principe et que celui-ci ralliât au monarque légitime les partisans mêmes de l'usurpation. Et, grâce à la sagacité des hommes éminents dont il a su s'entourer, le pouvoir restauré est désormais à l'abri de toute éclipse nouvelle. Tout en faisant revivre les anciennes traditions, il a pris sans hésiter l'initiative des réformes nécessitées par l'état de choses actuel, et, avec une intuition politique extrêmement rare et d'autant plus louable, il a lancé le Japon dans une voie où nulle réaction ne saurait parvenir à l'arrêter.

Il ne faut pas croire, pourtant, d'après ce qui précède, que le Gocho fût pour l'empereur cette prison rigoureuse que l'on a trop longtemps supposée. Le Mikado s'absentait à sa guise et passait même une assez grande partie de l'année dans son château d'Omoura, situé près de Kinkakoudji, au nord-ouest de sa capitale. Toutefois, même pour franchir la courte distance qui l'en séparait, il restait caché à tous les regards, promené comme un fétiche dans son norimon de laque et d'or fin.

LA DANSE CLASSIQUE DU « NO » (p. 379). — Dessin japonais.

Pénétrons au fond de ces demeures si longtemps interdites au vulgaire comme au profane! Mais est-ce là vraiment l'habitation princière, telle que nous la concevons? Au mot « palais » s'attache généralement une idée de magnificence. Ici, ce n'est point le cas, tant s'en faut. Il n'existe peu ni prou de l'architecture ou d'ornementation dans ces constructions de bois. Ainsi que je l'ai dit, une austère simplicité fut toujours de rigueur pour les palais de l'empereur. Ce même caractère se retrouve — on le sait — dans tous les édifices consacrés au culte chintoïste, c'est-à-dire au culte des *kamis*. Or, le Mikado, étant lui-même considéré comme un descendant des dieux, ne devait point aspirer à rehausser son prestige divin par le faste et la richesse de sa demeure. L'habitation impériale ne se fait donc remarquer que par la profusion des locaux dont elle se compose. A voir cette agglomération de bâtisses incohérentes, on se croirait au milieu d'un tas de joujoux représentant des temples, des pavillons, des cours, des jardins, qu'un enfant sans discernement aurait dressés au hasard de sa fantaisie.

Les enceintes une fois franchies, nous arrivons devant une dernière clôture, laquelle forme, pour ainsi dire, le parvis même du palais mikadonal. Pendant qu'on est allé au dedans annoncer ma visite, j'ai tout

Nous arrivons ainsi jusqu'à une antichambre située en face de la salle affectée aux grands officiers de la couronne. Cette pièce est pourvue de tables et de chaises. En outre, quatre hibatchis contribuent à y entretenir une agréable chaleur. Nous sommes reçus — je dois le dire — avec un certain cérémonial. Les officiers chargés de me mener plus avant m'offrent gracieusement du thé, des cigares et des cigarettes, ces dernières provenant, à ce que je puis voir, d'une

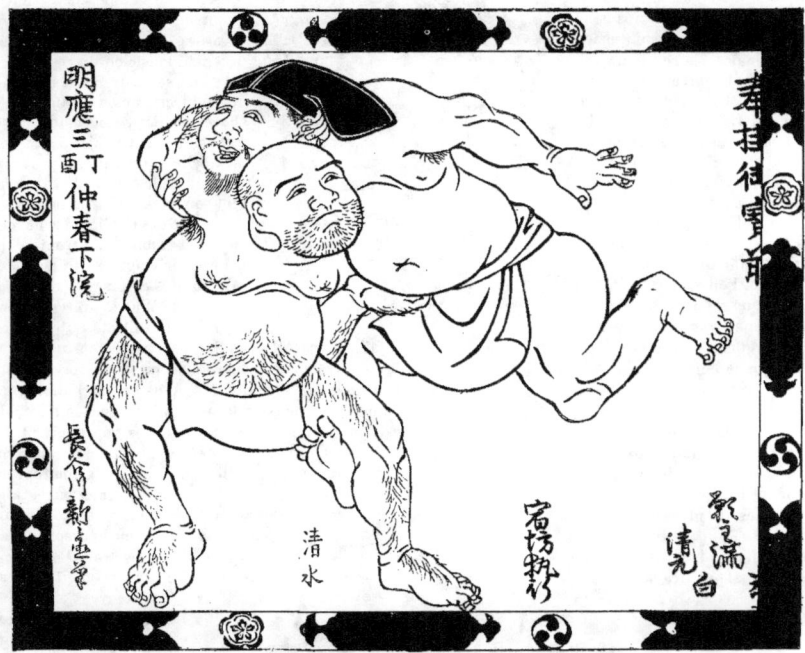

LUTTE ENTRE LES DIEUX HOTÉI ET DAÏKOKOU (p. 396).
Tableau du temple de Kiomidzou, peint par Haségawa Chinodjo, en 1494.

le loisir de considérer ces immenses murailles aux toitures colossales et percées de portiques imposants, mais qui, en dépit de leurs dimensions, ne constituent qu'un simple rempart contre les regards indiscrets.

Nous entrons dans la mystérieuse demeure, conduits par deux introducteurs, et suivons les longs et larges couloirs, fermés sur le côté extérieur par les éternels châssis de papier. Quant aux murs intérieurs, ce sont des sortes de cloisons formées de pièces de bois ajustées les unes dans les autres, vierges de badigeon et encadrant simplement des panneaux enduits de plâtre.

fabrique de Dresde. Vraiment, des cigarettes d'Europe dans le palais des anciens mikados! Mais de quoi s'étonner dans ce pays, où tout s'est transformé selon nos usages occidentaux comme sous l'impulsion d'une baguette magique?

Commençons notre revue du palais, accompagnés d'une escouade de *yakounins*, lesquels, ici comme à Tokio, ont conservé le costume des hommes à deux sabres, dernier vestige du régime féodal.

Voici d'abord un premier corps de bâtiment, appelé *Séirioden*, mesurant environ vingt mètres sur douze. Malgré des dimensions aussi modestes, il est divisé, à l'instar de toutes les habitations japonaises, en plusieurs compartiments au moyen de châssis mobiles. Quant aux murailles extérieures, formées, comme les simples cloisons, de pièces de bois apparentes encadrant des panneaux de plâtre, elles sont aussi dénudées, aussi dépourvues d'ornementation que les parois des couloirs qui nous avaient livré passage au début. Point de plafond, la charpente de la toiture restant visible. Rien de plus rudimentaire, en un mot, sous le rapport constructif, et de plus conforme aux traditions chintoïstes et mikadonales. En revanche, les châssis mobiles qui servent à constituer la distribution intérieure sont d'une richesse extrême. Ils sont tendus de soie sur toute la surface, et une main habile y a retracé, avec un luxe inouï de teintes, avec une fécondité d'imagination admirable, des sujets de plein air couronnés de beaux nuages bleus. C'est d'un éclat presque féerique, et l'on est en droit d'en conclure que si, par respect pour les anciennes traditions, les empereurs n'admettaient, pour la construction de leur séjour, que le bois et le plâtre, sans décor ni sculpture, ils savaient à l'occasion déroger à la règle par des applications d'un art exquis. Très portés par goût et par situation à favoriser les belles-lettres comme les arts nationaux, ils s'efforçaient ainsi de rompre avec l'austérité de leurs propres principes.

Pendant le séjour que les mikados firent dans le palais de Kioto, avant d'avoir échangé leur ancienne capitale contre la moderne Tokio, c'est dans le Séirioden qu'ils habitaient. Ce fut même ici que mourut, en 1866, le propre père du Mikado actuel.

De ce point, nos guides nous conduisent vers un bâtiment aux proportions massives, appelé *Chichinden*, et renfermant uniquement la salle des Cérémonies. Ce bâtiment isolé, auquel on accède par un large perron, donne sur une vaste cour, au fond de laquelle on aperçoit un portique désigné sous le nom de « porte du Sud ».

Au milieu de cette cour, à mi-distance de la porte du Sud et du Chichinden, on dressait jadis, à l'occasion de certaines solennités, une estrade sur laquelle des personnages de la cour du Mikado s'exerçaient, pour l'ébattement du souverain, à des danses classiques et à des combats simulés. Tandis que les personnages invités à ces fêtes intimes remplissaient les galeries ouvertes de droite et de gauche, le maître se tenait dissimulé derrière les châssis de sa demeure. On raconte notamment, à ce sujet, que ce fut devant ce même Chichinden, et en présence de l'empereur Nimméi, qu'un de ses courtisans, appelé Owari-no-Mouradji-Hamanoché, excellent musicien du reste, exécuta une série de danses à l'âge de cent treize ans. Ce haut fait de chorégraphie, assurément peu fréquent, a fait l'objet d'une des plus belles illustrations que nous ait données le célèbre Yosaï, dans tout son œuvre artistique.

PALAIS DU GOCHO, A KIOTO
Saillant d'un mur d'enceinte (p. 384).

La salle des Cérémonies ne mesure pas moins de trente-cinq mètres sur vingt. C'est dans cette salle que sir Harry Parkes fut reçu par le Mikado, après l'attentat dont il avait été l'objet et où il faillit perdre la vie. Sur les châssis, ou mieux sur les paravents qui séparent la pièce du corridor qui la côtoie, sont peints des héros et des philosophes chinois. Les deux panneaux qui occupent le milieu de cette série de graves personnages reproduisent les traits d'un grand chien de couleur bleue faisant pendant à un autre de belle teinte verte. L'art européen,

TYPE DES CONSTRUCTIONS DU GOCHO (p. 386).
Croquis japonais.

de son côté, est également représenté ici, mais assez médiocrement, par les portraits de l'empereur et de l'impératrice, œuvres d'un peintre italien nommé Ugolini. Sauf le respect que je dois à cet artiste, évidemment consciencieux, je ne vois aucun point de communauté entre lui et son famélique homonyme : il n'eût certes jamais été conduit à dévorer ses propres enfants, faute de quelque croûte à manger.

Le *Ko-Gocho*, ou petit Gocho, que nous allons visiter ensuite, servait autrefois aux réceptions officielles du chogoun, quand celui-ci venait rendre hommage au Mikado. La salle qui porte ce nom est divisée en trois sections, simplement séparées par des châssis en paravents. Dans le compartiment du fond se dressait le trône de l'empereur. Le second était uniquement réservé aux génuflexions du chogoun. Quant au troisième, il était appelé à contenir les dignitaires des deux cours. On peut s'imaginer la cérémonie, rien que par l'examen de ces trois divisions. Assis, ou plutôt accroupi sur une sorte d'estrade en forme de divan, le souverain disparaissait presque tout entier sous les flots de brocart de son ample vêtement et derrière le store de bambou tressé à claire-voie qui, descendant du plafond, s'arrêtait à un mètre tout au plus du niveau de l'estrade. En face, devant cette personnification de la divinité n'empruntant sa force qu'à elle-même, devant ce réduit solennel dont aucun n'osait approcher, pas même l'homme qui exerçait l'autorité souveraine effective, à dix pas de cette majesté sublime faite d'ombre et de mystérieuse puissance, se tenaient le grand vassal, isolé dans sa propre usurpation, puis la foule des hauts seigneurs parés somptueusement.

Ce coup d'œil devait être d'autant plus singulier que le caractère imposant de la cérémonie contrastait étrangement avec la simplicité même du Ko-Gocho. Aujourd'hui encore, la nudité des murailles est à peine atténuée par l'adjonction de quelques châssis de soie, délicieusement historiés, — il est vrai, — et où reparaissent les nuages bleus dont nous avons parlé précédemment. En quelque lieu qu'on aille, d'ailleurs, une exquise propreté règne dans l'édifice. Comme on dit vulgairement, on mangerait sur les nattes qui tapissent le sol. Et de fait, on n'y relèverait pas un atome de poussière, même dans les encoignures. A défaut du luxe des lambris,

ce soin extraminutieux constituerait une véritable richesse.

Toujours suivi, ou plutôt précédé de nos yakounins, nous pénétrons ensuite dans le propre cabinet de l'empereur. On le désigne sous le nom de *O-gakou-mondjo*. Ici, les bois bruts du plancher disparaissent sous de moelleux tapis. La pièce, également divisée en trois parties, peut, par l'enlèvement des châssis de séparation, ne plus faire qu'une seule et même salle. On n'a qu'à pousser ces châssis mobiles dans les rainures, et la transformation est faite. Ni chaises ni tables, mais un fauteuil de velours cramoisi, tel est l'unique mobilier qui s'y trouve. Il est à croire que l'empereur écrit sur ses genoux, à l'orientale, à moins — ce qui est plus probable — qu'il ne laisse ce soin trop vulgaire aux scribes de son entourage. Ce fauteuil est, du reste, la première pièce de mobilier tant soit peu pratique que nous ayons rencontrée jusqu'ici sur notre chemin.

Non loin du cabinet de l'empereur s'épanouit un joli jardin, tout agrémenté de rochers artificiels, et au milieu duquel se creuse un étang d'eaux courantes et limpides. Deux petits ponts de pierre rejoignent les rives à chaque extrémité. Ce jardin m'est désigné sous le nom de *Miouki-no-niwa*. Les allées en sont semées de petits cailloux autrefois ramassés, avec grande vénération, par les sujets de l'empereur admis dans sa demeure sacrée. On considérait ces pierrailles comme de véritables talismans.

A côté de ce premier jardin s'en présente un autre appelé *Otsouné-gocho*. Celui-ci est situé devant le

UN YAKOUNIN (p. 385).

pavillon même où réside l'impératrice. Le moment est peut-être propice pour jeter un coup d'œil dans l'auguste local, puisque Sa Gracieuse Majesté est justement là-bas dans mon hôtel ; mais on me fait observer que la chose est impossible. Il paraît que bon nombre de dames de la suite sont restées au logis, et qu'elles ne sauraient elles-mêmes, sans forfaire aux lois du cérémonial de la cour, se donner ainsi en spectacle. Quel dommage, en vérité ! Ce pavillon qu'on prend tant de peine à cacher semble, en effet, constituer le plus réel attrait de cette visite froide et monotone. Et dire qu'une simple cloison de papier nous sépare du mystérieux gynécée !

Tout en faisant ces réflexions, je remarque à proximité un autre pavillon flanqué d'un jardinet à la végétation microscopique. Rien de charmant, de captivant comme ce *buen retiro* modelé selon les règles que nous avons déjà décrites ailleurs.

En ce moment, M. S***, le chef de la maison impériale, s'avance vers moi pour me saluer. Il porte, avec une extrême dignité, une magnifique barbe noire, à l'encontre de la plupart de ses compatriotes à qui cet ornement naturel va des plus mal. J'ai naturellement recours à son omnipotence pour visiter les appartements de la souveraine ; et, pendant qu'il va lui-même s'enquérir si pareille licence doit m'être accordée, je m'avance à sa suite au travers de pièces qui se succèdent aussi vides que vastes. J'ai déjà parcouru d'immenses cuisines et de nombreuses salles de service : un pas de plus, j'aurai franchi le seuil inviolable de l'auguste gynécée, quand on m'arrête au moment décisif. Un peu trop tard cependant, car j'ai pu, d'une main sacrilège, entr'ouvrir le dernier châssis et m'assurer, à ma grande stupéfaction, que là pas plus que dans le reste du palais il n'y a d'être humain. Mes yeux indiscrets ne m'ont révélé, tout compte fait, que la présence de trois hibatchis en activité, à l'entretien desquels ne contribue pas même la moindre vestale, jeune ou vieille. Le pavillon de l'impératrice, réservé comme bouquet à la curiosité du visiteur, constitue par le fait

LE DRAME POPULAIRE DES « FRÈRES SOGA » (p. 108 et 392).
D'après une gravure japonaise.

l'extrême et dernière partie du palais. Il se présente, d'ailleurs, avec une égale simplicité, avec un même dédain du luxe et du confortable.

En somme, je suis amené à le répéter, à part les panneaux illustrés, il est bien peu de chose, dans cette résidence impériale, pour l'art et pour l'admiration. Et cependant il n'en est pas moins vrai qu'en parcourant les salles vides et glaciales, mais peuplées de souvenirs, de cette demeure séculaire, qu'en touchant du doigt le silence et le mystère dont s'entouraient les anciens monarques du Japon, on se sent l'esprit et le cœur pénétrés d'une vague inquiétude et d'un respect profond. Il y a dans ce palais plus que de l'art : il y a un principe immuable, sur lequel a reposé une société tout entière ; et cela suffit amplement pour captiver l'imagination.

Mais il est temps de quitter la résidence mikadonale et de courir à mon hôtel *Marouyama*, pour essayer d'y rencontrer l'impératrice. Le logis et les environs en sont occupés, de tous côtés, par des soldats en faction. De loin, j'aperçois justement la souveraine, entourée des dames de sa suite. Elle est appuyée sur le balcon de mon hôtel. Avançons !... Grâce à l'autorisation du gouverneur, je force la consigne de deux gardes à cheval, de deux autres gardes à pied, voire d'un peloton de fantassins littéralement stupéfaits de mon audace. La liberté qu'on me laisse est si anormale, si excessive, qu'ils ne savent, ni les uns ni les autres, ce qui doit en retourner. Enfin, franchissant la cour, je pénètre dans mon pavillon. J'y suis, hélas ! depuis quelques minutes à peine, que l'impératrice quitte l'hôtel, pour se rendre non loin de là et, à ce que je puis voir, dans une élégante maison de bains à trois étages, avec balcons et à toitures superposées, ayant l'aspect d'une véritable pagode. Dès la veille, l'établissement en question avait été préparé à recevoir dignement l'auguste voyageuse. Une lunette d'approche a même été braquée sur la ville, à son intention, du haut d'un des balcons supérieurs de l'immeuble.

Sa Majesté ne tarde pas à paraître à ce balcon, et,

demeurant là près d'une heure, au grand air, elle se délecte à promener le regard sur l'immense panorama, tout en humant les doux rayons du soleil d'hiver, aujourd'hui sans doute et pour cause prodigue de chaleur et de clarté.

*Amatéras, ô toi de qui tient sa famille,
Répands à flots tes bieus sur ta royale fille !...*

De l'observatoire où je me suis installé, je l'aperçois parfaitement. Les détails pourtant m'échappent, à cette distance. Aussi, comme je ne veux pas me tenir pour battu, et sachant que l'impératrice doit, immédiatement après, aller visiter le temple de Higachi-Otani, je me précipite dans cette direction. Notons, en passant, que je marche toujours flanqué de mon cicerone officiel, l'interprète du gouverneur, lequel ne m'a pas quitté depuis ce matin, et qui est — à ce qu'il dit — aussi désireux que moi de contempler les traits de sa souveraine. Un *arimasen*, autrement dit un « passez au large » impérieux, nous est intimé par le soldat de garde, au moment même où nous nous arrêtons sur le seuil de l'enclos religieux. La porte est, d'ailleurs, barrée par un groupe de bonzes à l'air fort peu avenant. Sur la sommation qui m'est faite, il n'y a pas lieu de réclamer. Devant la sommation *arimasen*, — littéralement « il n'y a pas », — le plus résolu doit tourner les talons sous peine d'avoir à s'en repentir. *Arimasen*, c'est le refus suprême, sans rémission ni réplique. Mais, dans l'espèce, cet ordre farouche va devenir une expression toute providentielle. Pour nous y conformer, en effet, nous allons stationner dans un endroit d'où non seulement le temple nous apparaît de face, mais où nous verrons Sa Majesté monter en voiture, à la distance de quelques pas seulement.

Après une brève attente, l'impératrice est bruyamment annoncée par une nuée de gens appartenant soit à sa domesticité, soit au personnel des bonzeries, soit même à la police locale. Elle apparaît bientôt elle-même au sommet de l'escalier principal. Pendant qu'elle descend les marches, au nombre d'une tren-

taine, et traverse le court espace qui la sépare de sa voiture, je puis l'observer à mon aise. Son costume se compose d'une jupe rouge et d'une ample tunique de brocart vert-pomme, à grands dessins quadrangulaires. Elle porte la brillante et délicieuse coiffure nationale. Son pied fin, nettement cambré, est chaussé d'un bas plus blanc que neige et d'un soulier exquis comme la pantoufle de Cendrillon.

Sa Majesté a le teint pâle des femmes du monde, et son visage, sans accuser une extrême beauté, ne manque ni de piquant ni de charmes. Renonçant une des premières à la déplorable habitude qu'ont ici les femmes en possession de mari, de se noircir les dents avec la laque et de se raser les sourcils, elle conserve avec intrépidité ses glorieux attributs de la grâce, en donnant ainsi l'exemple du bon goût à la population féminine de tout l'Empire. L'intelligence se lit, du reste, dans ses traits mélancoliques.

LES PRINCIPAUX ÉDIFICES DU GOCHO (p. 386).

Par une anomalie, aujourd'hui trop fréquente en Orient, tandis que, de sa main droite, elle tient les cordons soyeux auxquels l'éventail traditionnel est suspendu, de sa main gauche elle se met à l'abri des rayons du soleil à l'aide d'un vulgaire parapluie à fond de soie brune, et où l'on retrouverait peut-être la marque des magasins du Louvre ou du Bon Marché. J'avoue que cet attribut constitutionnel, rendu célèbre par les habitudes égalitaires du roi Louis-Philippe, est d'un piteux effet, en regard des costumes somptueux, des étoffes richissimes, des couleurs étincelantes, sous lesquels m'apparaît la souveraine de quarante millions d'Orientaux. Il n'y a pas à dire, ce parapluie, que je revois encore malgré moi, est une ombre à ma vision : on dirait d'une tache d'encre sur l'image même d'Iris, cette douce messagère des dieux.

Derrière l'impératrice marche empressé le gentil escadron des dames d'honneur et d'atour. Elles sont, harmonieusement pour les yeux, comme dans une féerie bien montée, vêtues avec la même ampleur et la même richesse, les unes de soie pourpre, les autres de soie verte, les autres encore de soie bleue. Toutes ne semblent pas également belles, sous leur parure merveilleuse. Il en est de jeunes et de mûres. D'ailleurs, la beauté n'exerce d'influence sur nous que parce qu'elle est un fruit rare, à l'équateur comme aux pôles. Et puis, comme nous ne sommes ici que pour faire de la photographie écrite, nous n'avons que la suprême ressource de l'instantané. Tournons donc notre objectif vers les équipages attelés de deux chevaux de couleur sombre. Ce sont des landaus du type ordinaire, avec laquais à l'européenne, longue capote boutonnée sur le devant, cylindre à galon sur l'occiput.

L'impératrice gravit le marchepied; et, tout aussitôt, les stores rouges dont les portières sont munies dérobent sa présence à la foule accourue de tous côtés. Jusqu'à présent, jamais peut-être l'impératrice ne s'était montrée avec autant de complaisance. Pour tout dire, fort peu de Japonais connaissent les traits de leur souveraine. M. K***, l'interprète du gouverneur lui-même, m'avoue qu'il n'avait jamais eu le bonheur de la voir et qu'il est fort enchanté de s'être attaché à ma fortune[1].

Dans le cortège, je remarque plusieurs fonctionnaires à cheval, parmi lesquels le vice-gouverneur, en habit noir et cravate blanche, brandissant une canne avec floche. Le haut personnage, désireux sans doute de se grandir encore, par l'adoption d'un tel appareil, aux yeux ébahis des foules japonaises, me semble, quoique sous d'autres latitudes, avoir pris trop à la lettre le conseil de Mme de Girardin aux élégants de 1840 :

> Les grandes qualités ne sont rien à Paris
> Sans un frac à la mode ou des chevaux de prix.

Et maintenant que nous avons entrevu, comme dans un kaléidoscope, le tableau diapré du cortège

L'IMPÉRATRICE DU JAPON, VÊTUE A L'EUROPÉENNE (p. 390).

impérial, allons chercher ailleurs des émotions d'un autre genre. Puisque nous sommes de compagnie, parcourons le quartier spécialement voué aux réjouissances, situé au pied de notre hôtel, et notamment la rue de Ghion-matchi qui fait suite au pont et à la grande voie de Chidjo. Le tout ensemble forme l'artère assurément la plus vivante de la capitale de l'Ouest.

Dans ce quartier populeux se trouvent deux théâtres, les plus importants de la ville, des exhibitions de tout genre, des restaurants à la mode, de très nombreuses tchayas. De plus, tout le personnel « ballant, miaulant, tympanisant et pizzicatant » — comme dirait un autre Rabelais — s'est établi dans le voisinage. C'est là qu'il est appelé, par l'enthousiasme public, à faire montre de ses aptitudes diverses. Mon compagnon, dont les attaches avec le gouvernement tiennent lieu de garantie, m'assure que, dans ce seul point de Kioto, il n'y a pas moins de 494 danseuses. Bien que ce chiffre soit déjà fort élevé, il semblerait pourtant bien modeste, à côté du nombre de 7,300 fourni par les anciennes chroniques locales. Il est vrai aussi que ce dernier chiffre correspondait à la population dansante de toute la cité. Quoi qu'il en soit, je doute qu'aucune ville européenne se flatte de posséder un pareil corps de ballet.

En pénétrant dans cette rue singulière, je ne vois partout que guirlandes de fleurs, drapeaux, oriflammes, affiches de théâtres illustrées représentant, concurremment, les scènes de meurtre les plus épouvantables comme les scènes les plus drolatiques. Autant, sur les autres points de la ville, l'animation fait généralement défaut, autant, ici, elle règne en maîtresse absolue. Quelle cohue! quelle bigarrure! quel hourvari!... Il n'y a que ce pays, encore infréquenté par l'émigration moderne, pour offrir une pareille variété de costumes, un tohubohu si fantastique. Chanteurs coiffés de couvre-chefs à deux pointes, bonzes-mendiants au crâne entière-

---

[1]. Depuis cette époque, l'impératrice, cédant à l'engouement général, a adopté entièrement nos modes occidentales ; on peut la voir maintenant en robe traînante et corsage serré à la taille, coiffée, paraît-il, par des modistes de Berlin.

ment rasé, porteurs de besaces toujours vides, musiciennes, danseuses, femmes de comédie arborant des toilettes ébouriffantes, où dominent le bleu céleste, le vert tendre et le rouge-feu, tous contribuent à former un cortège ininterrompu et d'une fantaisie vraiment outrée. Les enfants eux-mêmes vont couverts d'étoffes aux couleurs étincelantes. Et quant aux actrices, chanteuses et ballerines dont je viens de parler, elles ont le visage outrageusement fardé de blanc, les lèvres peintes de carmin, la tête surchargée d'épingles. On dirait de véritables automates saluant, marchant et causant, dont les carnations seraient de porcelaine blanche teintée de noir et de rouge.

Et, comme le jour est à son déclin, les oisifs, animés par la soif des divertissements, se dirigent en masse vers le sabbat, où déjà nombre de jeunes sorcières chevauchent le balai. Qui n'a point vu semblable spectacle ne saurait s'en faire une idée. A plus forte raison lui serait-il malaisé de définir ou d'expliquer le charme extraordinaire qu'il revêt, sous la fauve lueur du soleil couchant. De toutes parts, à présent, de petites lanternes multicolores s'allument au frontispice des maisons. Elles indiquent ou une tchaya, ou la demeure d'une artiste lyrique, ou le refuge d'une aimable coryphée.

Ce fut dans une des tchayas de cette même rue de Ghion si animée, tchaya portant le nom de Hitchiriki, que le chef des quarante-sept ronins, dont nous avons raconté l'héroïque épopée durant notre séjour à Tokio, vint se cacher à seule fin de mûrir sa vengeance. Et il ne la quitta, dit la légende, qu'après s'être assuré que les meurtriers de son seigneur et maître le croyaient perdu pour toujours dans une vie de dérèglement et d'oubli.

En même temps circulent les restaurateurs ambulants, le marchand de macaroni promenant sa lanterne rouge illustrée de caractères et de peintures, le débitant de miel s'annonçant par des sonneries de timbre, le vendeur de gâteaux abritant son friand étalage sous un parasol tout garni de lampions étincelants balancés par le zéphyr. Quelle différence avec Yokohama et même avec Tokio, au seul point de vue du pittoresque! Ici, notre costume occidental, froid et surtout gauchement porté par les élégants du cru, ne vient pas encore se mêler à la foule des teintes disparates et brocher tristement sur l'ensemble bigarré, comme une tache de cambouis sur une étoffe à ramages.

L'IMPÉRATRICE DU JAPON, DANS SON COSTUME NATIONAL (p. 389).

Je retiens à dîner mon aimable cicerone, et nous allons finir la soirée au théâtre de Chidjo, dans la rue du même nom.

A en juger par l'attention que le public prête à la pièce, j'estime qu'elle est du plus haut intérêt. Et pourtant la représentation est commencée depuis sept heures du matin, c'est-à-dire qu'elle a déjà duré douze heures d'horloge. En nos pays, tout le monde serait sûrement tombé en catalepsie. Ici, pas un seul spectateur ne semble broncher. C'est qu'il s'agit — me raconte M. K*** — d'un agent de la police de Tokio qui, récemment, saisi d'un accès de folie furieuse, à la suite de la trahison d'une femme qu'il aimait, aurait commis inconsciemment une dizaine de meurtres restés inexpliqués. Au Japon, le moindre fait divers, développé suivant des lois immuables, peut donner lieu à scénario dramatique.

Nous assistons, en fin de cause, à une véritable boucherie, qui a le don de transporter le parterre. L'agent de police — une sorte de Troppmann oriental — massacre littéralement tout ce qui l'entoure; et le sang de ruisseler sur la scène, comme s'il coulait de véritables blessures. Les vêtements du meurtrier, ceux de ses victimes, en sont pleins, car on n'a eu garde d'oublier ce détail de haut naturalisme. Quant au héros du drame, il se vautre dans sa cuisine infernale avec des hurlements féroces, véritablement stupéfiants. A chaque exécution nouvelle, il essuie à ses habits le couteau qui lui a servi, en contemplant avec délices le sang dont il s'inonde. C'est horrible!

Nos mélodrames les plus sombres, les hécatombes de Shakespeare, les meurtres fatidiques d'Eschyle, ne sont que des berquinades auprès de ces tueries insensées. Et à cette règle, quasi absolue au Japon, ne sauraient échapper les drames même les plus classiques, comme celui des *Frères Soga*, par exemple, dont nous avions rappelé, en passant à Oiso, à notre retour du Foudji-yama, l'histoire tragique et si populaire représentée à l'envi sur toutes les scènes. Sans « chourineur », point de recettes! Pour allécher le public, il ne faut rien moins qu'une affiche sanglante et qu'un sujet sentant l'abattoir. Le cœur m'en soulève positivement, et, n'était la soif de tout voir et de tout apprécier avec équité, je me sauverais comme un beau diable. Dire que les spectateurs en auront jusqu'à

PALAIS DU GOGHO. — LE SÉIRIODEN (p. 385).

minuit et demi de ces leçons abominables; dire que ces délassements de cannibales sont offerts au peuple le plus doux, le plus humain, le plus hospitalier peut-être qu'il y ait sur la terre! Est-ce en raison du *contraria contrariis*, si fréquent dans la nature, du besoin d'émotions opposées à celles habituellement ressenties, de cette singulière dualité d'aspirations dans laquelle semble se complaire notre humanité psychique?

Jeudi, 11 *janvier.* — Beau temps : vers midi, le thermomètre monte à 8° centigrades.

Matinée tout entière passée à la rédaction de mes notes de voyage.

Dans l'après-midi, je continue mes visites aux temples de Kioto. Cette fois, m'y prenant assez à temps, je vais revoir le temple de Sandjou-san-ghen-do, car on sait qu'avant-hier je l'avais à peine entr'aperçu.

Le temple de Sandjou-san-ghen-do, ou Renghéoïn,

fut bâti sous l'empereur Toba, en l'an 1132, mais considérablement agrandi en 1162 par son successeur Gochirakawa, devenu sur ses vieux jours moine bouddhiste. Voici la légende que l'on raconte à ce sujet.

L'ex-empereur, affligé d'une névralgie persistante, avait tout fait, mais en vain, pour s'en débarrasser. En désespoir de cause, il se décida à tenter un pèlerinage, au cours duquel un des Gonghen du Japon, — divinités ou héros chintoïstes admis dans l'Olympe bouddhiste en raison du compromis dont nous avons parlé dans la notice sur les religions du Japon, — un des Gonghen, — disons-nous, — invoqué par lui, daigna se manifester à ses yeux. « Rends-toi à Kioto, lui dit le dieu. Là, dans un temple dédié à Kwannon, tu trouveras le médecin qui guérira ton mal. » Go-chirakawa s'empressa de suivre un conseil parti de si haut, se mit en route et, dès son arrivée au temple, se prosterna le front contre terre. Aussitôt, la déité révérée dans le temple vint s'offrir d'elle-même à son adoration. Elle lui apprit alors que lui, l'ex-souverain, il avait déjà vécu d'une vie antérieure sous les espèces d'un saint prêtre. Après sa mort, on avait réuni ses ossements dans un coffre, puis on avait jeté le tout dans la rivière Iwata, laquelle arrose la province d'Isé. L'eau et le temps accomplissant leur œuvre de destruction, le coffre se disjoignit, et les restes se désagrégèrent, sauf le crâne, qui, arrêté près de la rive, demeura fixé dans une branche de saule. « Chaque fois que le vent agite l'arbre en question, — ajouta la déité, — ton ancien crâne souffre de l'ébranlement et, par sympathie, communique à ton chef actuel des vibrations douloureuses. Cours arracher le saule qui t'obsède, et, dans le même moment, ta névralgie disparaîtra. » Go-chirakawa se mit en quête, trouva le saule mentionné ainsi que son ancien crâne, et alla déposer l'un et l'autre dans le temple de la déesse Kwannon en signe de reconnaissance. En même temps, il décora le sanctuaire d'un nombre considérable de nouvelles statues représentant toutes la puissante déesse, si vénérée au Japon et que nous avons rencontrée, notamment, dans le fameux temple d'Asaksa, à Tokio.

L'édifice actuel date du treizième siècle, car la construction primitive fut complètement détruite en 1249. Depuis lors, il a encore fait l'objet de plusieurs restaurations, ce qui ne l'empêche pas, d'ailleurs, de se trouver de nouveau aujourd'hui dans un état de délabrement assez accusé. La lourde toiture qui le plus petites, s'échappant du corps par un phénomène inexpliqué et maintenant des attributs multiples. De plus, derrière leur tête couronnée du halo de rigueur, s'irradient un nombre équivalent de têtes accessoires. C'est en faisant le total de cette végétation inusitée qu'on est parvenu, sans doute, à atteindre le chiffre

YOCHITSOUNÉ EN ÉQUILIBRE SUR LE BRAS DE BENKÉI, SON ÉCUYER SERVANT (p. 396).
Tableau du temple de Kiomidzou, peint par Haségawa Tadayochi, en 1638.

couronne est soutenue par trente-trois piliers, distants l'un de l'autre de quatre à cinq mètres et imprimant à l'ensemble l'apparence d'une halle immense ouverte d'un seul côté. A l'intérieur, sur un large amphithéâtre qui garnit toute la paroi longitudinale, se dressent mille statues de grandeur naturelle faites en bois doré : ce sont autant d'images de Kwannon. Mais, outre leurs mains qu'elles tiennent jointes sur les genoux, chacune en possède trente ou quarante, énorme de 33,333 images de Kwannon réunies dans le temple.

Au milieu de ce cénacle, je remarque une statue beaucoup plus élevée que les autres, bien qu'elle représente également la déesse Kwannon. Tout comme ses voisines, elle est agrémentée d'une foule de bras. Je n'en compte pas moins de quarante-six. Auprès d'elle et comme lui faisant leur cour, sont groupés quelques personnages, exécutés dans un style tout différent, plus deux monstres inénarrables où le goût pour l'horrible, importé par les Chinois, s'est donné carrière librement. La réunion de ces sculptures juxtaposées forme à la fois un coup d'œil empreint de grandeur et d'atrocité. Par malheur, chaque personnage de cet étrange Olympe disparaît quasi sous la couche épaisse de poussière amoncelée par le temps. L'or lui-même, prodigué sur tant de contours, a perdu son brillant éclat au frottement des matières terreuses apportées par le vent, dont rien ici ne peut arrêter les exploits. Les 33,333 images diverses sont sur le point de disparaître ensablées comme de vulgaires Troglodytes.

A quelques pas de là, tout en traversant un portique dont la toiture saillante offre seule quelques motifs d'architecture, on arrive au temple de Ho-kodji : tel est du moins son titre dans le langage du pays. Je me permettrai, moi, de le qualifier du simple mot de baraque. En revanche, il renferme une statue colossale du Bouddha. Le prétendu temple, ou appentis, remplace celui qui fut édifié par Hidéyochi, en l'année 1586. Cette époque — on se le rappelle peut-être — coïncide avec le commencement des persécutions engagées contre les chrétiens, comme avec la destruction de l'église qu'ils avaient ouverte au sein de Kioto, église désignée par la population sous le nom de Nambandji.

AFFICHE DE THÉATRE (p. 390 et 399). — Dessin japonais.

La construction primitive était destinée à recevoir un *daïboutz* en bronze ; mais, le temps venant à manquer pour achever un travail de si longue haleine, on se contenta de façonner ce daïboutz simplement en bois. D'après le récit des historiens, la première statue mesurait près de cinquante mètres de hauteur. Or, temple et daïboutz furent renversés par le fameux tremblement de terre de 1596, celui-là même qui dévasta tous les édifices de Kioto. Les calamités s'acharnèrent, d'ailleurs, sur le malheureux daïboutz. Bien que coulé en bronze, cette fois, il fut de nouveau et à plusieurs reprises détruit par le feu, par la foudre et par d'autres tremblements de terre. Refaite, tantôt en bronze, tantôt en bois, selon les ressources dont on disposait, l'image du Bouddha se présente aujourd'hui à nos regards sous la forme d'une statue peu artistique, composée de pièces de bois ajustées et dorées, et réduite aux proportions, déjà raisonnables, de dix-sept mètres de hauteur. Sa dimension extrême n'atteint donc plus en réalité que le tiers de la respectable aïeule. Tel qu'il est, cependant, le colosse est encore plus gigantesque que le daïboutz de Kamakoura, lequel ne mesure que quatorze mètres. Il est vrai que ce dernier est fait de morceaux de bronze rapportés.

Le daïboutz de Ho-kodji est flanqué d'une cloche monumentale d'un poids énorme et ne mesurant pas moins de huit mètres de circonférence, avec une hauteur de quatre mètres et demi et une épaisseur de près de vingt-cinq centimètres. C'est une des plus grosses pièces de ce genre qui se voient à Kioto et au Japon.

Juste en face de la statue et de l'autre côté de la voie publique s'élève, sur un monticule, le *mimi-dzouka*, littéralement le « tombeau des oreilles ». Plusieurs milliers de Coréens, tués pendant la fameuse expédition qui marqua la fin de la carrière de Hidéyochi (1598), en ont fourni la dépouille funèbre. Conformément à l'usage, les troupes victorieuses avaient coupé le nez et les oreilles des soldats tombés sur le champ de bataille, et ces horribles trophées ont donné lieu au monument, peut-être unique au monde, que nous avons sous les yeux. Construit en cubes de granit, d'après la forme traditionnelle de tous les mausolées du pays, il n'offre, du reste, pas d'autre intérêt que celui que l'histoire y attache.

En attribuant à Hidéyochi l'expédition de Corée, nous outrepassons peut-être la vérité. En raison même de son âge et de ses infirmités, il lui eût été impossible de l'entreprendre, et il dut en abandonner la conduite à deux de ses meilleurs généraux, Konichi Youkinaga et Kato Kiyomasa. Tandis que le premier d'entre eux, récemment converti à la religion chrétienne, soumettait en peu de temps la plus grande partie de cet immense territoire, le second, adversaire déterminé de la nouvelle confession, quoique guerrier intrépide, acheva l'œuvre commencée. Ce même Kato Kiyomasa, dont les exploits sont particulièrement célèbres au Japon, est le plus souvent représenté dans la lutte épique qu'il soutint un jour contre un tigre furieux, qui déjà lui avait fait une cruelle blessure à la main.

De ce point, nous nous rendons à Nichi-Otani, par une longue rue où l'on ne vend que de la porcelaine. Le temple qui porte ce nom s'annonce par un portique de petites dimensions, mais du plus bel effet, portique à partir duquel une allée montante et soigneusement dallée conduit à un charmant pont de pierre muni d'une balustrade également de pierre et de la plus gracieuse ordonnance. Le pont est composé de deux arches entièrement circulaires, qui lui ont valu le titre de *mégané-bachi*, autrement dit « pont à lunettes ».

Au-dessous de ce coquet viaduc, un bel étang, planté sur ses bords de cerisiers magnifiques, fait miroiter ses eaux paisibles entre les feuilles de lotus qui en recouvrent presque totalement la surface. Ce coin de tableau est véritablement délicieux.

Quant au sanctuaire, de proportions restreintes, il

Désormais, la beauté des sites nous prépare aux merveilles de l'art prodiguées dans le fameux enclos bouddhiste de Kiomidzou. Ce temple date de l'année 798 de notre ère, de la même époque, à peu près, où le fastueux empereur Kwammou fixait dans les environs l'emplacement de sa capitale et dressait le célèbre palais connu sous le nom de Héi-an-djo, ou « château de la paix ».

Comment décrire un ensemble aussi féerique? C'est ici, ou jamais, que se trouve en défaut le vieux proverbe japonais : « Entendre, c'est le ciel; voir, c'est

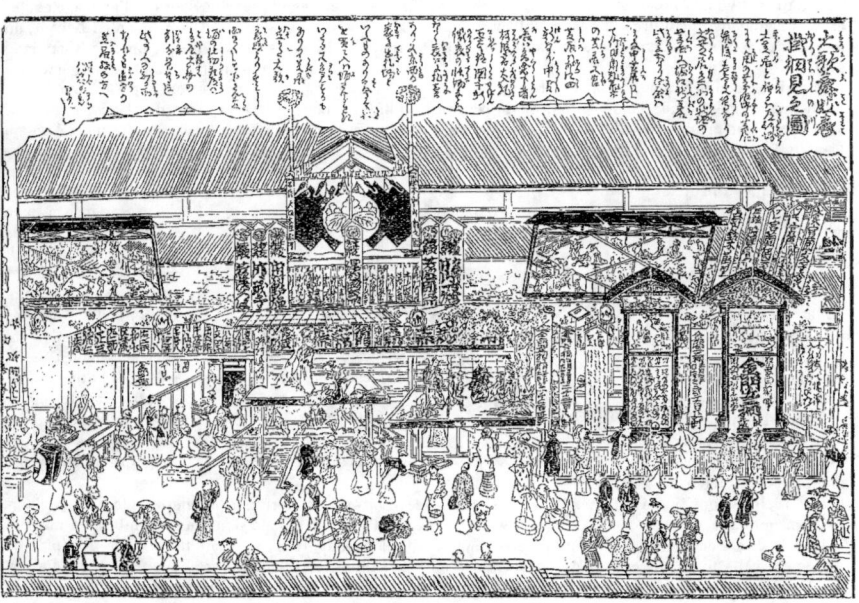

FAÇADE D'UN THÉÂTRE (p. 390, 399 et 418). — D'après une gravure japonaise.

est aussi fort joli. Quoique de fondation très ancienne, il a été reconstruit nouvellement et se présente aux regards sous des dehors pleins de fraîcheur. Remarquons, à ce propos, qu'une foule de temples de Kioto, en raison même de leur antiquité, ont été rebâtis plusieurs fois.

Derrière ce que nous appellerions l'abside, s'il s'agissait d'une église chrétienne, et toujours en s'élevant sur la colline, s'étend un vaste cimetière. Au delà du champ des morts se pressent enfin un certain nombre de temples secondaires aux proportions modestes.

Nous n'en avons d'ailleurs point fini avec les temples. Ils sont même si multipliés dans ces parages qu'on les dirait placés les uns sur les autres.

l'enfer. » La réalité ne saurait mentir à la description, aussi élogieuse qu'elle puisse paraître.

Aussi voit-on la population de Kioto s'y donner constamment rendez-vous, toujours avide de contempler un admirable spectacle, toujours heureuse d'y prendre ses délassements.

Un premier portique, peint de couleur rouge, se dresse au faîte de la montée. Nous le franchissons. Des escaliers de pierre et des alignements de lanternes nous conduisent vers un autre portique, autrefois rouge et or, et que le temps, ce grand barbouilleur, a revêtu d'une patine grisâtre. Ce nouveau seuil dépassé, nous nous trouvons en face d'une pagode à trois étages, entourée de petites tchayas. En ce point, les temples et galeries se présentent, pour ainsi dire, emboîtés les uns dans les autres, en une sorte de désordre plein d'art et de pittoresque.

On arrive ainsi jusqu'au sanctuaire principal, encore dédié à Kwannon, la fameuse déesse de la Miséricorde. Le plafond en est supporté par d'immenses colonnes de bois non peint, et l'ensemble possède un charme indéfinissable. Complètement ouvert du côté du sud, il laisse aux clairs rayons du soleil la faculté d'y plonger à leur aise comme dans un gouffre mystérieux, au fond duquel quelques lampes seulement jettent des clartés incertaines. Les statues de Kwannon ou d'autres divinités bouddhistes sont dispersées çà et là. Partout des peintures et des ex-voto viennent fournir aux lambris un aspect à la fois sévère et plaisant.

Parmi les nombreux sujets appendus aux parois, je distingue une grande composition, où le peintre s'est efforcé de grouper les différentes pratiques usitées au Japon lors du renouvellement de l'année, pratiques au sujet desquelles nous avons déjà eu l'occasion de dire quelques mots au cours de notre voyage sur la route du Nakasendo. Ce tableau date de 1662 et dépeint, conséquemment, une époque très éloignée. Mais, bien que l'auteur nous soit inconnu, son œuvre dénote une tendance qui permet sûrement de la rattacher à l'école réaliste dont Iwasa Matahéi fut un des principaux promoteurs.

L'école dite « école de Kano », qui précéda immédiatement celle que nous venons de citer, est également représentée ici. Motonobou, qui en fut le fondateur à la suite de son père, Kano-Masanobou, y a signé, notamment, un tableau où figure un cheval sacré mis en assez déplaisante posture par un grand diable de singe.

Les exploits du fameux Yochitsouné, frère de Yoritomo, ne pouvaient manquer, naturellement, d'être célébrés dans un lieu où l'acrobatie semble avoir été particulièrement en honneur. Nous le voyons, tout jeune encore, se tenant en équilibre sur les bras vigoureux de Benkéi, son écuyer, et préludant par des exercices de force et d'adresse aux prouesses dont sa vie est semée.

Est-ce pour faire pendant à cette scène, assez peu en rapport avec la majesté du lieu, que les bonzes de Kiomidzou y ont accolé l'œuvre d'un artiste vivant à la fin du quinzième siècle, et qui met aux prises, dans un furieux pugilat, deux des sept kamis protecteurs de l'empire mikadonal, Hotéi, le patron des enfants, et Daïkokou, le dieu de l'Abondance?

En revanche, on nous montre un grand tableau dont le fond est occupé par une cascade aux abords pittoresques, tandis qu'au premier plan des paysans semblent en voie d'expliquer à de hauts personnages les légendes populaires qui se rattachent à la contrée. N'y aurait-il pas là une certaine allusion à la chute d'eau que nous apercevons d'ici même, en jetant les yeux derrière nous, chute qui a donné naissance au temple de Kiomidzou?

Enfin, comme pour nous rappeler que l'amour de la nature et des voyages ne sont pas l'apanage exclusif des *todjins* qui visitent le pays du Soleil Levant, un groupe de Japonais a fait don au temple de Kiomidzou d'un tableau du commencement du dix-septième siècle, pendu en belle place, et qui représente une magnifique jonque, sorte de yacht de plaisance, où l'on voit le seigneur et maître traversant les mers dans un appareil propre à inspirer envie aux plus difficiles.

LE TOMBEAU DES OREILLES, A KIOTO (p. 394).

Il est encore bien d'autres spécimens de l'art proposés à l'admiration des fidèles, mais ils ne me semblent point mériter une mention spéciale. Un spectacle plein d'attrait sollicite, d'ailleurs, notre attention du côté de la large terrasse parquetée qui s'étend le long des galeries ouvertes.

Laissant derrière moi le temple, plein de parfums mystiques et plongé dans la pénombre, je me vois tout à coup transporté au bord d'un précipice de soixante-dix mètres de profondeur, inondé d'air et de jour. C'est comme un changement de décor à vue, et, au fond du paysage ensoleillé, on aperçoit la cascatelle d'Otowa, qui s'enfuit, blanche et sonore, dans le ravin.

Disons tout de suite, entre parenthèses, que l'eau de cette source, renommée avec raison pour sa pureté, jouit de qualités curatives fort appréciées par la population.

Mais revenons à notre sujet. D'après une croyance populaire fort répandue, c'est du haut de ce point que se précipitaient autrefois les héros soucieux d'entreprendre quelque vaste opération. Ceux qui accomplissaient avec succès un saut aussi périlleux étaient assurés de parvenir à leurs fins. Les autres se contentaient apparemment de laisser leurs restes déchiquetés aux anfractuosités de la roche. Les chroniques ont conservé le nom des privilégiés du sort. Leur statue, élevée dans le temple, vient témoigner de cet étonnant tour de force. Les prêtres de Kiomidzou — il y a peu de temps encore — apostaient des gardiens spéciaux en vue d'empêcher les fidèles par trop exaltés de s'envoler ainsi vers une action héroïque ou vers les demeures éternelles. La chose est même passée en proverbe dans le langage familier. Pour exprimer qu'on se lance à la légère dans une entreprise audacieuse, un Japonais dira : « C'est sauter de la terrasse de Kiomidzou. »

Pour ma part, ne me sentant aucune velléité de courir une semblable épreuve, je me borne à contempler le splendide panorama qui se déroule à mes regards. A l'heure présente, et quelle que soit la date où nous sommes, on pourrait se croire en plein été, tant le soleil luit chaud et rayonnant. D'ailleurs, la terrasse, directement exposée au midi, est comme défendue, contre les vents qui souffleraient de droite ou de gauche, par des collines couvertes de futaies et de taillis. De mon observatoire, et par une coïncidence vraiment extraordinaire pour le Japon, j'entends de joyeuses bandes d'oiseaux se livrer à des concerts bruyants et indéfinis. C'est un spectacle inoubliable.

En traversant le temple on se dirige vers une cour, ou plutôt vers une autre terrasse naturelle pratiquée sur le bord même de l'escarpement. Rien d'exquis comme le fouillis de petites merveilles qui y sollicitent l'admiration. Des lanternes de granit, des clochetons de même espèce à toitures superposées, des escaliers pratiqués dans toutes les directions, des rochers, des temples encore, et même des tchayas, le tout formant un pêle-mêle sans égal, aussi réjouissant qu'il est possible d'imaginer, sortent de terre comme par enchantement sous la baguette de Merlin. C'est un défilé interminable, sans commencement ni fin, comme sur une grande scène de féerie.

Et quel cadre au tableau! Plus qu'en aucun lieu similaire, l'esprit pratique des sectateurs du Bouddha se révèle ici dans toute sa puissance. Pouvaient-ils mieux choisir pour fonder un établissement religieux que ce coin de terre séduisant où le pittoresque des sites, la fraîcheur et la variété de la végétation, la limpidité des eaux, tout est propre à séduire le cœur d'un peuple éminemment artiste? Mais que dis-je! Il n'est pas que le Japonais pour se sentir pénétré de reconnaissance envers l'Auteur de tant de merveilles naturelles, exaltées ici par les produits de l'art.

Tel est ce temple incomparable. Pour ma part, j'affirme n'avoir jamais vu au Japon rien de plus attrayant, de plus imposant. C'est avec peine qu'en

LOGE D'ACTEUR (p. 400). — Dessin de Tankéi.

jetant vingt fois les regards en arrière je m'arrache à ces lieux enchanteurs.

Au sortir de l'enclos de Kiomidzou, nous descendons une rue à gradins, dominée par cette étonnante réunion de toitures, de balcons, d'escaliers, de lanternes, de clochetons et de galeries en chevêtrées, lesquels semblent, pour ainsi dire, suspendus aux flancs des montagnes, entre le ciel et la terre, entre les besoins matériels de la vie et les aspirations séraphiques.

Au point où nous sommes parvenus, au contraire,

le temporel reprend tous ses droits, sans fausse honte. Le quartier qui environne le lieu de pèlerinage est occupé presque entièrement par des magasins de faïences et de poteries. Elle aussi, la fabrication sait où il faut se porter pour rencontrer l'acheteur. De fait, été comme hiver, la foule se presse vers ces boutiques approvisionnées, pour y admirer les bibelots innombrables qu'elles contiennent : tasses, petites soucoupes, théières, bouteilles à saké, boîtes, statuettes, etc., comme aussi jouets de mille espèces, constructions microscopiques, cuisines en miniature, tous objets qui, grâce à leur exécution soignée, constituent de véritables bijoux de prix.

Les porcelaines et faïences de Kiomidzou sont classées parmi les plus estimées de toutes celles qui se fabriquent à Kioto, alors que les potiers y sont établis depuis 1750, c'est-à-dire cent dix ans après l'introduction de ladite industrie dans l'ancienne capitale des mikados. Mais la réputation dont elles jouissent ne date que du commencement de notre siècle. Cette vogue est, au surplus, partagée avec tous les produits céramiques de Kioto, connus dans le commerce sous le nom de awata, rakou et éirakou.

Chacune des variétés a sa légende particulière, ou, pour parler plus justement, son histoire. Ainsi la faïence awata, fabriquée d'après les procédés anciens perfectionnés par le célèbre artiste Ninséi, est restée l'attribution exclusive d'une dizaine de familles.

La faïence rakou, dont l'invention remonte à un potier coréen venu à Kioto vers le milieu du seizième siècle, — celui-là même qui passe pour avoir importé au Japon toute une science appelée à d'aussi grands développements, — est encore fabriquée, de père en fils, par quelques descendants jaloux d'exploiter seuls une aussi brillante spécialité. N'ont-ils pas, d'ailleurs, reçu des témoignages plus que flatteurs de Hidéyochi lui-même, à l'époque où celui-ci exerçait son pouvoir sur tout le pays? Le grand chogoun ne leur a-t-il pas accordé le cachet d'or, portant le mot rakou écrit en toutes lettres, mot qui signifie « plaisir », et duquel est venu le nom patronymique du produit comme sa marque de fabrique?

Outre l'élégance et la finesse qui caractérisent ces poteries, les rakou ont encore la qualité précieuse de conserver longtemps la chaleur, ce qui les fait surtout rechercher des innombrables buveurs de thé disséminés sur le territoire du Nippon.

Quant à la porcelaine dite éirakou, elle est également l'apanage d'une seule famille, dépositaire du secret de fabrication trouvé par un de ses membres, au commencement du siècle présent. Elle a surtout pour objet de reproduire les anciennes pièces de céramique aussi bien de la Chine que du Japon. Elle n'est donc rien de plus que du trucage, — comme on dirait aujourd'hui dans le patois des collectionneurs, — mais du trucage sincère et honnêtement parafé, de manière à ne tromper personne.

TEMPLE DE HO-KODJI, A KIOTO. — Pignon du portique d'entrée (p. 395).

Un peu plus bas, vers la ville, se trouve la pagode de Yasaka. Elle a été reconstruite, après destruction, par l'illustre Yoritomo, et présente cinq toitures superposées.

LA PAGODE DE YASAKA, A KIOTO (p. 398). — Croquis japonais.

Afin de voir plus en détail ces sortes de tours carrées, à plusieurs toits ou appentis, que j'ai eu si souvent l'occasion de signaler, je pénètre à l'intérieur. Un mât colossal, formant noyau et consolidé par des poutres transversales, constitue le squelette de la bâtisse. La charpente supérieure, avec le poinçon qui sort du toit, n'est que le couronnement de cette ossature aussi simple que naturelle. Je m'attendais à quelque conception plus originale. Par une suite de marches nombreuses, interrompues de paliers, j'arrive au faîte de la pagode. La vue dont on y jouit va s'étendant sur les montagnes environnantes et sur l'amoncellement des maisons. J'ai décrit ailleurs l'aspect panoramique de la cité. Ce qui me frappe, en ce moment, c'est le contraste qui s'y montre avec les diverses vues de Tokio, vues dont j'ai encore le souvenir dans les yeux. Ici, point de jour entre les constructions, point de jardins, immenses taches vertes formant éclaircies. On sent qu'une idée distincte a présidé à l'éclosion des deux villes. Jamais la différence entre la capitale de l'Est et celle de l'Ouest ne m'est apparue d'une manière aussi saisissante.

Peu de choses à voir, en vérité, dans le temple de Kodaïdji, où je vais ensuite promener ma curiosité! Après les splendeurs de Kiomidzou, il n'y a plus, comme on dit vulgairement, qu'à tirer l'échelle. Et puis, — il faut bien me l'avouer, — mon esprit ne serait plus apte aujourd'hui à s'exalter sans un grave motif. — *Ne quid nimis!* a dit un grand fabuliste latin.

expose également le portrait des principaux acteurs. Je remarque que le service des billets ne se fait point, à notre imitation, par le moyen de guichets et de contrôles. Une foule d'industriels, accroupis devant le théâtre, dans le couloir d'entrée, ou même en pleine rue, délivrent à la fois les coupons et introduisent les spectateurs. Or, comme les représentations commencent le matin et ne finissent que très avant dans la nuit, ces malheureux sont, quelque temps qu'il fasse, obligés de vivre, pour ainsi dire, en plein air et de prendre leurs repas en public, ce qu'ils font avec une liberté d'ailleurs tout à fait imperturbable.

L'escalier qui mène à la salle de spectacle est étroit et scabreux. En cas d'incendie, on rôtirait ici de la belle manière. Je pénètre avec Sada dans un immense

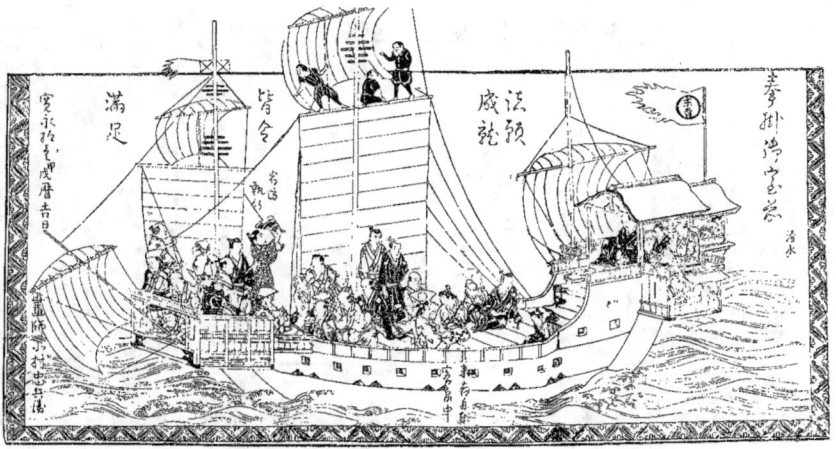

UN YACHT DE PLAISANCE (p. 396). — Tableau du temple de Kiomidzou, peint par Kitamoura Tchoubéi, en 1631.

Observons seulement qu'outre d'admirables peintures dues à d'anciens maîtres japonais, on conserve dans le temple de Kodaïdji de nombreux objets ayant appartenu au fameux Hidéyochi, dont nous avons eu si souvent l'occasion de parler. Inclinons-nous devant ces reliques du Murat japonais, lui qui, parti de si bas, s'était élevé jusqu'à la souveraine puissance. On n'a pas oublié, en effet, que Hidéyochi n'était, dans le principe, qu'un simple *betto* ou valet d'écurie, comme l'ex-roi de Naples avait été maître de poste.

Soirée passée dans le quartier de Ghion-chintchi, au théâtre qui avoisine celui où nous fûmes hier. Sous le rapport de la scène, ce théâtre est le plus vaste de Kioto, et certainement l'un des premiers du Japon. Tout au dehors s'étalent des affiches tapageuses représentant, comme de raison, des scènes variées de meurtres, de carnage et de sanglants combats. On y

local, dont le parterre est divisé par des séparations formant des carrés de quatre pieds de côté chacun, où peuvent s'accroupir jusqu'à six spectateurs, et dont les parois verticales sont munies de loges. On dirait un vaste damier. Cette disposition se retrouve presque partout dans les théâtres; nous avons eu l'occasion de le remarquer déjà à Tokio comme à Yokohama. Contentons-nous seulement d'observer que les divisions dont il s'agit, aussi bien celles des loges que celles du parterre, sont formées d'une seule planche, posée de champ au-dessus du sol et ayant tout au plus trente centimètres de largeur. La séparation est donc plus fictive que réelle.

Nonobstant la promiscuité d'un pareil lotissement, nous nous introduisons dans un de ces boxes et nous y installons aussi bien que le comporte l'absence de bancs ou de chaises. Je parle pour moi, bien entendu, car Sada, lui, s'accommode merveilleusement de la manière de s'asseoir en usage chez ses conationaux. Quels que soient mes efforts et la durée relative de mon séjour au Japon, j'avoue n'être pas plus familiarisé avec cette odieuse pratique que je ne l'étais au commencement. La position accroupie est bien la plus incommode de toutes celles qui ont été inventées pour le supplice des mortels. Si l'on ajoute à cela que l'air froid du dehors pénètre librement à l'intérieur par les innombrables fissures de la boiserie et par les multiples ouvertures pratiquées pour l'aération, on aura une idée du charme qu'il peut y avoir à demeurer toute une journée dans une semblable position. Mais les Japonais — je le répète — sont aussi bien là que chez eux, et, sans doute, les *impresarii* se disent qu'ils leur rendraient un bien mauvais service en cherchant à les dégoûter de la vie de famille par l'attrait d'un confort inusité.

Pour peu que l'on puisse donner à un simple morceau de colonnade, incapable d'être déroulé, mais susceptible d'être tiré sur les côtés, le nom pompeux de décor, je dirai que celui dont nous sommes gratifiés, pour le moment, représente, peints dans leur développement successif et normal, une locomotive, un tender et un wagon. Or, bien que ces engins du progrès soient reproduits grandeur d'exécution, il s'en faut de beaucoup qu'ils aient été traités d'après nature. Évidemment, l'artiste chargé de cette grave mission a plutôt eu recours à son imaginative qu'à la stricte réalité. Rompant, en effet, avec l'ordre habituel des choses en matière de mécanique, il a placé son machiniste sur le devant de la locomotive, la cheminée au beau milieu, et les fourneaux par derrière.

L'orchestre est installé dans l'avant-scène de droite. Il se compose de quelques samicens, de flûtes, de tambours et de grandes cliquettes de bois.

La scène où se déroule l'action est déjà vaste, mais la simplicité du remplissage contribue à la faire paraître plus étendue encore. Ainsi que nous l'avons déjà expliqué antérieurement lors de notre séjour à Yokohama, les décors de fond reposent au milieu de la scène, sur un plancher tournant, et sont disposés à l'avance de façon à se masquer les uns les autres. A chaque tableau réclamant un changement de lieu, acteurs et décors accomplissent un demi-tour et disparaissent pour faire place aux suivants. Ici, également, une sorte de pont est jeté par-dessus l'amphithéâtre et relie la rampe au fond même de la salle. Tantôt les personnages de l'action opèrent leur entrée par ce chemin, en traversant avec aisance les rangées des spectateurs; tantôt ils se produisent sur la scène, comme dans nos théâtres, de derrière le décor. En un mot, ce sont, à Kioto, les mêmes dispositions que celles dont nous avions fait la constatation à Yokohama durant la représentation du 9 octobre dernier. Ici comme là-bas, de simples bougies, fixées au bout d'une gaule, servent à désigner l'acteur en scène et le suivent comme un feu follet dans ses moindres mouvements; même souffleur, s'accroupissant tour à tour devant chaque personnage, en vue de lui fournir la réplique; enfin, même éclairage défectueux, à l'aide des fumeuses chandelles japonaises qu'on est tenu de renouveler à tout propos. Mais, à Kioto comme partout ailleurs au Japon, ce modeste appareil, d'une originalité si tranchée, ne tardera pas, hélas! à céder la place à des moyens moins primitifs. Nul doute qu'avant peu le gaz et l'électricité n'aient remplacé pour toujours ces vestiges d'une civilisation en train de disparaître.

L'IMPÉRATRICE DJINGOU-KOGO S'EXERÇANT AU TIR À L'ARC (p. 385).
Tableau votif, peint en 1686 et suspendu dans le temple de Sandjou-san-ghen-do.

Aucune femme sur la scène : telle est l'habitude un peu froide du théâtre japonais. Par une singulière anomalie, bonne à relever, les sexes répugnent à se mêler ici, quand ils vivent partout ailleurs dans la promiscuité la plus complète. Pourtant point de règle sans exception. Il existe, à Kioto même, un théâtre desservi exclusivement par des femmes; mais il ne donne des représentations qu'à l'occasion de certaines fêtes. En général, donc, les rôles de femmes sont remplis par des hommes, lesquels se maquillent, se peignent les lèvres et s'affublent de costumes appropriés. Les acteurs, au surplus, qu'ils jouent le rôle d'homme ou de femme, ont les sourcils rasés pour les besoins de la cause et s'en mettent de postiches au beau milieu du front. Ici, plus que partout ailleurs peut-être, une loge d'acteur ressemble à quelque salon de perruquier. Devons-nous nous étonner outre mesure de ces travestissements, et pareille coutume n'existait-elle pas anciennement sur nos scènes d'Europe? Ce qui est bien certain, c'est qu'au temps de Shakespeare les femmes n'étaient pas admises au théâtre; et ces admirables types de Rosalinde, de Desdémone, de Cornélie, d'Ophélie et de Juliette ont été constamment représentés par des éphèbes aux lèvres vierges de tout duvet.

Mais revenons à nos interprètes masculins! Leur débit est traînant, emphatique, boursouflé. Ils impriment à leur voix un son guttural, qu'on retrouve du reste au Japon chez tous ceux qui se produisent en public, qu'ils soient orateurs, improvisateurs, conteurs, chanteurs ou tous autres personnages en *leurs*, y compris les colporteurs d'imprimés et de journaux.

Le dialogue est toujours coupé de longs silences. Pendant ces arrêts, plus ou moins importants, les acteurs en scène s'abandonnent à une mimique des plus expressives, soulignée par des grimaces fort étudiées. Coïncidence bizarre : de même que, dans nos pièces classiques, les héros ne sauraient être que des rois et des guerriers illustres, de même ici le personnage qui domine dans toutes les compositions dramatiques est toujours ce fameux seigneur à deux sabres dont les exploits défrayent la scène. D'autre part, le sabre et le couteau, on ne saurait sortir de là. Et, bien que nous nous trouvions ce soir dans le théâtre le plus relevé du Japon, je constate qu'à ce jeu sanglant il n'est pas d'autre diversion que le maniement prestigieux de l'éventail accompagné de grimaceries. Ou le terrible, ou le grotesque, pas de milieu! — Macbeth ne cède la place qu'à Pulcinella.

Je suis arrivé — paraît-il — au vrai moment, car l'attention du public est toute concentrée sur deux gentilshommes qui viennent justement de faire voir le

LE TEMPLE DE SANDJOU-SAN-GHEN-DO, A KIOTO (p. 382 et 392).

jour à leur lame de combat. Un troisième personnage, grimé en vieillard, est accroupi sur les genoux et s'adresse, d'une voix solennelle, entrecoupée de hoquets, à de nombreux auditeurs groupés à ses côtés et l'écoutant avec le plus profond recueillement. Rien d'étrange, d'ailleurs, à ce que la foule qui l'entoure soit fortement impressionnée. Le vieux brave vient, ni plus ni moins, en apparence bien entendu, de s'ouvrir le ventre à la mode nationale, et tient encore à la main le couteau sanglant avec lequel il a consommé cet acte désespéré. Ce sont ses dernières volontés qu'il exprime ainsi, suspendant à son dernier souffle la cohorte des parents, des amis et des simples partisans. Le discours, pénible à entendre comme à expectorer, se prolonge pendant qrelques minutes, entremêlé de jeux effrayants de physionomie, de contractions volontaires simulant une horrible agonie. Cependant l'attitude devient plus hésitante, la voix s'éteint comme chez un moribond : le vieillard s'affaisse sur lui-même et passe de vie à trépas au milieu d'une dernière convulsion. On l'emporte, comme autrefois on débarrassait le cirque des cadavres entassés dans l'arène.

Et tout le reste à l'avenant. Comme le spectateur pourrait ne pas en avoir pour son argent, c'est à qui fendillera le visage de son adversaire avec un couteau, à qui tranchera un bras ou une jambe, à qui même plagiera le vieillard défunt, en s'appliquant à son tour le *harakiri* dans un admirable accès d'effacement. Bref, le rideau se referme sur des flots de carmin inondant la scène, sur des armes éparses, sur de nombreux corps étendus pêle-mêle jusqu'à ce que les personnages échappés sains et saufs à cette tuerie extraordinaire, viennent les enlever sous le prétexte de leur rendre les derniers devoirs.

UN QUATUOR BRUYANT (p. 405).
Dessin humoristique tiré de la *Mangwa* de Hokousaï.

Durant ce beau drame, destiné sans doute à civiliser les masses comme à développer les intelligences, l'orchestre dont nous avons indiqué les éléments a littéralement fait rage. A l'occasion, même, des chanteurs se sont joints aux instrumentistes, ou, pour mieux dire, les instrumentistes ont fait individuellement les frais de ces intermèdes vocaux. Parmi les musiciens qui déployaient ainsi leur talent et leurs forces, j'ai surtout remarqué le zèle de ceux-là qu'on charge d'entre-choquer les cliquettes de bois. Quand la situation dramatique atteint son apogée, ils ne se contentent plus de frapper les cliquettes l'une sur l'autre, mais ils les projettent avec violence contre la rampe ou contre le plancher. Trop de zèle, Messieurs les artistes, et pas assez de cordes pour des tympans délicats!

Au courant de ces mélodies endiablées, je note cependant quelques motifs en rapport avec notre harmonique et conçus d'après un ordre d'idées accessibles à nos oreilles occidentales. Voici l'un de ces motifs tel que j'ai pu le saisir au vol. Il est écrit sur un mode grave et consiste en un unisson indéfiniment répété et exécuté simultanément par un certain nombre de samicens. Les notes en sont piquées lentement et bien en mesure. Comme on pourra facilement en juger, la mélodie, tout à fait japonaise, ne manque pas d'un certain caractère. Ainsi que la plupart de celles qu'il m'a été permis d'entendre en ce pays, elle est en ton mineur :

Je transcris encore ci-dessous un autre passage joué par les mêmes samicens. Aux notes lentement piquées se sont amalgamés des versets monotones, entrecoupés de cris aigus, dominés eux-mêmes par des roulements de tambours. On dirait comme une sorte de récitatif, relié par des phrases musicales toutes coulées dans le même moule :

Bien que la mélodie qui s'en dégage soit assurément peu caractérisée, elle est saisissable aux oreilles et ne manque en aucune façon de rythme. J'ajouterai que ce rythme cadre fort bien avec les règles qui, chez nous, régissent habituellement la matière. Si, en effet, nous décomposons la phrase musicale, dans l'un comme dans l'autre des deux motifs, nous retrouvons des phrases sous-jacentes symétriquement composées chacune de quatre mesures. N'est-ce pas la loi à laquelle est soumise toute composition digne de ce nom?

On entre vite en terme d'amitié dans cet honnête pays. Des voisins m'ont bonnement emprunté mes jumelles au moment le plus pathétique; et voici ma

Je sors dès huit heures, car je suis loin d'en avoir fini avec les temples, grands et petits, dont la ville de Kioto est émaillée. En fait, nous n'avons visité que les plus importants, et encore ceux-là seuls qui sont situés au sud de notre hôtel. Il nous reste à parcourir aujourd'hui les édifices religieux qui nous environnent, ainsi que les temples et anciens palais d'agrément placés au nord de la ville ou à son extrémité orientale.

L'EMPEREUR GENCHO DEVANT LA CASCADE DE YORO (p. 396). — Tableau du temple de Kiomidzou, peint par To-hakou, en 1638.

propriété qui, passant de main en main, fait actuellement les délices de plusieurs familles entassées dans les loges contiguës. C'est avec beaucoup de difficultés que je parviens à lui faire reprendre le chemin du bercail.

Il est deux heures du matin quand je quitte le théâtre. En Europe nous appellerions cela de la folie pure et simple. Au Japon, ce n'est que la règle.

Vendredi, 12 janvier. — Temps couvert (th. + 8° cent.).

Non loin du Marou-yama, au bout d'une allée bien ombragée et coupée çà et là par des portiques monumentaux, s'élève le temple bouddhiste de Higachi-Otani, construit en l'an 1690. Il est en parfait état de conservation. On se rappellera peut-être que c'est de ce même temple que nous avons vu, avant-hier, l'impératrice du Japon sortir avec toute sa suite.

Œuvre spéciale de prêtres appartenant à la secte de *Chin*, le temple de Higachi-Otani présente des intérieurs ornés et dorés sur les moindres faces. Derrière l'édifice, au sommet d'une colline assez élevée se dresse le tombeau de Chinran, le fondateur même de la secte susnommée de Chin, laquelle n'est autre qu'une sorte de protestantisme introduit il y a six siècles environ dans le bouddhisme japonais. Chinran est encore ce bonze qui planta l'arbre miraculeux dont nous avons vu à Tokio le superbe déploiement devant le temple de Zempoukoudji.

Le tombeau en question est formé d'un simple bloc de pierre quadrangulaire, protégé par une grille de bois richement sculptée et dépourvue de toute peinture. Les années seules se sont chargées d'y déposer comme une teinte de cendre grisâtre.

En ce moment, deux pèlerins, accroupis sous un hangar faisant face au mausolée, sont abîmés dans leur méditation. Le plus jeune porte, suspendus au cou, deux sacs contenant du riz et dont le poids paraît être considérable. L'autre est un vieillard accompli. De même que le quatrième officier de Malbrough, il ne porte rien, ce qui ne l'empêche pas, d'ailleurs, d'être courbé en deux,

<blockquote>Sans doute sous le poids des malheurs ou des ans.</blockquote>

Deux bonzes, en costume de cérémonie, viennent les recevoir et recueillir leur offrande, laquelle est aussitôt déposée derrière le tombeau. En même temps ils entonnent à l'unisson un cantique d'actions de grâce, auquel les pèlerins, transportés de ferveur, répondent d'une voix plaintive et nasillarde. Leurs supplications parviennent à nos oreilles comme une sorte de litanie ponctuée de *crescendo* et de *decrescendo*.

La cérémonie terminée, chacun s'en va : les bonzes reprennent le chemin du temple, la besace un peu plus pleine, et les pèlerins s'éloignent, le cœur aussi léger que les mains.

Toute cette petite scène, fort naturelle au Japon, s'est accomplie sans même que ma présence ait paru gêner qui que ce soit, ni les dévots ni les officiants. En ces pays d'Orient, ce que nous sommes convenus d'appeler le respect humain demeure presque toujours lettre morte. Seuls, peut-être, les bonzes — à ce qu'il m'a semblé, du moins — ont jeté sur moi certains regards détournés. Quelle commisération ne doivent-ils pas éprouver, au fond du cœur, pour le barbare qui touche au tombeau du bienheureux Chinran et qui ne songe même pas à quémander leur puissante intervention !...

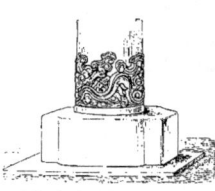
PORTIQUE DE TCHION-IN
Base de colonne (p. 358 et 405).

Pour nous rendre d'ici au temple de Kenindji, situé aux environs du Ghion-chintchi, nous traversons de hautes futaies de bambous. On se croirait tout d'un coup transporté en pleine campagne, bien qu'en réalité la ville grouille devant nous, à quelques centaines de mètres.

Le temple de Kenindji, qui date de plus de six cents ans, est à deux toitures superposées comme les pagodes. Bâti au sein de vastes sapinières, alternant

TEMPLE DE TCHION-IN. — Charpente en encorbeillement supportant la toiture du grand portique (p. 358 et 405).

aux fourrés de bambous que nous avons traversés, il n'offre rien de particulièrement remarquable.

Notre revue méthodique des temples de Kioto nous ramène à celui de Ghion, précédemment décrit, puis au Marou-yama, la montagne au pied de laquelle s'épanouit notre quartier général. Je ne m'étonne plus, en vérité, que cette partie du faubourg, réputée sainte, soit devenue le rendez-vous à la mode des oisifs de la ville. Le Ghion-chintchi avec ses théâtres, avec ses troupes de musiciennes et de danseuses, et le Marou-yama, avec ses nombreuses maisons de thé, avec ses innombrables jardins où l'on va le printemps admirer la floraison des pruniers et des cerisiers, constituent bien l'un des rendez-vous les plus attrayants que puisse rêver cette population avide de réjouissances.

Le Marou-yama couronne de sa masse verdoyante le fameux temple de Tchion-in, que nous avions tant admiré le jour de notre arrivée à Kioto et que nous allons revoir pour la seconde fois.

Au moment où nous y pénétrons, la curiosité toujours en éveil, résonne la cloche phénoménale dont nous avons déjà constaté les proportions gigantesques. Les vibrations en sont graves, puissantes comme le tonnerre des montagnes, veloutées comme la vague mourante au pied des rochers lointains.

Sur le désir que j'en exprime aux gardiens qui en défendent les accès, on me permet cette fois de franchir le seuil du monastère. Celui-ci forme une immense construction, dont la distribution et les façades extérieures font songer, malgré soi, au Gocho impérial. Ce sont partout, en effet, de grandes salles aux panneaux blancs et nus encastrés dans des montants et des traverses de bois vierge de peinture;

des châssis tendus de soie peinte aux dessins les plus variés, des parquets recouverts de nattes et d'une propreté éblouissante. Même analogie en ce qui concerne les jardins et leur admirable aménagement.

L'origine de ce monastère remonte au commencement du treizième siècle. L'idée première en est attribuée à Enko-Daïchi, le grand prêtre qui fonda, en 1173, la secte de Yodo, laquelle passe encore pour être une des plus puissantes de tout le bouddhisme japonais. Mais Enko-Daïchi n'est pas seulement célèbre à ce double titre, il l'est encore comme illus-

La mère d'Enko-Daïchi n'avait point d'enfants. Désespérée de sa stérilité, elle recourut au Bouddha et lui adressa une prière si pressante que le dieu, en personne, lui apparut aussitôt. Il lui enjoignit, si elle voulait parvenir à ses fins, d'ingurgiter une lame d'épée tranchante et bien affilée. Était-ce une simple épreuve imposée à sa foi? en recueillit-elle, au contraire, le bénéfice pour sa prompte obéissance à la volonté divine?.. Toujours est-il qu'un mois après elle mit au monde celui qui devait être plus tard l'incomparable Enko.

TEMPLE DE TCHION-IN, A KIOTO. — Vue intérieure du portique d'entrée (p. 358 et 406).

tration littéraire. Bien que son père, appelé Ourouma, ne fût que le simple chef d'une circonscription territoriale, il mérita d'être surnommé l'*Enfant des dieux*, en vertu d'une légende assez bizarre que je vais rapporter. Disons tout de suite que cette légende m'est fournie par un ouvrage japonais illustré, en huit volumes, que je me suis procuré à Kioto même[1]. Grâce à la translation que m'en a faite M. K***, l'obligeant interprète du gouverneur, ce livre m'a fourni plus d'une indication précieuse sur la ville des temples.

[1]. *Karakou méicho zoupé* (description illustrée des fleurs de la capitale [temples de Kioto]), par Kimoura-Méikéi et Hanzan Yasounobou (1859).

En quittant le monastère de Tchion-in je vais revoir l'intérieur du temple qui porte le même nom. On sait que cet intérieur consiste en une immense halle, pourvue d'autels massifs, et fort sobre d'ornements accessoires. À l'heure présente, deux jeunes bonzes y frappent, à intervalles réguliers, sur des tambours de proportions colossales, tandis que plusieurs autres, modulant des prières suivant un rythme et des intonations de cloches, s'exercent à parcourir indéfiniment les trois notes de la portée ci-après :

Détail singulier : le *fa* qui figure dans cette fugue

indiscontinue n'est ni dièse ni naturel. Il est tout simplement archifaux. Il communiquerait à la psalmodie un caractère tout à fait énervant, si l'émission mathématique des sons ne venait vous endormir à propos.

Je profite d'une aussi belle occasion pour demander aux gens du lieu l'explication de ces battements réguliers de tambours et de ces monotones sonneries de cloches. Il m'est répondu, tout d'abord, que ce bruit n'a d'autre but que de tenir en éveil l'attention de la divinité, chose que je savais déjà. On ajoute ensuite, sur mes instances, qu'il importe également de faire le calme dans l'esprit des fidèles, en ravissant ceux-ci à l'influence du monde extérieur. Par cette sorte de demi-sommeil, de torpeur, d'hypnotisme infligé à l'auditoire, les bonzes espèrent entraîner chacun, comme ils s'entraînent eux-mêmes, soit à la méditation, soit à la prière, soit à l'extase. Le fait est que cinq minutes de plus passées à absorber un soporifique aussi capiteux, que je ronflerais debout, en concurrence avec leurs cloches et leurs timbales.

Le temple de Tchion-in n'a pas échappé au fléau qui sévit de tout temps au Japon, et notamment à Kioto. Il devint à plusieurs reprises la proie des flammes; mais, ainsi que ses congénères, il renaquit chaque fois de ses cendres. Les constructions actuelles datent du milieu du dix-septième siècle.

C'est par de nombreux escaliers ou allées bordées de sapins et d'érables, conduisant dans les diverses directions, qu'on accède au temple et au monastère de Tchion-in. Nous les parcourons à contresens pour sortir de l'enclos et visiter de nouveau, au passage, la partie haute du grand portique, où, lors de mon arrivée à Kioto, j'avais été si vivement impressionné par la bruyante polychromie du contenu et du contenant. Cette impression ne fait que s'accentuer. Plus que jamais les disciples du Bouddha me paraissent horribles, et la salle qui les renferme, d'un éclat éblouissant. Cela ne m'empêche point, toutefois, d'admirer l'art infini déployé au milieu de cet enchevêtrement de colonnes, de poutres et de consoles si richement décorées et reliées entre elles par des frises aux enluminures les plus variées.

Du temple de Tchion-in je me rends au temple de Nanjendji, situé à proximité, tout au milieu de bois de sapins comme le précédent. Nous n'en ferons pas la description, car il n'offre rien de vraiment saillant, bien qu'il ait été restauré de fond en comble par le grand Iyéyas. Mentionnons, toutefois, la lanterne votive, aux proportions monumentales, qui en décore l'entrée. Édifiée au cours de l'année 1708, elle ne mesure pas moins de sept mètres de hauteur totale, alors que le fût au-dessus de la base atteint trois mètres de circonférence.

D'ici nous coupons au plus court par des champs de riz, de navets, de mûriers et de thé, en vue d'arriver tout de suite au temple de Kourodani, fondé sur l'emplacement où le fameux bonze Enko-Daïchi établit sa modeste résidence avant de propager sa doctrine. Le temple, en lui-même, présente peu d'intérêt, mais il contient, ainsi que le monastère dont il dépend, bon nombre de peintures remarquables. Tout contigu, s'étend un vaste cimetière qui recouvre une colline tout entière. Il est divisé en son milieu par un escalier montant tout droit, sans palier, jusqu'au faîte. La perspective de cette montée à perdre haleine est prodigieuse. On dirait quelque échelle de Jacob, fréquentée par des nuées de pèlerins. Les tombes sont disposées à droite et à gauche. Sur bon nombre de monuments funérai-

PORTIQUE DU TEMPLE DE TCHION-IN. — Disposition d'une travée.
(p. 358 et 406).

PORTIQUE DE TCHION-IN
Face antérieure
d'un pilastre.
(p. 358 et 406).

res, entre lesquels se dressent des sapins au front noirâtre, trônent des statues du Bouddha, de toutes grandeurs, soit en bronze, soit en granit.

Mais assez d'édifices religieux pour le moment. Contentons-nous de jeter un rapide coup d'œil dans le temple de Chiniodo, — temple datant, à ce qu'il paraît, du onzième siècle, et, à coup sûr, agrémenté de beaux jardins, — et acheminons-nous vers Ginka-koudji, autrement dit « le palais d'argent ».

La route est littéralement bordée de champs de navets, l'endroit étant probablement très propre à cette culture. A chaque pas, ce sont des monticules formés de ces légumineuses, séchant au soleil et destinées à la salaison. Les Japonais se montrent très friands du navet. Après la préparation qu'ils lui font subir, ils s'en servent comme les Anglais des *pickles*, comme les Allemands du raifort, comme les Espagnols du piment ou des olives. C'est surtout le navet long, dont le goût est piquant, qu'ils destinent à cet usage. Quant au navet rond, plus sucré, il est ordinairement, comme chez nous, soumis à une cuisson préparatoire et mangé chaud.

Le prétendu « palais d'argent », tant célébré, est bel et bien désargenté. Je n'y vois trace, nulle part, du précieux métal au sujet duquel Boileau s'écriait :

L'argent, l'argent, — dit-on, — sans lui tout est stérile;
La vertu sans argent est un meuble inutile :
L'argent seul au palais peut faire un magistrat;
L'argent en honnête homme érige un scélérat.

Quoi qu'il en soit, l'édifice porte le nom très ronflant qui lui est donné aujourd'hui, parce que vers l'année 1430 un chogoun, à la fois prodigue et sybarite, appelé Yochimasa, qui le construisit, est dit l'avoir fait recouvrir de feuilles d'argent, à peu près comme le dôme des Invalides est recouvert de feuilles d'or, à l'imitation des églises russes. A cette époque

L'ANCIENNE RUE DE GHION, A KIOTO (p. 360, 372, 375, 391 et 405). — Dessin de Hanzan Yasounobou.

aussi Yochimasa, qui en faisait son séjour de plaisance, y avait réuni une très riche collection d'antiquités et d'œuvres d'art. Mais il ne reste plus trace de cette ancienne splendeur. En revanche, ce qu'il y a de réellement admirable autour de cette ruine attristante et dénudée, ce sont les jardins verdoyants et planturcux qui l'enchâssent encore comme un objet de haut prix.

Là, — on peut le dire hardiment, — toutes les recherches de l'art et de la flore nationale ont été mises à réquisition, pour compenser par l'éclat des beautés naturelles les splendeurs que le temps a anéanties. Outre les pièces d'eau, les rochers artificiels, les bosquets ombreux, les allées fuyantes et sinueuses, on y admire une colline entièrement plantée d'azalées blanches et roses. Quand tout cela papillote sous les yeux, aux fulgurations du soleil, il en jaillit pour le regard comme un foyer d'étincelles paradisiaques.

En quittant ces lieux, jadis consacrés au plaisir, nous retombons au milieu des temples. Bien que nous ayons désormais atteint l'extrémité septentrionale des hauteurs abritant la ville du côté de l'est, la succession des enclos religieux se prolonge encore plus avant et s'élève, d'une même envolée, jusqu'au propre sommet du mont Hiéizan, d'où l'on jouit d'une vue à nulle autre pareille sur la contrée entière et sur le lac Biwa.

Pourtant, les constructions qui recouvrent encore la montagne dont il s'agit ne sont plus que l'ombre de celles qu'on y admirait autrefois. Il parait que la puissante corporation des moines bouddhistes, dont les intrigues politiques ont rempli tout le moyen âge japonais, y avait élevé plus de cinq cents édifices, dont quelques-uns seulement sont encore debout. Quant à leur somptueuse résidence, elle fut mise à feu et à sang en 1571 par l'implacable Nobounaga, l'ennemi juré du bouddhisme et de ses ministres.

C'est par des détours interminables, à la jonction même de la Kamo-gawa avec un de ses affluents, que nous arrivons au temple de Chimogamo. Nous nous y arrêtons un instant, bien que le temple ne se distingue de ses égaux par aucun attrait spécial. Tous ces monuments, en effet, sont bâtis sur le même modèle et présentent un ensemble uniforme de constructions aux toitures pesantes assises sur des piliers massifs. Le seul motif qui m'oblige à signaler ce temple plutôt que les autres, c'est qu'il s'y rattache une légende dont je ne puis me dispenser de donner le récit, par égard pour son originalité.

La jeune Tamayori-himé, en l'honneur de qui il passe pour avoir été élevé au septième siècle par l'empereur Temmou, ayant un jour repêché dans les eaux d'un torrent voisin certaine flèche bariolée de rouge, en admirait beaucoup le travail délicat. Dans l'excès de son admiration, plutôt prophétique que naturelle, Tamayori-himé adressait sans cesse des prières ferventes à cet objet inanimé. Or, l'effet de cette pratique journalière ne tarda pas à se faire sentir. Par un phénomène que nous ne chercherons pas à expliquer, Tamayori-himé, demeurée vierge pour tout le monde, enfanta sans dire gare. Immédiatement grand tumulte dans la contrée environnante. Si chacun s'émerveillait de l'événement, d'aucuns cependant l'interprétaient avec malignité. Il fallait mettre un terme aux quolibets. Donc, un soir qu'on était en fête au village, la jeune femme, confiante dans sa destinée, ordonna à son enfant de présenter une coupe de saké à celui qu'il croirait être son père. Aussitôt dit, aussitôt fait. L'enfant jeta la coupe par-dessus sa tête, et soudain, des débris gisant sur le sol, une divinité s'échappa qui prit son vol à travers les airs. En souvenir du prodige, un *matsouri* fut institué, séance tenante, et depuis lors on invoque ici cette divinité, fort mystérieuse, issue de la porcelaine et de l'eau-de-vie nationales.

Le matsouri en question devint immédiatement très populaire. La fête à laquelle il donnait lieu, et qui se célèbre encore chaque année, le cinquième jour du cinquième mois, eut le don d'attirer tous les grands dignitaires et jusqu'à l'empereur en personne. Aujourd'hui, la solennité, purement chintoïste, est surtout remplie par des exercices équestres auxquels les prêtres eux-mêmes prennent une large part.

Mais passons. Voici, d'ailleurs, un spectacle des plus intéressants. Une troupe de jeunes filles, portant chacune deux parasols dont les baleines de bois refendu sont dénuées de toute garniture de papier, mais recouvertes de fleurs naturelles du plus beau rouge, vient à défiler devant nous. Comment, en plein mois de janvier, ne pas s'extasier en présence d'une pareille végétation? Sans compter que les porteuses sont, pour la plupart, élégantes et jolies. On dirait une figure de ballet ou de cotillon. Renseignements pris, la procession fleurie va souhaiter une bonne fête aux environs, et les gracieux trophées sont les cadeaux qu'on destine au personnage

KATO KIYOMASA LUTTANT CONTRE UN TIGRE (p. 304).
D'après une gravure japonaise.

SCÈNES DU PREMIER JOUR DE L'AN, AU JAPON (p. 328, 330, 342, 352 et 396). — Tableau appendu dans le temple de Kiomidzou.

célébré. Ne serait-ce pas le cas de répéter avec Racine :

> De fleurs en fleurs, de plaisirs en plaisirs,
> Promenons nos désirs!...

Depuis Chimogamo, nous nous trouvons au nord de la ville. Comme précédemment, les temples s'y suivent, et, contrairement aux jours de notre existence, ressemblent tout à fait les uns aux autres.

Cependant nous avons momentanément réintégré l'agglomération même, avec l'intention de pousser jusqu'à un autre sanctuaire qui porte le nom de Kitano. Celui-là est, en effet, situé aux limites occidentales de la cité proprement dite et sur la route du Palais d'or, par la visite duquel nous couronnerons notre journée.

Le temple de Kitano est un des nombreux édifices religieux élevés, sur tout le territoire japonais, en l'honneur du fameux Sougawara Mitchizané, déifié sous le nom de Tendjin, le patron des gens de lettres, le saint personnage que nous avons vu déjà si pompeusement célébré à Tokio, dans les jardins olympiques de Kaméido. Le culte qu'on lui rend ici est aussi vivace que là-bas, à en juger par le nombre incalculable de lanternes votives remplissant l'enclos sacré. La plupart d'entre elles sont taillées dans le granit, et beaucoup des plus riches paraissent être absolument neuves.

Je remarque, en outre, la présence d'un assez grand nombre d'images en pierre ou en bronze représentant des taureaux symboliques. Ce sont autant d'ex-voto offerts à la mémoire de Mitchizané, lequel est dit s'être servi d'un de ces animaux comme monture. Choisir un taureau pour se mettre en selle, voilà certes une chose peu banale. Mais n'avons-nous pas vu, durant nos excursions à l'intérieur du pays, qu'au Japon on se sert tout aussi couramment du taureau en guise de bête de somme? Le fait célébré dans la personne de Mitchizané n'est d'ailleurs pas isolé. Quelques siècles plus tard, on peut voir un autre membre de cette même famille des Sougawara, hautement vanté pour s'être livré à son tour à ce genre de sport. Il est vrai que ce dernier, le savant Sougawara-Kiokimi, très estimé par l'empereur Go-Nara, avait obtenu l'autorisation de pénétrer dans cet appareil jusqu'au sein du palais impérial. Or, c'était là un privilège tout à fait exceptionnel. De tout temps, en effet, il a été interdit de franchir la demeure mikadonale sur quelque monture que ce fût.

Quant à la décoration intérieure du temple, consacré aux croyances chintoïstes, elle est nulle, ou tout au moins fort banale. On n'y relèverait rien de curieux, si le plafond n'était, pour ainsi dire, caché par l'abondance des lanternes de cuivre qui y sont suspendues.

Au cours de cette visite, j'ai lieu de m'intéresser au sort d'un poney attaché non loin du temple et qu'on me dit revêtu d'une sainte mission. Son rôle privilégié ne le soustrait pas — à ce qu'il me semble — aux traitements de rigueur que l'on fait subir à ses congénères. Pour l'instant il est, ni plus ni moins, en pénitence. A tort ou à raison, l'animal sacré avait contracté la singulière habitude d'envoyer du sabot dans la figure des bienheureux fidèles qui l'approchaient familièrement. Cela ne faisait pas le compte de la bonzerie. Les mâchoires cassées s'empressaient de retourner chez elles, en rugissant des plaintes. Il y avait scandale. On essaye actuellement de couper court à de pareils procédés, en passant à l'aimable bête, en guise de mors, une bande d'étoffe qui, solidement fixée au sommet de la tête, l'oblige à tenir la bouche grande ouverte. Quel supplice pour un émule d'*Incitatus*, le coursier de Caligula! Il eût mieux aimé, sans doute, s'ébattre dans les prés émaillés de fleurs, que, par un don spécial et peu enviable, de résumer dans son être des facultés aussi extraordinaires que sacrées. Mais on ne se dérobe pas à sa mission!

MUSICIEN JOUANT DU BIWA (p. 257, 348, 354 et 433). — Dessin de Yosaï.

Au même moment, nous voyons affluer devant nous un grand nombre de pèlerins. Ils sont là, faisant le tour obligé du temple et jetant successivement les courtes baguettes qu'ils tiennent à la main, dans une ouverture pratiquée sous leurs pas. L'acte de dévotion qu'il s'agit d'accomplir en ce lieu consiste à répéter cent fois cet exercice vraiment hygiénique. Pour ne pas se tromper dans le compte, tout pèlerin se munit d'autant de baguettes qu'il se propose de faire de tours. Cela lui sert de mémento. Mais comme, d'autre

KIOTO, NARA, OSAKA ET KOBÉ

part, décrire cent fois le même cercle exige pas mal de loisirs, étant donné que la construction est très vaste, le mouvement imprimé tient plutôt de la course que de la marche.

Suivons l'exemple que nous donnent ces excellents dévots et hâtons-nous vers Kinkakoudji, c'est-à-dire vers le « Palais d'or », en nous dirigeant toujours vers l'ouest. Le soleil commence à baisser terriblement, et, si nous voulons éviter d'arriver trop tard, il faudra nécessairement laisser de côté quelques temples d'intérêt tout à fait secondaire.

Le Kinkakoudji est bâti au pied même des premiers

considéré dans le pays comme le plus précieux de tous, — du moins de nature à pouvoir lui être comparé. Toute la construction, dont il ne reste pour ainsi dire plus que le squelette en bois, avait été recouverte d'une plaque d'or. C'est à peine aujourd'hui si l'on peut se rendre compte de tant de richesses accumulées. Bien qu'il reste encore, à l'intérieur, quelques statues et quelques peintures dues à des artistes en renom, rien n'y pourrait en somme donner l'idée de son brillant passé.

Les jardins du Palais d'or l'emportent encore — si cela est possible — sur les jardins du Palais d'argent,

VUE INTÉRIEURE DE LA TCHAYA « HITCHIRIKI » DANS LE GUION-CHINTCHI (p. 51 et 391). — Dessin de Hanzan Yasounobou.

contreforts de la montagne qui ferme la vallée de Kioto du côté du couchant, et se présente comme une sentinelle avancée de la capitale. C'est une sorte de pavillon rectangulaire à deux étages surmontés de toitures saillantes, désigné sous le nom de « Palais d'or ». Le Kinkakoudji est le dernier vestige d'une agglomération d'édifices élevés, il y a cinq cents ans environ, par le chogoun Yochimitsou, de la famille des Achikaga, lequel s'y retira, sur la fin de son existence, comme Charles-Quint au monastère de Yuste, sous l'habit de moine, mais en conservant la direction des affaires publiques. Ce prince en avait, dit-on, fait une merveille, sinon plus somptueuse encore que le Palais d'argent, — ce dernier métal étant autrefois

soit comme développement, soit comme magnificence. La vraie perle rare, enfouie dans l'écrin de verdure exposé sous les yeux éblouis, est un délicieux étang à la surface plus transparente que le cristal. Il reflète dans son miroir magique le palais et des îlots enchanteurs, tandis que ses eaux clapotent mélancoliquement contre une ceinture de rochers byroniens. Là, en se penchant comme le beau Narcisse au-dessus de la nappe liquide, on voit des milliers de poissons s'agiter dans tous les sens, et, de même qu'auprès des vasques de Fontainebleau, on n'a qu'à faire le moindre appel, pour attirer autour de soi toute la cohorte des carpes affamées. En outre, des pierres sacrées, dont l'une a tellement retenu des mains suppliantes que la surface en est polie comme un marbre et réfléchit tout ce qui en approche, une source ferrugineuse retombant en cascatelles, un sapin taillé et conduit horizontalement en forme de jonque, constituent pour le visiteur une nouvelle source d'attraits dans ce séjour délicieux.

En ce qui concerne l'arbre très curieux dont il vient d'être question, il mérite qu'on en détaille les particularités. Le tronc, très droit, a tout l'air d'un mât dressé; et, tandis que les branches inférieures dirigées en sens inverses nous retracent la coque d'un navire avec la proue et la poupe, les rameaux supérieurs, ramenés avec une science et un art infinis, figurent à la fois les vergues, les voiles et les cordages. Cet arbre, ainsi martyrisé d'après une méthode quelque peu sacrilège, est certainement la chose la plus

Il est très tard quand nous rentrons à l'hôtel, bien fatigués de nos courses, mais, pour ma part, enchanté de la journée.

Après le dîner, tandis que Sada, vaincu par le sommeil et la lassitude, s'endort à mes côtés, en rivalisant par ses ronflements avec les bruits de la fête sempiternelle qui tonitrue au dehors, je m'applique, comme fin de journée, à mettre mes notes au courant. Il est plus de minuit quand je vais me coucher à mon tour. Rien ne semble encore présager à cette heure tardive la fin des concerts ou des chants extérieurs. Tout au contraire, les samicens paraissent vibrer avec plus d'éclat, avec plus d'énergie et de passion.

Samedi, 13 janvier. — Un vent d'une certaine vio-

UN CORTÈGE PRINCIER DEVANT LE TEMPLE DE GHION (p. 375). — Tableau du temple de Ghion, peint par You-asa Malabéi, en 1682.

étonnante que l'on puisse voir dans cet ordre d'idées, même au Japon. Ce n'est plus de l'« horticulture », c'est, à proprement parler, de l'« orthopédie ».

A peu de distance de Kinkakoudji est situé le palais d'Omouro-Gocho, entouré de jardins plantés de cerisiers. C'était l'ancienne résidence d'été des empereurs, cette même demeure princière à laquelle nous avons déjà fait quelque allusion. Il s'élève au sein d'un monastère dont l'édification, attribuée à l'empereur Koko, remonte à la fin du neuvième siècle. Aussi l'ensemble des constructions se trouve-t-il dans un état de délabrement que je qualifierai de lamentable; il demeure actuellement commis à la garde de plusieurs bonzes servant de guides aux visiteurs qui en demandent l'accès[1].

[1]. La plupart des édifices d'Omouro-Gocho ont été incendiés, vers l'année 1890; mais on s'est empressé d'en entreprendre la reconstruction, avec l'intention d'édifier sur l'emplacement une résidence vraiment princière.

lence, vent qui pénètre jusqu'en mon logis par les nombreuses fissures de mes frêles châssis de papier, me pousse hors de ma couchette avant que le jour se soit montré. Puisque le temps nous a fait des loisirs, mettons-les vivement à profit, et, malgré le froid piquant que nous subissons, — le thermomètre est à zéro, — partons sur-le-champ compléter nos explorations dans la ville des Temples. Il me reste encore à voir les environs de la Katsoura-gawa, à l'autre bout de Kioto.

Grâce à nos traîneurs de djinrikchas, excités à la course par l'inclémence de l'atmosphère, grâce surtout à la promptitude dont Sada a fait preuve, en les dénichant à cette heure matinale, nous nous trouvons, dès le lever du soleil, dans les campagnes baignées par la Katsoura-gawa.

Ces campagnes, comme les précédentes, sont, pour ainsi dire, émaillées d'enclos religieux, à cette différence près que nul d'entre ceux-ci ne mérite une mention particulière. Du reste, ainsi que l'a dit fort bien l'auteur passablement oublié d'*Inès de Castro* :

L'ennui naquit un jour de l'uniformité.

A force de décrire des temples et des palais, nous risquerions de tomber dans la monotonie. En voyant la façon trop constante suivant laquelle ces temples ont été édifiés, chacun ne se distinguant du voisin que par le luxe plus ou moins grand qui a présidé à

tour du visiteur en lui offrant le nectar national, le réchaud de circonstance et la pipette traditionnelle, voilà ce qu'il y a de plus attrayant de ce côté-ci de la ville, côté quelque peu abandonné en regard de la partie opposée.

C'est par le quartier de Chimabara, sorte de ghetto réservé au libertinage, que nous opérons, après excursion, notre rentrée dans la ville proprement dite. En ce lieu, du moins, — sachons le reconnaître, — il

LE TEMPLE DE HO-KODJI, DIT DU DAÏBOUTZ, A KIOTO (p. 391).

sa décoration, on serait tenté de croire que les fréquentes oscillations imprimées à cette terre toujours en travail ont tué dans l'œuf le génie incontestable des architectes japonais. A vrai dire, ils ne se sont jamais autrement surpassés.

Quoi qu'il en soit, l'art indigène et la nature qui lui servait de cadre ont réservé toutes leurs richesses pour la région de Higachi-yama, c'est-à-dire la « Montagne de l'Est », par laquelle nous avons débuté dans notre promenade autour de la ville. Il n'en est pas de même des environs du Nichi-yama ou de la « Montagne de l'Ouest ». Quelques jardins admirablement cultivés, et quelques jolies maisons de thé coquettement éparses sur les bords de la rivière, stations obligées où l'essaim des nésans s'empresse au-

n'y a plus, comme dans certains quartiers de Tokio ou de Yokohama, de ces exhibitions effrontées de courtisanes derrière les grillages. Les maisons, sans distinction, sont hermétiquement closes, et, qui plus est, l'accès en est sévèrement interdit à la curiosité de tout autre que le Japonais de race.

Non loin de ces retraites équivoques, conformément à l'usage du pays, se groupent les enclos religieux les plus importants de tous ceux dont l'intérieur de la ville est semé.

Voici d'abord celui de Honkokoudji, vaste et banale agglomération de temples, et, tout à côté, l'enclos de Nichi-Hongwandji. Ce dernier est desservi par des prêtres de la secte de Chin et complètement entouré de murailles dans le genre de celles qui ceignent le palais des mikados. Comme ces dernières, la surface de couleur jaune est coupée par cinq lignes horizontales blanches, simulant les joints de pierre. Au cours de nos promenades, nous avons rencontré plusieurs fois des temples affectant ce point de ressemblance avec l'ancienne demeure impériale. C'est l'indice qu'ils se trouvent sous la haute direction d'un personnage de sang mikadonal.

L'enclos de Nichi-Hongwandji s'annonce, en outre, par de larges et somptueux portiques, sculptés à jour et témoignant de la magnificence avec laquelle l'ensemble avait été conçu. Mais l'état de délabrement des constructions fait peine à voir aujourd'hui. Les bois, recouverts çà et là de quelques traces de doruro, grisent ou plutôt verdissent sous l'action du soleil et des pluies.

Comme disposition générale, l'enclos renferme deux temples communiquant par une galerie en auvent.

Le principal de ces temples est un des plus considérables que j'aie vus au Japon. Ses pignons richement décorés s'élèvent majestueusement au-dessus des constructions voisines. Il est composé de vastes salles dont les lambris et les plafonds disparaissent sous les dorures et les ornements polychromés, tandis que dans le fond s'ouvrent des portes, aux battants dorés, donnant accès au sanctuaire proprement dit. Celui-ci, d'une décoration tout aussi somptueuse, renferme l'autel, et au beau milieu se dresse la statue assise de Chinran, ce pieux personnage dont nous avons vu le tombeau derrière le temple de Higachi-Otani. La statue, sculptée dans le bois, passe pour avoir été façonnée par le saint lui-même.

Au moment de notre visite, des prêtres, debout devant l'autel, psalmodient des hymnes, tandis que la masse des fidèles et d'autres prêtres, en grand costume sacerdotal, les écoutent dans l'attitude de la méditation et de la prière.

Il est certain, à voir toute la population rassemblée en ce point seul, que le temple de Nichi-Hongwandji doit être un des plus suivis de toute la ville de Kioto.

Le long des édifices accessoires entourant le sanctuaire, une curieuse galerie de portraits sollicite mon attention. J'y passe en revue les principaux chefs de la secte bouddhiste, dont Chinran fut le fondateur vénéré.

Parmi les arbres séculaires qui ornent la vaste cour située en avant du temple principal en forme de parvis, je remarque un conifère dont l'immense couronne de verdure s'étend démesurément au-dessus des têtes, à hauteur d'homme seulement. Devons-nous encore y voir le résultat de quelque fantaisie horticole? Quoi qu'il en soit et au dire de la légende, cet arbre passe pour posséder la vertu de préserver toutes les constructions avoisinantes des ravages de l'incendie, ce fléau du Japon.

Deux ou trois rues, tout au plus, nous séparent de l'enclos portant le nom de Higachi-Hongwandji, autre temple bouddhiste incomparablement moins curieux que son homonyme occidental, *higachi* signifiant est, en japonais, et *nichi* ouest. Le monument en question n'existe plus, à dire vrai, qu'à l'état de souvenir. L'incendie a dévoré depuis longtemps les magnifiques constructions qui recouvraient autrefois le vaste espace abandonné, en remplaçant la vie et les splendeurs par la désolation et le néant. De toute cette riche agglomération, il ne reste plus qu'un temple encore debout, et, s'il faut en croire les descriptions qu'on en a faites dans le passé, celui-ci ne donnerait qu'une idée bien incomplète de tout ce monde religieux évanoui.

D'ailleurs, si l'on a pu, en raison des fréquents sinistres qui s'y sont produits, appeler Tokio « la fleur des incendies », on serait peut-être en droit d'appli-

Pris au piège (p. 375). — Tableau du temple de Ghion, peint par Nichikawa Soukénobou, en 1714.

quer à Kioto un qualificatif analogue. En réalité, cette dernière ville n'a guère été plus que la première épargnée par le fléau local. Non seulement le palais des Mikados fut, ainsi que nous l'avons vu, plusieurs fois réduit en cendres, mais la majorité des maisons particulières ont subi tour à tour le même sort un nombre de fois considérable.

Une catastrophe dont chacun garde encore le souvenir, et qui semble avoir été l'une des plus terribles qu'on ait eues à déplorer, anéantit une grande partie de la cité. Elle fut provoquée par le parti des mécontents, à l'époque où ceux-ci vinrent mettre le siège devant Kioto. Le 20 août 1864, plus de 28,000 maisons et près de 200 temples furent dévorés par le feu.

Quant au temple de Higachi-Hongwandji, c'est pendant cette même époque de dévastation qu'il fut incendié, mais, eu égard à la dévotion spéciale dont l'entourent les populations de toute la contrée avoisinante et grâce aux riches souscriptions qui affluent pour sa réédification, il ne tardera pas à renaître de ses cendres aussi resplendissant qu'auparavant.

Mais il est temps de nous résumer, le Kioto religieux ayant épuisé pour nous les richesses de son trésor archéologique et artistique. Ce n'est pas que nous ayons tout exploré, au sein du fouillis de merveilles que les siècles ont accumulées dans la capitale des Mikados. On ne doit point oublier, en effet, que la ville impériale est comme la Rome du Japon et qu'elle compte de trois cents à quatre cents temples. Qu'il suffise donc de savoir que, hormis les édifices auxquels nous nous sommes arrêtés au cours de notre excursion circulaire, il n'en est plus qui offre d'importantes particularités à signaler.

Malheureusement pour la gloire même du Japon, la plupart même de ces productions d'un autre âge se dégradent de jour en jour et vont s'émiettant sous le poids des années. Malgré la dévotion encore vivace dont nous avons signalé d'éclatants témoignages, le courant religieux cède progressivement le pas à l'ère industrielle et mercantile qui s'est ouverte pour le pays. De plus, tout entretien des monuments bouddhistes, en dehors de l'initiative religieuse, est suspendu d'un bout à l'autre de l'Empire. A Kioto, comme ailleurs, le pouvoir impérial a retiré sa main protectrice de dessus les temples populaires, et conséquemment les plus importants d'entre eux, ceux où le culte du Bouddha était pratiqué depuis des siècles, menacent de tomber en ruine. Dans un but politique, il a réservé toutes ses faveurs au chintoïsme, et on sait que cette dernière religion, étant, avant tout, une abstraction, ne comporte pas les déploiements pompeux qui caractérisent sa rivale. Au point de vue de l'art, ainsi qu'on le voit, le mal est presque sans remède. D'ailleurs, depuis la déchéance de Kioto comme résidence unique du Mikado, la ville elle-même n'est plus alimentée, comme jadis, par la générosité des fidèles. La cité sainte a cessé d'être le point de mire incontesté de la foule. On y vient encore par habitude, mais déjà l'on est à même de voir que si nombre de pèlerins y accourent toujours se purifier dans les ondes du courant sacré, la plupart des visiteurs ne songent qu'à s'abandonner librement aux plaisirs profanes dont l'antique Kioto a retenu la trop bruyante spécialité.

LE CIMETIÈRE DE KOURODANI, A KIOTO (p. 400).

Un déjeuner frugal, absorbé au pied levé dans une tchaya avoisinant Honkokoudji, repas exotique s'il en fut et dont la cuisine de notre hôtel nous dédommagera ce soir, et nous voilà derechef à travers rues, prêts à parcourir les magasins de soieries et de curiosités, où nous n'avons fait jusqu'à présent que de courtes apparitions.

Avant de nous arrêter de nouveau, visitons en chemin une fabrique de papier japonais d'après la méthode locale. La matière première qu'on y emploie est tirée de l'écorce du *kosou* (*Broussonetia papyrifera*), arbre dont nous avions vu des spécimens en voyageant sur le Nakasendo.

Cette écorce est d'abord battue, puis pressée, jusqu'à ce qu'elle soit réduite en une sorte de pâte, qu'on mélange dans des récipients avec de l'eau saturée d'une substance gommeuse. Cela fait, on plonge dans la mixture une petite claie, formée de lattes de bambou très finement refendues et reliées entre elles par des fils de soie, et on l'enlève horizontalement, de manière à ce qu'il y reste en dépôt une certaine quantité du produit. Pour égaliser la couche et la réduire à la modeste épaisseur d'une simple feuille de papier, il suffit d'agiter la claie comme un tamis, par saccades régulières, jusqu'à ce que l'eau ait eu le temps d'égoutter. L'ouvrier dépose alors à ses côtés chaque feuille obtenue, tout en ayant soin de séparer la dernière de la précédente à l'aide de fils de chanvre isolateurs. D'autres ouvriers viennent aussitôt reprendre les feuilles, une à une, et les étendent sur des planches disposées à l'effet d'en faciliter le séchage définitif.

Dans la fabrique où je vois opérer ainsi, chaque récipient, je devrais dire chaque cuve, — et il y en a six, — peut fournir quotidiennement, grâce à la rapidité de la manœuvre pourtant assez primitive, environ un millier de feuilles de papier. La production de cette usine est donc de six mille feuilles par jour. Bien que ce chiffre soit déjà élevé, il est faible, on en conviendra, en regard de celui que fourniraient nos papeteries européennes, usines dont nous avons, du reste, déjà constaté divers spécimens fonctionnant au Japon. Eu égard, au contraire, à la simplicité du procédé, aux lenteurs entraînées par une semblable manipulation, je trouve le total exorbitant.

Les annales nationales rapportent que la fabrication du papier fut importée de Corée au Japon vers le septième siècle de notre ère, en même temps que celle de l'encre de Chine. Avant cette époque, les indigènes ne se servaient, pour écrire, que des tissus de soie et de chanvre.

Nous venons de voir que les procédés usités dans la fabrication du papier constituent, à vrai dire, l'enfance de l'art. Par contre, le produit subit avantageusement la comparaison avec les produits similaires de nos industries occidentales. Le papier ainsi obtenu a des qualités de résistance telles, qu'il peut servir à des milliers d'applications. Outre les éléments de la papeterie pour livres, registres et correspondance, on en fait indifféremment des étoffes, des parasols, des éventails, des lanternes, etc., etc. C'est le papier — comme on sait — qui tient lieu de verre à vitre dans toutes les habitations japonaises. Coupé par petits carrés, il sert de mouchoir, remplaçant ce même morceau de linon que Desdémone mettait pieusement sur son cœur en songeant à son mari, et que nos dandys montrent avec ostentation à leur poche de côté. Ici les femmes japonaises, par une mode non moins sujette à caution, dissimulent ces petits carrés dans les plis de leur robe bouffante et les laissent choir sur la voie publique, après les avoir approchés de leur petit nez fripon. D'autres fois le papier, convenablement huilé, est employé à la fabrication des parapluies et des vêtements imperméables. On est même parvenu à en confectionner des plateaux, des cannes et jusqu'à des cordages, lesquels passent pour être d'une solidité à toute épreuve. À part l'application des roues de wagons en papier comprimé, idée peut-être importée du Japon en Amérique, je doute que dans aucun pays du monde on ait exploité d'une manière aussi variée un produit destiné chez nous à des usages en somme assez limités.

MURAILLE D'UN TEMPLE MIKADONAL (p. 414).

La promenade que j'accomplis aujourd'hui dans Kioto ne fait que confirmer ma première opinion sur les magasins de curiosités. Si l'on y trouve des objets antiques, et principalement des laques et des bronzes, d'une élégance incontestable ou d'une authenticité absolue, en revanche le choix en est limité. Sous ce rapport, Tokio offre à coup sûr aux amateurs des réserves autrement considérables.

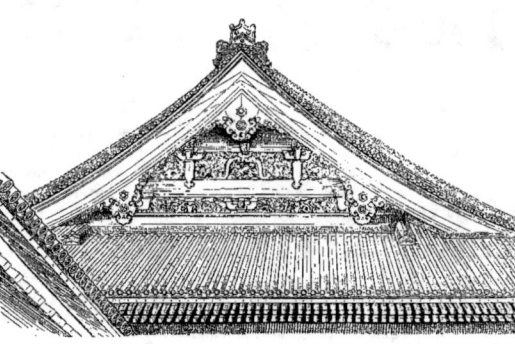

UN PIGNON DU TEMPLE DE NICHI-HONGWANDJI (p. 414).

À six heures, j'ai le plaisir de recevoir à dîner M. K***, l'aimable interprète du gouverneur, et profite de cette dernière entrevue pour compléter, par de précieux renseignements, mes annotations sur les édifices religieux ou civils visités dans la ville des Mikados. Demain, en effet, je me propose de quitter Kioto, ou, pour mieux dire, de pousser une pointe jusqu'à Nara, l'un des sites les plus célébrés dans les annales historiques et très connu par le fameux daïbouts qui y a été érigé. Le soir même je coucherai à Osaka, et je ne compte plus revenir à Kioto que pour une seule journée, déjà consacrée par avance à un concert au Gocho, à des achats de curiosités et à un ballet au Ghion-chintchi.

Notre soirée se prolonge donc assez tard. En dépit de l'obligation où je serai demain de me lever au petit jour, je laisse passer les heures fugaces et ne vais m'étendre sur ma couchette qu'au bruit des derniers coups de tam-tam, des derniers ronflements du gong, des derniers glapissements du samicen, des derniers échos de la foule en délire.

Dimanche, 14 janvier. — Dès cinq heures et demie

C'est là, ou jamais, que le mot du fabuliste est d'application :

Rien ne sert de courir, il faut partir à point.

A huit heures seulement nos coolies daignent s'atteler à nos chars. Cela valait bien la peine de me lever sitôt.

Chemin faisant, nous passons successivement devant le Daïboutz, les temples de Sandjou-san-ghen-do et d'Inari, puis nous nous éloignons rapidement de la grande ville, au milieu d'une double rangée de maisons, parmi lesquelles je remarque de nombreux

EN PROIE AUX SUGGESTIONS DE L'ESPRIT MALIN (p. 374). — Tableau du temple de Ghion, peint par Motchisouki Kansouké, en 1724.

je suis sur pied. Le temps est beau, le thermomètre marque 1° au-dessus de zéro.

En vérité, ce matin, chacun rivalise de mauvaise volonté pour se mettre en campagne. Sada lui-même, qui avait été si exact hier, est retombé aujourd'hui dans ses habitudes de paresse et de laisser-aller. Il n'y a point cependant à muser, si nous voulons parcourir en djinrikcha les vingt-cinq ris qui nous séparent d'Osaka. Bien que nos hommes, une fois partis, sachent presser le pas et arriver à destination, je ne dois pas oublier que notre station obligée à Nara, l'ancienne capitale du Japon, nous retiendra quelque temps, et que nous risquons ainsi de n'atteindre qu'à la nuit close le but de notre voyage.

magasins de porcelaines. La rue que nous longeons, ou, pour parler plus exactement, la route, nous mène sans interruption à Fouchimi, localité assez importante, où nous parvenons vers les neuf heures. Par le fait, nous n'avons pas cessé de voir des maisons. Aussi, bien que Fouchimi forme une agglomération tout à fait distincte, on peut dire qu'elle constitue le faubourg même de Kioto. Ce fut dans cette localité que se passèrent, en 1868, les derniers épisodes de la guerre civile qui devait mettre un terme à la prépondérance des chogouns et relever la puissance des mikados.

A Fouchimi même, nous franchissons un pont à balustrades de fer forgé, peintes en couleur vert tendre, et dont le tablier domine le cours sablonneux et desséché de la Yodo-gawa. Par parenthèses, en amont de ce pont le fleuve change son nom contre celui d'Oudji-gawa, qu'il tire du village d'Oudji, situé à proximité. A Fouchimi, plus voisin de la mer, l'eau fait pourtant son apparition. Aussi est-ce de ce point que partent les petits steamers à destination d'Osaka. Quand je dis « partent », il y a euphémisme. L'état du fleuve ne le permet pas toujours. Ainsi, durant la saison d'été, le transport des voyageurs ne s'y opère que par le moyen de barques manœuvrées avec des rames.

Nous avons déjà vu que les principaux cours d'eau qui traversent ou circonscrivent la cité de Kioto ont, comme le Mançanarès de plaisante mémoire, le fâcheux inconvénient d'être à sec pendant une grande partie de l'année. Aussi j'en arrive à me demander si le facétieux Hokousaï n'a pas justement voulu se gausser de l'Oudji-gawa en représentant ce cours d'eau sous la forme d'un fleuve aux eaux tumultueuses, que semble traverser à grand peine un guerrier flanqué de son cheval de bataille. C'est encore l'Oudji-gawa, aux flots fouettés par le vent, que l'éminent artiste a pris comme sujet d'un de ses dessins mouvementés, lorsqu'il nous représente deux guerriers s'élançant à fond de train, au milieu des flèches ennemies, sur les travées d'une passerelle dépourvue de tablier.

Pour nous réconforter et ranimer la chaleur qui nous fuit, nous nous arrêtons un instant à Fouchimi, dans une tchaya quelconque, où nous nous faisons servir une tasse de thé bien chaud. L'excellent cordial! Puis nous reprenons notre allure, vigoureusement entraînés, et nous abandonnons la route directe d'Osaka pour prendre celle qui conduit à Nara.

Bientôt le cortège a dépassé les maisons. Nous engageant alors, au lieu de suivre le chemin banal, sur une digue étroite baignée d'eau de part et d'autre, nous avons à subir un vent glacial qui souffle du sud-ouest. C'est à peine, en effet, si les massifs de bambous semés çà et là le long de la digue nous protègent contre cette bise inattendue, alors que de pauvres demeures, appartenant à une population presque amphibie, se montrent de temps à autre pleines de froidure et de tristesse. Autour de nous, de longues bandes de canards, paisibles maîtres de ces lieux, nagent, barbotent ou déambulent sur les eaux avec une confiance illimitée. Non seulement ils ne s'envolent point à notre passage, mais ils semblent venir à nous, comme dans un souhait de bienvenue. Cette vue a le privilège de me remettre en mémoire la folle romance de *Thérésa* :

> Quand les canards s'en vont par deux,
> C'est qu'ils ont à causer entre eux...
> . . . .
> Laissez-leur donc la liberté!

Bien que j'aie emporté mon fusil, j'observe le conseil donné par la reine de la chanson. Je ne brûlerai pas ma poudre aux palmipèdes, car ce serait perdre mon temps sans profit. Comment, sans barque et sans chien, recueillir le gibier abattu dans un carnage aussi inutile que peu glorieux?

Mais déjà le paysage change : nous traversons maintenant de vastes plantations de thé. Nous sommes, en effet, au cœur même du district d'Oudji, si renommé au Japon, car on y récolte le thé le plus apprécié de tout l'Empire.

Le thé, quelle source de profit en ce pays privilégié!... La culture s'y accroît chaque année, non seulement dans la province de Yamachiro, au centre de laquelle se trouve la ville de Kioto, mais encore dans d'autres provinces, et notamment dans celles d'Isé, de Sourouga et d'Inaba. La culture de cette plante précieuse ne constitue pas l'unique ressource de la contrée; la préparation des feuilles récoltées fournit encore un très gros apport à l'activité générale, car on ne pratique pas ici, ainsi qu'on pourrait croire, cette opération délicate dans de vastes manufactures disséminées çà et là, mais dans nombre d'établissements très modestes, se rapprochant comme importance et comme aspect de simples exploitations rurales. Au train que prennent les choses, l'époque n'est pas bien éloignée où l'empire du Milieu, d'où le noble arbuste fut introduit au Nippon, rencontrera dans son jeune rival une concurrence terrible. Dès maintenant, il s'exporte, surtout en Amérique, des quantités considérables de la précieuse feuille habilement desséchée.

Mais, bien que les champs de thé soient actuellement magnifiques à voir, sous leur feuillage vert et lustré resplendissant au soleil, ils exhalent une odeur *sui generis* trop aisée à reconnaître, laquelle enlève au paysage une partie des charmes qui lui sont propres.

Passons vite, — et d'autant plus vite que nous tombons de malchance en malchance. Un de mes hommes, celui de « volée », — comme je pourrais le dési-

MUSICIEN JOUANT DU CIIO (p. 256 et 433). — D'après Yosaï.

gner, puisqu'il tient la tête des deux coureurs qui traînent mon djinrikcha, — éprouve soudain un malaise difficile à exprimer, et dont les résultats défient toute description autre part que dans les œuvres extra-naturalistes. Nous ne saurions, malheureusement, nous priver des services de ce rustre. Je n'ai d'autre ressource que de passer ma bête à Sada en échange d'un de ses coolies. D'ailleurs, rien ne sert de se fâcher. En ces matières, qu'il y en ait un peu plus ou un peu moins, cela importe peu. Respect au dieu Stercus, protecteur de ces lieux...

Et puis, voilà heureusement des rizières! Quelle fertilité! On y rajeunit, en ce moment, les terres fatiguées par la moisson précédente. Pour ce faire, on bêche le sol profondément, puis on le relève en forme de talus.

Au delà, j'ai l'occasion d'admirer quelques plantations de poiriers où les arbres sont conduits parallèlement au sol comme ceux de Kawasaki, cette station du chemin de fer de Tokio à Yokohama. Après avoir traversé une nouvelle digue, faite de sable cette fois, mais non bornée par les eaux, nous en longeons une autre plus étroite, au pied de laquelle murmure la Kisougawa. Ces digues, sortes de barrages souvent considérables, ont été élevées ici en vue de résister aux inondations, qui se produisent périodiquement à l'époque des grandes crues ou même après des pluies un peu prolongées. Notons, en passant, que toutes les campagnes environnantes sont situées en contre-bas du niveau supérieur des rivières, pour mieux dire, des cours d'eau savamment aménagés. Sans cette disposition, favorisée par les dépressions du terrain, la culture du riz serait chose impossible, tant la plante doit être longuement et fréquemment arrosée.

Les montagnes, dont nous nous sommes peu à peu rapprochés sur notre gauche, me paraissent désormais être moins sablonneuses que dans les environs de Fouchimi. L'humus semble même y dominer sur les rampes naguère infertiles. En même temps, les crêtes se dessinent en dômes arrondis, couronnés de grands arbres actuellement dépouillés de leurs feuilles. En butte aux atteintes de l'hiver, ces respectables

LE TEMPLE DE NICHI-OTANI, A KIOTO (p. 394).

fils de la solitude font l'effet, grâce à leurs branches entre-croisées, d'une dentelle sombre suspendue à quelque manteau de velours mordoré, dentelle à travers laquelle apparaîtrait l'azur merveilleux d'un ciel balayé par le vent. Par intervalles, des villages, assis au pied des hauteurs comme des passants arrêtés par la beauté du site, s'échelonnent sur le chemin et contribuent à en rendre l'aspect plus séduisant encore. La rivière, peu profonde, coule sur la droite. Au delà, du sable, à perte de vue, comme dans le désert africain. Un peu plus loin, ainsi que la montagne *Attaka* dominant les abords de Suez, une forte chaîne bleuâtre se prolonge jusqu'à la mer.

Nous descendons de la digue et faisons halte au seuil d'un modeste hameau situé au milieu de la vallée. Nos hommes s'y réconfortent quelque peu et y reprennent haleine pour continuer de plus belle.

Les digues se suivent maintenant, ayant presque toutes la même apparence. En voici une pourtant qui court au travers d'un pays délicieux, très habité, simultanément couvert de belles plantations de thé et de jeunes bois de bambous. Quant aux rizières, elles pullulent, et toute la population est aux champs. C'est, en effet, le grand moment de l'activité pour la culture du riz.

Mais nous voilà revenus au Narakaïdo, ou plutôt — comme le nom l'indique suffisamment — à cette même route de Nara que nous avions laissée un moment pour prendre un chemin de traverse. La chaussée en est carrossable sur toute sa longueur; aussi le Mikado doit-il la suivre, dans quelques jours, pour aller d'Osaka à Nara et de Nara à Kioto. La circonstance a même déterminé l'administration à y faire les réparations les plus urgentes. En ce moment tout un régiment de coolies est affecté aux travaux. Quelle fourmilière! Mais aussi quelle méthode primitive et peu efficace de mener l'entreprise! Chaque homme employé au transport de la terre est muni de deux couffes suspendues aux extrémités d'un rotin, et dont chacune ne renferme pas plus d'une pelletée. Une telle vue me rappelle le spectacle dont je fus jadis témoin, durant un séjour à Madrid. Des soldats, chargés d'un terrassement, n'ayant ni brouettes ni couffes pour travailler, avaient tout bonnement recours à leurs bonnets de police. On n'est pas plus pratique.

En ce point, nous franchissons, à l'aide d'une barque, la Kisou-gawa, que nous avions côtoyée pendant si longtemps. Il y a pourtant bien ici un pont ; ce pont est même flambant neuf. Mais c'est à l'empereur que reviendra la haute mission de le traverser le premier. Conformons-nous à l'usage, puisque nous ne pouvons faire autrement.

En mettant pied à terre de l'autre côté de la rive, nous débouchons sur la grande route et dépassons le village de Kisou, lequel a donné son nom à la rivière. Le Narakaïdo est décidément l'objet de soins empressés et particuliers. Devant chaque maison on établit une bordure de terre en guise de trottoir, et le long des champs en culture on forme, en les entre-croisant, des barrières de bambous protectrices.

Peu à peu le paysage va se rétrécissant. Nous pénétrons dans une région assez accidentée. Tandis que les collines, toujours sablonneuses, balancent au souffle de la bise de hauts bouquets de sapins, dans les parties ouvertes s'étagent graduellement des champs de culture variée.

Ma montre indique une heure et demie quand nous nous trouvons aux abords de Nara, vaste agglomération vers laquelle descend une rampe aussi rapide que prolongée. Depuis notre point de départ, c'est-à-dire depuis Kioto, nous avons parcouru onze ris. Le soleil, assez maussade jusqu'à présent, est devenu plus généreux, et, sous son bienfaisant rayonnement, le paysage se déroule plein de vie et d'éclat.

Mais ne pénétrons pas dans Nara, cette localité si ancienne et si célèbre, sans visiter les points intéressants qui se présentent sur notre passage.

Voici, d'abord, le temple de Todaïdji, érigé au huitième siècle de notre ère et renfermant le fameux *daïboutz* qui, à lui seul, passe pour une des merveilles monumentales et artistiques du Japon. Sur la longue avenue qui y conduit, s'ouvrent deux immenses portiques peints en rouge et pourvus de niches où grimacent les monstres, appelés *Ni-o*, que l'on a coutume de commettre à la garde des sanctuaires bouddhistes. Le premier de ces portiques est également gardé par deux sortes d'animaux fabuleux affectant la forme d'une licorne et d'un lion. Ce groupe, sculpté dans la pierre, est attribué, comme origine, à ces mêmes artistes coréens qui passent à bon droit pour avoir initié le Japon aux arts et aux sciences du continent.

La cour du temple, qui abrite la colossale image du Bouddha, est entourée d'une galerie fermée au moyen de simples châssis aux carreaux de papier, ce qui ne laisse pas que de produire auprès du visiteur un effet aussi bizarre que peu imposant. Outre le temple proprement dit, cette cour ne renferme qu'une haute lanterne à base octogonale, placée devant l'édifice, et la piscine d'usage servant aux ablutions des fidèles. La lanterne, qui est de bronze et qui date à peu près de la même époque que le daïboutz, est considérée comme un véritable chef-d'œuvre. Quant aux parois du temple, recouvertes de couleur rouge et blanche tombant par écailles ou rongée par les pluies, elles laissent partout apparaître le ton primitif du bois. La double toiture qu'elles supportent est soutenue intérieurement par une colonnade de piliers également rouges, et le plafond est divisé en caissons uniformes revêtus d'un treillis rouge, lequel se détache sur le fond resté blanc. Par le fait, je ne vois aucun luxe dans l'édifice. Cela n'est, à proprement parler, qu'un simple abri pour l'immense pièce de bronze qui est placée au milieu.

LE TAÏKO, GROSSE CAISSE (p. 257 et 433).

Comme aspect, la statue de Nara me rappelle absolument celle de Kamakoura. Pourtant, elle diffère de cette dernière par la position des mains. Tandis que nous avons devant les yeux élève la dextre comme si elle prenait la divinité à témoin, et appuie la senestre sur le genou de manière à en montrer la paume aux fidèles. Cette particularité purement symbolique est destinée à représenter le Bouddha avant sa vocation religieuse. Le trône sur lequel repose le divin personnage est orné de la légendaire fleur de lotus, importée sans doute de l'Inde et originaire de la vallée du Nil. En dehors de ces minces détails, les deux daïboutz seraient presque pareils, si celui de Nara n'était en réalité beaucoup plus grand. Tandis que le bronze de Kamakoura, déjà colossal comme proportions, ne mesure que 14 mètres de haut environ, celui-ci atteint 16 mètres. La longueur du visage est de 4 m. 90, et la largeur de 2 m. 90. Quant à la largeur totale de la statue mesurée aux épaules, elle est de 8 m. 70.

Il n'y a pas au Japon de colosse de bronze d'un cube plus considérable. Le présent échantillon, digne des plaines de Thèbes, ne remonte tout au plus qu'à trois siècles; mais, avant qu'il eût été fondu, deux autres de même envergure se sont succédé à la même place. L'un et l'autre ont été détruits pendant les guerres qui ensanglantèrent le pays.

D'anciennes chroniques rapportent qu'il n'a pas fallu moins de sept fontes successives pour obtenir un résultat satisfaisant, et que près de 3,000 tonnes de charbon de bois furent consommées dans l'opération. Cela n'est pas impossible, en y réfléchissant bien, puisque 450 tonnes de métaux passent pour y avoir été employées. Les matières qui ont servi à la constitution de ce riche alliage se répartissent de la manière suivante : cuivre, 986,080 livres; étain, 16,827; mercure, 1,954, et or, 500. Les diverses parties dont le daïboutz est composé sont jointes au moyen de boulons, tandis que les interstices inévitables laissés par la section sont remplis d'un ciment de nature spéciale.

Pour donner une idée de certaines proportions gigantesques atteintes par le colosse, il me suffira de dire que la longueur de son œil mesure plus d'un mètre, et que la hauteur de l'oreille n'atteint pas moins de trois mètres. Bref, un homme peut facilement s'introduire dans l'intérieur de la tête par la seule ouverture des narines.

Derrière le Bouddha se développe une auréole dorée, en rapport avec les dimensions ci-dessus, ou plutôt hors de toute mesure avec cet ornement habituel. Elle comporte un diamètre non inférieur à 24 mètres. Sur les lames d'irradiation sont coulées en relief seize figures de disciples, dans la même at-

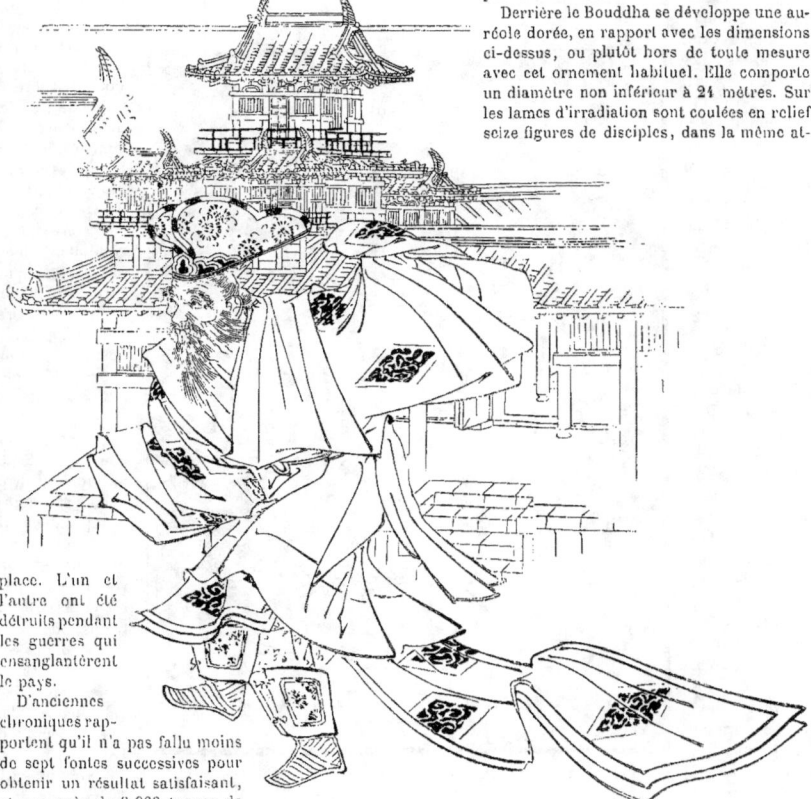

OWARI-NO-MOURADJI-HAMANOCHÉ DANSANT DEVANT LE PALAIS IMPÉRIAL, A L'AGE DE CENT TREIZE ANS (p. 386). — Dessin de Yosaï.

titude que celle du maître, et ayant chacune une hauteur de deux mètres et demi. Inutile de dire que tout le cénacle est également doré au feu.

A gauche et à droite du colosse, on a érigé deux autres daïboutz ayant à peu près la moitié de la taille du premier. Leur tête est pareillement encadrée par un nimbe, mais cette auréole lumineuse ne comporte aucun ornement. Tels sont, d'ailleurs, se confondant dans une même simplicité, tous les nimbes qui s'épanouissent, indistinctement, derrière les saints bouddhistes disséminés dans l'enclos sacré de Nara. Le groupe des trois daïboutz est entouré d'autres personnages également en bronze et jouant le rôle de gardiens. Les traits de leur visage affectent des airs terribles, en parfait contraste avec l'extrême bonhomie empreinte sur la figure du Bouddha. Enfin, devant la triade des images divines, se dressent de grandes fleurs découpées dans le métal, et de très luxueux brûle-parfums.

Le daïboutz et ses acolytes de bronze ne constituent point les seules curiosités du lieu. Dans les galeries contournant le temple de Todaïdji, il nous est donné de voir nombre d'objets d'une valeur rare : statuettes bouddhistes en bois polychrome, sabres à lame de cuivre réputés sacrés, instruments de musique, masques, coffrets de laque, porcelaines et faïences, étoffes, bronzes, armures, etc. Tous ces objets vénérables, d'origine très diverse et renfermés dans des vitrines, remontent pour la plupart aux époques les plus reculées et font partie de la collection privée que les mikados de l'ère primitive entretenaient à Nara. Ils passent pour provenir de butins de guerre ou de cadeaux faits par des souverains étrangers. L'ancienneté de cette collection ne saurait être mise en doute. En effet, le catalogue qui en fut dressé il y a plus de mille ans existe encore, et aucune des pièces inventoriées n'a disparu.

Parmi les objets exposés dans le temple de Todaïdji, il est certaine lampe à l'huile qui mérite une mention spéciale, tant à cause de sa forme bizarre qu'à cause de l'originalité de son mécanisme. Pourvue d'un simple pied en bois ayant soixante centimètres de haut, elle présente à son extrémité supérieure un rat accroupi, qui semble examiner avec attention le contenu d'une petite soucoupe placée en contrebas. C'est, en effet, à cet animal vigilant qu'incombe la mission d'alimenter régulièrement la soucoupe,

LANTERNE VOTIVE DU TEMPLE DE NANJENDJI, A KIOTO (p. 406).
Dessin de Hanzan Yasounobou.

laquelle contient l'huile et la mèche destinées à produire l'éclairage. Pour tout dire, le corps du rat n'est qu'un vulgaire récipient, et de sa bouche s'échappe un jet d'huile aussitôt que la soucoupe est vide. Ce résultat est obtenu au moyen d'une tuyauterie habilement ménagée dans l'appareil et démontre qu'à une époque déjà éloignée, on avait reconnu et appliqué le principe physique d'après lequel un liquide quelconque ne saurait s'échapper d'un vase si ce n'est en proportion égale au volume d'air qui y est admis en même temps.

A quelques centaines de pas, au milieu des bois qui s'étendent derrière le temple de Todaïdji, nous allons voir une sorte de pavillon établi sur pilotis comme une habitation lacustre. Composée de billots de forme triangulaire et superposés à la façon des isbas russes, cette construction, en dépit de sa simplicité, est sans conteste une des plus curieuses de Nara. Elle est, en tout cas, la plus ancienne ; à part la toiture, qui fut renouvelée à plusieurs reprises, et pour la dernière fois au dix-huitième siècle de notre ère, tout est demeuré dans l'état primitif. C'est dans ce pavillon, datant de plus de mille années, que l'on conservait autrefois la collection d'antiquités éparpillées à l'heure qu'il est dans les temples avoisinants.

KIOTO, NARA, OSAKA ET KOBÉ

A droite du temple de Todaïdji, au haut d'un monticule, on voit sous un hangar une des plus grandes cloches qui existent au Japon. A mon sens, elle doit égaler en volume celle du temple de Tchion-ïn, à Kioto. Dans la même direction, sur le revers d'une colline, se trouve le temple de Nigwatsou-do, dédié à Kwannon, et dans lequel je remarque une série de peintures bizarres, concernant divers miracles attribués à la bonne déesse.

Puis nous passons devant quelques petits temples secondaires, pour atteindre enfin celui de Kasouga, lequel passe avec raison pour être le plus important de

irrévérencieuse à leur égard, d'entourer les halliers d'un grillage de bois, qui empêche tout à fait les hôtes sylvestres de frayer en société profane.

Les *torii*, échelonnés soit au dedans, soit au dehors de cette clôture, nous apprennent que le temple appartient au culte chintoïste. Celui-ci est, en effet, dédié à Améno-Koyané, ancêtre divin de la fameuse famille des Foudjiwara. Une quantité fabuleuse de lanternes de granit, recouvertes en partie de mousses, de lierres et de lichens, précèdent l'entrée d'une grande cour, laquelle est formée d'une enceinte à double colonnade, ou, pour mieux dire,

UN CHEVAL SACRÉ (p. 396). — Tableau du temple de Kiomidzou, peint par Kano Motonobou.

Nara. La route qui y mène est bordée de boutiques où l'on vend des jouets, des friandises, des objets de corne de cerf et de petites statuettes de bois peint, d'un travail assez médiocre, et fabriquées à l'usage des nombreux pèlerins qui fréquentent la localité.

Aux abords de l'enclos sacro-saint, le chemin devient excessivement pittoresque. Il s'enfonce, par de nombreux emmarchements, jusqu'au fond d'un ravin, d'où l'on remonte vers le temple bâti sur le versant opposé, tout en parcourant des bois ombreux peuplés de cerfs qui vous regardent passer tranquillement. Ces animaux, considérés comme sacrés, sont naturellement protégés contre les atteintes par la vénération populaire; mais comme le pays, très boisé, abonde partout en gros gibier, on a pris la précaution, assez

d'une galerie ouverte de chaque côté et bigarrée comme toujours de rouge et de blanc.

La seule chose qui soit à remarquer dans cette cour, renfermant surtout plusieurs hangars monumentaux destinés au service du culte, est un arbre énorme du genre conifère, dont les racines, grosses comme des troncs, étendent leurs replis bizarres et tortueux sur une vaste étendue. Des milliers de lanternes, faites de bronze finement travaillé, sont suspendues sous les galeries et sous l'espèce de portique qui y est attenant tout au fond. Ce portique donne lui-même accès à un enclos renfermant les petites chapelles dédiées à la déesse Amatéras, et à trois autres *kamis* d'un ordre moins élevé.

A propos des bronzes remarquables admirés sur

notre route, nous ferons observer que la plupart des portes de temples offrent, sous ce rapport, de véritables chefs-d'œuvre d'imagination et de ciselure. Ainsi les énormes peintures qui assujettissent ces portes sont fixées au bois par des clous dont le diamètre mesure, suivant les cas, de deux à dix centimètres et dont le dessin varie à l'infini. On peut affirmer qu'au point de vue du nombre comme de la finesse des bronzes, la collection de Nara est la plus riche du monde entier.

Non loin de là, le temple de Wakamiya, consacré au fils du dieu Améno-Koyané, ouvre ses portes aux amateurs de danses sacrées. On se rappelle que nous avons assisté à des danses de ce genre dans le temple d'Inari, à Kioto. Seulement, à Inari elles n'ont lieu qu'à certains jours de pèlerinage, tandis qu'à Nara elles s'exécutent chaque jour de l'année. Ici comme là-bas, les danseuses se présentent, d'ailleurs, sous le même accoutrement bizarre, mais élégant. Elles sont vêtues d'une sorte de mantelet de couleur pourprée, presque traînant par derrière, mais ouvert en diagonale sur le devant, laissant voir en dessous une tunique d'une blancheur immaculée, sur laquelle se détachent en vert des liserons de wistérics. Leur front est coquettement paré d'une touffe de fleurs roses et blanches, et leurs cheveux d'ébène, rassemblés au moyen d'un galon d'or, flottent nonchalamment sur le dos. Quant aux danses, elles sont accompagnées des mêmes gestes et des mêmes contorsions. Les gracieuses ballerines s'avancent en agitant tantôt un éventail, tantôt un paquet de grelots, pendant que l'orchestre, représenté par des bonzes jouant, qui de la flûte, qui des claquettes ou du tambourin, mènent, tout en criant à tue-tête, un sabbat infernal.

Pour tout dire, musique et chorégraphie sont censées reproduire, *coram populo*, le fameux concert organisé par les divinités primitives du Japon, sous la direction de la déesse Ousoumé, dans le but de faire sortir la lumineuse Amatéras de la caverne où elle avait trouvé bon de s'éclipser pour échapper aux brutalités de son frère Sousanao.

Ces danses font pour ainsi dire pendant à celles qui sont exécutées dans le temple voisin de Kasouga, à cette différence près que les dernières n'ont lieu qu'à certaines époques de l'année et tendent uniquement à symboliser l'épanouissement de la nature dans une série de figures chorégraphiques, représentant les travaux champêtres, depuis le labourage jusqu'à la rentrée des moissons.

A partir du temple de Kasouga, où nous sommes revenus, nous nous enfonçons, par de jolis chemins, dans des bois encore verts et riants en dépit de la saison d'hiver. Là, les conifères, les lauriers sauvages et les espèces à feuille reluisante alternent complaisamment avec les chênes particuliers au pays. Chacun, dans le concert des nuances vives, a retenu sa gamme particulière, offrant aux yeux surpris le splendide étalage d'une végétation quasi printanière. Pas un seul arbre qui se montre dépourvu de sa toison, alors que les lierres et toute la série des plantes grimpantes, hôtes habituels des forêts tropicales, en contournent la tige vigoureuse. Et, à la surface des eaux, dormant au fond des ravins, poussent des multitudes de plantes aquatiques, parmi lesquelles le lotus aux feuilles luisantes tient la plus grande place. Si l'aspect en est encore éteint à cette époque de l'année, quel coup d'œil enchanteur cette nappe verdoyante, à la végétation plantureuse, ne doit-elle pas présenter à l'heure où la saison estivale en a épanoui les boutons! Enfin, une avenue bordée des éternelles lanternes votives, disposées au hasard de la route, sans aucune symétrie, conduit hors de l'enclos sacré. L'avenue est tracée au milieu d'un parc, avec pelouses agrémentées de quelques arbres, où des cerfs vaquent, cette

LA DÉESSE OUSOUMÉ (p. 40, 139, 370 et 424). — Dessin de Yosaï.

KIOTO, NARA, OSAKA ET KOBÉ

fois, en toute liberté. Les jolies bêtes viennent, sans façon, manger dans ma main quelques menues friandises.

C'est à l'extrémité même de ce parc magnifique qu'une large route redescend vers Nara, dont les maisonnettes gracieuses et les jardins microscopiques nous offrent, de la hauteur, une vue tout à fait

passé, des témoignages de la grandeur d'une ville capitale descendue aujourd'hui au simple rang de sous-préfecture.

Par le fait, de l'année 708 à 782 de notre ère, Nara fut la véritable tête du Japon. Sept souverains, et sur le nombre quatre impératrices, parmi les dix princesses dont les annales historiques daignent

LES DANSEUSES DE GHION-CHINTCHI (p. 430).

charmante. En suivant le chemin qui s'offre à nous, et sur la droite, on rencontre un dernier édifice de forme élancée, sorte de pagode à cinq toitures superposées.

Cette pagode, que nous visitons en passant, fait partie de l'enclos sacré de Koboukondji, lequel est en grande partie détruit.

En résumé, partout où l'on se porte en cette contrée incomparable, on retrouve des souvenirs du

nous laisser les noms, y résidèrent successivement. Ce fut même sous l'impératrice Ghemméi, celle qui, la première, vint fixer sa résidence à Nara, c'est-à-dire en 711, que le *Kodjiki* fut composé. On n'a sans doute pas oublié que le *Kodjiki* est la plus ancienne histoire connue de l'empire du Soleil Levant. En réalité, cette Bible japonaise a été écrite en trois volumes et renferme une sorte de Genèse traitant de l'origine du monde japonais, ainsi qu'une chronologie établissant la succession des dieux, des déesses et des empereurs qui sont dits en descendre directement.

L'impératrice à qui échut l'héritage de Ghemméi fit faire un autre travail de compilation historique et religieux, connu sous le nom de *Nihonji*, en vue de compléter le *Kodjiki*.

Au résumé, le règne des hôtes impériaux de Nara marque, dans les fastes historiques, par la sollicitude extrême dont ils firent toujours preuve à l'égard de leurs peuples. On peut reconnaître également qu'ils s'y occupèrent des moindres détails de l'administration, appelant à leur aide nombre de savants étrangers, organisant l'enseignement public, résolvant même à priori certains problèmes d'économie politique et sociale.

Naturellement, on ne voit plus ici que des vestiges à peine saillants de cette puissance anéantie. Mais les temples et les tombeaux fourmillent d'indications précieuses; la colossale image du Bouddha elle-même, refondue sur le modèle fourni par l'original, lequel datait de l'année 743, est comme un écho de cette gloire évanouie. Si l'on songe, enfin, que Nara jouissait d'une pareille renommée à l'époque où notre monde occidental agonisait encore sous le pied ensanglanté des Barbares, et qu'elle fut le précurseur de ce merveilleux Kioto dont nous admirons toujours les beautés, nous nous inclinerons en passant devant la modeste agglomération qui résume dans son passé tant d'inoubliables créations.

JOUANT DU CHO ET DU KOTO SACRÉ (p. 138, 256 et 433). — Dessin de Yosaï.

Après un repas lestement expédié, sur les quatre heures et demie, nous quittons l'antique cité par une froidure qui nous pénètre jusqu'aux os. A peine, d'ailleurs, sommes-nous en pleine campagne, qu'une poussière fine, chassée par un vent glacial, nous cingle le visage et les mains. Nous avons repris la succession des petites digues élevées au milieu des champs cultivés. Mais la nuit est venue peu à peu, et l'atmosphère n'a pas gagné en douceur. Bien au contraire, le froid est devenu tel que je me vois contraint d'arrêter, à trois relais de marche, pour changer de djinrikchas et de coolies. Cela nous occasionne de grands retards, comme on le pense bien. Quelle obscurité! quelle température! quelle course sans limite! Et, par une ironie du sort, voici qu'une maison placée à l'écart, et où nous aurions pu à la grande rigueur demander asile, prend feu tout à coup en jetant des lueurs sanglantes à travers le brouillard fuligineux.

Enfin, après une marche des plus accidentées, nous venons à passer entre les habitations. C'est l'extrême limite d'Osaka, paraît-il; mais nous sommes loin d'être rendus à destination. Avant d'atteindre l'hôtel *Jentéi*, où je me suis promis de descendre, il y a encore deux ris à franchir, à travers les faubourgs et les rues.

Bref, il est deux heures et demie du matin lorsque je mets pied à terre, raide comme un bambou et froid comme un bouddha de bronze. Nous n'avons cependant parcouru que treize ris, depuis Nara, pour la plupart du temps — il est vrai — au milieu des ombres les plus épaisses. Les marches de nuit sont comme les campagnes aux colonies, elles comptent double.

Je soupe, vers trois heures, devant un feu réconfortant, et avec d'autant plus de plaisir qu'on a mis plus de délais pour faire prendre le bois.

L'hôtel *Jentéi* est le type de l'auberge japonaise, ouverte à chacun, et si grandement ouverte même, que tous les vents du rumb qui s'y rencontrent y tiennent un perpétuel sabbat.

Ma chambre est ni plus ni moins qu'une glacière. Par les milliers de fissures qui en décorent les parois, la bise pénètre en me forçant de toute part dans mes derniers retranchements. Durant mes pérégrinations à travers ce pays si mal outillé contre les intempéries, je n'ai jamais rencontré pareille baraque, pas même au milieu des montagnes que traverse le Nakasendo. Et cependant, j'ai des vitres à mes châssis tout comme à Tokio ou à Yokohama. Mais le rideau qui en garnit les boiseries disloquées exécute au-dessus de ma tête de si folles sarabandes, la maison tout entière tremble si violemment sur ses fondations et dans ses ais vermoulus, le bruit des vitres secouées, les grondements incessants de la rafale communiquent à cette scène une si désolante tristesse, que je me prendrais volontiers à mouiller ma paupière d'une larme discrète, si je ne m'empressais de la clore jusqu'à mon lever, le corps disparu sous tout mon attirail de voyage.

Lundi, 15 janvier. — Il est huit heures quand j'abandonne cette couche délicieuse. Le temps est beau, mais le thermomètre n'accuse guère que 3° centigrades.

D'après les relevés officiels, Osaka posséderait 280,000 habitants[1], comme agglomération seulement, alors que le reste du *fou*, ou district préfectoral, en compte 250,000 de plus. C'est donc, en tout, une population de 530,000 habitants pour la circonscription entière placée sous la juridiction du gouverneur d'Osaka. C'est, en somme, un beau chiffre d'administrés. Mais comment se fier aux statistiques japonaises, elles qui ne font que se contredire sans la moindre pudeur, et ne reposent le plus souvent que sur des évaluations arbitaires? Ne m'affirme-t-on pas ici que Kioto, dont, sur la foi des documents officiels, j'avais porté la population à 226,491 habitants, ne compte en réalité que 125,000 âmes, et 250,000 en ajoutant à ce nombre le complément fourni par le reste de la circonscription dont elle est le siège! Quelle que soit l'exactitude des chiffres et la pointe de jalousie qui se glisse au milieu de l'indication donnée à Osaka, il est incontestable que cette dernière ville l'emporte de beaucoup comme importance sur la première. Le chantier et l'entrepôt ont vaincu le temple dans leur marche commune vers le progrès.

J'annonce ma ferme intention de changer d'hôtel. A la suite de mes âpres doléances, le gérant s'offre de me caser dans un second hôtel, appartenant aux mêmes propriétaires, mais installé depuis une année à peine dans l'ancienne habitation du gouverneur. Me voilà rassuré sur mon sort, pendant les quelques jours que je vais passer ici. Les deux hôtels portent, du reste, le même nom. On m'assure que c'est le gouverneur en personne et quelques hauts fonctionnaires qui ont monté la spéculation, sous le couvert d'un homme de confiance. Il paraîtrait, au surplus, que l'hôtel *Marouyama*, où j'étais descendu pendant mon séjour à Kioto, relève de la même association.

Ma première visite est naturellement pour M. F***, notre consul, déjà entrevu lors de notre premier passage à Osaka. Je lui raconte mes tribulations de la nuit dernière. En manière de consolation, il m'apprend que de toute l'année il n'a pas encore fait aussi froid dans le pays.

Je me dirige ensuite vers la résidence du gouverneur. M. W***, le premier fonctionnaire du *fou*, homme d'une cinquantaine d'années, est un ancien officier de l'armée du Mikado et s'était jadis signalé dans les luttes contre les chogouns. Il doit à sa belle conduite d'occuper les fonctions dont il est actuellement revêtu. Sorti du peuple, dans la fournée des serviteurs qui se déclarèrent alors pour le souverain légitime, il n'affiche peut-être pas les formes ultra-policées que je me suis plu à constater chez le gouverneur de Kioto, mais il ne manque à coup sûr ni d'habileté ni d'entregent. Administrateur d'une ville industrielle et commerciale, il a résolument fait pacte avec le mouvement progressif. On prétend même — comme

LA RUE DE GUION, A KIOTO (p. 360, 372, 375, 391 et 401).

1. En 1897, la population d'Osaka montait à 482,961 habit.

je le disais tout à l'heure — qu'il est engagé dans bon nombre de combinaisons financières ou industrielles, ce qui est généralement admis en ce pays, où l'initiative des particuliers fait trop souvent défaut. D'ailleurs, rien qu'à sa conversation, on s'aperçoit vite que M. W*** est on ne peut plus entendu en affaires. Pendant toute la matinée, il m'entretient de l'avenir brillant qu'il prévoit pour l'industrie indigène et du succès probable de certaines entreprises

SOUGAWARA KIOKIMI (p. 410).

étrangères. Il s'étend surtout longuement sur une affaire qu'une grande compagnie belge avait eu l'idée d'entreprendre dans le pays, la construction de maisons en fer.

Le gouverneur d'Osaka a personnellement suivi cette entreprise avec beaucoup d'intérêt, pensant que l'application du fer dans un pays où tout périt sous l'action du feu, constituerait un progrès véritable. Malheureusement, le spécimen expédié par la compagnie belge n'était pas suffisamment approprié aux usages locaux. De plus, toute la maison était exclusivement construite en fer, ce qui en rendait l'usage trop onéreux. D'après M. W***, la carcasse seule devrait être de fer; les vides seraient remplis de maçonnerie légère, et la toiture recouverte de tuiles, le métal étant trop bon conducteur de la chaleur pour être employé comme couverture. Comprises de cette façon, il pense que les maisons se vendraient couramment, à la condition toutefois que le prix n'en soit pas trop élevé.

Je ne puis être, en ce qui me concerne particulièrement, d'un avis opposé à celui de M. W***. J'ajouterai qu'il est regrettable qu'on n'ait pas profité des nombreux plans et renseignements fournis par M. F***, notre consul, mieux au courant que qui que ce soit, des ressources et des mœurs dont il s'agit de tenir compte. Si l'on tentait un nouvel essai et que cet essai fût bien accueilli, nul doute que l'offre ne suffirait plus à la demande. Par le fait, l'incendie anéantit tous les ans des richesses considérables, en détruisant des quartiers, voire des villes entières, sur tous les points du territoire. En dépit de la profusion du bois exposé à tant d'imprévus, on adopterait vite un système offrant de pareilles garanties. Dans l'espèce, toute maison japonaise vaut en moyenne de 80 à 300 dollars, soit de 450 à 1,600 francs, mais aucune ne dure même dix ans. Si l'on pouvait établir des habitations qui ne coûtassent pas beaucoup plus du double, le problème serait, je crois, résolu.

Je livre ces appréciations pour ce qu'elles valent. Il est certain que les esprits éclairés du Japon, et je cite M. W*** tout le premier, n'épargneraient aucun effort pour mettre ainsi la propriété indigène à l'abri des catastrophes. Il se pourrait même, avec le temps, que l'administration supérieure défendît de reconstruire en bois les demeures incendiées[1]. Mais il faudrait, pour cela, que chacun se convainquît des avantages inappréciables dont on veut gratifier le pays. Ce jour-là serait le signal d'une grande révolution économique.

M. W*** me retient à dîner pour le soir même. « Je tâcherai — me dit-il en riant — de ne pas trop vous traiter à la japonaise. »

Bien que mon apprentissage, sous ce rapport, soit fait depuis longtemps, j'avoue que l'insistance du gouverneur est de nature à vaincre toutes mes objections. La cuisine locale est estimable à coup sûr, mais on s'en lasse vite, et l'idée de me trouver devant une table servie à l'européenne, après tant de jours passés à grignoter des plats japonais, n'est point faite, en somme, pour me désobliger.

Je quitte donc, sur cette acceptation verbale, mon futur amphytrion, et vais courir les magasins de bronzes et de bibelots. Les bronzes y sont, naturellement, en grande majorité, car la spécialité d'Osaka réside dans cette fabrication. Mais, hélas! quelle différence entre ces produits, destinés surtout à l'expor-

[1]. Pareille mesure a été prise à Tokio, depuis nombre d'années.

tation, et les beaux spécimens provenant de Kioto et de Tokio ! Autant le travail de ceux-ci est fini et soigné, autant les bronzes d'Osaka sont d'une facture lourde et peu artistique. En général, une seule particularité les distingue des autres produits similaires, c'est l'ampleur de leurs dimensions. Il n'y a que les pièces vraiment antiques qui aient à la fois quelque style et quelque originalité.

Grâce à l'obligeance de M. F***, qui me sert de guide, j'ai la bonne fortune de tomber sur deux chandeliers anciens, fort grands et fort beaux, offerts jadis à quelque temple bouddhiste par un chogoun, dont ils portent distinctement les armes particulières. Ceci donne à supposer qu'ils ont été soustraits dans le temple en question à une époque restée inconnue, à moins qu'ils n'aient été vendus par les bonzes eux-mêmes, coutumiers de ces sortes de transactions.

Quoi qu'il en soit, les chandeliers sont magnifiques et mesurent plus d'un mètre et demi de hauteur. Tout autour s'enroulent des dragons capricieux, et au beau milieu s'épanouissent les trois feuilles de mauve emblématiques, symbole de la grande famille des Tokougawa.

Je m'attendais, comme toujours, à quelque négociation laborieuse en vue de me procurer ces bronzes dans des conditions acceptables. Il n'en est rien heureusement. En dépit des habitudes locales, je me vois, cette fois, dispensé de m'étendre en pourparlers à perte de vue, grâce à mon cicerone, grâce surtout à une coïncidence assez singulière. Il paraît, en effet, que mes chandeliers sont marchandés par un Anglais habitant à Osaka et qui, depuis un temps infini, en offre un prix maintenu imperturbablement, malgré les concessions successives consenties par le vendeur. Il spécule apparemment sur la rareté des acheteurs et n'en veut point démordre. Or, l'entêtement du client est venu se buter contre celui du marchand, lequel, piqué au jeu, n'entend plus céder à aucun prix. De là une situation dont M. F*** m'engage à profiter. Aussitôt dit, aussitôt fait. J'offre cinq yens, soit vingt-cinq francs, de plus que le prix considéré par mon concurrent inconnu comme dernière limite, et sans plus de difficultés j'obtiens les fameux chandeliers. En présence du prix payé pour leur achat, la somme de cinq yens est certes presque dérisoire, et cependant mon vendeur ne se tient pas de joie en songeant au tour pendable qu'il vient de jouer à son client. Je n'y contredirai point.

J'ai dit que les bronzes si lestement acquis avaient sans doute fait l'objet d'une soustraction ou de quelque compromis avec les bonzes. Telle n'est-elle pas, du reste, la source de toutes les antiquités ou objets d'art provenant de la Grèce, de Rome ou d'ailleurs ? Et combien j'ai vu d'artistes et de collectionneurs se disputer, au Caire, les dépouilles des tombeaux de la haute Égypte ou les lampes de mosquée arrachées aux voûtes de Touloun, de Sultan-Hassan, de Barkouk ! En ces matières, si l'acquéreur devait s'inquiéter de l'origine des objets, quels sont les musées nationaux qui pourraient se targuer d'être de provenance irréprochable ? Sans aller plus loin, M. Cernuschi, dont la collection fait l'admiration de tous ceux qui s'adonnent à l'étude des religions orientales, est parti de Yokohama en emportant tout un olympe de dieux, évidemment dérobés dans les enclos sacrés par des chenapans alléchés par le lucre.

LE TEMPLE DE KITANO, A KIOTO (p. 410).

Six heures ; il est temps de retourner chez M. W***. Je me hâte de déclarer que le repas est excellent, quoique un peu cosmopolite. La France, l'Allemagne, l'Angleterre et l'Italie y ont indistinctement collaboré, pour la plus grande gloire de mon hôte et la plus grande joie de nos estomacs. Mais quelle profusion de mets ! Et avec cela des vins pleins de saveur et, naturellement, un thé supercoquentieux pour aider à la digestion. Le festin se prolonge jusqu'à dix heures. J'en sors pleinement édifié sur le rôle prépondérant que le gouverneur d'Osaka est appelé à exercer sur les affaires de sa circonscription. Toutes les combinaisons de nature à assurer le développement d'Osaka et de son port maritime ont été successivement passées en revue au cours de ce long entretien, dans lequel mon hôte a déployé une verve bien propre à rehausser sa loyale hospitalité.

Mardi, 16 janvier. — Beau temps : le thermomètre marque 5° centigrades.

C'est cette journée que, dans mes combinaisons d'itinéraires, j'ai gardée pour ma dernière visite à Kioto, me réservant de commencer ma revue des curiosités d'Osaka à partir de demain.

Je pars donc pour la « capitale de l'Ouest » par le train de neuf heures quarante, tout comme s'il s'agissait d'aller à Paris, à Bruxelles ou à Vienne.

Dès mon arrivée en ville, je me rends au Kiotofou, en vue d'aller saluer le gouverneur et lui faire ma visite d'adieu. Malheureusement, M. M*** étant absent, je n'aurai que l'entremise d'une épître pour lui adresser toutes mes politesses.

C'est vers midi que je dois me retrouver, auprès du Gocho, dans une sorte de conservatoire de musique dépendant du palais impérial. J'espère y définir quelques-unes des règles nationales concernant un art en apparence livré aux hasards de l'improvisation. Comme on peut le penser, je suis très exact au rendez-vous.

Le *gaggakou* — c'est ainsi qu'on appelle cette institution — n'a point de similaire au Japon et fonctionne sous le haut patronage du Mikado en personne. Il a pour mission de conserver dans son intégrité originelle l'ancienne musique sacrée dont je me suis occupé antérieurement. Car, au Japon, en fait de musique tout au moins, l'art peut être considéré comme un véritable sacerdoce.

Chose bizarre, alors que l'empire du Soleil Levant a gardé précieusement les traditions musicales antiques, importées de la Chine et de la Corée, ces derniers pays, pourtant frappés d'immuabilité sur bien des points de leur civilisation séculaire, en ont eux-mêmes perdu le souvenir et le respect.

Il ne faudrait pas croire, pourtant, que les notions théoriques conservées par les Japonais avec un soin aussi jaloux soient bien étendues. La science des virtuoses sacrés qui en ont le dépôt se borne à bien peu de chose. A peine, en effet, se servent-ils de notation, si tant est que celle dont ils font usage ait, de son côté, des droits à une semblable appellation. Mais il ne faut pas trop demander. C'est déjà beaucoup qu'on veuille se soumettre à quelques règles dans un pays où l'oreille, la mémoire et l'imitation plus ou moins approchée tiennent lieu de connaissances approfondies en matière de rythme et de mélodie, car d'harmonie, il ne convient guère d'en parler.

Lors de mes achats dans les magasins de Tokio, j'avais eu l'occasion d'établir que, seuls, les instruments dits « purs » étaient admis à l'exécution de l'ancienne musique religieuse; ils sont aussi les seuls qui jouissent d'une notation fixe, à part le *koto*, qui participe aux mêmes avantages.

Qu'on ne s'y trompe pas, cependant, — je le répète : — cette notation est plutôt fictive que réelle. Les signes conventionnels n'en sont nullement destinés à être placés sous les yeux des instrumentistes, au cours même des concertos. Ils ne contribuent qu'à initier lentement les disciples de la musique sacrée aux modulations des différents morceaux soumis à leurs laborieuses études. Point ne servirait au vulgaire d'avoir devant soi le grimoire inextricable dont ces notations sont formées.

MUSICIEN JOUANT DE LA FLUTE (p. 257 et 433). — Dessin de Yosaï.

Surchargées qu'elles sont d'explications prolixes, de recommandations détaillées, non seulement le simple exécutant ne réussirait pas à leur attribuer un sens précis, mais encore à les lire lentement. A plus forte raison lui serait-il impossible de les déchiffrer, au fur et à mesure d'une exécution musicale. Il convient donc, pour chaque initié, qu'il se rende maître d'abord, et par lui-même, des ressources de son instrument, qu'il en surmonte petit à petit toutes les difficultés, et qu'enfin, sous la haute direction de professeurs versés dans la partie, il s'absorbe isolément en des recherches aussi arides que fatigantes. Alors, note à note, son par son, il poursuivra patiemment l'effroyable labeur qui l'amènera, par gradation, à posséder les matières de son obscur et peu volumineux répertoire. Bref, pour peu que le nom d'automate puisse être appliqué à quelqu'un, c'est évidemment à ce musicien hybride, aussi ignorant de tout principe vraiment musical qu'incapable de discerner si l'ensemble orchestral dans lequel il jette routinièrement ses notes, se trouve en harmonie avec les lois constitutionnelles d'un art mathématique par excellence. Si la langue universelle appelée musique consiste, comme nous le croyons, à combiner les

KIOTO, NARA, OSAKA ET KOBÉ

sons d'une manière agréable à l'oreille, ces casuistes de la croche et de la double croche n'en ont pas encore compris un traître mot. Ils n'ont pas été, ils ne sont pas et ne seront jamais organisés pour en apprécier les suaves qualités, pour parler ou pour écrire une phrase sonore, variée dans son caractère et sa ponctuation.

Grâce à la réglementation étroite dont nous venons de parler, on peut dire que l'art sacré des Japonais n'est pas plus avancé aujourd'hui qu'aux temps les plus reculés de leur histoire. Et la même stagnation

composés à leur usage. Puis, tout aussitôt, le silence se fait sur tout ce qui y a trait, silence qui ne sera plus jamais interrompu.

Cet étonnant *statu quo* n'existe, à proprement parler, que pour la musique sacrée, bien que la musique profane semble y participer également. La dernière, en effet, moins ankylosée, a pu se développer plus à l'aise, en dehors de l'intolérance qui réglementait la première. Aussi avons-nous vu que les deux instruments « impurs » ou profanes de la prédilection japonaise, le *koto* à treize cordes et le *samicen*, ne

LE GUERRIER TAWALA-MOTATOUBO-TADATSOUNÉ TRAVERSANT L'OUDJI-GAWA A LA NAGE (p. 418).
Dessin tiré du *Ehon mousachi aboumi* de Hokousaï.

peut être constatée en ce qui concerne les instruments destinés à l'interpréter.

Depuis l'invention du *wanggong*, sorte de koto à six cordes, ou plutôt depuis son introduction au Japon, jusqu'au huitième siècle, les mikados avaient pris à tâche de favoriser l'étude des méthodes musicales chinoises et coréennes. Durant cette période, on fabriqua au Japon nombre d'instruments sur les modèles étrangers ou d'après les indications fournies par des musiciens de la contrée. Mais, à partir du neuvième siècle, l'arrêt se produit. C'est tout au plus si quelques modifications sans importance sont apportées à la construction des instruments primitivement imaginés, si quelques morceaux nouveaux sont

datent guère de plus de cinq siècles et de trois siècles, respectivement.

Serait-ce en raison de cette jeunesse toute relative que le répertoire populaire est plus riche en mélodies que celui dont relève la musique sacrée? Avec l'inspiration du moment, avec les événements politiques, avec les faits glorieux de l'histoire ou les catastrophes publiques, avec les modifications de la poétique, du lyrisme théâtral et de la vie vécue, le besoin d'inventer des airs nouveaux s'est fait sentir, dans le domaine profane, au même titre que, par respect de la religion, des croyances aux kamis et à leur représentant le Mikado, la musique religieuse était circonscrite dans des limites infranchissables. Quoi qu'il en soit, si, d'une part, la musique sacrée est éternisée dans sa manifestation par des besoins politiques autant que religieux, d'autre part, la musique profane est comme galvanisée par la tradition populaire. Toutes deux, en un mot, sont sans avenir et sans espoir; car, pour modifier un pareil état de choses, il ne faudrait rien moins qu'une véritable révolution, bien autrement efficace que toutes celles dont le Japon a vu les retours sanglants et périodiques. L'arche sainte ainsi formée par la conscience publique est mille fois plus résistante que la forteresse des chogouns et le palais des Mikados. Le secret de cette rations. Malgré cette petite restriction, l'indépendance s'y manifeste d'une manière trop originale pour ne pas être exposée ici. Le besoin de se livrer à quelque occupation musicale moins monotone devient si impérieux à la longue, chez la plupart de ces infortunés, qu'on les voit subitement briguer les plus ébouriffants privilèges. Ainsi, il arrive que, soit par distinction honorifique, soit en considération de loyaux et méritants services, soit encore au prix de quelque somme importante une fois versée, un musicien ambitieux obtient d'accorder son instrument suivant un mode inusité. On m'a cité, par exemple, le

DANSES CLASSIQUES, AU GOCHO, DEVANT LE MIKADO (p. 386). — D'après Hokio Tchouwa.

extraordinaire longévité est dans le sang même de la nation.

Ce qui le prouve encore surabondamment, c'est que toute musique, sacrée ou profane, donne lieu à autant de corporations différentes, militairement disciplinées. Sur chaque point de l'Empire, il existe comme deux armées distinctes, sans rivalité ni frottement. Un « pur » n'oserait pas plus s'essayer à quelque morceau profane, qu'un « impur » ne se risquerait à souffler dans un instrument sacré. Le « tu n'iras pas plus loin » de l'Écriture est ici chose réalisée.

Sauf un cas, cependant! La fantaisie, et une vraie fantaisie d'opérette, songe parfois à consoler les martyrs de cet insupportable piétinement sur place. Encore la fantaisie en question est-elle quelque peu soumise aux décisions arbitraires des chefs de corpo-

cas d'un joueur de koto qui, par grâce spéciale, met triomphalement la première corde de son instrument à une octave plus bas que ses rivaux humiliés. On n'a point de peine à juger de l'accord qui résulte d'un pareil déploiement d'amour-propre.

Mais il est temps de revenir au *gaggakou* et de nous faire l'auditeur impartial de la musique sacrée interprétée par ce conservatoire de musique.

On m'introduit avec solennité dans une vaste salle où je compte réunis une cinquantaine de musiciens, appartenant à tous les âges, depuis dix ans jusqu'à soixante.

L'assemblée entière est en plein fonctionnement. Inutile de dire que tous les instruments appartenant à la catégorie des « purs », et pour lesquels je m'en rapporte aux explications déjà fournies lors de mon séjour à Tokio, y sont uniformément représentés. Il y a là des flûtes, des tambourins, des cliquettes de bois refendu, des instruments à corde, parmi lesquels je remarque un *biwa* de dimensions plus grandes qu'à l'ordinaire. Il y a surtout beaucoup de *chos*, — cet instrument à plusieurs tubes de bambous garnis de lames métalliques qui peut passer ici pour être le roi des instruments à vent, — pas mal de clarinettes, et enfin un gigantesque tambour, ou plutôt une grosse caisse appelée *taiko* et suspendue dans un encadrement richement orné. Ledit tam-

vés. Celui-ci, très irrégulier, passe audacieusement des intervalles impossibles, emplissant les airs surpris de notes tout à fait en contradiction avec les accords soutenus. Pourtant, bien que les artistes paraissent jouer *ad libitum*, de dix en dix mesures à peu près, on entend revenir une même mélodie, si toutefois il est permis de profaner ce doux nom en l'appliquant à des notes juxtaposées d'une manière aussi barbare. Et cela dure des heures entières, jusqu'à ce que tout le personnel musiquant soit las de souffler, de gratter et de cogner.

Celui qui me semble, dans ses efforts épileptiques,

UNE ÉCHAPPÉE DANS LES JARDINS IMPÉRIAUX DU GOCHO (p. 387).

bour semble constituer une des principales pièces de cet orchestre funambulesque.

Quant au chef d'orchestre, je ne le distingue des autres musiciens que par l'inaction absolue dans laquelle il se confine. Son rôle, à tort ou à raison, me paraît être absolument nul. Il m'a tout l'air d'un capitaine de navire qui dormirait dans sa cabine quand le navire court vers les écueils.

Et de fait, jamais, en ma vie de dilettante, je n'ai eu les oreilles plus martyrisées, je n'ai souffert plus assourdissante, plus discordante, plus effroyable cacophonie. Pendant qu'une partie des *chos* reproduisent imperturbablement une même quinte, les autres exécutent une espèce de chant dans les registres éle-

offrir le type le plus curieux de toute l'assemblée, est certainement le « maître tapin », comme disent les troupiers. Assis les jambes écartées, et tenant par chaque main un lourd tampon de grosse caisse, il penche mélancoliquement la tête, en attendant qu'il lui soit donné de s'escrimer. Quand sa partie est achevée, ses yeux se retournent aussitôt vers la terre...

    La terre qui fut son berceau...
    Et qui gardera sa poussière,

comme s'il rentrait plongé dans une profonde méditation. Toutes les cinq minutes, montre en main, il se réveille comme sous l'action d'un ressort, et, de même que l'automate de Léo Delibes, dans le charmant ballet de *Coppélia*, il redresse doucement la tête, considère le ciel représenté par le plafond, et se meut dans la direction du formidable instrument. Alors sa main droite se relève, la gauche fait de même, et bientôt les lourds tampons retombent pe-

TEMPLE DE NICHI-HONGWANDJI, A KIOTO
Soubassement du portique de l'Est (p. 414).

samment sur la peau d'âne, en faisant retentir les échos de grondements terribles. Regardez l'homme maintenant, il a repris sa pose d'inactivité. En lui ne s'agite pas même une fibre isolée. Il est retombé de son envolée bruyante et frénétique dans l'immobilité livide du comateux.

Je ne puis, en vérité, croire que cet extraordinaire charabia de phrases soi-disant musicales se prolonge avec une intention autre que celle d'assourdir l'auditeur. Devons-nous y voir, chez les maîtres susceptibles de pareilles élucubrations, rien de plus que le désir d'hypnotiser par le tympan, ainsi que nous l'avons déjà insinué à propos des sonneries exécutées dans les temples? Je serais disposé à le penser ; sinon, puisqu'il y a eu musique composée ou écrite, il faudrait bien croire que leur œuvre est mal comprise par ceux qui ont mission de l'interpréter. En thèse générale, d'ailleurs, chaque exécutant me paraît agir — comme je l'ai dit — sous sa propre responsabilité, d'après sa propre initiative, en agrémentant le motif traditionnel de fioritures de son cru. A voir la façon dont chacun manie son instrument, le peu d'attention prêté à ce que fait le voisin, j'ose même affirmer qu'il n'y a que des fous ou des illuminés qui puissent ainsi porter l'exécution musicale aux dernières limites de l'indépendance et de l'imperturbabilité.

Pour démontrer jusqu'à quel point la fantaisie peut être poussée par ces pseudo-musiciens, je crois intéressant de rappeler un fait qui a passé dans l'histoire du pays. Il date du règne de l'empereur Godaïgo, au quatorzième siècle de notre ère. Le prêtre chintoïste Tsoumori-Kouninatsou, — dont le rôle consistait, à cette époque, à faire résonner la grosse caisse, — arrivant un jour au moment où le concert sacré était déjà commencé, ne trouva rien de mieux, pour éviter de manquer la première note de sa partie, que de détacher sa chaussure et de la lancer de loin sur l'instrument. La chronique rapporte que le coup fut frappé juste au moment voulu. Beau trait d'adresse, en vérité, et qui n'a pas manqué de fournir ample matière à la peinture et à l'illustration.

Je ne suis pas encore sorti de l'ahurissement, de la surdité profonde où m'a jeté cette orgie de notes incohérentes, que le chef d'orchestre s'est avancé radieux vers moi et me tient, par la voie de mon interprète, un petit discours dont le sens ne fait qu'accroître ma confusion. Sans autre préambule, il débute par regretter d'un air modeste que nous n'ayons pas, à proprement parler, nous Européens, une musique digne de ce nom, et, comparant la manière japonaise à la nôtre, il entre dans des considérations à perte de vue, aussi étranges et aussi insaisissables que la cacophonie de tout à l'heure. « Voyez-vous, — fait-il,

TEMPLE DE NICHI-HONGWANDJI. — Battants du portique de l'Est (p. 414).

en terminant d'un ton précieux, — la musique d'Occident a quelque chose de primitif, je dirai de barbare, pour tout homme bien doué. »

Vraiment! c'est à ne pas en croire ses oreilles. Je considère attentivement mon interlocuteur, mais rien dans sa physionomie ne dénote l'ironie. Tel est bien le jugement à froid d'un musicien japonais, que dis-je! du directeur de la phalange sacrée du *gaggakou*. O Mozart, ô Beethoven, ô Berlioz, ô Wagner!

J'avoue que, malgré les prémisses, je ne m'attendais pas à une conclusion aussi radicale, aussi stupéfiante; j'en suis presque interdit. Toutefois, comme nous sommes en veine de nous parler avec sincérité, je demande à mon savant critique s'il est bien sûr que son orchestre joue exactement en mesure et suivant ce qui est écrit, sans omettre d'ajouter que je l'ai trouvé horriblement faux. « Je comprends cette observation de la part d'un étranger, me répond-il d'un air de compassion. C'est bien cela : avec vos manières de jouer toujours à l'unisson, il vous serait difficile de comprendre les ressources d'un art disposant d'une infinité de moyens. Nous autres, Japonais, nous employons à la fois quantité de sons et tirons parti de chaque note, à notre convenance. Le résultat est bien autrement complet. »

Je regarde à nouveau mon chef d'orchestre. En vérité, je ne sais plus si je dois rire ou pleurer. Je me bornerais à éclater de rire à son nez, si la politesse n'y contredisait. Après tout, le bonhomme a peut-être raison, s'il prend pour de l'unisson ce qui est en réalité l'accord et l'harmonie, et si la pluralité des sons consiste, pour son oreille, dans le heurt de notes incompatibles. Je conçois que cette oreille, habituée comme elle l'est à des jeux tintamarresques, n'ait plus de perception sensible en de-

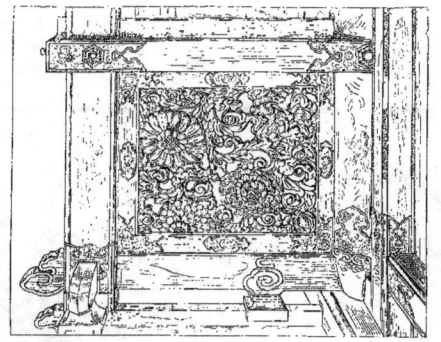

TEMPLE DE NICHI-HONGWANDJI. — Panneau du portique de l'Est (p. 414).

TEMPLE DE NICHI-HONGWANDJI. — Le portique de l'Est (p. 414).

hors d'une musique tonitruante et propre à briser le tympan.

Mais point ne sert de discuter. Il n'est pire sourd que celui qui ne veut pas entendre, — dit le proverbe. Et, pour ma part, j'en ai déjà trop entendu. Sans exagération aucune, je conserverai longtemps le souvenir du concert de sacrée musique — pardon, de musique sacrée — auquel je viens d'être condamné. Il me hantera, comme un cauchemar, dans mes mauvaises nuits.

Reconnaissons, en échange, — ainsi que nous l'avons déjà donné à comprendre, — que cela n'a rien de commun avec la musique profane. A maintes reprises, et récemment encore, nous avons eu l'occasion de saisir de vagues pensées musicales dans les motifs exécutés soit par le *samicen*, soit par le *koto*, soit par d'autres instruments archi « impurs ». Aussi bien ai-je trouvé à ces phrases fugitives un charme incontestable.

Bref, si jamais j'ai compris le sens exact du mot « Conservatoire », c'est bien dans ce musée de formules pétrifiées, dans cet ossuaire d'instruments antédiluviens, dans cet herbier de floraisons musicales desséchées, dans ce vaste réceptacle enfin, dont le personnel me fait simplement l'effet de conserves sentant la moisissure.

Au sortir du « concert », je vais faire une dernière visite aux magasins de soieries. Et je succombe nécessairement à la tentation, en présence des magnifiques spécimens de tissus, sur le champ moiré desquels sont brodés, avec de la soie ou avec du fil de métal brillant, tout un monde de fleurs exquises, d'animaux et de figures symboliques. Parmi les étoffes dont je me porte acquéreur en figurent quelques-unes, à fond crème ou vert-d'eau, du plus charmant effet. Pour en parachever la composition, une main d'artiste les a recouvertes, pour la plupart, de peintures extrafines se combinant avec des dessins brochés d'or et de soie.

Dîner à l'hôtel *Marouyama*, où je logerai cette nuit, encore une fois.

Le soir, pour nos adieux définitifs et sans remise, je me rends à une grande réjouissance chorégraphique dans le quartier de Ghionchintchi. Ma foi, voulant faire les choses en grand et compléter mon étude *in anima... nobili*, je me suis payé le luxe de 22 coryphées et de 8 racleuses de *samicen*. Pour être sincère encore cette fois, puisque telle est ma règle de conduite, j'ajouterai que c'est moins pour parler de la danse japonaise en connaissance de cause que je m'accorde cette fête de satrape, ayant déjà à plusieurs reprises été à même de l'apprécier, que pour juger de la haute réputation de beauté dont les dames de Kioto sont entourées dans tout l'Empire ! Ce serait évidemment faillir à tous mes devoirs de touriste consciencieux, de voyageur sans tartuferie, que de ne pas me convaincre de la sincérité ou même de l'exagération d'une pareille assertion. J'ai fait, du reste, honnêtement les choses. Comme tout bon bourgeois de Kioto en veine de régalade, je suis allé moi-même ordonner mon propre petit ballet à l'agence chargée de ces sortes d'organisations. Et, ajoutant une pointe d'astuce à l'exposé de ma commande, j'ai finement insinué que j'écrirais un jour tout un livre sur le Japon et que je ne manquerais pas d'y relater si le proverbe local est véridique : « La kamo-gawa a le don d'embellir les femmes. » J'ai déjà dit ce que je pensais à cet égard. J'espère donc ne pas avoir à démentir une première impression.

On a tenu compte de mes recommandations. Parmi les trente artistes fournies par l'agence, le plus grand nombre ont réellement de la grâce. Quelques-unes sont même d'une beauté éclatante. La moins âgée compte treize ans à peu près, tandis que la plus mûre de ce parterre en bouton en a tout au plus dix-huit.

Au milieu de tant de brillants oiseaux rassemblés autour de moi, je me trouve en secret bien ridicule ; mais, bast ! l'important est que je ne le paraisse pas trop aux jolis yeux qui sont braqués sur ma personne. Installé dans un fauteuil, au haut bout de la pièce, je me fais l'effet de quelque sultan blasé dans les profondeurs de son harem. Empressons-nous pourtant de faire remarquer que rien n'est plus inexact que la figure qui me vient à l'esprit et qui viendrait naturellement à la pensée de tout le monde. J'ai déjà dit ailleurs, que la corporation des artistes japonaises, à quelques exceptions près, ne saurait être comparée à celle des almées du Caire ou de Tunis. Ces femmes sont des indépendantes, sans être ce qu'on pourrait croire. Ici donc, rien que pour le plaisir des yeux ou des oreilles, comme chez nous à l'Opéra. Aussi, pendant que les joueuses de samicen et les chanteuses, accroupies dans un coin de la pièce, entonnent leurs accords saccadés et leurs mélopées chevrotantes, je suis à même d'admirer tout à mon aise le folâtre essaim reposant à mes pieds. J'y retrouve, comme sur les ailes des colibris, tou-

LA CASCATELLE D'OTOWA, EN FACE DU TEMPLE DE KIOMIDZOU (p. 396).
D'après Hanzan Yasounobou.

jours le même luxe dans le vêtement et la parure, le même soin minutieux dans l'ornementation de la tête. Bien que le costume ne diffère pas sensiblement des pelages éclatants que nous avons déjà décrits, il me semble pourtant y lire un peu plus de sobriété, sous le rapport des couleurs. Ceci — je l'avoue — ne nuit point à l'ensemble du tableau.

Il n'y a pas à dire : ainsi que nous avons eu l'occasion de l'observer en pénétrant dans la région, le type de la race n'est plus du tout le même à Kioto que dans la partie orientale du Japon. Et cette différence est de Ghion-chintchi sont à la fois jolies et élégantes, mais un peu collet-monté. Hâtons-nous de déclarer — pour ne pas outrer la mesure — qu'elles diffèrent absolument sous ce rapport d'avec leurs émules de Marou-yama et autres quartiers galants de Kioto.

Je le répète : on se tromperait du tout au tout si l'on croyait pouvoir confondre la *ghéicha*, c'est-à-dire la musicienne ou la danseuse vouée à un art difficile depuis la plus tendre enfance, avec les vulgaires courtisanes qui peuplent certains quartiers des grandes agglomérations japonaises. Sa conduite vînt-elle à

ÉPISODE DE GUERRE SUR LE PONT D'OUDJI (p. 418). — D'après le *Ehon monsachi aboumi* de Hokousaï.

peut-être plus marquée encore chez la femme que chez l'homme. A voir ces jeunes muses, pour la plupart grandes, élancées, le visage quasi ovale, sur lequel se dessinent fièrement des traits d'un dessin plus pur, on ne reconnaîtrait guère les « poupées » de Tokio. Toutes ont, au contraire, une expression nettement définie, comme chez les femmes de nos pays. Elles ont de plus des manières fort distinguées. Il n'y a là rien de banal, soit dans le maintien, soit dans le geste, soit dans l'émission des paroles. J'observe même, à travers leurs regards, une certaine retenue qui, tout en élevant le cénacle à la hauteur d'une bonne compagnie, ne saurait m'être désobligeant. C'est un peu froid, et voilà tout. On m'avait prévenu d'ailleurs : les danseuses s'écarter en quoi que ce soit d'une vie laborieuse et réglée, la délinquante se verrait bel et bien bannie de la corporation à laquelle elle appartient. Ces dames sont, au surplus, invitées dans les familles les plus respectables, à seule fin de prêter aux fêtes qui s'y donnent l'animation du chant et de la danse, l'éclat de la jeunesse et de la beauté. S'il n'est pas rare de voir quelque enthousiaste combler d'or et de bijoux l'idole de son choix ; si l'on constate parfois des défaillances dans un milieu exposé à de nombreuses séductions, il serait injuste de dire que les offres intéressées y soient toujours accueillies, alors qu'elles sont la plupart du temps rejetées avec une hauteur de plus en plus rare en nos pays.

Ces restrictions une fois faites, personne n'éprouvera — j'espère — de la répulsion à assister du coin de l'œil au petit divertissement que nous nous sommes accordé. Disons tout de suite que les danses sont absolument les mêmes que celles dont j'ai déjà fait la description, c'est-à-dire empreintes de grâce, de convenance et de légèreté. Cependant si, à Tokio, nous avions vu mimer tout au long divers épisodes de la vie réelle ou des scènes entières de roman, comme cela se pratique dans nos ballets, où le mouvement scénique se joint à la variété des attitudes, je constate dans le jeu des artistes de Kioto plus de réserve sous le rapport de la pose, plus de sobriété sous celui des développements. En général même, l'allure est d'une lenteur voulue, tout académique. Chacune des danseuses, ou plutôt des marcheuses, — comme on dit en terme d'opéra, — se borne à ébaucher quelques pas dans le genre de nos anciennes danses nobles. N'était la musique, bien et dûment japonaise, je croirais assister à quelque menuet de Mozart ou de Lulli. Par contre, on bavarde assez dans les rangs, sur un ton réservé, bien entendu; on grignote du bout des dents les friandises qui sont présentées à la ronde; bref, on semble être venu là plutôt pour se faire admirer que pour toute autre raison valable. Quel dommage qu'avec de si beaux traits, de si gracieuses tournures, et surtout avec l'intention qui semble animer chacune individuellement, les filles de l'air se peignent ainsi le visage comme des coquettes sur le retour! Quel piteux abus de la poudre de riz! Pourquoi cet empâtement blanchâtre, sous lequel disparaissent les couleurs naturelles de la jeunesse et de la vie? Vous n'auriez certes pas besoin, Mesdames, d'employer un pareil subterfuge pour faire ressortir l'éclat de vos yeux noirs fendus en amande et le carmin délicat de votre bouche très mignonne!

La petite fête, commencée à neuf heures du soir, se prolonge jusqu'à deux heures et demie du matin. Je me retire éclairé, mais non attendri. Décidément, l'émotion manque un peu à cette école exotique; et la chorégraphie japonaise — il me semble — aura plus de peine à s'acclimater chez nous que la peinture ou le dessin.

Il est trois heures et demie quand je rentre à l'hôtel.

FOUDJIWARA-NO-SADATOCHI, DIRECTEUR DU « GAGGAKOU » AU NEUVIÈME SIÈCLE (p. 430). — D'après Yosaï.

Dire que je dois me lever ce matin avant l'aube!

Mercredi, 17 janvier. — A cinq heures, je suis de nouveau sur pied; je n'ai donc dormi que quatre-vingt-dix minutes en tout. C'est un peu maigre. Le temps est maussade, il pleut; quant au thermomètre, légèrement en hausse, il accuse maintenant 7 degrés centigrades.

A six heures quarante, départ en chemin de fer pour Osaka. Le trajet ne prend guère que deux heures. Aussi, après avoir déjeuné dès l'arrivée à mon hôtel, je me mets en route, toujours à la recherche de l'inconnu. Il n'est encore que dix heures et demie. On ne m'accusera pas de flâner sur les routes et de m'oublier aux pieds d'Omphale.

J'avais, dès l'avant-veille, tout combiné pour faire convenablement la visite de la ville. Outre l'interprète du gouverneur, qui parle anglais couramment, je suis accompagné du drogman de notre consul M. F***, lequel s'exprime assez correctement en langue française. Nous formons ainsi un trio essentiellement polyglotte, capable d'aller partout en ce pays ouvert au commerce international. De plus, nous jouissons chacun individuellement de la faculté d'isoler l'un de nous en variant le dialogue. Soit, en effet, que nous parlions l'idiome de Shakespeare, soit que nous discourions dans la langue de Corneille, soit que mes compagnons s'expriment tous deux dans le langage cher à la prêtresse Mourasaki, les confidences resteront toujours limitées à quatre oreilles. Et pourtant, avec ces éléments et un peu de bonne volonté, nous pourrions aller jusqu'au bout du monde.

Notre itinéraire a été fixé comme suit : d'abord la Monnaie, puis le Château, et, en dernier lieu, le temple de Tennodji.

Pour nous rendre à l'hôtel des Monnaies, nous avons toute la ville à traverser, car l'établissement est situé aux confins septentrionaux de l'agglomération. C'est dire que nous sommes à même de juger celle-ci dans son ensemble. Les rues d'Osaka sont bien entretenues. Le pavage y est formé de tuiles posées sur champ et à bain de mortier. Comme toujours, les artères se coupent à angles droits. Elles sont, de plus, traversées par nombre de cours d'eau. Quant aux ponts jetés sur les rivières, canaux ou ruisselets, ils se chiffrent par centaines, ce qui ne semblera pas étonnant lorsqu'on saura que le fou tout entier d'Osaka n'en compte pas moins de 3,267. Je suppose toutefois que dans ce chiffre fabuleux on a dû comprendre jusqu'au plus simple batardeau.

Tout en parcourant les différents quartiers, je suis d'objets en bois, dont le peuple japonais fait une si grande consommation, depuis les plus minuscules jouets jusqu'aux constructions les plus massives. A maintes reprises nous avons noté l'habileté du menuisier japonais; je suis amené à le constater de nouveau. Tel est le cas, par exemple, pour ces étalages de châssis de fenêtres particuliers aux habitations

UN TRAIT D'ADRESSE (p. 434). — Dessin de Yosaï.

frappé de l'animation intense qui règne partout et de la grande quantité d'échanges qui s'y opèrent. Osaka est, par le fait, un important centre manufacturier, où se fabriquent une foule d'objets courants dirigés sur tous les points du pays. On y trouve également des produits d'un caractère plus artistique, comme les laques et les bronzes; nous avons déjà eu l'occasion d'en remarquer quelques spécimens. Mais ce que l'on voit à profusion, c'est cet immense assortiment japonaises et qui constituent parfois de véritables chefs-d'œuvre de treillage. En un mot, si Osaka est devenu le siège de la grande industrie importée d'Europe et d'Amérique, elle n'a pas cessé de créer, comme par le passé, ces mille et un produits qui caractérisent l'ancien travail indigène.

Quoi qu'il en soit, le mouvement augmente particulièrement aux alentours des théâtres et des temples qui avoisinent le *chiro*, ou château. Justement ce dernier fait face, de l'autre côté de la rivière, à l'hôtel des Monnaies, que nous nous apprêtons à visiter.

La Monnaie est un composé de vastes bâtisses de brique rouge présentant le plus bel aspect. Remarquons, d'ailleurs, que l'architecture internationale a passé par là. Ce n'est plus du style japonais, mais du roman américain ou anglo-saxon. On doit y attendre notre arrivée. D'abord le directeur a été prévenu hier par un télégramme du gouverneur de Kioto ; ensuite, le gouverneur d'Osaka lui a dépêché un exprès aujourd'hui même. Enfin, de mon côté, je lui ai fait passer dès mon arrivée une lettre d'introduction que m'avait remise M. M***. Du diable si, avec un tel luxe de recommandations nous ne sommes pas admis à examiner les choses en détail !

Par le fait, notre visite se prolonge pendant deux heures, visite au cours de laquelle j'assiste aux différentes phases de la frappe des monnaies. J'y vois successivement les épreuves par où doivent passer non seulement les pièces d'or et d'argent, mais le plus simple billon.

Cette installation, qui date de l'année 1871, peut être considérée comme irréprochable. Outre le luxe introduit dans les édifices, les machines sont pourvues des derniers perfectionnements. Et, cependant, la plupart de ces machines n'avaient pas été fabriquées pour une pareille destination. Elles proviennent, en effet, d'une spéculation avortée et dont on a trouvé ici le placement. Lorsque le Mikado confia à des Anglais le soin d'organiser l'important service dont il s'agit, ceux-ci amenèrent à Osaka le matériel destiné à l'hôtel des Monnaies de Hong-Kong, matériel qui, contre toutes leurs prévisions, était resté sans usage dans cette dernière place de commerce. Par une heureuse et habile combinaison, ils en cédèrent tout l'ensemble aux Japonais, en se chargeant même de monter la machinerie comme elle l'est actuellement. Ce fut le major K*** qui présida à l'organisation de l'établissement. Le même ingénieur en conserva la direction, de l'année 1870 à l'année 1875, laissant ensuite à l'élément indigène le soin de maintenir l'entreprise à la hauteur des débuts.

Aujourd'hui, le personnel qui dépend de l'hôtel monte à près de dix cents employés, parmi lesquels il existe encore un certain nombre de nationaux anglais préposés à la direction comme à la surveillance des différentes manipulations.

LA CHIOSA, ANCIENNE DANSE JAPONAISE (p. 380 et 418). — Dessin japonais.

UNE MANUFACTURE DE THÉ, A OUDJI (p. 418).

Voici, à l'égard des monnaies du Japon, quelques renseignements rétrospectifs. Dès le cinquième siècle de notre ère, il est fait mention de leur emploi dans les annales du pays, et, en 699, un premier hôtel

VUE GÉNÉRALE DE KIOTO, PRISE AU TEMPLE DE KIOMIDZOU (p. 358, 373 et 398).

des monnaies est fondé par l'empereur Mommou. Mais jusqu'au dix-septième siècle le système monétaire en usage est calqué sur le système chinois. Il subit néanmoins de fréquentes modifications, dues, en partie, à l'initiative des mikados, et plus spécialement, à partir du quatorzième siècle, au droit que s'arrogèrent un certain nombre de princes féodaux de frapper monnaie. Il en résulta même une telle confusion de types, que, vers le commencement du dix-septième siècle, les chogouns Tokougawa, accaparant le pouvoir politique, crurent devoir centraliser également dans leurs mains une attribution aussi importante. Ils usè-

A part cette légère différence, toute la monnaie nouvelle est frappée sur le modèle de nos types courants. Elle est déjà en usage par tout l'Empire. Malheureusement, les belles pièces d'or et d'argent, trop peu répandues dans la circulation, cèdent le pas au papier-monnaie, dont le pays est littéralement infesté. En ce qui concerne la monnaie divisionnaire et les pièces de bronze, elles auront bientôt remplacé, sur toute la ligne, le billon encombrant et sans fractionnement régulier encore en usage à cette date.

En sortant de l'hôtel des Monnaies, le directeur me remet une notice rédigée en anglais et dans la-

LES DANSES SACRÉES DU TEMPLE DE KASOUGA, A NARA (p. 424). — D'après une gravure japonaise.

rent de ce privilège jusqu'à l'époque de leur abaissement définitif, mais, en dépit de certaines modifications, continuèrent à inonder le pays de monnaies de bronze fabriquées sur le modèle chinois.

Ainsi que nous l'avons dit, l'hôtel d'Osaka, établi par le gouvernement actuel, frappe, tout à la fois, des pièces d'or, des pièces d'argent et des pièces de bronze. Pour toutes ces monnaies, on a adopté la valeur et la division décimale actuellement en usage aux États-Unis. Quant à l'effigie, chacune d'elles porte l'empreinte du soleil levant et de dragons enroulés, les scrupules religieux s'opposant à l'idée d'une reproduction des traits sacrés de l'empereur sur un objet appelé à courir de main en main.

quelle je pourrai, si le cœur m'en dit, supputer toutes les opérations de l'usine depuis sa fondation. Mais, pour le moment, il s'agit de poursuivre notre promenade à travers la ville. Enchanté de notre visite et de l'accueil reçu, nous nous apprêtons donc à passer l'eau, afin d'atteindre le Chiro, c'est-à-dire l'ancien palais du chogoun.

Le bras de la Yodo-gawa que nous traversons, sur un immense pont de bois, nous mène au pied de cette forteresse cyclopéenne, dont il ne reste guère que les murailles et quelques pavillons à double toiture couronnant l'enceinte extérieure. A dire vrai, le tout ressemble assez, comme aspect, aux constructions similaires déjà visitées, soit à Tokio, soit à Hikoné.

La double ceinture de remparts dont le Chiro est entouré se présente sous la forme d'assises robustes à joints irréguliers, plongeant dans des fossés larges et profonds. J'y remarque, noyés dans la maçonnerie, des blocs de dimensions colossales. Cet appareil inusité rappelle assez exactement les murs pélasgiques dont on voit d'énormes et superbes vestiges en Grèce, et particulièrement en Étrurie.

Certaines pierres taillées formant pieds-droits ou linteaux sont comparables aux monolithes de Karnak et de Médinet-Abou, dans l'ancienne Égypte. Celle qui fait face à l'entrée principale, et qui est encastrée dans la hauteur, ne mesure pas moins de 16 *nattes* de superficie. Or, la *natte* équivalant à deux mètres de largeur sur un de largeur, c'est-à-dire à deux mètres carrés, cela lui donne une surface en parement de trente-deux mètres superficiels. C'est tout simplement prodigieux. Les ruines de Palmyre elles-mêmes ne présenteraient pas beaucoup de semblables échantillons.

Pour me rendre compte du cube approximatif mesuré par le morceau de pierre en question, j'escalade le mur d'enceinte, un mètre à la main. Mais je me retire quelque peu désappointé, en constatant que ledit bloc n'est qu'un placage de cinquante centimètres d'épaisseur, tout au plus. Comment a-t-on pu déplacer cette tranche fragile, sans la réduire en plusieurs morceaux ?

Un second monolithe attire également mon attention, — bien que je ne puisse en juger d'une manière complète, — à cause de ses proportions plus normales et plus considérables encore. Il mesure sept mètres et demi de long sur trois de haut et, d'après ce qu'il m'est permis de voir, j'en évalue l'épaisseur à deux mètres. Toutefois, j'ignore si cette épaisseur est égale partout, car je n'ai pu en relever les dimensions que sur deux faces, la pierre formant « carreau et boutisse », comme on dit en architecture, dans l'angle même de la construction.

Les curieux échantillons de carrière que nous voyons ici ont été offerts à Taïko-Sama (*Hidéyochi*) par des daïmios heureux de lui faire leur cour. Ce fut, en effet, ce grand ministre qui bâtit la forteresse en l'année 1590, à proximité de l'emplacement où, douze cents ans auparavant, l'empereur Nintokou avait fait construire un palais. Nintokou-Tenno vivait au quatrième siècle de notre ère, et, le premier, était venu à Osaka, appelée alors Naniwa, pour y établir le siège de son gouvernement. C'est ce même mikado qui s'était signalé dans l'histoire par sa bienfaisance à toute épreuve. On raconte qu'il renonça spontanément, pendant plusieurs années, au bénéfice de l'impôt, en vue de dégrever l'agriculture et l'industrie écrasées sous de trop lourdes charges. A ce propos, on cite de lui ce fait touchant : apercevant du haut de son palais presque en ruine, faute d'argent pour le réparer, sa capitale rendue à la prospérité et à la joie, il s'écria d'un air transporté : « Me voilà devenu riche ! » Et, comme sa royale épouse protestait, en lui montrant leur propre demeure, il ajouta : « Le peuple est la base de l'Empire. Quand cette base est en bon état, l'édifice qui se dresse au-dessus n'a rien à redouter. » Belles paroles, trop

LE DAÏBOUTZ DE NARA (p. 420). — Dessin japonais.

rares, en pareille circonstance, pour ne pas être recueillies[1].

En 1615, le castel d'Osaka fut assiégé par Iyéyas et devint une première fois la proie des flammes. On prétend même que Hidéyori, qui y avait cherché un asile contre les armes de son implacable beau-père, disparut dans l'embrasement. En 1868, l'incendie détruisit de nouveau le palais qui avait été relevé. Les troupes du chogoun, battues près des portes de Kioto, s'y étaient réfugiées, et, avant de se résoudre à la retraite, y mirent le feu aux quatre coins. Depuis cette époque, relativement récente, des casernes ont été construites sur l'emplacement même de l'ancien castel. C'est dire que le tout ensemble a bien changé d'aspect, durant la période de quinze siècles qui constitue son histoire tragique.

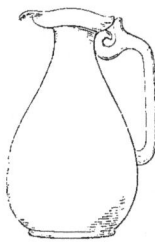

TRÉSOR DE NARA
AIGUIÈRE EN VERRE
D'ORIGINE ARABE (p. 422).

Tout en haut de la citadelle, dans un terrain qui en dépend, s'ouvre un puits appelé « Citerne d'Or ». La tradition veut que le fond ait été garni de ce métal précieux, que l'on sait être inoxydable. L'eau de ce puits servait à la garnison en temps de siège.

Le Chiro domine toute la contrée environnante. Aussi y jouit-on d'une très belle vue. Vers le nord, à côté de nous, se présentent d'abord l'hôtel des Monnaies, que nous venons de quitter, puis les bâtiments de l'arsenal et la Yodo-gawa, dont le cours sinueux se divise en plusieurs branches et va s'étendant au loin dans la campagne. De ce côté, comme du côté de l'est, se succèdent à perte de vue les champs cultivés semés de hameaux et de villages. A l'ouest et vers le sud, au contraire, se déploie la ville dans toute son étendue.

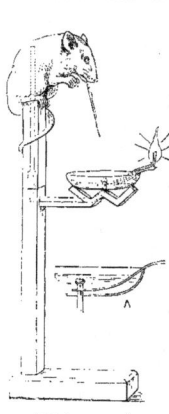

LAMPE CONSERVÉE
A NARA (p. 422).

L'aspect de celle-ci est vraiment superbe. Il forme même avec le panorama de Kioto, que nous avons eu plusieurs fois l'occasion de décrire, un contraste saisissant. Ainsi, tandis que, dans la capitale de l'Ouest, les grands temples

1. Extrait de notre ouvrage *Histoire et Religion du Japon*.

couronnent les hauteurs entourant la ville et que le groupe compact des maisons est seulement coupé en deux par un fleuve sans eau avec une régularité monotone, ici les habitations se pressent, marquées d'un style moins uniforme, et la toiture des édifices religieux ressort énergiquement sur l'ensemble des constructions. Bref, du milieu des maisons japonaises surgissent partout, comme des taches blanches ou rouges, des monuments publics aux lignes architecturales et des habitations coquettes révélant la présence de l'élément étranger. Ces dernières sont comme autant de joyeuses lueurs sur l'écran noir et brun formé par la ville indigène. De plus, la Yodo-gawa, parvenue à son embouchure, se donne ici des airs de grand fleuve américain. Coupée en travers par des ponts immenses, alimentée sur chaque bord par d'innombrables ruisselets et canaux, elle roule, pour le quart d'heure, ses eaux retenues par la marée et grossies par la pluie du matin. Et si le regard enchanté se reporte au delà des sensations immédiates, il va se reposer sur le golfe et la mer, qui reluisent à peu de distance, en communiquant au tableau général un cachet de fraîcheur et de grâce absolument inconnu de Kioto.

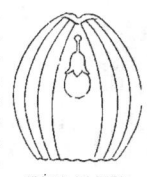

TRÉSOR DE NARA
EN PÉTALE DE LOTUS
(p. 422).

NIMBE D'UN SAINT BOUDDHISTE (p. 422).

Soyons juste, cependant. Si Kioto, au point de vue pittoresque, ne peut même soutenir la comparaison avec l'active et riche *Naniwa*, nom donné jadis à Osaka et dont la jolie signification est « Fleur des vagues », il n'est pas douteux qu'avec sa brillante ceinture de montagnes hérissées de temples somptueux, avec les mille souvenirs historiques attachés à leurs flancs abrupts, la première l'emporte de beaucoup comme charme et comme intérêt sur la cité quasi nouvelle dont nous admirons actuellement les incontestables beautés.

Osaka, comme étendue et comme chiffre d'affaires, est un des centres les plus considérables de tout l'Empire. Elle a même, sous ce dernier rapport, une grande analogie avec Tokio, et serait presque en droit de partager avec la capitale moderne le titre gracieux et mérité de « Venise de l'Orient ».

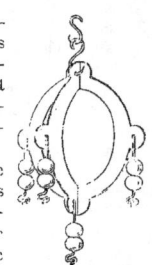

ORNEMENT D'UN PÉTALE
DE LOTUS, A NARA
(p. 422).

D'autre part, les campagnes environnant Osaka forment des plaines d'une étendue énorme. Ce n'est que bien loin à l'horizon, et seulement vers le nord-ouest, que se dressent des cimes assombries et découpées en silhouette sur l'azur merveilleux d'un ciel napolitain.

Ainsi que nous l'avons dit en commençant la journée, le programme de mon cicerone officiel comporte encore, pour aujourd'hui, la visite du temple de Tennodji. De l'observatoire où nous sommes, nous en apercevons la grande pagode aux toitures superposées, s'élançant hardiment du milieu des bouquets de bois sur lesquels l'œil se repose délicieusement.

Nos djinrikchas nous y transportent en un quart d'heure.

Bien que l'enclos sacré appartienne au culte bouddhique, il est précédé d'un *torii*. Nous avons vu que, d'habitude, ce genre de portique n'accompagne que les sanctuaires voués au culte chintoïste. Une pagode à cinq toitures superposées, comme celle dont on admire ici la superbe ornementation extérieure, indique toujours, au contraire, que l'endroit est placé sous la protection du Bouddha. A proximité se dresse le temple proprement dit, lequel est moins fastueux que la pagode. Malheureusement, tout y tombe en ruine; et, quant à l'intérêt qu'il pourrait présenter à l'intérieur, je le déclare parfaitement nul.

Au surplus, ce que nous venons chercher à Tennodji, ce n'est plus la splendeur des édifices consacrés au bouddhisme : rien n'égalerait jamais comme richesses, comme art, comme état de conservation, ce que nous avons vu à Kioto et à Nikko. Mais notre but est de contempler, si c'est possible, les curiosités conservées dans le monastère annexé au temple. Celles-ci sont confiées à la garde des bonzes et seraient — paraît-il — du plus haut intérêt. Mes guides prétendent que nul étranger n'a été encore admis à les voir et que je suis la première personne pour laquelle l'interdiction ait été levée par ordre spécial du gouverneur. Décidément, si cela est vrai, — comme je me plais à le croire, — j'offrirai cette primeur à ceux qu'intéresse le présent récit.

Donc, ne différons plus et pénétrons dans le monastère, où je suis aussitôt reçu par un personnage cumulant les fonctions de grand prêtre et de gardien des merveilles. Tout d'abord, il nous faut déguster la tisane traditionnelle, sous la forme d'une tasse de thé finement préparée.

CHANDELIERS DE TEMPLE, EN BRONZE (p. 429). - Collection de l'auteur.

Puis, nous nous mettons en route à travers une quantité de pièces, aussi nues de meubles qu'inutiles à décrire. Enfin, nous arrivons au *koura*, ou magasin incombustible, que les Anglais désignent aussi sous le nom de *godown*.

J'y entre, le cœur ému, le bec enfariné, m'attendant à voir, comme en quelque grotte de Monte-Cristo, reluire un trésor inappréciable, mille richesses inviolées, quand — ô désillusion ! — on me montre surtout des reliques et des souvenirs plus ou moins fidèles provenant de Chotokou-Taïchi, le fondateur du temple, en personne, et le second fils de l'empereur Yoméi. Heureusement, quelques-uns de ces objets ne sont pas tout à fait indifférents. J'en donnerai même plus bas une description assez détaillée.

En attendant, — et pour ne point enlever à la collection le seul intérêt qui la rende, à mes yeux, digne de quelque examen, — une fois le premier moment de désenchantement passé, disons ce qu'on raconte sur le prince dont on nous présente les précieuses reliques.

Son histoire, très peu vraisemblable d'ailleurs, offre un tel caractère de similitude avec celle du Christ lui-même, qu'on se demande si elle n'est pas la simple copie des espérances religieuses de l'Ancien Testament et des faits racontés par le Nouveau. Qu'on en juge ! L'auteur du *Ghenko-Chacou-cho*, ouvrage écrit en l'an 1322, par un bonze très sûrement imbu de lectures étrangères, spécifie, en effet, que Chotokou-Taïchi naquit aux abords d'une étable, d'où son surnom d'Oumaya-do. Cet événement, survenu en l'an 572 après Jésus-Christ, avait été annoncé à sa mère par un ange qui lui apparut en songe en lui prédisant qu'elle mettrait au monde le Sauveur du Japon. Engendré au moment même de cette mystérieuse vision et né sans causer de douleurs, au milieu de lueurs extraordinaires planant sur le palais impérial, il devait au surplus, sous le nom posthume qu'il a illustré, devenir dans son pays le réel apôtre du bouddhisme. A l'époque où l'introduction de cette religion ne datait encore que d'un demi-siècle, il s'efforça, par son influence et par sa parenté, à en faciliter les progrès. La tâche n'était pas facile cependant. Un grand dignitaire de la cour de Yoméi, nommé Moria, se distinguait particulièrement, entre tous les ennemis de la nouvelle confession, par son animosité extrême contre des doctrines qu'il considérait à bon droit comme subversives de l'autorité mikadonale. L'empereur n'en attacha pas moins une telle importance aux conseils de Chotokou-Taïchi, qu'à l'insu de son irascible ministre Moria, il se convertit au bouddhisme au moment de rendre l'âme. Il en résulta naturellement une inimitié très vive entre Chotokou-Taïchi et Moria, laquelle se traduisit, en fin de compte, par des luttes intestines et sanglantes. Ce fut dans les combats engagés par la suite que le prince Chotokou-Taïchi tua Moria, d'un coup de flèche, et réduisit complètement les partisans de son adversaire. Or, comme il avait promis de bâtir un temple aux dieux, s'il parvenait à remporter la victoire, il s'exécuta noblement.

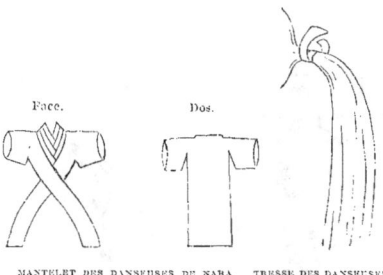

Face. Dos.

MANTELET DES DANSEUSES DE NARA (p. 424). TRESSE DES DANSEUSES DE NARA (p. 424).

Malgré un état de délabrement très accusé, l'édifice actuel n'est point le temple originairement construit par Chotokou-Taïchi. A plusieurs reprises, l'enclos bouddhiste de Tennodji a été ravagé par le feu, mais il renaquit chaque fois de ses cendres, soit grâce à la munificence des mikados, soit grâce à celle des chogouns.

Et maintenant, passons à l'examen des reliques. On a commencé par étendre sur une table peu élevée un riche tapis de soie. A chaque objet, apporté séparément, avec un luxe de précautions bien fait pour en donner la plus haute idée, le grand prêtre élève solennellement les mains, portant l'inestimable fardeau à hauteur du front, puis le débarrasse de sa gaine avec un soin pieux.

Voici, d'abord, quelques manuscrits d'une facture élégante et châtiée, dans un parfait état de conservation et dus à la main de Chotokou-Taïchi ou de son père. A côté survient une flûte, celle du grand homme. L'instrument est en tout semblable à celles qu'on emploie actuellement au Japon. Là sont les épées du *kami* : les lames en sont complètement rongées par la rouille. Cette flèche est celle au moyen de laquelle Moria fut tué. Enfin — et c'est peut-être la plus intéressante pièce de la collection — on me montre sur une étoffe de soie, et dans un état de conservation vraiment curieux, le portrait du fondateur peint par lui-même. La tête est petite, mais dénote une intelligence très vive. Par une modestie exemplaire, ou plutôt par un calcul inexplicable chez un homme de la trempe du saint, le pinceau lui attribue des oreilles d'une dimension quasi bestiale. Ces oreilles ont certainement le triple de la grandeur normale, par rapport aux mesures du crâne.

LE VIEUX PAVILLON, A NARA (p. 422).

Il est vrai qu'au Japon une telle outrance est une marque de beauté. Et voilà tout ou à peu près, car je ne citerai pas quelques autres objets, d'un intérêt plus ou moins problématique.

Me voyant, pourtant, si bien accueilli par le noble conservateur de ce trésor plus religieux qu'artistique, je le prie de me fournir quelques renseignements complémentaires sur Chotokou-Taïchi et sur l'état du bouddhisme au Japon. Je dois déclarer qu'il s'efforce de me donner satisfaction de la meilleure grâce du monde, pendant que les quatre ou cinq prêtres qui l'assistent dans tous ses mouvements recueillent ses paroles avec une sorte de vénération. Mais quelle n'est pas ma stupéfaction quand je lui entends dire que Chotokou-Taïchi serait né, tout simplement, il y a 2,237 ans et qu'il serait fils de Godaïgo! Il est de toute évidence que notre saint homme ne connaît pas un traître mot ni de l'origine de sa propre religion, ni de l'histoire de son pays. On sait, en effet, que le bouddhisme ne fut introduit au Japon qu'au sixième siècle de notre ère, et que, d'autre part, l'empereur Godaïgo vécut au quatorzième siècle. Il y a de là bien loin — on en conviendra — aux 2,237 ans annoncés par notre cicerone. Toutefois pareille ignorance n'est pas de taille à m'étonner outre mesure. Ce n'est pas la première fois que je suis à même de la constater, et tous ceux qui ont étudié tant soit peu les religions du Japon et quelque peu frayé avec les bonzes seront d'avis qu'on pourrait dire d'eux ce qu'on a dit des popes : « Ils ignorent tout, excepté l'art de vous extraire de l'argent. »

Tout en me traduisant les explications fournies par le grand prêtre, le drogman du gouverneur, très sceptique comme la plupart des Japonais lettrés, les agrémente de considérations de son cru assurément drolatiques, mais capables de faire bondir les bonzes s'ils pouvaient les entendre. Il n'a pas manqué non plus de profiter de l'exhibition des reliques pour tourner en ridicule les croyances et les pratiques

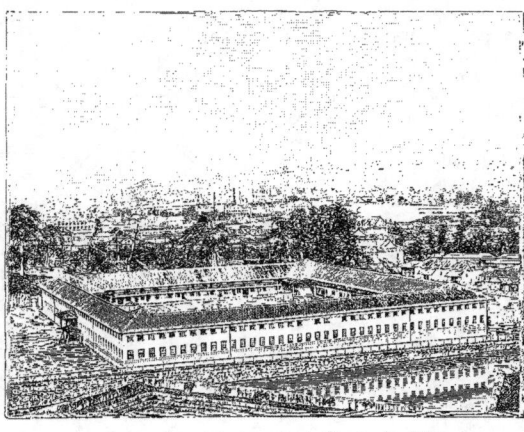

VUE DU CHIRO ET DE LA VILLE D'OSAKA (p. 111).

LE CHIRO D'OSAKA. — ASSISES DU MUR D'ENCEINTE (p. 113).

bouddhistes. J'ai, du reste, souvent remarqué cette même tendance chez les employés de l'administration, peu favorables, en principe, à la religion non gouvernementale.

Pour terminer, notre pieux interlocuteur me répète — mes guides, on se le rappelle, me l'avaient déjà insinué en venant — que je suis, jusqu'à présent, le seul étranger auquel on ait permis de voir les trésors du temple. Il faut croire que telle est la vérité. Dois-je en inférer que la recommandation du gouverneur équivalait à un ordre formel et qu'il n'y faut voir qu'une nouvelle mesure de coercition prise à l'égard des ministres du culte en disgrâce?

Quoi qu'il en soit, c'est en remerciant chaudement le vénérable gardien que je prends congé de lui. A part les bourdes historiques dont il a enjolivé ses discours dans l'intention de captiver notre admiration, ou plutôt par simple ignorance, je m'empresse de reconnaître que l'homme est d'un caractère aimable, d'un esprit naturel tout à fait réjouissant, et que de plus, comme le comporte sa haute situation, il est plein de jugement et de dignité.

Détail singulier : à peine ai-je franchi la porte du reliquaire, que j'entends derrière nous un violent claquement de mains partant de l'intérieur. Déjà, en parcourant le monastère, à la sortie de chaque pièce j'avais remarqué le même phénomène bruyant. Les bonzes, ayant accepté mes gratifications trop profanes, voudraient-ils ainsi chasser le mauvais esprit qui a pénétré avec moi dans leur asile jusque-là inviolé? Apparemment, nos bonzes remplacent-ils par ce claquement répété la pratique, usitée dans tout l'intérieur et dont nous avons rendu compte le premier jour de l'an, d'exorciser le diable en projetant des poignées de haricots grillés à travers la demeure familiale?

Vers quatre heures, nous faisons un deuxième et tardif déjeuner au restaurant Séikwanro dans le style purement japonais. A la manière dont mes valeureux interprètes se tirent de l'opération, je conclus que la longue promenade faite en commun a grandement aiguisé leur appétit. En ce qui me concerne, je ne figure ici que pour la forme. Force m'est de différer, attendu que je suis invité à dîner à six heures et demie chez M. F***.

Après avoir fait un bout de toilette à mon hôtel européanisé et mis mes notes au courant, je vais au rendez-vous fixé chez notre consul, et j'y rencontre le docteur E***, savant hollandais, lequel se propose de retourner en Europe dans quelques mois.

Soirée entière passée à discourir — sur le Japon naturellement — et à faire de la musique. Je ne rentre chez moi qu'à minuit.

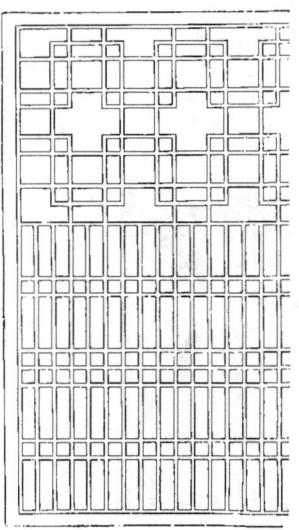

TREILLIS D'UNE FENÊTRE (p. 439), A DESSINS RECTANGULAIRES.

Jeudi, 18 janvier. — Beau temps. Vers sept heures du matin, th. +8² centigrades.

Dès huit heures et demie, je me rends, par chemin de fer, jusqu'à Kobé, pour prendre divers arrangements relatifs à l'expédition en Europe de mes achats de Kioto et d'Osaka. Je profiterai de la circonstance pour m'assurer d'un billet de passage à bord du steamer japonais faisant le service régulier avec Nagasaki.

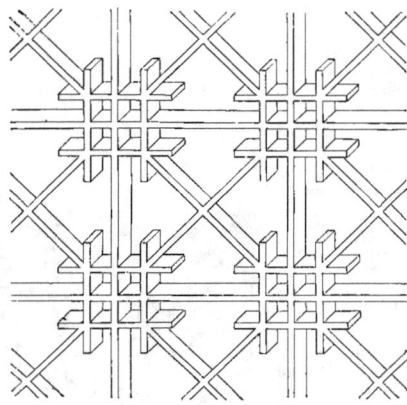

TREILLIS D'UNE FENÊTRE JAPONAISE (p. 439).

Le train d'une heure me ramène à Osaka, et l'après-midi se passe tout entière à présider à la fastidieuse mais très importante corvée de la mise en caisses.

Vers huit heures, réunion chez le docteur E*** rencontré hier à dîner chez notre consul. De concert avec l'interprète du gouverneur, nous allons passer la soirée dans le quartier des théâtres et des restaurants. Des exhibitions de toutes sortes y attirent la foule des curieux, et, à cette heure déjà tardive, toute l'animation de la ville semble y être concentrée. Mais, parmi tant de spectacles variés, rien de nouveau pour nous; c'est la répétition de ceux que nous avons entrevus à Tokio et à Kioto. Dans le principal théâtre d'Osaka, comme dans celui de Kioto, même succession de scènes de carnage et de massacre. Heureusement que, pour terminer une si impitoyable représentation, on nous offre un ballet, connu dans tout le Japon sous le nom de *chiosa*, et mimé, de la façon la plus charmante, au son des samicens et des tambourins.

Ce n'est que vers deux heures et demie du matin que je rentre au logis.

Vendredi, 19 janvier. — A sept heures, je suis de nouveau sur pied. Le temps est beau, et le thermomètre marque 6 degrés centigrades.

Dès neuf heures, l'interprète du gouverneur vient me prendre — comme il a été convenu — pour aller visiter l'arsenal. L'établissement est situé non loin du château. Ainsi que l'hôtel des Monnaies, dont nous avons fait la description avant-hier, il est construit en briques rouges. Une partie des édifices a malheureusement été incendiée l'année dernière. C'est le lieutenant-colonel I*** qui en est actuellement le directeur et qui veut bien s'offrir à me faire voir toutes les installations.

En ce moment on s'occupe, à l'arsenal d'Osaka, comme on le faisait déjà dans celui de Mito-yachiki, à Tokio, lors de ma visite, de transformer des armes de réforme. A l'instar de l'arsenal de Tokio et de tous ceux, du reste, qui ont été établis au Japon, celui-ci est entièrement l'œuvre des Français.

deste. On compte même remédier prochainement à l'exiguïté des services, en reconstruisant les parties détruites par le feu.

En quittant l'arsenal, je vais faire mes adieux à notre consul M. F*** et rendre une dernière visite au gouverneur d'Osaka. Au cours de notre entretien, roulant sur l'avenir du pays, M. W*** me parle encore très longuement des maisons de fer ainsi que des améliorations dont il est question de doter le port maritime d'Osaka. Il est certain qu'en raison de son importance sans cesse croissante, la deuxième ville

LE TEMPLE DE KIOMIDZOU, A KIOTO (p. 395).

L'établissement comporte à la fois la fonte et le forage des canons, mais cette intéressante fabrication est suspendue jusqu'à nouvel ordre. L'art de façonner des canons ne date pas d'hier au Japon. Il fut enseigné aux indigènes, vers le milieu du dix-septième siècle (1643 à 1650), par les Hollandais installés dans le pays. Ce furent ces derniers également qui leur enseignèrent les différentes mixtures de la poudre.

Cinq cents ouvriers environ sont employés dans les usines qui dépendent de l'arsenal. Tel est du moins le chiffre que M. I*** me donne comme certain. Entre nous, je crois ce total un peu exagéré. Comparé aux établissements similaires de Mito-yachiki et de Yokoska, l'arsenal d'Osaka me semble être fort modeste.

de l'Empire devrait posséder des installations mieux en rapport avec les exigences du trafic international. Mais, d'après mon interlocuteur, bien placé d'ailleurs pour le savoir, l'argent manque, en ce moment, pour exécuter les travaux.

J'apprends par le docteur E***, avec qui je fais, à une heure, le voyage de Kobé, que déjà la somme de 300,000 *yens*, soit environ un million et demi de francs, a été consacrée à des études préparatoires, bien qu'il soit impossible de préciser à quoi ces études ont abouti. Voilà un bien gros chiffre pour de simples calculs sur le papier. Il paraît que l'ensemble des travaux d'extension et d'amélioration devrait monter à plus de vingt millions de francs.

450   JAPON

Nous arrivons à Kobé vers deux heures. Après avoir pris les dernières mesures pour l'expédition de mes objets en Europe, je vais embarquer mes bagages à bord du bateau de la compagnie *Mitsou-Bichi*, lequel va me conduire à Nagasaki.

Ainsi débarrassé de tout souci, je profite de mes loisirs pour retourner à terre et faire connaissance avec la ville elle-même, sous la conduite du docteur E***, qui veut bien me piloter dans cette dernière ex-

origine aux Taïra, une des trois grandes familles rivales dont il est question dans l'histoire. Étant à l'apogée de leur puissance, en plein douzième siècle, ils bâtirent sur l'emplacement où nous sommes, dans un lieu qu'on appelait alors Foukouwara, un palais magnifique, fortifié en citadelle et dominant la mer intérieure. Ce fut là que Kiyomori, l'implacable adversaire des Minamoto et le véritable maître du Japon à cette époque troublée, prépara les projets d'extermi-

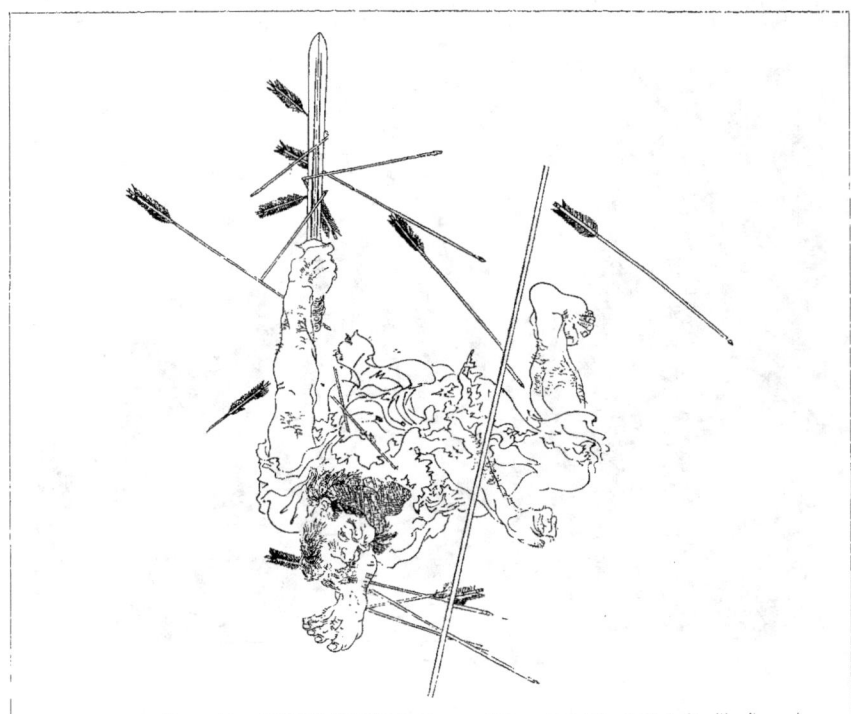

TOTORIBE-NO-YORODZOU, PARTISAN DE MORIA, TOMBANT SOUS LES FLÈCHES ENNEMIES (p. 446). — Dessin de Yosaï.

cursion. Tout en nous disposant à descendre sur les quais, je contemple avec intérêt le tableau remarquable qui se présente à mes yeux. Rien n'est charmant, en effet, comme les rangées de jolies habitations européennes qui s'alignent le long de la rade, et dont la blancheur éclatante ressort vivement sur le rideau des montagnes sombres échelonnées à l'horizon.

Je crois avoir déjà dit que Kobé, transformé dans un court espace d'années en cité marchande par l'élément étranger, ne fait plus qu'un avec Hiogo, ville où se concentre la population indigène. Hiogo doit son

nation où tous ses ennemis devaient disparaître. On sait comment il mourut, sans avoir vu la réalisation de ses rêves sanguinaires, en sollicitant des dieux, comme seule et unique faveur, de voir la tête de Yoritomo couronner sa tombe, située d'ailleurs non loin de là. Mais cette consolation posthume devait encore lui être refusée. Les Taïra, au contraire, furent exterminés presque complètement, dans une célèbre bataille navale livrée dans cette même mer intérieure, après avoir vu leur palais fortifié réduit en cendres par les Minamoto victorieux (1185 après Jésus-Christ).

La concession étrangère, autrement dit le « Settlement », suivant l'expression anglaise, compte ici un grand nombre de belles constructions, édifiées d'après le style européen, avec un certain luxe d'installation. Par malheur, le commerce de Kobé est assez gravement compromis aujourd'hui. Depuis quelques années, le mouvement des affaires s'est transporté à lors, directement relié aux centres les plus actifs comme aux coins les plus reculés de l'empire japonais.

Au surplus, si la prospérité de cette ville, aussi bien que celle des autres ports ouverts aux étrangers, se ressent, dans une certaine mesure, de la prépondérance que prend chaque jour la place de Yokohama,

LE KINKAKOUDJI, OU PALAIS D'OR, A KIOTO (p. 411).

Yokohama, et les transactions avec les Japonais, autrefois si nombreuses, ont diminué dans une proportion notable. On peut augurer, néanmoins, dès à présent, que cette éclipse ne sera que momentanée. Kobé ne peut, en effet, manquer de prendre un nouvel essor après l'achèvement complet du réseau ferré appelé à sillonner dans tous les sens la grande île du Hondo. Son port, admirablement placé pour les arrivages d'Europe et d'Asie, se trouvera, dès cette dernière est, elle-même, loin de se trouver, à l'heure qu'il est, dans une position extrêmement brillante. En général, le commerce international souffre partout au Japon. Et il ne faudrait pas se bercer de l'espoir de lui voir reprendre tout à coup son ancienne importance. Il y a plusieurs raisons pour qu'il n'en soit pas autrement. Nous croyons même intéressant de les exposer brièvement.

Après l'abolition du chogounat, en 1868, le

gouvernement du Mikado avait cru devoir, sur l'appui que lui fournissait une population honnête et intelligente, sur la reconnaissance implicite de son autorité par les puissances étrangères, s'engager avec résolution dans la voie des progrès matériels et moraux. Cela rentrait évidemment dans le nouveau programme gouvernemental, puisque le pouvoir branlant des chogouns n'était tombé qu'en raison d'une sotte obstination à refuser les réformes. Tout était donc à créer. A cet effet, l'empereur voulut s'occuper simultanément de l'organisation de l'État, de la création d'une armée, de la fondation d'une marine de guerre, de l'enseignement public, de l'agriculture et des mines, de la colonisation dans les îles de l'archipel encore à l'état de friche, de l'industrie, du commerce, des routes et des voies navigables, bref de l'exploitation rationnelle de toutes les ressources du pays. Aussitôt, professeurs, officiers, ingénieurs et ouvriers étrangers furent appelés en masse. Des armes de précision, des machines de toute nature, des locomotives, des bateaux à vapeur, des produits manufacturés inconnus jusque-là, furent commandés à l'Europe et à l'Amérique. Dans une pareille explosion de vœux augustes, il y eut certainement gros à gagner pour tout le monde, la caisse publique demeurant ouverte à chaque idée de spéculation. D'un autre côté, les individus, mis en appétit par les innombrables spécimens de notre civilisation raffinée, se disputèrent à prix d'or ceux qui leur étaient amenés. On l'a dit ici bien des fois, le Japonais est foncièrement imitateur. Après s'être modelé en quelque sorte sur son voisin le Chinois, il emboîte déjà le pas à l'étranger qu'il traitait naguère de « barbare » et dont il reconnaît aujourd'hui les aptitudes supérieures. Les premiers envois furent donc enlevés, pour ainsi dire arrachés aux expéditeurs, voire aux consignataires, en sorte que l'engouement se produisit en Europe sur tout ce qui concernait le marché japonais. Les diverses spécialités envoyèrent ici sans trêve ni mesure, croyant indéfiniment le champ libre comme aux premiers jours. Il s'ensuivit un encombrement rapide, absolument hors de proportion avec les exigences de la consommation. Les cotes descendirent alors au-dessous du cours normal, quelques-unes même au-dessous du prix de revient. Or cet état de choses n'a pas encore complètement cessé à l'heure où nous sommes.

TYPES DE CLOUS DÉCORATIFS, A NARA (p. 424).

Mais il n'y a pas que cette seule raison, déjà suffisante, pour expliquer la stagnation des affaires. Non seulement le gouvernement, dans un but facile à concevoir, s'était fait fabricant lui-même, dût-il momentanément produire à perte, mais les habitants du pays, encore isolés dans leurs provinces, n'ont pas suivi, comme on aurait pu le croire, l'impulsion donnée par les populations de la côte toujours en rapport avec les étrangers. La vie primitive des Japonais s'oppose, d'ailleurs, à un vaste développement d'importations, souvent jugées inutiles et presque toujours trop onéreuses. Cette simplicité, toute rustique, tient en grande partie — nous l'avons vu — à l'absence de besoins manifestée par un peuple jouissant d'un climat relativement assez doux, et trouvant en son sol la réponse à ses aspirations séculaires. S'il est pauvre, au demeurant, il ne ressent aucun des désirs matériels qui rongent notre société, en la portant toujours vers l'amélioration du sort commun. Chacun est satisfait, en ce pays de l'âge d'or, quand il a de quoi manger pour le repas qui vient. Possède-t-il du superflu, il le dépensera à la légère, sans penser que l'avenir est quand même incertain. Contrairement à la tendance à thésauriser qui caractérise le paysan d'Europe, le coolie japonais est prodigue de son pécule comme un grand seigneur sans sou ni maille. Pour lui, chaque jour qui se lève amène la provende en riz ou en patates douces. Il n'exige pas davantage. A proprement parler, ce n'est donc pas là un consommateur, pas plus qu'un nègre du Soudan ou un peau-rouge d'Amérique. En dehors de certains produits indigènes et de quelques rares articles qui finiront par être fabriqués sur place, il n'y a pas d'écoulement possible entre ses

TEMPLE DE TODAIDJI, A NARA. — ANIMAUX FABULEUX PLACÉS DANS LES NICHES DU PORTIQUE D'ENTRÉE (p. 420).

mains ni à rechercher ni même à prévoir. Par une sorte de fatalité, inéluctable pour un groupe d'îles prudente; aujourd'hui ce sera la conséquence d'un avatar social.

UN TAPIS DE LOTUS (p. 64, 238, 305 et 421).

renfermant en soi les moyens de se suffire, le Japon, tout ouvert qu'il soit à la vie internationale, retombera forcément dans son isolement égoïste. Jadis, cette manière d'être était le fait d'une politique trop

Quand, d'autre part, on envisage l'essor donné au pays par un gouvernement de progrès, on est en droit de se demander si, de tant d'innovations introduites en si peu de temps, et pour ainsi dire imposées à la masse, comme jadis le christianisme avait été imposé par les autorités locales, toutes ont été également assimilées, goûtées ou même simplement comprises. Au premier moment, il a bien pu se produire une sorte d'absorption, en raison de la curiosité ou d'une appétence naturelle et factice; mais il est impossible qu'un peuple placé aux extrémités de l'Orient et à notre propre antipode, puisse ou veuille longtemps vivre d'une même vie que la nôtre et s'infuser notre manière de concevoir, comme il s'infuse notre façon d'être. On ne modifie pas ainsi les habitudes et les mœurs, celles-ci étant plutôt le fait du tempérament, du climat et de la position géographique, que de toute autre cause appréciable. Il faudra, en tous cas, des générations et des générations avant que notre niveau moral se soit généralisé sur ce point éloigné de l'extrême Orient.

Mais nous voici bien loin des questions pratiques et terre à terre qui ont donné lieu à cette sorte de digression. Il n'était peut-être pas inutile cependant, à propos des espérances trop vives qu'a fait naître l'ouverture du Japon au mouvement moderne, de jeter un peu d'eau froide sur les enthousiasmes surchauffés.

Ce qui semble, au moins, résulter des considérations qui précèdent, c'est que l'importance atteinte au début par le commerce international était plus factice que réelle, et que, soit en Europe, soit en Amérique, on s'est grossièrement trompé sur l'extension du débouché qui venait de s'ouvrir à l'initiative commune.

En ce qui concerne la stagnation presque absolue des affaires, crise dont nous avons fourni les motifs, on est pourtant autorisé à croire qu'elle touche à sa fin. Déjà quelques prodromes d'une amélioration ont été constatés de part et d'autre. Il est même à supposer plutôt que, dès aujourd'hui, le pays est entré dans la voie normale d'où on espère en vain le faire sortir, et que les aventuriers de tout pays qui s'étaient abattus sur cette terre promise n'y trouveront plus place que pour travailler honnêtement et se créer des ressources avouables. Il y aura toujours l'aléa individuel, à coup sûr, mais plus de fortunes colossales édifiées sur un marché

CHOTOKOU-TAÏCHI (p. 445).
D'après Yosaï.

équivoque. Avec une meilleure interprétation du besoin, aussi, disparaîtront les revers inattendus, trop fréquents jusque-là, où l'enrichi de la veille était à quia le lendemain. Bref, pour gagner sa vie au Japon, comme ailleurs, il faudra être actif, intelligent et consciencieux. Aux gens de vrai mérite, seulement, il sera donné de prendre l'avance et de s'élever à la fortune. Alors les hommes qui auront attaché leur barque aux rives enchantées du Nippon pourront chercher, par la vulgarisation de nos produits innombrables, par l'extension des moyens de communication, par la création de ports et de docks, par l'exploitation des forêts et des mines, à développer autant que possible des richesses encore inexploitées. Mais cette éventualité, réalisable en principe, n'est point du tout prochaine. En effet, le gouvernement japonais, tout en facilitant l'accès du pays aux étrangers, ne le fait qu'avec une modération dont on ne peut lui savoir mauvais gré, en se plaçant à son unique point de vue. Il est certain, par exemple, que s'il livrait aujourd'hui toute l'étendue du territoire aux assauts de la fièvre mercantile, il ruinerait pour longtemps le pays, les habitants n'étant pas en mesure de lutter avec les spéculateurs de toute nature qui ne manqueraient pas de s'y implanter. Aussi, tout en ne s'arrêtant pas sur la route des progrès où il s'achemine, le gouvernement entend-il choisir son heure pour permettre la libre circulation de l'étranger à l'intérieur du Japon. Quoi qu'il en advienne, l'abaissement des dernières barrières politiques encore debout — qu'il soit graduel ou non — doit être considéré comme le complément de l'œuvre de civilisation entreprise sous les auspices du Mikado.

Vers six heures et demie, dîner en compagnie du docteur E*** et d'un de ses familiers résidant à Kobé, dans un restaurant tenu par un Français, lequel a importé ici les bonnes méthodes de son pays.

Le soir, nous parcourons les rues de Hiogo, très animées par la foule des indigènes. Nous y sommes même un instant attirés, dans le quartier des ballerines et des chanteuses, par les battements sonores du tambour et les accents pressés du samicen. Ce quartier joyeux — *quantum mutatus ab illo!* — recouvre aujourd'hui l'emplacement où s'élevait jadis le sombre castel des Taïra. Singulier retour des choses d'ici-bas : une courtisane délivre la volupté à tout venant, là où le maître incontesté du Japon tramait la mort d'un rival obstiné. Rien de nouveau, d'ailleurs, en ces lieux, toujours calqués sur le même type.

Notre promenade à travers les rues de Hiogo nous mène jusqu'à dix heures du soir. Ce serait le moment de faire mes adieux à Kobé et à la terre ferme de la grande île située à peine à deux ou trois encablures. Elle y retrouve, chemin faisant, tant de merveilles entrevues, tant de charmes ressentis, tant de panoramas inoubliables, qu'elle en accomplit naturellement les mille stations enchanteresses. — Voici d'abord Tokio, l'ancienne résidence des chogouns, l'espoir des empereurs modernes, ville se transformant rapidement au souffle indiscontinu qui lui vient d'au delà des mers. Cela n'est pas toujours original et pittoresque, mais quelle grandeur dans cette trans-

LE TEMPLE DE TENNODJI, A OSAKA (p. 445).

Hondo, laquelle résume en soi tant de souvenirs vrais ou merveilleux. Mais il n'est guère l'heure de m'y attarder. Nous devons désormais nous rendre à bord du bateau qui doit nous emporter vers Nagasaki. Serrons donc la main au docteur E***, qui a si généreusement guidé nos pas à Kobé. Montons en barque, fendons les flots au bruissement régulier des rames, glissons-nous à bord du steamer en y cherchant à tâtons la cabine n° 23, introduisons-nous dans la couchette relativement moelleuse qui en dépend, et endormons-nous profondément, si c'est possible, en attendant que le soleil ait de nouveau reparu sur l'horizon!...

Pourtant, avant de fermer la paupière, ma pensée retenue malgré elle franchit en quelques enjambées fusion généreuse et si loyalement accueillie ! — Un peu plus bas est Yokohama, le satellite de la grande capitale, lieu renfermant les vastes entrepôts créés par l'activité internationale. Si l'aspect n'en est point saisissant pour l'artiste, il captive les ambitions légitimes du commerce et de la marine. Et ces nombreuses mâtures, pavoisées aux couleurs les plus diverses, ne s'élèvent-elles pas comme un gage certain de prospérité et de succès, dans le bleu azuré du ciel et sur les eaux battues de la baie? — Quelle est cette montagne qui nous poursuit de sa présence obstinée, variant sans cesse et à l'infini un même paysage classique, adorable de couleur et de composition? C'est le Foudji-yama. Approchons-nous de ses rampes verdoyantes et neigeuses. Ici, ce sont des villages perdus dans le fatras d'une végétation luxuriante, où la nature japonaise se révèle aux yeux enthousiasmés sous les aspects les plus chatoyants; là, des échappées alpestres, où les frimas éternels scintillent comme des diamants vigoureusement éclairés. — Mais un moment de répit : j'aperçois des splendeurs invraisemblables, des développements architecturaux de la plus large envergure. C'est la nécropole des maîtres puissants que l'illustre famille des Tokougawa a su donner à son pays; c'est Nikko, la merveille des merveilles. — Suivons maintenant la voie accidentée du Nakasendo, dans un long voyage à travers la contrée. Nouvelles émotions, mais d'un autre ordre. Fuyons les embuscades, échappons aux villes occupées comme aux partis guerroyant dans la plaine, franchissons à la hâte les innombrables campagnes vouées à la production de la soie, saluons tout un peuple adonné à l'agriculture et paisiblement heureux dans sa naïveté champêtre. *O fortunatos...!* — Nous pénétrons déjà dans Kioto, la ville des temples et des plaisirs, Kioto, peut-être aussi vieille que Rome, moins belliqueuse assurément, mais comparable à la vieille Athènes par le culte indestructible de l'art. Ainsi passent les gloires de ce monde. Le temps a marqué la cité au front : et si elle survit encore à son prestige d'autrefois, les ruines qui s'y amoncellent tendent à n'en plus faire que la brillante émule des grandes civilisations éclipsées. — Car Osaka, la ville populeuse et commerçante, apparaît à l'horizon, jetant sur le sol une ombre sans cesse plus étendue, elle dont le passé manque d'éclat peut-être, mais dont l'avenir nous dira le dernier mot.

Et maintenant, sillonnant par avance cette mer Intérieure aux innombrables écueils, allons chercher d'autres séductions! Nous allons aborder l'île de Kiouchiou, la première terre du Japon qui ait vu des Européens. Nous y trouverons le port de Nagasaki, celui-là même où se passèrent pendant des siècles la plupart des événements auxquels l'Occident fut mêlé avant l'année 1854, et le point extrême du Japon méridional. Quelques excursions hâtives, quelques promenades rapides au sein de cette île pittoresque, et il nous faudra définitivement quitter un pays où nous avons éprouvé peut-être les plus douces sensations qui aient marqué notre existence nomade. Hélas! tout a une fin dans ce monde. — Oui, mais aussi toute journée accomplie dans ma pérégrination me rapproche des miens et de la patrie.

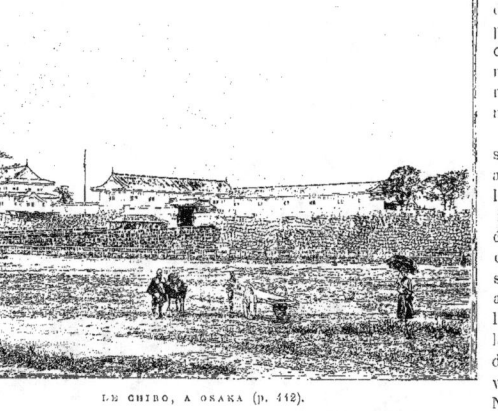

LE CHIRO, A OSAKA (p. 442).

UN PEINTRE SUR ÉTOFFES (p. 357, 369 et 436).
D'après une gravure japonaise.

L'ILE D'AWADJI, DANS LA MER INTÉRIEURE (p. 458).

X

LA MER INTÉRIEURE
NAGASAKI ET L'ILE DE KIOUCHIOU

A bord du *Hirochima-Marou*. — Une mer remplie d'écueils. — L'île d'Awadji. — A la hauteur d'Onomitchi. — Le cap Abouto. — Chimonoséki : la démonstration navale de 1864. — Passage de la mer Intérieure à la mer du Japon. — Débarquement à Nagasaki. — Richesses minières de la région. — Les houillères indigènes. — Troubles politiques dans l'île de Kiouchiou.
En route pour les centres de production de la porcelaine. — Luxuriance de la végétation. — Arrêt à Tokitsou. — Traversée mouvementée de la baie d'Omoura et atterrissement à Kawatana. — Arita et Imari. — L'art céramique au Japon. — Visite des usines Foukagawa et Tasiroya. — Retour, plein de péripéties, à Nagasaki.
Les magasins de porcelaine de Nagasaki. — L'île de Déchima et l'histoire de la colonisation hollandaise. — Panorama de la rade et de la ville de Nagasaki. — La concession étrangère. — Au milieu du tohu-bohu de la ville indigène. — Divertissement chorégraphique et musical. — Une romance sentimentale.
Vers la presqu'île de Chimabara. — Une contrée intertropicale. — Le volcan Ousen. — En barque d'Aba à Obama. — Des eaux thermales au bord de la mer. — Considérations sur les races qui peuplent le Japon. — Temps affreux et perplexités nouvelles. — Retour à Aba par une tempête épouvantable. — Rentrée à Nagasaki.
Dernières promenades à travers la ville et les faubourgs. — Une région paradisiaque sous un océan de lumière. — Adieux au pays du Soleil Levant.

Samedi, 20 janvier. — Dès quatre heures du matin, notre bâtiment a levé l'ancre. Il faisait nuit encore, et le temps était pluvieux.

Vers huit heures, je m'installe sur le pont, en dépit de la pluie qui tombe toujours d'une manière maussade. Le thermomètre, par contre, s'est relevé de quelques degrés ; il marque maintenant 8° centigrades.

Le *Hirochima-Marou*, steamer de la compagnie *Mitsou-Bichi*, doit son nom à la ville principale de la province d'Aki, baignée par la mer Intérieure. C'est un de ces grands bateaux à roues et à balancier surmontant le navire, tout en bois, dont on voit de nombreux échantillons sur les grands fleuves d'Amérique. Construit, il y a quelque vingt-cinq ans, pour desservir les côtes du Pacifique, sous le nom de *Golden-Age*, il est aujourd'hui un des cinq navires faisant la traversée entre les ports du Japon et la Chine, sous pavillon japonais. La compagnie américaine qui, seule autrefois, exploitait cette ligne, atteinte par la concurrence désastreuse que vint lui faire une compagnie japonaise nouvellement établie et déjà connue sous le nom précité de *Mitsou-Bichi*, s'est décidée à vendre son matériel à cette dernière, ce qui n'empêcherait assurément pas celle-ci de faire de mauvaises affaires, si elle n'était soutenue par les subsides du gouvernement.

Le *Hirochima*, commandant F***, est pourvu de salons spacieux et de cabines au nombre de vingt-huit. Il pourrait filer quatorze nœuds à l'heure, à ce qu'on affirme; mais, soit par mesure de prudence, soit par impossibilité matérielle, la vitesse réglementaire ne dépasse jamais la moyenne de dix.

Par surcroît, le navire est affecté d'un tremblement continuel, en raison des longues oscillations de sa machine à balancier. Cette vibration est telle que j'ai toutes les peines du monde à écrire, alors que, même en chemin de fer, je n'ai jamais éprouvé à cet égard la moindre difficulté.

Détail pratique, j'ai pris directement ma place de Kobé à Changaï, sur les côtes de Chine, attendu que, tout en réalisant une économie d'argent, je jouis de la faculté de m'arrêter à Nagasaki et d'y attendre le départ du bateau suivant. Le prix du parcours de Kobé à Changaï est fixé à trente dollars.

Pour atteindre Nagasaki, nous avons à franchir 473 milles marins, c'est-à-dire 220 lieues environ de 4 kilomètres. A bord, une vingtaine de passagers, parmi lesquels cinq ou six indigènes tout au plus. Disons tout de suite que ces derniers sont plus bruyants que cinquante. Rien d'agaçant, par exemple, comme la lecture à haute voix qu'ils font chacun, à tour de rôle ou simultanément, sur un mode de ritournelle. Le chant dont les Japonais accompagnent cette occupation, pourtant toute de recueillement, est aussi propre à vous donner des spasmes que les ballades américaines, dont nous avons été régalés si souvent et qui ne sont autres que les échos prolongés du piétisme protestant. Je ne parle que pour mémoire des chansons grivoises, sentant l'auberge ou le mauvais lieu, dont certains *Yankees*, faisant également partie de notre petit nombre de voyageurs, nous défilent tout un répertoire aussi riche que peu choisi.

La mer Intérieure, sur laquelle nous naviguons en ce moment, est ainsi dénommée parce qu'elle est entourée de grandes terres, quasi de tous côtés, ce qui lui donne l'apparence d'un vaste canal d'eau salée. Au nord et à l'ouest, elle est bornée par le rivage découpé de l'île de Hondo, à l'est par l'île de Chikok, au sud par celle de Kiouchiou. Sa longueur totale est d'environ 450 kilomètres, tandis que sa largeur varie entre 15 et 30 kilomètres, sauf dans les passes extrêmes, où elle est beaucoup plus étroite encore. Par le fait, la mer Intérieure n'est qu'une sorte de détroit mettant en communication l'océan Pacifique avec la mer du Japon et avec les mers de Chine. Elle débouche immédiatement en face de la pointe méridionale de Corée.

Au sortir de la rade de Kobé, nous avons dépassé l'île d'Awadji, laquelle offre comme une digue à l'immense bras de mer, du côté de l'Océan. C'est dans cette île, formée par les gouttelettes d'eau limoneuse

L'ENSEIGNE D'UN RESTAURANT ICHTYOPHAGIQUE (p. 480).
Dessin humoristique de Hokousaï.

qui ruisselèrent de l'épée d'Izanaghi, au moment où ce dieu primitif eut retiré celle-ci du sein des mers chaotiques, que — d'après la mythologie japonaise — ce même dieu, accompagné de sa divine épouse Izanami, descendit des régions éthérées pour constituer sa famille. L'île d'Awadji est donc tout simplement, au point de vue japonais, le berceau de l'humanité. En fait, elle est d'un aspect verdoyant et doit contenir des ombrages délicieux. Cette terre semblait bien propre, par ses avantages naturels, à devenir une sorte d'Éden et comme l'asile des brûlantes amours d'où sortit une lignée de dieux ainsi que toute la suite des générations qui en naquirent.

La mer, autour, est calme et limpide. Elle justifie amplement la réputation de beauté que les poètes locaux lui ont faite. Elle est, en outre, semée, sur tout son parcours, d'innombrables îlots, dont les plus grands sont habités et cultivés, tandis que les autres, simples rochers baignés par le flux, paraissent de tout point inhabitables. Émergeant en manière de cônes ou de dômes, ici très élevés, là simplement à fleur d'eau, ils sont tantôt recouverts de beaux arbres, témoignant d'une fécondité merveilleuse, tantôt dénués de toute trace de végétation. Les rives de la plupart de ces îles et îlots sont, d'ailleurs, dépourvues de plage, ce qui fait supposer un prolongement sous-marin de leurs pentes abruptes. Ces terres, aujourd'hui noyées, formaient sans doute des montagnes que des bouleversements volcaniques, semblables à tous ceux qui ont travaillé le Japon, ont transformées en simples mamelons. L'eau aura pris immédiatement possession des vallées inférieures; et, aujourd'hui, sous le cristal vert des ondes apaisées, gît probablement une contrée jadis fertile et peuplée. Cette hypothèse est d'autant plus vraisemblable que les hautes montagnes que nous apercevons au loin s'abaissent graduellement de collines en collines jusqu'à la mer. Ce n'est qu'à regret qu'elles semblent y descendre en redressant au-dessus des eaux, comme dans une sorte de protestation contre l'élément envahisseur, les cimes les plus saillantes de leurs derniers contreforts.

SE SACRIFIANT POUR SON FIANCÉ (p. 497). — Dessin de Yosaï.

En résumé, la mer Intérieure présente l'aspect ininterrompu d'une série de lacs et de canaux, sillonnés de jonques fort nombreuses et de barques de pêche en vedette. De même que dans les grands fleuves, la navigation y ménage au voyageur des changements à vue de la plus extrême diversité. Quelques jolis villages, espacés à travers les campagnes, spécialement sur notre droite, c'est-à-dire dans l'île de Hondo, contribuent à rendre le spectacle aussi charmant que curieux.

Pour comble de bonheur, vers midi le ciel s'est brusquement rasséréné, ce qui nous permet de jouir en toute plénitude de la vue délicieuse qui se déroule à nos yeux. Nous naviguons, en effet, maintenant, au milieu d'innombrables îlots disséminés du côté de la grande terre, à l'extrémité du cap Abouto, dont ils semblent les débris émiettés par la mer, à mi-distance des villes d'Okoyama et de Hirochima et non loin d'un gros village appelé Onomitchi. La plupart de ces îlots, d'accès très abrupt, ne sont souvent que de simples rochers perçant la surface des eaux. L'un d'eux a le don surtout d'attirer le regard par l'aspect singulièrement pittoresque de ses flancs déchiquetés, que surmonte la silhouette gracieuse d'une villa rustique campée au sommet. Cette navigation

ORIFLAMMES ET INSTRUMENTS DE MUSIQUE EMPLOYÉS DANS LES FESTIVALS RELIGIEUX (p. 487). — Dessin japonais.

n'est pas, d'ailleurs, dépourvue d'émotions. A certains pertuis formés entre les rochers, la passe est d'une telle exiguïté et le courant si rapide que deux bâtiments comme le nôtre ne pourraient s'y rencontrer.

Le soir, les côtes s'illuminent de phares nombreux, construits par les soins du gouvernement sous la direction des ingénieurs anglais chargés de cet important service. Jusqu'à ce jour seulement, on aurait déboursé plus de trois millions de *yens*, soit quinze millions de francs, pour l'installation de feux fixes ou tournants. Cette somme relativement énorme n'a pas été dépensée en vain, si l'on considère la grande quantité d'écueils produits par une agglomération d'îles comme celle dont le pays est formé. En ce qui concerne les parages où nous naviguons, la sécurité, très problématique autrefois, y est devenue réelle aujourd'hui. On peut désormais, à l'aide des signaux multipliés, longer de nuit les côtes déchiquetées ; il est

vrai d'ajouter que les eaux sont presque toujours profondes à quelques mètres de la rive.

C'est encore, comme on voit, à l'administration prévoyante du Mikado que cette amélioration est due, et il convient de le déclarer hautement, d'autant que notre voyage est ainsi dépourvu de danger tout en restant plein de pittoresque et d'intérêt.

Dimanche, 21 janvier. — A six heures, je suis sur le pont. Le temps, pluvieux hier presque toute la matinée, est aujourd'hui magnifique. Nous voguons actuellement sur l'un des biefs les plus vastes de la mer Intérieure, bief connu dans le pays sous le nom de Souwo. Ces biefs ou bassins sont au nombre de six principaux et s'appellent, tous uniformément, du nom de la province dont ils baignent les côtes. Celui-ci, par exception, ne renferme aucune des îles et îlots qui, partout ailleurs, encombrent la surface des eaux.

Devant nous, maintenant, la mer semble être fermée comme par un rempart de montagnes. Bientôt, en effet, notre steamer donnera ses derniers tours de roues dans la mer Intérieure proprement dite. Auprès de Tanaoura, village épanoui sur la pointe septentrionale de Kiouchiou, nous tournons court vers l'ouest et nous nous engageons sur le courant violent et rétréci d'un bras de mer appelé détroit de *Chimonoséki*, lequel donne accès à la mer du Japon. Ce fut à l'entrée même de ce canal qu'eut lieu, en 1185, le terrible combat naval où les Taïra furent complètement anéantis. Les quelques survivants de la nombreuse et puissante famille allèrent se réfugier dans l'île de Kiouchiou, où ils firent souche. On en montre encore les descendants.

Vers sept heures, nous faisons escale à Chimonoséki, petite et jolie ville s'étendant à la pointe de l'île de Hondo, entre des hauteurs couronnées de verdure resplendissante. De nombreux *kouras*, ou magasins incombustibles, crépis à la chaux, éclatent joyeusement au regard sur ce fond riche et moelleux, à côté d'élégantes habitations ressortant en brun clair aux rayonnements du soleil. Un peu à droite, un temple incline vers les flots turbulents l'extrémité inférieure de son escalier d'accès. Une multitude de jonques, à la coque disgracieuse et au mât gros et court comme un tronc d'arbre mal équarri, se tiennent languissamment aux pieds de la cité mignonne. On dirait des gnomes en admiration devant une belle jeune fille!...

Faisant face à Chimonoséki, au contraire, se dressent les cimes abondamment boisées de l'île de Kiouchiou.

En ce point précis, nous paraissons être au centre d'un vaste étang, dont les berges seraient forées aux deux extrémités par un canal se poursuivant au delà. C'est qu'en réalité la rade de Chimonoséki est barrée du côté du détroit de Corée par la petite île de Hikou, laquelle l'abrite des vents d'ouest.

Chimonoséki est d'une certaine importance commerciale, importance due en partie à sa situation géographique. Comme Gibraltar, en effet, elle occupe un point très avancé dans la mer, et cela lui fournit peut-être un faux air de la ville à laquelle je la compare. Mais tel n'est point l'unique objet pour lequel Chimonoséki mérite de fixer l'attention. C'est ici que, les 5 et 6 septembre 1864, les navires de guerre réunis de l'Angleterre, de la France, des États-Unis et de la Hollande firent une manifestation armée en vue de venger l'insulte faite à leur pavillon par les gens du clan de Chochiou. Ceux-ci, ayant fait feu sur des bâtiments appartenant à ces puissances occidentales, déterminèrent des représailles sanglantes, dont la ville eut beaucoup à souffrir. Le bombardement détruisit les principaux quartiers et entraîna la mort de quelques centaines de citoyens. Le châtiment — il faut bien le dire — fut regardé comme sévère, d'autant qu'une indemnité de quinze millions de francs fut encore exigée du gouvernement japonais. Au surplus, l'épisode de Chimonoséki rentre dans la catégorie des événements fâcheux dont la période des luttes entre le chogounat et le pouvoir mikadonal nous offre le spectacle; car, en somme, les hommes de Chochiou étaient partisans de l'empereur. En tirant sur les navires étrangers, ils n'avaient en vue que de susciter au chogounat, la seule autorité reconnue alors par les puissances, des difficultés inextricables. Et par le fait, le bombardement de Chimonoséki a plus fait pour la restauration légitime que vingt combats meurtriers.

UN BONZE AMBULANT (p. 475).

En traçant mon plan de voyage, j'avais eu d'abord l'intention de descendre à Chimonoséki, de traverser le détroit en barque, d'aborder dans l'île de Kiouchiou et de me rendre à Nagasaki par voie de terre. Mais, après mûre réflexion, j'ai renoncé à ce projet, lequel m'aurait pris beaucoup trop de temps sans réelle compensation. Je poursuivrai donc ma route à bord du *Hirochima-Marou*. Aussi, une demi-heure après notre arrivée, nous reprenons notre course, au contact énervant d'une trépidation continue.

Nous sommes bientôt sortis du détroit, celui-ci ne mesurant que sept milles de longueur tout au plus. Nous entrons alors dans les eaux qui baignent la côte asiatique; puis, tournant brusquement le dos à la mer du Japon et laissant la Corée à droite, nous nous mettons à naviguer, comme hier, entre des groupes d'îles et de rochers aux conformations vraiment bizarres.

Désormais, les horizons sont devenus plus larges, les terres se montrent de moins en moins fréquentes, et déjà la grande mer, plus libre en ses allures, apparaît frangée d'écume. Quant à la température, elle semble rester invariable. Vers trois heures, le thermomètre marque 10° centigrades.

Nous passons en vue de l'île de Hirado. Cette île, durant un certain temps, partageait, seule, avec Nagasaki le privilège, apprécié des marchands, de pouvoir accueillir les navires étrangers égarés sous ces latitudes. Quel heureux changement depuis cette époque relativement peu éloignée!...

A la chute du jour, nous jouissons d'un merveilleux coucher de soleil. L'astre protecteur de l'Empire s'abîme dans les flots, entouré d'une vaste auréole de feu. A ce moment, îles et rochers aux arêtes sinueuses, aux pointes aiguës et hérissées vers le ciel, se découpent vigoureusement en silhouette noire sur l'horizon enflammé.

Il est près de huit heures lorsque nous entrons dans la baie de Nagasaki. La vaste cuvette formée par la rade est entourée de hautes collines s'élevant en amphithéâtre et au pied desquelles la ville ne se trahit que par de rares lumignons. Quant au port en lui-même, il présente encore un aspect très animé, grâce aux nombreuses jonques et barques de toute espèce accourues à notre rencontre et attendant fiévreusement que nous descendions à terre. Celles-ci sont toutes pourvues d'une lanterne de couleur, ce qui procure à l'ensemble un air de fête agréable.

Un coup de canon avait annoncé notre départ de Kobé. Ce matin, devant Chimonoséki, la marine s'était mise de nouveau en frais d'artillerie. Notre dernier ancrage s'accomplit avec le même bruyant cérémonial.

Ainsi que je l'avais constaté lors de mon arrivée à Yokohama, je remarque ici, comme partout ailleurs au Japon, l'ordre parfait avec lequel s'effectuent nos débarquements. Je ne retrouve nulle part les cris, les disputes si particulières aux échelles du Levant, comme Alexandrie ou Smyrne. Chaque batelier attend patiemment son tour de traiter, sans assourdir le voyageur et sans le rançonner impudemment. Les prix de transport, d'ailleurs, sont des plus modérés, ainsi qu'on en peut juger : dix ou quinze *sens*, soit de 50 à 75 centimes par personne. Il est vrai de dire que, dans ce pays, une journée d'ouvrier tout entière n'est pas payée davantage.

LE VIEUX SAÏTO SANÉMORI SE FAISANT NOIRCIR LA BARBE AVANT DE COMBATTRE (p. 488). — D'après Yosaï.

Quelques instants après l'arrêt du bateau, nous sommes à terre, et nous nous faisons conduire à l'hôtel Schmidt. L'établissement est d'assez louable apparence. Il a pour concurrent l'hôtel des Colonies, tenu par des Français, mais généralement moins apprécié. La ville comptait naguère deux autres hôtels européens; mais l'un et l'autre ont dû fermer leurs portes le 1ᵉʳ janvier de cette année, faute de clients. De même que Kobé, Nagasaki a notablement perdu de son importance depuis que Yokohama a pris de l'extension. Nous l'avons dit déjà : tout le commerce des anciens ports ouverts tend à se concentrer dans la grande ville où abondent désormais les steamers des deux mondes. Plus de prospérité possible là d'où le mouvement maritime semble se retirer.

Soirée passée à écrire quelques lettres. Celles-ci sont destinées à précéder mon arrivée dans les diverses stations où je me propose encore de m'attarder, avant mon retour en Europe. Il y en a pour la

Chine, Java et les Indes. Le steamer qui m'a amené ici les emportera dès demain.

Lundi, 22 janvier. — Beau ciel (th. + 10° cent.). Au sortir de l'hôtel, je me rends chez M. I***, notre consul. Je le trouve justement occupé à des préparatifs d'excursion. Demain, paraît-il, le consul se rend dans l'île d'Amakonsa, où il s'est porté acquéreur, sous le nom d'un interprète japonais, d'une mine d'antimoine de grande valeur. On s'étonnera, peut-être, qu'il ne s'en donne pas lui-même comme propriétaire ; mais les étrangers, au Japon, fussent-ils consuls ou établis depuis longtemps, n'ont pas le droit d'exploiter directement les mines du pays. Inutile de dire qu'on échappe assez facilement à cette prescription en faisant comme M. I***, c'est-à-dire en subrogeant ses droits à quelqu'un, sauf à les reprendre en bloc au moyen d'un acte sous seing privé. Il n'y a que les ingénieurs qui, parmi les étrangers, soient admis à prêter le secours de leurs connaissances et de leur travail à une mine concédée à des indigènes ou exploitée par eux.

La ville de Nagasaki trouve des ressources importantes dans la recherche minière de la contrée. Outre les grands dépôts de fer, encore imparfaitement exploités, les environs abondent en gisements de charbon. Il a été reconnu que les terrains houillers les plus riches de tout l'Empire s'étendent au nord dans l'île de Yézo, et au sud dans l'île de Kiouchiou et autres îles environnantes. Mais ce n'est que depuis dix ans tout au plus qu'on s'est occupé sérieusement à en tirer profit. Nous savons, en effet, qu'autrefois, soit pour les besoins de la fabrication indigène, soit pour l'entretien des foyers domestiques, on ne se

UNE RUE DE NAGASAKI, AU PIED DES HAUTEURS (p. 486 et 500).

servait absolument que de bois ou de charbon de bois. Maintenant encore on ne rencontre, pour ainsi dire, pas d'autre mode de chauffage sur toute l'étendue du territoire. Nous avons été à même de le constater, à nos dépens, hélas! durant le cours de nos pérégrinations dans l'intérieur.

J'apprends, chez M. I***, que tout va de mal en pis dans l'île de Kiouchiou. Un voyageur indigène, en ce moment amené dans les bureaux du consulat, annonce qu'il a dû retourner sur ses pas et revenir à Nagasaki, après avoir été assez gravement molesté. Il est trop clair que le parti des mécontents s'est réorganisé, battant les campagnes et se recrutant dans les villages. On est même en droit de craindre que le soulèvement ne devienne général, si la pression exercée sur les chefs occultes du parti par leurs nombreux partisans les détermine à jeter le masque.

« Soyez certains, nous affirme ce voyageur, que de grands approvisionnements d'armes et de munitions se font actuellement dans l'intérieur de Kiouchiou.

— Comment! s'écrie M. l'*** interloqué, pareils approvisionnements se feraient au grand jour?

— Mon Dieu, oui, et par Nagasaki.

— Et qui vous autorise à dire cela?

— Une chose bien simple. Je viens moi-même de livrer une importante commande de fusils belges et anglais. »

LE JUGE KADONARI INTERROGEANT UN COUPABLE (p. 493). — Dessin de Yosaï.

On voit d'ici l'ahurissement de notre consul, obligé d'entendre une chose qu'il considère comme attentatoire au droit international, mais qu'il ne lui a pas été permis d'empêcher.

Cela dit, notre homme s'esquive en riant, jugeant qu'après une telle sortie il ne lui reste plus qu'à vider les lieux.

Comme moralité à cette petite anecdote, je dois constater que nous sommes, sinon en plein, du moins en partie, dans la région des rebelles, ceux-ci étant massés à Satsouma, Koumamoto et autres villes du voisinage. Je me félicite, quant à moi, de n'avoir pas accompli mon excursion à travers Kiouchiou, puisque j'eusse été sans doute obligé de revenir sur mes pas.

Cette insurrection, venant à la suite des échauffourées dont nous avons rendu compte lors de notre voyage le long de la route du Nakasendo et auxquelles nous avons miraculeusement échappé, menace de devenir fatale au gouvernement du Mikado comme au progrès de la civilisation étrangère au Japon. N'est-elle pas, en effet, fomentée par l'implacable ennemi des idées occidentales, Chimadsou Sabouro, prince de Satsouma, et conduite par un homme d'une intelligence et d'une énergie remarquables, le trop célèbre Saïgo, ancien ministre de la guerre?

Il ne sera pas sans intérêt de donner ici quelques renseignements sur les deux personnages dont nous venons de citer les noms.

Saïgo, jadis simple samouraï à la solde du prince de Satsouma, fait partie de la pléiade d'hommes influents dont les manœuvres contribuèrent à renverser le chogoun en 1868. Créé ministre de la guerre à la suite des événements, il a donné sa démission en mai 1873 pour se retirer dans ses terres, où il était censé s'occuper uniquement d'agriculture.

Quant à Chimadsou Sabouro, autrefois un des principaux soutiens de la cause impériale, il est demeuré investi, jusqu'à la fin de l'année 1876, des fonctions les plus élevées dans l'État. Mais il a dû s'éloigner, après avoir porté de graves accusations d'incapacité et de malversations contre des personnages très en vue. En somme, il n'est rien autre qu'un mécontent, — chose qu'il a toujours été, même au milieu des honneurs, — ou plutôt, ainsi que je l'ai dit naguère, il accuse assez d'ambitions pour être soupçonné de rêver un nouvel effacement du chrysanthème impérial au profit d'un usurpateur quelconque, lui ou une de ses créatures. Comme corollaire à cette manière de voir, il déteste l'étranger et le voudrait voir encore une fois repoussé du territoire. On se rappelle, en effet, que ce fut ce même prince de Satsouma qui, lors de l'assassinat de Richardson, vit la capitale de son fief bombardée et réduite en cendres. Nul doute qu'il n'en ait conservé rancune; nul doute aussi qu'il n'arrive jamais à ses fins. En attendant, il possède tout un clan de partisans, gens sans aveu ou sans ressources et qui ne demandent pas mieux, pour satisfaire leurs passions et leurs convoitises, que de lui voir prendre les armes et renverser l'ordre de choses qu'il a lui-même contribué à établir.

Quoi qu'il en soit, les événements se sont précipités d'une manière plus rapide que je ne le pensais. Notre ministre avait bien raison lorsque, dès le 5 novembre dernier, il me mettait en garde contre les difficultés que les troubles naissants feraient surgir sur ma route. Ses prévisions, corroborées par celles dont le ministre des affaires étrangères me faisait part le 4 décembre suivant, ne se sont que trop bien réalisées. Et, en ce moment, le parti des mécontents et des rebelles, réunissant tous les éléments épars, s'apprête à tenter contre le gouvernement mikadonal

paux de la céramique locale, Imari et Arita, points où je compte me rendre aujourd'hui même.

En compagnie de maître Sada, je vais d'abord parcourir quelques grands bazars de porcelaines. Les vases de proportions monumentales y abondent, mais nous ne prenons guère que le temps de jeter un rapide coup d'œil sur les groupes.

A quatre heures précises, juste au moment où le *Hirochima-Marou*, qui nous avait amenés dans ses flancs, lève l'ancre à destination de Changaï, au

UNE BOUTIQUE DE FRUITS ET DE GRAINES POTAGÈRES (p. 122 et 475).

un suprême effort, sous la bannière des deux champions les plus déterminés de la réaction[1].

Voyant l'ennui où je me trouve de ne pouvoir circuler aussi librement que je l'aurais voulu aux environs de Nagasaki, M. l'*** me propose de l'accompagner dans la petite promenade qu'il doit faire demain. Bien que j'aie l'intention d'entreprendre également cette excursion, je décline son offre courtoise, étant désireux de visiter d'abord les deux centres princi-

[1]. L'insurrection s'est terminée au profit de la cause légitime, par la défaite complète des rebelles et par la mort même de Saïgo, trouvé sur le champ de bataille, le corps décapité. Elle avait duré près d'une année entière, voyant dans des ruisseaux de sang le suprême effort tenté par la féodalité militaire contre le pouvoir central de Tokio.

bruit retentissant de son canon unique, je sors de l'hôtel, en djinrikcha, assisté de mon brave interprète. Le chemin que nous suivons d'abord est taillé dans les parois d'une montagne rocheuse, bordée à gauche par la jolie baie de Nagasaki. On dirait une sorte de corniche, rappelant un peu celle de Nice à Menton. Si je n'étais ramené à la réalité par l'état des chemins moins unis, par l'aspect de la végétation comme par la vue des cabanes de bois remplaçant les maisons de pierre, je croirais tout simplement longer la côte au-dessus des flots bleus de la Méditerranée. De temps en temps aussi la muraille abrupte s'interrompt, laissant plonger la vue sur d'étroits vallons et sur des chaumières dressées au penchant des collines, entre les bouquets de sapins si particuliers au Japon et au milieu d'un déploiement de végétation quasi tropicale.

Bientôt le chemin, quoique toujours empiétant sur la roche, ne domine plus la baie proprement dite, mais descend dans une plaine basse, envahie jadis par les eaux, et qui semble prendre aujourd'hui la place même de l'Océan. Cette sorte de plage, convertie en terres arables à l'instar des polders hollandais, paraît être d'une fertilité extraordinaire. Elle est divisée sur toute sa surface en champs d'orge et de riz du plus admirable vert. Ces cultures me semblent avoir un aspect tout différent de celui auquel m'avaient habitué les courses des jours précédents, aux environs d'Osaka. On n'y retourne plus la terre. Et, chose dont nous apercevons surtout, au grand profit de nos sens olfactifs, l'opération de la fumure y est pratiquée d'une manière moins générale; tout, au contraire, y pousse presque sans travail avec une admirable vigueur. Déjà les touffes de gazon, envahissant les guérets, croissent entre les plants de riz comme si l'on était en plein renouveau. Après avoir quitté l'hiver et son triste cortège de frimas, je retrouve ici le doux printemps chanté par les poètes. La végétation est étonnamment avancée, dans cette heureuse région abritée de toutes parts contre les vents frileux par des montagnes merveilleusement boisées. A part la terre basse dont je viens de parler, le sol est partout ondulé comme le niveau d'une mer en voie de s'adoucir, tandis que la main de l'homme y a ménagé sur les rampes une multitude de gradins qu'un labeur assidu s'exerce à féconder. Le pays est, du reste, fort populeux ; mais, en dépit de la richesse du sol, les habitations se montrent sous des apparences plus que modestes.

J'ai parlé du printemps, tout à l'heure. C'était peu. On respire ici comme des parfums d'été. A voir les champs faisant miroiter au soleil leur émail tendre et velouté et déployant, jusqu'à l'horizon, leurs ondulations diaprées, on se croirait en plein messidor.

NAWA-NAGAO ARRACHANT LE TRÉSOR D'AMATÉRAS AUX ENNEMIS DE LA DYNASTIE LÉGITIME (p. 488). — Dessin de Yosaï.

Çà et là, en effet, des palmiers flexibles et des orangers tout couverts de fruits viennent témoigner de la tiédeur relative du climat. On se dirait à Naples ou à Palerme. Nous sommes, au surplus, à une latitude équivalente, puisque le trente-troisième parallèle sur lequel est placé Nagasaki correspond à celui d'Alger ou de Tunis, alors que la ligne isotherme de Tokio passerait à peu près par Tours, Milan et Bucharest. En raison de sa situation très avancée dans l'océan Pacifique, le Japon est un pays moins chaud que ne le comporte le degré géographique.

Les collines deviennent de plus en plus serrées les unes contre les autres, au fur et à mesure que nous avançons. Elles bornent maintenant une sorte de vallée étroite et sinueuse, qui serpente à l'infini. Toutefois, le paysage a conservé son exubérance tout orientale. Les bouquets de verdure alternent, sans interruption, avec les maisonnettes coquettement étagées sur les collines.

Chemin faisant, nous passons devant neuf *daïboutz*, taillés dans le rocher même. La chaussée m'y semble particulièrement bonne. On vient de la réparer probablement, car, à un demi-*ri* tout au plus de Tokitsou, nous voyons encore des gens employés à ce genre de travaux.

C'est à six heures seulement que nous arrivons à Tokitsou, après avoir été contraints de mettre pied à terre et d'abandonner nos djinrikchas au point même où commençaient les réparations. En somme, notre parcours a été de trois *ris*, depuis notre départ de Nagasaki.

Nous allons aussitôt descendre dans un hôtel, situé au bord de la mer, ou plutôt sur la rive de la baie d'Omoura. L'hôtel est attenant à l'agence même où demain, dès l'aube, nous prendrons nos billets pour traverser le bras de mer dans le sens de sa longueur du sud-est au nord-ouest, en vue d'atteindre le village de Kawatana.

Notons, à ce propos, qu'à l'instar de ce qui se pratique au Japon pour le transport par terre, lequel est toujours assuré par des agences spéciales chargées de fournir aux requérants djinrickchas, nori-

NAGASAKI ET L'ILE DE KIOUCHIOU

mons ou kagos, l'industrie des transports par eau se trouve également facilitée par des bureaux de navigation. On se rappelle que, lors de notre retour de Nikko comme de notre traversée du lac Biwa, nous avions eu recours à ces intermédiaires si commodes.

Mardi, 23 janvier. — Le temps est couvert, et le thermomètre marque 10° centigrades.

Avant qu'il soit six heures, nous foulons déjà le pont du bateau, une grande diablesse de jonque appelée à nous transporter sur l'autre bord. La mer, assez calme en ce moment, semble n'être qu'un lac bordé de hauteurs boisées. Il fait nuit encore, et, cependant, on distingue parfaitement les crêtes mouvementées de la montagne, au niveau desquelles se profilent, sur l'azur assombri et comme autant de fantômes immobiles, les silhouettes géantes de quelques arbres de haute stature. Nous passons devant plusieurs îles, dont l'une, de proportions restreintes, est plantée, à certaine distance du bord, de conifères très élevés et présente le coup d'œil le plus pittoresque.

Malheureusement, vers dix heures la pluie se met à tomber sérieusement. On nous bâcle, il est vrai, un abri provisoire, à l'aide de nattes disposées en forme de toiture; mais cette construction, qui pourrait servir à la rigueur à nous préserver de l'inondation, ne me permet guère d'admirer les perspectives environnantes. Je sors bien vite de cette cachette, l'abandonnant exclusivement à mon interprète Sada, lequel, à ce que je vois, est obsédé des plus sombres pensées. M'est avis qu'il ne va pas tarder à succomber aux poignantes atteintes du mal de mer. Celle-ci est devenue, en effet, grosse et houleuse, et le vent nous souffle en plein visage, contrariant singulièrement notre marche.

Pour échapper pendant quelque temps à la tourmente, nous faisons bientôt un premier arrêt dans l'anse abritée d'une île dont la base rocheuse plonge directement sous l'eau et dont les arêtes sous-marines, broyées par la dent du temps et de la vague, se hérissent, sur un assez long parcours, d'aiguilles et d'éperons menaçants. Les flots y déferlent, en ce moment, avec une violence qui donne à réfléchir.

Une fois la barque attachée fortement à la rive, nos hommes d'équipage — ils sont quatre en tout — profitent du répit qui leur est donné pour allumer leur éternelle pipette et reprendre un peu de souffle. Mais ils ne tardent pas à se remettre joyeusement à la rame, nous arrachant en quelques tours de bras aux sirènes perfides cachées à fleur d'eau.

Nous opérons un second arrêt, un peu plus loin, sur les bords d'un autre îlot que l'on juge également favorable à la reprise des forces perdues. Notre personnel marin en profite également pour procéder à son repas habituel et pour rallumer la pipe un moment délaissée. Par bonheur, dès le départ je m'étais armé de patience, fait depuis longtemps à ces longueurs, inévitables au Japon surtout lorsque les circonstances ne sont pas absolument normales.

Ma montre marque deux heures quand nous atterrissons enfin à Kawatana. Une longue jetée en protège les abords contre le gros temps. Les barques s'y groupent en flottille innombrable, comme les bouchons et les fétus sur les remous parisiens de la Seine. Ces barques sont presque toutes exclusivement affectées au transport des porcelaines fabriquées dans la région. De Tokitsou, notre point de départ, où elles se rendent journellement, les marchandises sont dirigées par voie de terre jusqu'à Nagasaki.

AGENCE DE TRANSPORT PAR EAU (p. 123, 318 et 466).
Dessin de Hokio Tchouwa.

Notre traversée a duré huit heures, ce qui est énorme. Quand les vents ne sont pas contraires, on ne met en tout que trois heures pour franchir les dix *ris* qui séparent les deux localités. Mais, dans les circonstances défavorables où nous nous sommes trouvés, nous avons dû suivre les côtes, au lieu de couper au large. Quoi qu'il en soit, l'itinéraire choisi par nous est encore préférable à la route de terre qui contourne la baie. Cette route, en effet, n'est pas inférieure, comme parcours, à dix-sept *ris*. Fort agréable peut-être par un beau soleil, elle serait, aujourd'hui qu'il pleut et qu'il vente, tout simplement impraticable.

Aussitôt débarqués, nous allons nous réconforter dans la première maison venue ayant apparence de tchaya. Que ce soient, du reste, des tchayas ou des demeures absolument privées, la différence est peu sensible, le hibatchi et la théière faisant invariablement partie du matériel intime de chaque habitation. Là comme ailleurs, on voit la ménagère, assise sur ses jambes repliées, ravauder les hardes familiales, procéder à la confection de sa propre toilette ou simplement bercer sa jeune progéniture.

Après cette petite halte, j'expédie à dos de coolies nos quelques bagages jusqu'à Arita, but de notre excursion, et nous repartons en pressant le pas. Le mot n'est point exagéré, en ce qui me concerne particulièrement, car le repos forcé auquel j'ai été condamné pendant la traversée de Kobé à Nagasaki a suffi pour me rendre complètement l'usage de mon pied. Le séjour que j'avais fait dans la capitale de l'ouest avait, d'ailleurs, bien contribué à me mettre en voie de guérison.

Mais, hélas! il pleut toujours, et les chemins sont littéralement transformés en bourbiers quasi infranchissables. Ce n'est plus en marchant, mais bien en glissant, que nous avançons sur ce terrain gluant, recouvert de flaques de boue d'un brun jaunâtre. A n'en juger que par les opulentes vallées, pleines de riches cultures, au sein desquelles nous nous engageons, et par les hautes collines défrichées de la base au faîte, où les champs s'échelonnent sans interruption, on doit considérer le sol comme aussi fertile qu'il est gras. Rien qu'à cet aperçu, je crois pouvoir affirmer, conformément au dire général, que l'île de Kiouchiou l'emporte de beaucoup sur le reste du Nippon, au point de vue agricole, bien que les travaux des champs soient très développés sur tous les points de l'Empire. Quant aux montagnes, qu'on juge trop élevées pour être défrichées, elles portent des bois vraiment magnifiques. Aussi, nombre de charmants points de vue se pressent le long de notre route. Quel dommage de n'en pouvoir jouir qu'à travers le prisme peu réjouissant des ondées indiscontinues!

Sur notre passage se présentent quelques cours d'eau qu'il faut franchir coûte que coûte. Par ce temps maussade, les *gués* ne me sembleraient point *gais* du tout, si de grosses pierres, disposées en travers par une main prévoyante, ne nous permettaient de les enjamber presque à sec. Cela nous dispense, en tout cas, d'enlever nos chaussures et de retrousser nos vêtements. Nous sommes loin, en effet, des temps légendaires où la compatissante Ihozo-Kinkedjo allait au-devant du voyageur pédestre, plaçant, par pure bonté d'âme, une planche sur le ruisseau qui avoisinait sa demeure, conduite qui lui a valu l'estime de ses contemporains et le souvenir pieux des générations suivantes.

Aux environs d'Arita, but spécial de la journée, la vallée où nous pataugeons se rétrécit et s'interrompt comme subitement pour se relever bientôt en pente douce. Un petit lac s'y dorlote à mi-hauteur, mirant dans ses eaux les collines recouvertes d'arbres et fournissant l'élément utile aux irrigations des rizières voisines. Cet étang est si régulièrement creusé qu'on pourrait aussi bien le dire pratiqué de main d'homme que formé par la nature. Nous y sommes parvenus, en réalité, sans nous en être doutés, tant la pente est imperceptible.

Mais il reste une dernière hauteur à escalader, avant d'arriver au point culminant du renflement de terrain où nous nous sommes engagés. A ce point précis, le paysage revêt un caractère vraiment original. En effet, tandis que la vallée se résout en gorge

UN MARCHAND LÉGENDAIRE DE PIPETTES ET DE BATONNETS (p. 491). — D'après Yosaï.

étroite et que les champs se mettent à grimper des deux côtés comme les gradins d'une cascade canadienne, les lopins de terre se réduisent peu à peu à quelques mètres de superficie, tout en ménageant entre les deux éminences, qui forment crête, un chemin audacieusement tracé.

Une tchaya, entourée de jolies haies de lauriers, s'élève en cet endroit, sans prendre autre souci des vents qui soufflent à la saison d'hiver. Il faut bien croire que ces vents ne sont plus très redoutables sous la latitude où nous sommes et que les frimas ne font pas ici de séjour très prolongé.

De l'autre côté de la montagne, je remarque également un étang servant à l'irrigation de la nouvelle vallée dans laquelle nous venons de pénétrer.

Nous ne sommes plus maintenant qu'à quelques stades d'Arita.

Ce village, renommé pour la finesse des porcelaines qui s'y fabriquent, s'annonce par une grande quantité de pilons établis suivant le système usité dans tout le Japon pour la décortication du riz. C'est là qu'on broie les kaolins servant à la composition des porcelaines. Tout autour, le paysage s'accentue : il devient même d'une beauté remarquable. Non seulement les champs cultivés s'y montrent encore mieux entretenus et plus productifs que précédemment, mais les montagnes y accusent une noblesse sans égale, en se couvrant avec profusion de bois somptueux. Les rampes, directement inclinées sur la vallée même, semblent être des murailles gigantesques, dont une végétation touffue aurait recouvert les puissantes assises.

Nous n'avons plus qu'à faire quelques pas, en descendant par des sentiers sinueux et pittoresques, pour arriver jusqu'à la rivière qui baigne les premières maisons du village. Bien qu'on ne nous ait annoncé que trois *ris*, nous en avons fourni assurément plus de cinq, de Kawatana seulement à Arita, alors que, malgré les obstacles amoncelés par la pluie, nous avons marché très rapidement. On m'affirme, au surplus, au bureau des bagages, que le récent mesurage

SERVANTE AU TRAVAIL MATINAL (p. 75, 336 et 477).

officiel a donné pour résultat une distance approchée de cinq *ris*. Voilà bien la planimétrie japonaise! Il est presque impossible, en ce pays de la fantaisie, d'obtenir des distances exactes. C'est, administrativement parlant, l'histoire de la petite lieue de paysan, dont on ne voit jamais la fin.

Arita se développe sur une étendue de terrain considérable. Je suis sûr qu'il y a plus d'un demi-*ri* des premières habitations jusqu'au bureau des bagages. Quant aux auberges, la plupart regorgent de voyageurs. Nous errons longtemps avant d'en trouver une qui puisse nous donner asile. C'est l'hôtel *Iérakouya* qui, en dernière analyse, a l'insigne honneur de nous recevoir.

Inutile de dire que, conformément à l'usage, l'illustre Sada a dû se remettre à ses fourneaux, les grandes villes ayant seules des hôtels munis de table à manger et de cuisine destinée à la garnir.

Le soir, après dîner, tandis que je me livre à la rédaction de mes notes, mes hôtes et quelques voyageurs réunis dans une pièce avoisinant la mienne, à proximité des *f'tons*, ou matelas japonais, appelés à être mis en usage tout à l'heure, se livrent aux plaisirs du jeu de dames, très en usage dans le pays. Nous avons déjà eu l'occasion, au cours de nos pérégrinations, notamment à Takasaki, notre première étape sur le Nakasendo, d'observer jusqu'à quel point la passion du jeu est répandue parmi les indigènes.

Ce n'est que sur le tard que je vais me coucher, au bruit inquiétant d'une pluie diluvienne.

Mercredi, 24 janvier. — Le ciel n'a cessé, toute la nuit, de déverser des torrents au-dessus de nos têtes.

Mes voisins, grands bavards par tempérament et grands diseurs de sornettes, s'en sont également donné à cœur joie. Pour les Japonais, tout est prétexte à conversation. Il faut croire que ceux-ci auront voulu faire face à l'orage et ne pas s'endormir quand la nature entière semblait être si agitée.

Voilà déjà près de quatre mois que je voyage à l'intérieur du pays, et je dois déclarer que partout j'observe les mêmes habitudes. Couché dès huit heures du soir, après le dernier repas, l'indigène se livre aussitôt à d'interminables causeries, lesquelles roulent uniquement sur la grande question des *rins* et des *sens*, autrement dit des gros sous. Se réveille-t-il pendant la nuit, et le cas est fréquent pour quiconque se couche sitôt, il allume de nouveau sa pipette et recommence sur les mêmes frais. Et cela aussi longtemps qu'il trouvera des interlocuteurs pour lui répondre. Le matin, au lever, troisième ou quatrième édition des mêmes phrases toutes faites, concernant les *rins* et les *sens*. Neuf fois sur dix, dans la journée, on l'entend traiter la même question. C'est à devenir fou.

La pluie ne cesse pas de tomber toute la journée. Vers neuf heures du matin, le thermomètre accuse 10° centigrades.

Les rues sont transformées en cours d'eau, parcourues malgré cela par une foule affairée d'hommes et de femmes. Perchés sur leurs incommodes ghétas comme sur des échasses, abrités sous leurs parapluies de papier huilé, on dirait autant de champignons ambulants sous un arrosoir colossal.

Nous sommes en plein berceau de l'art céramique. La porcelaine japonaise trouve ici, depuis des siècles, sa dernière expression. Profitons donc de la circonstance pour visiter en détail quelques-unes des plus importantes manufactures.

L'art du potier était connu au Japon dès la plus haute antiquité, cela est certain ; mais, pas plus au Japon que chez les Égyptiens ou les Étrusques, on ne retrouve l'origine exacte d'une fabrication qui semble avoir été partout — comme l'affirme Platon lui-même — une des premières découvertes de l'industrie humaine. Ce qui est hors de doute, c'est que sept siècles avant notre ère, il était déjà question de céramique au cours des annales nationales. De grands progrès furent successivement introduits dans les procédés, surtout à partir du troisième siècle de notre ère, lequel siècle coïncide — comme on sait — avec l'importation de la civilisation chinoise dans l'empire du Soleil Levant. En 1211, c'est-à-dire neuf cents ans plus tard, un potier japonais, nommé Kato Chiro

UN MARCHAND DE LÉGUMES AMBULANT (p. 500).

Saïmon, mais plus connu sous le diminutif de Tochiro, s'étant rendu en Chine, sur l'ordre du gouvernement, en vue d'y perfectionner son art, rapporta, à son retour au pays, une partie des procédés appliqués de l'autre côté de la mer depuis un grand nombre de siècles déjà. Mais l'art de fabriquer la porcelaine proprement dite ne date — comme nous l'avons déjà donné à entendre — que du seizième siècle tout au plus. C'est, en effet, dans la province de Hizen, qui fut toujours un des principaux centres de la fabrication céramique, que, vers 1510, un autre Japonais nommé Gorodayou Chonsouï rapporta de la Chine certains secrets importants, qu'il avait été y surprendre, et construisit les premiers fours à porcelaine. On doit à ce même innovateur l'invention des *somet souké*, c'est-à-dire des porcelaines à fond blanc, ornées de fleurages bleus. Mais celles-ci n'eurent pas, dès le principe, l'éclat et le fini que nous leur reconnaissons actuellement. Un Coréen, du nom de Risampéi, fixé à Tanaka, aujourd'hui Arita, entreprit l'œuvre laissée inachevée, et, perfectionnant les modes de fabrication, groupa autour de lui de nombreuses familles d'ouvriers. Les adjonctions polychromes et les enjolivements à la poudre d'or et d'argent ne vinrent qu'à la suite. Ils sont dus à l'initiative de fabricants indigènes. Déjà, vers le milieu du siècle dernier, la réputation d'Arita était si bien établie, que le gouverneur de Nagasaki ne jugea rien de plus convenable, pour fonder une manufacture dans l'île d'Amakousa, que de s'adresser à des ouvriers de cette première localité. Le nouveau centre, ainsi formé, devint également florissant en moins de quelques années.

Quant au système de cuisson en « casettes », c'est-à-dire à l'intérieur d'étuis de terre destinés à préserver les échantillons des coups de feu, il est le résultat du hasard. Vers 1770, un fabricant du nom de Tsondji Kihéidji retira de son four une agglomération de débris de porcelaines. Celles-ci s'étaient brisées, sous l'action d'un feu trop vif, et s'étaient comme amalgamées les unes avec les autres. Par contre, au centre de l'amas informe, il trouva une pièce demeurée intacte et d'une admirable perfection. L'emploi des casettes est encore aujourd'hui en grande faveur au Japon et produit des spécimens de toute beauté.

Nonobstant de pareils éléments de prospérité, Arita était bien déchue de son ancienne prédominance industrielle, lorsque, en 1820, un des principaux fabricants de la place s'aboucha avec les Hollandais établis à Déchima, dans le but de raviver l'exportation des produits locaux devenue presque nulle depuis longtemps. A partir de cette époque, aussi, l'on se mit à fabriquer des vases ornés de fleurs. Le résultat de pareils efforts ne se fit pas attendre. Les commandes se succédèrent avec rapidité, et bientôt commença l'ère de renaissance à laquelle nous assistons. La fabrication est donc, aujourd'hui, en pleine maturité. Quelques industriels de haute volée ont même fondé une compagnie, bien connue sous le nom de *Korancha*, laquelle, dans ses envois aux diverses expositions universelles, a obtenu les plus brillants succès. C'est elle qui nous expédie désormais ces porcelaines inimitables dont les formes, consacrées par un long passé, s'ennoblissent encore de la netteté et de la perfection modernes.

Chose assez singulière : ce n'est plus Arita, centre principal de la fabrication, mais Imari, gros village situé aux environs, qui a donné son nom à la porcelaine de luxe dont nos amateurs et nos artistes se montrent si fanatiques. Bien qu'il y ait même certaines différences, peu sensibles, entre les produits similaires des deux localités, et que la palme revienne en réalité à Arita, c'est, en définitive, Imari qui a usurpé la gloire de les baptiser collectivement. Nous avons cru devoir établir le fait, au nom de la justice méconnue.

TRANSPORTANT DU CHARBON DE BOIS (p. 500).

Les deux villes rivales sont, du reste, fort bien placées pour continuer la lutte engagée. Les matières premières employées dans la fabrication s'y trouvent toutes en abondance au milieu des montagnes voisines. Les kaolins sont transportés du lieu d'extraction jusque sous les broyeurs mus par l'eau qu'on rencontre un peu partout. Le moindre ruisseau est utilisé à cet effet, et ce n'est pas un spectacle des moins curieux que de voir fonctionner automatiquement tant de bras puissants et peu dispendieux. Cela ne nécessite, à la vérité, que les frais d'installation. Il suffit même, pour le fabricant de porcelaine, d'acheter la terre toute pulvérisée aux nombreux industriels qui se font de la mouture une spécialité lucrative. On voit d'ici quel important mouvement d'affaires cela détermine dans la région tout entière.

M. Foukagawa, l'un des membres de la compagnie *Korancha*, à qui je suis spécialement recommandé et dont l'usine est sans contredit la plus importante d'Arita, veut bien m'initier aux différentes phases de son intéressante exploitation. Celles-ci se résument en quatre manipulations successives : la mise en pâte, le façonnage, la cuisson et la décoration.

DUEL AU SABRE (p. 187). — D'après la *Mangwa* de Hokousaï.

Dans l'atelier de décoration, je remarque une demi-douzaine de peintres, improvisant sous nos yeux une série de petites merveilles comme dessin et comme coloris, avec une sûreté de main, une promptitude, un art véritablement surprenants.

M. Foukagawa me fait voir, en outre, dans un atelier spécial, des vases gigantesques en voie de fabrication. Pour me donner à comprendre que la réussite ne couronne pas toujours ses constants efforts, il me montre dans un réduit un tas énorme de pièces brisées ou fendues sous la trop directe influence du feu.

Ce qui m'étonne un peu, au milieu d'une telle profusion de richesses, c'est de voir la modestie des installations. A notre point de vue européen, où le matériel des usines atteint parfois le dernier degré du luxe, la plus grande manufacture d'Arita, et peut-être la plus importante de tout le Japon, est représentée par une série de granges dignes à peine de ce nom. Ici, point de bâtiments aux longues et hautes façades, flanquées de cheminées altières, révélant un aspect quasi monumental : une simple habitation, dans le style primitif des Japonais, suffira pour procréer des merveilles. L'installation des fours à cuire la porcelaine procède de la même simplicité. A part quelques-uns de petite dimension, directement construits dans l'établissement même de chaque industriel, tous ceux de réelle importance semblent avoir été localisés en un lieu élevé et ouvert, comme pour soustraire la population voisine à des émanations souvent dangereuses. Ces fours, adossés les uns aux autres, dressés à frais communs, sont mis à la disposition des divers fabricants de la localité.

Quant aux magasins de vente de la maison Foukagawa, ils sont à Nagasaki même, au lieu dit *Déchima bazar*.

En résumé, toute cette industrie, pourtant si complexe, fonctionne à l'étroit, sans bruit comme sans travail apparent. Si l'on songe que le Japon suffit, avec ces moyens dérisoires, à approvisionner le monde entier de chefs-d'œuvre, on demeure littéralement stupéfait ; et si, passant en revue toutes les magnificences, à l'état d'ébauche ou en voie d'achèvement, qui peuplent ces officines artistiques, on se reporte à la population villageoise et humble à qui l'on en est redevable, on se sent rempli d'admiration pour le génie même de la race et pour ses incomparables facultés.

En quittant M. Foukagawa, vers dix heures et demie, nous nous dirigeons à pied vers Imari. La distance qui nous en sépare n'est que de quatre *ris* environ. Pour me donner toute facilité dans mes mouvements, j'y ai expédié mes bagages par avance. Au moment même d'abandonner l'usine, tous les ouvriers, un instant distraits de leur besogne par notre présence, viennent nous accabler de remerciements et de salutations. Est-ce par pure courtoisie envers l'Europe, dont je suis ici l'humble représentant, laquelle

LE PONT DE MÉGANÉ-BACHI, A NAGASAKI (p. 500).

474 JAPON

Europe fait vivre, en somme, toute cette ruche laborieuse? Est-ce parce que Sada s'est montré envers nos hôtes plus généreux que d'habitude?

D'Arita à Imari, le paysage est décidément fort beau. Il me semble même être plus séduisant que que celui d'hier. La plaine, ondulée doucement, témoigne, en outre, d'une fertilité extrême et se présente enfermée dans un cercle de montagnes. De la route qui passe au travers, nous dominons néanmoins toute une série de collines, de tertres et de monticules, recouverts de champs suspendus les uns au-

Bien qu'il m'apparaisse encore entouré de hauteurs boisées, suivant un mode de formation terrestre commun à tout le Japon, le pays se présente sous des dehors très différents de ceux auxquels nous sommes accoutumés jusqu'à présent. Au lieu de tapisser uniformément montagnes et collines, ainsi qu'une mousse trop féconde accusant les moindres dépressions, les bois s'éparpillent en groupes nombreux, égayant le regard par une infinie variété. Et ce ne sont plus là des conifères seulement, ou des arbres à feuillage sombre, mais des palmiers,

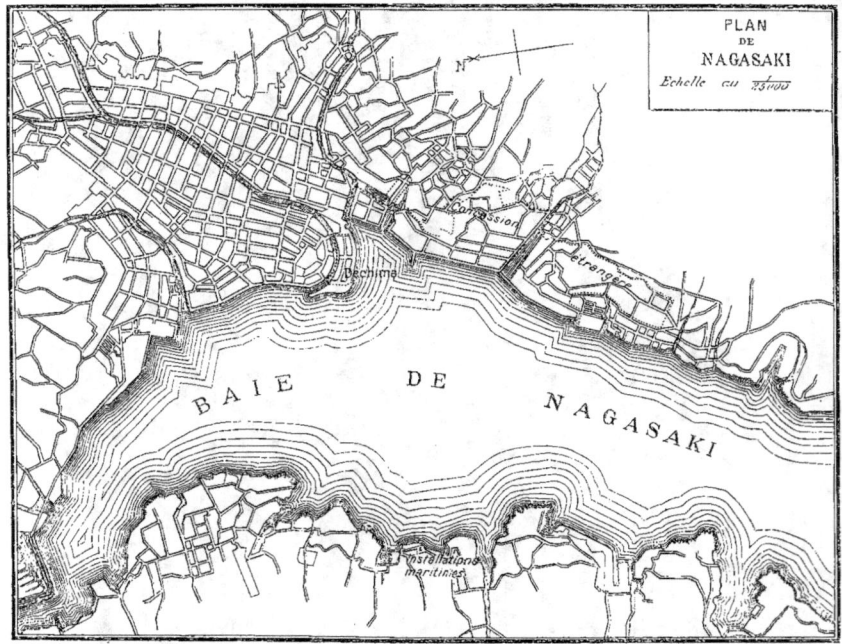

dessus des autres et dont les talus, frangés d'herbes jaunissantes à cette époque de l'année, se constellent d'arbustes toujours verts. A voir ces capricieuses et innombrables bordures, espacées irrégulièrement, on dirait un immense réseau de rubans verts et jaunes se déroulant en mille replis sur le terrain montueux, de manière à former dans leurs méandres et leurs entrecroisements les dessins les plus tourmentés. En raison de cette division atomique du sol, les terres labourées alternent, par plaques sombres, avec les champs d'orge au vert magnifique ou avec les rizières inondées en partie et reflétant le bleu du ciel dans les flaques d'eau qui les recouvrent encore. En somme, c'est comme un vaste habit d'Arlequin jeté sur la campagne.

des orangers, des lauriers, des arbustes à feuille luisante comme la glace, au beau milieu desquels s'élancent des pins gigantesques. De loin, la couronne de verdure, arrondie comme un dôme, dont ces derniers arbres jalonnent l'horizon, apparaît supportée dans les airs par une tige entièrement dépourvue de branches; on dirait des grues endormies sur une patte.

En ce qui concerne l'oranger, aujourd'hui si répandu dans le sud du Japon, on raconte qu'il n'y fut introduit que sous l'empereur Souinin, au premier siècle de notre ère. Le monarque, voulant doter son pays de l'arbre aux fruits d'or et aux parfums embaumés, confia à un nommé Tamitchi-no-Mamori la mission d'aller en chercher un pied aux lointains pays d'origine et de le lui rapporter. Le savant partit aussitôt. Nouvel Ulysse, il mit dix ans à rentrer dans sa patrie avec l'objet convoité, malheureusement à l'heure même où l'empereur avait disparu de la scène des vivants. Tamitchi-no-Mamori en mourut de douleur, non cependant sans avoir vu l'oranger fleurir et prospérer sur la terre du Nippon.

Nous avons à traverser à gué plusieurs cours d'eau, toujours agrémentés de broyeurs en plein fonctionnement. Néanmoins, le panorama varie à l'infini. Aux approches d'Imari, le pays s'abaisse graduellement, dominé de tous côtés par des hauteurs escarpées et verdoyantes. Une seule montagne, placée dans le fond du tableau, juste en face de nous, fait exception à la règle. Son versant rougeâtre qui nous regarde est entièrement dénudé, tandis que la forme même des croupes se dirigeant vers le sommet communique à la hauteur isolée une certaine ressemblance avec le fameux Foudji-yama. Tout au haut, un bouquet d'arbres, semblable à quelque plante de dimensions gigantesques, imprime à l'ensemble de l'élévation conique un faux air de Vésuve, surmonté du panache de fumée, que Pline comparait déjà, en temps normal, à quelque vaste pin parasol abritant la crête.

trouver un cheval de louage. Les chemins sont devenus absolument détestables.

Nous arrivons, vers deux heures et demie, à destination. Le village d'Imari se présente sous la forme d'une grosse agglomération, traversée par une petite rivière, sur laquelle sont jetés çà et là de jolis ponts bariolés de rouge et de vert. Ici, encore, les fabriques de porcelaine se succèdent sans interruption. La plus importante entre toutes est celle qui m'est désignée sous le nom de Tasiroya. Je la visite en détail. Son dépôt, naturellement, comme celui des autres usines établies dans l'île de Kiouchiou, est à Nagasaki, le lieu de centralisation.

Tout en parcourant le village, je constate une

SCÈNE D'INTÉRIEUR (p. 298 et 168).

Particularité religieuse à signaler : soit dans les petits temples, soit dans les différents cimetières qui bordent la route, la plupart des statuettes de dieux sont ornées, qui d'un bonnet, qui d'un tablier de couleur rouge et bleue.

Nous faisons, de même, la rencontre d'un prêtre mendiant, lequel va déambulant par les chemins en portant sur le dos une haute caisse étroite à compartiments superposés, où sont enfermées des statuettes de dieux bouddhistes ainsi que tous les accessoires destinés à orner leur autel. Ces prêtres nomades, dont le type tend chaque jour à disparaître, sont particulièrement recherchés par les mères pieuses en faveur de leurs enfants malades ou chétifs, et, vivant uniquement d'aumônes, distribuent les prières et les offices à quiconque les réclame au cours de leurs pérégrinations.

Pour franchir le dernier *ri*, que j'estime un peu dur à faire tout d'une traite, j'ai la bonne fortune de

chose que j'avais déjà remarquée lors de mon retour de Nikko et le long des routes de l'intérieur, c'est-à-dire le soin avec lequel certains étalages de tubercules, de fruits, de légumineuses et de graines sont établis par les détaillants. La profusion des marchandises renfermées dans les paniers et corbeilles est quelquefois extrême. C'est un fouillis inexprimable de couleurs vives et gaies, un ensemble violent d'aromes panachés. Dans certaines boutiques, aussi, nos vins et boissons aux étiquettes françaises, les bières d'Angleterre ou d'Allemagne, les liqueurs de Hollande, les parfumeries en tout genre, importés directement des pays d'Occident, viennent nous fournir un avant-goût plus ou moins équivoque, mais un ressouvenir certain, de notre civilisation.

Pendant que nous sommes en train de déjeuner dans un hôtel du pays, arrivent les chevaux qu'avant de partir j'avais eu la précaution de faire envoyer de Nagasaki. L'heure est venue, en effet, de poursuivre, avec des moyens de transport raisonnables, notre délicieuse excursion jusque dans la péninsule de Chimabara, ce coin de terre rendu si tristement célèbre par la résistance héroïque et par le massacre des derniers chrétiens qui s'y étaient réfugiés. On se rappelle peut-être, que, lors des violentes persécutions survenues en l'année 1637, quarante mille chrétiens furent passés au fil de l'épée et finalement précipités dans la baie de Nagasaki. C'est un pèlerinage que nous ne saurions manquer de faire, aujourd'hui que le temps a passé sur les haines religieuses et politiques.

A quatre heures, nous repartons pour Kawatana, rapides. Souvent même nos petits chevaux, ayant de l'eau jusqu'au ventre, risquent d'être emportés avec leur précieux chargement par les flots irrités. Aussi fait-il déjà nuit que nous n'avons accompli qu'une faible partie de notre étape. En ce moment, nos montures sont tellement fatiguées par la traite qu'elles avaient fournie pour nous rejoindre et par celle qu'elles ont accomplie depuis, qu'elles avancent avec une lenteur désespérante. Pour comble d'infortune, nos *bettos* ne nous suivent plus, ralentis eux-mêmes par le mauvais état des chemins. Il nous faut donc, seuls, au milieu des ténèbres et à travers une campagne inconnue, définir la bonne route et affron-

LA BAIE DE NAGASAKI (p. 486).

distant d'Imari de sept grandes lieues. Jusqu'à Arita, nous suivons une route différente de celle que nous avions prise en venant. A chaque pas que nous faisons maintenant, le pays va croissant en magnificence, en richesse, sous le rapport de la végétation. C'est décidément la plus belle partie de la longue et intéressante promenade accomplie à travers ces pittoresques régions.

Par malheur, la route est extrêmement pénible. Pendant longtemps nous côtoyons le cours peu profond d'un torrent appelé Aita-gawa, lequel dévale vers la mer en une multitude de cascatelles. Nous sommes tenus de le traverser à gué plusieurs fois. A certains endroits, le courant, grossi par les pluies diluviennes tombées ces derniers jours, est des plus

ter les gués qui se succèdent toujours à profusion. Nous en traversons une quinzaine, dont quelques-uns avec de réelles difficultés. C'est que nous n'avons plus devant nous, à cette heure, que des torrents ou même des chutes d'eau formées dans les hauteurs et se précipitant rapidement vers les bas-fonds. A chaque passage scabreux, heureusement, les chevaux hésitent, obéissant toujours à leur instinct merveilleux. Parfois même ils nous refuseraient complètement le passage, si, prenant notre courage à deux mains, nous ne les forcions, pour ainsi dire, à violenter leur nature, au risque de nous engloutir avec eux. Sada, — je dois le dire, — en écuyer bien appris, se tient prudemment derrière moi. Il ne se risque que lorsqu'il s'est assuré *de visu* qu'il n'y a plus de danger... à m'emboîter le pas. Il s'élance alors dans le gouffre bouillonnant, avec l'audace de la sécurité absolue.

Aux environs d'Arita, nous avons la bonne fortune de rejoindre la route que nous avions foulée hier, en allant de Kawatana à Arita. Mais les torrents, gonflés par des crues nouvelles, offrent encore plus d'un point dangereux à franchir.

Enfin, vers onze heures du soir, nous arrivons sans autre encombre à Kawatana. Après un repas trop longtemps retardé, nous n'avons rien de plus empressé que de tomber sur nos couchettes, le corps las et l'esprit harassé.

qu'à Omoura, en embarquant nos montures, afin de gagner un peu de temps; mais la mer est trop forte aujourd'hui, et l'on me refuse impitoyablement de tenter l'aventure. Je monte donc à cheval, d'assez méchante humeur, vers les neuf heures et demie, en vue de parcourir avec nos mauvais bidets les sept *ris* qui nous séparent de cette localité.

Le charme qui s'exhale du paysage offert à notre admiration ne tarde pas à me faire prendre en patience ce que je considérais comme un redoutable pis aller.

Nous longeons désormais, presque continuelle-

VUE DE LA VILLE DE NAGASAKI ET DES HAUTEURS DE L'OUEST (p. 186).

Jeudi, 25 janvier. — Pluie et vent (th. + 10° cent.).

Malgré le temps affreux, je suis sur pied dès l'aube et fais une reconnaissance aux environs de l'hôtel pour me rendre compte de l'état de la mer, sur laquelle nous aurons à nous embarquer dans un instant. Tout est encore désert à cette heure matinale. C'est à peine si je vois quelque gracieuse Agar, appropriant la demeure de ses maîtres, dans le costume sommaire usité partout dans le pays, ou quelque intéressante Rébecca puisant de l'eau à la fontaine, lesquelles, à mon passage, suivant l'usage aimable si répandu au Japon, me saluent d'un joyeux *Ohayo!*

Quant à la mer, elle bat la jetée avec violence, entre-choquant les barques qui y sont amarrées.

J'avais d'abord l'intention de pousser par eau jus-

ment, la mer qui baigne les côtes déchiquetées de Kiouchiou et qui s'en va bien loin, au-dessus de l'horizon, fouiller les rives du Céleste Empire. N'était la différence d'exposition, cette contrée me rappellerait d'une manière frappante celle que j'avais tant appréciée, entre Atami et Odawara. Sans être ni aussi riante ni aussi variée, elle abonde en larges points de vue et se distingue surtout par l'extension et l'entretien des cultures. Les villages qu'on y rencontre respirent l'abondance par tous les pores.

A mi-chemin, environ, se présente en face de nous, à l'extrémité d'un promontoire et comme reliée à celui-ci par une chaussée de pierre, une île grande comme la main. Cette terre, fortement boisée, est munie, au centre, d'un escalier s'élevant en pente rapide et menant sans doute à quelque temple minuscule caché dans le fourré. Il ne saurait, en effet, y avoir place ici que pour quelque construction en miniature, ou tout au moins en rapport avec les dimensions lilliputiennes imposées par la nature à ce diminutif d'Énochima. Je ne puis, malheureusement, vérifier la chose par moi-même, tellement la mer houleuse s'élance par bonds furieux au-dessus de la chaussée. Après quelques tentatives périlleuses, quoique vaines, je suis obligé de me tenir pour battu et remonte à cheval sans avoir pu satisfaire ma curiosité.

Arrivé vers deux heures à Omoura, il faut décidément que j'abandonne, pour l'instant, mon projet de poursuivre l'excursion dans la péninsule de Chimabara. Le mauvais temps, l'effroyable état des routes, les mille inconvénients qui se présentent sur notre chemin, comme une série continue à la noire, m'engagent d'autant plus à y renoncer, jusqu'à nouvel ordre, que cette excursion trop prolongée pourrait, dans une certaine mesure, me faire manquer le bateau pour Changaï, quand celui-ci fera escale à Nagasaki. On conçoit, en effet, que la date d'arrivée soit toujours variable, puisque cette date est subordonnée à l'état de la mer que le bateau doit parcourir. Or, il se peut fort bien que de l'autre côté de Kiouchiou le temps soit aussi beau qu'il est mauvais dans ces parages.

Dans une pareille alternative, je préfère m'en retourner séance tenante à mon point de départ. Là du moins, si le bateau se fait attendre, j'utiliserai mes loisirs et je ne risquerai pas de demeurer au Japon plus longtemps qu'il ne me convient. Dans un centre quelque peu pourvu des avantages de la civilisation, ce sera bien le diable si je ne trouve pas quelque étude à poursuivre, quelque renseignement à compléter. A la longue, d'ailleurs, les bordées courues sur cette mer peu hospitalière, les fugues aux pays trop agrestes, les stations en plaines marécageuses, finiraient par mettre sur les dents le voyageur le plus intrépide, l'amant de l'inconnu le plus enthousiaste.

A force d'instances, je dirai même de plates supplications, j'obtiens donc qu'on me conduise en barque jusqu'à Tokitsou, pour rejoindre, par cette voie, la ville de Nagasaki. Il y a du reste grand avantage comme économie de temps : on se souvient, en effet, que par mer il y a sept *ris* de la première à la seconde de ces deux localités, tandis qu'on en compte plus de onze par la route de terre. C'est celle-ci que suivront nos équipages, que je me vois obligé d'abandonner après en avoir simplement profité pendant une course de quatorze *ris*.

Enfin, n'ayant plus rien laissé derrière nous, je monte en barque vers quatre heures. Grâce à l'accalmie, j'ai même lieu de croire que la traversée sera bonne. Je me vois, en attendant, en mesure de faire honneur au festin que Sada m'a proprement cuisiné au moyen d'un hibatchi et d'une casserole, festin dont il prend joyeusement sa part, tout en se félicitant d'être moins incommodé en barque qu'il ne l'avait été dans la jonque.

FOUDJIWARA-NO-TAKAYOUSA TERRASSANT UN VOLEUR (p. 497). — Dessin de Yosaï.

Présomptions téméraires! A peine avons-nous dépassé l'île qui semblait nous barrer le chemin, et à la faveur de laquelle nous voguions abrités, que nous nous trouvons en pleine houle. Notre frêle embarcation s'abandonne désormais à une cachucha fantastique et nous secoue littéralement comme les dés dans le gobelet d'un prestidigitateur. L'eau y fait irruption à tout moment sur notre dos et à l'intérieur, à tel point que je commence moi-même à redouter quelque sotte catastrophe. Nos bateliers, heureusement, sont des gens avisés et doués de forces athlétiques. Nul doute, s'il survenait une lame trop violente, qu'ils ne pussent d'un coup d'aviron nous la faire éviter. Mais, en somme, cela dépend uniquement d'eux, et non de moi. Quant à mon doux compagnon, tout à l'heure si déterminé, si fier de la fermeté de son pied, il est maintenant en proie aux prosaïques abandons du mal de mer : il n'a plus conscience des difficultés que nous avons à vaincre pour achever notre périlleuse traversée.

En ce qui me concerne, et afin de me rendre utile au milieu des perplexités communes, je me mets incontinent à écoper l'eau qui roule au fond de la barque et nous mouille les pieds jusqu'à la cheville. Pour que nous puissions franchir la barre, apparemment plus forte encore que nos hommes ne la supposaient, chacun d'eux continue à ramer avec une énergie indomptable, malgré les paquets d'eau qui les inondent de toutes parts. Il importe, en effet, à présent, que nous sortions victorieux de la lutte, car il serait trop tard pour revenir sur nos pas. Si nos gens faiblissaient même, à l'heure où nous sommes, nous serions immédiatement retournés par la lame et déposés proprement au fond de la mer. Mais voici un grain qui s'annonce! La pluie, chassée par un vent impétueux, nous fouette le visage en aveuglant nos regards. Le désordre des éléments est tel que l'abri des nattes, échafaudé péniblement sur ma tête, s'effondre dans les eaux qui s'amassent à l'intérieur. La situation n'est plus tolérable.

Et dire qu'elle doit durer pendant deux heures encore!

Ma foi! je déclare que ce voyage aquatique m'aura semblé durer des siècles.

Il faut vraiment toute la vigueur, toute l'adresse dont les hommes de mer sont capables, pour surmonter de pareils obstacles. Grâce à leur ténacité et malgré les courants qui nous portent vers le large, nous parvenons à nous mettre quelque peu à l'abri d'une île placée sur notre chemin. Les roches qui en forment le pourtour sont battues avec force par les vagues devenues furieuses. Toutefois, s'il est bon de parer aux coups de mer, il est prudent également de ne pas se laisser jeter sur les récifs. Quelle navigation pénible et tourmentée!

Mais rien ne servirait d'en poursuivre la description lyrique, puisque, en fin de compte, il ne nous arrive rien d'autrement fâcheux. D'ailleurs, à mesure que nous avançons maintenant, la mer redevient plus calme autour de nous. Plus ou moins garantis de la rafale par l'élévation graduelle de la côte, nous pouvons désormais nous considérer comme hors de danger. Le fait est que nous profitons jusqu'à Tokitsou de ce que j'avais pris tout d'abord pour une accalmie et de ce qui n'était en réalité que la paix factice causée, dans une mer ouverte, par la présence de quelques îles heureusement placées.

Il est neuf heures du soir lorsque nous descendons à quai. En temps ordinaire, on n'eût guère mis plus de deux ou trois heures pour faire la traversée. Cette fois, comme naguère, nous en avons mis plus du double, tout en luttant contre les efforts réunis du vent, de la pluie et de la haute mer.

Encore si nous étions au bout de nos peines! Mais impossible à présent de trouver un moyen de transport pour regagner Nagasaki! Nous nous résignons donc à achever à pied notre lamentable odyssée. Déjà nous allons nous mettre en route, décidés à franchir coûte que coûte tous les obstacles, quand le Ciel, qui jusqu'à présent s'était montré si peu clément, daigne prendre en pitié notre malheureux sort. Par un bonheur inespéré, une noce japonaise, venue ici en djinrikcha et en norimon, comme un *conjungo* parisien se rendant à Robinson ou au Moulin-

UN INTÉRIEUR JAPONAIS (p. 298 et 168).

de-Sannois, s'est arrêtée à Tokitsou, en cours de fêter le nouvel hymen. Et comme la joyeuse compagnie se décide à rester céans toute la nuit, les véhicules qui l'ont amenée, devenus libres subitement, sont mis avec gracieuseté à notre disposition.

Pourtant, ce n'est que vers dix heures que nous quittons la tchaya où nous nous sommes réconfortés et séchés tant bien que mal, en empruntant, pour la majeure partie et moyennant finances, aux mêmes victuailles dont les gens de la noce se régalent à bouche que veux-tu. Il nous est offert notamment certain poisson à chair molle, pêché dans le golfe, qui semble faire les délices de la société voisine, mais dont je ne puis manger que du bout des dents, tant il est insuffisamment bouilli. N'avons-nous pas vu, en effet, que le Japonais s'accommode fort bien du poisson presque cru? En revanche, je me rabats sur une sorte de homard dont Sada a surveillé en personne la cuisson. A en juger, du reste, par le nombre et la variété des poissons qui sont présentés successivement aux gens de la noce, je dois croire que notre tchaya s'est fait une spécialité des repas ichtyophagiques. A coup sûr mériterait-elle de s'approprier la curieuse enseigne de restaurant dessinée par Hokousaï dans la *Mangwa*, où l'on voit des serviteurs s'accrocher aux flancs visqueux d'anguilles géantes, à seule fin sans doute de les mettre dans la casserole, et n'y réussissant guère tant elles sont grosses, vivantes, et par conséquent dignes de figurer dans une matelote pantagruélique.

Nous n'arrivons à Nagasaki qu'après les deux heures du matin. Et cependant la route est de trois *ris* tout au plus. Mais, hélas! quels chemins et quel temps! des cascades sur le dos et des grenouillères sous les pieds! A l'abri de la carapace de boue qui les recouvre en entier, nos hommes — pauvres héros exposés à toutes les intempéries — ressemblent à des crocodiles dont on aurait coupé la queue. Quant à Sada et moi, nous tombons littéralement de sommeil et de lassitude.

Vendredi, 26 janvier. — Lorsque je me lève, vers huit heures, le temps se montre toujours couvert, et le thermomètre ne marque plus que 8° centigrades. C'est pourquoi toute la matinée sera consacrée à un repos bien nécessaire. Quel doux farniente en regard des fatigues d'hier!

Après déjeuner, tournée dans les principaux magasins de Nagasaki, sous la conduite de M. B., résidant au Japon depuis nombre d'années. Les relations particulières de notre aimable guide avec tous les fabricants de produits céramiques établis dans l'île de Kiouchiou, l'ont mis en position de rendre les plus grands services au commerce international. En l'absence de notre consul, parti, comme on sait, en excursion, sa rencontre m'est une double bonne fortune, au point de vue de l'agrément et de l'utilité. J'en devrai surtout le bénéfice aux bienveillantes recommandations d'un de nos compatriotes, également fixé à Nagasaki.

Les magasins de la cité ne fourmillent pas d'autant d'objets de laque, de bronze, d'ivoire ou de bois, de papier que ceux en général des autres ports ouverts. On peut même dire que la plupart des articles mis en vente n'y sont que des contrefaçons de qualité inférieure, confinant comme valeur intrinsèque au genre « camelote » du tout aller parisien. Je remarque cependant, comme spécialité, une grande profusion

UN FOUR A PORCELAINES (p. 478).

de bibelots curieux fabriqués avec des coquillages et de la bourre de soie. Il ne tiendrait qu'à moi de collectionner, dans ma valise, tout un assortiment de chats, de chiens et de volatiles en miniature et merveilleusement imités.

Ce qui abonde ici, en revanche, ce sont les porcelaines et les faïences. D'immenses magasins et boutiques regorgent de vases et de plats décorés des plus exquises enluminures. Il y en a de toute grandeur, représentant soit des bouquets de fleurs, soit des animaux, soit des figures humaines. Certains échantillons reproduisent des scènes de la vie mythologique ou de la vie réelle, des combats ou des duels, des processions de samouraïs, bref, mille et une figurations comme en peut créer le génie fécond de la race.

Quelques-unes de ces pièces sont de dimensions colossales. La fabrication de ces géants céramiques constitue même une véritable spécialité des industriels de Kiouchiou. Il y a peu de temps encore, on construisait dans l'île d'Amakousa de nouveaux fours destinés à cuire particulièrement de ces vases hors mesure, où de puissants ramages bleus se dessinent sur les fonds opalins. Comme de juste, aussi, la province de Satsouma envoie à Nagasaki un fort contingent de ses faïences renommées et de ses inimitables craquelés.

Le malheur est que la vue de si beaux spécimens donne toujours le désir d'en exporter quelques-uns. Ainsi, malgré les dimensions fabuleuses affectées par deux vases qu'on me présente, je n'hésite pas à en ordonner l'emballage, tant les dessins bleus m'en paraissent artistement exécutés. Ces vases ne mesurent pas moins de deux mètres de hauteur, ce qui les rend décidément assez peu transportables. Il est vrai que rien n'égale le soin apporté par les Japonais dans leurs expéditions. Mêmes tentations et mêmes conséquences à l'égard d'un plat aux reflets d'azur, ayant plus d'un mètre de diamètre, sur lequel s'épanouit une superbe corbeille de fleurs.

Mais, à côté des vases et des plats sortant comme proportions de toutes les dimensions habituellement connues, il existe encore des objets sans nombre, depuis les ustensiles de ménage les plus simples ou les plus communs jusqu'aux porcelaines les plus élégantes et les plus fines.

Rien de banal, à bien parler, en cette profusion de modèles. Là où le goût du tragique et du grotesque a des racines également vivaces dans le cœur de

FIGURE DE DANSE POPULAIRE (p. 140 et 437).

l'homme, il n'est pas surprenant que son œuvre reproduise cette double face du caractère, avec une explosion infinie d'antithèses ou de paradoxes. La bizarrerie, qui est le fond de la conception japonaise, naît de cette lutte intérieure si appréciée au théâtre et si nécessaire en matière d'art. Et quel plus admirable agent que la porcelaine coloriée, à l'aide de laquelle toute pensée peut être exprimée, depuis la plus délicate jusqu'à la plus énergique !...

Nous ne saurions le méconnaître : le génie d'un peuple se révèle souvent tout entier dans les produits de son industrie nationale. Aussi, quand le potier japonais entoure ses innombrables produits de personnages étranges ou de fleurages merveilleux, c'est qu'il exprime son culte idéal pour la nature, pour sa religion, pour ses vieux usages chevaleresques.

L'originalité native se traduit ici non seulement dans les peintures allégoriques dont on recouvre les porcelaines, mais encore dans la forme spéciale qu'on leur imprime, à seule fin de trouver quelque effet inattendu. Ainsi rencontrons-nous, dans notre promenade, des figurines, des plantes, des jonques, des animaux, bref une foule d'objets de toute forme et de toute dimension, se démontant complètement, pour constituer — par exemple — tout un assortiment des pièces nécessaires à servir le repas ou le thé. Ce n'est point, cependant, sur de telles pièces que se reporte notre véritable admiration. La fantaisie sans bornes a ses bons et ses mauvais côtés. Notre sincère estime va plutôt à ces petites merveilles, à ces tasses et soucoupes mignonnes, à ces godets et carafons exquis dont la délicatesse de facture est telle que la main en perçoit à peine le poids. Tant de qualités supérieures ne sauraient être égalées que par les produits similaires de la province de Kaga, l'un des centres les plus importants pour la fabrication des porcelaines fines.

C'est à *Déchima Bazar* que je trouve le choix le plus abondant de ces jolis et curieux objets. Comme on sait, le Déchima Bazar est l'entrepôt des articles provenant de l'usine Foukagawa que j'avais visitée à Arita, ainsi que de certains autres établissements affiliés à la compagnie *Korancha*. On se rappelle, en

AGGLOMÉRATION DE FOURS A PORCELAINES (p. 472).

effet, que les principaux industriels de la localité ont mis leurs intérêts en commun sous cette raison sociale. Quant au vaste entrepôt en question, il est ainsi appelé de ce qu'il est construit sur la petite île de Déchima, laquelle fut, pendant deux siècles, le seul coin du Japon accessible au commerce étranger.

Nous avons vu, dans l'histoire, comment les chogouns avaient ainsi relégué sur un point microscopique de l'Empire tout élément étranger. Après avoir entravé le christianisme naissant et l'avoir, en dernière analyse, exterminé dans des flots de sang, ils en étaient arrivés, vers 1637, à proscrire également toute immigration d'où qu'elle vint, à l'exception des marchands hollandais, qui avaient fait cause commune avec leur politique d'exclusion. Ceux-là seuls furent admis à exercer leur négoce international, séquestrés qu'ils étaient, au nombre d'une vingtaine, sur la petite île dont il est question.

Or, l'ancienne fondation, due à ces audacieux et tenaces pionniers, a été presque totalement détruite par l'incendie, il y a environ une vingtaine d'années. On n'en découvrirait plus même de trace, n'était un bâtiment unique, occupé aujourd'hui par le consulat néerlandais, bâtiment sur lequel flotte toujours l'étendard des Pays-Bas.

A vrai dire, l'île de Déchima, qui mesure à peine deux cents mètres dans ses plus grandes dimensions, ne peut être considérée que comme ayant été un lieu de détention pour les commerçants qui y furent confinés. C'est, du reste, ainsi que le qualifiait Engelbert Kaempfer, médecin de la factorerie hollandaise, lorsqu'il écrivait, en 1691, sa précieuse description du Japon. Comme la formation du nom l'indique en japonais, — *chima*, île, *de*, en dehors, — ce fameux lopin de terre est un îlot placé en avant de Nagasaki et séparé de la terre ferme par une espèce de canal. Il affecte la forme d'un éventail, ouvert dans la direction du sud-est, et se développe protégé des coups de mer par un talus empierré. Dans le principe, il n'était relié à Nagasaki que par un petit pont de pierre demeuré intact. Encore cette maigre communication était-elle barrée par une porte, constamment gardée par des troupes japonaises.

Ce n'était que dans des circonstances particulières qu'on renonçait à en occuper le passage. Les délégués de la colonie étrangère, que l'amour de l'étude ou la soif de l'or attirait dans cette étroite prison, étaient, du reste, tenus d'aller périodiquement présenter leurs hommages au chogoun et de faire acte d'entière et basse soumission. Kaempfer raconte, à cette occasion, qu'on leur imposait de se donner en spectacle au chogoun dissimulé avec les siens derrière des stores de bambous. Pour se faire bienvenir, ils devaient tantôt se dépouiller de leurs vêtements, tantôt lire dans leur langue à haute voix, dessiner, chanter, voire danser, et — ce qui paraîtra plus incroyable — simuler l'ivresse, la colère, l'amour, bref tous les sentiments naturels à l'humanité. En cela, rien de bien excessif cependant, si l'on songe que les Japonais relégués dans leur archipel ne connaissaient notre race que par ouï-dire; ils avaient lieu d'être curieux individuellement de connaître les mœurs étrangères que la politique nationale leur défendait avec tant d'inflexibilité d'aller étudier sur place. Il y aurait eu des circonstances, néanmoins, où ces déférences envers une autorité trop absolue se seraient traduites par des actes de faiblesse incontestables. On a même affirmé que maintes fois, et pour prouver qu'il n'y avait point de chrétiens parmi eux, les Hollandais auraient craché sur le crucifix ou l'auraient foulé aux pieds. Nous nous refusons à le croire, d'autant que le fait a été sérieusement contesté et ne se serait produit que dans l'imagination surexcitée de quelques fanatiques ou de voyageurs trop crédules. En réalité, cette fable n'a sans doute d'autre origine que la croix figurée — je ne sais pourquoi — dans le pavage même du pont de Déchima et sur laquelle les Hollandais étaient bien forcés de passer lors de leurs rares sorties. Ce qui est certain tout au moins, c'est que les étrangers ne furent soufferts, même dans l'île qui leur servait de refuge, que parce qu'ils se plièrent à tous les actes de soumission exigés et parce qu'ils renoncèrent d'un commun accord à toute espèce de propagande religieuse.

Aujourd'hui l'île de Déchima a vu tomber les portes qui en défendaient l'accès, et de nouveaux ponts, jetés sur le bras de mer, la mettent en libre commu-

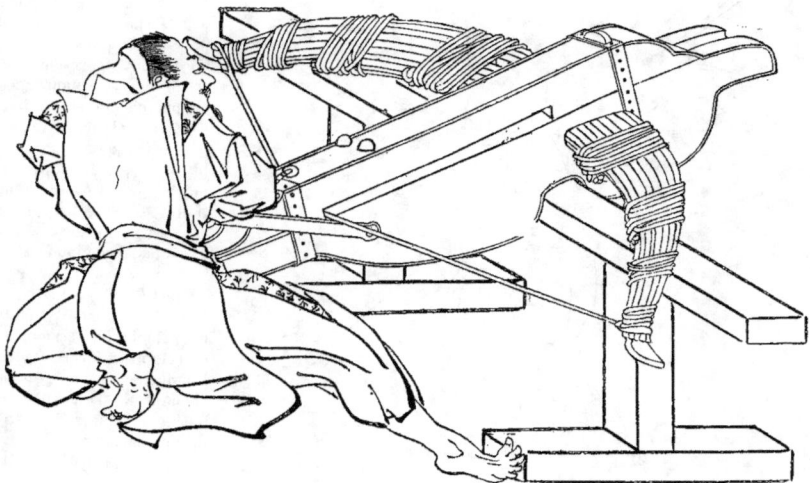

MANŒUVRANT UNE CATAPULTE (p. 487). — D'après Yosaï.

nication avec Nagasaki. Mais l'ancienne colonie n'a fait que perdre à cette émancipation définitive. La commune liberté a scellé la déchéance commerciale de la Hollande, là où celle-ci avait régné sans partage pendant la durée de plus de deux siècles.

Tel a été, en quelques mots, le berceau de notre influence européenne dans l'empire du Soleil Levant. Il a fallu toute l'énergie dont est doué le Batave de race pour supporter, à des conditions rigides, presque déshonorantes, la misérable hospitalité accordée à l'étranger. Et on peut le dire bien haut à présent, ce n'est pas le seul esprit de lucre qui guidait la poignée d'hommes jetés par les circonstances sur un point du globe à peu près inexploré. Parmi ces résidents de la première heure, il s'est trouvé nombre de gens d'initiative et même de génie, auxquels la science est redevable de travaux importants, notamment sur l'histoire naturelle de la contrée.

C'est ainsi que le même Kaempfer dont nous avons parlé plus haut réunissait, dès le dix-septième siècle, les éléments de la flore et de l'histoire du Japon. Quatre-vingt-cinq ans plus tard, en 1775, Thunberg, autre médecin, d'origine suédoise, envoyé au Japon par des négociants d'Amsterdam, y complétait les études d'histoire naturelle laissées inachevées par son précurseur. Et quel profit personnel ont tiré de leurs travaux ces hommes voués par amour de la science à un

UNE AME COMPATISSANTE (p. 168). — Dessin de Yosa".

exil presque perpétuel? Une modeste pyramide de granit rappelle seule, à présent, le souvenir de leur passage sur cette terre si marchandée, alors qu'ils n'en avaient arraché que quelques brins d'herbe verte ou quelques feuilles d'arbres jaunies. Ce pieux monument a été élevé par le célèbre Fr. Von Siebold, lequel non seulement s'est livré lui-même à de nombreuses études ou recherches scientifiques, mais encore a doté plusieurs musées d'Europe d'immenses collections d'histoire naturelle et d'ethnographie japonaise.

Bien d'autres noms pourraient être ajoutés à cette courte nomenclature. C'est au point qu'on se sent invinciblement ému quand, parcourant la petite île où tant de souvenirs se sont déjà accumulés, nous y lisons les angoisses, les souffrances physiques et morales endurées par ces hardis explorateurs, et quand nous suivons à distance les mille et un efforts tentés par leur génie pour forcer des barrières que le temps seul devait abaisser. D'ailleurs, le gouvernement hollandais lui-même avait pris, en maintes circonstances, l'initiative des fondations utilitaires et des travaux scientifiques. Il vint parfois en aide aux savants, au moyen de larges subsides et par l'entremise de ses influences.

Il ne faut pas l'oublier, au surplus : ce fut la Hollande qui, dix ans avant l'expédition du commodore Perry, soit en 1844, engagea le chogoun à ouvrir le pays aux nations civilisées. C'est donc, en résumé, sur ses premières instances, sur l'appui qu'elle sut trouver dans ses relations avec les principaux personnages politiques, que le gouvernement japonais consentit les traités avec l'Amérique et successivement avec les autres puissances intéressées.

Samedi, 27 janvier. — Nous tenons enfin le beau temps; mais le thermomètre est retombé à 4° centigrades. Il a quelque peu gelé durant la nuit. En revanche, les journées continuent à être presque chaudes.

A neuf heures, des djinrikshas viennent nous prendre, en vue de faire une promenade suburbaine. Nous nous proposons d'aller admirer le panorama de Nagasaki, du haut des montagnes qui enserrent la baie et lui fournissent l'aspect d'une véritable cuvette aux proportions monumentales. Toutefois, avant de nous engager dans cette expédition séduisante, consignons ici quelques notes, recueillies les jours précédents, sur l'ancien centre d'opérations de la vaillante colonie hollandaise, quand celle-ci eut franchi les portes qui la retenaient dans sa première enclave.

Nagasaki, un des meilleurs ports de mer de l'extrême Orient, n'a peut-être de rival, comme sécurité, que celui de Hakodaté, mieux protégé encore — à ce qu'il paraît — contre les funestes typhons habituels aux rivages japonais. Le nombre d'habitants que la ville renferme est pourtant loin d'être considérable, si l'on songe que l'agglomération est la plus populeuse de tout Kiouchiou. Le chiffre n'en serait que de 35,000 suivant les uns, et de 50,000 suivant les autres. Toujours la même incertitude, comme on voit! — Prenons un terme moyen entre ces deux évaluations, et admettons un total de 40,000 âmes[1]. Dans ce nombre sont naturellement compris les deux cents résidents européens, et les quatre cents enfants du Céleste Empire établis dans le pays.

Nous savons déjà que Nagasaki est bien déchu de son ancienne prospérité. Depuis l'ouverture des autres ports, — on le conçoit, — celui-ci n'approvisionne plus en articles venus de l'étranger que l'île de Kiouchiou proprement dite et les quelques îles environnantes. Les habitants de ces parages sont, du reste, classés parmi les moins fortunés de tout l'empire japonais. Il n'y a guère que l'exportation qui y ait conservé de l'importance, soit pour les produits manufacturés, soit pour le charbon. Mais, comme le précieux combustible est principalement demandé par la Chine, ce sont naturellement les Chinois, fixés dans la ville, qui en ont accaparé le fructueux monopole. Eux seuls, également, résument tout le commerce d'importation ou d'exportation avec leur propre pays. C'est dire qu'ils introduisent en Chine les bois débités en planches, le camphre et ce fameux poisson sec dont on fait dans l'empire du Milieu une si forte consommation. Il ne reste, par conséquent, aux Européens que le tabac, la cire végétale et quelques lots infimes de camphre, qui sont dirigés par eux sur les ports anglais principalement. Il s'ensuit que la plupart d'entre eux s'en vont chercher fortune ailleurs, et l'on ne saurait les en blâmer.

Il y a bien encore les porcelaines, dont nous parlions précédemment, mais cet article de commerce ne constitue pas un chiffre d'affaires très élevé. Par le fait, les objets de luxe ne sauraient être l'objet de transactions comme ceux de première nécessité. On voit donc qu'il n'y a point grand avenir pour cette ville, autrefois si fréquentée, à moins qu'il ne survienne quelque événement que nous n'avons pas à prévoir.

Après ce rapide aperçu, allons examiner Nagasaki

PUISANT A LA FONTAINE (p. 336 et 477).

sous son côté pittoresque. Pour nous, chercher quelque éminence d'où l'on puisse embrasser l'aspect général d'une cité, est toujours, en voyage, l'une de nos principales préoccupations. Je ne saurais, en définitive, me faire l'idée d'un tout sans l'avoir, pour ainsi dire, enveloppé d'un même coup d'œil.

Nous nous dirigeons donc vers le sud-est, ayant la baie à notre droite, pour prendre un étroit sentier

[1]. Dans les relevés statistiques de l'année 1897, la population de Nagasaki est portée à 55,374 habitants.

menant jusqu'au faîte des hauteurs qui couronnent la ville de ce côté. Les champs se présentent ici sur nos pas cultivés par gradins successifs, et nous devons les escalader un à un. Nous parvenons ainsi jusqu'à un plateau formant une sorte d'observatoire gazonné, au milieu duquel se dresse, comme pour engager au repos, un cèdre de proportions colossales.

Quel spectacle magnifique! Déjà notre regard contourne la cité tout entière ainsi que la vaste baie sinueuse auprès de laquelle le port est assis. Partout, les anses sont remplies de jonques ou de navires de haut bord. Sur les eaux, naguère soulevées par la tempête, règne un calme parfait. On dirait d'un fleuve majestueux accomplissant sa dernière étape, tant la sérénité est générale. Ce qui tend à rendre cette comparaison plus juste encore, c'est que la baie prenant naissance derrière un repli de terrain, qui nous en dérobe la vue un moment, s'allonge devant nous comme un vaste boyau à travers une gorge montagneuse, pour, de là, communiquer avec la mer. Presque en face de nous, vers l'ouest, sur la rive opposée et dans une échancrure de la côte, s'évide la cale sèche établie tout récemment au milieu d'autres installations maritimes, tandis que, sur la droite, se dressent les cheminées fumantes d'une vaste usine où l'on travaille le fer.

Du même côté, sur un promontoire à peine élevé au-dessus des eaux, se rassemblent quelques habitations entourées d'arbres.

En deçà, tout à nos pieds, s'épanouit la concession étrangère avec ses demeures caractéristiques. Dans le voisinage immédiat, apparaît l'église catholique; et, tout à la suite, gravissant la pente des hauteurs, une série de charmantes résidences, agrémentées de jardins délicieux, piquent de taches joyeuses les sombres rideaux formés par la végétation. Un petit groupe de maisons indigènes, pressées au bord de la baie, sont seules ici en état de rappeler au voyageur qu'il est encore au Japon.

Si, maintenant, nous tournons nos regards plus à droite, c'est-à-dire vers le nord, nous découvrons encore une autre agglomération de bâtiments construits dans le style européen sur une langue de terrain déprimé. Là est la fameuse Déchima que nous avons décrite hier. L'amoncellement de bâtisses légères qui se prolonge au delà est tout uniment la ville indigène, greffée sur ce tronc générateur. Cette dernière forme le fond du tableau et se montre dominée de loin en loin par des temples, alors que les maisons extrêmes vont se raréfiant sur les gradins inférieurs d'un vaste amphithéâtre de hautes montagnes.

Comme on le voit, la ville entière se disperse tantôt dans la vallée sinueuse, tantôt sur les collines boisées qui la surplombent. Au-dessus des vivants est enfin suspendu, comme une singulière menace pour la commune destinée, une immense nécropole entièrement peuplée de monuments funéraires. La sérénité qui s'exhale de ces austères demeures, la vie et l'activité qui, par contraste, regorgent sur tous les points de la cité, le caractère grandiose qu'imprime au tableau la vaste baie miroitant au soleil et les hauteurs boisées qui l'entourent d'un rideau multicolore, tout contribue à faire de l'ensemble du paysage un des plus beaux sites qu'il soit donné d'admirer dans ce pays pourtant si riche en merveilleux panoramas.

ATELIER DE PORCELAINES. — LAVAGE DES TERRES, PRÉPARATION DE LA PÂTE ET FAÇONNAGE DES PIÈCES (p. 472). — Dessin japonais.

Le restant de notre matinée se passe à traiter quelques achats de céramique, chose assez fastidieuse, — comme on le suppose bien, — aussitôt que l'on a affaire aux négociants indigènes.

Au cours de l'après-midi, nous nous enfonçons délibérément dans le cœur de la ville japonaise proprement dite, le long de rues courant dans la plaine au nord de la baie ou escaladant les premiers contreforts de la colline. Dès la limite même de la concession étrangère, on demeure, comme toujours, frappé de l'animation extrême qui règne dans la cité grouillante. A vrai dire, cependant, le mouvement semble plutôt concentré dans quelques rues de la ville haute comme aux abords de certains théâtres populaires.

Tout en cheminant, non sans peine, à travers la cohue des gens qui s'entre-croisent, nous sommes un moment arrêtés par un cercle de spectateurs formé autour d'une lutte à main plate engagée sur le devant d'une tchaya. Deux jeunes hommes, ardents et nerveux, sont aux prises, suscitant par leurs soubresauts indiscontinus la curiosité des passants. D'après ce que j'en puis voir, pourtant, ce ne sont là que de vulgaires amateurs, pour ne pas dire de simples apprentis, essayant leurs forces dans le noble métier de *soumo* si goûté par le populaire.

Pareil spectacle nous avait été donné lors de notre entrée à Kioto. Sur quelque point où l'on se trouve jeté au Japon, on a lieu de constater le grand honneur dans lequel sont tenus les jeux athlétiques. Ils le sont, ils l'ont été de tout temps à l'égal des autres exercices de force et de souplesse. Sans doute l'esprit de combativité, auquel cette tendance semble correspondre, a été surtout développé par la réglementation militaire établie sous les grands chogouns. A dater de cette époque, en effet, les vastes hécatombes, les sacrifices héroïques, les implacables vendettas, les suicides par le sabre de combat, sont de monnaie courante dans les hautes classes de la société. Mais une réglementation, fût-elle inviolable, ne saurait suffire à conserver de tels usages, si elle ne répond d'une manière adéquate à un instinct de la race. Or, le Japon était on ne peut mieux préparé à cet épanouissement ultra-chevaleresque par un passé toujours tourné vers le développement des forces physiques et vers les aventures guerrières. Pour n'en citer qu'un seul exemple, mais topique dans son genre, n'avons-nous pas vu, au deuxième siècle de notre ère, une impératrice en personne, la fameuse Djingou-Kogo, endosser l'armure des combats et, comme une autre Jeanne d'Arc, prendre la tête de ses armées? Et, d'autre part, n'a-t-on pas observé, de tout temps, que des hommes parmi les plus haut placés de l'Empire, voire des princes de sang mikadonal, non contents de se vouer au dur métier des armes, brûlèrent encore de descendre dans l'arène des lutteurs et de se livrer aux exercices du corps les plus violents? L'histoire cite notamment un grand homme d'État, Chimaki-Chichin, ministre sous Nimméi-Tenno, qui, en vue de décupler sa puissance physique, s'appliquait à tendre à la seule force des poignets une sorte de catapulte. En un mot, l'esprit d'aventure, le mépris du danger, le respect du point d'honneur, constituaient autant de dispositions naturelles, propres à entretenir chez ce peuple chevaleresque toute une tradition de guerres, de duels, de jeux sanguinaires et même d'amusements sportifs.

C'est encore dans les quartiers si animés où nous circulons que se groupent en plein vent la foule bigarrée des teneurs d'échoppes, des boutiquiers ambulants, des restaurateurs et des vendeurs de thé. Par instant le marchand de macaroni, le limonadier débitant le poison alcool sous forme de saké ou le vendeur de comestibles détaillant la nourriture hygiénique sous forme de riz, viennent jeter au travers de la rue leurs appels stridents, tandis que, du fond de certaines demeures, de nature plus ou moins équivoque, partent des sons de tambourins et des grincements de samicen. Dans quelques-unes de ces habitations, ouvertes au grand public, on exécute *coram populo*, tout comme j'avais été à même de le voir à Yokohama, des danses populaires pleines de verdeur et d'entrain. Dans quelques autres, de gracieuses guichas semblent tenir sous le charme de leurs accords ou de leurs chants mélancoliques les ama-

MAGASIN DE PORCELAINES (p. 465 et 480).

teurs de musique locale. Là, cependant, si l'attention populaire ne se dément pas, l'affluence semble moins grande que dans certains quartiers de Kioto tout entiers consacrés au divertissement de la population.

Je ne noterai que pour mémoire et par acquit de conscience certain temple où nous entrons en passant, car il ne présente pas d'autre intérêt que la réunion d'une innombrable collection de ces instruments tonitruants employés, ainsi qu'on l'a vu, concurremment dans les temples et dans les orchestres sacrés. Ici, l'usage en est spécialement affecté aux grands festivals religieux, pour la célébration desquels la ville de Nagasaki déploie une splendeur toute particulière durant les mois d'été et d'automne. Quel dommage que mon ex-compagnon de route, l'homonyme de l'antique roi d'Écosse assassiné par Macbeth, Mr. Duncan, de si facétieuse mémoire, lui dont le vigoureux biceps s'était exercé naguère sur les gonds de Nikko d'une façon si bruyante, ne soit point à mes côtés aujourd'hui pour profiter d'une pareille aubaine ! Il ne résisterait pas à la tentation.

Comme le temple en question relève du culte chintoïste, il se distingue par sa simplicité, n'exhibant, pour ainsi dire, aux regards que le *gohéi*, dont nous avons eu déjà l'occasion de déterminer le sens symbolique, tenu suspendu devant un miroir, emblème de la divine Amatéras.

Rappelons à ce propos — nous reportant en cela aux détails historiques dont nous avons accompagné nos premiers récits — que parmi les trésors confiés par la déesse du Soleil à la garde même des Mikados, se trouvaient précisément le miroir magique qui la refléta au sortir de la caverne où elle s'était momentanément éclipsée, ainsi que l'épée arrachée à la queue du dragon par son divin frère, le bouillant Sousanao. Conservés depuis une longue série de siècles dans la famille impériale, ces objets sacrés constituent le trésor traditionnel des souverains japonais. Ils servent aux cérémonies du couronnement. Aussi, durant le schisme qui divisa la lignée des Mikados, sous le gouvernement néfaste de la famille des Achikaga, le trésor demeura-t-il toujours en la possession des Mikados du Sud, la branche légitime. Grâce à des dévouements sublimes, parmi lesquels l'histoire cite surtout celui de Nawa-Nagao, général de l'empereur Gomourakami, les véritables descendants d'Amatéras gardèrent ce précieux dépôt au milieu de leurs pérégrinations forcées et en dépit de toutes les vicissitudes d'une vie errante.

Pendant que nous parcourons les rues de la ville indigène, M. B..., qui veut bien encore aujourd'hui nous servir de cicerone, s'est employé à faire préparer pour ce soir, dans une tchaya où il semble être bien connu, un divertissement chorégraphique et musical.

En m'exprimant ainsi, je suis évidemment en deçà de la vérité, car le spectacle que l'on y offre à notre curiosité ne se borne pas uniquement aux ébats de quelques danseuses défilant en cadence aux accents grêles des gueïchas, aux sons plaintifs du samicen, au grondement brutal des tambourins. Il comporte en plus les performances de personnages d'allure fantastique, aux visages grimaçants, se poursuivant ou

MISE AU FOUR ET CUISSON DES PORCELAINES (p. 472).
Dessin japonais.

s'interpellant au cours d'un scénario tragi-comique dont je ne saisis pas toujours le sens, mais dont l'effet est parfois étourdissant. Rien de curieux, à tout prendre, comme cette action mouvementée, soumise à toute une série de passions violentes, où chaque sentiment semble traduit avec précision au moyen des masques portés par les personnages. Sans doute ces masques, semblables comme principe à ceux qu'on voyait autrefois sur la scène grecque ou romaine, ont-ils été empruntés, pour la circonstance, à quelque théâtre voisin. Toujours est-il qu'ils sont d'une extrême diversité, d'un caractère tragique ou comique, le plus souvent grotesque ou terrible, mais également expressifs. Nul doute que les grands dessinateurs du Japon n'aient contribué à la composition de ces figures stéréotypées ou non et n'y aient, dans une certaine mesure, imprimé la marque de leur génie.

Quant à l'usage si répandu de se peindre, de se grimer ou de se masquer, elle remonte sans doute à la plus haute antiquité. Ce qui est hors de doute, c'est que jadis les personnages qui remplissaient certains rôles, dans les cérémonies de la cour mikadonale, recouraient à ce moyen de travestissement. En passant en revue les anciennes armures japonaises, on constate que les guerriers eux-mêmes ne dédaignaient

pas d'inspirer autour d'eux une sorte de terreur, en dissimulant leur visage sous un masque de fer ou de bronze aux traits féroces et furieux. Cette manie fut, d'ailleurs, dans certains cas, poussée aux plus extrêmes limites. Et ce fut à cette époque barbare, sinon glorieuse, au douzième siècle de notre ère, qu'on vit un guerrier célèbre, nommé Saïto Sanémori, jaloux, malgré son très grand âge, de se mesurer en combat singulier avec des adversaires dignes de sa bravoure, imaginer de se faire teindre la barbe en noir, afin de paraître plus jeune et plus vaillant.

Il ne faudrait pas croire, au surplus, que les masques auxquels nous faisons allusion soient des objets de pure pacotille. Ils sont, au contraire, fabriqués avec le plus grand soin et, pour la plupart, sont dignes de figurer parmi les objets d'art. Simulant dans les traits tantôt la douceur ou la colère, tantôt l'amour ou la haine, tantôt la tristesse ou la jovialité, en un mot tous les états d'âme où l'humaine nature se complaît suivant les circonstances, ils se présentent, soit fabriqués en bronze, soit sculptés dans le bois laqué ou polychromé. Ces masques ont même donné lieu à des reproductions mignardes travaillées dans l'ivoire, dans le métal et dans le bois, tandis que les caricaturistes célèbres s'appliquaient à en cimens où l'horrible le dispute au cocasse, pour l'ébattement ou l'effroi de la galerie.

Mais nous voici bien loin des danses, qui bientôt,

UNE LECTURE ATTACHANTE (p. 494).

multiplier les modèles. Et l'illustre Hokousaï, on le conçoit, ne s'est point fait faute d'exercer sa féconde imagination dans un domaine où il se sentait si fort à l'aise. Aussi nous a-t-il donné, soit dans sa célèbre *Mangwa*, soit dans des compositions isolées, des spé- après l'intermède des pantomimes grimaçantes, ont repris leur cours plus gracieux.

Parmi les artistes qui évoluent devant nous, il en est quelques-unes qui, au mépris de leur jeune âge, dansent à la perfection. Mais, *bone Deus!* que de fard accumulé sur ces coquets minois! Décidément, se peindre constitue une des principales préoccupations de tout ce monde ballant, chantant et *pizzicatant*. En général, du reste, les ballerines auxquelles nous avons affaire aujourd'hui, bien qu'elles puissent être considérées comme étant, dans leur genre, *di primo cartello*, me semblent moins intéressantes au point de vue physique, et surtout comme tenue, que celles dont nous avions constaté à Kioto les attraits réels et la réserve de bon aloi. Les danses sont, en revanche, plus animées. D'ailleurs, on paraît vouloir nous traiter plutôt en gourmets qu'en gourmands, c'est-à-dire qu'on nous fait grâce de la djonkina, la figure essentiellement leste et turbulente, pour ne pas dire davantage, dont on se croit toujours tenu vis-à-vis d'un public ordinaire.

Dans le cours de la soirée, j'ai été à même de noter un motif de *samicen*, que j'ai souvent entendu déjà lorsque les danses vont s'animer. Je le transcris ici d'autant plus volontiers que les quelques airs dont j'ai donné jusqu'à présent l'annotation étaient surtout graves et lents, tandis que celui-ci est gai, vif et, par exception, écrit en ton majeur. On l'exécute à la fois sur les trois cordes de l'instrument, l'accord soutenu étant frappé sur les cordes à vide. Le voici dans sa charmante simplicité :

La mélodie se poursuit indéfiniment, jusqu'à ce que le tambourin s'y mêle peu à peu et accentue le mouvement par des batteries de plus en plus rapides. Ici, encore, je retrouve cette symétrie que je crois nécessaire à toute œuvre musicale, bien que le rythme en soit moins bien accusé que dans les compositions notées précédemment. Cela me confirme dans la pensée, exprimée à propos d'une visite au théâtre de Kioto, que le rythme n'est pas toujours absent des mélodies populaires. Pour prouver l'assertion d'une manière plus évidente encore, je crois intéressant de transcrire une romance japonaise, notée par M. H***, et que j'ai découverte dans les fascicules de la Société asiatique allemande, qui m'avaient été remis à Tokio par le docteur D***.

En voici la musique et les paroles :

« Depuis que je suis séparé de mon seigneur, je me rends souvent dans la plaine aride ; et, de même que la rosée tombe des sapins, ainsi tombent mes larmes. »

N'est-ce pas délicieux comme pensée musicale et comme idée poétique?

Dimanche, 28 janvier. — Le temps se maintenant définitivement au beau et le bateau pour Changaï ne devant vraisemblablement partir que dans quatre ou cinq jours, je me décide à entreprendre l'excursion de Chimabara, cette pointe avancée dans la mer, où j'avais été contraint de rebrousser chemin à cause du mauvais état des routes. Géographiquement parlant, la presqu'île de Chimabara est séparée de celle à l'ouest de laquelle se trouve Nagasaki par une large baie mesurant près de huit lieues d'envergure. Nous n'avons néanmoins nul moyen d'accomplir par mer cette traversée véritable, et il faut nous résigner à louer des chevaux pour exécuter pédestrement, tout

au moins en partie, un chemin qu'il serait facile d'é-
courter notablement en voyageant à vol d'oiseau.
Heureusement que les beautés du paysage devront
compenser à nos yeux la perte de
temps essuyée.

Vers onze heures du matin,
nous nous hissons sur nos bidets,
en vue d'atteindre le village d'Aba,
situé au bord de ladite baie et distant d'une couple de *ris*. La bête
qui m'est échue en partage, om-
brageuse et truculente, hennit, se
cabre et lance des ruades à désar-
çonner un écuyer de cirque. A
plusieurs reprises, l'animal se
jette de tout son poids sur son
plus paisible copain, lequel ne
sait comment se garer d'aussi
injustes bousculades. Tandis que
j'appelle à moi toutes mes facultés hippiques pour dompter ce
Bucéphale de location, un cri aigu
retentit par les airs, glaçant mes
sens d'épouvante et faisant frémir
de tout son être ma monture endiablée. Je regarde autour de moi :
l'infortuné Sada, démonté tout à
coup par une fantaisie de son
propre cheval, jonche la terre de son corps, le pied
pris dans un étrier. Heureusement la bête, demeurée impassible après cette action d'éclat, attend patiemment que le cavalier se soit
dépêtré. Nous volons au secours
de mon centaure ahuri et nous le
remontons sur la selle, à la fois
penaud et désorienté. Il n'a décidément rapporté de sa mémorable
chute, ni bosses, ni fractures, ni
lésions. Voilà un début qui s'annonce mal!...

Pourtant, sans autre souci de
l'alerte, nous nous ébranlons à
nouveau, et, traversant la ville
indigène dans toute sa largeur,
nous nous mettons à cheminer
par les hauteurs dominant la baie,
au milieu d'une multitude de tombes entremêlées d'habitations isolées. A partir de ce point la route
que nous escaladons n'est, à proprement parler, qu'un sentier de
chèvres tracé au travers d'une
gorge étroite. Mais quelle nature
exubérante! Les montagnes se
succèdent, ombragées de la ma-
nière la plus diverse par des sapins, des bambous,
des lauriers, des chênes, des orangers et des palmiers. Quelle admirable profusion d'essences, et

TOURNANT UN VASE (p. 472).

DÉCORANT UN VASE (p. 472).

comme nous sommes bien ici à califourchon sur des
climats différents! Tantôt les bois y alternent avec
les champs étagés les uns sur les autres, en présentant les genres de culture les
plus variés; tantôt apparaissent des
maisons rustiques, bâties au bord
du chemin ou perchées sur le coteau, communiquant à tout l'ensemble un aspect vivant et animé.

Entre temps, pour ne pas forfaire aux habitudes du pays, nous
nous faisons offrir une tasse de
thé dans la première tchaya venue. La vieille hôtesse, qui me
prend sans doute pour un Hollandais et m'adresse même quelques mots en pur dialecte de Dor-
drecht et d'Amsterdam, fait montre d'une manière originale de
placer son argent en lieu sûr.
Amenée à me rendre de la monnaie sur le *yen* que je lui donne
en payement, elle va quérir un
long bambou creux, lequel lui
sert à la fois de comptoir et de
coffre-fort. Cet étui mignon a plus
d'un mètre de longueur. Avis aux
gens de nos campagnes qui crain-
draient pour leur vieux bas de laine tout garni!

En quittant la vieille édentée et comme pour lui
faire un triste pendant, je rencontre un vieillard
hirsute quasi nonagénaire, por-
tant encore, malgré son âge plus
que respectable, un assortiment
de pipettes et de bâtonnets pour
manger. Il se rend, clopin-clopant, à la ville, où il compte placer le restant de sa marchandise. Heureusement pour lui, l'é-
ventaire dont il est porteur, tout
encombrant qu'il soit, n'est pas
bien lourd. Tandis que Sada, pris
de compassion à la vue du pauvre hère, vide entre ses mains
son escarcelle, je songe à part
moi au légendaire Hakou-tcho-o,
représenté partout au Japon, vendeur aussi de bâtonnets, et qui,
merveille de laideur et de misère,
passait pour ne jamais changer
de vêtements ni de physionomie.

Nous nous engageons bientôt
au milieu de bois vraiment merveilleux. Nulle part, au Japon, je
n'ai rencontré végétation aussi touffue, aussi resplendissante. On dirait un feu d'artifice de verdure. Chênes, lauriers, bambous, mille variétés d'arbres au

feuillage toujours vert, s'y pressent, s'y entremêlent, s'y marient, envahissant les pentes et les creux et peuplant de leurs innombrables rejetons les croupes hospitalières de la montagne. Et de-ci, de-là, quelque *sasankouwa*, l'arbre à thé des montagnes, dont les fleurs blanches ou rouges rappellent nos camélias, jette sur le rideau verdoyant des massifs un fouillis de couleurs vives et joyeuses. A cette vue, mes souvenirs me reportent, malgré moi, aux délicieuses promenades faites naguère dans les régions suburbaines de Tokio, et devant mes yeux se déroule, comme dans un rêve, cette étourdissante théorie des floraisons qui se succèdent tour à tour dans la « Ville des Jardins » : les cerisiers et les pruniers au printemps, les chrysanthèmes en automne, les camélias à l'heure où nous sommes. Combien un tel spectacle est conforme à ce que nous savons de ce beau pays, où tous, jeunes et vieux, riches et pauvres, grands et petits, se délectent à la contemplation de la nature au milieu de l'éclosion de leurs inspirations poétiques.

Pour comble de bonne fortune, le soleil, chaud et lumineux, brille de toute sa force, faisant miroiter les glacés et les arêtes de ce feuillage vraiment luxuriant. A l'heure où nous sommes, pas un souffle de vent ne vient rompre l'intensité de lumière et de chaleur résorbée dans l'atmosphère. Quelles senteurs exquises et pénétrantes! Il n'y a pas à dire, c'est l'été avec ses molles délices, dans ce qu'il a de plus suave. Seuls, les quelques sommets neigeux, pointant au-dessus des arbres, dans l'assaut des pics les plus élevés, protestent par leur froide présence contre les douceurs du moment.

Arrivés au faîte du massif qui forme comme la ligne de partage des eaux de cette première péninsule, nous pouvons embrasser du regard le bras de mer calme, uni comme un miroir, représentant le golfe de Chimabara, et, tout au loin, les hauteurs qui lui ont donné leur nom. D'ici, également, nous apercevons un cône majestueux, coiffé en partie de frimas, comme un patriarche à cheveux blancs, et dressant sa tête altière au-dessus des autres montagnes rangées humblement à ses côtés. Tel est le Onsen, la plus haute montagne de toute cette région accidentée, sorte de volcan intermittent, à proximité duquel se trouve la ville de Chimabara. Il eût été vraiment bien dommage d'abandonner le Japon sans avoir vu le colosse que nous avons en plein devant les yeux.

En descendant de l'autre côté du versant, plus directement exposé aux grands vents qui soufflent du Pacifique, la végétation devient moins luxuriante. Tout en suivant une pente rapide, le long de sentiers escarpés ou même d'escaliers naturels, qu'à mon grand étonnement nos chevaux escaladent sans arrêt, nous descendons en moins de rien jusqu'à la mer. Il n'est encore qu'une heure et demie, quand nous nous trouvons rendus à Aba. Nous y obtenons une barque avec moins de lenteur qu'à l'ordinaire. Celle-ci devant nous mener à Obama, village situé de l'autre côté du golfe à la distance de sept *ris* environ, nous nous embarquons immédiatement, en laissant naturellement en terre ferme les fougueux coursiers qui nous avaient amenés.

Tandis que notre esquif se dirige fièrement dans l'est, guidé par le massif montagneux qui constitue notre horizon, longeant à gauche d'autres montagnes imposantes et gagnant la mer sur notre droite, nous prenons doucement part au dîner que Sada, remis de ses émotions et rassuré par le calme des eaux, s'empresse de préparer à notre usage commun.

ATELIER DE PORCELAINES. — DÉCORATION (p. 472). — Dessin japonais.

Or, si, cette fois, Neptune est rentré au sein des ondes, mollement bercé par les échos sous-marins, Borée a de même déposé sa trompe, occupé qu'il est sans doute à courtiser la belle Chloris, fille d'Arcturus. Il s'ensuit qu'il n'y a pas le moindre souffle d'air pour pousser notre barque, et que nous avançons sur le perfide élément avec une lenteur désespérante. Heureusement que, grâce à certaine échancrure ménagée dans la montagne, nous bénéficions tout à coup d'une légère brise du nord, laquelle vient gonfler tant bien que mal notre voile primitive composée de trois nattes réunies avec de simples ficelles. En raison de cette ingérence aussi favorable qu'inattendue, nous aurons l'avantage d'atterrir un peu plus tôt que nous ne pensions.

Le village d'Obama se présente enfin à nous, glissé sur le bord de la baie, entre deux autres bourgs également baignés par la mer, au pied d'une chaîne de montagnes dont les contreforts en pente douce sont en grande partie cultivés. Au-dessus de cette même agglomération se développent de superbes groupes d'arbres touffus et ramassés. Le soleil, qui se couche en ce moment derrière un voile de nuages aux lisières carminées, jette, par intermittence, des lueurs fauves sur le panorama tout entier. C'est assurément d'un fort beau coup d'œil, mais, hélas! de tels amoncellements de nuages sombres nous prédisent de la pluie pour la journée de demain. Désormais, aussi, la mer bat furieusement sur le môle, qui s'y lance avec audace tout en abritant un petit port artificiel où nous allons débarquer, vers les six heures et demie.

Obama est très visité dans la belle saison par la population japonaise, en raison des bains sulfureux qui s'y trouvent. La distance qui sépare encore cette localité de la ville de Chimabara est évaluée à sept *ris* environ. En échange, le point n'est éloigné que de quatre *ris* du volcan Onsen. Au pied de la montagne serait également placée une petite station balnéaire. Par le fait, les terrains plutoniques se succèdent ici sans interruption, comme partout ailleurs en ce pays

chi, ce qui me permet de croire que les renseignements me viendront tout frais émoulus. Mais bah! L'occasion est vraiment trop belle, pour ces braves gens, de tuer le temps en bavardages sans fin. A des questions bien nettes, bien précises, mes interlocuteurs répondent par un flot de banalités, capables de mettre hors de soi l'homme patient que je me pique d'être en pareilles circonstances. Le perspicace Kadonari lui-même, le juge instructeur légendaire des Japonais, y perdrait vraisemblablement son latin, lui qui — dit l'histoire — possédait cependant une habileté telle que nul criminel amené devant son tribunal ne par-

JOUANT AUX DAMES (p. 300 et 170).

accidenté. Aussi mon intention ne sera-t-elle pas d'explorer particulièrement une région dont j'ai eu de nombreuses fois à constater le caractère. L'île d'Amakousa, peu distante du lieu où nous sommes, me tente davantage, d'autant que j'y rejoindrai peut-être encore notre consul voyageur, M. I***. C'est à Takahama, simple hameau situé dans cette île, que gisent les filons d'antimoine récemment découverts par des explorateurs.

Je vais donc descendre à l'hôtel *Kachinoya*, où je compte prendre sans tarder tous mes arrangements pour l'excursion en perspective, et demain je me mettrai en route.

Je rencontre céans, dans la pièce d'entrée, une dizaine de Japonais fumant la pipe autour d'un hiba-

venait à lui dissimuler la vérité. Enfin, après une heure et demie de ce colin-maillard parlé, je me juge à peu près édifié sur les routes diverses à suivre.

De toutes façons, — puisque Amakousa est une île, — je dois prendre de nouveau la mer. Mais, ou bien nous traverserons la passe qui, longeant l'extrémité de la presqu'île de Chimabara, sépare celle-ci de l'île d'Amakousa, pour aller débarquer à Tomioka, qui en est la plus importante localité, ou bien nous irons simplement aborder à ce même point, en partant de Kitamoura ou d'Aba. Or, dans le premier cas la mer est généralement assez mauvaise pour que, sur la carte marine de provenance anglaise que j'ai entre les mains, il y ait, au droit de la passe, cette mention peu encourageante : « Impassable; » et, dans le second, il faudrait aller me réembarquer au lieu même d'où je suis arrivé aujourd'hui avec tant de peines et tant d'impatiences.

En attendant que je m'arrête à l'un des deux partis, jetons un rapide coup d'œil sur mon nouveau logis, où Sada s'est déjà mis en devoir de ranger mes effets de voyage et de déballer notre batterie de cuisine. Tandis que mon majordome se fait aider dans sa besogne par la ménagère de céans, pleine de vaillance et d'activité, sa fille, à peine âgée de seize ans, assise au fond d'une pièce voisine, semble uniquement absorbée par la lecture d'une épître interminable, du dessus de laquelle elle ne lève même pas les yeux. Est-ce que la brillante enluminure dont ce papier épistolaire est revêtu a surtout le don de la captiver? Est-ce plutôt que les choses aimables contenues dans la correspondance ne sauraient à aucun prix, même par l'arrivée d'un étranger, justifier la plus courte interruption? Toujours est-il qu'au moment même où je vais sortir, guidé par l'hôtelier en personne, pour visiter le village, je n'ai point encore aperçu les particularités de son minois.

Il s'agit, paraît-il, de me faire voir les bains sulfureux qui recommandent la localité à l'attention du voyageur.

Mon hôtelier est muni d'une lanterne, bien qu'il fasse au dehors un clair de lune magnifique. Le village n'est pas bien étendu. Aussi ne tardons-nous pas d'arriver au bord de la mer, en face de deux sortes d'auges ou piscines creusées dans le roc au niveau même de la plage. Ces auges sont destinées à recevoir l'eau sulfureuse d'une source située à quelques pas en contre-haut. Il se trouve que cette eau est chaude, voire bouillante, salée et légèrement basique. Quant aux piscines où on la recueille, elles sont abritées de la pluie ou du soleil par un léger hangar ouvert à tous les vents.

Le point le plus curieux de cette installation primitive est justement la situation de la source en elle-même. Les eaux sortent de terre à peu près à l'altitude de la mer, comme si elles n'étaient nullement influencées, sous le rapport de la température et de la composition, par les infiltrations qui doivent nécessairement s'y produire.

En ce moment la baie est très agitée. Les vagues déferlent avec force et s'allongent sur la plage, pénétrant jusque dans l'une des piscines, qu'elles empêchent de fonctionner. En revanche, l'autre baignoire, mesurant environ deux mètres de côté, est en pleine activité. Il y a là une quinzaine d'individus, hommes, femmes et enfants, qui se pressent, comme des harengs en caque, sans témoigner le moindre souci de leur étroite promiscuité. Bien que je sois habitué, de longue date, à ce laisser aller en matière d'hydrothérapie, j'avoue que, jusqu'à présent, je n'avais jamais vu un tel entassement de baigneurs dans un aussi petit espace. Nos gens, ramassés sur eux-mêmes, sont tellement serrés les uns contre les autres qu'il ne leur reste pas la faculté de bouger. Ils ont l'air, cependant, de se complaire à cet état, tant les interpellations, les rires, les quolibets se croisent allègrement, à travers les échos surpris. En dépit d'un encaquement aussi complet, l'hôtelier m'engage vivement à me mettre de la partie. Quelques baigneurs joignent même leurs invitations à la sienne. Bien obligé, Messieurs et dames!... Malgré toute l'envie que j'éprouve de me délasser au bain, je ne saurais me résoudre à le faire en compagnie aussi nombreuse, aussi pressée. Je me borne donc à plonger un thermomètre dans la baignoire, — je devrais dire plutôt dans la chaudière, eu égard à la température qui y règne. Les 35 degrés auxquels s'arrête mon thermomètre sont si rapidement atteints qu'ils seraient sûrement dépassés si l'instrument marquait un nombre de degrés supérieur. C'est le cas plus que jamais de penser qu'en s'immergeant dans ces étuves la population indigène ne poursuit d'autre but que de se réchauffer.

Ici un détail qui peut avoir son intérêt. Pendant que, retourné à l'auberge, je suis en train de consigner les précédentes observations, notre hôtelier a pris à part l'honnête Sada et lui demande s'il ne serait pas possible, vu ma qualité d'étranger, de doubler ou tripler les prix habituels, en me grugeant à qui mieux mieux. J'ai déjà parlé ailleurs de la modicité de ces mêmes prix, lesquels n'excèdent guère la somme de 30 ou 40 *sens*, soit moins de deux francs

EN TEMPS DE PLUIE (p. 25, 136, 362 et 470). — Dessin humoristique tiré de la *Mangwa* de Hokousaï.

par nuit. Il est vrai que l'absence de mobilier et de confort, trop générale à l'intérieur du Japon, force l'étranger à se munir des objets de première nécessité, tels que batterie de cuisine et objets de literie, et qu'en ce qui me concerne personnellement, j'apporte avec moi tout ce qu'il faut pour ma sustentation, comestibles, vins, liqueurs et jusqu'aux bougies nécessaires à mon éclairage. D'autre part, le voyageur japonais ne paye jamais, nourriture comprise, qu'un franc à un franc cinquante au maximum. Mais, apparemment, mon hôte n'a jamais hésité qu'il est allé quérir et qu'il me présente avec force protestations comme le propre chef du village. Tous deux réunis ont — paraît-il — invité les baigneurs grouillant dans la piscine à déguerpir au plus vite pour me céder la place. Je n'en demandais pas tant; mais puisqu'ils ont cru devoir commettre une exaction à mon insu, et que, d'autre part, il ne me déplairait pas d'apprécier la valeur des eaux sulfureuses du cru, je cède à leurs instances et me dirige à nouveau vers la mer. Au moment où j'y arrive, mes deux alguazils sont en train de vider dans la piscine les der-

MASQUES DE THÉATRE (p. 488). — Dessin de la *Mangwa* de Hokousaï.

bergé d'Occidentaux, et il argue de mon train de voyage pour me soumettre à une petite exploitation. Encore si le logement qu'il m'a réservé était tant soit peu confortable! Mais nulle part, au Japon, je ne me suis trouvé aussi mal abrité. Les châssis de mon réduit, troués comme une écumoire, disloqués dans tous leurs ais, me promettent une nuit blanche des mieux caractérisées. Décidément tous les voleurs ne se sont pas réfugiés dans les Abruzzes ou dans les sierras espagnoles.

Quoi qu'il en soit, l'hôtelier, dans le but d'atténuer le déplorable effet produit sur moi par ses communications à Sada, communications que mon brave écuyer est venu me transmettre loyalement, l'hôtelier, — dis-je, — fort empressé, m'amène un homme niers seaux remplis à la source, autrement dit, d'achever la préparation de mon bain.

Mais, Dieu! que cela est chaud! — Je leur fais aussitôt signe d'ajouter de l'eau froide en assez grande quantité, et, quoique peu rassuré sur les calories de la mixture, je me lance à tout hasard dans l'étuve, au risque de me voir échauder. C'est à peine si je puis m'étendre dans l'incommode baignoire, aussi longue que large, profonde de soixante-quinze centimètres environ et jonchée de cailloux pointus comme des aiguilles. Quoi qu'il puisse paraître, ce bain chaud, pris en plein air, au mois de janvier, la nuit, au grondement sonore d'une mer agitée, le premier et le dernier peut-être qu'il me soit donné de connaître sous cette forme originale, ne laisse pas que de pénétrer d'aise mes membres engourdis par la fatigue et par le froid.

Mais en voilà d'une autre à présent! Si j'ai eu foi dans la vigilance de mes deux protecteurs de hasard cherchant à me débarrasser d'une encombrante société, j'ai compté sans la curiosité des évincés, lesquels avaient, d'ailleurs, assez mal accueilli ma prétention de prendre un bain absolument privé. Ils se trouvent bientôt réunis au nombre d'une vingtaine autour de ma baignoire. Et si tout à l'heure je m'étais refusé à prendre mon bain avec le vulgaire, en partageant sa promiscuité, me voici forcé maintenant de poser pour l'Antinoüs devant une galerie grouillante et parfaitement indiscrète.

Peu désireux de prolonger la représentation et décidé, du reste, à céder moi-même la place à ceux que j'avais si brusquement délogés, je me dresse dans la piscine et me mets en mesure de sortir. J'ai à peine accompli cette évolution désespérée que cinq à six jeunes filles, à l'état de naïades, se glissent dans la baignoire et prennent pour ainsi dire la position d'assaut. Et je ne suis pas encore parvenu à fendre le groupe, que la piscine recèle déjà, dans ses quatre mètres carrés, dix-huit personnes, soit quatorze femmes et quatre hommes, étroitement entassés comme tout à l'heure. Devant une invasion aussi inattendue, il ne me reste plus qu'à battre en retraite, sans même réclamer les honneurs de la guerre.

Jamais l'insouciante simplicité japonaise ne s'était révélée à moi d'une façon aussi complète, pas même sur la route du Nakasendo. Et pourtant, en comptant ces dix-huit baigneurs et baigneuses, assis pêle-mêle au fond d'une cuve grande comme la main, sans la moindre vergogne, chacun criant, chantant, badinant, gouaillant durant des heures entières, je persiste à croire que la population indigène ne recherche, dans le bain, qu'une manière de tuer le temps et de combattre avec efficacité les rigueurs de la température. Ainsi que nous l'avons signalé lors de

LA MER INTÉRIEURE. — A LA HAUTEUR D'ONOMITCHI (p. 460).

notre passage à Chimo-no-Soua, comme ailleurs, si les baigneurs venus des provinces environnantes fréquentent, surtout en été et en automne, les stations thermales, les habitants de la localité même se plongent dans les réservoirs, en hiver comme en été, à seule fin d'y réchauffer leurs membres engourdis. Quant à la promiscuité résultant de cette baignade en commun, si, dans les villes ouvertes à l'étranger, le contact de nos mœurs a fini par imposer une certaine réglementation, dans l'intérieur du pays, au contraire, aucun changement ne s'est opéré, et il se passera bien du temps encore avant qu'on se départisse des usages séculaires.

Lundi, 29 janvier. — Il pleut, le thermomètre marque 5° centigrades.

Mauvaise nouvelle. On vient nous annoncer que, vu le gros temps, il est impossible de se risquer en pleine mer. Nous voilà bien lotis !

C'est égal, il faut sans tarder quitter ce lieu et prendre une suprême décision. Entre temps a lieu l'apparition prévue de la *carotte* si amoureusement cultivée depuis hier par mon obséquieux hôtelier. Il remet à Sada, en l'enveloppant d'un sourire plein de candeur, une note montant à plus du double de ce que nous avons l'habitude de payer.

Devant des exigences aussi mal justifiées, Sada lui-même, sortant de son calme naturel, entre dans une violente colère et prend l'aubergiste à parti. Au fait, c'est sur les grands chemins et, par zèle pour la justice, les ligotait et les réduisait à merci ! Quoi qu'il en soit, en présence de cette ferme détermination, l'hôtelier se voit bien forcé de céder et, nous faisant d'ailleurs une réduction insignifiante, nous laisse la faculté d'envoyer sa personne au diable en nous retirant de la lutte avec armes et bagages.

Mais l'heure est venue de tenter un dernier effort auprès du batelier qui, ce matin, s'est refusé à prendre la mer, arguant du mauvais temps. Il faut, coûte que coûte, réussir à le convaincre, dussions-nous évo-

LE CAP ABOUTO, DANS LA MER INTÉRIEURE (p. 160).

la première fois que nous avons des difficultés avec nos hôtes. Ce sera probablement la seule, car le misérable gîte d'Obama est le dernier où je viendrai frapper, hors de Nagasaki.

Il s'agit, en tout cas, dans les circonstances présentes, non de réaliser une économie pitoyable, mais de sauver la question de principe, car il ne me sied pas, en ma qualité de pseudo-Japonais, de baisser pavillon devant une semblable volerie. Je refuse donc catégoriquement de payer la note. Que ne puis-je appeler à mon aide, pour fustiger le cuistre, cet illustre Foudjiwara, gouverneur de la province de Mino, qui, au temps jadis, allait lui-même chercher les voleurs

quer le souvenir de la belle Tatchibana-himé, qui, pour permettre à son fiancé de traverser la mer sans péril, s'offrit en holocauste aux éléments conjurés et mourut victime de son dévouement. Mais notre batelier, jusqu'ici inflexible, sera sans doute moins farouche devant l'offre d'une sérieuse gratification. Réflexion faite, au surplus, nous ne nous rendrons pas dans l'île d'Amakousa, où il serait impossible d'aborder d'aucune façon par le vent qu'il fait aujourd'hui, mais nous retournerons purement et simplement à Aba, en vue de rejoindre Nagasaki.

J'ai hâte, désormais, de quitter une région inhospitalière dont on m'avait fait, du reste, un tableau peu engageant. Il est certain, en effet, que ces populations appauvries, sans industrie ni commerce, visitées seulement de loin en loin par quelques amateurs de belle nature, jouissent d'une fâcheuse réputation. Elles me semblent même être d'une race différente de celle que nous connaissons et dont nous avons toujours eu à constater les manières délicates, la courtoise aménité. Grands et robustes, mais quelque peu lourds et incultes, les indigènes de ces parages ont les traits grossiers et l'abord abrupt. On prétend qu'ils joignent, en outre, à ces dehors physiques et intellectuels plus ou moins caractérisés, certains côtés passionnels assez peu estimables. Ils seraient à la fois violents et féroces, rusés et rapaces. Nul rapport, on le voit, avec le type bon enfant et chevaleresque que nous nous sommes plu à reconnaître partout où nous avons passé. Aussi ne serions-nous pas éloigné de croire que, ladite région étant justement celle où les Européens ont paru les premiers, ces tristes défauts n'aient donné lieu aux appréciations, parfois sévères, qui s'étaient fait jour en Europe à l'égard de la race tout entière établie dans le vaste archipel du *Nippon*.

Car c'est une puissante agglomération de races que ce peuple japonais, sur les véritables origines duquel nous ne savons rien de certain.

SOUS LE CHARME DE LA MUSIQUE (p. 487).
Dessin humoristique tiré de la *Mangwa* de Hokousaï.

Tandis qu'ici nous constatons un type d'hommes bien spécial, au nord, dans l'île de Yézo, vivent, également rivés à la glèbe, les descendants des *Aïnos*, ces Celtes de l'extrême Orient, lesquels, sous le nom d'*Ébisous*, se sont vu déposséder de leur territoire par l'empereur conquérant Jimmou-Tenno. Or, si les premiers proviennent indubitablement de la presqu'île de Malacca, à en juger par leur front bas et déprimé, les seconds sont de véritables Esquimaux, pour peu qu'on s'en rapporte à l'examen de leur corps robuste et trapu, de leur face large et plate, de leurs pommettes saillantes. Heureusement ces éléments divers tendent à se fondre dans le type qui est particulier à l'île de Hondo, celui que nous avons seul étudié. Comme les peaux-rouges d'Amérique, les peuplades autochtones, ou passant pour telles, s'éteignent aujourd'hui graduellement. Bientôt, si cela continue, elles auront totalement disparu par une mutuelle absorption.

Je profite du temps incalculable mis par notre nautonier à l'appareillage de notre embarcation, pour examiner de nouveau les bains entrevus seulement, hier, à travers les ténèbres. À cette heure, les flots de plus en plus houleux les ont presque complètement envahis. Seule, la source, placée en contre-haut sur le rivage, est encore à l'abri de leur atteinte. On y accède par un escalier taillé dans le roc jusqu'au trou au fond duquel jaillissent les eaux, et je suis à même de constater, à l'aide de ma canne, que celles-ci sourdent à plus d'un mètre au-dessous du niveau de la mer : phénomène étrange, mais point unique. J'en connais un autre, non moins curieux, absolument de même nature. Il existe dans le port d'Alexandrie, à quatre ou cinq mètres à peine du mur de quai, un puits très profond, contenant une eau absolument douce, alors qu'il n'y a pas une autre goutte d'eau potable dans toute la région, à part celle qui y est amenée par la dérivation du Nil.

Enfin la barque est prête, et c'est probablement à titre de lest que mon hôtelier, avec qui je n'ai point encore fini, prétend m'imposer cinq boyaux de monnaie de cuivre, en échange du beau billet que je lui ai donné en payement. Réunies bout à bout, ces pièces de billon, percées d'un trou par le milieu et enfilées sur des fétus de paille entrelacés, atteignent comme développement la mesure de plusieurs mètres. Je réponds aussitôt à la plaisanterie par une autre de même farine, et réclame un porteur spécial comme condition d'acceptation. L'incident n'a pas d'autres suites : on me complète le change en monnaie de papier.

À dix heures et demie nous levons l'ancre, c'est-à-dire que nous nous éloignons du rivage. Le ciel est redevenu assez serein, et la mer, quelque peu calmée tout à coup, semble nous promettre une navigation relativement paisible. Mais ce n'est là qu'une apparence. Nous avons à peine dépassé les hautes montagnes qui nous protégeaient contre les rafales, que le vent se remet à souffler de plus belle. La surface des eaux, blanchissantes sous l'écume, roule des vagues inquiétantes, tout comme il y a quelques jours dans le golfe d'Omoura. Nous nous empressons naturellement de simplifier la voilure ; je dis nous, car j'aide de mon mieux à la manœuvre, nos hommes n'y suffisant qu'à force d'activité, de hardiesse et de précision. Quant à Sada, il est de nouveau inerte, le cœur sur les lèvres, s'attendant toujours à défaillir. En vérité, le mal de mer s'acharne sur cette proie facile comme le choléra-morbus sur un homme débilité.

Heureusement que le vent souffle en poupe et que les coups de mer nous précipitent en avant, au lieu de nous arrêter comme l'autre jour. Nous bondissons littéralement sur la crête des vagues ainsi que des dauphins, évitant avec une merveilleuse ponctualité les paquets de mer qui courent plus vite que nous. Si nous étions pris de flanc par ces montagnes d'eau roulante, nous capoterions à l'instant même. Nos gens sont vraiment des marins consommés. Au seul commandement d'un des matelots, accroupi sur le devant et faisant appel à l'équipage, l'homme du gouvernail

reilles avanies! L'imagination se plaît à retourner en arrière ou à errer mollement à travers le monde nouveau où l'on se trouve transporté. On se rappelle — par exemple — que, hier, entre Nagasaki et Aba, où nous nous retrouvons présentement, nous avions vu le bambou creux servir à renfermer de la monnaie, tenant lieu ainsi d'étui commode et facile à dissimuler. Or, ici, comme dans nos pays du Nord avec la sarbacane, on se sert de ce tube végétal pour souffler le feu et l'attiser. Voilà donc un nouvel usage à ajouter à tous ceux dont l'utile arbrisseau est suscep-

BOUTIQUE DE THÉ, EN PLEIN VENT p. 213, 282, et 487).

barre à bâbord en présentant pour ainsi dire l'axe de notre esquif à la lame qui survient. C'est de tout point merveilleux. Il est clair, pour chacun de nous, que la moindre inadvertance entraînerait notre perte.

En deux heures et demie de cette danse mouvementée, et grâce à l'heureux concours des circonstances, nous avons déjà franchi plus de sept *ris* de chemin. Il n'est qu'une heure de l'après-midi quand nous arrivons à bon port, mouillés et transis comme des caniches, mais satisfaits du résultat. Du reste, nous sommes bientôt réconfortés devant l'excellent feu qui pétille dans l'âtre d'une tchaya avoisinant la rive.

Qu'il est doux de se refaire aux chauds effluves d'une pièce bien fermée, quand on vient de subir pa-

tible, ainsi que nous avons été à même de le voir en de nombreuses occasions.

On nous amène bientôt des chevaux pour retourner à Nagasaki. Le mien, qui n'a jamais été monté apparemment, et qui, de plus, n'est pas sorti de l'écurie depuis fort longtemps, lance et répartit les ruades autour de nous avec une désinvolture extraordinaire. C'est toujours la même chose, décidément. Cette fois, pour ne pas courir le risque de mordre la poussière, comme l'illustre Sada, je m'empresse de mettre pied à terre et de rendre au betto son indomptable élève. Mais l'obstiné et malicieux animal profite d'un moment d'inattention de son maître pour s'échapper dans les champs, en exécutant mille gambades fantaisistes. Ce sera une nouvelle cause de retard, car on a tout autant de peine à rejoindre la bête échappée et à la tenir en respect, qu'on en éprouve à me procurer une monture plus raisonnable.

A deux heures, enfin, je donne le signal du départ. Comme toujours, nous perdons en route un temps fort précieux. A tout instant, il faut remplacer les chaussures de paille dont les chevaux sont munis, car, en ce pays, aussi bien que dans ceux que nous avons déjà parcourus, hommes et bêtes sont chaussés de la même manière, avec de la paille grossièrement tressée.

Bref, il est six heures quand nous rentrons définitivement en ville, ayant suivi exactement la route que nous avions prise en venant. Encore une fois, nous nous y reposerons de nos fatigues et de nos privations devant un bon feu et devant un copieux dîner. C'est bien le moins après tant de fâcheuses péripéties.

Mardi, 30 janvier. — Le temps est redevenu beau. A 10 heures du matin, le thermomètre marque 6° centigrades.

Je termine mes achats de porcelaine, et vais m'informer si M. I*** est rentré au logis. On est toujours sans nouvelles de lui. Qu'est-ce à dire? Lui serait-il arrivé malheur?

Pendant cette absence, Sada s'est occupé de mes malles. Voilà probablement les derniers services que le brave garçon est appelé à me rendre. Je regretterai mon drogman à plus d'un titre : comme serviteur dévoué, comme cuisinier habile et, je puis dire, comme compagnon de route. Et, en effet, n'était-il pas devenu pour moi un confident, presque un ami, au moment de nos grandes solitudes dans l'intérieur de la contrée?

D'une nature indépendante et intelligemment dévouée, il participe à la fois comme caractère de la fierté européenne et de la souplesse asiatique. Il m'a été même d'un si grand secours durant tout mon voyage, que je ne saurais trop reconnaître la façon dont il s'est acquitté de ses fonctions.

Demain, dans la nuit, j'aurai définitivement dit adieu à cette terre lointaine. Mettons donc à profit les derniers moments qui me restent!

Vers midi, nous entreprenons une excursion dans la ville indigène, aux confins mêmes de l'agglomération. Par ce temps printanier, notre promenade, la dernière que nous ferons sur le sol japonais, promet d'être charmante.

La ville indigène de Nagasaki, que nous parcourons rapidement en djinrikcha, n'offre, à proprement parler, rien de caractéristique, sauf le genre de dallage disposé au centre de toutes les rues. Cela est propre et correct.

Dans le quartier de Sakayamatchi, je remarque le Mégané-bachi ou « pont à lunettes ». Ayant une certaine ressemblance avec celui de Kioto qui porte le même nom, il est percé de deux arches presque circulaires lui donnant l'apparence d'une belle paire de besicles. Ce viaduc relie deux rives aux talus effondrés, sur lesquelles sont suspendues, comme toutes prêtes à s'écrouler au milieu des eaux, un fouillis de maisonnettes sordides, mais d'aspect réellement pittoresque. La végétation qui croît de toutes parts, même entre les interstices laissés par la pierre du « pont à lunettes », forme, avec ce prodigieux méli-mélo de guenilles et d'ais disloqués, un contraste plein de surprises et d'inattendu, lequel ferait, à coup sûr, les délices d'un peintre paysagiste.

L'INTRODUCTEUR DE L'ORANGER AU JAPON (p. 475).
Dessin de Yosaï.

Un peu plus loin, dans des endroits écartés, les chemins deviennent bourbeux et déserts. A peine y rencontrons-nous quelque charrette transportant, soit du bois à brûler, soit du charbon de bois, soit des pierres, soit des pièces de charpente, ou bien encore quelque marchand de légumes attardé se rendant à la ville. Bientôt les bords sinueux de la Nakachima-gawa, une rivière aux eaux peu profondes, nous offrent un tableau plus champêtre et plus attrayant encore que celui entrevu tout à l'heure. Ici, la verdure encombre littéralement une des rives, élevant comme un rempart impénétrable où l'œil aime à se reposer. Du milieu des broussailles surgissent des troncs décharnés, dont les branchages disputent follement la place aux quelques cabanes espacées au bord de l'eau fangeuse.

Le soleil, qui jette sur les paysages le vernis diamanté de ses chauds et lumineux rayons, nous convie à poursuivre encore cette promenade délicieuse. En sorte que nous voilà bientôt aux confins extrêmes de la ville, et l'on sait combien les cités japonaises, même d'une importance secondaire, s'étendent vers la campagne dans un double sentiment d'indépendance et de naturalisme.

Rien, d'ailleurs, ne peut exprimer le bien-être dont nous nous sentons envahis, au sein de ces régions privilégiées échappant comme d'un coup d'aile aux frimas de la saison âpre et rigoureuse. Quels brillants reflets, quelle vivacité dans la juxtaposition des ombres et des clartés! Nos coolies, comme électrisés par les émanations printanières qui s'échappent du sol et des plantes, semblent se complaire dans la course folle à laquelle ils se livrent, pour nous laisser admirer à l'aise les beautés semi-tropicales épanouies sous nos yeux.

tère qui me frappe particulièrement. Si, en effet, la verdure éternelle, les arbres séculaires, émaillent le champ de l'horizon rétréci, l'aspect d'une vaste nécropole abritant un berceau, témoin de tant de souffrances et d'humiliations, n'a rien qui soit de nature à égayer.

S'égayer quand même : telle est la docte philosophie d'une école qui ne saurait être la nôtre. En quittant le Japon, au contraire, où nous avons passé peut-être les heures les plus charmantes que le hasard des voyages nous ait réservées, nous nous sentons le

AU BORD DE LA NAKACHINA-GAWA, A NAGASAKI (p. 500).

Enfin, pour mettre un couronnement à l'excursion, nous allons fouiller le quartier des temples, élevés au pied des collines bornant la cité du côté de l'est. Si ces temples ne sont pas faits pour effacer dans notre esprit le souvenir des merveilles entrevues ailleurs, en revanche les hauteurs, aménagées en guise de gradins, comme un immense amphithéâtre, — gradins servant pour ainsi dire de parvis, — présentent dans leur ensemble un spectacle inoubliable. Quelle exubérante végétation! Et, pourtant, ce coin du Japon, voué par un simple retour des choses à une décadence industrielle, commerciale et politique, a, dans tout son être, quelque chose d'aus-

cœur serré. Plus s'approche le moment du départ, plus je trouve que la nature semble, comme dans la romance,

Se conformer à ma triste pensée.

Cela ne me déplaît pas au fond, car je n'ai jamais compris les adieux qui se défendraient d'être émus.

Mercredi, 31 janvier. — Beau temps : th. + 6° centigrades, à notre lever; c'est peu, mais nous aurons le temps de nous réchauffer.

La matinée, en somme, s'écoule très laborieusement, car l'heure est venue de faire embarquer tous mes bagages, matériel indispensable et bibelots, et d'assister aux derniers préparatifs.

Ne faut-il pas aussi rendre quelques visites d'adieu, en échange des politesses reçues, aux deux ou trois résidents dont j'ai fait ici la connaissance? Et dire

VENDEUR DE SAKÉ (p. 61, 213, 282, 487 et 501).

le bateau qui doit m'emporter vers des pays nouveaux. Foulons encore avec délices cette terre que nous devons quitter trop tôt, tant elle nous a fourni d'aimables sujets d'étude, tant elle a su remplir notre existence passagère d'admirables panoramas, de sites exquis, de chefs-d'œuvre multipliés.

Ce n'est qu'à dix heures et demie du soir, en pleine obscurité, que je me rends à bord du bateau.

Sada m'accompagne jusque sur le pont. Le brave et loyal serviteur que le hasard m'avait fourni était trop — je le répète — devenu mon compagnon pour que je ne lui attribuasse pas, dans mes regrets, la part qu'il n'a cessé de mériter. Je dois dire que, de son côté, il ne me quitte pas sans une réelle émotion. D'ailleurs, si parfois j'ai pu me révolter contre ses travers d'Asiatique voluptueux et négligent, que de fois, au contraire, j'ai eu à me louer de son zèle, de sa franchise, de son incontestable adresse, de son génie inventif, si j'ose m'exprimer ainsi!

Et puis, il eût été ridicule de ma part de prétendre être servi autrement qu'à la japonaise, par un Japonais pur sang.

Allons, Sada, encore une bonne parole, un souvenir généreux et une poignée de main amicale! Conserve de ton maître d'un jour une mémoire aussi vivace que celle dont je me plais à environner ta vivante et originale individualité! Adieu, peut-être au revoir[1]!

Une trentaine de voyageurs, hommes et femmes, tous japonais, encombrent le salon

que M. l*** n'est pas encore rentré de l'île d'Amakousa!

Mais ne partons pas sans laisser un bon souvenir à notre maison de refuge! L'établissement que dirige M. Schmidt est aussi bien tenu que possible. Quant à l'homme, ancien capitaine de navire, nature prompte et serviable, il est le type accompli de l'hôte.

Après midi, enfin, profitant du peu de loisirs qui nous restent, allons errer le long de la baie, devant

du navire au moment où j'y mets le pied. Ils sont là, s'empiffrant de pâtisseries et faisant couler à flots les

1. En exprimant à mon compagnon de route à travers le Japon les regrets très sincères que je lui adressais ici, j'ignorais sans doute la cause du trouble qui se produisait au fond de moi. A supposer que je refasse un jour le même voyage, je ne retrouverai plus Sada. M. de G**, notre ministre au Japon, à qui j'ai eu le plaisir de serrer la main lors de son dernier voyage en Europe, m'a dit que mon brave écuyer n'avait plus reparu à Yokohama. Ses amis se perdaient même en conjectures sur

GUEICHAS S'ACCOMPAGNANT DU SAMICEN ET DU TAMBOURIN (p. 66, 216, 258, 300, 412, 417, 436, 451 et 490).

vins les plus généreux. Renseignements pris, ces braves indigènes sont les amis particuliers d'un voyageur qui s'embarque. Ils lui font ainsi, à la manière japonaise, des adieux fraternels. Nulle tristesse, comme on voit, dans la séparation. J'aime à penser que les regrets ne sont pas trop vifs, puisqu'on ne songe qu'à festiner. Comme je ne me sens pas, pour ma part, porté à m'associer à leur joie bruyante, je remonte sur le pont devenu complètement désert.

Autour de nous, désormais, tout est silence et paix. La lune, déchirant par moments l'horizon nuageux, plaque de stries argentées la sombre profondeur de la baie. Sur ces lumières éclatantes se dessinent, comme autant de points noirs, les jonques abritées

UNE JONQUE JAPONAISE (p. 363, 461 et 504).

auprès des bords. Les montagnes, formant le gigantesque amphithéâtre qui enserre la ville et la rade, se dessinent partout en vigoureuses silhouettes sur le blanc laiteux des nuages qui s'enfuient. Si le vent agit librement dans les hautes altitudes, entraînant rapidement les nuées, il ne parvient même pas jusqu'à nous. La brise de mer elle-même est tout à fait absente, et l'eau, à peine caressée, clapote doucement contre les flancs du navire. Rien ne troublerait le repos de cette belle nuit, n'était quelque barque s'approchant de nous de temps à autre, et amenant qui un passager, qui un officier du bord. Pour ce qui est de la ville, plongée dans les ténèbres les plus

cette inexplicable disparition. Espérons qu'il ne lui est arrivé aucun accident fâcheux, et que plutôt, conformément à sa nature fantaisiste et primesautière, il s'est allé fixer dans d'autres parages, séduit sans doute par quelques beaux yeux qu'il aura rencontrés sur son chemin.

épaisses, elle ne se trahit à mes regards — comme du reste j'en avais fait la remarque à l'arrivée — que par certaines lueurs à peine perceptibles. Cependant les jonques ont arboré la lanterne multicolore à leur mât, et les cris lointains de quelque marchand ambulant de riz, de pâte ou de saké, attardé sur la rive, me parviennent comme un suprême écho de la vie japonaise.

Ce calme de la terre, sous l'ouragan céleste, invite à la méditation. Je m'y livre avec abandon. Je repasse dans ma mémoire les jours si remplis et si rapidement écoulés au milieu de cet admirable pays. Que de choses ont passé sous mes yeux! Que de choses que je ne reverrai peut-être jamais! Et, d'autre part, si j'ai trouvé au Japon tant de sujets de curiosité, que dire des facilités de tout genre rencontrées grâce au concours bienveillant et éclairé des personnes avec lesquelles j'ai été mis en rapport? Je me croirais ingrat si je n'envoyais à celles-ci, au moment du départ, un aveu de ma reconnaissance. Enfin, qu'à l'attrait tout spécial inspiré à mon imagination par une nature essentiellement pittoresque, par la courtoisie naturelle au peuple qui l'anime, par l'ensemble de ses qualités aimables voire de ses défauts, on veuille bien ajouter cette particularité pour le Japon, d'être un point géographique situé à notre antipode et de comporter, comme usages et comme mœurs, les solutions les plus diamétralement opposées aux nôtres, et l'on comprendra sans peine mes longs regards tournés vers l'horizon qui va s'évanouir. Ce n'est pas le signal du départ qui suffirait pour effacer en moi tant d'émotions éprouvées. C'est, au contraire, à ce moment qu'elles pèsent de tout leur poids immatériel dans la balance de nos sentiments, et cela, peut-être, d'autant plus que chaque jour écoulé vient comme y ajouter un surcroît de charme ou d'intérêt.

Mais le temps n'est pas à des regrets superflus. Au Japon, — avouons-le, — il n'y aurait plus pour moi de surprises bien vives après un séjour si rempli. En fait, je serais mal venu à me plaindre, quand d'autres que moi, plus longtemps exilés de leur patrie, attendent, avec une impatience bien naturelle, l'heure solennelle du retour. Inutile de m'en défendre, après tout : si j'abandonne cette terre hospitalière avec un ser- Enfin, je ne suis pas arrivé au terme de ma route ! Un coup de canon, tiré de notre navire, m'arrache à

SCÈNE PRINTANIÈRE (p. 16, 49, 223, 270, 272, 403, 492 et 501).

rement de cœur, ma pensée s'envole déjà au delà des mers vers tous ceux que j'ai laissés au pays natal depuis si longtemps. ma longue rêverie. Il éclate comme la foudre en se répercutant à l'infini dans les profondeurs sonores de la rive montagneuse. A minuit précis nous levons l'ancre.

Pendant près d'une heure, nous suivons le canal étroit et sinueux formé par les îles mouillées dans la baie de Nagasaki, et passons à proximité du fameux rocher de *Pappenberg*, d'où furent précipités dans les eaux les derniers chrétiens proscrits en la terrible année de 1637, lugubre promontoire dont la cime, couronnée d'arbres, ressemble à quelque chevelure hérissée furieusement. Puis, nous nous élançons brusquement vers la haute mer, en avant du long sillon blanc que nous creusons avec notre hélice.

Bientôt les côtes dentelées, éclairées encore par les rayons de la lune, s'éloignent de nous, en adoucissant graduellement leurs contours. Le Japon semble s'enfuir au loin, en noyant ses masses dans la pénombre.

Vers deux heures, le dernier phare a disparu à nos regards.

Adieu, noble terre, adieu!

Tandis que je suis machinalement des yeux le sillage que le navire laisse au loin derrière nous dans la plaine liquide, ma pensée demeure obstinément attachée aux rivages de l'empire du Soleil Levant, et, au cours de cette rêverie captivante, les eaux qui clapotent en murmurant contre nos flancs robustes, semblent exhaler, comme suprême écho de la terre disparue, les douces et tristes paroles de la romance japonaise :

« Depuis que je suis séparé de mon seigneur, je me rends souvent dans la plaine aride, et, de même que la rosée tombe des sapins, ainsi tombent mes larmes! »

SORTIE DE LA BAIE DE NAGASAKI
(p. 462 et 506).

FIN DU JAPON

ÉPILOGUE

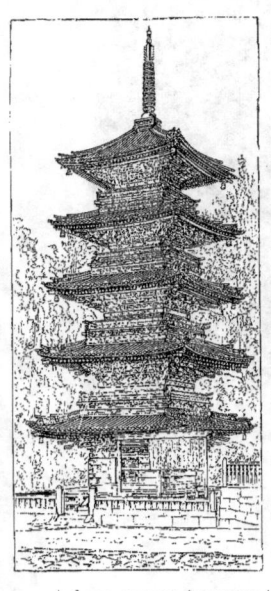

Le voyage dont nous venons de raconter jour par jour les rencontres fortuites, trop longuement parfois, et peut-être aussi à l'occasion d'une manière trop succincte, ne devait pas se terminer à l'heure où, du pont du navire qui nous emportait, nous adressions un mélancolique adieu à la terre aimée du Japon.

Quelques mois encore, aussi remplis que les précédents, devaient être consacrés à parcourir divers pays placés plus ou moins directement sur notre route. C'est ainsi que nous allions faire halte successivement :

En Chine, à Changaï et à Canton, où nous pouvions, par delà les plaines et les monts de cette immense contrée, obtenir le rapide et curieux aperçu d'une civilisation caduque si différente de la nôtre, vraisemblablement appelée à subir de prochaines vicissitudes ;

A Saïgon, dans la presqu'île indo-chinoise, où nous étions à même de constater, d'ores et déjà, les progrès coloniaux accomplis par la France et de prévoir l'essor vraiment remarquable qui s'accuse, depuis quelques années, au très grand profit de la mère patrie comme de la civilisation universelle ;

A Singapore, la halte maritime tout à la fois commerciale et stratégique du détroit de Malacca, dont l'importance va chaque année s'accroissant grâce aux relations ininterrompues entre l'Occident et l'extrême Orient ;

A Java, comme à travers toute cette terre volcanique, Java, reine des îles de la Sonde, dont la vaste et luxuriante nature dépasse toute imagination et où j'ai trouvé tant de sujets d'étude, tant d'encouragements pour les poursuivre, que je me réserve d'en décrire bientôt la physionomie si complexe et l'admirable système colonial ;

ÉPILOGUE

Aux Indes, à Ceylan, nombril du monde, où, parvenu au sommet du pic d'Adam, j'ai pu relever l'empreinte sacrée du pied du Bouddha, à la faveur du printemps éternel qui règne sur tout ce pays enchanté; à Bombay, ensuite, où j'assistai, au sein d'un développement industriel vraiment prodigieux, aux pratiques anciennes des Parsis adorateurs du feu, mais où, surmené déjà par une existence si pleine et si vagabonde, je dus céder aux atteintes de la fièvre;

A Aden, pays de la soif, où viennent pourtant s'abreuver des milliers de navires s'élançant sur la grande mer;

A Suez, Ismaïlia, Port-Saïd, toutes villes situées aujourd'hui à nos portes, que j'avais vues naître, pour ainsi dire, à l'époque des grands travaux du canal, lors de mon premier voyage en Orient;

A Trieste, enfin, où, mettant joyeusement le pied sur le continent européen, après avoir longé les côtes méditerranéennes, je poussais sans plus de retard jusqu'au foyer familial abandonné depuis plus de quatorze mois.

ÉTALAGES, LE SOIR, DANS LES RUES DE TOKIO

TABLE DES MATIÈRES

JAPON

I
PREMIERS APERÇUS

Au Grand Hôtel de Yokohama. — Les Bluffs. — En *djinrikcha*. — Prononciation des mots courants. — La Concession étrangère de Yokohama. — Dans les quartiers indigènes. — Une représentation théâtrale. — Considérations sur la poétique japonaise. — L'arboriculture naine. — Un champ de courses. — La ville maritime. — Petit temple bouddhiste. — Un émule de Gambrinus. — Foire aux plaisirs. — Élégance et misère. — Une première visite à Tokio. — Les chemins de fer de l'extrême Orient. — Rien de nouveau sous le soleil! — Quelques détails historiques et statistiques sur Tokio. — Une pluie diluvienne. — Souvenir à Lucrèce 9

II
HISTOIRE ET RELIGION

Djimmou-Tenno, fondateur de l'empire mikadonal. — Introduction de la civilisation chinoise. — Le bouddhisme et la féodalité. — Les Foudjiwara, les Taïra et les Minamoto. — Yoritomo et le chogounat. — Les Hodjo. — Le christianisme au Japon. — Le grand chogoun Iyéyas. — Tout un système politique. — L'épée tombe en quenouille. — Les premières relations internationales. — Ports ouverts aux étrangers. — Une équivoque diplomatique. — La révolution de 1868 et la restauration des mikados. — Histoire contemporaine et progrès de la civilisation occidentale. Les marchands de curiosités de Tokio. — Merveilles de l'industrie locale. — La maison japonaise et le mobilier. Croyances populaires. — La religion nationale. — Les deux premiers habitants de la terre. — Légende d'Amatéras. — Le chintoïsme et les mikados. — Le bouddhisme et les chogouns. — Pratiques et cérémonies. — Triomphe des dogmes nationaux et de l'ancienne dynastie... 27

III
YOKOHAMA ET TOKIO

L'enclos sacré d'Asaksa. — Dieux bombardés. — La « Bibliothèque tournante » et le « Moulin à prières ». — La déesse Kwannon. — Volatiles irrévérencieux. — Un bonze de six ans. — Panthéisme et fétichisme. — Un saint usé jusqu'à la corde. — Divinités exilées du temple. — *Japanese dentaire*. — Un entourage profane. — Le restaurant d'Ouyéno. — Dans « l'île des Lanternes ». — Visite aux jardins impériaux. — Sengakoudji et la tombe des quarante-sept ronins. — Une histoire farouche et sublime. — Les boutiques de Yokohama. — Principes de cuisine nationale. — Les bains indigènes. — Une joueuse de *koto*. — Rythme et harmonie. — Au temple de Mégouro. — L'épée au Japon. — Une légende romanesque. — Atago-yama et son panorama. — Tombeaux princiers. — Particularités funéraires. — Chiba, la cité des temples. — Une merveille artistique. — L'étang des lotus. — Dîner à la japonaise. — L'hydromel versé par la main des Grâces. — Le *saké*. — Ichtyophagie à outrance. — Les *gueïchas*. — Romances et vocalises. — Une délicieuse mimique. — Les marchands de Yokohama et le mercantilisme transcendant. — Conteurs et acrobates. — Chez un collectionneur 43

IV
NIKKO

En route! — Sada, notre cuisinier-interprète. — Mesures itinéraires. — Le *soroban*, for ever! — Kasonkabé et le service de la poste. — Coucher dans les auberges. — Curiosité féminine. — Les cartes du pays. — La Tonégawa et l'hydrographie japonaise. — Disciples de Pythagore. — Des fortifications pour rire. — Toute une population en émoi. — Un coolie tatoué. — Sous une douche d'araignées. — Petits retards et grands calculs. — Les triomphes de la gastronomie. — Paral-

TABLE DES MATIÈRES

lélisme calligraphique. — Les ports ouverts et les relations internationales. — Une maison de verre. — Le coton et la paille. — Une avenue monumentale. — Au pied des hauteurs de Nikko. — Produits agricoles et sylvestres de la contrée. — Un hôtel semi-occidental.
Nikko et son histoire. — Un site incomparable. — La Daya-gawa et le pont des Serpents. — Origines du *torii*. — Le Sorinto. — Temple et mausolée de Iyéyas. — Une agglomération de monuments. — La porte de Yoméi. — Exubérance de richesses artistiques. — Un concert infernal. — Les *gonghens* de Nikko. — Le temple de Iyémits. — Iconographie bouddhique. — Photographié sur place. — A travers la montagne. — Temples sur temples. — La vérité dans un proverbe. — Vers le lac Tchiouzendji. — La sylviculture et les industries japonaises. — Une région paradisiaque. — Ponts mouvants. — Une succession d'escalades. — Un immense réservoir à des altitudes inusitées. — La cascade de Kegon-no-taki. — Légendes et croyances à dormir debout. — Repos bien gagné.
Départ de Nikko. — La ville de Totchighi. — Auberge primitive. — Une conférence improvisée. — En barque pour Tokio. — Rapides artificiels. — Un menu entre vingt. — La chartreuse de Gresset. — Deux contes japonais : le *Marchand d'anguilles* et les *Souris ambitieuses*. — Toujours en fêtes ! — Tokio, par le petit bout de la lorgnette................. 69

V

YOKOHAMA, KAMAKOURA ET ENOCHIMA

Coups de feu en rade. — L'armurerie japonaise. — Ma collection personnelle. — Ce que vaut une épée. — Susceptibilités locales. — Digression sur l'éventail. — Je perds un compagnon. — La presse étrangère et indigène dans l'empire du Soleil Levant. — *Teppo, abounai!* — Le climat : variétés et variabilités. — Tout un monde de kotos. — Légendes sacrées relatives aux instruments de musique. — Une fête bouddhiste. — Spectacles forains et danses bachiques. — La nuit de Walpurgis. — Sport hippique. — Une revue militaire à Tokio. — L'armée du Mikado. — Le bronze japonais. — Bric-à-brac sans égal. — Un mariage devant M. le maire. — Révolte dans le Sud. — Situation inquiétante du Japon. — Le cimetière chrétien et l'évocation du passé. — Calme et tempête. — Marié à la japonaise.
Vers l'île d'Enochima. — Campagne en raccourci. — Le *kago*. — Bête et *betto*. — Un joli village et un charmant minois. — L'ancienne Kamakoura. — Le temple de Hatchiman. — Une histoire sanguinaire. — Bibelots sacrés. — Souvenir à Rabelais. — Le grand Daïboutz. — Une chute homérique. — Enochima ou la terre miraculeuse. — Retour accidenté.
Laques et laquiers. — Exercices chorégraphiques à Takachimatcho : la *djonkina*. — Étude de mœurs. — Le couple impérial. — Aspects nocturnes...................... 129

VI

LE FOUDJI-YAMA ET SES ENVIRONS

Le « bohème » de l'extrême Orient. — Le Tokaïdo. — Chaussure et vêtement. — L'agriculture au Japon. — Tout pour l'enfance. — *Teppo, abounai!* — Odawara. — Verbiage à perte de vue. — Une avalanche d'un nouveau genre. — A travers les montagnes. — Youmoto. — Hata; un Éden en miniature. — Froideur et obscurité croissante. — Une escalade difficile. — Hakoné et ses pompiers. — Lac à mille mètres d'altitude. — Perdus dans les landes. — Un sentier interminable. — Le *demi-ri* des paysans japonais; le ruban de Pénélope. — Gotemba. — Soubachiri et la « Montagne sacrée ». — Le Foudji-yama suivant la légende, l'histoire et l'orographie. — Une école. — Les diverses écritures japonaises. — *In hoc signo vinces*.
Vers les stations thermales. — Souvenir de la Sologne ou de la Bresse. — Miyagino, Kiga et Sokokoura. — Miyanochita; le *summum* du confort indigène. — *Private baths*. — Un exécrable voisinage. — Promenade à Tonosawa et Youmoto. — Une bande de Germains en goguette. — Les appartements du Mikado.
En route pour Atami. — Achinoyou. — Un magnifique panorama. — Procédé hydraulique pour décortiquer le riz. — Atami et ses sources sulfureuses. — Campagnes et paysages. — Un ouragan. — Le Pacifique en fureur. — Harmonieuse symphonie. — Odawara et Tonosowa pour la seconde fois. — L'impératrice en voyage. — Monnaie de billon. — Un incident comique. — Rentrée à Yokohama................. 169

VII

TOKIO

Installation à Tokio. — Le Chiro ou quartier officiel. — La *Ville des Jardins*. — Temples de Sousanao et de Cho-kon-cha. — La religion nationale. — Chant et déclamation. — Une filature de soie. — Aperçus sévères sur le mercantilisme indigène. — Le temple de Zempoukoudji : la secte Chin et l'arbre sacré. — Un épisode tragique. — Fabrication du papier.
Les tombeaux des chogouns à Chiba. — La Muse Terpsichore au Japon. — Bains de femmes. — Au faubourg de Yochiwara. — Le monde galant. — Musées indigènes. — Les cloisonnés japonais et chinois. — La bibliothèque de Seido. — Temple de Kanda-Miodjin. — Lamentable aventure d'un plaignant. — Le parc d'Ouyéno et ses mausolées. — Chinabara. — *Small fire*.
A travers la ville marchande. — Dénomination des rues. — Le Rothschild du Japon. — Le pont de Nihon-bachi, centre de l'Empire. — Ichtyologie locale. — Le *Bon Marché* de Tokio. — Du plaisir jusqu'à satiété. — L'étang de Chinobazon. — Un peu de mythologie à propos de la déesse Benten. — L'horoscope d'un incrédule. — Au feu! — Embrasement général. — Le désastre et la statistique.
Les vieux ivoires. — L'art au Japon : xylographie et peinture. — Encore un incendie. — Un voyageur sans pareil. — La Nature en raccourci. — Rapports du Japon avec la Corée. — Les désordres de l'intérieur du pays. — Une punition

TABLE DES MATIÈRES

exemplaire. — Le *harakiri* dévoilé. — Instruments de musique. — Dans le profane et dans le sacré. — Les tremblements de terre. — Au temple d'Eko-in. — Vaste cimetière. — Lutteurs japonais. — Un hôpital. — Méthodes curatives et empirisme. Le thé japonais. — Temple de Hatchiman. — Une fonderie indigène. — Les cinq cents disciples du Bouddha. — Délicieuse pause à Kaméido. — Les jardins d'Académus et les belles-lettres japonaises. — Moukodjima et Horikiri. — Les bords de la Soumida-gawa. — A travers les ruines. — L'arsenal de Tokio. — Village d'Odji. — Le génie du mal et le renard sacré. — Un virtuose enragé. — De Kanagawa à Chinagawa par la route du Tokaïdo. — Massacre de Kawasaki. Bibelotage de Chimbachi à Asaksa. — Cinquante degrés centigrades dans un bain! — La *rue des Boutiques* tout au long. — Les restaurants populaires et la gastronomie indigène. — Jongleurs et bateleurs. — Un augure forain. — *Numero deus*... — L'instruction publique au Japon. — Visite des écoles. — A l'arsenal de Yokoska. — Adieux à Tokio.................. 199

VIII
AU CŒUR DU JAPON

En patache. — La pipette nationale. — Takasaki. — Au pays de la soie. — Richesses métallurgiques du sol. — *Torä* et temples chintoïstes. — Les auberges d'Oïwaké. — Ouyéda, centre des régions séricicoles. — Le jeu du cerf-volant. — Fâcheux contretemps. — Les montagnes du Wada-toghé. — A travers les neiges. Chimo-no-Soua et ses bains sulfureux. — Chez Esculape. — Une pommade merveilleuse. — Mode de chauffage primitif. — Le lac Soua. — Sur les sommets glacés. — Un panorama splendide. — La faune au Japon. Toute une contrée en révolte. — A marches forcées. — Le 1er janvier au Japon. — Le royaume de Morphée. — Un cap redouté heureusement franchi. — Le défilé des Treize-Collines. — Crépuscule enchanteur et souvenir à la patrie. — En barque sur la Kiso-gawa. — Navigation mouvementée. — Un yachiki seigneurial. — La petite ville de Kasamatz et ses rues pittoresques. — Une page d'histoire. — Nouveaux détails inquiétants. Séki-ga-hara : souvenir au grand Iyéyas. — Hikoné et son vieux castel. — Le lac Biwa. — Otsou, capitale des premiers mikados. — Le temple d'Ichiyama. — La légende d'Onono-Komatchi. — Les bonzes d'Otsou. — Une prière chintoïste. Arrivée à Kioto. — Le grand temple de Tchion-in et le panorama de la ville des Mikados. — A l'hôtel Marouyama. — Sabbat orgiaque et mystique. — Excursion préliminaire à Osaka et à Kobé. — Installation à Kioto.................. 293

IX
KIOTO, NARA, OSAKA ET KOBÉ

Le gouverneur de Kioto et le palais de Nidjo. — Kioto, foyer des beaux-arts. — Faïences et soieries. — Origine et développement de la ville des mikados. — Une ceinture de temples et de palais. — Le sanctuaire de Ghion. — Une galerie de tableaux humoristiques. — Le temple d'Inari. — En plein pèlerinage. — Une nuée de gracieuses ferventes. — Les jardins de Tofoukoudji. — Le monastère de Sénioudji. — Sépulture des mikados pendant les cinq derniers siècles. L'impératrice du Japon à mon hôtel. — Promenade à travers le palais du Gocho et les jardins impériaux. — La fille de l'antique Amatéras dans son appareil moderne. Les rues de Chidjo et Ghionmatchi. — La poétique sanglante au théâtre japonais. — Le temple de San-djou-san-ghen-do ou des 33,333 attributs de Kwannon. — Un daïbouts gigantesque et une cloche colossale. — Le « tombeau des oreilles » et le « Pont à lunettes ». — L'enclos bouddhiste de Kioumidzou. — Quelques tableaux de maîtres. — Le saut de Leucade. — Un fouillis d'architectures dans un cadre merveilleux. — La poterie de Kioto. — Parallèle entre Kioto et Tokio. — Au théâtre de Ghion-chiutchi : le public et la scène. — Carnage effroyable. — Quelques phrases musicales prises au vol. — Autour du tombeau de Chiuran. — Nouvelle visite au temple de Tchion-in. — Le cimetière de Kourodani. — Au palais d'Argent. — Une montagne d'azalées. — La légende de Tamayori-himé. — Au milieu des fleurs. — Le temple de Kitano. — Le palais d'Or. — Les grands temples de Nichi et de Higachi-Hongwandji. — Une fabrique de papier. Vers Osaka. — Plantations de thé. — Arrêt à Nara. — Le plus grand daïbouts du Japon. — Un musée d'antiquités. — Temples et danses sacrées. — Une région peuplée de cerfs. — Grandeur et décadence de Nara. Pénible arrivée à Osaka. — Statistiques officielles. — Quelques considérations sur le commerce et l'industrie indigènes. — Les bronzes d'Osaka et deux chandeliers anciens. — Dîner à l'européenne chez le gouverneur. Une dernière fugue à Kioto. — Le gaggakou, ou conservatoire impérial de musique sacrée. — Cacophonie sans nom. — Grande réjouissance chorégraphique à Ghion-chiutchi. — Un art académique. Retour à Osaka. — Trio de polyglottes. — L'hôtel des Monnaies. — Les remparts de l'ancien Chiro. — Une construction pélasgique. — Au temple de Tennodji. — La légende de Chotokou-Taïchi. — Une collection inédite. — Exhibitions théâtrales. — L'arsenal. La ville de Kobé et sa satellite Hiogo. — Le commerce international au Japon. — Embarquement sur la mer Intérieure. — Coup d'œil rétrospectif.................. 365

X
LA MER INTÉRIEURE. — NAGASAKI ET L'ILE DE KIOUCHIOU

A bord du *Hirochima-Marou*. — Une mer remplie d'écueils. — L'île d'Awadji. — A la hauteur d'Onomitchi. — Le cap Abouto. — Chimonoséki : la démonstration navale de 1864. — Passage de la mer Intérieure à la mer du Japon. Débarquement à Nagasaki. — Richesses minières de la région. — Les houillères indigènes. — Troubles politiques dans l'île de Kiouchiou. En route pour les centres de production de la porcelaine. — Luxuriance de la végétation. — Arrêt à Tokitsou. — Traver-

TABLE DES MATIÈRES

sée mouvementée de la baie d'Omoura et atterrissement à Kawataua. — Arita et Imari. — L'art céramique au Japon. — Visite des usines Foukagawa et Tasiroya. — Retour, plein de péripéties, à Nagasaki.
Les magasins de porcelaine de Nagasaki. — L'île de Déchima et l'histoire de la colonisation hollandaise. — Panorama de la rade et de la ville de Nagasaki. — La concession étrangère. — Au milieu du tohu-bohu de la ville indigène. — Divertissement chorégraphique et musical. — Une romance sentimentale.
Vers la presqu'île de Chimabara. — Une contrée intertropicale. — Le volcan Onsen. — En barque d'Aba à Obama. — Des eaux thermales au bord de la mer. — Considérations sur les races qui peuplent le Japon. — Temps affreux et perplexités nouvelles. — Retour à Aba par une tempête épouvantable. — Rentrée à Nagasaki.
Dernières promenades à travers la ville et les faubourgs. — Une région paradisiaque sous un océan de lumière. — Adieux aux pays du Soleil Levant 457

FIN DE LA TABLE DES MATIÈRES

SCÈNE DE RUE A TOKIO

TABLE DES GRAVURES

	Pages
Yokohama. — Abords du petit temple de Foudosama	9
En djinrikcha	13
Intérieur de théâtre, d'après une gravure japonaise	14
Scène tournante. — Dessin de Tankeï, artiste japonais	15
La rue des Théâtres, à Yokohama	17
Le Bund, à Yokohama. — Vue du Grand Hôtel	21
Yokohama. — La première gare de chemin de fer construite au Japon	23
Poésies printanières	25
Silhouette de comédien	26
L'empereur Godaïgo quittant sa capitale pour anéantir les Hodjo. — Dessin de Yosaï	27
Les Coréens se soumettant à la reine Djingou-Kogo. — D'après une estampe japonaise	28
Introduction du bouddhisme au Japon. — Présentation à l'empereur Kimmeï d'une statue du Bouddha	29
Épisode de la lutte entre les Taïra et les Minamoto. — Vignette des billets de banque japonais	30
Jonque de guerre, au douzième siècle. — Vignette des billets de banque japonais	30
Les Coréens apportant à Iyéyas le tribut annuel imposé au troisième siècle	31
Vignette des billets de banque japonais se rapportant à la restauration, sur le trône, de l'empereur Godaïgo	32
Vignette des billets de banque japonais se rapportant à la destruction de Kamakoura	32
Nakatomi-no-Kamatari, fondateur de la grande famille des Foudjiwara. — Dessin de Yosaï	33
Kiyomori, le plus illustre représentant de la famille des Taïra. — Dessin de Yosaï	34
Le célèbre archer Tamétomo, de la famille des Minamoto. — Dessin de Yosaï	35
Hodjo-Tokimouné, dont la régence est célèbre par l'anéantissement de la flotte chinoise envoyée contre le Japon. — Dessin de Yosaï	36
Yoritomo, fondateur du chogounat. — D'après Yosaï	37
Yochi-Iyé, célèbre homme de guerre et trisaïeul de Yoritomo. — Dessin de Yosaï	39
Le loyal Kousounoki-Masachigué et son écuyer, jurant à l'empereur Godaïgo de le restaurer sur son trône. — Dessin de Yosaï	41
Emblèmes de la souveraineté mikadonale	42
Tokio. — Enclos sacré d'Asaksa	43
Temple d'Asaksa. — Le portique d'entrée	44
Intérieur du temple d'Asaksa	45
Le parc de Foukiaghé, à Tokio	47
Plantes disposées, dans un vase, conformément aux règles de l'art japonais	48
Branches de prunier et de pin, dans un bambou naturel	48
Disposition incorrecte d'un iris dans un vase	49
Disposition correcte d'un iris	49
Le palais d'Akasaka, à Tokio. — Portique d'entrée	51
Bout du palais de Hamagoten, à Tokio	52
Jardins de Hamagoten	53
Tombeaux des quarante-sept ronins, à Tokio	55
Une boutique de curiosités	57
Jeune fille jouant du koto	59
Les amoureux rivaux. — D'après un dessin japonais	61
Monument funéraire	62
Cueillette du lotus sacré	63
Au restaurant japonais	65

TABLE DES GRAVURES

Un conteur populaire	66
Boulevard Ghinza, à Tokio	67
Armoiries impériales. — Le chrysanthème	68
Nikko. — Abords du temple de Iyéyas. — Le *torii* et la pagode	69
Maniant le soroban	71
Les pèlerins à Nikko	72
En temps de pluie	74
Un de nos coureurs tatoué des pieds à la tête	75
Le décorticage du riz. — Dessin humoristique de Hokousaï	77
Les cryptomérias de la route de Nikko	79
Un oreiller japonais	81
Les montagnes de Nikko	82
La Dayagawa en amont de Nikko	83
Ponts sur la Dayagawa	85
Sur la route de Nikko. — Sada et notre caravane	89
Iyéyas en costume de cérémonie	90
Avenue conduisant au temple de Iyéyas	91
Le Sorinto	92
Fontaine du temple de Iyéyas	93
Pagode à l'entrée du temple de Iyéyas	94
Écurie sacrée du temple de Iyéyas	95
La cloche du roi de Corée	96
Garde-meubles du temple de Iyéyas. — Bas-relief du tympan	97
Candélabre hollandais	98
Candélabre hollandais à trois branches	98
Temple de Iyéyas. — Le portique de Yoméi	99
Temple de Iyéyas. — Détail architectural du Tamagaki	100
Autre détail du Tamagaki	101
Détail d'une noue de temple	102
Ornement de pignon	102
Type de toiture de temple	103
Partie de plafond de temple, avec cavet	104
Avant-cour du temple de Iyéyas	105
Type de plafond dans l'intérieur des temples	106
Détail d'un croisillon	106
Jeune bonze attaché au temple de Iyéyas	108
Escalier conduisant au tombeau de Iyéyas	109
Candélabre du roi de Lioukiou	110
Temple de Iyéyas. — Le Kara-mon	111
Lanterne, dite de Corée	112
Tombeau de Iyéyas	113
Un prêtre du temple de Iyémits	114
Entrée du temple de Iyémits	115
Temple de Iyémits. — Sur les marches du deuxième portique	117
Pont de bambou flottant	118
Entrée du tombeau de Iyémits	119
Temple de Iyéyas. — Vue sur la deuxième cour et le Yoméi-mon	121
Zoologie fabuleuse du Japon. — Dessin de Ozawa	122
Temple de Iyémits. — Le dieu de la foudre	123
Petit temple dédié à Kwannon, entre Nikko et Tchiouzendji	125
Notre embarcation sur la Yédogawa	127
Armoiries des Toukougawa	128
Village de Hasémoura, où se dresse le grand daïboutz dit de Kamakoura	129
Chez l'armurier. — D'après une gravure du *Yèhon Téikin Oraï* de Hokousaï	130
Sabres de samouraïs, lances, flèches, sabre d'exécution, selle et étriers. — Collection de l'auteur	131
Une provocation. — Dessin de Hokousaï	132
Une séance d'escrime	133
La pluie. — D'après une gravure du *Riakouga Haya Chinan*, ou méthode du dessin cursif, de Hokousaï	134

TABLE DES GRAVURES

Soumma koto, ou koto à une corde	135
Takafousa, vainqueur des armées chinoises au treizième siècle, maniant l'éventail de fer. — Dessin de Yosaï	136
Maniant l'outchiwa ou l'éventail à branches fixes	137
Le kino koto, d'origine chinoise	138
Idsoumo koto, ou koto à deux cordes	139
Chevalets du koto	140
Ongles artificiels en ivoire pour jouer du koto	140
Chevalets du wanggong	141
Le yamatono koto, dit wanggong, ou koto sacré	141
Joueuses de samicen et de sono koto, ou koto à treize cordes	143
Fonte du bronze. — Dessin japonais	144
Ciselure, incrustation et brunissage du bronze. — Dessin japonais	144
S. M. l'empereur régnant Moutsou-Hito	145
Chez le potier de bronze. — D'après une gravure du *Yéihon Téikin Oraï* de Hokousaï	146
Tournage et polissage du bronze. — Dessin japonais	146
Candélabres en bronze argenté du temple détruit de Chiba. — Collection de l'auteur	147
Dieu à huit bras en bronze doré. — Collection de l'auteur	148
Réduction en bronze d'une jonque de plaisance. — Collection de l'auteur	149
Brûle-parfum en bronze. — Collection de l'auteur	150
Groupe de deux personnages. — Collection de l'auteur	151
Éléphants mythologiques. — Collection de l'auteur	151
Le kago, ou chaise de voyage	153
Village de Kanasawa	155
Équipement militaire de Yochitsouné. — D'après une gravure japonaise	156
Kamakoura. — Vue à vol d'oiseau du temple de Hatchiman. — D'après une gravure japonaise	157
Hatchiman, dieu de la guerre. — Dessin japonais	158
Le daïboutz de Kamakoura	159
Temple de Hatchiman : l'escalier où fut assassiné Sanétomo	161
Vue à vol d'oiseau de l'île d'Énochima. — D'après une gravure japonaise	162
L'île d'Énochima	163
Préparant la laque. — D'après Hokousaï	164
Chez le fabricant de laque. — Dessin japonais	164
Entrée de l'île d'Énochima	165
Panneau de laque représentant un jardin	167
Armurier. — D'après une gravure de la *Mangwa* de Hokousaï	168
Village de Soubachiri, au pied du Foudji-yama	169
Un taureau de bât	171
Se rendant à la fontaine	173
Enfants jouant avec un oiseau captif	174
Sur le pas de la porte	175
Village et lac de Hakoné	177
Ma petite caravane au bord du lac de Hakoné	179
Pèlerin se rendant à la montagne sacrée	181
Notre étape à Soubachiri	183
Le volcan sacré du Foudji-yama	185
Une école au Japon	186
Flacon en bois de bambou	187
Étui de pipe en bois de bambou	188
Théière en bois de bambou	189
Plateau de bambou	189
Hôtellerie de style occidental, à Youmoto	191
La station thermale de Kiga	193
Norimon de la suite impériale, d'après une ancienne gravure japonaise	194
Décorticage du riz par la force hydraulique. — Dessin humoristique de Hokousaï	195
Tempo, ancienne monnaie japonaise	196
Tempo (revers)	196
Pièce d'un rin	196

Pièce de deux rins.	196
Un norimon. — Réduction en laque. — Collection de l'auteur	197
Un liseur imperturbable. — Dessin de Hokousaï	198
Tokio. — Un jardin aux abords du temple de Kaméido	199
L'hôtel Séi-yo-ken, à Tokio	200
Scène de rue, à Tokio	201
Ancien yachiki de daïmio, converti en caserne	202
Portique d'entrée du ministère de la guerre	202
Les vieux remparts du Chiro	203
Le palais de justice	204
Entrée de caserne	204
Masseur sifflant pour appeler la clientèle	205
Temple chintoïste de Cho-kon-cha	206
Chanteuse de rue	207
Façade du théâtre de Chintomiza	209
Type de cloisonné japonais sur métal	210
Une courtisane. — Dessin humoristique de Hokkéi	211
L'éléphant et les aveugles. — Groupe en ivoire	212
Dachi, ou char triomphal surmonté de l'image de Djingou-Kogo	213
Une inspiration d'artiste	214
Enclos funéraire des chogouns, à Chiba. — Avant-cour du temple	215
Un plat en cloisonné japonais sur métal	216
Un archer célèbre. — Dessin de Yosaï	218
Enclos funéraire de Chiba. — Enceinte d'une cour intérieure	219
Un objet de piété conservé au temple de Kanda-Miodjin	220
Le tombeau d'un chogoun, à Chiba	221
Fontaine et lanternes votives en bronze au temple des chogouns, à Chiba	221
Maçons à l'ouvrage. — Dessin japonais	222
Couvercle d'une coupe japonaise. — Cloisonné sur porcelaine	223
Coupe en cloisonné sur porcelaine	223
Vieux cloisonné de Chine	224
Vieux cloisonné de Chine	224
Le paradis des enfants. — Dessin japonais	225
Maçon et tailleur de pierre. — Dessin japonais	226
Paon. — Dessin tiré de la *Mangwa* de Hokousaï	227
Pour guetter l'incendie	228
Échappée sur le lac de Chinobazou, au parc d'Ouyéno	229
Tengou, ou croquemitaine japonais, sortant d'un œuf. — Netské en ivoire	230
Netské représentant un tengou du sexe féminin	230
Le dieu de la sagesse. — Dessin de Ho-kio-korin	231
Une file de kouras, le long d'un cours d'eau. — D'après la *Mangwa* de Hokousaï	232
La façade postérieure d'une tchaya	233
Danse populaire. — Groupe en ivoire. — Collection de l'auteur	234
Le gentilhomme et le brigand. — Groupe en ivoire. — Collection de l'auteur	234
La longévité humaine. — Groupe en ivoire. — Collection de l'auteur	234
Soumié, ou croquis à l'encre de Chine	235
Le dragon déchaînant les éléments. — Dessin japonais	236
Le dieu de la foudre. — D'après Hokousaï	237
Le dieu des vents. — D'après Hokousaï	237
Le renard à neuf queues. — Groupe en ivoire. — Collection de l'auteur	238
L'homme et son mauvais génie. — Groupe en ivoire. — Collection de l'auteur	238
Magasin d'objets en bois	239
Croquis représentant un pied d'œillets	240
Canards sauvages	241
Un hibatchi, ou brasero, en fonte d'art	242
L'homme vertueux. — Statuette en ivoire. — Collection de l'auteur	243
Danse macabre. — Groupe en ivoire. — Collection de l'auteur	243
Un marchand ambulant. — Statuette en ivoire. — Collection de l'auteur	243

TABLE DES GRAVURES

Joueur de kokiou. — D'après un dessin japonais	244
Dans le parc de l'ancien yachiki du prince de Mito, à Tokio	245
Les médecins aveugles. — Groupe en ivoire. — Collection de l'auteur	246
Les médecins aveugles. — Face postérieure	247
Un plat illustré d'une façon humoristique	248
Le marché aux poissons, à Tokio	249
Le jugement dernier. — Groupe en ivoire. — Collection de l'auteur	250
Le jugement dernier. — Face postérieure	251
Pompiers avec leur matériel	253
Une théière en fonte ornée	254
Wani et Adjiki, savants coréens. — Dessin de Yosaï	255
Un atelier de sculpteurs d'ivoire. — Dessin japonais	256
Vue sur un jardin japonais	257
Makimono ancien	258
Kakémono représentant la déesse Kwannon	259
Soumié, ou croquis à l'encre de Chine reproduisant le tucilage vulgaire	260
Revenant de la fête des cerisiers en fleur	261
Dessin de bambous	262
Charpentier, d'après Hokousaï	263
Menuisier, d'après Hokousaï	263
Sougawara Mitchisané. — Dessin de Yosaï	263
Le chimé-daïko, tambourin	264
Dessin représentant une riche floraison	265
Le choko, gong japonais	266
Scène de harakiri. — Dessin de Yosaï	267
Cho, le principal des instruments à vent japonais	268
Parties détachées du cho (coupes) : bague, boîte à air, embouchure	268
Un lutteur en costume de gala	269
Le ghéking, instrument à cordes d'origine chinoise	270
Sur la Soumida-gawa	271
Le premier lutteur connu. — Dessin de Yosaï	272
La lutte japonaise	273
Le hitchiriki, ou hautbois japonais	274
Chakou-biochi, ou claquettes	274
Otéki, flûte chinoise	274
Kagoura-fouyé, flûte japonaise	275
Koma-fouyé, flûte coréenne	275
Le biwa	275
Tsouzoumi, tambourin à mains	276
Le yoko, tambourin	276
Le temple de Kaméido, à Tokio	277
Étalages, le soir, dans les rues de Tokio	277
Forgerons à l'ouvrage. — D'après une gravure de la *Mangwa* de Hokousaï	278
Le dieu de feu, à Kawasaki. — D'après une gravure japonaise	279
Le bonze Kobo-Daïchi. — D'après une gravure japonaise	279
Le mokou-ghio, instrument à percussion	280
Un restaurant de la banlieue de Tokio	281
Le kako, tambourin	282
Chanteuse s'accompagnant du samicen	283
Le dieu Aïzen-Mio-o, à Kawasaki. — D'après une gravure japonaise	284
Dans un magasin d'étoffes	285
Allée de *torii* précédant la chapelle de maître Kistné. — Dessin japonais	286
Au milieu des fleurs	286
La banlieue de Tokio à la saison des fleurs	287
Divers outils à travailler le bois. — D'après un dessin japonais	288
Coiffure des femmes de Tokio	289
Les tchayas d'Odji, dans la banlieue de Tokio	290
Un marchand de fleurs	291

TABLE DES GRAVURES

Luttant. — D'après Hokousaï	292
Mon cheval de bât dans la montagne	293
Sur la route du Nakasendo. — Une tchaya de village. — Dessin tiré du *Kiso-Kaïdo meïcho zouyé*, par Hokio Tchouwa	294
Un courrier de la poste. — Croquis humoristique de Hokousaï	295
Filature de soie, à Tomioka	296
Fumant leur pipette. — Dessin tiré de la *Mangwa* de Hokousaï	298
Pipette de luxe avec son étui	299
Tengous en voyage. — Dessin tiré de la *Mangwa* de Hokousaï	300
Une vieille légende. — Dessin de Yosaï	301
Mon hôtel à Oïwaké	303
Le long de la route du Nakasendo. — Dessin de Hokio Tchouwa	305
Sur les rampes du Tori-toghé. — D'après Hokio Tchouwa	306
Chevaux de transport	307
L'enclos chintoïste d'Isé, vu à vol d'oiseau	308
Aspect général des petits temples d'Isé	309
Offrandes du dernier jour de l'an. — Dessin japonais	310
Exorcisant le diable. — Dessin tiré de la *Mangwa* de Hokousaï	311
Assises autour du hibatchi	313
Le temple principal de l'enclos chintoïste d'Isé	315
Un coup de vent. — Dessin tiré de la *Mangwa* de Hokousaï	317
La poétesse Ono-no-Komatchi. — D'après Yosaï	318
Le poète Ariwara-no-Narihira. — D'après Yosaï	319
Roue hydraulique servant à décortiquer le riz	321
Tchayas du village d'Iwahana. — D'après Hokio Tchouwa	323
Yachiki seigneurial sur un promontoire de la Kiso-gawa	325
Châtiment infligé aux mécréants par les dieux de Soua. — D'après Hokio Tchouwa	327
Intérieur de ferme	329
Station balnéaire de Chimo-no-Soua. — D'après Hokio Tchouwa	331
Spécialiste interrogeant l'œil d'une malade. — Dessin humoristique tiré de la *Mangwa* de Hokousaï	332
Chez un pharmacien. — Dessin de Hokio Tchouwa	333
Médecin établissant le diagnostic. — D'après Hokousaï	334
Une branche de la Kiso-gawa	335
La belle au bois dormant	337
La poétesse Mourasaki cherchant ses inspirations. — D'après Hokio Tchouwa	339
La pêche au cormoran. — Dessin de Hokio Tchouwa	340
Une guérite dans le défilé des Treize-Collines	341
Magasins de fourrures d'ours, aux environs du Tori-toghé. — D'après Hokio Tchouwa	343
Le massage au Japon	345
Hôtellerie à Otsou. — D'après Hokio Tchouwa	347
En norimon	349
Château fort de Hikoné	350
Un rêve d'enfant, au Japon. — Dessin japonais	351
Femme en costume d'hiver	353
La poétesse Ono-no-Komatchi, dans sa vieillesse. — D'après Nichikawa-Soukénobou	355
Un prêtre, en habit de cérémonie	357
Le temple d'Ichiyama	359
Fuyant devant l'insurrection	361
Ilohara, sur les rives du lac Biwa	362
Petit temple chintoïste, aux abords du pont de Séta	363
Procession de bonzes. — Dessin tiré de la *Mangwa* de Hokousaï	364
Kioto. — Un coin de Marou-yama	365
Étoffe peinte et brodée	366
Nichiki, ou brocart d'or	366
Entrée du temple de Ghion, à Kioto. — Dessin tiré du *Karakou meïcho zouyé*, par Hanzan Yasounobou	367
Dans l'atelier d'un peintre. — Dessin japonais	368
Hangar abritant les collections du temple de Ghion	369
Fabrication des crêpes de soie	370

TABLE DES GRAVURES

Crêpe de soie courant	370
Crêpe de soie bordé	370
Cotonnade crêpée	370
Ghion et Marou-yama pendant la floraison des cerisiers. — Dessin de Hanzan Yasounobou	371
Tissu représentant une nuée d'enfants	372
L'hôtel Ya-ami, sur les rampes du Marou-yama, à Kioto	373
Tissus japonais	374
Vue à vol d'oiseau du temple d'Inari, à Kioto. — D'après Hanzan Yasounobou	375
Blouse de coolie marquée au chiffre du maître	376
Tissus japonais	378
Tissu représentant des râteaux et des balais jetés sur des tas de feuilles de pin	378
La misère fuyant devant Daïkokou, le dieu de la Prospérité. — Dessin de Ozawa	379
Prouesse de chasseur. — Tableau du temple de Ghion, peint par Kaïhokou Kensaï, en 1702	380
Boutiques de jouets à proximité du temple d'Inari. — Dessin de Hanzan Yasounobou	381
Mur en encorbellement du temple de Tofoukoudji, à Kioto	382
Plan-type de charpente japonaise	382
En promenade	383
La danse classique du « no ». — Dessin japonais	384
Lutte entre les dieux Hotéi et Daïkokou. — Tableau du temple de Kiomidzou, peint par Haségawa Chinodjo, en 1494	385
Palais du Gocho, à Kioto. — Saillant d'un mur d'enceinte	386
Type des constructions du Gocho. — Croquis japonais	386
Un yakounin	387
Le drame populaire des « frères Soga ». — D'après une gravure japonaise	388
Les principaux édifices du Gocho	389
L'impératrice du Japon, vêtue à l'européenne	390
L'impératrice du Japon, dans son costume national	391
Palais du Gocho. — Le Séirioden	392
Yochitsouné en équilibre sur le bras de Benkéi, son écuyer servant. — Tableau du temple de Kiomidzou, peint par Haségawa Tadayochi, en 1638	393
Affiche de théâtre. — Dessin japonais	394
Façade d'un théâtre. — D'après une gravure japonaise	395
Le tombeau des oreilles, à Kioto	396
Loge d'acteur. — Dessin de Tankéi	397
Temple de Ho-kodji, à Kioto. — Pignon du portique d'entrée	398
La pagode de Yasaka, à Kioto. — Croquis japonais	398
Un yacht de plaisance. — Tableau du temple de Kiomidzou, peint par Kitamoura Tchoubéi, en 1634	399
L'impératrice Djingou-Kogo s'exerçant au tir à l'arc. — Tableau votif, peint en 1686 et suspendu dans le temple de Sandjou-san-ghen-do	400
Le temple de Sandjou-san-ghen-do, à Kioto	401
Un quatuor bruyant. — Dessin humoristique tiré de la *Mangwa* de Hokousaï	402
L'empereur Gencho devant la cascade de Yoro. — Tableau du temple de Kiomidzou, peint par To-hakou, en 1668	403
Portique de Tchion-in. — Base de colonne	404
Temple de Tchion-in. — Charpente en encorbellement supportant la toiture du grand portique	404
Temple de Tchion-in, à Kioto. — Vue intérieure du portique d'entrée	405
Portique du temple de Tchion-in. — Disposition d'une travée	406
Portique de Tchion-in. — Face antérieure d'un pilastre	406
L'ancienne rue de Ghion, à Kioto. — Dessin de Hanzan Yasounobou	407
Kato Kiyomasa luttant contre un tigre. — D'après une gravure japonaise	408
Scènes du premier jour de l'an, au Japon. — Tableau appendu dans le temple de Kiomidzou	409
Musicien jouant du biwa. — Dessin de Yosaï	410
Vue intérieure de la tchaya « Hitchiriki » dans le Ghion-Chintchi. — Dessin de Hanzan Yasounobou	411
Un cortège princier devant le temple de Ghion. — Tableau du temple de Ghion, peint par You-asa Matahéi, en 1682	412
Le temple de Ho-kodji, dit du Daïboutz, à Kioto	413
Pris au piège. — Tableau du temple de Ghion, peint par Nichikawa Soukénobou, en 1744	414
Le cimetière de Kourodani, à Kioto	415

TABLE DES GRAVURES

Muraille d'un temple mikadonal.	416
Un pignon du temple de Nichi-Hongwandji, à Kioto.	416
En proie aux suggestions de l'esprit malin. — Tableau du temple de Ghion, peint par Motchisouki Kansouké, en 1724.	417
Musicien jouant du cho. — D'après Yosaï.	418
Le temple de Nichi-Otani, à Kioto.	419
Le taïko, grosse caisse.	420
Owari-no-Mouradji-Hamanoché dansant devant l'empereur, à l'âge de cent treize ans. — Dessin de Yosaï.	421
Lanterne votive du temple de Nanjendji, à Kioto. — Dessin de Hanzan Yasounobou.	422
Un cheval sacré. — Tableau du temple de Kiomidzou, peint par Kano Motonobou.	423
La déesse Ousoumé. — Dessin de Yosaï.	424
Les danseuses de Ghion-Chintchi.	425
Jouant du cho et du koto sacré. — Dessin de Yosaï.	426
La rue de Ghion, à Kioto.	427
Sougawara Kiokimi.	428
Le temple de Kitano, à Kioto.	429
Musicien jouant de la flûte. — Dessin de Yosaï.	430
Le guerrier Tawala-Motatoubo-Tadatsouné traversant l'Oudji-gawa à la nage. — Dessin tiré du *E'hon mousachi aboumi* de Hokousaï.	431
Danses classiques, au Gocho, devant le Mikado. — D'après Hokio Tchouwa.	432
Une échappée dans les jardins impériaux du Gocho.	433
Temple de Nichi-Hongwandji, à Kioto. — Soubassement du portique de l'Est.	434
Temple de Nichi-Hongwandji. — Battants du portique de l'Est.	434
Temple de Nichi-Hongwandji. — Panneau du portique de l'Est.	435
Temple de Nichi-Hongwandji. — Le portique de l'Est.	435
La cascatelle d'Otowa, en face du temple de Kiomidzou. — D'après Hanzan Yasounobou.	436
Épisode de guerre sur le pont d'Oudji. — D'après le *E'hon mousachi aboumi* de Hokousaï.	437
Foudjiwara-no-Sadatochi, directeur du *Gaggakou* au neuvième siècle. — D'après Yosaï.	438
Un trait d'adresse. — Dessin de Yosaï.	439
La chiosa, ancienne danse japonaise. — Dessin japonais.	440
Une manufacture de thé, à Oudji.	440
Vue générale de Kioto, prise au temple de Kiomidzou.	441
Les danses sacrées du temple de Kasouga, à Nara. — D'après une gravure japonaise.	442
Le daïboutz de Nara. — Dessin japonais.	443
Trésor de Nara. — Aiguière en verre, d'origine arabe.	444
Lampe conservée à Nara.	444
Nimbe d'un saint bouddhiste.	444
Trésor de Nara. — Un pétale de lotus.	444
Ornement d'un pétale de lotus, à Nara.	444
Chandeliers de temple, en bronze. — Collection de l'auteur.	445
Mantelet et tresse des danseuses de Nara.	446
Le vieux pavillon, à Nara.	446
Vue du Chiro et de la ville d'Osaka.	447
Le Chiro d'Osaka. — Assises du mur d'enceinte.	447
Treillis d'une fenêtre japonaise.	448
Treillis d'une fenêtre, à dessins rectangulaires.	448
Le temple de Kiomidzou, à Kioto.	449
Totoribé-no-Yorodzou, partisan de Moria, tombant sous les flèches ennemies. — Dessin de Yosaï.	450
Le Kinkakoudji, ou palais d'or, à Kioto.	451
Types de clous décoratifs, à Nara.	452
Temple de Todaïdji, à Nara. — Animaux fabuleux placés dans les niches du portique d'entrée.	452
Un tapis de lotus.	453
Chotokou-Taïchi. — D'après Yosaï.	454
Le temple de Tennodji, à Osaka.	455
Le Chiro, à Osaka.	456
Un peintre sur étoffes. — D'après une gravure japonaise.	456
L'île d'Awadji, dans la mer Intérieure.	457
L'enseigne d'un restaurant ichtyophagique. — Dessin humoristique de Hokousaï.	458

TABLE DES GRAVURES

Se sacrifiant pour son fiancé. — Dessin de Yosaï	459
Oriflammes et instruments de musique employés dans les festivals religieux. — Dessin japonais	460
Un bonze ambulant	461
Le vieux Saïto Sanémori se faisant noircir la barbe avant de combattre. — D'après Yosaï	462
Une rue de Nagasaki, au pied des hauteurs	463
Le juge Kadonari interrogeant un coupable. — Dessin de Yosaï	464
Une boutique de fruits et de graines potagères	465
Arrachant le trésor d'Amatéras aux ennemis de la dynastie légitime. — Dessin de Yosaï	466
Agence de transport par eau. — Dessin de Hokio Tchouwa	467
Un marchand légendaire de pipettes et de bâtonnets. — D'après Yosaï	468
Servante au travail matinal	469
Un marchand de légumes ambulant	470
Transportant du charbon de bois	471
Duel au sabre. — D'après la *Mangwa* de Hokousaï	472
Le pont de Mégané-bachi, à Nagasaki	473
Scène d'intérieur	475
La baie de Nagasaki	476
Vue de la ville de Nagasaki et des hauteurs de l'Ouest	477
Foudjiwara-no-Takafousa terrassant un voleur. — Dessin de Yosaï	478
Un intérieur japonais	479
Un four à porcelaines	480
Figure de danse populaire	481
Agglomération de fours à porcelaines	482
Manœuvrant une catapulte. — D'après Yosaï	483
Une âme compatissante. — Dessin de Yosaï	484
Puisant à la fontaine	485
Atelier de porcelaines. — Lavage des terres, préparation de la pâte et façonnage des pièces. — Dessin japonais	486
Magasin de porcelaines	487
Mise au four et cuisson des porcelaines. — Dessin japonais	488
Une lecture attachante	489
Tournant un vase	491
Décorant un vase	491
Atelier de porcelaines. — Décoration. — Dessin japonais	492
Jouant aux dames	493
En temps de pluie. — Dessin humoristique tiré de la *Mangwa* de Hokousaï	494
Masques de théâtre. — Dessin de la *Mangwa* de Hokousaï	495
La mer Intérieure. — A la hauteur d'Onomitchi	496
Le cap Abouto, dans la mer Intérieure	497
Sous le charme de la musique. — Dessin humoristique tiré de la *Mangwa* de Hokousaï	498
Boutique de thé, en plein vent	499
L'introducteur de l'oranger au Japon. — Dessin de Yosaï	500
Au bord de la Nakachima-gawa, à Nagasaki	501
Vendeur de saké	502
Gueïchas s'accompagnant du samicen et du tambourin	503
Une jonque japonaise	504
Scène printanière	505
Sortie de la baie de Nagasaki	506

CARTES ET PLANS

	Pages
Carte générale du Japon	11
Plan de Yokohama	49
Itinéraire de Tokio à Nikko	73
Plan du temple de Iyéyas	86
Les temples de Nikko, d'après un plan japonais	87
Plan du temple de Iyémits	107
Environs de Yokohama et du Foudji-yama	166
Plan de Tokio (Yédo)	217
Quartiers détruits par l'incendie du 29 novembre (partie grisée), à Tokio	252
Carte du Japon central et méridional	297
Plan de Kioto (Saïkio)	377
Plan de Nagasaki	474

FIN DE LA TABLE DES GRAVURES, CARTES ET PLANS

AU MILIEU DES FLEURS

SOCIÉTÉ ANONYME D'IMPRIMERIE DE VILLEFRANCHE-DE-ROUERGUE
Jules Bardoux, Directeur.

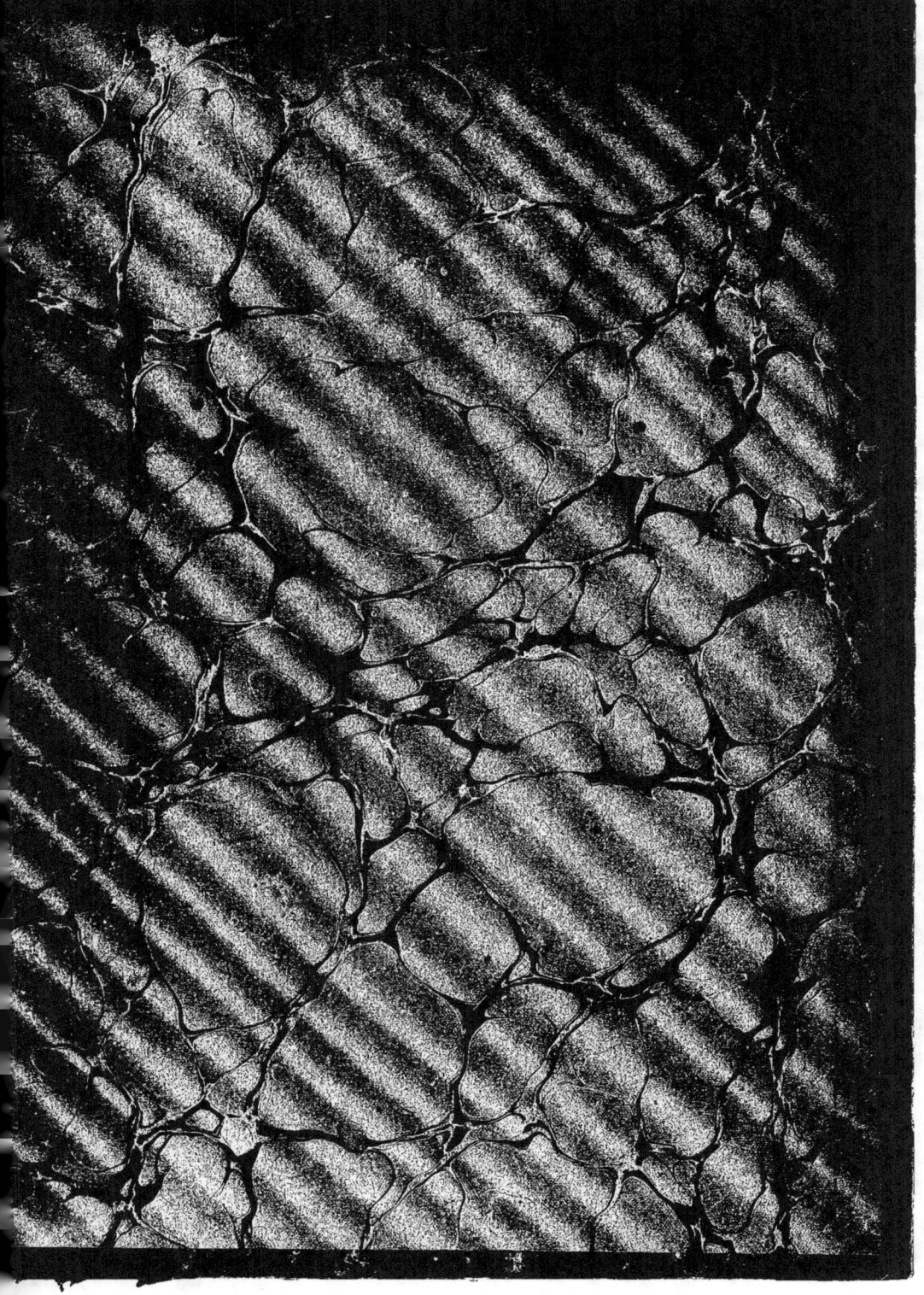

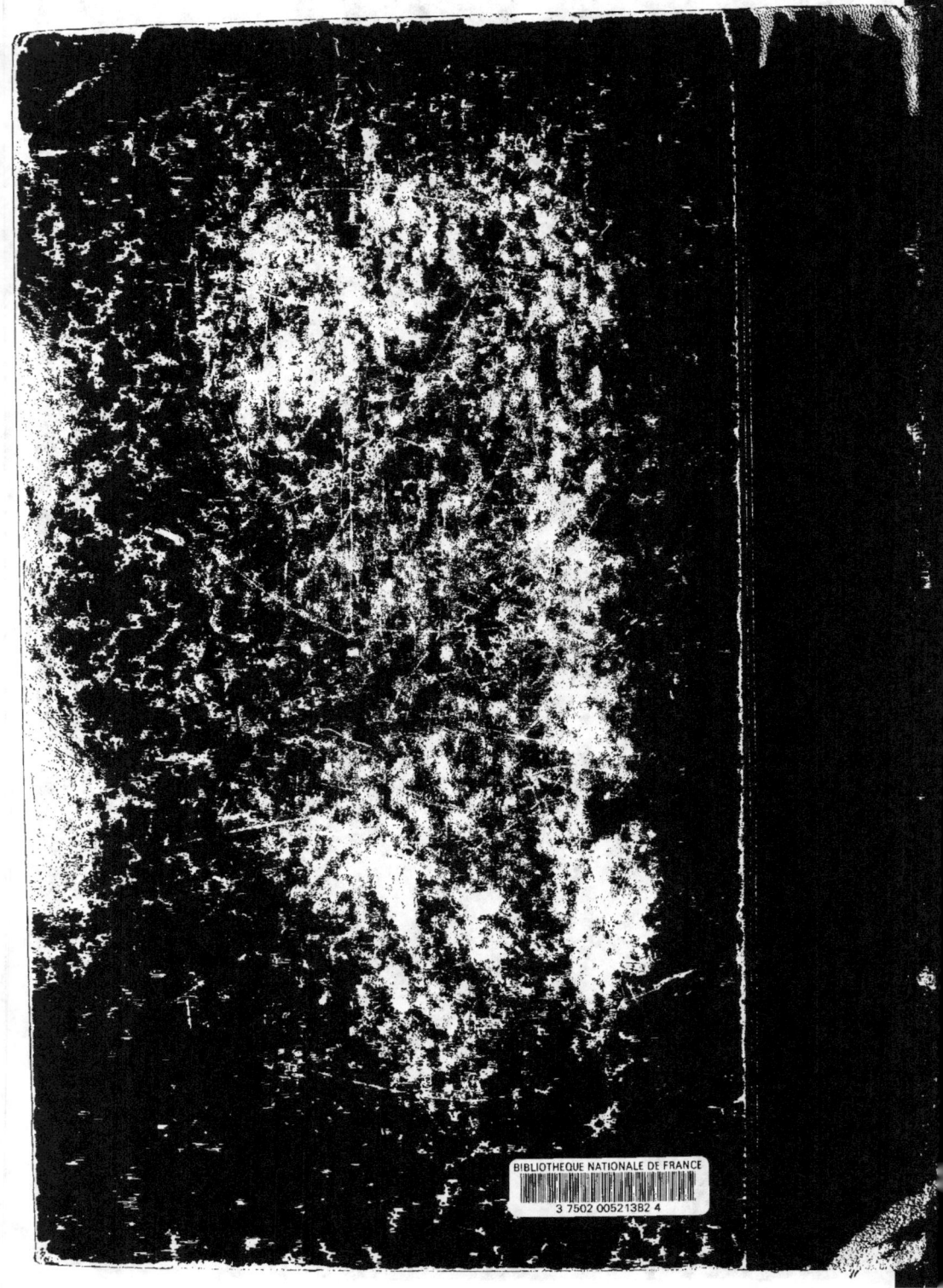

www.ingramcontent.com/pod-product-compliance
Lightning Source LLC
Chambersburg PA
CBHW051352230426
43669CB00011B/1609